ISBN 978-0-282-23348-8
PIBN 10576895

English
Français
Deutsche
Italiano
Español
Português

www.forgottenbooks.com

Mythology Photography **Fiction**
Fishing Christianity **Art** Cooking
Essays Buddhism Freemasonry
Medicine **Biology** Music **Ancient
Egypt** Evolution Carpentry Physics
Dance Geology **Mathematics** Fitness
Shakespeare **Folklore** Yoga Marketing
Confidence Immortality Biographies
Poetry **Psychology** Witchcraft
Electronics Chemistry History **Law**
Accounting **Philosophy** Anthropology
Alchemy Drama Quantum Mechanics
Atheism Sexual Health **Ancient History**
Entrepreneurship Languages Sport
Paleontology Needlework Islam
Metaphysics Investment Archaeology
Parenting Statistics Criminology
Motivational

MONDE PRIMITIF,

ANALYSÉ ET COMPARÉ

AVEC LE MONDE MODERNE,

CONSIDERÉ

DANS LES ORIGINES LATINES;

OU

DICTIONNAIRE

ÉTYMOLOGIQUE

DE LA LANGUE LATINE;

AVEC UNE CARTE ET DES PLANCHES:

PAR M. COURT DE GEBELIN,

De diverses Académies.

PREMIERE PARTIE.

A PARIS,

Chez
- L'Auteur, rue Poupée, Maiſon de M. Boucher, Secrétaire du Roi.
- BOUDET, Imprimeur-Libraire, rue Saint Jacques.
- VALLEYRE l'aîné, Imprimeur-Libraire, rue de la vieille Bouclerie.
- Veuve DUCHESNE, Libraire, rue Saint Jacques.
- SAUGRAIN, Libraire, quai des Auguſtins.
- RUAULT, Libraire, rue de la Harpe.

M. DCC. LXXIX.

AVEC APPROBATION ET PRIVILÉGE DU ROI.

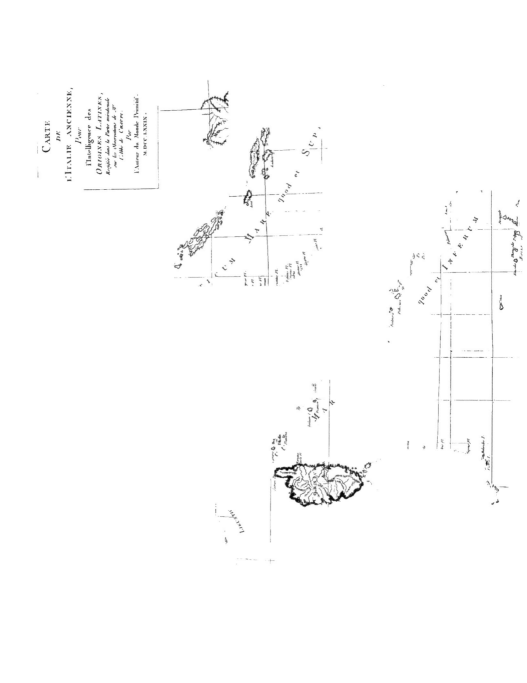

CARTE
DE
L'ITALIE ANCIENNE,
Pour
l'Intelligence des
ORIGINES LATINES,
Rectifiée dans la Partie méridionale
sur les Observations de M.
l'Abbé de Chaupy.
Par
l'Auteur du Monde Primitif.
M DCC LXXIX.

DISCOURS PRÉLIMINAIRE
SUR
LES ORIGINES LATINES.

PARTIE PREMIERE.

ORIGINE DES LANGUES ET DES PEUPLES DE L'ITALIE.

ARTICLE I.

§. I.

AVANTAGES DE LA LANGUE LATINE.

A LA fuite des Origines Françoifes, marchent naturellement les Origines Latines.

Aucune Langue ne mérite plus notre attention : la gloire du Peuple qui la parla, l'éclat de fes Ecrivains, l'empire qu'elle exerce encore au milieu de nous, la néceffité où nous fommes de la fçavoir, tout la rend intéreffante.

Parlée par les Vainqueurs des Nations anciennes, elle participa à toutes leurs révolutions, & porta fans ceffe leur empreinte. Mâle & nerveufe, tandis qu'ils ne s'occuperent que de combats

a

& de carnage ; elle tonna dans les camps, & fit trembler les Peuples les plus fiers, les Monarques les plus defpotes. Abondante & majeftueufe, lorfque las de combats, ils voulurent lutter en fcience & en graces avec les Grecs, elle devint la Langue fçavante de l'Europe, & fit difparoître par fon éclat les idiomes des Sauvages qui s'en difputoient la poffeffion. Après avoir enchaîné tous ces Peuples par fon éloquence & par fes loix, elle en devint la Langue religieufe, lorfque Rome Chrétienne eut attiré les Peuples de l'Occident dans le fein du Chriftianifme par la grandeur de fes Dogmes, par la pompe de fes Cérémonies, par la beauté & par la pureté de la Morale Chrétienne qui en faifoit un Peuple nouveau, encore plus que par la terreur de fon nom & par l'habitude de lui obéir.

Ainfi la Langue Latine, tout-à-la-fois Langue des Combats, de la Politique, de l'Eloquence & de la Religion, devint dans tout l'Occident la Langue de quiconque voulut penfer : tout fut foumis à fon Empire, & il fallut ou fçavoir cette Langue, ou paffer pour barbare. Encore aujourd'hui, quiconque ne veut pas l'être, quiconque eft jaloux d'occuper une place dans la République des Lettres, & de puifer l'érudition dans fes fources, doit fçavoir cette Langue, être en état de confulter les Ouvrages qu'elle fit naître.

C'eft-là qu'on puife les modèles de l'Eloquence ; qu'on s'inftruit des Loix anciennes, qu'on converfe avec l'Antiquité : c'eft par-là que le culte de l'Eglife Latine ceffe d'être un culte étranger & qu'on n'entend pas ; qu'on n'eft plus foi-même étranger aux Lettres.

§. II.

Néceſſité d'abréger l'étude de ſes mots, & moyens d'y parvenir en remontant à leur origine.

Plus il eſt eſſentiel de connoître cette Langue, & plus il importe d'en rendre l'étude agréable & facile : mais quels moyens peuvent faire diſparoître la ſéchereſſe d'une pareille étude, abréger le tems qu'on y conſume, en rendre les travaux moins pénibles, moins faſtidieux ; diminuer ſur-tout le poids de cette maſſe énorme de mots qui compoſent cette Langue, qui dépouillés de toute vie, ne ſemblent jamais que l'effet du haſard, & dont on ne voit jamais la raiſon?

Ce ſeroit, ſans contredit, de démontrer que chacun de ces mots eut toujours une cauſe, & une cauſe intéreſſante : qu'il eſt toujours étroitement lié avec l'idée qu'il peint, qu'il en eſt l'image fidelle : ce ſeroit ſur-tout d'unir entr'eux cette multitude de mots par un petit nombre de radicaux ou de monoſyllabes, dont tous les autres ne fuſſent que des dérivés : enſorte qu'en jettant les yeux ſur ces mots, on les reconnût auſſi-tôt à leur air de famille, & qu'on pût, non-ſeulement les claſſer tous dans ſa mémoire avec autant d'exactitude que de ſimplicité, mais juger la Langue Latine elle-même, s'aſſurer ſi elle a fait uſage de tous les mots qu'elle auroit pu employer, ſi elle a tiré de ces chefs de famille tout le parti poſſible.

Rien ne manqueroit à cette méthode, ſi en même-tems on pou-voit montrer que ces chefs de famille, ces mots radicaux, très-ſimples, très-courts, ſont eux-mêmes repréſentatifs de leurs objets, qu'ils tiennent à un petit nombre d'Elémens connus, & dont on les verroit ſe dériver ſans peine.

L'utilité d'une pareille méthode fe fait aifément fentir : la mémoire ne feroit plus la feule faculté qu'on pût mettre en œuvre
pour apprendre cette maffe effroyable de mots, que peut-être perfonne ne poffède entiérement : toutes les puiffances de l'ame
feroient mifes en jeu ; toutes viendroient nous prêter leur fecours.
L'imagination déploieroit fes richeffes pour faire briller l'énergie
de chaque mot, pour l'animer, le faire valoir ; le jugement mon-
treroit fes rapports avec ceux qui font déjà connus : le goût en
feroit fentir la juftefle, là précifion, la folidité. Ne voyant plus
que des attraits dans cette étude, elle feroit auffi agréable qu'elle
étoit faftidieufe, auffi fimple qu'elle étoit embarraffée, auffi ferme
qu'elle étoit verfatile, auffi prompte qu'elle étoit lente, auffi
étendue qu'elle étoit bornée. Notre efprit en embrafferoit l'immen-
fité avec moins de peine qu'il n'en faut pour en faifir une légère
partie. Tel, l'œil qui s'égare dans les contours tortueux d'un
efpace peu étendu, faifit & parcourt à l'inftant la vafte étendue
d'une forêt où tout eft aligné, & où ne regne aucune confufion.

On apprendroit plus de mots par cette méthode en deux ans,
& on les fauroit plus impertubablement que dans l'efpace de trente
ans par la méthode ordinaire, utile fi on veut pour trouver à
l'inftant le fens d'un mot inconnu en ouvrant un Dictionnaire,
mais qui n'eft que la lumiere de l'éclair : dénuée de tout principe,
de toute conféquence, ifolée, ne conduifant à rien, elle ne fert
ni à approfondir les Langues, ni à les lier entr'elles.

§. I I I.

Les Origines Latines, partie effentielle du Monde Primitif : ce que
nous en avons dit dans notre Plan général & raifonné.

Ce font ces Origines que nous nous empreffons de publier ;

elles font une partie effentielle du Monde Primitif : c'eft ainfi que nous nous exprimâmes à leur fujet dans le Plan général & raifonné de cet Ouvrage (p. 36.)

« Avec la marche & les principes par lefquels on fe dirige dans
» ces recherches, il n'eft aucune Langue dont on ne pût donner
» le Dictionnaire Etymologique : cependant , nous ne ferons pas
» entrer ici ces Dictionnaires particuliers ; ils ne feroient pas d'un
» intérêt affez général , & ils rendroient cet Ouvrage trop volu-
» mineux : on trouvera d'ailleurs dans le Dictionnaire Comparatif,
» les principales familles de chaque Langue.

» Diftinguons cependant quelques Langues qui , par leur utilité
» & par leurs rapports avec les autres , méritent un examen plus
» particulier : telles font la Latine , la Françoife , l'Hébraïque &
» la Grecque : toutes intéreffantes comme Langues fçavantes , &
» comme Langues cultivées avec foin par l'Europe entière.

» Nous en donnerons donc le Dictionnaire Etymologique , &
» nous le donnerons de la manière la plus complette , & nous ofons
» dire la plus folide : le Lecteur en jugera par l'analyfe de nos
» procédés à cet égard , & d'abord pour la Langue Latine.

» Ici les mots Latins feront claffés fuivant leurs rapports avec
» les Langues déjà en ufage au tems des anciens Romains , ou
» même antérieures à ce Peuple. On verra leurs mots communs,
» 1°. Avec les Grecs.
» 2°. Avec les Celtes.
» 3°. Avec les Orientaux.
» 4°. Les mots compofés par les Latins eux-mêmes , & dont
» l'origine eft ainfi dans la Langue Latine même.

» Par cette méthode , ce Dictionnaire fera extrêmement fimplifié ;
» puifqu'en reftituant à chaque Langue ce que le Latin en a
» emprunté , nous n'aurons à rendre raifon que des mots qui

» appartiennent ſtrictement à la Langue Latine : tandis que l'on
» donnera la raiſon des autres dans la Langue qui la premiere en
» fit uſage.

» Rapportant enſuite les mots Latins à ces deux claſſes géné-
» rales dont chaque mot portera avec ſoi la raiſon qui le fit
» choiſir pour exprimer telle ou telle idée , la connoiſſance de la
» Langue Latiné en deviendra infiniment plus aiſée. L'on oſe
» aſſurer qu'en moins d'un an , à ne lire qu'une ou deux pages par
» jour, on pourra paſſer en revue avec le plus grand intérêt, tous
» les mots de la Langue Latine , & l'on ſera en état de rendre
» raiſon de tous ; ce dont on n'a peut-être vû aucun exemple juſ-
» qu'ici , après vingt ans d'étude ».

Cette annonce étonna : on la regarda comme une chimère :
ramener la Langue Latine à la Celtique , parut une viſion digne
d'un Etymologiſte : pouvoit on juger autrement ? On n'avoit
d'autres points de comparaiſon que ceux que renfermoit cette
annonce , & ce n'étoit qu'un point pour l'immenſité de nos pro-
meſſes. Le Public plus éclairé, eſt actuellement en état de juger ſi
nous tenons parole.

Ces Origines Latines ſont deſtinées ſur-tout aux Jeunes Gens qui
ſe vo ent à l'étude des Langues : nous ne les croyons cependant
pas indignes des regards de ceux qui ſont déjà avancés dans cette
carrière : ils y trouveront des vues neuves, des rapports lumineux,
des vérités inconnues aux Romains eux-mêmes ; une énergie dans
les mots dont ils ne ſe doutoient pas.

§. IV.

*Pourquoi ces Origines ſont mieux connues aujourd'hui qu'au
tems des Romains.*

Qu'on ne ſoit étonné ni de ce que les Romains avoient totalement perdu de vue les origines de leur Langue, ni de ce qu'à une si grande diftance, nous avons pu parvenir à les connoître.

Les Romains n'avoient aucune idée du Génie Etymologique des Langues : & jamais ils ne penferent à rapprocher la leur des Langues Celtiques qu'on parloit dans le refte de l'Europe : il étoit de toute impoffibilité qu'ils puffent répandre la moindre lumiere fur les origines de leur Langue.

Actuellement, au contraire, il exifte une fcience étymologique au flambeau de laquelle doit fe diffiper tout doute ; & l'on connoît cette Langue parlée par les premiers habitans de l'Europe, qui étendit fes fertiles rameaux dans toute cette partie de l'ancien Monde avec les Colonies qui s'y répandirent de tous côtés, & de laquelle defcendirent, comme nous l'avons déjà dit dans nos Origines Françoifes, (*Difc. Prélim. p. xij.*) l'ancienne Langue Grecque ; antérieure à Homère & à Héfiode, l'ancienne Langue Latine ou celle de Numa, l'Etrufque, le Thrace parlé depuis la Mer Noire jufqu'au Golfe de Venife, le Theuton, le Gaulois, le Cantabre, le Runique.

Si dans nos Origines Françoifes, nous avons prouvé cette affertion relativement à notre Langue, nous ne la prouvons pas moins aujourd'hui relativement aux Origines Latines : & même pour la plupart des autres Langues, de la Grecque en particulier dont nous montrons les rapports étroits avec la Latine.

Ces rapports font à la vérité de deux efpéces qu'on n'a pas affez diftinguées, & qu'il eft cependant effentiel de ne pas confondre. Les uns font l'effet de l'origine commune de toutes ces Langues : les autres font dûs aux emprunts fucceffifs que chaque Peuple a fait chez fes voifins. C'eft ainfi que le Latin, outre les mots primitifs qui lui font communs avec les autres Langues, en emprunta fucceffivement de la Langue fçavante des Grecs : c'eft ainfi que cette même Langue & là nôtre ont nombre de mots communs avec celles de l'Orient, & par droit d'origine commune, & par droit d'adoption.

§. V.

Ignorance & méprifes des Romains fur les origines de leur Langue.

Les Romains brouillerent tous ces rapports : ils ne virent dans leur Langue que du Grec ou du Latin compofé : ils croyoient donc avoir tout fait lorfqu'ils avoient pu ramener quelques-uns de leurs mots à la Langue Grecque , ou lorfqu'ils avoient pu le dériver tant bien que mal de leur propre Langue : on croit lire des rêves lorfqu'on jette les yeux fur leurs étymologies : fouvent le livre bleu a plus de fens.

Ils ne pouvoient fe diffimuler cependant que , malgré cette prétendue lumiere, ils étoient toujours dans les ténébres , qu'ils fe traînoient dans la fange , qu'une multitude de mots fe refufoient à ces rapports , à ces miférables tours d'adreffe : mais ils n'en étoient pas plus avancés , n'appercevant nul moyen de faire mieux.

Quelquefois ils ne pouvoient s'empêcher de reconnoitre qu'ils étoient redevables de divers mots à quelques-unes de ces anciennes Nations qu'ils traitoient de barbares , aux Etrufques , aux Sabins , aux Ofques : mais comme s'ils euffent rougi de devoir quelque chofe à leur *Terre-mere* , & de reconnoître leurs vrais ayeux , ils détournerent leurs regards de deffus ces beaux apperçus ; & aimerent mieux refter dans l'ignorance que de convenir que leur origine n'étoit pas toute Troyenne.

Quels fervices n'auroit pas rendu Varron aux connoiffances humaines , à la fcience étymologique en particulier , fur-tout à
l'Hiftoire

l'Hiſtoire Générale des Nations & aux cauſes de leurs développemens, perdues ſans la connoiſſance des Langues, s'il eût profité
de l'avantage qu'il avoit de pouvoir approfondir les diverſes
branches de la Langue Celtique, qui reſſembloient à celles du
Latium, & les anciennes Langues de l'Italie ; & que raſſemblant
les mots antiques de ſa Langue, il nous eût tranſmis les vraies
origines du Latin & ſes rapports avec les autres Langues, dans
un tems où ils étoient moins altérés.

Mais les Romains qui ne connoiſſoient qu'eux, qui n'aimoient
qu'eux, aux yeux de qui tous les Peuples n'étoient que des barbares, deſtinés, ſelon eux, à devenir leur proie, à être leurs eſclaves ;
livrés d'ailleurs aux illuſions de toute eſpéce, ne purent que
donner à gauche dans les recherches étymologiques. VARRON, le
plus ſçavant d'entr'eux, dut donc reſter infiniment au-deſſous du
vrai. Ses fautes & ſon exemple durent avoir les influences les plus
funeſtes : & lors même qu'on oſa douter qu'il eût ſuivi la meilleure
voie, l'inutilité de ſes travaux, malgré ſon grand ſçavoir, arrêta
néceſſairement à jamais les progrès des Romains dans ce genre :
auſſi n'eurent-ils jamais la moindre idée d'une Langue primitive &
commune, quoiqu'ils tinſſent à toutes les Langues, quoique leur
Ville fût la réunion de tous les Peuples & de tous les idiomes.
Tel fut l'état de la ſcience étymologique juſqu'au renouvellement des Lettres : on peut même dire qu'elle ſe détériora plutôt
qu'elle ne ſe maintint dans cet état, quelqu'imparfait qu'il fût.

Mais ſans nous borner à ces généralités, jettons un coup-d'œil
ſur les principaux Sçavans qui ont traité des Etymologies Latines,
& commençons par les Romains.

ARTICLE II.

Romains qui se sont occupés des Etymologies de leur Langue.

DÈs que les Romains commencerent à cultiver les Sciences &
à perfectionner leur Langue , ils s'occuperent des Etymologies
Latines : ils sentirent sans peine que cette connoissance pouvoit
seule leur donner une juste idée de la valeur de leurs mots ; qu'ils
ne pouvoient sans elle , en faire l'application la plus exacte , ni
donner à leurs Discours cette vérité, cette énergie qui peuvent
seules animer les tableaux de la parole. Cicéron , qui , si César
n'avoit pas écrit , seroit le plus éloquent des Romains , Cicéron ,
Juge que personne ne récusera sur cet objet , s'adressant à Varron
dans ses Questions Académiques , lui disoit que par ses Ouvrages
sur l'Etymologie , il étoit devenu une source de lumiere pour les
Poëtes mêmes , & pour tous les Latins à l'égard des connoissances
& des mots. Il venoit de lui dire : « nous étions errans & étrangers
» dans notre propre Ville : vos Livres nous ont fait retrouver en
» quelque sorte notre maison ; nous pouvons du moins connoître
» le tems , la nature & le lieu de notre existence. Vous avez
» débrouillé à nos yeux l'âge de notre Patrie , les descriptions des
» tems , les droits des cérémonies sacrées , les fonctions des
» Prêtres, la discipline domestique & celle de la guerre, l'empla-
» cement des régions & des Villes , les noms , les genres , les
» devoirs , les causes de toutes les choses divines & humaines ».
Mais rapportons ses propres expressions , on les aimera mieux
que notre foible traduction.

Sunt , inquam , ista Varro. Nam nos in nostrâ urbe peregri-
nantes , errantesque tanquam hospites , tui libri quasi domum de-

duxerunt ; ut poſſemus aliquando , qui & ubi eſſemus , agnoſcere. Tu ætatem patriæ , tu deſcriptiones temporum , tu ſacrorum jura , tu Sacerdotum munera , tu domeſticam , tu bellicam diſciplinam , tu ſedem regionum & locorum , tu omnium divinarum humanarumque rerum nomina , genera , officia , cauſas aperuiſti : plurimùmque Poetis noſtris , omninòque Latinis & litteris luminis attuliſti , & verbis.

ELIUS GALLUS, *Juriſconſulte.*

Le plus ancien Etymologiſte Latin dont nous trouvions des traces , eſt un ELIUS GALLUS, cité par Varron : il avoit compoſé *Elius Gall* un Ouvrage ſur la ſignification des termes de Juriſprudence. Il n'eſt point étonnant que le premier Etymologiſte Latin ait été un Juriſconſulte. Chez tous les Peuples qui ont une Légiſlation , les mots conſacrés à cette ſcience ſe tranſmettent inviolablement de génération en génération, malgré toutes les altérations du langage: enſorte qu'au bout d'un grand nombre de ſiècles , le Droit ſe trouve en quelque maniere une Langue ſurannée dont on n'entend plus les mots : on eſt donc forcé , pour ne pas parler une Langue inconnue , de remonter à l'origine de ces mots , & d'en rétablir la vigueur & l'intelligence. Dès-lors la Science Etymologique devient pour ceux qui ſe vouent au Droit, un objet de premiere néceſſité , d'autant plus important , qu'il porte eſſentiellement ſur la fortune , les propriétés, l'exiſtence de chacun des individus de la Société. Cet avantage ſeul devroit faire aimer la Science Etymologique à tous les hommes.

Nous aurions pu faire la même remarque dans nos Origines Françoiſes : nos premiers Etymologiſtes & ceux qui ont ſoutenu les plus grands travaux à cet égard , ont été des Juriſconſultes ; le Préſident FAUCHET , Etienne PASQUIER, DES LAURIERES , DU CANGE , TERRASSON , &c.

DISCOURS

L. Elius Stilo.

Elius Gallus fut fuivi de L. Elius Stilo. Cicéron en parle dans fon Brutus : il le dépeint comme un excellent homme & comme un des plus illuftres Chevaliers Romains : il ajoute qu'il, étoit très-fçavant dans les Lettres Grecques & Latines , & très-verfé dans la connoiffance des inventions & des actions des antiques Romains , de même que dans celle de leurs anciens Ecrits. C'eft lui qui fut en ce genre le Maitre de Varron ; il avoit même effayé d'expliquer les Vers Saliens du tems de Numa ; mais il s'en falloit de beaucoup , felon la remarque de fon Difciple , qu'il eût pu les entendre en entier.

Q. Cornuficius.

Nous pouvons mettre au rang des Eléves d'Elius Stilo , un célèbre Contemporain de Cicéron, Q. Cornuficius , Romain auffi diftingué par fon fçavoir & par fon efprit , que par fon rang & par fes richeffes , au jugement même de Cicéron, qui le mettoit au rang des hommes rares de fon fiècle, comme Catulle & Eufebe le mettent au rang des grands Poëtes. Son mérite l'éleva fucceffi-vement à la place de Propréteur dans la guerre d'Illyrie , à celle de Gouverneur de Syrie où il eut de grands fuccès contre Baffus , & à la dignité d'Augure ou de Pontife.

Malgré une vie auffi active , cet illuftre Romain trouva du tems pour s'occuper des Origines de la Langue Latine ; fur lef-quelles il fit un Ouvrage cité avec éloge par les Anciens. Connoiffant auffi-bien les beautés & les avantages de l'Eloquence, de même que la force des mots, il étoit fait pour fentir la nécef-fité de remonter à la caufe de chaque mot, & d'en fixer le fens propre & primitif : ces recherches étymologiques font donc honneur à fon génie & à fon goût : quelle idée doit-on par confé-

quent fe former de cette phrafe d'un Académicien qui, parlant de
Cornuficius, s'exprime ainfi : « La fcience de ce Romain , quoi-
» que du premier ordre, ne dédaignoit pas de s'abaiſſer juſqu'aux
» matieres purement grammaticales, puiſqu'il s'étoit appliqué à la
» recherche des Origines ou des Etymologies de la Langue
» Latine. » *Ne dédaignoit pas* ! Ne diroit-on pas que les mots
devoient être très-flattés de ce qu'on vouloit bien s'occuper d'eux?
qu'un bel éfprit ne fauroit, fans fe rabaiſſer, s'occuper des Elémens du langage, remonter à l'Origine des mots , en peſer la
force? que les Sciences font plus nobles les unes que les autres?
Il faut efpérer que le tems n'eft pas éloigné où l'on craindra de
s'exprimer ainfi , & où l'on regardera comme une vérité inconteſtable que la Science Etymologique eſt la baſe de toute connoiſſance, & que c'eſt par elle qu'on doit commencer toute étude.

N'omettons pas qu'on voit dans les Mémoires de l'Académie
des Infcriptions & Belles-Lettres (*Tom. III. Hiſt.*) une Diſſerta-
tion de M. BAUDELOT fur une Médaille d'or frappée à l'honneur
de Cornuficius : il y porte les titres d'*Augure* & d'*Imperator.*

La Déeſſe *Fauna* ou Junon Conſervatrice , lui met fur la tête
une couronne de laurier. Au revers eſt la tête de *Faunus* ou de
Jupiter Ammon aux cornes de Bélier : emblêmes très-remarquables & pleins de fens.

V A R R O N.

Mais celui qui furpaſſa tous fes concurrens en fait d'Etymologies ou d'Origines Latines, c'eſt M. Terentius VARRON. Nous
avons déjà vu le cas infini que Cicéron en faiſoit : il l'appelle ,
tantôt *le Rechercheur le plus foigneux de l'Antiquité* (1) ;
tantôt *un homme éminent en génie & en ſçavoir.*

_____

(1) Dans fon BRUTUS.

Un Pere de l'Eglife dit de cet illuftre Romain, qu'il avoit tant lu, qu'on étoit étonné qu'il eût eu le tems d'écrire ; & qu'il avoit tant écrit, qu'on étoit étonné qu'il eût eu le tems de lire (1).

Ouvrages que VARRON *compofa fur les Origines Latines.*

VARRON avoit compofé IX Livres fur la Langue Latine ; les trois premiers n'exiftent plus ; mais nous en retrouvons l'objet au commencement du quatriéme. « Je m'étois propofé, y dit Varron, » de faire voir en fix Livres comment les noms avoient été impofés » aux chofes dans la Langue Latine. De ces fix, j'en ai déjà » compofé trois que j'ai envoyés à SEPTIMIUS : j'y traite de l'Art » qu'on appelle ETYMOLOGIQUE : dans le premier, de ce qu'on fe » permet contre cet Art ; dans le fecond, de ce qu'on dit en fa » faveur ; dans le troifiéme, de ce qu'on en peut dire. ».

Ce Septimius, dont le vrai nom étoit P. SEPTIMIUS, avoit été Quefteur fous VARRON, comme on le voit à la fin du VIᵉ Livre : c'étoit un jeune homme plein de goût pour les Sciences, qui fentoit tout ce que valoit fon Maître, & auquel s'étoit attaché celui-ci par un jufte retour.

Pour remplir ce premier plan, Varron compofa trois autres Livres fur les caufes des mots ; il les adreffa à un de fes grands Admirateurs, à Cicéron, qui lui avoit demandé fans doute ce qu'il penfoit fur cet objet, étroitement lié d'ailleurs avec la recherche des Etymologies : il marque à Cicéron qu'il y traite des caufes des mots Latins & de ceux qui ont paffé en ufage chez les Poëtes.

Varron avoue que de très-grandes obfcurités font répandues

_____

(1) S. AUGUST. Cité de Dieu, Liv. VI.

fur cet objet, parce que le tems a détruit une partie de ces mots :
& qu'entre ceux qui ont échappé à fes ravages, il en eft qui n'ont
pas été impofés avec exactitude ; tandis qu'à l'égard de ceux même
qui ont été affignés aux chofes de la maniere la plus parfaite, les
uns fe font altérés à la longue, d'autres ont changé infenfiblement
de fignification.

« Quant à ceux , dit-il, que le tems a détruits , Mucius &
» Brutus ne pourroient jamais les rétablir, malgré leur ardeur
» pour ce genre de recherches ».

Ce font donc ici deux Sçavans Etymologiftes Latins , qui
feroient abfolument inconnus fans ce paffage : mais l'affertion à
laquelle ils donnent lieu, prouve combien peu Varron étoit ferme
dans fes principes. Sur quoi fe fondoit-il en effet, pour croire que
des mots étoient totalement perdus ? Etoit-ce parce qu'on n'entendoit plus le fens de quelques anciens mots ? mais on devoit le
retrouver par fes racines. Etoit-ce parce qu'on ne trouvoit plus
les racines de ces mots ? mais il falloit les chercher dans les
Langues plus anciennes.

On peut juger par-là du peu d'utilité de ce qui nous refte de
Varron à cet égard : on n'y trouve prefqu'aucun fecours pour les
Origines Latines. Comment auroit-il pû réuffir ? Il fe bornoit aux
mots dérivés du Latin ou du Grec ; quelquefois il en entrevoit
d'Ofques ou de Sabins, comme nous avons dit ; mais c'étoit pour
lui un effort prodigieux, & le *non plus ultrà* des Etymologiftes.

Cependant, il étoit le plus fçavant des Romains, parce qu'aucun
d'eux n'avoit porté plus loin les connoiffances en ce genre, &
n'avoit mis une auffi grande variété dans ces connoiffances : comme
nous en pouvons juger par la continuation du Difcours que lui
adreffe Cicéron , & dont nous avons rapporté le commencement
ci-deffus. « Vous avez compofé, lui dit-il encore, un Poëme

» auffi varié qu'élégant, dans lequel vous faites entrer toutes nos
» différentes efpéces de Vers. Vous avez même fouvent traité de
» la Philofophie, fi ce n'eft affez pour l'enfeigner, du moins
» d'une maniere affez intéreffante pour porter les hommes à fa
» recherche ».

D'ailleurs Varron parloit aux Romains, de Rome, de leur
Origine, de leur Langue dont ils étoient des enthoufiaftes fi outrés
que Cicéron lui-même prétendit prouver qu'elle l'emportoit en
abondance & en choix de termes fur la Langue Grecque : Varron
étoit donc bien fûr de plaire aux Romains & d'en être admiré.

Utilité de fes Ouvrages.

On chercheroit en vain de l'éloquence dans fes Ecrits ; mais on y
trouve beaucoup de fagacité & une profonde connoiffance des
Poëtes Latins, peu anciens quant au tems, mais très-anciens par
la rapidité avec laquelle leur Langue avoit vieilli. Ces citations
embelliffoient fes Etymologies ; elles préfentoient aux Romains
un fpectacle nouveau en les tranfportant au-delà de leur fiècle ;
elles faifoient mieux fentir la beauté & l'avantage de fon travail.
Nous y trouvons nous-mêmes celui de connoître le génie de ces
Poëtes dont nous n'aurions prefqu'aucune idée, la plupart de leurs
Ouvrages étant perdus ; ainfi que nous avons laiffé perdre ou que
nous négligeons prefque tous les Ecrits de nos premiers Poëtes :
il n'eft aucun Peuple qui, dès qu'il a des Ouvrages plus intéreffans,
tienne compte de ceux qu'il admiroit le plus auparavant, & dont
il étoit auffi inféparable qu'un enfant de fes joujoux.

Tels étoient L. ATTIUS, Livius ANDRONICUS, NÆVIUS,
PACUVIUS, ENNIUS, fur lefquels nous entrerons dans quelque
detail à la fuite de ce Difcours, & quelques autres qui ne font
connus que par ce qu'en dit VARRON.

II

Il nous apprend, par exemple, que dans l'efpace de dix ans, on oublia entiérement le *Teucer* de Livius Andronicus, parce qu'il fut abfolument éclipfé par le *Teucer* de Pacuve ; Piéce également perdue malgré fon fuccès fi mérité, que Cicéron lui-même en fait l'éloge dans fon Traité de l'*Orateur*.

Mais pour en revenir à ce qui fait l'objet des trois Livres fur la Langue Latine que Varron avoit adreffés à cet illuftre Orateur Romain, le premier traite des noms de lieux ; le fecond, des noms de tems ; & le troifiéme, des mots employés par les anciens Poëtes, relativement à ces objets. C'eft ainfi que Varron les intitule lui-même.

A ces fix Livres, c'eft-à-dire aux trois adreffés à Septimius & aux trois adreffés à Cicéron, leur Auteur en ajouta trois autres qui fubfiftent, ainfi que ces trois derniers, à l'exception de quelques lacunes : ils ont pour objet la formation des Cas & des Tems, ou ce que nous appellons Déclinaifon & Conjugaifon, & que Varron appelle fimplement la *Déclinaifon des Noms & des Verbes*.

Calcul d'un Ancien fur le nombre des radicaux Latins.

Varron rapporte dans fon cinquième Livre un calcul de Cosconius, trop relatif à nos recherches actuelles pour l'omettre. Ce Savant n'admettoit qu'environ MILLE MOTS RADICAUX dans la Langue Latine ; nombre fuffifant, difoit-il, pour en dériver au befoin cinq cens mille mots. Varron avoit déjà dit, au commencement du quatrième Livre, que les mots fe formoient par grandes familles. Ainfi ces vérités importantes n'avoient pû leur échapper ; mais comment étoient-elles demeurées ftériles jufqu'ici ?

DISCOURS

De quelques autres Ouvrages de Varron.

Ce ne font pas encore là les feuls Ouvrages de ce favant & laborieux Romain. Les anciens nous ont confervé les titres & les fragmens d'un grand nombre d'autres ; tels qu'un Traité en plufieurs Livres fur la *Vie privée* du Peuple Romain, & un Ouvrage fur l'*Education des Enfans*. Un objêt de cette importance dut occuper fans doute les Romains au moment où les Sciences & les Arts fe développerent chez eux ; & ils durent s'élever plus d'une fois avec force contre des défauts à-peu-près femblables à ceux qu'on reléve dans l'éducation moderne.

NONIUS MARCELLUS (chap. xiv.) nous a confervé un paffage de ce dernier Livre de Varron, que nous allons effayer de traduire. *Ut puellæ habeant potiùs in veſtitu chlamydas , encombomata ac parnacidas quàm togas.* « Que les jeunes Romaines portent plutôt » des furtouts, des fourreaux , des polonoifes , que des robes de » parure , que des toges ».

On fait que la toge étoit l'habit caractériftique des Romains ; hommes & femmes : mais c'étoit un habit de parure ; Varron condamne donc les meres qui le faifoient porter à leurs filles encore jeunes : il leur donnoit un air trop âgé , il les affujettiffoit à trop de gêne , à trop de repos. Cet illuftre Auteur veut donc des habits plus légers , plus fveltes , mieux affortis à l'âge des jeunes Romaines, tels que des furtouts , des fourreaux , des robes femblables aux polonoifes ; car c'eft à-peu-près le fens des mots Latins employés ici, tous empruntés de la Grèce ou d'Athènes (1) ;

(a) La CHLAMYS étoit une Robe Grecque plus jufte au corps que la Toge , & qu'on mettoit également par-deffus les autres habits. ENCOMBÔMA , mot formé d'*Encombofthers*, lié , défignoit une Robe qui fuivoit en quelque façon les contours du corps & en facilitoit les divers mouvemens. PARNACIS eſt un mot compofé de *pars* ou *paros*, autre Robe Grecque, & *niſos*, jufte. Il paroît par ces divers noms que les deux premiers de ces habits fervoient fur-tout pour l'intérieur ; & le dernier , pour les vifites du dehors.

on ne fauroit douter en effet qu'il ne fût du bon ton à Rome de fuivre les modes des Athéniens , le feul Peuple de ce tems-là diftingué par fon goût & par fon élégance, le feul qu'on puiffe comparer aux Habitans de la Capitale des François.

D'ailleurs il n'étoit point indigne de Varron de s'occuper de l'habillement des jeunes gens : cet objet fait une partie effentielle de l'éducation, par fes influences fur la fanté, fur la meilleure conftitution du corps, fur la vigueur de l'ame : des habillemens trop ferrés ou trop larges, trop chauds, trop recherchés, font tous plus ou moins nuifibles dans la jeuneffe principalement, où tout doit concourir au développement du corps & à l'accroiffement de fes forces. Si on a fait des études profondes fur tout ce qui peut favorifer le développement des arbres & des plantes, pour_quoi feroit-on plus dédaigneux à l'égard des jeunes gens, de ces plantes qui font l'efpoir des Familles & des Etats, & qui font fi fupérieures à ces arbuftes, de la confervation defquels on s'oc-cupe avec tant de foin ?

Des Livres de Varron fur l'Economie Rurale.

N'omettons pas un autre Ouvrage de Varron qui nous eft par-venu prefqu'en entier : c'eft celui qu'il fit fur l'Economie Rurale, *de re ruftica*, & qu'il divifa en trois Livres, fur l'agriculture, fur les beftiaux & fur tout ce qui compofe une baffe-cour, *de agricul-tura, de re pecuaria, de villaticis paftionibus.* On voit à la tête une lifte de tous les Grecs, au nombre d'une cinquantaine, qui avoient traité ces mêmes objets, & on y lit ces anecdotes, qu'un Carthaginois, nommé MAGON, avoit auffi compofé en Langue Punique un Ouvrage fur l'agriculture ; que cet Ouvrage étoit divifé en XXVIII Livres ; que Caffius Dionyfius d'Utique l'avoit traduit en Grec en le réduifant à XX Livres qu'il dédia au Préteur Sextilius ; & que Diophanes de Bithynie en fit un abrégé en VI Livres qu'il envoya au Roi Dejotare, Prince contemporain de Cicéron.

On voit par-là que dans tous les tems & chez tous les Peuples on s'occupa effentiellement de tout ce qui avoit rapport à l'Economie rurale, Science trop négligée quoiqu'elle foit la bafe des Familles & des Empires, & la fource de toute richeffe : mais qu'il étoit réfervé à notre fiécle & à notre tems de porter au-delà de tout ce qu'on avoit apperçu jufqu'ici.

Il n'eft donc pas étonnant qu'un Auteur auffi infatigable & auffi éclairé que Varron, d'ailleurs grand Propriétaire lui-même, ait voulu rédiger tout ce que fes lectures & fon expérience lui avoient appris de plus intéreffant fur l'Economie rurale, dans un tems fur-tout où l'Italie étoit devenue en quelque forte le bien propre des Familles Romaines les plus puiffantes.

Editions des Ouvrages de Varron.

Quant aux Editions des Ouvrages de Varron, la meilleure que je connoiffe eft celle d'Henri ETIENNE, Paris 1573. *in-8°*. accompagnée des remarques & des corrections de Jofeph SCALIGER & d'Adrien TURNÉBE fur ceux qui ont la Langue Latine pour objet : & des corrections d'AUGUSTIN & de VICTORIUS, ainfi que des Commentaires du même Scaliger fur les Livres qui traitent de l'Agriculture.

Le Jurifconfulte GODEFROY mit les Livres de Varron fur la Langue Latine à la tête de fon Recueil des anciens Auteurs fur cette Langue, qu'il fit imprimer à Genève en 1623. *in-4°*.

M. Verrius Flaccus.

M. Verrius Flaccus étoit un affranchi (1) célébre par son savoir qu'Auguste choisit pour donner des leçons à les petits-fils, & qu'il plaça pour cet effet avec toute son Ecole dans son Palais : c'est-là que Flaccus enseignoit, dans le vestibule de la maison de Catilina qui en faisoit partie.

Il composa , & sans doute à l'usage de ses illustres Eléves, un Traité de la *signification des mots* , où il donnoit l'étymologie des uns , la valeur des autres, en les appuyant de passages des Auteurs les plus remarquables, & de traits d'Histoire intéressans ; il y fit entrer aussi une multitude de vieux mots qui n'étoient plus entendus de son tems.

Flaccus mourut sous le regne de Tibère, dans un âge fort avancé : on voyoit sa statue dans une des Places publiques de Préneste, où il avoit fait graver sur le marbre des Fastes de sa façon.

Son Ouvrage ayant été abrégé par un Grammairien nommé Sextus Pomponius Festus , fut si fort négligé dans la suite, qu'il n'existe plus. L'abrégé qu'en avoit fait Festus n'eut pas un meilleur sort, parce qu'il fut également abrégé lui-même sous le regne de Charlemagne par Paul Diacre. Il ne nous reste ainsi que l'abrégé d'un abrégé, imprimé à la suite de Varron par Godefroy , avec des fragmens du Livre de Festus épars çà & là, & mutilés, que divers Savans ont rassemblé & restitué de leur mieux avec beaucoup d'art & d'intelligence.

Nonius Marcellus.

A la suite de Festus , est l'ouvrage d'un Philosophe Péripatéti-

_____

(1) Suetone , sur les Grammairiens.

cien de Tivoli, nommé Nonius Marcellus, fur la propriété des mots, qu'il compofa en faveur de fon fils.

Les mots y font diftribués par matieres ; l'Auteur a foin de donner l'étymologie de chacun de ceux qu'il emploie, & de les accompagner de quelque paffage qui en conftate l'ufage & le fens. Cet Ouvrage eft utile pour connoître la valeur d'un grand nombre de mots Latins : mais on ne doit pas s'attendre d'y trouver des étymologies plus heureufes que dans les autres Ouvrages de ce genre.

ISIDORE.

Le dernier des Etymologiftes anciens dont nous ayons à parler, eft Isidore, Evêque de Séville en Efpagne, dans le VIIᵉ fiècle. Il compofa une efpéce d'Encyclopédie, divifée par fciences, fous ce titre : *Vingt Livres des Origines ou des Etymologies, tirés de l'Antiquité*. Ce font des Traités de Grammaire, de Rhétorique, de Dialectique, de Mathématiques, de Mufique, d'Aftronomie, de Médecine, de Droit, de Théologie, de Phyfique, de Géographie, de Minéralogie, poids & métaux, d'Agriculture, d'Art Militaire, &c.

Cet Ouvrage qui étoit le réfumé d'une très-grande lecture & de connoiffances très-variées, dut avoir le plus grand fuccès dans l'état d'ignorance & de barbarie où l'Europe venoit d'être réduite par les convulfions effroyables que lui faifoient fouffrir ces Barbares qui bouleverfoient depuis quelques fiécles l'Empire Romain.

On y trouve quelques traditions intéreffantes, telles que celle qui faifoit regarder les Ombriens comme Gaulois d'origine, & celle qui dérivoit le nom des Allemands de ce Fleuve Leman dont parle Lucain :

Deferuere cavo tentoria fixa Lemano.

Cependant on ne fauroit s'en rapporter entiérement à Ifidore, du moins en fait d'étymologies ; pour une vraie & intéreffante, il en rapporte une multitude de fauffes, que divers Auteurs n'ont cependant pas dédaigné d'adopter.

Exemples des Etymologies de Varron & de Feftus.

Mais afin qu'on ne croye pas que nous blâmons mal-à-propos les Etymologies des favans Romains, rapportons-en quelques-unes prifes au hafard à l'ouverture du Livre.

VARRON, par exemple, dit que le Merle, *merula* en Latin, fut ainfi nommé du Latin *mera* pur, fans mêlange, parce qu'il vole leul, tandis qu'il vient du Celte MER, qui fignifie *noir*.

Il dit avec fon Maître Elius que le Renard fut appellé *vulpes*, parce qu'il vole du pied, qu'il a le pied léger ; mais eft-il plus léger que le Cerf, que le Liévre, &c ?

Que la Noix fut appellée *nux*, parce que, femblable à la nuit, elle rend noires les mains qui la touchent.

Et la Pomme *malum*, parce que les Eoliens lui donnoient déjà ce nom.

FESTUS dérive *avide* de *a*, fignifiant non, & de *videre* voir, parce qu'on defire ce qu'on ne voit pas.

Audace, d'avide ; *cafa*, maifon, de *cavation*, excavation : *celfus* élevé, du Gr. *Kelés*, Cavalier.

Ils dérivent tous deux le mot *Braffica*, chou, de *præfecare*, couper.

MARCELLUS exalte l'étymologie qu'ANTISTIUS LABEO avoit donnée du mot *Soror*, Sœur, celle qui naît à part, *feorfim*, & qui fe fépare de la famille où elle eft née. C'eft ce qu'il appelle une ÉLÉGANTE EXPLICATION.

Aucune de leurs Etymologies qui ne rentre dans celles-là :

n'en foyons pas furpris. Ce genre de recherches ne peut réuſſir qu'autant qu'on remonte à la Langue premiere & à la nature, bafe de toute Science : s'en féparer, fuivre toute autre route , c'eſt s'égarer néceffairement : plus on aura d'efprit , & plus on extravaguera , plus on aura l'air du délire : c'eſt ainſi que les Ouvrages de ces Etymologiſtes Latins , de Ménage , de Ferrari , d'une foule d'autres , ont été de la plus petite utilité poſſible , parce qu'ils manquoient toujours par les fondemens.

ARTICLE III.

Etymologistes Modernes fur la Langue Latine.

§. I.

La plupart la dérivent de l'Hébreu.

Au renouvellement des Sciences en Europe , on s'appliqua avec une ardeur inconcevable à l'étude des Langues favantes : on dévora les Livres Latins , Grecs , Arabes , Hébreux , &c. en même-tems qu'on ne négligeoit rien pour remonter à l'origine de ces Langues. A cet égard , il n'y eut en quelque forte qu'une opinion ; on vit toutes les Langues dans l'Hébreu : chaque mot , Grec , Latin , &c. dut reſſembler , bon gré malgré , à un mot Hébreu ; on l'allongeoit , on le raccourciſſoit , on le changeoit juſqu'à ce que le rapport fût parfait : jamais Phalaris ne diſloqua mieux les malheureux étrangers qui tomboient entre fes mains , pour les aſſortir à la longueur de fon lit.

Il parut donc dans les XVIe & XVIIe fiécles une multitude d'Ouvrages où l'on fe propoſoit de prouver que la Langue Hébraïque eſt la premiere de toutes les autres , la Langue-Mere dont toutes

font

font defcendues : Ouvrages en général fans goût, fans principes, fans critique, fans philofophie ; malheureux effais où l'érudition eft prefque toujours en pure perte, où elle ne fert qu'à égarer ; fruits trop précoces de connoiffances qu'on n'avoit pas affez approfondies : mais tel étoit le génie de ces fiécles encore barbares : on formoit des fyftêmes avant d'avoir acquis les matériaux dont ils devoient être les réfultats : & tout étoit bon, pourvû qu'il vint à l'appui de ces fyftêmes.

C'eft fur-tout dans les Dictionnaires deftinés à démontrer que le Latin defcend de l'Hébreu, que ce malheureux efprit de fyftême fe manifefte avec le plus d'appaiat, & avec le moins de fuccès.

Plufieurs Savans du xvii⁰ fiécle en particulier, compoferent, à l'envi les uns des autres, des Dictionnaires pareils : on peut diftinguer ceux-ci.

§. II.

Noms de ces principaux Etymologistes.

Etienne Guichard, Avocat, qui fit paroître en 1610 un Ouvrage François *in-8°.* intitulé : *l'Harmonie Etymologique des Langues*, où il tâche de les ramener à l'Hébreu, fur-tout le Grec & le Latin.

M. Georges Cruciger, qui publia en 1616 une Harmonie des Langues Hébraïque, Grecque, Latine & Germanique.

Chrétien Becman, Théologien d'Anhalt : on a de lui un Dictionnaire Latin dérivé de l'Hébreu, fous le titre de *Manuductio ad Latinam Linguam* ; c'eft un gros *in-8°.* imprimé en 1629.

Emeric Casaubon, fils du célébre Ifac : il fe propofa de prouver, d'après les idées de fon pere, que la Langue Grecque eft defcendue de l'Hébraïque, & que l'ancienne Langue Angloife vient de la Grecque. C'eft ce qu'il développoit dans la Préface d'un

Ouvrage imprimé en 1650, en Latin fur les rapports de l'Hébreu, & du Saxon.

GÉRARD-JEAN VOSSIUS, du Palatinat, & Profeffeur à Leyde : il publia en 1662 un Dictionnaire Etymologique de la Langue Latine, *in-folio*. Son but eft de ramener cette Langue au GREC, & au défaut du Grec, à l'Hébreu. On trouve dans cet Ouvrage une très-vafte érudition, une profonde connoiffance des Auteurs qui avoient déjà parcouru cette carrière, un grand apparat : & cependant peu d'Etymologies qu'on puiffe adopter, & prefque jamais de principes fûrs ; tout y paroît l'effet du hafard.

Le P. LOUIS THOMASSIN, Prêtre de l'Oratoire, fans être effrayé du peu de fuccès de toutes ces tentatives, fit imprimer en 1693 un Ouvrage en deux gros volumes *in* 8°. intitulé : *Méthode d'étudier & d'enfeigner chrétiennement la Grammaire ou les Langues . . . . en les reduifant toutes à l'Hébreu.* Le premier volume renferme des Préliminaires fort étendus fur le rapport des Langues & leur defcendance de l'Hébreu : un Vocabulaire Malayen & un Dictionnaire Saxon, ramenés à l'Hébreu. Dans le fecond, les Dictionnaires Grecs & Latins font ramenés également à cette même Langue Hébraïque.

§. III.

Motifs dont ils appuyoient leur fyftême que les Langues defcendoient de l'Hebreu.

Voici quels étoient les motifs de ces Savans qui voyoient toutes les Langues dans l'Hébreu : je tâcherai de n'en affoiblir aucun, de les préfenter dans toute leur force.

La Langue Hébraïque tranfmife de main en main depuis Adam jufqu'à Abraham, étoit la Langue qu'on avoit parlé dans le Paradis Terreftre, la Langue de Dieu même.

language of god.

Cette Langue s'étoit confervée au moment de la confufion, dans la Famille d'Héber, Chef des Hébreux par Abraham, & cet avantage fut l'effet des mêmes caufes qui avoient deftiné cette Famille à devenir le Peuple de Dieu.

Cette Nation choifie auroit-elle pû changer de Langue, s'écarter de ces expreffions facrées avec lefquelles fes Chefs, fes Légiflateurs avoient converfé avec la Divinité ?

D'ailleurs, la fimplicité de cette Langue, l'énergie de fes mots, le fens fublime qu'elle offroit dans tous les noms des premiers hommes & dans ceux des objets de la nature, lui affuroient la prérogative d'avoir été la premiere.

Enfin, le rapport de toutes les autres avec celle-là, lui donnoit inconteftablement la primauté fur elles.

§. IV.

Objections qu'on alléguoit contre ce fyftéme.

Cette opinion ne fut cependant pas généralement adoptée, & voici comme on raifonnoit.

Dès le commencement il n'y eut qu'une Langue ; or cette Langue fut la Langue Primitive ou Adamique ; mais elle n'appartint pas plus à la famille d'Héber qu'aux autres defcendans de Noé ; on pouvoit l'appeler la Langue des NOACHIDES, mais non Langue Hébraïque.

Elle ne put porter ce dernier nom que lorfque les Hébreux furent devenus une Nation ; mais dans ce moment il exiftoit déjà une foule de peuples, les Chaldéens, les Méfopotamiens, les Affyriens, les Madianites, les Egyptiens, les Cananéens, les Scythes, les Grecs, les Arabes, les Ethiopiens, &c.

Chacun de ces Peuples avoit une Langue à foi, femblable ou non à celle des Hébreux.

Si elles n'étoient pas femblables à celle-ci, il feroit abfurde de lui en attribuer l'origine.

Si on affirme au contraire que ces Langues font fi femblables à la Langue Hébraïque qu'on en peut reconnoître toutes les origines dans celle-ci, il en réfulte qu'elles ne font femblables à la Langue des Hébreux que parce qu'elles defcendent toutes de la Langue primitive.

La queftion fe réduit donc entiérement à ce fait : Si la Langue des Hébreux eft fi parfaitement & fi complettement conforme à la Langue primitive, qu'on n'apperçoive entr'elles aucune différence ; car alors elle tient lieu de cette Langue primitive , & elle la remplace, fur-tout fi elle eft la feule en qui on reconnoiffe ces rapports.

Mais pour le prouver, il faut donc connoître déjà la Langue primitive ; fans cela comment s'affurer qu'elle eft parfaitement confervée dans l'Hébreu ? Mais une fois que vous avez pu remonter à la Langue primitive , vous n'avez befoin de l'Hébreu que pour vous affurer s'il reffemble plus que les autres Langues à la primitive.

On a cru , à la vérité, pouvoir décider cette queftion par une fuppofition de droit. Les Hébreux ne fe font jamais mêlés avec les autres Nations : ils ont donc eu conftamment la même Langue. Sans doute le génie de cette Langue aura été inaltérable ; mais dans la comparaifon des Langues il ne s'agit pas feulement de leur génie, mais fur-tout de la maffe des mots : il n'eft peut-être aucune Langue qui, fans ceffer d'être la même au premier égard, n'ait prodigieufement changé au fecond : c'eft ainfi que les Langues Angloife & Theutone dont le génie eft le même, différent prodigieufement par rapport aux mots : c'eſt ainſi que le François actuel ne reſſemble preſque plus au vieux François.

Quelle certitude a-t-on que dans l'eſpace de tems qui s'écoula depuis Héber juſqu'à Moyſe, dans cet eſpace de tems où les *Heber* Hébreux furent voyageurs en Méſopotamie, en Canaan, en Egypte, en Arabie, ils ne firent aucun changement à leurs mots, ils n'abandonnerent pas l'uſage de pluſieurs radicaux ?

Si depuis le tems de Moyſe juſqu'à celui de David, on apperçoit déjà des nuances dans cette Langue, ſi les Prophétes du tems de la captivité ne purent empêcher qu'elle ne s'altérât prodigieuſement, s'ils adopterent eux-mêmes une foule de mots étrangers, s'ils ne crurent pas nuire en cela à la majeſté de leur Langue, pourquoi n'en auroit-il pas été de même auparavant ?

Sur-tout quelle preuve avons-nous, par exemple, que lorſque Moyſe donna une légiſlation, une police, un culte, des poids, des meſures, des habillemens, &c. au Peuple Hébreu, il évita avec ſoin d'employer aucun des noms par leſquels quelques-uns de ces objets étoient déjà déſignés par leurs voiſins, lors ſur-tout que ces objets étoient empruntés de ces mêmes voiſins ?

Tant qu'on ne pourra pas démontrer toutes ces choſes, on ne ſera pas en droit d'affirmer que la Langue Hébraïque repréſente parfaitement la Langue primitive, qu'elle en tient lieu.

Lors même qu'on le démontreroit, il en réſulteroit que les autres Langues ne reſſemblent à celle des Hébreux, que parce qu'elles deſcendent comme elle de la Langue primitive, qui dès ce moment n'eſt pas plus celle des Hébreux que celle des autres Peuples ; car certainement ce ne ſont pas les Hébreux qui apprirent aux Nations à parler.

Ramener toutes les Langues à la Langue Hébraïque, étoit

donc ne faire que la moitié du chemin ; car on étoit toujours en droit de demander quelles étoient donc les caufes du rapport de toutes les anciennes Langues avec celle des Hébreux, dont l'exiſtence ne date au plus, comme celle de tous les autres Peuples, que de la diſperſion au tems d'Héber.

On péche donc contre l'exactitude en diſant que toutes les Langues deſcendent des Hébreux, & on s'ôte en même-tems tout moyen de démontrer l'excellence de celle-ci ; au lieu que lorſqu'on remonte à une Langue primitive dont toutes les autres ſont deſcendues, il devient très-aiſé de faire ſentir le plus ou le moins de pureté de la Langue Hébraïque par ſa conformité avec cette Langue ; & de s'aſſurer ſi elle éprouva des changemens ou non, & quelle fut la nature de ces changemens.

Lors même qu'on pourroit démontrer que la Langue Hébraïque eſt parfaitement conforme à la primitive, on ſeroit encore obligé d'examiner, relativement à la Langue Latine, ſi elle deſcend immédiatement de la Langue Hébraïque, ou ſi elle ne ſe forma pas d'après quelque autre Langue qui avoit déjà altéré cette Langue primitive : & alors ne verroit-on pas que le Latin dut deſcendre des anciennes Langues de l'Italie, & que celles-ci durent deſcendre des anciennes Langues de l'Europe ; enſorte, qu'entre la Langue Latine & celle des Hébreux, il ſe trouve une foule de Langues intermédiaires qui empêchent néceſſairement qu'on puiſſe remonter de l'une à l'autre ſans le ſecours de tous ces intermédiaires.

Ajoutons que ſi on ramenoit à des principes ſimples & inconteſtables ceux qui croyent trouver toutes les Langues dans l'Hébraïque, ils s'appercevroient bientôt que rien n'eſt plus arbitraire que leur marche, & rien de moins démontré que leurs ſuppoſitions gratuites.

Selon eux, ces rapports font plus clairs que le jour, rien ne les arrête : trouvent-ils des mots compofés dans l'Hébreu qui correfpondent à des mots fimples dans les autres Langues, ce font ces mots fimples qui viennent des compofés, & non ceux-ci qui viennent des fimples : trouvent-ils des mots Hébreux dont les confonnes foient foibles, tandis que dans les autres Langues ces mots font compofés de confonnes fortes, ce font ceux-ci qui dérivent des autres. Un mot offre-t-il en Hébreu un fens figuré, tandis que dans les autres Langues il offre le fens propre & naturel, c'eft celui-ci qui s'eft formé du premier. Ainfi le fimple dérive du compofé, le fort du foible, le propre du figuré : & après des travaux immenfes, on n'a rien prouvé, rien éclairci, on fe trouve moins avancé qu'auparavant.

§. V.

Etymologiftes qui ont cherché l'origine du Latin dans d'autres fources.

D'après ces vues plus ou moins développées, d'autres Savans crurent devoir chercher les origines Latines ailleurs que dans l'Hébreu. On regarda la Langue Latine comme un mêlange d'Aborigene, de Grec, de Phénicien.

D'autres, offufqués du nom d'Aborigene, & prétendant que les premiers habitans du Latium avoient été des Theutons, crurent voir la Langue Germanique dans celle des Romains.

Tandis que quelques-uns s'élevant plus haut chercherent la Langue Latine dans celle des Celtes, & en particulier dans le Dialecte des Gaulois.

DISCOURS

1°. *Dans la Langue Germanique.*

JEAN VORSTIUS, en 1653, de Dithmarse dans le Holstein & Bibliothécaire de l'Electeur de Brandebourg;

JACQUES REDINGER, en 1659, firent paroître des Ouvrages sur le rapport de la Langue Allemande & de la Latine.

JEAN-LOUIS PRASCHIUS, Bourgmestre de Ratisbonne, & qui avoit de grandes connoissances, publia en 1686 & en 1689 divers ouvrages pour établir que la Langue Allemande étoit la mere de la Latine, & pour montrer les rapports d'une multitude de mots communs aux deux Langues.

JEAN-NICOLAS FUNCCIUS publia en 1720 un Ouvrage sur l'enfance de la Langue Latine, où il dit avoir déjà prouvé que les premiers habitans de l'Italie étoient venus de la Germanie, & qu'ils y avoient nécessairement porté leur Langue.

Si ces Savans avoient connu les rapports du Latin & du Persan, ils en auroient tiré une grande preuve en leur faveur, puisque l'Allemand ne ressemble pas moins au Persan, & que pour passer de la Perse en Italie, il faut traverser la Germanie.

2°. *Dans la Langue Celtique.*

Le P. PEZRON, Abbé de la Charmoye, s'ouvrit une nouvelle route; il prétendit que le Latin descendoit de la Langue des anciens Gaulois ou du Celte; mais personne ne crut à lui: il fut conduit à cette idée par les rapports qu'il apperçut entre le Latin & le Bas-Breton, sa Langue maternelle, étant né à Hennebon dans le Diocèse de Vannes. Son Ouvrage sur cet objet fut imprimé en 1703.

Ce

Ce Savant qui étoit fait pour s'ouvrir des routes nouvelles, se rapprochoit des idées de Boxhornius, de Stiernhielm, de Leibnitz, qui voyoient dans toutes les Langues de l'Europe des filles d'une seule Langue qu'ils appelloient Scythique, ou Celto-Scythe; & que Saumaise appelloit Langue Géti-que.   *Scythic*

Ces idées n'avoient eu aucune suite, lorsqu'en 1754, Bullet, Professeur à Besançon, fit imprimer son Dictionnaire Celtique   *Celtic Dict* en trois vol. in-fol. destiné à faire voir que le Latin de même que toutes les Langues de l'Europe, descendent de la Langue Celtique. Dans les Préliminaires de cet Ouvrage, il établit: Que la confusion des Langues ne fut qu'une diversité de Dia-lectes: Que la Langue Celtique est un de ces Dialectes: & que la Langue Latine descend de celle-ci, parce que les Celtes & les Gaulois pénétrerent, avant tout autre Peuple, dans l'Italie.

Cet Ouvrage infiniment précieux pour acquérir la connoissance de la Langue Celtique & celles de ses immenses rami-fications, n'avoit cependant pû persuader aucun de nos Savans: ils continuoient de croire que les rapports qui pouvoient exis-ter entre le Bas-Breton, le Gaulois, le Theuton, &c. & la Langue Latine, étoient absolument dûs à cette derniere; des Peuples barbares, tels que ceux là, n'étant faits que pour profi-ter de la Langue d'un Peuple poli tel que les Latins, & non pour lui communiquer leurs mots.

Aussi il ne persuada aucun Savant, d'autant plus que tom-bant dans la même faute que tous les Etymologistes, il suffi-soit qu'un mot Latin eût le moindre rapport avec un mot Celtique, pour qu'il se crût en droit de conclure que le mot Latin dérivoit du Celtique, quoique celui-ci fût plus composé, ou qu'il fût manifestement dérivé du Latin.

Orig. Lat.   e

DISCOURS

§. VI.

Comment on peut parvenir à la vérité sur cet objet.

Comment se décider au milieu de ces opinions diverses, soutenues également par nombre de Savans, & qui ont chacune pour soi une foule de rapports dont on ne peut douter?

Il n'est qu'un seul moyen de les juger toutes, non d'après des données systématiques & dénuées de preuves, mais d'après des principes lumineux & incontestables, qui puissent nous conduire à la vérité simplement & sûrement.

Nous ne risquerons donc point de nous tromper, lorsque ne regardant la Langue Hébraïque & la Latine que comme des points de comparaison relativement à la Langue primitive, nous ne mutilerons point les mots de ces deux Langues pour établir qu'elles sont descendues l'une de l'autre, & que nous chercherons par quels canaux passa la Langue Latine depuis les tems primitifs, avant de devenir la Langue du Latium.

On sait à n'en pas douter que la Latine éprouva de très-grandes variations, ainsi que toutes les Langues, & que dans son origine elle n'étoit pas ce qu'elle devint dans ses beaux jours; mais s'étoit-elle formée immédiatement de la Langue primitive, ou étoit-elle descendue d'une autre Langue entée elle même sur la primitive?

Cette question tient nécessairement à celle ci. Les Latins sont-ils un Peuple primitif; ou en d'autres termes, vinrent-ils en droiture dans l'Italie après la dispersion des Peuples?

Mais peut-il entrer dans l'esprit, que dans l'origine une Colonie sortie du cœur de l'Asie vint aborder directement dans le Latium? N'est-il pas plus conforme à la raison, de penser que tout l'efpace qui eft entre l'intérieur de l'Afie & les Alpes fe peupla fucceffivement, quoiqu'affez vîte, de proche en proche, & que de quelqu'une de ces Colonies fortirent celles qui vinrent peupler le Latium, après avoir peuplé le refte de l'Italie? Qu'ainfi la Langue Latine tiendra néceffairement & immédiatement à ces Colonies, tandis qu'elle ne tiendroit à la Langue primitive que médiatement; & à la Langue Hébraïque, que comme étant dérivées d'une fource commune?

Examinons donc par quelles Nations fut peuplée l'Italie; fi elle le fut par des Afiatiques parlant Hébreu, ou par des Européens parlant Celte. Ce font des gradations effentielles pour diffiper les ténèbres répandues fur cet objet, & cependant trop négligées jufqu'ici.

ARTICLE IV.

DE L'ORIGINE DES PEUPLES DE L'ITALIE.

§. I.

L'Origine des premiers Peuples de l'Italie, peu connue.

L'Origine d'une Langue tient conftamment à celle des Habitans de la contrée où elle fe parla : mais fouvent cette derniere Origine eft auffi difficile à découvrir que la premiere : fouvent les Peuples qui porterent une Langue dans un pays, en ont été retranchés fans qu'il en refte aucune trace ; fouvent encore l'Hiftoire qui nous a tranfmis les Noms de ces Peuples, garde un filence profond fur les contrées qui les virent naître.

Les guerres fanglantes que les Romains furent obligés de foutenir pendant quatre cens ans contre les Peuples de l'Italiavant de les affervir, font caufe à la vérité qu'on nous a tranfmis les noms de ces Nations courageufes, qui les premieres eurent de vaftes poffeffions dans l'Italie ; quel eft l'homme fi étranger dans la République des Lettres qui n'ait entendu parler des Latins, des Etrufques, des Ofques, des Sabins, des Samnites, &c. ? Qui n'a pas eu occafion de détefter une fois en fa vie l'ambition & la rapacité dévorante des Romains qui exterminerent ces Peuples par le fer & par le feu, qui réduifirent leurs Villes en cendres ; qui changerent l'Italie en vaftes déferts, qui lui ôterent toute reffource contre les Barbares qui devoient un jour leur en arracher la poffeffion ? Qui n'a pas admiré une fois en fa vie le courage héroïque de ces Peuples paifibles & floriffans ? Qui n'a pas vû avec regret que leurs efforts contre les Romains n'ayent pas été couronnés d'un meilleur fuccès ; que leur deftinée n'ait pas pû réfifter davantage à la férocité des Romains, que la deftinée des Habitans du nouveau monde à la férocité barbare des Européens ?

§. I I.

Comment on peut efpérer de découvrir cette Origine.

Máis qui jufqu'ici a pû nous dire quelle avoit été l'origine des premiers Peuples de l'Italie ; & d'où ils étoient venus avec la Langue Latine ? Les Romains qui feuls nous ont confervé quelques monumens à cet égard, les font enfans de l'Italie, comme fi elle les eût fait fortir de fon fein de la même maniere que fes forêts ou fes fleuves : ce font des contes d'enfans, indignes d'un être qui penfe. Nous avons de meilleurs Maîtres, les mœurs de ces Peuples, leur local, les noms de leurs contrées : confultons-les, ce feront des guides affurés au moyen defquels nous diffiperons tout ce que leur Origine fembloit avoir de ténébreux : tout nous convaincra que l'Italie ne put être peuplée dans l'origine que par des Colonies Celtiques, par des bandes de Celtes, pre- *Celtic Colonies* miers Habitans de l'Europe, qui, cherchant des contrées plus heureufes, & defcendant du Nord au Midi, durent néceffaire- ment rencontrer fur leur chemin l'Italie, après avoir enfilé les gorges des Alpes, de ces montagnes énormes qui fembloient faites exprès pour mettre des contrées plus heureufes, à l'abri des frimats défolans du Nord.

§. III.

Italie ouverte aux Celtes.

Telle eft l'heureufe & unique fituation de l'Italie. C'eft une vafte étendue de terre longue & étroite qui domine entre deux mers, au milieu defquelles elle s'éléve en amphithéâtre, jufqu'à ce que fes montagnes s'abaiffent fous les mers pour reparoître dans l'Afrique, vers les rives de Carthage. Séparée ainfi du refte de l'Univers dans toute fa longueur par des portions de la Médi- terranée, elle ne tient au refte de l'Europe que par cette maffe énorme & effrayante de Rochers qu'on appelle les ALPES, qui *Alps* femblent menacer les Cieux, qui font couvertes de glaces éter- nelles, & qu'on prendroit pour des murs faits pour terminer l'Univers.

Cette contrée, ainfi enclofe, auroit été à jamais dépourvue d'Habitans avant les tems où les hardis mortels oferent s'embar- quer fur de frêles canots & fe livrer aux fureurs de la mer, fi les Alpes n'avoient laiffé quelques paffages aux Peuples épars en Europe pour pénétrer dans ce vafte & floriffant Pays. Les Celtes, dont la vie fauvage & vagabonde fe roidiffoit contre les dangers,

rencontrerent bientôt ces passages étroits : l'amour des découvertes,
l'espérance, partage des Peuples coureurs, leur ardeur naturelle
pour la chasse, excitée par les bêtes fauves dont ces montagnes
sont remplies, & qui sembloient devoir y trouver un asyle assuré
contre les poursuites des humains, tout invitoit les Celtes à fran-
chir ces bornes effroyables, à s'enfoncer dans ces passages, à
pénétrer jusqu'au-delà. Qu'avoient à risquer des Peuplades aguer-
ries qu'aucun travail ne rebutoit, accoutumées à parcourir des
espaces immenses pour subsister, & qui mettoient leur gloire à la
grandeur & au péril de leurs courses ?

Ainsi les Celtes traverserent les Alpes, & les traverserent de
divers endroits ; les uns du côté de l'Illyrie, en côtoyant le golfe
de Venise ou la mer Adriatique ; les autres par les gorges du
Dauphiné & de la Provence, ou en côtoyant les bords escarpés
contre lesquels bat la mer de Gênes ; des troisiémes en s'enfonçant
dans les gorges qui séparent l'Italie de l'Autriche & de la Suisse.

Peut-être même ces passages étoient-ils moins difficiles, moins
affreux dans ces premiers tems : quelles altérations ne doivent-ils
pas avoir éprouvées dans l'espace de trois ou quatre mille ans par les
volcans, car il y en a eu dans ces montagnes, par les tremblemens
de terre, par les éboulemens, par l'amas toujours croissant des
neiges & des glaces, par leurs fontes fréquentes ?

Une fois parvenues en Italie, ces bandes errantes durent
s'étendre & se développer à droite & à gauche de l'Apennin, le
long de ces montagnes qui, semblables à l'épine du dos, traver-
sent cette contrée dans toute sa longueur, & opposent aux flots
de la mer un terrein élevé où les hommes, à l'abri de leurs efforts,
jouissent tranquillement du fruit de leurs travaux.

§. IV.

Noms de ses premieres Peuplades.

Avant que ces Peuplades euffent formé des Etats diftincts, elles porterent des noms génériques : ceux qui habiterent la pointe méridionale de l'Italie, porterent le nom de SICULES : on appella *Siculi* ABORIGENES ceux qui s'étendoient le long du Tibre, entre la *Aborigines* mer & l'Apennin ; & OMBRIENS, ceux qui s'établirent entre le *Umbriae* Tibre & le Pô.

C'eft de ces derniers que Denys d'Halicarnaffe dit (1) qu'ils étoient une Nation *des plus grandes & des plus anciennes.* Auffi fe divifa-t-elle en deux portions ; les Ombriens proprement dits, Habitans de l'Apennin, & les Ombriens Habitans de ces pays qui font fitués entre les Alpes & la mer, à l'Occident de l'Italie, & qu'on appella par cette raifon *Infombri* ou *Infubres*, furnommés *Liguriens* ou hommes de mer, parce qu'ils étoient établis fur les côtes.

Il eft apparent que les Sicules étoient entrés en Italie par les gorges du Tirol, qu'ils venoient de l'Illyrie, & qu'ils s'avancerent jufqu'au Midi de l'Italie, le long de l'Apennin & de la mer Adriatique.

Les Ombriens qu'ils'étendoient de l'autre côté de l'Apennin, entrerent néceffairement en Italie par les gorges du Dauphiné & de la Provence ; tandis que les Aborigenes avoient fans doute pénétré dans l'Italie par les contrées qu'on appella dans la fuite Rhétie, Norique & Pannonie.

---

(1) Liv. I. ch. 3.

Les uns & les autres furent donc des Colonies Celtiques, qui se féparerent de bonne-heure de la maffe des Celtes, deux mille ans au moins avant notre Ere.

§. V.

Leurs Mœurs.

Ces Peuples cultivoient peu : Habitans de l'Apennin, ils laiffoient fous les eaux les plaines qui en étoient couvertes ; & fe nourriffoient en paix des fruits que rapportoient leurs collines, du lait de leurs beftiaux, de la chair des animaux qu'ils tuoient ou de ceux qu'ils pêchoient.

Tels on peignoit les Aborigenes, du tems de l'ancienne Rome. Ils étoient, difoit-on, enfans de l'Italie, & ne devoient leur origine à aucun autre Peuple : ils avoient choifi pour leur demeure des poftes fortifiés & d'une fituation avantageufe où ils vivoient de brigandage & du revenu de leurs troupeaux.

Pouvoit-on mieux peindre des Nations fauvages, parfaitement femblables à toutes celles que formerent les Celtes, eux-mêmes Colonies errantes & vagabondes, forties de l'Orient pour végéter dans l'Occident.

§. VI.

Ordre de leur Entrée en Italie.

On peut même, par la fituation de ces trois Peuples, déterminer l'ordre de leur entrée en Italie. Les Sicules, maîtres du Midi, furent les premiers qui parvinrent dans ces contrées. Les Aborigènes enfuite, puifque ce fut fur les Sicules qu'ils enleverent le pays qui eft entre le Tibre & le Liris, nous dit Denys d'Halicarnaffe (Liv. I.), contrée, ajoute-t-il, dont aucun Peuple
ple

ple n'a pû les déposséder , & où ils conserverent leur premier nom jusques au tems de la guerre de Troie , où ils prirent celui de Latins. Les Ombriens, maîtres du Nord , furent les der- *Latins* niers en date.

§. VII.

Récits des Anciens à ce sujet.

Lors même que les Romains n'auroient jamais connu l'ori-gine de ces Peuples, lorsqu'ils les auroient cru enfans de la Terre, nous ne devrions pas en être surpris.

La mémoire de ces événemens ne s'étoit cependant pas effa-cée au point de n'en retrouver aucune trace chez les Anciens. DENYS d'Halicarnasse nous a transmis à cet égard des aveux très- *Denys* intéressans ; c'est par ces mots qu'il commence ses Antiquités Romaines.

« ROME . . . . . . fut autrefois occupée par les SICULES , (en » Grec *SIKELOI,*) Nation barbare née dans le pays même. Ce » sont-là ses plus anciens habitans, du moins qui soient connus. » . . . . . . Ils furent chassés dans la suite par les ABORIGÈNES , » après une longue guerre.

» Des Historiens, dit-il plus bas, prétendent que ces Abo-» rigènes, dont les Romains tirent leur premiere origine, étoient » des naturels d'Italie, dont la Nation ne devoit son origine à » aucune autre . . . . . . D'autres prétendent que c'étoient des » gens errans & vagabonds, qui venus de différens endroits, se » rencontrerent par hasard en Italie , & s'établirent dans des pos-» tes avantageux , où ils vivoient de brigandage & du revenu » de leurs troupeaux.

Voici , selon ces Historiens, les Villes que les Aborigènes

Orig. Lat. f

avoient bâties depuis Reate jufqu'à une journée de Rome, avant d'habiter le Latium.

Palation, à vingt-cinq ftades de Reate.

Tribule, à foixante ftades, fur une petite colline.

Vesbole, à environ foixante ftades de Tribule, près des Monts Cerauniens.

Sunium, qu'il appelle *célébre*, à quarante ftades de Vesbole : on y voyoit un Temple antique de Mars.

Mephyle, à trente ftades de Sunium, mais en ruines.

Orvinion, à quarante ftades de Mephyle, la Ville la plus grande & la plus célébre de la contrée : on y voyoit encore les fondemens des murailles, quelques magnifiques tombeaux d'un travail ancien, l'enceinte des cimetieres fitués fur de hautes & longues terraffes : un vieux Temple de Minerve au haut de la Citadelle.

Curfule, à quatre-vingt ftades de Reate, auprès du Mont Corete.

Marubium, près d'un lac aux environs de Curfule.

Batia, ou Vatia, à trente ftades de Reate, fur le chemin du Latium.

Tiore ou Matiére, à trois cens ftades.

Lifta, capitale des Aborigènes, à vingt-quatre ftades de Tiore.

Notre Auteur prétend que ces mêmes Peuples fonderent d'autres Villes dans le Latium, telles qu'Antemne, Tellêne, Ficulne, Tibur dont un quartier s'appelloit encore de fon tems SIKE-LIÔN, ou Ville des Sicules ; mais, ou il fe trompe, ou ce quartier étoit une Ville déjà bâtie par les Sicules, & que les Aborigènes ne firent qu'aggrandir fous le nom de Tibur.

§. V I I I.

Autres émigrations en Italie.

Long-tems ces Nations furent feules habitantes de l'Italie ; long-tems par conféquent elles vécurent en paix ; mais il vint un tems où la population furabondante de leurs voifins & l'efprit de découvertes troubla enfin leur tranquillité.

Colonies Grecques.

Seize fiécles environ avant notre Ere, ou feize générations avant la guerre de Troye, deux freres, ŒNOTRUS & PEUCETIUS, trop refferrés dans l'Arcadie, ou pour mieux dire dans le Péloponèfe, s'embarquerent chacun à la tête d'une Colonie, & après un court trajet, ils defcendirent en Italie; là, tandis que le dernier s'établiffoit dans les plaines qui font à l'Orient de l'Apennin, Œnotrus fe fixoit à l'Occident fur les rives prefque défertes du Golfe Aufonien dans le Latium.

Douze ou treize générations après Œnotrus, d'autres Grecs, du nombre de ceux qui étoient hors du Péloponèfe & qu'on appelloit PELASGES, pénétrerent dans l'Italie par le Nord-Eft, *Pelasgi* & y formerent de nouvelles peuplades. Une de leurs bandes s'avança jufques chez les Aborigènes qui les accueillirent fort bien, & leur abandonnerent leurs plaines marécageufes qui en prirent le nom de VELIES qu'elles portoient encore au tems d'Augufte.

Ces Pelafges unis aux Aborigènes bâtirent de nouvelles Villes. CÆRE, appellée *Agylle*, noms dont nous aurons occafion de donner l'Etymologie ; PISE, SATURNIE, qui forma, à ce que je crois, une partie de ce qu'on appella enfuite ROME ; ALSIUM, & quelques autres ; ils aggrandirent en même tems

f ij

Falere & Fefcennie , qui avoient appartenu aux Sicules. On voyoit encore dans ces dernieres Villes au tems de DENYS , des reftes, des veftiges de la Nation Pelafge , & on y avoit confervé long-tems divers ufages des Grecs , tels que la forme & les ornemens des armes., le bouclier à l'Argienne , les piques , la ftructure des Temples, les Sanctuaires des Dieux , les purifications , les facrifices , la coutume de faire.marcher devant l'Armée des Héraults, ces Perfonnes facrées qui alloient fans armes offrir la paix aux ennemis; paffage remarquable qui nous fait voir l'origine des Féciaux & d'un grand nombre d'ufages adoptés par les Romains.

Enfin , une preuve fans réplique felon notre Auteur, que ces Pelafges venoient d'Argos , c'eft qu'on voyoit à Falere un Temple femblable à celui d'Argos , où l'on pratiquoit les mêmes cérémonies que dans celui-ci. On y voyoit les mêmes Chœurs de Vierges , les mêmes Prêtreffes, la même jeune Canephore (ou porteufe de la Corbeille facrée dans les proceffions,) & qui étoit toujours choifie dans une des familles les plus diftinguées.

Ces Pelafges ayant également chaffé les Auronces , un des Peuples du Latium , ils bâtirent fur leur terrein une Ville qu'ils appellerent LARISSE , du nom de l'ancienne Capitale du Péloponèfe , réduite dans la fuite à n'être que la Citadelle d'Argos;. mais cette Ville avoit été ruinée plufieurs fiécles avant Denys.

§. IX.

Les SICULES paffent en Sicile.

Les Sicules 'preffés de toutes parts par ces divers habitans de l'Italie , & n'étant pas affez forts pour fe maintenir contre des

Nations qui avec plus d'expérience posſédoient ſans doute de *Sicily* plus grandes connoiſſances dans l'art militaire ; les Sicules , dis-je , furent forcés de leur abandonner entierement le terrein ; & s'embarquant ſur des radeaux, ils allerent s'établir avec leurs familles & leurs richeſſes dans l'Iſle qui eſt au midi de l'Italie , & à laquelle ils eurent d'autant moins de peine à donner leur nom , qu'ils la trouverent à peu près déſerte & en friche.

Cependant les Hiſtoriens ne s'accordent pas ſur le tems de cette retraite. Selon HELLANICUS de Lesbos, ce fut la troiſiéme génération avant le ſiége de Troye , pendant qu'Alcyone étoit Prêtreſſe d'Argos, & environ la vingt ſixiéme année de ſon régne ; mais ſelon THUCYDIDE, ce fut pluſieurs années après la guerre de Troye.

Un moyen peut-être très-naturel d'accorder ces Hiſtoriens , ſeroit de ſuppoſer que les Sicules paſſerent à diverſes fois dans la Sicile , avant & après l'époque de la guerre de Troye : mais ils durent y proſpérer avec une rapidité étonnante, puiſque quelques ſiécles après , cette Iſle étoit couverte de Villes opulentes & de Peuples nombreux.

§. X.

TOSCANS en Italie.

L'arrivée d'une nouvelle Nation en Italie , environ douze ſiécles avant notre Ere , accélera ſans doute ces nouveaux changemens. Alors , les RASENI , appellés auſſi TUSCI ou Toſcans, *Tuscans* Etruſques , Tyrrheniens , fondirent du haut des Alpes ſur les Ombriens , leur enleverent trois cent Villes, les firent refluer au Midi. Ceux-ci ſe jetterent donc ſur les Pélaſges & les Aborigènes, qui à leur tour reſſerrant de toutes parts les Sicules , obligerent ceux-ci , faute de place , de ſe tranſporter en Sicile.

On a avancé beaucoup de rêveries fur l'origine des Etrufques. Avec HÉRODOTE , la plûpart des Savans les font venir de
la Lydie, fous la conduite de Tyrrhenus, frere du Roi Lydus :
c'étoit , dit on , dans le tems d'une fi grande ftérilité, que les
Lydiens fe virent obligés de jeûner de deux jours l'un , & de
manger fort peu le refte du tems : on ajoute que c'eft alors qu'on
inventa les jeux, afin que les Lydiens s'apperçuffent moins de
la rigueur de leur jeûne : cependant malgré leurs jeux & leur
jeûne, ne pouvant plus réfifter à ce fléau, ils tirerent , ajoute-
t-on, au fort pour favoir qui abandonneroit une terre fi funefte,
& le fort tomba fur cette moitié de la Nation qui avoit Tyrrhenus pour chef.

Il n'eft pas étonnant qu'Hérodote ait bercé les Grecs de ces
contes ; mais ce qui l'eft , c'eft qu'on nous les répéte gravement ,
tandis que Denys lui-même n'y a pas cru. Il s'appuie pour les rejetter, de XANTHUS de Lydie, qui écrivit l'Hiftoire de fon pays,
& que Denys repréfente comme l'Auteur le plus verfé dans l'Hiftoire ancienne , & qu'on préféroit à tout autre , fur-tout pour
l'Hiftoire de la Lydie. Or Xanthus ne parloit ni de Tyrrhenus
ni de ces prétendus Lydiens paffés en Italie, quoiqu'il fît mention de plufieurs objets moins importans.

Cet Hiftorien rapportoit, à la vérité, qu'il y eut un partage entre Lydus & fon frere Torybe ; mais il ajoutoit que celui-
ci ne s'éloigna pas de la Lydie. » De Lydus, dit-il , viennent
» les Lydiens ; & de Torybe , les Torybiens : leurs Langues dif-
» ferent fort peu, & même aujourd'hui ils empruntent plufieurs
» mots les uns des autres, comme font les Ioniens & les Doriens.

Auffi Denys dit : » je ne faurois croire que les Tyrrhéniens
» foient une Colonie de Lydiens : ils n'en ont ni la Langue, ni
» les Dieux, ni les Loix ou les ufages ».

Le fentiment qui lui paroiffoit le plus favorable étoit l'opinion de ceux qui prétendoient que les Tyrrhéniens n'étoient pas venus d'un pays étranger, mais qu'ils étoient des habitans naturels de l'Italie.

Nous pouvons donc prendre à l'égard de leur origine le parti qui nous paroîtra le plus conforme à la vérité, fans craindre d'être en contradiction avec les Anciens.

§. XI.

Ils viennent de la Rhétie.

Nous avons donc lieu de croire que les Rafeni ou Tyrrhéniens furent du nombre de ces Nations Celtiques qui fe tranf-planterent en Italie, & qui après avoir féjourné quelque tems près des rives du Pô, fe porterent plus au Midi, & envahirent fur les Ombriens ce qu'ils occupoient à l'Occident de l'Apennin.

Nous avons même tout lieu de croire qu'ils étoient une Colonie de ces Peuples qu'on appella RHASI, RHÆSI, RHETI, Peuples placés dans les Alpes même au Nord de l'Italie, dont la Contrée portoit le nom de RHETIE, & dont une portion eft connue aujourd'hui fous le nom de GRISONS.

FRERET l'avoit déjà foupçonné, & le Savant SCHEUZER, cet habile Phyficien de Zurich, en étoit convaincu. Dans un de ces voyages littéraires & curieux, qu'il fit à travers tous les Cantons de la Suiffe, il avoit retrouvé chez les Grifons les noms des *Rhafi* & des *Tufci.*

C'eft-là qu'en remontant le Rhin, depuis Coire capitale des Grifons, jufqu'aux fources de ce fleuve, on voit fur fa rive gauche le Bourg & le Château de RAZIM, *Razüns, Rhetzuns,*

Rhætium , &c. où demeure un Adminiftrateur de l'Empereur.

Sur la rive droite, RETZIM. Enfuite ,

TUSIS, *Tufana ,* *Tufcia ,* gros Bourg fur le Nolla.

Dans le nom de *Razüns ,* Scheuzer voyoit celui de Rhætus , chef des Tofcans ; & dans celui de *Tufis* ou *Tufcia ,* le nom même de ce Peuple, & celui de leur Ville de *TUSCIA.*

A ces noms communs aux Tofcans & aux Grifons , nous pouvons ajouter,

ALBULA, nom d'une riviere qui fe jette dans le Rhin près de Tufis.

GABIE, Bourg à peu de diftance de là, fur les bords du Muefa.

TALAMONA, & VAL-di-REZEN, dans la Valtelline.

Le Savant MAZOCCHI ne voyoit cependant dans les Etruf-ques qu'une Colonie de Phéniciens , & il effaya d'expliquer par l'Hébreu les noms de leurs Villes (I); tandis que BOCHART, non moins favant , avoit fait un chapitre exprès dans fa Ca-naan (2), pour prouver que les Etrufques n'étoient point Phé-niciens, lui cependant pour qui tout étoit Phénicien.

§. XII.

Colonies dans la grande Grèce.

Pendant que les Etrufques s'établiffoient dans l'Italie , & qu'ils s'y rendoient illuftres par leur puiffance, par leur fageffe, par leur commerce, par leurs arts, des Colonies Grecques, mê-lées de quelques-unes de l'Orient, venoient fonder des Républi-ques puiffantes fur ces côtes de l'Italie, que la fuite des Sicules avoit laiffées défertes. Les Grecs fur-tout s'y établirent en fi grand nombre, que tout le pays en prit le nom de GRANDE GRÈCE.

(I) Mém. de l'Académ. de Cortone, in-4. Tome IV.

(2) Liv. I. ch. XXXIII.

ARTICLE

ARTICLE V.

DES ROMAINS.

§. I.

Tradition des Romains sur leur Origine.

ENTRE les Villes fondées par ces illustres Aventuriers qui se partagerent l'Italie, se distingue enfin la Ville de Rome. Bâtie sur les bords du Tibre qui y formoit une Isle favorable à la sûreté d'une Colonie naissante, garantie des inondations par les cô- teaux rians sur lesquels elle s'éléve majestueusement, placée dans un terrein fertile, & que l'industrie de cette Colonie va rendre plus fertile encore, Rome sembloit destinée à dominer sur toute la contrée.

Mais quel fut le Fondateur de cette Ville qui devint la Reine du Monde connu, & qui s'attire encore les hommages de l'Eu- rope presqu'entiere ? ROMULUS, dit-on, petit-fils d'un Roi d'Albe ; & ces Rois d'Albe, ajoute t-on, descendoient d'Iulus ou Ascagne, fils d'Enée le Troyen, arrivé dans le Latium plus de quatre cens ans auparavant, lorsque venoit d'être terminée la funeste guerre des Grecs & des Troyens. Telle est la tradition des Romains, fiers de se faire descendre d'un sang illustre, & de rele- ver par-là leur obscure origine.

§. II.

Incertitude de cette Tradition.

Cette Tradition est cependant regardée comme une vérité constante : les Romains, à force de la répéter, n'en douterent plus,

Orig. Lat. g

& la plûpart de nos Erudits font convaincus qu'on ne fauroit l'attaquer avec le moindre fondement.

Lorfqu'on jette les yeux fur les Hiftoriens modernes de l'ancienne Rome , & qu'on voit l'intrépidité avec laquelle ils affurent les faits relatifs à fon origine , on croiroit que ces faits n'ont jamais été conteftés , qu'il n'y a jamais eu deux opinions à leur égard : qu'il feroit abfurde d'avoir le moindre doute fur leur autenticité.

On eft cependant forcé de convenir que les origines Romaines font enveloppées d'une obfcurité qu'on n'a jamais pu diffiper : les Romains eux-mêmes l'avouoient ; & s'ils fe déterminerent pour certaines traditions plutôt que pour d'autres, ce ne fut pas parce qu'elles étoient plus vraies, mais parce qu'elles étoient plus flatteufes. C'eft par ce motif fans doute que Cicéron toujours follicité d'écrire l'Hiftoire de Rome , s'y refufa toujours : & comment un Philofophe , chef en même tems de la République , auroit-il pu fans péril rejetter ou adopter la plûpart de ces traditions, puifque de nos jours , où l'on n'eft cependant pas obligé d'avoir le même refpect pour elles , il femble qu'on ne fauroit s'en écarter fans paffer pour un téméraire qui veut ébranler les vérités les plus inconteftables ? Cependant , dût-on dire que nous changeons tout en allégories, nous fommes perfuadés que l'obfcurité qui couvre le commencement de l'Hiftoire de Rome , eft en partie due à l'allégorie , & qu'en féparant les faits allégoriques des faits hiftoriques , on peut rendre à l'Hiftoire Romaine toute fa certitude.

Cette certitude a cependant occafionné dans ce fiécle de vifs débats ; quelques Savans ont attaqué avec feu l'Hiftoire des premiers fiecles de Rome : d'autres en ont foutenu la vérité avec autant de chaleur ; l'Académie des Infcriptions & des

Belles Lettres fut en particulier pendant plus de deux ans le théâtre de cette difpute qui enfanta nombre de Mémoires.

Comme ces conteftations tiennent effentiellement à l'objet dont nous nous occupons ici, donnons-en une légere idée.

§. III.

Précis des Ouvrages relatifs à la certitude de l'Hiftoire des premiers ſiécles de Rome.

I.

M. DE POUILLY.

. M. DE POUILLY ouvrit le combat par une Differtation fur *l'incertitude de l'Hiftoire des quatre premiers ſiécles de Rome*; c'eſt ainſi qu'il débuta (1).

» La plûpart de ceux qui ont écrit l'Hiftoire des tems recu-
» lés, l'ont remplie de fictions; ſoit qu'ils ayent déféré à des tra-
» ditions infidelles, ſoit qu'ils ayent voulu flatter leur Nation,
» ou qu'à la ſimplicité du vrai, ils ayent préféré l'agrément du
» merveilleux, ſoit enfin qu'ils ayent été ſenfibles au vrai plaiſir
» de ſe jouer des autres, & d'acquérir en les trompant, une ſorte
» de ſupériorité ſur eux; cependant l'Hiftoire ainſi altérée perd
» ſes avantages, & les obſervations qu'empruntent d'elle la Phy-
» ſique, la Morale, la Politique & le Droit desgens, deviennent
» ſuſpectes & trompeuſes.

» Il feroit donc utile de porter le flambeau d'une févère cri-
» tique dans toutes les annales des Peuples, pour y démêler ce
» qu'elles renferment de douteux ou de faux; quelque difficile
» que ſoit cette entreprife, j'oferai néanmoins la tenter; je com-
» mencerai par l'examen de l'Hiftoire Romaine, la plus célèbre

---

(1) Mém. de l'Acad. des Inſcr. & B. L. Tome VI. 14.

g ij

» de toutes les Hiftoires Profanes ; & j'effayerai de faire voir
» qu'elle eft incertaine, jufqu'au tems des guerres de Pyrrhus en
» Italie : que ceux qui l'ont écrite, n'ont pû s'en inftruire; qu'ils
» contredifent fouvent des Ecrivains dont le témoignage doit
» au moins balancer le leur ; qu'ils ont fait honneur aux Ro-
» mains de plufieurs événemens qui appartenoient à des Hiftoi-
» res étrangeres : qu'enfin, ils reconnoiffent eux mêmes l'incer-
» titude de ce qu'ils racontent.

Ces vues étoient très-fages, très-judicieufes ; mais l'efprit de
critique & de philofophie, néceffaire pour tracer la vraie hiftoire
du genre humain, n'étoit pas encore affez développé; on tenoit
encore trop aux anciens préjugés, à ces préjugés qui faifoient
regarder les Hiftoriens Romains comme des perfonnages dignes
de la confiance la plus aveugle, & qui ne s'étoient jamais trompés dans le choix entre des traditions confufes & contradic-
toires.

Auffi fe fouleva-t-on contre M. de Pouilly : il fut regardé
comme un téméraire dont les efforts ne tendoient pas à moins
qu'à renverfer toute l'Hiftoire. » On m'accufe, difoit-il dans
» une note, de donner atteinte à la certitude de toute l'Hiftoi-
» re, parce que je prétends qu'il y a des fauffetés dans les an-
» nales des quatre premiers fiécles de Rome ; mais quoi ! eft-ce
» combattre tous les faits hiftoriques que d'attaquer quelques
» fables? N'eft ce pas au contraire fervir la vérité que de la dé-
» gager de ce qui pourroit nous la rendre fufpecte ? Nous ne
» devons point, fans doute, nous croire condamnés à une en-
» tiere ignorance ; mais auffi ne devons-nous pas nous flatter
» d'être favans quand nous ne fommes que crédules : la critique
» nous fait eviter dans les recherches hiftoriques, ces différens
» écueils. Par elle, nous croyons fans témérité, & nous fufpen-

» dons notre jugement fans pyrrhonifme ; elle nous fait refpec-
» ter le témoignage des Hiftoriens, qu'on peut préfumer n'avoir
» été ni trompés ni trompeurs ; mais elle nous fait auffi tenir
» pour fufpect, ce que rapportent des Ecrivains qui ne paroif-
» fent pas avoir travaillé fur de fidèles Mémoires.

1.

M. *l'Abbé* SALLIER.

M. l'Abbé SALLIER, admirateur des Romains, ne put goûter
ces maximes : & dans deux *Difcours*, l'un *fur les premiers Monumens Hiftoriques de Rome*, l'autre *fur la certitude de l'Hiftoire des
quatre premiers fiécles de Rome*, (T. VI.) deftinés à réfuter M. de
Pouilly, il fait les plus grands efforts pour démontrer la parfaite
certitude de l'Hiftoire des quatre premiers fiécles de cette Ville
illuftre.

5.

RÉPLIQUES.

M. DE POUILLY ne fe regarda pas comme vaincu : &
les Differtations de M. l'Abbé Sallier ne l'empêcherent pas de répliquer par un Mémoire qu'il intitula, *Nouveaux Effais de Critique fur la fidélité de l'Hiftoire.*

Il y dit (Tome VI. 71.) » Evitons les excès oppofés ; recon-
» noiffons que dans l'Hiftoire le faux eft mêlé avec le vrai ; mais
» qu'il eft des marques auxquelles on peut les diftinguer. L'a-
» mour du merveilleux, l'intérêt, la vanité, l'efprit de parti,
» font comme des fources toujours ouvertes, d'où la fable fe
» répand, pour ainfi dire, à grands flots dans les annales de tous
» les Peuples.

Ces Effais occafionnerent un troifiéme Difcours de l'Abbé Sallier, où il femble convenir (Tom. VI. 115.) que l'Académie des Infcriptions étoit elle-même partagée fur cet objet, dont la difcuffion duroit depuis plus de deux ans.

4.

F R E R E T.

Le Savant FRERET fe mit lui-même fur les rangs par un profond Mémoire intitulé, *Réflexions fur l'étude des anciennes Hiftoires, & fur le degré de certitude de leurs preuves* : il s'y range du côté de l'Abbé SALLIER : cependant, il fait dépendre l'autorité des Hiftoriens de ces trois conditions ;

1°. Qu'ils ayent été témoins des événemens, ou à portée d'en être inftruits.

2°. Qu'ils ayent été fincéres.

3°. Que leurs Ouvrages n'ayent pas été altérés.

Et cependant par ces conditions, il tend à refferrer prodigieufement la portion d'Hiftoire qu'on peut regarder comme certaine.

5.

M. DE BEAUFORT.

Cette difpute, auffi importante par fes réfultats qu'intéreffante par fes tenans, paffa les mers : elle y réveilla l'attention fur ces grands objets, & M. DE BEAUFORT adoptant les principes de M. de Pouilly, les étendit plus loin, & fit un Ouvrage en deux volumes pour démontrer l'incertitude des cinq premiers fiécles de Rome.

6.

M. HOOKE.

Ceux-ci eurent un vengeur dans M. HOOKE, Auteur d'une Hiftoire Romaine en Anglois fort eftimée, & qu'il accompagna de divers Difcours qu'on a traduits fous le titre de *Difcours critiques fur l'Hiftoire & le Gouvernement de l'ancienne Rome*, in-12. Paris, 1770.

Le premier de ces Difcours a pour objet, *la Croyance que mérite l'Hiftoire des cinq premiers fiècles de la République Romaine.*

§. IV.

Vrai état de la Queftion.

La lecture de tous ces Mémoires ne produit point l'effet auquel leurs favans Auteurs les deftinoient : après avoir lu tout ce qu'on dit contre l'incertitude des quatre premiers fiécles de Rome, on n'eft pas tenté de les rejetter comme faux ; & après avoir lu tout ce qu'on dit en faveur de leur certitude, on eft prefque tenté de les rejetter : on voit par-tout une vafte érudition, peu de critique, des propofitions trop vagues, trop indéterminées, on eft toujours hors de la queftion.

En effet, étoit-ce à M. DE POUILLY à difcuter la certitude ou l'incertitude de l'Hiftoire des premiers fiécles de Rome lorfqu'on lui voit dire : « Je fais qu'Eratofthène & d'autres Critiques cités » par Diodore, croyoient qu'Hercule & Bacchus devoient leur » naiffance à l'imagination des Poëtes : mais pourquoi le nom des » anciens Conquérans fe feroit-il effacé pour faire place à des » Perfonnages feints ? ou par quel privilége n'y auroit-il pas eu » dans les tems fabuleux, de même que dans les tems hiftoriques,

» de ces brigands trop illuftres, qui méritent des autels par des
» exploits qui devroient les priver du tombeau ».

On regarde à trois fois fi un pareil langage n'eft pas de celui
qui foutient la certitude de l'Hiftoire Romaine, & on n'en croit
pas fes yeux lorfqu'ils nous affurent que celui qui le tient, eft
celui-là même qui foutenoit l'incertitude de cette Hiftoire.

Nous accorderons à M. l'Abbé Sallier tous fes raifonnemens ;
toutes fes preuves en faveur de l'Hiftoire des quatre premiers
fiècles de Rome en général ; nous conviendrons avec lui que dans
ce tems-là exifterent les grandes Annales (T. VI. 119.), des
Traités de Paix ou d'Alliance (124.), des Infcriptions (126),
les Loix des XII Tables (127).

Mais on ne peut en conclure ni la certitude de la fondation de
Rome, ni celle des événemens dont il s'agit ici, tels que l'Hiftoire
Fabuleufe d'Enée & de Romulus : il faudroit avoir démontré
auparavant que tous ces monumens parloient de ces faits, & en
parloient d'une maniere inconteftable ; mais M. l'Abbé Sallier en
excepte lui-même la fondation de Rome.

« Les *Grandes Annales*, dit-il (121), n'ont pas dû renfermer
» l'Hiftoire de la fondation *de Rome* ; ces regiftres ne prenoient
» pas la chofe de fi haut ; ils n'avoient commencé à être tenus que
» depuis l'établiffement des Pontifes.

La vérité lui arrache encore cet aveu frappant (122). » Les
» Hiftoriens Romains n'ont jamais prétendu que ces commence-
» mens de Rome fuffent appuyés fur des MONUMENS INCONTES-
» TABLES ; ils ont toujours dit qu'ils étoient illuftrés par le mer-
» veilleux des Fables ; qu'ils ne vouloient ni en affurer la vérité,
» ni en faire voir la fauffeté ».

§. V.

§. V.

Les Origines Romaines remplies d'Etres allégoriques.

Après l'examen impartial & attentif de toutes ces differtations fur le degré de croyance que mérite l'Hiftoire des premiers fiècles de Rome, on eft donc forcé de convenir qu'on alla trop loin de part & d'autre ; qu'on ne fut prefque jamais dans l'état de la queftion ; & que fi l'Hiftoire de ces premiers fiècles eft plus digne de créance qu'on ne croit, elle renferme cependant un grand nombre de chofes fabuleufes, du propre aveu des Romains ; auffi laiffoient-ils une liberté entiere pour les croire ou pour les rejetter : ferions-nous plus enthoufiaftes qu'eux fur la certitude de leur Hiftoire primitive ?

Les principes du Monde Primitif peuvent feuls fixer les idées à cet égard : ils peuvent feuls nous apprendre comment il put arriver qu'au bout de cinq fiècles, les Origines Romaines furent comme couvertes d'une obfcurité profonde, tandis que les nôtres font plus certaines au bout d'un tems trois ou quatre fois plus long.

Ainfi que toute Hiftoire ancienne, celle de Rome fut remplie d'une foule de Perfonnages allégoriques, repréfentés comme autant de Rois qui avoient regné dans des tems très-reculés : tels, JANUS aux deux têtes : FAUNE aux cornes de bélier, fa femme FAUNA armée d'un bouclier, & ayant pour cafque une peau de chévre avec fa tête. CARMENTA la Prophéteffe & fon fils EVANDRE, adorés au pied du Mont-Palatin : ENÉE, Prince Troyen, que les Dieux aménent en Italie pour y fonder un Empire : ROMULUS, frere de Remus, fils de Mars, nourri par une louve, enlevé au Ciel, mis au rang des Dieux par Numa, &c.

Orig. Lat. h

Nous avons déjà eu occafion de prouver que *Janus, Carmenta*, *Evandre* étoient des Perfonnages allégoriques ; que l'un défignoit le Soleil, l'autre la Lune ; le troifiéme, appellé fils de Carmenta, les révolutions cycliques. (1)

Ajoutons ici que le nom de CARMENTA fut très-bien choifi pour défigner la Lune, fon nom étant compofé des mots CAR, pointu, cornu, & de MEN, flambeau.

Nous avons fait voir également qu'*Enée* défignoit le Soleil chez les Albains, & que *Romulus* & *Remus* étoient pour les Peuples Latins ce que les Diofcures étoient pour les Egyptiens, les Phéniciens, les Grecs, &c. le Soleil d'été & le Soleil d'hiver : mais comme l'Hiftoire d'Enée & celle de Romulus font liées effentiellement avec les Origines Romaines, nous ne pouvons nous difpenfer d'entrer ici dans un plus grand détail fur ces objets, & fur-tout d'examiner la vérité de la tradition qui affuroit que Rome fut bâtie par un Prince appellé Romulus.

I. ÉNÉE.

Afin de pouvoir fixer nos idées fur ce Perfonnage illuftre, rappellons-nous que les Anciens, dans toutes leurs prieres, adreffoient leurs actions de graces au Soleil, Pere de la nature, guide & flambeau de toutes leurs opérations, Roi du monde, fur-tout Roi de la contrée dans laquelle on l'adoroit ; & que dans chaque pays, ce Roi étoit adoré fous un nom très-fignificatif dans la Langue du Pays : c'eft ainfi que le Soleil étoit appellé :

Le Roi MENÈS, en Egypte,
Le Roi MINOS, en Crete,
Le Roi MON, en Phrygie,   } Par-tout, *Flambeau*,
Le Roi MANNUS, en Germanie,   *Lumiere.*

_____

(1) Hiftoire du Calendrier, pag. 170. &c. 410. &c.

Le Roi BEL ou Seigneur , à Babylone & à Tyr.

Le Roi CADMUS ou l'Oriental , à Thèbes de Béotie.

Le Roi ORUS ou Pere du Jour , à Trœzene.

Le Roi CECROPS , à Athènes , mot à mot, *l'œil rond de la Terre* & le Pere aux trois Filles.

Le Roi JANUS , chez les Latins , époux de CARNA ou de la *Janus* cornue , c'eft-à-dire de la Lune.

Il en réfulte déjà une grande préfomption , qu'il pourroit bien en avoir été de même du premier Roi d'Albe : mais cette pré- fomption fe change en certitude , lorfqu'on raffemble tous les caracteres qu'il offre.

1°. Ce Roi fut adoré fous le nom de JUPITER INDIGENE.

2°. Il fe noya dans le fleuve Numique.

3°. Dans ce même fleuve où s'étoit déjà noyée ANNA PERENNA.

4°. On voyoit fon tombeau dans un grand nombre de Villes de l'Italie & dans d'autres contrées.

5°. Il s'appelle ENÉE.

6°. Il eft Chef des Troyens.

Caracteres auxquels on n'a jamais fait attention , & dont l'en- femble convient parfaitement au Roi-Soleil , & ne peut convenir qu'à lui

1°. Il eft inconteftable que les premiers Peuplés n'ont jamais adoré des hommes fous le nom de Jupiter , ou de Pere IOU : qu'on n'entendit jamais par-là que la Divinité Suprême , ou le Soleil qui en étoit le fymbole le plus parfait ; & que l'équivoque étoit parfaitement levée au moyen de l'épithète d'*Indigene* , qui conve- noit effentiellement au Soleil comme Roi & Pere de la contrée , & qui vient de Troie dans le fens allégorique.

2°. Nous avons déjà vû dans l'Hiftoire du Calendrier , que le

fleuve Numique défigne l'abîme des tems dans lequel fe précipite
chaque année, à mefure qu'elle finit.

3°. Nous avons vu auffi , qu'*Anna Perenna* fe noye
également dans le même fleuve , parce qu'elle défigne la Lune
& fes révolutions.

4°. Denys d'Halicarnaffe nous apprend qu'on montroit en divers
lieux le tombeau d'Enée ; fait auffi intéreffant que peu connu , &
dont cet Auteur cherche à rendre raifon , mais en homme qui
n'avoit nullement la clef de l'Antiquité ; & cependant en nous
fourniffant de nouveaux objets de comparaifon propres à démontrer ce que nous avançons.

» On n'en fera pas étonné, dit-il (1) , fi l'on fait réflexion
» qu'il en eft de même à l'égard des Héros illuftres dont la vie a
» été errante & vagabonde : chacun des Peuples auxquels ils s'é-
» toient rendus utiles & qu'ils avoient comblés de biens s'empref-
» foient à leur élever des tombeaux pour leur en témoigner leur
» reconnoiffance : » & il en conclut , que puifqu'on voit un fi
grand nombre de tombeaux d'Enée en Italie , c'eft une preuve
fans réplique qu'il y a féjourné.

Denys avoit raifon ; il ne fe trompoit que dans le genre de féjour & dans la nature des bienfaits : & fon erreur tenoit à l'erreur générale dans laquelle on étoit fur le génie allégorique.

Dans le ftyle allégorique, le mot TOMBEAU avoit un fens non
moins allégorique que tous les autres objets : & c'eft ce fens
qu'il faut développer, pour pouvoir découvrir l'énigme renfermée fous ce mot.

_____

(1) Liv. I. ch. XII.

Des Tombeaux des Dieux, & en particulier du Tombeau de MAUSOLE.

Dans l'Antiquité, on marchoit par-tout fur les tombeaux des Dieux: on montroit celui de JUPITER dans l'Ifle de Crète, à Gnofle, fur le Mont Ida, fur le Mont Jafius : on le montroit également fur le Mont Sipyle près de Magnéfie dans l'Afie mineure.

L'Illyrie poffédoit le tombeau de Cadmus furmonté de ferpens.

La Thrace, celui du Dieu Mars.

Dans chaque ville de Phénicie étoit un tombeau d'Adonis où les Phéniciens venoient le pleurer chaque année.

En Egypte, Ifis avoit élevé XII tombeaux à Ofiris, un dans chaque Gouvernement, afin, difoit-on, que fon ennemi, le cruel Typhon, ne pût reconnoître celui dans lequel repofoit réellement fon corps.

Cette Déeffe elle-même avoit des tombeaux à Nyfa en Arabie, à Phyle, à Memphis.

Thébes d'Egypte poffédoit celui d'Ofymandias fur lequel étoit le fameux cercle de 360 coudées.

Il n'eft pas jufqu'aux fameufes Pyramides qui ne fuffent deftinées, difoit-on, à renfermer les tombeaux des anciens Rois, & fur-tout de ceux qui les avoient élevées, quoique ces tombeaux fuffent vuides, parce, difoit-on, qu'on n'avoit pas ofé y faire inhumer ces Rois, de peur que le peuple irrité de leurs vexations n'en arrachât leurs corps & ne les détruifît : & tout le monde adopte ce conte qui n'a pas le fens commun.

Ces tombeaux devinrent à la longue un objet de fcandale.

Les EVHEMERE & les autres beaux efprits du Paganifme difoient : vos Dieux ne font donc que des hommes, puifqu'on montre leurs tombeaux en tels & tels endroits ? & ils croyoient triompher. Ils ne montroient que leur ignorance, & combien on s'étoit éloigné du génie allégorique qui avoit établi toutes ces chofes.

Ces prétendus tombeaux étoient autant de Temples, de Monumens fymboliques, de Hauts lieux élevés à l'honneur de la Divinité, ou relatifs à fon culte & à fes myftères.

Ces Monumens étoient ordinairement placés fur des hauteurs ombragées d'arbres qui fervoient de hauts lieux, de bois facrés, & qui furent les premiers Temples.

Comme ces tombeaux étoient néceffairement vuides, on difoit que l'Epoufe du Héros avoit fait de fon propre corps le vrai tombeau de fon Epoux en le mêlant avec fes alimens. C'eft ainfi qu'on expliquoit le Cénotaphe ou tombeau vuide qu'on voyoit dans le magnifique monument élevé à l'honneur du prétendu Maufole, Roi de Carie, par Artemife fa prétendue femme : & qui étoit furmonté d'une Pyramide couronnée d'un char à quatre chevaux en marbre : mais on ne voyoit pas qu'AR-TEMISE eft en Grec le nom même de Diane ou de la Lune ; que le Roi auquel elle éléve ce monument eft néceffairement le Soleil fon Epoux, Roi de la contrée ; que le nom de ce Roi eft l'oriental בשם, MESOL, qui fignifie Roi, Souverain, épithète du Soleil ; tandis qu'*Artemife*, compofé de deux mots Orientaux, fignifie *la régle de la Terre* : que *CARIE*, fignifie le pays des Laboureurs, *Car, Icar, A-gar*, un Laboureur ; & que l'enfemble de cette Hiftoire étoit relatif au culte du Soleil. Il étoit d'autant plus aifé de s'y tromper, que l'Hiftoire de Carie eft abfolument inconnue, & que les Hiftoriens qui ont parlé de ce monument, paroiffent ne l'avoir fait qu'en voyageurs peu inftruits.

C'eſt donc un nouveau Roi-Soleil à ajouter à tous ceux que nous avons découverts juſqu'ici. N'omettons pas qu'on trouve dans Hérodote une anecdote qui nous apprend (1) que le nom d'Artemis s'étendoit fort au-delà des Grecs & des Cariens. Il dit que chez les Scythes, Vénus Uranie ou la Lune s'appelloit ARTIMPASA ; mais on ſait que chez tous les Peuples du Nord, ainſi que chez les Etruſques, les Dieux s'appelloient As, les Déeſſes ASA: ce nom Scythe de la Lune ſignifie donc mot-à-mot la Déeſſe ARTIM, ou ARTEMIS.

Ce qui induiſoit encore plus dans l'erreur au ſujet de ces prétendus tombeaux, c'eſt qu'ils étoient environnés de hauts cyprès, arbres conſacrés aux morts, & qu'on plaçoit ici ſans doute pour marquer la mort ſpirituelle au vice, ou le renoncement à la vie mondaine, qu'on étoit cenſé promettre en s'attachant au culte de la Divinité adorée en ce lieu.

Ajoutons que les mots Tombeau & Colline ou Haut lieu étoient des mots abſolument ſynonymes. TAPHOS en Grec, TUMULUS en Latin, offrent la double idée de Tombeau & de Haut lieu.

Elles ſe trouvent réunies dans la deſcription que fait VIRGILE d'un vieux Temple aux portes de Troie:

> *Eſt urbe egreſſis Tumulus Templumque vetuſtum*
> *Deſertæ Cereris : juxtaque antiqua Cupreſſus*
> *Religione patrum multos ſervata per annos.*
>
> Æneïd. II. 713.

» On voit près de la ville un *Tumulus* (Colline-Tombeau,) » avec un ancien Temple de la délaiſſée Cérès: il eſt ombragé d'un » antique Cyprès qu'on laiſſe ſubſiſter depuis un grand nombre

(1) Liv. IV. nº. 59.

» de ſiécles comme un monument reſpeſtable de la Religion » des Ancêtres.

5. Ce perſonnage à Tombeaux qu'Albe reconnoît pour ſon premier Roi, s'appelle Enée, AINEAS en Latin ; mais ce nom s'accorde très-bien avec ces idées : c'eſt un tableau parlant. On peut le décompoſer en trois, AIN-E-AS.

AIN, en Oriental ﬠﬠ, eſt chez les Orientaux le nom du So- leil, conſidéré comme l'œil du monde, comme la ſource de la lumiere.

Si on ne veut pas regarder le reſte de ce nom comme une terminaiſon, ſi on exige que je l'analyſe de même que le com- mencement, je dirai que la ſeconde ſyllabe E eſt le verbe qui marque l'exiſtence, & que la derniere AS, eſt ce mot primitif qui ſignifie ſeul, unique, dont les Latins firent le mot AS, *un*, & dont nous avons fait le mot même AS, nom de l'unité dans les jeux de cartes.

AINEAS ſignifie donc mot-à-mot, « l'Etre qui eſt ſeul la lu- » miere, l'œil du monde ». C'eſt donc ſous ce nom que les Albains adoroient le Soleil.

6. Enfin, Enée eſt le Chef des Troyens, non d'un Peuple venu de la ville de Troie en Aſie ; mais de Troyens allégoriques ſuffiſamment déſignés par la réponſe de l'Oracle qui ordonna à ce Heros de s'arrêter là où il trouveroit une Truie, mere de tren- te petits, & d'y bâtir une ville.

- Dans l'Antiquité, la Truie étoit un des ſymboles vivans de l'Agriculture par ſa fécondité, & parce que cet animal ſillonne la terre avec ſon muſeau ; & comme dans les Langues Celtique & Phrygienne, cet animal s'appelloit TROIA, nom altéré en celui de Truie, & qui ſe prononce encore *Trouie* dans le Val- dois, tout Agriculteur étoit un Troyen. Nous verrons même un jour

jour que Troie dut son nom aux mêmes idées, & il est très-apparent qu'une Truie formoit les armoiries & de Troie & des Albains.

Ce qui est incontestable, c'est que la ville d'Albe avoit une très-grande & très-riche culture, qui la mit en état de remplir le Latium de ses colonies : aucune ville de ce pays qui ne fût de ce nombre : il est donc très-probable qu'elle fut fondée par des Agriculteurs, des Troyens allégoriques venus de l'Orient qui enseignerent cet Art aux peuples errans du Latium ; & qui adoroient le Soleil, Roi de l'Agriculture.

Lorsqu'après un grand nombre de siécles, & dans un tems où on avoit perdu la vraie origine de toutes ces choses, les Savans voulurent en écrire l'histoire, ils prirent nécessairement au pied de la lettre les récits que ces divers peuples faisoient de ce personnage illustre qu'ils regardoient comme leur Pere, leur Roi, leur Fondateur ; ils en firent nécessairement autant de Rois par lesquels s'ouvroit l'Histoire de chaque pays ; & ils changerent en autant de Tombeaux, les Hauts lieux élevés à leur honneur.

Ainsi l'Histoire fut altérée dès son origine chez tous les peuples ; mais en rassemblant ces débris des anciennes idées communes à toutes les Nations, en comparant ces histoires de Rois, de Tombeaux, de Troyens, d'enfans des Dieux, on débrouille le cahos des tems antiques ; on voit tous les peuples descendre d'une même origine, d'un peuple primitif qui, depuis l'Inde *Primitur Peop* Orientale jusqu'au fond de l'Occident, avoit une même Langue, un même culte, les mêmes mœurs, & qui par-tout vénéroit les Hauts lieux.

I I.

ROMULUS.

Rome ne fut pas exempte de ces idées communes : & pourquoi n'auroit-elle pas eu, comme Albe, comme Memphis, comme Tyr, comme Babel, comme tant d'autres villes, le Soleil à la tête de ses Rois? Pourquoi seule entre toutes les Cités, n'auroit-elle pas regardé le Pere du jour & de l'agriculture, comme son Pere, comme son Fondateur? Comment une ville aussi religieuse se feroit-elle soustraite au culte commun? Aussi n'est-il pas difficile de prouver qu'elle suivit à cet égard l'impulsion générale, & que le premier de ses Rois, ROMULUS, doit être ajoûté à la liste nombreuse de ces Rois, par lesquels s'ouvre le catalogue des Rois de tous les anciens Empires, & qui se réduisent tous au Soleil : qu'ainsi ceux d'entre les anciens qui regarderent Romulus comme un mortel qui fonda la ville de Rome, furent de très-mauvais Critiques, des Antiquaires très-mal instruits. On n'en doutera pas d'après toutes les preuves que nous allons ajouter à ce que nous avons dit.

Que Romulus n'ait pas été un homme, & qu'il soit le nom sous lequel les Romains mirent, comme tous les autres peuples, le Soleil à la tête de leurs Rois, c'est ce que prouvent les faits suivans.

1°. Romulus fut mis au rang des Dieux par Numa qui le fit adorer sous le nom de Quirinus.

2°. La tradition qui le regardoit comme Fondateur de Rome, n'étoit ni ancienne ni généralement adoptée : & elle ne le fut que par de très-foibles motifs de convenance.

3°. Romulus n'étoit point de la famille des Rois d'Albe, &

tout ce qu'on dit de fa naiffance ne peut être vrai que dans le fens allégorique.

4°. L'Hiftoire de Romulus eft calquée fur de plus anciennes.

5°. Tout ce qu'on en dit étoit dû aux Tables facrées, par *Sacred Entablatures* conféquent fon exiftence tenoit non à l'Hiftoire, mais à la Religion.

6°. Le refte des faits attribués à Romulus n'offre que des contradictions ou des amplifications controuvées.

I.

Romulus adoré fous le nom de Quirinus.

Nous trouvons dans l'Hiftoire de Numa par Denys d'Halicarnaffe (1), que ce Prince fit bâtir un Temple à Romulus comme étant au-deffus de la nature des *mortels* ; qu'il ordonna qu'on l'appelleroit QUIRINUS, & qu'on lui offriroit des facrifices tous les ans.

Ce fait feul auroit dû défiller les yeux à tout le monde ; tous les Savans auroient dû en conclure que Romulus n'étoit pas un mortel.

Quoi! Numa mettra au rang des Dieux un Tyran que les Sénateurs venoient de maffacrer ; il forcera les Sénateurs de lui offrir des facrifices, & ces Sénateurs lui obéïront, & ils feront de Numa un Sage ; & ce Sage cependant ne fera pas mis lui-même au rang des Dieux après fa mort! Qui ne voit l'incohérence de ces idées : que c'eft un conte mal digéré : que le prendre au pied de la lettre, c'eft tomber dans une crédulité abfurde, prefqu'imbécille?

A quel Prince encore attribue-t-on cette extravagance,

(1) Liv. II. Ch. XVI.

à un Philofophe digne d'avoir été élevé à la même école que Pythagore, & dont les maximes étoient fi oppofées à l'idolâtrie,
que lorfqu'on fit par la fuite la découverte de fes Ouvrages
perdus depuis long-tems, le Sénat les condamna au feu
comme étant trop oppofés à la religion du moment; mais fi
c'eft un homme auquel Numa a fait élever des Autels; fi c'eft
un homme qu'il a donné aux Romains pour leur divinité fuprême, en quoi étoit-il oppofé au fyftême idolâtrique de Rome?

Ou l'Hiftoire de Numa eft fauffe, & alors que devient celle
de Romulus lui-même; ou ce Sage fut convaincu que Romulus
étoit un perfonnage allégorique qui défignoit le Dieu-Soleil.

Auffi lui donne-t-il un nom afforti à ces idées; celui de QUI-
RINUS; & il l'accompagne de l'épithéte *Père*; le Père-Quirinus;
comme on dit JU-Piter, *le Père-Iou*: mais le mot de *Quirinus*
eft compofé du mot IN qui défigne le Soleil, & de QUIR,
KEIR, qui fignifie *Ville*: c'eft donc mot-à-mot » le flambeau de
» la Ville ».

C'eft par cette même raifon qu'on n'a pas ofé faire fuccéder
Numa immédiatement à Romulus: on met entr'eux un intervalle: on dit que Numa fut élu dans un tems où les Romains
dénués de Rois, étoient plongés dans des diffenfions civiles, que
ce Prince eut le bonheur de terminer, & de mettre par-là *tout le*
Peuple d'accord comme un inftrument de mufique, enforte que tous les
Citoyens n'eurent plus d'autres vues que le bien public; expreffions fublimes, dignes d'un Sage, & que la raifon la plus févere ne défa-
voueroit pas.

II.

Les Anciens n'étoient pas affurés que Romulus eût fondé Rome.

Tout Peuple, toute Ville, étoient fuppofés porter le nom

de leur Fondateur : ainſi Troie avoit été bâtie par *Tros* , Tarente par *Taras* , &c. Les Italiens deſcendoient d'*Italus* , les Siciliens
de *Siculus* , les Latins de *Latinus* , les Tyrrhéniens de *Tyrrhenus* ,.
&c. & afin de rendre ces origines plus vraiſemblables , chaque
ville ne manquoit pas d'accompagner le nom de ſon prétendu
Fondateur de quelqu'hiſtoire faite à plaiſir , qu'on prenoit dans
la ſuite des tems pour des vérités inconteſtables.

C'eſt par une ſuite de ce tour d'eſprit que Rome dut néceſſairement avoir pour Fondateur un Prince nommé *Romulus* ou
Remus , ou une Princeſſe nommée *Roma*. Quant à l'époque où
ils avoient vécu & à leur origine, on varioit à l'infini, preuve
qu'il n'y avoit rien d'hiſtorique dans cette tradition. Denys d'Halicarnaſſe , Feſtus , Plutarque ont réuni là-deſſus une multitude d'opinions que nous allons mettre ſous les yeux de nos Lecteurs , afin qu'ils voyent quel fond on peut faire ſur cette prétendue vérité que Romulus fut le Fondateur & le premier Roi de
Rome.

Le premier de ces Auteurs écrivoit cependant au tems d'Auguſte , & FESTUS éleva les petits-fils de cet Empereur ; mais
puiſqu'ils ne craignirent pas de raſſembler toutes les traditions
oppoſées à celles-là , quoiqu'ils fuſſent le foible qu'avoit cette
Maiſon de ſe faire deſcendre du fils même d'Enée , & par conſéquent de Vénus ; d'être ainſi la Famille la plus auguſte entre
toute les Familles Romaines ; puiſque malgré des motifs très-
preſſans pour eux , ces Hiſtoriens n'ont pas cru devoir manquer
à ce qu'exigeoit d'eux la fidélité de l'Hiſtoire ; n'aurions-nous
pas tort d'être plus circonſpects ? Voici le récit de Denys. (1)

(1.) I. ch. XVI..

D E N Y S.

» Comme on ne s'accorde ni fur l'époque de la Fondation
» de Rome , ni fur ceux qui l'ont fondée, je n'ai pas cru qu'il fût
» fuffifant d'en parler légerement comme fi c'étoit une vérité re-
» connue de tout le monde.

» CEPHALON de Gergithe , Auteur très-ancien , dit qu'elle a
» été fondée la deuxiéme génération après la guerre de Troie ,
» par ceux qui avec Enée échapperent à l'embrâfement de cette
» ville : & que fon Fondateur fut Rémus , un des quatre fils d'E-
» née , qu'il appelle Afcagne , Euryleon , Romulus & Remus : il
» eft d'accord en cela avec Demagore , Agathyllus & plufieurs
» autres.

» Mais l'Hiftorien des Prêtreffes d'Argos & de ce qui eft ar-
» rivé de leur tems , dit qu'Enée étant venu du pays des Molof-
» fes en Italie avec Ulyffe , fut le Fondateur de cette ville , &
» qu'il lui donna le nom d'une Dame Troyenne appellée Rome.
» Il ajoute que cette Dame ennuyée des fatigues de la naviga-
» tion , excita les autres Troyennes à fe joindre à elle pour met-
» tre le feu à la flotte. DAMASTES de Sigée & quelques autres
» font du même fentiment.

» Mais felon Ariflote , cette flotte brûlée dans le Latium ap-
» partenoit à des Grecs qui au retour de la guerre de Troie
» furent portés jufques-là par les tempêtes , & que le feu y fut mis
» par les Captives qu'ils avoient amenées de Troie.

» CALLIAS qui a écrit la vie d'Agathocle, Roi de Sicile , dit,
» qu'une Dame venue en Italie avec les Troyens , & qui s'appel-
» loit Roma , époufa Latinus Roi des Aborigenes, dont elle eut

» Rémus & Romulus qui bâtirent une ville à laquelle ils donne-
» rent le nom de leur mere.

» Xenagore l'Hiſtorien prétend qu'Ulyſſe eut de Circé
» trois enfans, Remus, Antias & Ardeas, qui bâtirent chacun
» une ville auxquelles ils donnerent leur nom.

» Denys de Chalcide fait de Remus Fondateur de Rome
» ſelon lui, un fils d'Aſcagne ſelon les uns, & d'Emathion ſelon
» d'autres.

» Il y a auſſi des Auteurs qui diſent que Rome fut fondée
» par Remus fils d'Italus & d'Electre fille de Latinus.

Notre Auteur rapporte enſuite les opinions diverſes des Romains ſur leur propre origine ; mais il commence par cet
aveu : » ils n'ont aucun ancien Hiſtorien, & chacun de leurs Au-
» teurs a pris quelque choſe des anciennes Hiſtoires qu'on con-
» ſervoit dans les Tables ſacrées. Les uns prétendent que Romu-
» lus & Remus, Fondateurs de Rome, étoient fils d'Enée : d'au-
» tres qu'ils étoient fils d'une fille d'Enée, ſans dire qui étoit leur
» pere : qu'Enée les donna en ôtage à Latinus Roi des Aborige-
» nes, dans le tems qu'il fit un Traité d'alliance avec les naturels
» du pays : que Latinus s'attacha à ces jeunes Princes, qu'il les
» fit élever avec beaucoup de ſoin, & que n'ayant point de fils,
» il les laiſſa héritiers d'une partie de ſon Royaume.

» D'autres diſent qu'après la mort d'Enée, Aſcagne hérita de
» tout le Royaume, qu'il le partagea avec ſes freres Remus &
» Romulus : qu'il fonda Albe, tandis que Remus bâtit quatre
» villes ; Capoue, du nom de Capys ſon biſayeul ; Anchiſe, du
» nom de ſon ayeul ; Enée, enſuite Janicule, du nom de ſon
» pere, & Rome à laquelle il donna ſon nom, & enfin que cette
» ville étant devenue déſerte, elle fut rétablie par les Albains
» ſous la conduite de Romulus & de Remus.

2.

FESTUS.

FESTUS qui cite une partie des Auteurs Grecs dont parle ici Denys d'Halicarnaſſe , y en ajoute un grand nombre d'autres qui, loin d'éclaircir ce fait, ne ſervent qu'à l'embrouiller davantage.

» Cephalon de Gergithe , dit-il , attribuoit la fondation de » Rome à un Compagnon d'Enée, qui l'avoit bâtie ſur le Mont- » Palatin. Apollodore, à un Romus , troiſiéme fils d'Enée & de » Lavinie. Aleime, à un Romus, fils d'Alba , petite-fille d'Enée » par ſon pere Romulus. Antigone, dans ſon Hiſtoire d'Italie , à » un Romus, fils de Jupiter, qui la fonda ſur le Mont-Palatin.

» ATHENIS, dans ſon Hiſtoire de Cumes , dit que des bandes de » Sicyoniens & de Theſpiens ayant été obligées de s'expatrier » faute de place, & après nombre d'aventures étant arrivées en » Italie, où on les nomma Aborigenes , quelques-uns d'eux ſe » réunirent ſur le Mont-Palatin, où ils bâtirent une Ville appellée » *Valentia*, & que ce nom ne fut changé en celui de Rome que » lorſqu'Evandre & Enée furent arrivés en Italie avec un grand » nombre de Grecs.

» Agathocle, dans ſon Hiſtoire de Cyzique, dit que Rhoma , » fille d'Aſcagne & petite-fille d'Enée, éleva ſur le Mont-Palatin » un Temple à la Fidélité, & que lorſqu'enſuite on bâtit une » Ville ſur cette montagne , on ne crut pas pouvoir lui donner » un nom plus convenable. Il ajoute qu'un grand nombre d'Au- » teurs diſent que Rome fut fondée par un deſcendant d'Enée » nommé Romus, qui vint en Italie après la mort d'Enée, arrivée » à Berecynthie , près du fleuve Nolon.

» Callias , dans la Vie d'Agathocle, Roi de Sicile , attribue » cette

» cette fondation à un Troyen nommé. Latinus , & qui avoit
» époufé une femme appellée Roma.

   » Lembus , furnommé Heraclides, dit que des Grecs au retour
» de la guerre de Troie ayant abordé en cet endroit,leurs captives ,
» à l'infinuation d'une d'entr'elles , nommée Roma , avoient mis
» le feu à leurs Vaiffeaux , & que forcés de s'arrêter dans leur
» courfe, ils avoient bâti en ce lieu une Ville qu'ils appellerent
» *Rome*, du nom de la Captive qui avoit donné ce confeil.

   » Selon Galitas , Latinus , fucceffeur d'Enée , & fils de Télé-
» maque & de Circé , avoit eu de fa femme Roma , deux fils ,
» Remus & Romulus , qui bâtirent fur le Mont-Palatin la Ville
» de Rome.

   Enfin , Dioclès de Peparethe eft le feul d'entre les Grecs
cité par Feftus , qni ait adopté l'Hiftoire de Romulus , telle que
la racontent les Romains ».

   Ajoutons cette tradition conftante, que dans le tems d'Hercule *In the time of Hercules*
on conftruifit une Ville fur le Mont-Palatin , à caufe de l'Autel
qu'il y avoit élevé.

   Quelque variés que foient ces récits , les traditions que
Plutarque a raffemblées fur ce fait , ne font ni moins nombreufes ,
ni moins extravagantes.

. 3.

P L U T A R Q U E.

   « Les Hiftoriens , dit-il , ne s'accordent pas à efcrire , par qui
» ne pour quelle caufe le grand nom de la Ville Rome , la gloire
» duquel s'eft eftendue par-tout le monde , lui a efté premierement
» impofé , pour ce que les uns tiennent que les Pélafgiens , après
» avoir couru la plus grand'partie de la terre habitable , & avoir
» dompté plufieurs Nations,finalement s'arrefterent au lieu où elle

» est à préfent fondée : & que pour leur grande puiffance en armes ;
» ils impoferent le nom de Rome à la Ville qu'ils baftirent qui
» fignifie en langage grec puiffance. Les autres difent qu'après la
» prife & deftruction de Troie, il y eut quelques Troyens qui
» s'eftans fauuez de l'efpée, s'embarquerent fur des Vaiffeaux
» qu'ils trouuerent d'auenture au port, & furent jettez par les
» vents en la cofte de la Thofcane, où ils poferent les anchres
» près la riuiere du Tybre : & là leurs femmes fe trouuans desia fi
» mal, qu'elles ne pouuoient plus nullement endurer le trauail de
» la mer, il y en eut une, la plus noble & la plus fage de toutes,
» nommée Rome, qui confeilla à fes Compagnes de mettre le feu
» en leurs Vaiffeaux, ce qu'elles firent : dont leurs maris du
» commencement furent bien mal contens : mais depuis eftans
» contrains par la néceffité de s'arrefter auprès de la Ville de
» Pallantium, quand ils virent que leurs affaires y profpéroient
» mieux qu'ils n'euffent ofé efpérer, y trouuans la terre fertile,
» & les Peuples voifins doux & gratieux, qui les receurent
» amiablement, entre autres honneurs qu'ils firent en récompenfe
» à cefte Dame Rome, ils appellerent leur Ville de fon nom,
» comme de celle qui auoit efté caufe de la baftir....

» Les autres difent que Rome fut fille d'Italus & de Lucaria ;
» ou bien de Telephus, fils d'Herculès femme d'Æneas : autres
» difent d'Afcanius fils d'Æneas, laquelle donna fon nom à la
» Ville. Autres y en a qui tiennent que ce fut Romanus fils
» d'Ulyffes & de Circé qui fonda Rome. Autres veulent dire que
» ce fut Romulus fils d'Emathion, que Diomede y envoya de
» Troye. Les autres efcrivent que ce fut un Romis, tyran des
» Latins, qui chaffa de ce quartier-là les Thofcans, lefquels partans
» de la Theffalie, eftoient premierement paffez en la Lydie, &
» puis de la Lydie en Italie.

» Qui plus eſt, ceux meſmes qui tiennent que Romulus (comme
» il y a plus d'apparence) fut celuy qui donna le nom à la Ville,ne
» ſont pas d'accord touchant ſes anceſtres , pour ce que les uns
» eſcriuent qu'il fut fils d'Æneas & de Dexithet , fille de Phorbas,
» & qu'il fut apporté petit enfant en Italie avec ſon frere Remus :
» mais que lors la riuiere du Tybre eſtant ſortie hors de riue,tous
» les autres bateaux y périrent , excepté la nacelle où eſtoient ces
» deux petits enfans , laquelle de bonne fortune vint à ſe poſer
» tout doucement en un endroit de la riue qui eſtoit uny & plain :
» & qu'eſtans par ce moyen les enfans ſauuez contre toute eſpéran-
»ce, le lieu en fut depuis appellé Rome. Les autres diſent que
» Rome, fille de celle premiere Dame Troyenne, fut mariée avec
» Latinus , fils de Telemachus , duquel elle eut Romulus. Les
» autres eſcrivent que ce fut Æmilia, fille d'Æneas & de Lauinia,
» laquelle fut engroſſée par le Dieu Mars. Les autres content une
» choſe touchant la naiſſance de Romulus où il n'y a veriſimili-
» tude quelconque : car ils diſent qu'il fut jadis un Roy d'Alba ,
» nommé Tarchetius, homme fort meſchant & cruel, en la maiſon
» duquel apparut par permiſſion des Dieux une telle viſion : c'eſt
» qu'il ſourdit en ſon foyer une forme de membre viril, laquelle
» y demeura par pluſieurs iours : & diſent qu'en ce temps-là y
» auoit en la Toſcane un Oracle de Thetys, duquel on apporta
» à ce mauvais Roi Tarchetius une telle reſponſe, qu'il fit que ſa
» fille qui eſtoit encore à marier , eut la compagnie dudit monſtre
» pour ce qu'il en naiſtroit un fils, lequel ſeroit très-renommé pour
» ſa vaillance, & qui en force de corps & proſpérité de fortune
» ſurpaſſeroit tous ceux de ſon temps. Tarchetius communiqua cet
» Oracle à l'une de ſes filles, & lui commanda qu'elle s'approchaſt
» du monſtre : ce qu'elle dédaigna faire , & y envoya l'une de ſes
» Servantes. Dont Tarchetius fut ſi aigrement courroucé,qu'il les

» fit toutes deux prendre pour les faire mourir : mais la nuict en
» dormant, la Déeſſe Veſta s'apparut à lui qui luy défendit de le
» faire : à l'occaſion de quoi il leur commanda de lui ourdir une
» piece de toile en la priſon, à la charge qu'elles ſeroient mariées
» quand elles l'auroient acheuée. Ces filles étoient tout le long du
» jour après ; mais la nuict il en venoit d'autres par le commande-
» ment de Tarchetius, qui deffaiſoient tout ce qu'elles auoient
» fait & tiſſu le jour. Cependant, la Servante qui auoit été engroſſée
» du monſtre, ſe déliura de deux beaux fils iumeaux ; leſquels
» Tarchetius bailla à un nommé Teratius, lui enjoignant de les
» faire mourir : ce Teratius les portà ſur le bord de la riuiere, là
» où il vint une louue qui leur donna la mamelle, & des oiſeaux
» de toutes ſortes qui leur apporterent des petites miettes ; & les
» leur mirent dedans la bouche, juſqu'à ce qu'un bouuier les
» apperceut, qui s'en eſmerueilla fort & prit la hardieſſe de s'en
» approcher & enlever les enfãs, leſquels ayans ainſi eſté préſervez,
» quand ils furent depuis parvenus en aage d'hommes, coururent
» ſus à Tarchetius, & le défirent. C'eſt un nommé Promathion,
» lequel a eſcrit une hiſtoire Italique, qui fait ce conte. Mais
» quant au propos qui a plus d'apparence de vérité, & qui eſt
» auſſi confirmé par plus de teſmoins, ça eſté Diocles Peparethien,
» que Fabius Pictor ſuit en pluſieurs choſes qui l'a le premier
» mis en auant entre les Grecs, au moins quant aux principaux
» points ».

I I I.

Romulus ne deſcendoit pas des Rois d'Albe dans le ſens
hiſtorique.

Romulus n'étoit point de la famille des Rois d'Albe : tout
ce qu'on dit de ſa naiſſance & de ſa mort ne ſont que des allé-

gories, & les faits qu'on lui attribue ne font que des amplifications
de Rhéteurs : c'eſt notre troiſiéme preuve.

Si Romulus avoit été petit-fils du dernier Roi des Albains ;
auroit-il fouffert que cette Ville ſe fût fouſtraite à ſa puiſſance ?
qu'elle eût obéi à d'autres qu'à lui ? Un Prince qu'on nous repréſente ſi fier, ſi entreprenant, ſi fort ami des combats, n'auroit-il
pas été jaloux de réduire fous ſon pouvoir la Ville de ſes Peres ,
ſon patrimoine ? & cependant il ne forme jamais aucune entreprife
ſur cette Ville, il ne réclame pas un inſtant ſes droits ſur elle. Il
n'en eſt même jamais queſtion dans le procès intenté contre les
Albains par le troiſiéme Roi de Rome, par Tullus Hoſtilius, qui,
pour ſatisfaire la jalouſie dont il étoit dévoré à leur égard, allégue
des motifs frivoles , tandis qu'il auroit eu dans ces droits un
prétexte d'une toute autre force.

Romulus ne deſcend donc d'Enée & des Rois d'Albe que dans
un ſens allégorique : jamais il n'exiſta de Romulus avec des droits
ſur ce Trône.

Mais dans le ſens allégorique.

Sa naiſſance eſt inexplicable dans le ſens hiſtorique ; c'eſt un
conte qui n'a pas le ſens commun : qu'on le prenne dans le ſens
allégorique, il devient très-intéreſſant : Remus & Romulus ſont
les Dioſcures Latins, le Soleil d'été & le Soleil d'hiver , Fondateurs de tout état agricole; & élevés par une louve, ſymbole
de la lumiere dont elle porte le nom.

La mort de Romulus , également allégorique.

La mort de Romulus n'eſt pas moins allégorique que ſa naiſſance.
Ce Prince eſt mis en piéces par les Sénateurs : & cependant il
apparoît à Iulus, il lui donne commiſſion de déclarer au Peuple
qu'on doit l'adorer comme un Dieu , & Numa vient qui en fait le

Dieu Quirinus. Tout cela eſt dans l'ordre, & tout cela auroit dû conduire à la vérité. La fin de l'année eſt toujours une mort, elle expire miſe en piéces par chacun des jours qui la compoſent, repréſentés comme des Décans, des Princes, des Sénateurs : cependant le Soleil, qui en eſt le Roi, reparoît brillant de gloire, & le premier jour de l'année qui recommence, Iulus, ou la révolution le déclare encore vivant malgré ſa mort, & prouve qu'il eſt le Pere des tems, le Dieu de l'immortalité.

Il n'eſt cependant pas étonnant qu'on fût dans les ténébres malgré cette vive lumiere : c'eſt qu'on dénaturoit ces objets, ſous prétexte de les expliquer.

« Quelques Auteurs, dit Denys, (1) ſupprimant tout ce qu'il y » a de fabuleux comme indigne d'être mêlé avec l'Hiſtoire, mettent » au nombre des abſurdités & des fictions poëtiques, la louve » apprivoiſée qu'on prétend leur avoir préſenté ſes mammelles, » (à Remus & Romulus).... & ils changent cette louve en une » femme de mauvaiſe vie »....

Mais loin de féliciter ces Auteurs de leur merveilleuſe pénétration, on doit attribuer à ce malheureux ſyſtême d'expliquer par l'Hiſtoire la Mythologie entiere, & à ce funeſte triage de faits fabuleux & de faits hiſtoriques, quoique faiſant partie d'un ſeul & même récit ; on doit, dis-je, attribuer à ces vûes raccourcies, l'ignorance totale dans laquelle on a été juſqu'à préſent ſur la ſignification de ces faits primitifs. En ſupprimant le fabuleux qu'ils renferment, en tordant leur ſens, on en détruiſoit l'enſemble, on s'ôtoit tout moyen de parvenir au vrai.

Otéz de l'Hiſtoire de Romulus cette louve, cette mort, cette déiſication, il ne reſte plus rien.

_____

(1) Liv. I. ch. XIX.

I V.

Hiſtoire de Romulus calquée ſur d'autres.

Les Anciens d'ailleurs étoient accoutumés à raconter de leurs premiers Rois-Soleils, des aventures ſemblables à celles qu'on a *Jun Kings* miſes ſur le compte de Romulus.

1. *Sur celle de* PHILONOME.

ZOPYRE de Byzance, cité par l'Auteur Grec des parallèles Grecs & Romains, dit que Philonome, fille de Nictimus, eut du Dieu Mars deux gémeaux qui furent jettés dans l'Erymanthe. L'eau porta ces enfans dans le creux d'un arbre où une louve les allaita; *Wolf.* un Berger frappé de ce prodige, prit ſoin de les élever, & ils devinrent Rois d'Arcadie.

2. *Sur celle d'un Roi d'Orchomène.*

La mort de Romulus eſt de même ſemblable à celle d'un ancien Roi d'Orchomène, appellé PISISTRATE. Les Sénateurs indignés que ce Prince fût plus favorable au Peuple qu'à la Nobleſſe, l'aſſaſſinerent : chacun d'eux emporta ſous ſa robe un de ſes membres ; & Tleſimaque, pour prévenir une émotion populaire, feignit qu'il avoit vû Piſiſtrate monter au ſommet du Mont *Piſée* ſous la figure d'un Dieu : c'eſt ainſi, ajoute le même Auteur, que le rapportoit Théophile dans ſon Hiſtoire du Péloponèſe.

Les tenans pour & contre la certitude des Origines Romaines, ont anéanti la force de ces paſſages en n'y voyant que des faits hiſtoriques, empruntés, ſelon les uns, de l'Hiſtoire Romaine par les Grecs, tandis que les autres prétendent que les Romains furent les plagiaires. Tous ſe trompent : aucun de ces Peuples ne dut à cet égard rien à l'autre : tous puiſerent dans le même eſprit : tous fabriquerent des Hiftoires pareilles fur des faits fymboliques ou allégoriques dont on avoit perdu infenfiblement le fil.

Pififtrate & Romulus n'ont point été imaginés l'un fur l'autre : c'eft des deux côtés la même maniere d'allégorifer les mêmes idées. Pififtrate, qui, après avoir difparu, fe fait voir comme un Dieu fur le fommet du Pifée, eft le Dieu même qu'on y adoroit : fon nom, compofé du mot *Pifée*, & de celui de *Stratos*, Chef, fignifie le Chef, *le Gouverneur de Pifée*, celui qui y regne, qu'on y adore.

Quant aux deux gémeaux petits-fils de Mars par Philonome, jettés également dans un fleuve, & nourris par une louve dans l'Arcadie, c'eft l'Hiftoire des Diofcures appropriée aux Peuples de l'Arcadie, comme fi elle concernoit des enfans du pays : elle n'eft ni plus ni moins fabuleufe que celle de Romulus & Remus : & elle vient à l'appui de l'explication allégorique.

3. *Hiftoire de* ROMULUS SABIN.

Que deviendra enfin toute cette Hiftoire du prétendu Romulus, fi nous pouvons démontrer qu'elle fut beaucoup plus ancienne que Rome, & qu'on a lieu d'être étonné de la méprife ou de la fuperftition de ceux qui, dans le fixiéme fiècle de Rome, commencerent d'en écrire l'Hiftoire, & qui regarderent comme réellement arrivé à Rome ou à Albe, un événement allégorique que les Sabins racontoient déjà comme arrivé à leur Fondateur, un grand nombre de fiècles auparavant?

C'eft encore Denys qui nous en fournira la preuve inconteftable, quoique perfonne n'y ait fait attention, tant on avoit les yeux & l'entendement fafcinés.

« Au pays de Reate, (1) dit-il, dans le tems qu'il étoit habité

---

(1) On peut voir ci-deffus ce que nous avons déja dit de cette Ville.

» par les Aborigenes , une Vierge Indigené de la plus haute naif-
» fance vint pour danfer dans le Temple d'Enyalius. C'eſt cet
» Enyalius que les Sabins , & les Romains après eux, appellent
» Kurinus , quoiqu'on ne puiſſe pas dire préciſément s'il eſt Mars
» ou ſi c'eſt un Perſonnage différent auquel on rend les mêmes
» honneurs qu'à Mars : car les uns prétendent qu'ils déſignent tous
» deux le Dieu de la Guerre, quelques autres croyent au contraire
» que ce font deux Divinités guerrieres différentes. Tandis que
» cette Vierge danſoit, ſaiſie tout-à-coup d'une fureur Divine ,
» elle laiſſe la danſe & ſe précipite dans le Sanctuaire du Dieu , qui
» la ſerre auſſi-tôt dans ſes bras, & elle en a un fils appellé Me-   *Medius Fidi*
» dius Fidius. Ce Perſonnage étant devenu grand , fut d'une
» taille au-deſſus de celle des mortels ; ſa figure étoit celle d'un
» Dieu , & il ſe fit la réputation la plus éclatante par ſon habileté
» dans les combats. Il eut enſuite envie de fonder une Ville , &
» raſſemblant de tous les environs une troupe nombreuſe, il bâtit
» en très-peu de tems une Ville qu'il nomma Kureis , du nom de
» la Divinité dont il deſcendoit , ou ſelon d'autres , du nom de ſa
» lance ; car c'eſt ainſi que les Sabins appellent les lances : voilà ce
» que nous apprend Terentius Varron ».

Peut-on ſe refuſer au rapport qu'on apperçoit entre le Fondateur de la ville de Cures, Capitale des Sabins, & le Fondateur   *Cures*
de la ville de Rome dont les habitans étoient preſque tous Sabins ? Tous deux nés d'une Princeſſe , tous deux enfans de Mars ,
tous deux Guerriers, tous deux raſſemblant des gens de toute
main pour bâtir une ville , tous deux illuſtres par leurs vertus guerrieres , tous deux appellés Quirinus , tous deux ſemblables aux
Dieux. C'eſt donc la même Hiſtoire , le même conte ſous des
noms différens, Rome ne voulant céder en rien à Cures ſa rivale.

Orig. Lat.   *l.*

On fait d'ailleurs qu'Enyalius défignoit chez les Sabins la même Divinité que Mars chez les Latins : & quant à fa lance, on fait encore que dans l'origine la lance étoit le fymbole de Mars ; auffi ceux qui ont cru que les Scythes & d'autres peuples adoroient une lance, font tombés dans une méprife groffiere, en ne voyant pas que cette lance n'étoit que l'emblème d'une Divinité guerriere.

Obfervons que le nom de la ville de CURES eft le même que celui de la capitale des Grifons appellée CHUR, mot que nous prononçons *Coire* ; tous les deux fignifient VILLE, la Ville par excellence.

Nous voyons ici que Dius-Fidius étoit le fils de Mars ; mais nous avons vu dans les Allégories Orientales que Dius Fidius étoit le même qu'Hercule ou le Soleil ; ici c'eft le même que Romulus. Nouvelle preuve que, par Romulus-Quirinus, on n'a jamais entendu dans l'origine que le Soleil.

La danfe de Rhea ou de la mere de ce Dieu, en eft une autre preuve ; mais comme elle tient à un enfemble d'idées que nous ne pourrions développer ici, nous la renvoyons au Volume dans lequel nous difcuterons tout ce qui a rapport à cette danfe.

4e. *Rapport. Hifloire d'*ANIUS*, Roi de Delos.*

L'Ifle de Delos nous fournit un autre exemple des allégories fur lefquelles eft fondée l'Hiftoire de Romulus : on y trouve le nom de fa mere Rhea, porté par une Princeffe foible & galante comme elle, un nom fort approchant de celui d'Enée & des récits abfolument allégoriques.

Bacchus, petit fils de Cadmus, fut, dit-on, pere de Staphylus, (grappe de raifin,) & celui-ci eut une fille nommée RHEÔ. Cette Princeffe ayant eu une foibleffe comme Rhea, fut forcée par fon pere de s'embarquer fur un frêle vaiſſeau, avec lequel elle aborde dans l'Iſle de Delos; & là elle accoucha d'Anius qui devint Roi de Delos & Grand-Prêtre de Phœbus. Virgile l'appelle:

Rex Anius, Rex idem Hominum Phœbique Sacerdos.   /Aúus

Eneid. Liv. III.

» Le Roi Anius, Roi des Hommes, & Prêtre de Phœbus».

Ce Roi épouſe Doripe dont il a trois filles, Oeno, Spermo, Elaïs, qui changent tout ce qu'elles touchent en vin, en bled, en huile. : qui deviennent d'excellentes ménageres, & qui font de grands amas des offrandes qu'on portoit au Temple d'Apollon. Ce n'eſt pas tout · les Grecs occupés du ſiége de Troye, & ſe trouvant prêts à manquer de vivres, envoyent Palamedes à Delos pour en demander à Anius, & Palamedes l'oblige de lui donner ſes filles en ôtage; mais Bacchus vient au ſecours de ſes petites-filles : il les change en pigeons, & elles s'échapent.

Ne voye qui voudra dans ce récit que des faits hiſtoriques : ils nous paroiſſent trop incohérens, trop fabuleux, trop remplis de traits allégoriques, pour n'y pas voir des récits entierement allégoriques & très-aiſés à expliquer.

Commençons par les trois filles d'Anius : elles s'appellent *Oeno, Spermo* & *Elaïs*, & elles changent en vin, en blé, en huile, tout ce qu'elles touchent ; mais c'eſt préciſément ce que ſignifient leurs noms, vin, bled, huile : & ſi elles ſont filles d'Anius, c'eſt que toutes ces productions ſont en effet filles de l'année ou du Soleil: leur mere eſt Doripe, nom compoſé de *Dor*, préſent, parce que ces productions ſont autant de préſens de la Nature. La mere d'Anius eſt *Rheo* ou *Rhea*, la lumiere, Diane : elle accouche comme Latone à Delos, puiſque Delos ſignifie manifeſté, mis en lumiere : l'année eſt en effet fille de Rhéa ou de Diane,

l ij

elle est manifestée ou née à Delos, & sa Mere a eu une foiblesse, puisqu'elle est vierge, & qu'elle a cependant une fille.

5. *Romulus & Remus sont les Gèmeaux de tous les Peuples.*

Enfin nous avons vu dans l'Histoire du Calendrier que Romulus & Remus étoient pour les Romains ce qu'étoient les Dioscures & les Cabires pour les Phéniciens, pour les Grecs & pour quelques autres Peuples. Ajoutons que les Egyptiens avoient exactement le même culte des Dioscures : on le voit manifestement par le récit d'Hérodote, lorsqu'au sujet de la destruction des Temples de Memphis (1) par Cambyse, il dit que ce Prince mit en piéces les statues des Cabires semblables à celles de Vulcain leur pere, ou à celles des Dieux Pataïques des Phéniciens, c'est-à-dire, parfaitement semblables à celles des Dioscures.

Castor & Pollux

On les retrouve également dans la Germanie chez les *Naharvales.* (2) Tacite nous apprend qu'on y adoroit deux Freres qui sont les mêmes, selon les Romains, que Castor & Pollux.

V.

Histoire de Romulus, tirée des Tables sacrées, & par-là même allégorique.

Denys d'Halicarnasse fait au sujet de ces premiers événemens de l'Histoire Romaine, un aveu qui seul démontreroit la vérité de tout ce que nous venons d'avancer, s'il avoit besoin de nouvelles preuves : il assure que ces traditions sur Enée, sur Rémus & sur Romulus, avoient été puisées dans ces anciennes Histoires qu'on conservoit dans les TABLES SACRÉES. Or ces Tables sacrées

Sacred Tables

(1) Liv. III.

(2) TACITE, Mœurs des Germains.

n'eurent jamais pour objet de tranſmettre l'Hiſtoire Profane, mais tout ce qui avoit rapport au culte & à la Divinité ſuprème : c'eſt une vérité à laquelle on n'a jamais fait attention, ou dont on ne s'eſt jamais douté ; auſſi en eſt-il réſulté une très-grande obſcurité ſur pluſieurs parties de l'Antiquité, comme nous aurons occaſion de le faire voir dans la ſuite de nos recherches.

Les Anciens ne mêloient jamais les choſes profanes avec les ſacrées : chez eux les hommes n'étoient rien , la Divinité étoit tout. Dans leur culte il n'entroit rien d'humain ; leurs Loix étoient toujours au nom de la Divinité : la monnoie même ne portoit jamais l'empreinte d'un mortel, comme nous aurons occaſion de le démontrer dans un de nos prochains Volumes ; on n'y voyoit que les ſymboles des Dieux tutelaires du pays. Ainſi une eſpéce de Théocratie régnoit ſur tous les peuples , chez les Romains *Theocracy* comme chez les Grecs & chez les Egyptiens , &c.

Ainſi plus on nous aſſure que l'Hiſtoire d'Enée & de Romulus s'étoit tranſmiſe fidèlement dans les Livres ſacrés , plus il eſt inconteſtable que ces Perſonnages ſont allégoriques.

V I.

Le récit des faits attribués à Romulus n'offre que des contradictions ou des amplifications controuvées.

Ajoutons que tous le reſte de l'Hiſtoire de Romulus n'eſt qu'un cahos de contradictions & d'amplifications indignes de toute créance.

On lui fait compoſer une année de dix mois qui n'a jamais pu exiſter, ſur-tout chez un peuple qu'on prétend deſcendre des Albains & des Troyens ; il étoit impoſſible que ces Nations qui avoient ſubſiſté avec tant de gloire pendant ſept ou huit ſiécles ,

& qui étoient Agricoles, ne connuſſent pas mieux la durée de l'année; & ç'eût été le comble de l'extravagance dans Romulus de prétendre raccourcir cette durée : ce n'eſt point alnſi qu'on méne les Peuples : il faut que ceux qui les premiers ont avancé une pareille abſurdité, euſſent renoncé à toute raiſon.

On lui fait conquérir des villes qui ſous ſes ſucceſſeurs appartenoient ſi peu à Rome, qu'ils furent obligés d'en faire la conquête ; & cependant il n'eſt point dit qu'elles en euſſent ſecoué le joug.

On lui fait renfermer dans Rome & peupler des montagnes qui ſont cependant hors de Rome & inhabitées ſous le ſecond de ſes ſucceſſeurs. Le fait eſt trop curieux pour que nous l'omettions.

» Romulus & Tatius, dit Denys (1), ne furent pas long-tems » *ſans agrandir* la ville de Rome : car ils y *ajoutèrent* deux autres » collines, le mont Quirinal & le mont CÆLIUS. Après cela, ils » ſe ſéparèrent pour demeurer chacun dans le quartier qui lui » appartenoit. Romulus s'établit ſur le mont Palatin & ſur le » mont CÆLIUS. Tatius alla demeurer ſur le mont Quirinal & » ſur le mont Capitolin.

Oubliant tous ces détails, ils nous racontent enſuite (2) que Numa agrandit Rome en y ajoutant le mont Quirinal qui juſqu'alors n'avoit point été fermé de murs; que Tullus Hoſtilius, troiſiéme Roi de Rome renferma le mont Cælius dans ſon enceinte, qu'il y donna des emplacemens aux Romains qui n'avoient point de demeure, qu'ils y bâtirent des maiſons, & que Tullus y alla demeurer lui-même.

_____

(1) Liv. II. ch. XII.
») Liv. II. ch. XVI.

Le mont Cælius n'avoit donc pas été renfermé dans Rome par Romulus ; il n'avoit donc pas contribué à agrandir cette ville ; il n'avoit donc pas été couvert de maifons , ni comme quartier de la ville , ni comme faubourg ; on a donc chargé l'Hiftoire de ce premier Roi de faits controuvés , & il le falloit bien , puifqu'on vouloit pafler pour avoir eu fept Rois.

Denys nous donne lui-même un bel exemple des amplifications qu'on s'eft permifes fur ce prétendu Roi , afin de remplir les années de régne qu'on lui attribue. Denys fait tenir par ce Prince au Peuple Romain un difcours très-long , très-pathétique , très-éloquent fur la forme de Gouvernement qu'il falloit établir dans fa nouvelle ville , & ce Gouvernement devoit être démocratique. Le Peuple répond par un Difcours non moins poli pour élever Romulus à la dignité de Roi ; & Romulus n'accepte modeftement la royauté qu'autant que les Dieux approuveront ce choix & cette efpéce de Gouvernement : il leur adreffe auffitôt une priere fervente ; à peine eft-elle achevée , qu'un éclair la ratifie de gauche à droite ; & c'eft ainfi que Romulus devient Roi felon ce Grec qui fabrique ainfi un Roman où rien n'eft vrai : les Romains n'ont jamais repréfenté ce Prince que comme un Roi defpote & abfolu , qui régloit tout felon SON BON PLAISIR , pour nous fervir de l'expreffion de TACITE lui-même ; *nobis Romulus AD LIBITUM imperaverat* , nous dit cet Hiftorien.

Puifqu'on s'eft donné tant de licence fur ce Prince , & que tout ce qu'on nous dit de lui eft allégorique ou faux , nous refte-t-il même la reffource de fuppofer deux Romulus , l'un allégorique relatif au Soleil , l'autre Hiftorique relatif au premier Roi de Rome ?

Mais ce n'eft pas tout.

_____

(1) Annales , Lib. III. cap. XXVII.

I I I.

Hiſtoire de Tarpeia.

Une prétendue trahiſon qu'on place ſous le régne de Romulus, ſera une nouvelle preuve de la profonde ignorance des Romains ſur leurs origines. Perſonne n'ignore que la principale montagne de Rome eſt le Mont Capitolin ; mais ce qu'on ignore peut-être, c'eſt qu'avant qu'on y eût bâti le Capitole d'où il tire ſon nom, il s'appelloit le Mont Tarpeien ; nom qui fut conſervé par une portion du Capitole appellée la Roche Tarpeia, de deſſus laquelle on précipitoit ceux qui étoient traîtres à la Patrie, ou coupables du crime de lèze-majeſté.

Avant qu'on eût bâti ſur ce Mont un Temple à Jupiter, & déjà avant Numa, on y avoit élevé un Tombeau magnifique, dit Denys, & cette Colline étoit la Colline la plus ſacrée de la ville : il ajoute qu'il ne fait que copier Piſon : là, chaque année on venoit offrir des ſacrifices & des libations.

C'étoit donc un de ces Hauts lieux dont nous avons déjà parlé ; ce Tombeau étoit un Temple ancien, & c'eſt ſur ce Temple qu'on en éleva un plus magnifique lorſqu'on conſtruiſit le Capitole & le Temple de Jupiter Capitolin.

Mais qui dit TOMBEAU, ſemble ſuppoſer une perſonne enſevelie dans ce monument : on chercha donc dans la ſuite des tems quelle perſonne avoit pû être enterrée ſur cette Colline appellé Tarpeia. Put-on héſiter ? C'étoit un nom féminin, on en fit Mademoiſelle Tarpeia : il fallut auſſi-tôt lui forger une hiſtoire, & comme c'étoit du haut de cette roche, ainſi que nous venons de le dire, qu'on précipitoit les traîtres, il en fallut faire une traîtreſſe, une perfide. On raconta donc qu'elle étoit fille du Chef

de

de la garnifon , & qu'elle étoit elle-même à la tête de cette garnifon , lorfque Tatius avec fes Sabins, vint attaquer la ville de Rome. Charmée de la beauté de ce Roi, elle confent à lui ouvrir les portes de la ville, pourvu qu'il lui faffe donner ce que fes foldats portoient à leurs bras ; elle entendoit leurs bracelets d'or & d'argent ; mais auffi-tôt que Tatius s'eft rendu maître par fon moyen de la Citadelle , il la fait affommer avec les boucliers de fes foldats qu'on lui jette à la tête comme pour lui tenir parole.

Selon d'autres , au contraire , Tarpeia étoit une Héroïne qui avoit demandé réellement les boucliers des Sabins , afin que les foldats Romains euffent bon marché des ennemis lorf-qu'ils feroient privés de cette arme défenfive ; & vu les honneurs qu'on rendoit à fon tombeau , Denys fe range à ce fentiment. » Si Tarpeia , dit-il , avoit trahi fa Patrie , lui auroit-on rendu de » tels honneurs? Plutôt , ne l'auroit-on pas exhumée , & n'au-» roit-on pas jetté fon corps à la voirie , pour fervir d'exemple à » tous , & pour les détourner à jamais d'un pareil crime ?

C'eft ainfi que lorfque les Anciens eurent perdu de vue leurs origines, ils s'en rendirent la découverte impoffible par de pré-tendues traditions hiftoriques dont ils ne pouvoient démêler le vrai , & que les Hiftoriens adoptoient mal-à-props , victimes d'une confiance aveugle qui leur faifoit perdre la vérité de vue , pour courir après une ombre qui les égaroit.

§. VI.

Année de la Fondation de Rome ; les Chronologiftes ne font point d'accord fur fon époque.

En voyant l'affurance avec laquelle les Modernes fixent l'an-née dans laquelle Rome fut bâtie, on croiroit qu'il n'y a rien

Orig. Lat.   *m*

d'auffi certain, & qu'on ne s'eft point trompé par conféquent en regardant Romulus comme fon Fondateur & comme ayant régné pendant l'intervalle à peu près qui s'eft écoulé entre la fondation de Rome & le régne de Numa. Que deviendra donc ce prétendu régne, & toute cette prétendue certitude, s'il n'y a rien d'affuré dans l'année de la fondation de Rome ; fi celle qu'on lui affigne n'a été choifie qu'au bout de fix fiécles, & fi elle ne l'a été que par des raifons de convenance & fans preuve certaine ? C'eft cependant ce qu'il eft très-aifé de prouver.

ENNIUS qui écrivit les annales de Rome dans le fixiéme fiécle depuis la fondation de cette ville felon le calcul ordinaire, dit qu'elie étoit fondée depuis environ fept cens ans· il reculoit donc cette fondation d'environ un fiécle.

TIMÉE de Sicile la rapportoit au tems où Carthage fut bâtie, 38 ans avant la Iere. Olympiade, ou 814 ans avant J. C.

PORCIUS CATON, 432 ans après la guerre de Troie, la premiere année de la VIIe. Olympiade, 752 ans avant J. C.

QUINTUS FABIUS, la premiere année de la VIIIe. Olympiade.

Le Sénateur CINCIUS, la quatriéme année de la XIIe. Olympiade ou l'an 729 avant J. C. Voilà donc 85 ans de différence pour la fondation de Rome entre Timée & le Sénateur Cincius, & au moins 150 ans de différence entre ce Sénateur & l'Annalifte Ennius.

Varron, Caton & ceux qui fixent cette époque vers l'an 752 de J. C. prennent donc un terme moyen entre Timée & Cincius : ce n'étoit donc qu'un à-peu près, une compenfation entre deux calculs, l'un fort, l'autre foible, mais tous incertains.

2.

Ils ne pouvoient l'être.

Ils ne pouvoient en effet avoir aucune certitude de l'année où Rome fut fondée, vu la maniere dont ils s'y prenoient. Ces Savans remontoient d'année en année d'après les fastes consulaires jusqu'à l'établissement des Rois. Une fois parvenus à ce point, ils n'avoient plus que des motifs de convenance ; car ils ne trouvoient que sept Rois, en comptant Romulus, & il falloit que ces Rois remplissent tout l'espace qui s'étoit écoulé entre la fondation de la ville & l'établissement des Consuls : il falloit de plus que le premier de ces Rois eût regné depuis le dernier Roi d'Albe, puisqu'on le regardoit comme le petit-fils de ce Roi : & de-là, on concluoit que ces Rois avoient regné 244 ans, dont il falloit que Romulus en eût regné 37. N'est-ce pas une chronologie bien assurée que celle qui ne s'appuie que sur des convenances ? & n'est-ce pas un beau calcul qu'un calcul fondé sur le nourrissage d'un Prince par une Louve ?

De plus, 244 ans de regne pour sept Rois font une exagération énorme : nulle part on ne trouvera un exemple pareil de sept Rois consécutifs, électifs ou héréditaires, n'importe, qui ayent regné aussi long-tems.

Nos huit derniers Rois n'en ont regné que 226, & dans ces huit, sont les longs regnes de Louis XIV & de Louis XV ; car si l'on comptoit les générations de Princes éteintes sous ces deux Rois, combien n'en trouveroit-on pas ?

Nos Rois depuis Clovis jusqu'à Louis XV inclusivement n'ont pas regné 21 ans chacun l'un dans l'autre : ce qui donne 140 ans de sept en sept, & non 244.

Tullus Hostilius, troisiéme Roi de Rome, étoit monté sur le

Trône environ 160 ans avant l'établissement des Consuls : il reftoit donc 80 ans pour les deux premiers Rois : que pouvoit-
on faire de mieux que de partager cet espace entr'eux ? Il fallut
donc donner à Numa au moins 40 ans de regne, & comme il
avoit vécu un peu plus de 80 ans, on lui donna jusqu'à 43 ans
de regne. C'étoit cependant lorsqu'il monta sur le Trône, un
homme illustre par sa sagesse, vénérable par son âge, profondément versé dans les connoissances nécessaires à un grand Législateur.

Je ne prête rien aux Anciens lorsque je leur fais calculer de
cette maniere la durée de Rome. Voici les propres expressions
de Denys d'Halicarnasse.

» Presque tout le monde, dit-il, convient que l'expédition
» des Celtes qui prirent la ville de Rome se rapporte au tems
» que Pyrgon étoit Archonte à Athènes vers la premiere année
» de la XCVIII^e. Olympiade. Or si l'on remonte jusqu'à Lucius
» Junius Brutus & Lucius Tarquinius Collatinus qui ont été les
» premiers Consuls de Rome après qu'ils eurent détrôné les Rois,
» on trouvera depuis leur Consulat jusqu'à la prise, 120 ans, ou
» XXX Olympiades : d'où il résulte que les premiers Consuls sont
» entrés en charge dans le tems qu'Isagoras étoit Archonte à
» Athènes, la premiere année de la LXVIIIe. Olympyade.

» D'ailleurs en remontant du bannissement des Rois jusqu'à
» Romulus premier Roi de Rome, il y a 244 ans, comme on
» le voit par leur succession & par la durée du regne de chacun
» d'eux.

Et voilà précisément ce qu'il falloit démontrer ; & qu'on ne
s'est point mis en peine de prouver. On suppose toujours sept
Rois renfermés entre le dernier Roi d'Albe & l'établissement des
Consuls, & qui ont ainsi 244 ans à partager pour leurs regnes.

3.

Calcul astrologique de la Fondation de Rome.

N'omettons pas une des grandes preuves de Varron sur le tems de la durée de Rome. Il étoit fort lié avec Tarutius ; grand Philosophe & grand Astrologue, dit-on. Il le pria de calculer par ses régles astrologiques, l'heure & le jour de la naissance de Romulus, & de la fondation de Rome. Notre Astrologue rassemble les faits & gestes de son Héros, il considére la maniere dont il est né, celle dont il est mort, & il trouve que Romulus fut conçu la premiere année de la IIe. Olympiade, le vingt-troisiéme jour du mois que les Egyptiens appellent Chœac, & qui répond au mois de Décembre : qu'il naquit le 21 du mois de Thot, ou de Septembre, au Soleil levant : & que Rome fut fondée le 9 du mois de Pharmuthi qui répond à Avril : on ajoute que Romulus fut conçu pendant une éclipse totale de Soleil, & que Rome fut fondée le jour d'une éclipse de Lune qui fut observée par le Poëte Antimaque la troisiéme année de la VIe. Olympiade.

Ainsi, Romulus auroit été conçu au solstice d'hyver ; & il seroit né à l'équinoxe d'Automne où commençoit l'année civile orientale : ce sont des calculs astronomiques absolument relatifs au Soleil, & qui viennent à l'appui de notre maniere de voir l'Histoire de ce Prince. C'est la seule utilité dont ils puissent être.

Mais on en conclura qu'il falloit être bien dénué de preuves chronologiques pour recourir à celle-là, & pour s'en contenter.

§. VII.

DE NUMA.

1. *L'Epoque de son Regne incertaine.*

Que deviendront ces prétendus calculs, s'il est démontré q l'on

n'a jamais pû déterminer d'une maniere sûre le regne de Numa ;
de ce Légiflateur de Rome, de ce Prince pacifique, qui fuccéda,
dit-on, à un Prince turbulent & guerrier ? Si quelqu'un dut s'affurer du tems où vécut & régna Numa, c'eft certainement
Plutarque qui entreprit l'Hiftoire de fa vie : telle eft cependant
la maniere dont il débute.

» Il y a auffi femblablement diverfité grande entre les Hifto-
» riens touchant le tems auquel regnâ le Roi Numa Pompilius,
» encore que quelques-uns veuillent dériver de lui la Nobleffe
» de plufieurs groffes Maifons de Rome.

Il dit enfuite que fuivant l'OPINION COMMUNE, ce Roi avoit
été le difciple & l'ami intime de Pythgore, quoique, felon quelques-uns, Pythagore ait vécu cinq générations plus tard.

Cependant, comme il falloit prendre un parti, il fe décide
non pour le plus vrai, mais pour le plus convenable : » ce no-
» nobftant, dit-il, nous ne laifferons pas non plus de coucher par
» efcrit les chofes dignes de mémoire que nous avons pu amaffer
» du Roi Numa, en commençant à l'endroit qui nous femble
» le plus convenable.

Tel étoit encore le peu d'exactitude de ces tems-là, qu'on
ne pouvoit décider fi Numa avoit eu des fils ou non : plufieurs
familles Romaines prétendoient defcendre de ce Roi par fes quatre fils, Pomponius, Pinus, Calpus, Mamercus : les autres prétendoient que ces généalogies étoient fuppofées, & que Numa
n'avoit eu qu'une fille nommée Pompilia, qui époufa Martius &
qui fut mere d'Ancus Martius, quatriéme Roi de Rome.

2.

Appellé CHEVELU, & pourquoi.

Obfervons, relativement à Numa, une épithéte que lui donne

Ovide, qui lui fut commune avec Pythagore, qui étoit relative
à la fageffe dont il faifoit profeffion, & à laquelle cependant aucun Savant n'a fait la moindre attention ; nouvelle preuve de la
négligence avec laquelle on a écrit l'Hiftoire des premiers fiécles
de Rome. Cette épithéte eft celle de CHEVELU, nom fous le- *Longbeards*
quel on défigne ces deux Sages.

» Le jeune Pythagore, dit M. Dacier dans la Vie de ce Philo-
» fophe, croiffoit tous les jours en fageffe ; la douceur, la modé-
» ration, la juftice, la piété, paroiffoient avec tant d'éclat dans
» toutes fes paroles & dans toutes fes actions, qu'on ne douta plus
» de la vérité de l'Oracle, & qu'on regardoit déjà cet enfant
» comme un bon génie venu pour le falut des Samiens. On l'ap-
» pelloit *le jeune Chevelu*, & par-tout où il paffoit on le combloit
» de bénédictions & de louanges ».

Tel fut également le nom qu'on donnoit à Numa : il fut appellé
le CHEVELU ; c'eft à Ovide que nous fommes redevables de cette
anecdote. Voici fes propres termes ; ils font dignes de remarque:
c'eft au fujet du Temple de Vefta que ce Prince avoit fait bâtir.

Quæ nunc are vides ; ftipula tunc tecta videres:
Et paries lento vimine textus erat.
Hic locus exiguus, qui fuftinet atria Veftæ,
Tunc erat intonfi regia magna Numæ.

Faft. Lib. vi. 161.

« Cet édifice qui eft aujourd'hui couvert d'airain, n'avoit alors
» qu'un toit de chaume : fon mur n'étoit qu'un tiffu d'ofier. Et ce *Wicker*
» lieu qui n'eft à préfent que le veftibule du Temple de Vefta,
» étoit alors le grand Palais de *Numa le Chevelu* ».

L'expreffion du Poëte eft plus énergique même, plus fymbo-
lique : *qui ne tondit jamais fes cheveux.*

Voilà donc deux des plus grands Hommes de l'Antiquité, tous

deux célébres comme Philofophes, comme Légiflateurs, comme amis de la vertu, qui font caractérifés par l'épithète de *Chevelus*, de gens qui *n'ont point rafé leurs cheveux*.

C'eft que cette épithète indiquoit toutes ces idées : & toutes ces idées étoient venues de l'Orient avec le même fymbole.

Ceux qui dans l'Orient fe vouoient, comme Numa, comme Pythagore, &c. au bonheur du genre humain, à l'étude des connoiffances utiles à l'humanité, & qui par conféquent faifoient en quelque façon vœu de pureté, fe faifoient reconnoitre à leurs cheveux longs. Auffi les appelloit-on Nazaréens chez les Hébreux, mot à mot les *Chevelus*, du mot Nazar, chevelure.

C'eft faute d'attention qu'on a dit que ce mot fignifioit *feparé*, *pur*, *faint* ; ce n'étoit ici que le fens figuré : Chevelu étoit la fignification propre.

Samfon, Jean-Baptifte étoient des *Chevelus* ; ils manifeftoient par-là qu'ils s'étoient voués au bonheur des hommes, ils s'en montroient les Peres, les Bienfaiteurs, les Sauveurs.

Ce caractere étoit fi effentiel à tout ce qui étoit au-deffus des mortels ordinaires, que les Payens en firent une des marques diftinctives d'Apollon, Chef des Mufes confacrées à célébrer la vertu, à porter les hommes au bien : ils le peignent toujours avec une chevelure blonde qui tombe à grandes boucles fur fes épaules : toutes fes ftatues font ornées d'une pareille chevelure, chantée également par les Poëtes : c'eft ainfi qu'Horace le repréfente dans les Vers féculaires !

Intonfum pueri dicite Cynthium.

« Jeunes gens célébrez le Dieu chevelu de Cynthie ».

Ne foyons pas étonnés que les hommes vertueux, que les Légifla-teurs & les Sages, confervaffent avec foin leur Chevelure : elle eft un des plus beaux ornemens du corps humain ; elle marque fa force & fa vigueur ; & comme elle fe concilie beaucoup mieux avec la vie indépendante & libre qu'avec l'efclavage ou les travaux du corps, elle devint naturellement le fymbole de tout être libre & ingénu : auffi chez les Francs, tout Citoyen étoit chevelu ; auffi leurs premiers Rois porterent par excellence le titre de Chevelu : encore aujourd'hui, la chevelure eft l'emblême de la claffe des Citoyens qui fe confacre à la Juftice & à la Légiflation : & être condamné à perdre fa chevelure, c'eft être dégradé du rang de Citoyen : c'eft n'être plus François.

§. V I I I.

Vues fur les commencemens de Rome.

1.

Caufes & forme de fon premier Gouvernement.

Nous croyons donc, d'après toutes ces obfervations, être fondés à dire que le premier Roi de Rome fut Numa fon Légiflateur : & que Romulus, ou le Dieu Quirinus, ne fut que ce même Roi allégorique qui peint le Soleil, & que tous les Peuples ont mis à la tête de leurs Rois : mais qu'étoit Rome auparavant ? c'eft ce qu'il faut examiner.

Déjà depuis long-tems exiftoient des Peuplades fur les collines de Rome lorfque Numa en devint Roi : & comment n'auroient-elles pas exifté, vû la beauté de fa fituation, & les reffources dont elle étoit pourvue ? beauté & reffources qui ont conftamment attaché des hommes en ce lieu, malgré les plus grandes révolutions ; malgré les cataftrophes les plus terribles.

Un Fleuve qui fourniffoit les moyens de pourvoir aux premiers befoins, en même-tems qu'il fervoit de rempart contre les attaques

du dehors : une Ifle qui fervoit de fanctuaire au culte de la Divinité, des côteaux délicieux, fertiles jufqu'à leur fommet, & qui
ne demandoient qu'à être habités ; tel étoit l'afpect des lieux fur
lefquels s'éleva Rome ; tels, les attraits qui invitoient à s'y arrêter,
les Peuplades que leur bonne fortune y amenoit.

Ainfi, un Bourg fe forma de bonne-heure fur le Mont-Aventin,
un autre fur le Mont-Palatin.

Ces Bourgs furent long-tems fous la domination des Rois
d'Albe, Maîtres du Latium, où ils établirent une cinquantaine de
Villes ; & pendant ce long intervalle, ils n'eurent point d'Hiftoire :
fait-on l'Hiftoire d'une Bourgade qui n'eft peuplée que de Pêcheurs,
ou de Laboureurs ?

Mais la puiffance des Rois d'Albe s'affoibliffoit : les derniers
Princes de cette Maifon fe dépoffédoient tour-à-tour : les riches
Familles des environs de Rome durent donc penfer à leur propre
fûreté ; elles fentirent fans peine les grands avantages dont feroient
pour elles ces côteaux en en faifant leur point de réunion : elles y
établirent un Temple, un afyle, un Culte, un Gouvernement.
Les plus puiffans d'entr'eux, les grands Propriétaires eurent le
titre de Peres, d'Anciens ou SÉNATEURS ; d'autres, moins riches
ou plus jeunes, eurent le droit d'être les Défenfeurs de la Confédération & de la fervir à cheval, fans abandonner les champs qu'ils
cultivoient, & qui formoient leur puiffance (1) : la Ville continua
d'être habitée par des Artifans, des Pêcheurs, des Salariés, qui,
ne pouvant avoir aucune part au Gouvernement, formerent le

_____

(1) C'eft ce qu'Ovide a fi bien décrit :
... Populum digeffit ab annis
Romulus, in partes diftribuitque duas,
Hæc dare confilium pugnare paratior illa eft
Hæc ætas bellum fuadet ; & illa gerit.
        Faft. Lib. VI. 83.

» Romulus divife le Peuple en deux
» claffes, relativement à leur âge : l'une
» délibere & l'autre exécute : l'une ordon-
» ne la guerre, l'autre en foutient les tra-
» vaux.

Plebs: ils enfermerent enfin d'un mur ces côteaux , afin qu'ils rempliffent mieux le but de leur confédération : c'eft alors qu'on put fe fervir de cette expreffion, Urbs condita , *mot à mot* , la Ville renfermée , fondée , Rome élevée au rang de Ville. Auparavant elle n'étoit qu'un affemblage de Hameaux.

Quant à l'adminiftration , elle étoit entre les mains des Sénateurs qui avoient établi un Confeil de dix d'entr'eux qui changeoient tous les cinquante jours , & qui étoit préfidé par chacun des dix fucceffivement, ce qui faifoit cinq jours de regne pour chacun.

Et cette République étoit fous la protection de Romulus nourri par une Louve , ou du Soleil Dieu tutelaire de cette Nation agricole.

2. Ce Gouvernement devient Monarchique.

On ne tarda pas à fentir les inconvéniens d'un Gouvernement de cette efpéce ; ils furent même néceffairement augmentés par les divifions qui ne purent que s'élever entre ces Patriciens, dont les uns étoient d'origine Celte , d'autres Sabins, d'autres Pelafges : ils defirerent donc tous un Chef , un Légiflateur , un Roi , & ce Chef fut le fage Numa.

Dès ce moment , unie au dedans , & les forces de chacun concourant déformais au bien général , Rome fortit de fon état de langueur ; elle eut des Faftes ou une Hiftoire ; elle devint redoutable à fes voifins ; elle fentit qu'elle étoit faite pour dominer fur l'Univers.

Ajoutons que fon Gouvernement Sénatorial avoit été abfolument Pontifical. Les Patriciens poffédoient feuls le droit de régler ce qui avoit rapport à la Religion ; feuls , ils avoient le droit d'augure, de confulter les Sibylles , d'offrir les Sacrifices; feuls, ils avoient celui d'avoir des Armoiries , & le droit de *veftibule* ou de feu facré, comme les Gentilshommes ont encore de nos jours le droit de Chapelle.

C'eft le feul moyen de concilier la fageffe de Rome avec fes origines. Si Rome n'eût été qu'un amas de brigands, fes Peres-Confcripts ne fe feroient pas concilié tant de refpect; Rome fe feroit confumée de fes propres mains; elle n'auroit pû paffer à l'inftant de l'état le plus défordonné à l'état le plus policé, le plus fage. Elle n'auroit pû être fufceptible de la Légiflation de Numa.

Ce n'eft qu'une réunion d'hommes vertueux, à leur aife & qui ont une grande élévation d'ame, qui puiffent faire les établiffemens qu'on prête à Romulus, c'eft-à-dire, au Roi-Soleil, à la Divinité Suprême.

Ce ne font que de tels hommes qui peuvent établir un afyle pour les infortunés; qui peuvent défendre qu'on paffe au fil de l'épée la jeuneffe des Villes fubjuguées, & qu'on laiffe leurs terres en friche: eux feuls peuvent inviter les hommes juftes à entrer dans leur confédération, & partager avec eux leurs priviléges de Citoyens.

Tels on vit les Habitans de l'Helvétie ménager le fang dans le tems où ils s'affranchirent d'un joug qu'ils trouvoient infupportable; fe lier & s'aggrandir par des Confédérations réciproques; recevoir dans leur fein ceux qui voulurent avoir part à leur liberté & à leurs avantages; donner aux hommes l'exemple du plus grand courage uni à la plus grande modération. C'eft qu'ils n'étoient pas des brigands; qu'ils tenoient, de même que les Fondateurs de Rome, à un fol & à des revenus qui leur donnoient des mœurs; & qu'avec des mœurs, on fera toujours capable de grandes chofes.

ARTICLE VI.

CAUSES

DE LA GRANDEUR DU PEUPLE ROMAIN.

1°. *Son génie & son habileté.*

Tels furent les commencemens des Romains ; mais comment parvinrent-ils à un point de puissance unique : Comment purent-ils subjuguer insensiblement les Peuples de l'Italie, & ensuite toutes les Nations policées ?

De très-beaux Génies se sont exercés sur cette intéressante question. Ils ont indiqué un grand nombre de causes de cette élévation étonnante ; ils les ont puisées dans les mœurs des Romains, dans leur courage, dans la forme de leur gouvernement, dans leur éducation, dans leur grande habileté dans l'Art de la guerre, dans leur constance à toute épreuve, dans leur soif dévorante de la gloire, dans leur ambition orgueilleuse, dans cette profonde politique avec laquelle ils renonçoient toujours à leurs anciens usages militaires quand ils en trouvoient de meilleurs.

Leurs Rois & leurs Consuls contribuerent également à leur élévation. » Ses Rois, dit un Ecrivain illustre, furent tous de » grands personnages ; on ne trouve point ailleurs dans les His- » toires, une suite non interrompue de tels Hommes d'Etat & de » tels Capitaines. .. . .

» Rome ayant chassé les Rois, établit des Consuls annuels ; » c'est encore ce qui la porta à ce haut degré de puissance. Les » Princes ont dans leur vie, des périodes d'ambition ; après quoi, » d'autres passions & l'oisiveté même, succédent : mais la Répu-

» blique ayant des Chefs qui changeoient tous les ans , & qui
» cherchoient à fignaler leur Magiſtrature pour en obtenir de
» nouvelles , il n'y avoit pas un moment de perdu pour l'am-
» bition ; ils engageoient le Sénat à propofer au Peuple la guerre,
» & lui montroient tous les jours de nouveaux ennemis.

   » Ce Corps y étoit déjà affez porté de lui-même ; car étant
» fatigué fans ceſſe par les plaintes & les demandes du Peuple ,
» il cherchoit à le diſtraire de fes inquiétudes, & à l'occuper au
» dehors.

   » Or la guerre étoit prefque toujours agréable au Peuple ; par-
» ce que par la fage diſtribution du butin , on avoit trouvé le
» moyen de la lui rendre utile.

   » Rome étant une Ville fans commerce & prefque fans arts,
» le pillage étoit le feul moyen que les particuliers euſſent pour
» s'enrichir......

   » Les Confuls , ne pouvant obtenir l'honneur du Triomphe
» que par une conquête ou une victoire, faifoient la guerre avec
» une impétuofité extrême ; on alloit droit à l'ennemi, & la force
» décidoit d'abord.

   » Rome étoit donc dans une guerre éternelle , & toujours
» violente ; or une Nation toujours en guerre , & par principe
» de gouvernement , devoit néceſſairement périr, ou venir à
» bout de toutes les autres , qui, tantôt en guerre , tantôt en
» paix, n'étoient jamais fi propres à attaquer, ni fi préparées à fe
» défendre.

   » Par-là les Romains acquirent une profonde connoiſſance de
» l'Art militaire. Dans les guerres paſſageres, la plûpart des exem-
» ples font perdus ; la paix donne d'autres idées, & on oublie fes
» fautes & fes vertus même.

   Il feroit trop long de tranfcrire tout ce que cet Auteur dit d'intéreſſant ſur ce ſujet ; mais j'invite mes Lecteurs à lire la fin de ce premier Chapitre ; les deux ſuivans, qui roulent ſur l'*Art de la guerre che*ʒ *les Romains ,* & ſur la queſtion , *comment les Romains purent s'aggrandir* ; & le *Vme* *de la conduite que les Romains tinrent pour ſoumettre tous les Peuples.*

Mais n'omettons pas la fin du troiſiéme Chapitre ; on y indique le partage des terres comme une des grandes cauſes de l'élévation de cette République.

» Ce fut le partage égal des terres qui rendit Rome capable
» de ſortir d'abord de ſon abaiſſement ; & cela ſe ſentit bien ,
» quand elle fut corrompue.

» Elle étoit une petite République, lorſque les Latins ayant
» refuſé le ſecours de troupes qu'ils étoient obligés de donner ,
» on leva ſur le champ dix Légions dans la ville, (c'étoit peu de
» tems après la priſe de Rome). A peine à préſent , dit Tite-
» Live , Rome que le Monde entier ne peut contenir , en pour-
» roit-elle faire autant , ſi un ennemi paroiſſoit tout-à-coup de-
» vant ſes murailles : marque certaine que nous ne nous ſommes
» point aggrandis ; & que nous n'avons fait qu'augmenter le luxe
» & les richeſſes qui nous travaillent.

Mais de toutes ces conſidérations , il réſulte que le Peuple Romain , très-pauvre , très-circonſcrit , très-ambitieux , étoit un aſſemblage ſyſtêmatique de pillards toujours prêts à fondre du haut de leurs collines ſur quiconque étoit trop foible pour leur réſiſter , & pas aſſez politique pour former une ligue capable de les écraſer à jamais.

2°. *Ces Cauſes ne purent pas être ſuffiſantes.*

Mais quelqu'habileté, quelque ſageſſe qu'euſſent les Romains, il fallut cependant que les circonſtances les favoriſaſſent ; car on fera toujours en droit de demander comment une feule ville put vaincre de grands Etats : car ni le génie ni la volonté ne peuvent rien contre des forces fupérieures. C'eft cependant ce à quoi on n'a pas fait affez d'attention ; on a trop confidéré les Romains en eux-mêmes, & pas affez relativement à leurs voifins : cette combinaifon eft cependant le feul moyen par lequel on puiffe réfoudre ce problême.

M. de Montefquieu en avoit fort bien fenti la néceffité. » Comme les Peuples de l'Europe, dit-il, (chap. III,) ont dans ces » tems-ci à peu près les mêmes armes, la même difcipline & » la même maniere de faire la guerre, la prodigieufe fortune » des Romains nous paroît inconcevable. D'ailleurs, il y a au- » jourd'hui un telle difproportion dans la puiffance, qu'il n'eft » pas poffible qu'un petit Etat forte, par fes propres forces, de » l'abaiffement où la Providence l'a mis.

» Ceci demande qu'on y réfléchiffe, fans quoi nous verrions » des événemens fans les comprendre ; & ne fentant pas bien la » différence des fituations, nous croirions, en lifant l'Hiftoire » Ancienne, voir d'autres hommes que nous.

On s'attend donc à une folution digne de ces hommes célébres ; on s'attend à voir quelles caufes firent difparoître la difproportion qu'offre naturellement une feule ville en oppofition avec tous fes voifins, avec tous les Peuples de l'Italie. Cependant comme s'il avoit totalement oublié l'état de la queftion, il fe contente de nous dire ce que nous avons déjà rapporté, que le partage des terres faifoit de tout Romain un foldat, enforte que cette Ville renfermoit dans fon fein une armée nombreufe toujours prête à marcher : mais les villes voifines, toutes guerrieres, n'avoient-elles pas également le partage des terres ? Les armées des Eques, des Volfques, des Sabins, &c. n'étoient-elles pas

compofées

compofées de propriétaires de terres, de Laboureurs qui quit-
toient la charrue pour l'épée, & qui revenoient à la charrue dès
que l'expédition étoit finie ? Il y eut donc d'autres caufes qui
firent difparoître la prodigieufe difproportion qu'offre la feule
Ville de Rome d'un côté, & toutes les puiffantes Nations de
l'Italie de l'autre : & ce font ces caufes qu'il faut découvrir. Mais
pour cet effet, fortons une fois de Rome, & confidérons quels
Peuples compofoient l'Italie lorfque Rome fut fondée.

A R T I C L E VII.

Divifion Politique des Peuples de l'Italie Ancienne.

§. I.

Cette Divifion, effet de la Nature.

Lorsque Rome fut fondée, les Peuples de l'Italie n'étoient
plus dans cet état convulfif qu'occafionnoit leur vie paftorale &
le petit nombre de fes habitans, hors d'état de réfifter à des
Peuples coureurs qui venoient de toutes parts chercher dans
l'Italie des demeures plus agréables que celles qu'ils abandon-
noient dans les glaces & dans les déferts de la Germanie ou de
la Sarmatie. Chacun de ces Peuples cantonné par tous les autres dans un coin particulier, n'avoit eu d'autre reffource que de
cultiver le diftrict qui lui étoit échu en partage ; ainfi l'Italie entiere étoit couverte d'une population immenfe, & d'un grand
nombre d'Etats riches en hommes, en foldats, mais petits en
étendue & bornés en richeffes difponibles.

Ces petits Etats s'étoient formés de par la Nature ; chacun
Orig. Lat. o

d'eux, au moment de l'invasion générale , s'étoit emparé d'une part qu'il avoit trouvée toute faite par la Nature elle-même , qui fembloit s'être plue à les deffiner , à couper l'Italie par grandes cafes également bornées par la mer d'un côté , par l'Apennin de l'autre , & féparées les unes des autres par un fleuve plus ou moins confidérable. Chaque peuplade n'avoit eu qu'à fe jetter dans une de ces cafes, & qu'à en tirer le meilleur parti poffible. Ainfi s'étoit peuplée l'Italie ; ainfi s'étoit formée la divifion pòlitique de fes Etats, lorfqu'on fonda cette ville qui devoit les engloutir tous.

§. II.

Tableau & fituation refpective des Peuples de l'Italie au tems de la Fondation de Rome.

Au Nord de l'Italie, entre les Alpes & le Pô , étoient les GAULOIS INSUBRIENS.

Les Nations fuivantes s'étoient établies à l'Occident, entre l'Apennin & la mer , en defcendant du Nord au Midi.

 Les LIGURIENS, qui s'étendoient du Pô jufqu'à la mer de Gênes au Midi, & depuis le Var jufqu'à l'Arnus au pied de l'Apennin.

 Les ETRUSQUES ou Tofcans, depuis l'Arnus jufqu'au Tibre.

 Les LATINS , depuis le Tibre jufqu'au Liris.

 Les CAMPANIENS , du Liris jufqu'au Silarus.

 Les LUCANIENS & les BRUTIENS occupoient tout le bas depuis le Silarus jufqu'à la mer , & depuis la mer en remontant du Midi au Nord jufqu'au Bradanus.

A l'Orient, entre l'Apennin & la mer , en continuant de remonter du Midi au Nord , on rencontroit les Nations fuivantes.

Les Apuliens, entre le Bradanus & le Tiferno.

Les Samnites, entre le Tiferno, le Vomanus & le Vulturne.

Les Sabins, au centre de l'Apennin, entre l'Anio qui les féparoit des Latins, & le Nar qui les féparoit des Ombriens.

Les Ombriens, au Nord des Sabins & des Samnites; ils occupoient le refte de la bande Orientale jufqu'au Pô, feul pays qui leur reftât des vaftes poffeffions qu'ils avoient eues autrefois en Italie.

Au Nord du Pô, au Septentrion des Ombriens, d'autres Gaulois appellés Senonois, Cenomans, Venetes, &c. & qui entamerent également les Ombriers, leur ayant enlevé une portion confidérable du terrain qui leur étoit refté.

Ce font là les Peuples entre lefquels étoit partagée l'Italie, fept fiécles environ avant notre Ere ; & qui étant eux-mêmes fubdivifés par Cités ou par Tribus, formoient autant de Ligues confédératives qui fe renoient mutuellement en refpect , & fe maintenoient dans le même état par une efpéce d'équilibre, comme de nos jours,les Républiques Suiffes.

§. III.

Leur profpérité & fes caufes.

Ces Nations cantonnées ainfi dans des limites qu'elles tenoient de la Nature, placées dans le plus beau fol, fous le climat le plus heureux, ne penferent qu'à jouir de ces avantages & fe livrerent au plaifir de cultiver un terrain auffi fertile. Les côteaux délicieux de l'Apennin leur fourniffoient des fruits en abondance : les torrens & les fleuves qui en defcendoient formoient de riches prairies où paiffoient de nombreux troupeaux; avec le fecours de ces troupeaux , ils faifoient rapporter à leurs champs es récoltes les plus abondantes.

De-là cette immenſe quantité de villes floriſſantes , & cette prodigieuſe population dont l'Italie ſe couvrit dans ce tems-là , & dont l'enſemble nous paroît une viſion.

Tel étoit l'état de cette belle contrée, telle étoit la force & la richeſſe de ſes habitans, lorſque Rome parut ; & que ſemblable à un loup au milieu de brebis paiſibles , elle manifeſta dès le premier moment de ſon exiſtence un caractère inſocial & turbulent , un eſprit de conquête & de domination dont elle ne ſe départit jamais.

§. I V.

Premiers efforts des Romains pour détruire cette balance , cette diviſion politique.

Rome placée entre les Toſcans , les Latins & les Sabins, devoit voir ſans ceſſe ſes intérêts mêlés avec ceux de ces Peuples : mais réduite à un territoire moins grand qu'un Fauxbourg de Paris , elle devoit éternellement végeter dans ce terrain étroit ſous la protection de ſes voiſins, ou en être écraſée, ſi leur maladreſſe n'avoit fourni des armes contr'eux à cette Colonie naiſſante , & ſi ſon régime & ſa politique n'en avoient fait un Peuple guerrier ſous les armes duquel devoit tomber toute Nation qui oſeroit ſe meſurer avec lui.

Il falloit , dit on , des épouſes aux fondateurs de cette nouvelle ville ; ils invitent leurs voiſins les plus prochos , tous Sabins , à une fête ſolemnelle ; leurs filles y accourent , ils les enlèvent. Les Habitans d'*Antemnes* qui ſont à peine à une lieue de Rome , ceux de *Cruſtumerium* qui n'en ſont qu'à trois lieues & le Roi de *Cenina* qui n'en eſt qu'à ſix , prennent les armes pour venger cet affront : ce Roi eſt tué , & les Habitans d'Antemnes & de Cruſtumerium tranſportés à Rome.

Le Roi de *Cures*, autre ville des Sabins, & qui n'étoit lui-même qu'un Cacique comme les petits Rois de Phénicie, de la Gréce, &c. ce Roi effrayé de ce premier succès, prend les armes & s'empare du Capitole. Rome n'étoit plus, si elle n'a l'adresse de céder à l'orage, en associant ces Sabins à son Gouvernement.

Ce Prince meurt quelque tems après : des villes Sabines moins attachées par cet événement à la ville de Rome, l'attaquent en un tems, dit-on, de péste & de famine : mais Rome déjà accrue de deux ou trois Villes est en état de résister : *Camere* perd six mille de ses habitans, & *Fidene* qui n'est qu'à deux lieues de Rome tombe en son pouvoir.

§. V.

Tréve de cent ans avec l'opulente Veies qui étoit à ses portes.

Les Habitans de *Veies*, Ville Toscane aux portes de Rome, veulent reprendre Fidenes comme une Ville qui leur appartient, Veies qui compte dans ses murs autant d'Habitans qu'Athènes & qui a un riche territoire : mais Veies auroit dû s'y prendre plutôt & s'unir aux Sabins avant qu'ils fussent affoiblis : elle paye son peu de prévoyance par la perte de ses Salines & de sept Bourgs qu'elle est forcée d'abandonner aux Romains en faisant avec eux une tréve de cent ans, qui facilite à ceux-ci la conquête des autres Villes du voisinage privées du secours des Veiens. Cette tréve fut ainsi un coup de partie pour Rome, & une ignominie pour une Ville aussi riche, aussi puissante que Veies : mais qu'avoient à gagner ses opulens Citadins, contre des hommes tels que les Romains ?

§. VI.

Destruction d'Albe, Capitale du Latium, qui met les Romains hors de page.

Cependant Rome se voyoit arrêtée par une rivale qui l'auroit sans cesse gênée dans ses vues, & qui n'auroit jamais voulu lui céder la gloire de l'Empire. Elle avoit à ses portes la Ville d'Albe, Ville bâtie, disoit-on, par les enfans d'Enée, Ville ancienne & si florissante, qu'elle avoit fondé une multitude de Colonies dans le Latium : toutes ces Villes la respectoient comme leur mere, l'honoroient comme leur Métropole, avoient avec elle l'alliance la plus étroite : jamais elles n'eussent souffert que Rome l'eût attaquée, & Albe auroit toujours pris parti en leur faveur contre Rome. Tullus Hostilius, successeur de Numa, & qui vouloit absolument se faire un grand Etat, sentit parfaitement à quel point cette Ville Royale nuiroit à ses vues : il saisit le moment où elle a joint son Armée à la sienne, pour faire démolir cette Ville jusqu'aux fondemens, en même-tems qu'il en fait investir les Troupes, qu'il en fait écarteler le Prince ou le Général, après l'avoir fait battre de verges ; & qu'il en transporte toutes les familles dans Rome, en incorporant les plus puissantes dans le Corps des Patriciens. Que peuvent faire déformais toutes ces Villes du Latium effrayées du sort de celle qu'ils regardoient comme leur point de réunion, comme leur mere, & frémissant de l'aggrandissement continuel de leur ennemi commun ?

§. VII.

Féries Latines dont les Romains se font les Chefs , ce qui leur concilie tous les Peuples Latins.

Cet ennemi fut même trouver dans la Religion de toutes ces Villes un moyen de les adoucir & de les difpofer infenfiblement à fubir fon joug, à le regarder comme leur Chef, ainfi qu'Albe l'avoit été. Dans cette derniere , étoit un Temple de JUPITER LATIAL , révéré des Peuples Latins , & où ils venoient tous adorer la Divinité en un même jour de Fête. Les Romains ftatuerent au bout de quelque tems que cette Fête continueroit d'avoir lieu toutes les années : que les premiers Magiftrats de chaque Peuple Latin feroient obligés de s'y trouver : qu'aucune guerre ne pourroit fufpendre un droit auffi facré ; & que le Sacrificateur & le Préfident de la Fête , feroient toujours choifis dans le Peuple Romain.

Outre les vœux , les offrandes., les libations de chaque Peuple, on offroit en commun un Taureau blanc qui étoit diftribué enfuite entre tous les Peuples Latins ; au point que fi on en avoit oublié un dans cette diftribution , ou fi un de ces Peuples avoit négligé de fe rendre à la Fête, on étoit obligé d'en recommencer la célébration.

Telles étoient les FÉRIES LATINES deftinées à maintenir les Peuples du Latium dans l'union la plus étroite , & que les Romains tournerent fi habilement à l'affermiffement de leur puiffance ; ils affecterent d'ailleurs un fi profond refpect pour la Divinité d'Albe, qu'il étoit paffé en loi que les Confuls Romains allaffent offrir eux-mêmes des Sacrifices dans fon Temple lorfqu'ils étoient élus ; & lorfqu'ils devoient entrer en campagne.

Un des grands plaifirs de ceux qui fe rendoient aux Féries

Latines, étoit de fe régaler de lait qu'on y portoit en abondance ; & de s'amufer au jeu de l'efcarpolette, auquel on attachoit des idées fymboliques & pieufes.

Aucun Peuple d'ailleurs qui n'eût une inftitution pareille. Dans toutes les contrées étoit toujours un Temple augufte auquel fe réuniffoient tous les Peuples voifins. Chez les Theutons, le Temple d'Ertha ; chez les Grecs, celui de Jupiter Olympien ; chez les Syriens, celui d'Héliopolis ; dans les Indes, celui de Jagrenat ; ainfi que dans ces derniers tems, chez les Valdois, la grande Eglife de Notre-Dame, au tems où commençoit l'ancienne année, &c.

Ces points de réunion étoient de la plus grande utilité pour civilifer les Peuples, pour maintenir la paix entr'eux, pour les ramener par le plaifir à de grandes & fublimes idées.

Le Légiflateur des Hébreux en étoit bien convaincu, lui qui établit que chaque année toutes les Tribus fe rendroient au Temple de Jérufalem au moins une fois à la Fête de Pâques, au renouvellement de l'année.

C'eft par la raifon du contraire que celui qui déchira ce Royaume en deux, fubftitua deux lieux de Fête à celui-là, l'un au midi, l'autre au nord de fes Etats, dans la crainte que fes Sujets ne fe réuniffent à fon rival s'ils continuoient d'aller à Jérufalem : ainfi, pour fe maintenir dans fa révolte, il prit le contrepied de ce que les Romains eurent l'habileté d'imaginer pour s'affujettir les Latins.

C'eft ainfi que Rome parvint à former du Latium un Corps de Nation floriffant, qu'aucune ligue ne put entamer, & avec lequel ils fubjuguerent l'Italie entiere & prefque tout l'Univers.

Ces moyens de civilifation & d'union font perdus dans nos vaftes Empires & dans nos mœurs détériorées où le Public n'eft rien, &

où chacun rapporte tout à foi : mais le Peuple n'y a-t-il pas perdu, & les Anciens n'avoient-ils pas en cela un grand avantage fur nous ?

§. VIII.

Rome ne rencontra jamais d'ennemis plus puiſſans qu'elle.

Le fort des Romains fut donc de ne trouver jamais d'ennemis plus puiſſans qu'eux : ſi dans les commencemens ils ne font qu'une poignée, ils n'ont également à combattre que de foibles ennemis : c'eſt une guerre de Ville à Ville. Si des Peuples un peu plus puiſſans marchent enſuite contre Rome, Rome eſt déjà devenue un Peuple puiſſant par la conquête de tous ces Villages, de toutes ces bicoques dont elle étoit environnée. Se battant de proche en proche, & toujours à force égale, elle ſubjugue tout, elle entraîne tout.

La puiſſance de ces Villes étoit cependant ſi conſidérable relativement à celle de Rome, que la Ville de *Gabies* qui étoit à ſes portes, ſoutint contre le dernier Roi de Rome une guerre de ſept ans; & que celle de *Veies*, plus voiſine encore de Rome, ne put être priſe qu'au bout de dix ans d'un ſiége continuel, quoiqu'abandonnée des Etruſques, & réduite à ſes ſeules forces.

Encore fallut-il que Rome abandonnât la ſeule maniere dont on avoit guerroyé juſqu'alors, à la Sauvage, par des incurſions après ou avant la récolte, & qu'il falloit interrompre, pour ſes moiſſons & pour ſes vendanges, ou pour ſes ſemailles : inconvénient heureux, en ce qu'il empêchoit toute longue guerre, toute guerre portée au loin.

§. IX.

Rome ſoudoie ſes Habitans.

Rome devenue conquérante par néceſſité, par ambition, par

Orig. Lat. P

un jufte mépris pour fes voifins dénués de toute politique, fe fait alors une Armée de fes propres Habitans qu'elle prend à fa folde ; elle les tient fans ceffe fous les armes, elle les occupe fans ceffe au dehors, & rien ne peut lui réfifter : en vain les Peuples les plus braves & les plus puiffans de l'Italie, foutiennent contr'elle les guerres les plus opiniâtres ; il faut qu'ils fuccombent fous le génie & fous la politique toujours foutenue du Peuple Romain : telle l'eau tombant goutte à goutte fur le rocher le plus dur, le mine & le confume.

§. X.

Ces Nations ne pouvoient fe maintenir.

Ainfi furent anéanties les diverfes Nations de l'Italie, parce qu'elles avoient ignoré l'art de fe maintenir, parce qu'elles avoient toujours vécu ifolées ; qu'elles n'avoient jamais vû qu'elles-mêmes : qu'elles n'avoient pas compris que l'homme n'eft fort que par le concours de tous : que l'Etat le plus puiffant ne peut fubfifter que par fa force intérieure, & par fon union avec fes voifins : que rien ne doit être exclufif, & que ce n'eft que dans le bien général que peut fe trouver le bien de tous.

Il falloit donc que ces riches Peuplades tombaffent fous le pouvoir du premier Peuple qui voudroit les conquérir. Si Rome n'eût pas exifté, elles n'en auroient pas vécu plus libres : elles feroient devenues la proie des nouvelles émigrations des Celtes, qui, fous le nom de Gaulois, entroient en foule en Italie par les mêmes chemins qu'avoient tenus les anciennes Colonies ; ces nouveaux venus étoient déjà maîtres des Alpes, qu'ils avoient remplies de la gloire de leur nom ; ils avoient déjà enlevé aux Ombriens une partie de leur territoire ; ils vinrent jufques dans Rome, & long-tems ils firent trembler les Romains, au point que c'étoit pour eux une Loi d'Etat de ne point les attaquer, & de ne pas porter leurs frontieres jufqu'à eux.

§. II.

A quoi fe réduifoit la Politique des Peuples de l'Italie.

Les Peuples de l'Italie avoient cependant quelqu'idée de ce que peut l'union de plufieurs : ils fe formoient en confédérations : mais ce n'étoit qu'entre ceux du même nom. Les ÉTRUSQUES divifés en douze Républiques formoient un Corps à part qui avoit fes Affemblées générales & qui auroit garanti Veies, une des douze, fi les onze autres ne l'avoient mal à propos féparée du Corps général parce qu'elle avoit voulu avoir un Roi, ce qui étoit en quelque forte une défection volontaire.

Les VOLSQUES, Peuple Latin, formoient du tems de Co- *Volse* riolan, une République compofée de plufieurs cantons.

Il paroît que les SAMNITES adopterent le même ufage, furtout dans le tems de leurs guerres contre les Romains.

C'étoit le plus haut point de la politique de ces Nations. Avec plus d'habileté dans ce genre, que n'auroient-elles pas été en état de faire contre les Romains, qui, malgré cela, ne purent les dompter qu'après quatre fiécles de guerres, de combats & de ravages continuels ; & en plongeant cette belle contrée dans un fi grand affoibliffement, que lorfque Rome ne fut plus en état de foudoyer des troupes pour défendre l'Italie, qu'elle avoit dévaftée, épuifée, ruinée, dont elle avoit abattu les villes, & énervé le courage, où des efclaves avoient pris la place des hommes libres, où des déferts avoient fuccédé à de riches & floriffantes Campagnes ; l'Italie fe trouvant fans force & fans puiffance, devint néceffairement la proie des Barbares qui ne craignirent pas d'y pénétrer, & qui firent difparoître à leur tour

de deſſus la terre ces familles orgueilleuſes ; qui en avoient ex-
terminé les anciens poſſeſſeurs.

§. XII.

Ce genre de politique étoit celui de tous les Peuples Celtes.

Mais cette fauſſe politique étoit commune à toutes les Nations Celtiques : nulle part on ne trouvoit alors en Europe d'Etat
étendu. Tandis que l'Aſie & l'Afrique offroient des exemples
nombreux d'Empires vaſtes & floriſſans, on ne voyoit chez les Celtes que des peuplades foibles & reſſerrées : la Gréce étoit diviſée
en une foule de petites Sociétés qui ne purent acquérir de la
conſidération que par leur réunion en un Corps de Confédérés :
les Thraces , les Illyriens , les Sarmates , les Germains , n'étoient
que des Hordes de Sauvages : l'Eſpagne étoit le partage de cent
Nations éparſes , que n'avoient pu policer les Phéniciens , & que
n'avoit pu réunir en un Corps la crainte de leur nom ; & lorſque les Romains entrerent dans les Gaules , & que Jules Céſar
en entreprit la conquête , elles étoient partagées en ſoixante
Nations , dont aucune n'étoit en état de ſe défendre contre un
ennemi auſſi redoutable : leur union ſeule auroit pu faire leur
force ; mais quelle union peut exiſter entre tant de peuples?

Ainſi , la ſituation de l'Italie & la conſtitution de ſes habitans,
nous apprennent également qu'elle fut peuplée par des Colònies
Celtiques , ſoit Gauloiſes, Germaines & Illyriennes , ſoit Grecques,
à l'exception peut-être de quelques Colonies Orientales qui vinrent s'établir en divers tems ſur les côtes du Midi. Cette vérité
ne ſera pas moins ſenſible par la conſidération du culte des anciens Peuples de l'Italie , & par l'examen des noms de pluſieurs de
ces Peuples , ainſi que d'un grand nombre de fleuves , montagnes , forêts & villes ou villages de ces contrées.

[margin notes:] No great State in Europe. In Aſia & Affrica vaſt Empires

[margin note:] Hords of Savages

ARTICLE VII.

Du Culte des anciens Peuples de l'Italie.

SI la situation de l'Italie & la constitution de ses habitans at-testent hautement que ces Peuples furent des Colonies Celti-ques, l'uniformité de culte n'établit pas moins cette vérité; d'un culte sur-tout qui consistoit plus en actions qu'en discours, qui s'apprenoit plus par l'exemple que par l'instruction, qui étoit plus superstitieux qu'éclairé.

§. I.

Origine de ce Culte.

Dans ces tems où on n'avoit aucun livre pour s'instruire, le culte devenoit de la plus grande importance ; il faisoit une par-tie essentielle de la civilisation ; on se rassembloit avec soin dans le lieu le plus agréable, sur un côteau riant, ombragé d'une anti-que forêt, rafraîchi par des eaux abondantes & limpides. Là on se livroit à tous les charmes de la fraternité & de l'amitié, en se considérant comme les enfans d'un même Dieu, comme les Citoyens d'une même terre : on se grandissoit à ses propres yeux par les sentimens les plus sublimes : on se délassoit des travaux passés & on acquéroit de nouvelles forces pour les futurs par les plaisirs les plus doux & les plus innocens, par le chant d'hymnes sublimes, & par des danses sacrées relatives aux actions qu'on célébroit dans ces hymnes.

Le tems dévorant, des mains animées d'un zèle trop amer, une juste haîne contre des idées belles dans l'origine, mais qui avoient dégénéré en viles superstitions, nous ont ravi ces hymnes touchantes, fruit des premiers principes religieux des hommes; & dans lesquelles; à travers la rouille des siécles qui les ternirent, on trouveroit sans doute les traces du premier feu qui les anima, les idées pures qui remplirent l'homme de ravissement pour la vertu, d'admiration pour l'Univers, de reconnoissance pour la Divinité, mere commune des hommes.

Seroit-il difficile cependant de les supléer? Je m'imagine voir un sage, un homme illustre, pénétré lui-même de tous ces sentimens, se lever au milieu de tout un Peuple rassemblé pour se réjouir, & lui dire ▸

First Thislical Preacher.

Freres chéris, suspendez un moment vos danses & vos jeux: écoutez le Ciel qui m'inspire. Ces eaux qui vous abreuvent, ces forêts qui vous nourrissent ou qui vous prêtent un ombrage salutaire, ces côteaux qui vous offrent des retraites délicieuses & sûres, ce gazon que vous foulez d'un pied léger, ce Soleil qui luit sur votre tête & qui favorise vos travaux, cette Lune, ces Astres dont le doux éclat ne nuit point à notre repos, tous ces biens précieux ne sont pas l'effet du hasard. Un Dieu bienfaisant les forma pour votre bonheur: c'est lui que vous devez honorer dans tous ces objets: c'est vers lui que vos pensées doivent s'élever: c'est lui que vous devez aimer comme la source de tous ces biens.

Sans cesse présent ici, vous le trouverez toujours dans la réunion de toutes ces choses: vous le verrez dans ces eaux limpides, dans ces sombres forêts, dans ces côteaux rians, dans ce Soleil Roi du monde: rapportez-les sans cesse à cet Etre bienfaisant: après les révolutions de chaque Lune, au retour de chacune de ses phases, retrouvons-nous toujours ici tous ensemble pour jouir des mêmes biens, pour faire retentir ces lieux de nos

chants de reconnoiſſance & de joie, pour nous unir dans nos
danſes ſacrées, pour louer la Divinité en toutes ces choſes ; ſur-
tout pour devenir bons comme elle ; pour nous aimer comme
elle nous aime : pour nous fortifier tous enſemble dans l'exercice
de tout ce qui eſt bien : qu'en nous voyant chacun s'écrie, voilà
l'Aſſemblée des Juſtes ! & qu'entraînés par notre exemple, tous
les hommes deviennent vertueux, qu'ils ſe regardent comme des
freres : s'ils tiennent une autre route, que ces eaux, que ces forêts, que l'Aſtre brillant du jour, ſoient autant de témoins qui
dépoſent contre leur ingratitude : & qu'à leur mort ils ſoient
privés de ce repos dont leurs paſſions inſenſées auront privé les
mortels.

Ainſi durent parler les Chefs des Peuplades religieuſes , ces
Druides, ces Mages, ces Hiérophantes qui furent éclairer les
hommes & les raſſembler pour les conduire à la ſageſſe.

Long-tems toutes les familles du Canton ſe réunirent ainſi
dans le ſein de la joie, de la paix, de la vérité, de la vertu : inſenſiblement les Sages diſparurent ; ces idées ſublimes ſe brouillerent, s'affoiblirent, ces hymnes ne furent plus entendues; mais
les générations moins éclairées ſe ſouvinrent que là on ſe raſſembloit, & elles continuerent de le faire ; qu'on exaltoit ces lieux
ſacrés, & elles les exalterent; mais elles crurent qu'on les exaltoit pour elles ; elles crurent y voir une vertu divine ; & bor-
nant leurs idées groſſieres à ces objets extérieurs, l'idolâtrie & la
ſuperſtition prirent la place de la vérité rayonnante ; ainſi on
honora les fontaines, les montagnes, les hauts lieux ou les bocages, Mars ou le Soleil, Diane ou la Lune. On ne vit plus que
la créature là où tout auroit dû ramener au Créateur.

Telles durent être, telles furent en effet ces Peuplades agreſ-
tes qui les premieres pénétrerent dans l'Italie à travers les effrayan-
tes gorges des Alpes.

Il reste même encore assez de monumens pour prouver le rapport qu'eurent à cet égard les Nations Italiques avec tous les autres Peuples Celtiques, Gaulois, Germains, Grecs, Thraces, Scythes, Getes, ou Sarmates, de quelque nom en un mot qu'on les nomme; & pour être en droit d'ajoûter cette preuve à toutes celles qui établissent, qui constatent que les Peuples primitifs de l'Italie étoient sortis d'entre les Celtes.

Une opinion sublime les avoit tous entraînés dans ce culte des Elémens: persuadés que la Nature entiere étoit la production de l'Etre suprême, ils le virent dans tous les Etres; ils crurent qu'il n'y en avoit aucun qui ne fût animé par un soufle divin, ou sous la protection d'un Génie (1): c'étoit donc le Créateur lui-même qu'ils croyoient adorer dans ce culte; c'étoit la Divinité qu'ils croyoient célébrer dans ces Nymphes, ces Nayades, ces Dryades, ces Hamadryades, ces Héros, ces demi-Dieux, qui présidoient à tous les Elémens. Ces personnages intéressoient le cœur & l'esprit; ils sembloient aggrandir l'Univers, & rendre sensibles dans ses effets les perfections infinies du Dieu suprême que tant d'obscurités profondes paroissoient dérober aux yeux des foibles Humains. C'étoient des erreurs, mais c'étoient les erreurs d'hom-

---

(1) Idée qui est présentée avec autant de beauté que d'énergie dans ces Vers de Virgile:

Principio cælum, ac terras, camposque liquentes,
Lucentemque globum Lunæ, Titaniaque Astra
Spiritus intus alit; totamque infusa per artus
Mens agitat molem, & magno se corpore miscet.

ÆN. VI. 724.

« Dès leur commencement, le Ciel, la Terre & les plaines liquides, le Globe lumineux de la Lune & les Astres étincelans, sont vivifiés intérieurement par l'Esprit. » L'Intelligence se répand dans toutes les parties de cette masse, elle les pénétre & les agite: elle s'unit à cet immense tout. »

mes

mes fortement pénétrés de leur excellence , convaincus de la grandeur de la Divinité , touchés de la plus vive reconnoissanc de ses bienfaits, attendris à la vue de tous les objets propres à élever leur ame , à la rapprocher de la Divinité, à les rendre plus heureux & meilleurs.

§. I I.

Culte des Lacs & des Fontaines.

Les Peuples d'Italie avoient comme les Celtes la plus grande vénération pour les Lacs & pour les Fontaines : n'en soyons pas étonnés : on se rassemble auprès des eaux, qui font une partie essentielle des moyens que la Nature nous a donnés pour notre subsistance & pour notre conservation. Elles entrerent nécessairement dans le culte comme emblême de la purification , & comme un moyen de se présenter à la Divinité d'une maniere plus parfaite ; on ne put qu'attacher une grande efficace à un Elément qui contribuoit à laver & à expier ses fautes : sur-tout on se souvenoit que dans la Philosophie primitive l'eau avoit été le principe de tout ; & que sans elle , la terre ne produiroit rien. De-là, les idées religieuses qui eurent les eaux pour objet , & qui inspirerent celles-ci.

On dut même mettre une différence entr'elles. La fontaine dont les eaux étoient les plus abondantes les plus limpides , dont les bords étoient les plus riants , qui étoit ombragée par les arbres les plus majestueux, dont s'étoient abreuvés ou qu'avoient mis en réputation des hommes bienfaisans & pleins de génie , cette fontaine dut toujours être distinguée par dessus toutes les autres.

On sent parfaitement qu'il doit s'être conservé peu de traces du culte des Lacs & des Fontaines : il avoit déjà changé de na-

poiſſon. Ce Lac étoit conſacré à une Divinité à l'honneur de laquelle on éleva un Temple dont on voit les ruines à la droite de Marrubium ou de San-Benedetto, (1).

Le Lac de CUTILIES, formé par le Velin ; ſes eaux nîtreuſes & bitumineuſes étoient excellentes pour divers maux. Il étoit célèbre par ſa profondeur & par ſon Iſle flottante : ce Lac étoit conſacré à la Victoire ou à Vacune : tous les deux ans on y célébroit une grande fête pendant laquelle ce Lac étoit entouré de fleurs.

Mais il en étoit de même chez les Peuples Celtes ; c'eſt ainſi que l'Oracle de Dodone chez les Grecs commença par le culte de la Fontaine qu'on y voyoit ; & que les Theſſaliens vénéroient le Penée.

Le Lac Helanus, ſur la Lozere, dans les Cévennes, n'étoit pas moins célèbre. GRÉGOIRE de Tours nous apprend que toutes les années, une foule de payſans ſe raſſembloient ſur ſes bords : qu'ils lui offroient des libations, & y jettoient des piéces de toile ou de drap, des toiſons, des fromages, des pains, &c. Ils s'y rendoient ſur leurs chariots avec des vivres & des boiſſons, & y paſſoient trois jours, pendant leſquels ils ne penſoient qu'à ſe réjouir & à faire bonne chere.

On voit dans le Lac Leman, à peu de diſtance de Genève, une pierre que le Peuple appelle *la Pierre à Niton*, reſtes d'un ancien Autel où l'on offroit des Sacrifices à Neptune le Dieu des Eaux.

Les Illyriens avoient une fête annuelle dans laquelle ils offroient un cheval aux Eaux en le noyant dans un fleuve.

Les Sarmates, au rapport de PROCOPE (2), ne reconnoiſſoient

Marg.: loys q. Jours.

---

(1) Diſcours de la Maiſon de Camp. d'Horace, Part. III. p. 235.

(2) Goth. Lib. III. cap. 14.

qu'un feul Dieu maître du Tonnerre & de l'Univers : mais ils vénéroient auffi les Fleuves, les Nymphes, & d'autres Divinités fubalternes auxquelles ils offroient des Sacrifices.

Canut, Roi d'Angleterre, voulant fupprimer l'Idolâtrie dans fes Etats, profcrivit entr'autres le culte des eaux courantes & des fontaines, ainfi que celui des arbres & des forêts.

AGATHIAS, qui vivoit au VIe. fiécle, remarque que les Allemans foumis aux Francs, vénéroient les arbres, les eaux courantes, les côteaux & les vallées ; qu'ils leur offroient diverfes victimes, & entr'autres des chevaux.

MAXIME DE TYR (1) nous apprend, que les Scythes vénéroient le Danube, (une partie des Celtes avoit donc confervé le nom de Scythes, étant tous venus de ce côté là). Il nous apprend également que les Phrygiens de Celene offroient des victimes au Marfyas & au Méandre : les Maffagetes, au Tanaïs ; les habitans des bords des marais Méotides, à leurs eaux.

On trouve encore des veftiges de cette ancienne vénération pour les eaux dans quelques contrées de l'Europe, où pour le jour de l'an on orne les fontaines de rubans & de guirlandes de fleurs, & où l'on fe difpute à qui aura la premiere eau qui en coule au moment où l'année commence, au moment de minuit, comme du meilleur augure pour le cours de l'année.

§. I I I.

Culte des Hauts-Lieux & des Forêts.

On voit par les antiquités de l'Italie & de Rome qu'on y vénéroit les bois & les hauts lieux, comme chez les Celtes, & chez les Scythes, où l'on n'avoit d'autres Temples que des forêts &c.

_____

(1) Diff. XXXVIII.

des hauts lieux. Rien en effet n'eſt plus auguſte qu'une grande
forêt de chênes ou ces colonnades , à perte de vue , que forme
un bois de hauts ſapins : lorſque ces bois s'ouvrent & qu'ils laiſſent
entr'eux un terrain découvert , gazonné & entouré de portiques
ſaillans & rentrans , on eſt rempli de vénération , on eſt tenté de
ſe mettre à genoux devant le Maître de la Nature , qui donne lieu
à des perſpectives ſi éminemment au-deſſus des édifices les plus
majeſtueux.

De-là cette multitude de forêts conſacrées chez les Habitans
de l'Italie , de la Grèce , des Gaules , de la Suiſſe , de l'Allemagne
même. Dans ce dernier Pays , à l'embouchure de l'Elbe , étoit
une Iſle dans laquelle on voyoit une forêt avec un lac non moins
ſacré , qui ſervoit de Sanctuaire à la Déeſſe Hertha , ou la Terre ,
la même que les Déeſſes Rhéa , Cybèle , Tellus , ou la Grand'-
Mere des Dieux. Et lorſque dans le VIIIe ſiècle de l'Ere Chrétienne , Boniface prêcha l'Evangile dans l'Allemagne , il trouva
que ſes Habitans offroient des Sacrifices aux bois & aux fontaines , les uns en cachette , les autres hautement & en public.

Pour honorer ces arbres ſacrés , on faiſoit ſes prieres devant
eux , & on y allumoit des flambeaux. On les arroſoit du ſang des
victimes : on y ſuſpendoit ſes préſens , ſes vœux , les dépouilles
conſacrées des ennemis : on les ornoit de rubans , de bandelettes ,
de colliers ; ſouvent on les conſultoit comme des Oracles : & on
y faiſoit des conjurations & des enchantemens.

Les Celtes n'aimoient pas moins les montagnes pour en faire le
lieu de leur Culte : l'air qu'on y reſpiroit étoit plus pur , l'horiſon
plus étendu ; on ſembloit s'y rapprocher de la Divinité , & la ſervir
dans des lieux plus dignes d'elle : point de doute que ce ne ſoit
là un des motifs pour leſquels l'Italie donnoit aux hauts lieux le
nom de *Saturnéens*. Si on y retiroit tout ce qu'on avoit de plus

précieux, on étoit tout auffi empreffé à y placer les Sanctuaires des Dieux.

Les Pelafges confacroient pour fimulacres à Jupiter, le fommet des hautes montagnes comme ceux de l'Olympe & de l'Ida : & ils y érigeoient des Autels comme fur le Mont-Hymette & fur le Parnethe : auffi Jupiter étoit appellé par eux EPACRIUS, le Dieu des hauts fommets. *Epacrius*

Les Efpagnols avoient une montagne fainte dont il n'étoit pas permis de remuer la terre : les Gaulois avoient un Sanctuaire confacré à Jupiter fur le plus haut des Alpes & de l'Apenain : il en étoit de même des Pelignes à Pallene, & des Aborigènes fur le Mont-Soracte, & fur le Mont-Algide où on éleva un fuperbe Temple à Diane fur celui de fes fommets, qu'on nomma depuis par cette raifon le Mont-Artemife ou de Diane.

Du haut de ce fommet on voyoit l'Univers fous fes pieds : d'un côté on appercevoit la mer d'Antium, le rivage de Circée, les plaines Pomptines jufqu'à Anxur, la voie Latine jufqu'aux Monts Caffins ; de l'autre, la vue s'étendoit fur les montagnes des Sabins, de Tibur, de Prénefte, de Cora. *Sacred Mount*

Les Getes avoient leur montagne fainte où réfidoit leur Souverain Sacrificateur. Les Thraces en avoient une également qui leur fut enlevée par Philippe, Roi de Macédoine : auffi STRABON a-t-il cru que les Montagnes faintes de la Grèce avoient été confacrées par les Thraces dans le tems qu'ils étoient maîtres du pays : il ignoroit que les Grecs, les Thraces & les autres Peuples de l'Europe, avoient une origine commune, & par conféquent les mêmes ufages.

Rien de plus célébre chez les Phrygiens que leurs montagnes confacrées à Cybèle, *Berecynthe*, *Dindyme*, *Agdeftis*, *Cybele* & auxquelles cette Déeffe dut quelques-uns de ces noms.

Les Perfes & les Cananéens avoient le même ufage. L'Hiftoire facrée eft remplie de traits relatifs au Culte des hauts lieux & de leurs bocages ; & à la guerre que leur déclaroient les Princes les plus religieux du Royaume de Juda.

Les Hébreux eux-mêmes adoroient fur des hauts lieux jufqu'à ce qu'ils furent devenus maîtres de la Montagne fainte fur laquelle ils éleverent leur Temple.

Tout ce que nous avons déjà dit au fujet des Tombeaux faints placés fur des montagnes, fert également de preuve à ce que nous venons de dire, ainfi que la conftruction du Capitole fur la montagne de Rome, fainte entre toutes, parce qu'elle dominoit fur toutes les autres.

§. IV.

Culte de Diane.

Tous ces Peuples honoroient le Soleil & la Lune : il en étoit de même des Celtes : les Germains, au rapport de Jules Céfar, (1) fervoient le Soleil, la Lune & Vulcain.

Dans la profcription que fit le Roi Canut des fuperftitions de fon tems, il y joignit celle du culte de la Lune.

Nous avons vû que les Scythes adoroient cet Aftre fous le nom d'Artimpafa, de même que les Grecs fous celui d'Artemis, l'Artemife des Cariens.

Nous en retrouvons des traces chez les Peuples Latins : il eft certain que CARNA, femme de Janus, & CARMENTA, ou NICO-STRATE, mere d'Evandre, font autant de Perfonnages allégoriques, par lefquels ces Peuples défignoient la Lune, comme nous l'avons fait voir dans l'*Hiftoire du Calendrier* (2).

---

(1) Liv. VI. 11.
(2) Pag. 191. & 419.

Si

Si on raſſembloit les Divinités particulieres de chaque Peuple, auſſi peu connues que l'ont été juſqu'à nous Carna & Carmenta ; on trouveroit une foule d'autres exemples du Culte de la Lune chez tous ces anciens Peuples.

C'eſt certainement elle qu'on adoroit à Aricle ſous le nom de Diane , & dont on prétendoit que la ſtatue y avoit été tranſportée de la Tauride ou Crimée où elle étoit également honorée ſous le nom de Diane. On a fait divers contes ſur cette Diane d'Aricie : comme ils ſont relatifs à d'illuſtres Perſonnages Grecs , nous ne ſaurions les omettre.

Ce lac d'Aricie étoit appellé le miroir de Diane : & l'on ne *Aricia* pouvoit faire entrer aucun cheval dans cette forêt, ſans doute afin qu'ils n'y cauſaſſent point de dommage. Mais on avoit forgé là-deſſus un conte que nos Mythologues Hiſtoriens n'ont qu'à regarder comme un fait hiſtorique inconteſtable. On diſoit donc « qu'Hyppolite , fils de Théſée , ayant péri par la trahiſon de ſa ⬩ belle-mere , Diane chargea Eſculape de le reſſuſciter , & qu'elle » le tranſporta enſuite en Italie , où il épouſa la Princeſſe Aricie : » qu'ayant été enſuite enterré dans cette forêt , on la conſacra ; » avec défenſe d'y laiſſer entrer des chevaux , en mémoire de ce » que ce Prince avoit perdu la vie entrainé par ſes chevaux dans » d'affreux précipices ».

Si on avoit fait voyager Hyppolite juſqu'à Aricie , on n'avoit pas plus épargné les pas de la Divinité qu'on y adoroit, puiſque c'étoit la même que celle qu'on avoit adoré en Tauride , & qui y avoit été apportée par Oreſte & par Iphigénie. On doit être aſſez étonné de ces grandes aventures & de ces voyages faits comme par la main des Fées. Voici les motifs qu'on en donnoit & qu'on n'a auſſi qu'à prendre au pied de la lettre.

Lorſque les femmes de Lemnos eurent formé le projet de

Orig. Lat. r

maſſacrer leurs maris, Hypſipile ſauva ſon pere Thoas , & lui fournit les moyens de s'enfuir dans la Tauride, où il fut établi Roi de la Cherſonèſe, qu'on appelle aujourd'hui la Crimée, & où il fut en même-tems Sacrificateur du Temple de Diane ; ſuivant l'uſage des tems ancïens où l'on étoit tout-à-la-fois Roi & Sacrificateur : c'étoit peu avant l'expédition des Argonautes. Quelque tems après, Iphigénie ayant été enlevée par Diane au moment où les Grecs alloient l'immoler , elle fut tranſportée dans le même pays par cette Déeſſe, & remiſe à Thoas qui étoit encore vivant, & qui l'établit Prêtreſſe du même Temple dont il étoit Sacrificateur : c'eſt en cette qualité qu'Iphigénie eut le plaiſir d'immoler ſur l'Autel de Diane Ménelas & Hélène , qui étoient venus en Tauride pour chercher Oreſte. Celui-ci vint en effet dans cette contrée, mais après ce cruel événement : ce fut ſur l'avis d'un Oracle qui lui annonça que le ſeul moyen par lequel il pourroit ſe délivrer des furies qui le pourſuivoient, étoit de paſſer en Tauridè , & d'en enlever la ſtatue de Diane pour la porter en Grèce. Oreſte s'embarque donc pour ce pays, il fait naufrage ſur ſes côtes, eſt ſaïſi par les Habitans , & conduit à l'Autel de Diane pour être immolé : heureuſement ſa ſœur le reconnoît ; ils forment le complot de ſe ſauver & d'emporter la ſtatue de la Déeſſe cachée dans des faiſceaux : & ils viennent la dépoſer dans le Latium à Aricie, emmenant avec eux Thoas , que , ſelon d'autres , ils avoient égorgé avant de prendre la fuite.

Mais là Grèce, que devient-elle ? C'eſt pour elle cependant qu'Oreſte devoit enlever la ſtatue : & comment paſſe-t-il par-deſſus cette contrée pour venir à Aricie ? Sans doute que la Déeſſe les tranſporta là d'un plein ſaut.

Le ſavant PELLOUTIER voulant remonter dans ſon Hiſtoire des

Celtes aux caufes de ces traditions , dit que les Grecs n'ont fait voyager dans la Tauride , Thoas & Iphigénie , que parce que le Dieu Suprême s'y appelloit Tau-As , le Seigneur Tu , ou Teut: & Diane, Iphi-Génie, ou Iphi-Anasse , la Reine Iphi, ou Ophi ; la même qu'*Ops* des Latins : & que c'eft par cette raifon qu'on les fit venir à Aricie : mais cette équivoque de noms ne fuffit pas pour rendre raifon de ces fables , & fur-tout du prétendu facrifice de Ménelas & d'Hélene fur l'Autel de Diane : elles tiennent à une maffe nombreufe de fables & d'allégories que nous aurons occa-fion de développer un jour , & où les chevaux d'Hyppolite trou- *Hippolite* veront également leur place.

§. V.

Culte de Mars.

Nous avons vu que Mars fut une des plus anciennes Divinités des Romains & des Sabins , & qu'on le peignoit fous la figure d'une lance. Mais il en étoit de même chez les Germains & chez les Scythes , ces Scythes qui venoient jufques dans la Germanie , & qui avoient la même origine que les Celtes.

Tacite fait dire par un Ambaffadeur des Tenchteres aux Habi-tans de Cologne : (1) « Nous rendons graces à nos Dieux communs, » & à Mars , le plus grand des Dieux , que vous foyez réunis au » corps des Peuples Germains , & que vous en ayez repris le » nom ».

Les Scythes qui reconnoiffoient plufieurs Dieux , croyoient cependant qu'il ne falloit confacrer des Simulacres , des Autels & des Temples qu'au Dieu Mars (2) , comme étant leur Divinité fuprême.

---

(1) Hift. Liv. IV. 64.
(2) Herod. Liv. IV.

Mars paroît être le même que le *Teut* des Peuples Celtes , & fur-tout des Gaulois , le Thot des Egyptiens , & le Mercure des Romains.

Mais Varron n'a pu s'empêcher de reconnoître dans fa Menippée , que Mars étoit le même qu'Hercule ou le Soleil. Macrobe confirme cette opinion , en ajoutant que dans les Livres Pontificaux Mars étoit regardé comme étant le même qu'Hercule (1).

Il en étoit ainfi des Accitains , Peuples d'Efpagne : ils adoroient Mars , mais ils le confondoient également avec Hercule ou le Soleil , puifqu'ils le repréfentoient la tête environnée de rayons. (2).

§. V I.

Symboles de Mars & de Diane : & à cette occafion, de la pierre que dévore Saturne.

Dans cette ancienne Religion où tout étoit allégorique ; on avoit été obligé de peindre aux yeux par des fymboles les idées qu'on fe formoit des deux grandes Divinités du ciel phyfique , le Soleil & la Lune , Mars & Diane : ces fymboles furent la lance & la pierre.

On fait que Diane , Vénus , Cybèle , &c. étoient repréfentées par une groffe pierre conique ou pyramidale.

La lance étoit chez les Scythes , chez les Celtes , chez les Sabins , &c. le fymbole de Mars : nous l'avons vu pour ces derniers , dans l'article de Romulus-Quirinus , adoré à Cures fous la forme d'une lance : & elle devint , fous le nom de hafte pure , l'appanage de prefque tous les Dieux.

---

(1) Macr. Saturn. Liv. III. ch. XII.
(1) Ib. Liv. I. ch. XIX.

Eſt-il difficile de découvrir la juſteſſe de ces emblêmes ? Mars ou le Soleil eſt le Dieu des travaux, de l'agitation, des combats: Diane ou la Lune eſt la Déeſſe du ſommeil, du repos : Mars eſt le Dieu des hommes qui ſoutiennent ces travaux, ces combats : Diane eſt la Déeſſe du ſexe qui préſide à l'intérieur des maiſons, qui mène une vie ſédentaire.

Il fallut donc peindre celle-ci par la ſtabilité d'une pierre, par ſon immobilité : & pouvoit-on mieux peindre l'autre que par cette lance qui facilitoit tous les travaux, & dont on ſe ſervoit pour arrêter dans leur courſe les animaux néceſſaires à ſa nourriture, pour repouſſer l'ennemi qui en diſputoit la propriété, ou qui venoit ravager les poſſeſſions de ſes voiſins ?

Mais puiſque la pierre peint la vie ſédentaire, nous voyons donc s'expliquer de la maniere la plus agréable & la plus ſimple, cette allégorie, juſqu'ici inconcevable, de la pierre que Rhéa ou Cybèle donne à Saturne pour aſſouvir ſa faim dévorante ?

On ſe rappelle ſans peine ce que nous avons dit dès le commencement de notre Ouvrage, que Saturne eſt l'homme agriculteur, & que Rhéa qui lui donne une pierre afin qu'il ne dévore plus ſes enfans, eſt la terre.

Avant que l'homme fût agriculteur, il dévoroit tous les enfans de Rhéa, tous les fruits que la terre produiſoit d'elle-même, & comme ils n'étoient pas proportionnés à ſes beſoins, il les dévoroit auſſi-tôt qu'ils paroiſſoient, avant qu'ils euſſent acquis leur maturité : Rhéa ne put donc le ſatisfaire qu'en lui donnant la *pierre* par excellence, c'eſt-à-dire, en rendant ſa vie ſédentaire, en lui faiſant conſtruire un champ, une habitation, une ferme, au moyen deſquelles, ceſſant d'aller fourager des déſerts, cultivant lui-même un morceau de terre, il alloit déformais avoir des fruits permanens & multipliés, qui calmeroient ſa faim dé-

vorante , qui lui rendroient la vie auſſi·douce , auſſi agréable ;
auſſi heureuſe,que ſa vie précédente étoit amere ; qui améneroient
à leur ſuite les Graces & les Muſes, Apollon , Minerve, l'O_
lympe entier , ou l'Induſtrie active , les Arts auſſi étonnans qu'u-
tiles , les Sciences ſublimes , les charmes de la Société.

ARTICLE VIII.

DES NOMS DE LIEUX DE L'ITALIE.

ş. I.

Carte de l'Italie ancienne.

AFIN que nos Lecteurs puſſent nous ſuivre dans le développement de nos idées ſur l'Origine des Peuples de l'Italie , ſur les
cauſes de leur diviſion politique dans le tems où la ville de Rome parut , & ſur l'Etymologie de divers noms de lieux de cette
contrée , une Carte devenoit indiſpenſable : & nous l'avons tra-
cée.

Nous avons pris pour guide , à la vérité , la Carte de l'Italie
ancienne par M. D'ANVILLE , dont l'habileté en ce genre eſt ſi
connue ; mais comme notre objet eſt de faire ſentir de la maniere
la plus évidente que la Nature avoit déjà tracé d'avance la diviſion politique des Peuples de l'Italie , nous avons été obligés de
donner à notre Carte une forme abſolument oppoſée à celle que
ſuit ce célèbre Géographe. Comme il diſtingue les limites de
chaque pays par des points ou par des couleurs, il n'a pas beſoin
de faire reſſortir un fleuve ou une montagne plus qu'un autre
fleuve, qu'une autre montagne ; auſſi dans ſes Cartes, tout eſt

sur le même ton ; l'œil n'apperçoit aucune différence entre les divers objets de la même espéce.

Dans notre plan , cette forme agréable & commode deve-noit impraticable ; ramenant au phyfique , au fol, les caufes de la divifion politique des Peuples de l'Italie, nous ne pouvions les diftinguer par des points , & par des couleurs, objets factices , effets des révolutions des Sociétés , de leurs chocs , de leurs al-liances , &c. & nullement celui de la Nature.

Nous avons été obligés, au contraire, de rendre fenfibles aux yeux les limites de chaque contrée, de préfenter le fol même de l'Italie coupé, diftribué en diverfes Cafes, par les montagnes & par les fleuves : enforte qu'en jettant les yeux fur ces Cafes, on pût voir d'un coup-d'œil combien il dût y avoir de Nations dif-férentes en Italie ; quelles durent être les mieux garanties par leurs limites ; quelles furent les plus aifées à conquérir ; quelles au contraire les plus vaillantes , les plus obftinées à maintenir leur liberté , à réfifter au joug des Romains.

Cette maniere de traiter la Géographie, de la rapprocher de la Nature & des caufes de fes révolutions , que nous croyons abfolument neuve , intéreffera , fans doute ; elle engagera peut-être d'habiles Géographes à en faire l'application fur d'autres contrées & à la perfectionner.

Notre Carte ancienne différe de toutes les autres à un autre égard , relativement à la figure ou à la forme de fa partie mé-ridionale , de ce qu'on appelloit la grande Grèce. Nous devons au Public notre juftification à cet égard.

Quand nous fûmes parvenus à cette partie de la Carte , nous crûmes nous appercevoir que nombre de lieux de la grande Grèce ne dèvoient la place qu'ils y occupent dans toutes les Cartes, qu'à des raifons de convenance ; & lorfque nous voulû-

mes approfondir ces motifs, nous ne trouvâmes qu'incertitude
& que contradiction entre ceux qui en ont traité. On en fera
d'autant moins furpris que chacun fait combien peu eft connue
cette partie de l'Italie ; elle eft prefque pour nous une terre auf-
trale ; & il eft telle Contrée beaucoup plus éloignée, qu'on connoît infiniment mieux : il n'eft donc pas étonnant qu'on fut réduit à de fimples conjectures fur la pofition d'un grand nombre de villes qu'on y voyoit anciennement.

Dans l'impoffibilité de diffiper ces ténébres, nous aurions volontiers laiffé ces contrées fans noms de lieux, comme on le
fait pour les pays inconnus, lorfque M. l'Abbé CAPMARTIN DE
CHAUPY eft venu à notre fecours ; il s'eft fait un plaifir de nous
donner la pofition de plufieurs lieux anciens, & il en eft réfulté
pour les parties méridionales de l'Italie, une forme différente à
plufieurs égards de celle qu'elles offrent dans les Cartes qui ont
paru jufqu'ici.

Rien n'auroit manqué à la juftefle, à l'exactitude de ces changemens, fi on avoit pû les appuyer d'Obfervations Aftronomi-
ques ; mais il n'en exifte que de manufcrites déterminées par M.
de CHABERT : notre Carte aura du moins cet avantage de faire
défirer des lumieres plus étendues fur cet objet.

M. l'Abbé de CHAUPY fe propofe de donner lui-même un
Ouvrage complet fur l'Italie, accompagné d'un grand nombre
de Cartes : on peut fe former une idée de ce dont il eft capable
en ce genre, de la profonde connoiffance qu'il a de l'Italie, de
fes nouvelles vues fur ce pays intéreffant, en jettant les yeux fur
un Ouvrage qu'il a déjà donné au Public en trois volumes, &
qui a pour objet la découverte de la Maifon de campagne qu'Horace avoit dans le pays des Sabins.

Il y expofe d'abord les caractères auxquels on devoit reconnoître

noître cette Maiſon de campagne ; il réfute enſuite les ſyſtêmes de tous ceux qui la plaçoient hors du pays des Sabins ; & finit par prouver que le lieu qu'il indique , renferme tous les caractères qui le déſignent dans Horace , la riviere de Ligence , le mont Lucretil , la ville de Varia , le Temple de Vacune , la Fontaine qui étoit derriere ce Temple , celle de Banduſie , &c.

On voit dans cet Ouvrage , des preuves de la profonde con-noiſſance , que vingt-deux ans de travaux , de voyages & de dan-gers ont fait acquérir à cet Auteur ſur le ſol entier de l'Italie ; ſur ſon état ancien & moderne ; ſur ſes antiquités ; ſur les voies Romaines qu'il a ſuivies juſqu'aux extrémités de l'Italie ; & com-bien ſon travail en ce genre peut être neuf , curieux & utile. Nous ne pouvons donc trop l'exhorter à le faire paroître , per-ſuadés qu'il ſera bien reçu du Public , ſi cet Auteur eſtimable veut bien y mettre l'ordre & les graces néceſſaires à un pareil Ouvrage , & qui ne lui ſont point étrangeres.

§. II.

Les noms de Lieux de l'Italie , preſque tous d'origine Celtique.

Si l'origine des Peuples de l'Italie ſert à prouver qu'ils étoient des Colonies Celtiques , la valeur de la plûpart des Noms les plus remarquables de l'Italie , ceux de ſes montagnes , de ſes forêts , de ſes lacs , de ſes fleuves , de ſes fontaines , de ſes villes , de ſes peuples , parfaitement aſſortis à la Langue Celtique , & com-muns à l'Italie avec toutes les autres contrées qu'habitoient les Celtes , formera une autre preuve ſans réplique de ce que nous avons avancé ſur l'origine des Latins & de leur Langue.

On retrouvera ici la même marche & les mêmes mots que nous avons déjà mis en œuvre dans nos Origines Françoiſes, pour faire voir que plufieurs noms de lieux de l'Ifle de France leur avoient été impofés par des Celtes; mais nous appuierons les noms Celtes de l'Italie, d'un beaucoup plus grand nombre de rapports avec les autres contrées de l'Europe, afin qu'on fente mieux ces rapports, & qu'on en puiffe mieux juger. Nous commencerons par les noms les plus remarquables, tels que ceux-ci, _Italie_, _Alpes_, _Apennin_, _Latium_, _&c._

Il eft vrai que cette partie de l'Europe renferme un grand nombre de noms de lieux dérivés des Langues Latine, Grecque, Orientales, qui leur furent donnés par ces divers Peuples à mefure qu'ils s'y établiffoient; mais on ne fauroit en conclure qu'elle ne fut habitée que par des Grecs ou par des Orientaux; c'eft un de ces faux principes d'après lefquels on a imaginé tant de mauvais fyftêmes fur les étymologies & fur les origines des Peuples.

Nous laiffons jouir fans peine les Langues Grecque & Orientales de tous les noms qu'elles ont portés en Italie; mais on doit voir avec plaifir par ce même efprit de juftice & de vérité, que nous reftituions aux Celtes, du moins une partie des noms qu'ils impoferent aux lieux de cette contrée où ils s'établirent. Nous fommes d'autant plus fondés en cela, qu'il n'eft perfonne qui ne fache que lorfque les Colonies Grecques & Orientales pénétrerent en Italie, elles y trouverent des Peuples Autochtones ou non-Etrangers, qu'on regardoit comme les naturels du pays, parce qu'ils y étoient établis depuis long-tems, avant toute autre Nation; & très-certainement, ces Naturels du pays avoient donné des noms à plufieurs lieux de l'Italie. Il faudroit être bien dépourvû de logique ou de fens commun, pour aller chercher l'origine de ces noms dans des Langues que ces premiers habitans ne parloient pas: la Celtique eft donc là feule qui puiffe en donner l'explication; c'eft donc à elle qu'il faut s'adreffer pour en trouver la raifon; à elle feule, & non à la Grecque & aux Orièntales.

Ce que nous allons rapporter des Noms de lieux de l'Italie, dérivés de la Langue Celtique, n'eft même qu'un effai de ce qu'on peut faire en ce genre : nous l'aurions plus que doublé fi nous n'avions voulu nous borner à des étymologies que perfonne ne pût contefter ; à des étymologies de fimple rapport, comme nous avons dit, & qui fe réduifent à faire voir, 1°. que ces noms Celtes de l'Italie exiftent également dans toutes les contrées Celtiques, fans qu'elles les doivent en aucune maniere aux Latins ou à quelque Peuple de l'Italie ; mais uniquement à une Langue commune portée au contraire en Italie par des Colonies Celtiques ; & 2°. que ces noms ont toujours été fignificatifs dans cette Langue commune.

Nous ne craignons pas de dire que par cette marche, nos Etymologies font d'une nature abfolument différente de tout ce qu'on a tenté jufqu'à préfent dans ce genre, & qu'elles font auffi fûres & auffi utiles que le font peu les Effais qu'on a donnés jufqu'ici fur ces objets, où l'on décompofe les mots à volonté, & où l'on prend enfuite ces décompofitions arbitraires pour bafe de fyftêmes non moins arbitraires.

Auffi avons-nous lieu d'efpérer de l'équité de nos Lecteurs, qu'ils en fentiront la différence, & qu'ils ne fe laifferont pas donner le change par les Frondeurs de toute Etymologie.

§. III.

Etymologie des Noms les plus remarquables de l'Italie.

ITALIE.

L'Origine de ce nom a fort occupé les Etymologiftes ; ils

ſ ij

l'ont dérivé, les uns d'un mot Grec qui défigne un *Bœuf*; les autres, du mot Oriental *Oitar*, qui fignifie *poix*, parce, difent ceux-là, que ce pays étoit abondant en bœufs , & parce, difent ceux-ci, que l'Apouille qui eft en face de l'Orient étoit couverte de forêts dont les arbres abondent en réfine. Mais ces motifs font trop vagues, trop éloignés , trop dénués de points de comparaifon pour qu'on puiffe admettre de pareilles étymologies.

L'Italie a une figure des plus remarquables , une forme unique qui dut frapper les premiers voyageurs , & qui dut déterminer néceffairement fon nom dans la Langue fignificative des Celtes. C'eft une terre qui s'élève entre les deux mers dans une longueur de plus de 300 lieues ; on diroit l'épine du dos qui le traverfe dans toute fa longueur. C'eft donc de cette forme qu'on dut tirer fon étymologie afin de peindre cette contrée par fon nom. On choifit donc pour cet effet le mot ITAL ou ITALIE, formé du mot Celte TAL qui défigne toute idée relative à grandeur, à élévation ; & du mot I , prononcé anciennement EI, & qui défigne les eaux : mot-à-mot , *pays qui domine fur les eaux*. Nous avons donné dans nos Origines Françoifes (1) , les mots François dérivés de cette racine Celtique : *Talus*., *Talent*, *Taille* , &c. C'eft de là que fe formerent les mots Latins, *TALis*, qui fignifie Tel, dont la *Taille* eft la même ; *Tollo*, élever, &c.

Cette racine eft devenue également le nom de diverfes montagnes & d'un grand nombre de lieux fitués fur des montagnes, en fe prononçant *Tal*, *Tel*, *Til*, *Atel*, &c.

_____

(1) Col. 1052. & fuiv.

I. *Montagnes appellées du nom de* TAL.

THALA, Montagne de la Lybie intérieure.
   Thalæ, nom des Peuples qui l'habitoient.
TALAO, Montagne de la Chine dans le Fokien.
TALO, Montagne de la Chine dans le Quantung.
TALO, Montagne de la Chine dans le Suchuen.
TELAMUS, Montagne de la Paphlagonie.
TELETHRIUM, Montagne d'Eubée.
TELIT, Montagne du Royaume de Fez.
TELMESIUS, Montagne de Béotie.
TELMISSUS, Montagne de Lycie.
A-TLAS, hautes Montagnes d'Afrique, pour *A-TELAS*.

II. *Villes appellées du nom de* TAL *à cause de leur situation sur des Montagnes.*

TAL-MONT, sur un roc, ⎫
TAILLE-BOURG, sur un roc, ⎬ en Saintonge.
                    ⎭
TALETUM, Temple du Soleil dans la Laconie, au sommet du Mont-
   Taygete.
TALANDA, Ville de Béotie sur une Montagne.
TELLENE, Ville du Latium qui fut prise par Ancus Martius.
TEL-AMONE, sur un rocher escarpé à l'embouchure de l'*Osa* en Toscane.
TILATÆI, Peuple qui habitoit le Mont-Scomius dans la Thrace, & dont
   parle Thucydides.
TALAN, en Bourgogne sur une Montagne.
TEIL, en Bourbonnois, dans un territoire coupé de côteaux.
TEILLET, en Bourbonnois, dans la Montagne de Nuits.
TELL, aujourd'hui *Teglio*; Ville sur une hauteur dans la VALTELLINE,
   qui en a pris son nom, *mot à mot* la vallée de Tel.
TIL, en Auxois, sur une Montagne : & dessous, NAN-*sous-Til*, mot à
   mot *Vallée sous-Montagne*.
TILL-ARD, dans les Montagnes du Beauvoisis.
MON-TILLIUM *Adhemari*, aujourd'hui *Montelimar*; mot à mot, le
   Mont *Tall*-Adhemar.
MON-TIL-ISIUM, en Dauphiné, *aujourd'hui* Monteils.

III. *Ce mot s'est aussi adouci en DAL, DEL, &c. De-là :*

DALIE ,
DALE-carlie, } Provinces très-montagneuses de la Suéde.

DAL-matie , Contrée montagneuse à l'Orient de la Mer Adriatique.
DELEMONT , sur une éminence dans le Porentru ou Evêché de Basle.
DAILLENS , sur une colline au Pays de Vaud.
DOLE , sur un côteau dans la Franche-Comté.
THOULOUSE , sur une hauteur en Franche-Comté.

ALPES,

Après le nom de l'Italie, il n'y en a point de plus remarquable que celui de ces montagnes énormes qui composent la portion septentrionale de cette contrée, & par laquelle elle touche aux habitations Celtiques : aussi , leur nom est-il Celtique. SERVIUS dans son Commentaire sur l'Enéïde Liv. X. dit que les Gaulois donnent le nom d'*Alpes* à toutes les montagnes élevées. C'est un témoin qui vient à l'appui des preuves de fait que nous avons à alléguer. Ajoutons que ce mot s'est prononcé également ALB & ALP : en voici un autre témoin : STRABON, qui dit que les Alpes s'appelloient également ALBia & ALPia,

I. *Noms de Montagnes en ALB,*

Il n'est donc pas étonnant que dans la langue des Gallois
ALBANI, signifie Montagnards : & que dans celle des Suisses
HOHEN-ALBEN , soit le nom des hautes Montagnes.
ALBEN, nom des Montagnes dans la Stirie.
ALBA , ALBAN , nom Celtique de l'Ecosse, à cause de ses Montagnes.
ALBANIE, contrée montagneuse de la Grèce.
ALBANIE, contrée montagneuse entre la Georgie & la Mer Caspienne,

II. *Noms de Villes appellées ALB , à cause de leur situation sur des Montagnes.*

ALBE, Capitale du Royaume d'Enée dans le Latium sur & au pied d'une Montagne , appellée Mont-ALBANUS.

Mons-ALBANUS , Mont d'Albe dans le Latium.

Mons-ALBANUS , Montauban en Quercy.

Mons-ALBANUS , Montauban en Dauphiné.

Mons-ALBANUS , Montalvan en Espagne.

Mons-ALBANUS , Albano dans le Royaume de Naples.

Mons-ALBANUS , Montecalvo en Italie.

Mons-ALBANUS , Montagne de l'Asie mineure.

Mons-ALBANUS , Mont-Alben sur lequel est le Bourg d'ALBEN , dans la Carniole.

Mons-ALBANUS , Montalban près de Nice.

S. ALBANUS , ou S. AUBAN , sur une Montagne en Dauphiné.

ALBE , Ville & Château sur la Sarte en Lorraine.

ALBE-Julie , en Transylvanie , sur un côteau qui domine une vaste plaine.

ALBY , en Languedoc , sur un côteau.

ALBY , en Savoye , sur le penchant d'une Montagne.

ALBY en Italie , l'*ALBA* du pays des Marses.

ALBICI , Peuples qui habitoient les Montagnes au-dessus de Marseille , & dont parle Jules César. C'est-là qu'est ALEBICE.

ALBI-DONA , dans les Montagnes de la Calabre.

ALBIUS , Montagne de la Liburnie.

ALBON , sur une Montagne en Dauphiné.

ALB-or , Montagne du Portugal dans l'Algarvie.

ALBURNUS , aujourd'hui ALBORNO , Montagne du Royaume de Naples.

ALBUCH , pays montagneux de la Souabe.

ALBUNEA , Montagne & forêt d'Italie.

ALPINI , Peuples des Montagnes voisines de l'Ebre en Espagne , & abondantes en mines.

ALPE , Bourg dans les Montagnes du Vicariat de Barcelonette.

AUBAIS , sur un côteau dans le Bas-Languedoc.

AUBENAS , en Latin *ALBENacum* , sur un côteau dans le Vivarais.

AUBE-TERRE , sur une hauteur dans l'Angoumois.

AUBONNE , sur une colline dans le pays de Vaud.

DISCOURS

A P E N N I N.

Le Mont Apennin, cette chaîne de Montagnes qui traverfe l'Italie dans toute fa longueur, & fans laquelle l'Italie n'exifte-roit pas, porte un nom également Celtique ; car dans cette Lan-gue PEN défigne Elévation, Montagne.

Si ceux qui ont travaillé au Dictionnaire de la Martiniere avoient eu quelqu'idée de l'Origine Celtique des Peuples de l'I-talie, ils n'auroient pas dit qu'il étoit impoffible de décider d'où vient le nom de l'Apennin : il étoit fi inconnu que SERVIUS, ISIDORE, &c. le dériverent du nom des Carthaginois, du mot *Pœni.*

Comment tous ces Auteurs n'ont-ils pas vû que ce nom ve-noit de la même fource que les Alpes PENNINES, dont nous allons parler ?

A L P E S P E N N I N È S.

1°. *En Italie.*

Les Alpes Pennines font les Montagnes les plus élevées des Alpes depuis le Saint-Bernard jufques au Saint Gothard. On in-

diquoit par ce nom des Montagnes élevées au-deffus de toutes Montagnes.

Entre ces Alpes Pennines, on en diftinguoit une plus élevée que les autres, qu'on appelloit,

SUMMUS PENNINUS, *mot-à-mot*, la Montagne la plus élevée, celle qui domine fur toutes les autres : on l'appelle aujourd'hui le St. Bernard.

Au pied étoit ce qu'on appelloit,

VALLIS-PENNINA, *mot à mot*, la vallée des Pennins ; ou la vallée formée par les Montagnes les plus hautes. C'eft ce qu'on appelle aujourd'hui le VALLAIS, *mot à mot*, la vallée par excellence, la vallée profonde.

Tous ces mots font formés du primitif PEN , pointe , fommet , élévation. C'eft à cette même racine qu'il faut rapporter,

PINNA , *aujourd'hui* Civita di PENA , Ville du pays des Samnites, dans
de hautes Montagnes.

VEN-AFRUM , Ville fur une Montagne près du Vulturne : *mot à mot*
Montagne noire, efcarpée.

Dans l'Ombrie , & fur le fommet des Apennins , étoit un Temple confacré à Jupiter fous le nom de

JOU PENNINUS,
» Le Dieu élevé.

Les ruines de ce Temple s'appellent *Palazzo del Poggio* , le Palais de la
Haute-Montagne. C'eft fur les terres qui en relevoient que doit avoir
été élevée une Abbaye de Bénédictins , & qu'a été bâti le Bourg de
S. BENEDETTO.

IIᵒ. RAPPORTS ETRANGERS.

1ᵒ. *En Efpagne.*

Le mot de PEN eft confacré en Efpagne pour défigner de hautes Montagnes, mais avec la prononciation mouillée en GN.

PEGNA CERRADA , Montagne d'Efpagne dans la Bifcaye, & qui domine
fur de très-hautes Montagnes.

PEGNA *de los Enamorados* , la Montagne ou le Rocher des Amoureux,
dans le Royaume de Grenade.

PEGNA-*Golofa* , au Royaume de Valence.

PEGNA *de San-Roman* , au Royaume de Leon.

PEGNAS *de Pancorvo* , Montagnes très-hautes & très-efcarpées dans la
vieille Caftille.

2ᵒ. *Avec la prononciation franche.*

PEN-ALVA , fur une colline du Beira en Portugal ; mot où font réunis
les radicaux de PEN & d'ALB.

PENNA , fur une Montagne dans la vieille Caftille.

3ᵒ. *Dans diverfes contrées Celtiques.*

PEN-TELI , Montagne voifine d'Athènes : mot où font réunis les radicaux des noms de l'*Apennin* & de l'*Italie.*

Orig. Lat.

Pen-Telia , Montagne de l'Arcadie.

Pen-Denys , Château d'Angleterre dans le Cornouaille.

Penne , Ville de l'Albigeois en France , fur un côteau.

Pene , dans l'Agénois fur un côteau.

Penese , partie de l'Apennin, entre Gênes & le Val de Taro.

Penestæ , Peuples des Montagnes de Theffalie.

Penestæ , Peuples de l'Illyrie.

Pen-Lan , haute Montagne de l'Ecoffe.

4°. *Ce mot s'eft également prononcé BAN & BEN : de-là divers noms dérivés qui préfentent la même idée d'élévation & de Montagnes.*

Ben-*Avin* ,

Bine-*Vroden* , $\Big\}$ Hautes Montagnes de l'Ecoffe.

Binne-*More* ,

Beigne , fur une hauteur au midi de Charleroy.

L A T I U M.

1°. *Ce mot fignifie Pays.*

Un des noms les plus remarquables de l'Italie , eft celui du Latium, contrée dont les Habitans furent appellés Latins, & leur Langue, *Langue Latine*.

Dans le tems où on n'avoit aucun principe fixe en fait d'étymologie , on racontoit que ce Pays s'étoit appellé ainfi du latin *latere* , cacher , parce que Saturne fuyant loin de fon fils Jupiter , s'étoit réfugié dans le Latium & s'y étoit caché. Nous avons fait voir que Saturne ne s'étoit réfugié dans ce pays & ne s'y étoit caché que dans un fens allégorique , effet de la vraie étymologie du mot *Latium*, & non caufe de cette étymologie ; car telle eft une des grandes erreurs de tous nos Etymologiftes , d'avoir mis prefque toujours l'effet à la place de la caufe.

Latium fignifie Pays : ce nom fut donné à la contrée qui eft entre le Tibre & le Liris, comme à la contrée par excellence , à caufe de

la beauté de fon fol au pied de l'Apennin, fur les bords de la mer
& entre deux fleuves. Ici, le nom générique devint un nom propre, comme cela eft arrivé à tous les noms génériques, ainfi que
nous aurons nombre d'occafions de nous en affurer.

2°. *Il s'eft prononcé* LAND, LANG, &c.

Ce qui a fait perdre de vue l'origine de ce mot, c'eft qu'il s'eft
nafalé comme tant d'autres dans les dialectes Celtiques : qu'on en
a fait les mots LAND & LANG.

De-là, LAND qui en Theuton, & dans tous les dialectes, *Land Country*
fignifie Pays.

> LANDS-END, mot-à-mot, *extrémité du pays*, la pointe la plus avancée
> de la Grande-Bretagne, à l'Occident, dans la Province de Cor-
> nouaille ; parfaitement fynonyme du Cap *Finifterre*.
> Les LANDES de Bordeaux, pays couvert de bruyeres.

3°. *Il a défigné aufſi les* BOIS, *les* FORÉTS.

Ce mot paroît avoir été confacré aux pays couverts de bois :
s'étant peut-être confondu avec le mot LAN, qui fignifia *bois*;
forét, comme ou peut le voir *Orig. Franç.* 626.

> LA LANDE-HEROULD, mot-à-mot *le pays des Foréts*, en Normandie,
> D. de Coutances. Cette paroiſſe contenoit autrefois un Pricuré ap-
> pellé S. Leonard *des Bois*.
> LA LANDE, bois dans l'Angoumois.
> LANDE MINE, bois dans le Bourbonnois.
> LANDAVILLE, en Lorraine, près d'un bois.
> LANDRECY, à la tête d'une très-grande forét, & fur la Sambre.
> LENS, forét & ville dans l'Artois.
> LENS, forét dans le Dauphiné.
> LANDEUIL, dans des bois, près de Tulle en Limoufin.
> Le LANGADOIS, canton de la baffe Auvergne.
> Les LANGUES, contrée du Piedmont.

MAR-LAIGNE, forêt des Pays-Bas, près d'un lac.

LANDORP, près d'un bois, dans les Pays-Bas, *mot-à-mot* , *habitation de la forêt*.

4°. *En Bas-Breton* , LAN , LANN *signifie Pays* , *Territoire*.

De-là une multitude de noms de lieux dans la Bretagne.

LANTREGUIER, ancien nom de Treguier.

LANNION,
LANGOUAT ,
LANDE-VENEC , } dans le diſtrict de Treguier.
LANDE-VISIAU ,

LANDE-PENION, dans le même D. canton au pied des Monts Romagren.

LANDER-NEAU , &c. D. de S. Paul de Léon.

LANVODAN & LANVAUX, Abbaye dans des bois.

AVENS , AVENTIA , FLEUVES
AVENTIN , VENISE, &c.

Tous ces noms fûrent ſignificatifs & dérivés d'une racine commune : du mot Celtique VAN, VEN, AVEN, AVON, &c. qui déſigna conſtamment de l'eau, une ſource, une riviere, &c. De-là une multitude de noms de rivieres, de Villes, de Peuples, &c.

1°. *Noms de Rivieres.*

La VANE , Riviere des Pays-Bas.

La VANNE , { Riviere de Champagne.
{ Riviere de Provence.

La VENDÉE , Riviere du Poitou.

WENT , Riviere de la Grande-Bretagne.

VENE, Riviere de Languedoc.

AVEN , Riviere d'Ecoſſe.

AVENNE , { Riviere du Bas-Languedoc.
{ Deux Rivieres en Baſſe-Bretagne.
{ Riviere du Pays de Galles.

Avance, Riviere de Guyenne.

Avançon (l') Riviere de Suisse.

Avignon, Riviere de Picardie.

Avignon, Riviere de l'Orléanois.

Aufen, Riviere de la Basse-Bretagne.

Avon, { Riviere de la Basse-Bretagne.
Trois Rivieres de ce nom en Angleterre.
Trois en Ecosse.

Bar-Vane, Riviere d'Illyrie.

Var-Vane, source dans la Brie.

L'Or-Vanne, Riviere de Champagne.

2°. Nom de Villes.

Vannes, sur la Mer de Bretagne.

Vanvres, en Latin *VINUÆ*, à une lieue au Midi de Paris. On dérive son nom de *Venna*, qui en vieux François signifioit *pêche*, n'étant habité que par des Pêcheurs de la Seine.

Venay, au bord d'une Riviere en Lorraine.

Venoix, Village de Normandie dans un Marais.

Venan, en Franche-Comté, près d'un Marais.

Vannemont, en Lorraine, à la source d'une Riviere.

Wan-Gen, en Suisse, sur les bords d'une source.

Wan-Gen, en Alsace, } sur des Rivieres.
Vin-Gen, en Alsace,

Avain, sur une Riviere des Pays-Bas.

Avenay, en Normandie, près d'un Marais.

Avane, sur le Doubs, } en Franche-Comté.
Avene,

Avignon, sur une Riviere, près St. Claude.

Avignon, sur le Rhône.

Avancy, en Lorraine, à la source d'une Riviere.

Avanchy, en Franche-Comté, près la Saône.

Avanches, en Suisse, près du Lac de Morat : il étoit autrefois à ses portes ; ce qui en faisoit une Ville de grand commerce.

L'Avantznau, en Alsace, près de l'embouchure de l'Iu, dans le Rhin.

Avesnes, en Flandres.

AVENTIO, dans l'ancienne Angleterre, entre les Trinouantes & les Ancalites; de *Went* & *Iu.*

AVENTIO, dans l'ancienne Angleterre, au pays des Silures; *aujour-d'hui* Ewenney.

VEN-DENIS, Ville près du Margus, dans la Dardanie.

3°. *Noms d'Italie.*

AVENTIA, Riviere entre la Toscane & la Ligurie.

AVENS, Riviere du pays des Sabins qui se jette dans le Tybre.

UFENS, Riviere des Volsques.

BEN-ACUS, Lac de la Gaule Transalpine.

VER-BANUS, Lac de la Gaule Transalpine.

BONA, Riviere de Verceil.

APONUS, Fontaine près de Padoue, d'où le Bourg d'ABANO.

ME-VANIA, }
ME-VANIOLA, } sur des Rivieres, dans l'Ombrie.

AVENTIN, une des Montagnes de Rome & une des premieres qui ait été hâbitée ; elle dut son nom aux Marais dont elle étoit environnée. On en a donné diverses étymologies, mais dénuées de tout principe & entiérement illusoires.

VEN-ISE, Capitale du pays des VENEDES, *mot-à-mot*, pays ou Habitant d'un pays de Marais.

C'est le même nom que la FIN-LANDE, *mot-à-mot*, Pays de Marais.

TRI-VEN*tum*, sur le Trinius, Riviere du pays des Samnites.

VENUS*ia*, *aujourd'hui* VENOSE, dans la Basilicate, sur une Riviere.

BANT*ia*, *aujourd'hui* Ste. Marie de Vanzo, sur une Riviere & dans le même Pays.

BANO, Riviere de la Terre de Bari.

VACUNE.

VACUNE étoit le nom de la grande Déesse des Sabins : mais on n'a jamais pu en découvrir l'étymologie ; ce nom n'ayant en effet aucun rapport avec des mots Latins, propres à désigner une Déesse : mais c'étoit un nom Celte qui peignoit parfaitement la grande Déesse ; telle en est la décomposition, VAC-UNA. *Una* signifie UNE, & celle qui existe : la SEULE existante, la parfaite la Déeſſe par excellence. VAC, de même que FAC & MAC, ſignifie grand en-Celte & dans toutes les Langues qui en dériverent.

Les froids Etymologiſtes Latins s'imaginant que ce nom venoit de *Vacare*, fainéanter, la prirent pour la Déeſſe de l'oiſiveté ; or rien de moins oiſif que les Sabins.

PORPHYRION, ancien Interprète d'Horace, dit au ſujet de cette Déeſſe dont parle HORACE dans ſes Epitres, *Liv. I. Ep. X.*

« VACUNE eſt une Déeſſe très-vénérée par les Sabins : les uns » l'ont priſe pour Minerve, d'autres pour Diane ; quelques-uns » pour Cérès ou pour Bellone : mais VARRON aſſure dans ſon » premier Livre des Choſes Divines, qu'elle eſt la Victoire, & » ſur-tout celle qui couronne ceux qui ſont victorieux en ſageſſe ».

Aucun d'eux n'avoit tort, puiſque Vacune étant la grande Déeſſe, la Reine des cieux, étoit tout cela, qu'elle étoit Diane, Minerve, la Guerriere ou Bellone, la Victorieuſe ou Nicé, Sémi-ramis, la ſageſſe ou la fille de Jupiter armée de l'Egide.

Le ſavant & courageux Auteur de la Découverte de la Maiſon de Campagne d'Horace, a retrouvé nombre de lieux qui devoient leur nom au culte de cette Déeſſe, ou aux Temples qu'on y avoit élevés à ſon honneur.

VACONE, Bourg ſur la rive droite de l'Hymele.

VACONIANUM, *aujourd'hui* Buchiniano, Bourg ſur les bords de la Farfa.

VACUNIO, Bourg près des ſources du Velin.

D'autres Temples furent élévés à cette Déeſſe dans les Villes de Cures, de Cutilie, &c. dans la vallée de Ligence, près de la maiſon de campagne d'Horace.

OVIDE (*Faſt. Liv. VI.* 307.) parle des feux qu'on allumoit encore de ſon tems dans les Fêtes de l'antique Vacune, & qu'il appelle *Feux Vacunaux* ; ce qui confirme que cette Déeſſe étoit un ſymbole de la Lune.

Horace repréſentoit le Temple de Vacune, qui étoit près de
ſa maiſon de campagne, comme un édifice ſi vieux qu'il tomboit
en ruines : mais il fut rétabli par l'Empereur VESPASIEN, ſous le
nom de Temple de la Victoire ; comme on le voit par l'inſcription
que cet Empereur y fit placer, & qui exiſte encore au Bourg de
Rocca-giovine qui en eſt tout près, & où elle eſt appliquée à un
mur au-deſſus de la porte d'un grenier qui touche le Château.
On peut la voir dans l'Ouvrage de M. l'Abbé de Chaupy, T. III,
p. 170.

ROME.

Le nom de Rome étoit Grec : dans cette Langue, RÔMÊ, en
Dorien RÔMA, ſignifie la force, l'élévation ; & telle étoit la
ſituation de Rome, élevée ſur des montagnes qui en faiſoient une
Ville forte. Ce nom Grec n'a pas peu contribué à faire croire
que Rome étoit une Colonie Grecque, d'autant plus que l'ancien
Latin & le Grec Dorien ou Eolien, le Grec le plus rude, avoient
le plus grand rapport entr'eux.

Mais outre que RUM, RAM, eſt également une racine Celtique
déſignant l'élévation, la ſupériorité, la puiſſance, on ſait que
Rome eut un autre nom abſolument Celtique, & dont celui-là
ne fut que la traduction Grecque.

C'étoit VALENTIA, nom compoſé de ENTIA, *celle qui eſt*, & de
VAL, *forte, élevé*. C'eſt, nous diſent les Anciens, le vrai nom de
Rome, mais ſon nom ſecret & magique, auquel étoit dûe,
ajoutoit-on, ſa conſervation : les Dieux d'une Ville ne pouvant
être évoqués par ſes ennemis, dès qu'ils ignoroient le nom de
cette Ville, ou le charme qu'il renfermoit.

Mais ce nom ſecret de Rome étoit Celtique ; de-là les divers
lieux appellés VALENCE, dans l'Italie Gauloiſe, dans la France ;

en

en Efpagne, &c. Voyez la famille VAL dans les *Origines Fran- çoifes.*

§. IV.

NOMS de divers PEUPLES d'Italie , par ordre alphabétique.

AURUNCES, AUSONES.

AURUNCES, nom d'un Peuple Latin qui habitoit les rives du Clanis ou Liris : il dut fon nom aux mots Celtiques AU , eau ; & RUN , qui coule.

AUSONES , autre nom du même Peuple : du même mot AU , eau ; & du mot SON , SEN , courant.

E Q U E S.

LES EQUES ou EQUICOLES habitoient une contrée abondante en eaux; là font les fources de l'Anio & du Tolonius : l'eau Claudia , l'eau Marcia , & nombre d'étangs : ils furent donc très-bien appellés EQUI pour AIQUI & AIQUICOLI , Habitans d'un pays d'eaux : c'eft ainfi que dans les Gaules une Province riche en eaux fut appellée AQUI-TANIA , le pays des eaux , l'Aquitaine , nom altéré en celui de *la Guyenne.*

VIRGILE trace le portrait de ce Peuple en quatre Vers :

> *Horrida præcipuè cui gens affueta que multo ,*
> *Venatu nemorum , duris ÆQUICOLA glebis*
> *Armati terram exercent , femperque recentes*
> *Convectare juvat prædas & vivere rapto.*
>
> Æ N E I D. VII. 740.

« On voit enfuite la nation effrayante des Eques, accoutumée » à chaffer dans fes forêts , à cultiver fes pénibles fillons les armes » à la main ; elle fe plaît dans le butin, & à vivre de brigandage ».
Orig. Lat.

v

Telle étoit l'idée que l'averfion des Eques pour les **Romains** en avoit donnée à ceux-ci. Les Eques leur avoient juré une guerre éternelle ; & c'étoit fur-tout dans les coups de main qu'ils excel-loient ; aufli les Romains ne trouverent d'autre reffource contre eux que de les exterminer par le fer & par le feu : ils détruifirent toutes leurs Villes au nombre de quarante-une : & leur contrée ne fut plus confidérée que comme une partie du pays des Marfes.

C'eft à eux cependant qu'on attribue le droit des Féciaux, qui n'étoit rien moins qu'une invention de barbares.

FRENTANI.

Les FRENTANI placés au midi des Marrucins & des Pelignes, durent leur nom au fleuve FRENTA ou Frento, qui leur fervoit de borne au midi : leurs plus belles poffeffions s'étendoient le long de ce fleuve. Mais ce nom de *Frenta*, le même que *Vrenta* & *Brenta*, eft commun à diverfes rivieres Celtiques ; il s'eft formé de la racine *REN*, courant, nom de plufieurs fleuves.

HERNIQUES.

Servius, dans fon Commentaire fur l'Enéide, & au fujet de ce Vers,

HERNICA SAXA colunt quos dives ANAGNIA pafcit.

» Ceux que nourrit la riche ANAGNIE, cultivent les ROCHES HERNI-» QUES. (*En.* VII. 684.)

Servius, dis-je, nous apprend qu'un Chef puiffant engagea une Colonie de Sabins à quitter leurs demeures & à le fuivre dans des montagnes remplies de roches, qui valurent à cette Colonie le nom d'HERNIQUE, parce que dans la Langue des Sabins, HERNÆ fignifie Rochers : & on difoit HERNICA LOCA, pour défigner des lieux remplis de roches.

Mais ce mot eft Celte : HARN, HERN, défigne dans cette Langue, des montagnes. Il eft dérivé de HAR , pointu, efcarpé : il s'eft prononcé également CAR , CARN , & a formé nombre de mots : tels que BEN-HARN*um* , le BEARN , Pays montagneux comme l'Hernicie.

HIRPINS.

Les HIRPINS furent une Nation Samnite qui habita dans de hautes montagnes , & qui dut fon nom au Sabin *Hirp* , Loup : ils furent donc très-bien nommés.

Quant au mot *hirp* , il tient aux racines primitives Celtiques *karp* , prendre , faifir , enlever.

LEPONTII.

Les LEPONTIENS étoient les Habitans des ALPES LEPONTIENNES, qui s'étendoient des fources du Rhin jufqu'à celles du Rhône. Aucune portion de montagnes n'eft plus abondante en eaux : de-là fortent une multitude de grands fleuves qui portent leurs eaux vers les quatre parties du monde.

Ce nom fe forme des mots TI, lieu élevé ; PON , à la tête ; LE, LEI , eau : » lieux élevés à la tête des eaux ».

On appelle aujourd'hui ces montagnes LIVINEN ALPEN. C'eft un nom correfpondant à LIU-VIN , à la tête de l'eau.

Les noms fuivans en LIEU font formés du Celte LIU , eau.

LIEUX, près du Lac de Jou.
LIEUX, dans le Vexin, près de Pontoife.
LIEUX, près de la ville de Cominges.
LIEUVIN, Contrée de Normandie, en Latin *LIVINUS.*
LIEUVRAY, qui en eft la Capitale.
LIEU-DIEU , plufieurs endroits de ce nom en France.
Le Lac de GRAND-LIEU , dans le Duché de Retz.

L I G U R E S.

Les Ligures étoient ce Peuple de l'Italie qui habitoit les côtes de la mer entre la Provence & l'Etrurie, ce qu'on appelle aujourd'hui Gênes & ſes rivieres. Ils étoient donc bien nommés , du même mot Li, Liu , eau, dont nous venons de parler, & du mot Gur, Ger, voiſin, près.

Liu-Ger , près de l'eau ; Lu-Ger , terre de l'eau.

Auſſi pluſieurs Peuples porterent ce nom. Il y eut des Ligures ;

En Eſpagne.	En Germanie.
Dans les Gaules.	Dans la Thrace.
En Sicile.	Dans la Pannonie.

Liguria , *aujourd'hui* Liviere, près de Narbonne, lieu abondant en eaux.

M A R R U C I N S.

Les Marrucins étoient un Peuple Sabin , placé au revers de l'Apennin , le long de la mer Adriatique & à la rive droite de l'Aternum. Leur nom eſt compoſé de divers mots qui peignoient leur ſituation : Cin ſignifie tête ; Ru ; ruiſſeau ; Mar , haut : «Peuples placés à la tête des fleuves qui deſcendent des monta-» gnes élevées ».

Pline rapporte (Liv. II. ch. 83.) que dans cette Contrée, un Romain diſtingué par ſes Places , & maître d'un champ planté d'oliviers , fut tout-à-coup tranſporté avec ſa terre d'un côté à l'autre du grand chemin.

L'excellent Auteur des *Elémens de l'Hiſtoire Romaine* , trouve ce fait plus aiſé à tranſcrire qu'à croire : il regrette qu'on n'ait pas dit ce que devinrent les plantations dont ce champ d'oliviers prit la place : 2°. ce qui remplaça le champ d'oliviers tranſplanté ſi ſubitement.

Mais c'eft un événement trop commun dans les pays de montagnes. De mon tems , une vigne, avec les arbres qui y étoient plantés, prit la peine d'abandonner fa place & de s'aller pofer fur un pré : le Maître du pré fut fort étonné de voir fon pré devenu vigne, le poffeffeur de la vigne voulut la vendanger : cela vous plaît à dire , répondit l'homme à la prairie ; c'eft bien le moins que j'aye le raifin pour me dédommager du fourrage que je perds : je fuis d'ailleurs dans mes bornes, fous mon ciel ; allez chercher le vôtre : de-là un procès que le Souverain termina , en laiffant la vigne au maître du pré, & en donnant un dédommagement à celui qui avoit perdu fa vigne d'une maniere très-aifée à concevoir & très-conforme aux Loix de la Phyfique. Cette vigne étoit fur un côteau ; des pluies abondantes l'avoient détachée du fol, & formant une nappe par-deffous , elles l'avoient fait defcendre dans la plaine tout d'une piéce, à caufe du fort tiffu que formoient les racines de toutes les plantes qui compofoient la vigne. Un roc nud remplaça la vigne, & un pré fut changé en vigne : il en arriva ainfi au champ d'oliviers.

MARSES.

Les MARSES, autre Peuple Sabin, habitoit un pays extrêmement montagneux, & dont le centre étoit occupé par le lac FUCIN. Ils étoient donc très-bien nommés, des mots Celtes MAR, élévation, montagne ; SI, CR, eau ; «Habitans d'un Pays élevé fur les eaux».

Ils avoient pour Capitale MARRUBIUM, nom dans lequel entrent également les mots de MAR, élevé ; RU, ruiffeau ; & celui de BI, pâturage, prairie. Marrubium étoit placée en effet dans des prairies près des bords du lac Fucin.

OMBRIENS.

Les OMBRIENS furent pendant plufieurs fiècles maîtres d'une

très-grande partie de l'Italie, jusqu'à ce que d'un côté ils se subdi-
viserent en d'autres Peuples, tels que les Sabins, les Samnites,
les Lucaniens, tous Ombriens d'origine; & que, d'un autre côté,
les Etruriens leur enleverent tout ce qui composa l'Etrurie,
tandis que les Gaulois les resserroient au nord. Ce Peuple étoit,
comme nous l'avons dit, Celte d'origine, & son nom le confirme.

Mais pour découvrir sa signification, rappellons-nous que dans
une multitude d'occasions, le *b* placé entre les lettres *m* & *r*, est
étranger au mot, & tient la place d'une voyelle qui a disparu
insensiblement : en restituant ici la voyelle *a*, nous aurons le mot
Omariens, *Omari*, composé de l'article O & du même mot MAR,
élevé, parce que ce Peuple habitoit le haut des Apennins. Ce
nom se prononça ensuite OMERI, UMRI, & puis UMBRI. Ce Peuple
avoit laissé divers vestiges de son séjour en Etrurie.

OMBRONE, Rivière d'Etrurie qui se jette dans la Mer.
UMBRO, Rivière qui se jette dans l'Arno, fort au-dessus de Florence.
OMBRONE, Rivière qui se jette dans l'Arno, au-dessous de Florence.
UMBRO, Ville située sur une Montagne de l'Etrurie.

PELIGNES.

LES PELIGNES, Peuple Sabin placé à l'Occident des Marrucins;
avoient consacré dans le cœur de leur pays un Temple à Jupiter
PALENUS, c'est-à-dire à l'*Œil élevé* ou *Très-haut* de l'Univers.
PAL signifiant grand, racine très-connue, & EN, œil; flambeau.
Ces Peuples adoroient donc la grande lumière : ils purent en tirer
leur nom.

Il vaut peut-être mieux le dériver de leur position : ils
habitoient de très-hautes montagnes, couvertes de neige presqu'en
tout tems : aussi leur contrée étoit telle, que pour exprimer un
froid rigoureux, on disoit *un froid de Pelignes*.

Rutules.

Les Rutules étoient un Peuple du Latium, situé au pied de l'Apennin, & dont le territoire étoit arrosé de plusieurs rivieres ou ruisseaux qui descendoient de ces montagnes. Il fut donc très-bien nommé de Ru, riviere, ruisseau, & de Tal, Tel, Tul, qui signifie profond, élevé.

On le retrouve dans Cu-Tilie, dans Au-Tile, &c. *Voyez* Italie. Tulle, Capitale du Bas-Limousin sur le penchant d'une Montagne & dans un pays extrêmement montagneux, en Latin *Tu-Tela.*

Sabins.

Les Sabins étoient une Nation Ombrienne, dit Zenodote, cité par Denys d'Halicarnasse. Chassés de leur contrée par les Pelasges, ils se retirerent au haut de l'Apennin, en se portant vers le pays des Aborigenes & le long du Tibre. Selon Strabon, (Liv. III.), ils étoient enfans de la terre, & faisoient portion des Peuples Opiques avec lesquels ils avoient la même Langue.

Les Sabins étoient donc Celtes, puisqu'ils descendoient des Ombriens; ainsi leur nom sera significatif dans la Langue Celtique: c'est-là que Sab signifie haut, élevé. Ils furent donc bien nommés, puisqu'ils habitoient le haut de l'Apennin:

Delà vint également le nom de
Sabaudia ou Savoye, pays montueux. ?

Horace fait des Sabins un portrait semblable à celui des Suisses qui habitent également des pays montagneux; il les peint francs, généreux, vaillans : leurs femmes étoient modestes, vertueuses; leurs enfans bien élevés. De la même main, les Chefs de famille savoient conduire la charrue & manier l'épée.

Du haut de l'Apennin, de ces rochers entassés d'où naissent trois

fleuves, le Velin, le Truente, l'Aterne, qui fe répandent de trois
côtés différens, ce Peuple s'étendit, par fes Colonies, jufqu'aux
extrémités méridionales de l'Italie : d'eux fortirent les Herniquès,
les Eques, les Samnites avec toutes leurs fubdivifions, les Lucaniens, les Brutiens.

Quant au nom d'OPIQUES, donné à divers Peuples de-l'Italie
liés par une même Langue, & en particulier aux Sabins, il les
défignoit fans doute comme les naturels de la contrée, comme
fes enfans, puifqu'il eft formé d'OP, OPis, la terre.

SAMNITES.

Les *Samnites* étoient un des grands Peuples de l'Italie. STRABON
dit qu'ils tiroient leur origine des Sabins, de même que les
Picentes : ils étoient donc auffi une fubdivifion des Ombriens,
& ils étoient par conféquent Celtes d'origine.

C'eft parce qu'ils defcendoient des Sabins qu'ils furent appellés
SABELLI ou petits Sabins par les Habitans de Rome. C'eft par
cette raifon qu'Horace s'appelle SABELLUS, parce qu'il étoit
originaire de Venufe, Ville de l'Apulie :

> *Renuit negat atque SABELLUS.*
> *Ep. Lib. I. Ep. XVI.*

Il appelle également SABELLA cette vieille Samnite qui lui
annonça dès fon jeune âge qu'il feroit la victime d'un babillard.

> *Inftat fatum mihi trifte SABELLA,*
> *Quod puero cecinit.*
> *Sat. Lib. I. Satyr. IX.*

Quant au nom de Samnites, il fut donné par les Grecs aux
SABELLI, on ne fait pourquoi, difent les Anciens, Strabon en
particulier (Lib. V.) ; mais ils l'écrivoient SANNITES : on peut
donc

donc penfer que ce n'eft qu'une altération du nom même des Sabins ; on aura dit *Sabinites*, ou defcendans des Sabins : enfuite Sabnites , puis *Sannites*, & en Latin *Samnites* : à moins que ce ne foit un dérivé du mot Grec *Semnos*, élevé, &c.

Le pays des Samnites étoit hériffé de hautes montagnes, où ces Peuples fe défendirent vaillamment contre les Romains juf-qu'au tems de Sylla , qui renverfa leurs Villes & leurs Châteaux, & qui les fit paffer eux-mêmes au fil de l'épée ; perfuadé que c'étoit la feule reffource qui reftoit aux Romains contr'eux, tant ces Peuples aimoient leur liberté, & déteftoient un joug pareil à celui des Romains.

PEUPLES SAMNITES.

1. CARA-CENI.

Ce nom, qui eft celui d'un Peuple Samnite ; confirme parfai-tement l'idée que nous avons donnée des Samnites & de leur local. Les Caracenes habitoient les montagnes les plus élevées de l'Apennin ; & ces montagnes abondent en fources, d'où fe for-ment un grand nombre de fleuves qui fe répandent de droite & de gauche : auffi peut-on regarder ce canton comme un des fommets de l'Apennin. Son nom préfente toutes ces idées.

CARA , le même que HARA, HAR , fignifie montagnes, rochers, tout ce qui eft pointu : CEN , tête , fource.

2. PENTRI.

C'eft le nom des Habitans d'un autre canton des Samnites ; rempli également de hautes montagnes. Il n'eft pas moins éner-gique.

PEN fignifie montagne ; & TRE, habitation.

Orig. Lat. x

3o. LUCANIENS.

Les *Lucaniens* habitoient cette portion où l'Italie commencé à se rétrécir, & où elle est arrosée plus qu'ailleurs d'une multitude de rivieres & de torrens. Ce pays fut donc très-bien nommé : dans tous les Dialectes Celtiques, LUC, LUG, LLWCH, signifia Eau, Riviere, pays d'eau.

LUCUS, Riviere de la Ligurie.

4°. BRUTTIENS.

Au midi des Lucaniens, dans la partie la plus méridionale de l'Italie, étoient les BRUTTIENS, Peuple descendu des Lucaniens, & dont la Contrée étoit couverte d'une vaste forêt; de-là leur nom : BER, BRE, BRET, signifie en Celte, arbre, forêt.

Ainsi ces deux Contrées Samnites & qui formoient l'extrémité de l'Italie, portoient également des Noms Celtiques parfaitement assortis à chacune d'elles.

VESTINS.

Les *Vestins*, situés au Nord des Marses, habitoient une contrée dont la mer & les fleuves *Matrinus* & *Aternus* formoient presqu'une Isle de la même manière que l'Isle de France. Ces Peuples furent donc bien nommés des mots TIN, pays ; ES, UES, riviere : » habitans du pays des Eaux. »

VOLSQUES.

Les *Volsques* étoient une Nation Latine qui habitoit sur les bords de la mer. Ils portoient le même nom que les *Volsques* des Gaules qui habitoient aussi sur les bords des côtes ou des Etangs du Languedoc. C'étoit donc un nom Celtique : il étoit très-si-

gnificatif, formé de VOL-ISC-UI : » ceux qui habitent au ventre,
» au renflement des Eaux » : de Isc , eau, & Vol , Bol , ventre :
Bolg en Irlandois , ventre : en Anglois, Belly. De-là également :

> Bollingen , nom porté par fept Villages de la Suiffe , tous fitués fur
> des Lacs ou fur des Rivieres , dans des endroits où elles forment
> un ventre.
> Bollinghem , près de Calais.
> Bolle-Ville, ⎫ en Normandie , dans une pofition à-peu-près pa-
> Bolbec, ⎭ reille.
> Bolbe , Ville & Lac de Macédoine.
> Bullis, Ville de l'ancienne Illyrie fur la Mer Adriatique.

§. V.

Divers Noms de l'Italie relatifs aux EAUX.

Les Celtes défignerent les Eaux de toute efpéce , l'Eau en
général , les Fleuves, les Rivieres , les Etangs ,

1°. par les voyelles telles que A , U , O , AU :

2°. Par la voyelle accompagnée d'une liquide, AL , EL , IL ;
AM , AN ; AR , OR, UR ;

3°. Par ces derniers mots précédés d'une confonne , LAM ,
MAN , VAN , REN , SAL , SEL , SIL , MAR , NAR , DAR , TER , DUR ,
TUR.

4°. Sur-tout par les voyelles fuivies d'une fiflante AS , ES , IS ,
ISSE , ETZ , & par ces mêmes mots précédés d'une confonne , tels
que NETZ , &c.

Ces mots compofés de voyelles & de liquides étoient donc
autant d'Onomatopées , qui peignoient l'eau courante , & qui la
peignoient par fa fluidité , par fon murmure , par l'agitation de
fes ondes.

De-là , dériverent une multitude prodigieufe de noms de

fleuves, d'Eaux, & de lieux fitués fur les eaux qu'on peut dire appartenir à une feule & même racine, formée par imitation du bruit des Eaux. L'Italie ancienne & moderne en fournit une foule d'exemples, ainfi que les autres contrées Celtiques : nous en allons préfenter un grand nombre par ordre alphabétique.

Mais n'omettons pas qu'on appliquoit différemment ces nuances fuivant la nature des eaux ; les mots en AN, défignoient les eaux tranquilles ; les mots en AR, les eaux impétueufes ; les mots en EL, en IL, les eaux limpides & d'un murmure doux ; les mots en ES, les eaux mugiffantes.

I.

'AL, HAL, EL

Eau, Riviere.

De la liquide L, fe formerent les noms d'un grand nombre de Lacs, de Marais, de Rivieres, &c.

En Italie.

HALES, Riviere de la Lucanie Occidentale.

HELA, ou VELIA, à l'embouchure de cette Riviere.

'AL-SA, Riviere, de la Venetie.

HEL-VINus, Riviere des Picentins, nom où entre le radical VEN, nom des Eaux.

HYLIA, Riviere entre la Lucanie & le Brutium.

HELII, VELII, nom des Marais dans l'ancienne Langue Latine, & ? la Grecque.

AL-Esus, Riviere de Tofcane, *aujourd'hui* SANGUINaria.

VELINus, Lac & Riviere des Sabins.

ALLIA, Riviere des Sabins.

Dans les autres Contrées Celtiques.

AL-Esus, Riviere de Sicile.

AL-ABus, Riviere de Sicile.

ALL, Riviere de la Pruffe Ducale.

ALLA, Riviere de la Pruffe Royale.

ALL-ER, Riviere de la Baffe-Saxe.

ALLIA, Riviere d'Efpagne.

ALLIER, *en Latin* ELAVERUS, Riviere de France.

ELLE, Riviere de la Baffe-Bretagne.

EL-ISSUS, plufieurs Rivieres de ce nom dans la Grèce.

ELWA, ELWY, Riviere d'Angleterre dans le Dengby.

HALES, Riviere de l'Ionie.

HALLE, Riviere du Porentru en Suiffe.

HAL-YS, Riviere de l'Afie Mineure.

ILA, Riviere d'Ecoffe.

IHLE, Riviere du Magdebourg.

YLL, Riviere du Comté de Bregentz.

IL-AK, Riviere de la Grande-Tartarie.

IL-ISSUS, Riviere de l'Ifle d'Imbros.

ILL, Riviere de la Petite Bretagne, près de 'Rennes.

ILL, Riviere d'Alface.

ILL, Riviere du Bigorré.

ILL, Riviere du Tirol.

ILL-ER, Riviere de Souabe.

ILM, Riviere de la Haute Baviere.

ILM, Riviere de l'Electorat de Hanovre.

ILMEN, Lac de Ruffie, dans le Duché du Grand Novogorod.

IL-MENT, Riviere de Perfe.

IIS, Riviere de Baviere.

IISE, Riviere du pays de Halberftad.

IISE, Riviere de l'Evêché de Hildesheim.

A L M.

ALMA, Riviere du Latium.

ALMA, Riviere de l'Étrurie.

ALMA, *aujourd'hui* BORN, Riviere de la Frife.

ALMA, ALM, Riviere de Weftphalie.

ALME, Riviere du Comté de Devon, en Angleterre.

PAYS qui durent leur nom à celui d'ELL, ILL, Eau.

L'ELIDE, en Gr. HELAIA, Province du Péloponèfe ; elle dut fon nom au grand nombre de fes eaux & à fa fituation fur la Mer.

Helos, d'où les Hilotes, dans la Laconie, fut appellée ainsi à cause de ses eaux.

L'Alsace, anciennement Elsass, tire son nom de la Riviere d'Ell, ou Ill, qui l'arrose, ou de ce qu'elle est sise entre des Fleuves.

POL, PUL, POUL.

Plaine, étendue d'eau, de terre, &c.

De Al, El, Ol, Eau, se forma naturellement Pol, Pul, Poul, Pal, mot Celte qui signifie étendue d'eau, de terre : Plaine, dans le même sens qu'Æquor, signifie Plaine ; 2°. Etendue d'eau. De-là :

Le Latin Palus, Marais, Etang, conservé dans le vieux François *Palu*, la *Palu*.

Les Palus Méotides, vastes Etangs qu'avoit laissés la Mer Noire en diminuant d'étendue, en se retirant.

Padula, Marais de l'Otrantin, au lieu de *Palude*.

Le Padule, nom de quelques Marais, au lieu de *le Palude*.

Polesino, nom de diverses Contrées unies & marécageuses, en Italie. Polesino di Ferrara; di S. Georgio; di Ariano.

Pola, Capitale de l'Istrie, au fond d'un Golfe.

A-Pulia, *aujourd'hui* la Pouille, Contrée de l'Italie qui ne consiste presque qu'en Plaines très-étendues & assez fertiles.

II.

Pool, ou Poul, Ville sur un bras de Mer dans le Comté de Dorset.

Poles-Worth, dans le Comté de Warwick en Angleterre : ce nom signifie Passage de l'Etang, du Lac.

Lever-Pool, *ou* Pole, Ville à l'embouchure d'une Riviere, & sur un grand golfe en Angleterre.

Pol-David, sur des Marais dans la Basse-Bretagne.

Poel, sur des Etangs, près du Bois de Bellebranche, dans le Maine.

SEL, SIL,

Eau.

De EL, IL, Eau, Riviere, se forma naturellement SEL, SIL, nom de diverses Rivieres.

En Italie.

SELO, *ou* SILARO, autrefois SILARUS, dans la Lucanie.

SILA, Riviere qui se jette dans le Reno, près de Boulogne; elle s'appelle aussi SILARO.

SILIS, Riviere de la Venetie : elle passe à Altinum.

Dans le Péloponèse.

Ce nom fut très-commun dans le Péloponèse.

SELA, Riviere de la Messenie.

SELEMNUS, Riviere de l'Achaïe propre.

SELINUS, Riviere de l'Elide.

SELLEIS, Riviere de la Sicyonie.

Dans la Grèce.

SELLEIS, Riviere de l'Etolie.

SELLENES, Riviere de l'Epire.

SELINUS, Riviere de Sicile.

SELINUS, Riviere de l'Ionie.

SELINUS, Riviere de la Cilicie.

SELLEIS, Riviere de la Troade.

Ailleurs.

SILOE, célèbre Fontaine au pied de Jérusalem.

SILYS, nom que les Scythes donnoient au Tanaïs & au Iaxartes, selon Pline, *Liv. VI.*

SELLUS, Riviere de l'Espagne-Tarragonoise.

SILICENSE, Riviere de l'Espagne-Betique.

SELLA, Riviere d'Espagne dans les Asturies.

SELTZ-BACH, Riviere d'Alsace.

SEILLE, Riviere du Pays Messin.

SEILLE, Riviere du Cambresis & de l'Artois.

SELLE, Riviere des Pays-Bas.
SYL, Riviere de Suiſſe, Canton de Zurich.
SIGLIO, Lac de Suiſſe dans l'Engadine.
SILON, Lac d'Irlande.

II.

A N , Riviere.

De la liquide N, ſi propre à peindre la Fluidité des eaux, on forma une multitude de mots relatifs aux Eaux : tels que,

NEÔ, nàger, en Grec, & toute ſa famille.
No, NATO, nâger, en Latin, & toute ſa famille.
NAUS, vaiſſeau en Grec & toute ſa famille.
NAVIS, en Latin, NAVIRE en François.

Et le nom de pluſieurs Fleuves & Rivieres.

En Italie.

ANIO, Riviere qui ſéparoit les Sabins & les Latins, *aujour-d'hui*, TEVERONE.

Cette Riviere avoit donné lieu à ce conte ; qu'elle avoit pris ſon nom du Roi ANIUS, pere d'une charmante fille qui lui fut enlevée par un certain Cethegus ; & que de déſeſpoir de n'avoir pu l'atteindre, il s'étoit précipité dans ce fleuve.

Voici donc encore un Roi à qui on enléve ſa fille, & qui ſe jette dans un fleuve, où ſans doute on l'alloit chercher. On peut voir dans l'Hiſtoire du Calendrier une multitude d'Hiſtoires ſemblables, & leur explication allégorique.

Ceci nous montre que les mêmes allégories, les mêmes uſages étoient répandus chez tous les Peuples, & que ſi nous ne pouvons pas toujours réunir par le fait la maſſe de ces rapports communs, parce que tous les Peuples n'ont pas eu des Ecrivains, nous n'en ſommes pas moins en droit d'en conclure, d'après tout

ce

ee qui s'en eſt échappé d'un bout de notre Hémiſphère à l'autre,
qu'un même eſprit régnoit chez tous les anciens Peuples.

L'Anio n'a point tiré ſon nom du Roi Anius : mais comme
ces deux noms ſont les mêmes, on ne pouvoit choiſir une Riviere plus convenable pour y faire noyer le Roi Anius.

On le voit déjà : ce Roi eſt l'ANnée finiſſante : il a une fille
qui eſt l'année naiſſante : elle lui eſt ravie par Cethegus, mot
Grec qui ſignifie celui qui marche à la tête, le premier : & qui
n'eſt autre que le premier jour de cette année naiſſante. L'Année finiſſante ne peut donc l'atteindre, puiſqu'elle eſt déjà expi-
rée ; elle ſe noye dans le fleuve des tems, dans ce fleuve où ſe
ſont noyés Enée, & tant d'autres.

L'Italie nous offre encore ces noms en A N.

> AN-EMO, Riviere des Boïens, près de Ravenne.
> AN-AGNIA, Ville des Herniques près d'un Lac & du Trerus.
> AN-NECY, Lac & Ville de Savoye.

On peut rapporter à ces familles le NENU-PHAR, *mot à-mot*, production
des Eaux.

Dans d'autres Contrées.

> AN-APUS, Riviere de Sicile.
> AN-APUS, Riviere d'Illyrie.
> AN-APUS, Riviere de la Chaonie, dans la Grèce.
> AN-APO-DARI, Riviere de l'Iſle de Candie.
> AN-ASSUS, *aujourd'hui* ENS, Riviere d'Allemagne.
> AN-AURUS, Riviere de Theſſalie.
> AN-AURUS, Riviere de la Troade.
> AN-AURUS, Riviere de Syrie.
> FONTAINE d'AN-ONUS, dans la Laconie.

CLAN.

Riviere lente.

CLANN, GLANN, ſignifie en Celte, Riviere dont le mouve-

Orig. Lat. 𝒴

ment eſt doux, modéré. De-là le nom de pluſieurs Rivieres.

En Italie.

CLANIS, Riviere d'Etrurie, *aujourd'hui* la Chiana.
CLANIS, Riviere du Latium, appellée enſuite LIRIS.
CLANIUS, Riviere de Campanie, enſuite LITERNUS.
CLENNA, Riviere qui ſe jette dans le Pô.

Ailleurs.

GLAN, Riviere du Duché des Deux-Ponts.
GLAN, Riviere de la Baſſe Carinthie.
    GLAN FURT, ſur cette Riviere.
GLAN, Riviere du Palatinat, & ſe jette dans la Nabe.
GLAN, Riviere de la Baviere, ſe jette dans l'Ammer.
GLAN, Riviere de la haute Baviere.
GLANES, Riviere de la Vindelicie.
GLANA, Riviere & Village en Suiſſe.
GLENNER, Riviere du pays des Griſons.
GLANA, Riviere de Boulogne ſur Mer.
CLANUS, *aujourd'hui* CLAIN, Riviere de France.
GLANTINE, (*la*) Riviere d'une eau très-claire, dans la Franche-Comté.
GLEN, (*le*) Riviere d'une eau très-pure, en Angleterre.
GLAN, ancien nom d'une Riviere en Angleterre.
GLANIS, CLANIS, Riviere d'Eſpagne.

Villes appelées GLAN parce qu'elles ſont ſur des Rivieres ou ſur la mer.

GLAN, au bord d'une Riviere en Franche-Comté.
GLANATICA, Ville des Alpes Maritimes.
GLADOMIRUM, Ville de l'Eſpagne Tarragonoiſe.
GLANUM LIVII, Ville des Gaules.
GLANO-VENTA, ancienne Ville d'Angleterre ſur le Went.
GLANNES, ſur une Riviere, près de Vitry en Champagne.
GLANDEVES, autrefois ſur le Var en Provence.
GLA-VILLE, près du Pont-l'Evêque en Normandie.
GLAN-FEUIL, ſur la Loire en Anjou.

GIAN, en Suiſſe, près du Lac Leman.

CLENDY, en Suiſſe, ſur la pente d'un Côteau, au bord du Lac Leman.

CLIN Deſſus, Ville du Berry.

CLINE, Ville de la Grèce.

GLEN-LUCE, aujourd'hui GLENLUZ, dans le Comté de Galloway en Ecoſſe, ſur la Luce ou Luz.

LEN, LIN, LIGN.

C'eſt un nom Celtique formé de AN, EN, Riviere, & qui offre les mêmes ſignifications.

LEN, Riviere de la Bretagne.

LINON, Riviere de la Bretagne, D. de Dol.

LIGNON, Riviere dans le Forez, qui ne ceſſera d'être célèbre tandis qu'on aura aſſez de goût pour ſentir les beautés de l'ASTRÉE.

La LENE, Riviere du Languedoc : elle ſe jette dans la Tougue.

La LENZA, Riviere de la Lombardie.

LENTA, Riviere de l'Abruzze, au Royaume de Naples.

MAN, MEN, MON.

Ces mots déſignoient en Celte les Eaux : de-là,

I.

MANTua, aujourd'hui MANTOUE, Ville dans des Marais.

Vo-MANus, Riviere qui ſe jette dans la Mer Adriatique.

AL-MONe, Riviere qui ſe jette dans le Tibre, au-deſſous de Rome.

Vadi-MON, Lac d'Etrurie près du Tibre.

MINio, Riviere de l'Etrurie.

II.

MINho, Riviere du Portugal.

A-MANce, Riviere de Franche-Comté.

Ham-MEN-ium, Ville des Scordiſques en Illyrie.

Ei-MINacium, Ville de Dalmatie ſur le Drillo.

STRY-MON, Riviere ou Fleuve de Macédoine.

MANNI-DORF, ſur le Lac de Zurich, mot-à-mot, habitation ſur les Eaux.

DISCOURS

R E N.

R E fignifie courir en Celte ; on en fit R E N, Riviere : de-là ;

En Italie.

RENUS, *aujourd'hui* RENO, riviere du Boulonois en Italie : elle fe jette dans le Pô.

ER-RO, riviere du Mont-Ferrat : elle fe jette dans la Bormia.

Dans les Contrées Celtiques.

Le RHIN, *en Latin* RHENUS, fleuve qui prend fa fource en Suiffe ; dans le pays des Grifons.

RENN-ACH, riviere d'Ecoffe.

RINN-ES, riviere d'Ecoffe.

Le REN, riviere de la Franche-Comté.

RHIN, riviere d'Allemagne dans le Brandebourg.

SEN,

Rivière, Eau lente.

I.

AMA-SENUS, riviere des Volfques : *mot à mot*, riviere lente.

SENUS, riviere des Ombriens, *aujourd'hui* SENO. Sur fes bords,
   SENA *Gallica*, ou la Seine Gauloife, bâtie par des Sénonois.

SENO, SINNO, riviere qui fe jette dans le golfe de Tarente.

ZENA, riviere du Bolonois.

SENA, *aujourd'hui* SIENNE, Ville d'Italie.

II.

SEINE, fleuve des Gaules ou de la France.

SENNE, riviere qui paffe à Bruxelles.

AQ, Eau.

AQUILA, Ville des Sabins ; dans une belle vallée ; dont elle occupe le milieu.

AQUILONIA, Ville des Samnites.

AQUILÉE Ville de la Venetie.

Toutes fituées fur des eaux.

Ces noms font communs à un grand nombre de lieux Celtiques, foit qu'ils les doivent aux eaux fur les bords defquelles ils font, foit qu'on ait comparé le cours de ces eaux à la rapidité de l'Aigle.

III.

AR, ARN,

Riviere rapide.

AR, mot Celte qui fignifie *rapide*, devint par-là même le nom de plufieurs Rivieres qui avoient cette qualité.

1°. En Italie.

ARO, } riviere de l'Etrurie. L'*Arnus* s'appelle aujourd'hui *ARNO*
ARNUS, } en Tofcane.

ARNO, riviere qui fe jette dans le Tefin.

ARNA, Village fur l'Arno.

AR-MINIA, riviere près du Rubicon ; d'*AR* & *Min*, autre nom de fleuve.

ARI-MINI*us*, riviere de Tarquiniés.

ARMINIUM, *aujourd'hui* Rimini, à l'embouchure de l'Arminia.

ARNONe, entre Voltûrne & Capoue.

ÆS-AR*us*, riviere qui fe jette dans la Sibaris.

ÆS-AR*us*, riviere qui paffe à Cortone.

Ces deux dernieres dans la grande Grèce.

TAN-AR*us*, *aujourd'hui* Tanaro, riviere des Liguriens.

AR-ETIUM, trois Villes de ce nom en Etrurie.

ARULA, en Latin, rigole pour faire écouler les eaux.

AR*o*ne, riviere d'Italie près de Rome, au pays des Véiens.

AR-PIN*um*, Ville des Volfques, fur une montagne ; Patrie de Cicéron & de Marius : *mot à mot*, fommet de montagne.

2°. Dans les Contrées Celtiques.

AR*abo*, le Raab, fleuve de Hongrie.

ARAR, *is*, la Saône, riviere de France.

Araur, *is*,
Aris, *is*, } l'Eraud, riviere de Languedoc.

Ar-Ax*es*, fleuve de l'Arménie ; de *AX*, eau, & *AR*, rapide ; 2°. fur-nom du Penée en Theffalie.

Ar*ula*, le Loir, riviere de France.

Ar*ula*, l'Aar, riviere de Suiffe.

Ar*etas*, nom Grec d'une riviere de la grande Grèce, près de Cortone.

L'Ar*e*, riviere d'Angleterre.

Arn*e*, fontaine du Péloponèfe.

Arn*e*, riviere du Faucigny en Savoye.

Arn*on*, riviere rapide de la Suiffe.

Arn*on*, riviere du Berry.

Arn*on*, riviere de la Paleftine, au-delà du Jourdain.

Ar*onde*, riviere du Beauvoifis.

Ayr*on*, riviere de Franche-Comté.

Air, riviere du Barrois, qui fe jette dans la Mofelle.

Aerh, riviere dans le pays de Cologne.

O R, Eau.

O r eft un mot Celtique de la même origine que les précé-dens, & qui fignifie, Eau, Riviere.

Orgus, riviere d'Italie dans le Piémont, *aujourd'hui* Orco.

Orba, riviere d'Italie dans le Milanez.

Orbo, riviere de l'Ifle de Corfe.

Ora fignifioit en Latin, rivage, côte. Ce mot tient donc dans ce fens à la même famille.

Plufieurs Rivieres, Sources, &c. s'appellent O R.

Or, fource dans l'Angoumois.

Or, riviere du Forez.

L'Or, riviere d'Angleterre.

L'Orr, riviere d'Ecoffe.

L'Ourrie, riviere d'Ecoffe.

Mont-d'Or, en Auvergne ; il doit fon nom aux fources dont il eft rempli, & qui forment la Dordogne.

Monte-dell'Oro, montagne de la Valtelline, fur laquelle eft un lac d'où fort la riviere de Malar.

Orbe, riviere de Suiſſe au pays de Vaud.

Orbe, Ville fur cette riviere.

Orbe, riviere du Languedoc.

Or-Biquet, riviere de Normandie, fur laquelle eft Or-Bec.

Or-Begu, en-latin, *Ur-Bicus*, riviere d'Eſpagne au Royaume de Léon.

Mar, Riviere, Eau.

D'ar, d'Or, Eau, & de M, vaſte, grand, ſe forma le mot Mar, Mer, Mor, déſignant les Eaux, & ſource de pluſieurs noms.

En Italie.

Mare, nom des Mers en Latin.

Maira, riviere qui ſe jette dans le Pô, vers Cremagnolé.

Mar-Echia, riviere d'Italie dans l'Etat de l'Egliſe.

Mar-Guzza, lac & Ville dans le Milanez.

Mar-Cellino, riviere de Sicile dans le Val de Noto.

Marica, vaſtes marais formés par le Liris, près de ſon embouchure dans le Latium ; 2°. Nymphe de ces eaux ; 3⁵. Forèt qui lui étoit conſacrée.

Mar-Inus, lac d'Etrurie.

Mar-ta, ou Lartes, riviere d'Etrurie : elle ſort du lac Volſinium.

Cu-Mara, riviere des Veſtins.

Cre-Mera, riviere des Veïentins en Etrurie.

Ameria, près du Tibre en Ombrie.

Ameriola, ſur le Tibre, au pays des Sabins.

Amerinum, Château ſur le lac Vadimon en Etrurie.

Crustu-Merium, ſur le Tibre, au pays des Sabins.

Chez les Celtes.

Margus, riviere d'Illyrie.

Marusius, Ville fur le Pangaſé en Illyrie.

Is-Marus, marais & Ville en Thrace.

Maronée, au midi d'Iſmarus, entre la mer & un lac.

Mardus, riviere de la Médie ; elle se jette dans la mer Caspienne.

Am-Mer, Amber, Amper, riviere de Baviere, & qui forme le lac Ammer.

Merck, riviere du Brabant septentrional.

Meurte, riviere de Lorraine.

Mor-*awa*, riviere de Moravie.

Mor-*ges*, riviere du pays de Vaud.

Mor*tane*, riviere qui se jette dans la Meurte.

Muertz, riviere de Stirie.

Mura, riviere de Baviere.

Mur, riviere de Souabe, se jette dans le Necker.

Murg, riviere de Souabe, Margraviat de Bade.

Mar-*iza*, riviere de la Romanie.

Morini, anciens Habitans du Boulonois & de Picardie, sur les bords de la mer.

Morin (le), riviere de Champagne.

Morat, lac en Suisse.

Mervan, Bourg de Champagne, dont les environs sont marécageux & inaccessibles en hiver.

Morvan (le), canton de Bourgogne arrosé par plusieurs ruisseaux.

Marne, riviere de Champagne.

Mori-*Mond*, Abbaye dans un terrein rempli de sources, en Champagne.

Mer, au bord d'un ruisseau dans la Beauce.

Muri, Abbaye en Suisse entre deux marais.

Le Maire, riviere d'Irlande.

Le Mer*lay*,
Le Mer-*sey*, } Rivieres d'Angleterre.
Le Mer-*ton*,

La Marque, riviere des Pays-Bas, bordée d'étangs dans son cours.

Mera,
Merine, } Rivieres de Suisse.

NAR,
Nom de Rivieres.

Nar, mot primitif désignant tout ce qui est coulant, & devenu le nom d'un grand nombre de Rivieres : *voyez Allégor. Orient.*   *En*

En Italie.

NAR, riviere de l'Ombrie.

NARNia, Ville fur cette riviere.

NERETUM, aujourd'hui *Nardo*, dans la Terre d'Otrante.

NERUA, riviere de la République de Gênes, à l'Orient de Vintimiglia.

NARO, riviere de Sicile.

NURA,

NUReta, } Rivieres du Plaifantin.

Dans les Contrées Celtiques.

NARBONNE, *mot-à-mot*, Ville fur l'eau appellée *Nar*.

NAIREIGUE, fur une riviere dans le Canton de Fribourg.

NERRE, riviere du Berry.

NERIS, Ville de l'Election de Mont-Luçon, qui doit fon nom à fes Eaux minérales.

NAIRET, riviere du Lyonnois.

NEERE, riviere de la Pologne.

NARBO, riviere de la Pannonie.

NARONA, riviere & Ville de la Dalmatie, *aujourd'hui* Narenta.

NAREW, riviere & Ville de Pologne.

NARVA, riviere & Ville de la Livonie.

NAIRN, riviere & Ville d'Ecoffe.

SAR, SER, Riviere.

D'AR, Eau, fe forma SAR, SER, nom de Rivieres.

AU-SER, riviere de Luques.

SARNO, Ville & riviere du Royaume de Naples, dans la Principauté citérieure, *autrefois* SARNUS.

SERITELLA, riviere du Royaume de Naples.

SERIO, riviere d'Italie dans le Bergamafc.

II.

SARE, riviere du Bas-Rhin, *autrefois* SAR-AVUS.

I-SER, riviere de Baviere.

ISARA, *aujourd'hui* Ifere riviere du Dauphiné : elle coule dans la vallée du Gréfivaudan.

SAR-WIZZA, riviere de la Baſſe-Hongrie.

SARCA, riviere d'Allemagne dans le Tirol.

SARUS, riviere de la Cappadoce.

SARUS, riviere de la Cilicie.

SARUS, riviere de la Carmanie.

SERE, riviere du Quércy.

SERRE, riviere de Champagne.

TAR, TER;

Eau rapide.

DE AR, rapide, eſcarpé, rude, ſe forma TAR, TER, nom des Eaux rapides, impétueuſes, des Torrens qui entraînent tout.

Une fois que ce mot fût devenu un nom de Fleuves, de Rivieres, on perdit de vue ſon origine, & il ne ſeroit pas étonnant qu'on en eût fait l'application à des Rivieres dont les eaux ne ſont pas impétueuſes, ou qu'il ſe trouvât appliqué à des Rivieres dont la nature du cours aura changé; ce qui eſt arrivé en effet à un grand nombre de Rivieres d'Italie que les Anciens nous repréſentent comme très-dangereuſes, comme occaſionnant de terribles ravages, & qui maintenant ſont fort paiſibles, & ont beaucoup moins de volume. C'eſt une obſervation qu'il ne faut pas perdre de vue dans les comparaiſons géographiques des tems anciens avec les tems modernes.

Nous en pouvons juger par les tableaux effrayans qu'Horace fait de l'*AUFIDE*; il l'appelle le violent, *violens* (1); Fleuve qui retentit au loin, *longè ſonantem* (2); il dit ailleurs (3):

> *Sic Tauriformis volvitur Aufidus,*
> *Qui regna Dauni præfluit Appuli,*

-----

(1) Od. Liv. III. Od. XXX.

(2) Ib. Liv. IV. Od. IX.

(3) Ib. Ib. Od. XIV.

Quum ſævit, horrendamque cultis
Diluviem meditatur agris.

„ Tel l'Auſide à tête de Taureau roule ſes flots à travers les Etats
» de Daunus Roi de l'Apouille lorſqu'il entre en fureur & qu'il ſe
» prépare à couvrir d'un affreux déluge les campagnes cultivées.

Pluſieurs Rivieres ont donc porté le nom de TER, TAR, &c.

I.

A-TERNUS, qui borde le pays des Veſtins, & forme le territoire Ater-
nenſis.

ATERNUM, AMITERNUM, Villes ſur l'Aterne, celle-là à ſon embouchure, celle-ci à ſa ſource.

TARAS, riviere près de Tarente.

TARUS, riviere de la Gaule Céſalpine ; *aujourd'hui* Taro.

TARO, Ville ſur cette riviere.

TAR-TARUS, riviere qui paſſe à Adria.

VA-TERNUS, riviere des Boiens, & qui ſe jette dans le Pô près de
Ravenne.

LI-TERNUS.

TAR-GINES, riviere des Brutiens.

II.

TER-IN, riviere de France dans le Béauvaiſis.

TERRETE, riviere de Normandie dans le Cotentin.

TAR-DOUERE, riviere du Limouſin.

TARN, riviere de France.

TAR-ONNE, riviere de France en Sologne.

TER, riviere d'Eſpagne dans la Catalogne.

TER-MUS, riviere de Sardaigne.

TUR, STUR, &c.

Noms de Rivieres.

TUR, STUR, DUR, DOR, DOUR, &c. déſigne les Fleuves &
les Villes qui ſont ſur leurs bords ; dans tous les Dialectes Celtiques.

ɀ *ij*

DISCOURS

En Italie.

TURRUS, riviere de la Venetie, au pays des Carnes.

TAURAsium, Ville des Hirpins sûr le Calor.

DURIA major, ⎫ Rivieres des Segusiens, *aujourd'hui* DORIA en
DURIA minor, ⎭ Piémont.

STURA, riviere des Ségusiens, *aujourd'hui* STURE.

STURA, riviere qui se jette dans le Tanaro, sous Cherasco.

STURE, riviere du Mantouan, & qui se jette dans le Pô à *Pondesture*,

STURE, riviere qui se jette dans l'Urba, frontiere de Gênes.

ASTURA, riviere des Volsques, & à l'embouchure de laquelle Cicéron avoit une maison de campagne, ou plutôt un Château digne d'un Roi.

VUL-TURNUS., riviere de Campanie & des Samnites, avec la Ville de Vulturnum à son embouchure.

TURANO, riviere qui se jette dans le Velino à Rieti, au pays des Sabins.

TURIN, *en Latin* TAURINI, entre la *Duria* minor & le Pô.

THURIum, dans la grande Grèce, près d'une fontaine appellée *THURIA*, & sur le fleuve *Sibaris*.

MIN-TURNÆ, Ville à l'embouchure du Linis ou Clanis, dans le Latium, mot à mot, *à la bouche du fleuve.*

1º. *Chez les Celtes.*

La DOUR, eau, riviere en Auvergne.

Le MONT-D'OR, en Auvergne, abondant en sources.

La DURance, riviere du Dauphiné.

L'ADOUR, riviere de Gascogne.

DORDogne, riviere de Guyenne.

DURBion, riviere de Lorraine.

DOR (le) ou *Doyer*, ⎫
DORN-*sord*, ⎬ Rivieres d'Angleterre.
STOURe (la), ⎭

L'ASTURA, ⎫ Rivieres d'Espagne.
L'ASTARIa, ⎭

THUR, ou le THOOR, grande riviere de Suisse.

THUR, riviere de la Haute-Alsace.

TOUR, riviere en Alsace, à l'Occident de Colmar.

THUR-*Govie*, Contrée de Suisse, *mot à mot*, pays de la THUR.

DURACH, } Rivieres de Baviere.
DOR*fen*, }

Le DOURO, riviere d'Espagne & du Portugal.

CHI-DOR*us*, riviere de Macédoine.

A-THUR*as*, *ou* Athyras, riviere de Thrace.

Si nous ajoutions ici tous les noms des lieux en DOR & TUR situés sur des Rivieres, nous ne finirions point.

VAR, PAR, Eau.

D'A R, Eau, se forma également VAR, nom de divers Fleuves, Lacs & Rivieres.

En Italie.

VAR, fleuve très-rapide qui sépare l'Italie de la Provence.

VAR-AM*us*, riviere dans le pays des Venetes.

VAR-AN*us*, lac de la Capitanate.

VER*a*, riviere qui se jette dans le Pô, au Midi de Pavie.

VERSA, riviere qui se jette dans le Pô, près de la Véra.

VERESE, riviere de Prænefte, *aujourd'hui* Sacco.

VER-BAN*us*, le lac Majeur : *voyez* AVENTIN, ci-deffus, page cl.

VAR-CA Foffa, canal qui se décharge dans le Tibre, au deffus de Rome, à l'endroit où eft la Ville de Varca.

PAR-OLA, riviere du Parméfan.

PAR-MA, riviere d'Italie.

PAR-MOSA, riviere qui se jette dans la Parma.
PARME, Ville fur la Parma.

VER, riviere de la Calabre, fur laquelle,
SI-BERENA, *aujourd'hui* St-Séverin.

VER-GELL*us*, riviere d'Italie près de Cannes.

VERCEIL, VEROLI, VERONE, Villes fur des rivieres.

Dans les Contrées Celtiques.

Il n'eft aucune Contrée Celtique qui ne puiffe fournir quelque exemple du mot de VAR, VER, fervant à défigner les Eaux,

.des Lacs, des Rivieres : nous n'en rapporterons que quelques-uns.

VAR-Ais , riviere du Maine , elle se jette dans l'Huisne.

VAR-Vane, riviere de l'Illyrie.

VAR-Dar , riviere de la Bulgarie.

VARDE , riviere du Dannemark.

WARF , riviere d'Angleterre.

WAR-ne, riviere du Mecklenbourg.

Hi-Bar , lac , riviere, vallée & Ville dans la Servie.

WAR-TA , riviere de Pologne.

VERE , riviere de Bulgarie.

WERE , riviere d'Angleterre.

VERO , riviere d'Espagne.

WERO , lac & Ville de la Carinthie.

WERRE , riviere de Lorraine.

WERRA , riviere de Thuringe.

A-BER , lac d'Ecosse.

A-VEIRou, riviere de Languedoc.

Le VEIRON , riviere de Suisse.

BIBER ; Riviere du Castor.

Du mot VAR , VER , prononcé BER , joint au mot BI , vivre, se forma en Celte , & en Latin le mot BI-BER , FIBER , nom du Castor , parce qu'il vit dans l'eau : & de-là se formerent le nom de plusieurs Lacs & Rivieres , à cause des Castors qui les hantoient. De-là :

I.

BEBRIAcum , lieu du Crémonois où les Partisans d'Othon & de Vitellius se livrerent bataille. L'ancien Scholiaste de Juvenal dit que ce lieu tiroit son nom de celui des Castors.

VI-VER-ONE , lac du Piémont entre des montagnes.

VI-VER-ONE , Bourg
PI-VER-ONE , Village } sur ce lac.

FI-BER-ENus , puis FIBRENus , aujourd'hui Fibreno , riviere des Volsques.

BI-BERa , riviere à l'O. de Gênes.

II.

Bievre , riviere du Blaifois.
Bievre , riviere des Gobelins à Paris.
Bievre , riviere du Dauphiné.
Bever , quatre rivieres de ce nom en Weftphalie.
Bieber , riviere de Franconie.
———— , riviere du Bas-Palatinat.
———— , riviere de la Souabe.
———— , riviere de la Wetteravie.
———— , riviere du Darmftadt.
Biber , riviere de Suiffe.
Biberen-Bach , riviere de Suiffe.

TIBRE.

Tibre, Fleuve illuftre par les murs qu'il baigna, mais dont l'étymologie n'en étoit pas mieux connue. Selon d'anciens Auteurs, il s'appella Tiberinus, parce qu'un Roi d Italie de ce nom s'y noya : tout ce qu'on en pourroit inférer, c'eft que les Latins difoient qu'un Prince s'y étoit noyé , par la même raifon que ceux qui habitoient les bords de l'Anio, du Numique , &c. y faifoient éga'ement noyer autant de Rois. Selon Varron (1), il s'étoit appellé Dehebris, du nom d'un Roi Veïen : étymologie de la même force, occafionnée fans doute par la même allégorie racontée un peu différemment par les Veïentins , & comme ayant eu lieu dans leur propre contrée.

Cependant il en réfulte que le nom de Tibre n'eft qu'une altération de celui de Dehebris qui aura été relatif aux qualités de ce Fleuve.

Defcendant de l'Apennin, enflé par les torrens & par les fontes des neiges ; il ravage , il inonde, il entraîne les terres & les poffeffions, il creufe fans ceffe fes rivages, fes eaux font troubles

———————————

(1) Lib. IV. de Ling. Lat.

& jaunâtres : auſſi l'appelloit-on *Albula*, la ſcie , le rongeur, le fleuve jaune , *flavus*.

Mais c'eſt ce que ſignifie ſon nom Celtique ou Dehebris , compoſé du radical BER, BRE, BRI, nom de fleuve , d'où HE-BRUS, HEBRIS, & du radical Celtique , DU, DEY, DE , noir , funeſte.

I V.

AU, Eau, EV, AP, AB.

Ce mot Celte eſt devenu le nom de pluſieurs Rivieres & lieux.

I.

AU-FIDUS, riviere de l'Apouille.

AU-FIDENA, Ville des Samnites ſur le Sagrus.

PAT-AVIUM, Padoue, ſur une riviere.

TIM-AVUS , riviere de la Venetie au pays des Carnes.

AU-FINA , Ville des Veſtins , *aujourd'hui* Ofena , *mot à mot*, eau blanche.

AU-SER , riviere de Luques.

AP-RUSA, (de AU & ru) riviere qui ſe jette dans la mer Adriatique.

I I.

Aw, entre un grand nombre de noms de lieux le long du Rhin ſur des Rivieres, & ſignifie Prairies ou Terrains arroſés , tels, *Leber-Aw* , *Haguen-Aw* , *Land-Aw* , *Rhin-Aw*; *Aw-am-Rhin*, dans le Margraviat de Bade , *mot-à-mot*, Prairie ſur le Rhin.

Aw , Ville ſur l'Ambs en Baviere.

Awen, petite Ville ſur une riviere en Souabe.

Evia, Ville d'Illyrie.

AP-SUS , riviere d'Illyrie ; de *Su*, eau , & *AV*, eau.

AN-APUS, riviere de Dalmatie ; d'*An*, eau , & *AV* , eau.

Awe, riviere du Brunſwick.

AB-DERE, Ville de Thrace , à l'embouchure d'une riviere ; d'*AV*, eau , & *DERA*, porte , entrée.

GAV,

Gav, Gab,

Riviere.

Du mot Av, Eau, fe forma en Celte le mot Gav, Gab, qui défigna également l'eau des Rivieres, & fur-tout celles qui coulent dans des prairies. De-là,

Gabies, Ville des Gabiens, Peuple voifin de Rome, & qui habitoit fur les bords d'une riviere & d'un petit lac. Ce nom fignifioit *mot à mot*, canton arrofé.

Gau, fignifie dans la Langue Allemande, Pays de prairies au bord des eaux : de-là,

Ar-Gau, en Suiffe, les prairies de l'Ar.

Thur-Gov, en Suiffe, Pays qu'arrofe la Thur.

Gave, nom des rivieres du Béarn.

Gave de Pau, Gave d'Oleron.

Gabellus, riviere qui paffe à Modène, *mot à mot*, le petit Gave.

Lau, Lav, Eau.

Du Celte Au, Eau, fe formerent, Lau, Lav, Eau, d'où vinrent fans doute les noms de tous ces endroits.

I.

Lavinium, fur le Numique, & près de la mer.

Laurentum, fur le bord de la mer.

Labicum, au Midi de Gabies.

Lau-Mellum, dans le Milanois, doit fignifier *mot-à-mot*, tête de l'eau.

Lawis, lac du Milanois, fur laquelle eft la Ville de Lawis ou de Lugano ; car élle porte ces deux noms.

Lavinus, riviere de la Gaule Cifalpine, près de Boulogne.

II.

Lavey, en Suiffe, fur une riviere.

Lavigny, riviere de Suiffe dans le pays de Vaud.

Lavigny, Village près d'Aubonne dans le pays de Vaud, dont le terri-

toire eſt borné par cette riviere dont il porte le nom.
Lavigny, près de Laon-le-Saunier en Franche-Comté.
Lavignay, près de Gray, dans le même pays.
Lavignac, près de Brive en Limouſin.

Lors donc que les Romains diſoient que *Lavinium* tiroit ſon nom de Lavinus frere de Latinus, ou d'Enée, parce que, ſelon Aurelius Victor, il s'étoit baigné dans un étang proche de là, ils en donnoient des étymologies à la grecque, & ils prouvoient qu'ils ignoroient les vraies Origines de ce lieu célébre.

Lau, prononcé auſſi Lo, déſigna également des Prairies, des lieux arroſés par des eaux.

> Hoffman, dans ſes obſervations ſur le droit Germanique, dérive de-là tous ces noms;
>
> O-Oster-lo, Wester-lo, Tanger-lo, Ven-lo, &c.
>
> Lipse en tiroit le nom de Louvain: *Loven*, dit-il, *plaine humide.*

Une ancienne famille noble de la Suiſſe, appellée de Loo, devoit ſon nom à des terres qu'elle avoit le long de l'Yonen, dans le Canton de Zurich.

Lauc.

Lauchen, riviere de la Turgovie en Suiſſe.
Lauch, riviere d'Alſace.
Lauch-Art, riviere de Souabe.

Laus, Los, Lous, Lus,

De Lau, Eau, ſe forma aiſément Laus, Lous, nom de Riviere.

Laus, riviere d'Italie, au Midi de la Lucanie occidentale,
Lous, riviere du Béarn.
Luz*ieges*, riviere du Limouſin.
Luiset, riviere de la Franche-Comté.
Lusch-Nitz, riviere de Bohême.
Lutz, riviere de Souabe.
Leuzna, riviere de la Haute-Baviere.

Los*on*, riviere du Béarn.

Loz*ain*, riviere de Champagne.

Los*sa*, riviere de la Thuringe.

Los*sa*, riviere du Pays de Caſſel.

Luzen-dro , *Lago de Luẓendro*, lac ſur le ſommet du Mont-Saint-Gothard ; de *Lus*, eau, & *Sen*, élevé.

S A V , Eau.

D'Au , d'Av , Eau , ſe forma naturellement le dérivé Sau, Sav , Sab, déſignant les Rivieres.

I.

Savena, riviere du Bolonois.

Sabat*us*, riviere des Brutiens.

Sabat*us*, riviere des Herniques.

Sabate, lac & Ville du pays de Cære.

Sapis , Isapis , *aujourd'hui* Savio, riviere qui ſe jette dans la mer Adriatique.

I I.

Savok,
Saverne ,
Seven ,
Saw, } Rivieres d'Angleterre.

Saw , ou la Save , riviere d'Allemagne.

La Save , riviere de l'Armagnac.

Sava-Ren , riviere d'Irlande.

Sau-Nium , fontaine de la Phocide en Grèce.

Sau-Say , riviere du Vexin François.

V.

B o u , B u , Riviere ;

I.

Bu-Xentum , *aujourd'hui* Busento , riviere & Ville d'Italie, dans la Lucanie.

Bu-Xeium , *aujourd'hui* Busseto , ſur le Longena , entre Parme & Plaiſance.

Bu-Trium, *aujourd'hui* Butrio, en Italie, dans le pays des Cenomans.

Bu-Trinto, *anciennement* Buthrolo, Ville fur la mer, dans l'Albanie Grecque.

II.

Bux-Ton, Village d'Angleterre dans le Comté de Devon, remarquable par fes neuf fources d'eaux minérales, dont une feule eft froide.

Bu-Zay, en Baffe-Bretagne, fur le bord d'une riviere, à quelques lieues au-deffous de Nantes.

Bu-Zet, en France fur le Tarn.

Bu-Zet, près de la Blaife, dans le Bazadois.

Bou-Vines, en Flandres fur la Meufe.

Bou-Vines, en Flandres fur la Marque.

Bou-Zane, riviere du Berry.

BOE, VOE, VEI,
Pays d'Eaux, de Pâturages.

Boe, Boi, Vei, défignoient des Pays de pâturages & arrofés. De-là:

I.

Veii, Capitale des Veientins, dont la contrée étoit baffe, très-arrofée, & abondante en pâturages: auffi les Veientins fe diftinguóient par leurs richeffes.

Boi-Bi-*ana*, Ville des Cœrites, fur une riviere & peu éloïgnée de Veies: par conféquent dans des lieux à pâturages.

Aveia, Ville du pays des Veftins.

Veia, riviere qui vient de Viterbe, & fe jette dans le Marta.

Bou-*ianum*, grande Ville du pays des Samnites-Pentri.

Boium, Ville de la Doride en Grèce, fur le Cephife.

II.

Bevais, dans la Principauté de Neuchâtel, fur deux ruiffeaux, & dans un pays de pâturages.

La France eft remplie de lieux en *Beu*, *Bu*, *Beuf* qui viennent des mêmes radicaux, Elbeuf, Tournebu, &c.

Brun,

Nom de Fontaines.

Sim-Bruina Stagna & Colles, les étangs & les collines qu'on appelloit Simbruina dans l'Etrurie ; de Brun, fontaine, & Sim, tête.

Brunn, signifie également sources, fontaines dans les Langues Theutones.

C'est une terminaison commune à plusieurs noms de lieux dans l'Autriche Orientale.

C'est le même mot que Born, qui signifie fontaine, & qui termine un si grand nombre de noms en Allemagne.

Borne, riviere du Valais.
Borne, riviere du Velay.

Es, Esc, Et, Is, Isc, Ash, At, Vesc,

Eau.

I.

Æs-Is, riviere qui se jette dans la mer Adriatique.
Æsis, Ville sur cette riviere dans l'Ombrie.
Vescinus, lac, montagne & forêt vers l'embouchure du Clanis, dans le pays des Ausones.
Vescia, Ville sur ce lac.
Hed-Esis, riviere des Boïens, en Italie.
Ath-esis, grande riviere de l'Italie Vénitienne.
Su-Essa, voyez Su.
Grav-Iscæ, Ville de Toscane, mot-à-mot, la grève du fleuve, de la mer.

I I.

Nombre de Fleuves ou de Rivieres de la Gréce terminoient leurs noms en *Issus,* Ilyssus, &c.

Axius, fleuve de Macédoine.
Axius, riviere d'Illyrie.

Esk, riviere d'Ecosse.

Ex, riviere d'Angleterre.

Is-*bach*, riviere de l'Electorat de Tréves.

Esch-*bach*, riviere du Duché de Berg ; ce nom peut signifier aussi riviere des Frênes.

LEMNA.

Lemna, Riviere qui coule près de Pignerol dans la Vallée de Lemna, qui en prend son nom.

Le mot LEM, LIM, LIMEN, LIMNE, &c. signifie Eau, Riviere, Lac dans tous les Dialectes Celtiques. En Theuton LEEM : en Flamand LEIMEN, en Latin LIMUS, en Grec LIMNÊ.

On voit dans STRAHLEMBERG, que chez les Ostiakes, Peuple de la Siberie au Nord de l'Asie, LIMo*sus* signifie un Marais qui a beaucoup d'eau, LIMEN un grand marais ou Lac d'où sort une Riviere.

Près de la Ville de Surguth, & à peu de distance de l'Obi, un Lac porte également le nom de LIMEN.

Il n'est donc pas étonnant que tant de rivieres & tant de lacs ayent tiré leur nom du mot LIM.

Le lac LEMAN, ou de Lausanne en Suisse.

LIMMAT, riviere qui sort du lac de Zurich.

LIMONE, riviere de l'Auvergne.

LIME, riviere du Comté de Kent en Angleterre, appellée aussi LIME-WATER, eau lime, *ou* rapide.

LIM, riviere de Bosnie.

LIMA, riviere du Portugal.

LIMONIN, riviere entre le Lyonnois & le Vivarais.

LEUC, LEUG.

LEUC, de la même famille que LUC, dont se forma le nom des LUCANIENS, signifie EAU. De-là :

I.

LEUCA, Ville du pays des Sallentins, au bord de la mer : Lucain en parle, *secretaque littora* LEUCÆ.

LEUCERI, Ville d'Italie sur une riviere qui se jette dans le lac *Sevinus*, du côté du Nord.

LUCERY, Village du pays de Vaud, sur une colline que baigne la Venoge.

LUCERIA, *aujourd'hui* Nocera, Ville de Campanie.

LUZZARA, en Piémont.

Tous ces noms sont composés de LEUC, eau, & AR, ER, tête; lieux à la tête des eaux.

LEUSCHER-SEE, *lac de Leuscher*, dans le pays des Grisons, à deux lieues de Tusis.

LEUGENEN, riviere du Canton de Berne près de Buren.

LEUGEL-BACH, *riviere de Leugel*, du Canton de Glaris en Suisse, avec un Village du même nom, remarquable autrefois par ses bains.

LEUCK, les bains de Leuck, dans le Valais, au pied du Mont-Gemmi.

LEUC-ATE, dans la Gaule Narbonnoise, au bord de la mer.

POMPONIUS MELA dit que ce nom, Leuc-ate, désigne en effet un lieu sur le rivage des eaux ; & il est digne de foi puisque sa Langue maternelle étoit la Celtique.

ATE, est une terminaison Celtique qui signifie habitation, & qui étoit très-commune chez les Peuples d'Italie : *voyez* ci-après ATE.

II.

LEUC, étoit très-commun chez les Grecs dans le même sens, dans le sens de rivage, de riviere.

LEUCA, Ville Grecque de l'Asie mineure sur la mer.

LEUCASIA, riviere du Péloponèse dans la Messenie.

LEUCATE, Promontoire de l'Acarnanie.

LEUCATE, Promontoire de la Bithynie.

LEUCADE, presqu'Isle de l'Acarnanie, & ensuite Isle qu'on appelle *aujourd'hui Sainte-Maure*. Homere l'appelle RIVAGE d'Epire : ce qui confirme parfaitement le sens du mot LEUC, & qu'il fut Celtique.

LEUCA, Ville de la Doride en Asie, appellée aussi LEUCOPOLIS.

LEUC-TRES, Ville de la Béotie, voisine de la mer.

LEUC-TRES, Ville de la Laconie, sur le golfe de Messenie.

Ces deux derniers noms font formés de LEUC, eau, rivage, & de TRE, habitation.

Comme de LEUC, eau, on forma le mot LEUC, blanc, les Grecs s'imaginerent que ce mot n'avoit été donné à tant de lieux, que parce qu'ils étoient fur des rivages blancs. Mais quand on les prendroit dans le fens du mot *blanc*, il n'en réfulteroit pas moins que nombre de lieux dans la Gréce durent leurs noms à la Langue Celtique.

III.

LEUCI, nom dé la Cité de Toul, Peuple placé entre la Meufe & la Mofelle.

LEUGUE, en Franche-Comté, fur le Doux.

Le LEUGUEUE, en Normandie, fur une riviere près d'Eu.

La LEUGUE, fur une riviere près de la Ville d'Armagnac.

LOCH, LUCA, LUQUES, LUCEOLI.

Nous avons vu à l'article des LUCANIENS, que LUC, LUG, LEUC, fignifioit eau, mot qui s'eft également prononcé LOC. De-là un grand nombre de noms.

I.

LUCA ou LUQUES, en Italie, formé de LUC, eau.

LUCEOLI, Ville des Ombriens fur une riviere.

LUGANO, dans le Milanez, fur le lac de Lugano.

LUCCÆ, *aujourd'hui* LOCHES fur l'Indre en France: où LUC peut s'être réuni à CAE, enclos; elle eft environnée de belles prairies.

LOCH, eft un mot qui entre en Irlande dans un grand nombre de noms; LOCH-DER, LOCH-FOIL.

LOC entre également chez les Bas-Bretons dans un grand nombre de noms; LOC-MARIA; LOC-RENEN, &c.

LOC, Tour de Provence, entre la mer & l'étang de Sigean.

LOCHÉ en Touraine, fur une riviere.

LOÉRA, riviere de l'Ifle de Corfe.

LUZERNE, riviere, vallée & Ville du Piémont.

II.

La France & la Suisse font remplies d'une multitude de noms de lieux, en LUG , LUC , LUZ , &c. situés tous fur des rivieres.

LUCH-SINGEN , Riviere & Village du Canton de Glaris en Suisse.

LUG, prononcé LUK & LYK, devint chez les Grecs le nom d'un grand nombre de Rivieres, qu'on rend à la grecque par le nom de LOUP. On peut voir dans les Dictionnaires Géographiques une longue liste de fleuves appellés LYCUS.

LOCH, LOGH; c'est un mot Ecossois qui signifie LAC. On peut voir dans les Dictionnaires Géographiques une trentaine de Lacs qui ont cette dénomination en Ecosse , tels que AW-LOGH, EW-LOGH, LOGH-LEVIN, LOGH-NESS, LOGH-RUNN, LOGH-SINN.

Un des plus grands de ces Lacs s'appelle LOGH-LOGH.

LOUCH , nom de plusieurs lacs & golfes en Irlande.

LOGH-OR , riviere & Village d'Angleterre au pays de Galles.

LOGIA , riviere d'Irlande dans Ptolomée : on croit que c'est LOUGH-FOYLE.

LOGANA , nom Latin de la LOHN , riviere d'Allemagne qui prend fa source dans la Haute-Hesse.

LOUCH-BOROUGH , fur une riviere , dans le Comté de Leicester en Angleterre.

Les LOGES , entre des étangs , au Maine.

Saint-Mars de LOQUENAY , entre des rivieres & des étangs, au Maine.

L U N A.

Luna , fur la Macra , étoit une Ville frontiere des Liguriens , & des Etrusques. Son nom doit être par conséquent Celtique. LUN est en effet un mot Celte qui désigne également l'Eau, les Rivieres, les Lacs, la Mer : il se prononça aussi LON , LOUN , LOGN , & s'est formé du mot AN , ON , Riviere , eau , dont il est

Orig. Lat. *b b*

un dérivé : car comme nous l'avons dit, les voyelles nafalées &
tous leurs compofés, tels que *Lon* , *Mon* , *Ren* , *Sen* , *Lin* , *Ven* ,
&c. ne doivent être regardés que comme des branches d'une
feule & même famille. Du même radical vinrent ces noms;

I.

Lac de LUNGIN , fur une montagne dans le pays des Grifons : nom
    compofé de LUN , eau , & de GEN , CEN , élevé.

LUNE-BOURG , Ville fur l'Elmenau , nom lui-même. Celtique.

LUNE-VILLE en Lorraine , fur la Meurthe.

LUN-EL , en Languedoc , fur le Vidourle.

II.

LOHN , riviere du pays de Naffau.

LOGNE , riviere de Gafcogne.

LUN-TZA , riviere du Valais.

LON-TSCHA , riviere du Canton de Glaris.

LON-GRIN , riviere du Geffenay , dans le Canton de Berne.

MED.

Nom de Rivieres & de lieux arrofés.

Nous avons vû *Difc. Prélim. du Tom. V.* que MEDU défignoit
des lieux bas, des terres baffes & couvertes d'eaux, ou en prairies.
De là ;

MEDU-*acus major* , ⎫
MEDU-*acus minor* , ⎬ Rivieres de la Venetie.

MEDIO-*Lanum , aujourd'hui* Milan , *mot à mot*, belles prairies : de *Laniou,*
    beau.

MEDIO *Lanium , aujourd'hui* Bewdley , en Angleterre.

MEDIO-*Nemetum* , Ville de l'Angleterre, dont le nom fe trouve dans
    l'Anonyme de Ravenne.

MEDELS , vallée des Grifons, où le Haut-Rhin prend fa fource, & que
    Scheuzer(*Iter Alpin.* IV. p 267.) dépeint comme étant très-agréable
    & riche en beaux pâturages, *pafcuis lata.*

S U, Eau.

I.

SUESA, riviere qui paſſe à Milan, & s'y réunit à l'Olona.

SEUESE, Bourg ſur la Sueſa.

SUASA, Ville de l'Ombrie ſur une riviere.

SUANa, Ville d'Etrurie, près de la ſource d'une riviere.

SUESSA Arunca, Ville de Campanie, ſur une montagne.

SUESSA Pometia, Ville des Volſques près des marais.

SUESSula, Ville au Midi de Capoue.

SOANa, riviere du Canaveze.

SU-TRIum, Ville des Faliſques ſur une montagne au bord d'une riviere.

SUINus, riviere qui ſe jette dans la mer Adriatique.

SULMONE, au Royaume de Naples, abondante en eaux & en rivieres.   II.

SUESSIONES, *aujourd'hui* SOISSONS, Peuple qui habitoit ſur les bords de l'Aiſne.

SUEVUS, fleuve de la Germanie.

SUABE ou SOUABE, pays coupé par une multitude de rivieres : il doit en avoir pris ſon nom.

Les SUEVES, Habitans des bords de la Baltique & d'un pays coupé par de grands lacs, par une multitude de marais ; ils durent ſans doute leur nom à la même cauſe.

SUIZE, riviere de France en Champagne.

C I, C U, même que S I, S U.

Eau.

CI-MINus, lac, forêt & montagne chez les Faliſques.

CU-MARa, riviere des Veſtins.

CU-TILiæ, lac & Ville chez les Sabins : de CU, eau, & TEL, profond.

T A M,

Eau dont le cours eſt doux.

TAME eſt un mot Anglois qui ſignifie apprivoiſer, doux.

Tamer, qui dompte ; *To Tame*, dompter, apprivoiſer : 2°. *au fig.* humilier, rendre humble.

On le retrouve dans l'Anglo-Saxon ; TAM , TAME , fignifie doux , apprivoifé.

TAMIAN, dompter.

Ce mot n'eft pas tombé des nues dans la Langue Angloife : en voyant qu'il eft Saxon, on eft difpofé à croire qu'il eft Celte, Theuton du moins : on ouvre les Dictionnaires Celtiques & Allemands, & on n'y trouve point TAM.

On eft tenté alors de renoncer au prétendu rapport des Langues, du moins de croire qu'il n'eft pas poffible d'en réunir les débris , tant elles ont laiffé perdre de mots , tant ces mots fe font dénaturés : & que celui qui court après ces prétendus rapports, eft un Enthoufiafte victime d'un fyftême qui n'a pas le fens commun.

Cependant , il faut que ce mot nous ferve à expliquer les noms de plufieurs fleuves ou rivieres qui en font compofés : & le moyen s'il n'eft qu'Anglois ou Anglo-Saxon ? Dirons-nous, il étoit primitif, mais il s'eft perdu chez les autres Peuples : il nous fuffit de le trouver-là ? Dirons-nous , que nous importe de l'expliquer ?

Avons-nous tout dit ? eh bien, tout va s'expliquer, & ce mot, va être une nouvelle preuve du rapport des Langues.

I.

TAM eft un compofé de la lettre T qui fe change fans ceffe en Z & en D : en Z , chez les Allemans ; en D , chez d'autres peuples.

Cherchons donc ce mot fous ces lettres dans les Langues où nous ne le trouvons pas écrit en T , & nous verrons naître les rapports les plus brillans.

ZAM , mot radical des anciens Francs & des Allemands, fignifie doux, apprivoifé.

ZÆMEN, dompter, foumettre, ou par la forcé ou par l'inftruction, ainfi que l'a très-bien vu WACHTER.

TAMIAN, GATAMIAN chez les Goths.

TEMMEN, en Flamand.

On voit donc auffi-tôt que ces mots-tiennent au Grec DA-
MAÔ, dompter, & au Latin DOMO.

De-là ces noms de fleuves & rivieres.

II.

TAM-ARus, riviere de la grande Grèce, *aujourd'hui* TAMARO.

TAM-IS, riviere du Péloponèfe.

TAME, riviere d'Angleterre, qui, fe joignant à l'Is ou Isse, forme la

TAMISE, ou THAMISS, le plus grand fleuve de l'Angleterre, & qui
coule dans une contrée fi unie, que la marée monte jufqu'à cent
milles depuis fon embouchure.

TAM-AGa, riviere de Portugal.

TAM-ARA, TAMARIS, *aujourd'hui* TAMBRA, riviere de l'Efpagne
Tarragonoife.

TAM-ER, riviere d'Angleterre, dont l'embouchure eft à Plymouth.

TAM-WORTH, Ville fur cette riviere ; *mot à mot*, paffage du fleuve
Tam.

TAM s'eft auffi prononcé TIM : de-là,

TIM-AVus, fontaine, lac, riviere & port d'Italie près d'Aquilée.

TIM-ETHus, riviere de Sicile.

§. VI.

Noms de divers Lieux de l'Italie, dus à divers rapports, &c.

De même que les fleuves, les lacs, les étangs, les Fontaines,
eurent des noms qui leur furent confacrés chez les Nations Celtiques, ainfi les montagnes, les forêts, les défilés, les vallées,
les habitations en général eurent également des noms communs
chez toutes ces Nations. Nous pourrions raffembler à cet égard

DISCOURS

des rapports auffi nombreux que ceux que nous avons préfentés dans l'article précédent : mais pour ne pas fatiguer nos Lecteurs, nous nous contenterons de quelques-uns.

BAL, BEL, MAL,

Tête, Sur, Deſſus.

La racine Celtique BAL, a conſtamment déſigné la tête, l'élévation, la qualité de dominer ; elle dut donc ſervir néceſſairement à déſigner des Montagnes, des lieux élevés, des Villes ſituées ſur des hauteurs : de-là ces divers noms :

BIL-ITio, *Ablat.* BILITIONe, *aujourd'hui* BELLINZONe, Ville ſur le Teſin, près du lac Majeur.

VEL-ITRÆ, ſur l'Aſtura.

MALOITON, nom primitif, ſelon FESTUS, de la Ville de Benevent. On en fit *Malointon*, & *Maloventum* : puis on crut qu'on lui avoit donné ce nom parce qu'elle étoit expoſée à des vents funeſtes, & on le changea en BENE-VENTum. Il venoit de DON, TON, habitation élevée, de MAL, tête, & de OI, IU, eau.

Dans les Pays Celtes.

BELLO-VAC, *aujourd'hui* BEAUVAIS.

PELLEN-DONES, Peuple d'Eſpagne placé ſur des collines, à la tête ou à la ſource du Douro.

BIL-BILis, Ville d'Eſpagne au confluent de deux rivieres.

FAL.

Nous avons déjà vu conſtamment que FAL étoit une nuance de B. L, & qu'il ſignifioit également *élevé* ; de-là ces noms :

FAL-ACRINum, Ville des Sabins ſur une montagne.

FAL-ERNus, terroir montagneux, célébre par ſes vins : de FAL, élevé, & HERN, montagne.

FAL-ARIa, Ville des Picentins.

FAL-ERii, Ville & Peuple de l'Etrurie.

Fels, *anciennement* Felis, fignifie en Theuton, roches, Falaifes, & de-là nombre de lieux en Allemagne. Weissen-Fels, roches blanches, &c. Falaise, en Normandie.

Falaises, en François, roches efcarpées, &c.

Ç A L,

Bois.

Cal fignifie en Celte, bois ; c'eft le Latin Cala : de-là, avec Or, bord,

> Cal-Or, riviere qui coule le long d'un bois ou d'une forêt qui a près de vingt milles de long, fur quatre milles de large, & qui commence à peu de diftance de Benevent.

Ce nom fe conferva fur-tout dans l'Ecoffe : on y voyoit

> Calaterium Nemus, ou le bois de Calaterium, dans la Province d'Albanie.
>
> Caledonia Sylva, la forêt Cal-edonienne.

Cette forêt occupoit une partie confidérable de l'Ecoffe, & étoit remplie de taureaux blancs très-farouches, redoutables aux hommes & aux chiens.

Cette forêt donna fon nom aux Peuples Caledoniens, à la Ville de Cala-donie, & à l'Océan Caledonien.

CAR, COR, SOR,

Noms de Montagnes.

CAR, COR, défignent en Celte des Montagnes & des habi-tations fur les Montagnes.

I.

> Carea Potentia, *aujourd'hui* Caro, fur des hauteurs. Ici Potentia défigne la même idée, de Pot, élevé, efcarpé.
>
> Careia, Ville du Veientin, fur une montagne.
>
> Car-Sulæ, Ville des Ombriens.
>
> Cora, Ville des Volfques, fur une montagne.
>
> Coras,
> Cor-Itus, } montagnes du pays des Sabins.

Us-Corus, *aujourd'hui* Mont-Iscaro, dans la grande Grèce : de Cor, montagne, & d'*us*, élevé, en Celte.

Sor-Acte, montagne escarpée du Latium.

Sora, Ville des Volsques sur une hauteur.

II.

Carnicæ Noricæ, montagnes de l'Italie septentrionale. Leurs Habitans furent appellés Carni, *mot-à-mot*, les Montagnards. De-là, la Carniole, nom moderne de ce Pays. C'est le même nom que celui de Harn, donné à divers Pays de montagnes.

A-Carnania, l'Acarnanie, Province très-montagneuse de la Grèce. Son nom vient donc de la même racine. Il n'est pas étonnant que les Grecs n'en ayent pas connu l'étymologie : qu'ils ayent imaginé un Héros, appellé *Acarnan*, qui lui donna son nom, ou qu'ils l'ayent dérivé de ce que les Curetes ne coupoient pas leurs cheveux. Quand on est hors de la vérité, plus on imagine, & plus on s'égare.

CÆR, KER, CAER,
Ville.

Cer, Ker, signifioit en Celte, Ville, Habitation : de-là nombre de noms.

Cære, port de mer & très-grande Ville du Latium, qui fut soumise de bonne heure par les Romains. Ce nom signifioit la *Ville* par excellence. On l'appella aussi *Agylla*.

Acerra, Ville de la Campanie sur le Clanis.

Cairo, Ville du Mont-Ferrat, à l'Est de Ceva.

Ker, est un nom de lieu très-commun dans la Petite-Bretagne. Il signifie habitation, Ville, &c.

CAUD,
Forêt.

Nous avons vu dans le Discours Préliminaire des Origines Françoises, que dans la Langue Celtique Caud signifioit forêt, & que plusieurs lieux de l'Isle de France en tirerent leur nom ; il en fut de même dans l'Italie,

Caudium

CAUDIUM fut par exemple, une Ville des Samnites fituée dans des forêts & dans des défilés entre Capoue & Benevent, appellés la *Forêt malicieufe*; c'eft dans ces gorges que fut battue l'Armée Romaine à la fameufe journée des Fourches CAUDI-NES.

Ce mot de CAUD a eu auffi plufieurs dérivés dans la Lángue Latine que nous avons réunis dans ce Volume, col. 239. & qui prouvent également l'originé commune de ces divers Peuples.

Le Caudium des Samnites s'eft confervé dans les noms de deux villes fituées dans les mêmes gorges; mais dans fa prononciation radicale, CAD, CAT : ces villes font AC-CAD*ia*, & Sainte A-GATHE.

Il exifte également dans la Calabre ultérieure une autre ville appellée Sainte AGATHE, fur les bords d'une Forêt à laquelle elle dut fon premier nom qu'on changea enfuite en celui-ci.

Dans les Gaules.

Le nom de CAUD, prononcé CHAUX, s'eft confervé jufqu'à préfent dans celui de plufieurs forêts des Gaules.

CHAUX, forêt près de Dole en Franche-Comté.

CHAUX,
Petite CHAUX, } forêts près du lac de Joux en Franche-Comté.

La CHAUX, près d'une forêt dans le même Pays.

CHAST*illon*, fur une forêt près de Philippeville.

Point de doute que le Village de Suiffe qu'on appelle LA CHAUX, & qui eft peu éloigné de la Franche-Comté, n'ait dû fon nom également au voifinage de quelque forêt. Le Savant Etymologifte des noms de lieux de l'Helvétie n'a cependant pas mis celui-ci au nombre des anciens noms de cette contrée, parce qu'il l'a regardé fans doute comme dérivé de notre nom François *Chaux*, & qu'il n'a point foupçonné le rapport du nom de lieu CHAUX avec le mot antique CAUD, forêt : ce qui lui a fait manquer de très-beaux rapports.

COTIA, CAUSIA, puis CUS*ia*, *aujourd'hui* CUISE, forêt de Picardie avec Maifon Royale, célébre dans le IXe fiècle.

Dans la petite Bretagne, CAUD devenu COET, COUET.

CoET-*Maloen*, } Diocèse de Quimpercorentin.
CoET-*Goerren*, }

Le COUET, près d'un bois, D. de Saint-Malo.
COUET-*Ergan*, à côté d'un bois, D. de Vannes.
BON-COUET, près de Moncontour, D. de Saint-Brieux.
GATTE-BOIS, près de Rohan, au N. E.

Au Maine.

Bois des GAUT-ELERIes, dans les Quintes du Mans.

Cette Province du Maine offre dans les noms de ses Forêts en GAUT, ART, la HAYE, BOIS, &c. des mots de toutes les Langues qu'on y aparlées.

Dans GAUT & ART, la Langue Celtique.
Dans LA HAYE, les Hayes, le Franc.
Dans FORÊT, BOIS, le François actuel.

Ces Etymologies & ces rapports sont simples, constans & d'une évidence irrésistible.

CLUS.

CLUS désigna en Celte, des passages étroits, des portes qu'il étoit aisé de fermer.

I.

CLUSINA Palus, l'étang Clusium, lac long & étroit dans les gorges de l'Etrurie.
CLUSIUM, Ville sur cet étang ou lac.
CLUSIUS, riviere de l'Ombrie, qui coule dans une vallée, & se jette dans le Clitumne.
CLUSON, le Val de CLUSON, ou de Pragelas, dans les vallées du Piémont.
CLUSON, riviere qui traverse cette vallée.

Un autre rapport entre le CLUSon du Piémont & le CLUSium des Etrusques, c'est que l'un & l'autre touchent des lieux appellés Péroufe; en Etrurie, le Lac & la Ville de Péroufe : en Piémont, la Vallée & le Bourg de Péroufe.

CLUSIUS, *aujourd'hui* CHIESE, riviere de Lombardie.

CHIUSA, Ville de l'Etat de Venife, fur les frontieres du Trentin : elle ferme le grand chemin; enforte qu'il faut paffer par l'intérieur de la Ville, ou efcalader les montagnes.

La CLUSE, Ville de Savoye fur l'Arve, & environnée de hautes montagnes.

II.

L'ECLUSE, Ville forte des Pays-Bas.

L'ECLUSE, le Fort de l'Eclufe, au-deffus du Rhône, dans le Bugey, & qui ferme entierement le chemin.

Les CLÉES, fur l'Orbe, au pays de Vaud, & qui fermoit le chemin de la Franche-Comté.

La CLUZE; divers lieux en France portent ce nom, & font tous fitués dans des gorges.

FID,
Forêt.

FID, eft un autre nom Celtique qui défignoit les Forêts, & qui exifte dans l'Irlandois *FEADHA*, Forêt. De là;

FID-ENÆ, Ville des Sabins.

JULIA FID-ENTIA, au Midi du Pô, au Couchant de Parme, *aujourd'hui* C. Guelfo : & *mot-à-mot*, Julie de la Forêt.

ARETIUM FID-ENS, Ville d'Etrurie; *mot-à-mot*, Aretium de la forêt, pour la diftinguer d'une autre Aretium.

AU-FIDUS, une des plus grandes rivieres de l'Apouille; & qui prenoit fa fource dans de grandes forêts.

GAUN, CAUN,
Rocher.

GAUN, fignifie Rocher en Langue Celtique : de-là;

GAUNA, fur un rocher dans le Canaveze.

CAUNUS, montagne d'Eſpagne dans la Celtibérie.

CAUNUS, pluſieurs Villes dans la Grèce de ce nom & ſur des montagnes.

CAUNES, Ville du Haut-Languedoc dans les montagnes de l'Albigeois.

ACAUNum, AGAUNum, ſur un rocher dans le Vallais en Suiſſe.

C O T.

COT, KOT, KWT, eſt un mot Celte qui ſignifie Collines, Roc, & qui forma le COS, COTIS, des Latins : de-là ;

ALPES COTTIÆ, les Alpes Cotties, ou Cottiennes ; *mot-à-mot*, les Alpes de Rocs, eſcarpées. On a cru qu'elles tiroient leur nom du Roi Cottis, ou du Royaume Cottien auquel il avoit donné ſon nom ; mais toutes les Alpes ayant tiré leur nom de leur forme, ou de leur nature, on ne voit pas pourquoi il n'en auroit pas été de même de celles-ci : en effet, les Alpes mariti-mes, Graies, Pennines, Carniennes, &c. ne durent jamais leur nom à des hommes.

Il eſt plus naturel de croire que le Royaume dont il s'agit prit ſon nom des Alpes même qui le compoſoient, & que le nom du Roi Cottis n'étoit pas un nom propre, mais un nom relatif à ſes Etats, ou plutôt un nom de dignité.

COTYNES, principale Ville des Aborigenes dans le pays de Reate, ſur une montagne.

Dans les Pays Celtes.

COT-YLius, montagne du Péloponèſe dans l'Arcadie.

COT-YLus, colline de Phrygie : une des branches du Mont-Ida.

COT-YLaium, montagne de l'Eubée.

COTTENS, dans le pays de Vaud, *mot-à-mot*, habitation ſur la colline.

COTTENCES Saint-Hilaire, dans l'Artois.

COTTANCE, dans le Forez.

COTTENSON, dans la Brie.

COTTUN, en Normandie.

COTTES, en Bourgogne, entre deux vallées.

G E N,

Joue, Coude, Genou.

G E N , eſt un mot Celtique qui déſignoit toute convexité, le genou, le coude, la joue, & qui devint le nom de tout lieu ſitué ſur la convexité des eaux, ſur leur courbure.

GEN-UA, *aujourd'hui* GENES, *mot à mot*, le genou, le coude des eaux. Cette ſuperbe Cité eſt ſituée ſur l'endroit le plus élevé de l'arc que décrit la mer de Gênes.

GENUSIA, *aujourd'hui* GENoſe, ſur un ruiſſeau, dans la Terre de Bari.

Dans les Pays Celtes.

GEN-ABum , *aujourd'hui* Orléans, ſur le coude ſi remarquable que forme la Loire qui, ayant coulé juſques-là vers le Nord, retourne vers le Midi pour ſe porter à l'Occident.

GEN-Eve, ſur le coude du lac Leman & du Rhône.

AR-GENTo-RATum , AR-GEN-TINa, nom de Strasbourg : cette Ville ne le doit pas à ſes mines, mais à ſa ſituation. TINa , habitation ; GEN, ſur le coude, AR, de la riviere ; RATum, paſſage, mot qui ſe prononce aujourd'hui RAT ſur l'Océan Celtique.

GENES, près Château-Gontier, dans le Maine, ſur un coude de l'Aillieres.

GENES, en Bretagne, frontieres du Maine, ſur un coude de la Seiche.

Pont-de-GENES, ſur l'Huiſne au Maine, près Montfort-l'Amaury.

GEN-EAU, ſur un coude de l'Huiſne, en face de Pont-de-Genes.

G R A L

GRAI, CRAI, eſt un mot Celte, qui déſigne tout ce qui eſt pierreux, graveleux.

Il n'eſt donc pas étonnant qu'on l'ait donné à des montagnes, & à des lieux ſitués ſur des montagnes.

ALPES GRAIÆ, les Alpes Graies, entre le Dauphiné & le Piémont. Comme on ignoroit la valeur de ce mot, on s'étoit imaginé qu'il ſignifioit Alpes Grecques, & qu'on avoit voulu conferver par-là le fouvenir du paffage d'Hercule dans ces Alpes : ce n'eft rien de cela.

Le GRAISI-VAUDAN en fait partie ; c'eft cette belle Vallée qui s'étend depuis le Fort Bareau jufqu'à Grenoble, & que traverfe l'Ifere. On a cru que fon nom venoit de Grenoble, appellée, dit-on, GRATIANO-POLis, ville de Gratien. Ne vaut il pas mieux la dériver de ces mêmes montagnes GRAIES, au pied defquelles elle étoit ? » Le VAUD, ou la Vallée des monts GRAIS ».

GRAY, Ville de Franche-Comté, fur une montagne.

Ces noms paroiffent avoir été connus des anciens Grecs : ils appelloient un Cap de l'Afrique, GRAIAS GONU, nom qu'on rend par ceux-ci, *Genou de la vieille*, c'eft *mot à mot*, & au fens propre, *Genou du rocher*, *du* rivage graveleux, pierreux, rempli de roches.

Ce Mot s'eft également prononcé *Gres*, *Grez*, *Gris* : de-là divers autres noms de lieux.

CRISSIER, GRISSIER, GRISSIERS, dans le Pays de Vaud, tous fur des terrains graveleux & remplis de carrieres.

GRESY, prononcé CRESSY, à l'Orient de Laufanne, fur un terrain femblable.

CRECY, en Bourgogne, dans un pays de côteaux & de rochers.

CRECY, en Brie.

CRESSY, dans le Ponthieu, en Latin CRISCIACUM.

GRISELICÆ NYMPHÆ, Nymphes du lieu appellé Grifolium.

GRISOLium, *aujourd'hui* Greoux, en Provence, déjà connu du tems des Romains par fes eaux minérales.

GRIZOLLes, dans le Forez.

GRIZOLLes en Brie ; un autre en Normandie.

GREZE, dans le Bas-Languedoc, *anciennement* le Château GREDON, forterelfe où l'on s'étoit réfugié lors de l'invafion du Roi Crocus.

GRIES-BERG, *mot à mot*, montagne grife ou graveleufe, en Suiffe.

Dans la Baffe-Alface, on voit trois GRIESHEIM & trois GRIES-BACH.

Har, Ar, Art, Ert,

Noms de Forêts & de Villes situées dans des Forêts.

Nous avons vu dans le Difc. Prél. du Vᵉ. Vol. pag. xxj que le mot Har, Hart, &c. défignoit en Celte une Forêt, & que divers lieux de l'Ifle de France en avoient tiré leur nom. Il enfut de même en Italie.

I.

Sᴜᴅ-Eʀ*tum*, Ville d'Etrurie, fur les bords d'une forêt & d'une riviere : de *Su*, eau, & Eʀᴛ, forêt.

Eʀᴇ*tum*, Ville de la Campanie, fituée dans la forêt malicieufe.

Aʀᴅ*ea*, Capitale des Rutules, dans une forêt & fur le Numique.

Aʀ-I*cie*, forêt dans laquelle étoit une fontaine & un lac : de Aʀ, forêt, & I*c*, eau. Cette forêt étoit confacrée à Diane.

Aʀɪᴄɪᴇ, Ville fituée dans cette forêt & près de foŋ lac.

Eɢ-Eʀ*ie*, fontaine & lac de la forêt d'Aricie : d'*Eg*, eau, & *Er*, forêt.

Aʀᴛ*ena*, fur l'Aro, dans le Veientin, peut appartenir à cette famille.

Hᴇʀᴅ*onea, aujourd'hui* Aʀᴅ*ona*, dans la Daunie.

II. *Dans les Pays Celtes.*

Hᴀʀᴛᴢ, eft en Allemand le nom général des forêts : de-là le nom de la forêt

Hᴇʀᴄɪɴ*ienne*, qui traverfoit l'Allemagne ; & qui fubfifte dans plufieurs forêts particulieres, dont l'enfemble formoit celle-là.

Hᴇʀᴄʏɴɪᴀ, forêt du Duché de Brunfwick, abondante en mines de toute efpéce, & dont il exifte une Carte détaillée.

Hᴀʀs, bois de la häute Hars, à l'Orient méridional de Namur, *mot-à-mot*, bois de la haute forêt.

Aʀᴛs-L*aer*, fur les bords d'une forêt, dans le Brabant, *mot à mot*, Ville de là forêt.

Hᴇʀsᴛ*al*, Château du Pays de Liége, qui donna fon nom à Pepin de Herftal; il étoit placé dans une forêt : auffi étoit-il défigné par ces mots : *Haristallium cùm Forefle.*

Hᴇʀᴛ-Foʀᴅ, Comté d'Angleterre fertile en bois.

HER-GIS-WALD, bois du Canton de Lucerne en Suiſſe.

HERI-COURT, au bord d'une forêt, dans le Comté de Montbelliard.

HERI-COURT, près du bois de Dozeulé & de Beuvron, en Normandie.

Saint-Martin l'ARS, ⎱ tous ſitués dans le Poitou, ſur une forêt d'envi-
ARDIN,   ⎰ ron ſept lieues, qui s'étendoit depuis l'endroit
Faye-ſur-ARDIN, ⎰ appellé la forêt juſqu'à Saint-Paul en Gatines, à
PUY-HARDY,   ⎰ l'E. de la Chataigneraye.

Le Breuil Baret, le Breuil Bernard, Faye Moreau, Faye ſur Ardin, Rouvré, la Chataigneraye, &c. durent leurs noms à cette même forêt ſuivant ſes variétés : le *Breuil*, ſignifie un bois touffu ; *Faye*, un bois de hêtres ; *Rouvré*, un bois de chênes ; la *Chataigneraye*, un bois de chataigniers.

ART-ENAY, près la forêt d'Orléans.

ABD-ENAY, à côté d'une forêt, dans le Maine.

ARTHÉE, à côté d'une forêt appellée landes du petit Bouleau, dans le Maine.

BO-ERE, forêt, Ville & canton dans le Maine.

M A R,

Montagne.

MAR, eſt un mot Celte qui déſigne les montagnes : de-là divers noms.

I.

MARICUS, montagne d'Italie.

MARIO, montagne ſur le Tibre, dans la campagne de Rome.

MARONÉE, Ville des *Samnites*.

MARONS, deſcente des MARONS ; *mot à mot*, deſcente des montagnes.

Tel eſt le nom de cette longue deſcente qui conduit du ſommet du Mont-Cenis à la Novaleze ; du haut des Alpes, dans les plaines de l'Italie.

I I.

MARIOLA, montagne d'Eſpagne dans le Royaume de Valence.

MARLY, ſur un côteau dans l'Iſle de France.

MOREY, montagne de la Franche-Comté.

MARONÉE, Ville de Thrace ſur une montagne, & célébre par ſes vins.

MARONITES, les Habitans du Mont-Liban.

Is MAROS

Is-MAROS, montagne de la Thrace.

MAR fignifiant montagne, s'eft fouvent confondu avec le nom du Dieu Mars.

MARTIS Vertex, un des fommets des Alpes Cottiennes.

Mont-MARTRE, montagne près de Paris.

NET, Fil, Filet.

NEETO, *anciennement* NEÆTHUS, riviere dans la grande Grèce ou dans la Calabre citérieure : ce nom eft très-commun en Celte : & tient au verbe NYDHU, filer.

NEATH, riviere & Ville d'Angleterre.

NEDA, riviere de l'Arcadie.

NEDON, riviere du Péloponèfe.

Nedh, riviere du Comté de Morgan en Angleterre.

Nid, riviere dans la contrèe de Sollwey.

Né, riviere de Saintonge.

Nea, riviere du Périgord.

Nez, riviere du Béarn.

NESS, lac & riviere d'Ecoffe.

NETTE, deux rivieres du Brabant, la grande & la petite.

NETTE, riviere de l'Electorat de Tréves; & *Nette*, Village fur cette riviere.

NETTE, riviere du Duché de Brunfwick.

NETTE, riviere de Paderbornn.

Netze, riviere du Lunebourg.

Nidda, riviere de la Wetteravie.

Nide, deux rivieres de ce nom en Lorraine.

Nide, riviere du Pays Meffin.

O c é L L.

OCILL, fignifie en Bas-Breton, prefqu'Ifle, terre avancée dans l'eau. OCELL en Gallois, PROMONTOIRE, pointe de terre avancée dans l'eau.

Ces noms viennent de OCH, élevé.

OCELLUM, en Piémont, fur la Duria minor.

OSCELA, fur une riviere, au Nord du lac Verbanus en Italie.

Orig. Lat. d d

Ocellus, Place confidérable dans la prefqu'Ifle d'Holdernef, fur un cap, en Angleterre : c'eft aujourd'hui le Village de Keln-Sey : *mot à mot*, le lieu de Cell fur la mer.

Och, Ochr,

Montagne.

Och, Ochr, fignifie en Celte, haut, élevé, efcarpé, rude.

I.

Ocra, Montagne des Alpes entre la Venetie & la Norique, chez les Carnes.

> Ocra, Ville d'Italie chez les Carnes.
>
> Inter-Ocrea, Ville des Sabins entre les montagnes : ce nom démontre qu'*Ocrea* étoit fignificatif chez les Sabins, & qu'il défignoit les montagnes.
>
> Ocri-Culum, Ville fur le Nar.
>
> Locri, Ville de la grande Grèce, fur une montagne appellée aujourd'hui la Motta de Burzano.

II.

> Ocha, la plus haute montagne de l'Eubée.
>
> Ochus, montagne de la Perfide.

Or, Hor, Ur,

Montagne.

Hor, Or, Ur, eft un autre nom de Montagne, commun en Celte.

Uria, ou Oria, Ville fur une Montagne au Sud-Oueft de Brindes.

> Oros, montagne en Grec.
>
> Or-Belus, montagne de Macédoine.
>
> Orestæ, Peuple de la Moloffide.

Po, Pot, Bod,

profond, haut.

Bod, Pot, eſt un mot Celtique qui déſigna les idées relatives à la hauteur & à la profondeur ; il forma le Latin Po͂tens,
Puteus, &c. & une foule de noms de lieux, même des noms de
rivieres, de lacs, &c.

I.

Bodincus, le Pô, le plus grand fleuve de l'Italie.

Bodinco-Magum, enſuite Industria, Ville ſur le Pô, à l'endroit où
il commençoit à s'élargir.

Padinum, Ville ſur le Pô, à l'endroit où il ſe partage en diverſes branches.

Pat-Avium, aujourd'hui Padoue, ſur une grande riviere : *mot à mot ;*
eau profonde.

Pot-Entia, riviere qui ſe jette dans la mer Adriatique, *aujourd'hui*
Potenẓa.

Pot-Entia, Ville ſur cette riviere.

Pot-Entia, *aujourd'hui* Potenẓa, Ville dans de hautes montagnes au
Royaume de Naples, dans la Baſilicate.

I I.

Pot, en Grec ſignifie grand, d'où Pot-Amos, nom des
fleuves, *mot-à-mot*, grande eau.

Prononcé Pont en le naſalant, il devint le nom des mers,
ou la vaſte eau & le nom de quelques rivieres.

Le Pont-Euxin, &c.

Pontus, fleuve de la Macédoine.

Pot-Idée, Ville de Macédoine, ſur un Iſthme.

Bod-Incus Lacus, Lac de Conſtance en Suiſſe :

Podium, déſigna dans les Gaules, les montagnes élevées en
forme de pic : ce mot s'altera en Puech, Puy, Poer, Peu, &c.

Podium , la Ville du Puy, en Velay.

Podium Celſum, Château du Dioceſe d'Alby , *aujourd'hui* Pech-cz ou Puiceley.

Podium Laurentii , *aujourd'hui* Puy-Laurens, en Languedoc.

Podium Nauterium , *aujourd'hui* Pénautier , D. de Carcaſſonne.

Podium Soriguer , *aujourd'hui* Puy-Salguier , D. de Beziers.

Podium Ferrandi , *aujourd'hui* Puy-Ferrand , en Auvergne.

Pod-Eacia , *aujourd'hui* la Puisaye , pays de montagnes dans l'Auxerrois.

Puides , en Bourgogne , ſur une montagne.

La Roche-Pot , la plus haute montagne ſur le chemin de Lyon à Paris.

Puech d'Uſſelou , montagne du Quercy.

Puy de Dome , la plus haute montagne d'Auvergne.

Puy-Beiiard , ſur une montagne dans le Poitou , Election de Fontenay.

Poet-Laval , dans le Dauphiné.

Potes , Ville d'Eſpagne dans l'Aſturie de Santillane.

Sal, Sul,

Habitation.

Sal , Sul , mots Celtes déſignant les idées relatives à Habitation : de-là divers noms de lieux.

I.

Sala , Ville de la Province de Verceil.

Salla , Village du Val de Suze.

Sulmo , Ville des Volſques ; de *Mo* ou *Mon* , montagne.

Sulmo , Ville des Pelignes.

Salerne , Ville au Midi de Naples.

Æ-Sula , } Ville du Latium.
Sas-Sula , }

Sues-Sula , Ville à l'Orient de Naples.

Fæ-Sula , Ville d'Etrurie.

Sal-Ebro , Ville ſur l'embouchure d'une riviere.

Ru-Sellæ , Ville ſur une riviere.

II.

Sala, nom de Villes en Thrace, Pannonie, Efpagne, Afie mineure, Afrique.

Sale, la Sale, plufieurs lieux de ce nom en France.

Tre, Tri, Trev, Treb,

Habitation.

Tre, Trew, fignifie en Celte, habitation : de-là divers noms de lieux.

I.

Treba, }
Trebia, } Villes du pays des Eques.

Trebula Mutufca, }
Trebula Suffenatis, } Villes des Sabins,

Trebula, Ville de Campanie.

Tri-Ventum, Ville des Samnites fur le Trinius.

Ala-Trium, Ville des Herniques fur une montagne.

I I.

Treves, en Allemagne, Capitale du Peuple appellé Tre-Viri, ou Habitans des fleuves, étant fur le Rhin, la Meufe, &c.

Treves, dans l'Anjou fur la Loire, *mot-à-mot*, habitation fur la Riviere,

Trevoux, Ville du pays de Dombes.

En terminaifon Tre, Try, fignifie Habitation : de-là,

Vi-Try, plufieurs lieux de ce nom en France.

Vi-Tré, en Bretagne.

Cu-Try, en Picardie.

Cu-Trivey, en Suiffe.

Lu-Try, en Suiffe, fur le Lac Leman,

Bou-Dry, en Suiffe.

DISCOURS

PARTIE II.

DES LANGUES DE L'ITALIE,

Et, en particulier de la Langue Latine & de ses Révolutions.

ARTICLE I.

Des Langues OSQUE, SABINE, *&c.*

§. I.

Causes par lesquelles la Langue primitive se modifia en plusieurs dans l'Italie.

LES Peuples de l'Italie sortis d'une même souche parloient la même Langue; celle qui forma le fond du Theuton, du Grec, du Gaulois; mais dès que chacun de ces Peuples fut séparé de sa Mere-Patrie, & cantonné dans un territoire où il n'eut point de liaison avec les autres Habitans de la même Contrée, leur Langue commune dégénéra nécessairement & de bonne-heure en plusieurs Dialectes qu'on ne tarda pas à prendre pour autant de Langues différentes.

La prononciation seule fut une des grandes causes de cette diversité : les Ombriens, les Marses, les Samnites qui habitoient le haut des Apennins, ne purent, ni ne durent prononcer de la même maniere que les Peuples qui habitoient dans les plaines ou sur le bord des mers, tels que les Latins, les Campaniens, &c.

La variété des besoins, des idées, des occupations fut une autre cause essentielle de cette diversité. Les Etrusques, par exemple, livrés à un très-grand commerce, liés avec les Grecs, les Egyptiens, les Phéniciens, avec tout ce qu'on connoiſſoit de Peuples policés; qui cultivoient la peinture, la marine, les beaux Arts, tous les objets de luxe, &c. durent avoir de très-bonne-heure une langue riche, nombreuſe, douce, ſavante: tandis que leurs voiſins qui perſéveroient dans la vie dure, champêtre & ſauvage des premieres peuplades, durent conſerver la ruſticité de leur ancienne Langue; & elle dut paroître plus ruſtique, à meſure qu'elle ſe poliſſoit & ſe perfectionnoit chez leurs voiſins.

Chacun des Peuples de l'Italie dut encore altérer ſa Langue par des emprunts dans les Langues des Nations qu'il avoiſinoit. Les Peuples du Midi ſans ceſſe mêlés avec des Colonies Grecques, & qui alloient à l'Ecole des Grecs, durent adopter une foule d'ex-preſſions & de tournures grecques; tandis que ceux du Nord dont les intérêts étoient ſans ceſſe mêlés avec ceux des Gaulois, des Theutons, des Illyriens, durent porter l'empreinte de ces Langues barbares. De-là, les diverſes Langues qu'on parloit dans l'Italie au tems des Romains, & dont ils nous ont conſervé les noms ou quelque léger veſtige; la Langue Oſque ou Volſque, parlée dans la Campanie; la Langue Opique ou des Sabins; l'Etruſque; celle du Latium.

Les Romains auroient pû nous tranſmettre une idée générale de ces Langues: mais ils ne les regardoient que comme des patois indignes d'eux, ſur-tout lorſqu'ils eurent goûté la Langue Grecque; car dans les commencemens, ils ſe pi-quoient d'être inſtruits dans l'Etruſque qui ſe parloit à leurs portes, & de faire élever leurs enfans chez ce Peuple ſavant & poli. C'eſt ainſi que Tite-Live obſerve (1) que Marcus-Fabius Cæson fut ſavant dans la Langue Etruſque, & qu'il la poſſédoit d'autant mieux qu'il avoit été élevé avec un Eſclave Etrurien.

_____

(1) Liv. IX.

Ce mépris des Romains pour tout ce qui n'étoit pas eux, nous a privés des grands avantages que nous auroit procuré la comparaison de ces Langues : ils ne nous en ont confervé que quelques mots ; heureufement on a découvert dans ces derniers fiécles des monumens Ofques , Etrufques , &c. qui peuvent nous en donner une légere idée.

§. I I.

De la Langue O s q u e.

La Langue Ofque étoit celle des Campaniens & de l'ancienne Aufonie : elle fubfiftoit encore dans les beaux tems de la République, & on pouvoit la regarder en quelque forte comme un patois de l'ancien Latin : auffi les Romains qui en adopterent quelques mots fe faifoient un plaifir d'introduire fur la Scène des Aĉteurs parlant Ofque , comme nous l'apprend STRABON , (Liv. V), de la même maniere que nous trouvons dans Moliere des Scènes en Picard & en Gafcon.

A l'exception de ces mots empruntés par les Romains, & de quelques Médailles , on ne connoît de ces Peuples qui étoient cependant riches & puiffans qu'un très-petit nombre de monumens, tels que celui de la Table de Junon que nous avons rapporté dans l'Origine du Langage & de l'Ecriture , Pl. X X, & un plus étendu dont nous ferons bientôt mention : il femble que ces Nations avoient hérité de l'indolence des Celtes & des Gaulois fur les moyens de tranfmettre le fouvenir de leurs exploits & de leurs belies aĉtions : que contents d'être libres, toute autre gloire leur étoit indifférente ; ou que femblables à ceux qui ne connoiffent d'autre bien que les plaifirs de la vie animale, ils n'avoient nul goût , nulle difpofition pour éclairer leur efprit & pour cultiver les fciences.

Mots

MOTS OSQUES.

Les Anciens Auteurs Latins nous ont conservé divers mots Osques ; mais il n'en est aucun qui soit particulier à cette Lan_gue : nous les retrouvons tous dans la Langue Latine ou dans les Langues Grecque & Hébraïque ; ce qu'ils ont de propre, c'est une prononciation & une orthographe différente de celle qu'ils offrent dans les autres, ou une terminaison particuliere, sou_vent même l'absence de toute terminaison. Voici ces mots.

CASCUS, vieux, ancien.

CASNAR, vieillard. Ces deux mots font des dérivés de l'Oriental קץ Cats, fin, extrémité, la vieillesse étant l'extrémité de la vie, mot qui est le Celte CAS, blanc ; la vieillesse est blanche & chénue : Var_ron dérive également de là le nom de la Ville de CASSINUM qui si_gnifioit, dit-il, en Latin FORUM VETUS, le vieux Bourg, ou Bourg vieux, Ville vieille.

CŒL, Ciel, mot également adopté par les Latins qui y ajouterent une terminaison.

DALIVUS, insensé ; mot prononcé dans l'origine Daleius. C'est l'O_riental שלל, Salé, imprudent, sans sagesse, mot où les lettres S & D ont été mises l'une pour l'autre, comme cela arrive souvent.

FAMEL, serviteur : les Latins en firent FAMULUS.

GAU, joie, mot Celte, Grec, &c. Les Latins en firent GAUDium.

MA-MERS, Mars : mot-à-mot, le Grand Mars.

MAMERCUS, par réduplication pour MARCUS.

MÆSIUS, le mois de Mai.

MEDDIX, le Magistrat suprême : en Celte, MEDD, puissant.

MULTA, amende : en Latin, Mulcta, & même Multa.

PETORA, quatre, c'est le QUATUOR des Latins ; Q changé en P ; chan_gement très-commun.

PIPATIO, cris d'une personne qui pleure : ce qui est une très-belle ono_matopée.

PITPIT, en Latin, QUIDQUID, tout ce que ; ici Q changé en P, com_me dans Petora.

SOLLUM, tout, le Holon des Grecs qui signifie tout, & dont les Latins firent le mot *Solum* , ce qui eſt ſeul , ce qui fait le tout.

VEIA , charriot, racine du Latin VE*ho*, je conduis, je voiture.

UNGUL*us* , anneau. Ce mot ne paroît avoir aucun rapport avec d'autres Langues : il eſt cependant Grec, &c. mais avec une prononciation particuliere. Ici la lettre N a pris la place du G : on ſait que de deux G de ſuite , le premier ſe prononce en N chez les Grecs : Nous pouvons donc l'écrire OGG ; mais ce mot OGG eſt un radical qui a toujours déſigné l'idée de rondeur , d'anneau , d'enceinte.

INSCRIPTION en Langue Osque.

Dans les ruines d'ABELLA en Campanie, on trouva une pierre chargée d'une Inſcription dont on fit le ſeuil d'une porte : dans ces derniers tems un homme de Lettres nommé ETIENNE REMONDIN , fit enlever cette pierre , & la donna au Séminaire de la villle de NOLA , voiſine d'Abella. On en envoya une copie au ſavant PASSERI , qui y vit un Réglement entre ces deux villes au ſujet de leurs limites. Remondin fit imprimer ces obſervations en 1760, & Paſſeri les fit réimprimer dans le dernier volume de ſon bel Ouvrage ſur les Peintures Etruſques, en trois volumes in-folio. M. l'Abbé de Chaupy nous a communiqué une autre copie de ce monument qu'il a priſe lui-même ſur les lieux avec la plus grande exactitude , & qu'il ſe propoſe de donner un jour au Public avec ſes obſervations : comme cette copie différe en quelques endroits des imprimées , nous en avons fait graver quelques lignes , *Planch.* I. N°. II. que nous allons mettre ici en caracteres romains.

EKKUMA
TRIBALAK
LIIMITU
HERECLEIS. FIISNU. MEFF·
IST. ENTRAR. FEINUSS. PU
HERECLEIS. FIISNAM. AMF.

Et. Pert. Viam. Pusstis
Pai. Ipisi. Pvstin. Slaci
Senateis. Sveis. Tanci
Nvr. Tribarak. Avum. l. i.
Kitub. Im... Iur. Triba

On y reconnoît fans peine des mots Latins.

Liimitu, limites.	*Lis*, procès.
Ift, eft.	*Tera*, terre.
Entrar feinuff, entre les confins.	*Thefaurus*, tréfor.
Pert, par.	*Nep*, pour *Nec*, ni.
Viam, le chemin.	*Patens*, manifefte.
Senateis fueis, de fon Sénat, ou	*Vefliri civi*, vos Citoyens.
fes Sénateurs.	*Sekfs*, fix.
Aht, pour *Act*, mefure de terre.	*Puranter*, purement.
Tri, trois.	*Fructatiuf*, du mot *fructus, fruit.*
Teremimff, termes, bornes.	*Muinicu* Ville Municipale.

Ce Monument eft relatif à une détermination de limites, entre les habitans d'Abella & de Nola; les premiers avoient nommé pour chef de la Commiffion Tancinus leur Tribun ou Magiftrat fuprême : l'Arpenteur étoit Namus-Vettius. Il paroît qu'un Temple d'Hercule fervoit de point de partage; parce, fans doute, qu'il étoit commun aux deux Peuples, fuivant l'ufage de l'Antiquité : coutume non-feulement utile aux finances de chaque Peuple; mais très-propre à les lier entr'eux par les fentimens de la piété la plus tendre, & de la fraternité la plus affectueufe.

§. III.

De la Langue des SABINS.

Les SABINS, Peuple Ombrien, parloient la même Langue que les Ombriens, que les Peuples du Latium, que les Ofques; mais avec des variétés qui en formoient une Langue à part, comme l'Anglois, l'Allemand & le Suédois différent, quoique ces Langues n'en formaſſent dans l'origine qu'une ſeule.

Les Anciens nous ont conſervé quelques mots Sabins, par leſquels nous pourrons nous former une idée de cette Langue & de ſon origine.

MOTS SABINS.

ALPus, blanc : c'eſt l'ALBus des Latins, l'ALP des Celtes, qui ſignifie blanc : de-là le nom des Alpes, qui ſignifia également montagnes élevées.

AURELIA, famille Sabine qui faiſoit dériver ſon nom du Soleil, parce qu'elle prétendoit lui devoir ſon origine : c'eſt une des familles qui vinrent s'établir à Rome.

CATus, pointu, aigu, (VARRON). CATA DICTA, des bons mots, des pointes ; c'eſt un mot Celtique : on en fit chez les Gaulois, CATEIA, javelot, dard.

En Irlandois, CATad, dard, CATH-FUReas, action de pointiller. CATH-FURE, Sophiſte.

CIPRus, bon, d'où Varron tiroit le nom d'une rue de Rome, bâtie par les Sabins, & qu'ils avoient appellée *Vicus Ciprius.*

CREPERUM, le ſoir.

CUBA, Litiere ; du Prim. CUB, cacher, mettre à couvert.

CURIS, Lance, en Celt. CUR, action de frapper ; CURO, frapper, bleſſer.

EIDUS, le jour des Idès ; mot Sabin, comme nous l'apprend Varron.

EMBRATUR ; on voit ce mot ſur des médailles Samnites : c'eſt l'Imperator des Romains : venant de MAR, grand ; AMAR, ordonner.

HERNA, rochers ; du primitif ARN, rocher, pierre, montagne : ce mot eſt Béarnois, Celte, &c. C'eſt dé-là qu'eſt venu le mot ARNAUTES, nom des montagnes de l'Epire, dont l'origine étoit inconnue. *Voy. ci-deſſ. p.* cliv. cxcviij. cc.

IRPUS, loup, *mot à-mot*, animal vorace : c'eſt un mot Samnite. Il tient à la famille HARP, harper, ravir, enlever. *Voy. ci-deſſ. p.* clv.

LIXULA, mot Sabin, dit Varron, & qui déſignoit un gâteau fait très-ſimplement ; ſans beaucoup d'apprêt : de LIXUS, cuit à l'eau.

NERO, vaillant, fort : c'eft le Celte *Nar*, fort, d'où le Grec A-NER, homme ; le Latin, NERV*us*, nerf, &c.

OCRIS, mont efcarpé, mot Sabin, Grec, Celte. Dans les Tables Eugubines, OCRER, le Dieu des montagnes, eft un des furnoms de Jupiter. *Voy. ci-deff. p.* ccix & ccx.

STREBULA, défignoit en Ombrien, un morceau de viande offerte en facrifice. Turnébe le dérive du Grec *Strephein*, tourner, parce qu'il étoit toujours pris fur la hanche. Ne feroit-pas plutôt de ce qu'on offroit ce morceau en fe tournant vers toutes les faces de la terre ?

TAL*us*, prénom Sabin.

Les Sabins avoient outre cela divers mots qui ne différoient des Latins que par la prononciation : c'eft ainfi qu'on voyoit entre ces Peuples la même différence qu'entre les François & les Efpagnols, dont les uns prononcent en F, ce que les autres prononcent en H.

Les Efpagnols difent, par exemple, *Hierro* pour *Fer*.

Les Béarnois, *Hille* pour *Fille*.

De même les Sabins prononçoient en F ce que les Latins prononçoient en H.

FEDUS, étoit chez-eux le Latin HEDUS ;

FIRCUS, en Latin HIRCUS.

INSCRIPTIONS

En Langue Sabine ~ Ombrienne,

OU TABLES EUGUBINES.

Reftituons à la Langue des Ombriens, même Peuple que les Sabins, un monument précieux dont on faifoit honneur aux Etrufques ; & qu'on appelle TABLES EUGUBINES, parce qu'on les trouva à Eugubium.

C'étoit une ville confidérable de l'Ombrie, fituée dans les Apennins & à quelque diftance d'un Temple élevé au haut de ces monts à Jupiter, dans une Forêt de chênes qui avoit été fon premier Sanctuaire. C'eft-là qu'on l'adoroit fous le nom de Iou APENNIN.

Près des ruines de ce Temple on trouva en 1456, fept Tables de Bronze chargées d'Infcriptions, deux en caracteres Latins, les cinq autres dans l'ancien caractere Italique ou Pelafge qu'on appelle Etrufque, parce qu'il fut employé par les Peuples d'Etrurie, mais qui étoit également Ofque.

D'ailleurs, EUGUBIUM n'étoit point ville Etrufque : & la Langue de ces Infcriptions a de très-grands rapports avec celles des Ofques & des Latins.

Tous ceux qui s'en font occupés jufqu'ici, les ont regardées comme des monumens Etrufques, à l'exception du feul Pafferi, d'autant plus digne de foi, qu'il eft lui-même Noble Eugubien, & très verfé dans les antiquités de l'Italie : auffi tout ce qu'on a dit à ce fujet fe confond avec les idés qu'on a eues fur la Langue Etrufque.

MAZOCHI, MAFFEI, AMATI, n'y voyent que l'Hébreu : tandis que BOCHART, pour qui tout étoit Hébreu & Phénicien, a foutenu que l'Etrufque n'avoit aucun rapport avec l'Hébreu. BOURGLET (1) & GORI en faifoient un Dialecte Grec.

Le P. STANISLAS BARDETTI, dans un Ouvrage pofthume imprimé à Modène en 1772, fur la Langue des premiers Habitans de l'Italie, y voit les Langues Celtiques du Nord, le Bas-Breton le Gallois, le Goth, l'Anglo-Saxon, le Franc, l'Alamannique.

---

(1) Mém. de Cortone, in-4°. T. II. & Bibl. Ital. T. XVII.

ADRIEN SCRIEKIUS, foutient que la Langue Etrufque eft la même que le Theuton.

De ces vues diverfes, réfultoient des explications chimériques qui confirmoient l'Abbé RENAUDOT dans l'idée que la Langue Etrufque étoit perdue fans retour, & qu'il étoit impoffible d'en recouvrer un feul mot.

PASSERI, laiffant de côté toutes ces opinions, entreprit d'expliquer les Tables Eugubines par elles-mêmes, & par les rapports qu'elles pouvoient avoir avec les Langues de l'Italie; il en eft réfulté un travail très-ingénieux, conforme aux ufages religieux de ces anciens Peuples, & vrai dans la plus grande partie, s'il ne l'eft en tout.

Ces Explications de Pafferi parurent d'abord en forme de Lettres dans le Journal de Calogheri (1) fous le titre de LETTERE RONCAGLIESE. L'Auteur les réunit enfuite en un feul corps à la fin de fon Supplément à l'Ouvrage de Dempfter, intitulé: *Etrurie Royalé*, & qui parut à Luques en 1767, in-folio.

Jufqu'à lui, on ne s'étoit pas moins partagé fur l'objet de ces Tables, que fur leur langue. BUONAROTI y voyoit des Traités d'Alliance. GORI, des Complaintes: BOURGUET, des Litanies Pelafgiques; MONTANUS, des Tables de Loix. Mais Pafferi qui avoit lû dans Paufanias qu'on fufpendoit dans les Temples, des Tables qui contenoient les cérémonies des initiations, & qui voyoit que celles-ci étoient remplies de mots relatifs aux facrifices & aux divers noms de la Divinité, Pafferi, dis-je, les a prifes pour ce qu'elles font, pour des Rituels relatifs au culte de Júpiter & à celui de Mars.

Le premier de ces Dieux y eft appellé IVPATER, & on lui don-

___

(1) Raccolta d'Opufcoli Scientifici, T. XXII. ann. 1740. & XXVI. ann. 1741.

DISCOURS

ne diverſes épithétes tirées de la Langue Italique, telles que celles-ci ;

SERFE, Sauveur.
KAPIRV, Cabire, ou le Très-Puiſſant.
ESO, ESONA, ESU-NUMEN, le Dieu fort.
FOSSEI, le Lumineux ; en Grec, *Phôs*, lumiere.
FABV, FABIV, l'Auteur de la parole. } Mots Latins.
FERHTRV, le Feretrien, celui qui frappe. }
NERV, NERF, le fort, le nerveux. } Mots Sabins.
OCRER, } le haut, le montagneux. }
ORER, }
PACERSEI, le Pacifique.
PERSEI, le Deſtructeur des méchans.
PRESTOTA, le Secoureur.
SANSIE, le Saint.
TIKAMNE, le Pere du fort ; de *Tyche*.
HONDV, le Dieu des ondées ou de la pluie.
OLTV, le Vengeur ; en Latin, VLT*or*.
NIMCTV, le Neigeux.
NEPITV, le Nébuleux.
SONITV, le Tonnant.
VVFIVNE, autre épithète que n'a pu expliquer Paſſeri. En Irl. FIUN,
   ſignifie vénération, dignité, eſtime. FIU, eſtimable, vénérable.
   En Vald. *Fion*, élévation, vanité, action de ſe priſer, eſtime de ſoi-
   même.

On y trouve ces noms d'animaux,

OVEI, OVI, AVEIS, VVEF ; *en Lat.* OVE, brebis.
ANGLA, ANGLAF, ANGLVTO, agneau.
ARVIO, HERIEI ; *en Lat.* ARIES, bélier.
HABINA, APINA, *en Lat.* AMBEGNA, brebis entre deux agneaux.
APICA, PEIQVA, PEIQ, brebis dont le ventre eſt ſans laine.
KAPRV, KAPRVM, KAPRES, chévre.
PORCO, SVE, SI, SAKRE, cochon.
BERRVS, *Lat.* VERRES, verrat.
ABRVNY, ABROF ; *Lat.* APRO, ſanglier.

IVF,

Buf, Bve, bœuf.

Jvvengar, Torv, Vitlv; *Lat.* Juvenca, Taurus, Vitulus, genisse, taureau, veau ; *en Lang.* Vedel.

Katle, Kativ ; *en Lat.* Catulus, chien.

Anxeriates, animaux qu'on n'a pas tondu.

Perakri, animaux qui étoient errans ; *per-agros.*

Feliv, animaux qui tettent ; *en Lat.* Fellare, téter.

Ferine, bêtes fauves ou sauvages.

Les noms de ces couleurs.

Rofrv, *Lat.* Rvbro, rouge.

Ruseme, roux ; Atrv, *Lat.* Atro, noir.

Constitution de cette République.

On voit par ces Tables que la République d'Eugubium, très-antérieure à celle de Rome, étoit composée de la même manie-re que celle-ci; de Patriciens ou Nobles nommés Pre-verir, *hommes placés à la tête* : du Peuple nommé Popler, & de la populace du plebs, appellée Tripler, parce qu'elle payoit au fisc un impôt de trois oboles : & qu'elle étoit composée de neuf Tribus de Campagne dont on trouve les noms dans ces Tables.

Le Chef de la République étoit appellé Poemon ou Pasteur; il n'étoit en place qu'un an : il avoit sous lui un Kvestur ou Questeur qui levoit les Impôts, & qui les portoit dans le trésor public.

On y voyoit des Freres Arvaux, des Saliens, un Hiérophante ou Ministre sacré sous le nom d'Erus, &c.

Cette République subsista jusqu'à la fin du XIVe siécle, où par un Arrêt de son Sénat, elle se mit volontairement sous la protection des Comtes de Feretri.

Table I.

La premiere Table ordonne un sacrifice d'une brebis qui

Orig. Lat. ff

vient de mettre bas & qui n'ait pas été tondue : ESTE... AVEIS
ASERIATER; d'une brebis dont le ventre fût fans laine PEICA;
d'un agneau avec fa laine, ANGLA ASERIATO; à l'honneur de
Jupiter redoutable, TREMNV; pour la ville entiere, TOTE IIO-
VINE, nom primitif d'IKUVIUM, ou Eugubium; foit pour les Tri-
bus de la plaine, foit pour celles des montagnes, POPLER AN-
FERENER ET OCRER.

A la feconde ligne, eſt le mot STIPLO : il paroît être le même
que STIPE, nom de la monnoye dans les premiers tems, & c'é-
toit le nom de celle qu'on offroit aux Dieux. SUETONE (Vie
d'Auguſt.) dit que, » chaque année tous les Ordres de l'Etat
» jettoient pour fa profpérité STIPEM, une piéce de monnoie dans
le Lac de Curtius ». VARRON, (Lang. Lat. Liv. V.) dit auſſi,
» qu'on appelle STIPEM, l'argent qu'on donne aux Dieux.

A la vingt-deuxiéme, commence un Cantique ou une Hymne
à l'honneur de Jupiter & en faveur des Eugubiens : notre Auteur
propofe de le divifer par ſtances de cette maniere, afin d'avoir
une idée de la poéfie de ces tems antiques.

Chœur.

Prevereir. Treblaneir.
Iuve. Grabovei.
Buf. trif. fetu. efo.
Naratu. vefteis. teio.
Subocau. Suboco-Dei.
Grabovi. ocriper. Fifiu.
Totaper. Iiovina.

Demi-Chœur.

Erer. nomneper. erar.
Nomneper. Foffei.
Pacerfei. ocrefifei
Tote Iiovine.

Chœur.

Erer. nomne. erar.
Nomne. Arfie. tio. fubocau.
Suboco. Di. Grabove.
Arfier. friteio.
Subocau. fuboco.
Dei. Grabove. Di Grabovie.
Tio. efu. bue. peracrei.
Pihaclu. ocreper. fifia.
Totaper. Iiovina.

Demi-Chœur.

Trer. (liſ. ERER.) Nomneper. erar.
Nomneper. Dei. Grabovie.

Orér. ofe. perfei.
Ocrefifie. pir. orto eft.
Toteme. Iovine.

Chœur.

Arfmor. derfecor. fubator. fent.
Pufei. neip. heritu.
Dei. Grabovie. perfe. tuer. perfcler.
Vafeto. eft. pefetom. eft.
Peretom. eft. frofetom. eft.
Daetom. eft. tuer. perfcler.
Virfeto. avirfeto. vas. eft.
Di. Grabovie. Perfei. merfei.
Efu. bue. peracrei. pihaclu.
Pihafei. Di. Grabovie.
Pihatu. ocrefifei. pihatu.
Tota. Iovina.

Demi-Chœur.

Di. Grabovie. pihatu.
Ocrer. fifier.
Totar. Iuvinar.

Chœur.

Nomne. nerf. arfmo. veiro.
Pequo. caftruvo. fri. pihatu.
Futu. fos. pacer.
Pafe. tua. Ocrefifi.
Tote. Iiovine.

Demi-Chœur.

Erer. nomne. erar.

Nomne. Di. Grabovie.
Salvo. feritu. ocre. fifi.
Salva. feritu.
Tota. Iiovina.

Chœur.

Di. Grabovie. falvo. feritu.
Ocrer. fifier.
Totar. Iiovinar.

Demi-Chœur.

Nome. nerf. arfmo. veiro.
Pequo. caftruvo. fri.
Salva. feritu. futu. fos.
Pacer. pafe. tua.
Ocrefifi.
Tote. Iiovine.

Chœur.

Erer. nomne. erar.
Nomne. Di. Grabovie.
Tio. Efu. bue. peracri. pihaclu
Ocreper. fifiu.
Totaper. Iiovina.

Demi-Chœur.

Frer. nomneper. erar.
Nomneper. Di. Grabovie.
Tio. fubocau. Di. Grabovie.
Tio. Efu. bue. peracri.
Pihaclu. Etru. ocriper. fifiu.
Tota. per. Iovina.

Ces ftances s'étendent depuis la 22e. ligne, jufqu'à la 34e. in-clufivement, & elles continuent ainfi jufqu'à la 58 ou l'avant der-niere inclufivement.

Comme on y voit depuis la 34 ligne, des Pihaclu *etru*, & de-puis la 45 des Pihaclu *Tertiu* ; il en réfulte que ce font trois Hym-

nes femblables.en tout , avec cette feule différence qu'elles fe
rapportent chacune à une efpéce d'expiation particuliere.

Effayons de donnner l'explication litérale de cette Hymne qui a
quelque rapport avec celle des jeux féculaires célébrés par Horace.

Chœur.

Offrez le facrifice , en faifant trois
tours ,
Au puiffant Jupiter.
Offrez trois bœufs en facrifices :
Dites , expofant vos maux ;
A haute voix , je vous invoque ,
Dieu puiffant , Dieu des montagnes.
Pour tout le pays Igubien.

Demi-Chœur.

Seigneur , vous qu'on nomme Seigneur ,
Vous qu'on nomme Dieu de lumiere ;
Donnez la paix , Dieu des montagnes ,
A tout le pays Igubien.

Chœur.

Seigneur , vous qu'on nomme Sei-
gneur ,
Vous qu'on nomme Dieu des forêts,
A haute voix , je vous invoque ,
Dieu des forêts, Dieu des campa-
gnes ;
A haute voix , je vous invoque ,
Dieu puiffant , Dieu très-puiffant ,
Que ces bœufs fi gras , foient à vos
yeux
Un facrifice expiatoire :

Dieu des montagnes , Dieu fecoureur ,
Pour tout le pays Igubien.

Demi-Chœur.

Seigneur , par votre nom de Sei-
gneur ,
Par votre nom , Dieu puiffant,
Dieu des montagnes , faint & ter-
rible ;
Dieu des hauts lieux , Dieu fecou-
reur , exaucez
Tout le pays Igubien.

Chœur.

Qu'à ces animaux découpés , on
ajoute
Un bélier qui foit fans tache.
Dieu puiffant , & fi terrible , que
ce facrifice
Vous foit agréable. Il eft à vos pieds ;
Il eft parfait : on vous l'offre,
On vous le donne en expiation.
Détournez , détournez *nos maux* :
il eft jufte,
Dieu puiffant & terrible , Dieu mi-
féricordieux ,
Que ces bœufs fervent d'expiation !
Soyez appaifé , Dieu puiffant ,
Soyez appaifé , Dieu fecoureur ,
foyez appaifé
Envers tout le pays Igubien.

Demi-Chœur.

Dieu puissant, soyez appaisé,
Dieu secoureur,
Envers tout le pays Igubien.

Chœur.

Que les Chefs, les jeunes gens, les
Troupes, les Citoyens,
Les troupeaux, les campagnes, la
Patrie, soyent expiés.
Dieu de lumiere & de paix,
Donnez votre paix, Dieu secou-
reur,
A tout le pays Igubien.

Demi-Chœur.

Seigneur, vous qui êtes notre Sei-
gneur;
Vous, qu'on nomme Dieu puissant,
Conservez nos récoltes, Dieu secou-
reur,
Conservez les récoltes
De tout le pays Igubien.

Chœur.

Dieu puissant, conservez les récol-
tes,
Dieu secoureur,
De tout le pays Igubien.

Demi-Chœur.

Protégez nos Chefs, nos jeunes
gens,
Nos Troupes, nos Citoyens;
Nos troupeaux, nos champs, notre
pays;
Conservez nos récoltes, Dieu de
lumiere,
Et donnez votre paix,
Dieu secoureur,
A tout le pays Igubien.

Chœur.

Seigneur, vous qu'on appelle Sei-
gneur,
Vous, qu'on nomme Dieu puissant,
Que ces bœufs gras vous servent
d'expiation,
Dieu secoureur,
Pour tout le pays Igubien.

Demi-Chœur.

Seigneur, vous qu'on appelle Sei-
gneur,
Vous, qu'on nomme Dieu puissant,
Nous vous invoquons, Dieu puissant,
Que ces bœufs gras
Vous soient une feconde expiation,
Dieu secoureur,
Pour tout le pays Igubien.

En examinant les mots les plus remarquables de cette Hymne, nous trouverons une multitude de rapports frappans avec la
langue Latine.

PRÉVERIR, est composé manifestement de *Verïre*, en Latin *Verrere*, porter, employé par Virgile, *verrantque per auras.* Pre-verir est donc
mot-à-mot, porter devant, offrir: il est opposé à *Post verir* qu'on
trouve dans ces mêmes Tables.

Treblanir, porter trois fois autour ; ufage de la fête des Ambatvales, où l'on faifoit trois fois le tour des champs. Ce mot eft compofé de *tres*, trois, & de *Bal*, *Bla*, autour, cercle, ou du grec *Plané*, marche, tour, qui tient au François *planer*.

Iuve, prononcé Iouve, c'eft le nom même de Jupiter, d'Iou.

Grabovei, puiffant ; mot qui tient à Gravis, prononcé *Grabis*. Il eft auffi écrit Crapuvi dans les autres Tables, fuivant l'ancien ufage des Latins, où C étoit G.

Buf eft le plurier du fingulier Bue; on ne peut y méconnoître le Bous des Grecs, le Bove des Latins, notre mot bœuf : ici la lettre *s* marque du pluriel répond au *b* latin des datifs pluriels; on voit dans la Table III. *Aprif Trif*, pour *tribus apris*, trois cochons.

Trif, pluriel de *Tre*, trois.

Fetu, le même que Fiat, qu'il foit, qu'il devienne ; les vieux Latins difoient, *tu Dives Fite*, deviens riche.

Eso appartient au Verbe *Effe*, être.

Naratu, eft certainement un tems du Verbe *Narare*, raconter; il eft pour *Narato*, raconte.

Vesteis teio; *TEIO*, fignifie *Tes*, vos; mais que fignifie *Vefteis* ? Ce mot a été une énigme pour Pafferi : il femble qu'il ne peut appartenir qu'au radical *Væ*, douleur, mal : dont on aura fait *Vefteis* maux, douleurs, de *Væ*, douleur & *eft*, eft. Dans la feconde Table, & à la même place à peu près, on voit ces mots, *Veftisia*, *Veftis tio*.

Subocau, Suboco ; ces mots viennent de *Boco*, *Voco*, invoquer ; le dernier eft le Verbe ; le premier, le Subftantif *Vox*. Ces mots font joints à la prépofition Sub, comme dans *fuplico*.

Dei, Di, eft manifeftement le Latin *Dei*, *Deus*, Dieu.

Ocri-Per ; *Per* eft une terminaifon qui revient affez fouvent dans ces Tables ; c'eft ainfi que dans le vers qui fuit immédiatement, on voit *Tota-per* formé de *Tota*, toute. Quant à Ocri, il vient d'*Oc*, haut, élevé, Ocra, montagne. Il peut auffi être formé des mots Oc-Er, le Seigneur élevé, le Souverain, ce que les Allemands écrivent & nomment Hoch Herr.

Fisiu ; Pafferi a cru que c'étoit le Grec *Phyxius*, *furnom* de Jupiter comme Patron des fugitifs, de ceux qui fe réfugioient dans fes afyles. Je préfére de le dériver de *FID*, *FIS*, qui marque la confiance, la certitude d'être fecouru.

Iiovina, nom d'Iguvium, comme si on disoit le Pays d'Iou, de Jove, de Jupiter, dans le même sens qu'en Suisse le Lac & la montagne de Joux.

Erer, mot formé par la répétition de Her, Seigneur; c'est le mot Allemand Herr, Latin Herus, vieux Fr. Here, doù le Grec Hra Junon, la Souveraine des Dieux.

Nomneper, plus bas Nomne, le même que le Latin Nomine, nom. Fosei, de Phós, lumiere.

Pacersei, de Pace paix.

Ocrefisei, c'est la réunion des deux mots que nous avons déjà vu; Ocris & Fisius : nous le rendons par Dieu des Montagnes, Dieu secoureur. On pourroit le rendre par, toi qui est notre Rocher assuré, très-belle expression Orientale & très-conforme au sens littéral de ces mots.

Arsir, forêt: Tite-Live, Liv. II. parle de la forêt Arsia. Passeri a été réduit à dériver ce mot du Grec ALSOS, forêt. Il ne connoissoit pas le mot radical Ard, Ars, forêt. C'est une belle addition à ce que nous avons déjà dit sur ce mot ci-dessus, pag. ccvij.

Friteio, plus bas Fri; c'est tout le pays, la contrée, la terre Fru-gifere, productrice.

Peracrei, en Latin Per-ager, Per-eger, qui parcourt, qui pâture dans de vastes prairies: j'ai substitué à cette périphrase le mot gras qui en est l'effet : je vois que Passeri (dans la Table III.) l'a également rendu par opimus, gras, admirable.

Pihaclu; peut-on y méconnoître le même mot que le Latin Piaculo, expiation? Qu'on trouve écrit aussi Pihaculo dans Caton.

Orer, d'Oros, frontieres, bornes.

Ose, d'Osios, saint, en Grec.

Persei, de perdo, perdre, détruire; Grec Perthô, ravager.

Pir-Orto est, en Latin, PERORATum est, formule des sacrifices.

Arsmor : Or est une terminaison Sabine; Ombriene, qui correspond à l'Ablatif Latin en Od; Arsm, correspond lui-même au Latin, Armentum, gros bétail.

Dersecor, de Dersecare, disséquer, découper.

Subator; ce mot tient au Latin, Sub-agere, ajouter, amener. Les

Romains difoient *Subjicere Arietem* pour *Agere Arietem*, conduire, amener un bélier.

Sɛɴᴛ, pour *Sunt* ou *Sint*, qu'ils foient.

Pᴜsᴇɪ, pour Pᴜʀᴇ, purement, propre: il eſt écrit *Puſe* dans la feconde Table.

Nᴇɪᴘ; notre Auteur a cru que c'étoit le nom de quelque victime, d'une brebis, *p. ex*; mais il tient à l'Allemand *neip*, *neif*, Anglois *nip*, couper, découper, couteau, &c. & par conféquent au Latin, Nᴇᴄᴏ, Nᴇᴄᴇ.

Hᴇʀɪᴛ*u*; ce mot correfpond fans doute au Latin Fᴇʀɪᴛᴏ, frappe; le F, & le H, fe mettant fans ceſſe l'un pour l'autre, comme nous l'avons vû ci-deſſus pag. ccxxj. Il eſt écrit fans H dans la Table II, lig. 19, & à la fuite des fix mots précédens.

Pᴇʀsᴄʟᴇʀ; Paſſeri croit que ce mot défigne le facrifice d'un chien qui faiſoit partie des facrifices expiatoires, & que ce mot étoit grec, formé de *Peri*, autour, & de *Skulax*, petit chien, d'où le mot grec *Peristulakiſmos*, expiation faite par l'offrande d'un chien.

Vᴀsᴇᴛᴏ, de la même famille que Fᴀs, juſte, légitime.

Pᴇsᴇ*tom*, de *Pes*, pied.

Pᴇʀ*etom*, de *Per*, qui marque l'excellence.

Pʀᴏ*setom*, de *Pro*, devant.

Dᴀ*etom*, de *Da*, donner.

Vɪʀsᴇᴛᴏ, tourne; même que Verte, de Verſus.

Avɪʀsᴇᴛᴏ, détourne; oppoſé du précédent.

Mᴇʀs*ei*, apparemment de *Merces*, grace, d'où merci.

Pʜᴀғᴇɪ, *Piatus fias*, de la même famille que *pius*, & *piaculum*.

Nᴏᴍᴇ, de *Nomos*, loi.

Nᴇʀғ, pluriel Ombrien de Nᴇʀ, homme; les jeunes gens forts & vigoureux.

Vᴇɪʀᴏ, hommes mariés; Latin, Vɪʀ, *vieux lat.* Vᴇɪʀ.

Pᴇϙᴜᴏ, menu bétail, Latin, *Pecus*: François figuré, *Peque*.

Cᴀsᴛʀᴜᴏ, les Campagnes; de la même famille que le Latin Cᴀsᴛʀᴀ.

Fᴜᴛᴜ, Fos; notre Auteur dérive ces deux mots du Grec *Phós*, *Photos*, lumiere: 2°. homme.

Pᴀsᴇ, le Latin Pᴀᴄᴇ, paix.

Sᴀʟᴠᴏ, Sᴀʟᴠᴀ, en Latin, Sᴀʟᴠᴏ, fauf, Sᴀʟᴠ*are*, Sauveur, conſerver.

Sᴇʀɪᴛ*u*,

Seritu, en Latin, Serere, femer.
Etru, fecond; en Grec Etero, d'où *alterum.*

Le ftyle de ces Hymnes étoit fans doute d'un tems beaucoup plus reculé que celui dans-lequel elles furent gravées; il n'eft donc pas étonnant qu'il nous paroiffe barbare: il l'étoit pour les Romains eux-mêmes: Tite-Live (Liv. XXVI,) dit que dans ces tems anciens, on chantoit des Hymnes agréables fans doute à des ·efprits grofliers; mais qu'une Nation femblable aux Romains de fon tems ne pouvoit goûter.

Cependant on trouve dans Caton une Hymne pour les Ambarvales à l'honneur du Dieu Mars qui n'eft pas d'un ftyle plus relevé, dont la tournure eft la même que celle de cette Hymne Ombrienne, & qui renferme fouvent jufqu'aux mêmes expreflions; rapport d'autant plus remarquable que dans la IIᵉ. & la Vᵉ. dé ces Tables, on invoque fans ceffe Mars en lui donnant les mêmes épithétes qu'à Jupiter; ce qui n'eft point furprenant dès qu'il eft le même que le Soleil.

Mars,Pater,te precor, quæfoque, uti fies volens propitius mihi, domo, familiæque noftræ, cujus rei ergo agrum, terram, fundumque meum fuovetaurilia circum agi jufli, uti tu morbos vifos invifofque, viduertatem, vaftitudinem, calamitates, intemperiafque prohibeflis, defendas averruncefque: uti tu fruges, frumenta, vineta, virgultaque grandire & bene evenire finas, paftores, pecuaque falva fervaflis, duifque bonam falutem, valetudinemque mihi, domo, familiæque noftræ; harunce rerum ergo fundis	Mars, notre Peré, je vous invoque, je vous prie que vous me foyez de votre plein gré propice, à moi, à ma maifon, à tous nos gens, en confidération de ce que j'ai ordonné qu'on promenât autour de mes champs, de ma terre, de mon fond, les *fuovetaurilia*, afin que vous en éloigniez les maladies vifibles & invifibles, la ftérilité, la défolation, les calamités, les intempéries: que vous les défendiez, que vous les détourniez, que vous permettiez que les fruits, les blés, les vignobles, les arbres grandif-

Orig. Lat.

agti que mei luftrandi, luftrique fa-
cienda ergo , ficuti dixi macte hifce fuovetaurilibus lactantibus im-
molandis efto. Mars Pater ejufdem
rei ergo macte hifce fuovetaurilibus
efto.

fent & profperent : que vous con-
ferviez les Pafteurs & les toupeaux ;
que vous les mainteniez en bon
état, que vous donniez la fanté à
moi, à ma maifon,à tous mes gens :
en faveur de toutes ces chofes,pour
l'expiation & pour la purification de mon fond, de ma terre,
de mes champs, foyez-nous favorable à caufe de ces animaux de lait
qu'on va vous immoler comme j'ai dit : Mars, notre Pere , en faveur de cela, laiffez-vous toucher par ce Sacrifice.

TABLE II.

La IIe. Table eft gravée au revers de la précédente , dont elle
différe fouvent par l'orthographe : du moins nombre de mots
écrits en EI dans la premiere,font écrits ici par un I fimple.On y voit
PREVERIR , PUSI , VIRO , &c. au lieu de *prevereir, pufei, veiro.*
On y voit également c pour G ; je foupçonnerois donc qu'elle
appartient à un tems différent. On en jugeroit mieux fi on pouvoit confulter le monument même : je fuis étonné que cette remarque ait échappé à la fagacité de Pafferi , du moins je n'ai
rien apperçu dans fon Ouvrage de relatif à cet Objet.

Il régne encore cette différence entre ces deux Tables , que
Jupiter qui dans la premiere reçoit feul les vœux , eft prefque
toujours affocié à Mars dans celle-ci , & qu'on donne à ce dernier Dieu les mêmes épithétes qu'au premier, avec de légeres
différences.

Elle commence ainfi :	Lig. 6; Eso. Perfnimu.
Lig. 1. PREVERIR. TESENOCIR.	Vesrifia. Veftis. Tio.
Buf. trif. fetu. Marte.	Subocau. Suboco. Fifovi,
Crabovei. Ocriper. Fifiu.	Sanfi. Ocriper. Fifiu.
Totaper Iiovina....	Totaper Iiovina.

Lig. 7. Erer. Nomneper. Erar.

Nomneper. Fons. Sir.

Pacerfir. ocre. fifi.

Tote Iiovine.

Lig. 8. Erer. Nomne. Erar.

Nomne. Arfie. tiom. Subocau.

Suboco. Fifovi. Sanfi.

Afier. Frite. Tiom.

Subocau. Suboco.

Ces paſſages ne différent de la Ta-

ble I. que par quelques mots.

TESENOCIR , de *Taſſo* ſtatue-re , placer.

PERSNIMU , qui eſt déjà dans la Table I. lign. 55, eſt ſelon notre Auteur le même mot que *Perna* des Latins , la cuiſſe de derriere d'un animal.

SANsius , même que Sancus, Sanctus.

Cette Table ſert d'ailleurs d'explication ou de dévelopement à la Vᵉ. écrite en caractere nationnaux, & quelquefois avec une orthographe un peu différente ; mais elle eſt très-utile pour déchiffrer les caractères Eugubéens.

On voit dans celle-ci, MANDRACLO pour Mandragore, ſymbole de l'oubli des choſes paſſées, & offerte aux Dieux pour en obtenir l'oubli des fautes.

On voit auſſi des vœux au Dieu des Fontaines, au Dieu FONS.

Le mot CRINCATROHATU , pour indiquer l'eſpace de cinq jours, le *Quinquatre* des Latins.

Cette invocation au Dieu Mars, lign. 57 , SERFE. MARTIE. PREITOTA. SERFIA. SERFER. Sauveur, Mars, ſecours nous, Sauveur , ſauve.

On y ordonne des Ambarvales , ou proceſſions autour des champs ; & on y dit E VROONT. APE. TERMNONE , » qu'ils ſoient brûlés auprès du terme ou de la borne ».

BENUS , pour BONOS ou bene.

IIIᵉ & IVᵉ T A B L E S.

Ces deux Inſcriptions également Latines ſont ſur une même Planche. Elles ſont une ſuite des deux premieres , & ſont égale-

ment très-longues : du moins la IIIᵉ. qui sert de Paraphrase à la
Vᵉ. & à la VIᵉ. en caractères Eugubéens. La quatriéme est très-
courte, mais elle devoit sûrement contenir la septiéme, comme
le conjecture très-bien notre Auteur.

On y voit ACNE année ; C pour N, à la Grecque ; SEVACNE,
cette année : PER-ACNE, tous les ans, *perenne*.

SUBRA. SCREHTO. EST, ce qui est écrit ci-deſſus.

TABLES V, VI, VII.

Les autres Tables ſont en caracteres Ombriens, par conféquent
beaucoup plus anciennes que les quatre précédentes qui paroiſſent n'en être que des copies en caracteres Latins : l'orthographe
en eſt auſſi très-intéreſſante, parce qu'on voit en quoi elle diffé-
roit de celle des Latins.

On en peut juger par cet exemple.

Tabl. II. l. 43.

Vocucom. Ioviv. ponne. ovi. fur-
 fant.
Vitlu. toru. trif. fetu. Marte.
Horfefetu. Popupler. totar. Iiovi-
 nar.
 Totaper. Iiovina.
Vatuo. Ferine. (l. 44.) fetu.
Poni. fetu. arvio. fetu. tafes.
Perſnimu.

Tabl. III. 3.

Fondlire. Abrof. trif. fetu; heriei.
Rofu. heriei. peiu. ferfe. Martie.

Tabl. VI. l. 1.

Vukukum : Iuviu : pune : uvef :
 furfath.
Tref : vitluf : turuf : (1) Marte :
Hurie : fetu : pupluper : tutas : Iu-
 vinas :
 Tutaper : Ikuvina
Vatuva : ferine : fetu :
Uſtentu. Kutep.
Puni : fetu : arvia : Uſtentu. Kutep
Peſnimu.

L. 24.

Funtlere : trif : apruf : ruſru :
Ute : peiu : feitu : berfe : Martl :

Dans cette VIᵉ Tab. l. 13, il eſt queſtion d'un petit Temple, PARFA
TESCA, à élever à l'honneur de Jupiter foudroyant : & ce mot *teſta*

est également employé par les Romains dans le même sens. Dans
l'ARFA, on voit F pour V à l'Allemande.

Dans la VIIᵉ Tab. l. 25, VINV. NVVIS...., TIV. PVNI. TIV. VINV. Le vin
nouveau, le pain sacré : le vin sacré : de *Thió*, offrir en sacrifice : à la
lig. 40, le vin & le pain sont répétés avec l'adverbe TERTV, *pour la
3ᵉ fois.*

L. 21. NATINE, épithète d'un Prêtre : ce mot correspond au Latin
Natinator, Agent, Procureur.

TABLE VIII.

Cette Table est gravée au revers de la VIIᵉ. & a pour objet
les sacrifices nationaux offerts par l'Assemblée de toutes les Tribus Eugubiennes.

A la lig. 1. NIES TEKURIES, nouvelles Décuries assemblées pour le
sacrifice d'un chévreau : *captum.*

Lig. 1. *Famerias* pour *Famelias*, les Familles ou Colléges qui présidoient
aux fêtes.

A cette occasion, notre Auteur parle d'un Canton Eugubien
sur le haut de l'Apennin appellé *Chiaserna*, que les Habitans pos-
sédent encore en commun, sans en avoir partagé les champs entr'eux. Il soupçonne que c'est le même Peuple qui est appellé
dans cette Table *Klaverniu.* Ce qui est d'autant plus probable
que les Italiens changent KL en *Chi* ; & que nous voyons dans
ces Tables que S & V ou B se mettoient chez les Ombriens l'un
pour l'autre. Berse ou Verse, *pour* Serfe.

L. 23. MANUVE, en Lat. MANUVIÆ, action de lancer la foudre.

TABLE IX.

Cette Table composée de deux fort courtes, l'une en caracteres Ombriens, l'autre en caracteres Latins, renferme le rit
d'un sacrifice offert à Jupiter par le Collége des Freres ATI-
RIENS.

Jupiter y eft appellé Esuk, Esuna, Esune: mais *Esus* étoit fon nom chez les Gaulois.

> Dans la lign. 3, Pulpe eft au nombre des offrandes : or, on voit dans Caton *de Re Ruft.* au chap. intitulé *Votum pro Bobus*, qu'on offroit de la Pulpe dans ces occafions.

> L. 7. Devestu ; Varr. *Ling. Lat.* l. IV. nous apprend que chez les Sabins, on appelloit Depista des Vafes facrés remplis de vin qu'on mettoit fur les Tables facrées dans les jours de fêtes. *Depefka* défignoit également un vafe chez les Grecs.

> *Lig.* 11. Vepurus ; non pur, impur : c'eft le Ve négatif des Grecs & des Latins.

> *Lig.* 15. Kuïnahkle ; dans Feftus Clunaclum défigne un coûteau de facrifice, qui dut fon nom, dit-on, à ce qu'on s'en fervoit pour dépecer les cuiffes appellées Clunes.

> Kluvier qui précéde ce mot, & qui tient au Latin Cluere, purger', marque qu'il falloit purifier ce coûteau pour le facrifice; en effet, rien n'y étoit employé fans avoir été purifié, purgé.

> Plaute, dans *Amphytr.* Act. IV. fc. 3, dit :
> *Tu purgari jufferas vafa ut rem divinam faceres.*
> « Tu avois ordonné que les vafes fuffent purifiés, afin que tu puffes
> » remplir les devoirs divins.

TABLE X.

Cette Table au revers de la précédente eft également compofée de morceaux, l'un en caracteres Ombriens, l'autre en caracteres Latins.

Cette derniere commence ainfi :

Claverniur. Dirsas. Herti. Fratrus, Atiersir.	Clavernius, Chef des Saints Freres Atierfiens.

Cette Infcription a pour objet la donation d'une piéce de terre au Temple de Mars.

Bourguet y voyoit la vente d'un arpent de terre par Dirfas

en faveur de Faber Opeter; l'Abbé OLIVIERI, un décret des Freres *Atierfir* ou Pontifes au fujet du déplorable état des Pelafges fur lequel il croyoit avec Bourguet que rouloient les grandes Tables (1).

TABLES XI & XII.

Ces Tables contenues fur la même Planche, l'une d'un côté, l'autre de l'autre, roulent fur un objet auffi peu connu qu'intéreffant, fur les cérémonies qu'on mettoit en ufage pour attirer la foudre, & qui firent donner à Jupiter le nom d'ELICIUS, ou *qu'on attire.* L'enfemble de ces cérémonies étoit contenu dans des Livres que Cicéron (2) appelle *Fulgurales, Fulminales*, » livres » qui renferment la doctrine relative aux éclairs & à la foudre.» Les Prêtres de l'Antiquité avoient donc l'art d'attirer la foudre, art qui fe perdit avec l'exiftence de ces Prêtres, & que d'illuftres. Phyficiens ont retrouvé de notre tems fous le nom d'Electricité.

Manilius perhaps, had read these Fulminales

So! So.

On regardoit Numa comme celui qui avoit inftitué ces cérémonies à Rome, mais elles étoient fort antérieures à ce Prince; il les avoit empruntées des Sages qui l'avoient précédé. C'étoit, felon les Romains, un art magique, que ce Prince avoit forcé les Divinités Latines FAUNUS & PICUS de lui révéler, en les liant, après les avoir enyvrés avec des coupes de vin qu'il avoit placées auprès d'une Fontaine où ils venoient fe défaltérer,& cette Fontaine étoit au pied du Mont Aventin, d'où elle fe répandoit fur une verte peloufe au milieu d'un Bocage touffu.

Numa

Faunus Picus

Wr an Intriguer! to get the gods drunk!

Ces Divinités apprirent donc à Numa des vers, des enchantemens propres à évoquer la foudre ; ce qui fit dire à Ovide : (3)

Numa, like the other Legislators, Philosophers and Theologians of Antiqu

---

(1) Mém. de Cort. T. II. 28.
(2) De Divin. Lib. II.
(3) Ovid. Faft. Liv. III. 331.

he, fcrupled not to practise pious frauds upon ignorant People. The Race of fuch Politicians is not yet extinct

ELICIUNT cælo te Jupiter. Unde minores,
Nunc quoque te celebrant, ELICIUM *que vocant.*

« Ils t'attirent donc, ô Jupiter ! du haut des Cieux ; aussi ils t'invoquent
» encore aujourd'hui sous le nom d'ELICIUS ».

Il falloit une grande adresse dans l'opération d'attirer ces fou-
dres, puisqu'il en coûta la vie au successeur de Numa, pour n'a-
voir pas pris les précautions nécessaires en attirant la foudre ; il
en fut frappé, parce, disoit-on, qu'il avoit oublié quelque circonstance essentielle à l'évocation.

On n'en trouvera pas le secret dans ces deux Tables ; mais on
y voit la pompe avec laquelle on y procédoit, & l'éclat des sacrifices dont on les accompagnoit, & qu'on appelloit *suovetauri-*
lia, parce qu'on y immoloit un cochon, une brebis & un taureau. On y voit également le faste avec lequel on en imposoit
au Peuple pour lui persuader que c'étoit le Dieu de la foudre lui-
même, qui se rendoit aux prieres de ses Prêtres pour la lancer
en faveur de son Peuple.

Nous avons fait graver Pl. I. N°. I. les quatre premieres lignes & la derniere de cette XIe Table. On lit ainsi les quatre
premieres.

ESUNU : FOIA : HERTER : SVME :
VSTITE : SESTENTASIARU :
VRNASIARV : HVNTAK : VVKE : PRVMV : PEHRTV :
INVK : VHTYRV : VRTE SVVNTIS :

Ce qu'on peut rendre ainsi :

Qu'on fasse à Esus (Jupiter) un sacrifice avec une truie égorgée ; avec
un septier (de farine fine), une urne (de vin) ; des cuisses de vache :
c'est pour le premier FOUDRE. Qu'un Frere (le Prêtre) égorge suivant
les régles un taureau....

Notre Auteur fait voir qu'ici Herter tient au Grec *Hieros*, sacré ; *sume*,
au Latin *sumen* ; ustite, au Lat. *hostire*, frapper, égorger.

Que

Que Huntak eſt le même qu'Onse dans les Tables en caracteres Latins, où il ſignifie cuiſſe.

Quant au mot Mersus qui ſe trouve çà & là dans ces mêmes Tables, & dont notre Auteur n'a jamais donné l'explication, je crois qu'il tient au Latin *merſus*, plongé, & qu'il eſt relatif aux purifications par l'eau, qui accompagnoient toujours les ſacrifices, & dont ſans cela il ne ſeroit point parlé dans ces rituels, ce qui ne paroît pas vraiſemblable.

Lig. 13. Fertvta-Aitvta: en préſentant l'offrande en rond, comme c'étoit l'uſage.

Il eſt enſuite queſtion de pluſieurs rituels ſous le nom d'Antentv. d'Ententv & d'Astintv : mots qui tiennent au Verbe augural & pontifical *Intentare*, prédire, augurer, préſager.

Trois de ces préſages ſe rapportent à Jupiter Féretrien, Iꝫunt. Ferehtrv. Antentv. & ſuper-Feretrien, Svperaklv, *mot-à-mot*, à Jou, qui frappe & qui refrappe, ou comme on l'appelle dans d'autres Tables, Hostatir, & An-ostatir, foudroyant & refoudroyant.

Lig. 22. Antentu. Sakre. Sevakne. Vpetv. Ivvepatre. On voit ici un préſage *Antentu* qui doit être tiré d'un cochon d'un an, *SAcre Sevacne* par le Prêtre ou le Paſteur, l'Vpetv de Jupiter : ce Prêtre étoit en même tems le Roi, le Chef de la Contrée ; comme Anius *Rex & Sacerdos*, Roi & Prêtre : auſſi eſt-il appellé lig. 25, Pvemvne. Pvprike : le Roi des Peuples ; du Grec *Poimaneus* Roi ; Paſteur : ainſi qu'ils ſont appellés dans Homere, *les Paſteurs des Peuples*.

Lig. 25. Tiblv. Sevakni. Teitu. Inumek. Uvem. Sevakni. Vpetv. Pvemvne. Pvprike. Qu'un veau d'un an ſoit ſacrifié, ainſi qu'une brebis d'un an par le Prêtre, le Paſteur des Peuples.

Lig. 31. Ici commence le détail d'un nouveau Sacrifice pour un ſecond tonnerre, ou pour deux tonnerres, l'expreſſion étant équivoque, Tvva Tefra : Tvva, deux : Tefra, foudre : du Grec Tephroō, réduire en cendres, incendier, brûler.

Dans la Table ſuivante, on voit une troiſiéme cérémonie pour

Orig. Lat. h h

obtenir une troifiéme foudre par le dépécement d'autres victimes.

Lig. 2. TERTIAMA. SPANTI. TRIIA. TEFRA. PRVSEKATV. Ce dernier mot eſt le Latin *Profecatio*, le dépécement : *Spanti* fignifie fans doute affemblée générale; de PAN *tout*.

Lig. 3. On voit ici que cette cérémonie devoit être dirigée par le Roi ou le Chef de l'année précédente. VESVNE. PVEMVNES. PVPRIKES. Ici VEsunu, de VETUS, prononcé VESUS, vieux, ancien.

Lig. 10. Les deux Rois ou Paſteurs ſont déſignés tous deux dans cette ligne, PVEMVNE. PVPRIKE. VESVNE. PVEMVNES. PVPRIKES.

Lig. 18. SCALBETA. KYNIKAX. Dans la Table II. *lig.* 5. on lit également: SCALSIE. CONEGOS. On reconnoit ici le Latin CONITVM, eſpéce d'offrande qui conſiſtoit en un gâteau : du Grec *Chóneia* four, comme l'a bien vú Feſtus, mot également Hébreu, Valdois, &c.

Scalſie, *Scalbeta*, viendront du Grec *Skhaó*, couper, tailler, ſacrifier.

Quant au caractere de ces deux dernieres Tables, il paroît moins ancien que celui des autres, parce qu'on y voit le *b* prendre la forme de notre *d* minufcule, & la lettre *R* prendre une queue & reſſembler au *q*, ſans changer ſa forme primitive : comme on peut s'en aſſurer dans la gravure que nous donnons de la 58e. ligne de ce monument, *Pl. I. Nº. 1. lign.* 5.

§. IV.

Langue & Médailles Samnites.

Les Samnites étant deſcendus des Ombriens & des Sabins, parlerent certainement la même Langue, avec peut-être quelques légeres différences : malheureuſement, il ne reſte de ces ennemis mortels du Peuple Romain que quelques Médailles relatives à leurs guerres contre ce Peuple : elles prouvent cependant qu'ils avoient le même Alphabet & à peu près la même Langue.

Entre ces Médailles, on en diſtingue deux ſur leſquelles on voit un même nom écrit de droite à gauche.

Au revers,	C. PAAPI. C.
Autour de la tête,	MVTIL. EMBRATVR.

2.

Autour de la tête,	C. MVTIL.
Au revers,	SABINIM.

Ces deux Médailles ſur leſquelles on trouve le même nom MUTIL, ont été expliquées diverſement par chacun de ceux qui s'en ſont occupés : & on doit s'y attendre lorſqu'il s'agit d'objets ſi peu connus.

L'Abbé OLIVIERI (1) combinoit enſemble les Inſcriptions de ces deux Médailles : il en faiſoit, C. Mutil Empereur, fils de C. Papius de Sapinim.

Il avoit bien vu que c'étoit le C. Papius Mutilius dont parlent divers Auteurs Latins , comme Général des Samnites dans la guerre des Alliés en 662 , & qu'ils repréſentent comme un homme plein de courage , & un des plus grands Capitaines contre leſ-quels les Romains ayent eu à ſe défendre (2). Quant à Sapinim , il veut que ce ſoit la ville des Samnites qu'on appelloit *Sapinum :* il remarque auſſi qu'à Rome il y avoit la famille SAFINIA qui étoit Samnite d'origine ; tandis que , ſelon M. MAFFEI, ce nom déſignoit les Sabins.

PASSERI (3) prétendit au contraire que le nom de *Sabinim* ou *Safinim* ſubſtitué à celui d'Empereur, ne pouvoit déſigner ni un

---

(1) Mém. de Corton. T. II. & IV.

(2) Plutarq. de la Fortune des Romains, ch. XV.

(3) In Dempſteri Etruria Reg. p. 113-115;

nom de lieu, ni un nom de famille, mais un nom de dignité,
un nom Samnite correspondant en quelque forte à celui d'Empereur: celui de Suffète, de Chef suprême, de Juge, nom
que les Hébreux & les Carthaginois donnoient à leurs chefs ; &
qu'il soupçonne que portoit ce Metius Suffetius, que les Albains établirent pour leur Magistrat suprême, ou leur Dictateur,
lorsque la famille de leurs Rois se fut éteinte. Il soupçonne également que les noms de Sophi chez les Perses & de *Saphnat*
donné par les Egyptiens à Joseph, désignent la même chose.

Quant au nom d'Empereur, il prouve par un passage de Strabon (1), que c'étoit un nom de dignité chez les Samnites. » Les
» Samnites, dit celui-ci, se réunissant à Corfinium chez les Pé-
» lignes, montroient cette ville à tous les Peuples de l'Italie com-
» me leur Métropole commune, & l'appellant, par ex. la ville Ita-
» lique, le Boulevard de l'Italie contre le Peuple Romain, ils
» créèrent avec leurs Alliés, des Empereurs & des Consuls :
» C. Pontius, Statius Cellius, Gellius Egnatius, ont
» tous été du nombre de leurs Empereurs ».

M Pillerin (2) se rangeant à l'idée du Marquis Maffei,
ne voit dans Sabinim, que le nom des Sabins: Mars, dans le
Général peint au revers: la ville de Bovianum, capitale des Samnites-Pentri, ville riche & forte, dans le bœuf qui est au pied:
Bellone ou Minerve, dans la Déesse dont on voit la tête au type
de la Médaille.

Le Docteur Swinton (3) prétend que le mot Sabinim ne désigne que la famille du Général, cette famille Safinia qu'on voit également établie à Rome, & qui y étoit venue du pays des Samnites.

Mais ne pourroit-on pas dire que ces deux Médailles n'ont pas le même perfonnage pour objet ? que le Mutil de la feconde n'eft pas le Mutil de la premiere ? Dans celle-ci on en voit deux, C. Paapius, & C. Mutil, dont le premier eft fils du fecond; c'eft C. Paapius, fils de C. Mutil, qui eft Empereur : mais qu'é-toit C. Mutil, fon pere ? Il étoit *Sabinim* ; c'eft à-dire, revêtu unedignité appellée de ce nom, ainfi que fon fils de celle d'*Em-bratur.* N'y pourroit on pas même trouver du rapport avec les SCABINI du Nord ? on fait que le S ou Sch des Hébreux, s'eft fouvent changé en X & en Sc. Dans la difette des monumens, on ne peut former que des conjectures : & fouvent telle conjecture fauffe & abfurde en apparence a conduit à de grandes véri-tés.

§. V.

LANGUE ETRUSQUE.

La Langue Etrufque eft celle des Peuples de l'Etrurie : on en a beaucoup parlé, on lui a donné la plus grande étendue, on lui a attribué tous les monumens Ombriens, Samnites, Campaniens: c'étoit abufer étrangement des mots : qu'avoient de commun avec les Etrufques, les Peuples de la Campanie, féparés d'eux par tous ceux du Latium ? Pourquoi veut-on que les Sabins & les Sam-nites qui ne furent jamais foumis aux Etrufques, ayent parlé leur Langue ? Il n'eft pas furprenant qu'avec des idées auffi fauf-fes, on n'ait jamais pu débrouiller la nature & les rapports des Langues de l'Italie. A la vérité, on étoit induit en erreur par l'écriture de ces divers Peuples qui avoit un très-grand rapport

avec celle des Etrufques, & qui marchoit également de droite à
gauche, du moins jufqu'au deuxiéme ou troifiéme fiécle avant notre
Ere ; mais comment ne voyoit-on pas que le rapport d'écriture
ne prouve rien pour le rapport des Langues? Les Langues d'Europe en font elles plus femblables , parce que dans prefque toutes on employe les caractéres Romains ? Les Peuples de l'Italie
n'eurent qu'une écriture, parce qu'ils avoient eu le même Maître;
mais n'en concluons pas que le Sabin, le Samnite , le Campanien
avoient appris des Etrufques à parler : laiffons fa Langue à chacun de ces Peuples , & contentons-nous d'en remarquer les rapports avec chacune des autres, & fur-tout avec la Latine.

Imitons encore moins le *Signor* MARIUS GUARNACCI, Pré-
lat Romain, retiré depuis très-long-tems à Volterre fa Patrie ,
qui dans fon enthoufiafme pour les Etrufques fit paroître il y a
peu d'années un gros Ouvrage en trois volumes in-folio, pour
prouver qu'eux feuls avoient peuplé l'Italie : que d'eux feuls
étoient defcendus les Latins, les Sabins , les Samnites , les Ombriens, les Liguriens, &c. : que franchiffant les Alpes, ils avoient
également formé les Theutons, les Gaulois , &c. : que d'eux
étoient fortis tous les Arts , toutes les Sciences; qu'à eux feuls
avoient été redevables les Grecs de toutes leurs connoiffances :
que c'eft par eux que ceux-ci avoient été policés.

Afin de prouver une thèfe auffi dénuée de fondement , il falloit néceffairement faire des Etrufques la premiere Colonie établie en Italie : remonter donc aux tems les plus reculés : à cet
égard, on n'a rien à défirer : le *Signor* GUARNACCI remonte jufqu'au Déluge , & trouvant là Noé avec fon Arche , il les amene
en Italie qu'ils peuplent d'Etrufques : peut-on les méconnoître
dans Janus le planteur de vigne , & dans fon vaiffeau ?

Il eft bien étonnant que dans un fiécle auffi éclairé, on renouvelle les vifions d'un Annius de Verterbe & du faux Berofe , *Falſe Berosus.* profcrites depuis fi.long-tems en Europe ; que fur la foi de quelques vaines étymologies, on faſſe partir des rives de l'Euphrate Noé & fa famille ; qu'on les faſſe arriver fur les bords de la Méditerranée ; là équiper une flotte , & s'expofant aux hafards d'un élément inconnu, cingler droit en Italie comme des Aventuriers , pour y devenir les Peres des Etrufques. Que Virgile fe foit permis *Virgil a Poet* ces fictions pour Enée ; qu'il ait fuppofé qu'à la ruine de Troie *& cuſable* ce Prince pourfuivi par la colere des Dieux , fut obligé d'abandonner une Patrie incendiée , qu'étant monté fur fes vaiſſeaux , & ayant été pourfuivi de rivage en rivage par une Déeſſe ennemie , il trouva enfin un afyle dans le pays Latin, on le lui paſſe , & on s'en amufe ; un Poëte, un Romancier, ont tout droit d'imaginer , d'inventer , d'entaſſer merveilles fur merveilles ; mais *but not an hiſt* que des Hiftoriens deviennent leurs imitateurs , c'eſt ce qu'on a peine à concevoir.

D'ailleurs, quel avantage peut-il revenir à l'Italie d'avoir été peuplée par mer plutôt que par terre : d'avoir été mere des Celtes , ou d'en avoir reçu les enfans dans fon fein ? Quelle Nation peut mettre fa gloire à des chofes de cette nature, qui, lorfqu'elles feroient vraies, ne feroient guères que l'effet du hafard ? La feule chofe qui importe, c'eſt la vérité; c'eſt de chercher, non les récits les plus merveilleux , mais les plus vrais ; c'eſt de fe rapprocher le plus qu'on peut de la Nature , de ceſſer de fe repaître de fables & de chimères.

Diverfes efpéces de Monumens Etrufques.

Pour fe former quelqu'idée de la Langue Etrufque , on peut confulter trois fortes de monumens ; 1°. Mots tranfmis par les Anciens ; 2°. Médailles; 3°. Infcriptions. Cependant, en réuniſ-

fant ces fecours, on fera très-peu avancé, & on verra avec furprife, que quoiqu'on ait prodigieufement exalté les monumens
Etrufques, il ne nous refte prefque rien de ce Peuple, après
qu'on l'a réduit dans fes juftes bornes.

Les mots que les Anciens nous ont confervé dans la Langue
Etrufque, ne vont pas à deux douzaines : encore plufieurs font-
ils fufpects, n'ayant été confervés que par Héfychius, qui a écrit
dans des tems peu reculés, & qui ne cite nul garant, nul lieu,
nulle époque.

Les Médailles Etrufques font en fi petit nombre, que ceux qui
élévent le plus ce Peuple, en font d'un étonnement extrême (1) :
& quant aux Infcriptions, elles ne confiftent en quelque forte
que dans des noms propres, gravés fur des Tombeaux; auffi, ne
peut-on recueillir par-là qu'un très-petit nombre de mots connus.

MOTS ETRUSQUES,

Tranfmis par les Anciens.

Les Anciens nous ont confervé quelques mots Etrufques par
lefquels ont peut fe former quelques légéres idées de cette Langue & de fes rapports avec la Langue Celtique, & fes filles la Grecque & la Latine.

AESAR, Dieu, Æsi, Dieux, (*Hefychius*); c'eft le Runique & l'Orien-
tal, As, Dieu.
AGALLÉTOR, enfans, (*Hefych.*) de GALL, joli, beau,
ANDAS, Borée, ANTAI, les vents, d'*AN*, fouffler, refpirer.
ANTAR, aigle (*Hef.*)
ARAKOS, épervier, (*Hef.*) Gr. HIERAX.
ARIMOI, finges. (*Strab.*)

---

(1) Voyez Pafferi, *de re numaria Etrufcorum*, cap. II.

Ἀϒκelos , aurore , d'Aug, œil , lumiere.

Burros , coupe ; en Celte, Burr , *d'où* Burète.

Cære , Ville Etrufque ; de Ker , Kar , Ville.

Capra , chévre , mot Gr. Lat. Celt.

Capys , faucon.

Damnos , cheval, (*Hef.*) de Dam , élevé , ou de Damaô , dompter.

Druna , Principauté, principe, (*Hef.*) Celt. Trum , faîte , élévation.

Gapos , char, (*Hefyc.*) Celt. Cap, vafe , ce qui fert à porter.

Hister , Comédien , Hiftrion.

Idϑ*are* , divifer ,

Idus, ides, $\Big\}$ de Dϑo , deux.

Viduus , veuf ; Vidu*a*, veuve ;

Ital*us* , veau, Gr. Italos , Hébr. Itar.

Lanista , Bourreau , Celt Lan , déchirer.

Mantissa , addition, (*Feftus*) : de Mant , grand.

Mantus , Dis Pater, (*Servius*) , du même mot que les Man*es*.

Subulo , Joueur de flute : (*Fef. Varr.*) en Lat. S*ibilo* , fifler ; c'eft une onomatopée.

Tina , de *Tin* , profondeur , capacité, même famille que Ten*eo* des Latins , *tenir.*

Tyrses , ou Turses , tours ; ici R changé en S pour Turres , mot Celt. & Orient.

Veia , chariot ; de *Veho* , voiturer.

Al eft une terminaifon commune aux Etrufques & aux Romains , qui défigne la qualité adjeitive : de-là ces divers mots.

Tribunal , Puteal , Minerval , Lupercal , Fagutal , Compital , Pomonal , Veitigal , Latial , Animal , Cervical , Capital , &c.

Mots déchiffrés fur divers Monumens.

Dans notre Pl. I. N°. III & IV , nous avons fait graver divers mots Etrufques qu'on a heureufement déchiffrés fur plufieurs Monumens encore fubfiftans : on ne fera pas fâché d'en voir ici l'explication.

Le premier de ces numéros ne renferme que des noms pro-

Orig. Lat.   *i i*

pres. Les trois premiers font le commencement d'une Infcription ;
& fe lifent ainfi :

Aulemi, Metelim, Vesial , le Fecial Aulus Metellus.

On voit enfuite les mots, *Larth Ceifinis*, comme nous dirions ,
Don Ceifinis , ou le Seigneur Ceifinis : le mot Lart , répondant
à ces idées & tenant à la même famille que le Lord des Anglois.

Viennent enfuite ces noms; Marcus, Achille , Ulyffe, *Menerva* ou Minerve , *Hercla* ou Hercule, Caftor, *Pultuke* ou Pollux , *Aplu* ou Apollon : *Thalna* ou Junon ; *Tinia* ou Bacchus ;
Péroufe , ville d'Etrurie.

Dans le Nº. IV. font ces mots :

Mi , moi, je.	*Kurr* , char.
Avils , âgé.	*Fanu* , Temple.
Lupum , tombeau.	*Precum* , prieres.
Felus , fils.	*Frontac*, foudroyant.
Clan , né.	*Trutnut* , arufpice.
Metres , mere.	*Thana* , dame.
Flerem , confacré.	*Cuer* , enfant.

Aucun de nos Lecteurs qui ne reconnoiffe dans cette derniere lifte divers mots Latins , tels que *Mi, Felus , Metres , Kurr ,
Fanu , Precum.*

D'autres tiennent au Grec, tels *Lupum & Frontac.*

Clan eft commun aux Irlandois avec la même fignification.

Cuer , enfant, eft également Latin & Grec ; c'eft le Koros
de cette derniere Langue : le Por & Puer des Latins ; on fait
que C & P fe font fans ceffe mis l un pour l'autre.

Trutnut Arufpice, tient au Latin *Trutinat-or*, qui examine,
qui péfe, qui confidére.

D'autres noms dechiffrés fur diverfes Infcriptions ou Epitaphes Etrufques par le favant Pafferi, démontrent le plus grand rapport entre la Langue de ce Peuple & celle des Romains. On y voit des perfonnages appellés *Cæcus* ou l'aveugle ; *Elpis* ou l'efpérance ; *Gracchus* ou Corneille ; *Glaucus* ou bleu, bluet ; *Gallus* ou coq : *Caprilis* ou cabrit ; *Maicer* ou maigre, maigret ; *Rufus* ou le roux ; *Sefri* ou le fevere ; *Trepuniammui*, Trebonien, ou Trois-Fontaines.

Sur une Infcription trouvée à Tuders, on lit ce nom THANA NIKÉLLA, Dame Nigella ou la noire.

On fe croit dans les Çatacombes de Rome & non dans celles de l'Etrurie.

ALPHABETS.

Nous avons cru devoir ajouter à ces recherches fur les anciennes Langues de l'Italie, les divers Alphabets qui réfultent des Monumens qui nous en reftent ; on les verra dans la Pl. II. elle eft intitulée ALPHABETS ITALIQUES, comparés avec le Grec ancien & avec l'Oriental.

Ces Alphabets Italiques font l'Etrufque de divers âges, l'Eugubien ou Ombre, l'Ofque de Nola & le Samnite du VIIme. fiecle de Rome. On y voit leurs rapports avec l'Hébreu des Médailles, & avec le Grec ancien.

On ne fauroit les confidérer fans fe convaincre qu'ils furent l'origine des caracteres Romains, & qu'ils eurent tous la même origine que les Alphabets Orientaux : ce qui s'accorde parfaitement avec ce que nous avons déjà dit à ce fujet dans nos *Origines du Langage & de l'Ecriture.*

ARTICLE II.

DE LA LANGUE LATINE

Et de ses Révolutions.

LA Langue Latine dont il s'agit ici, n'est point celle des Habitans du Latium ; c'est celle de Rome ; la même sans doute que celle des Peuples Latins, mais modifiée par leur réunion avec les Sabins, & par leur commerce avec les Colonies Grecques établies dans leurs environs, peut-être même sur quelqu'une des montagnes de Rome. Mais le fond de cette Langue, comme nous l'avons vû, fut la langue Celtique accommodée à la prononciation, au génie, aux besoins des Peuples du Latium & des Citoyens Romains.

Cette Langue, semblable en cela à toute Langue vivante, essuya de siécle en siécle des changemens d'autant plus considérables, que cette Nation elle-même éprouva continuellement les révolutions les plus grandes, & souvent les plus rapides, au point que vers les derniers siécles de la République, on n'entendoit plus la Langue de Numa.

D'abord, confinée dans le Latium, elle est la même que celle de ses voisins, que la Langue ancienne qu'ils n'avoient eu ni le tems ni les moyens de policer. Cette Langue dut rester nécessairement la même pendant les premiers siécles qui suivirent la fondation de Rome, dans ces tems où les Romains occupés uniquement d'Agriculture, de combats au dehors, & de divisions au dedans, n'eurent pas un instant pour se livrer aux Sciences,

& furent bornés à quelques Hymnes antiques , & à des annales groſſieres.

Mais dès qu'une fois ils eurent franchi ces barrieres; que leurs intérêts furent mêlés avec ceux des Grecs & des Peuples les plus policés; qu'ils eurent occaſion de ſentir la beauté des autres Langues , & d'appercevoir ce qui manquoit à la leur ; & que poſſédant de grandes terres, de grandes richeſſes, de grands moyens & plus de loiſir, ils commencerent à avoir honte de leur ignorance, & à cultiver les ſciences & les arts: qu'ils furent jaloux de faire de leur Langue celle de l'Univers dont ils devenoient les Maîtres, de l'enrichir des beautés qu'on admiroit dans les autres , d'avoir des piéces de théâtre , & des poëſies dignes de lutter avec celles des Grecs , une hiſtoire de leurs révolutions, aſſortie à la majeſté du Peuple Romain; que les jeunes gens des plus illuſtres Familles ſe livrerent à l'éloquence & à la poëſie , & qu'ils ſe défierent à l'envi dans cet illuſtre combat; il fallut que leur Langue ſe prêtât à toutes ces vues, & qu'elle éprouvât les changemens les plus rapides: ce fut l'effet de moins d'un ſiécle , de deux ou trois générations.

C'eſt dans ce court eſpace de tems, que la Langue Romaine devint abondante , harmonieuſe , capable de ſe prêter au beſoin des Poëtes, des Hiſtoriens, des Orateurs: qu'elle fut à leur gré douce, majeſtueuſe, agréable & tonnante, flatteuſe & terrible , qu'elle ſut ſe prêter aux jeux des Bergers, inſpirer les Poëtes, s'élever avec l'Hiſtoire, peindre les combats & le carnage, frémir avec les flots des aſſemblées publiques, & leur en impoſer.

On a comparé ces révolutions , à l'enfance, à la jeuneſſe & à l'âge mûr. Cette enfance fut longue , & n'a laiſſé preſqu'aucune trace; la jeuneſſe paſſa avec la rapidité d'une roſe ; l'âge mûr abondant en excellens Ouvrages de tout genre, fait encore aujourd'hui les délices des personnes qui aiment à s'Instruire , & servent de modèles à ceux qui veulent se distinguer dans les Lettres.

Mais afin qu'on juge mieux du chemin qu'eurent à faire les Romains pour parvenir à ce point, donnons des échantillons de ce qu'étoit leur Langue avant les beaux siécles de leur Littérature.

Monumens du premier Age

De la Langue Latine.

I.

Vers Saliens.

Le plus ancien monument littéraire des Romains dont il reste quelque trace , consiste dans les Vers que chantoient les Prêtres. Saliens établis par Numa. Ce Prince Philosophe , choisi entre. les Sabins pour régner sur un Peuple qui ne connoissoit que la charrue & l'épée , sentit la nécessité de lui donner des mœurs & un culte : il profita pour cet effet de l'ascendant que la haute idée qu'on avoit de ses connoissances, lui donnoit sur ce Peuple grossier, pour en devenir le Légilateur moral, politique & religieux. Dans cette vue , il établit entr'autres, un Corps de Prêtres appellés Saliens , parce qu'ils dirigeoient les danses sacrées, en dansant eux-mêmes, & en frappant en cadence sur un petit bouclier échancré. Par respect pour la Divinité , ces Prêtres étoient choisis dans l'ordre de la Noblesse ; aussi vit-on parmi eux , Appius Claudius , Scipion l'Africain , &c.

Ils étoient au nombre de douze , & chacun étoit armé d'un bouclier sacré, qui appartenoit à l'Etat, & que Numa avoit fait.

[marginalia: Verses of the Saliens]

[marginalia: Saliens, Priests Instituted by Numa]

[marginalia: all Nobles]

[marginalia: 12 Sacred Shields]

faire comme le garant de la durée perpétuelle de l'Empire : la légende fabuleuſe contoit qu'un de ces douze étoit tombé du Ciel *On u ſul from* pour être la ſauvegardé du Peuple Romain , & que Numa en *Heaven* avoit fait faire onze autres parfaitement ſemblables à celui-là , afin que dans le déſeſpoir de ne pouvoir découvrir le vrai , perſonne ne ſongeât à l'enlever.

Mais chaque Peuple avoit dans ce tems là , un objet conſacré qu'il regardoit comme le gage aſſuré de ſa durée : & quel ſymbole plus ſenſible pour déſigner la ſtabilité d'un Etat & ſon triomphe dans toutes les adverſités que celui d'un bouclier, & ſur-tout d'un bouclier dû à la protection des Dieux ! Quant au nombre de XII , il fut relatif aux mois de l'année , repréſentés par les XII Saliens *12 Months* & par leurs danſes, imitatives de la danſe céleſte.

Ce qui le prouve , c'eſt qu'au mois de Mars, pendant les cinq jours appellés Epagomènes chez les Grecs , & Quinquatres chez *Epagomenes, Quin-* les Romains , & qui terminoient l'année , les Prêtres Saliens por-*quaters.* toient leurs boucliers en triomphe dans toute la ville , en danſant, en ſautant, & en chantant des hymnes relatives à ces grands objets, aux révolutions conſtantes des années.

Il n'eſt donc pas étonnant qu'on célébrât dans ces Vers, LUCETIUS, MANIA, mere des Lares, LUCIA VOLUMNIA, MA- *Allegoric Personages* MURIUS VETURIUS , tout autant de Perſonnages qu'on a pris très-mal-à-propos pour des hommes réels , pour des Romains , & dans le dernier deſquels on a cru voir l'Ouvrier dont Numa s'étoit ſervi pour la fabrication des XII Boucliers ſacrés. Ce ſont autant de Perſonnages allégoriques relatifs aux Aſtres qui préſident à l'année & à ſes révolutions.

LUCETIUS , formé de LUCE , lumiere , en déſigne le Pere ; *Jupiram Father* c'eſt le Dieu ſuprême : nous en aurions un bon garant s'il étoit néceffaire. Macrobe convient que ce *Lucetius* eft Jupiter, Pere de la lumiere, Iou Lucetius (1).

On ne peut méconnoître la Lune dans Mania, même nom que Mana & Méné, la Lune.

Lucia Volumnia, eft la lumiere elle-même, qui fait fes Volutions ou révolutions chaque année, dans l'efpace de XII mois.

Mamurius Veturius, qu'on a regardé comme l'Ouvrier qui fabriqua les XII boucliers facrés, & que d'autres ont mieux rendu par les mots d'Ancienne Mémoire, eft inconteftable-ment le Soleil, le Pere des jours & des tems, des XII mois, ou des XII boucliers, digne d'être célébré dans les mêmes hymnes, avec le Pere de la lumiere, avec la lumiere elle-même, avec la Lune & fes révolutions.

Quant à fon nom, on voit qu'il faifoit allufion à l'année qui venoit d'expirer, *Veturius* formé de Vetus, fignifiant l'ancien : & Mamurius étant compofé de Ur, Or, Soleil, & de Ma, grand.

Il eft fâcheux que nous n'ayons pas ces hymnes en entier, parce que nous y trouverions certainement nombre de preuves & de développemens relatifs à ce que nous difons.

Ces hymnes, confacrées par le tems, furent conftamment chantées fans aucune altération, lors même que par une fuite des révolutions du langage des Romains, on eut oublié à la longue ce qu'elles fignifioient. Auffi Elius, le Maître de Varron, fit fon poffible pour en connoître le fens : & cependant, il n'y put parve-nir entiérement : c'eft qu'il ignoroit la vraie métaphyfique des Langues, & qu'il n'avoit aucune bafe pour les comparer & pour

_____

(1) Saturn. Liv. I. ch. XV.

en diſſiper les ténébres ; il n'en eſt pas moins fâcheux que ſon Commentaire & les Vers qui lui ſervoient de texte, n'exiſtent plus ; nous ne pouvons juger de la Latinité de ces Vers & de leurs allégories, que par quelques mots épars dans les Ouvrages des Anciens.

Ajoutons que très-certainement Numa ne fût pas l'inventeur des Vers Saliens ; il ne fit tout au plus qu'en tranſporter l'uſage à Rome ; ces Hymnes étoient plus antiques que lui : auſſi deux Auteurs cité par Feſtus, POLEMON & CRITOLAUS prétendoient ; le premier, que la danſe des Saliens étoit due à l'Arcadien SALIUS, qu'Enée avoit amené avec lui de Mantinée en Italie, & le dernier, qu'elle étoit due à SAON de Samotrhace, que le même Enée avoit amené avec lui lorſqu'il tranſporta ſes Dieux Penates à Lavinium.

Polemon & Critolaüs avoient raiſon de reconnoître cette haute antiquité à l'égard de Vers Saliens ; ils ne ſe ſont trompés que dans l'idée qu'ils ſe formoient de *Salius* & de *Saon*, compagnons d'Enée, & qu'ils prenoient pour des perſonnages humains : ce ne ſont que des épithétes du Soleil : il fut regardé avec raiſon ſous le nom de SALIUS, comme l'inventeur de la danſe des Saliens, puiſque ceux ci ne faiſoient qu'imiter ſa danſe, & il ne fût pas appellé avec moins de raiſon en Grec, SAON, ou *Sauveur*.

A l'occaſion de l'uſage qu'avoient les anciens Latins de préférer dans divers mots la lettre S à la lettre R, Varron rapporte pluſieurs mots employés dans les Vers Saliens (1).

Coſauli , Doloſi , eſo , ruſe , melios , fœdeſum , pluſima , aſena , Janitos , caſmena ; au lieu de
Corauli , dolori , ero , rure , melior , fœderum , plurima , arena , janitor , carmena.

(1) De Ling. Lat. Lib. VI. *ad initium.*

Orig. Lat. *kk*

Il ajoute qu'on y voyoit *cante* pour *canite.*

CANTE DIVUM EXTA, *CANTE DIVUM*, *DEO SUPPLICE CANTE*,

« Chantez les chanſons ſublimes des Dieux , chantez les chanſons des
» Dieux , chantez en invoquant la Divinité ».

C'étoit ſans doute un refrein. *Cante* ſe changea enſuite en *Canite.*

On voyoit dans ces Vers Saliens des mots qui n'étoient plus
en uſage dans les beaux tems de la République , & qui venoient
de la Langue primitive des Latins. Les Anciens nous en ont
conſervé quelques-uns que nos Lecteurs ne ſeront pas fâchés de
voir.

CERUS MANUS , le bon Créateur. *Cerus* formé du primitif CER , faire.
    MANUS , mot conſervé dans ces dérivés ; MANE , le matin , mot
    elliptique , qui ſignifie exactement , BON SOIT *ce jour pour vous.*
    IM-MANIS , mauvais , cruel.

ANTIGERIO , beaucoup ; mot formé d'*Antè* , davantage , plus : & de
    GER , abondance , racine de notre mot GUERES.

MOLUCRUS , ce qu'on met ſous la meule ; qu'on fait moudre ; formé du
    radical *MOL* , maſſe , meule , &c.

SESOPIA , ou ESOPIA , ſiége : mot formé de HES, HED , s'aſſeoir.

PESCIA , peau d'agneau , toiſon ; en Grec , *Peskè* , toiſon.

TOPPER , vîte , promptement : mot formé du primitif TAP , prompt.
    En Irlandois , TAPA , vif , actif , prompt ; TAPas , vîteſſe.
    En Orient. צפר , TsaPAR , aller vîte , ſe hâter , être léger.
    TSIPOR , oiſeau.
    ח-צף , HE-TSAP , aller très-vîte , ſe hâter.

Les Grecs changeant P en Q à la manière des Latins , en formerent ces
mots.

    TAKHUS , vîte , prompt , qui va très-vîte.

    TOKſON , arc , flèche qui vole.

AMP-TRUare , ſe porter en avant , RED-AMP-TRUare , revenir ſur ſes
    pas ; mot qui peignoit les danſes ſacrées des Saliens & des Druides ,
    où après s'être mis en avant , on revenoit ſur ſes pas , pour recom-
    mencer de même. Ces mots ſont formés du Celte TRO , pas , pied.

PRO-MENERVARE , avertir , guider , par ſa lumiere , éclairer en marchant.

à la tête : mot formé de *Pro*, avant, & de Menerva, la Lune ; flambeau, d'où Menervare, éclairer.

Pilumnoe Poploe, *mot-à-mot*, les Peuples Pilumni, épithète des Romains.

On a cru que ce nom venoit ou du mot *Pilus*, un javelot, une pique, arme des Romains, ou du mot *pellere*, chasser, parce qu'aucun ennemi ne pouvoit résister aux Romains : mais comment n'a-t-on pas vu qu'au tems de Numa, ou des Vers Saliens, les Romains n'avoient point d'armes qui leur fussent propres, & qu'ils n'avoient encore rien fait qui leur méritât le titre pompeux de Vainqueurs des Nations. Cette épithète ne peut donc signifier qu'une de ces choses, Peuple guerrier, ou Peuple qui habite sur les bords des eaux, suivant qu'on dérive ce mot de *Pil*, arme, ou de Pil, Pul, eau, lac, étang, de même qu'on a appellé dans ce sens, une riviere, Pilumnus.

Les Vers Saliens ne différerent pas seulement par les mots, de la langue Latine, lorsqu'elle eut acquis tout son éclat, toute sa beauté; mais même par l'orthographe, on y voit:

> Cume au lieu de *cum* : Tame pour *Tam.*
> Duonus pour *Bonus*; Præceptat pour *Præcipit.*

On peut consulter sur ces fragmens, Funccius, dans son Traité sur l'Enfance de la langue Latine ; Tobie Guttberleth Jurisconsulte Allemand, Auteur d'une Dissertation sur les Prêtres Saliens, qui a été réimprimée dans le Ve. Vol. du Suplément aux Antiquités Grecques & Romaine ; Walkius, Auteur d'un Ouvrage sur les divers âges de la langue Latine, que nous n'avons pu nous procurer, &c.

Ajoutons qu'Isidore de Séville dit que ces vers étoient écrits dans l'ancienne langue d'Italie : & que le P. Pezron, Abbé de la Charmoye, persuadé que ces vers étoient empruntés des Sabins & des Ombriens, en concluoit qu'ils étoient remplis de mots Celtiques.

Les Prêtres Saliens avoient été eux-mêmes établis d'après des institutions Celtiques. Denys d'Halicarnasse avoit fort bien vu qu'ils répondoient aux Curétes des Grecs ; mais ils existoient également chez les Gaulois ou les Druides : puisqu'on en voit encore des vestiges dans la Suisse , sans qu'on ait jamais soupçonné qu'ils eussent le moindre rapport aux Saliens Romains.

Rappellons-nous que ces Prêtres étoient toujours de jeunes gens , qu'ils portoient des tuniques de diverses couleurs, des chapeaux pointus, un sabre à la ceinture , une lance à la main , & que leurs danses se faisoient au Printems.

Mais précisément dans cette saison , de jeunes gens réïterent toutes les années en Suisse les danses Saliennes , & précisément dans le même costume. Ils ont une tunique de toutes couleurs, comme l'habit d'Arlequin , le bonnet pointu orné de rubans , l'épée en main , une lance qu'ornent également des rubans en forme de banderolles : dans cet équipage , ils courent dans toutes les rues, dansant , sautant , & faisant grand bruit avec leurs épées qu'ils frappent l'une contre l'autre , ou dont ils font retentir le pavé , au son de petites sonnettes pendues à leur tunique & qu'is agitent par leurs sauts.

Ces jeunes gens n'ont d'autre but actuellement que de se réjouir & de gagner quelques sous, en se conformant à un usage antique dont on ne connoît plus l'origine & le but ; mais qui fut très-certainement dans les tems les plus reculés un établissement national & la source des Prêtres & des vers Saliens dont nous parlons.

On voit ces danses des Saliens dans l'Etrurie Royale , Planche LXXVII , & le nom de ces Prêtres dans la premiere des Tables Eugubines, ligne 14.

Servius sur l'En. VIII. 185 , dit qu'on attribuoit leur origine à Morrius Roi de Veies, qui les avoit institués à l'honneur d'Alefus fils de Neptune : d'autres à Dardanus, en faveur des Dieux de Samothrace.

Les habitans de Tibur & ceux de Tufculum avoient également leurs Prêtres Saliens.

Ainſi Numa n'a pas même la gloire d'avoir inventé & ces Prêtres & leurs danfes & leurs boucliers defcendus du Ciel.

N'omettons pas une chofe très-remarquable & très propre à répandre un grand jour fur cet objet, que la fête d'Anna Peren- *Anna Perenna* na fe célébroit le lendemain de celle des Saliens.

On peut voir d'ailleurs ce que nous avons déjà dit au fujet de cet Ordre de Prêtres dans l'Hiftoire du Calendrier, pag 374.

I I.

L o i x du tems des Rois.

Les Grammairiens & les Jurifconfultes Romains nous ont tranfmis quelques unes de leurs loix royales d'après le Code qu'en avoit formé PAPYRIUS fous le régne de Tarquin l'ancien : le peu qui s'en eft confervé a été réuni en un Corps par plufieurs Savans, & entr'autres par le Jurifconfulte ANTOINE TERRASSON (1). Tout en paroît barbare ; les mots, l'orthographe, la conftruction.

En voici une du Roi Numa, avec l'orthographe de Terraffon.

SEI. QUOI. HEMONE. LOEBESO. SCIENS. DOLOD. MALOD. MORTEI. DUEIT. PASEICID. ESTOD. SEI. IM. INPRODENS. SE. DOLOD. MALOD. OCEISI. PRO. KAPITED. OCEISI. ET. CNATEIS. EJOUS. ENDO. CONCIONED. ASIETE. SOBEICITOD.

« Si quelqu'un a donné volontairement la mort à un homme libre, qu'il

---

(1) Dans fon Hiftoire de la Jurifprudence Romaine, Paris, 1753. in-fol.

» foit traité comme un patricide. (1) S'il l'a tué imprudemment, qu'il immole
» un bélier dans l'affemblée, pour la tête du mort & pour fes enfans. «

Celle-ci a été attribuée pa Feſtus à Romulus, à Tatius, à Servius Tullius.

SEI. PARENTES. PUER. VERBERIT. AST OLOE. PLORASSINT. PUER.
DEIVEIS. PARENTOM. SACER. ESTOD. SEI. NUROS. SACRA.
DIVEIS. PARENTOM. ESTOD.

« Si un enfant frappe fes pere ou mere, & que ceux-ci s'en plaignent, que
» cet enfant foit dévoué aux Dieux de fes parens : qu'il en foit de même ſi
» c'eſt une belle-fille ».

L'ortographe de cette Loi eſt de Joseph Scaliger.

Rapportons encore cette Loi de Numa :

CUEI TERMINUM ECSARASIT, IPSE ET BOVEIS SACREI SUNTOD.

« Si quelqu'un a tranſporté une borne, qu'il foit voué aux Dieux, lui &
» fes bœufs.

III.

LOIX DES XII TABLES.

Environ un demi fiécle après l'expulfion des Rois, on voulut avoir des Loix écrites : on envoya des Députés chez les Grecs
pour raffembler les Loix de ces Peuples éclairés & polis ; & en
les combinant avec les anciennes, on en fit un recueil d'abord
de X Tables, & puis de XII, en ajoutant deux Tables aux dix
premieres.

Ces Tables, qui après avoir été long-tems expofées dans la
place publique, furent enfuite dépofées au Çapitole, n'exiſtent
malheureufement plus ; mais de favans Jurifconfultes ont raffem-
blé en Corps les fragmens qu'ils en ont trouvé épars çà & là dans
les Ouvrages des Romains, & ils les ont diftribués fous douze titres

---

(1) Terraſſon traduit *homicide* au lieu de *parricide*. Je fuppofe que *parricida* fignifie
mot-à-mot le meurtrier de fon femblable.

relatifs à ceux des XII Tables. Tel TERRASSON dans l'Ouvrage que nous avons déjà cité, où il les a rassemblées au nombre de 105 Loix, en les accompagnant d'une Traduction & de Notes précieuses. Voici les quatre premieres.

SEI ENDO VOCET ATQUE EAT.
NEI EAT ANTESTATOR EICITOR EM CAPITOD.
SEI CALVITOR PEDEMVE STRUIT , MANOM ENDO IACITOD.
SEI MORBOS AIVITASVE VITIOM ESCIT QUEI ENDO IOUS VOCASIT
IOUMENTOM DATOD. SEI NOLET ARCERAM NEI STERNITOD.

» Si quelqu'un est appellé en Justice, qu'il s'y rende aussi-tôt ».
» S'il ne s'y rend pas, qu'on en prenne acte, & qu'on le saisisse ».
» S'il veut éluder & gagner au pied, qu'on lui mette la main dessus ».
» Si quelque maladie ou l'âge l'empêche d'obéir, qu'on lui donne une
» voiture ouverte : s'il ne la veut pas, qu'on lui donne une voiture
» couverte, dans laquelle il puisse se coucher ».

C'est ainsi que je traduis ces quatre Loix : Terrasson s'accorde avec moi quant au sens, à l'exception de la derniere phrase, qu'il traduit d'après la lettre d'une maniere opposée à la mienne : mais je crois que l'avant dernier mot Latin *NEI*, est une faute, parce que cette négation anéantit la beauté & la clarté de la phrase.

En effet, dès qu'on est obligé de donner à un infirme une voiture pour le conduire devant le Juge, quoi de plus naturel que de lui en donner une dans laquelle il puisse reposer ? & pourquoi la Loi auroit-elle défendu d'en fournir une pareille, si elle étoit nécessaire pour que l'Ajourné pût se rendre devant le Juge ? Plus je considére cette Loi, plus la négation paroît absurde : & je suis étonné que Terrasson n'ait pas senti le mauvais effet qu'elle produit.

Voici une autre Loi qui n'a pas été mieux entendue. C'est la LXXXVII dans Terrasson.

MOLIERES. GENAS. NE. RADUNTO. NEIVE. LESOM. FUNERIS.
ERCOD. HABENTO.

« Que les femmes ne déchirent pas leurs joues : & qu'elles ne conduisent
» pas les lamentations des funérailles, » ou, qu'elles ne paroissent pas dans les
convois funèbres.

Terrasson a manqué le sens de cette derniere phrase, & il a mal
paraphrasé le commencement de cette Loi : voici comment il
la rend.

« Que les femmes ne se défigurent pas le visage par des marques d'une
» douleur affectée, & qu'elles ne poussent pas des cris affreux ».

Pourquoi ajouter à la Loi ce persiflage : *par des marques d'une dou-*
leur affectée : une Loi ne persifle point, & ne dût jamais être une Satyre. Jamais Législateur dût-il, put-il descendre dans ces minuties.

Mais il put empêcher que les femmes se déchirassent le visage comme des Energumènes, & qu'elles parussent dans des convois publics : il le put d'autant plus que chez tous les Celtes les
femmes paroissoient dans des convois, & que cet usage subsiste
encore dans quelques contrées Celtiques.

Il ne seroit pas surprenant que Terrasson eut manqué le sens
de cette Loi ; elle n'étoit plus entendue du tems de Cicéron : cet
Orateur Romain nous apprend (1) que Sextus Ælius & Lucius
Acilius, Interprêtes des Loix des XII Tables, avoient avoué
n'entendre point celle-ci, & qu'ils pensoient que le mot *lessus* désignoit quelque espéce d'habit de deuil dont les Décemvirs
avoient défendu l'usage. Il ajoutoit qu'un autre Interprête de
ces Loix nommé LÆLIUS, étoit persuadé que *lessus* étoit le
nom des cris démesurés dont les femmes en deuil faisoient retentir le voisinage.

Lelius avoit raison, *lessus* est le Celte *lais*, lamentation, mais
ni lui, ni Terrasson, n'ont pas vu qu'étant accompagné du Verbe *habere*, il ne pouvoit désigner simplement des lamentations :

_____

(1) Des Loix, Liv. II.

qu'*habere*

qu'*habere* doit fignifier *mener*, *conduire*, & que le *leſſus* que les femmes ne doivent pas conduire, c'eſt le convoi funèbre, le deuil public.

Les Loix des XII Tables contiennent ainſi nombre de mots dont le ſens n'étoit plus entendu dans les beaux tems de la République, parce qu'on ne ſavoit pas à quoi ils faiſoient alluſion, & qu'on n'en connoiſſoit pas l'origine qui ſeule peut diriger dans le vrai ſens des mots.

AULUGELLE raconte à ce ſujet (1) comment un Juriſconſulte preſſé ſur le ſens du mot PROLETARIUS qui ſe trouve dans la XIIᵉ. Table, ſe tira d'embarras en répondant avec dédain; me ſuis-je chargé d'expliquer les Loix des Faunes & des Aborigènes?

Nous aurons occaſion de développer plus bas le ſens d'une autre de ces Loix qu'on n'a pas mieux entendu.

I V.

C O L O N N E   R O S T R A L E.

Près de deux ſiécles après la publication des Loix des XII Tables, l'an de Rome 493, les Romains commandés par le Conſul Duilius remporterent ſur les Carthaginois une victoire navale, d'autant plus flatteuſe pour eux que c'étoit la premiere fois qu'ils ſe battoient ſur mer. Ils éleverent donc pour en éterniſer la gloire, une Colonne à l'honneur de Duilius avec une inſcription qui contenoit le détail de cette journée mémorable; ils y ajouterent en ornemens les ROSTRES ou éperons des Navires, dont ils s'étoient rendus maîtres, & de-là ſon nom *Colonne Roſtrale*.

Quelque tems après, tout le haut en fut détruit par la foudre, & on ne ſavoit plus ce qu'elle étoit devenue, lorſqu'au mois de

---

(1) Nuits Attiq. Liv. XVI. ch. X.

.*Orig. Lat.* *ll*

Juillet 1565, on la retira de terre du milieu des ruines qui font au-deſſous du Capitole près de l'Arc de Sévere. Comme une partie de l'Inſcription étoit effacée., & le reſte en un langage barbare, divers Savans s'exercerent à la déchiffrer. Pierre Ciac-conius en remplit les lacunes avec beaucoup d'habileté.

La langue Latine y paroît avec toute ſon âpreté primitive : on feroit même tenté de croire que bien loin de ſe perfectionner pendant les deux ſiécles écoulés preſqu'en entier depuis les XII Tables, elle avoit peut-être perdu : c'eſt du moins la même Orthographe, la même incorrection, la même dureté;.

On y voit C répondant conſtamment au G.

Leciones, *Macistratos* , *Cartaciniensis* pour *Legiones* ;. *Magiſtratus*, *Cartaginienſes*..

Exfociont , *pour* effugerunt,.	Claseis *pour* claſſes.
Navebos *pour* navibus..	Poenicas *pour* punicas,.
Marid *pour* mari.	Poplon *pour* populum,.

V.

Tombeau de Scipion Barbatus.

Le dernier Monument à citer de ces ſiécles barbares eſt l'Inſcription gravée ſur le Tombeau de Scipion Barbatus qui mourut en 494, l'année après celle où Duilius remporta la victoire dont nous venons de parler ; mais nous avons déjà fait uſage de ce monument dans nos Origines du Langage & de l'Ecriture ;. nous terminerons donc ici ce qui regarde cette longue époque de la langue Latine , pendant laquelle elle conſerva toute l'âpreté des anciennes Langues d'Italie, & qui eſt commune à toute Langue qui n'a pas été polie par des Ecrivains de génie & de goût , éclairés eux-mêmes par le feu & par la beauté des modè;

les qu'ils puifent dans la Nature & dans des Langues déjà per-
fectionnées par d'autres Ecrivains.

Mais avant de paffer à cette époque où la langue Latine
commença à fortir de fes langes, à fecouer fa barbarie, à rechercher les moyens de s'épurer, jettons un coup d'œil fur fon
Orthographe pendant ces cinq premiers fiécles, telle par fa forme
que prefque tous les mots en font dénaturés & méconnoiffables.

La langue Latine, à cette premiere époque, différa prodigieufement de ce qu'elle fut dans fes beaux tems, foit à l'égard
des mots communs à ces diverfes époques, foit à l'égard des mots
particuliers à chacune.

A l'égard des mots communs à toutes, ils différerent en Orthographe, en genres, en cas, en conjugaifons, précifément
dans tout ce en quoi peut varier une Langue qui fait ufage des
cas.

V I.

Orthographe.

Dans ces premiers tems, on employa une Orthographe fort
différente de celle qui eut cours dans la fuite.

1°. Les voyelles d'un même mot étoient fouvent très-diffé-
rentes; ainfi, on écrivoit:

Sei, *diveis*, ce qu'on écrivit enfuite *fi*, *divis*; *ei* pour *i*, *leiber*.
Ole pour *ille*.

E pour *O* : *helus*, *helera*, *benus*, *kemo*, *Apello*, changés enfuite en
olus, *olera*, *bonus*, *homo*, *Apollo*, changement qui les éloigna
beaucoup de leur primitif.

I pour *e*, *fulmin*, enfuite *fulmen*.

O pour *e*, *vorfus*, amplocti, *votita*.

O pour *u*, *notrix*, *dederont*, *fervom*, *confol*, *quatenos*, *poblicus*,
colpa, *filios*, *molier*.

ll ij

E pour *I* , Menerva , Magefter , Navebos , Sicelia , Ameci , vea , vella.

Œ pour *u* , Mœri , Mœnitus , Pœnicus , pœnio , mœnia , cœrare , œfus.

Oi pour *u* , oinus, & pour *æ*, coilum , poinicus.

Ai pour *æ* , Mufai, aulai , aiger.

Ou pour *u* , Ious , fouriofos , couftos.

O pour *auc*, otoritas.

20. Ils n'employoient point de lettres doubles ; *ole* & non *olte* ; *cefet* pour *geffit*.

Ils écrivoient C au lieu de G. Maciftratos , cocnatos , cerens , Cartaci-nienfeis , acetare , Rocom , Acnos , Eicitur.

Ils difoient Ipfus, Ips , Cuips , Em & Im , Hibus , Ibus, me , mis , tis , fos , fas , fis , fam , eum , eius , nis , fodes , fis , *au lieu de ,*

Ipfe, Is , qui , eum , his , iis , mihi , meis , tuis , fuos , fuas , fuis , fuam , eorum , ejus , nobis , fi audes , fi vis.

Se & fed *pour* fine ; *fe dolo* , fans fraude.

Ils terminoient les ablatifs par un *d* , dolod , altod , marid.

3°. Ils fubftituoient des confonnes à d'autres.

S pour R , Afa , lafes , majofes.

S devant *m* , cofmittere , cafmenæ pour committere , camenæ.

B fe changeoit fouvent en *du* au commencement des mots , DUELOM pour Bellum.

D & *R* fe fubftituoient l'un à l'autre , medidies , apor , arvena , arvo-lare , changés enfuite en meridies , apud , advena , advolare.

Endo *pour* in : calim *pour* clam.

Tel fut le premier âge de la langue Latine , âge qui dura cinq fiécles entiers , & pendant lequel fa barbarie fut fi grande , que des Savans l'ont confondue avec la Langue des Ofques, en-tr'autres, Terraffon qui l'appelle conftamment Langue Ofque.

ARTICLE III.

SECOND AGE DE LA LANGUE LATINE.

§. I.

Vues générales sur la nature des connoiffances humaines de cet Age.

ROME ayant enfin étendu fon Empire de l'une à l'autre mer, Maitreffe de la plus grande partie de l'Italie, & venant de forcer Carthage à une paix honteufe, à lui céder les Ifles de la Méditerranée, à lui payer tribut, fentit qu'il ne lui fuffifoit pas d'avoir de grands Etats ; qu'il lui reftoit un autre genre de conquêtes à faire, plus noble, plus digne des hommes, & fans lequel on ne pourroit jamais les regarder malgré leur puiffance & leurs richeffes, que comme un effain de barbares, d'autant plus dangereux qu'ils étoient plus redoutables : ces conquêtes, on le fent, étoient celles de l'efprit, du goût & du génie fur l'ignorance & fur la groffiéreté. Ils n'avoient que deux moyens pour y parvenir : créer ou imiter.

Par le premier, ils feroient parvenus à des connoiffances plus dignes d'eux, plus conformes à leur maniere d'être, plus relatives à un grand Etat ; plus propres à en étendre la durée au-delà des fiécles, à mettre à leurs pieds tous les Peuples, à leur acquérir l'empire de l'Univers entier par l'excellence de leurs principes, par la nature de leurs lumieres bienfaifantes, par l'attrait irréfiftible de leurs vertus, par la fupériorité d'un Gouvern'ement non deftructeur, mais vivifiant : ainfi ils auroient expié leurs crimes paffés, ainfi ils feroient devenus la Nation par excellence,

& loin d'avoir été anéantis , ils fubfifteroient encore aujourd'hui
avec le plus grand éclat , parce que les Hordes fauvages qui leur
arracherent ces Etats qu'ils n'avoient ceſſé d'ajouter à leur premier territoire par une fuite de guerres & de perfidies atroces ,
auroient admiré & refpecté un Peuple avec lequel ils avoient
tout à gagner & rien à perdre.

Malheureufement pour eux & pour l'humanité entiere , ils
n'apperçurent pas cette route unique d'être grands à jamais : &
jaloux de la gloire qu'avoient acquife les Grecs par leur éloquence , par leurs vers , par leurs beaux Arts , au lieu d'être créateurs ,
ils fe bornerent au rôle fervile d'imitateurs ; ils fe mirent à dif-
puter d'Eloquence , de Vers , de Comédies , de Danfes , de Mufique avec les Grecs qui toujours enfans , ne ceſſerent de fe traîner à l'entrée des Sciences , qui en eurent le vernis & tout ce
qui étoit néceſſaire pour rendre la fageſſe aimable , mais chez
qui on la cherche en vain : & comment auroit-on pû trouver de
grands principes chez les Grecs , formés en petites Républiques ,
déchirés par de baſſes jalouſies , par de petites paſſions , par de
cruelles guerres ?

D'ailleurs , tout Peuple imitateur fe condamne à ne jouer que
le fecond rôle ; en vain il fera les plus grands efforts , il ne pourra fortir de la ligne qu'il s'eſt prefcrite , il ne fe diftinguera point
par le fonds : les formes feules pourront varier , être plus ou
moins élégantes , mais ce n'eſt pas en cela que confifte la vraie
Science.

Le croira-t-on ? Ces Romains dont nous vantons nous-
mêmes les connoiſſances , à l'étude de la Langue defquels nous
confacrons le plus beau tems de notre vie , le tems le plus propre à acquérir la vraie fcience , étoient , à l'époque dont nous
parlons , plongés dans une fi grande barbarie , qu'ils n'étoient

pas même en état d'être imitateurs des Grecs : ceux qui au commencement & pendant la durée la plus confidérable de ce fecond âge écrivirent en Latin, & qui travaillerent à retirer cette Langue de fon état barbare, étoient tous Etrangers à la Ville de Rome, Grecs ou Elèves des Grecs, plufieurs même Efclaves ou Affranchis. Quelles idées, quel reffort, quels principes pouvoient donner à un Peuple neuf, des perfonnes de cet ordre ? Ils ne purent que traduire tant bien que mal les Comédies & les Tragédies des Grecs ; ils fe traînerent fur les traces de ces Républicains, ils en emprunterent les expreffions, les tournures, jufqu'aux mots même : ils penfoient à la Grecque, il n'y avoit d'eux qu'un Latin élégant qui leur attiroit l'attention des Romains.

Ceux-ci frappés d'une éloquence à laquelle ils n'étoient pas accoutumés, charmés de pouvoir paffer déformais pour des Peuples qui n'étoient plus barbares, mais qui étoient fenfibles aux beaux Arts & aux Sciences des Peuples polis, crurent que c'étoit en cela que confiftoit la gloire de la fcience, & ils n'en chercherent pas d'autre.

Mais s'ils s'égarerent à cet égard, s'ils ont égaré la plûpart des Peuples actuels qui, à leur imitation, ont pris les fciences dont ils s'occupoient pour les vraies connoiffances, ils eurent du moins le bon efprit d'attirer & de favorifer tous ceux qui leur parurent propres à les policer ; le favoir ne fut jamais chez eux l'objet de priviléges exclufifs.

Ainfi Rome en favorifant les Lettres fit oublier en quelque forte fes anciens brigandages, fes noirceurs, fes perfidies, fon fyftême deftructeur de toute fociété : en fe nourriffant de fes grands Ecrivains, de fes charmans Poëtes, on s'enthoufiafme pour leur Nation, on oublie qu'ils n'ont rien fait pour rendre les hommes plus heureux, & les Gouvernemens plus expérimentés, pour élever celui de Rome fur une bafe inaltérable.

Auguftus

Augufte connoiffoit bien ce preftige des Lettres, & à quel point elles pouvoient fixer l'attention des Peuples à leur propre détriment, lorfqu'il ouvrit fon Palais aux Auteurs diftingués qui faifoient l'ornement de fon fiècle. Ce font eux encore qui font que le fiècle de Louis XIV eft en quelque forte vivant pour nous. En converfant avec ces hommes illuftres, qui ont porté fous fon régne la gloire de notre Langue au plus haut période, on penfe avec plaifir au Prince qui les encouragea : tout ce qui, fous fon régne put affliger les hommes, difparoît ; on ne voit que les bons effets de ces Ouvrages immortels.

louis 14.

On a demandé en quoi les connoiffances avoient rendu les hommes meilleurs ? & on en a calomnié la fcience : mais on s'égaroit, en confondant avec elle, ces connoiffances agréables des Grecs & des Romains, qui ne font que des moyens de faire aimer la fcience, & de la mettre à la portée de tous les hommes : de ce que les hommes n'ont pas fu en général faire de leur efprit, de leur génie, de leurs talens, l'ufage le plus effentiel, il ne s'enfuit pas qu'il ne puiffe exifter rien de mieux : & fi les Romains manquerent ce mieux, ce ne devroit pas être pour nous une raifon de le négliger : tout comme ce feroit un blafphême contre la nature & contre l'humanité, de dire que les Etats ne peuvent fubfifter à toujours par aucun moyen poffible, qu'il faut qu'ils ayent leurs momens de dégradation & d'anéantiffement, fans que rien puiffe y remédier. Difons plutôt que les Etats qui fe font anéantis, ont toujours dû leur ruine à la mauvaife bafe fur laquelle ils étoient élevés : & que tout Etat qui voudra affermir fa bafe & s'avancer avec fermeté & avec générofité vers les moyens qui peuvent feuls faire profpérer les Nations, triomphera des fiècles, & fera invulnérable.

bòne Sentiment!

§. II.

§. I·I.

Notice des principaux Poëtes de cet âge, dont il ne reste que des fragmens.

ANDRONICUS.

ANDRONICUS est le premier des Auteurs qui forment le second âge de la Langue Latine : Grec de nation, comme l'indique son nom, il fut esclave de Livius Salinator, dont il instruisit les enfans, & qui, par reconnoissance, lui donna la liberté ; ce qui valut à Andronicus le surnom de Livius. Comme il étoit versé dans la Littérature Grecque, il essaya d'imiter en Latin ce que les Grecs exécutoient si heureusement en leur langue depuis deux siècles : il fut ainsi le plus ancien des Poëtes Latins.

Ce n'est pas que les Latins eussent été jusqu'alors dénués de toute Poésie : mais elle ne consistoit que dans des Piéces cadencées, informes & agrestes ; ce n'étoit pas des Comédies, des Tragédies ; ces Piéces supposent trop de connoissances pour exister dans une Bourgade, dans une République resserrée : ce n'est que dans de grands Etats, au milieu d'une grande Puissance, avec un grand loisir, qu'on peut étendre jusques-là l'empire des Muses, des Arts, du Goût ; ce n'étoit pas même des Piéces comme celles qu'on jouoit sur des tréteaux il y a quatre ou cinq siècles ; c'étoient des Chansons, des Epigrammes, des Pots-pourris remplis de bons mots, de plaisanteries, de carricatures, de traits lancés avec feu contre les ridicules des Concitoyens qui y donnoient lieu.

Ces Piéces pouvoient être fort mal versifiées, & cependant très-plaisantes.

On en appelloit les Vers, *Saturniens*, ou de Laboureurs, parce que c'étoient les Habitans de la campagne qui les composoient pour égayer leurs pénibles travaux : & *Fescennins*, mot

Orig. Lat. m m

dont la vraie origine étoit abfolument inconnue ; mais dont on peut voir la fignification dans nos Origines Latines, col.

On fent aifément que ces Piéces mordantes purent devenir infenfiblement dangereufes par une critique trop amère, par des portraits trop reffemblans, par des perfonnalités piquantes. Auffi a-t-on cru que les Loix des XII Tables en contenoient une dont le but étoit de réprimer cette licence ; c'est celle-ci ; *fi quis occentaffit malum carmen five condidifit quod infamiam faxit flagitium ve alteri, capital efto* ; & que M. Dacier a rendu par ces mots (1). « Si quelqu'un a dit ou compofé lui-même des Vers contre la » réputation ou contre l'honneur d'un autre, qu'il foit puni de » mort ».

Il eft bien étonnant que ni lui ni aucun autre Savant n'ayent apperçu, pas même foupçonné, qu'on ne pouvoit pas avoir fait de Loi pareille, & que les mots de *malum carmen*, *d'occentaffit*, de *condidifit*, ne peuvent jamais avoir eu le fens qu'on leur attribue. L'Académicien en appelle, il eft vrai, au témoignage de Cicéron, qui, au commencement du IVe Livre des Tufculanes, fe fert de ce paffage pour faire voir que dans ce tems-là les Romains connoiffoient les Vers : mais lors même qu'il feroit vrai que Cicéron n'auroit rien vû dans cette Loi de plus que ce qu'y a vu ce Savant Académicien, il n'en réfulteroit autre chofe, finon que c'eft ici une autre de ces Loix dont le vrai fens n'étoit plus entendu du tems de l'Orateur Romain.

On s'en feroit apperçu, fi l'on avoit examiné cette Loi avec plus de foin, fi l'on s'étoit aftreint à rendre avec plus d'exactitude la valeur des expreffions qui la compofent : car, d'un côté, on n'a point cherché à rendre le mot *malum* qui accompagne *carmen*,

---

(1) Mém. de l'Acad. des Inf. & B. L. T. II. in-4.

MALUM CARMEN ; on l'a pris fans doute pour une fimple épithète qui ne d foit rien de plus que ce qui eft exprimé dans la fuite : & d'un autre côté, on a cru que ces mots *infamiam* & *flagitium* défignoient des idées femblables , qu'ils étoient tous deux relatifs à l'honneur ou à la réputation ; qu'ils n'exprimoient que des idées morales. Quand on pèfe fi peu les termes d'une Loi, comment peut-on fe flatter de l'entendre ?

Si le mot *infamia* , défigne en effet une idée morale qui embraffe l'oppofé de la réputation & de l'honneur , le mot *flagitium* défigne une idée phyfique différente de celle-là , & qui emporte l'idée très-pofitive de *dommage* , de *pérte* , de *mal phyfique*.

Il s'agit donc ici de Vers qui attaquent une perfonne dans fon honneur & dans fes biens, & appellés par cela même *malum-carmen*. On ne peut donc entendre par ces derniers mots , que des *charmes*, des fortiléges, des paroles magiques compofées & prononcées pour détruire la réputation d'une perfonne , & pour faire périr fes récoltes , fes troupeaux , fes enfans, fes gens, ou pour lui nuire en fon propre corps : *charmes* appellés en effet *carmen* , & dont le nom lui-même n'eft qu'une altération de ce mot carmen. Ces charmes n'étoient que trop en réputation chez les Romains, Peuple dans fon origine auffi fuperftitieux qu'un autre, & qui même en faifoit gloire. N'eft-ce pas ce Peuple qui cita un des fiens à comparoître devant lui pour qu'il eût à rendre raifon du *charme* , du *carmen*, par lequel il faifoit profpérer fes champs fort au delà de tous fes voifins ?

Ce font ces charmes magiques & funeftes , qui devoient paroître véritablement dignes de mort, & ce font ces Enchanteurs, ces Magiciens, que la Loi de Moyfe condamnoit également à la mort.

Il exifte encore des Peuples en Europe qui s'imaginent qu'on peut jetter un fort par des paroles magiques, par un *malum carmen*, un funefte charme, fur la fanté, fur les troupeaux, ou fur les champs d'un voifin. Qui croiroit que ce préjugé exifte aux portes de Paris, & qu'il y a peu de tems qu'à deux journées de cette Ville immenfe, un malheureux fut affommé, brûlé, martyrifé par tous ceux de fon Village fous ce prétexte ?

Dans de telles Peuplades, on ne peut trop févir en effet contre des perfonnes qui paroiffent auffi dangereufes : c'eft à la philofophie, à la faine raifon, à éclairer ces infortunés, dont les idées mélancoliques n'accordent fi gratuitement à l'homme un fi grand pouvoir, que pour accroître le nombre des maux dont ils font la proie ; & pour leur faire voir dans ces voifins, dont la fociété devroit faire leur bonheur, non des amis, des concitoyens, des freres, mais des monftres nés pour leur malheur.

Cette Loi des XII Tables, qui étoit abfurde de la maniere dont on l'entendoit, devenoit néceffaire dans cet efprit : c'eft tout ce que l'ignorance & l'erreur pouvoient oppofer à de pareils maux, en attendant que des lumieres fupérieures vinffent détruire des préjugés auffi ridicules que funeftes : mais comment ont-ils pû fe propager jufqu'à préfent en tant de contrées & de Royaumes de l'Europe ?

Environ un fiècle après cette Loi, en 390, un fléau terrible occafionna l'établiffement d'un Théâtre à Rome. Une pefte affreufe faifoit les plus grands ravages dans cette Ville, & jettoit fes Habitans dans la plus profonde confternation, dans une noire trifteffe. On confulta l'Oracle. Perfuadé qu'il n'y avoit qu'une diverfion gaie & agréable qui pût diffiper ces terreurs, cet abattement, il ordonna pour reméde le *carmen*, la Poéfie la plus gaie, la plus amufante, la plus propre à adoucir l'efprit : on fit donc venir de la Tofcane des Joueurs, qui, au fon de leur flûte, exécutoient

des danfes, dignes, à ce qu'on croyoit, d'appaifer la colere des
Dieux, & qui remirent parfaitement les efprits.

La jeuneffe Romaine fe hâta de joindre ces danfes à fes Vers
Fefcennins, & bientôt il en réfulta ces Farces appellées Satyres, *Satyres*
berceau de l'Opéra, puifqu'on y réuniffoit la Poéfie, la Mufique
& la Danfe même, celle des Balets.

Le mot *Satyre* défignoit ainfi dans l'origine un mêlange de tout
ce qui pouvoit compofer une Piéce de Théâtre, & c'eft ce que
fignifie en effet ce mot : mais parce qu'elles ne ceflerent pas d'être
remplies de traits mordans contre ceux qui prêtoient au ridicule
de toute efpéce, leur nom fe prit infenfiblement en mauvaife
part, & fe revêtit du fens qu'on y attacha enfuite chez les Romains,
le feul qu'il ait encore actuellement.

Ces Satyres ou Farces ne difcontinuerent pas lorfque Rome fut
riche en Piéces dramatiques : on les jouoit à la fin des grandes
Piéces, comme nos petites Piéces ou Farces, dont le nom a
précifément la même fignification, & dont le but eft le même, de
faire rire aux dépens des ridicules; mais dès-lors, le nom de ces
Satyres fut changé en celui d'*Exodium*, ou fortie, iffue, fin. Les
Acteurs les jouoient avec les mêmes habits, le même mafque qu'ils
avoient porté dans la grande Piéce.

La premiere Piéce d'Andronicus fut repréfentée l'an 514, l'année
d'après la premiere guerre Punique, 160 ans ou environ depuis la
mort de Sophocle & d'Euripide, 221 ans avant celle de Virgile.

Il eft fâcheux qu'on ne nous ait confervé de ce Poete que quelques Vers fans fuite, fuffifans cependant pour nous donner une
grande idée de fa douceur; voici le fragment le plus long qui en
exifte :

Et jam purpureo furas include cothurno,
Baltheus & revocet volucres in pectore firius.

Preſſaque jam gravida crepitent tibi terga pharetra,
Dirige odoriſques ad certa cubilia canes.

Vers qu'on peut rendre à-peu-près de cette maniere :

« Muniſſez vos jambes d'un cothurne couleur de pourpre :
» Qu'un baudrier forme ſur votre poitrine des plis ondoyans ;
» Qu'un peſant carquois réſonne ſur vos épaules qu'il preſſe :
» Et conduiſez à des gîtes ſûrs vos chiens habiles à ſuivre l'odeur ».

Quæ hæc daps eſt ? Quis feſtus dies ?

» Qu'annonce ce feſtin ? Quel eſt ce jour de fête ?.

Mea puera , mea puera , quid verbi ex ſuo ore profugit ?

« Ma fille , ma fille , quel mot a proféré votre bouche ?

NÆVIUS.

CNEIUS NÆVIUS avoit porté les armes , il les quitta pour devenir Poëte. Vers l'an 520 , on repréſenta , pour la premiere fois , une de ſes Comédies : il fit un Poëme en ſept chants ſur la guerre Punique , cette guerre terrible , dans laquelle il avoit ſervi , qui mit Rome à deux doigts de ſa perte , où cette fiere République combattoit avec Carthage pour l'Empire de l'Univers , & où elle auroit ſuccombé ſous le génie d'Annibal , ſi les Carthaginois ne s'étoient pas manqué à eux-mêmes : mais déjà alors ſe déployoit cette ſupériorité des Européens ſur le reſte du monde , qui leur ſoumettroit l'Univers , s'ils mettoient autant de ſuite & de ſageſſe dans leurs projets & dans leur conduite , qu'ils y développent de génie & d'eſprit : ainſi ſe vérifioit cette ancienne prophétie d'un Sage, que les Africains ſeroient à jamais les eſclaves de leurs freres. Cependant les Carthaginois poſſédoient déjà la moitié de l'Afrique, les Eſpagnes , la Sardaigne , la Sicile ; ils avoient tout l'or du monde , des flottes nombreuſes , une marine expérimentée , des

Généraux aguerris ; l'Europe sembloit ne pouvoir leur échapper : mais ils trouverent sur leurs pas une Ville de fer ; ce fer dévora leur or, leur argent, leurs pierreries, leur pourpre, leurs flottes, leurs Princes-Marchands, leurs armées de mer & de terre, leurs Généraux ; ils disparurent de dessus la terre.

On a souvent dit, pourquoi ne se contentoient-ils pas de l'Empire de l'Afrique ? Pourquoi ne faisoient-ils pas de cette vaste Contrée, un Etat aussi-peuplé qu'étendu, aussi fortuné que riche ? Pourquoi, au lieu de s'aggrandir du côté de l'Europe qui leur opposoit une résistance invincible, ne se tournoient-ils pas vers ces contrées du Midi, qui ne demandoient que des mains ? On voudroit donc en faire des Sages, & on oublie que Carthage n'étoit qu'une association de Commerçans. Le Commerçant fuit les déserts, & les Peuples Sauvages, auxquels suffisent des fruits & de l'eau : il ne cherche pas à créer, mais à jouir : il lui faut des Nations déjà formées, déjà riches, déjà puissantes, qui ayent de grands besoins & de grands moyens pour les satisfaire. Les riches Peuplades qui cultivoient les Côtes méridionales de l'Europe, purent donc seules fixer l'attention du Carthaginois avide de gain : leur possession lui parut le suprême bonheur : il fallut donc mettre tout en œuvre pour y parvenir : il fallut devenir Conquérant, & perdre à soudoyer des armées, des richesses acquises par le commerce, & dont le commerce auroit tiré les fruits les plus précieux & les plus durables, en les employant à créer de nouvelles richesses.

C'est l'or, c'est la soif aveugle de l'or, c'est le désir inextinguible de jouir, qui séduisit Carthage, qui la fit courir à sa perte ; qui l'empêcha de voir qu'elle ne devoit être que l'Alliée des Européens, & que par une profonde politique de bienfaisance envers l'humanité, de même que pour rendre son nom respectable à jamais, son unique objet devoit être d'élever dans l'Afrique un empire immenfe qui auroit triomphé du tems , qui leur auroit attiré la confidération du refte du Monde , qui en auroit fait, non, les Peres confcripts d'une foiole enceinte , mais les Peres des hommes, les bienfaiteurs du Genre-humain : l'Afrique défrichée , couverte d'une population riche & immenfe , ne gémiroit pas fous la rouille infecte de la barbarie ; fes enfans n'iroient pas en Amérique expier les fautes de Carthage : cette ville fuperbe exifteroit encore ; de fes côtes fortiroient encore , au lieu de quelques chétifs pirates , honte de nos mers , des Flottes marchandes qui fe répandant dans tous nos Ports , doubleroient notre Commerce , & rapporteroient dans l'Afrique une maffe de lumieres trop concentrées dans quelques Etats de l'Europe.

Ces confidérations n'avoient pas échappé à quelques Sages : de vains préjugés , des paffions aveugles empêcherent les Carthaginois d'être fenfibles à leur voix : ils en furent la victime ; du moins fi cet exemple terrible fervoit à rendre les Nations plus raifonnables ; fi elles favoient que ce n'eft pas le Commerce qui eft la bafe la plus fûre des Etats ; que c'eft un des objets dont ils doivent fe mettre moins en peine ; qu'ils peuvent s'en rapporter à la diligence active du Négociant ; que leur grand but doit être de devenir créateurs de ces denrées fur lefquelles s'éleve le Commerce , & fans lefquelles il n'eft rien : plus ces vérités étoient fimples , moins on a entendu les Sages qui ont voulu dans ces derniers tems y ramener les hommes : devoient - ils s'attendre à être plus heureux que ceux qui reprochoient à Carthage fes fautes, fes préjugés , fes illufions ?

Quant à Nævius , il voulut fans doute relever des fautes commifes par les Metellus ; cette Famille toute-puiffante s'en vengea en le faifant chaffer de Rome ; & le Chantre d'Europe alla mourir fur le rivage Africain , dans l'enceinte d'Utique.

On

On ne nous a transmis de ce Poëte que des fragmens très-courts, presque tous d'un seul vers, & qui n'ont la plûpart d'autre mérite que de renfermer des mots ou des façons de parler qui n'étoient plus en usage : nous pouvons cependant citer ceux-ci où l'on voit de la facilité.

Multum ames, paulum des crebrò, venias rarenter.

« Montre beaucoup d'amour, donne peu à la fois, parois rarement.

Nihil est periculi : dabo tibi virum validum, virum animosum.

« Qu'as-tu à craindre ? je te donnerai un époux vaillant, un mari plein de cœur.

Nunquam hodie effugies quin mea manu moriare.

« Ce jour ne se passera pas que tu ne meures de ma main !

Voici un fragment de sa guerre Punique.

Quod bruti nec satis sardare queunt.

« Ce que les sots ne peuvent concevoir ».

Il s'étoit fait à lui-même, selon Aulu-Gelle, cette Epitaphe :

Immortales, mortales si foret fas flere,
Flerent divæ Camanæ Nævium Poetam.
Itaque postquam orcio traditus est thesauro,
Obliti sunt Romæ Lingua Latina loquier.

« S'il étoit permis aux immortels de pleurer les mortels, les Muses pleure-
» roient Nævius le Poëte ! aussi lorsqu'il sera dans le sein du tombeau, elles
» ne pourront plus parler à Rome la langue des Latins ».

Nævius avoit dépeint ainsi une Coquette :

Alii adnutat, alii adnictat, alium amat, alium tenet.

Mais sous le pinceau d'Ennius cette idée est devenue ce tableau brillant :

Quasi in choro pila ludens
Datatim, dat sese & communem facit,

Orig. Lat.   n n

Alium tenet , alii nutat , alibi manus
Est occupata : alii pervellit pedem ,
Alii dat annulum exspectandum à labris.
Alium invocat , eum alio cantat , at tamen ,
Aliis dat digito literas.

« Pareille à la paulme qui amuse tous les Joueurs, qui se donne à l'un, &
» est le partage de tous : elle embrasse l'un , elle fait signe à l'autre ; ses pieds
» distribuent ses faveurs entre un plus grand nombre, & ne paroissant occupée
» qu'à présenter son diamant à son voisin, elle invite celui-ci, elle chante avec
» celui-là, & elle remet un billet à un autre ».

E N N I U S.

Livius Andronicus charmoit depuis un an les oreilles Romaines , lorsqu'Ennius naquit d'une famille illustre qui descendoit,
disoit-on, de ce Roi Messapus que Virgile chanta long-tems après,
(En. VII). C'est la ville de *Rôdes* dans la Calabre qui lui donna
le jour : ainsi sa langue maternelle fut le Grec : il y joignit la connoissance de la Langue Osque & de la Latine. Je ne sais quelles
aventures le conduisirent dans l'Isle de Sardaigne ; mais elle devint la source de sa gloire. M. Porcius Caton nommé Préteur de
cette Isle y rencontra Ennius âgé de 40 ans ; il fit connoissance
avec lui, apprit le Grec à son école & fut si charmé de son savoir & de son mérite, qu'il l'amena avec lui à Rome , regardant
cet avantage comme le triomphe le plus illustre. Livré ensuite à
lui-même, Ennius se retira sur le Mont Aventin dans le Bocage
de la Déesse Tuteline , content de peu avec un seul domestique,
enseignant , & chez lui & au dehors, les Langues Grecque & Latine ; il faisoit connoître les beautés des Auteurs de l'une , & il
lisoit ses ouvrages dans l'autre ; il le fit avec un tel succès que
la jeune Noblesse Romaine sut le Grec comme sa propre
Langue.

Comme cette jeuneffe, il porta également les armes ; il fervit en Sardaigne avec P. Cornelius Scipion, & en Etolie en qualité de Centurion fous M. Fulvius Nobilior en 564, qui voulut l'avoir avec lui. Il chanta les exploits de fon illuftre ami, les lauriers dont il s'étoit couvert dans cette glorieufe campagne : celui-ci par reconnoiffance & par amour pour les Lettres, éleva un Temple à l'honneur d'Hercule chef des Mufes, & il l'enrichit des dépouilles de Mars. Quelques années après, Quintus, fils de M. Fulvius, ayant été nommé un des Triumvirs pour les Colonies qu'on envoyoit à Pollentia & à Pifaure, il y donna donna droit de Bourgeoifie Romaine à Ennius ; ce qui fit dire à ce Poëte dans fes Annales :

Nos fumu' Romanei , qui fuvimus ante Rodaiei.

Ces Annales formoient un Poëme en XVIII Chants, où il avoit renfermé toute l'Hiftoire Romaine : ce fut le plus confidérable de fes Ouvrages, celui qui lui valut le titre de Poëte Epique par excellence, & que les Romains, Cicéron lui-même, ne pouvoient affez louer : on en faifoit un fi grand cas qu'on le chantoit en plein Théâtre comme les Poëfies d'Homere : & c'étoit pour un Acteur un grand fujet d'éloges que d'être en état de déclamer ces Annales. Aulugelle parle d'un grand Acteur qui en étoit fi glorieux, qu'il en prenoit le titre d'*Ennianifte.*

Ennius compofa auffi des Fables & quatre Livres de Satyres : il chanta également le premier Scipion Africain.

Il ne fe borna pas à être Auteur : il fut auffi Traducteur ; il traduifit les Livres d'Evhemere fur les Dieux & diverfes Tragédies & Comédies Grecques, avec un fi grand fuccès, que Cicéron dit (1) qu'on aimoit mieux les lire dans la traduction, que dans l'Original.

_____

(1) De optimo genere Orat.

Mais autant avoit-il été loué de son tems & pendant que la République continua de subsister, autant déchut-il lorsqu'Auguste fut
sur le thrône ; les Poëtes courtisans ne virent plus en lui qu'un
Auteur dur , & sans art; & par grace on voulut bien le laisser dans
le dernier rang des Poëtes qui s'étoient distingués pendant ce second âge.

C'est ainsi que toujours extrêmes dans leur louange & dans leur
blâme , les hommes renversent aujourd'hui la statue qu'ils avoient
mise hier sur le piédestal : & qu'ils font un crime à celui qui a
ouvert & frayé le chemin, de n'être pas aussi achevé , aussi poli
que celui qui n'a que la peine de le semer de roses ; mais où au-
riez-vous semé ces roses , Poëtes dédaigneux , si on n'avoit déjà
préparé à votre art un vaste & magnifique parterre ?

Ennius fut emporté par la goutte à l'âge de plus de 70 ans : les
Scipions,& en particulier Scipion Africain le jeune,voulurent qu'il
fût enterré dans le Tombeau de leur famille : & ils y firent élever sa statue en marbre au milieu de celles de P. & de L. Scipion :
ils crurent s'illustrer en rendant à ce grand Poëte de tels honneurs.

Il étoit d'un caractère ouvert , franc , enjoué , excellent pour
le conseil , d'un commerce doux & aisé ; parlant peu , mais aussi
instruit qu'on pouvoit l'être alors. Il n'est donc pas étonnant qu'il
fît les délices de Rome où l'on n'avoit vu nul Auteur qu'on pût lui
comparer : on doit même lui savoir bon gré de ses talens , & de
ne s'être servi de sa gloire que pour y ajouter chaque année quelque gloire nouvelle. Tout ce qu'on pouvoit lui reprocher ce seroit l'Epitaphe qu'il se fit à lui-même , & que Cicéron nous a con-
servée :

Aspicite, ô Civeis, senis Ennî imagini' formam ,
  Hic vostrum panxit maxuma facta patrum :
Nemo me lacrumeis decoret , nec fovnera fletum
  Faxit; quom volito doctu' per ora virum.

Mais il faut la regarder comme l'expreſſion d'un vieillard qui eſt au bord de ſa foſſe, & qui ſe conſole par le ſentiment de ſes propres travaux, & par la vue de l'empreſſement univerſel avec lequel ils avoient été reçus & applaudis. C'eſt l'effet du noble orgueil qu'imprime le génie lorſqu'il porte ſes regards ſur ce qu'il a fait, & qu'il ne peut plus lutter avec lui-même.

Ennius eſt un des Auteurs de ce ſecond âge dont il nous reſte les monumens les plus conſidérables ; on ne peut avoir lû Cicéron ſans connoître ce Poëte que ce grand Orateur aimoit à citer. Macrobe en a cité auſſi pluſieurs morceaux qui étoient imités d'Homere, & que Virgile imita encore plus heureuſement : il en a cité d'autres où Ennius étoit créateur, & que Virgile ſe plut également à imiter, tels que ceux-ci :

Enn. *Explorant Numidæ, totam quatit ungula terram.*
Virg. *Quadrupedante putrem ſonitu quatit ungula campum*
Enn. *Balatum pecudes quatit, omnes arma requirunt.*
Virg. *Pulverentus eques furit, omnes arma requirunt.*
Enn. *Quis potis ingentis oras evolvere belli ?*
Virg. *Et mecum ingentis oras evolvite belli.*

Dans le VIᵉ. Livre de ſes Annales, il fit ce Tableau d'une forêt qu'on abat, Tableau que nombre de Poëtes ont pris plaiſir à imiter, & à ſurpaſſer.

Incedunt arbuſta per alta, ſecuribus cædunt,
Percellunt magnas quercus; exciditur ilex,
Fraxinus frangitur, atque abies conſternitur alta
Pinus proceras pervertunt : omne ſonabat
Arbuſtum fremitu ſylvai frondoſai.

« Ils attaquent les arbres les plus élevés : ils les font tomber ſous leurs coups : » ils renverſent les hauts chênes, l'yeuſe eſt abattue, le frêne eſt briſé, on » n'épargne ni l'altier ſapin, ni le pin majeſtueux, & chacun des arbres qu'on » abat, fait retentir la forêt de longs mugiſſemens ».

Cicéron nous a confervé un fragment d'Ennius fort connu ; contre les Difeurs de bonne aventure , & contre ceux qui pareils à ceux-là, pour une piéce d'argent promettent des tréfors : ce fragment finit par ce vers plein de fens :

De divitiis deducant drachmam , reddant cætera.

» Que fur ces richeffes ils prélévent cette drachme , & qu'ils
» rendent le refte ».

PACUVIUS.

Marcus PACUVIUS de Brindes & neveu'd'Ennius, fut un des plus grands Poëtes Tragiques de Rome : il aimoit les beaux Arts, furtout la peinture qu'il cultivoit avec d'autant plus de plaifir qu'il étoit affez bon deffinateur. Il mourut à Tarente âgé d'environ 90 ans, après avoir compofé un grand nombre de Tragédies , & plufieurs de ces piéces qu'on appelloit Satyres.

On nous a confervé de très-beaux fragmens de fes Ouvrages remplis de raifon , & d'une belle poëfie; auffi plufieurs de ces fragmens font dus à Cicéron , en particulier cette defcription d'une tempête

Interea propè jam occidente fole inhorrefcit mare,
Tenebræ conduplicantur, noctifque & nimbûm occæcat nigror.
Flamma inter nubes corufcat, cælum tonitru contremit.
Grando mifta imbri largifluo fubita turbine præcipitans cadit.
Undique omnes venti erumpunt, fævi exiftunt turbines,
Fervet æftu pelagus.

« Cependant, vers le coucher du Soleil , la mer fe fouléve , les ténébres
» redoublent; la noirceur de la nuit, le fombre des nuées , répandent la
» terreur : la flamme brille du fein des nuages , le tonnerre fait retentir au loin
» la voûte des Cieux : la grêle mêlée de flots de pluie, fe précipite en orages
» brufques & rapides : de tous côtés les vents fe déchaînent , d'affreux tour-
» billons fe font entendre , la mer entiere eft en feu »,

Cicéron nous a également confervé trois Vers d'une des Tragédies de ce Poëte, contre ceux qui fe piquoient d'expliquer l'avenir par le chant des oifeaux & par la palpitation du cœur des victimes.

Nous devons au même Philofophe la confervation de ces beaux Vers fur l'Ame du Monde univerfel.

Quidquid eft hoc, omnia animat, format, alit, auget, creat;
Sepelit, recipit que in fefe omnia: omniumque idem eft pater:
Indidem que eadem quæ oriuntur, deintegro atque eodem occidunt;

« Quel que foit cet Ètre, il anime, il forme, il nourrit, il augmente, il
» crée toutes chofes: il détruit & reçoit en lui tout ce qui a exifté; il eft pere
» de tout: & tout ce qui naît, meurt également en lui »,

A C C I U S.

Lucius ACCIUS naquit en 583; peu de tems après la mort d'Ennius & il vécut près de 80 ans, car Cicéron converfa avec lui dans fa jeuneffe.

Emule de Pacuve, qui depuis un demi fiécle au moins étoit en poffeffion de la Scène Romaine, il fit repréfenter comme on le voit dans le Brutus de Cicéron une piéce, & apparemment la premiere de fa façon, la même année que Pacuvius qui avoit alors 80 ans.

Depuis ce moment, il ne difcontinua pas de mettre au Théâtre les fujets les plus grands fur lefquels fe fuffent exercés les Grecs; *Andromaque, Androméds, Atrée, Clytemneftre, Médée, Méléagre, Philoctete, la Thebaïde, &c.* Il avoit auffi compofé une Tragédie fur un fujet purement Romain, *l'Abdication de Tarquin*; il l'appella Brutus, peut-être pour plaire à Décimus Brutus à qui on accorda en 613 le triomphe pour avoir foumis divers Peuples d'Efpagne. Ce Général fut fi charmé des Vers qu'Accius compoſa pour lui , qu'il les fit graver à l'entrée des Temples & des Monumens conſtruits avec les richeſſes enlevées aux ennemis. Accius s'étoit auſſi exercé à compoſer des Annales, à l'imitation des Poëtes qui l'avoient précédé.

Les Romains étoient embarraſſés à qui donner la palme entre Pacuve & Accius : celui-là étoit plus ſavant, celui-ci plus élevé : c'eſt Horace qui nous l'apprend :

Ambigitur quoties uter utro ſit prior, aufert
Pacuvius docti famam ſenis , Accius alti.

Quintilien en jugeoit à peu près de même.

Aulugelle raconte que Pacuvius s'étant retiré ſur la fin de ſes jours à Tarente, pays de ſes peres, il eut la viſite d'Accius qui alloit en Aſie, & que celui-ci lui lut ſa Tragédie d'Atrée : Pacuve y trouva de la nobleſſe & de l'harmonie ; mais des vers durs & mal digérés : » cela eſt vrai, dit Accius, mais il en eſt des eſ- » prits comme des pommes, qui ne peuvent meurir ſi elles ne com- » mencent par être vertes & dures ». Le jugement que Corneille porta du jeune Raçine fut plus ſévere encore , & peut-être moins juſte.

On raconte un autre bon mot d'Accius : quelqu'un lui ayant demandé pourquoi il ne plaidoit pas, quoi qu'il eut tant de ſuc- cès ſur le théâtre, il répondit : » dans mes Tragédies je dis ce qui » me plaît ; mais au Barreau, je ſerois obligé d'entendre des cho- » ſes qui ne me plairoient guères ».

Cicéron nous a conſervé dans le ſecond Livre des Tuſculanes un Fragment d'Accius en 18 Vers ſur Promethée au Caucaſe, que ce Poëte avoit traduit d'Eſchyle : ce morceau nous diſpenſe d'en citer d'autres, puiſque celui-là eſt ſuffiſant pour donner une idée de la verſification de ce Poëte : ainſi nous nous contente- rons

rons de ce morceau tiré de sa Tragédie des Myrmidons, & dont
on pourroit se faire honneur comme Epigramme :

> *Tu pertinaciam esse Archiloche hanc prædicas,*
> *Ego pervicaciam aio & me uti volo ,*
> *Nam pervicacem dicis me esse & vincere*
> *Perfacile patior , pertinaciam nihil moror.*
> *Hæc fortes sequitur , illam indocti possident ,*
> *Tu addis quod vitio est , demis quod laudi datur.*

« Archiloque, tu dis que c'est opiniâtreté : je soutiens que c'est fermeté , &
» je ne rougis pas d'y avoir recours : je souffrirai patiemment que tu m'appelles
» ferme, je n'en rougirai pas. C'est la qualité des Grands Hommes, les sots
» seuls sont opiniâtres. Tu me prêtes un défaut , tu m'ôtes une vertu ».

AFRANIUS.

☞ AFRANIUS étoit un Poëte Comique qui vivoit en 654. Cicéron
loue la subtilité de son génie & son éloquence : mais Quintilien
qui ne loue pas moins son esprit , le blâme de l'indécence de ses
sujets. Suétone dit que sous le régne de Néron , on joua une de
ses Piéces dont le sujet étoit Romain , intitulée l'EMBRASEMENT ,
& qu'on abandonna aux Comédiens les débris de la maison qui
brûloit : c'étoit un prélude digne de l'embrâsement de Rome que
ce même Prince ordonna , à ce qu'on assure , & pendant lequel il
chantoit sur la lyre l'embrâsement de Troie.

Cicéron nous a conservé un fragment de ce Poëte au sujet des
remords de la conscience (1) ; il venoit de dire qu'on doit déses-
pérer de ces pécheurs qui ne ressentent aucune douleur de l'ignominie & de l'infamie à laquelle ils sont voués : qu'il vaut infiniment
mieux être déchiré par la conscience : c'est , ajoute-t-il , ce qu'a
fort bien mis en œuvre Afranius ; car au moment où un fils dé-

_____

(1) Tusçul. Liv. IV.
Orig. Lat.   ₃ ₵

bauché s'écrie, *heu me miferum ! que je fuis malheureux !* fon pere répond avec févérité ;

Dummodo doleat aliquid, doleat quod lubet.

« Puifqu'il faut qu'il éprouve de la douleur, qu'il en éprouve de ce qui lui » plaifoit ».

« Paroles, ajoute plus bas ce Philofophe, qu'Afranius a appli-» quées avec raifon aux jeunes gens que le plaifir perd, mais qui ne » peuvent convenir à l'homme ferme dans fes principes, au fage ».

LUCILIUS.

Terminons cette notice, qui pourroit être beaucoup plus longue, par quelques obfervations fur LUCILIUS.

Caius LUCILIUS naquit environ l'an 605 de Rome : c'étoit un Chevalier Romain de Suefla, au pays des Auronces : fa famille y tenoit un rang diftingué, puifque fa niéce Lucilia fut femme d'un Conful Romain, & mere du grand Pompée. Il fe rendit célébre lui-même par fes Poéfies morales ou Satyres qui lui firent une grande réputation : on peut donc le mettre à la tête des Romains qui cultiverent les Lettres avec fuccès, & il eft une preuve des progrès que les Sciences avoient faits dans Rome.

Il laiffa Ennius & Pacuvius bien en arriere, ayant donné à ce genre de Satyres un tour nouveau, & beaucoup plus rapproché de l'ancienne Comédie Grecque ; mais comme le goût n'étoit pas encore formé, qu'il étoit lui-même d'un caractere auftere, & qu'il avoit une trop grande facilité à faire des Vers, fes Ouvrages s'en reffentirent : fa Poéfie étoit un fleuve, mais un fleuve impétueux, plein de boue & de limon : il étoit plein de fel, mais d'un fel cauf-tique & mordant, fans graces, fans agrément ; il écrivoit vite, & ne fe donnoit pas le tems de corriger, de polir : cependant, comme il étoit plein de force, qu'il avoit de l'érudition, & que fes Vers étoient remplis de mots & de tournures Grecques, il s'étoit fait des admirateurs si zélés ; qu'ils le préféroient à tous les Poëtes qui l'avoient précédé, & qu'il y en avoit qui portoient, à ce qu'on prétend, le fanatisme & l'enthousiasme à un point si excessif, que de se battre à coups de fouet contre ceux qui osoient n'être pas de leur avis : genre de guerre qu'on ne s'attend pas de trouver entre Littérateurs ; qui ne paroît digne que de quelques Maîtres d'Ecole accoutumés à gouverner avec leurs férules ; & qui n'étoit guère propre à honorer le Poëte dont on prétendoit maintenir la gloire.

On nous a conservé divers fragmens des trente Livres de Satyres écrites par cet estimable Auteur. Dans les principaux de ces fragmens, il s'élève contre les mœurs de son tems, contre la superstition, contre le culte insensé des Dieux du Paganisme. Voici comment il décrivoit la vertu :

Virtus, Albine, est pretium persolvere verum ;
Queis inversamur, queis vivimu' rebu' potess̄a ;
Virtus est homini, scire id quod quæque habeat res :
Virtus scire homini rectum, utile, quid sit honestum :
Quæ bona, quæ mala item, quid inutile, turpe, inhonestum.
Virtus, quærendæ rei finem scire, modumque :
Virtus, divitiis pretium persolvere posse :
Virtus, id dare quod reipsá debetur honori ;
Hostem esse atque inimicum hominum morumque malorum,
Contrà defensorem hominum morumque bonorum ;
Magnificare hos, his benè velle, his vivere amicum ;
Commoda præterea patriæ sibi prima putare,
Deinde parentum, tertia jam postremaque nostra.

« La vertu, cher Albin, consiste à donner leur juste valeur aux objets qui » nous environnent, aux Etres avec lesquels nous vivons : la vertu est pour » l'homme, de savoir ce qu'est chaque chose ; de connoître le juste, l'utile, » l'honnête ; ce qui est bien, ce qui est mal, l'inutile, le honteux, le mal-

DISCOURS

» honnête ; de mettre de juftes bornes à fes recherches, de n'eftimer les
» richeffes que ce qu'elles valent , de n'accorder des hommages qu'à ce qui en
» eft digne : d'être l'ennemi , l'adverfaire des méchans & de leurs mœurs, &
» le défenfeur des gens de bien & de leurs mœurs : de louer ceux-ci , de leur
» vouloir du bien, de vivre leur ami : c'eft de placer à la tête l'intérêt de la
» patrie , de faire fuivre celui des Auteurs de notre exiftence, de mettre le
» fien propre au dernier rang ».

On auroit pû traduire ces Vers d'une maniere plus élégante ;
mais nous avons préféré une verfion littérale, calquée exactement
fur le texte, afin qu'on apperçût mieux le génie de l'Auteur, & fa
maniere de préfenter fes idées.

Nous aurions encore à parler de CECILIUS, de LABERIUS, de
POMPONIUS, de TITINNIUS, de TURPILIUS, des deux VARRON, &c;
mais nous craindrions d'ennuyer nos Lecteurs.

Cependant, pour faciliter la lecture des fragmens qu'on nous a
confervés de ces anciens Poëtes, & afin qu'on ait une idée plus
exacte de l'état de la Langue Latine dans ce fecond âge, nous
allons expofer les variétés qu'offre cet âge, relativement aux
déclinaifons & aux genres, aux adverbes, aux pronoms & aux
verbes ; ainfi qu'à la Syntaxe. Nous les ferons fuivre d'un Vocabulaire qui renfermera les principaux mots employés par ces
Auteurs, & omis dans les Dictionnaires Latins.

ARTICLE IV.

TABLEAUX

DES DIFFÉRENCES DE LA LANGUE LATINE

POUR LE SECOND AGE.

No*ms de la premiere* Déclinaison.

Æ Runa, æ,	chagrin.
Capida, æ,	vafe pour les facrifices.
Diadema, æ,	diadême.
Efca, as,	nourriture.
-Latona, as,	Latone.
Moneta, as,	monnoie.
Via, as,	chemin.
Effigia, æ,	effigie.
Faventia, æ,	faveur.
Ferocia, æ,	férocité.
Filiis pour	filiabus.
Fulmenta, æ,	apui.
Labia, æ,	lévre.
Lanitia, æ,	vêtement de laine.
Nervia, æ,	nerf, corde.
Obfequela, æ,	complaifance.
Pantica, æ,	pance, bedaine.
Piftrina, æ,	moulin.
Poema, æ,	poème.
Puera, æ,	fille.
Schema, æ,	plan.
Scuta, æ,	bouclier.
Superficia, æ,	fuperficie.
Temperatura, æ,	température.
Torquea, æ,	collier.
Triftitias, æ,	trifteffe, chagrin.
Vulga, æ,	valife.

No*ms de la feconde* Déclinaison.

Æthiopus, i,	Ethiopien.
Algus, i,	froid, friffon.
Augurum, i,	augure.
Ceftus, i,	cefte.
Chartus, i,	papier.
Famius, ii,	faim.
Fratrius, ii,	frere.
Glutinum, i,	colle.
Margaritum, i,	perle.
Mendicimonium, ii,	mendicité.
Miferimonium, ii,	mifere.
Nundinus, i,	foires, vacances.
Offum, i,	os.
Oftreum, ei,	huitre.
Puere, au vocatif	enfant.
Sola, lorum, pour	Solia, trône.
Supplicia, iorum,	fuplications.
Specis, pour Specubus,	cavernes;
Terricula, orum,	épouvantails.
Titani, norum,	titans.
Tonitrua, orum,	tonnerres.
Verfi, orum,	vers.

Les Génitifs pluriers fe formoient fouvent
en uûm.

Confilûm, pour	Corfiliorum.
Prodigiûm,	prodigiorum.
Duûm,	duorum.

Noſtrûm,   pour   noſtrorum.
Meûm,   meorum.
Factûm,   factorum.
Regnûm,   regnorum.

TERMINAISONS en US, I.

Æſtus, i,   pour   Æſtus, ûs.
Caſtus, ûs,   caſtitas.
Inceſti-compertus.
Cubitus, i,   cubitus, ûs.
Domuis,   domûs.
Exercitus, i,   tus, ûs.
Ficus, i,   cus, ûs.
Fluctus, i,   tus, ûs.
Fœtus, i,   tus, ûs.
Fructus, i,   tus, ûs.
Fructus,   fructûs.
Humus,   humo, humi.
Itus, ûs,
Luctus, i,   tus, tûs.
Occaſus, ûs,   occaſio.
Partuis & parti,   partûs.
Portus, i,   tus, ûs.
Piſtatus, i,   tus, ûs.
Quæſtus, i,   tus, ûs.
Saltus, i,   tus, ûs.
Socri,   ſocrui.
Sonitus, i,   tus, ûs.
Strepitus, i,   tus, ûs.
Sumptus, i,   tus, ûs.
Tumultus, i,   tus, ûs.
Tonſus, ûs,   ſura, æ.

NOMS de la troiſiéme DÉCLINAISON.

Canes, is,   chien.
Conſortio, onis,   aſſociation.
Daps, pis,   mets.
Epulatio, onis,   banquet.
Eſurigo, inis,   faim.
Famul, is,   domeſtique.
Gener, ris,   gendre.
Hæres, ris,   héritier.
Homo, onis,   homme.
Holus, eris,   légume.
Ignes, is,   feu.

Impuno, onis,   impudent.
Iter, iteris,   } voyage.
Itiner, itineris,
Lactes. is,   lait.
Lapis, is,   pierre.
Manſues, is,   doux.
Mentis, is,   eſprit.
Mæne, is,   rempart, murs.
Nepos, otis,   petite-fille.
Oſtius, ii,   ennemi.
Nectu,   pour   nocte.
Panis, is,   étoffe.
Pecuda,   } troupeau.
Pecua,
Plebes, is,   peuple.
Præceps, ipis,   en précipice.
Propages, is,   race, lighée.
Rapinator, is,   } raviſſeur.
Rapiſter, ſtri,
Sarias, atis,   raſſaſiement, ſatiété.
Scapres, is,   dureté, piquant, ri-
              gueur.
Speres, is,   eſpérance.
Squales, is,   ſaleté.
Tardor, oris,   lenteur.
Termo, onis,   terme, borne.
Vagor, oris,   cris, gémiſſemens.
Veter, eris,   ancien.
Viſcus, eris,   entrailles.
Vulturis, is,   vautour.
Uſio, onis,   uſage.

TERMINAISONS en ITAS.

Anguſtitas,   pour   Auguſtia.
Concorditas,   concordia.
Diſcorditas,   diſcordia.
Deliritas,   deliratio.
Lubidinitas,   lubido.
Luculentitas,   luculentia.
Opulentitas,   opulentia.
Peſtilitas,   peſtilentia.
Prodigitas,   prodigalitas.
Puditas,   pudor.
Pulchritas,   pulchritudo.

Squalitas,   squalor.
Similitas,   similitudo.
Vastitas,   vastatio,
Volup, volop,   voluptas.

TERMINAISONS en ITUDO.

Acritudo,   } pour acrimonia.
Ægritudo,

Anxitudo,   anxietas.
Aritudo,   ariditas.
Castitudo,   castitas.
Frigedo,   frigus.
Gracilitudo,   gracilitas.
Honestitudo,   honestas.
Ineptitudo,   ineptia.
Lætitudo,   lætitia.
Lenitudo,   lænitas.
Miseritudo,   miseria.
Mollitudo,   mollities.
Noxitudo,   noxia.
Orbitudo,   orbitas.
Partitudo, pártio,   partus.
Pœnitudo,   pænitentia.
Prolixitudo,   proxilitas.
Sanctitudo,   sanctitas.
Squalido,   squalor.
Suavitudo, }   suavitas.
Tarditudo,   Tarditas.
Temeritudo,   temeritas.
Vastitudo, .   vastitas.

Noms de la cinquième DÉCLINAISON.

Acies, acii,   armée.
Progenies, ii,   race, lignée.
Species, ii,   espece.
Dies, dies,   jour.
Maceries, ei,   chagrin qui consume.

Noms du Genre MASCULIN.

Absynthius, ii,   Absynthe.
Candelaber, bri,   chandelier.
Cælus, i,   ciel.
Collus, i,   cou.
Compitus, i,   carrefour.
Corius, ii,   cuir.

Crux, cis,   croix.
Forus, i,   marché.
Fretus, i,   mer.
Frons, is,   front.
Gelus, i,   gelée.
Genus, eris,   genre.
Grando, inis,   grêle.
Guttur, uris,   gosier.
Intestini, orum,   entrailles.
Intybus, i,   chicorée.
Loci, orum,   lieux.
Lux, cis,   lumiere,
Macellus, i,   marché, boucherie,
Melus, i,   poème, mélodie.
Messis, is,   moisson.
Ossus, ûs,   os.
Pilus, i,   paulme.
Res, rei,   chose.
Sagus, i,   habit de guerre,
Salus, i,   mer.
Scutus, i,   bouclier.
Stirps, pis,   race, souche,
Vectis, is,   levier.
Vulgus, i,   public, vulgaire.

Noms du Genre FÉMININ.

Amnis, is,   Riviere.
Canes, is,   chien.
Dogma, æ,   dogme.
Finis, is,   fin.
Grex, gis,   troupeau.
Grus, is,   grue.
Labea, æ,   lévre.
Lactes, ium,   boyaux, entrailles,
Metus, ûs,   crainte.
Nemo, inis,   personne.

Noms du Genre NEUTRE.

Algum, i,   froid.
Caseum, i,   fromage.
Clypeum, i,   bouclier.
Cubitum, i,   coude, coudée,
Gladium, i,   épée.
Lacertum, i,   bras,

Murmurum, i ;   murmure.
Nasum, i ,   nez.
Nundinum, i,   foire, congé.
Ostreum, i,   huitre.
Pannum, i,   drap.
Spicum, i ,   épi.
Tapete, is ,   tapis.
Uterum, i,   ventre.
Utria, ium ,   outres.
Vultum, i,   visage.

PRONOMS.

Mis ,   de moi.
Mi ,   à moi.
Sum ,   lui.
Sos ,   eux.
Sa ,   elle.
Sas ,   elles.
Ibus ,   à eux.
Sas ,   ses.
Sis ,   à ses.
Eccos ,   pour   ecce eos.
Ipsus ,   lui-même.
Ipsi ,   de lui-même.
Sapsa ,   elle-même.
Re-apse ,   réellement.
Quis , masc. & fem.
Ques , qui ? au plur.
Cuja opera,   par le secours duquel.

ADJECTIFS.

Æternabilis ,   éternel.
Acris ,   pour   acer.
Celer , masc. & fem.
Celeris, e ,
Celerissimus , pour celerrimus.
Concordis , e ,
Decor, is ,   bienséant.
Indecoris , e ,
Dextrabus pour   dextris.
Discordis , e ,
Diutinus , a , um ;
Duo   pour   duos.
Festinis , e ,   empressé.

Flacitus, a, um ,   pour flacidus.
Fluvius , a, um ,   fluent.
Gracilens, tis , }
Gratilus, a, um, } pour gracilis , e.
Hilarus, a, um,   joyeux.
Horrificulis , e ,   horrible.
Immemoris , e ,   qui oublie.
Impuratus , a , um, vicieux.
Itatus , a , um ,   Iteratus.
Labosus ,   pour   laboriosus.
Lamentus ,   lamentabilis.
Leena ,   lenis.
Molluscus ,   Mollicellus.
Nullæ ,   Nulli , au dat.
Peregris , e ,   pereger.
Perpes , etis ,   perpetuus.
Pignis, e ,   piger.
Plera ,   pleraque.
Plure ,   plures.
Præcipem ,   præcipitem.
Rediviosus ,   redivius,
Sardinianibus ,   sardinianis,
Scelerosus ,   sceleratus.
Scenaticus ,   scenicus.
Scrupulosus ,   caillouteux.
Soniculosus ,   somniculosus.
Venerius ,   venereus.
Vulgarius ,   vulgaris.

E pour I S.

Pingue   pour   pinguis.
Simile ,   similis.
Simillime ,   simillimis.
Tale ,   talis.

ADVERBES en TER.

Æquiter ;   Equitablement.
Amiciter ,   amicalement.
Ampliter ,   amplement.
Asperiter ,   âprement , durement.
Benigniter ,   avec bonté,
Blanditer ,   d'une maniere caref-
                     fante.
Caduciter ,   en tombant.
                                  Celeranter ,

Celeranter, avec vîtesse.
Cupienter, passionnément.
Duriter, durement.
Faftidicer, dédaigneusement.
Festiviter, joyeusement.
Firmiter, fermement.
Ignaviter, lâchement.
Indecorabiliter, d'une maniere désho-
norante. ·
Inimiciter, en ennemi.
Infaniter, follement.
Longiter, extrémement, beau-
coup.
Minitabiliter, d'un air menaçant.
Miferiter, misérablement.
Mutuiter, réciproquement. ·
Primiter, premierement d'abord.
Properiter, promptement, vîte.
Rarenter, rarement.
Sæviter, avec cruauté.
Severiter, avec févérité.
Superbiter, orgueilleusement.
Torviter, d'un air menaçant.
Verecunditer, avec pudeur & bien-
féance.

En Tùs.

Humanitùs, avec bonté.
Immortalitùs, à jamais.
Largiùs, largement.
Primitùs, premierement.
Publicitùs, publiquement.
Seorsùs, féparément.
Solennitùs, folemneslement.

ADVERBES en IM.

Cautim, avec prudence.
Fartim, furtivement.
Feftinatim, à la hâte.
Juxtim, tout auprès.
Minutim, en détail.
Properatim, à la hâte.
Rufticatim, groffierement.
Urbanatim, poliment.
Viciffatim, par reprife.

Orig. Lat.

ADVERBES en E.

Celerè, promptement, vite.
Injurìè, à tort.
Magè, beaucoup.
Maxumè, très-fort.
Medioxumè, médiocrement.
Perfpicatè, d'une maniere tres-perçante;
Autres.
Præmodum, exceffivement.
Protinùm, fur le champ.
Quianam, comment.
Repentinò, foudainement.
Sævùm, cruellement.
Sicut, comme.
Simitu, à la fois, enfemble?
Tam, cependant.
Facùl, facilement.
Difficùl, difficilement.

VERBES.

PREMIERE CLASSE.

VERBES ACTIFS, devenus DÉPONENS dans
la bonne Latinité.

Adorio, is ire, attaquer. Næv.
Arbitro, as are, penfer. Cæc.
Affecto, as are, fuivre de près. Enn.
Affentio, is ire, confentir. Pomp.
Aucupo, as are, guetter. Enn.
Auguro, as are, prédire. Enn.
Aufpico, as are, commencer. Næv.
Comito, as are, accompagner. Acc.
Complecto, is ere, embraffer. Pomp.
Confecto, as are, pourfuivre. Lab.
Confolo, as are, confoler. Var.
Confpico, as are, voir. Var.
Contemplo, as are, regarder. Næv.
Convivo, as are, faire un feftin. Pomp.
Crimino, as are, accufer. Enn.
Cuncto, as are, temporifer. Acc.
Depopulo, as are, ravager. Cæcil.
Digno, as are, juger digne. Pac.
Eloquo, is ere, raconter. Enn.
Fruftro, as are, tromper. Pomp.
Imito, as are, imiter. And.

Impertio , *is*	*ire* , communiquer.	*Lucil.*
Irafco , *is*	*ere* , fe fâcher.	*Pomp.*
Largio , *is*	*ire* , donner.	*Lab.*
Lurco , *as*	*are* , manger avidement.	
Medo , *as* ,	*are* , guérir,	*Luc.*
Mereo , *es*	*ere* , mériter.	*Luc.*
Miro , *as* ,	*are* , admirer.	*Var.*
Mifereo , *es*	*ere* , } avoir pitié.	*Enn.*
Mifero , *as*	*are* , }	
Modero , *as*	*are* , retenir.	*Pac.*
Moro , *as*	*are* , retarder.	*Enn.*
Munero , *as*	*are* , récompenfer.	*Turp.*
Omino , *as*	*are* , préfager.	*Pomp.*
Opero , *as*	*are* , travailler.	*Luc.*
Opino , *as*	*are* , penfer.	*Pac.*
Opitulo , *as*	*are* , fecourir.	*And.*
Ofculo , *as*	*are* , baifer.	*Ticin.*
Parifco , *is*	*ere* , faire un traité.	*Næv.*
Partio , *is*	*ire* , partager;	*Lucil.*
Patio , *is*	*ire* , fouffrir.	*Næv.*
Perconto , *as*	*ari* , s'informer.	*Næv.*
Polliceo , *es*	*ere* , promettre.	*Var.*
Prælio , *as*	*are* , comlattre.	*Enn.*
Præftolo , *as*	*are* , attendre.	*And.*
Proco , *as*	*are* , demander.	*And.*
Proficifco , *is*	*ere* , partir.	*Turp.*
Revorto , *is*	*ere* , retourner.	*Pomp.*
Rimo , *as*	*are* , chercher.	*Lab.*
Rixo , *as*	*are* , fe quereller.	*Var.*
Sortio , *is*	*ire* , avoir en partage.	*Enn.*
Tuto , *as*	*are* , protéger.	*Næv.*
Vago , *as*	*are* , aller çà & là.	*Pac.*
Veno , *as*	*are* , chaffer.	*Enn.*

SECONDE CLASSE.

VERBES DEPONENS,

Devenus Actifs ou Neutres dans la bonne Latinité.

Adjutor , *aris-ari* ,	aider.	*Afr.*
Commanducor , *aris ari* ,	manger.	*Luc.*
Exalceor , *aris- ari* ,	déchauffer.	*Varr.*

Fatifcor , *eris-i* ,	s'entr'ouvrir.	*Pac.*
Luftror , *aris-ari* ,	parcourir.	*Næv.*
Manducor , *aris- ari* ,	manger.	*Luc.*
Mæreor , *eris-eri* ,	être fâché, s'attrifter.	*L.*
Murmuror , *aris-ari* ,	gronder.	*Varr.*
Nutricor , *aris-ari* ,	nourrir.	*Afr.*
Palpor , *aris-ari* ,	manier.	*Lucil.*
Pervenior , *iris* , *iri*	arriver.	*Varr.*
Poteftur ,	on peut, ancien paffif du verbe *poffum.*	*Enn.*
Queor , je peux ; *quitur fum* , j'ai pu.		*Acc.*
Satisfio , je fatisfais ; pour *fatisfacio.*		*Lucil.*

TROISIÉME CLASSE.

VERBES IRRÉGULIERS ou VIEILLIS.

Accingo , *is - ere* , fe préparer, pour *accingor.*   *Pomp.*

Augifico , *as-are* , augmenter, pour *augeo.*   *Enn.*

Frigo , *is-ere* , fe réfroidir, pour *frigeo.* *Var.*

Fruifcor , *eris* , *- i*
Frunifcor , *eris-i* , } jouir, pour *fruor.* *Lucil.*

Gavifi , je me fuis réjoui; *de gaudeo* , pour *gavifus fum.*   *And.*

Latibulor , *aris - ari* , être caché , pour *lateo.*   *Acc.*

Mereri hyberna , être en quartier d'hiver. On fous-entend *ftipendia.*   *Lucil.*

Moleo , *es - ere* , moudre , pour *molo* , *is.*   *Pomp.*

Nefans , indicible, pour *nefandus.* *Var.*

Rabo , *is-ere* , être enragé , vieux verbe perdu. *Var.*

Effe tax-pax , être fuftigé. *Tac* , comme le remarquent des Commentateurs Latins, défignoit le bruit ou claquement des coups de fouet ; *pix* en exprimoit la force & la violence, & étoit la racine primordiale de *impactum* , appliqué , frappé , heurté avec force. *Næv.*

Vegeo , *es-ere* , être vigoureux, verbe perdu,   *Var.*

VARIÉTÉS DES TEMS.

1.

Futur de la premiere & de la seconde conjugaison, mis pour le futur de la troisieme & de la quatrieme.

Aperibo,	*Fidebo*,
Audibo,	*Operibo*.
Obedibo,	*Paribo*.
Dicebo,	*Reperibor*.
Esuribo,	*Venibo*.
Exorbebo,	*Invenibo*.
Expedibo,	*Pervenibo*.

2.

Un Tems en *Assim*, au lieu du présent du subjonctif.

Dii averruncassint.
Deos precor ut te fortunassint.
Te mactassint.
Perpetuassint.

Le même pour le prétérit du Subjonctif.

Ne turpassis,	pour	*ne turpaveris*.
Accepso,		*acceperim*.

Formations du Verbe *Sum*.

Es,	pour	*esto*.	*Faxim*,	*fecerim*.
Siet,		*sit*.	*Facitur*,	*fit*.
Fuas,		*sis*.	Du Verbe *Do*.	
Du Verbe *Facio*.			*Dais*,	*des*.
Face,		*fac*.	*Datat*,	*dat*.
Facesset, *facessas*.			*Danunt*,	*dant*.

Du Verbe *Possum*.

Potessem,	
Potissem,	} *possem*.
Potesse,	*posse*.

Du Verbe *Volo*.

Volam,	pour	*velim*.
Sultis,		*si vultis*.
Mavolunt,		*mallunt*.
Nevult,		*non vult*.
Noltis,		*nolitis*.
Si voles,		*si vis*.

Conjugaisons changées.

Abnueo,	pour	*abnuo*.
Albicassit,		*albescit*.
Aptus est,		*adeptus est*.
Despico, *-are*,		*despicio - ere*.
Expergisceret,		*expergisceretur*.
Facturum,		*facturam*, au futur infin.
Fitum est,		*factum est*.
Fervo,		*ferveo*.
Fragesco,		*frangor*.
Fulgo,		*fulgeo*.
Labascor,		*talor*.
Lavere,		*lavare*.
Nequitum esse, }		*nequire*.
Perdolescere,		*perdolere*.
Receptare,		*recipere*.
Senere,		*senescere*.

Irrégularités.

Adussit,	pour	*Adurat*.
Capsit,		*ceperit*.
Coercuero,		*coerceam*.
Descendiderant,		*descenderant*.
Duce me.		*duc me*.
Edim,		*edam*.
Evenat,		*eveniat*.
Expergitus,		*expergefactus*.
Fastidiat,		*fastidit*.
Flaccent,		*flacceant*,
Largi,		*largire*, *imperat*.
Levasso,		*levavero*.
Limassim,		*liniem*.
Moneris,		*monueris*.
Nexit,		*nexuit*.
Nequinunt,		*nequeunt*.
Noxit,		*noceat*.
Pellicuit,		*pellixit*.
Quibo, futur de		*queo*.
Sapivi,		*sapii*.
Sustentatur,		*sustinetur*.
Veges,		*vegeras*.
Exvibrisses,		*exvibres*.
Ullo,		*ultus ero*.

Réduplications à la grecque.

Dedicere ,	pour	dicere.
Memordit ,		momordit.
Memorderit ,		momorderit.
Memordiffe ,		momordiffe.
Pepofci ,		popofci.
Scifcidimus ,		fcidimus.
Scifcidiftis ,		fcidiftis.
Seciderat ,		fciderat.
Tetinerim ,		tenuerim.
Tetiniffe ,		tenuiffe.
Tetulifti ,		tulifti.
De-totonderat ,		detonderat.
Parcuit ,		pepercit.

Orthographe diverfe & fyncopes.

Aibant ,	pour	aiebant.
Amplat ,		amplificat.
Aiuntamini ,		adjutamini.
Biber ,		bibere.
Cette ,		cedete.
Cernundi ,		cernendi.
Circunfpicimus ,		circumfpicimus.
Circunfpexe ,		circumfpexiffe.
Claudeat ,		claudicet.
Cludebat ,		claudebat.
Commetas ,		commeas.
Commetant ,		commeant.
Dolitus ,		dolatus.
Eliffe ,		elixiffe.
Lubiat ,		lubeat.
Manfus ,		mardendus.
Meat ,		meet.
Mergo ,		mergo.
Moriri ,		mori
Nexebant ,		} neflebant.
Nexabant ,		
Ignofcite ,		nofcite.
Olat ,		oleat.
Peroleffe ,		peroleviffe.
Prodinunt ,		prodeunt.
Quæfo ,		quæro.
Remant ,		remeant.
Sonit ,		fonat.
Refonit ,		refonat.

Satullare ,   faturare.

d'où le fadoul des Languedociens.

Surpe ,	furripe.
Tago ,	d'où tango.

SYNTAXE.

Plufieurs Verbes qui fe conftruifent avec l'Ablatif ou avec le Génitif, fe faifoient alors accompagner de l'Accufatif.

1°. Les Verbes de jouiffance.

Fungi officium, munus , remplir un office, une charge.

Potiri aliquid, regnum, avoir en fa puiffan- fceptrum , ce quelque chofe, l'empire, le fcep- tre.

Uti amicos, libertatem, poffeder des amis, aliquid , la liberté, quel- que chofe.

Vefci fuum veftimen- ufer fes habits. tum.

Oculi vefcuntur fafti- tes yeux fe repaiffent nus tui , du crime.

2°. Les Verbes de mémoire.

Illos reminifcor dies , je me rapelle ces jours.

An oblita es fumpti as-tu oublié l'énor- ejus largitatem ? mité de fa dépen- fe ?

3°. Plufieurs autres.

Careo meos parentes , je regrette mes pe- re & mere.

Gratulatur res fuas il remercie les dieux Divis , de fa profpérité.

Res me impendet , la chofe me menace.

Iram indulgere , ne pas tempérer fa colere.

Qui nos indulgent , qui nous traitent avec douceur.

Dum ejus mortem in- tandis que je defire hio , fa mort.

Inftant mercaturam , ils s'appliquent fans relâche au com- merce.

Nulli me invidêre, aucuns ne m'envierent

Me miferetur, il a pitié de moi.

Num illum illæc pudet ? a-t-il honte de cela ?

II. Plufieurs Verbes qui fe conftruifent avec l'Accufatif ou avec l'Ablatif, prenoient alors le Génitif à leur fuite.

1°. Les Verbes d'abondance.

Abundare rerum, abonder de biens, en regorger.

Indigere liberûm, être privé d'enfans.

Opus eft nummi, on a befoin d'argent.

Potiri frugum, jouir des fruits.

Plenus veneris, plein d'amour.

Milli pafsûm, mille pas.

Mille plagarum, mille coups.

2°. *Faftidimus bonorum illius,* nous fommes dégoûtés de biens; de lui.

Honoratus frugum & floris, paré de fruits & de fleurs.

Hortare illorum, exhortez-les.

Ignotus alicujus rei, qui ignore une chofe.

Metuens fui, qui craint pour foi.

Miferabar mei, j'avois pitie de moi.

Vederi alicujus, craindre quelqu'un.

3. *Jam define memiffe formam illius,* ceffe de te rappeller fa figure, fa beauté.

VOCABULAIRE.

A.

Æ Ges, écueil : mot grec.

Æquimentum, i, compenfation, retour en troc.

In-iquo-are, indifpofer, fâcher.

Ætat mala, vieilleffe.

Ai, dis oui ; imperatif de *Aio.*

Co-Amatores, rivaux.

Aminea, æ, marguerite, camomille.

Ampelina, orum, vigne.

Ancillans invita, fervante malgré elle.

Anima liquida, refpiration aifée, claire.

—fœtida, odeur fétide, puante.

—mæ ventorum, le fouffle des vents.

Ex-anima-biliter, à la mort.

Apluda, æ, menue paille de bled.

20. piquette, vin foible.

Aquilex, porteur d'eau.

Ardus, fec, pour *aridus.*

De-Argentaffo, are, dévalifer l'argent dequelqu'un!

Artio-ire, arranger.

Affulatim, en détail.

Auftellus, i, vent foible du midi.

Auxilior-ari, être aidé, être fecouru. *Lucil.*

fub-Axo, foumettre.

B.

Bæto-ere, aller.

Bellus, beau, grand.

Bellior, plus aimable, plus beau.

Bibofus, yvrogne.

Bilbit amphora, la bouteille fait glouglou.

Bipenfilis, e, à deux tranchans.

Boa, æ, vache.

Colles bount, les collines mugiffent.

Ec-bolæ, arum, égoûts, conduits.

Drufe dotem, efcamoter une dot. *Afran.*

Im-bubinare, fouiller de fang.

Im-bulbitare, gâter, falir.

Buttubata, bagatelles, chofes de peu de valeur.

C.

Caia, caiva, cæva, maîtreffe ; la dame de la terre.

Calvor-ari, ravager les champs, la terre, la dépouiller.

Cala, æ, bois.

Caleo, cre, fe chauffer.

De-calamifto, are, décoeffer.

Ex-canto, are, exclure. *Lucil.*

Ob-cenfus, a, um, confumé par le feu.

Capulum, tout ce qui eft propre à renfermer, à contenir.

Ac-cipius cft, il fut trompé.

Oc-cupare, empêcher.

Cariffus, a, um, rufé.

Carnaria, orum, banquet, feftin.

Cafcus, a, um, vieux, âgé.

Caſſabundus, a, um, chancelant.
Caſtris-menſor, arpenteur des camps.
Cata-porates, is, fonde.
Catax, même que Caxo.
Cenni, orum, meubles qu'on plaçoit devant les pieds des lits, ſoubaſſemens.

Suc-Centurio-are, enrôler.
Ceres, eris, le pain. Nœv.
Cernere vitam, perdre la vie.
Certiſſo-are, démontrer; certifier.
Cibarius, ii, vivandier, aprêteur de vivres.

Cicæ, arum, houpes, franges.
In- icor, cris, farouche, non-aprivoiſé.
Cinædus, i, baladin, hiſtrion.
In-Citæ, arum, extreme beſoin, angoiſſe.
Clareo-ere, rendre célebre.
Cluco & cluo, s'apeller, ſe nommer; 2°. être précieux.

Coleata cuſpis, pointe dont la ligne eſt arrondie.
De-collo, are, 1. ôter de ſon cou. Enn.
2. tromper, attraper. Lu.
Colluſtra, orum, lait nouveau.
Colomenula, æ, petite colonne.
Columbatus, a, um, à la la maniere des colombes.

Conjicere, voler, eſcroquer.
Contere, pour contemnere. Luci'.
A-Contizomenus, ayant été bleſſé d'untrait.
Copia, æ, jouiſſance.
Copis, e, abondant. Pac.
Corporo, are, tuer, faire qu'un homme n'ait plus que le corps.

Coſſi-gero, are, pórter en croupe, enſemble.

Coſſim pour coxim, en s'accroupiſſant.
Cotenificus, pour dédaigneux, mépriſant.
   cotemnificus, Lucil.
Crevi, j'ai vu : ubi pueras ſuſpirare crevi. Tit.
Crucius, a, um, mauvais, âpre, déteſtable : vinum crucium. Lucil.

Suc-Crotilla vocabula, paroles déliées, à voix baſſe.
Suc-cuboneus, Sigisbée.
Cuccuru : id me celabat cuccuru. Afran. Les

anciens n'entendoient plus ce mot : Soſipater demande ſi c'eſt un nom.
   C'eſt pour cum cura, il me cachoit cela avec ſoin.

Cuculator, oris, baladin, hiſtrion. Titin.
Pro-cudere vitam, prolonger ſa vie. Varr.
Cupiditas, le deſir.
Cupido, la paſſion. Cupiditas eſt temperatior cupidine. Lucil.
In-Cupidus, avide, plein d'un vif deſir.
In-Curvi-cervicum, au cou courbé, qui penche la tête.

D.

Damno-are, deshériter.
Con-Demnata voti, délivrée de ſon vœu. Turpil.
In-Decorans ſermone, qui déshonore par ſes diſcours.
Decumanum, i, mauvaiſe huile, m. à m. huile des dîmes.
Delico are, montrer, manifeſter. (Du grec Déloein.)
Delicere, gagner par des careſſes.
Delitor, oris, qui efface.
Dent-arpaga, æ, arrache dents.
Devorabo animam hoſtibus, je l'arracherai aux ennemis.
Dia, la ſouveraine, la déeſſe par excellence.
Dius, a, um, divin.
Dico-are, annoncer.
Ab-Dico, are, nier. Pacuv.
In-Dignus, a, um, grand, élevé. Indignas turres. Enn.
Divito-are, enrichir.
Dolo-are, 1. polir; 2. perfectionner; 3. battre, roſſer.
Domutio, onis, action de vaincre, de dompter.
De-ducere vocem, baiſſer la voix.
Ductabilitas, atis, ſoupleſſe.
In-dulcitas, rudeſſe, dureté.
Se-dulo, pour ſine dolo, ſans tromperie.
Re-durare aures, rebattre les oreilles.

E.

Ebriulo-are, enyvrer.
Egreſia, æ, maladie contagieuſe.

Elephanto-camelus, gros dromadaire.

Emplcuros, Pâtiffier, Boulanger de Syrie qui faifoit des gâteaux cuits fous la cendre.

Equila, *æ*, jument.

Ergaftulus, geolier.

d'*Ergon*, ouvrage.

Ethefis, *is*, morale.

Eugium, *ii*, le fexe.

Exequiari, enfevelir.

Exodium, *ii*, là fin.

Extra confilium. meum, fans ma participation.

Extrarius, étranger.

Extro-are, fortir.

F.

Factio, *onis*, abondance, opulence, nobleffe. *Titin*.

Con-Fictor, *oris*, qui arrache, qui brife.

Suf-Fero, infliger,

Fibriatus, *a*, *um*, qui a des raies, des rides.

Inter-Ficere, couper, divifer, tailler.

Fligere fe, s'élancer : en Anglois, *Fling*, lancer.

Flacitus, *a*, *um*, languiffant,

Fluctuatim, avec fierté, liberté, franchife.

Folliculus, *i : lum*, *i*, efpece de redingotte, que le vent fait enfler comme unfouflet.

Con-Forire, falir.

Adia-Phoria, *æ*, indifférence.

Adia-Phoron, indifférent.

Fors, *tis*, le fort : *forte* en eft l'ablatif.

Foffare, percer, cribler.

Fremere nomen, prononcer un nom à grands cris.

Frendo-ere, écrafer, caffer, concaffer ; 2°. grincer des dents.

De-Fricare, avec goût, avec fel, avec efprit. *Næv*.

Frigere, careffer.

Fritinnienfis, qui crie comme l'hirondelle.

Fruftro, *are*, tromper.

Fruftrari, être trompé.

Frux, *gis*, homme de bien.

Fulgorire, foudroyer, lancer la foudre.

Con-Futare, méler, jetter enfemble.

G.

Galeo, *are*, armer d'un cafque.

Gallo, *are*, fe réjouir, être en gala ; banqueter, être en bacchanales.

Geminitudo, *inis*, la qualité d'être gemeaux.

In-Genio, de foi-même, naturellement.

Genua, *æ*, gourmand, goinfre.

Gibberus, éminent, élevé.

Glifcere gaudio, fe pâmer de joie.

Grandior, *iri*, grandir ; 2°. agrandir.

Granius, *ii*, grec.

Graviter, extrêmement, beaucoup.

E-Gregiiffimus, *a*, exquis, très-excellent. *um*,

De-Grumari, régler, niveler.

De-Gulare animam, rendre l'ame. *Afran*.

Guma, *æ*, gourmand.

H.

Ubi Habet, où demeure-t-il? *Accuis*.

Herba, au fens fig. palme, victoire.

Hieto-are, bâiller, fouvent.

Hilla, *æ*; -*læ*, *arum*, entrailles, inteftins.

Hilus, *a*, *um*, aucun : d'où *ni-hil*.

Hinnito-are, hennir fouvent.

Hippos, *potis*, cheval marin, hippopotame.

Homolus, *i*, petit homme.

Hora, *æ*, Déeffe de la jeuneffe. *Enn*.

Hortor – ari, être exhorté. *Var*. & *Tac*.

Hoftio-ire, combattre, contrarier, attaquer.

Hoftifice, hoftilement.

Red-hoftio,- ire, & *Redoftio*, retourner.

I.

Idiota, æ,   homme fans lettres, fimple, l'éleve de la nature.

Ignefcitur,   il prend feu, il s'enflamme.

Inædia, æ,   faim

Interim,   pendant.

Interim merendam,   pendant le goûter. *Afran.*

Ob-itus, ûs,   arrivée

Ob-itus, a, um,   mort, défunté

Di-jugare,   défunir, rompre.

L.

Labandria, orum,   linge qu'on a donné à laver.

Col-Labello, are,   joindre fes lévres à celles d'un autre.

Sub-Labro, are,   faire paffer entre les lévres.

Laɛto-are,   féduire, tromper.

Lœtafter, tri,   qui aime à fe réjouir.

Latiolentè,   fomptueufement.

Lautus fanguine,   fouillé de fang.

Lenæ, arum,   vafes, uftenfiles.

Lento-are,   } languir, fe ralentir.
Lenteo-ere,

Levare fe vita,   fe délivrer de la vie

E-levies, ei,   purification.

E-levire,   fouiller, tacher.

Limo-are,   joindre, unir.

E-limino, are,   paffer hors du feuil, fortir; 2°. chaffer, mettre hors.

Di-Linitus, a um,   rendu fou.

Lingula, æ,   épée longue & étroite.

E-Lucifco, are,   illuminer, éclairer.

In-Lufyris, e,   qui n'éclaire pas

Lupor, ari,   voir des femmes de mauvaife vie.

E-Lutriare,   laver, leffiver.

Lymphatus, a, um,   qui a le cerveau troublé, dérangé.

M.

Macellus, a, um,   maigre, décharné.

Caftra-Maɛtabo in mare,   je jetterai leur camp dans la mer.

Mæandyatus, a, um,   peint en contours.

De-Magis,   extrêmement, beaucoup.

Malathia, orum,   habits fins, délicats.

Com-Malaxare,   exercer, profeffer de bonne-heure.

Mamphula, æ,   pain cuit fous la cendre.

Manticular-ari,   couper la bourfe, ufer de tromperie.

Manto-are,   demeurer, refter.

Manfues, is,   aprivoifé.

Marcefco, ere,   confumer, dévorer.

Mar-ulus, i,   maillet, petit marteau.

Maftrigiæ, arum,   étrivieræs.

Matexa lini,   aiguillée de fil; 2°. écheveau.

Medicamentum, i,   poifon

Merto, are,   rendre digne, mériter.

Merùm,   férieufement, fincérement.

Metellus, i,   foldat foudoyé.

Pro-Mico, are,   porter au loin l'éclat d'une chofe, l'étendre.

Com-Miɛtilis, e,   compofé, étudié.

Præ-Mino, are,   menacer d'avance.

Mirio, onis,   marmoufet, mirmidon.

Mirior, ius,   plus furprenant, plus étonnant.

Mirari de aliquo,   être étonné de quelqu'un.

Mitra ricina, æ,   bonnet orné de franges, de rubans.

Mæftus venter,   ventre affamé, flétri par la faim.

A-Moliri,   éloigner.

Mollicina, æ,   robe d'une étoffe douce & fine.

Monogrammus homo,   homme réduit au fimple trait, à la fimple efquiffe, *pour dire* homme réduit à la plus extrême maigreur.

Monftrificabilis, e,   merveilleux, furprenant.

Morabilis, e,   qui differe, qui tarde.

Com-Mcrare,   revenir.

Mu f.cere,   fe taire, ne dire mot.

Mu,   filence

Mulgarium laɛtis,   une traite de lait.

In Mundo effe,   être fous la main, être prêt.

Mufl.a

Musta virgo, une jeune fille.
Mustus, a, um, en moût, nouveau.
Mustricola, æ, forme de foulier.

N.

Ig-Navo, ere, rendre lâche,
Nenum, non, nullement.
Neptunus, i, poisson.
Ningulus, a, um, aucun.
Nitidabilis, e, qu'on peut nettoyer, rendre brillant.
Nivit, il neige.
Nobilis, e, G-Nobi- fameux, bien connu.
lis, e.
Noegeus, a um. brodé de pourpre.
Ag-Notus, a, um, reconnu.
Nupfitfrater vetulæ, mon frere a époufé une vieille. *Pomp.*
In-Nubere, traverfer *une maifon.*
Numerò, en nombre, beaucoup, extrêmement.
Nuper die quarto, il y a quatre jours.
Nutrico, are, }
Nutrior, iri, } nourrir.

O.

Obba, æ : Ubba, æ, bouteille à vin; à gros ventre.
Obrefcere, fe glifler.
Ob-unculus, a, um, crochu, recoubé,
Odibilis, e, haiffable.
Operor, -ari, offrir un facrifice.
Orbitus, a, um, orbiculaire, en rond.
Ora, æ, le commencement d'une chofe. *Cæc.*
Oraria mitræ, la partie de la mitre qui entouroit la bouche.
Orcius, a, um, des enfers.
Ofce & Volfce fabu- ils parlent Ofque & Volf-
lantur, que.

P.

Pædagogare. élever un enfant.
Pallis, is, grande mante.
Panus, i, drap.
Panurgus, i, habile, qui fait tout.
Im-Pancrare, entrer de force, s'empreffer.
Pareclatus, i, qui entre dans l'âge de puberté.

Partire, acquérir.
Paffus, a, um, épuifé, paffé.
Patibulum, i, bâton, pieu.
Pavus, pour pavidus tremblant, peureux.
Pauxillò prius, peu auparavant.
Ex-Pectorare, jetter hors de la poitrine.
De-Peculaffere, dépouiller quelqu'un de fon argent.
Pedarius, ii, } qui opine du bonnet,
Agi-Pes, edis, } qui fe range au banc d'un autre.
Pediolus, i, petit pied.
Compedus, a, um, qui fert à enlacer, à enchaîner les pieds.
As-Pellere, chaffer.
Peniculamentum, efpece de fur-tout.
Penula, æ, fur-tout, habit qui fe mettoit par-deffus la tunique.
Com-Perce verbisve- ceffe de te battre avec
litare, des mots.
Pernæ, arum, les cuiffes; 2°. jambons.
Pernitere, mourir, périr.
Per-perus, a, um, ignorant, groffier.
Perficus, a, um, aigu.
Dif-Pertia, æ, l'imparité. (de Par.)
Pertifus, a, um, enjoué, jovial, badin.
Petaurus, i, machine pour faire volet un acteur.
Petaurifta, æ, celui qui fait ces machines. 2. voltigeur.
Petilis, e, mince, grêle.
Petimen, inis, partie qui eft entre les épaules & la poitrine du cochon.
Ap-peto, onis, qui defire avec empreffement.
Philofophus, a, um, philofophique.
Piatus, a, um, expié.
Pictacium, ii, piece de camifole, de tunique.
Ex-pilatrix, voleufe.
Sup-pilatores, um, efcrocs, voleurs.
Pifatilis, is, natif de Pife.
Pifcinefis, is, réfervoir à poiffons.
Piftillus, i, Peftina, æ, pilon.
Plauftrix, cis, conductrice d'un char.
Am-plecti, être embraffé.
Dis-pletus, a, um, fatisfait, rempli.

Orig. Lat.

q q

Diplois, dis, forte de robe double.
Eu-plocamus, a, um, bien peigné, bien frisé.
De-politio, onis, labourage.
Politus, a, um, orné, agréable.
Popinio, onis, pilier de cabaret.
Populo, -are, rendre le Peuple favorable.
Porceo, ere, empêcher.
Ex-porgere, étendre.
Com-pos malis, accablé de maux.
Appotalis Liber, Bacchus le buveur.
Potile, is, breuvage.
Prœmiator, oris, voleur de nuit.
Præsentè, en présence.
Præter ædem, devant le Temple. *Varr.*
Privus, a, um, caché, intérieur.
Im-probo, are, accuser de méchanceté.
Pro-cieo, ivi, itum, ire, demander en mariage.
Prodo, ere, perdre.
Im-profundies, ei, sans profondeur.
Propedon, cordage qui attachoit la voile au pied du mât.
Propter porticum, auprès du portique.
De-pudico, -are, déshonorer, violer.
Pulse, toute espece de légume farineux propre à faire des purées.
Punicor, -ari, être vêtu de pourpre.

Q

Quadrigas effundit irarum, il lache la bride à sa colere.
Quam de, que.
Quartarius, ii, chartier, muletier, qui reçoit le quart du profit.
Queis, tu peux.
Querquera febris, fiévre quartaine. Dans le nord, *Quer,* tremblement.

R

Rapo, onis, voleur.
Raptura, æ, rupture.
Ratitus, a, um, passé en bac.
Raudus, i, Rodus, i, bronze qui n'est pas pur, 2°. Tronçon d'arbre rude & noueux.

Rausurus, a um, qui va déclamer d'un ton enroué, sépulchral.
Religiosus dies, jour noir, fâcheux.
Remivagus, a, um, qui va à ramés.
Rediviæ flagri, les déchirures que fait le fouet.
Rhetoricôteros, un pédant de Rhétorique.
Ricini aurati, boucles ou rubans dorés.
Ricula, æ, écharpe, voile.
In-Rimare, fouiller, fureter.
Romex, Rumex, dard.
Roborascere, acquérir des forces, se renforcer.
Rostrum, i, visage, *au figuré;* nous employons le mot *bec* au même sens.

S.

Sador, Subellor, dans *Lucil.* : lisez *Rador, Subelor,* je suis rasé, je suis frotté avec du liége.
Sagus, a, um, sage, prudent, prévoyant.
Saga, æ, femme qui connoît l'avenir, devineresse, forciere.
Sagmina, um, verveine.
Salacia, æ, lasciveté, impudicité.
Salbeolus, i, malade.
Sallo, ere, sauter.
Samius, a, um, aigu.
Sardo, are, comprendre, être intelligent.
Re-Sarrire, ouvrir une serrure.
Scabr.re; scaprere, être rude, raboteux.
Sciadlon, ii, ombrage.
Scirpeus, a, um, de jonc.
Scrantia, æ, exécration, horreur.
Scribitor-ari, faire des tartelettes.
Scripturarius, ii, Ecrivain public, Secrétaire.
Seminatim fugere, fuir promptement, ou au loin.
Senica, æ, méchant vieillard.
Sensentia, æ, sensibilité, sentiment.
Seplasia, æ, petite maîtresse, femme parfumée & fardée.
Con-sequutus, a, um, obtenu.

Simo-are ; abattre, enfoncer.
Signata æ, vierge fans tache.
Singularius, a, um, singulier.
Sinum, i, pot à liqueur.
Solitas, atis, solitude, état de vivre feul.
In-folùm, rarement.
Sofpito-are, souhaiter une bonne santé.
Ob-fops, is, aide, secours, action de contenter ses besoins.
Ob-fordere, effacer de la mémoire.
Species vitæ, modele de vie.
Spectus protervus, regard farouche.
Pro-fpico, -are, regarder en avant 2°. prévoir, pourvoir.
Spernere, féparer, diftinguer.
Spira, æ, multitude d'hommes entaffés.
Con-fpiritus, ûum, accord des foupirs de deux personnes. Acc
Spifrè ; fpifrò, tard, 2. lentement.
Spiffum, fouvent, plufieurs fois.
Squales, ium, ordures.
Squalere auro, être chamarré d'or.
Stare fentibus, être couvert de ronces.
Stata forma, beauté modefte & fans tache.
Con-fternere, élever, dreffer.
Re-fibilare, chucheter, dire à l'oreille.
In-ftipo, -ere, couper du bois en buches, le fendre.
De-ftituere, faire tenir debout.
Stritabillæ, arum, querelles bruyantes : en Allem. ftreit, difpute.
Sudum flamen, un foufle humide.
Suggillare oculos, fermer les yeux.
Suilla, æ, étable.
Sumen, inis, mamelle d'une femme.
Superftito-are, rétablir.
Suræ apertæ, les jambes découvertes.
Surpiculus, i, furgeon, rejetton.
Surus, i, fouche, tige.
Sutrina, æ, couture.
Syrus, i, branche rompue du grec fyrein, arracher.

T.

Tama, travail, labeur.

Tardi-genulus, qui a les genoux roides, lent à la marche.
Taxim, en cachette.
Taxo, même que Tago, toucher.
Tegillum i petit toit, chaum'ere,
Pro-Telum i, attelage, équipage.
Pro-Telo, -are, 1°. atteler ; 2°. bannir, éloigner. (Gr. Téle, loin.)
Tentus a, um, tendu.
Ne At-Tenderis petere, ne vous obftinez pas à demander.
Tenebrio, onis, homme de nuit, mauvais garnement.
Tentipellium, ii, remede pour dérider ; 2°. au figuré envie de battre, de roffer.
Ex-Termino, -are, au fens propre, bannir du territoire, envoyer hors des limites, exiler. Lucil.
Tertus, a, um, poli, brillant.
Teftatim, en pieces.
Tetritudo, inis, horreur, noirceur.
Tibiatus, a, um, qui couvre la jambe.
Tibiatus, i, fon d'une flûte
Titinnio, -ire ; -no, fonner, réfonner, comme are, une clochette, faire fonner une clochette.
Tolutim, avec viteffe, avec rapidité
Tonefcit cœlum, le ciel tonne.
Ab-Torqueo, -ere, détourner.
Torridare, confumer, brûler. Acc
Tortor, pour Torqueor, je fuis tourmenté.
Tortum, i, torture.
Trichinus, a, um, de peu de valeur.
Trifax, cis, triple : Enn. en All. Drey-fach.
Trio, onis, bœuf, de terio.
Trit, cri des fouris.
Obf-Trudulens, qui rend des fons aigres.
Trugeo, -ere, favoir, connoître.
Trugitio, onis, favoir, connoiffance. En. Expreffion de la ville de Prænefte, dit Feftus.
Amp-truo, Redan-druo, aller & revenir en rond, dans une danfe.
Te-Dundereguberna, relâcher le gouvernail.

Ob-Turgeo, ere,   enfler, gonfler.
Tutanus Deus,   le Dieu protecteur.
Tutilina Dea,   la Déesse protectrice.
Tympanus, i, Tympanite, enflure du ventre.

V.

In-Vado, ere,   se jetter dans un gué.
Vagari insaniâ,   être égaré, avoir perdu la tête.
Vecordivaga insaniâ, folie contagieuse.
Evallo, - are,   emporter.
Valva, æ,   porte *in prima valva est.* Pomp.
In-Valnisies, ei, privation de bains. *Au fig.* extrême pauvreté : on se baignoit pour un fou dans les bains publics.
Vano - are,   tromper.
Vastus, a, um,   ravagé, désolé.
Vastitudines,   solitudes, lieux déserts.
Vegeo - ere,   animer, ranimer.
Veneno - are,   teindre.
Venenum, i,   teinture.
Venus, eris,   légumes, herbages. *Nœv.*
    Coquus edit Neptunum, venerem, cererem.
Vero - are,   se montrer fidele.
O sancte verans,   ô Dieu fidele. *Acc.*
Vermiculor - ari,   être marqueté, tacheté.
Verminor-ari,   être rongé de vers, avoir la colique.

De-Verrere,   frapper.
Di-Verticulo, - are, loger, avoir retraite chez.
Vertilabundus,   qui tournoie, qui chancelle.
Vescus, a, um,   obscur, désagréable ; sombre.
Vigilium, ii,   veille.
Vindiciæ, arum, choses contestées, . en litige.
Viracius, a, um, Viracius uxor, qui a les goûts d'un homme ; 2 . plein de force.
Virosa mulier,   femme à tempérament.
Virgo, inis,   nom des deux sexes avant l'âge de puberté.
De-Virginare,   déshonorer.
Evitare vitam,   arracher la vie.
Vitulans,   qui saute de joie, qui bondit.
Vix,   sur le champ. *Varr.*
Unose,   ensemble ; en même tems.
Vomica, æ,   chemin creux, rongé par la vétusté, 2°. abscès vomique.
Usura solis,   l'usage du soleil.
Via, æ,   chemin. *Lucil.*
Vulga, æ,   sac, mallette, valise.
Vultus, ûs,   la volonté.

ARTICLE V.

CHAPITRE PREMIER.

Forme de nos Origines Latines : maniere de s'en servir.

Dans les Origines Latines que nous donnons ici au Public, les mots Latins offrent un ordre abfolument différent de celui qu'ils ont dans les Dictionnaires ordinaires : dans ceux-ci, on trouve à l'inftant un mot, en le cherchant par la premiere lettre dont il eft compofé ; il ne faut, pour cet effet, qu'avoir des yeux : il n'en eft pas de même ici : on y doit chercher les mots, non par leur premiere lettre ; mais par le noyau qui l'a formé, par le mot *Radical,* rad cal dont il eft compofé.

Mais ceci fuppofe, 1°. l'idée de mots radicaux & de mots dérivés ; de mots premiers, donnés par la nature & en petit nombre : de mots feconds formés fur ceux-là par le génie, d'après certaines régles : en d'autres termes, la connoiffance de l'Art étymologique. La forme de ce Dictionnaire repofe donc en entier fur la maffe de nos principes : il en eft la vérification par l'enfemble des mots Latins.

2°. Cet arrangement nouveau fuppofe encore qu'il en réfulte une plus grande facilité, une toute autre aifance, pour apprendre les mots Latins.

3°. Il fuppofe de plus une certaine maniere de s'en fervir, fans laquelle on n'en retireroit pas l'utilité à laquelle il eft deftiné.

Ce Chapitre fera donc deftiné à la difcuffion de ces objets.

DISCOURS

§. I.

Des mots radicaux, dérivés, &c.

L'inftrument vocal fournit un certain nombre de fons fimples
& primitifs qui compofent fon étendue entiere, & au-delà de
laquelle l'homme ne peut aller. Cet enfemble forme néceffairement
les élémens de toute Langue : chacun de ces fons devient un mot
qui a une valeur premiere & déterminée, dont on n'a jamais pû
s'écarter. C'eft ainfi que,

A, peint toute idée de poffeffion.

E, toute idée d'exiftence.

M, toute idée de grandeur, foit qu'on en faffe *ma, me, mi, &c.*
ou *am, em, im.*

AL, toute idée d'élévation, foit qu'on le prononce en AL, ou
qu'on l'adouciffe & qu'on le diverfifie en AIL, EL, IL, OL, ou
qu'on le modifie en HAL, *Bal, Cal, Fal, Mal.*

AC, toute idée de pointe, de piquant, &c.

Ce font ces mots fimples, monofyllabiques, peu nombreux,
qu'on appelle PRIMITIFS ou RADICAUX, & qui font les élémens
du langage.

Ces mots, fuffifans pour peindre une foule d'objets phyfiques &
naturels, ne l'étoient pas pour peindre une multitude d'idées
abftraites ou acceffoires relatives à ces objets, pour peindre leurs
rapports, les Etres compofés, les Etres immatériels, métaphy-
fiques, &c. Il fallut alors revenir fur ces mots primitifs, les
combiner entr'eux, en former de nouvelles maffes. De-là réfulterent plufieurs autres efpéces de mots.

1°. Des mots BINOMES, ou mots compofés de deux autres.

2°. Des mots DÉRIVÉS, ou mots radicaux auxquels on a ajóuté
une terminaifon.

3°. Des mots Composés, ou mots radicaux à la tête defquels on a joint une fyllabe prépofitive.

Ainfi du radical Ten, aftion de tenir, on forma les binomes *Lieu-tenant, main-tenant,* les dérivés *Tenant, Tenace, Teneur, Tenailles,* &c.

Les compofés *Re-tenir, dé-tenir, fou-tenir, continent, &c.*

C'eft ainfi que fe font formées toutes les Langues : aucune dont les mots ne rentrent dans l'une ou l'autre de ces quatre claffes.

Les dérivés & les compofés d'une Langue ont encore cet avantage, que les terminales qui conftituent dans une Langue les dérivés d'un mot radical, & les initiales qui conftituent les compofés de ce même mot radical, fervent également à former les dérivés & les compofés de tous les autres mots radicaux employés dans cette même Langue.

On fent dès-lors que la vraie connoiffance d'une Langue dépend de celle de fes radicaux : & telle eft la bafe fur laquelle roulent nos Origines Latines.

Nous commençons toujours par le mot radical : nous en conftatons la valeur primitive dans les Langues antérieures à la Langue Latine : nous rapportons la forme qu'il prit chez les Latins, & la valeur qu'ils lui attacherent : nous mettons à fa fuite les mots qui en font provenus, divifés par claffes ; & dans chaque claffe les binomes, les dérivés & les compofés qui lui font propres.

§. II.

Avantages de cette Méthode.

Il n'eft aucun de nos Lecteurs qui ne fente déjà les avantages ineftimables d'une pareille méthode. Jufqu'ici, l'étude des Langues confiftoit à apprendre une foule immenfe de mots entaffés au hafard les uns fur les autres, fans aucun rapport entr'eux, & fans qu'on

pût jamais fe rendre compte de leur maffe. Mais peut-on dire connoître comme il faut ce dont on ne peut jamais fe rendre compte,
ce qu'on ne fauroit cafer?

Il n'en eft point de même ici ; au lieu de cette maffe indigefte
de mots Latins mis bout-à-bout dans les Dictionnaires , & où
chacun d'eux eft toujours ifolé fans aucun rapport avec ceux qui
le précédent & qui le fuivent , nos Origines Latines offrent un
nombre déterminé & peu étendu de petits Dictionnaires , de Cafes,
de Familles entre lefquelles eft diftribuée la maffe entiere des
mots Latins.

Cette diftribution eft prife dans la nature des mots même ; elle
n'eft ni arbitraire , ni difficile à faifir : les mots viennent s'y arranger
d'eux-mêmes fuivant la raçine à laquelle ils appartiennent : tous
ceux qui fe rapportent au même chef, ne font plus comptés que
pour un ; il fuffit de favoir le radical de chaçun de ces touts , pour
avoir l'idée la plus complette de l'enfemble ; ainfi qu'un Général
d'armée qui ne pourroit concevoir l'enfemble d'une armée, dont
tous les Soldats feroient ifolés , le conçoit très-bien au moyen des
grandes divifions dont les Chefs lui font connus : il en eft de même
des Langues : avec cet ordre , on parvient fans peine à connoître
l'enfemble de leurs mots.

En rangeant ainfi fous un petit nombre de claffes tous les
mots latins , en n'ayant plus befoin pour les faifir tous que d'en
poffeder quelques centaines de très-fimples , on a deux ou trois
cent fois moins de peine, il faut deux ou trois cent fois moins
de tems : on a deux ou trois cent fois plus de jouiffance : l'on
peut apprendre les mots Latins en un efpace de tems infiniment
plus court ; & apprendre par-là même plufieurs Langues dans ce
feul efpace de tems qu'exigeoit auparavant la feule étude des mots
Latins.

A cela

A cela ſe joint un autre avantage précieux : c'eſt que tous ces mots étant ainſi claſſés ſuivant leur origine , on voit auſſi tôt briller de nouveaux rapports infiniment flatteurs, & qui empêchent qu'on puiſſe jamais les oublier : chacun d'eux porte avec ſoi la raiſon de ſon exiſtence , chacun d'eux devient un tableau complet qui s'explique parfaitement, dont toutes les parties ſont connues, dont on voit la liaiſon avec la Nature ; avec nos beſoins, avec l'inſtrument vocal, avec les objets qu'on avoit à peindre. Tout y devient d'une vérité ſenſible & intéreſſante : les mots en acquierent une force, une chaleur, une énergie, une vie dont ils étoient privés , & qui les grave pour jamais dans l'eſprit, en faiſant admirer leur heureux choix.

Dès-lors , la raiſon & l'intelligence s'uniſſent à la mémoire pour l'étude des mots : & cette étude change par-là totalement de forme.

L'excellence de cette méthode eſt ſi ſenſible , ſes effets ſi frappans, qu'il n'eſt perſonne qui ne ſoit porté en peu de tems à déſirer de la mettre en pratique : c'eſt cette eſpérance qui nous a ſoutenu dans la recherche pénible des radicaux de la Langue Latine, dans le travail faſtidieux de l'arrangement de tous ſes mots ſous ces radicaux, & dans les dépenſes qu'a entraîné ce travail, & l'impreſſion de ce Dictionnaire Latin, unique juſqu'à préſent dans ſon eſpéce , & pour lequel notre Imprimeur a été obligé de faire faire des fontes conſidérables, inutiles pour tout autre ouvrage , & qui n'ont pu que retarder l'impreſſion de ce Volume.

DISCOURS

§. III.

Manieres de se servir de ces Origines.

On peut se servir de ce Dictionnaire radical de la Langue Latine de plusieurs manieres.

1°. On peut à son choix, jetter les yeux sur un mot radical, & en examiner la famille entiere.

2°. On peut en étudier simplement les radicaux.

3°. On peut y chercher un dérivé ou un composé quelconque, soit en remontant de soi même à sa racine; soit en le cherchant dans la Table des Matieres.

Car nos Origines sont disposées pour toutes ces Méthodes.

1°. Les Binomes, les Dérivés, les Composés de chaque radical, y sont imprimés d'un caractère différent, en sorte que d'un simple coup d'œil on apperçoit sans peine ce qui est radical, ce qui ne l'est point.

2°. Ces Origines seront accompagnées de deux Tables comme nos Origines Latines, l'une par ordre alphabetique pour pouvoir trouver les mots dont on auroit peine sans cela à découvrir la racine à laquelle nous les avons rapportés: l'autre par ordre de touches vocales, où tous les radicaux sont classés eux-mêmes suivant leurs rapports avec l'instrument vocal.

En accoutumant les jeunes gens à s'en servir sans le secours de la Table alphabétique, on leur rendra un excellent office; ils en saisiront infiniment mieux le génie de la Langue Latine; ils en classeront les mots dans leur tête avec la plus grande aisance: ils devineront d'eux-mêmes le sens de la plûpart des dérivés & des composés; ils se feront une avance immense pour l'étude de quelqu'autre Langue que ce soit.

Peut-être craindra-t-on de mettre entre leurs mains un Ouvrage volumineux : ce qui pourra nous déterminer à faire
pour les Commençans un Recueil de nos mots radicaux & de
leurs principaux dérivés : nous ne saurions cependant trop les
exhorter de se familiariser de bonne-heure avec les familles en-
tieres ; ils en auront plus de satisfaction que de la seule étude des
radicaux : & leurs progrès en feront plus rapides.

CHAPITRE II.
DES TERMINAISONS DE LA LANGUE LATINE.

NOÙS venons de voir que la Langue Latine, ainsi que toute
autre, est composée de mots *radicaux* ; de mots *dérivés*, formés
sur les radicaux par des syllabes ajoutées à la fin ; de mots *composés*, formés sur ces mêmes radicaux par des syllabes ajoutées à
la tête de ces mots : les premieres de ces syllabes forment la
masse de ce qu'on appelle TERMINAISONS ; & les secondes, ce
qu'on appelle *syllabes prépositives* ou PRÉPOSITIONS INSÉPARA-
BLES.

· Ces Terminaisons & ces Prépositions deviennent par conséquent une des grandes clefs de la science étymologique, puisqu'il est impossible sans elles de se former une juste idée de ces
diverses Familles dont l'ensemble compose une Langue quelconque. Nous ne pouvons donc nous dispenser dans un Ouvrage
comme celui-ci, de traiter expressément de ces deux objets.

Cependant nous ne dirons rien ici des Prépositions initiales ou
inséparables , parce que nous entrons à leur égard dans un grand
détail dans le corps de nos Origines Latines, & que dans la Table des Matieres on en trouvera le Catalogue avec le renvoi

DISCOURS

au lieu où il eſt queſtion de chacune d'elles. Nous nous bornerons
donc ici à ce qui regarde les Terminaiſons; nous ferons voir :

1°. En quoi elles conſiſtént , & quels motifs engagerent les
hommes à y avoir recours.

2°. Leurs diverſes eſpéces ou claſſes.

3°. La valeur propre de chacune de ces claſſes.

4°. Leur origine étymologique.

§. I.

Des Terminaiſons en général.

Les TERMINAISONS des mots ſont les ſyllabes que chaque
Langue ajoute à la fin des mots radicaux pour en former des dérivés de toute eſpéce , des Noms , des Adjectifs, des Verbes,
des Participes. C'eſt ainſi que du radical AM qui peint l'idée
d'aimer , ſe formérent :

AM-o ,	j'aime.	AM-abilis ,	amateur.
AM-or ,	amour.	AM-abilitas ,	charmes ,
AM-icus ,	ami.		qualités aimables.
AM-icitia ,	amitié.	AM-abiliter,	tendre-
AM-iculus ,	petit ami.		ment.
AM-icula ,	petite amie.	AM-atorculus ,	qui aime foi-
AM-ans ,	qui aime.		blement.
AM ator ,	aimable.	AM-atrix ,	amante.
AM-atorius ,	qui concer-	AM-aſius ,	galant.
	ne l'amour.	AM-aſia ,	femme ga-
AM-atorié ,	en amant.		lante.
AM-atus ,	aimé.	AM-atio ,	inclination.
		AM-abo ,	de grace , je

vous prie , mot-à-mot . je vous aimerai
bien ſi vous m'accordez cette faveur.

C'eſt le beſoin, la néceſſité qui obligea les hommes à recourir aux terminaiſons : cette néceſſité qui devient pour eux une loi ſuprême, à laquelle ils ſont forcés d'obéir, & qui les conduit dans toutes leurs inventions avec une juſteſſe & une célérité dont ils ne ſe doutent point.

Les hommes n'avoient pas ſeulement à nommer les objets ; ils avoient ſur-tout à les conſidérer ſous tous les rapports poſſibles. Ces rapports ne ſont pas de nouveaux êtres, de nouveaux objets : ce ne ſont que des manieres d'être. On ne pouvoit donc pas former pour eux des mots différens de ceux qui énonçoient ces objets : il ſuffiſoit d'ajouter au nom de ces objets, des ſyllabes, des ſignes qui exprimaſſent ces rapports ; qui modifiaſſent les noms de ces objets, de la même maniere que ces objets étoient modifiés par leurs qualités, par leurs rapports. De-là cette partie eſſentielle & nombreuſe du Langage que nous appellons *Terminaiſons*, qui exiſta & qui exiſte néceſſairement dans toutes les Langues.

En effet, quoiqu'elle ſe déploie dans la langue Latine avec un éclat, un apparat tout particulier, elle n'en exiſte pas moins dans les autres Langues : dans la langue Françoiſe elle-même, de même que dans la langue Celtique dès le commencement d'où l'uſage en paſſa aux Grecs & aux Latins : car à l'exception des Terminaiſons déclinatives propres à ces deux derniers Peuples, ils n'en ont peut-être aucune qui n'ait lieu dans les Dialectes Celtiques exiſtans encore de nos jours & qui certainement ne les emprunterent pas de la langue Latine, de ces Romains qui étoient leurs plus cruels ennemis, & qui n'exiſtoient pas encore lorſque ces Peuples Celtiques avoient déjà une foule de terminaiſons auxquelles ils n'ont pu renoncer en aucun tems.

DISCOURS

§. I I.

Diverfité des Terminaifons.

Les Terminaifons varierent néceffairement fuivant les divers emplois qu'on en devoit faire.

Iº. Il fallut des Terminaifons pour diftinguer les *Genres* : un Fils , fut Fili·*us*; une Fille , Filia ; un jeune garçon, puer; une jeune fille , pue*ra*.

Quelques objets furent de tout genre , : *amans*, qui aime.

Ces mots du genre mafculin, du genre féminin , de tout genre, formerent autant de claffes différentes : c'eft ce qu'on appella DÉCLINAISONS.

Les mots du genre féminin formerent la premiere déclinaifon, terminée en *a* au nominatif : en *æ* au génitif.

Les mots du genre mafculin formerent la feconde , terminée en *i* au génitif, en *o* à l'ablatif.

Les mots de tout genre formerent la troifiéme , terminée en *is* au génitif ; en *e* ou *i* à l'ablatif.

Comme ceux ci étoient de tout genre , cette troifiéme décli-naifon fe trouva chargée également de mots, les uns mafculins , comme *ranis* ; les autres féminins, comme *arboris ;* les autres de tout genre , comme *fapientis.*

Ce fontlà les trois grandes Déclinaifons Latines qui formerent la maffe des noms & des adjectifs Latins : il en exifte à la vérité deux autres dont les génitifs font en *ús* & en *ei* ; mais elles font prefque nulles ,étant bornées à un très-petit nombre de mots.

II. Il fallut des terminaifons pour diftinguer les diverfes efpé-ces de *Noms,* fuivant qu'ils défignoient ,

1º. Un Etre, comme exiftant, comme agiffant , comme pa-tient, comme capable d'action.

2º. Une action faite ou à faire,

3°. La place, le lieu, le tems des Etres, des Actions.

III. Il en fallut pour former des *Adjectifs* de toute espéce : des Actifs, des Passifs, des Enonciatifs, des Possessifs, des Nationaux, &c. : & pour désigner leurs divers degrés, Positifs, Comparatifs, Superlatifs.

IV. Il en fallut pour former des *Adverbes.*

V. Il en fallut enfin pour former des *Verbes*, pour en distinguer les Personnes, les Tems, les Modes, les Formes. Pour désigner les Verbes actifs, passifs, fréquentatifs, dimimutifs, ou les Verbes terminés en *o, or, ito, esco, ico.*

Tous les caracteres terminatifs nécessaires pour remplir ces divers objets, furent puisés dans les voyelles seules ou modifiées par un très-petit nombre d'Elémens ou de consonnes, tels que *S, T, L, R, N, M, C.*

Terminaisons divisées en deux Classes.

Malgré la multitude de terminaisons qui résultent de ces divers objets, on s'apperçoit sans peine qu'on peut diviser les terminaisons Latines en deux classes générales.

Terminaisons déclinatives & conjugatives : 2°. Terminaisons spécificatives.

Les unes qui ne servent absolument qu'à désigner les cas d'un nom, ou la personne & le tems d'un Verbe.

Les autres qui servent à en désigner les diverses idées accessoires.

Il arrive souvent que les Noms ne présentent qu'une terminaison : c'est la déclinative : alors, elle remplit ce double usage ; elle est tout-à-la fois déclinative & spécificative : dans ces mots, par exemple,

Bon-*us*, bon-*a*, bon-*um* : vas-*e*, Ablatif de vas ; sol-*e*, Ablatif de sol.

Mann-*a* , manne, formé de *man* , bon. Am-*a* , aime.

Mais toutes les fois qu'il a fallu modifier le radical par quelqu'idée acceſſoire , le claſſer ſuivant ſes diverſes eſpéces, cette terminaiſon déclinative n'a pû ſuffire. Elle dut être précédée d'une addition, d'une ſyllabe propre à déſigner cette idée acceſſoire ; & à augmenter par-là même les dérivés d'un même radical autant que le beſoin le requéroit. C'eſt ce qu'on appelle Terminaiſons ſpécificatives : telles que am-*ant*-is , am-*ic*-us , amat-*or*-e , amic-*iti*-a , fluvi-*al*-is , ſylv-*eſtr*-is.

Des Terminaiſons Spécificatives.

Tout Nom radical peut peindre ſon objet comme actif ou comme paſſif, comme phyſique ou comme moral , comme grand ou petit ; il faudra par conſéquent qu'il s'uniſſe à autant de terminaiſons différentes,afin qu'il puiſſe peindre ces divers rapports.

Ainſi, pour revenir aux dérivés de la racine AM , on peint par la terminaiſon *ant*-es , ceux qui aiment actuellement , par la terminaiſon *at*-i , ceux qui ont été aimés ci-devant , par la terminaiſon *abun*-di , ceux qui doivent être aimés.

Par les terminaiſons, *icus* , *iculus* , *ator* , *ator-culus* , diverſes nuances dans ceux qui aiment.

Ce même mot forme des Adverbes en s'uniſſant aux terminaiſons *anter* , *atorie* , *icè*.

Il devint Adjectif Poſſeſſif par celle d'*abilis* ; am-*abilis* , qui poſſéde la vertu de ſe faire aimer.

Verbes actif, paſſif, augmentatif,&c. par d'autres terminaiſons :

AM *o* , j'aime.	AM-*ico* , je rends favorable, ami.
AM-*or* , je ſuis aimé.	AM-*aſco* ,j'ai du penchant à aimer.

On voit par-là qu'on forme des dérivés ſur d'autres dérivés.

Ainſi

Ainſi d'Amicus, viennent Amicitia, amitié; Amicè amicalement, en ami, *amiculus*, petit ami, &c.

D'Amabilis, amabilitas, au gén. : amabilitatis; l'adverbe amabiliter. .

Ce qui donne une ſuite de terminaiſons entaſſées les unes ſur les autres, puiſque dans *amabilitatis*, compoſé de ſix ſyllabes, il n'y a que la premiere, AM, qui ſoit radicale.

Cependant cette multitude de terminatives ſe réduiſent toujours à deux, parce qu'on ne doit jamais conſidérer que les deux dernieres. En effet, lorſque d'AM vous faites AM-abilis, vous n'avez que deux terminaiſons à conſidérer, la ſpécificative, *abil*, & la déclinative *is*; & lorſque d'Am-abilis, vous formez Amabili-tat is, vous n'avez également que deux terminaiſons à conſidérer, la ſpécificative *itat* ou *itas*, & la déclinative *is* : car *amabil* eſt déjà connu.

§. I I I.

Lettres qui forment ces Terminaiſons, & leur valeur.

Ces Terminaiſons ne ſont empruntées ordinairement que de cinq ou ſix Conſonnes.

De la Lettre S. Di-eſis, Call-oſus, Sapient-iſſimus.

De la Lettre T. Bon-itas, Ac-tio, Ac-tor, hab-itus.

De la réunion de S & T. Mag-iſter, Min-iſter, terr-eſtris.

De la Lettre L. Fac-ilis, Pen-ulus, Ag-ellus, Tribun-al.

De la Lettre R. Anſ-er, Od-or, Alt-are.

De la Lettre C ou G. Mord-ace, Il-ice, Ful-ica, Ful-igo.

Des naſales AN, IN, ON, &c. Sapi-ens, opini-one, temporaneus.

Les Lettres S, T., ST, *is*, *it*, *iſt*, déſignent l'exiſtence.

Is, & *iſt*, l'exiſtence phyſique en particulier : *is*, celui qui eſt ;

It, l'exiſtence morale & celle qui réſulte des actions, bon-*itas*, fac-ult*as*, aprob-at*io*.

La Lettre **L**, déſigne ſur-tout, les qualités; auſſi eſt-elle employée à la formation des Adjectifs.

Uti-*lis*, doué de la qualité d'être bon à l'uſage.

Fac-il*is*, doué de la qualité d'être aiſé à faire.

La Lettre **R** eſt ſur-tout relative à l'action, au mouvement, au changement:

Act-or, celui qui agit, l'homme agiſſant.

Pict-or, l'homme qui peint.

Pict-ura, le réſultat de l'action de peindre; l'art de celui qui peint,

Fact-ur*us*, qui agira, qui va agir.

La Lettre **C** ou **G**, marque la fixité d'un objet, ſa tenacité, ſa conſtance.

Elle eſt relative ſur-tout aux augmentatifs & aux diminutifs.

Aud-ace, plein de hardieſſe, perſévérant dans ſa hardieſſe.

Am-icus, plein d'amitié, conſtant & ferme dans cette vertu.

Dans les Adjectifs, elle déſigne l'origine, la place.

Aſiat-ic*us*, Aſiatique: Liburn-ic*us*, de la Liburnie.

Les naſales peignent l'exiſtence de lieu, de tems, des modifications.

Am-ans, qui aime: leg-end*us*, qu'on doit lire.

Africa-*nus*, d'Afrique: moment-an*eus*, momentané.

La Terminaiſon *Men*, *Mon*, *Mentum*, déſigne la cauſe, ce qui fait qu'une choſe eſt ce qu'elle eſt

Aug mentum, *quod auget*, ce qui aug-mente.

Flu men, *quod fluit*, ce qui coule.

Monumentum, *quod monet*, ce qui avertit, qui ſert de ſigne.

Orna-mentum, *quod ornat*, ce qui orne.

§. IV.

Origine étymologique de ces Terminaisons.

Toutes ces Terminaisons sont autant de mots primitifs que leur valeur rendoit propres à remplir l'usage qu'en firent les Latins en les ajoutant à la suite des mots radicaux : & cette valeur, ils la tenoient eux-mêmes des élémens dont ils étoient composés, puisque nous prouvons sans cesse que chaque Consonne a une valeur propre & constante.

Es, Is, Os, désignent par eux-mêmes ce qui est, l'être : *Dulc-is*, l'être doux, *Mel-is*, l'être bon, excellent, *Fel-is*, Génitif de *Fel*, l'être jaune. Ils sont formés du Verbe *E*.

AL, EL, est l'article *le*; il marque le rapport, l'origine, la qualité.

ER, OR, signifie le Fort, le Vaillant, le Grand, celui qui est capable d'opérer.

AC, IC, désigne tout être pointu, tout ce qui est capable d'être rendu fixe, stable.

MEN, est la nasale du Grec & de l'Oriental MA, qui signifie chose, ce qui, d'où la Terminaison Grecque MA; Plêro-*ma*, la chose qui remplit, la plénitude, & que les Latins nasalerent en *Men*.

Ces mêmes Terminaisons servent également pour les Adjectifs; mais les Latins en ont de particulieres pour les Comparatifs & pour les Superlatifs.

OR, est la Terminaison du Comparatif, parce que ce mot est le nom des Montagnes, des Collines, de l'élévation : par conséquent très-propre à désigner un degré supérieur, une prééminence.

IMUS, est la Terminaison du Superlatif, parce que IM désï-

ss ij

gne l'immenfiré; tout ce qu'il y a de plus vafte, de plus profond, aucun mot par conféquent n'étoit plus propre à défigner le degré le plus élevé, ce au-delà de quoi on ne peut aller.

D'ailleurs, on trouvera dans nos Origines Latines des détails intéreffans fur chacune des radicales primitives, qui ont concouru à former toutes ces Terminaifons.

De quelques autres Terminaifons fauffement ainfi nommées.

Les Savans qui ont dreffé des Liftes des Terminaifons Latines, les ont infiniment plus étendues; ils y ont fait entrer les mots terminés en *cep*, *cip*, *cidus*, *cinus*, *cox* : *dicus*, *bundus*, *fex*, *ficus*, *fer*, *fluus*; *ger* : *etum*, dans le fens de forêt; *pos*, *pes*; *fagus*, *ful*, *fia* : *tinus*, *vocus*, *volus*, *vorus*, &c.

Mais toutes ces prétendues Terminaifons font autant de mots Latins qu'on a unis à d'autres pour en former de nouveaux, & dont la réunion conftitue autant de mots, qui ne peuvent entrer dans la claffe de ceux que nous appellons dérivés, formés d'un nom & d'un terminatif, mais qui entrent néceffairement dans la claffe des mots que nous appellons BI-NOMES, *c'eft-à-dire*, compofés de deux Noms.

Auffi, on les trouvera conftamment fous cette dénomination dans nos Origines Latines.

C'eft ainfi que *cep*, *cip*, dans *princeps*, *principium*, dérivent du mot *cap*, tête.

Cidus, du Verbe *cædo*, couper, tailler : *fer*, de fero, porter : *fagus* eft un primitif qui appartient à la famille *fagax*, *præ-fagium*, &c. *tinus* à teneo; *vocus* à vox; *vorus* à voro, &c.

Il n'eft pas étonnant qu'on ait confondu toutes ces chofes dans un tems où l'on n'étoit conduit dans les étymologies par aucun principe certain & où l'on alloit à l'aventure; mais il en réfultoit une obfcurité, un défordre qui ne pouvoit qu'arrêter les progrès de l'efprit humain.

Si nos Origines Latines deftinées à produire un effet contraire, font reçues du Public avec la même indulgence & le même empreffement que les Volumes dont elles ont été précédées, nous ferons prefque fûrs d'avoir rempli nos vues : & ce fera un dédommagement bien flatteur des travaux immenfes dont ces Origines font le réfultat, & dont elles faifoient un des principaux objets. Leur feul fuccès nous auroit prefque confolé d'avoir moins réuffi dans les autres, puifqu'il n'eft aucun homme de Lettres ou d'Etat qui ne foit appellé à avoir quelque connoiffance de la Langue Latine, & qu'on ne fauroit trop en applanir l'étude.

C'eft fur-tout pour vous, jeunes gens, que je travaille : je gémis quand je vous vois obligés de paffer à travers ce cahos des Etudes Latines, qui m'ont fi fouvent affligé moi-même : ne foyez pas effrayés de la longueur de ces origines : vous les aimerez, j'en fuis fûr, dès que vous y aurez jetté les yeux : & vous aurez quelque reconnoiffance fans doute, pour celui qui fe livra à tant de peines pour adoucir & diminuer les vôtres.

Fin du Difcours Préliminaire.

TABLE DES MATIERES
DU DISCOURS PRELIMINAIRE
SUR LES ORIGINES LATINES.

PARTIE PREMIERE.

PARTIE II.

_ *Fin de la Table des Matieres du Difc. Préliminaire.*

DICTIONNAIRE

DICTIONNAIRE
ÉTYMOLOGIQUE
DE LA LANGUE LATINE.

A. (*Col. I. des Orig. Franç.*)

A, premier fon vocal, premiere » lettre de l'Alphabet & qui vaut » un dans les Alphabets numéri-» ques. Il défigne par conféquent, » 1°. celui qui eft le premier , le » Maître, le Propriétaire ; & par-là » même, 2°. la propriété, la poffef-» fion , la qualité d'*Avoir* ».

Affocié avec le Verbe *E* qui marque l'exiftence, & fe liant avec lui par la confonne labiale *B*, il de-vint un Verbe qui défigna la qua-lité d'avoir : c'eft ainfi que les Pam-phyliens dirent *Ab-Eis*, tu as, *mot-à mot*, tu es ayant , *tu exiftes avec la qualité d'avoir, de poffeder.*

Àbei, il a ; **Abo**, j'ai.

Les Latins afpirant cette voyelle **A**, en firent un Verbe femblable, **Ha-beo**, j'ai , **Ha-bes** , tu as , **Habet** , il a.

Dérivés.

Hab-*eor*, *itus fum*, *eri*, être tenu pour tel, paffer pour; être eftimé , être cru , &c.

Habentia, *æ*, l'avoir, les biens, l'opu-lence.

Habitio, *onis*, l'action d'avoir, l'état de poffeffion.

Habitus, *a*, *um*, eu, tenu, poffedé : 2°. eftimé, traité.

Composés.

Ce Verbe s'affocia enfuite avec diverfes Prépofitions pour préfenter des idées relatives à celle-là ; mais ici il éprouva un changement or-dinaire aux mots latins en pareil cas : la voyelle *A* s'adoucit en la voyelle *I*, de-là :

Ad-hibeo , *ui* , *itum* , *ere* , m.-à-m. être ayant pour ; être tenant pour ; c'eft-à-dire , faire ufage de ce qu'on A ; l'ap-pliquer à un objet. Ce verbe fignifia donc :

1°. Employer, fe fervir de ce qu'on A, 2°. l'Apliquer à un ufage ; d'où, apliquer une chofe à une autre : 3°. Raprocher une chofe d'une autre ; admettre, introduire.

ANTE-HAB*eo*, *mot-à-mot*, tenir avant, mettre avant ; c'eſt-à-dire, préférer.

CO-HIB*eo* , *ui* , *itum* , *ere* ; *mot-à-mot* ; tenir avec ; c'eſt-à-dire , poſſéder une chofe , en conferver la poſſeſſion *avec* le fecours d'une autre chofe , qui fert comme de digue , d'obſtacle contre fa perte : ce Verbe fignifia donc :

1°. Contenir, retenir : 2°. Modérer, réprimer. 3°. Défendre.

CO-HIB*ilis Oratio* , Diſcours lié , fuivi , contenu dans fes juſtes bornes.

CO-HIB*itio* , Défenſes , oppofition.

EX-HIB*eo* , *ui* , *itum* , *ere* ; mot à mot , Avoir hors , tenir hors ; d'où , faire âparoître , produire , montrer, exhiber.

EX-HIB-*itio*, Repréfentation, Exhibition.

IN-HIB-*eo*, *m-à-m.* Avoir dans , tenir en dedans : d'où 1°. Retenir , arrêter , 2°. empêcher , 3°. défendre avec menaces.

IN-HIB*itor* , qui arrête, qui retient , qui défend avec menaces.

PER-HIB*eo*, tenir en travers , en face , d'où , 1°. préfenter , fournir, donner : Mettre en avant , affirmer, dire.

PRO-HIB*eo*, tenir en avant, au loin ; d'où opofer une barrière , empêcher , défendre , prohiber.

PRO-HIB*ere vim hoſtium ab oppido, m-à-m.* tenir la force des ennemis en avant, loin de la ville : c'eſt-à-dire , empêcher leur aproche.

PRO-HIB*itio* , défenſe.

PRO-HIB*itorius* , qui fait défenſe.

RED-HIB*eo* , reprendre une chofe qu'on avoit vendue , & en rendre la valeur.

RED-HIB*itio* , reſtitution du prix.

RED-HIB*itor* , qui reprend une chofe vendue & en rend le prix.

A B.   A D.

Du mot A , marquant la poſſeſſion , fe formerent les deux Prépofitions A B & A D , qui fe rapportent l'une au Tems futur, l'autre au Tems paſſé.

A D , fe rapporta à la perfonne qui devoit avoir ; & A B , à celle qui avoit eu.

Urbe capta A B Alexandro ; là ville ayant été prife PAR Alexandre , comme fi on difoit, la ville étant tombée par fa prife *en la poſſeſſion* d'Alexandre.

Hic liber A D Ciceronem , ce livre POUR Cicéron ; comme fi on difoit , ce livre doit être la poſſeſſion de Cicéron.

Car toute phrafe à Prépofition eſt une phrafe elliptique , dans laquelle on fupprime une foule de mots fuffifamment défignés par le prépofitif.

Valeur de ces Prépofitions dans les mots compofés.

Ces Prépofitions fervirent à former des compofés : & elles y porterent l'idée générale qu'elles renfermoient. A B s'appliquant au paſſé , défigna ce qui n'étoit plus. A D , s'appliquant au futur, défigna ce qui continueroit d'être , l'exiſtence la plus pofitive , la plus inaltérable. L'une emporta l'idée négative ; l'autre l'idée pofitive.

AB-*ire* , s'en aller loin , s'éloigner.

AD-ire, venir auprès, se rapprocher.

AB-jicere, jetter loin, se défaire d'une chose.

AD-jicere, ajouter à ce qu'on posséde, augmenter la masse de ce qu'on A.

AB-jurare, détruire l'effet d'un serment.

AD-jurare, ajouter au serment, lui donner toute sa force, l'exiger, le prêter.

AB, AV.

1°. Bien précieux.

2°. Désir extrême, (65).

Cette Famille vient de l'Orient; אבב, *ABB*, y désigne les fruits en général.

אב, *AB*, pere.

אבה, *ABHÉ*, desir, 2°. desirer : de-là,

1. Av-*eo*, *avere*, desirer avec ardeur, avoir une extrême envie.

Av-*ens*, qui desire, qui a envie.

Av-*e*, soyez bien : *au fig.* je vous salue ; bon-soir, bon-jour, portez-vous bien; *mot-à-mot, je desire que vous soyez bien.*

2. Av-*idus*, désireux, passionné, empressé, avide, qui engloutit, gourmand.

Av-*iditas*, désir extrême, passion, avidité.

Av-*idè*, avec passion, avidement.

3. Av-*arus*, de *AV*, desir, & *AR*, métal ; Avare, qui veut tout pour lui, excessivement attaché à l'argent, ladre, vilain, mesquin, avaricieux.

Av-*arities*, & Av-*aritia*, avarice, *mot-à-mot* desir excessif d'argent, amour immodéré de l'or.

Av-*arè*, vilainement, avec une économie sordide, avaricieusement.

4. Av-*ena*, nom générique des biens de la terre, conservé & restreint chez nous à l'AVOINE.

2°. Chalumeau fait avec un tuyau de paille d'avoine.

Av-*enarius*, qui se plaît dans les avoines.

5. Av-*us*, i, *mot-à-mot*, le bon papa, le cheri : le grand-pere.

Av-*unculus*, *mot-à-mot*, le petit papa ; oncle.

Avi, *orum*, les Ancêtres, les Ayeux.

Av*itus*, qui concerne les Ayeux : vieux, ancien.

Avia, la bonne maman, la grand-mere.

PRO-Avus, i, & Pro-Avitor, oris, Bisayeul.

PRO-Avia, Bisayeule.

PRO-Avitus, de Bisayeul.

PRO-Avunculus, Grand-Oncle.

AB-Avus, & AD-Avus, i, Trisayeul, Pere du Bisayeul.

AB-Avia, & AD-Avia, æ, Trisayeule.

AB-Patruus, Frere du Trisayeul.

AT-Avus, Quadrisayeul.

At-Avia, Quadrisayeule.

6. Abbas, Pere, Abbé, Supérieur d'un Monastère.

Abbatissa, Abbesse.

ABe-Cedarium, l'Abecé, l'Alphabet.

ABe-Cedarius, qui est à l'Abecé : 2°. Aprentif. 3°. qui range par ordre Alphabétique.

A C.

Pointe, Piquant (4).

» AC, Famille primitive qui designa » tout ce qui est aigu, pointu, » piquant : elle a formé une mul- » titude de mots Celtes, &c. & Latins. Ceux-ci se divisent en trois grandes Familles, qui renferment :

1°. Les mots relatifs à l'idée de pointe, d'Aiguillon.

2°. Ceux relatifs à l'idée d'Acidité.

3°. Ceux relatifs à l'idée de
faire avancer en piquant, en poi-
gnant, én Aiguillonnant.

I.

AC, *Aigu , pointu.*

1. AC*us*, *ús* , f. Aiguille, Poinçon.

Ac*us* , *i* , *m.*Aiguille , poiſſon de mer.

Ac*us* , *eris* , *n.* Épi, paille, grain, ſa barbe.

A*ceroſus* , mêlé de paille ; fait de divers
grains.

Ac*uo* , aiguiſer , rendre pointu , aigu.
   2°. Affiler, donner le fil, rendre tranchant.
   3°. *Au figuré* , piquer , aiguillonner ,
exciter , émouvoir.

Ac*utor* , qui aiguiſe.

Ac*utus* , aigu , pointu.
   2°. Aiguiſé , affilé , tranchant.
   3°. Subtil , fin, pénétrant, vif.

Ac*utulus* , un peu aigu.

Ac*uté* , habilement, ingénieuſement, avec
eſprit.

AC*utatus* , aiguiſé , pointu , aigu.

A*culeus* , aiguillon ; piquant , pointe.
   2°. Dard, épine.
   3°. Raillerie , brocard , reproche piquant. 4°. Chagrin , inquiétude , penſée ,
qui pique.

A*culeolus* , petit Aiguillon, petite pointe.

A*culeatus*, qui a une pointe, un aiguillon :
qui pique.

Ac*umen* , *inis* , pointe d'un objet quelconque.
   2°. Subtilité , fineſſe , pénétration.
   3°. Adreſſe , artifice.

A*cuminatus* , aigu , pointu , affilé.
   2°. Subtil , vif, pénétrant , ingénieux.

Ac*u-Ped-ius*, qui marche ſur la pointe du
pied. 2°. Agile , leger à la courſe.

A*cu-Piƈt-or* , *mot-à-mot* , qui peint à l'aiguille, Brodeur.

Ac*u-piƈtile* , broderie.

Ac*u-piƈtus* , brodé.

Aç*u-pingo* , *xi* , *piƈtum* , *ere* , broder.

2. AC*ies* , *ei* , pointe d'inſtrument ,
le tranchant , le taillant.
   2°. Pointe d'eſprit, pénétration.
   3°. Force , vigueur.
   4°. Troupe armée d'inſtrumens
pointus & tranchans ; un Corps de
troupes, une Armée.
   5°. Bataille, combat, choc de
deux troupes armées d'inſtrumens
pointus & déchirans.

Ac*ia* , fil à coudre, aiguillée de fil.

Ac*iarium* , étui à aiguille , 2°. Scie.

Ac*icula* , Epingle, 2°. Ardillon de boucle.

Ac*icularius* , Faiſeur d'épingles, qui les
vend ; Epinglier.

I I.

AC, *Acide , âcre.*

1. AC*idus* , acide , ſur , aigre : qui a
un goût piquant.

Ac*idulus* , aigret , ſuret , un peu acide.

Ac*idula* , oſeille , 2°. fruit ſauvage, à cauſe de leur goût piquant.

Ac*ida* , l'eau des fontaines minérales ; à
cauſe de leur goût. 2°. Eſpéce de fard.

2. AC*er* , *acris* , *acre* , piquant au
goût , aigre , âpre , rude.
   2°. Cuiſant, pénétrant , violent ,
rude. 3°. Vif , bouillant , preſſant.
   4°. Eveillé , promt , ſoigneux.

Ac*erbus*, rude, âpre, verd, qui agace les
dents.
   2°. Dur , fâcheux , rigoureux , cruel.
   3°. Senſible, chagrinant, incommode.
   4°. Mal poli , rude , brut.

Ac*erbitudo* , aigreur , apreté.

Acerbitas, atis, acreté, apreté, verdeur des fruits.

   2°. Aigreur, rigueur, févérité, cruauté.

   3°. Affliction, amertume, chagrin extrême.

Acerbo, avi, atum, are, agacer.

   2°. Aigrir, donner de l'aigreur.

   3°. Irriter, empirer, agraver.

Acerbum, i, ennui, chagrins, tristesse, ce qui agace le cœur.

Acerbè, durement, avec apreté, rigoureusement.

Acerosus, mêlé de paille, (Voyez Acus, aceris) 2°. pain bis & rude.

Acerrimè, très-aigrement, très-fortement.

Acor, oris, aigreur, acidité, verdeur.

3. ACesco, acui, devenir aigre, acide: aigrir : vieux Lat. Aceo, acui.

Acescens, qui devient aigre.

Acetum, vinaigre.

Acetaria, falade, fauffe au vinaigre, vinaigre, &c.

Acetabulum, caraffe au vinaigre, vinaigriere, faufliere.

   2°. Gobelet en général.

Acetabularius, Joueur de gobelets.

4. ACritas, atis, aigreur, âcreté.

Acrimonia, âcreté, âpreté, acrimonie.

   2°. Pointe, vivacité, pénétration.

Acrementum, verjus.

Acriculus, un peu aigre, qui a un peu de piquant, d'ardeur.

Acriter, aigrement, rudement.

   2°. Fièrement, hardiment.

   3°. Ardemment, avec véhémence.

   4°. Avec pénétration.

Acredula, æ, Chouette, Foulque, felon les uns, Rossignol felon d'autres; d'acris, aigu, & du Grec aidô, chanter.

5. ACina, æ : Acinus; Acinum, verjus, grains de fruits à grappe, marc de raisin.

Acinosus, qui a beaucoup de grains, de pepins : 2°. plein de jus.

Acinaceus, fait de marc de grapes.

Acinosa, une des tuniques de l'œil, l'uvée, parce qu'elle reffemble à un grain de raisin.

De-acino, ex-acino, ôter les grains de raisin.

6. Acri-Folium, Alifier.

Acer, ceris, Erable.

   Acernus, d'Erable.

Acacia, arbre épineux, l'Acacia.

AC-anthus, branche urfine.

AQUI-FOlium, le Houx, arbre aux feuilles pointues.

AQUI-folius, a, um, de Houx.

Axitia, æ, Broffe à peigne.

7. ACCIPiter, itris, mot-à-mot, qui a une tête, un bec pointu ; Epervier, Faucon.

Accipitrarius, Fauconier, qui a foin des oifeaux de proie.

Ac-cipitrina, laitue fauvage.

Ac-ipenfer, Efturgeon, poiffon qui a la tête pointue, & avec des barbillons. Ce mot eft donc compofé de ces trois, AC, pointe ; CAP, tête, changé en CIP, dans les compofés ; & PEN, aîle, nageoire.

8. Aquila, æ; de AC, pointu, & AL, oifeau : mot à mot, oifeau pointu, au bec crochu : figure de l'Aigle fi remarquable, qu'on a nommé aquilin tout ce qui eft long, pointu & recourbé.

Aquilinus, d'Aigle, 2. aquilin.

Aquilus, a, um, noirâtre, couleur d'Aigle.

Sub-Aquilus, a, um, un peu noirâtre.

Aquilifer, *eri*, Enseigne, celui qui portoit l'aigle au bout d'un bâton, étendart des Romains.

9. AQUILO, *onis*, Aquilon, bise, vent du Nord-Est; *mot à mot*, le Vent-Aigle, le vent qui souffle avec la même rapidité que vole l'Aigle.

Aquilonaris, *e*, Septentrional.

Aquilonius, *a*, *um*, de bize.

Aquilones, *um*, ouragans rapides & noirs comme l'aigle.

Dans les Langues du Nord, HAK, HAWK désigne l'Epervier, emblême en Egypte des vents du Nord, de l'Aquilon.

10. ACTa, *æ*; en Grec Aκτη, *Acte*, Rivage, côte, bord; parce qu'il est rompu, escarpé; que la terre y est brisée.

Acte, *es*, & en gr. Aκτη, sureau, bois dont le goût est acide, suret.

COMPOSÉS.

1. EX-ACuo, rendre pointu, aiguiser, Affiler.
20. Aiguillonner, exciter, émouvoir.
PER-ACuo, aiguiser extrêmement, affiler, rendre fort menu par le bout.
PER-ACutus, pénétrant, fort subtil, très-ingénieux, plein d'esprit & de pénétration.
PER-ACutè, ingénieusement, subtilement, avec pénétration.
PRÆ-ACuo, aiguiser, rendre fort aigu.
PRÆ-ACutus, fort aigu, fort pointu.
2. CO-ACesco, s'aigrir, devenir aigre.
Ex-ACesco, s'aigrir.
PER-ACesco, s'aigrir fort, devenir extrêmement aigre.
3. EX-ACerbesco, s'aigrir, s'irriter.
Ex-ACerbator, qui irrite, qui aigrit.

Ex-ACerbatio, aigreur, action d'irriter.
PER-ACer, *cre*, ⎫ fort âcre, très-
PER-ACerbus, *a*, *um*, ⎬ aigre, 2°. très-
⎭ perçant, très-subtil.
SUB-ACerbus, un peu âcre, rude, verd, revêche.
4. SUB-ACidus, un peu aigrelet.
SUB-ACidè, aigrement, avec un peu d'aigreur.
SUB-ACidulus, tant soit peu aigre.
5. EX-ACero, ôter la baille, vanner.
2°. Jetter les ordures.

III.

AC, AG,

Aiguillonner. 2°. Conduire, (25).

De cette Famille AC, pointe, aiguillon, vint une branche qui paroît n'avoir aucun rapport avec celle-là. Celle d'Agir, AGere. Elle en vient cependant, & voici comment.

AG-ere signifia au sens propre & physique:

1°. Pousser un animal avec un aiguillon, le chasser devant soi: ainsi on dit, AGere equum; pousser son cheval.

2°. Faire avancer: AGere Turres, pousser des Tours devant soi, les faire avancer.

3°. Exciter, animer, inciter.

4°. Poursuivre.

5°. Mener, conduire, au physique & au sens moral: on mene un cheval, on conduit un char. On mene une bonne ou une mauvaise vie: on conduit un Empire: on se conduit bien ou mal.

6°. Mais conduire une affaire, une entreprise, c'est faire, agir ; de-là cette derniere signification qui ayant en quelque sorte survécu à toutes les autres, paroît être la propre, la primitive.

AC-*tus*, poussé, agité, contraint.

2°. Fait, Passé.

ACtutum, à l'instant, c'est fait.

Actus, sentier, chemin étroit qui conduit d'un lieu à un autre.

A'ctio, 1°. mouvement, geste.

2°. Action : 3°. Acte ; Fait.

4°. Fonction, agitation.

5°. Discours, Harangue.

Actus, action, acte, opération.

2°. Mouvement, geste, fait.

Ac-tor, qui fait, qui agit, Acteur, &c.

Actuosus, actif, agissant : 2°. Pénible, affligeant.

Actuosè, avec feu, avec action, avec peine.

A'cta, orum, mot-à-mot, choses faites ; Faits, Actes, Ordonnances, Regiſtres.

Ac tito, faire souvent ; plaider beaucoup de causes.

Activus, actif, agile.

Actuarius, Greffier, Notaire, Secrétaire.

Actuarium, vaisseau léger, qui va vite ; Brigantin.

Actuariolum, petit vaisseau ; Félouque, Esquif.

Actuarius, -a, um, leger, vite.

II. AG-*ito*, anciennement Aceto, 1. Pousser, chasser devant soi avec force, *Agitare equum.*

2. Pourſuivre, tourmenter, *agitare terris & undis.*

3. Exciter, *agitare lætitiam.*

4. Mener, conduire, *agitare choros, moras.*

5. Traiter, *agitari ſermonibus.*

6. Agiter, secouer.

7. Tâcher, essayer, *agitavit effugere.*

AG*itator*, qui pousse devant soi, Meneur, Conducteur de chevaux, Chartier, Muletier, Cocher.

A'gitatio, onis, émotion, mouvement, agitation, action.

Agitatorius, qui agite, qui émeut, qui a besoin d'être ému, d'être secoué.

A'gitabilis, aisé à émouvoir, à remuer, à agiter.

III. AGe, Aille en avant avec courage, pourſuis. Mets la main à l'œuvre ; courage.

AP-AGe, aille en arriere ; retire-toi ; va t en.

AP-AGe-ſis, sois loin d'ici ; va-t-en ; n'en parlons plus.

Apage-me iſtam ſalutem (me, pour d me,) emportez loin de moi ce ſalut, ce compliment.

IV. AG*ilis*, qui se remue aisément ; facile à manier ; souple, dispos, alerte, actif, agissant.

A'gilitas, souplesse, vitesse, agilité.

Agiliter, agilement, promptement, légerement.

V. AG*men*, *inis*, Troupeau qu'on chasse devant soi.

2°. Troupe, multitude, assemblée, nombreuse compagnie.

3°. Armée en marche ; corps de troupes.

4°. Marche, route.

5°. Maniere de se mouvoir, cours d'une chose.

Agminatim, en troupes, par pelotons ; par bandes.

Agminalis, ce qui concerne une troupe, une armée.

Agolum, i, ce qui fert à poufler les troupeaux devant foi; houlette.

VI. AD-AGium, ü. } Proverbe,
AD-AGio, ionis. } Adage, bon mot,
AB-AGio, ionis. } mot-à-mot, Sentence vive & piquante, pleine de fel.

De l'ancien Prétérit AXIM, pour Egerim, vint,

Axi-tiofus, a, um, qui fe concerte avec d'autres; factieux. 2°. Superftitieux.

COMPOSÉS.

Dans les Compofés, AGo fe change en IGO & EGO, même en GO.

AB-IGo, ab-egi, ab-actum, abigere, chafler devant foi: mener battant.

2°. Faire aller, mettre en fuite.

3°. Repoufler, envoyer, forcer à s'en aller.

AB-iga, æ, herbe qui fait avorter.

AB-igeus, ravifleur de bétail.

AB-Actus, enlevement, action de chafler, adj. emmené, enlevé, échappé, dépouillé, &c.

AB-Actor, qui enléve du bétail à force ouverte.

AD-IGo, chafler, conduire devant foi, faire aller.

2°. Poufler, enfoncer, cogner, faire entrer de force.

3°. Contraindre, affujettir, forcer.

4°. Lancer, jetter, envoyer.

AD ACtio, contrainte, engagement forcé.

AD-Actus, ûs, atteinte; coup.

AD-Actus, a, um, poufé, enfoncé, cogné, contraint, forcé, obligé.

ANTE-ACTUS, fait avant.

AMB-IGo, gere, d'Ago & de Ambo, deux; mot à mot, agir, faire une opération en même tems fur deux objets; & au figuré, fe porter tour à tour fur deux idées, douter, être en doute, être en fufpens.

AMB-IGuus, a, um, qui fe porte fur deux objets, qui eft en fufpens, entre deux, douteux, équivoque.

AMB-IGuum, i, } incertitude, doute.
AMB-IGuitas, atis, }

AMB-AGes, um, circuit, détour; double fens, équivoque. C'eft un mot binome, formé de Amb, autour, & de Agn, mot à mot, l'action d'aller autour.

AMB-AGiofus, a, um, plein d'ambiguités, de détours.

CIRCUM-AGo, tourner, faire tourner autour. Au fig. être mis en liberté, parce que le Préteur Romain faifoit faire un tour à l'efclave qu'on affranchiffoit pour marquer qu'il étoit libre d'aller où il voudroit.

CIRCUM-ACTUS, ûs, tournoyement, mouvement circulaire.

CO-ACtio, Impôt, tribut qu'on eft obligé de payer.

Co-Actus, ûs, contrainte, violence, mouvement, impulfion.

Co-Actus, a, um, contraint, forcé, violenté; mis en monceau, accumulé, conduit au même lieu; caillé, pris, épaiffi par la préfure.

Co-Actor, oris, 1°. qui affemble les animaux pour les faire paître, qui les conduit au labourage; Patre, Bouvier, Berger.

2°. Sergent de compagnie, qui fait l'arriere garde.

3°. Collecteur, Exacteur, qui force à payer.

Co-ACto-are, contraindre, obliger, forcer.

Co-ACtius, plus exactement, plus vite.

Co-ACtura, amas, ramas.

Co-ACtilia, lium, ce qui fert pour les voyages, facs, valifes, porte-manteaux.

Co-ACtiliarius, qui preffe ou foule les étoffes,

étoffes; Foulon.

Co-Agitatio, mouvement réciproque de deux chofes qui preffent l'une contre l'autre.

Co-Agulum, ce qui fert à lier, à unir; colle, ciment, préfure.

Co-Agulo, cailler, coaguler.

Co-Agulatio, coagulation, condenfation.

CO-AGmentum, affemblage, jointures, liaifon.

Co-Agmentatio, affemblage, liaifon, jonction.

Co-Agmentare, affembler, unir, joindre enfemble.

CO-ACtum, cogo, co-egi, cogere.

   1°. Pouffer, preffer, contraindre.

   2°. Forcer, violenter.

   3°. Amaffer, affembler.

   4°. Recueillir.

   5°. Epaiffir, coaguler, faire prendre.

   6°. Induire, conclure, tirer une conféquence.

Coagito-are, remuer enfemble, raffembler & faire mouvoir : de-là eft venu le verbe Cogito formé par contraction de Coagito.

Cogito-are, ce verbe eft le diminutif de Cogo, qui fait au diminutif Cogito, comme Ago fait au diminutif Agito; il fignifie rouler, remuer enfemble dans fon efprit; & défigne ainfi au figuré & au moral ce que Coagito défigne au phyfique; agiter dans fon imagination, fonger, rêver, penfer, projetter, délibérer.

Cogitatum, i, ⎱ réflexion, penfée,
Cogitatio, onis, ⎰ projet, deffein.

Cogitatò, ⎫ après y avoir penfé; à
Cogitatè, ⎬ deffein, de propos dé-
Cogitatim, ⎭ libéré.

Cogitabilis, e, qui peut être agité dans l'imagination, qui peut tomber dans l'efprit.

Orig. Lat.

Composés de *Cogito*.

Ex-cogito, are, trouver dans fon efprit à force de chercher, inventer, imaginer. 2°. fonger profondément.

   Ex-cogitatio, onis, l'action d'inventer à force d'y penfer.

   Ex-cogitator, is, qui trouve à force de réflexion.

In-cogito,-are, rouler, méditer, agiter dans fa tête.

In-cogitans, imprudent, qui ne penfe pas.

In-cogitandus, à quoi il ne faut pas fonger.

In-cogitatus, imprévu, à quoi l'on n'a point penfé, indifcret, qui ne réfléchit pas.

In-cogitantia, inconfidération, manque de réflexion.

In-cogitabilis, étourdi, imprudent.

In-excogitatus, a, um, inventeur, non-inventé; dont on ne s'avifa jamais.

Præ-cogito,-are, penfer auparavant, prévoir.

Re-cogito-are, penfer & repenfer, confidérer murement.

DE-go, de-gi, *degere*, Mener.

   2°. Oter, arracher de, emmener.

   3°. Diminuer, retrancher.

   4°. Paffer fa vie, demeurer, habiter.

EX-igo, egi, actum, ere, Pouffer dehors, renvoyer, chaffer, bannir.

   2°. Pouffer, produire, porter, poindre.

   3°. Souffrir, endurer, fupporter.

   4°. Forcer à payer, exiger, redemander.

   5°. Finir, terminer, forcer la fin d'une chofe.

   6°. Traiter, examiner, difcuter.

   7°. Differter, difcourir, parler.

EX-Actio, action de chaffer, banniffement.

   2°. Exaction, contrainte à payer, impôt.

3°. Terminaison, derniere main, perfection. 4°. Justesse, régularité.

Ex-actor, qui chasse, qui bannit.

2°. Exacteur, qui force à payer.

Ex-actum, découverte.

Ex-actus, ûs, débit, vente. Ce qu'on a
vendu, on ne l'a plus, on l'a mis hors,
il va au loin.

Ex-actus, a, um, exact, diligent, mot-
à-mot, qui a tout mis hors, à qui il ne
reste plus rien à conduire, à faire.

Ex-acté, exactement.

EX-agito, pousser, presser, poursuivre.

2°. Tourmenter, inquieter, harceler,
ne point laisser de repos.

3°. Blâmer, censurer, critiquer.

4°. Traiter, exposer, agiter.

Ex-agitator, 1°. qui tourmente, qui donne
de l'exercice.

2°. Fléau. Persécuteur.

IN-agitabilis, qu'on ne peut mouvoir, im-
mobile.

In-agitatus, qu'on n'a pas agité, remué.

In igo, egi, actum, agere, faire entrer,
pousser dedans.

PER-ago, mener, conduire jusqu'à la fin.

2°. Achever, finir, accomplir.

Per-actio, accomplissement.

Per-actor, qui acheve, qui finit.

Per-agito, agiter violemment.

2°. Poursuivre vivement.

RE-ago, réagir, pousser réciproquement.

Re-actûs, ûs, revenu, profit.

RED-igo, ramener.

2°. Amener, conduire.

3°. Réduire, remettre.

4°. Amasser, ramasser.

Retro-ago, repousser, rejetter en arriere.

SUB-agito, ébranler sous soi, émouvoir,
mettre en mouvement.

Sub-actus, 1°. Exercé.

2°. Battu, pétri, ramolli.

3°. Subjugué, vaincu.

Sub-actio, exercice.

2°. Soin de cultiver.

Sub-igo, egi, actum, ere, contraindre,
forcer.

1°. Remuer fortement, pétrir, frotter.

3°. Assujettir, dompter, vaincre.

Sub-icito, mot-à-mot, piquer sous soi,
remuer fortement.

Subex, icis, estrade, tapis; ce qui s'é-
tend dessous.

Subiculum, marchepied.

Super-ante-actus, qui s'est fait auparavant, passé.

TRANS-actio, mot-à-mot, chose passée,
faite, conclue. Transaction, Convention.

Trans-igo, percer de part en part, trans-
percer.

2°. Finir, conclure.

3°. Transiger, contracter, traiter.

Trans-actor, qui transige.

Trans-ad-igo, percer de part en part.

I V.

A C, AIC, ÆQ, IC.

Même, Semblable.

De A C, pointu, piquer, vint
une nombreuse famille en A 1 c,
Æ Q, désignant, 1°. la Peinture;
2°. la ressemblance, l'égalité; 3°.
l'Equité, la Justice. De-là ces mots
Hébreux, חק, Heq, peinture, image, statue; en Arabe, ـ, Heq,
vérité, justice; en Grec, ΕΙΚΟΝ;
en Latin, Icon, image. De-là:

1. A C, Conjonction qui signifie comme, de la même maniere que.

2. Icon, formé du Grec Eikôn, image, peinture, figure, représentation.

Iconicus, peint d'après nature, très-res-
semblant.

Iconísmus , peinture , portrait , repréſentation au naturel.

3. Sic , de même , de la même maniere que , ainſi , de cette ſorte.
Ici le εικ des Grecs changé en *sic*
à la maniere des Latins.
Sicut, Sicuti, de même que , de la même maniere que , ſi comme.

4. ÆQUus , a , um , 1°. le même ,
ſemblable ; 2°. juſte , équitable ,
convenable ; 3°. décent , honnête ;
4°. applani , uni.

Æquum , 1 , 1°. plaine ; 2°. juſtice ; 3°.
bienſéance.

Æquo-are , faire ſemblable , égaler ; 2°.
faire auſſi bien.

Æquatus , a , um , égal , rendu égal ,
ſemblable , pareil.

Æquabilis, e, égal, pareil ; 2°. raiſonna-
ble , juſte.

Æquabilitas, atis , juſte proportion, uniformité ; 2°. droiture , conſtance.

Æquabiliter , également , de niveau ; 2°.
avec juſtice ; 3°. avec fermeté.

Æqualis , e , égal , ſemblable , pareil ;
2°. de même âge.

Æqualitas , atis , uniformité , niveau ;
2°. équité.

Æqualiter , également.

Æquatio , onis , égaliſation.

Æquator , l'équateur , cercle qui coupe
la ſphere en deux parties égales,& ſur lequel les jours & les nuits ſont égaux.

Æquè , de la même maniere , avec juſtice.

Æquitas , atis , juſte proportion , équité.

Æquiter , juſtement , également.

3. Æquor , is , plaine ; 2°. plaine de l'air;
3°. plaine de l'eau , la mer , les cieux.

Æquoreus , marin , de la mer.

BINOMES.

Æqu-ævus , a , um , de même âge , contemporain : de Ævum , âge , ſiécle.

ÆquaMENT,um, i, juſteſſe de poids, équilibre. Mot à mot quantité de choſes égales.
De MEN , quantité.

Æqu-ANIMis , e ,   ⎱ qui eſt d'un
Æqu-ANIMus , a , um , ⎰ eſprit toujours
       égal ; de ANImus , eſ-
       prit.

Æqu-ANIMitas , is , modération d'eſprit.

Æqu-ANIMiter , avec contentement d'eſprit.

Æqui-DICus , qui contient autant de
mots : de DICO, dire.

Æqui-DIUm , ü ,   ⎱ équinoxe,jours égaux
   ies , iei . ⎰ aux nuits. De DIES.

Æqui-DIAlis , e , équinoxial.

Æqui-LATIum , ü ,   ⎱ déchet de la moi-
    LOTIum ,   ⎰ tié; ſe dit de la lai-
    LAVium ,   ⎰ ne qu'on lave. De
       LAVO.

Æqui-LANium : ce mot a le même ſens
que les trois précédens ; il vient
de LANA, laine.

Æqui-LATatio , is , largeur égale entre
les mêmes paralléles : de LATus.

Æqui-LIBRium , ii , état juſte des balan-
ces ; 2. la pareille ; talion : de LIBRA.

Æqui-LIBRitas , atis , égalité en peſan-
teur & en hauteur.

Æquilibris , e , de niveau , en équilibre.

Æqui-MANus , ambidextre , qui ſe ſert
également bien des deux mains : de Manus.

Æqui-NOCtium , ii , égalité des nuits &
des jours : de nox.

Æqui-NOCTialis , e , équinoxial.

Æqui-PAR, is , ſemblable : de PAR.

Æqui-PARO, are, conformer,rendre pareil.
Voyez PARO.

Æqui-POLLEO, ere, égaler en pouvoir : de
POLLEO.

Æqui-PONDium, poids égal : de PONDus.

Æqui-VALEO , erè , valoir autant que : de
VALEO.

Æqui-vocus, _a_, _um_, qui a double fens, des expreſſions ſemblables : de vox, vocis.

Æqui-vocatio, _is_, ⎱ double entente ;
Æqui-vocum, _i_, ⎰ équivoque.

Æqui-voco, _are_, parler d'une façon qui a deux ſens.

COMPOSÉS.

1°. AD-_Æquo_, _are_, rendre pareil.

AD-_Æqualis_, égal.

AD-_Æquatio_, diviſion égale.

AD-_Æqué_, & ad-_Æquaté_, avec proportion ; autant.

CO-_Æquo_,-_are_, appareiller ; 2°. applanir ; 3°. aſſortir.

Co-_Æqualis_, _e_, ⎱ égal, ſemblable ;
Co-_Æquus_, _a_, _um_, ⎰ camarade, qui eſt de même âge.

Ex-_Æquo_,-_are_, égaliſer, mettre en parallele, de niveau.

EX-_Æquabilis_, _e_, qu'on peut applanir.

Ex-_Æquatio_, _is_, égaliſation, comparaiſon.

In-_Æquo_, _are_, égaliſer, applanir, rendre pareil.

IN-_Æquabilis_, qu'on ne ſauroit aparciller.

IN-_Æquabiliter_, de manière à ne pouvoir être égaliſé.

IN-_Æqualis_, _e_, diſproportionné, inégal.

IN-_Æqualitas_, diſproportion.

IN-_Æqualiter_, inégalement.

PER-_Æquo_, _are_, égaler, remplir entiérement.

PER-_Æquus_, fort égal, très-juſte.

PER-_Æqué_, fort égalément.

PER-_Æquatio_, égaliſation.

PER-_Æquator_, Collecteur des tailles.

2°. IN-_IQuus_, inégal, raboteux, qui n'eſt pas uni ; 2°. injuſte, déraiſonnable ; 3°. funeſte.

IN-_Iquitas_, _is_, injuſtice, malice ; 2°. déſordre.

IN-_Iquo_-_are_, rendre injuſte.

IN-_Iqué_, injuſtement, à tort, ſans raiſon.

PER-IN-_IQuus_, _a_, _um_, très-injuſte.

AH, ACH, AIG, douleur.

De AI, AH, cri de la douleur, ſe formerent ces mots,

AH ! ah ! hélas !

AHU ! ah ! hai ! cri de douleur.

ACH, AIG, déſignant les cauſes & les effets de la douleur : d'où nombre de mots Hébreux, Grecs, & Celtes ; le mot Anglois, ACHE, douleur ; le verbe Allemand ÆCH-_tſen_, exprimer ſa douleur, gémir : & ces mots Latins :

Æger, _gra_, _grum_, 1°. malade, infirme ; 2°. languiſſant, chagrin ; 3°. triſte, ennuyé, fâché.

Ægret, imp. ⎱ être malade ; 2°.
Ægreſco, _ſcis_, _cere_, ⎰ empirer ; 3°. s'affliger, ſe tourmenter.

Ægrum, _i_, maladie, triſteſſe.

Ægré, _Ægerrimé_, impatiemment, à contre-cœur, fort à regret.

Ægrimonia, ⎱ douleur, maladie ; 2°.
Ægritudo, ⎰ langueur ; 3°. triſteſſe, ennui : ce mot ſe dit ſurtout des affections de l'eſprit.

Ægroto,-_are_, être malade ; 2°. tomber en langueur.

Ægrotatio, maladie, foibleſſe ; au ſens phyſique.

Ægrotus, _a_, _um_, malade, indiſpoſé.

COMPOSÉS.

SUB-_Æger_, _ra_, _um_, un peu malade.

SUB-_Ægré_, avec un peu de peine, avec chagrin.

AD, AID, AED, demeure.

1. _ÆDes_, _ium_, maiſon ; 2°. apartement ; 3°. tabernacle ; 4°. châſſe.

Ædes, _is_, Temple, Egliſe.

Ædicula, 1°. petite maiſon ; 2°. petit

temple, chapelle; 3°. tout ce qui renferme; coffre, caffette, étui, chambre.

'ÆDILIS, is, Edile, Magiftrat Romain qui avoit l'infpeÆtion des bâtimens, & qui étoit chargé de la police.

ÆDILItas, édilité, charge d'Edile.

ÆDILItius, qui regarde l'Edile.

ÆDITImus, ÆDITuus, qui a foin du temple, Marguillier, Sacriftain.

2. ÆDI-FICO, faire une maifon, un temple, bâtir, conftruire un édifice.

ÆDI-FICium, édifice, bâtiment.

ÆDI-FICatiuncula, maifonnette, petit bâtiment.

ÆDI-FICator, qui bâtit, Architeéte, Entrepreneur.

ÆDI-FICatio, aétion de bâtir : édifica tion ; bâtiment.

ÆDEPOL, par le temple de Pollux.

ÆCASTOR, par le temple de Caftor.

ÆCERE, par le temple de Cerès.

COMPOSÉS.

Co-Ædifico, are, bâtir tout autour.

Ex-Ædifico, are, conftruire, bâtir.

Ex-Ædificatio, is, bâtiment, ftruéture.

Ex-Ædificator, is, conftruéteur.

In-Ædifico, are, bârir dans, ou fur; 2°. démolir, renverfer.

In-Ædificatio, onis, aétion de bâtir dedans, ou fur.

Per-Ædifico, are, achever de bâtir.

Præ-Ædificatus, a, um, bâti devant.

Re-Ædifico, are, rebâtir, réparer.

Super-Ædifico, are, rebâtir deffus.

Les Grecs ont eu le même mot.

Ηθεα, Héthea, domicile, lieu où l'on fait fon féjour ordinaire.

Αίλος, Temple, maifon, domicile.

Ενδ-αιτημα, Endi-aitéma, demeure, hofpice ; d'où

Αίθω. Aiteo, petere, demander, mot à mot, aller à la maifon, aller en un lieu.

En Irl. AIT, maifon, édifice.

En Celt. ADD, habitation.

En Egypt. ATH, AΘ, habitation.

Ces mots tiennent à l'Hébreu אתה, athe, venir, arriver ; & עטה, otté, couvrir, renfermer ; même famille que hutte.

A I.

AIO, je dis, j'affirme, je certifie; 2°. dire qu'oüi ; 3o. parler.

De EI, il eft, mot à mot, je dis que cela eft ainfi.

A L.

Toute idée relative à l'aîle & à l'élévation.

Le mot A L eft compofé du caraétère L, dont le fon eft extrême ment liquide & coulant, & dont la figure primitive étoit celle d'une aîle comme nous l'avons fait voir dans l'*Origine du Langage & de l'Ecriture*. Ce mot défigna donc dès l'origine toute idée relative à celle d'*aîle* & de *liquide*. De-là une Famille immenfe en AL qui fe fubdivifa dans la Langue Latine en trois branches très-étendues, relatives aux objets & aux idées fuivantes.

1. A L, défignant l'aîle, & par-là même fes côtés, les flancs, ainfi que la vîteffe & l'aétion de s'élever.

2°. AL, défignant les êtres placés à côté.

3°. A L, défignant les liquides, mais fur-tout l'immenfe plaine liquide apellée Mer.

I.

Branche relative à l'aîle & à l'élévation.

I. Ala, aîle.

1. Ala, æ, f. Aîle : 2°. Nageoire ;
les Nageoires font pour les poiffons ce que les aîles font pour les
oifeaux. 3°. Aiffelle, le deffous
du bras ; les bras correfpondent
également aux aîles.

Ces trois fignifications font em-
ployées dans un fens phyfique. Les
fuivantes font métaphoriques & figurées.

1°. Le voile d'un vaiffeau : 2°. la
rame d'une Galere : 3°. l'empenne
d'une flèche.

4°. L'aîle d'un bâtiment : 5°. l'aîle
d'une Armée, un Corps de Cavalerie, parce que la Cavalerie fe
place fur les flancs ou fur les aîles
d'une Armée.

Alaris, re, d'aîle, qui concerne les aîles.
Alarius, a, um, même qu'Alaris.
Alatus, aîlé.

2. Ales, litis, Oifeau : 2°. tout ce qui a
un mouvement léger & vite.

Ali-fer, a, um, ⎫ qui a des aîles, aîlé.
Ali-ger, a, um, ⎭

Ali-pes, pedis, qui a des aîles aux pieds :
léger à la courfe.

Sub-alaris, e, caché fous l'aiffelle.

2. Ala-cer, eris, ⎫ d'ala, aîle, & ger,
Ala-cris, e, ⎭ qui porte; 1o. prompt,
vite : 2°. léger, difpos ; 3°.
gai, délibéré.

Ala-cré-iter, avec viteffe, gaillardement,
d'une maniere gaie, légere, active, dé-
libérée.

Ala-critas, atis, légereté, viteffe, activité ; 2o. vivacité, air délibéré, leffe ;
3o. gaieté, joie.

2°. Bras, Flancs comparés à des Aîles.

ALica, ALicula, robe à manches, en
Grec ALLIX.

Axilla, aiffelle : diminutif d'Ala; dans
les langues du Nord, ahsal, achsel,
épaule.

Ilia, ium, les flancs, les inteftins.

Ile, is, le menu boyau des animaux.

Ileos, colique iliaque.

Ileéfus, fujet à la colique iliaque.

3°. Celui qui eft à côté.

Ollus, a, um, lui, il, elle.

Ille, a, ud, il, lui, elle.

Illic, æc, oc, lui, elle : celui-là, celle-
là ; cela. Adv. en cet endroit ; là.

Illico, dans ce moment, fur le champ,
auffi-tôt.

Illo, illuc, illa, en cet endroit, en ce
lieu-là.

4. Le coude, le bras.

ULna; Gr. OLené, le coude, l'os du
bras ; 2°. le bras lui-même ; 3°.
une coudée, une braffe ; 4°. une
aune.

Ulnæ, arum, les bras.

II. Elever, nourrir.

1. Alo, alui, alitum, & altum, alere,
élever, nourrir ; 2°. entretenir,
faire durer & fubfifter, fomenter.

Aletudo, inis, Embonpoint.

Alibilis, e, qui nourrit, qui eft nourriffant.

Alimentum, i, aliment, mot à mot, la chofe
qui nourrit : nourriture, fubfiftance, entretien.

Alimonia, æ; alimonium, ii; alitura, æ,
aliment.

ALimentarius , a , um , alimentaire , ce qui concerne le vivre , la nourriture , la subsistance.

ALimentarius , ii , celui à qui on fait une pension pour vivre , ou à qui on fournit les alimens nécessaires.

2. ALTor, oris , qui nourrit, Nourricier, ALTrix , icis , Nourrice.

ALTus, a , um , élevé , , nourri , entre-tenu.

ALTus , ûs , soin de nourrir , nourriture.

ALTilia , engrais.

ALTilis , e , qu'on nourrit , qu'on éléve ; 2°. nourrissant.

3. ALumna , æ , Nourrice , celle qui nour-rit , qui éléve. 2°. Nourrissone.

ALumnus , i , celui qui est élevé , nourri ; Nourricier , qui éléve , qui cultive. 2°. Nourrisson , élevé , qui est cultivé. 3°. Instruit , élevé ;

ALumno , are , ⎫ nourrir, élever : 2°. ins-
ALumnor , ari , ⎭ truire.

4. ALmus , a , um , 1°. qui nourrit ; 2°. fer-tile , abondant ; 3°. agréable , heureux , favorable ; 4°. bienfaisant ; 5°. pur , net , sain.

5. ALica , æ , Froment , épautre.

2°. Potage fait avec ce froment.

3°. Bière faite avec ce froment.

ALicariæ , Filles qui se louoient pour mou-dre l'alica : barbotteuses.

ALicarius , qui moud le froment ; qui le vend.

ALicastrum , grain préparé pour en faire du potage.

6. ALesco , scere , croître , prendre croissance , se nourrir.

IN-ALesco , ere , croître ensemble.

COALesco, ere , ⎫ croître avec , prendre
COALeo , ere , ⎭ nourriture , s'unir : se réunir.

COALitus , crû , nourri, augmenté avec.

III. Haut , Elevé. (54.)

ALTus , a , um , 1°. haut, élevé ; 2°. profond , creux ; 3°. sublime , no-ble , excellent ; 4°. fier , orgueil-leux , hautain.

ALTum , i , le haut.

ALTitudo , inis , hauteur , élévation. 1°. Profondeur ; 3°. grandeur , subli-mité.

ALTé , iùs , issimé , haut, de haut. 1°. Profondément , bien avant. 3°. Hautement ; 4°. d'une manière su-blime.

ALTiusculus , un peu plus élevé , un peu plus haut.

COMPOSÉS.

ALT-ARE , is ; ALT-ARium , ii , d'Ara , Autel , & ALTus , élevé : Autel à l'hon-neur des Dieux élevés , des Dieux du Ciel.

ALTi-cinctus , a , um , qui est haut , re-troussé. 2°. actif , vigoureux ; 3°. toujours prêt.

ALTi-loquus , qui a la voix haute. 2°. Qui parle de choses relevées.

ALTi-sonans , qui a un son haut , clair.

ALTi-tonans , qui tonne d'en haut.

ALTi-volans , qui vole haut , qui s'élève fort haut.

EX-ALTo , are , exalter , élever , hausser.

EX-ALTatio , onis , exaltation.

PRÆ-ALTus , fort haut , très-profond , fort creux.

PRÆ-ALTé , profondément : fort haut.

IV. Croître , s'élever.

1. AD-oleo , ui , ultum , ere , faire monter la vapeur des sacrifices, offrir de l'encens , brûler. C'est l'Oriental עָלָה , HOL , qui a les mêmes signi-fications.

AD-OL*efco* , *fcere* , croître , grandir , fe fortifier.

2°. Brûler en facrifice.

AD-OL*efcens* , *tis* , jeune homme , jeune fille qui a fait fon cru.

AD-OL*efcentulus* , adolefcent.

AD-OL*efcentia* , *æ* , adolefcence.

AD-OL*efcentior* , nouveau.

AD-OL*efcenturio* , *ii* , *ire* , ⎫ faire le
AD-OL*efcentior* , *atus fum* , *ari* , ⎬ jeune
                ⎭ homme.

Per-AD-OL*efcens* , *tis* , qui eft encore bien jeune.

Per-AD-OL*efcentulus* , *a* , *um* , tout-à-fait jeune.

AD-ULT*us* , *a* , *um* , adulte : parvenu au point de fa croiffance , de fa force , de fa vigueur.

1. SOB-OL*es* , *is* , rejetton ; 2°. lignée , race ; 3°. enfans : petits.

SOB-OL*efcens* , qui fe multiplie.

3. AB-OL*efco* , *fcere* , fe flétrir , fe faner ; fe paffer , s'anéantir ; 2°. tomber en ruine ; 3°. n'être plus en ufage.

AB-OL*eo* , *evi* , *ere* , fuprimer , anéantir , effacer.

2°. Ruiner ; 3°. annuller , abolir.

AB-OL*itio* , *onis* , extinction , abolition.

2°. Pardon , grace ; 3°. anéantiffement.

AB-OL*itus* , *a* , *um* , aboli , anéanti , détruit.

4. EX-OL*eo* , EX-OL*efco* , *vi* , *ere* , fe paffer. , perdre fa force , vieillir , s'abolir ; n'être plus de faifon.

EX-OL*etus* , *a* , *um* , vieux , furanné , aboli , hors d'ufage.

V. S'élever en vapeurs , s'exhaler

1°. Haleine.

HAL*itus* , *ûs* , exhalaifon , vapeur ; 2°. foufle , haleine.

HAL*ito* , *avi* , *atum* , *are* , exhaler ; jetter par la bouche.

AD-HAL*o* , *avi* , *atum* , *are* , pouffer fon haleine contre , foufler contre.

IN-HAL*o* , *are* , pouffer fon haleine , foufler.

IN-HAL*atio* , , IN-HAL*atus* , *ûs* , foufle.

RE-HAL*o* , *are* , exhaler de nouveau.

1. De AN , foufle , & de *Halo* , tirer , jetter une odeur.

AN-HEL*o* , *are* , foufler , refpirer avec peine , être hors d'haleine : 2°. ne refpirer que , afpirer à.

AN-HEL*ans* , qui eft hors d'haleine : 2°. qui pouffe des vapeurs étouffantes.

AN-HEL*anter* , avec une refpiration pénible : 2°. difficilement.

AN-HEL*us* , *a* , *um* , effouflé ; 20. afthmatique.

AN-HEL*ator* , qui refpire à peine , pouffif.

AN-HEL*atus* , *a* , *um* , pouffé , exhalé avec une pénible refpiration.

AN-HEL*atio* , effoufflement , afthme.

AN HEL*atus* , *ûs* , ⎫ Haleine , boufflée ; 2°.
AN-HEL*itus* , *ûs* , ⎬ foupir , fanglot ; 3°.
               ⎭ Afthme.

2°. Odeur.

1. HAL*o* , *are* , rendre une odeur , exhaler.

EX-HAL*o* , *are* , rendre une odeur , exhaler.

EX-HAL*atio* , *nis* , exhalaifon , vapeur , odeur qui s'éléve.

2. OL*eo* , *ui* , *itum* , *ere* , exhaler , s'élever en haut. 2°. Jetter de l'odeur , avoir de l'odeur , fentir.

OL*idus* , *a* , *um* , 1°. qui a une odeur forte : 2°. puant.

OL*eto* , *are* , empoifonner , fentir mauvais.

RED-OL*eo* , *ere* , fentir , avoir de l'odeur.

BINOMES.

OL-FAC*io* , *feci* , *factum* , *facere* , 1°. fentir , flairer ; 2°. preffentir , prévoir.

OL-FAC*io* ,

OL-FACto, are, fentir aifément; flairer de loin.

OL-FACtorium, ii, caffolette aux parfums.

OL-FACtoriolum, i, flacon à odeurs.

OL-FACtrix, icis, flaireufe.

OL-FACtus, ûs, odorat, action de fentir.

VI. Objets élevés & fur-tout arbres & plantes.

1. OLus, eris, n. Herbes potageres, légumes.

OLufcula, orum, petites herbes.

OLitor, oris, Jardinier, Marechais.

OLitorius, a, um, qui concerne les légumes.

OLeraceus, a, um, qui a du rapport aux légumes.

2. ALNus, i, Aûne, arbre; 2°. navire ou barque de bois d'aûne.

ALNeus, a, um, d'aune.

ALNetum, i, Aunaie, un bois d'aunes.

3. ULMus, i, Orme, ormeau.

ULMeus, a, um, d'Orme.

ULMarium, lieu planté d'Ormes, Ormaye.

ULMi-TRIBa, æ, (d'ULMus, Orme, & de Tero, Trivi, moudre) pendard, homme à pendre, Efclave à rouer à coups de branches d'ormes.

4. ULex, icis, arbriffeau qui reffemble au romarin.

5. ILex, icis, yeufe, chêne verd.

ILicetum, Forêt de chênes verds, chenaye.

ILiceus, a, um, de bois d'yeufe.

ILigneus, a, um; ILLIgnus, a, um; de bois d'yeufe.

6. OLea, æ, 1°. Olivier; 2°. olive; 3°. huile d'olive.

OLeafter, tri, Olivier fauvage.

OLeaftellus, i, petit Olivier fauvage.

Orig. Lat.

OLiva, æ, Olive.

OLivum, i, huile d'Olive.

OLeaceus, a, um, d'Olivier, huileux.

OLeaginus, a, um, d'Olivier, Oleagineux.

OLearis, e; OLearius, a, um, } d'Olivier,
OLivarius, a, um, } d'huile.

OLetum, i; OLivetum, i, une Olivette, lieu planté d'Oliviers.

OLeum, ei, huile.

OLeitas, atis; OLivitas, atis, faifon de cueillir les Olives: 2°. récolte d'Olives.

OLivans, tis, qui cueille les Olives.

OLearium, ii, Cellier où on met les huiles d'Olive.

OLearius, ii, qui fait l'huile d'Olive; 2°. qui la vend.

OLivifer, fertile en Olives.

OLivina, æ, abondance d'huiles, 2°. grand revenu en huile: 3°. Cellier à huile.

OLeofus, a, um, huilé, tourné en huile.

OLeatus, a, um, huilé.

OLeamen, inis, } Onguent liquide.
OLeamentum, i, } Onguent avec de l'huile.

7. ELate, es, fapin: 2°. Palmier fort élevé: 3°. Rejetton de palmier.

ELatè, adv. hautement, à haute voix.
2°. d'un ftyle fublime.
3°. avec hauteur, avec fierté.

ELatio, onis, élévation.

ELatus, a, um, élevé, grand: 2°. Ampoulé.

VII. Le plus avancé, le dernier; au-delà.

ULtimus, a, um. le plus reculé, l'extrême, le dernier.

ULtimum, pour la derniere fois.

ULtimò, en dernier lieu, enfin.

ULterior, plus avant, qui vient après, ultérieur.

C

Ulterius , au-delà , plus avant , davantage.

ULS , Ultra , au-delà , outre , (autrefois oultre).

Ultratus , a , um , qui eſt au-delà , de l'autre côté.

VIII. Pouce , le gros doigt.

1. ALLex , icis ,
Allux , cis ,
Allus , i ,
Hallux , cis ,
Hallus , i &c } le gros doigt , le pouce du pied : 2°. en général, les doigts du pied.

2. Allucinor , ari ,
Hallucinor , ari , } heurter , choquer du pied contre quelque choſe , comme quelqu'un qui ſe méprend & qui n'y voit pas : 2°. s'égarer , ſe tromper .

Allucinatio , is ,
Hallucinatio , is , } l'action de heurter du pied contre quelque choſe quand on s'égare & qu'on n'y voit pas : 2°. méprise.

3. POLLex , icis , même que Hallex , l'aſpiration s'étant adoucie en P ; & A changé en O : 1°. pouce : 2°. Sarment taillé en forme de pouce .

Pollicaris , e , qui a un pouce.

4. POLLiceor , eri ,
Polliceo , ere ,
Pollicitor , ari , } appuyer le pouce ſur l'index en ſigne de promeſſe , comme faiſoient les Romains , & par conſéquent promettre.

Pollicitum , i ,
Pollicitatio , is , } l'action de faire ſigne avec le pouce, qu'on promet : 2°. promeſſe .

IX. Profond , creux.

1. OLLA , æ , pot , marmite.

Ollula , æ ; Aulula , æ , petit pot , petite marmite.

Ollaris , e , de pot , de marmite.

Ollaria , æ , mélange d'airain avec du plomb qui ſe fait dans un pot de terre.

Aular , ris ,
Ollar , ris , } couvercle d'un pot , d'une marmite. .

AUXilla , æ , petite marmite.

Olvatium , ii , ce qui a été cuit dans une marmite.

2. ALVus , i ; 1°. ventre , inteſtins : 2°. ruche d'abeilles.

ALVinus , a , um , de ventre : 2°. qui a le cours de ventre.

Alveus , ei , tout inſtrument creux : cuve , ſaloir , auge , baquet , baignoire , ruche , niche : 2°. eſquif , chaloupe : 3°. fond de calle : 4°. lit de riviere, canal , tuyau.

Alvearium , ii , ruche d'Abeilles.

Alveolatus , a , um , creuſé , canelé.

Alveolus , i , petit canal , petite auge.

Alveum , ei , capacité d'un vaſe : 2°. vaiſſelle creuſe.

La terminaiſon , vus , ablat. vo, paroît être le Celte BO , BW , ventre , courbure , & qui tient à B , boëte , contenance.

X. Tente , ſale , &c.

AL , HAL , d'où hale en François , ſignifie en Celte, une tente, une ſale : c'eſt l'Hébreu להא , AELa , dreſſer un pavillon , & OEL , tente : & le Grec AULÉ , tente. De-là le Latin

AULA , æ , tente, ſale ; palais , cour.

Aulicus , a , um , de la cour : 2°. royal , magnifique.

Aulicus , ci , Courtiſan , homme de Cour.

Aula , æ ,
Aulæum , æi , } dais : 2°. tapis , tapiſſerie.

I I.

AL , EL , IL , Autre ,
Celui qui eſt à côté (31).

AL , ſignifie en Celtique autre, ſecond, celui qui n'eſt pas ſoi , mais à

côté. Il eſt commun aux Armé-
niens, Ethiopiens, Arabes, Grecs,
Peuples du Nord, &c. De-là, ces
mots Latins :

1°. ALIUS.

1. AL*ius*, *a*, *ud*, autre, différent,
d'autre ſorte.

AL*iâ*, (Ellipſe pour *in alia parte*) par
un autre endroit.

AL*iô* (Ellipſe pour *in alio loco*) ailleurs.

AL*iàs* (Ellipſe pour *in alias vices*) une
autrefois ; tantôt : d'ailleurs.

AL*ius* vis, (Ellipſe pour *alius talis quem
vis*) quelqu'autre que vous voudrez ;
quel que ce ſoit.

AL*ius* modi, d'une autre maniere.

AL*ibi*, ailleurs, dans un autre endroit.

AL*iunde*, d'un autre lieu, d'autre part.

AL*iter*, d'une autre maniere, autrement.

2. AL*ienus*, *a*, *um*, 1°. d'autrui,
à autrui : 2°. étranger : 3°. étrange,
éloigné : 4°. opoſé, contraire, nuiſi-
ble : 5°. peu convenable, indigne.

AL*ieno*, *are*, faire paſſer ailleurs, tranſporter, aliéner : 2°. céder, ſe défaire
d'une choſe : 3°. chaſſer : 4°. aliéner
les eſprits, déſunir, mettre mal enſemble, cauſer de la méſintelligence :
5°. priver, faire perdre : 6°. ſe gâter,
ſe corrompre.

AL*ienum*, *ni*, le bien d'autrui.

AL*ieni*-G*ena*, étranger, né dans un
autre lieu.

AL*ienatus*, *a*, *um*, aliéné, diviſé, ôté.

AL*ienatio*, *onis*, aliénation, ceſſion,
tranſport.

   2°. Diviſion, déſunion, rupture.

   3°. Averſion, dégoût.

   4°. Trouble, égarement.

A*b*-AL*ieno*, *are*, aliéner, vendre, tranſ-

porter, ſe défaire d'une choſe : 2°. détacher, déſunir, dégouter : 3°. priver,
enlever, ôter, arracher.

A*b*-AL*ienatio*, vente, ceſſion, tranſport : 2°. diviſion : 3°. dégoût, averſion.

I*n*-AL*ienatus*, *a*, *um*, qui n'eſt pas
mélangé ; altéré.

2°. ALTER.

ALT*er* ſignifie également autre :
mais diſtingué d'Alius, tout comme
nous diſons l'*un* & l'*autre*. *Alius*
eſt un, un autre qui n'eſt pas
nous : *Alter* eſt autre, un qui
n'eſt pas cet autre dons nous venons de parler.

1. ALT*er*, *era*, *erum*, autre, autrui,
ſecond : 2°. oppoſé, contraire.

2. ALT*ernus*, *a*, *um*, placé l'un après
l'autre, qui eſt tour à tour, entremêlé.

ALT*erno*, *are*, faire tantôt une choſe,
tantôt une autre : alterner, entremêler.

ALT*ernans*, *antis*, alternatif ; qui va &
vient l'un après l'autre : 2°. irreſolu,
indécis.

ALT*ernatim*, alternativement, l'un après
l'autre.

ALT*ernatio*, *onis*, alternative.

3. ALT*er*-orſum (pour *vorſum*) d'un autre
côté.

ALT*er* - *plex*, *plicis*, double, trompeur,
artificieux.

ALT*er*-*uter*, l'un des deux, l'un ou
l'autre.

4. ALT*ero*, *are*, altérer, changer, déguiſer.

ALT*eratio*, *onis*, altération, déguiſement.

5. ALT*ercor*, *ari*, diſputer, conteſter,
ſe quereller.

ALT*ercatio*, *onis*, diſpute, débat, querelle.

ALTERCator, oris , querelleur , chicaneur.

6. AD-ULTERO, are, m. à m. aller vers un autre , vers la femme ou le mari d'une autre, commettre adultere : 2°. altérer , falfifier, gâter, corrompre.

AD-ULTER, eri , homme adultere.

AD-ULTERa , eræ , femme adultere.

AD-ULTER , a , um , faux , falfifié.

AD-ULTERinus , a , um, adulterin, falfifié, faux.

AD-ULTERatio , onis , déguifement, altération , falfification.

AD-ULTERium , ii , crime d'adultere : 2°. falfification.

I I I.
AL, HAL, SAL.

Liquide : Mer : Sel : Acre.

De AL , élevé & liquide, vint le Grec *HALS* ; 1°. le liquide falé, la vafte mer ; 2°. le fel , parce que la mer eft falée : de-là.

1. ALumen , inis , Alun , efpece de fel.

Aluminatus , a , um , } fait avec de

Aluminofus , a , um ; } l'Alun , mêlé d'Alun.

Ex-Aluminatus , a , um , refplendiffant ou clair comme de l'alun.

2. ALlium , i , Ail ; plante ainfi appellée à caufe du fel âcre & abondant qu'elle contient : en Grec , Alides & Acrithes , fignifie la tête des aulx & des oignons.

Alliatum , i , fauce à l'ail , à l'échalotte.

Alliatus , a , um , affaifonné avec de l'ail ; mêlé d'ail , d'échalotte.

Alliarium , ii , } ail , rocambole , échalotte ; 2°. Alliaire, for-

Alliaria , æ , } te d'herbe.

3. ALoa , æ , Algue , herbe qui croît dans la mer, mouffe de mer.

Algenfis , e , qui vit ou qui fe tient dans l'algue.

Algofus , a , um , plein d'algue.

ALB , blanc.

ALB, blanc, eft un mot Celte formé de LU , LB , lumière. Les Latins en firent ALBo , les Grecs ALPHo , les Ofques ALP , les Orientaux LBOUN ; chez tous , *blanc*. Les Chaldéens & Syriaques, *ALBan* , être blanc ; en Theuton *ALPiz* , & en Allemand ELB*fch* , un cygne , *mot-à-mot,* l'oifeau blanc. De-là ces mots Latins :

1. ALBus , a , um , blanc ; 2°. clair ; 3°. pâle , blême , affligé ; 4°. louable ; 5°. profpére , heureux , fortuné , parce que le blanc ou le jour , eft l'image du bonheur, comme le noir où la nuit eft celle du malheur. De-là OLEos en Grec , blanc , brillant , heureux, propice.

ALBum , i , blancheur ; 2°. tableau , livre enduit de blanc pour des regiftres ou des liftes de noms.

ALBulus , i , un peu blanc.

ALBula , æ , le Tibre , à caufe de la blancheur de fes eaux.

ALBor , is , } blancheur ; 2°. blanc ,

ALBedo , inis , } d'œuf.

ALBido , inis , } Couleur blanche.

ALBitudo, inis , }

ALBeo , ere , être blanc.

ALBefco , ere , blanchir.

ALBico, are, devenir blanc ; 2°. être blanchâtre.

ALBicor, ari, blanchir.

ALBidus , a , um , blanchâtre , tirant fur le blanc.

D É R I V É S.

ALBatus , a , um , blanchi , vêtu de blanc.

ALBarium , ii , crépi , chaux , plâtre.

ALBarius , ii , crépiffeur , qui travaille en ftuc.

ALBarius , a , um , qui eft crépi , qui eft de ftuc.

Albens, *tis*, blanc.

Albeus, *i*, tablier blanc pour jouer aux dames, au trictrac ; 2°. échiquier, damier.

Albucum, *i*, asphodile, herbe blanche.

Albuelis, espèce de raisin blanc.

Albugo, *inis*, blanc d'œuf, taie blanche dans l'œil ; 1°. blanc de l'œil.

Albumen, *inis*, glaire ou blanc de l'œuf.

Alburnum, *i*, aubier, partie tendre & blanche, qui est entre l'écorce & le cœur de l'arbre.

Composés.

De-Albo, -*are*, blanchir.

Ex-Albesco, -*ere*, b'émir, pâlir.

Ex-Albidus, blanchâtre ; 1°. pâle.

Ex-Alburno, -*ire*, ôter l'aubier.

Ex-Alburnatus, dont on a ôté l'aubier.

In-Albesco, -*ere*, blanchir, devenir blanc.

Inter-albico, -*are*, tirer sur le blanc, être blanchâtre.

Per-Albus, *a*, *um*, très-blanc.

Sub-Albico, -*are*, tirer sur le blanc.

Sub-Albicans, blanchâtre.

Sub-Albidus, un peu blanc.

2. Alpes, les Alpes, hautes montagnes, toujours blanchies de neige ; les peuples qui les habitent, se nomment Alpici, & ce qui concerne les Alpes s'appelle Alpinus, *a*, *um*, & Subalpinus.

Alg, Als.

Froid, Frisson.

Le mot Alg, Als, fut une onomatopée qui peignit la sensation désagréable du froid ; cette impression douloureuse qui fait trembler & frissonner, qui transit.

Algeo, *es*, *si*, *sum*, *ere*, } avoir froid : Algesco, *ere*, } 2°. souffrir.

Algidus, *a*, *um*, qui est froid, qui glace, qui gele.

Algificus, *a*, *um*, qui cause un grand froid.

Algor, *is*, } grand froid, forte gelée. Algus, *i*, ou *us*, }

Algens, *tis*, qui est frais, qui glace.

Alsius, *a*, *um*, froid, frilleux.

Alsiosus, *a*, *um*, froid : 2°. rafraichissant, frais.

Ex-Algeo, *si*, *ere*, avoir froid.

In-Algesco, -*ere*, devenir froid, se refroidir.

Alsus, *a*, *um*, frais, propre à prendre le frais.

En grec, Algos, douleur.

I. AM, Eau.

Du primitif M, désignant les Eaux, se forma le Celte AM, Eau, mot commun à plusieurs Peuples d'Asie & d'Amérique & de-là plusieurs mots Latins:

1. Amnis, *is*, fleuve, torrent. Ici AM est uni à EN, qui désigne également l'eau courante. Amnis pour AM-EN-*is*.

Amnicus, *a* 'um, de fleuve.

Amniculus, *i*, petit ruisseau.

Amni-Cola, *æ*, qui habite sur les bords d'une riviere.

Inter-Amnanus, *a*, *um*, qui est entre deux fleuves.

2. Ama, *æ*, instrument à porter de l'eau, seau.

Amula, *æ*, vase à eau lustrale, bénitier.

Hamula, *æ*, bassin, vase à eau.

Hamus, *i*, Hama, *æ*, seau pour les incendies.

3. Amuletum, *i*, chose trempée dans l'eau lustrale ou bénite pour préserver des maux : amulette, charme.

4. Amphora, *voy*. Fero.

5. Ampulla, *voy*. Pal. Pol.

5. AMBar, is, ambre-gris: de Am, eau;
AMBarum, i, & Bar, porter, produire: mot-à-mot, pro-
duction des eaux.

II. AM, autour.

AM, mot Latin qui fignifie cercle,
tour, autour. Ils en firent une
prépofition. *AM Terminum*, autour du terme, expreffion de CA-
TON dans fes Origines, citée &
expliquée de cette manière par
MACROBE dans fes Saturnales,
liv. I. ch. XIV.

Elle eft entrée dans la compofition d'un grand nombre de mots,
tels qu'Amb-*edo*, Amb-*igo*, Ami-
cio: voy. *Edo*, *Ago*, *Jacio*, &c.
De-là ces mots:

1. Rondeur.

1. AMBO, *onis*, éminence ronde fur un
plan uni: 2°. vafe qui a un ventre: 3°.
chaire, tribune en rond.

UMBO, *onis*, éminence d'un bouclier, la
boffe, le milieu élevé d'un bouclier: 2°.
un bouclier: 3°. la partie la plus émi-
nente d'un diamant ou de quelqu'autre
objet.

2. RED-IMIO, *ivi*, *itum*, *ire*, ceindre, environner, couronner: 2°. orner tout
autour.

RED-IMItus, *ûs*, ruban; ornement qui
fert à lier une coëffure.

RED-IMItus, *a*, *um*, ceint, environné,
2°. couronné, orné tout autour.

III. AM, enfemble, amas; 2°. lien, ceindre, unir.

De la lettre M, défignant toute idée
de maffe, de chofes réunies en
maffe, fe forma le primitif AM,
qui défigna toute idée d'amas,

d'enfemble, d'union: 2°. celle d'u-
nir, de ceindre, de lier, au phyfique & au moral.

1°. Au Phyfique.

AMentum, *i*, bande, courroie, lien, fangle: 2°. javelot attaché à une courroie
avec laquelle on le retiroit quand on l'a-
voit lancé.

AMERina, *æ*, faule, ofier, parce que
leurs branches fervent à faire des liens;
du Celte *Amar*, lien.

AMERina, *orum*, liens d'ofier.

2°. Au Moral.

1. AMo, *are*, mot à mot, lier, mettre enfemble, unir, aimer, chérir, s'attacher:
2°. être bien-aife, être charmé d'une
chofe: 3°. la defirer vivement: 4°. avoir
coutume, prendre plaifir à faire une
chofe.

AMor, *oris*, amour, tendreffe, defir
ardent: 2°. le Dieu de l'amour: 3°. délices, paffion.

AMores, *um*, amours, inclinations.

AMabilis, *e*, aimable.

AMabilitas, charmes, agrément, qualités
qui font aimer.

AMabiliter, tendrement.

AMabo, de grace, je vous prie: *m. à m.*
je vous aimerai. C'eft une ellipfe.

AMans, qui aime.

AManter, avec affection, en ami.

AMafco, *ere*, avoir envie d'aimer.

AMafius, *fia*, qui a de l'amour.

AMator, *atrix*, qui aime, qui a de l'a-
mour.

AMatio, *onis*, amourette, inclination.

AMatorius, d'amour.

AMatorium, qui porte à aimer.

AMatorculus, qui aime foiblement.

AMatorie, paffionnément.

AMator, amateur: 2°. amoureux.

2. AMicus, *i*, ami, compagnon, confrere,
favori.

Amica, æ, amie, maitreffe.

Amicus, a, um, ami, confident : 2°. protecteur : 3°. allié, parent : 4°. agréable, favorable, officieux.

Amicé, amicalement, en ami, affectueufement.

Amicitia, amitié, amour, tendreffe, liaifon.

Amico,-are, rendre favorable, ami, propice.

Amiculus, i, petit ami, tendre, chéri.

Amicula, æ, petite maitreffe, amie.

Amicabilis, e, d'ami.

COMPOSÉS.

1. AD-Amo, chérir tendrement, aimer beaucoup : 2°. trouver à fon gré, à fon goût.

Co-Amicus, ami commun.

De-Amo, aimer, chérir tendrement.

Ex-Amo,-are, aimer fort.

In-Amabilis, qui n'eft point aimable, qu'on ne peut aimer.

In-Amatus, qui n'a point été aimé.

Per-Amo, aimer extrêmement.

Per-Amicé, très-affectueufement, amicalement.

Per-Amanter, fort affectueufement.

Red-Amo, rendre amour pour amour, aimer à fon tour.

2. IN-Imicus, a, um, non-ami, ennemi, nuifible, qui fait du tort.

In-Imicitia, æ, inimitié, haine, diffenfion, brouillerie.

In-Imico,-are, rendre ennemi, brouiller, mettre en diffenfion.

In-Imicé, en ennemi, avec animofité, avec haine.

3. EX-Amen, inis, troupe, compagnie, multitude, grand nombre : 2°. effaim, rejetton d'abeilles : 3°. aiguille de balance qui en unit les deux baffins : 4°. action de pefer à la balance, examen, difcuffion, recherche.

Ex-Amino, are, faire des effaims : 1°. pefer, mettre dans la balance : 3°. examiner, confidérer, difcuter.

Ex-Aminatio, onis, action d'égalifer les poids, de fe mettre en équilibre : 2°. examen.

IV. AM, inftrumens en cercle.

1. AMa, æ, faucille, ferpe.

2. HAma, æ, croc pour les incendies.

Hamus, i, croc, erochet : 2°. harpon pour prendre les gros poiffons : 3°. hameçon : 4°. maille : 5°. feran, peigne.

Hamo, are, prendre à l'hameçon : 2°. harponer : 3°. attraper finement.

Hamatus, a, um, armé d'un croc, d'un hameçon : 2°. garni d'un crochet : 3°. crochu, recourbé.

Hamatilis, e, d'hameçon.

Ad-Hamo, are, prendre à l'hameçon : 2°. tenir quelqu'un dans fes filets : 3°. afpirer à quelque chofe.

Hamo-trahones, ⎱ Pêcheurs à la li-
Hamiota, æ, ⎰ gne.

3. AMes, itis, perche, bâton, pieu.

AN, cercle.

ON, OEN, AIN, fut un mot primitif dont la figure peignoit un cercle de même que fa prononciation, & qui devint le nom de l'œil, du foleil & du cercle. Les Grecs en firent ENNos, l'année; & les Latins, ANNus, qui défigna 1°. toute idée de cercle; 2°. celle d'année qui eft un cercle, une fuite d'un certain nombre de jours révolus; 3°. les êtres d'un âge encore tendre, nés dans l'année.

1°. Cercle.

ANNulus, i, petit cercle : 2°. anneau, bague, boucle : 3°. menottes.

Annellus, i ; Anellus, i, anneau.
Annularis, e, } annulaire, de ba-
Annularius, a, um, } gue.
Annularius, ii, faiseur de bagues.
Annulatus, a, um, qui porte des anneaux.
Trans-Enna, æ, treillis à petits cercles
ronds, jalousie : 2°. filet, lacet à mail-
les rondes, à boucles.

2°. Année.

ANNus, i, dans l'origine, cercle,
disque, le disque du soleil : mais
en Latin le cercle des tems, l'année.

Annulus, i, petite année.
Annuum, i, pension, loyer, salaire d'un
an.
Annuus, a, um, annuel, d'une année, qui
dure un an, qui revient tous les ans.
Annua, orum, rentes, annuités.
Annuatim, par an.
Annotinus, a, um, qui a un an, qui est
de l'année.
Annosus, a, um, vieux, ancien.
Anno, -are, passer l'année : 2°. faire tous
les ans.
Anna Per-Enna, æ, la Déesse des an-
nées.
Annales, ium, annales, histoire chrono-
logique écrite d'année en année.
Annalis, e, } annuel, d'an.
Annarius, }
Anniculus, a, um, d'un an.
Annifer, a, um, qui porte du fruit toute
l'année.
Anniversarium, ii, anniversaire, qui se
fait tous les ans en mémoire de quelqu'un
ou de quelque chose.
Anniversarius, a, um, qui revient tous
les ans, anniversel.

COMPOSÉS.

1. AB-Annatio, exil d'un an.
Per-Anno, -are, durer un an.

Per-Ennis, e, continuel, qui dure toujours.
Per-Ennia, um, cérémonies annuelles.
Per-Ennitas, atis, durée non interrom-
pue.
Per-Enno, -are, durer long-tems.
Per-Enne, perpétuellement.
Per-Enni-servus, esclave sans espoir de
liberté.
2. Bi-Ennis, e, de deux ans.
Bi-Ennium, ii, l'espace de deux ans.
Tri-Ennis, e, qui a trois ans.
Tri-Ennium, l'espace de trois ans.
Quadri-Ennis, e, de quatre ans.
Quadri-Ennium, l'espace de quatre ans.
Quinqu-Ennis, e, de cinq ans.
Quinqu-Ennium, l'espace de cinq ans.
Sex-Ennis, e, de six ans.
Sex-Ennium, l'espace de six ans.
Sept-Ennis, e, qui a sept ans.
Sept-Ennium, l'espace de sept ans.
Septu-Ennis, e, de sept ans.
Dec-Ennis, e, de dix ans.
Dec-Ennium, ii, l'espace de dix ans.
Vic-Enium, ii, espace de vingt ans.
Cent-Enarius, a, um, de cent ans.
Quot-Annis, tous les ans.
3. ANus, i, un rond, un cercle : 2°. le
fondement, l'anus.
Anas, tis, fistule qui vient à l'anus.
4. ANus, us, une vieille ; elle se courbe
en cercle.
Anicula, æ, } une petite vieille.
Anucula, æ, }
Anicularis, e, }
Aniculosus, a, um, } de vieille femme.
Anilis, e, }
Anilitas, atis, vieillesse de femme.
Aniliter, en vieille.
Aff-Aniæ, arum, contes de vieille fem-
me, sornettes.

BINOMES.

1. ANn-ona, æ, les vivres, la provision
pour une année. Du primitif On, Hon,
biens, honneurs, & de Annus, année ;
ainsi

ainſi ANNONA ſignifie les productions de l'année.

ANNonarius, ii,   } vivandier, pour-
ANNotarius, ii,   } voyeur.

ANNonarius, a, um,   } qui concerne les
ANNotatinus, a, um,   } provifions.
ANNotinus, a, um,   }

ANNono, -are, faire des provifions.

ANNonor, -ari, diſtribuer des provifions.

ANNoſa, æ, la vengeance tardivedesDieux.

6. AGN.

AN ſe mouillant devint AGN, qui dé-ſigna, 1°. un Etre né dans l'année, d'un âge encore tendre; un agneau & au figuré, un être doué d'in-nocence.

AGNus, i, abl. AGNo, un agneau.

AGNellus, i, petit agneau, agnelet.

AGNinus, a, um, d'agneau.

AGNina, æ,   } chair d'agneau.
AGNinum, i,   }

AGNalia, orum, fêtes de la tondaiſon. Ré-jouiſſances qui ſe font lorſqu'on tond les bêtes à laine.

AGNa, æ, agneau femelle, jeune brebis : 2°. pièce de monnoie marquée d'un agneau : 3°. épi : dans ce dernier ſens, il doit tenir à AC pointu.

De-là le Grec AGNos, pur, innocent; & le nom d'AGNÈs, une ſainte, une fille ſage.

AGNo, ſe prononça en Grec AMNos ; il devint LAM dans tous les dialectesTheu-tons.

AN devenu ANT.

Du Primitif ON, AN, dont nous venons de parler & qui ſignifie œil, ſe forma ANT, devant, en face, en avant, ce qui eſt ſous les yeux : de-là :

1. ANTe, prépofition, qui ſignifie devant, en préſence, avant : 20. plus, davan-

Orig. Lat.

tage ; 3°. auparavant.

Adv. avant, auparavant.

ANTEA, avant, auparavant.

ANTEQUAM, avant que.

ANTIDEA, ANTIDHAC, pour Antea, An-tehac.

ANTERior, ius, qui eſt devant, qui eſt le premier, antérieur.

ANTRorſum, pardevant.

ANTE-HAC, ci-devant.

IN-ANTE, devant.

ANTI-CIPo, -are, de CAPere, prendre; pren-dre d'avance : 20. s'avancer, prévenir.

ANTI-CIPatio, action de prendre d'avan-ce ; preſſentiment, anticipation.

ANTI-CIPator, oris, qui prend d'avance ; qui anticipe.

ANTI-HERio, ſur le champ.

ANTE-VORTA, æ, réponſe : 20. avenir, Déeſſe de l'avenir : *mot-à-mot* ce qui s'a-vance. De VERTo. Dans le premier ſens, il tient à l'Allem. ANT-WORT, réponſe.

ANTIADes, les cheveux du devant de la tête des femmes.

2. ANTæ, arum, jambages, piliers aux côtés des portes ; pilaſtres qui ne mon-trent que la partie de devant ; colonnes qui font les coins d'un édifice.

ANTES, ium, jambages, pilaſtres : 20. premiers rangs des ſeps.

ANTarius, a, um, qui concerne ces co-lonnes, ces pilaſtres : 2° qui regarde les murs de la ville.

ANTELi, orum, Idoles appliquées au-de-vant des portes.

ANTERis, idis, arc-boutant, jambe de force, éperon, appui.

3. ANTHiæ, arum,   } touffe de cheveux ſur
ANTiedes, edum,   } le front, ſur le de-vant de la tête.

ANTE-VENtuli, orum, cheveux qui pen-dent ſur le front.

ANT-Œci, de oic, habitation, maiſon, habitans d'un même méridien, mais dans des lieux oppoſés l'un à l'autre.

D

ANTENNA, æ, vergue, antenne de vaisseau, mot-à-mot ce qui est en avant.

ANTILENA, æ, ce qui est sur le devant du cheval, le poitrail.

4. ANTILUM, i, l'entrée de la maison.

ANTICUS, a, um, antérieur, de devant.

ANTICA, æ, la porte de devant : 2°. la partie méridionale du ciel.

5. ANTIQUUS, a, um, ce qui est auparavant, ancien, antique : 2°. meilleur, plus cher, plus précieux, du vieux tems.

ANTIQUITAS, atis, le tems passé, ancienneté, antiquité.

ANTIQUÉ, anciennement, à l'antique, à l'ancienne mode.

ANTIQUITÙS, anciennement, au tems passé, jadis, autrefois.

ANTIQUARIUS, ii, antiquaire, savant qui aime les antiquités & qui les connoît : 2°. celui qui a soin des livres d'une Bibliothéque & qui répare ceux que le tems gâte ; 3°. celui qui transcrivoit les vieux livres pour les perpétuer ou les réparer.

ANTIQUARIA, æ, femme savante, bel esprit : 2°. qui affecte d'employer des mots anciens.

PER-ANTIQUUS, a, um, fort ancien, extrêmement vieux.

6. ANTIQUO, -are, rejetter une loi, l'empêcher de passer, la regarder comme vieille.

ANTIQUATIO, onis, refus de recevoir une loi.

ANTIQUATUS, a, um, qui a été rejetté, qu'on n'a pas voulu recevoir.

ANTIQUUS, paroît tenir à l'Hébreu ANTIC, vieux, usé, ancien ; mais ce dernier vient de עֵת, AT, le tems, qui nasalé devint ANT.

AN, HAN.

Souffle, (7 & 3 6.)

HAN, AN, son produit par une respiration pénible ; c'est une onomatopée devenue la racine de plusieurs mots, qui peignent la respiration, la vie, les êtres vivans : de-là :

1°. AN-IMUS, i, souffle, vent; en Grec ANemos, vent; 2°. respiration, vie; 3°. l'esprit; 4°. courage, 5°. volonté, desir, amour; 6°. avis, dessein, mémoire ; 7°. orgueil, fierté; 8°. fantaisie, humeur, le naturel, la tournure d'esprit.

ANIMULUS, i, petit souffle : 2°. petit cœur, petit amour.

ANIMULA, æ, petite ame, petit cœur.

ANIMOSUS, a, um, véhément, impétueux : 2°. animé, qui prend feu ; 3°. courageux, hardi.

ANIMOSITAS, atis, colère impétueuse, animosité, chaleur dans la dispute.

ANIMOSÉ, avec ardeur, avec feu, courageusement.

ANIMITÙS, courageusement.

2. ANIMA, æ, le souffle, l'air, le vent : 2°. l'haleine, l'odeur ; 3°. l'ame, la vie, ce qui anime le corps.

ANIMO, -are, souffler : 2°. inspirer le mouvement, vivifier, animer.

ANIMATUS, a, um, à qui on a donné de l'air : 2°. animé, vivant ; 3°. affectionné, intentionné.

ANIMATUS, ûs, la respiration.

ANIMANS, antis, qui souffle : 2°. qui anime ; 3°. ce qui respire, ce qui vit, animal.

ANIMATIO, onis, action de souffler, infusion d'ame, animation.

ANIMATOR, is, qui donne la vie.

ANIMATORIUS, a, um, qui a de quoi respirer.

ANimabilis, e, qu'on respire : 2°. qui donne la vie, qui fait vivre.

3. ANimal, is, ce qui respire, animal ; 2°. bête, brûte.

ANimalis, e, qu'on peut respirer : 2°. animé, qui respire ; 3°. d'animal, qui concerne l'ame.

BINOMES.

ANIM-ADVERTO, ti, sum, ere, verbe composé d'anima & de verto ; tourner son esprit à quelque chose, s'appliquer à : 2°. réfléchir, être attentif ; 3°. regarder, considérer ; 4°. découvrir, appercevoir ; 5°. réprimander, blâmer, 6°. punir.

ANIM ADVERsus, a, um, à quoi l'on a pris garde, observé : 2°. châtié, corrigé :

ANIM-ADVERsor, is, qui tourne son attention sur quelque chose ; 2°. qui remarque ; 3°. qui châtie.

ANIM-ADVERsus, ûs, ⎱ attention, ré-
ANIM-ADVERsio, onis, ⎰ flexion : 2°. remarque, 3°. correction, châtiment.

COMPOSÉS.

1. EX-ANimo, -are, ôter le souffle, la vie, faire rendre l'ame, tuer : 2°. consterner, effrayer, 3°. décourager, jetter dans l'abattement.

Ex-ANimatio, onis, cessation de souffle : 2°. frayeur mortelle.

Ex-ANimatus, a, um, ⎫ privé du souffle,
Ex-ANimus, a, um, ⎬ de la vie, mort :
Ex-ANimis, e, ⎭ 2°. découragé ; 3°. épouvanté.

Ex-ANimalis, e, capable d'ôter la vie, mortel : 2°. qui est sans ame.

IN-ANimatus, a, um, ⎫ qui est sans res-
IN-ANimus, a, um, ⎬ piration, sans
IN ANimalis, e, ⎭ ame ; mort.

LONG-ANimis, e, courageux, patient dans l'adversité.

LONG-ANimitas, atis, grande patience.

LONG-ANimiter, avec beaucoup de patience, constamment.

PUSILL-ANimis, e, petit esprit, lâche.

MAGN-ANimis, e, ⎱ qui a du coura-
MAGN-ANimus, a, um, ⎰ ge ; de la grandeur d'ame.

MAGN-ANimitas, atis, grandeur d'ame, excès de courage.

SEMI-ANimis, e, à demi-mort.

TRANS-ANimatio, onis, métempsycose.

UN-ANimis, e, ⎱ qui n'a qu'une mê-
UN-ANimus, a, um, ⎰ me ame, un même esprit, unanime.

UN-ANimitas, union d'esprit, de cœur, conformité de sentiment.

UN-ANimiter, avec une intime union, de concert.

2. AHANo, -are, labourer, travailler avec peine, avec grand HAN ; cultiver la terre : 2°. tirer une respiration pénible en travaillant.

3. AN-HELO, voy. HALO, dans AL.

4. AFF-ANo, -are, manœuvrer, faire un travail pénible. Ici la rude aspiration H s'est radoucie en F comme dans nombre de mots.

AFF-ANator, un manœuvre, un homme de grand travail.

ANC, ANG.

Courbé, Serré.

Ces mots désignent tout ce qui est courbé, tout ce qui fait coude, qui est serré, étranglé ; de-là diverses familles qui ont été écrites en Grec par deux G G prononcés N G, & qui naissent de la lettre C, qui signifie tout ce qui est creux & courbé. De-là le mot Hébreu חֲנַק Hang, même que And, & qui signifie étrangler. De-là nombre de familles en diverses langues.

D ij

ANG*en*, Eng*en*, en Allemand, preffer, vexer.

ANG*uifh*, en anglois, Angoiffe. *Eng*,
étroit, en Allemand; & *Angft*, néceffité, anxieté. AN*Cos* en Grec,
vallon étroit, gorge de montagnes;
une foule de mots Italiens & Efpagnols. Et ceux-ci en Latin:

1. Recourbé.

1. AN*Chora*, *æ*, AN*Cre* de navire, ainfi nommée de ce qu'elle
eft recourbée.

A*nchoræ*, *arum*, cables des ancres.
A*nchorale*, *is*, cable d'ancre.
A*nchoralis*, *e*, ⎫
A*nchorarius*, *a*, *um*, ⎭ d'ancre.
A*nchorarius*, *ii*, qui a foin de jetter, de
lever, de garder les ancres.
A*ncora*, *æ*, ancre.
A*ncoratus*, *a*, *um*, ancré, terme de Bla-
fon. Obfervons qu'A*nchora* eft le mot
grec binome, αγκυρα, formé de A*nc*, αγκ,
courbé, ferré; & de *oura*, queue, tige.
Ancora veut donc dire *mot-à-mot*, à
queue recourbée. De-là le nom fuivant.
A*nchorugo*, *inis*, efturgeon, faumon;
il doit ce nom à la forme de fa queue.

2. AN*cile*, *is*, ⎫ boucliers échancrés des
A*ncilia*, *orum*, ⎭ deux côtés. Ce mot eft
binome & de la formation la
plus fimple.
A*nc* fignifiant échancré, qui fait coude,
creux, & I*le*, au pluriel I*lia*, fignifiant côtés; la réunion de ces deux mots
fignifie *chofe dont les deux côtés font échancrés*.
A*nc-ilis*, *e*, fabre courbé : 1°. ce qui
concerne les boucliers échancrés.

3. AN*c-labra*, *orum*, mot-à-mot, lévres
étroites, bords ferrés, étroits ; de A*nc*
& de *labrum*, bord, baffin, lévre. Ce

mot binome défigne des vafes facerdotaux
dont le baffin ou les bords étoient fort
étroits.
A*nc-labris*, *is*, table à côté de l'autel
pour pofer lefdits vafes.

4. AN*con*, *is*, pli du coude : 1°. coin,
enceignure, tout ce qui eft en forme de
coude ; 3°. confole, en architecture; 4°.
promontoire ; 5°. cachot; 6°. centre d'une
voûte ; 7°. vafe coudé ; 8°. hache; 9°.
équerre ; 10°. bras d'une catapulte, machine de guerre ; 11°. enchanteur.
A*nconiftis*, *orum*, ce qui nous fait courber ; inftrument de torture; ce qui fert
à lever des fardeaux, & qui par conféquent fait baiffer.
A*ncus*, *a*, *um*, qui ne peut étendre fon
bras : qui l'a en angle.

5. AN*cyloglffum*, *i*, mot grec binome, qui
fignifie *mot-à-mot* langue courbée , de
glossa, langue, & de A*nculos*, courbe ; il défigne le bégayement, le filet
qui lie la langue des bégues.

2. Forcé, envoyé.

1. AN*garia*, *æ*, corvée, charge publique
onéreufe, qui nous courbe fous le labeur ;
car tous ces mots qui défignent la courbure, expriment également l'angoiffe
& l'anxiété; 2°. obligation de fournir des
bêtes de fomme pour la pofte.
A*ngara*, *æ*, maifon de pofte.
A*ngarus*, *i*, ⎫ Maître de pofte ; 2°.
A*ngarius*, *ii*, ⎭ courrier; 3°. qui eft obligé à quelque corvée, homme
de peine, crocheteur; 4°. commis à la douane.
A*ngario*, *are*, obliger à quelque corvée,
contraindre à de pénibles travaux.
A*ngariarius*, *ii*, celui qui eft chargé
d'exiger les corvées.
P*ar*-A*ngaria*, *æ*, pofte; 2°. corvée; 3°.
fentier étroit, chemin de traverfe.

2. AN*gelus*, *i*, meffager, courrier; & dans
un fens divin, meffager célefte obligé

d'exécuter les ordres de Dieu, Ange.

ANGelicus, a, um, qui concerne les Anges.

ANGelica, æ, nom de plante ; 2°. nom de femme.

3°. Etroit, ferré.

1. ANGo, is, xi, gere, étrangler, ferrer, étouffer ; 2°. ferrer le cœur, attrister, vexer. Ce mot est Grec, αγχω, étrangler.

ANGor, is, esquinancie, suffocation de gorge ; 2°. chagrin, peine, tourment d'esprit.

ANGina, æ,   ⎫ inflammation du gosier,
ANGuina, æ,   ⎭ esquinancie, qui étrangle ;
2°. cable d'une ancre.

2. ANGenora, æ, Déesse qu'on invoquoit contre l'esquinancie.

ANGenoralis, e, ce qui concerne la Déesse ou la fête d'Angenora.

ANGerona, æ, Déesse du silence, parce que celui qui est dans l'angoisse ou avec une esquinancie au col ne peut pas parler, garde le silence.

ANGeronalia, ium, sacrifices & fêtes de cette Déesse.

3. ANGiportum, i,   ⎫ mot binôme formé de
ANGiportus, ûs,   ⎭ Portus ; 1°. rue étroite, ruelle ; 2°. coin d'une rue, cul-de-sac.

ANGones, um, dards, lances des Francs. Ce mot tient plutôt à ANCones, machine de guerre recourbée, qui forme l'article ou le numéro 4. ci-dessus.

4. ANGuis, e, serpent, couleuvre, animal qui se recourbe, & qui de plus serre & étouffe ce qu'il enveloppe dans ses contours.

ANGuinum, i, amas de serpens entortillés.

ANGuinus, a, um,   ⎫ de serpent, qui con-
ANGuineus, a, um,   ⎭ cerne le serpent.

ANGuiculus, i, petit serpent.

ANGuilla, æ, anguille, poisson qui res-

semble au serpent ; 2°. fouet de courroies.

BINOMES.

ANGui-fer, a, um, qui produit des serpens ; 2°. le serpentaire, constellation.

ANGui-comus, a, um, qui a des serpens pour cheveux ; surnom de Méduse.

ANGui-gena, æ,   ⎫ qui est engendré
ANGui-genus, a, um, ⎭ d'un serpent.

ANGui-manus, i, qui a une main qui se tourne avec souplesse ; ce qui se dit de la trompe d'un Eléphant.

ANGui-tenens, is, Hercule étouffant un serpent dans ses mains.

ANGui-pes, edis, qui a les pieds tortus, comme on le disoit des Géans.

5. ANGusto, are, resserrer, étrécir, tenir à l'étroit.

ANGustus, a, um, étroit, retréci, petit.

ANGustia, æ, petite étendue, lieu étroit, défilé : 2°. petit espace de lieu ou de tems ; 3°. fâcheuses extrémités, détresse.

ANGustè, étroitement, d'une maniere serrée.

BINOMES.

ANGusti-clavus, i,   ⎫ la bande & la digni-
ANGusticlavum, i,   ⎭ té de Chevalier Romain.

ANGusti-clavia, æ,   ⎫ Chevalier Romain,
— clavium, ii,   ⎬ qui pour marque de
— clavius, ii,   ⎭ sa dignité, portoit une bande étroite, semée de nœuds, ou de boutons, en forme de têtes de clous d'or ou de pourpre. Les Sénateurs avoient des boutons plus larges ; ce qui les faisoit appeller Laticlavii.

Co-ANGusto, are, rétrécir, joindre plus étroitement.

PER-ANGustè, d'une maniere fort serrée, très-étroite.

PER-ANGustus, a, um, fort étroit, très-pressé, succinct.

6. ANxius, a, um, qui a le cœur ferré, in-quiet, chagrin.

Anxio, -are, tourmenter, ferrer le cœur, inquiéter.

Anxietudo, inis, } inquiétude, ferrement
Anxietas, tis, } de cœur; 2°. humeur chagrine.

Anxié, avec inquiétude, peine, chagrin.

Anxifer, a, um, mot binome, de Fero : chagrinant, qui cause du chagrin.

7. ANGellus, i, un petit angle, un petit coin.

Angulus, i, lieu ferré, angle, coin.

Angulosus, a, um, } qui a plusieurs
Angulatus, a, um, } coins & recoins.

Angularis, e, } qui se met dans
Angularius, a, um, } les encoignures,
Angulatilis, e, } angulaire.

Ex-angulus, a, um, qui n'a point d'angles.

Tri-angulum, i, figure à trois angles, triangle.

Tri-angulus, a, um; Tri-angularius, a, um, qui a trois angles, triangulaire.

Quadr-angulus, a, um; Quadr-angulatus, a, um, qui a quatre angles.

Sex-angulus, a, um; Sex-angulatus, a, um, qui a six angles, figure hexagone.

Sept-angulus, a, um, qui a sept angles.

Oct-angulus, a, um, qui a huit angles.

HAP, AP,

Saisir, Happer, (41 & 541.)

HAP, AP, est une onomatopée, qui désigne, 1°. l'action de saisir, de prendre, de happer; & par dérivation, 2°. les idées de comprendre, de saisir une idée, une pensée, & 3°. celles de lier, de ferrer ce qu'on a pris afin qu'il ne s'échappe pas : de-là diverses familles Grecques, Latines, &c. De même que HAPPer en François, fn-AP en Anglois, & fchn-AP-fen en Allemand, tâcher de saisir.

APtus, a, um, capable de saisir, de comprendre : 2°. qui a pris, qui a acquis : 3°. convenable, propre : 4°. qui a été saisi, compris : 5°. attaché, lié, ajusté. Ce mot dans le premier sens est adjectif & signifie capable de saisir. Dans le second, c'est un participe passé actif, formé du vieux verbe Latin APo, APor, qui vient de l'ancien verbe Grec Aphô, αφω, duquel aptô απτω, & aptomai απτομαι, tirent leurs tems, & qui tous signifient tâcher d'avoir, de saisir, prendre.

APtus dans le troisième sens est adjectif & signifie convenable, propre, parce que l'homme qui a acquis, est plus capable, plus propre à une chose, a plus d'avantages qu'un autre.

Dans le quatrième sens, APtus est participe prétérit passif du vieux verbe APo, & signifie saisi, compris; d'où vient le cinquième sens où APtus est aussi participe passif & où il signifie attaché, lié, ajusté, uni, parce que l'on serre, on lie, on s'empresse de réunir les choses, les connoissances qu'on a acquises. De-là ces mots.

1. AP-to, - are, prendre, rendre propre ; 2°. ajuſter, arranger, diſpoſer.

Aptatus, a, um, pris, rendu propre : 2°. accommodé, attaché ; 3°. conforme.

Aptitudo, inis, capacité de prendre, de comprendre ; facilité, diſpoſition à quelque choſe.

Apté, proprement : 2°. convenablement ; 3°. juſtement, bien.

COMPOSÉS.

Ad-Eptus, a, um, qui a pris, qui a acquis ; 2°. obtenu, ſaiſi, gagné.

Ad-Eptio, priſe, conquéte : 2°. avantage, jouiſſançe.

Ind Eptus, acquis.

Ind-Epto, acquérir, obtenir.

In-Eptus, a, um, qui ne peut ſaiſir, comprendre : 2°. peu convenable, peu propre ; 3°. impertinent, ſot.

In-Eptitudo, inis, ⎰ incapacité de ſaiſir,
In-Eptiæ, arum, ⎱ de comprendre : 2°. défaut de convenance ; 3°. ſottiſes.

In-Eptio, -ire, devenir incapable de ſaiſir, de comprendre ; 2°. devenir inepte, ſot, ridicule ; 3°. faire le fou, dire des ſottiſes.

In-Epté, mal-à-propos, ſottement.

Ad-Apto, - are, approprier, ajuſter, adapter.

Ad-Aptatus, a, um, approprié, ajuſté.

Ex-Apto, -are, prendre, attacher.

Ex-Aptus, a, um, bien lié, bien ajuſté.

2. APiſcor, eris, aptus ſum, ſci, happer, tâcher de ſaiſir, d'attraper : prendre, acquérir.

COMPOSÉS.

Ad-Ipiſcor, eris, eptus ſum, ſci, attraper, prendre : 2°. gagner, acquérir, ſe rendre-maître.

Ind-Ipiſco, is, ere, obtenir.

Ind-Ipiſcor, eris, eptus ſum, iſci, acquérir, gagner.

Red Ipiſcor, eris, deptus ſum, ſci, recouvrer.

AQUA,
AGOUA, AWA, AV, EVA,
Eau, (30, 417.)

Ces mots ſont de toutes langues. On dit WAter, WAſſer en Allemand ; AGUA en Eſpagnol ; AUen en Celte ; AUOU en langue de Madagaſcar ; AO en Tonquinois. Tous ces mots ſont l'U fort, prononcé O, AU, conſacré à déſigner l'eau ; ils tiennent de plus à AVA ou bien AUA, le déſir, en Hébreu comme en Latin, parce que dans les pays chauds on ne déſire rien tant que l'eau, & que les pays arroſés de fleuves ont toujours ſervi à déſigner le ſéjour fortuné.

1. AQua, æ, eau. AQuæ, arum, Eaux minérales.

AQuula, æ, filet d'eau.

AQuor, -ari, aller à l'eau, faire aiguade : 2o. abreuver, mener boire.

AQuoſus, a, um, où il y a abondance d'eau, fort humide, pluvieux.

AQuatus, a, um, mélangé d'eau : 2o. qui coule, qui n'eſt point épais ; 3°. aqueux.

AQuatio, onis, proviſion d'eau, aiguade : 2o. lieu où l'on va puiſer de l'eau ; 3o. arroſement ; 4o. abondance de pluie.

AQuarium, ii, réſervoir d'eau, abreuvoir, evier.

AQuariolum, ii, petit égoût, petit évier.

AQuarius, ii, le Verſeau, un des XII Signes de l'année : 2o. Intendant des eaux & aqueducs ; 3o. ouvrier qui fait les aqueducs, fontainier ; 4o. porteur d'eau.

Aquaticus , *a* , *um* , qui croit , qui vit , qui se plait dans l'eau ; 2°. hydropique.

Aquarius , *a* , *um* , ce qui concerne les eaux.

Aquatilis , *e* , aquatique.

Aquator , *is* , qui va faire provision d'eau.

2. AQualis , *is* , aiguière , pot à l'eau.

Aqualicus , *i* , AUGE : 2°. ventre ; 3°. boyau, dont on fait des andouilles·

Aqualiculus , *i* , auge , pour donner à boire aux pourceaux : 2°. ventre.

Aquagium , *ii* , droit de faire un aqueduc dans les terres des autres.

Aquans , *antis* , qui va puiser de l'eau.

BINOMES.

Aquæ-DUCtio , *is* , conduite des eaux : de *duco* , conduire , amener.

Aquæduĉus , *ûs* , canal pour conduire les eaux , aqueduc : 2°. droit de conduire les eaux par les terres des autres.

Aquæ-Hauſtus , *ûs* , droit d'aller puiser de l'eau chez quelqu'un , ou d'en amener chez soi par quelque machine : de *Haurio* , puiser.

Aquæmanalis , *is* , ⎫ aiguière.
Aquæmanile , *is* , ⎪ Pot à l'eau.
Aquimanarium , *ii* , ⎪ Bassin à laver les
Aquimanale , *is* , ⎪ mains.
Aquimantile , *is* , ⎬
Aquiminale , *is* , ⎪ Tous ces mots
Aquiminarium , *ii* , ⎪ sont formés d'*a-*
Aquiminarius , *ii* , ⎪ *qua* , eau , & de
Aquiminile , *is* , ⎭ *manus* , mains.

Aqui-LEGIa , *æ* , ancolie , plante qui amasse beaucoup d'eau : de *Lego* , cueillir.

Aquilegium , *ii* , réservoir , amas d'eau , citerne : 2°. maniere de faire amas d'eau.

Aquilex , *egis* , qui ramasse les eaux de sources , qui les découvre , fontainier.

Aquilicia , *orum* , ⎫ fêtes en l'honneur
Aquilicium , *ii* , ⎭ de Jupiter pour obtenir de la pluie.

COMPOSÉS.

AD-AQuatus , *ûs* , abreuvoir , lieu où l'on se fournit d'eau.

AD-AQUO ,-*are* , abreuver , arroser : 2°. faire provision d'eau.

IN-AQUO ,-*are* , changer en eau , faire fondre en eau.

IN-AQuesus , *a* , *um* , où il n'y a point d'eau , aride.

SUB-AQUeus , *a* , *um* , qui est sous l'eau.

A R.

La lettre R , qui désigne les objets roulans & élevés, étant précédée de la voyelle A , devint la racine distinctive des noms par lesquels on désigne les élémens , les métaux & les choses élevées , escarpées , pointues. De-là une multitude de familles essentielles.

1. AR , désignant la terre & tout ce qui y est relatif.

2. AR , désignant l'eau.

3. AR , puis AER , l'air.

4. AR, le feu & les objets ardens.

5. AR , puis ÆR , l'airain.

6. AR , HAR , HER , puis FER , le fer.

7. AR , joint à CAN, blanc, l'argent.

8. Suivi des consonnes C, D, M, AR forme diverses familles relatives aux idées d'élévation.

I.

AR , ER , les ÉLÉMENS.

1°. La TERRE

AR, ART, ARZ signifie la terre dans

les Langues Orientales, ainſi que dans celle des Baſques. En Allemand ERD, en Anglois EARTH; en Grec ÊRa. De-là le Latin ARea, l'Eſpagn. ERa, le Turc ER, qui tous ſignifient ſol.

Les Latins en firent le mot ERRa, qu'ils réunirent en un ſeul avec l'article primitif T exiſtant encore aujourd'hui dans les Langues du Nord, d'où vint le mot TERRA, terre, qui parut dès ce moment un mot iſolé, & ſans aucun rapport à aucune Langue quelconque, pas même avec cette multitude de mots Latins en AR, provenus de AR, terre, & dont par conſéquent l'étymologie étoit plus difficile à trouver. De-là :

1. T-ERRa, æ, terre : 2°. pays, contrée.

Terraceus, a, um, Terreus, a, um, Terrenus, a, um, } fait de terre, qui concerne la terre.
Terrestris, e, terreſtre, de terre.
Terrenum, i, terrein, terroir.
Terroſus, Terrulentus, terreux, mêlé de terre.
Terri-gena, æ, né de la terre, enfant du pays.
Sub-terraneus, a, um, ſouterrein.
Sub-terratorium, ii, houe, hoyau.
Ext-orris, e, banni des terres.

2. ARea, æ, plaine, campagne; 2°. place publique ; 3°. place d'une maiſon ; 4°. cour, baſſe-cour; 5°. planche de jardin ; 6°. AIRe d'une grange; 7°. cercle autour de la lune;

Orig. Lat.

8°. un pied en quarré; 9°. veſtibule; 10°. alopécie, maladie qui fait tomber les cheveux, ainſi nommée parce qu'elle fait de la tête une place raſe. Ce mot a pour diminutif,

ARCola, æ, petite aire.

Arealis, e, qui ſert à la grange.
Areator, is, Batteur en grange.

3. ARo, -are, labourer la terre, la cultiver; en Breton ARa, en Baſque ARat, en Grec ARoó ; ARia en Iſlandois, Eren en Theuton, & -EARe en Anglois. ARoy en vieux François, charrue.

Arabilis, e, labourable.
Aratura, æ, Aratio, onis, } labourage.
Arationes, champs cultivés.
Aratiuncula, æ, petit morceau de terre labourable.
Arator, is, laboureur.
Aratorius, a, um, qui concerne le labourage.
Aratro, -are, & artro, labourer pour la ſeconde fois.
Aratrum, i, charrue.
Aruo, -are, cacher le blé en terre avec la charrue.
Arotiæ, arum, Syracuſains réduits à être gens de labour, ou de glebe.

Composés.

Circum-aro, -are, labourer autour.
Ex-aro, -are, bêcher, remuer la terre : 2°. écrire, tracer.
Ex-arator, laboureur.
In-aro, -are, couvrir la terre labourée, labourer.
In-aratus, a, um, qui n'a pas été labouré.
Ob-aro, -are, labourer autour.
Ob-arator, oris, qui laboure autour.

E

Per-aro,-are, labourer parfaitement : 20. rayer, tracer des lignes.

Sub-aro,-are, fouir fous la terre, creufer par-deffous.

Sub-aratio, onis, action de fouir la terre par-deffous.

Sub-arator, oris, qui fouit la terre par-deffous..

4. Arvum, i, campagne, terroir, champ : 2°. terre en jachere ; 3°. terre labourée & non encore enfemencée.

Arvalis, e, qui concerne la campagne, les champs labourés, les biens de la terre.

Arvalia, ium, facrifices, fêtes pour les biens de la terre.

Aarvo.,-are, couvrir le bled avec la charrue.

Amb-arvalia, um, fêtes où l'on promenoit, à l'entour des champs, l'animal qu'on devoit facrifier pour les biens de la terre : de AM, autour, particule Latine, la même que UM en Allemand.

5. Arda, æ, ⎫ la terre ; ce mot eft ArméArida, æ, ⎭ nien, Arabe, Gothique, Runique, fans le moindre changement.

De-là viennent ces trois mots d'une origine inconnue jufqu'ici :

Ardalia, ium, vafes de terre, pots de cuifine faits de terre:

Ardalio, onis, ⎫ goulu, glouton, qui Ardelio, onis, ⎭ vuide les pots & les plats: 20. empreffé, intriguant; 3°. qui fait l'empreffé, le bon valet.

6. Arapentum, i, ⎫ mot Celte ufurpé par Arpennis, is, ⎭ les Latins, & que Columelle nous apprend lui-même venir de la Gaule. En effet c'eft un mot formé de AR, la terre, & de PEN, pour BEN, bande, portion.

2°. ART, Travail, Art.

D'ARs, tis, labour, premier des arts, on forma.

1°. ARS, ARTIS, qui fignifie 1°. ART, profeffion, occupation quelconque ; 2°. les métiers diftingués, les beaux Arts ; 3°. favoir-faire, adreffe, fineffe ; 4°. tromperie.

Artatus, a, um, ⎫ qui a la connoiffanArtitus, a, um, ⎭ ce des beaux Arts. En Allemand, artig, maniéré.

Du refte, l'ablatif de Ars eft Arte, qui paroît le même que arete en Grec.

2. Arti-fex, ficis, Artifan., ouvrier, faifeur ; 20. comme adjectif il fignifie artificiel, fait avec art. Il eft formé de facio, faire.

Artificina, æ, boutique, attelier.

Artificium, ii, emploi, profeffion, fcience : 20. fineffe, délicateffe de l'art ; 30. rufe, fourberie.

Artificialis, e, artificiel, fait par le moyen de l'art, ou felon les regles de l'art.

Artificialiter, avec art.

Artificiofus, a, um, artifte, induftrieux, méthodique, ingénieux : 20. travaillé avec méthode, artiftement, régulier.

Artificiofe, par art, artificiellement : 2°. artiftement, dans les régles de l'art. 3°. avec induftrie, ingénieufement.

In-artificialis, e, qui eft fans art.

In-artificialiter, fans artifice.

COMPOSÉS.

Dis-ertus, a, um, qui fait bien les beaux arts, éloquent, qui parle bien.

Dis-ertitudo, éloquence, faculté de s'énoncer avec art.

Diserté, ⎫ éloquemment, claireDisertim, ⎭ ment, nettement.

In-dis-ertus, a, um, peu éloquent, qui s'exprime fans élégance.

In-DIS-ERTé, fans art, fans élégance.

PER-DIS-ERTé, fort éloquemment, avec art, en beaux termes.

Ex-ERTO, -are,
Ex-ERO, ui, um, ere, } 1o. cultiver, creufer la terre, la tirer en dehors: 2o. cultiver les arts, les faire paroître, les découvrir: 3o. tirer endehors, faire voir, montrer.

EXERTim,
EXERTé, } ouvertement, d'une maniere forte & développée.

IN-ERS, ERTis, qui eft fans métier, fans ART: 2o. fainéant, pareffeux; 3o. ignorant, mal habile.

IN-ERTia, æ, état d'un homme qui n'a point de métier, d'ART; inaction, pareffe: 2o. ignorance, défaut de favoir.

IN-ERTicula, æ: ce diminutif joint dans Pline au mot vitis, défigne une vigne qui produit un vin foible; fans force, fans énergie.

SOL-ERS, ERTis, c'eft un terme binome formé de ARS & de SOLEO, favoir, avoir pratiqué, avoir coutume; auffi folers fignifie-t-il favant dans les arts, induftrieux, ingénjeux, adroit.

SOL-ERTia, pratique des arts, foupleffe, fineffe.

SOL-ERTer, avec induftrie, ingénieufement.

3°. AR, Sec; Brûlé.

1. AReo, -ere, être brûlé par le foleil ou de féchereffe: 2o. être fec, aride.

ARens, brûlant, ardent: 2o. fec, aride.

ARefco, ere, fe deffécher par l'extrême chaleur, fe durcir, fe pétrifier.

ARidus, a, um, brûlé du foleil, defféché, décharné: 2o. avare, mefquin: 3o. maigre, infertile.

ARidum, i, la terre brûlée, defféchée, réduite en fable: 2o. le rivage, le bord de l'eau, la grève.

ARiditas, is, féchereffe, aridité.

ARitudo, inis, féchereffe, aridité, maigreur: 2o. épargne, ménage, lézine.

ARribilis, e, combuftible.

AD-AREo, es, ui, ere,
AD-ARefco, ere, } fécher, devenir fec.

EX-ARDeo, ere,
EX-ARDefco, ere, } s'embrâfer, s'enflammer: 2°. s'emporter.

EX-ARE-Fio, is, factus fum,
EX-ARefco, is, rui, ere, } fe defféche de chaleur, fe TARir: 2o. être flétri, fanné par l'ardeur du foleil.

IN-ARefco, -ere, fe fécher: 2o. fe tarir.

IN-ARfactus, a, um, féché, tari.

INTER-ARefco, ere, devenir fec.

OB-ARefco, fe fécher tout autour.

PER-ARefco, -ere, fécher entierement.

SUB-AREo, -ere,
SUB-ARefco, ere, } devenir un peu fec.

SUB-ARidè, adv. avec quelque aridité, un peu aridement.

PER-ARidus, a, um, tout-à-fait aride, très-fec.

2. ARDeo, es, arfi, arfum, dere, brûler, être en feu: 2o. briller, étinceler, être refplendiffant; 3o. être vif, ardent, paffionné; 4o. avoir un defir brûlant, fouhaiter, aimer avec ardeur. Le foleil, en Arménien fe dit ARS1, & l'on fait que le feu étoit toujours défigné par le mot qui exprime le foleil.

ARDens, entis, brûlant, allumé, embrâfé: 2o. luifant, étincelant; 3o. animé, vif; 4o. indigné, rouge de colère; 5o. paffionné, amoureux.

ARDor, is, chaleur, ardeur: 2o. le rouge, le brillant; 3o. paffion, defir.

ARDenter, avec feu, chaleur; vivement, paffionnément.

OB-ARDeo, bruler tout autour.

ARDefco, cere, s'embrâfer: 2o. s'agiter vivement, s'emporter.

IN-ARDefco, -ere, s'enflammer.

RED-ARDefco, fe renflammer.

4°. AR , Pierre , Rocher.

1. AR*a*, *æ*, roc, pierre, parce que les rochers forment des hauteurs, des pointes. Rocher se dit en Hébreu AR, en Basque ARi, en Irlandois ARt, en Breton ARn, en Celte AR,& une foule d'autres: & comme les rochers cachés sous l'eau forment des pointes, AR*a*, *æ* signifie dans son second sens, 2°. écueils, rocs cachés à fleur d'eau ; 3°. digues, quais, moles de pierres entassées, pour retenir les fleuves ou la mer; 4°. Autels, parce que les hommes n'avoient d'abord qu'un roc, une pierre pour Autel ; 5°. l'autel, constellation, pris du signe du Scorpion; 6°. asyle, réfuge, lieu de sureté, parce que l'autel fut toujours un asyle ; il y avoit pour cet effet quatre cornes, une à chaque coin, que le suppliant empoignoit ; ce qui fit croire aux Etymologistes Latins, qu'il venoit d'*ansa*, une anse, prononcé *Asa* & puis *Ara*.

AR*ula*, *æ*, petit rocher ; 2°. petit autel; 3°. petit foyer, parce qu'il étoit fait d'une pierre, ou comme un autel ; 4°. réchaud, gril, vase; 5°. petit mur fait de pierres.

2. AR*ena*, *æ*, petite pierre, sable, gravier : mot formé du diminutif Celte EN; 2°. grève, rivage.; 3°. terre sablonneuse ; 4°. ARÉNE, cirque, lieu sablé pour les spectacles. En Celte , AREN, petit rocher.

DÉRIVÉS.

AR*enula*, *æ*, sable fin.
AR*enosus*, *a*, *um*, ⎱ sablonneux, plein
AR*enaceus*, *a*, *um*, ⎰ de gravier : 2°. aride.
AR*enaria*, *orum*, ⎱ sablonnieres, car-
AR*enariæ*, *arum*, ⎰ riere de sable.
AR*eno*, *-are*, crépir de mortier.
AR*enatum*, *i*, mortier fait de chaux & de sable.
AR*enatio*, *onis*, crépissement.
AR*enarius*, *ii*, gladiateur, homme qui se bat sur l'AR*éne*.
AR*eni-Vagus*, *a*, *um*, errant parmi les sables ; de VA*gor*.
Ex-AR*eno*, *-are*, dessabler, ôter le gravier.

3. AR*gilla*, *æ*, argille, terre grasse, terre à potier.
AR*gillaceus*, *a*, *um*, ⎱ argilleux, d'ar-
AR*gillosus*, *a*, *um*, ⎰ gille.

4. AL*t-aris*, ALTAR*e*, ALTAR*ium*, mot binomes composés de AL ou ALT élevé, & de AR, pierre ; *mot à mot pierre élevée*, rocher élevé, servant d'autel pour les sacrifices des Dieux supérieurs ou les Dieux du Ciel ; AR*a* étoit l'autel des Dieux de la terre.

2°.

AR , ER , Eau.

AR , signifia *Eau* dans la langue primitive : en Egyptien IAR, en Hébreu IOR , fleuve ; en Irlandois B*IR*, eau. De-là le Latin

Imb-ER, *bris*, grande eau, pluie considérable ; & au figuré, des larmes. Ce mot est composé de IM, grand, & de ER, eau courante; le B sert à unir ces deux monosyllabes.

Im-Brﾉdus , a , um ,
Im-Bricus , a , um ,   ⎫ pluvieux.
Im-Brﾉfer , a , um ,   ⎭

Im-Bricitor , is , celui qui caufe la pluie ;
de *Imber* & de *Cio*, *civi* , *citum* , mouvoir , *mot à mot* , la caufe , le moteur de
la pluie.

Am-Brix , icis ,   ⎫ tuile creufe pour fai-
Im-Brex , cis ,,   ⎬ re couler l'eau ; gou-
Im-Bricium ; ii ,   ⎭ tiere ; 2o. battement
fubit de mains pour applaudir,
avec un bruit femblable à celui
d'une ondée.

Im-Bricatus , a , um , fait en forme de
goutiere.

Im-Bricatim , en maniere de goutiere.

3°.

AR, AER, Air.

1. AER, 1°. Air ; 2°. vent ; 3o. haleine , fouffle.

En Hébreu אוּר , *Aur* ; en Celte,
en Grec, &c. AER ; en Syr. AIR ;
en Italien AR*ia*, &c.

Aëreus , a , um , Aërien, qui vit dans
l'air , &c.

Aërius , a , um , haut , élevé , qui vole
dans l'air.

Aërofis , is , la partie aërienne du fang.

2. AERoides , béril , pierre précieufe.

Aërizufa , efpece de jafpe ; du verbe
Grec, Αϵριζϵιν , imiter la couleur de l'air.

3. AURa , æ , vent , fouffle , air ; 2o. lumiere , éclat ; 3o. odeur , fenteur ; 4o.
faveur , réputation.

II.

AR défignant les Métaux ; & 1°.
Ære , Æneus , Æs , Airain.

1°. Æs, *abl.*Ære , AIRain , bronze ,

cuivre , fer , acier : 2°. tout ce
qui eft fait de ces métaux : 3°.
inftrumens d'airain , trompette ,
&c. &c. cafque ; monnoie ;
argent.

Æro,-are , couvrir de cuivre ; 2o. bron-
zer.

Æratus , a , um , garni d'airain ; 2o. bron-
zé ; 3°. qui a beaucoup d'airain , c'eft-à-
dire, de monnoie, d'argent ; riche , opulent ; 4°. qui doit de l'airain ou de la
monnoie , endetté , ob-eré.

Ærator , is ; endetté.

Æratus , i , bouclier , parce qu'il eft fait
d'airain.

Æreus , a , um , d'airain , de cuivre.

Ærofus , a , um , plein de cuivre , mêlé
d'airain.

Æraria , æ , mine d'airain , boutique
d'un Chaudronnier.

Ærarium , le tréfor public.

Ærarius , a , um , d'airain , de cuivre ;
2°. qui concerne les dettes ; 3o. qui concerne les finances ; 4o. qui concerne les
falaires ou gages.

Ærarius , ii , ouvrier en airain , Chaudronnier ; 2o. déchu du droit de bourgeoifie , mis à la taille , parce que les
bourgeois ne payoient point de taille.

Æreolas , i , petite monnoie de cuivre.

Æreolum , poids de deux grains , fixieme
partie de l'obole.

Æramen , inis ,   ⎫ tout ce qui eft fait
Æramen , inis ;   ⎬ d'airain ; 2o. batte-
Æramentum , i ,   ⎭ rie de cuifine.

Æramentarius , ii , Chaudronnier.

Æramentarius , a , um , qui concerne le
Chaudronnier.

2. ÆRuca , æ , rouille de cuivre , verd-
de-gris ; 2°. calendre, infecte qui ronge
le bled , ainfi appellé à caufe de fa couleur cuivreufe , ou parce qu'il ronge le

bled, comme la rouille dévore le métal.

Ærugo, inis, rouille d'airain, verd-de-gris ; 2°. calendre ; 3°. nielle, brouillard qui brûle les bleds ; ainsi appellé ou parce qu'il noircit les bleds, ou parce qu'il les dévore & consume ; 4°. médisance, calomnie, parce que l'imposture noircit la réputation ; qu'elle mine, détruit l'objet auquel elle s'attache.

Æruginosus, a, um, rouillé, couvert de verd-de-gris.

Æruginator ; 1°. qui dérouille ; 2°. armurier, fourbisseur ; 3°. faiseur, marchand de verd de-gris.

3. Ærica, æ, hareng soret, à cause de sa couleur de cuivre.

4. Æra, æ, époque, ere, moment duquel on commence à compter les années ; ainsi nommé, parce que ces époques se gravoient sur des tables de cuivre ; 2°. nombre mis sur la monnoie pour en indiquer la valeur ; ce nombre étoit ainsi appellé de la piece de cuivre sur laquelle il étoit gravé ; 3°. les chiffres particuliers de chaque article d'un compte ; ce qui a trait à l'ère, à l'époque ou aux tables de cuivre sur lesquelles on avoit chiffré.

5. Æra, æ, signifie encore l'yvraie, parce qu'elle a une couleur cuivreuse, ou parce qu'elle dévore le froment.

Ærinus, a, um, d'yvraie.

Æaodes, plein d'yvraie.

BINOMES.

Ære-diratus, a, um, privé de paye, de salaire ; de ÆS, salaire, & de diruo, je renverse.

Æricolum ; de colo & de ÆS ; ouvrage de cuivre.

Ærificium, de facio & de ÆS ; ouvrage de cuivre.

Ærifer, ra, rum, de fero ; qui produit le cuivre.

Æri-fodina, æ, mine d'airain ; de fodire, creuser, fouir.

Æri-pes, dis, aux pieds de bronze ; 2°. marcheur infatigable.

Æri-sonus, a, um, sonnant comme l'airain.

5. Ærusco, -are ; de ÆR & du primitif CAP, prendre, contenir, comme qui diroit attrapper de l'argent ; 2°. gagner de l'argent, le recevoir à la porte de la Comédie ; 3°. escroquer, escamoter, friponner.

Æruscator, comme qui diroit Æriscaptor: la prononciation radoucie a fait disparoître le P du primitif CAP. Ce mot signifie celui qui reçoit, qui gagne de l'argent ; 2°. le receveur de l'argent à la porte de la Comédie ; 3°. tout homme qui attire l'argent du peuple par des spectacles, un charlatan ; un escamoteur : un fripon.

Æruscatio, filouterie, supercherie.

Æsculator, oris, la même chose qu'Æruscator.

COMPOSÉS.

Ad-Æro, -are, mettre le prix courant, dire combien d'airain ou de monnoie une chose vaut ; 2°. estimer, apprécier.

Ad-Æratio, évaluation, appréciation.

Ob-Æratus, a, um, qui doit beaucoup d'airain, de monnoie, endetté, ob-ére ; 2°. un homme surchargé de dettes ou d'impôts, qui servoit un Grand pour obtenir sa protection ; 3°. gagé, servile.

Sub-Æratus, a, um, piece d'argent fourrée de cuivre.

DÉRIVÉS.

1. Æneus, a, um ; Æniolus, a, um, d'airain, de bronze.

2. Ænulum, i, ⎫
Ænulus, i, ⎬ petit chaudron d'airain.
Æneolum, i, ⎭

Æneator, oris, joueur de trompette, parce que les trompettes étoient d'airain.

Æneus, d'airain. En y ajoutant une aspiration, on a fait :

3. Ahenus, a, um, d'airain.

Ahenum, vase d'airain ; chaudron.

Ahenia, æ, petite chambre obscure, ou parce que la couleur enfumée lui donne la couleur du bronze, ou parce que les ouvriers en cuivre comme les chaudronniers faisoient leur attelier de réduits étroits & obscurs.

BINOMES.

Aheni-pes, Æni-pes, dis, aux pieds d'airain.

Aheno-Barbus, Æno-Barbus, i, qui a la barbe rousse, couleur de cuivre.

2.

AR, HER, FER, M-ARS.
Le fer, la guerre, &c.

1. De AR, métal, les Grecs firent ARês, fer ; & les Latins,

FERRum, i: on disoit anciennement HERrum ; les Espagnols disent HIERro ; les Anglo-Saxons AIERn ; les Anglois IRon ; en Hébreu BARZel.

Ferreus, a, um, de fer ; 2°. dur ; 3°. impitoyable, cruel, rude ; 4°. infatigable.

Ferraria, æ, mine de fer.

Ferrarius, i, forgeron, ouvrier en fer.

Ferrarius, a, um, qui concerne le fer.

Ferratus, a, um, ferré ; 2°. armé ; 3°. enchaîné.

Ferratilis, e, garni de fer.

Ferramentum, instrument de fer.

Ferrumen, is, soudure ; 2°. colle ; 3°. ornement du discours.

Ferrumino, -are, souder, cimenter.

Ferruminatio, soudure.

Ferruminator, soudeur ; ciment, mortier.

Ferrugo, inis, rouille de fer ; 2°. couleur de cette rouille ; 3°. violet, rougeâtre.

Ferruginus ; Ferrugineus, de couleur, ou de goût de fer, ou de sa rouille ; 2°. triste, sombre, noir.

Ferri-Teri, orum, esclaves enchaînés ; de Tero, user.

2. M-ARS, 1°. fer ; 2°. guerre ; 3°. Dieu de la guerre : même mot que ARês des Grecs, qui signifie la même chose.

Mars-Piter, Dieu de la Guerre, le Pere Mars.

Martialis, e ; Martius, a, um, de guerre, qui aime la guerre, courageux ; 2°. du mois de Mars.

Martius, ii, le mois de Mars.

BINOMES.

Marti-cola, æ, qui aime, qui cultive la guerre.

Marti-gena, æ, né du Dieu Mars.

Martio-Barbulus, Soldat qui lançoit avec une arbalètre des balles de plomb.

3.

AR, Argent.

AR-GENtum, i, de AR, métal, & de CAN ou GEN, blanc, d'où Canus des Latins : ce mot signifie donc 1°. argent, métal blanc ; 2°. monnoye ; 3°. vaisselle d'argent ; 4°. les richesses.

Argenteus, a, um, d'argent ; 2°. clair, brillant, de couleur d'argent.

Aʀgenteolus , d'argent.

Aʀgentatus , garni d'argent.

Aʀgentarius , a , um , qui concerne l'argent.

Aʀgentarius , ii , tréforier , banquier.

Aʀgentarium , ii , coffre-fort.

Aʀgentaria , æ , négoce d'argent , banque ; 2°. boutique d'Orfévre ; 3°. mine d'argent.

Aʀgentofus , a , um , mêlé d'argent.

Bɪɴoᴍᴇs.

Aʀgentiᴘeʀ , , a , um ; Aʀgentiᴘex , Icis , qui porte de l'argent.

Aʀgenti-ᴇxᴛᴇʀᴇʙʀoɴides , pince-maille.

Aʀgenti-ᴏᴅiɴa , æ , mine d'argent.

Coᴍᴘosés.

Dᴇ-Aʀgento , are , argenter.

Dᴇ-Aʀgenteus , a , um ; Dᴇ-Aʀgentatus , a , um , argenté.

Iɴ-Aʀgentatus , a , um , enchaffé dans l'argent.

III.

AR , ÆR . HER , grandeur.

1°. Haut : Maître.

1. HERus , i , maître , le même que HERR en Allemand , Seigneur , & HAR en Runique , Roi , homme puiffant. En vieux françois HERE , Seigneur. Les Hongrois, qui comme les Grecs , ont facrifié l'étymologie à l'harmonie des mots , ont retranché le H afpiré , & ont adouci l'A en U ; ils difent UR , homme grand , Seigneur , pere.

Heʀa , æ , la Maîtreffe d'un logis , Dame ; 2°. la Déeffe Fortune ; 3°. la Déeffe Junon.

Heʀilis ; e , du Maître.

Heʀiᴘuɢa , æ , efclave fugitif.

2. HERos , oïs , homme élevé , un grand homme.

Heʀoïna , æ ; Heʀoïs , idis , femme élevée : Héroine.

Heʀoüs , a , um ; Heʀoïcus , a , um , héroïque , de Héros.

Heʀoum , i , maufolée à la gloire d'un Héros.

3. ERODius , ii ; Heʀodius , ii , Héron , oifeau aux jambes élevées & au grand cou.

Aʀ-Amus , i , (de AM , eau) Héron , oifeau de riviere.

2°. Charge.

1. ÆRo , onis ; Heʀo , nis , panier , chofe propre à élever & à porter : de Aᴘ# , ᴀʀo , en Grec , élever.

2. ÆRumna , æ , crochet de portefaix , bourdon au bout duquel les voyageurs portent leurs paquets ; 2°. charge , fardeau ; 3°. peine , travail ; 4°. chagrin , mifere. Ce mot vient du Grec ARO , je léve , ponancé AIRô.

ÆRumnula , æ , petite fourche pour lever un fardeau ; 2°. légere affliction.

ÆRumnabilis , e ; ÆRumnalis , e ; 1°. qui regarde le métier de crocheteur ; 2°. qui eft plein de chagrin ; 3°. qui afflige ; trifte.

ÆRumnofus , a , um ; ÆRumnatus , a , um , fatigué de porter ; 2°. accablé de maux.

3°. Odeur qui s'éléve.

AR-OMa , tis , odeur forte , parfum , ce qui porte ou fait élever de l'odeur ; épicerie. Ce mot binome eft compofé de deux mots Grecs , de ARo , je porte , & de OMa pour OSMa , odeur , c'eft à-dire , chofe qui porte du parfum.

Aʀomatarius , Parfumeur , Epicier.

Aʀomaticus ,

ARomaticus, a, um, de parfums ; 2°. odoriférant.

ARomatites ; æ ; hypocras, vin parfumé ; 2°. pierre précieuſe qui ſent bon.

ARomatiʒo ,-are , porter une bonne odeur.

4°. Bras, ce qui porte.

ARMus, i, les bras; comme dans plus de vingt langues du nord ; 2°. l'épaule ; 3°. le haut de l'épaule ; 4°. ce qui porte.

ARMillum , i , vaſe porté ſur les épaules dans les ſacrifices.

ARmilla, æ, ornement du bras, brace-let ; 2°. collier, bague ; 3°. anneau de fer ; 4°. anneau aſtronomique.

ARMillatus , a , um, qui porte un collier, une bague, un bracelet.

ARmillaris , e , qui porte au bras une médaille comme les poſtillons , marque de leur état ; 2°. Compoſé des cercles aſtronomiques.

ARmille , is , intrigue, ruſes, détours, magaſin de fourberies.

5°. Jointures, Artères, &c.

ARTus, uum, ubus, ⎫ élévations ſur le
ARTua, uùm, ⎭ corps humain ; 2°. les jointures des membres qui forment des boſſes ou de petites hauteurs, 3°. les membres. On dit en Grec ARThron , pour la même choſe.

ARTuo , - are, tailler en piéces, couper menu.

ARTuatim , membre à membre, par morceaux.

ARTuoſus , a , um , membru : fort , vigoureux.

2. ARTiculus, i , jointure des membres ; 2°. nœud dans les plantes, protubérence ſur les arbres; 3°. hauteur, élévation en Orig. Lat.

général ; 4°. point ; 5°. ſection , chapitre ; 6°. conjecture ; 7°. article.

ARticulamentum , i , jointure des os.

ARTiculoſus , a , um , noueux , plein de protubérences , de nœuds.

ARTicularis , e ; ARTicularius, qui concerne les jointures.

ARticularius, ii , gouteux.

ARticularis , is , primevere.

ARticulo ,-are , prononcer diſtinctement.

ARTiculatus , a , um , clair, net, mis par Articles.

ARTiculatio, is, nœuds des plantes: 1°. maladies qui ſurviennent à ces nœuds : 3°. articulation.

ARticulatè , diſtinctement , clairement.

ARticulatim , par piéces , membre à membre : 2°. avec méthode , nettement.

DE-ARTuo ,-are , diſloquer , démembrer.

3°. ARTerium , ii ; ARTeria, æ, vaiſſeaux du corps qui battent ou s'élevent fortement, dont le poulx forme une ondulation , une hauteur : ce mot eſt pur Grec.

ARTerialis ; ARTeriacus, qui concerne les artères.

ARTericus ; ARThriticus, gouteux.

ARthritis , idis , la goute , parce que nouant les jointures , elle forme des élévations.

ARTheriace , es , reméde pour guérir la goute.

6°. Troupeau, Animaux en troupe.

HARa ; æ, troupe d'animaux, HA-Ras, 2°. étable en général ; étable à cochon, à oyes.

2°. ARMenta, æ ; ARMentum , gros troupeau : de AR , bétail , & de MENT, quantité, grandeur, montagne.

HARDE ſignifie en François troupe de bêtes ſauvages; HERD , en Allemand & en Anglois, troupeau.

F

Armentalis, e, ⎫ de haras, de gros
Armentinus, a, um, ⎬ bétail, qui va en
Armentitius, a, um, ⎭ troupe, qui fait
partie d'un troupeau.

Armentofus, a, um, riche en troupeaux, abondant en gros bétail.

Armentarius, ii, Berger, Pâtre; 2°. marchand de bétail.

Ab-Armentatus, a, um, écarté du troupeau.

7°. Bélier.

1. ARies, tis, mâle de la brebis, bélier; 2°. machine de guerre dont l'extrémité en cuivre avoit la forme d'une tête de bélier; 3°. Bélier, conftellation; 4°. efpéce de poiffon.

Arietarius, a um, ce qui concerne la machine de guerre appellée Bélier.

Arietinus, a, um, de bélier, qui concerne le bélier.

Arieto, are, heurter, choquer comme font enfemble les béliers; béliner: 2°. renverfer en heurtant: 3°. s'entrechoquer, tomber.

Are, en Languedocien, fignifie un bélier; Ari en Hébreu, un lion.

2. ARvix, gis, victime à cornes.

Arviga, æ, bélier, mouton qui a des cornes.

Arvignus, a, um, ce qui concerne les bêtes à cornes.

3. Arna, æ, brebis, nom d'un agneau, de Ar, troupeau: en Grec, Ars, Arnos, agneau.

Arnacis, idis, fourrure de peau d'agneau.

Arnaris, idis, habillement des jeunes filles avec une peau d'agneau.

AR, fuivi de C: ou ARC.

Tout ce qui eft haut, élevé, vouté, courbé, boffué, formant un arc, une hauteur.

AR, élevé, fe joignant à la lettre C, qui défigne toute courbure, fervit à exprimer les idées d'élévation en arc, d'arc, de voute, &c. De-là ces familles latines.

1. Arca, æ, une voûte, chofe faite en arc, boffe: 2°. coffre, caiffe: 3°. biere, tombeau: 4°. batardeau, mortaife. Ce mot eft le même dans la plûpart des Langues Orientales & Celtiques.

Arcula, æ, petite caffette, coffret.

Arcularius, ii, Layetier, Bahutier, Ebenifte.

Arcarius, ii, Caiffier: 2°. Bahutier, 3°. Tréforier.

Arcella, æ, petit coffre dont le couvercle eft en dos d'âne: 2°. berceau de treille.

Arcellatus, a, um, fait en maniere de berceau.

Arcera, æ, chariot ou brancard fermé comme un caiffon: 2°. un furtout, parce qu'il ferre le corps.

Arcima, æ, litiere, brancard.

2. ARCanus, a, um, caché, fecret; ce mot tient à Arca, coffre qui fert à ferrer, à cacher.

Arcanum, ni, fecret, myftère.

Arcané, Arcano, fecrettement, en particulier.

3. ARCus, ûs, arche, arcade, voûte: 2°. arc à tirer des flèches: 3°. arc de triomphe: 4°. arc-en-ciel.

Arculus, i, le Dieu des voûtes: 2°. bourlet qu'on met fur la tête pour porter plus aifément: 3°. Arçon de la felle.

Arculum, i, couronne, cercle d'une branche de grenadier à l'ufage des facrifices.

In-Arculum, i, bâton courbe de grenadier.

Arcatus, um, courbé en arc, arqué.

4. ARCula, æ, oifeau de mauvais augure dans un facrifice: du refte, ce mot eft mal écrit; il faut lire Arciva; il tient

à Arceo, j'éloigne ; & fignifie l'oifeau qui repouffe , l'oifeau funefte.

Arcuo,-are, voûter, courber en arc.

Arcuarius, a , um, qui concerne les arcs.

Arcuarius , ii , faifeur d'arcs.

Arcuatim, en arc.

Arcuatio , is , arcade, ftructure en arc.

Arcuatus, courbé , voûté. Ce mot uni à morbus , exprime la jauniffe , les pâles couleurs.

Arcubalifta , æ, Arbalête : 20. efpéce de ferpent ; de arc & de bal , lancer , jetter.

Arcubaliftarius , ii , faifeur d'arbalêtes : 20. Arbalêtrier , qui tire de l'arbalête.

Arcitenens , is , archer , qui tient l'arc.

5. Arquus , i, arc-en-ciel.

Arquites , um , Archers.

Arqui-tenens , le Sagitaire , un des XII fignes céleftes ; il eft armé d'un arc.

Arquatus , a , um , arqué, courbé en arc : 20. qui a la jauniffe , jaune comme l'arc-en-ciel.

II. ARC.

Renfermer dans une Arche, dans un lieu voûté, &c. Serrer , lier.

1. Arce à l'ablat. au nom. ARX, cis , lieu élevé , montagne , fommet.

2°. Citadelle , lieu de force où l'on renferme ; Fort où l'on fe renferme.

3°. Temple , lieu facré , Haut-lieu : les Temples étoient toujours fur de hauts lieux & fervoient de Fortereffe.

Arcubiæ , arum , fentinelles qui font dans les guérites d'une fortereffe.

2. Arceo ,-ere , lier , garotter , mettre en prifon , retenir dans un fort , dans une citadelle ; 20. empêcher de paffer outre , repouffer , chaffer.

Arcivus , a , um, qui lie , qui réprime : 20. qui repouffe.

Arceffo,-ere, tirer de force , amener pieds & poings liés , faire amener : 20. faire venir , mander , appeller au figuré.

Arcifinius , a , um , champ qui n'a pour bornes qu'une montagne , une riviere , ou un chemin.

Arceffitus , a , um , tiré , amené de force : 20. mandé , appellé , qu'on fait venir : 30. forcé, recherché , tiré de loin.

Arceffitor , is , qui va tirer , qui amene.

Arceffitus , ûs , mandement , ordre de venir.

COMPOSÉS.

Ab-Arceo, ere ; ab-Erceo,-ere, écarter, empêcher d'entrer.

Co-Erceo,-ere, forcer, contenir , renfermer: 20. arrêter , réprimer : 30. contraindre , tirer de force.

co-Ercitio , is , } contrainte, retenue :
co-Erctio , is , } 20. violence : 30. châ-
co Ertio , is , } timent , amende : 40.
moderation.

Ex-Erceo , ui , citum , ere; ex-Ercito ; as , avi , atum , are , fatiguer, tourmenter 20. travailler , faire exercer ; 30. entretenir, nourrir.

Ex-Ercitium , ii ; ex-Ercitatio, is , fatigue , contrainte , travail ; 20. habitude , pratique.

Ex-Ercitator ; ex-Ercitatrix , Maître d'exercice , qui exerce.

Ex-Ercitio , onis , exercice : 20. louage d'un vaiffeau.

Ex-Ercitor , is ,Maître d'exercices : 20. Patron d'un Navire ; celui qui tire ou voiture par eau.

Ex-Ercitus , ûs , gens de force, armée , foldats.

Co-ex-Ercitatus , mis en ufage.

In-ex-Ercitus , a , um; in-ex-Ercitatus ; qui ne fut jamais forcé , contraint : 20. fans pratique, peu exercé.

3. ARCto,-are , ferrer, preſſer, étrécir , pour ARCito.

ARCtatio, onis , reſſerrement , abréviation.

ARCtus , a , um ; & ARTus , étroit , ferré , où il y a peu d'eſpace.

ARCté , étroitement.

Co-ARCto , are , rétrécir , étreindre , preſfer.

Co-ARctatio , is , étréciſſement , reſſerrement.

PER-co-ARCto ,-are , ferrer fort.

PORCeo,-ere , éloigner : de Per & ARCeo.

AR, ER, ARM,
pointu, piquant, qui perce.

I. Objets pointus.

1. ARiſta , æ , les pointes de l'épi , la barbe du bled , l'épi même. , les moiſſons : 2°. poil , foie de cochon : 3°. une barbe rude : 4°. arrête de poiſſon : 5°. qui ſe hériſſe de peur ou de froid.

2. ARinca , æ , eſpece de bled piquant ou pointu.

3. ERes , is , ⎫
ERinaceus , ei , ⎪ Hériſſon, ainſi dénom
HERes , is , i , ⎬ mé à cauſe de ſes pi
HERinaceus , i , ⎪ quans qui le HERiſſent.
ERicius , ii , ⎭ 2°. cheval de friſe, machine de guerre à trois pointes.

4. ERicé , es , bruyere , arbriſſeau plein de piquants.

ERiceus , a , um , de bruyere.

ERiceum , i , miel ſauvage , amaſſé ſur les bruyeres.

ERinus , i , plante aïgue ; 2°. figuier ſauvage plein de pointes.

II. Armes.

ARMa , orum , dans les langues Celtiques ARM & ARF ; ARM enAnglois, trait acéré, flèche, armes.

Le primitif AR , pointu , a été employé pour déſigner les armes , parce que les premiers inſtrumens de guerre étoient des flèches & des dards ; d'ailleurs les armes piquent & bleſſent. ARMa ſignifie de plus , 2°. la guerre : 3°. combat , mélée. : 4°. faits d'armes. , actions guerrieres.

ARMo ,-are , donner les armes , équiper un Soldat ; 2°. munir , fortifier , garnir d'armes.

ARMatus , ûs ; ARMatura , æ , armure , maniere d'être armé.

2. ARMarium , ii , tout ce qui eſt fait pour ſerrer des outils , & ſur-tout les armes , inſtrumens par excellence ; armoire.

ARMariolum , i , petit cabinet , armoire.

BINOMES

ARMamenta , orum , équipages guerriers, outils de guerre , d'agriculture , de navire. Ce mot eſt compoſé de MENT, quantité , & de ARM.

ARMamentarium , ii , ARſenal.

ARMamentarius , ii , Armurier; 2o. Commiſſaire d'ARtillerie ; 3°. Garde de magaſin.

ARMidoctor , is ; ARMiductor , is , qui guide , qui inſtruit les Soldats.

ARMifer , fera , um ; ARMiger , a , um , armé , portant armes. , guerrier.

ARMiger , i , qui porte les armes de ſon Maître , Ecuyer ; 2°. Soldat armé peſamment.

ARMipotens , vaillant , belliqueux.

ARMisonus , a , um , 1°. qui fait du bruit avec des armes ; 2o. armes dont on entend le cliquetis.

COMPOSÉS.

DE-ARMo ,-are ; EX-ARMo ,-are , déſarmer.

Ex Armatio, is, l'action de défarmer.

In-Ermo, -are, ôter les armes.

In-Ermus, a, um; In-Ermis, e, qui est fans armes; 2°. défarmé; 3°. foible, fans défenfe.

Ob-Armo, -are, couvrir d'armes, armer de pied en cap.

Ob-Armator, is, qui arme de pied en cap.

Ob-Armatio, is, l'action d'équiper d'armes.

Per-Armo, -are, armé de pied en cap.

Per-Armatio, onis, action d'armer de pied en cap.

Sub-Armalis, is, cotte d'armes.

BINOMES.

Armiluftrum, -ii, ⎫
— miluftrium, ii, ⎬ Revue des Soldats; de luftrum, revue, &c.
-- miludium, ii, ⎭

Sem-Ermus, a, um; Semi-Ermis, e, à demi armé; de femi, demi.

AR, ARD, ART, ORD, URT, HIRT.

Haut, efcarpé, pointu, piquant, roide, difficile.

1. ARDuus, a, um, haut, roide, de difficile accès : 2°. difficile, fâcheux. ARD en Perfan & en Ecoffois fignifie haut; ARDén, en Grec, hautement. Les Anglois difent hARD, roide, difficile; & les Allemands hART, difficile, mal aifé.

Arduitas, is; Arduum, i, une hauteur, un lieu efcarpé; 2°. difficulté.

Per-Arduus, a, um, très-efcarpé, très-roide; 2°. fort élevé; 3°. difficile, mal aifé.

2. ARDea, æ, héron, ainfi dénommé de fes jambes hautes & de fon long col.

Ardeola, æ, petit héron; 2°. aigrette.

3. Arduenna, les Ardennes : ARD & H-ART-s fignifient bois, forêt; parce qu'elles font d'un difficile accès.

4. ARDefco, -ere, faire une pointe, aiguifer; en Grec, Ardis, pointe de javelot; en François, Ardillon, la pointe d'une boucle; en Efclavon, ART, un trait acéré.

5. Artytica, æ, Artichaud; plante ainfi nommée à caufe de fes feuilles pointues & piquantes.

6. HORtor, -ari, piquer, ftimuler, pouffer, faire aller, inciter, exhorter.

Hortatus, ûs, aiguillon, qui fait aller.

Hortatio, is, motif qui encourage.

Hortamen, is; Hortamentum, is, exhortation.

Hortatius, a, um, qui exhorte, qui encourage.

Hortator, is; Hortatrix, is, celui, celle qui excite.

Ad-Hortor, -ari, animer, perfuader.

Ad-Hortamen, is, ⎫
atus, ûs, ⎬ remontrance, encouragement.
atio, is, ⎭

Cohortor, -ari, preffer, porter à quelque chofe.

Cohortatio, onis, inftance, exhortation.

Exhortor, -ari, folliciter, animer.

Exhortatio, onis, encouragement, incitation.

Exhortativus, a, um, qui fert à exhorter.

Inhortor, -ari, exciter, animer.

7. HORdeum, i, orge, plante ainfi appellée à caufe de fa tige haute & de fon épi pointu.

Hordearius, a, um; Hordeaceus, a, um, qui vit d'orge, qui concerne l'orge; d'orge.

8. HIRtus, a, um; Hirtuofus, a, um, pointu, piquant, hériffé; 2°. garni de poils rudes, renverfés, droits & pi-

quants ; 3°. âpre, auftere, bourru, groffier.

Hirsutus, a, um, hériffé ; ici le T s'eft radouci en S ; le fens eft le même que celui de Hirtus.

Hirsutia, æ, hériffement du poil.

9. Ursus, Ours, à caufe de fon poil hériffé.

Uasinus, a, um, d'Ours.

10. Irtiola, æ, efpece de vigne, qui rampe très-haut, & dont les feuilles font très-pointues.

AR, ARG, pointu.

ARGutus, a, um, aigu, pointu, délié : 2°. perçant, éclatant en parlant des fons : 3°. fubtil, fin, en parlant de l'efprit.

1. Arguo, -ere ; 1°. reprendre, piquer, blâmer ; 2°. accufer, manifefter, découvrir ; 3°. être un témoignage, une preuve.

Argutia, æ, pointillerie, pointe d'efprit ; plaifanteries, penfée fine & fubtile ; 2°. mauvaife pointe, chicanerie.

Argutiola, æ, petite pointe.

Arguté, avec une bonne pointe, adroitement, ingénieufement.

Arguto, -are, faire des reproches continuels, parler inceffamment d'une chofe.

Argutor, -ari, faire des pointes, faire le bel efprit, le plaifant.

Argutor, is, un difeur de pointes ; 2°. un fophifte ; 3°. mauvais plaifant.

Argutatio, onis, le craquement, le cliquetis perçant d'un lit ou d'une chaife trop fortement remués ou mal joints.

2. Eris, idis, Déeffe des querelles.

Erifma, tis, éperon, pied, foutien.

BINOMES.

Argumentum, i ; ce mot eft formé de Arg & de ment, quantité, plufieurs, mot-à-mot maintes raifons, qui unies enfemble, forment un raifonnement, un argument.

Argumentor, -ari, raifonner, comparer & tirer des conféquences, difcourir, conjecturer.

Argumentofus, a, um, qui a quantité de raifons, qui eft d'une longue difcuffion.

Argumentatio, onis, raifon rapportée & conclufion ; preuve & fon explication.

Argumentalis, e, qui concerne le fujet, le difcours.

COMPOSÉS.

Co-Arguo, -ere, cenfurer, reprendre, publier, faire voir.

In-Argutus, a, um, peu fin, fans efprit.

In-Arguté, fans efprit, fans adreffe, groffierement.

Per-Argutus, a, um, très-ingénieux, fubtil.

Per-Arguté, très-ingénieufement, avec efprit.

Red-Arguo, -ere, accufer, blâmer, reprocher.

Red-Argutio, onis, reproche, blâme.

Sub-Argutus, a, um ; Sub-Argutulus, a, um, un peu fubtil, finet, rufé.

A S.

Unité, Tige.

AS eft un mot primitif qui défigna l'unité, l'être exiftant comme feul, un individu, le premier, fource des fuivans : de-là un grand nombre de mots.

AS, en Bafque, un point.

AS, en Celte, pere, tige, fource.

AS, en François, la carte marquée d'un point. Et en Latin,

1. Asso, -are, chanter à voix feule.

Assus, a, um, feul, fans mélange.

2. As, Assis, une livre romaine pefant douze onces ; 2°. & enfuite un fol feulement.

Assis, is; Assarius, ii, un fol.
Assi-Pondium, poids d'une livre de dou-
ze onces.
Assarium, il, lieu où l'on fabrique la
monnoie.
Assares, a, um, les Changeurs. Cette
Famille tient à celle d'Eis Grecque,
&c. fignifiant un : feul.
3. TR-Essis, is, piéce de trois fols.
Trem-Issis, is, troifiéme partie de l'as.
Quinqu-essis, is, piéce de cinq fols.
Non-Ussis, is, neuf fols.
Dec-Ussis, is, dix fols : 2°. dixaine : 3°.
Sautoir.
Tric-essis, is, piéce de trente fols.
Cent-Ussis, is, cent fols.
    Dans ces derniers mots, l'A du mot AS-
fe change en U en fe confondant avec la
términaifon du mot auquel il eft uni.

AS, ES, Feu.

De l'Oriental אש, ASh, ES, Feu,
font venues ces Familles Latines.

1.

1. ASso, -are, rôtir.
Assus, a, um; In-Assatus, a, um, rôti.
Asseum, ei, poèle, étuve, lieu où on fait fuer.
Assa, orum, chaife, lieu où on faifoit
fuer ; 2°. Archet de Chirurgien.
Assa, æ, fevreufe, nourrice fans lait :
du Grec AZô, tarir, être à fec.
Assius lapis, cercueil de pierre qui con-
fumoit les morts.
2. ASia, æ, l'Afie, pays du Soleil levant.
Asius, ii,
Asiacus,
Asiaticus, } d'Afie.
Asianus,
3. ASTrum, i, Aftre, conftellation, étoile;
voyez fa famille dans les mots venus du
Grec.
4. Le Grec Aïtho, brûler; & ces mots La-
tins.
Æther, eris ; 1°. l'Elément du Feu;

2°. le haut de l'air où eft le feu le plus
pur ; 3°. l'air, le ciel.
Æthereus, Ætherius, a, um, célefte;
de l'air.
Æthra, æ, tems clair & ferein; beau tems.
Æthnici, orum, feux qui paroiffent dans
l'air, air enflammé.

2.

Æstas, atis, l'été, la faifon du feu, de
la chaleur.
Æstates, um, les grandes chaleurs ;
2°. les taches de roufleur.
Æstate, durant l'été, en été.
Æstifer, a, um, qui amene de grandes
chaleurs ; 2°. expofé à la grande chaleur.
Æstiva, orum, lieux frais & à l'ombre
pour fe garantir de la chaleur ; 2°. campagne de gens de guerre.
Æstivum, i ; Æstivatio, onis, féjour
qu'on fait en un lieu pendant l'été.
Æstivo, -are, paffer l'été en un lieu.
Æstivus, a, um ; Æstivalis, e, d'été.
Æstivè, chaudement, à la légere.
2. ÆStus, ûs, chaleur, ardeur, bouillonnement ; 2°. agitation, émotion, inquiétude, trouble.
Æstuofus, a, um, ardent, bouillant,
brûlant, chaud; 2°. agité, ému, inquiet.
Æstuo, -are, être échauffé, bouillonner ;
2°. être ému, inquiet ; 3°. être irréfolu, indécis.
Æstuatio, onis, grande chaleur, bouillonnement, agitation, effervefcence ;
2°. émotion, violence, tranfports de
colere; 3°. inquiétude, irréfolution, incertitude.
Æstuosè, avec chaleur, avec émotion,
avec inquiétude.
Æstuarium, ii, foupirail, évent pour
donner de la fraîcheur ; 2°. Ifle formée
par le flux de la mer ; 3°. barre, banc
qui ferme l'embouchure d'une riviere &

où on ne peut paffer qu'avec le flux de
la mer.

COMPOSÉS.

AD-ÆSTUO ,-*are*, avoir grand chaud ; 2°.
s'échauffer, s'émouvoir, fe mettre en
colere ; 3°. s'enfler beaucoup, fe déborder.

EX-ÆSTUO ,-*are* , bouillonner, bouillir;
2°. s'agiter, s'élever, s'émouvoir; 3°.
s'échauffer, s'emporter.

EX-Æstuatio, onis , chaleur, bouillonnement ; 2o. agitation, émotion ; 3°.
emportement.

IN-ÆSTUO ,-*are*, s'échauffer, être fort
ému, fort animé.

ASC, AX, ASS,

Hache, &c.

De Q, qui fignifie couper, devenu
SQ, & joint à A, fe forma la
famille ASQ, ASC, AX, qui défigna les gros inftrumens propres
à couper : en Grec AXinê, en
Syriaque אצינא HaTSiNA , en
Celte AX, Hach: chez les Hébreux
qui y ajouterent un D, עצד hAT-
SaDa, couper avec la hache, hacher, &c. De-là ces mots Latins:

1. ASCia, æ, hache, coignée, doloire,
aifcette ; 2°. efpece de bandage de Chirurgien.

Ascio ,-*are*, hacher, couper avec la coignée ; 2°. doler.

DE-Ascio ,-*are*, équarrir avec la doloire,
doler ; 2o. fe moquer dé.; duper.

EX-Asciatus , a , um , rabotté , ébauché.

2. AXis , is , tout ce qui eft coupé : Ais ,
planche ; 2°. effieu , axe ; 3°. ce qui
tourne fur un axe, un effieu, le ciel,
un char, &c. 4°. animal dont le poil eft
tranché de diverfes couleurs.

Axiculus ; Assiculus, un petit ais, une

latte, un petit effieu : la cheville d'une
poulie.

ASSER, eris , ais , planche , latte , bardeau ; 2°. foliveau , chevron ; 3°. piéce de bois de fciage

Asserculum , i ; Asserculus , i , petit foliveau ; 2°. bâton.

Assula , æ , coupeau , recoupe ; 2°. planches pour les portes.

Assulatim ; Assulosé, par éclats, par cou-
peaux.

Asso ,-*are*, plancheier , faire un plancher.

Co-Asso, faire un plancher , une cloifon,
un parquet , un entablement.

Co-Assatio , onis , plancher , parquet
cloifon , entablement.

Axon , onis , effieu , axe ; 2°. troifieme
vertébre du cou.

3. AXones , onum , tables fur lefquelles
étoient gravées les Loix.

Assamenta , orum ; Axamenta , orum ,
tables fur lefquelles étoient gravés les
vers Saliens; 2°. ces vers mêmes.

4. AXungia , vieux-oing , graiffe qui n'eft
bonne que pour les effieux : d'ungo ,
oindre.

Axungiarius, qui vend du vieux-oing, &c.

AS, HAS, HAST.

Ce fon eft une onomatopée, qui
peint une refpiration gênée, la
difficulté d'haleine qu'on éprouve
après une pénible marche, telle
que celle d'un homme qui court,
qui fe HASTE.

1. ASThma, tis, difficulté de refpirer ; état
d'un homme hors d'haleine. Ce mot eft
commun aux Grecs avec les Latins, de
même que l'adjectif.

Asthmaticus , hors d'haleine.

2. FEstino ,-*are* , fe hâter , perdre la refpiration à force de courir; 2°. s'empreffer

preſſer, ſe dépêcher : c'eſt le même que l'Anglois HASTen ; ſe hâter, qui ſe prononce HESTen ; en Grec, ESTho ; en François HASTer.

FESTinabundus ; FESTinans, is, qui ſe hâte, qui s'empreſſe.

FESTinanter,
FESTinatò,   } à la hâte, en diligence.
FESTinatim,

FESTinus, a, um, qui ſe hâte, prompt ; 2°. hâtif, précoce.

FESTiné, de bonne-heure, à la hâte.

FESTinatio, onis, hâte, empreſſement.

FESTIM ; CON-FESTIM, auſſi-tôt, incontinent, ſur le champ.

COMPOSÉS.

PRÆ-FESTino,-are, ſe hâter trop, précipiter.

PRÆ-FESTinatim ; PRÆ-FESTiné, très-précipitamment.

A T, mauvais.

AT ſignifie mauvais dans les langues du Nord & Celtiques, de même que dans celles de l'Orient.

En Suédois, AT, laid, mauvais.

En Theut. & en Island. AT, tache ſouillure.

En Grec, ATé, faute, péché ; 2°. ATÉ, la Déeſſe du mal.

En Orient. & Ethiop. אטה, Hata, pécher, errer, commettre le mal.

En Theut. ATa, ſouiller, tacher : De-là :

1. ATer, tra, trum, noir, ténébreux, obſcur, ſombre ; 2°. funeſte, malheureux, triſte.

ATratus, a, um, noirci, couvert de noir ; 2°. en deuil.

ATRebaticæ veſtes, habits couleur de feuille morte.

Orig. Lat.

ATricolor, is, qui eſt de couleur noire.

ATritas, atis ; ATror, oris, noirceur, couleur noire.

ATriplex, icis, arroche.

OB-ATer, tra, trum ; SUB-ATer, tra, trum, noirâtre, qui tire ſur le noir.

2. ATRamentum, i, encre ; 2°. teinture noire ; 3°. liqueur noire que la ſéche jette pour troubler l'eau & ſe dérober aux yeux du Pêcheur.

ATRamentarium, ii, écritoire, encrier, cornet d'écritoire.

ATRamentarius, a, um, d'encre, qui concerne l'encre.

3. ATa-BULUS, vent du Nord-Oueſt qui cauſoit de grands ravages dans l'Italie Orientale : mot purement Grec, d'Até, mal, perte, ruine ; & de Ballo, répandre, lancer, &c.

A T T

ATTA, æ, mot Celte, Grec, &c. qui ſignifie *Pere* : en Latin, titre d'honneur donné aux Vieillards, comme nous diſons *Pere un tel : mot à mot,* Grand.

A U.

AU, ho ! c'eſt une Onomatopée, une Interjection.

AUL, Flute.

Du Celte HOWL, pouſſer des ſons aigus, hurler, exiſtant encore en Anglois avec la même ſignification & qui eſt une onomatopée, ſont venus divers mots, en *Oul* & en *Aul.* Nous n'indiquerons ici que la famille ſuivante, commune aux Latins & aux Grecs.

AULa, æ, flûte, clairon, en Grec, AYΛH.

Aulæ , *arum* , tuyaux d'orgues.

Auletes , *æ* , Aulædus , Joueur d'inftrumens à vent , de flûte , &c.

Auletris , *idis* , Joueufe de flûte.

Auleticus , *a* , *um* , qui concerne les inftrumens à vent.

AU, AUIS, Oifeau.

C'eft encore une onomatopée, qui peint l'idée de chant & de chantre; en Grec *AUô*, crier, chanter.

AUis , *is* , oifeau : 2°. préfage , augure tiré des oifeaux. *AVe* en Italien & en Efpagnol.

Avicula , *æ* , oifillon , petit oifeau.

Avicularia , *æ* , plante des oifeaux.

Aviarius , *ii* , celui qui prend foin des oifeaux ou de la volaille.

Aviarius , *a* , *um* , qui concerne les oifeaux.

Aviarium , *ii* , volière.

Aviaria , *orum* , bofquets.

Aucilla , *æ* , oifeau.

BINOMES.

2. AU-Ceps , *cupis* , oifeleur , celui qui prend les oifeaux ; de AU , oifeau ; & de CAP , prendre.

Au-Cipula , *æ* , trébuchet , pour prendre les oifeaux.

Au-Cupor ,-*ari* , chaffer aux oifeaux, les prendre ; 2°. enjoller , attraper , tromper ; 3°. être aux aguets , épier , tâcher d'avoir ; 4°. fonder , pénétrer , affecter.

AU-Cupo ,-*are* , duper , fourber , leurrer , guêter.

Au-Cupium , *ii* , chaffe aux oifeaux ; 2°. ce qu'on prend à cette chaffe ; 3°. fourberie , invention pour duper.

Aucupatio , *onis* , chaffe aux oifeaux , pipée.

Aucuparorius , *a* , *um* , qui concerne la chaffe aux oifeaux.

3. AUCupaculatus , *ûs* , trinome compofé de AU , oifeau ; CAP , prendre ; ACUL , pointe , piquant : & par lequel on exprime l'action de planter des piquets fur lefquels on pofe des filets & des trainaffes pour prendre des oifeaux ; 2°. cette chaffe même & les filets qu'on y emploie.

4. AUGuror -*ari*⎫ conjecturer , pronof-
AUGuro - *are* , ⎭ tiquer par le vol ou le chant des oifeaux ; deviner , augurer. Ce mot eft compofé de AU oifeau , & de CURo , obferver , examiner , avoir foin.

Augur , *uris* , l'Augure , celui qui prédifoit en obfervant les oifeaux.

Augurium , *ii* , préfage , prédiction de l'avenir d'après les oifeaux.

Auguratio , *onis* , divination d'après les oifeaux.

Auguratus , *ûs* , dignité ou fcience d'augure.

Auguralis , *e* ,⎫ qui a été augure ;
Augurialis , *e* ,⎬ 2°. d'augure.
Augurius , *a* , *um* ,⎭

Auguraculum , *i* , endroit où les Augures obfervoient.

Augurale , *is* , marque des Augures, ce qui fervoit à les diftinguer.

Auguratô , après avoir confulté les oifeaux , les avoir obfervés ; & au figuré, dans toutes les régles , ayant pris toutes les mefures néceffaires.

Auguratrix , celle qui a fait la profeffion d'Augure.

Auguratus , *a* , *um* , choifi , élu , bâti après avoir obfervé les oifeaux , pris les augures.

COMPOSÉS.

Ex-Auguro ,-*are* , quitter la profeffion de devin , le facerdoce ; 2°. profaner une chofe par de certaines cérémonies , la déconfacrer.

Ex-Augur*atio* , *is* , profanation , l'action de rendre profane par de certaines cérémonies.

Ex-Augur*ator* , *is* , profanateur.

In-Auguro,-*are* , confulter les oifeaux pour juger de l'avenir , deviner ; 2°. confacrer , dédier , initier.

In-Augur*atô*, après avoir pris les augures.

5. AUSPEX , *icïs* , mot formé de Spec , voir , obferver , & de Au , oifeau : il fignifie 1°. un Augure , un devin par les oifeaux; 2°. conducteur , protecteur.

Auspico,-*are* ; Auspicor,-*ari* , obferver les oifeaux pour en préfager l'avenir ; 2°. commencer , entreprendre , parce que l'on commençoit par les augures.

Auspic*atus*, *a* , *um*, facré , fait felon les Augures , après les avoir confultés ; 2°. de bon augure , d'un préfage fortuné , heureux , favorable.

Auspic*atô* ; Auspic*aliter* , ayant confulté les Augures ; 2°. à la bonne heure , heureufement.

Auspic*alis* , *e* ; Auspic*ialis* , *e* , qui préfage , qui fert à deviner ; 2°. ce qui regarde les Augures

Auspic*ium* , *ii* , préfage , prédiction ; 2°. aufpice , conduite ; 3°. puiffance , autorité , pouvoir.

COMPOSÉS.

EX-Auspico,-*are* , trouver des Augures peu favorables.

Ex-Auspic*atio* , *onis* , rencontre d'Augures peu favorables.

In-Auspic*atus* , *a* , *um* , de mauvais augure.

In-Auspic*atô* , fans avoir pris les Augures.

Re-d-Auspico,-*are* ; Red-Auspicor,-*ari* , prendre de nouveau les Aufpices.

6. OScen , *inis* ; Oscin*is* , *is* , autrefois.

Aus-cen , oifeau chantant ; de Avis , devenu *cs* , oifeau , & de Cano , chanter devenu *cin*.

Oscin*um* , *i* , préfages qu'on tiroit par le chant des oifeaux.

AUST.

AUSTER , *ftri* , le vent du Midi; 2°. le Midi , le Sud.

Austr*alis* , *e* ; Austr*inus* , *a* , *um*, Méridional , du Midi , auftral.

Austro,-*are* , mouiller.

Le propre du vent du Midi eft d'amener les grandes pluies , de répandre l'eau : il n'eft donc pas étonnant qu'on en ait fait le verbe *Austro* , pour dire mouiller , arrofer.

Il ne feroit pas plus étonnant qu'il dût fon nom à cette même caufe. *STER* en Celte fignifie eau , riviere ; 2°. fourdre , jaillir & *AU* , fignifie eau ; *AUSTER* feroit donc mot-à-mot , *celui qui fait jaillir les eaux*. Peut-être vient-il plutôt du Grec *Auô* , foufler ; ce feroit alors une vraie onomatopée. *Ter* n'eft qu'une terminaifon commune à une multitude de mots Grecs, Latins &c. De la même racine vint ,

Aplustr*a* , *orum* , girouette , flamme qu'on met au haut des mâts : *U* fe met pour *O* , & *O* pour *AU* : c'eft donc pour apel-austra , *mot à mot* , ce qui eft élevé au vent : de *Pel* , *Bel*, haut ; & *aufter*, vent. On ne pouvoit mieux défigner les girouettes. On a dit auffi aplustr*e* , *ris* , aplustri*a* , *iorum*.

AUC, AUG, OG, AUX.

Tout ce qui eſt grand : fort : élévé : 2°. Tout ce qui s'accroît, qui s'éléve.

AUG, OC, eſt un mot Celte & primitif qui déſigne la grandeur, l'élévation & toute idée relative à la propriété de s'agrandir, d'accroître, d'AUGmenter. *HOCH* en Allemand ſignifie grand ; *AUKan* en Gothique, augmenter ; & en Grec, *AUXein*. En Finlandois, *OCzu*, grand. De-là le nom du bœuf en Allemand *OCHS*, en Hébreu *OGL*, en Anglois Ox. De-là encore le mot Anglois *Oak*, prononcé *Auk*, un chêne, le plus grand des arbres. De-là ces mots Latins :.

1. AUc*eus*, *a*, *um* ; Auc*etus*, *a*, *um*, rendu grand, accru, augmenté.

Auc*tum*, *i*, eſpace du cirque, au-delà des bornes, de la courſe, auquel la victoire étoit attachée.

2. AUc*tus*, *a*, *um*, aggrandi, accru.

Auc*tus*, *ûs*, accroiſſement, croiſſance.

Aucto, *-are*, augmenter, accroître.

Auc*tito*, *-are*, accroître ſouvent.

Auc*tarium*, *ii*, la bonne meſure, ce qu'on dònne par-deſſus.

Auc*tor*, *is* ; Au*tor*, *is*, le dèrnier enchériſſeur, celui à qui on livre : 2°. celui qui ſert de garant au dernier enchériſſeur & qui ne paye pas dans l'inſtant ; 3°. celui qui négocie, qui facilite une affaire ; 4°. un inventeur, celui qui découvre les moyens de réuſſir ; 5°. un fondateur & puis un Auteur, un homme qui aſſure la vérité & la garantit,

qui conſeille, qui devient le moteur de nos actions.

Pro-Auc*tor*, *oris*, le premier d'une race.

3. AUc*ta*, *orum*, accroiſſement.

Auc*tifer*, *a*, *um* ; Auc*tificus*, *a*, *um*, qui augmente, qui fait croître.

Auc*tifico*, *-are*, procurer l'accroiſſement.

4. AUc*tio*, *is*, augmentation, accroiſſement ; 2°. enchere, encan ; 3°. inventaire de ce qu'on doit vendre à l'encan.

Auc*tionalis* ; Auc*tionarius*, qui concerne les encans, les ventes publiques.

Auc*tionor*, *-ari*, vendre ſes effets à l'encan, les faire publier au plus offrant.

Auc*tionarius*, *ii*, Juré-Priſeur, vendeur de meubles.

Auc*toro*, *-are*, obliger ; 2°. engager moyennant un ſalaire ; 3°. être cauſe, procurer.

Auc*toramentum*, *i*, obligation, engagement ; 2°. récompenſe, ſalaire.

Auc*toritas*, *is*, caution, garantie ; 2°. forces, pouvoir, autorité ; 3°. preuves, paſſages qui ſervent d'*autorités* ; 4°. prix, valeur d'une choſe, eſtime, réputation ; 5°. agrément, commodité ; 6°. liberté ; 7°. dégagemens d'un lien.

Aug*mento*, *-are*, ⎫ augmenter, accroître, multiplier.
Aug*ifico*, *-are*, ⎬
Aug*eo*, *es*, *xi*, *ctum*, *ere*, ⎭

Aug*eſco*, *-ere*, croître, grandir, groſſir.

Aug*men*, *inis* ; Aug*mentatio*, *is*, accroiſſement.

Aug*mentum*, *i* ; Ag*umentum*, *i*, piéce de la bête immolée qu'on ajoutoit au foie dans les ſacrifices, pour faire un ſurplus ; 2°. terme de Grammaire ; 3°. farce de viandes hachées, cervelas, ſauciſſon.

Aux*imalis ager*, (du verbe *Auxi*, j'ai augmenté,) portion de terre aſſignée par

centuries , & qui en accroiſſoit les poſſeſſions.

COMPOSÉS.

AD-Auᴄᴛᴏ ,-are ; Aᴅ-Aᴜɢᴇᴏ , xi ,
ᴤum, ere, augmenter, accroître.

Aᴅ-Aᴜɢᴇſᴄᴏ ,-ere , s'aggrandir.

Aᴅ-Aᴜᴄᴛus , ûs , accroiſſement.

Ex-Aᴜᴄᴛus , a ꝛ um , qui a ceſſé de
croître.

Ex-Aᴜᴄᴇᴏ ,-ere , aggrandir, accroître ,
augmenter.

Ex-Aᴜᴄᴛᴏʀᴏ ,-are ; Ex-Aᴜᴛʜᴏʀᴏ ,-are , li-
cencier, dégrader ; 2°. caſſer un militaire, un homme engagé.

5. AUGuſtus , a , um ; Auᴄuſtus , i , grand,
majeſtueux ; 2°. vénérable, ſacré, ſaint ;
3°. Auguſte, Empereur ; 4°. le mois
d'Août. Ce mot eſt commun aux Latins avec les Arabes , chez qui Oɢᴏᴜ∫
ſignifie grand , puiſſant ; 2°. avancé ,
ancien.

Auᴄuſta, Impératrice.

Auᴄuſtale , is , tente, pavillon d'un Général ou d'un Souverain ; 2°. poëme
funébre.

Auᴄuſtalis , e , d'Auguſte ; Impérial.

Auᴄuſtè , avec magnificence , avec pompe ; 2°. pieuſement , avec reſpeᴄt.

Auᴄuſtalïa , ium , fêtes en l'honneur d'Auguſte.

Auᴄuſtales , ium , Capitaines inſtitués
par Auguſte.

Auᴄuſtani & Auᴄuſtiani , Chevaliers Romains du Corps des Sénateurs.

6. AUxilior ,-ari ; Aᴜxilio ,-are , prêter
de la grandeur , de la force ; aider ,
aſſiſter.

Auxilium , ii,
Auxiliatus , ûs ,   } aide, ſecours , aſ-
Auxiliatio, is ,   ſiſtance , main-
                        forte.

Auxiliator , trix , is , qui aide , qui ſecourt.

Auxiliaris , e ; Auxiliarius , a , um , qui
aide, qui ſecourt ; 2°. favorable, ſecou-

rable , qui aime à ſecourir.

Iɴ-Auxiliatus , a , um , qui n'eſt point ſe-
couru ; 2°. qui n'aide point.

AUS , AUZ , AUR.
Oreille.

AUS , AUZ , oreille, ouïe , eſt une
Onomatopée qui peint l'effet de
l'air ou du ſon ſur l'oreille. Ce
mot eſt commun aux Langues de
l'Orient & à celles du Nord ainſi
qu'à la Latine , mais avec quelques variétés qui ont ſouvent empêché d'apercevoir le raport des
diverſes branches qui en ſont pro-
venues. Ainſi d'Aᴜs les anciens Latins firent Aᴜsis, oreille, & Aᴜᴅɪᴏ ,
j'ouis, j'entens : tandis que les Latins poſtérieurs changerent Aᴜsis,
en Aᴜʀɪs, dont nous avons fait
Oʀᴇɪlle qui n'a preſque plus de
raport au primitif Aᴜz. Les Allemans diſent également Oʜʀ, l'o-
reille. Quant aux Hébreux, ils ajouterent à Aᴜz la détermination en,
ce qui fit Oᴢᴇɴ, ou aSᴇɴ, l'o-
reille. Les Latins en tirerent les
mots ſuivans.

1. AURis, is, anciennement Aᴜsis,
Oreille.

Auʀicula, æ; le bout de l'oreille, oreil-
lette.

Auʀitus , a , um , qui a de grandes oreilles ; 2°. qui prête l'oreille, attentif.

Auʀitùlus , i , animal à longues oreilles.

Auʀicularis & Auʀicularius , a , um , de
l'oreille , auriculaire.

Auʀicularius , ii , Conſeiller ſecret ; qui
a l'oreille de quelqu'un.

Oʀ*icilla* , *æ* , petite oreille , le bout de l'oreille.

Oʀ*icularius* , *a* , *um* , qui concerne l'oreille , de l'oreille.

Iɴ-Auʀ*is* , *is* , pendant d'oreille.

Iɴ-Auʀ*itus* , *a* , *um* , eſſorillé , qui n'a point d'oreilles.

2. AUD*io* , -*ire* , anciennement Au*sio* , entendre , ouïr ; 2°. obéir ; 3°. exaucer ; 4°. comprendre. Ce mot vient de AUZ , l'oreille ; le D & le Z ſe ſubſtituant ſans ceſſe l'un à l'autre , comme nous l'avons fait voir dans *l'Orig. du Lang. & de l'Ecrit.*

Au*ditus* , *ûs* , le ſens de l'ouïe : l'ouïe.

Au*ditum* , ouï-dire , nouvelle.

Au*ditio* , *is* , l'action de ouïr ; 2°. leçon qu'un Maître enſeigne à ſes Ecoliers.

Au*ditiuncula* , *æ* , léger ouï-dire , bruit ſourd.

Au*ditor* , *is* , écoutant , écolier ; 3°. lecteur.

Au*ditorium* , ſalle d'audience ; 2°. tribunal de Juge ; 3°. lieu où l'on enſeigne ; 4°. aſſemblée de gens qui écoutent.

Au*dientia* , *æ* , attention , ſilence pour écouter.

COMPOSÉS.

EX-Au*dio* , -*ire* , écouter favorablement , jouir , exaucer.

Ex-Au*ditio* , *is* , l'action d'écouter , d'exaucer.

Ex-Au*ditor* , *is* , qui entend ; 2°. qui exauce.

Iɴ-Au*dio* , -*ire* , entendre dire ; être bien informé.

Iɴ-Au*dibilis* , *e* , qu'on ne peut, qu'on ne doit entendre.

Iɴ-Au*ditiuncula* , *æ* , petite leçon qu'on explique.

Iɴ-Au*ditus* , *a* , *um* , inouï , dont on n'a pas ouï parler ; 2°. qui n'a pas été entendu.

Oʙ-Au*dio* , -*ire* , n'entendre pas ; 2°. faire ſemblant de ne pas entendre ; 3°. obéir , écouter.

Oʙ-Au*ditio* , *is* , mauvaiſe entente ; 2°. erreur de l'ouïe.

Pᴇʀ-Au*diendus* , qu'il faut écouter entiérement.

Pʀᴁ-Au*ditus* , ouï auparavant.

Sᴜʙ-Au*dio* , -*ire* , ſous-entendre.

BINOMES.

3. AUs*culto* , -*are* , mot binome, compoſé de Aus, oreille ; & de Cᴏʟ, ſervir, obéir ; *mot-à-mot* , prêter les oreilles , baiſſer des oreilles reſpectueuſes & ſoumiſes.

Ausᴄᴜʟ*tatio* , *is* ; Ausᴄᴜʟ*tatus* , *ûs* , obéiſſance , ſoumiſſion ; 2°. curioſité d'apprendre des ſecrets.

Ausᴄᴜʟ*tator* , *is* , auditeur.

Auʀ*iſcalpium* , *ii* ; Auʀ*iſclarium* , *ii* , cure-oreille ; binomes formés l'un de Sᴄᴀʟᴘᴏ, grater & l'autre de Cʟᴀʀᴜs, net.

Sᴜʙ-Aus*culto* , -*are* , tâcher d'ouïr , écouter ſans faire ſemblant de rien.

Sᴜʙ-Aus*cultator* , *is* , qui prête l'oreille, qui écoute en paſſant.

4. AUʀ*ea* , *æ* , têtiere d'un cheval ; ce qui lui couvre les oreilles.

Auʀ-ɪɢ*a* , *æ* , cocher , conducteur de voiture ; 2°. pilote : de *Ago* , conduire , & *Auris* , oreille ; ou d'*Aurea* , têtiere d'un cheval , rêne ; *mot-à-mot* , celui qui conduit par l'oreille.

Auʀ*igo* , -*are* ; Auʀ*igor* , -*ari* , mener un carroſſe ; 2°. régir , gouverner.

Auʀ*igarius* , *ii* ; Auʀ*igator* , *is* , celui qui avoit ſoin des carroſſes.

Auʀ*igatio* , *onis* , conduite d'une voiture , d'un char.

5. ASɪɴ*us* , Asɴᴇ ou âne ; 2°. *au fig.* bête , ſot , ignorant , ſtupide. Cet animal ſe nomme en Hébreu A*thon* , mot qu'on prononce à peu près comme A*zon*. Il s'appelle en Danois & en Celte A*sen*, en Anglois A*ss* , en Allemand E*sel*,

&c. Tous ces mots sont formés du mot Hébreu OZEN, oreille, à cause de la longueur de celles de cet animal.

Asina, æ, ânesse.

Asininus, a, um,
Asinalis, e,
Asinarius, a, um,
} d'âne, qui concerne l'âne.

Asinarius, ii, conducteur d'ânes.

Asellus, i ; 1°. petit âne ; c'est le même que le Esel des Allemans : 2°. merlus, poisson ; 3°. vindas, cabestan.

Asella, petite ânesse.

6. Asio, nis, le grand Duc, ainsi appellé à cause de ses plumes droites aux deux côtés de la tête, qui lui font comme des oreilles d'âne.

7. ANSa, æ ; c'est le mot ASA nazalé.

Ce mot signifia d'abord les oreilles des animaux, les seules parties par lesquelles on peut les saisir ; & comme on donna aux poignées des vases & des instrumens cette même figure d'oreille, ce mot exprima ces divers sens ; ensorte qu'il désigne ; 1°. l'Oreille de soullier ; 2°. la poignée, le manche d'un vase ou d'un instrument ; 3°. un crampon ; 4°. une courroie, un lien ; enfin au figuré, une occasion qu'on saisit, un moyen.

Ansula, æ, petite anse.

Ansata, æ, javelot qui a une anse pour le retirer.

Ansatus, a, um, qui a une poignée, un manche ; 2°. qui est à anses ; 3°. qui se quarre en marchant & fait ainsi le pot à deux anses.

MOTS LATINS VENUS DU GREC.

A

A B

Abra, Gr. Ἄβρα, Demoiselle suivante, femme ou fille de chambre.

Abranis, Gr. Ἀβρανις, habit de femme de couleur jaune en usage à Sparte.

Abrotonum, Gr. Ἀβρότονον, Aurone.

Abrotonides, vin fait avec l'Aurone.

Absinthium, Gr. Ἀψίνθιον, absinthe.

Absinthides, vin d'absinthe.

Absis, idis, f: toute figure courbe, une voute, un lieu vouté : 2°. jante de roue : 3°. un arc élevé : 4°. le bas d'un cercle excentrique : 5°. vaisselle ronde, plat, assiette :

A B

6°. enceinte du chœur d'une Eglise, tribune d'Eglise, siége élevé d'un Evêque.

Gr. Ἄψις, ιδος, Hapsis, idos, tortue, jante de roue. Hesych, Ἀψίδες.

AC, Pointu : 2°. Aiguillon : 3°. Conduire.

De la Racine AC, piquant, & conduire avec un aiguillon, les Grecs formerent les mots suivans en usage chez les Latins.

1. Agema, Gr. Ἄγημα, escadron, bataillon.

Agoga , *Gr.* Ἀγωγὴ , tranchée, conduit.

An-Agoge , *Gr.* Ἀναγωγὴ , sens mystique de l'Ecriture Sainte.

An-tan-Agoge , Figure de Rhétorique.

2. AGon , *Gr.* Ἀγών , jeux publics , combats.

Agonalis , e , qui concerne les jeux publics.

Agônia , *Gr.* Ἀγωνία , Agonie , derniere frayeur.

Agonia , orum , les combats , les jeux publics.

Agôno-theta , *Gr.* Ἀγωνοθέτης , Juge des combats , qui préside aux jeux d'exercice.

Ant-Agonista , æ , *Gr.* Ἀνταγώνιστης , Antagoniste, adversaire , mot-à-mot , qui combat contre nous.

3. ACorna , *Gr.* Ἄκορνα , espéce de chardon.

4. AXioma , atis , *Gr.* Ἀξίωμα , d'ago , Axiome , mot-à-mot vérité claire & évidente , qui frape , pique , se fait sentir d'elle-même, qui entraîne irrésistiblement.

Acharne, mesure de choses sèches. Ce mot est cité comme étant d'Aulugelle ; mais il n'existe pas dans les Dictionnaires Grecs. C'est sans doute une faute des Copistes, au lieu d'Achanê Ἀχάνη , qui est en effet un mot grec désignant une mesure de choses sèches, & qui doit avoir été emprunté du Persan.

Acheta , *Gr.* Ἀχέτας , au plur. & du masc. Cigale , grosse sauterelle qui chante.

Achilleum , *Gr.* Ἀχίλλειοι σπογγοὶ , Achilleæ spongiæ , éponges d'Achille ; espéce d'éponge fort serrée dont les anciens faisoient des pinceaux.

Achotis , (d'Ἄχω , Acho , faire mal ,) ulcères de la tête, qui fluent par les pores de la peau ; teigne.

Achras , *Gr.* Ἀχράς , αδος , poirier sauvage.

Acinaces , *Gr.* Ἀκινάκης , sabre, cimeterre. C'est un mot Persan.

Aclis , idis , espéce de dard ou javelot attaché à une corde comme un hameçon , pour le retirer après l'avoir lancé.

Les Dictionnaires Latins mettent ce mot au rang de ceux que les Latins ont empruntés des Grecs ; mais c'est un mot des peuples de la Campanie, qu'ils tinrent peut-être des Pelasges , & qui tel qu'il est n'est point Grec ; mais une altération au plus du Grec Ἀγκύλη , qu'on aura prononcé Accilé & dont on aura pu faire Acclis , ces mots ayant la même signification.

Acris , idis , *Gr.* Ἄκρις , ίδος , sauterelle.

Acrido-phagi , Acridophages, peuples d'Ethiopie qui vivent de sauterelles.

Acroama , *Gr.* Ἀκρόαμα , ατος , questions subtiles , en terme de Philosophie.

Acroamaticus ,

ACROAMATICUS, *Gr.* Ἀκροαματικος, ce qui concerne l'ouïe, ce qu'on entend.

ACROASIS, *Gr.* Ἀκροασις, auditoire, audience.

A C, image.

Du mot AC, image, les Grecs firent le mot AKKÔ, diffimulée, fille qui feint de ne vouloir pas ce dont elle a le plus d'envie. Et le verbe AKKIZ*ein*, diffimuler, d'où vinrent ces mots Latins.

AC*ciffo*,*-are*, faire femblant de ne pas vouloir ce qu'on fouhaite le plus. 2°. Faire des fimagrées. 3°. Avoir pour foi-même une forte de complaifance.

ACC*ifmus*, *i*. Gr. AKK*ifmos*, refus fimulé de ce qu'on défire.

Les Lexicographes Grecs ayant perdu de vue l'origine de ces mots, s'imaginerent qu'ils étoient dérivés du nom d'une folle appellée AKKO. Sera-t-il fage qui s'en contentèra ?

ADARCA, Adarce, *Gr.* Ἀδάρκης, υ, écume falée, ou cryftallifation falée qui fe forme fur les plantes à travers lefquelles coule une eau falée.

ADEN*es*, *Gr.* Ἀδίνες, écrouelles.

ADIANT*um*, *Gr.* Ἀδίαντον, υ, plante appellée cheveu de Vénus : elle dut fon nom à la propriété qu'on lui attribuoit d'être toujours verte, & de ne donner aucune prife à l'eau; d'être toujours féche.

.*Orig. Lat.*

ADONIS, *Gr.* Ἀδώνις, forte de poiffon de mer.

ADRACHNE, *Gr.* Ἀδράχνη, petit arbre fauvage, femblable à l'arboifier.

AEDON, *G.* Ἀιδὼν, un roffignol.

AEDONIUS, de roffignol.

Du mot AIG, *Aigos*, chévre, vinrent les mots fuivans Grecs & Latins.

AEGILIPS, *Gr.* Ἀιγίλιψ, ιπος, lieu efcarpé.

ÆGILOPS, au lieu de Angilops, *gr.* Ἀγγίλωψ, fiftule lacrymale.

ÆGIS, Gr. Ἀγὶς, Ἀγίδος, l'Egide, Bouclier fait d'une peau de chévre.

ÆGOCEROS, *Gr.* Ἀιγόκερως, Capricorne, un des douze Signes du Zodiaque.

AELURUS,*i*,*Gr.* Ἀίλουρος, υ, un chat.

AENIGMA, *atis*, *Gr.* Ἀίνιγμα, ατος, énigme, parabole, queftion.

ÆNIGM*aticus*, *a*, *um*,enigmatique, obfcur.

ÆNIGM*atiftes*, *Gr.* Ἀινιγματιςτης, qui invente, qui propofe des paraboles, des énigmes.

AESALON, *Gr.* Ἀισάλων, émerillon, oifeau de proie.

AETIOLOGIA, *Gr.* Ἀιτιολογια, étiologie, figure de rhétorique, *mot-à-mot*, raifon de la caufe.

AETITES,*Gr.* Ἀετιτες,la pierre d'Aigle.

A G.

AGAPE, *Gr.* Ἀγάπη, amitié, charité.

AGAP*æ*, *arum*, feftin d'amitié.

AGARICUM, *Gr.* Ἀγαρικὸν, agaric, fote de champignon qui croît fur les arbres.

ALASTOR,*oris*, *G.* Ἀλάςωρ,un des chevaux de Pluton : le mauvais Génie.

H

ALCE ou ALCIS , Elan ou Ane fauvage : du *Gr.* Ἀλκὴ , force.

ALCEA,*Gr.* Ἀλκέα , mauve, guimau-
ve , herbe.

ALECTORIA,*Gr.* Ἀλεκ]ώρια , ας,pierre
précieufe , tranfparente & luifante
commé le criftal.

ALEA, *æ* , *f* , hazard, forty fortune aveugle ; 2°. Jeu de hazard ;
3°. périls qu'on court.

ALEAR*ium,ii,*cornet à mettre les dez.

ALEAT*or, oris* ; ALEO, *onis,* qui
joue aux dez : joueur.

ALEAT*orium, ii,* lieu où on joue
aux dez.

ALEAT*orius, a, um,* qui concerne le jeu de dez.

    Ce mot paroît pur Grec. ALAOS,
fignifie en Grec, aveugle : ALAO,
marcher au hazard, errer : ALÈ ,
pas incertains, erreurs.

ALLEG*oria, æ , Gr.* Ἀλληγορία , Allégorie.

ALOE,*Gr.* Ἀλόη , Aloës, plantc Orientale ; 2°. fuc qu'elle donne.

ALOP*ecias, Gr.* Ἀλωπέκιας , Renard
marin.

ALOPEC-UR*us , Gr.* Ἀλωπέκ-ουρος ,
plante appellée queue de Renard;
du mot ουρα , *oura,* queue.

ALPHA,de l'Oriental ALPH, ou Aleph,
premieré lettre de l'alphabet Grec.

ALPHA-BET*arius,* qui eft encore à
l'ABC.

ALPHA-BET*um, i,* l'ordre des lettres;
livret pour apprendre à lire.

ALTER, *Gr.* Ἀλτήρ , maffe de plomb
dont on fe fervoit dans les exercices du corps.

ALTHAEA,*Gr.* Ἀλθάια , mauve, gui-
mauve.

AMAXICUS, *Gr.* Ἀμαξίκος , cocher,
voiturier.

ANCHUSA, *Gr.* Ἀγχούσα , Orcanette,
plante qui entroit dans le fard des
Dames Grecques ; d'αγκου , frais ,
récent.

ANCON, *Gr.* Ἀγκών , ονος , le pli du
coude ; le coude.

ANEMONA , *Gr.* Ἀνεμώνη , Anemone,
fleur ; efpéce de pavot.

    Du Grec ANTHOS , fleur, vinrent :

ANTHUS , oifeau qui vit de fleurs.

ANTHYPOPHORA , *Gr.* Ἀνθυποφορα , figure
de Phétorique.

ANTHEDON , un neflier , arbre.

ANTHEMIS , la camomille , plante.

ANTHERA , le jaune ou la femence qui eft
dans la rofe.

ANTHINUS , *Gr.* ἄνθινός , fait de fleurs.

APARCHÆ , offrandes faites avec les
entrailles des victimes ; du *Gr.*
Ἀπορχὴ , initiation.

APARINA , *Gr.* Ἀπαρίνη , Aparine,
Glateron.

APHÆR*esis, Gr.* Ἀφαιρεσις , (d'*Aireô,*
ôter) retranchement de la lettre
initiale d'un mot.

ARRAX , *acis* ;-AC*US, i* ; - ACH*US, i,*
Gr. Ἄρακος , efpéce de pois, vefce.

    Du Grec ARKHÈ , chef, principe ,
vinrent:

ARCHAIC*us , Gr.* Ἀρχαϊκος , fait à
l'antique : de-là :

Archaïsmus, i, expreſſion antique, ou imitée des Anciens.

Archium, ou Archivum, Archives.

Archon, Gr. Ἄρχων, ⲟⲧⲟⲥ, Archonte.

Archontopolus, i, celui qui portoit l'épée devant l'Empereur ; le Connétable ou le Grand-Ecuyer.

Archos ou Archus, Gr. Ἀρχός, le Prince ; le plus puiſſant.

Arch-Angelica, la grande eſpéce d'Angélique.

Arch-Angelus, i, Archange.

An-Archia, æ, Anarchie.

Du Grec Arctos, Ourſe, vinrent :

Arcticus, Gr. Ἀρκτίκος, Arctique.

Arctophylax, (de φυλαξ, gardien) Bootès, le Gardien de l'Ourſe. Conſtéllation.

Arctous, Gr. Ἀρκτύος, arctique.

Arcturus, (du grec ὁραω, obſerver), Arcturus, qui obſerve l'Ourſe, qui la garde, Conſtellation.

Ant-Arcticus, i, Antarctique ; mot à mot, oppoſé à l'Ours.

Argema ou Argemon, Gr. Ἄργεμα, taie, tache dans l'œil.

Argemonia, Gr. Ἀργεμώνη, plante qui reſſemble au pavot ſauvage, & qui eſt propre à guerir les taies.

Aristo-Phorum, i, du Grec Ἄριστον, Ariſton, le diner ; & de φέρω, phero, porter; un porte-diner.

Armus, i, épaule, haut de l'épaule ; 2°. portion du corps qui porte : du Grec Armos, lien, articulation.

Armilla, æ, bracelet : collier : bague.

Armillatus, a, um, qui porte un bracelet, un collier.

Armillum, i, vaſe qu'on portoit ſur les épaules.

Arna, æ, brebis ; du Gr. Ars,

Arnos, agneau.

Arnacis, Grec & Latin, fourrure de peau d'agneau.

Artemon, Gr. Ἀρτέμων, mouffle ; 2°. voile & mât d'artimon.

Du Grec Arthron, articulation, jointure, vinrent :

Arthritis, Grec & Latin, la goutte.

Arturitica, articularis, Primevere, plante.

Arthriticus, Artericus, a, um, goutteux, qui a la goutte.

Du Grec Artos, pain, vinrent :

Arto-Copus, Gr. Ἀρτοκόπος, Boulanger.

Arto-Creas, Gr. Ἀρτοκρέας, pâté de viande.

Arto-Laganus, Gr. Ἀρτολάγανος, gauffre, beignet.

Artopta, eſpèce de tourtiere ; du Grec Ἀρτοπτεῖον.

Artoptitius, cuit dans la tourtiere.

Arungus, i, m, barbe de chevre, Gr. Eruggos, prononcé Érungos.

Aruspex, picis, celui qui conſidéroit les entrailles des victimes pour en prévoir l'avenir. Il eſt étonnant que perſonne n'ait connu l'étymologie de ce nom, & qu'Iſidore ait été réduit à le dériver du mot horæ, les heures. C'eſt un mot certainement Etruſque, formé de deux mots Grecs ; 1°. de Araia, as, entrailles, inteſtins, ventre & Skepto-mai, conſidérer, que les Latins prononçerent ſpecto.

Ascalabotes, Gr. Ἀσκαλαβώτης, Tarentule ; 2°. Lézard venimeux.

Aspis, *Gr.* Ἀσπίς, Aspic.

Astacus, *Gr.* Ἀσακὸς, forte d'écreviffe.

Asthma, *Gr.* Ἄσθμα, Afthme.

Asthmaticus, afthmatique.

AT, mais, toutefois &c. *Gr.* Ἀταρ.

Attamen, Atqui, Atque, mais, cependant.

Atticismus,*G.* Ἀττικίσμος, atticifme, langage pur & élégant des Athéniens.

Atticisso, parler comme les Athéniens, ou les Peuples de l'Attique.

Austerus, *a*, *um*, *Gr.* Αὐσηρὸς, 1°. févere; 2°. grave, férieux; 3°. rude, dur, auftere.

Austeritas, *atis*, auftérité, févérité:

2°. gravité, air férieux: 3°. dureté; rudeffe.

Austerè, avec auftérité, gravement, durement.

Du mot Αὐτος, *Autos*, lui-même, foi-même, vinrent:

Authenticus, *a*, *um*, authentique; original d'une autorité inconteftable, &c.

Automata, *orum*; Automaria, *orum*, Automates: machines à refforts.

Automatarius, *ii*, faifeur d'Automates.

Automatarius, *a*, *um*, qui concerne les Automates.

Automatia, coup de fortune, hafard.

Automatum, *i*, inftrument qui agit de foi-même; reffort; horloge.

MOTS LATINS VENUS DE L'ORIENT.

A

Academia, Académie, lieu d'exercice pour les Arts & pour les Sciences.

Academici, les Académiciens, fecte de Philofophes Payens.

Academicus, Académique, Académicien; de l'Académie.

Ces mots formés de Cadmus, viennent de l'Oriental קדם Cadm, Orient, lumiere.

Voy. Plan Gener. & Raif.

Acna, *æ*; Acnua, *æ*, mefure de terrain qui étoit la moitié du *Juge-rum* ou de l'arpent Romain, & qui contenoit cent vingt pieds de long fur cent vingt pieds de large, ou cent vingt pieds quarrés.

Ce mot étoit commun aux Latins avec les Grecs: on trouve dans Apollodore le mot Akena, employé dans le même fens. Ils viennent tous les deux du mot Oriental קנה, *Qné*, mefure apellée canne: 2°. Poffeffions, tèrres.

Adæsia, *æ*, vïeille brebis. Ce mot

doit être Oriental , venant de עד
Ad, vieux , & de שׂ *ſé* , brebis.

ADEPS , *ipis* , graiſſe , ſaindoux ; 2°.
embonpoint.

ADIPATUS, garni de graiſſe ; gras , re-
plet.

ADIPALIS , gras , potelé ; 2°. abondant,
rempli , bien fourni.

ADIPatum , viande graſſe , garnie de
lard ; gras à lard.

. ADIPoſus , gros , gras ; 2°. opulent.

Ces mots viennent de l'Orien-
tal טפשׂ *Taps*,graiſſe : 2°. être gras,
rond de graiſſe. En Chaldéen ,
Ataps , engraiſſer.

ÆT , tems , âge.

De l'Oriental עת, עד , HED , HOTh ,
tems ; en Celt : OED , &c. vinrent.

1°. ÆT*as* , *atis* ; 1°. tems ; 2°. ſaiſon , ſiécle ; âge , durée de la vie.

Æratula , *æ* , bas âge.

Co-Æraneus , *a* , *um* , qui eſt du même
âge , contemporain.

2°. ÆT*ernalis* , *e*; ÆT*ernus* , *a* , *um* ,
qui dure toujours , qui n'a ni commencement , ni fin.

Æterno ,-*are* , perpétuer à jamais , im-
mortaliſer.

Æternò ; ÆT*ernum* , à jamais , toujours.

ÆTernitas , *is* , durée de tems ſans
fin.

Co-ÆTernus , *a* , *um* , co-éternel , qui
dure à jamais avec un autre.

ALA-BASTR*um* , *i* , Albâtre : c'eſt un
binome formé des deux mots Orientaux *Hala* , pierre , *byſs* , devenu
baſs , blanc.

ALABASTRites,*æ*, marbre blanc , eſ-

pèce d'albâtre : 2°. pierre nommée Onyx.

AMBUB*aiæ* , Joueuſes de flûte & d'autres inſtrumens : de l'Oriental אבוב
Abub , flûte , naſalé en *Ambub*.

ANDABAT*a* , *æ* , Gladiateur qui combattoit les yeux fermés ; 2°. le Jeu
de Colin-Maillard.

Ce ſont deux mots Hébreux ;
ענן , *Ann* , *Anna* , changé en *An-
da* , être obſcurci , être dans les té-
nebres;2°.ténébres: & *ba* בא, aller.

APIUM , *ii* ; Ache , Perſil. Ce mot
vient de l'Oriental אבן *ABeN*, pierre. Cette plante doit en effet à cette
cauſe le nom qu'elle porte en diverſes Langues. En Grec *Selinon* ,
de l'Oriental סלע *Selo* , pierre , le
Silex des Latins Le Perſil s'apelle
en Latin *Petro-Selinum* , réuniſſant
ainſi le nom Grec & le nom Latin
de la Pierre.

ARAN*ea* , *æ* , Araignée ; en Grec
ARACHNÉ. Ces mots viennent
de l'Hébreu ארג *ARG* , prononcé
ARaG , & qui ſignifie , 1°. *tiſſu* ;
2°. faire un tiſſu , une toile : on ne
pouvoit mieux peindre l'Araignée.

ARAN*eola* , *æ* ; ARAN*eolus* , *i* , petite Araignée.

ARAN*eus* , *ei* , Araignée de terre &
de mer.

ARAN*eum* , *ei* , Araignée ; 2°. toile
d'Araignée.

ARAN*eoſus* , *a* , *um* , d'Araignée : plein
d'Araignée ou de leurs toiles , &c.

AR-biter, *tri*, celui qu'on choifit pour Juge d'un différend, un Arbitre. Ce mot paroît purement Oriental. On ne choifit pour Arbitre qu'une perfonne en qui on a une entiere confiance ; mais בטח *Betah* défigne la confiance, & *AR*, la terre ; *Arbiter* feroit donc *mot-à-mot* celui qui a la confiance du Canton, de la Contrée.

Ar-Bitra, *æ*, *f.* une Arbitre.

Ar-Bitrium, *ii* ; 1°. arbitrage, décifion d'un arbitre; 2°. pouvoir, puiffance ; 3°. avis, volonté ; 4°. fantaifie, caprice.

Ar-Bitratus, *ús*, arbitrage ; 2°. volonté, fantaifie ; 3°. difcrétion.

Ar B.trariò, arbitrairement, à volonté.

Ar Bitrarius, *a*, *um*, arbitraire.

Ar-Bitratus, *a*, *um*, jugé par arbitre.

Ar Bitro, *are* ; Arbitror, *ari*, être arbitre, juger par arbitrage ; 2°. juger, penfer, croire; 3°. remarquer, obferver.

Le mot Hébreu Arg, racine d'Araignée, fignifiant travail, ouvrage, doit avoir produit également les mots fuivans :

1°. ARgiletum, *i*, lieu à Rome rempli de boutiques d'Artifans.

2°. ARgila, *æ*, terre de Potier, terre à ouvrage.

ARrhabo, *onis* ; Arrha, *æ*; arrhes, denier à Dieu ; 2°. gage, fureté, nantiffement ; 3°. ôtage.

C'eft l'Oriental ערב *Orab*, gage, caution, ôtage, donner caution, &c.

Du même mot & de Lat, porté, procuré, vint :

Ari-Lator, *oris*, qui donne des arrhes : des furetés de fa parole.

Arsenicum, *i*, c'eft une altération de l'Oriental *AL ZERNIG*, formé de *Zer*, brûler, ronger, & de *Neg*, fe hâter. Voy. *Orig. Franç.* p. 74.

Ascalonia, échalotte : efpèce d'oignon qui dut fa dénomination à la ville d'Afcalon en Paleftine, où on en faifoit un grand commerce.

Assa Fœtida, mot-à-mot le bois puant, fuc du lafer, dont l'odeur eft très-puante.

Ce nom eft compofé de l'adjectif *fœtidus*, fétide, puant ; & du mot Oriental *ASS*, *Heff*, עץ, arbre. Il paroît que le nom même du *LAser*, gen. *eris* dont on tire ce fuc, vient de la même origine. On dit auffi Laserpitium, *ii*, pour défigner cet arbre.

Até, *Gr.* Ath, Até, Déeffe du mal; toujours occupée à nuire. En Or. חטא, *Hata*, tomber en faute, faire le mal ; אטאה, *Ataè*, crime, faute.

De la même racine :

Atabulus, *i*, vent du Nord-Oueft qui caufoit de grands ravages dans l'Italie Orientale.

A U

AUT, ou, *Conjonction.* C'eſt l'O-
riental אוֹ, AU, qui a la même valeur.

AUTEM, or, maïs, auſſi ; Conjonction qui tient à la même famille.

AUTUMNus, i; AUTUMNum, i, l'Automne.

AUTUMNitas, atis, ſaiſon de l'automne.

AUTUMNal, is ;-alis, e ;-nus, a, um,
d'automne.

AUTUMNo, - are, faire un tems d'automne.

Les Etymologiſtes paroiſſent s'accorder à dériver le nom de cette
ſaiſon du Latin *AUctus*, accru, &
tempus, tems. Cependant cette
étymologie paroît trop éloignée,
& de la forme de ce nom & de ſa
ſignification. Il nous ſemble plus
naturel d'y voir un binome Oriental formé d'*AU*, fruit, & de *TUM*,
parfait, mûr. L'Automne n'eſt-elle
pas en effet la ſaiſon des fruits parvenus à leur état parfait, à une
pleine maturité ? La terminaiſon
nus pour *enus*, correſpondante à
la terminaiſon paſſive *menos*, des
Grecs, ne déſigne que la propriété.

MOTS LATINS-CELTES,

OU DÉRIVÉS DE LA LANGUE CELTIQUE.

B

LA lettre B est une lettre labiale ; c'est-à-dire qui se prononce des lèvres : à cet égard, elle correspond aux consonnes P, F, M, V, qui sont des intonations de la même touche : il n'est donc pas étonnant qu'elles concourent toutes à former entr'elles les diverses branches d'une même famille de mots, lorsqu'elle est trop nombreuse pour être épuisée par une seule intonation.

Il n'est pas plus étonnant que ces diverses intonations labiales se soient sans cesse substituées les unes aux autres, & que nous trouvions sans cesse le même mot écrit & prononcé suivant les Peuples par les lettres B, P, F, M, ou V. C'est une suite nécessaire de la nature de l'instrument vocal.

Dans presque tous les Alphabets elle est la seconde : aussi vaut-elle deux dans l'Arithmétique à lettres ; & par la même raison, elle est la racine des mots relatifs à l'idée de deux.

Se prononçant des lèvres qui ferment la bouche , & qui en font un des principaux ornemens, elle devint le nom de la bouche même ; & elle en prit la forme, la forme d'une boete : elle devint dès-lors par analogie, le nom de toute idée relative à boète, à habitation, à maison, &c.

La facilité avec laquelle les enfans la prononcent, sa douceur, sa mobilité, la rendirent propre à devenir le nom d'une multitude d'objets intéressans pour eux ; elle fait ainsi une portion considérable du Dictionnaire de l'enfance ; & ceci est vrai du Latin tout comme pour le François.

Si on ajoute à cela diverses onomatopées que l'on exprime par cette lettre, on embrassera d'un coup d'œil l'origine presqu'entiere des divers mots qu'elle renferme.

B. Racine

B,

Racine du nombre deux.

1. BIS, deux fois, doublement.

Bino,-are, joindre enfemble.
Binus, a, um, double.
Bini, æ, a, paire, couple.
Com-Bino, combiner, unir.
Com-Binatio, combinaifon, union.
2. Bimus, a, um; Bimulus, a, um, âgé de deux ans, qui a deux ans.
Bimatus, ûs, l'âge de deux ans.
Bignus, a, um, jumeau, jumelle.
3. Besſis, is, quatre, deux tiers de fix.
Besſalis, e, qui a huit pouces.
Bes, ſſis, les deux tiers de quoi que ce foit qui fe divife en douze, les deux tiers de la livre romaine.

BINOMES.

Biga, æ, carroffe attelé de deux chevaux de front; attelage de deux chevaux de front: formé de Bis, deux, & d'Ago, conduire.

Bigatus, a, um, attelé de deux chevaux de front.

B,

Exprimant diverfes idées relatives à l'Enfance.

I. Les idées relatives à la boiffon & à la nourriture.

1°. BUA, æ; BUAS, æ, la boiffon des petits enfans.

Bu-Beum, i,
Bu-Bleum, i, } forte de vin.
Bu-Blinum, i,
Im Buo,-ere, abreuver, tremper, mouiller, inftruire, infpirer.
De-li-Buttus, a, um, oint frotté, parfumé.

Orig. Lat.

2. BIBO, bibi, bibitum, ere, boire.

Bibax, cis, & Bibaculus, } qui boit bien,
Biberius, Bibofus   } buveur 2°. qui
Bibulus, a, um,   } attire l'eau, qui prend l'eau.
Bibefia, æ, extrême envie de boire.
Bibacitas, is, difpofition à bien boire.

COMPOSÉS.

Ad-Bibo,-ere, boire avec quelqu'un, bien boire; fe remplir, s'imbiber.
Com-Bibo,-ere, boire enfemble.
Com-Bibo, is, compagnon de bouteille.
De-Bibo,-ere, boire tout.
E-Bibo,-ere, avaler tout, tarir.
Im-Bibo,-ere, boire, tirer, imbiber; 2°. concevoir, faire deffein.
Inter-Bibo,-ere, boire tout, ne rien laiffer.
Ob-Bibo,-ere, boire avec avidité.
Per-Bibo,-ere, boire tout.
Per-Bibefia, æ, grande avidité de boire.
Præ-Bito, boire le premier.
Sub-Bibo, boire un peu plus qu'il ne faut.
Super-Bibo, boire par-deffus, reboire.

3. B eft également la fource d'une famille Grecque où Bofco fignifie donner à manger, nourrir, repaître: de-là:
Boschis, idis; Boscis, Boscas, adis, oifeaux renfermés & qu'on nourrit.
Pro-Boscis, idis, trompe de l'Eléphant & qui lui fert de main pour fe nourrir.

II. Les idées relatives aux careffes enfantines.

BAſium, ii, baifer; en Anglois BUSS.

Basiolum, i, petit baifer.
Basio,-are, donner un baifer.
Basiatio, onis, l'action de baifer, une embraffade.
Basiator, is, baifeur, qui aime à baifer.

III. Les idées relatives à la bouche;

I

la Bouche même ; un trou, une ouverture.

Buc , fignifia en Celte , trou ; en Italien , *BUCO* , un trou. De-là vinrent ces mots :

1. Bouche.

Bucca , *æ* , bouche , joue ; 2. creux des joues.

Buccea , *æ* , bouchée ; 2°. fouet de cuir ; mais dans ce dernier fens il vient de Bu, bœuf.

Buccella , *æ* , petite bouchée , petite bouche ; 2°. bifcuit.

Buccellaris , *e* , *is* , qu'on apprête par bouchée.

Buccula , *æ* , petite bouche ; 2°. petite joue ; 3°. vifiere , grille d'un cafque ; 4°. tringle attachée à droite & à gauche dans une catapulte ; 5°. qui porte abbaiffée la vifiere de fon cafque.

Bucculatus , *a* , *um* ; Bucculentus , *a* , *um* , qui a une groffe bouche , de groffes joues pendantes.

Bucco , *onis* , babillard , fot , impertinent.

Buccones , *um* , gens groffiers , étourdis.

Bucconiatis , *idis* , raifin qu'on ne vendange qu'après qu'il a gelé.

Bucar , *aris* , vafe à beo.

2°. Trompette.

De Buc , bouche , on dériva les noms de la trompette , inftrument à vent. De-là ;

Bucané , & Bucés , en Grec , cornet à bouquin ; & ces mots Latins :

Buccina , *æ* , (de CAN , CIN , rofeau , canne ; & de Buc , trou , ouverture , *mot-à-mot* , CANNE à bouquin ,

trompette , cor , clairon , cornet de Bouvier.

Buccinum , *i* , trompette , facquebutte , clairon ; 2°. forte de grande coquille de mer qui fervoit de trompette ; pourpre , poiffon à coquilles.

Buccino , *-are* , corner , trompetter.

Buccinator , *is* , trompette , celui qui fonne du cor.

De-Buccino , *-are* , emboucher la trompette.

IV. B.

Exprimant les idées relatives au bégaiement.

Avant de fçavoir parler, les enfans s'exercent par de longs effais ; il a fallu donner des noms à ces effais : on dit qu'ils bégaient, qu'ils balbutient : c'étoit imiter leurs efforts : de-là les mots Latins qui fuivent ; car les Latins, tout comme nous, cherchèrent à imiter la Nature.

Balbuties , *ei* , bégayement.

Balbus *a* , *um* , bégue , qui ne prononce pas diftinctement : 2°. prononcé en bégayant.

Balbé , en bégayant.

Balbutio , *ire* , bégayer ; parler en bégayant.

Bam-Balio , *onis* , qui bégaye.

Sub-Balbé , en bégayant un peu.

De ce mot prononcé *Bel* , joint à la terminaifon *os* , *es* , dut venir le mot fuivant , relatif aux mêmes idées.

Blæfut , Bégue. Celt. *Bloefg* , Bégue, qui a la langue graffe ; *blos* , gras , *bles* , *blous* , &c.

On peut raporter à la même claffe les onomatopées fuivantes.

1. BALo,-*are*, bêler, crier comme les brebis.

BALito ,-*are*, bêler souvent.

BALatus , *ûs* , bêlement.

2. BALatro , *onis* , Bélitre , grand causeur.

3. BLATero ,-*are* , } 1°. bêler comme les
BLACtero,-*are* , } brebis : 2°. causer ,
BLAtio , *ire* , } jaser, babiller, brailler, criailler , dire quantité de sottises.

BLATerea , *æ* , croassement de grenouilles , cri confus.

BLATeratus , *ûs* , babil , caquet , sots discours , braillerie.

BLATeratus , *a* , *um* , qui a étourdi les oreilles , braillé inutilement.

BLATero , *onis* , babillard , grand diseur de riens , braillard.

AD-BLATero,-*are*, bêler: 2°. criailler.

DE-BLATero,-*are*, causer , jaser, parler toujours.

4. BAUBor-*ari* , abboyer.

BAUtius , *ii* , BAUD , espèce de chien courant.

5. BAT, paix-là.

6. BATuo-*ere* , BATTRE , frapper , combattre.

V. Les idées relatives au bourdonnement.

1. BOMBus, bourdonnement , bruit que font les abeilles ; 2°. brouissement que font les vers à soye quand ils mangent ou qu'ils filent ; 3°. bruit sourd de trompette, d'instrument en général, du tonnerre; 4°. tintement des oreilles; 5°. bruit sourd que fait le Peuple pour applaudir.

BOMBilo ,-*are* , bourdonner comme les abeilles.

BOMBilatio , *onis* , bourdonnement des abeilles ; 2°. glouglou d'une bouteille ; 3°. brouissement ou bruit que font les vers à soie quand ils mangent ou filent sur un arbre comme dans les Indes Orientales , ou sur des logettes où on les nourrit de feuilles de murier. En se repaissant de ces feuilles , ces insectes font un bruit très-fort & semblable à un bourdonnement confus ; aussi ce brouissement qui leur est propre les a-t-il fait appeller ,

2. BOMByx, *cis*, ver à soie ; 2°. la soie.

BOMBylis , *is*, ver à soie ; 2°. ver dont provient le ver à soie.

BOMBycinus , *a* , *um* , de soie.

BOMBycina , *orum* , habit de soie.

3. BAMBacium , *ii* ; BOMBax , *cis* ; coton , cotonnier , parce qu'il ressemble à la soie ; 2°. bazin.

BAMBacinus , *a* , *um* , de coton.

VI. B , exprimant les idées relatives à la parole.

BOMBax; BABæ! ha ha! mon Dieu , exclamation servant à témoigner la surprise.

Ce mot & le suivant sont des onomatopées.

BABæ-*calus* , *a* , *um* , babillard , causeur.

BAC,

Enfantin, petit , 2°. grand.

BAC, BACH est un mot Celte qui signifie petit , enfantin; & par opo-sition grand : de là, au sens de petit, les mots suivans.

I.

BAC , petit.

1. BACca, *æ*, Baie , menu fruit rond ,

grains ronds, comme ceux des raifins, du laurier, du genievre. 2°. Perle.

BACcula, æ, petit grain, petit fruit rond.

BACcatus, a, um, orné de perles, ou de baies d'arbres.

BACcans, tis, rond, rebondi.

BACcalia, æ, arbriffeau, qui porte du fruit en grappes, ou en grains.

BACct-FER, a, um, qui porte de petits fruits.

BACchar, is, n; BACcharis, f, la gantelée, nom de plante. Ce mot eft également Grec & Bafque.

TRI-BACcı, æ, pendant d'oreilles de trois perles.

2. B A C, jeune.

BACcalaureus, i, Bachelier; de BACca & de Laureus; parce qu'on couronnoit de laurier ceux qu'on nommoit Bacheliers : on fait que le laurier a de petits fruits ronds. Peut-être auffi ce mot eft-il formé directement de BACh, petit; alors il fignifieroit uu jeune homme : on a dit Bachelier ou Bachelet, pour un jeune homme ; Bacheliere, ou Bachelette, pour une jeune fille.

BACcalaureatus, ûs, la qualité, le titre, l'état de Bachelier.

AM-BACTus, i, valet; page : domeftiques qui environnent leur maître.

3°. Raifms, Vin: BACCHUS.

1. BACChus, i, le vin, liqueur exprimée des grains de raifin, d'où elle tire fon nom; 2°. Dieu du vin.

BACar, is, broc, bouteille, flacon à mettre du vin.

BACcheis, idis ; BACcheïum, ii ; vafe ou bocal à mettre du vin.

BACcheius, a, um, ⎱ vineux, qui con-
BACcheus, a, um, ⎰ cerne le vin, ou
BACchicus, a, um, ⎰ le Dieu du vin·

2. BACChis, idis, Prêtreffe du Dieu du vin, Bacchante ; 2°. yvrogneffe, femme yvre, femme de mauvaife vie.

BACcha, æ, nom de la Prêtreffe de Bacchus ; 2°. emportée, furieufe.

BACchanal, ale, is, débauche, yvrognerie ; 2°. lieu de débauche.

BACchanalia, ium, orum, fête du Dieu du vin, carnaval; 2°. partie de débauche, ribotte.

BACchabundus, a, um, yvrogne, qui ne fait que boire.

BACchor, -ari, faire la débauche, s'enyvrer, ribotter : 2°. être dans la fureur poëtique : 3°. tempêter, faire l'enragé.

BACchatio, onis, débauche, yvrognerie.

BACchatim, en yvrogne ; à la maniere des Bacchantes.

DE-BACchor, -ari, tempêter, pefter, fe mettre en furie, faire le diable à quatre.

PER-BACchor, -ari, boire du vin à l'excès.

3. BACchius, ii, pied de vers compofé d'une fyllabe brève & de deux fyllabes longues : on s'en fervoit pour les chanfons à boire.

ANTI-BACchius, pied de vers compofé de deux longues & d'une breve.

I I.

BAC, Grand.

BAC ne défigna pas feulement les objets petits & enfantins ; mais auffi les objets élevés, tels que le dos, & ceux propres à porter : en ce fens, il devint Chef de famille en diverfes Langues.

De-là, l'Anglois *BACK*, dos, parce que cette portion du corps est relevéé en boffe ; & le verbe *To BACK* , foutenir, appuyer.

De-là, le Theuton *BACKe* qui fignifia également dos & montagne boffue.

Le Suédois *Bac*, colline ; 2°. élévation applatie ; 3°. tout ce qui foutient.

C'eft également le mot Grec moderne *BAGKos*, prononcé *Bankos* , qui réunit toutes ces fignifications.

De-là encore l'Hébreu אבק , *A-bak*, être élevé.

De-là fe forma dans nos Langues modernes le mot BANC, plutôt que de B'AN , comme nous l'avons dit dans nos Origines Françoifes, & la Famille Grecque & Latine *Abac*, dont nous allons parler.

*A*BAX, *cis* ; ABAC*us* , *i* ; en Grec, ABAX , *kos*, 1°. un fiége, un banc, un canapé, tout objet élevé & qui fert à s'affeoir, à fe repofer : 2°. toute table longue & étroite, en forme de banc, & propre à contenir tout ce qu'on auroit à y dépofer.

Table de cuifine.

Table de Marchand, BANQUE, Comptoir.

Table à jouer, Trictrac, Damier.

Table de marbre.

Table d'ardoife pour les figures de Géométrie.

Table de fervice ; Buffet.

Table pour les comptes, ABAQUE.

Tailloir, partie fupérieure d'un chapi-

teau en forme de Table ; 2°. tout objet plat en forme de table.

Abacus folis , le difque du foleil.

Abacus cantorum , un Lutrin.

AB*aculus* , *i*, jetton dont on fe fert pour calculer.

AB*ac*ium , *ii* ; petite table.

BAD ,

Eau.

BAD , BATH , Eau , eft un mot primitif qui a formé des familles nombreufes dans les Dialectes Celtiques, Theutons , Phrygiens, &c.

CLÉMENT d'Alexandrie , (*Strom. l. V.*) nous a confervé deux paffages , un d'Orphée & un de Didyme le Grammairien, où le mot BEDY eft employé comme un mot Phrygien qui défigne l'eau.

BAD, dans les dialectes Anglo-Saxons , Theutons , fignifie Eau ; & BADEN laver : tant de Villes ne font nommées BADE, BADEN, BATH , que parce qu'on les a bâties fur les bords de Fontaines ou fources d'eaux minérales.

Ce mot fut également Grec & Latin , Langues Celtiques , & fi on ne l'y reconnoiffoit pas , c'eft qu'il éprouva dans ces Langues des changemens qui leur font ordinaires.

Th fe change en Grec en P*H* , ainfi *Bath* put devenir & y devint en effet *BAPH* ; & puis *BAP-T*, d'où réfulterent des familles différentes. Les Grecs en firent également une troisieme famille en Bad dans laquelle le *D* se changeant suivant l'usage de ces Peuples en L, forma des mots en *Bal*, dont les rapports avec leur primitif furent absolument méconnus.

1°. BAD, devenu BAPH.

De BAD changé en BAPH, vinrent les mots suivans Grecs & Latins.

BAPHIA, gr. βαφία, Teinturerie.

BAPHICA & BAPHICE. Gr. βαφική, L'Art de teindre.

BAPHICUS & BAPHIUS. Gr. βαφικός, Teinturier.

DI-BAPHUS, *a*, *um*, teint deux fois.

DI-BAPHUS, *i*; -PHA, *æ*, Pourpre: 1°. étoffe teinte de deux couleurs.

A-BAPHUS, *a*, *um*, qui n'est pas teint.

2°. BAD, devenu BAP, & suivi de T.

BAPTIZO, -are, Gr. βαπτίζω, Baptiser.

BAPTISMA, ou BAPTISMUM, & BAPTISMUS. Gr. βαπτισμός, Baptême.

BAPTISTERIUM, vaisseau ou lieu propre à se baigner, ou à laver.

COMPOSÉS.

A-BAPTISTUM, Trépan de Chirurgien.

A-BAPTISTUS, qu'on ne peut faire enfoncer dans l'eau.

ANA-BAPTISTA, Gr. Αναβαπτιστής, Anabaptiste, sorte d'Hérétiques.

3°. BÆT, nom de Riviere.

BÆTIS, *is*, le Guadalquivir, fleuve d'Espagne; en Celte BED, riviere.

BÆTICA, *æ*, la BETIQUE, Province d'Espagne, *mot-à-mot*, le Pays qu'arrose le BET; c'est aujourd'hui l'Andalousie.

BÆTICUS, *a*, *um*; BÆTICOLA, *æ*, un Andalous.

BÆTICATUS, *a*, *um*, de couleur d'un brun roux comme les laines d'Andalousie.

4°. BAD, devenu BAL.

De BAD, eau, joint à NEON, vase, prononcé BAL-NEON, se forma en Grec la famille *BALaneion*, bain, & en Latin la famille suivante :

BAL-NEUM, *i*, bain domestique.

BAL-NEÆ, *arum*; BAL-NEARIA, *orum*, bains publics, étuves.

BAL-NEDUM, *i*,
BAL-NEOLUM, *i*,   } petit bain.
BAL-NEOLÆ, *arum*,

BAL NEARIUM, *ii*, bain de particulier.

BAL-NEARIUS, *ii*; BAL-NEATOR, *is*, Baigneur.

BAL-NEATRIX, *is*, Baigneuse.

BAL-INEUM, *i*; BAL-INEÆ, *arum*, bains publics & domestiques; étuves.

BAL-NEATIS, *e*; BAL-NEARIUS, *a*, *um*, qui concerne les bains, les étuves.

BAD,
VAD, BED, BIT,
Aller. (1124.)

Du primitif BA, VA, aller, les Latins firent la famille VAD, BET, BIT, &c. qui offrit la même signification, & qui s'enta sur l'Hébreu בוא, *bo*; le Grec *BAO*, aller &c.

1. VADO, *is*, *si*, *sum*, *ere*, aller, marcher.

VADO, -are, passer à gué, traverser.

VADUM, *i*; VADUS, *i*, gué, passage d'une riviere; bas-fond où on peut aller à pied.

Vado*fus* , *a* , *um* , qu'on peut paſſer à gué.

2. Badi*χο* ,-*are*, aller, marcher ; mot commun aux Grecs & aux Latins.

Beto , *ii* , *ere* ; Peto ,-*ere*, aller, marcher , ſe rendre en un lieu.

Bito ,-*ere* ,
Bitio ,-*ire* , } aller , marcher.
Bito ,-*ere* ,

Bit*ienfis* , *e* , coureur, vagabond ; qui eſt toujours par voies & par chemins.

Composés.

Ad-bito , *are* , approcher , aller en avant.

Im-Bito ,-*are*, aller dedans , entrer.

Inter-Bito ,-*are*, intervenir , aller entre deux.

Per-Bito ,-*are* , aller à travers, c'eſt-à-dire , périr , ſe détruire , s'en aller. Cette expreſſion ſe trouve auſſi dans l'Allemand où l'on dit , *durchgehen*, aller à travers, pour dire ſe ruiner : il en eſt de même de Per-ire.

Præ-Bito,-*ere* , tuer , ruiner , détruire ; *mot-a-mot* , aller au-devant , marcher devant.

Præter-Bito ,-*are* , aller au-delà , pécher , tranſgreſſer.

Re-Bito ,-*are*, revenir, retourner ſouvent.

Composés Grecs.

De Bat , aller , les Grecs formerent les mots ſuivants uſités en Latin.

1. Abaton , *Gr.* Αβατον , où on ne peut aller , inacceſſible.

Acro-Baticum , échelle de Peintre.

Ana Bath*inus* , *i* , dégrés par où les Furies montoient ſur le Théâtre ; 2o. dégrés des Gémonies deſtinés à précipiter les Criminels.

Ana-Bath*rum* , eſcalier , échelle , dégré.

Dia-Bathra , *orum* , ſouliers, pantoufles de femme.

Dia-Bathr*arius* , *ii* , Cordonnier de femmes.

Em-Bater , *eris* , trou d'une baliſte.

Em-Bates , *is* , module en architeĉure.

Epi-Bates , *um* , bâtimens de tranſport, navires.

Epi-Batæ , *arum* , paſſagers , ſoldats d'une flotte.

Hyper-Baton , *i* , tranſpoſition des mots.

Hyper-Bi-Basmus , figure de Rhétorique qui conſiſte à tranſpoſer une lettre.

1. Em-Bamma , *atis* , ſauce.

3. Em-Bænatica , *æ* , métier de matelot: piraterie.

BAL ,

BEL , BOL , BUL &c. (92.)

Nous avons vû dans les Origines Françoiſes que Bal fut un mot primitif qui s'appliquant au Soleil devint le nom de tout ce qui eſt beau & brillant comme le Soleil ; élevé & rond comme lui : il en fut de même en Latin ; ce mot y devint la ſource d'une multitude de familles relatives à ces idées , & prononcées bal , bel , bol , bul , &c. pour en diſtinguer les diverſes eſpéces.

I. BAL ,

Couleur du Soleil ; brillant, doré.

1. Bal*aris* , *is* , Tréfle d'or ; noble Hépathique.

Bal*aufus* , *i* , plante ſemblable au narciſſe.

2. BALauſtrum , i , calice de la fleur de grenadier.

BALauſtium , ii , fleur de grenadier fauvage.

BALauſtinus , a , um , de fleur de grenadier fauvage.

3. BALis , idis , herbe qui guérit de la morſure des ſerpens.

4. BAL-ſAMum, i , baume ; 2°. arbriſſeau d'où on tire le baume par inciſion.

BALſamus , a , um ,
BALſamicus , a , um ,   } embaumé.
BALſaminus , a , um ,

C'eſt l'Hébreu BAL-shamim , le Roi des Cieux.

BALsamita , æ , la Menthe.

BELI-oculus , i , œil de chat, pierre précieuſe conſacrée au ſoleil appellé BEL·

5. BALéoca , æ ; BALeuca , æ , or qui n'eſt pas net.

BALuca , æ ; BALux , cis , miettes d'or ; grains d'or , poudre d'or que roulent les rivieres.

BALeatus , a , um ; BALius , BALioſus , moucheté , tigré.

6° BAL devenu BLA , produiſit les mots ſuivans; en Celte, BLET, rouge; en Grec BLATTion, le muſex : delà :

BLATTea , æ , pourpre , poiſſon ; ver à ſoie ; ver qui ronge la laine & le papier.

BLATTaria , æ , herbe aux mites.

BLATTarius , a , um , où il y a des mites, des cloportes.

BLATTeus , a , um , de couleur de pourpre.

BLATTifer , a , um , qui porte la pourpre.

BLATHea , æ , éclabouſſures , taches , crottes.

DÉRIVÉS GRECS.

De BEL , BLE , œil , les Grecs fi-

rent Blepo , regarder ; d'où ,

1. BLEPHaro , onis , qui a de grands ſourcils : 2°. Sourcilleux, hautain.

Et en y joignant l'A négatif :

2. A-BLEPSIA , æ , aveuglement ; & au fig. inconſidération , témérité.

3. CAto-BLEPas , æ , bête dont le regard , dit-on, tue.

4. EM-BLEMa , tis , ornement , embéliſſement mis ſur les vaſes.

2°. Peinture ſur les murailles.

3°. Figures qui repréſentent un ſens moral.

5. PRo-BLEMa , tis , queſtion à réſoudre , problême.

PRo-BLEMaticus , a , um , douteux , problématique.

O-BELus , i , marque en forme d'étoile, de ſoleil , pour noter quelque choſe.

O-BELiſcus , i , obéliſque, monument en forme de rayon ſolaire.

O-BELiſco-Luchnium, ii , obéliſque ſurmonté d'une lanterne.

II. BAL,

Beau , flatteur.

BAL , adouci en BEL , déſigna la beauté, ce qui flatte les yeux ; & changé en BLandus , ce qui flatte l'eſprit , l'oreille.

1. BELLus , a ; um , beau , joli , gentil ; 2°. agréable , poli.

BELLulus , a , um ; BELLatulus , a , um , joli , agréable , gracieux.

BELLé , agréablement , gentiment ; 2°. bien , aſſez bien ; 3°. heureuſement ; 4°. poliment , gracieuſement.

BELLitudo , vieux Lat. , beauté , belle taille , grandeur.

BELLulé , joliment , poliment.

BELLaria , orum , le deſſert , confitures , bonbons.

BLANDus ,

2. BLANdus, a, um, careffant, flat_teur, infinuant, obligeant ; 2°. doux, tendre, agréable, complaifant.

BLANDulus, a, um, mignard, patelin.

BLANDior, -iri, careffer, cajoler, dire des douceurs.

BLANDiter,
BLANDé,
BLANDitim, } doucement, agréablement, tendrement ; d'un air flatteur, avec des paroles infinuantes.

BLANDitus, ûs,
BLANDitia, æ,
BLANDities, ei, } difcours obligeant, paroles tendres ; careffes, flatteries.

BLANDimentum, i, douceurs, cajolerie, foin.

BLANDicellus, a, um, doux, infinuant, flatteur.

BLANDi-Dicus, a, um,
BLANDi-Loquus, a, um,
BLANDiloquens, tis,
BLANDiloquentulus, a, um, } flatteur, careffant ; qui parle doucement.

AD-BLANDior, -iri ; E-BLANDior, iri, flatter, careffer.

PER-BLANDus, a, um, fort careffant.

PER-BLANDé, avec beaucoup de careffes.

SUB-BLANDior, -iri, flatter un peu, dire quelques douceurs.

III. BAL,

1°. Rondeur ; objets ronds, ou en rond.

BALanus, i, gland gros & odoriférant : 2. châtaigne, marron.

BALaninus, a, um, de maron, de gland, de châtaigne.

BALanatus, a, um, frotté avec de l'huile de gland.

BALanites, æ, pierre précieufe verte & couleur de feu.

Orig. Lat.

BALanitis, idis, châtaigne d'une efpece particuliere.

BALanitæ, arum, grappes compofées de beaucoup de grains ronds ; 2°. fruits ronds ; d'où APPEL, pomme, en Celte : ABELLA, en vieux Latin.

AVELLana, æ, noifette, aveline.

Delà ces

DÉRIVÉS GRECS.

BOLus, i, morceau. 2°. Proie. 3°. Butin. 4°. Coup de dés. 5°. Appât, amorce. 6°. Coup de filet. 7°. Motte de terre. 8°. Bols médecinaux.

BOLetus, i ; BOLentia, æ, champignon, moufferon.

BOLetarium, ii,
BOLetar, is,
BOLetare, is,
BOLetaria, æ, } plat dans lequel on fervoit les champignons.

BOLis, idis, dard, javelot, plomb, fonde, qu'on jette en mer, lame à feu, météore.

BOLma, æ, pierre précieufe, femblable à une motte de terre.

2°. Ceinture & habillemens qui enveloppent le corps.

BALteus, i,
BALteum, i,
BALteolus, i, } 1°. Baudrier, ceinturon, écharpe. 2°. Liftèau au haut & au bas d'une colonne. 3°.

Ceinture d'une voûte : chaîne de pierres de taille. 4°. Bord, ceinture, ourlet. 5°. Le degré le plus haut & le plus large d'un amphithéâtre.

Ce mot s'eft confervé dans l'Anglois ; BELT, ceinture, baudrier.

DÉRIVÉS Grecs & Latins.

A-BOLLA, æ, manteau de Philofophe &

K

de Sénateur : capote de soldats.

AM-Bolagium, ii, ce qu'on jette autour de soi, ce dont on s'enveloppe : Amict, linge que les Prêtres mettent sur leurs épaules pour dire la Messe.

3°. Bourse, Bulle, &c.

1. Bulga, æ, enveloppe, bourse, bougette de cuir, havresac; ventre; matrice.

C'est un mot pur Allemand & Celte : en Celte le ventre, & au figuré une enveloppe se disent Balg, de même qu'en Gothique & en Allemand. Les Italiens disent Bolgia, d'où les François ont fait Bolgette, Bolge, qu'ils ont adouci en Bouge, Bougette. En Grec vulgaire Bolgion, & en Grec ancien Molgos, un sac. En Theuton, en Saxon & en Suédois, Belg veut dire le ventre, une enveloppe de peau, de cuir : les Anglois en ont fait Belly, le ventre.

2. Bulla, æ : 1°. Boule, corps rond : 2°. Bouteille qui s'élève sur l'eau, lorsqu'on la remue, qu'elle bout, ou qu'il pleut : 3°. tête de clou : 4°. petite bulle d'or ou d'argent.

5. Anneau en forme de cœur que les Nobles Romains pendoient au col de leurs enfans jusqu'à l'âge de quatorze ans.

6°. Enseignes que portoient devant eux les Triomphateurs, & dans lesquelles étoient renfermées des amulètes ou talismans, pour les préserver de l'envie.

7°. Boule d'airain creuse en dedans, qui nageoit sur l'eau & servoit à connoître les heures.

8°. Houpes qui pendent aux trousses & harnois des chevaux.

9°. Bulle du Pape.

Bullatus, a, um, scellé; bullé; orné de houpes; couvert de bouteilles.|

3. Bullo,-are, bouillonner, former des bouteil.es, mousser; sceller, buller.

Bullula, æ, petite bouteille.

Bullio,-ire, bouillir.

Bullitus, ûs, bouillon, bouillonnement.

E-Bullio,-ire, bouillir, bouillonner.

E-Bullitio, onis, bouillonnement; ébullition.

Re-Bullio,-ire, bouillir de nouveau, rebouillir.

4. Bulbus, i; Bulbulus, i, Caïeu, tête, oignon. gousse.

Bulbosus, a, um; Bulbaceus, a, um, qui a des cayeux, des gousses.

Bulbine, es, ciboule.

IV. BAL,

Aller & venir en rond : se promener.

Bal, signifia en Celte se promener : promenade; voiture avec laquelle on se transporte d'un lieu à un autre.

Bas-Bret. Bale, marcher, se promener. 2°. Promenade, sortie.

Bali, Allee de grands arbres.

Baleicg, petite promenade, &c. De-là :

Balea, æ, barque, chaloupe.

Les Latins l'associerent avec Am, qui signifie autour, & l'A du mot Bal, se changeant alors en U, il en résulta la famille suivante, dont l'origine avoit toujours été inconnue.

Am-bulo, are, marcher, se promener : voyager.

Am-Bulans , qui se promene.

Am-Bulatilis , qui va & qui vient , s'ôte
& se remet.

Am-Bulatio , promenade , lieu où on se
promène : 2°. action de se promener.

Am-Bulatiuncula , petite promenade.

Am-Bulator , atrix , qui aime à courir.

Am-Bulatorius , qui peut se transporter :
2°. mouvant., portatif , &c.

Am-Bulacrum , i , galerie , allée d'arbres :
promenade à couvert.

COMPOSÉS.

Ab Ambulo , se retirer , s'éloigner.

Ab-Ambulatio , éloignement , absence ,
course , promenade.

Ad-Ambulo , -are , se promener proche ,
vers.

Ante-Ambulo , -are , marcher devant pour
faire écarter le monde.

Ante-Ambulo , onis , Huissier , Bédeau , Por-
temasse , qui marche devant pour écarter la foule.

Circum-Ambulo , se promener autour.

Co-Ambulo , -are , se promener ensemble.

De-Ambulo , -are , se promener.

De-Ambulacrum , lieu où l'on se promene.

De-Ambulatio , action de se promener.

De-Ambulatorium , allée , galerie , &c.

De-Ambulatorius , qu'on peut transporter d'un lieu à un autre.

In-Ambulo , se promener.

In-Ambulatio , lieu de promenade , action
de se promener.

Ob-Ambulatio , promenade devant , autour.

Ob-Ambulator , qui se promene.

Per-Ambulo , courir le pays.

Per-Ambulatio , action de se promener
çà & là , d'être toujours en course.

Per-Ambulatorium , ii , promenade autour.

Red-Ambulo , -are , retourner d'un voyage , revenir.

Pro-de-Ambulo , -are , se promener çà
& là.

V. BAL ,

Main , force , puissance.

1. Balio , onis , main , paume de la
main. Ce mot remarquable & qui
est l'origine du mot *Bailler* , donner , tendre , se trouve dans les
gloses d'Isidore ; il fut donc introduit dans le Latin vers le temps
de la chûte de l'Empire d'Occident :
prononcé *Valio* , il tient au bon
Latin ,

Vola , æ , la paume de la main ; seul
de sa famille & dont nous avons
fait *voler* dans le sens de prendre ;
voy. Orig. Franç.

Balivus , i , Bailli.

Balium , ii ; Balivatus , ûs , Bailliage :
2°. soin , tutele.

Ce mot tient incontestablement au vieux
mot François , Balie. Dans une ancienne Ballade le fameux Chevalier de
Coucy assure que son cœur est en la *Balie* de sa maîtresse.

Le mot Italien Balia signifie pouvoir , soin ,
puissance.

1. De-là vinrent par une légère altération :
Bajulus , i , Crocheteur , Porte-faix.

Bajulo , -are , porter un fardeau.

BAL ,

Négatif.

De Bal , signifiant puissance , valeur ,
bonté , se forma le négatif *Bel , Bli* ,
Ble , désignant le néant , la méchanceté , le mal.

Les Hébreux en formerent le
mot בְּלִי-יַעַל , *Beli-bal* , le Démon ,

mot-à-mot, le Dieu du mal.

De-là , l'Anglois *EVIL* , mal, & *Devil* , le Génie du mal, le Démon.

De-là vint certainement le mot suivant :

DI-ABOLUS , *i* , Gr. DI-ABOLOS , le Diable, le mauvais Génie.

DIA-BOLICUS , *a* , *um* , Démoniaque , du Démon.

On dérive ordinairement ce mot du Grec , comme s'il signifioit *qui se lance à travers, l'adversaire* , le calomniateur.

Peut-être trouvera-t-on plus vraie , plus profonde l'étymologie que nous en donnons ; sur-tout si l'on considere que c'est de l'Orient que vinrent les idées des deux Principes , des Anges & des Démons. On y appelle encore aujourd'hui le Démon , *DEW* , ou *DI -ABLIS* , le Dieu Ablis, ou Eblis, suivant les Dialectes دو ابليس , *mot à mot* , Genie en qui il n'y a rien de bon ; Génie défespérément malin, dont on ne peut attendre nul bien , nulle vertu.

Le mot *Di-ablis* , transporté chez les Grecs & les Latins , se sera insensiblement changé en *Diabolus.*

Une chose bien surprenante , si quelque chose pouvoit surprendre en fait d'étymologie , c'est que tous nos savans Arabes se soient mis dans l'esprit que le mot Oriental *Eblis* étoit une altération du

mot Grec *Diabolos* , comme si on s'imaginoit que les mots Latins vinrent du François : comme si la doctrine des deux principes n'étoit pas venue avec ses noms de l'Orient: comme si le nom d'Eblis ne suivoit pas immédiatement dans les Dictionnaires celui de *bl, bli, blis* , désignant le souverain mal, la perversité , le comble de la scélératesse , & n'en étoit pas un dérivé manifeste.

Cette absurdité est cependant dans Golius , dans Herbelot , &c. & on vient de la répéter dans le nouveau d'Herbelot , quoique cet Ouvrage soit consacré aux Sciences Orientales.

Qu'on y lise l'Article EBLIS ; on y trouvera des choses très-intéressantes, & une tradition admirable , mais dénaturée également par un nom mal entendu.

VI. *BAL.*

1. Objets qu'on lance & pointus comme un rayon.

1. BAL*ista* , *æ* , Baliste , machine à lancer des pierres : Arbalête.

BALI*starium* , *ii* , batterie.

BALI*startus* , *ii* , Arbalétrier ; qui dirige une baliste.

Ex-BALI*sto*, *-are*, renverser avec la baliste.

2. BO*lis* , *idis* , dard , javelot.

A-BO*lus* , *i* , Gr. ΑβΩΛΟΣ , *Abolos* , Poulain qui n'a pas encore jetté toutes ses dents.

BELO*né* , Gr. ΒΕΛΟΝΗ , aiguille ; poisson de mer qui doit son nom à sa figure.

2°. Objets grands, élevés.

1. BALæna, æ, Baleine.

BALænarius, a, um ; BALænatus ; a, um, fait de barbe ou de nageoires de baleine: 2°. accommodé avec de la baleine.

2. AR-BILLa, æ, graisse ; embonpoint.

3. EBOLus, i ; Hieble, plante qui s'élève.

VII. COMPOSÉS de BAL.

1°. HA-BILIS.

1°. De BAL, joint au verbe A avoir & prononcé BIL, Ha-bil, se forma la famille suivante :

HA-BILis, e, gen. is, comp. ior, issimus, mot à mot, qui A la capacité, la disposition convenable pour exécuter.

HA-BILitas, atis, capacité, adresse, habileté.

HA-BILiter, facilement, commodément.

IN-HABILis, e, inhabile, incapable.

Cet adjectif Ha-bilis est devenu une terminaison qui exprime la capacité qu'a un objet pour opérer quelque chose. Ainsi on dit :

HA-BITabilis locus, un lieu qui a la propriété de pouvoir être habité.

2°. BULUM.

Du même mot BAL, BOL, BUL, puissance, se forma la terminaison BULum, qui désigne l'état d'un lieu qu'on a rendu propre à une chose : de-là, par exemple,

VESTI-BULum, i, mot à mot, l'endroit de la maison qu'on a rendu propre à contenir le feu sacré.

3°. DE-BILis, e.

De la préposition négative DE &. de

BAL, puissant, mot à mot, non-puissant, se formerent ces mots :

DE-BILis, e, foible, infirme, cassé.

DE-BILiter, foiblement, d'une maniere languissante.

DE-BILito, are, affoiblir, énerver, décourager.

DE-BILitas, tis, foiblesse, abattement.

DE-BILitatio, onis, affoiblissement.

SUB-DE-BILis, e, un peu foible.

SUB-DE-BILitatus, a, um ; tant soit peu affoibli.

4°. IM-BECILLIS.

IM-BECILLis, le ; -cillus, a, qui a peu de force, foible, imbécille, : mot formé de in, non, & de bell, force, dont le diminutif est becill, comme d'ala, axilla, de mala, maxilla. On auroit du dire im-bexillis.

IM-BECILLitas, atis, foiblesse, imbécillité.

IM-BECILLiter, par foiblesse, imbécillement.

VIII. BAL.

Guerre.

De BAL, main, & de BAL, lancer, 2°. mettre main contre main; attaquer, vint la famille BELL, relative à la guerre.

1. BELLum, i, combat, bataille ; 2°. guerre ; 3°. inimitié, antipathie, haîne.

BELLator, oris,⎫ Guerrier, Guerriere;
BELLatrix, is. ⎬ Soldat.
DUELLator, oris,⎫ Qui aime, qui est
DUELLatrix, is, ⎭ propre à la guerre.

2. BELLatorius, a, um, Guerrier, propre au combat.

2°. Qui concerne la guerre, la dispute, le combat.

BELLicus, a, um ; DUELLicus, a, um, Guerrier, Belliqueux ; Militaire : 2°. qui concerne la guerre.

BEILicofus, a, um ; DUELLarius, a, um ; vaillant, martial, courageux.

BELLofus, a, um, courageux ; vaillant ; guerrier.

BELLi-Fer, a, um, ⎫ qui porte la guerre,
BELLi-Ger, a, um, ⎬ qui aime les com-
BELLigerator, is, ⎭ bats. Homme de guerre.

BELLI-POTENS, tis, Puissant en guerre, qui préside à la guerre.

DÉRIVÉS.

1. BELLica, æ, colonne consacrée à Bellone. Lorsqu'on vouloit déclarer la guerre, on lançoit contre cette colonne des javelots & des flèches.

2. BELLicum, i, tout signal que donne la trompette à la guerre : signaux du tambour, la charge, la retraite, la chamade ; la générale ; le tocsin ; l'allarme.

3. BELLi-CREPA, æ, danse armée ; espéce de pyrrhique, instituée par Romulus : de CREPare, faire du bruit, à cause des cymbales, tambours, ou autres instrumens guerriers & bruyans qu'on employoit dans ces danses.

4. BELone, es, aiguille, poisson de mer.

5. BELulum, i, instrument propre à tirer le fer des plaies.

6. BELlua, æ, bête féroce : 2°. Guerrier farouche : 3°. Homme cruel.

BELlualis, e, ⎫
BELluinus, a, um, ⎬ de bête.
BELlutus, a, um, ⎭

BELluatus, a, um, qui représente une bête.

BELluofus, a, um, rempli de quantité de bêtes féroces.

VERBES.

BELLo,-are ; or,-ari, faire la guerre, guerroyer, combattre.

BELLI-GERO,-are, porter la guerre, faire la guerre.

COMPOSÉS.

AD-BELLO,-are, faire la guerre.

DE-BELLO,-are, vaincre, dompter, défaire : mettre fin à la guerre ; faire mettre bas les armes.

DE-BELLator, is, qui remporte la victoire les armes à la main.

IM-BELLia, æ, poltronerie, lâcheté, peu de disposition au métier de la guerre.

IM-BELLis, e, peu propre à la guerre, lâche, foible, poltron.

PER-DUELLis, is, crime de léze-Majesté ; crime d'Etat.

PER-DUELLis, e, criminel d'Etat ; ennemi contre qui l'on est en guerre. On sait que DUELLum est le même que BELLum.

RE-BELLo,-are, recommencer la guerre : 2°. se révolter.

RE-BELLator, is ; RE-BELLatrix, is ; rebelle ; celui ou celle qui se souléve.

RE-BELLio, is, ⎫
RE-BELLatio, is, ⎬ révolte, souléve-
RE-BELLium, ii, ⎭ ment, rébellion.

IX.

BAL, Bas.

BAL signifia aussi les lieux bas, par opposition aux lieux élevés, suivant l'usage des mots primitifs de désigner des extrêmes : de-là :

DI-BALo,-are, engloutir, avaler ; consumer. Et cette Famille en VAL.

VALLis, is ; VALLes, is, vallée.

VALLicula, æ ; VALLecula, æ, vallon, petite vallée.

X.

COMPOSÉS Grecs & Latins.

Des Familles IV. V. & VI. de BAL,

défignant l'action de parcourir un
grand efpace, foit en fe prome-
nant, foit en étant lancé avec
force, fe formerent les mots Grecs
fuivans en ufage chez les Romains,
& où B A L eft prononcé B O L ,
comme il le fut en BuL dans *Am-
bulo.*

EM-BoLuſ, *i*, piſton ; 2°. coin, clavette.
EM-BoLa, *orum*, farces, plaifanteries.
EM-BoLium, *ii*, prologue: 2°. interméde
d'une Comédie, épifode.
EM-BoLarius, *a*, *um*, farceur, plai-
fant.
HECATe-BoLuſ, *a*, *um* ; HECATe-BELetes,
æ, qui tire de loin.
HYPER-BoLa, *æ*, fection conique, hyper-
bole : 2°. haut d'une colline.
HYPER-BoLe, *es*, éxagération, hyper-
bole.
HYPo-BoLe, *es*, figure de Rhétorique,
queftion de Dialectique.
PARA-BoLa, *æ*, comparaifon, allégo-
rie.
PARA-BoLus, *a*, *um*, téméraire, défefpéré.
PARA-BoLicus, *a*, *um*, parabolique.
PARA-BoLani, *orum*, Payfans obligés aux
corvées.
   2°. Freres fervans hofpitaliers.
   3°. Freres convers de Monaftere.
PERI-BoLum, *i*, promenade.
PERI BoLus, *i*, parc, cordon de muraille.
PERI-BoLus, *a*, *um*, périodique, qui re-
vient.
PRo-BoLi, *orum*, pieux, paliffades.
PRo-BoLus, *i*, rocher, brifant, batture.
PSEPHo-BoLia, *æ*, jeu de dés.
PSEPHo-BoLum, *i*, cornet à jouer aux
dez.
PYRo-BoLum, *i*, machine d'artillerie ; de
Pyr, feu.
PYRo-BoLuſ, *a*, *um*, qui lance le feu.

BAN, BEN, BOUN.

BAN, BEN qui fignifie hauteur, profondeur, contenance, dans toutes
les Langues Celtes, fournit divers
mots à la Langue Latine.

1. BENNa, *æ*, 1°. vafe, panier ; 2°.
tombereau, fourgon ; 3°. furtout
de campagne.

   Nous avons vu (Orig. Fr. 690)
que *Benna* étoit en ce fens un mot
Celtique. Cette racine fournit également des mots Grecs & Hébreux.

2. APÊNÉ, fignifie en Grec un Char,
un Carroffe, une Caléche : il tient
à l'Hébreu אפן, aphen.

3. EBENus, *i* ; num, *i*, Ebene. Ce
mot eft Grec & Hébreu. Il vint de
l'Orient avec le bois même qu'il
défigne. Cet arbre devient très-gros
& très-grand ; il n'eft donc pas
étonnant qu'il ait pris fon nom de
BEN.

4. Nous avons en Europe un arbre
qui doit fon nom, & par la même
raifon, à la même racine ; c'eft le
Sapin.

   ABIN eft dans Hefychius un mot
Grec qui fignifie Sapin. Les Latins
en firent :

ABIES, *stis* ; qui fignifie également,
1°. Sapin : mais de plus & par
analogie, 2°. Vaiffeau, Navire,
parce qu'on les fait de fapin ; & 3°.
par la même raifon, Tablettes de
bois, qu'on enduifoit de cire & fur

lefquelles on écrivoit avec un ftile ou poinçon.

ABIETARIUS, *ii*, qui travaille en fapin² qui trafique en ce genre d'arbres.

ABIETARIUS, *a*, *um*; ABIEGNUS, *a*, *um*, de fapin.

ABICULA, *æ*, petit fapin.

5. De BAN, bande, lien, ('118) fe formerent ces mots :

HA-BEN*a*, *æ*, bande, ligature ; 2°. courtoie ; 3°. étriviere ; 4°. bride, rênes, guides ; 5°. gouvernement, conduite, autorité, pouvoir.

HA-BEN*ula*, *æ*, bandelette, petite bande.

6. AR-VIN*a*, *æ*, le gras du lard.

7. Les Grecs changerent BAN en BOUN, pour défigner élévation, groffeur ; de-là :

BOUNIAS, BOUNION, en Lat. BUN*ias*, BUN*ium*, Navet, remarquable par fa groffeur & par fa rondeur.

BAR,

BER, PER, FER, VER, &c.

Porter, Produire.

Le Primitif BAR qui occupe une très-grande place dans nos Origines Françoifes, défigna, entr'autres, comme nous l'avons vu (col. 133) les idées de PORTER & de PRO-DUIRE (col. 136) & toutes celles qui ont quelque rapport à l'une ou l'autre de celles-là. Il fut ainfi le Chef en touté langue d'une multi-tude de Familles en BAR, BER, PER, FER, VER, &c. fuivant les différens

êtres productifs ou produits dont on avoit à parler, & relativement à leur plus ou moins de force. De-là ces Familles Latines :

1°. BAR défignant la PRODUCTION, la fertilité.

2°. BAR défignant la FORCE néceffaire pour porter ; les animaux grands & redoutables.

3°. BAR défignant le BRAS, fource de la force.

4°. BAR défignant la PAROLE, le langage, qui fait éclore les penfées de l'homme, qui les produit au dehors, les manifefte.

5°. BAR défignant les productions qui paffent rapidement ; & par analogie, la briéveté.

Mais ces diverfes Familles ont varié leurs dérivés fur toutes les intonations analogues, en BAR, BER, FAR, FER, PAR, POR, VAR, VER, &c.

On ne fauroit donc juger de la vraie étendue de la Famille BAR, qu'en réüniffant toutes ces branches éparfes, ou du moins en les comparant entr'elles, parce que leur réunion en un feul corps s'éloigneroit trop de la forme ufitée d'un Dictionnaire.

I.

BAR,

Fertile, qui Porte.

BAR défignant la fertilité, la produc-tion,

tion, & s'uniſſant à l'article *u*, *hu*, forma en Latin la famille HUBER, UBER, relative à ces idées. De-là :

1. HU-BER, *eris* ; UBER, *eris*, 1°. abondance, fertilité, fécondité : 2°. mamelle, rayon.

U-BER, *eris*, adj. ; UBERTUS, *a*, *um*, fécond, fertile, abondant.

HU-BERTAS, *is*, UBERTAS, *atis*, fertilité, abondance.

U-BERO, -*are*, rendre fertile, faire porter ; 2°. être fertile, abonder.

U-BERTIM, en abondance.

EX-UBER, *eris*, (*qui ex ubere raptus eſt*) ſevré, mot-à-mot, ôté de la mamelle.

EX-UBERO, -*are*, rendre abondant ; 2°. abonder extrêmement.

EX-UBERATIO ; EX-UBERANTIA, grande abondance.

2°. VER, *eris*, en Eolien BÊR, en Grec commun HÉR *np*, & ε*αρ*, EAR, la ſaiſon qui porte ; le printems : 2°. la jeuneſſe, le printems des jours.

VERNUS, *a*, *um*, du printems.

VERNO, (avec ellipſe du mot *tempore* *tems*,) au printems.

3°. VIR, Verd.

1. VIRIDIS, *e*, verd, verdoyant, la couleur du printems, 2°. qui a de la force, de la vigueur.

VIRIDITAS, *atis*, verdure, force, vigueur

VIRIDÉ ; en verd, d'une couleur verte.

VIRIDICATUS, *a*, *um*, verdoyant, devenu verd.

VIRIDARIUM, *ii*, verger.

VIRIARIUS, *ii*, jardinier.

Orig. Lat.

2. VIREO, *ui*, *ere* ; être verd, être verdoyant.

VIRESCO, *ere* ; EVIRESCO, *ere*, devenir verd, reverdir.

VIRETUM, *i*, lieux remplis de verdure.

VIREO, *onis*, Loriot, *ou* Verdier ; oiſeau qui doit ſon nom à ſa couleur.

4. Noms de Plantes.

1. BRATUS, *i*, Sabine.

2. BAR-BYLA, *orum*, prunes de damas.

3. BRASSICA, *æ*, chou ; 2°. herbe potagere, légume ; en Gallois BRESYCH.

4. BRYA, *æ*, plantes en général, qui portent de petits fruits ; 2°. tamarin, arbriſſeau qui porte un petit fruit noir.

5. BRYON, *i*, en Grec BPYÓN, plantes marécageuſes, toute eſpéce de mouſſe ; 2°. mouſſe, qui vient ſur les vieux arbres ; 3°. houblon ; 4°. les fruits ou les grappes du peuplier blanc.

BRYONIA, *æ*, Grec BRYÓNIA, Coulevrée, Bryoine, plante ; 2°. courge ſauvage qui porte la coloquinte.

II. (146.)

BAR, Barbe.

1. BARBA, *æ*, barbe, marque caractériſtique de l'homme, & ſigne de la virilité. Dans l'ancien Celte on dit BARF & BARV, de même que VARV : les Eſpagnols diſent VARVA. Tous ces mots viennent de BAR, produire, germer.

BARBULA, *æ*, petite barbe, mouſtache.

BARBITIUM, *ii*, la barbe.

BARBATUS, *a*, *um*, barbu ; 2°. ancien, vieux.

BARBATULUS, *a*, *um*, à qui la barbe commence à venir.

BARBIGER, *a*. *um*, portant barbe

L

1°. BAR*bus*, *i*, mulet, poisson de mer ; 2o. barbeau, poisson de rivière ; ces deux poissons doivent leur nom à des piquans en forme de barbe qu'ils ont à l'extrémité de la tête.

3. BAR*bo*, *onis*, un vieux barbon ; 2o. un sot, une bête, un radoteur.

4. BAR*bista*, *æ*, Barbier.

BAR*batoria*, *æ*, métier & boutique de barbier.

5. BAR*bata*, *æ*, Aigle barbu, qu'on nomme *Ossifraga*.

COMPOSÉS.

IM-BER*bis*, *e*, qui est sans barbe ; 2o. jeune.

IM-BAR*besco*, *ere*, commencer à avoir de la barbe

MULTI-BAR*bus*, *a*, *um*, qui a beaucoup de barbe.

ILLUTI-BAR*bus*, *a*, *um*, qui a la barbe sale.

III.

BAR,

Devenu FER, THER,

Animal.

De BER, VER, animal, les Latins firent FERA ; tandis que les Allemans en firent THIER, & les Grecs THÉR, par le changement de F ou PH en TH. De-là, ces mots.

1°. Animal en général.

THÉRIO-*Trophium*, *ii*, ménagerie, lieu où l'on nourrit les bêtes ; de *Thérion*, animal, & de τρεφω, je nourris.

THÉRIO-*Brotus*, *a*, *um*, dévoré par les bêtes sauvages ; de *brot*, nourriture.

2. FER*a*, *æ*, bête en général ; 2. bête sauvage ; 3. le loup, *Constellation*.

FER*inus*, *a*, *um*, de bête-brute, de venaison.

FER*ina*, *æ*, de la venaison.

FER*iné*, brutalement, en bête brute.

FER*itas*, *atis*, férocité, naturel farouche; 2o. barbarie, inhumanité.

FER*us*, *i*, une bête, un animal ; ce mot paroit avoir été employé pour tous les quadrupèdes ou animaux un peu considérables.

FER*us*, *a*, *um*, féroce, farouche ; 2o. fauve ; sauvage ; 3o. cruel, barbare ; 4o. fier, brave, guerrier.

3. FER*ox*, *cis*, féroce, farouche ; 2°. cruel, barbare ; 3°. fier ; 4°. vaillant, courageux.

FER*oculus*, *a*, *um*, diminutif de FER*ox*.

FER*ocia*, *æ*; FER*ocitas*, *is*, air farouche, fierté, orgueil ; 2°. bravoure, valeur.

FER*ocio*, *ire*, être féroce, cruel, fier, arrogant.

FER*ociter*, fièrement, d'un air farouche, avec hauteur.

COMPOSÉS.

EF-FER*o*, *-are*, rendre brutal, farouche, sauvage, abrutir ; 2o. rendre fier, dur, intraitable.

EF-FER*us*, *a*, *um*, dur, brutal, cruel, farouche.

2°. Noms d'Animaux redoutables par leur force & leur grandeur.

1. BAR*rus*, *i*, en Latin & en Sabin, éléphant. Les Indiens avoient déjà dit BARRO, & les Chaldéens BEIR*a*, pour désigner le plus gros des animaux.

BARR*io*, *-ire*, crier comme l'Eléphant.

BARR*itus*, *ûs* 1° cri de l'Eléphant ; 2o. cri des soldats marchant au combat, parce qu'ils imitoient le cri de l'Eléphant.

De BAR, BEIR, éléphant, les Hébreux firent בהיר, *Beir*, blanc, éclatant comme l'yvoire, comme les dents d'éléphant, & sans doute l'yvoire même ; d'où le Latin E-BUR, oris, yvoire, matiere des dents d'éléphant. 2°. Ouvrage d'yvoire.

E-BURn*atus*, *a*, *um*, garni d'yvoire.
E-BURn*eus*, *a*, *um* : - *Nus*, *a*, *um* ; · E-BURn*eolus*, *a*, *um*; d'yvoire, fait d'yvoire.

2. A-PER, APER*i*, & par Sync. APP*i*, Sanglier. Les Anglo-Saxons le nommoient BAR & FARR ; les Theutons BÆR, & les Allemans E-BER.

La famille du Nord BAR ; BÆR, en Allemand ; BEAR en Anglois, & BIORn en Danois, Suédois & Iſlandois, tous mots qui ſignifient Ours, dérive de la même racine, qui, appliquée aux bêtes, exprime les plus fortes, les plus groſſes.

A PRAr*ius*, *a*, *um*,
A-PRIn*us*, *a*, *um*, } de Sanglier.
A-PRUg*nus*, *a*, *um*,
A-PRUg*na*, *æ*, chair de ſanglier, c'eſt une ellipſe de *Caro*, chair.

3. A-PR*iculus*, *i*, ou anciennement A-PER*iculus*; A-PER*culus*, *i*, marſouin, pourceau de mer.

Les Grecs ont le même mot, mais avec une legère altération : au lieu d'A-PER, ils diſent KA-PROS.

4. VER*res*, un porc entier; un VER*rat*. Ici le B, ſe changea en P, en PH & en V. Les Anglo-Saxons diſent dans le même ſens BER & les Weſtphaliens BÆR. On trouve même dans PLUTARQUE BER*res* (Βερρης,) le même que VER*res*.

VER*rinus*, *a*, *um*, de porc entier, de VER*rat*.

IV.
BAR, Bras.

De BAR, force, puiſſance, élévation, prononcé BAR, ſe forma naturellement BRACH, déſignant *Bras*, ſiége de la force, de la puiſſance exécutrice, organe d'ailleurs au moyen duquel l'homme porte, éleve, abaiſſe les objets extérieurs. De-là le Grec BRAKH*ion*, bras, & cette famille Latine :

1. BRACH*ium*, *ii*, bras.

BRACH*iolum*, *i*, petit bras.
BRACH*iolaris*, *e*; BRACH*ialis*, *e*, du bras; qui concerne le bras.
BRACH*iale*, *is* · braſſelet · braſſard, braſſée, jointure du bras & de la main.
BRACH*iatus*, *a*, *um*, branchu, qui a des branches.

10. BRAC en ſe naſalant, devint, BRANCH*iæ*, *arum*, Gr. *Braggia*, giôn, prononcé Brangia, nageoires des poiſſons : elles leur tiennent lieu de bras.

BAR,
Porter.

De BAR, porter, vinrent les mots ſuivans.

1°. Bourſe.

BORS*a*, *æ*, *Lat. barb.* bourſe à argent, &c.

BORS*ecla*, *æ*, paupiere, *mot-à-mot*, petite bourſe ; les yeux y ſont renfermés.

2°. Bête de ſomme.

BURD*us*, *i* ;-*Do*,*onis*, Mulet, Bardaut; animal dont on ſe ſert pour porter des fardeaux : mot de la même famille que l'Anglois Burden, fardeau.

3°. Enfant.

De-là cette Famille Grecque & Latine :

Brephos, enfant; on est obligé de le porter, de l'élever, de le nourrir.

Brepho-trophium, hôpital pour les enfans trouvés, mot-à-mot, lieu où on nourrit les enfans.

V.

BAR,

Parole (123).

Nous avons vû dans les Orig. Franç. que cette famille *Bar*, désignant la parole, revêtit plusieurs formes différentes, suivant les diverses idées relatives à celles-là, & suivant les Peuples qui s'en servirent. De-là ces familles Latines où Var s'est fait suivre d'un B ou d'un D.

Verb, désignant la parole.

Bar-Bar, désignant un langage étranger, non entendu.

Bard, la parole chantée, ou la Poësie des Peuples Celtes.

1. Verbum, i ; 1°. Parole ; 2°. Un mot, un terme, 3°. une Sentence, 4°. un verbe.

Verbosus, a, um, où il y a beaucoup de paroles, grand parleur.
Verboso, are, tenir de longs discours.
Verbositas, long discours.
Verbosé, avec beaucoup de paroles.
Verbi-Velitatio, is, dispute de paroles; de velis léger.

Verbi-Gero, are, se quereller, se battre avec des mots.

2. Bar-Biton, i ; Bar-Bitus, i ;-Tos, ti, Lyre, Luth, Harpe, instrument à corde; mot-à-mot, maison qui parle, qui retentit; de Bar, parole, chant, & Bet, maison. C'est un mot Grec & Latin. Il vint de l'Orient avec les instrumens même qu'il désignoit.

3. Bar-Barus, a, um : cette réduplication du mot Bar, marque l'action de prononcer un langage, qu'on ne comprend pas :

Une langue étrangere paroît avoir des sons durs, on la déclare *Barbare*, comme si elle n'étoit qu'un vain assemblage de mots.

En Latin, ce mot signifie, 1°. un Etranger, celui qui n'entend pas la Langue du Pays, qui Baragouine un autre jargon ; 2°. un Sauvage, un homme farouche, incivil, impoli, cruel, sans pitié.

Barbaricum, i ; 1°. cri, clameur, élan de voix des peuples étrangers allant à l'assaut : cri fort intéressant pour eux & très-désagréable aux Romains, qui n'en comprenoient pas le sens ; 2°. magasin où l'on gardoit les dépouilles, que les soldats Romains faisoient sur ces malheureux étrangers.

Barbaricus, a, um; 1°. étranger, sauvage ; 2°. bariolé de diverses couleurs à la mode des sauvages, qui se peignent le corps ou les habits de couleurs bigarrées.

Barbaré, à la manière des étrangers ; 2°. au figuré, à la manière des sauvages, cruellement, barbarement.

Barbaria, æ ; Barbaries, ici, pays étranger. Les Grecs appelloient ainsi l'Italie.

Les Romains donnerent le même nom à la côte d'Afrique, que nous appellons encore aujourd'hui la *Barbarie*. Ce mot signifie aussi 2°. l'usage des étrangers, c'est-à-dire, le défaut de manières, l'impolitesse; la cruauté.

BARbarifmus, i, mot étranger, tour de phrase étranger & impropre.

BAR-BARA-LEXis, is, choix d'un mot étranger pour l'unir à un mot de la langue qu'on parle : de LEG, choix.

4. Pour désigner le langage des Dieux, la Poësie, les Celtes Occidentaux, ajoûterent au mot BAR la lettre *D*, confonne qui exprime ce qu'il y a de plus excellent, de plus élevé; ainfi le mot BARD, signifie Poëte, & particuliérement les Poëtes Gaulois.

BARDi, orum, les Bardes : Poëtes, Muficiens & Chanteurs Gaulois; ils compofoient des Poëmes & les chantoient de Ville en Ville, s'accompagnant de la lyre, ou de la Harpe. Homere fut un Barde fublime. En Anglois, BARD défigne un Poëte.

BARDitus, i, ou ús, poësies, chanfons des anciens Poëtes Gaulois.

BARDiacus, a, um; BARDaicus, a, um, qui concerne les Poëtes; 2°. Gaulois, à la Gauloife.

BARDiacus, i; BARDiacum, i, habit de guerre des Gaulois.

BARDo-Cucullus, Cape des Gaulois; 2°. capuchon des Béarnois.

V. I.

BAR, bref.

BAR, prononcé BER, fignifia en Celte

bref, court, qui dure peu : il fe changea chez les Grecs en *Bra*, chez les Latins en *Bre*; de-là chez les premiers BRACHus, & chez les derniers BREVis, qui préfentent les mêmes idées.

1. BREVis, e, bref, court, ferré, fuccint, abrégé; qui dure peu.

BREVes, ium, tablettes de pôche.

BREVi; BREViter, dans peu, fuccinctement, en deux mots.

BREVe, is, Mémoire, bordereau, lifte; 2°. abrégé, fommaire.

BREVia, ium, gués, lieux guéables; 2°. bas-fonds, écueils.

BREVio, are, abréger, refferrer, mettre en peu d'efpace.

BREVitas, is, brièveté, petiteffe.

BREViarium, ii, abrégé, fommaire, lifte, regiftre.

2. BREVi-Loquens, tis, concis, ferré; qui s'exprime en peu de mots, court, preffé; 2°. qui parle bref : de Loquor, parler.

BREViloquentia, æ; BREViloquium, ii, parler concis, langage fuccinct.

3. AB-BREVio, are, abréger, raccourcir.

AB-BREViator, is, qui abrége.

4. AMPHI-BRACHus, i, Amphibraque, pied de vers compofé de deux breves & d'une longue.

BAT,

BOD, FAT, &c.

Profondeur, &c.

BAT, BOD, &c. défigna en toute langue, la profondeur haute & baffe, la hauteur, la contenance, &c. C'eft une extenfion naturelle de la valeur du *B*, qui défigna tout ce qui

contient, qui a de la profondeur.
De-là entr'autres ces familles Latines.

I. Vaſe.

ʙᴀᴛ*us*, *i*, ᴘᴏᴛ, meſure ou vaſe de vin contenant 72 ſeptiers, chez les Juifs ; ce mot eſt le même que ʙᴏᴛ & ᴘᴏᴛ. En Allemand ʙᴏᴅ*en*, ſignifie le profond, le fond & le même ſe dit en Anglois ʙᴏᴛ*tom*.

2. ʙᴀᴛ*illus*, *i ; — Tillum*, *i*, diminutif de ʙᴀᴛ*us*, caſſolette, rechaud ; 2°. pelle creuſe ; 3°. faucille.

ʙᴀᴛ*iocus*, *i*, broc, vaſe à vin.

ʙᴀᴛ*iola*, *æ*, taſſe, coupe.

C'eſt à cette famille qu'appartiennent le François ʙᴏᴛᴛᴇ, chauſſure creuſe & élevée : l'Italien ʙᴏᴛᴛᴀ, tonneau, &c.

3. ʙᴏᴛ*ulus*, *i*, — *Tellus*, *i* ; boudin, à cauſe de ſa forme.

ʙᴏᴛ*ularius*, *ii*, faiſeur de boudins, de ſauciſſes.

4. ᴀ - ʙʏss*us*, *i*, abîme. *Gr.* ᴀ-ʙ*ussos*. De ʙᴏᴛ, profond*, prononcé ʙᴜᴛ, ʙʏᴛ, ʙʏs.

De-là l'Anglois ᴘɪᴛ, & le Latin ᴘᴜ*teus*, puits.

ʙᴀᴛᴇᴀ-ᴘᴏɴᴛɪ, endroits ſans fond dans la mer du Pont.

Dᴇ́ʀɪᴠᴇ́s Gʀᴇᴄs.

ʙᴀs*is*, *is*, la baſe, le bas, ce qui ſoutient.

ᴀɴᴛᴇ-ʙᴀs*is*, *is*, piéce qui eſt au devant de la baſe.

ᴀɴᴀ-ʙᴀs*is*, *is*, queue de cheval, eſpéce de plante.

ᴀɴᴛɪ-ʙᴀs*is*, *is*, colonne de derrière dans une catapulte.

ʙᴀsɪ-ɢʟᴏss*is*, muſcle qui eſt à la racine de la langue ; le baſigloſſe : de *baſis*, & *gloſſa*, langue.

ʜʏᴘᴇʀ-ʙᴀs*is*, *is*, 1°. métaphore ; 2°. manquement de foi.

ᴘᴀʀᴀ-ʙᴀs*is*, paſſage d'un côté à l'autre : 2°. digreſſion : 3°. prévarication.

ᴘᴀʀ-ᴇᴋ-ʙᴀs*is*, digreſſion.

2°. Graiſſe, abondance.

ʙᴀᴛ, devenu *Fat*, déſigna la graiſſe, l'abondance, dans la plupart des Langues.

En Celte, ʙᴀᴛ, ʙᴀss, &c. gras fertile, riche.

En All. ꜰᴇᴛʏ, graiſſe, abondance.

En Hébr. פֶדֶר, *Phe-der*, graiſſe.

En Grec, ᴀ-ᴘʜᴀᴛᴏs, abondamment.

ᴘʜᴇɪᴅᴏ̂, ménage, œconomie, action d'entaſſer.

Vieux Latin, ꜰᴀᴛ*im*, dans Feſtus & ſon dérivé,

ᴀꜰ-ꜰᴀᴛ*im*, abondamment, en quantité.

ᴏ-ʙᴇs*us*, *a*, *um*, gros & gras, qui a bien de l'embonpoint.

ᴏ-ʙᴇs*itas*, *atis*, le trop de graiſſe.

ᴏ-ʙᴇs*o*, -*are*, engraiſſer, mettre à l'engrais.

ᴏ-ʙᴇs*atus*, *a*, *um*, qui eſt devenu trop gras, chargé de trop d'embonpoint.

ʙ ᴀ ᴛ, jaune.

ʙᴀᴛ, ʙᴀᴛ*is*, déſigna en Celte la couleur jaune. On peut rapporter à cette racine ces dérivés Latins :

ʙᴀᴛ*icula*, nom d'une plante marine, à fleurs jaunes ſans doute.

ʙᴀᴛ*inus*, *i* ; ʙᴜᴛ*itus*, *i*, un bec jaune, un nigaud.

BET, maison.

De B, défignant la bouche, & tout ce qui eft clos, toute idée relative à boëte, fe forma le mot primitif BET, défignant le lieu où l'on fe renferme, maifon, logement, demeure, féjour: de-là cette famille Latine::

1. HA-BITO, -are, être en un lieu; HABITER un lieu, y faire fa demeure, y loger.

HA-BITatio, onis; HA-BITaculum, i, habitation, demeure, logement, maifon, féjour.

HA-BITator, oris, habitant, qui demeure en un lieu.

HA-BITatrix, icis habitante.

HA BITabilis, e, habitable, où l'on peut demeurer.

COMPOSÉS.

AD-HABITO, -are, demeurer proche, être voifin.

CO-HABITO, demeurer avec quelqu'un; faire ménage enfemble.

IN-HABITO, faire fa demeure en un lieu, y faire fon féjour.

IN-HABITatio, demeure, féjour en un lieu.

IN-HABITabilis, e, où on ne peut habiter, inhabitable.

2. De-là réfulta une nouvelle famille défignant la fituation, l'état, la contenance, l'habitude & toutes les idées morales qui tiennent à celles-là.

HA-BITus, ûs, 1°. fituation, affiette.

2°. Etat, difpofition, qualité.

3°. Contenance, attitude, façon, maniere.

4°. Taille, figure.

5°. Habitude, coutume.

6°. Maniere de fe mettre, de s'habiller, habit, habillement.

HA-BITudo, inis, état, conftitution, air, mine; 2°. habitude, coutume.

BE,

Bien (166).

BE, eft un des premiers mots du Dictionnaire de l'Enfance. Prononcé de la touche la plus mobile, il devint par fa nature le nom des objets agréables, & dans lefquels fe trouve notre bien, le bonheur. De-là ces familles Latines:

I. Heureux.

1. BEatus, a, um, heureux, riche, opulent.

BEatulus, a, um, qui a du bonheur, à fon aife.

BEaté, iùs, iffimé, heureufement, avec fuccès, à fouhait.

BEatitas, atis; BEatitudo, inis, béatitude, félicité, contentement.

BEati-Fico, -are, rendre heureux.

PER BEatus, a, um, très-fortuné, fort heureux.

II. Bien.

1. BENé, bien, fort, grandement, beaucoup.

BENignus, a, um, benin, doux, obligeant, gracieux, bienfaifant.

BENigné, iùt, iffimé; BENigniter, humainement, doucement; avec bonté, d'une maniere obligeante.

BENignitas, atis, bonté, inclination à faire du bien, douceur.

BINOMES,

1°. De FAC, fais.

BENE-FICUS, *a*, *um*, bienfaisant, obligeant, libéral.

BENE-FICIUM, *ii*, grace, faveur, plaisir, bon office, libéralité, largesse ; 2°. pension, fief, dignité ; 3°. bénéfice, privilége, exemption.

BENEneficiarius, *a*, *um*; 1°. vassal, feudataire ; 2°. soldat exempt de service ; 3°. soldat avancé par la faveur de ses officiers ; 4°. bénéficier, celui qui reçoit les émolumens d'une charge sans rien faire ; 5°. ce qu'on tient des bienfaits d'autrui ; 6° obligé à quelqu'un à cause des bienfaits qu'on en a reçus.

BENE-FACIO, *-ere*, faire du bien, servir, rendre service.

BENE-factum, *i*, faveur, grace, bon office, service, bonne action.

BENE-ficentia, *æ*, inclination bienfaisante, libéralité; humeur obligeante.

2°. De DIC, dis.

BENE-DICO, *ere*, dire du bien, louer, parler avantageusement, bénir.

BENedicè, adverbe employé par PLAUTE ; & qui signifie, en disant du bien, civilement, avec des paroles engageantes, en louant.

BENediCtus, *a*, *um*; BENedicus, *a*, *um*, bien dit ; 2°. loué, louangé.

BENediCtus, *i*, St. Benoît.

BENediCta, *æ*, Ste. Benoîte.

BENediCtio, *onis*; BENediCtum, *i*, bénédiction ; 2°. parole dite à propos, belle sentence ; 3°. louange, honnêteté, mot obligeant.

3°. De VOLO, vouloir, &c.

a. BENE-VOLus, *a*, *um*, ⎫ Bienveil-
BENE-VOLens, *tis*, ⎬ lant, affec-
BENE-VOLentus, *a*, *um*, ⎭ tionné,

obligeant, qui veut du bien, qui se plaît à rendre service.

BENE-VOLentia, *æ*, bonne volonté, affection, amitié, inclination à faire plaisir.

BENevolè, de bon cœur, de bonne amitié.

2. BENE-PLACEO, *-ere*, être fort agréable.

BENE-placitum, *i*, bon plaisir, agrément.

3. BENE-MEReor, *-eri*, bien mériter de quelqu'un, rendre service.

COMPOSÉS de PER.

PER-BENè, parfaitement bien, fort bien.

PER-BENigné, avec beaucoup de douceur.

PER-BENevolus, *a*, *um*, qui a beaucoup d'affection.

PER-BENevolè, avec beaucoup de bonté.

III. Bon.

1. BONUS, *a*, *um*, qui a de la bonté, propice, favorable. 2°. Convenable, utile, avantageux.

BONum, *i*, bien, avantage, utilité.

BONusculum, *i*, petit bien.

BONa, *orum*, richesses, moyens, facultés, fortune.

BONè, bien, le même que BENè.

BONitas, *tis*, bonté.

PER-BONUS, *a*, *um*, extrêmement bon.

2. BONifacia, *æ*, laurier alexandrin nommé boniface.

III.

BE, vivre.

BE, offrit dans les Langues Celtiques une autre signification, celle de vivre & de se nourrir, sans lesquels nul bien : de-là ces mots Latins :

1. AMPHI-BIUM, *ii*, ⎧ Du Lat. *ambo*,
AMPHI-BIUS, *a*, *um*, ⎨ Gr. *amphó*,
deux, & de *Bia*, vie. AM-Phibie, animal qui a comme deux, vies,

vies ; vivant également fur la terre & dans l'eau.

HEMERO-BÏus, *ii*, qui ne vit qu'un jour, éphémère.

2. Pres-BYTer, *eri*,vieillard; 2°. ancien; 3°. Prêtre : de *BU* prononcé BY,vie; & de *Pro*, en avant : *mot-à-mot*, avancé en âge, ancien.

Pres-BYTera, *æ*, prêtreffe.

Pres-BYTeratus, *ûs*, prêtrife.

Pres BYTerium, *ii*, lieu où logent les Prêtres; 2o. affemblée de Prêtres ; 3°. chœur d'Eglife.

3. APes, *is*, *f.* ⎱ Abeille, parce qu'on
APis, *is*, *f.* ⎰ vit de fon miel.

APiarium, *ii*, rucher.

APiarius, *a*, *um*, qui éléve des mouches à miel.

APianus, *a*, *um*, qui concerne les abeilles.

APiaftrum, *i*, méliffe, plante dont fe nourriffent les abeilles.

APicula, *æ*, petite abeille.

BED,

Rouge.

Nous avons vû dans les Orig. Franç. (col. 161) que BED, BET fignifioit rouge dans les Langues Celtes. Ce fut également une famille Latine compofée des mots fuivans.

1. BETa, *æ*, bette, poirée.

BETacèus, *a*, *um*, de bette, de poirée.

BETa, *æ*, une bête, un homme mou & efféminé.

BETiẕo,-*are*, languir en tout ce qu'on fait; être infipide.

2°. BETula, *æ*, bouleau, arbre, qui donne une liqueur rougeâtre.

BETulacẹus, *a*, *um*, de bouleau.

Orig. Lat.

3. BETonica, *æ*, betoine, plante rougeâtre.

BO,
BU, Bœuf.

I.

Ce nom eft une onomatopée, qui défigne le cri du bœuf,& par analogie, tout ce qui eft gros ; il eft Grec de même que Latin : le nombre des mots qui en font formés eft très-confidérable.

1. Bos, *bovis*, bœuf, vache. 2°. Monnoie fur laquelle étoit empreinte la figure d'un bœuf.

Boo,-*are*, mugir, meugler.

RE-Boo,-*are*, retentir, mugir fortement.

Box, *cis*, bœuf marin.

Bovile, *is*, étable à bœufs, toît à vaches.

Bovillus, *a*, *um*, de bœufs, qui concerne les bœufs.

2. Boa, *æ*, maladie des bœufs; 2o. ferpent aquatique; 3o. rougeole; 4°. enflure de jambes; 5o. vafe à mettre du vin.

Boalia, *ium*, jeux confacrés aux dieux infernaux.

Boarius, *a*, *um*, qui concerne les bœufs.

Baïtromia, *orum*, courfe de bœufs, mot grec : fêtes d'Apollon, où l'on faifoit courir des bœufs.

3. Bovinor, *ari*, (*Fest.*) tergiverfer.

Bovinator, *is*, (*Aulug.*) qui tergiverfe.

4. Bubalus, *i*, buffle, efpece de bœuf. Binome formé de Bu, bœuf & de BAL gros, immenfe ; mot-à-mot, gros bœuf.

Bubalinus, *a*, *um*, de buffle.

Bubetiæ, *arum*, fêtes, ou combats, ou

M

courſes de taureaux; binome formé du verbe Bɛто, aller, courir; ou de Pɛто., attaquer, combattre ; & de Bu, bœuf.

5. Bubulo,-are, ⎱ crier comme un hibou , Butilo,-are , ⎰ un butor.

Bubo,-are , ⎱ Bubo,-ere , ⎰ Meugler comme un bœuf.

Bubino,-are, ſalir, gâter avec du ſang corrompu.

6. Bubulcio ,-ire, ⎫ garder, conduire les Bubulcito ,-are , ⎬ bœufs : de Bu & de Bubulcitor,-ari , ⎭ Cio, cito , exciter, piquer , faire aller.

Bubulcus, i , bouvier, vacher.

Bubulus , a , um , de bœuf, de vache.

Bubilis , is ; Bubile, is , étable à bœuf.

7. Bu-Bastis, idis ; Bubonis, æ. déeſſe des bœufs & des vaches, Diane ou Iſis.

II. Binomes.

1. Bu-cerius , a , um,⎱qui a des cor-Bucerus , a , um , ⎰nes de bœuf : de Ker , corne.

Bu-Ceriæ , arum , Troupeau de bœufs.

Bucetum, i ; Bucitum,i, troupeau de bœufs, de vaches ; 2°. le lieu où on les fait paître.

Bu-colus , i ; Buculus , i , garde bœufs , bouvier, celui qui nourrit des bœufs. De Colo, & de Bu.

Bucolicus , a , um , qui concerne les bœufs & leurs pâtres.

Bucolica , orum , chanſons champêtres, paſtorales.

Bu-cæda , æ , qui eſt fuſtigé avec des courroies de bœuf , avec un nerf de bœuf. De Bu & de Cædo.

2. Bub-Cino-are, ſonner de la trompe de vacher. De Can, chanter, ſonner , faire réſonner; & Bou.

Buſſiqua , æ , bouvier, de ſequor.

Bucentaurus, i, vaiſſeau de cérémonie de la République de Veniſe.

Bu-centes , is, taon, mouche; mot Grec, qui ſignifie , mot à mot , piquant ou ai-guillon de bœuf. De centèo , en Grec piquer.

Bucentrum , i , aiguillon de bœufs.

Bu-cephala , æ , mot-i-mot, tête de bœuf, nom du cheval d'Alexandre , d'un pro-montoire de la Gréce & d'une ville de l'Inde.

3. Bu-thyſia , æ , grand ſacrifice de bœufs : du verbe grec Thuo , égorger ; d'où eſt venu le mot François Tuer.

Buthyta , æ , ſacrificateur, prêtre qui tue les bœufs.

4. Bura ; Buris , manche recourbé de la charrue ; ſelon Iſidore , de Boo-oura, & non Boſoira, comme il eſt imprimé; ſem-blable à la queue d'un bœuf.

5. Poly-Bures , is , qui a quantité de bœufs , riche en bœufs.

6. Bu-тyrum,i, beurre : de Bu, vache, & de Turos , fromage.

Butyrarius , ii , beurrier.

Butyraria, æ , beurriere.

7. Bu-zygia , æ , nom pur grec, celui d'une famille Athénienne à qui le ſacerdoce ou l'immolation des bœufs ſacrés étoit affectée, parce qu'elle deſcendoit de Bu-zygès, ou Bouzigès qui attela le premier les bœufs à la charrue. Ce mot eſt formé de Bu & de Zugos, joug.

III. Noms de Plantes.

1. Bu-cranium, ii, œil de chat, plante, mot à-mot, crâne de bœuf.

2. Bu-gloſſum, i ; Buglotis, idis, bugloſe , plante ; 2°. eſpéce de poiſſon de mer ; mot à-mot, langue de bœufs; de Bu, & de Glot, langue.

3. Bu-melia , æ , eſpéce de frêne fort

grand : de Bu , confidérable , & du Grec
Melia , Frêne , qui tient à Mal , arbre
en général.

Buphtalmus , i , œil dé bœuf.

Bu-Selinum , i , efpéce d'Ache : de
Selinon , perfil.

IV. Noms d'Animaux.

1. Bu-preſtis , is , infecte venimeux ,
qui fait enfler & crever les bœufs;
du Grec Prétho ; enfler.

2. Bo-Taurus , i ; Butaurus , i , oifeau de
proie , butor. Binome de Taurus & de Bu.

Buteo , onis , bufe , bufard.

Butio , onis , butor : les noms de cet
animal font de vraies onomatopées , qui
expriment le cri du butor.

Butio , ire , crier comme un butor , qui
mettant fon bec dans l'eau , fait autant
de bruit qu'un bœuf qui meugle.

3. Bu-Bo , onis , Hibou , Chathuant ; 2°.
butor ; 3°. inflammation fous les aif-
felles & dans les aines.

Bubonocele , eu , efpéce de hernie , de
defcente.

4. Bufo , onis , crapaud ; nom formé par
onomatopée , à caufe de fon cri.

V. Autres Derivés.

1. Bufonites , æ ; — tis , idis , crapaudine , efpéce de pierre.

2. Bu-Cardii , æ ; pierre précieufe , efpéce
de turquoife : mot-à-mot , cœur de bœuf.

Dérivés en BO.

3. Bos-Phorus , i , le Bofphore , mot-à-
mot , le paffage du bœuf.

4. Bonafus , i , Taureau fauvage.

5. Boötes , is , le bouvier , conftellation.

6. Bovca , æ , falamandre..

VI. BU ,

Devenu le nom des Objets grands &
gros.

Bu-Lapathum , i , grande ofeille.

Bu-Limia , æ ; Bulimus , i , faim canine ,
de Bo & de Limos , faim.

Bum-amma , æ , ⎫ groffe grappe de rai-
Bumammia , æ ,   ⎬ fin , qui reffemble en
Bumaſtus , i ,   ⎭ groffeur au pis d'une
vache.

BO

Bois (172).

BO , défignant l'élévation , devint en
Celte le nom des arbres , plantes
élevées : de-là notre mot Bois. Les
Latins ajoutèrent à ce mot celui
d'Ar , qui fignifie également hauteur : de-là Arbos , à l'abl. Arbore,
devenu en François Arbre , qui
fignifie la même chofe.

1. Arbos ,   ⎫ Mot-à-mot , bois haut:
Arbor , ris , ⎬ arbre ; 2°. aviron ,
rame ; 3°. mât de navire.

Arborideus , a , um , cultivé pour devenir un arbre.

Arboreus , a , um , d'arbre.

Arborarius , a , um , qui fe plait aux
arbres , qui fe perche fur les arbres.

Arborator , jardinier , qui a foin des
arbres.

Arboretum , i , bofquet; 2°. verger ; 3°.
pépinière.

Arboreſco ,-ere , croître en arbre.

2. Arbuſcula , æ , un arbriffeau ; 2°. piéce
de bois élevée.

Arbuſtivus , a , um , planté d'arbres.

Arbuſto ,-are , planter des arbres.

3. Arbuſtum , i , verger , pépinière , bofquet.

4. Arbutus , i , arboifier.

Arbuteus , a , um , d'arboifier.

Arbutum , i , fruit d'arboifier.

BUX ,

De BO , prononcé Bou & écrit Bu ,
vint :

1. Buxus, i ;-xum, i, ⎱ Buis, arbre
Puxus, i,　　⎰dont le bois
eſt extrêmement ſerré & denſe.
2°. Tout inſtrument de buis.
Les Grecs l'appelloient également Puxos, & ils en firent le
mot Puka, relatif à denſe, épais,
ſerré.

2. Buxa, orum, flûtes de buis.
Buxetum, i, bocage de buis.
Buxeus, a, um, de buis.
Buxifer, a, um; Buxoſus, a, um, qui
porte du buis, qui reſſemble au buis.
Buxans, tis, de buis.
3. Pyx-canthum, arbriſſeau épineux, dont
les feuilles reſſemblent au buis.
4. Pyx, xidis; Pix, xidis, coffre,
boete : en Grec Pyxis.
Pyxidicula, æ, petite boëte.
Pyxidatus, a, um, en forme de boëte.

BOG, BOI,
Rond (87).

Bog, Boi, déſigne en Celte les idées
relatives à la rondeur ; delà ces
mots Latins.

Boia, æ, caveau, collier : 2°. chaînes
de criminel.

Boïus, a, um, enchainé : criminel qu'on
a mis aux fers.

BOR,
Piquant (177).

Bor, eſt un mot primitif, qui déſigna
ce qui eſt piquant, dur, rude. Il
devint ainſi très naturellement le
nom des vents du Nord froids &
piquants: de-là en Grec & en Latin,

1. Boreas, æ, borée, vent du Nord :
le Nord.

Boreus, a, um; Borealis, boréal : du
nord.
Hyper-Boreus, a, um, qui eſt tout à
fait au nord.
Anti-Boreus, i, oppoſé au nord.
2. Burræ, arum, contes, fables, fornettes : de Bur piquant, (176-178.)
De-là Burla, tromperie, agraffe,
en baſque : Bourlos, niche, tour, jeu ;
d'où Bourde.
3. Borago, inis, Bourrache.
4. Burrio,-ire; Burrhio ire, faire un murmure, bourdonner, faire le bruit ſourd
qu'on entend dans les fourmillières.
5. Bruscum, i, — Cus, i, 1. le petit
Houx, à feuilles pointues ; 2. la boſſe
d'érable ; 3°. eſpéce d'oiſeau.

BRA,
BRE, BROC, BRIS,
Pointe : déchirure (189, 177).

Bra, Bri, onomatopée qui peint le
bruit d'une choſe qui ſe déchire,
eſt devenu le nom des idées de
poindre, déchirer, briſer. De là,
l'Allemand Bruch, fracture, &c.

I.

Bractea, æ, métal battu & réduit en
feuille, en lame.

Bracteola, æ, petite lame, feuille d'or.
Bracteatus, a, um, couvert de lames,
bardé.
Bracteator, is; Bractearius, ii, batteur d'or & d'argent; 2°. tablettier,
ébéniſte.
Bracteolis, e, de feuilles, de lames.
Bracteamentum, i, liqueur, humidité
coulante.

II.

1. Bracc*a*, *æ*, brayes, caleçons ; 2°. casaque, le Grec βρακος.

Brucc*atus*, *a*, *um*, qui porte des culottes, des brayes.

2. Brach*us*, *i*, chenille, ver qui ronge les plantes ; Gr. βρυχω, Brucho, mordre, ronger.

3. Broch*us*, *i*, branche d'arbre coupée.

Bronch*iæ*, *arum*, Gr. βρ•γχια, bronches, concavités du poumon.

Broncho-Cele, mot grec, Goûetre ; mot-à-mot, humeur de la gorge.

4. Bris*a*, *æ*, (*Columelle*) marc de raisin : raisin foulé &. dont on a exprimé le jus.

III.

1. Brocch*us*, *a*, *um*, ⎫ celui dont les
Bronc*us*, *a*, *um*, ⎭ dents percent hors de la bouche.

Brocch*itas*, *atis*, difformité causée par les dents qui avancent hors de la bouche.

2. Brocch*um*, *i*, arbre dont on tire le bdellium au moyen d'une incision.

BRO,
Manger, &c. (195).

Bro, dérivé de *Bar*, *Ber*, animal, désigna la propriété des animaux de se nourrir, de manger : de-là une multitude de mots Celtes, Grecs, &c. & ces familles Latines.

1. Brut*us*, *a*, *um*, animal, bête ; 2°. brute, stupide, pesant.

Obbrut*esco*, *tui*, *scere*, s'abrutir ; 2°. devenir stupide.

Cette famille a produit des dérivés en toute langue : Brouter en François : Brod, du pain en Allemand, &c.

2. Am-Bro, *onis*, qui mange tout, dissipateur, prodigue ; 2°. vagabond, vaurien.

3. Am-Bros*ia*, *æ*, ambroisie, nourriture des Dieux : 2°. immortalité : 3°. antidote, reméde.

Am-Bros*iacus*, *a*, *um*, d'ambroisie.
Am-Bros*ius*, *a*, *um*, exquis, divin.

Ces derniers mots sont communs aux Latins avec les Grecs.

BRU, BRY,
Eau, boisson (148).

Bru, désigna dans les Langues Celtiques l'eau, la boisson : de-là diverses familles Latines.

1. Brum*a*, *æ*, l'hyver, le tems des eaux ; 2°. le solstice d'hyver ; 3°. une année.

Brum*alis*, *e*, qui concerne l'hyver.

Selon Varron *Liv. V.* le nom de Bruma avoit été donné à l'hyver, à cause de la briéveté de ses jours ; & selon Scaliger, parce qu'on célebroit alors la fète de Bacchus Bromius.

2. E-Bri*us*, *a*, *um*, qui a trop bu, yvre.

Ebri*osus*, *a*, *um*, yvrogne, qui aime à boire.

Ebri*acus*, *a*, *um*, plein de vin.

Ebri*olus*, *a*, *um*, qui a un peu trop bu, à demi-yvre.

E-Bri*olatus*, *a*, *um*, enyvré.

E-Bri*etas*, *atis*, yvresse.

E-Bri*ositas*, *atis*, yvrognerie, habitude à s'enyvrer.

3. Sobri*us*, *a*, *um*, tempérant dans le boire, le manger, &c.

Ce mot paroît venir de *Bri*, eau, boisson, & de la négation *Se* : mot-à-mot, qui n'est pas enclin à boire ; à moins qu'on ne le dérive du Grec *Sôphrôn*, tempérant.

MOTS LATINS VENUS DU GREC.

B

Du mot grec BASILEUS , Roi , vinrent ces mots.

BASILARE , os coronal.

BASILICA, Gr. Βασιλικὴ, bafilique, palais , temple : plante de l'efpéce de l'orchis.

BASILICE , Gr. Βασιλικως, royalement.

BASILICUM; 1°.vêtement royal; 2°. plante appellée Bafilic; 3°. efpéce d'emplâtre & de vigne.

BASILICUS, Gr.Βασιλικος royal, fomptueux.

SUB-BASilicanus , i , homme oifif qui fe promene au palais pour apprendre des nouvelles.

Du Grec-Celte BASTAZô , porter , vinrent les mots fuivans :

BASTAGIA , entreprife pour fournir de vivres une armée.

BASTAGIUM , étui dans lequel les foldats portoient leurs armes.

BASTERNA , litiere , brancard.

BATRAKOS , Gr. Βαλραχος , grenouille : de-là

BATRACHION , pavoncule, plante.

BATRACHITES , crapaudine , pierre précieufe.

BATRACHO-MYC-MACHIA , combat des grenouilles & des rats : mot formé de Batrachos , grenouille ; Mus , rat ; & Makhia, combat.

BATTOLOGIA . Gr. Βαττολογια , répétition ennuyante dans le difcours.

BECHIUM , Gr. Βηχιον , pas-d'âne , plante bonne contre la toux & qui doit fon nom à cette propriété.

BERILLUS. Gr. Βηρυλλος, béril , pierre précieufe.

BETHYLus , i , en Gr. Βηθυλος , & même Δητυλος , Détulos, nom d'oifeau.

BIBLUS, ou BYBLOS , Gr. Βιβλος , jonc d'Egypte , plante aquatique dont on fe fervoit pour faire du papier : de-là :

BIBLEUS, relieur.

BIBLIA , Gr. biblia , les livres , Bible.

BIBLIOPEGUS , relieur, qui relie des livres.

BIBLIOPOLA , Gr. Bibliopôlês , libraire , marchand de livres.

BIBLIOTHECA , Bibliotheque. Gr. Βιβλιοθηκη ; de Theo, placer , mettre , loger.

BIBLIOTHECARIUS , bibliothécaire.

BOTRUOSUS , Gr. Botruódès , plein de grappes de raifin.

BOTRUS ET BOTRYON, Gr. Botrus , grappe de raifin.

BOTRYTES , æ , — Tis , is , efpéce de pierre précieufe ; 2°. calamine artificielle.

BRABEIUM & BRABEUM , *Gr. Brabeion*, prix des jeux publics.

BRABEUTES. *Gr. Brabeutés* , Préfident des jeux publics.

BRONTES , *Gr*, Βροντης , un des Cyclopes de Vulcain.

BRONTEUM, *i*, formé du grec *BRONTé* tonnerre , vafe d'airain dans lequel on jettoit & on remuoit des cailloux pour imiter fur le théâtre le bruit du tonnerre.

BRONTIA *as*, *Gr.* Βροντια , pierre de tonnerre , carreau de foudre.

MOTS LATINS VENUS DE L'ORIENT.

B

BABILUS, *i*, 1°. Chaldéen. 2°. Aftrologue : *mot-à-mot* , natif de Babel ou Babylone.

BASALTES, le bafalte, pierre d'Egypte, couleur du fer c'eft donc un mot de la même famille que l'Hébreu ברזל , *Barzel*, fer , mot formé de HARS , fer.

BASSAREUS , *i* , furnom de Bacchus ; de l'Oriental בצר *Batfar* , vendange , vendangeur.

BASSARIS , *idis* , Prêtreffe de Bacchus : 2°. robe bachique : 3°. brebis graffe.

BAXEÆ , *arum* , efpéce de pantoufle: de l'Orient. בעש *Bafchas* , marcher deffus , fouler.

BESSALUM , *i*, brique : on la cuit au feu. C'eft donc un dérivé de l'Orient. בשל , *Bafchal* , cuire.

BIZATIUM , *ii* , morceaux , éclats qu'abattent les Tailleurs de pierres en travaillant : de l'Oriental בצץ , *Betzok* , fragment, éclat , morceau.

BORAX , *acis* , borax ; fel ou fubftance foffile qui reffemble à l'alun , étant blanc , tranfparent , &c. Il vient avec fon nom de l'Orient.

BORA , *æ*, crapaudine : pierre précieufe.

BOREA , *æ* ; BORIA , *æ* , jafpe brillant; ces mots viennent de l'Or. בער , *Bor* , briller.

BUBATIO , BUBBATIS, pierre qui émouffe le fer, comme l'aimant. Ce mot doit être Oriental.

BYSSUS, *i*, lin très-fin , ou plutôt coton.

BYSSINUS , *a* , *um* , de fin lin, de coton: de l'Or. בוץ , *Bytz* , 1°. blanc , 2°. étoffes blanches , &c.

MOTS LATINS-CELTES,

OU DÉRIVÉS DE LA LANGUE CELTIQUE.

C

La Lettre C, est la troisieme de l'Alphabet Latin ; mais elle n'a pas toujours occupé cette place. Elle est exactement la même que la onzieme de l'Alphabet Oriental, retournée de droite à gauche, que nous appellons K ou Ca, & qui a cette figure ⊐. C'est par cette raison que les Latins n'ont point de K, tout de même que les Grecs qui ont un K, n'ont point de C : ces deux caracteres peignant le même son, & ne différant que par la figure : le C Latin est le K Oriental, tourné dans un autre sens, & le K Grec, est l'altération du ⊐ Oriental & du C Latin, réunis comme dans la Lettre X, changée insensiblement en K,

Mais la troisieme Lettre chez les Orientaux & chez les Grecs, est la Lettre G, qui n'est autre chose que la foible du C ; aussi le C primitif des Latins tenoit lieu du K & du G, comme nous l'avons vu au sujet de la Colonne de Duilius dans l'Orig. du Lang. & de l'Ecrit. C'est ce qui fit que le C prit chez les Latins la place du G ; & que lorsqu'ils s'en apperçurent & qu'ils voulurent avoir un G, celui-ci fut obligé d'aller chercher une autre place & de se contenter de la sixieme, dont elle chassa le Z avec lequel elle avoit du rapport. La figure du G, qui n'est qu'une légere altération du C, nous apprend encore aujourd'hui quelle fut son origine.

La Lettre C renferme dans la langue Latine une prodigieuse masse de mots : on n'en doit pas être étonné.

D'un côté, elle a usurpé nombre de familles qui appartenoient au G & au Q, & un grand nombre de mots qui commençoient par une aspiration, & que les Latins adoucirent en C. D'un autre côté, elle avoit déjà par sa propre nature un district immense.

Se prononçant de la gorge, elle peignit sans peine ; 1°. tous les sons gutturaux ; toutes les idées relatives

relatives à celles de la gorge, de défilé, de canal, de cours, de conduits, de regle, de defcente, de chûte rapide, au phyfique & au moral.

2°. A ces idées fe joignirent celles de contenance, de capacité, de tout ce qui eft capable de contenir.

3°. Par conféquent, celles de lieu & de place.

4°. Sur-tout, les idées de tout ce qui eft creux & évafé pour faifir, en particulier la MAIN fe fermant à moitié pour faifir, pour prendre, pour contenir. Auffi la figure du C eft celle de la main à demi-fermée, & le nom en eft le même dans les Langues Orientales, comme nous l'avons vû dans l'Orig. du Lang. & de l'Ecrit.

Ajoûtez à cela nombre de mots en C, formés par onomatopée, & on aura l'étymologie ou les caufes générales de prefque tous les mots Latins en C: prefqu'aucun d'eux en effet, dont on ne puiffe rendre raifon, par l'une ou l'autre de ces caufes.

Enfin, cette Lettre abonde en mots empruntés fucceffivement du Grec & des Langues Orientales.

C.

Divers mots formés par Onomatopée.

Afin de ne pas trop interrompre les Familles que fournit le C, &

Orig. Lat.

qu'on puiffe mieux juger de la reffource dont l'Onomatopée fut pour les Langues, raffemblons ici divers mots Latins, formés de cette maniere.

CA.

1. CACA*bo*, -*are*, chanter comme la perdrix.

2. CACILLO, -*are*, gloufler, caqueter comme une poule.

3. CACHIN*nus*, *i*, éclat de rire, ris immodéré.

CACHIN*natio*, *onis*, rifée.
CACHIN*no*, -*are*; CACHIN*nor*, -*ari*, en Grec Kakhazo, ricanner; 2°. rire à gorge déployée.
CACHIN*no*, *onis*, grand rieur.
CACHIN*nabilis*, *e*, qui rit de mauvaife grace.

4. CAV*illum*, *i*; -*illa*, *æ*; -*illatio*, *onis*}
CAV*illatus*, *ûs*; CAV*illulus*, *i*, }
GAV*illerie*, plaifanterie, raillerie.
2°. Chicane, finefle, furprife.

CAV*illofus*, *a*, *um*, trompeur, plein de fupercheries.
CAV*illor*, -*ari*, gauffer, railler, plaifanter.
CAV*illator*, *oris*, moqueur; 2°. bouffon.
IN-CAV*illatio*, *onis*, moquerie.

CAN, GAN.
Oie.

5. CAN eft une onomatopée qui peint le cri de l'oie, & qui en eft devenu le nom dans la plupart des langues. KHAN en Dorien, adouci par les Grecs en Khên; GANZ en Allemand; Hans, puis ANSER en Latin.

N

CHEN-ALOPₑₓ, *ecis,*⎫ Cravan , oiſeau
CHEN-ELOPS , *is* , ⎭ ſacré chez les
Egyptiens ; eſpece d'oie fort ru-
ſée ; d'*Alopex* , nom du renard
en Grec.

CHEN-ER*os* , *tis* , oie ſauvage , de
Helos , changé en ER*os* , marais.

CHEN-OBOSC*ium* , *ii* , étable à oies ; du
grec *Boſko* , nourrir.

CHENO-MYCHON , *i* , plante , qui eſt l'a-
verſion des oies ; mot formé ſans doute
du grec MUKON , MYRON , mauvais,
méchant.

CHENO-PUS , *dis* ; pied d'oie , du Grec
Pous , pied.

6. CAURₑₓ , *i,*⎫ Vent du Nord-Oueſt.
CORU*s* , *i* , ⎭ C'eſt une onomatopée , qui exprime le bruiſſement
du vent.

7. CAUR*io-ire* , crier comme une pan-
there en chaleur.

CE , CI.

1. CEV*a* , *æ* , vache abondante en lait,
mais de la petite eſpece. Ce mot
tient à l'Oriental GOW , mugir
comme une vache , vraie onomatopée , d'où ſont venus nombre de
mots ſemblables , en Indien , en
Theuton , &c. pour déſigner la
vache.

2. CEV*eo* ,*-ere* , flatter , careſſer comme les chiens.

3. CICAD*a* , *æ* : CIX*ius* , *ii* , cigale.

4. CICON*ia* , *æ* , cig one ;2. ma-hine
à puiſer de l'eau , grue ; 3°. moquerie.

5. CRC*uma* , *æ* , ⎫ *Gr.* KIKYMIS ,
CEC*ua* , *æ* , ⎭ Hibou.

6. CICUR*io* ,*-ire* , coqueter comme un
coq.

CIC*ur* , *is* , aprivoiſé , doux , traitable.
CIC*uro* ,*-are* , priver , rendre docile.

CO.

1. COAX*o* , *-are* ,⎫ coaſſer , crier com-
QUAX*o* , *-are* , ⎭ me les grenouilles ,
qui font COAX , COAX.

COAX*atio* , *onis* , croaſſement , cri des
grenouilles.

2. *KHOIROS* , eſt une onomatopée
qui déſigne en Grec le cochon , &
dont vinrent ces mots :

CHOER*as* , *dis* , 1°. truie ; 2°. écrouelles.

CHOERO-GRYL*lus* , *i* , hériſſon terreſtre.

2. COR*ax* , *acis* , famille Grecque ,
corbeau.

COR*acinus* , *a* , *um* , de corbeau.
COR*acinus* , *i* , poiſſon noirâtre comme
le corbeau.
PYRRHO-COR*ax* , *acis* , corbeau au bec
rouge.

CORV*us,i* , famille Latine , corbeau ;
2°. croc , grapin , harpon.

CORV*inus* , *a* , *um* , de corbeau.
CORV*io* ,*-are* , ſe gorger de viande à la
manière des corbeaux.
CORV*itor* , *oris* , qui dévore beaucoup
comme les corbeaux.

3. COR*nix* , *icis* , corneille ; 2°. marteau de porte en forme de corneille.

CORN*icula* , *æ* , petite corneille.

4. COT*tabus* , *i* , le bruit que fait un
coup.

5. Coturnix, *cis*, caille, oiseau.

CR.

1. Graxo, *is*, -*ere*, faire du bruit, crier.

Pro-Graxo-*are*, indiquer.
Pro-Crago, *xi*, *ere*, proclamer.

2. Crocio,- *ire*, ⎫ croasser comme les
Crocito,-*are*, ⎭ corbeaux.

Crocitus, *itûs* ; Crocitatio, *onis*, croassement, cri du corbeau.

3. Cruma, *tis.*, cliquetis, castagnette.

4. Crusma, *tis*, bruit d'instrument de musique.

CU.

1. Cucubo,-*are*, crier comme le chat-huant.

2. Cuculus, *i*, coucou ; 2°. celui qui, comme le coucou, va pondre au nid d'un autre.

3. Cucuriò,-*ire*, chanter comme le cocq.

Mots tirés de
Noms Propres.

1. Canusina, *æ*, habit de drap, couleur puce, qui se faisoit à Canuse.

Canusinatus, *a*, *um*, qui porte un de ces habits.

2. Carmenta, Déesse du Latium, venue d'Arcadie avec Evandre son fils, & qui rendoit des Oracles. Nous avons-vu dans l'Hist. du Calendr. p. 410, les aventures de cette Déesse & leur explication allégorique, qui prouve que cette Déesse dont on célébroit la fête immédiatement après celle de Janus ou du Soleil,

étoit la Lune, dont on consulte sans cesse les oracles & les prognostics ; & que son fils *Ev-Andre* est la nouvelle année, les nouvelles révolutions où l'on souhaite *Eu Andro*, bonheur à l'homme.

On dérive de *Carmen*, vers, le nom de cette Déesse, parce que les oracles se rendoient en vers. Il vient plutôt de *men*, *mon*, flambeau, & *Car*, Cornu, la Déesse au flambeau cornu.

Carmentæ, *arum*, nom des Muses & des Parques.

Carmentalis, surnom de la porte nommée ensuite *scélérate*, par où les Fabiens sortirent de Rome pour combattre les Veiens.

Carmentalia, *um*, fêtes en l'honneur de la devineresse Carmente.

3. Anti-Catones, *num*, livres écrits par Jules-César, contre les deux Catons.

Pseudo-Cato, *onis*, hypocrite, faux Caton.

4. Cimolius, *a*, *um*, de bol, de craie, parce qu'on la tiroit de Cimolis, isle voisine de Crète.

C.

Suivi d'une labiale à laquelle il est uni par une voyelle, ou
CAB,

Cap, Caph., Cam, Cep, Cip, &c.
Capacité.

La Lettre C, nous l'avons vû, indique le lieu, la place ; la labiale B, P, indique la contenance, la capacité. En réunissant ces deux touches de l'instrument vocal, on formera donc un mot qui désignera tout ce qui est propre à contenir, tout ce qui contient, qui renferme, qui met à couvert, qui saisit : & de-là naîtront une multitude de familles communes à toutes les Langues.

1. CAB, CAP, la tête, siége de la capacité dans l'homme, capacité elle-même. 2°. Hauteur, élévation.

2. CAPH, la main se fermant à moitié & formant une capacité, un creux pour saisir, contenir, renfermer.

3. CAV, un creux, une cavité.

4. CUP, un vase profond, propre à contenir : 2°. le désir de saisir, de s'emparer, de contenir.

5. CUB, le lieu où l'on se renferme pour dormir ; une chambre à coucher, un lit : ce qui nous contient, nous met à couvert pendant le sommeil.

6. Plusieurs dérivés en CAM, CAMP.

7. Plusieurs autres en SCAB, SCAP, &c. relatifs à ces diverses idées.

I.
CAB, CAP,
Tête.

CAB, est une racine Celtique, prononcée également CAP, & qui désigna la tête, signification qu'elle conserve encore aujourd'hui dans les Dialectes Celtes, où elle a formé une famille immense. Ce mot fut conservé par les Latins, les Theutons, les Grecs, &c. : mais avec quelques légéres nuances.

Les Latins en firent CAP ; les Theutons y ajouterent l'aspiration finale & changerent la voyelle A dans la diphtongue AU, ou en O, KOPF ; les Grecs adoucirent & la voyelle & l'aspiration Theutone ; ce qui forma le mot KEPH ou KEF.

Ainsi CAB, CAP, KOPF, KEF, même HAUPT, signifiant Tête, ne sont que les modifications d'un seul & même mot primitif commun à la plupart des peuples anciens & modernes.

Observons que dans les mots-composés, CAP se changea chez les Latins en CEP, CIP, suivant l'usage constant de ces Peuples, & nécessaire pour ne pas écorcher l'oreille par une continuité de sons trop durs, & pour la charmer au contraire par un juste mélange de sons doux & forts.

1. CAP, Tête.

1. CAPut, itis, 1°. tête ; 2°. vie ; 3°. source, auteur ; 4°. point, nœud, la chose essentielle. 5°. Chapitre, abrégé ; 6°. maxime, conclusion ; 7°. fin, capital ; 8°. homme, personne ; 9°. embouchure ; 10°. bout, chef ; 11°. commencement ; 12°. conducteur ; 13°. motif, sujet.

On voit sans peine que toutes ces

fignifications ne font que des modifications diverfes de l'idée de tête , de chef , d'effentiel.

Capital , is , voile de tête , bourfe à cheveux : ruban de cheveux ; 2°. crime digne de mort.

Capitalis , e , is , où il va de la vie , digne de mort.

Capitaliter , mortellement , criminellement.

2. Capitatio , onis , impofition par tête ; 2°. payé des gens de guerre.

Capitatus , a , um , 1° qui a une tête ; 2°. une pomme , une groffe fouche.

Capito , onis ; 1°. qui a une tête , 2°. têtu , opiniâtre , attaché à fon fens ; 3°. muge , chabot , forte de poiffon à groffe tête.

Capitofus , a , um , qui a une tête , têtu , opiniâtre.

Capite-Census , a , um , qui ne paye que peu de taxe.

2. Capitium , ii , capuchon , chaperon ; 2°. cape de femme ; 3°. gorgerette , écharpe.

Capitulum , i , 1°. petite tête ; 2°. chapiteau ; 3°. cape , écharpe de femme ; 4°. chapitre , fommaire d'un livre ; 5°. Chapitre de Chanoines.

Capitillum , i petite tête ; 2°. chapiteau de colonne ; 3°. couvercle ; 4°. touffe d'herbe ; 5° cornue, alambic.

Capitolatus , a , um , qui a une petite tête ; 2°. qui a un chapiteau , une houpe.

Capitulatim , par chapitres.

Capitularia , ium , recueil , collection de Loix , de Conftitutions , d'Ordonnances.

4. Capitolium , ii , le capitole , forterefle de Rome , ainfi appellée de Caput , parce , dit-on , qu'il fe trouva une tête dans le terrein qu'on creufoit pour bâtir le Capitole. Au vrai , parce qu'étant bâti fur une montagne , il dominoit la Ville entiere , fur laquelle il s'élevoit comme un grand chêne éleve fa tête au-deffus des autres arbres. Les Etymologiftes Latins , Grecs , &c. ne pouvant trouver le vrai en fait d'origines, endormoient leurs Auditeurs avec des contes d'enfans : amufons-nous-en , mais ne nous en contentons pas , & allons droit au vrai.

Capitolinus , a , um , Capitolin ; du Capitole.

5. Cepi , orum , têtes du Méandre , fes embouchures.

Cepidines , um , Roches avancées en mer comme des caps , des pointes.

BINOMES.

I.

Ac-cipitro , are , être couché ; mot-à-mot , repofer fa tête : mot très-énergique que les Latins abandonnérent ou laifferent vieillir, avec auffi peu de raifon que nous à l'égard d'une multitude de mots de nos Peres.

An-Ceps , pitis , } ambigu, douteux,
An-Cipes , itis , } incertain , équivoque.

Bi-ceps , itis , qui a deux têtes , fourchu.

Terti-Ceps , ipitis ; Tri-Ceps , itis , à trois têtes.

Quadri-Ceps ; Quarti-Ceps , qui a quatre têtes : quatre cimes.

Centi-Ceps , itis , à cent têtes.

Centum-Capita , itum , Chardon à cent têtes.

Oc-ciput , itis ; Oc-Cipitium , ii , derriere de la tête.

Semi-Caput, *itis*, moitié de la tête.
Sin-Ciput, *itis*, le devant de la tête : 2°. tête.

2.

Præ-Cipuus, *a*, *um*, qui est le premier, qui est à la tête. 2°. Particulier, singulier.

Ce mot est composé de Cap, tête, capital, & de Præ, par-dessus.

Præ-Cipué, principalement, sur-tout.
Præ-Cipes, *is* : Præ-Ceps, *Cipitis*, qui panche la tête en avant : 2°. escarpé, taillé, coupé à plomb.
Præ-Cipito,-*are*, jetter la tête en bas; 2°. hâter, presser; 3°. être sur sa fin, sur son déclin : 4°. agir avec précipitation.
Præ-Cipitium, *ii*, précipice.
Præ-Cipitantia, *æ*, chute impétueuse; l'action de rouler; 2°. brusquerie, impétuosité.
Præ-Cipitatio, *onis*, empressement excessif, précipitation.
Præ-Cipitator, *is*, qui précipite.
Præ-Cipitanter, avec précipitation.

3.

Cap, s'unissant à Primus, premier, & se prononçant Cep, Cip, forma la famille suivante.

Prin-Ceps, *ipis*, capital, le premier, le principal, le chef, le Prince.

Prin-Cipor,-*ari*, régner.
Prin-Cipatus, *ûs*, Principauté, primauté.
Prin-Cipalis, *e*, de Prince : 1°. premier, primitif.
Prin-Cipalitas, *atis*, primauté.
Prin-Cipaliter, en Prince : 2°. particulierement.
Prin-Cipium, *ii*, Principauté; 2°. commencement; 3°. source, entrée.

Prin-Cipiò, au commencement : 2°. incontinent : 3°. premierement.
Prin-Cipialis, *e*, qui concerne le commencement.
Prin-Cipia, *orum*, régles, principes. 2°. Place d'armes d'un camp. 3°. Soldats d'élite.

4.

Vesti-Ceps, *cipis*, blanc-bec, jeune homme dont le menton commence à se garnir de poil follet.

Ce mot est formé de Cap & de Vestire, vêtir, garnir.

Famille Grecque.

CAP, prononcé Ceph.

Les Grecs ayant changé Cap, la tête, en Keph, il en résulta la famille suivante; commune aux Grecs & aux Latins.

Cephalea, *æ*, migraine, mal de tête.

Cephalæus, *a*, *um*; Cephalicus, *a*, *um*, de la tête.
Cephaletio, *onis*, capitation, taxe par tête.
Cephalus, *i*, meunier : 2°. poisson à grosse tête : 3°. têtu, opiniâtre, qui a une tête.
Cephaline, *es*, partie de la langue où réside le goût.
Cephal-Algia, *æ*, douleur de tête.
Cephal-Algicus, *a*, *um*, tourmenté de la migraine; du Gr. *Algos*, douleur.

Composés.

A-Cephalus, *i*, sans tête.
Ana-Cephalus, *i*, sans tête, sans chef.
Ana-Cephaleosis, *is*, récapitulation : épilogue.
Bu-Cephalus, *i*, Bucephale, nom du cheval d'Alexandre, *mot-à-mot*, qui a une grosse tête.

Cyno-Cephalus , i ; Cyno-Cephalis , idis :
Anubis , Mercure , à tête de chien :
2°. efpéce de Singe.

Hydro-Cephalus , i , ; Hydro-Cephalum,
i , dépôt dans la tête , hydropifie de tête.

II. CAB.

Grand , haut , en forme de tête.

1. Cabulus , i , bélier , machine de
guerre des anciens , à caufe de fa
groffe tête en forme de bélier.

2. Caballus , i , roffe , cheval de peu
de prix.

Caballio , onis , cheval marin.
Caballinus , a , um , de cheval.

3. Cephus , i , Orang outang , jocko,
finge de la grandeur de l'homme.

4. Cippus , i ; 1°. bute de pierre , ou
de terre ; 2°. colonne , monument ;
3°. pieux, piquets hauts & pointus;
4°. ceps, entraves.

5. Cepa , æ , ⎞ Oignon, ainfi appellé ,
   Cepe , ⎠ à caufe de fa figure
   ronde en forme de tête.

Ceparius , ii , qui cultive les oignons.
Ceparius , a , um , d'oignon.

Cepetum ,
Cepina , æ , ⎬ couche d'oignons.
Cepitium , ii ,

Cepula , æ , ciboule , petit oignon.

Cepæ a , æ , efpèce d'oignon.

6. Cepinonides , æ ,
   Cepocames , æ , ⎞ forte de pierre pré-
   Cepocopites , æ , ⎬ cieufe de forme ron-
   Cepocatoprites , æ , ⎠ de.

7. Cephen r enis , petite Abeille , non formée , & toute ronde.

III. CAP.

Haut , pointu , percé.

Comme les chévres s'élevent fans ceffe
& graviffent les lieux les plus efcarpés , le mot primitif Cap eft entré
dans la compofition des noms employés pour défigner cet animal :
de-là cette famille.

1. Caper , ri , bouc ; 2°. odeur de
bouc , gouffet ; 3°. le capricorne.

Capero , -are , fe hériffer comme le bouc ,
fe refrogner , fe rider.
Caperatus , hériffé , refrogné.
Capronæ , la partie des cheveux qui tombe fur le front ; un tour de cheveux.

2. Capra , æ , Chèvre ; 2°. Etoile fixe ainfi
nommée ; 3°. mauvaife odeur des aiffel-
les.

Capella , æ , petite chévre.
Caprarius , ii , chévrier.
Caprarius , a , um , de chévre.

3. Caprea , æ , chévre fauvage , chevreuil : 2°. le tendron de la vigne parce
que la vigne s'élève par ce moyen.

4. Capreolus , i , chevreuil , chevreau,
jeune bouc ; 2°. tendron de vigne ; 3°.
inftrument pour tailler la vigne ; 4°.
chevron , machine de guerre.

Capreolaria , d'une maniere embarraffée,
entortillée.

5. Caprile , is , étable à chèvres.
Caprilis , e , de chèvre.
Caprinus , a , um , de Bouc.

BINOMES.

1. Caprimulgus , a , um , qui tette les
chévres ; 2°. Frefaye , forte de
chouette , qu'on dit tetter les chévres ; 3°. un efprit lourd , ftupide:

de CAPra & de MUIgere, traire.

CAPripes, dis, qui a des pieds de chévre, Satyre.

CAPrigenus, a, um, engendré d'une chévre.

2. CAPrifolium, le chévrefeuil.

3. CAPrificus, figuier fauvage : 2°. qui fait oftentation d'un médiocre favoir.

CAPrificor,-ari, rendre les figues fauvages comeftibles.

CAPrificatio, la maniere de rendre les figues fauvages comeftibles.

4. CAPrizans pulfus, pouls toujours ému comme celui d'une chévre.

5. CAPRI-CORNus, i, le Capricorne, dixié-me Signe du Zodiaque, & dans lequel le Soleil remonte vers le Nord.

6. RUPI-CAPra, æ, chamois, chévre fau-vage ; de Rupis, rocher, parce qu'il grimpe fur les rochers les plus efcarpés.

7. SEMI-CAPer, ri, demi-bouc ; furnom de Pan.

8. CAProtina, æ, furnom de Junon : on la peignoit couverte d'une peau de chévre.

CAProtinæ nonæ, fête en l'honneur de Junon.

DÉRIVÉS GRECS.

CAPPar, is, caprier, arbriffeau.

CAPPutis, is, capre, fruit du caprier.

II.

CAP.

Main : 1°. prendre, contenir.

I. CAP, capable.

De CAP, fignifiant main, 2°. action de prendre, de contenir, fe for-merent les dérivés fuivans.

Nom & Adjectifs.

CAPAX, acis, capable de contenir : fpacieux ; 2°. qui renferme ; 3°.

propre, fuffifant, qui a de la capa-cité.

CAPacitas, atis, étendue ; capacité, au phyfique & au moral.

IN-CAPax, acis, incapable, non fujet à.

II. CAP.

Objets contenans, vafes, &c.

CAPedo, inis, vafe propre à conte-nir, ayant deux anfes.

CAPidula, æ, taffe, gobelet à anfes.

CAPedunculal, æ, petit vafe.

2. CAPidulum, i, capuchon, bonnet.

3. CAPitha, æ, mefure contenant douze fextiers.

CAPis, idis, taffe à boire, en ufage dans les facrifices.

PRO-CAPis, is, race, lignée.

4. CAPiftrum, i, lien qui fert à contenir, mufeliere, licol.

CAPiftro-are, enchevêtrer, emmufeler, lier, attacher.

IN-CAPiftro, enchevêtrer.

CAPifterium, ii, crible, ce qui contient les cribluresTexte.

5. CAPfa, a, coffre, caiffe, ce qui fert à renfermer, à contenir.

CAPfula, æ ; CAPfella, æ, caffette, boëte.

CAPfus, i, coffre de carroffe ; 2°. fiége du Cocher, 3°. voiture clofe & fermée.

CAPfarius, ii, Caiffier ; 2°. Bahutier, Layetier ; 3°. ceux qui portoient les li-vres des Ecoliers ; 4°. celui qui gardoit les habits de ceux qui fe baignoient.

6. CAPella, æ, chapelle ; petite Eglife.

CAPellanus, i, Chapelain, qui deffert une chapelle : en Langued. un Capelan.

7. CAPula, æ, taffe, vafe à boire.

CAPulica, æ, vaiffeau, petit vafe : 2°. bâ-timent de mer, vaiffeau : 3°. manche, poignée.

8. CAPulus i ; CAPulum, i, ce qui fert à prendre,

prendre, à faifir la poignée, le manche : 2°. caiffe où on met un cadavre, cercueil, biere.

CAPularis, e, is, prêt à être mis au cercueil ; vieillard, moribond, fur le bord de la foffe.

De-CAPulo, -are, vuider un vaiffeau, une barrique, foutirer.

CAPulator, oris, celui qui vuide un baril, ou un vaiffeau quelconque.

COMPOSÉS.

De-CAPulo, -are, furvuider, tirer à clair, décanter.

De-CAPulandus, a, um, qu'il faut verfer doucement de peur de faire venir la lie.

Dis-CAPulatus, a, um, qui laiffe trainer fa robe : mot à mot, qui l'a détachée de l'agraphe, de la main qui la tenoit relevée.

Dis-CAPedino, -are, ouvrir la main, l'étendre.

INTER-CAPedo, inis, intervalle ; 2°. fufpenfion.

9. COPHinus, i, corbeille, panier d'ofier.

III.

CAP, CAPT.

Action de prendre.

1. CAP-tus, ús, prife, pincée, 2°. capacité, portée d'efprit.

3. Condition, état ; 4°. lieu choifi pour le facrifice.

CAPtio, nis, l'action de prendre, d'attraper ; 2°. adreffe pour furprendre, fraude, rufe ; 3°. dommage, préjudice.

CAPtura, æ, prife, proie, chaffe ; 2°. gain, falaire ; 3°. ce qu'un pauvre amaffe.

CAPtiuncula, æ, petite fineffe pour furprendre.

2. CAPtitius, a, um ; CAPtivus, a, um, prifonnier ; 2°. pris fur l'ennemi.

CAPtivitas, is, efclavage, emprifonnement.

CAPtivo, -are, prendre prifonnier.

Orig. Lat.

Con-CAPtivus, a, um, compagnon d'efclavage.

3. CAPtiofus, a, um, fourbe, artificieux, qui cherche à furprendre ; 2°. défavantageux, nuifible ; 3°. embarraffant ; 4°. Sophifte.

CAPtiosé, à deffein de furprendre ; 2°. avec intention de tromper.

4. CAPto, -are, prendre avec défir, défirer de prendre, tâcher d'obtenir, faire fa cour, tâcher d'avoir la faveur.

CAPtator, is ; CAPtatrix, cis, qui cherche à faifir, intriguant, qui fe fourre par-tout.

CAPtatio, onis, recherche, foin qu'on prend ; empreffement.

BINOME.

PISCI-CÆPS, cipis, preneur de poiffons ; de Pifcis, poiffon, & de capere.

IV. VERBES.

De CAP, main, fe font formés deux verbes, l'un en CAP, l'autre en COEP, également relatifs à l'idée de main, mais fous deux acceptions différentes : l'un défigne l'action de prendre, de faifir ; & l'autre celle d'entreprendre, de commencer, de mettre la main à une chofe.

CAPio, CEPi, CAPtum, capere, prendre, faifir, s'emparer ; 2°. comprendre, concevoir ; 3°. tenir ; 4°. tirer, retirer : d'où

CAPeffo, -ere, prendre, fe faifir.

CŒPio, pi, ptum, pire, mettre la main, commencer, entreprendre.

CŒPtum, i, CŒPtus, ús, entreprife, projet, commencement.

De ces deux verbes naiffent une foule de compofés.

O

COMPOSÉS.

AC-CIPio , is , cepi , ceptum , ere , prendre , recevoir , obtenir.

Ac-CEPtus, a , um , reçu , agréable , bien reçu.

Ac-CEPtum , i , recette , ce qu'on a reçu.

Ac-CEPtio , onis , l'action de recevoir , acception, égard.

Ac-CEPtor , oris , qui prend, qui reçoit , qui approuve ; 2°. qui traite , qui régale.

Ac-CEPtorius , a, um , qui sert à recevoir.

Ac-CEPto , -are , agréer , recevoir.

Ac-CEPtabilis , e , favorable , recevable.

Ac-CEPtilatio , onis , déclaration par laquelle un créancier remet une dette à son débiteur.

Ac-CEPta , æ , sorte de navire.

Ac-CEPtæ , arum , portions que l'on tire au sort.

Ac-CEPtrica , æ ; Ac-CEPtrix , cis , femme qui reçoit.

PRÆ-AC-CIPio , ere , prendre d'avance.

PRÆ-AC-CEPtatio , onis , présomption.

SATIS-AC-CIPio , ere , prendre un répondant ; 2°. recevoir une caution.

SATIS-AC CEPtio , onis , réception de caution.

SATIS-AC CEPtor , is , qui prend une caution.

ANTE-CAPio , ere , prendre auparavant, anticiper, se rendre maître d'abord ; 2°. prévoir.

ANTE-CAPio , onis , présomption , prévention d'esprit.

ANTE-CAPtus , a , um ; ANTE-CEPtus , a , um , prévenu , prévu.

ANTI-CIPo , -are , prendre d'avance.

ANTI-CIPator , is , qui anticipe.

ANTI-CIPatio , onis , pressentiment.

CON-CIPio , -ere , engendrer, concevoir ; 2°. méditer, former en son esprit ; 3°. comprendre, entendre ; 4°. prendre , contenir.

CON-CEPtus , ûs , conception , génération dans le sein de la mere.

CON-CEPtivus , a , um , mobile.

CON-CEPtio , onis , génération au sein de la mere ; 2°. maniere formelle de s'exprimer dans des actes publics.

CON-CEPtaculum , i , le lieu où une chose prend naissance, où elle est formée.

PRÆ-CON-CEPtus , a , um , conçu auparavant.

DE-CIPio , ere , fourber , duper , décevoir , intercepter , surprendre.

DE-CEPtor , is , trompeur, fourbe.

DE-CIPulum , i ; DE-CIPula , æ , trébuchet, piége où se prennent les oiseaux.

De CAP joint à DIS , à part , séparément , se formerent ces mots :

DIS-CEPto , -are , disputer , débattre ; 2°. être en différend ; 3°. décider, juger ; 4°. être arbitre , examiner.

DIS-CEPtator , oris ; DIS-CEPtatrix , is , qui juge , qui examine quelque chose.

DIS-CEPtatio , onis , débat, contestation.

DIS-CEPtatiuncula , æ , petit différend.

EX-CIPio , -ere , prendre , se saisir, surprendre ; 2°. accueillir , retirer chez soi ; 3°. souffrir , soutenir, essuyer ; 4°. recevoir ; 5°. faire exception ; 6°. recueillir , ramasser ; 7°. extraire ; 8°. apprendre ; 9°. succéder , venir ensuite.

EX-CIPium , ii ; EX-CEPtio , onis , exception ; limitation ; 2°. restitution.

EX-CEPtiuncula , æ , fin de non recevoir , raison qu'allégue un défendeur pour sa décharge.

Ex-Cɪᴘula, æ,
Ex-Cɪᴘulum, i, } tout inſtrument qui ſert à prendre des ani-
Ex-Cɪᴘulus, i, } maux ; 2°. épieu ; 3°. poilette de chirurgien , vaſe qui ſert à recevoir ; 4°. naſſe , enceinte qu'on fait dans l'eau avec des claies.

Ex-Cɪᴘuus , a , um , qui tombe dans quel-que choſe.

Ex-Cᴇᴘtor , is , qui reçoit la dépoſition , qui écrit ce qu'on lui dicte.

Ex-Cᴇᴘtorius , a , um , qui ſert pour rece-voir ; propre , deſtiné à recevoir.

Ex-Cᴇᴘtitius , a , um , particulier , ſingu-lier ; 2°. différent.

Ex-Cᴇᴘto,-are , prendre , recueillir ; 2°. recevoir.

Ex-Cᴇᴘtatio , onis , priſe, capture ; 2° l'ac-tion de recevoir ſouvent.

Iɴ-Cɪᴘio ,-ere : ce verbe a deux pré-térits , Cœᴘɪ & cᴇᴘɪ ; auſſi tient-il de cᴀᴘio & de cœᴘio , & il ſignifie mot-à-mot , *prendre dans* , c'eſt-à-dire *commencer* , au figuré. C'eſt dans le même ſens qu'on dit en Allemand *ᴀɴ-ғᴀɴɢen* , qui au propre veut dire prendre *ſur* , & au figuré *commencer.*

Iɴ Cᴇᴘto , are , } commencer , entre-
Iɴ-Cᴏᴇᴘto, -are, } prendre.

Iɴ-Cᴏᴇᴘtum , i , } commencement ,
Iɴ-Cᴏᴇᴘtus , ûs, } projet, entrepriſe.
Iɴ-Cᴏᴇᴘtio, onis. }

Iɴ-Cœᴘtor , is, qui commence, entrepreneur.

Iɴter-Cɪᴘio ,- ere , prendre par ſurpriſe.

Iɴter-Cᴇᴘtio ,- onis , ſurpriſe.

Iɴter-Cᴇᴘtor , is , qui intercepte , qui ſur-prend.

Oc-Cœᴘio,-ire , } commencer.
Oc-Cɪᴘio,-ere , }

Oc-Cᴇᴘto,-are , commencer.

Pᴇʀ-Cɪᴘio , cueillir , prendre , recevoir ;

2°. apprendre , concevoir , connoître.

Pᴇʀ-Cᴇᴘtio , onis , récolte , action de cueillir ; 2°. intelligence , perception.

Pʀᴀ-Cɪᴘio,-ere , prendre d'avance , recevoir par avance ; 2°. inſtruire , enſeigner ; 3°. ordonner , com-mander ; 4°. s'emparer le premier, 5°. prévenir.

Pʀᴀ-Cᴇᴘtum , i ; Pʀᴀ-Cᴇᴘtio , onis., en-ſeignement, régle ; 2. ordre.

Pʀᴀ-Cᴇᴘtor, is ; Pʀᴀ Cᴇᴘtrix, cis, qui en-ſeigne , qui donne des régles.

Pʀᴀ-Cᴇᴘtorius, a , um , qui donne des inſ-tructions.

Pʀᴀ-Cᴇᴘtivus , a , um , qui conſiſte en préceptes ; 2°. qui aime à enſeigner.

Pʀᴀ-Cᴇᴘto-are , commander ſouvent.

Rᴇ-Cɪᴘio,-ere , prendre , recevoir , admettre ; 2°. reprendre, recou-vrer ; 3°. retenir, réſerver ; 4°. pro-mettre , ſe charger.

Rᴇ-Cᴇᴘtum, i, reçu, choſe dont on ſe charge.

Rᴇ-Cᴇᴘtio, onis, l'action de recevoir, récep-tion.

Rᴇ-Cᴇᴘtibilis , e , recevable.

Rᴇ-Cᴇᴘto,-are , reprendre ; 2°. retirer ; 3°. reculer.

Rᴇ-Cᴇᴘtaculum , i, ce qui reçoit, réceptacle ; 2°. retraite, réfuge, lieu où l'on ſe retire.

Rᴇ-Cᴇᴘtator , is , Rᴇ-Cᴇᴘtor , is , receleur ; 2°. qui donne retraite.

Rᴇ-Cᴇᴘtrix , is , receleuſe.

Rᴇ-Cᴇᴘtorium , ii , retraite , réfuge.

Rᴇ Cᴇᴘtorius , a , um , qui ſert d'aſyle.

Rᴇ-Cᴇᴘtorius , a , um , qu'on eſt obligé de reprendre ; 2°. réſervé, retenu.

Rᴇ-Cᴇᴘtus , ûs , retraite , aſyle , réfuge ; 2°. l'action de ſe retirer.

Sus-Cɪᴘio ,-ere , suc-cɪᴘio , -ere , en-treprendre ; prendre ſur ſoi ; rece-

O ij

voir , foutenir , prendre en fa protection ; 2°. reprendre, dire enfuite.

Sus-Cepto,-are, entreprendre, fe charger.
Sus-Ceptor, is, entrepreneur ; 2°. protecteur.
Sus-Ceptum , i ; Sus-Ceptio , onis , entreprife ; 2°. fecours , protection.
In-Sus-Ceptus , a , um , qui n'a pas été
reçu.

V. CAB, CAP,

Tradition , &c.

1. De CAB, main, fe forma l'Oriental
CABale., fcience qu'on fe tranfmet
de main en main par tradition ;
de-là ces mots.

CABala , ⎫ la cabale., fcience
CABbala, æ, ⎰ myftérieufe des Juifs.

CABalifla , æ , celui ou celle qui poffède
cette fcience.
CABalifticus , a , um , qui appartient à la
cabale.

2. De CAB , poignée, capacité , vint,

CABus, i , mefure des Juifs , de trois
pintes & demie , ou d'un demi-
boiffeau ; 3°. quarteron d'œufs ;
3°. cinq livres pefant.

GA-CABus , i, marmite, chaudéron.

VI. CAP, CUP,

tenir , prendre.

Cupa, æ, coupe, taffe, cuve, tonneau. De-là le Cupo des Italiens ,
profond , qui contient.

COMPOSÉS.

1. Oc-Cupo ,-are, 1°. s'emparer, fe
fafir , envahir ; 2°. prendre par
furprife ; furprendre ; 3°. parvenir , aller au-devant.

Oc-Cupatio , onis , invafion , l'action de
s'emparer ; 2°. prévention ; 3°. occupa-
tion.
Oc-Cupatitius, a , um, duquel on fe faifit.
Oc-Cupo, onis, celui qui fe faifit, le Dieu
des voleurs.
Ante-Oc-cupo,-are, prévenir ; 2°. anti-
ciper.
Ante Oc-cupatio, prévention.
Præ-Oc-cupo,-are, rendre par avance; 1°.
prévenir , préoccuper.
Præ-Oc-cupatio , onis , préoccupation ,
anticipation.
2. Re-Cupero,-are, recouvrer.
Re-Cuperatio, is , recouvrement.
Re-Cuperatorius, a , um , qui concerne les
Juges des recouvremens.
Re-Cuperator, celui qui reprend ; 2°. juge
délégué pour faire des recouvremens.

VII. CUP,

defirer.

2. Cupio,-ere, defirer fouhaiter; 2°. être
paffionné pour, rechercher avec empreffement.
Cupitor, is , paffionné , défireux , amateur.
Cupienter, Cupidé , paffionnément , vivement.
2. Cupedo , inis ,⎫ cupidité , convoitife ,
Cupido , inis , ⎬ defir , envie ; 2°.
Cupiditás, is ⎰ curiofité ; 3°. Cupi-
don, Dieu d'amour.
Cupedia, æ , ⎫ paffion pour la
Cupediæ , arum , ⎬ bonne chere ; frian-
Cupedia , orum , ⎰ difes , mets délicats.
Cupidus , a , um , paffionné, défireux.
3. Cupediarius, ii ; Cupedinarius, ii , pâtiffier, traiteur ; 2°. confifeur.

COMPOSÉS.

CON-CUPIO-*ere*, ⎱ fouhaiter
CON-CUPISCO,-*fcere*, ⎰ avec paſſion,
avoir un extrême deſir de poſſéder.

CON-CUPI*fcibilis*, *e*, 1°. déſirable ; 2°. où réſide la concupiſcence.
CON-CUPI*fcentia*, *æ*, deſir de poſſéder.
DIS-CUPIO,-*ere*, deſirer ardemment.
IN-CON CUPI*fco*,-*ere*, deſirer fortement.
PER-CUPIO,-*ere*, deſirer ardemment.
PER-CUPI*dus*, *a*, *um*, très-paſſionné.
PER-CUPI*dò*, avec beaucoup de deſir.
PRÆ-CUPI*dus*, *a*, *um*, qui a beaucoup de paſſion.
RE-CUPIO,-*ere*, deſirer de nouveau.

BINOME.

LUCRI-CUPI*do*, *inis*, deſir, envie de gagner : de *Lucrum*, gain, profit.

Familles Grecques.

i.

De CAB, COB, en Celte GOBER, prendre à la foîs, ne faire qu'un morceau, qu'une bouchée, vint,

COBIO, *onis* Gr. Κωβιος, goujon, petit poiſſon dont on ne fait qu'une bouchée.
COBium, *ii*, eſpèce de Tithimale.

2. COPREAS.

COPREA, *æ*, bouffon, bateleur : mauvais plaiſant qui s'exprime en termes obſcènes. En *Gr.* κοπρευς, *Kopreus.* Ce mot tient au Valdois *Coffe*, fale, qu'on n'oſeroit toucher, qu'il faut cacher. Ces mots ſont les figurés de la Famille Celtique, Theutone, Orientale, Hébr. קרח, HAPH, couvrir : Theut. HOF, maiſon, couvert; d'où le Celte

COEFF, François COEFFE, & le Latin CUFA, *æ*, bonnet, chapeau.

5.

De CAP, main, les Grecs formerent Κοπος travail, labeur : 2°. fueur, fatigue ; d'où avec la prépoſition négative A,
ACOPIS, Gr. Άκοπις, pierre précieuſe tachée de marques d'or; elle dut ſon nom à la vertu qu'on lui attribuoit de délaſſer.

ACORUS, Gr. Άκορος, Herbe nommée bois puant. C'eſt auſſi le nom d'un arbriſſeau dont parle Dioſcoride.

III.
CAV, CAU,
creux.

1. CAVus, *a*, *um*, creux, concave, enfoncé, profond.

CAVus, *i* ; CAVum, *i*, trou, creux, foſſe, enfoncement, concavité.
CAVitas, *is*, creux, enfoncement.

2°. CAVeus, *i*, pot, vaſe creux.

CAViæ, *arum*, ⎫
CAViares, *ium*, ⎬ l'intérieur d'une victime, le dedans.
CAViariæ, *arum*, ⎭

3. CAVamen, *inis*, creux, grand trou.
CAVatio, *onis*, cavité, creux.
CAVator, *is*, qui creuſe, qui fait un trou.
CAVa, *æ*, trou dans lequel ſe nichent les oiſeaux; 2°. boulin de colombier.
CAVædium, *ii*, cour d'une maiſon, lieu découvert.

4. CAVaticus, *a*, *um*, qui naît ou qui vit dans des trous; de-là :
CAVatica, *æ*, limaçon, eſcargot qui vit dans des trous.

5. CAVea, *æ*, caverne, lieu ſouterrein, creux & obſcur ; 2°. loge, taniere de bête ſauvage ; 3°. cage,

creux, antre ; 4°. haie, trou, foſſé ;
5°. ruche ; 6°. lieu clos & fermé
de tous côtés ; 7°. parterre d'un
théâ.re.

6. Caverna, æ, antre, grotte, creux,
ſouterrein, taniere.
Cavernula, æ ; Cavernacula, æ, petite
concavité.
Cavernoſus, a, um, qui a des concavités,
des conduits, qui eſt percé intérieurement.
De Cavus, prononcé Cauus, & écrit
Cohus, ſe formerent :
Cohum, i, 1°. le Ciel, à cauſe de ſa
forme voutée ; 2°. ce qui attachoit le
joug des bœufs au timon de la charrue, & qui étoit creux, comme nous
l'apprend Varron lui-même, Ling. Lat.
lib. IV.
Covinus, i, chariot de guerre armé de
faulx.
Covinarius, ii, qui combat ſur un chariot armé de faulx ; du Celt. Covin,
voiture, voiturer. Cov, creux, qui
contient.

VERBE.

CAVo,-are, caver, creuſer, faire des
creux.

COMPOSÉS.

Con-Cavus, a, um, creux, qui fair un
arc.
Con-Cava, orum, lieux creux, conca-
vités, foſſes profondes.
Con-Cavitas, is, vuide d'une choſe
creuſe.
Con-Cavo,-are, creuſer, courber en arc,
voûter.
Ex-Cavo,-are, creuſer, rendre concave.
Ex Cavatio, onis, l'action de creuſer.
In-Cavo,-are, creuſer, caver.
Sub-Cavo,-are, creuſer un peu.
Sub-Cavus, a, um, un peu creux.

Subter-Cavo,-are, creuſer par deſſous,
caver.

II. CAU, prudence, CAUtele.

Les endroits creux ſont toujours
dangereux, ſoit par eux-mêmes,
ſoit par les embuſcades qu'on y
tend : on ne peut donc y marcher
ſans faire beaucoup d'attention à
ſes pas, ſans être ſur ſes gardes ;
de-là ſe forma une nouvelle Famille très-remarquable & dont
l'origine paroiſſoit impoſſible à découvrir. C'eſt celle de Cautus,
précautionné, prudent.

Cautus, a, um, } aviſé, prévoyant,
Catus, a, um, } prudent, ſage.
2. Adroit, habile, ſubtil ; 3°. aſſuré,
certain. Auſſi dit-on,

Catus, i, un chat, c'eſt-à-dire, le pru-
dent.
Caté, adroitement, prudemment.
Cautor, is, qui uſe de prévoyance, qui
prend garde.
Cautio, onis, prévoyance ; 2°. aſſuran-
ce, garantie ; 3°. cautionnement, obli-
gation.
Cautela, æ, aſſurance, ſureté ; en-vieux
Fr. Cautele.
Cauté, Cautim, avec adreſſe, ſage-
ment.
In-Cautus, a, um, inconſidéré, qui ne
prend pas garde.
In-Cauté, inconſidérément.
Per-Cautus, a, um, très-circonſpect.
Per-Cauté, avec de grandes précautions.

VERBES.

Caveo, vi, Cautum, Cavere, prendre garde, être ſur ſes gardes ; 2°.

fe défier, avoir pour fufpect ; 3°.
éviter, fuir; 4°. pourvoir, prendre
foin, foigner; 5°. veiller à, garantir, préferver.

Dis-Caveo,-ere, prendre garde, fe pré-
cautionner.
Pra-Caveo,-ere, fe précautionner par
avance, fe tenir fur fes gardes.
Pra-Cautus, a, um, à quoi l'on a pour-
vu, prévu.
Pra-Cautor, is, qui prévoit & prévient
les accidens.
Pra-Cautio, onis, précaution.
Re-Cauta, orum, mémoire arrêté.

I V.

CAP, COP,

Boutique, échope, baraque, &c.

De CAP, contenir, fe forma la famille Cap, une baraque, une
échope, boutique où on vend;
famille commune à nombre de
Langues, mais avec des altérations affez confidérables pour en
avoir fait difparoître jufques ici les
rapports.

En Grec Kapé, crèche, étable.
Kapéleion, baraque de vivandier;
2°. taverne; 3°. hôtellerie, Au-
berge, &c.
Les Latins changerent ici l'A en
AU, de-là ;

1°. Caupo, onis, marchand, fripier,
revendeur.
Copa, æ, hôteffe; 2°. hôtellerie : cabaret : cabaretiere.
Caupona, æ, câbaret, taverne, gar-
gotte.
Cauponula, æ, petite auberge.

Cauponius, a, um, d'hôtellerie.
Cauponaria, æ, metier de cabaretier.
Cauponor,-ari, faire le négoce, trafi-
quer ; faire le métier d'Aubergifte.

De-là fe forma également la Famille
du Nord en Kaup, qui fignifie tra-
fiquer, commercer, vendre, acheter; d'où l'All. Kauf, le Flam.
Koop, l'Ifland. Kaup, le Goth
Kaupan, l'Angl. Sax. Ceapan, qui
tous fignifient commercer, trafi-
quer, vendre, acheter.
L'Anglois en a formé des mots
en Chap, Chaff, Cheap.

V.

CAB, prononcé Cib,

nourriture.

De Cab, prendre, fe forma la famille Cib, défignant la nourriture
qu'on prend pour fe foutenir : de-là
ces mots :

1. Cibus, i, aliment, viande, mets;
2°. repas, réfection.

Cibaria, orum, vivres, provifions de bouche, étape, mangeaille, pâture.
Cibarius, ii, aliment, nourriture; 2°.
recoupe de boulanger, ce qui fort du
gros fon en le repaffant.
Cibarius, a, um, nouriffant; propre à la
fubfiftance; 2°. à bas prix de peu de prix.
Cibrus, us, ce qu'on boit & ce qu'on
mange.
Cibo,-are, nourrir, entretenir d'alimens.
Ciborium, ii, taffe, gobelet, coupe à
boire, qu'on fait de la feuille d'une
fève Egyptienne.
Cibalis, e, qui concerne la nourriture.

Cɪʙɪ-cɪdɑ , æ , mot-à-mot, coupeur de vivres; ce qui fignifie au figuré un homme âpre au gain, très-avide de lucre.

VI.

CUB , & avec la nazale CUMB , fe coucher : 2°. couver.

De Cᴀʙ , contenance , capacité , fe forma la famille Cᴜʙ, qui défigna, 1°. la propriété d'être contenu conftamment dans un lieu, d'y repofer , d'y être couché ; 2°. tout corps quarré & folide propre à contenir. De-là ces mots :

1. Cᴜʙᴜs , i , cube quarré, qui repofe d'une maniere ftable & ferme : en *Gr. CUBOS.*

Cᴜʙɪcus , à , *um* , quarré en tout fens , cubique.

2. Cᴜʙo,-*are*, fe coucher , être couché, être au lit; 2°. coûcher, repofer ; 3°. fe mettre à table ; 4°. être alité, garder le lit. En *Gr.* Cᴜʙᴉo , & Cᴜʙaʓo; s'étendre, fe coucher.

Cᴜʙɪtum, i , ⎫ couche , couchette ;
Cᴜʙɪtus , i , ⎬ lit; 2°. l'action de fe
Cᴜʙɪtus , ûs , ⎭ coucher; 3°. la pofture d'une perfonne couchée, & qui eft appuyée fur le coude , parce que les anciens Romains mangeoient couchés fur des lits, & s'accoudant fur le chevet afin de fe relever à peu-près à la hauteur de la table. 4°. Comme étant couché pour manger on s'accoudoit , on s'appuyoit fur le coude, ce mot a fignifié Coude , coudée, l'os du coude.

Cᴜʙɪtalis , e , is , qui a une coudée, haut d'une coudée.

Bɪ-Cᴜʙɪtalis , e , à deux coudées.
Sᴇᴍɪ-Cᴜʙɪtus , ûs , demi - coudée.
Sᴇᴍɪ-Cᴜʙɪtalis , e , de demi-coudée.

3. Cᴜʙɪtal, is , oreiller, couffin , pour s'appuyer fur le coude, ou pour dormir , pour être couché.

Cᴜʙɪto ,-*are* , fe coucher fouvent.

Cᴜʙatio , onis ; Cᴜʙatus , ûs , l'action de fe coucher, d'être couché , de dormir.

4. Cᴜʙile, is , lit, nid, taniere, terrier, bauge.

Cᴜʙɪculum , i , chambre du lit, chambre où l'on cóuche.

Cᴜʙɪculatus , a , um , où il y a des chambres.

Cᴜʙɪcularis , e ; Cᴜʙɪcularius , a , um , de chambre.

Cᴜʙɪcularius , ii , Valet-de-chambre.

COMPOSÉS.

Aᴅ-Cᴜʙo ,-*are* ; Ac-Cᴜʙo , *bui, bitum, are*, être couché auprès , être fitué ou placé contre, être joint. 2°. être pofé, appuyé, accoudé fur ou contre ; 2°. être couché de fon long , tout étendu.

Ac-Cᴜʙuo, affiduement ; 2°. à la maniere de ceux qui font couchés.

Ac-Cᴜʙatio , onis ; Ac-Cᴜʙatus , ûs , l'action d'être couché , ou affis auprès de quelqu'un, foit à table , ou en quelqu'autre occafion d'affemblée ; 2°. affiette , pofition de celui qui eft couché.

Ac-Cᴜʙita , æ; Ac-Cᴜʙitum , i, lit de repos , canapé.

Ac-Cᴜʙitalis , e , couffin , couverture.

Ac-Cᴜʙitorius , a , um , ce qui concerne le lit de repos.

Coɴ-Cᴜʙo ,-*are* , Coɴ-Cᴜᴍʙo , *ere* , coucher avec.

Coɴ-cᴜʙium ,

Con-Cubium, *ii*, grand silence de la nuit, premier sommeil, tems le plus calme de la nuit, où tout le monde repose; heure ordinaire du coucher.

Con-Cubitor, *oris*, qui couche avec un autre.

Con-Cubiâ *noûe* ; la nuit étant avancée.

Con-Cubina, *æ*, concubine.

Con-Cubinatus, *ûs*, concubinage.

Con-Cubinus, *i*, jeune débauché ; 2°. qui entretient une concubine.

De-Cubo,-*are*, être couché.

De-Cumbo,-*ere*, se coucher, être couché; 2°. être assis, couché; 3°. tomber par terre, mourir.

Dis-Cubo,-*are*, se coucher, se mettre au lit.

Dis-Cubitorius, *a*, *um*, sur quoi l'on se couche.

Dis-Cumbo,-*ere*, se coucher, se mettre au lit, s'aliter; 2°. se coucher sur un lit de table pour manger.

Ex-Cubo,*are*, coucher dehors, découcher ; 2°. veiller.

Ex-Cubatio, *onis*, veille continuelle, l'action d'être au guet, en sentinelle.

Ex-Cubitus, *ûs*, guet, garde, patrouille, faction.

Ex-Cubiæ, *arum*, ronde, sentinelles qu'on pose, gardes; batteurs d'estrade, cavaliers du guet.

Ex-Cubitor, *oris*, sentinelle, soldat en fonction ; 2°. cavalier qui fait le guet, qui monte la garde.

In-Cubo,*are*, se coucher, se répandre sur, être couché sur, couver.

In-Cubo, *onis* ; In-Cubus, *i*, incube, cochemar.

In-Cubitio, *onis*, accroupissement,

Orig. Lat.

In-Cubitus, *ûs*, ⎫ l'action de se coucher, l'action de cher, l'action de couver.
In-Cubatio, *onis*, ⎬
In-Cubatus, *ûs*, ⎭

In-Cubito,-*are*, couver, être couché dessus.

In-Cumbo,-*ere*, être couché sur, être appuyé contre, pencher, s'appliquer, s'attacher.

In-Cumba, *æ*, imposte, pierre du jambage sur laquelle on pose le ceintre de la voûte.

Oc-Cumbo,-*ere*, tomber, cheoir, mourir.

Oc-Cubo,-*are* ; Oc-Cubito,-*are*, être mort, mourir.

Oc-Cubitus, *ûs*, le coucher, la mort.

Præ-Cumbo,-*ere*, se coucher auparavant

Pro-Cumbo,-*ere*,se coucher, être couché ; 2°. tomber, se renverser; 3°. être tué; 4°. pencher.

Pro-Cubo,-*are*, se coucher, s'incliner, pencher, être courbé.

Pro-Cubitor, *is*, sentinelle, garde avancée.

Re-Cubo,-*are*, être couché, être étendu tout de son long.

Re-Cubitus, *ûs*, l'action d'être couché.

Re-Cumbo,-*ere*, être couché, être étendu de son long; 2°. pencher ; 3°. s'affaisser, baisser ; 4°. être couché à table.

Se-Cubo,-*are*, coucher seul, ou, à part.

Se-Cubitus, *ûs* ; Se-Cubatio, *onis*, l'action de coucher seul, ou, à part.

Suc-Cuba, *æ*, concubine.

Suc-Cumbo,-*ere*, tomber dessous, succomber; 2°. se laisser abattre, céder, manquer de courage.

P

Super-Cubo,-*are*, coucher deffus, être couché deffus.

Super-Cubatio, *onis*, l'action de fe coucher deffus, ou la maniere d'être couché deffus.

VII.

CAB, précédé de S.

Scab, Scap, &c.

CAB fe fit précéder de la lettre S pour défigner divers objets relatifs aux mêmes idées de tête ou de main, de capacité, de rondeur, d'élévation ; mais dont le rapport étoit un peu plus éloigné : de-là ces mots.

I.

1. Scab*inus*, *i* ; Scab*incus*, *i*, nom de Magiftrature, venu des Peuples du Nord : *mot-à-mot*, qui eft à la tête. Nous en avons fait le mot Echevin.

2. Scab*illum*, *i*, fonnette ; elle eft de forme ronde & creufe comme un vafe, &c.

II.

De Cab, main, fe formerent divers mots relatifs à l'action de *gratter*.

I.

SCAB, la galle.

SCAB, la galle ; cette maladie de la peau qui oblige à fe gratter, fut défignée très-naturellement par le mot Scab qui peignoit l'action de paffer & de repaffer la main. Auffi eft-il d'une haute antiquité ; il exifte encore en nature chez les Anglois qui appellent la galle Scab & un galeux Scabby.

Scab*ies*, *ei*, galle, rogne, farcin ; Déeffe de la galle.

Scab*iofus*, galleux.

Scab*o*,-*ere*, gratter, galler.

Scab*itudo*, Scab*redo*, } galle, croûte qui
Scab*res*, *ei*, { fe forme fur une
Scab*ritia*, Scab*rities*, } plaie ; âpreté au toucher.

Scab*ro*, *onis*, qui a les dents couvertes de carie.

Scab*rum*, *i*, âpreté au toucher.

Scab*er*, *ra*, *rum*, galleux, âpre au toucher.

Scab*ratus*, rendu âpre au toucher.

Scab*rofus*, *a*, *um*, âpre, rude.

Scab*ré*, rudement.

2.

De-là vint également le nom de Scobs, inftrument qui fert à gratter, à limer, &c. une lime.

1. Scobs, *bis*, } lime : rape ; 2°.
Scobis, *is*, { limaille, ce qu'on a
Scobina, *æ*, } limé, gratté.

De-Scob*ino*,-*are*, limer, gratter, érailler, écorcher.

2. Scomm*a*, *atis*, mot commun aux Latins & aux Grecs ; *mot à mot*, qui emporte la piece, qui gratte jufqu'au fang. Raillerie piquante.

3.

De-là vint encore le nom d'un autre inftrument à gratter, à frotter, à rendre propre, dont voici la famille encore exiftante en Languedocien, &c. & qui a fourni quelques mots à la Langue Françoife.

Scopæ , *arum* , balai , ce qui gratte , frotte.

Scoparius , *ii* , balayeur.

Scopo-*are* , Scopo-*ere* ; balayer , fuftiger , fouetter.

Scopula , *æ* ; Scopulæ , *arum* , petit balai.

III.

Scap forma également divers mots relatifs à l'aĉion de foutenir : à la rondeur , à l'idée de creux.

1. S-Capus , *i* , foutien : tel que , 1°. tige , montant ; 2°. fût d'une colonne ; 3°. fléau de balance ; 4°. main de papier ; 5°. verge de la chaîne d'un Tifferand.

2. S-Capulæ , *arum* , épaules , *mot à mot* , petites têtes : foutien de la tête.

S-Capulofus , *a* , *um* , qui a les épaules larges.

S-Capularis , *e* , qui concerne les épaules.

S-Capulo ,-*are* , frotter fur les épaules.

S-Capulum , *i* , bâton qu'on porte fur l'épaule.

S-Capularium , *ii* , fcapulaire.

S-Capulare , *is* , l'éphod du Grand-Prêtre des Juifs.

3. S-Caphus , *i* , concavité , creux de l'oreille.

S-capha , *æ* , chaloupe , canot ; 2°. cuillier à pot ; 3°. niche ; 4°. berceau ; 5°. baquet , baignoire ; 6°. baffin quelconque ; 7°. hache ; 8°. fupplice de la hache ; 9°. ligature faîte à la tête.

S-Caphium , *ii* , gondole , taffe ; 2°. baffin de chaife percée ; 3°. bêche , hoyau ; 4°. crâne.

S-caphé , *es* , globe horaire creufé.

VIII.

CAP , Fumée.

De CAP , tête , au fens d'élévation , fe forma la Famille Grecque Kapnos fumée , *mot-à-mot* , nous , foufle , vapeur ; kap , qui s'élève : elle donna aux Latins les dérivés fuivans :

Capnias , *Gr.* Καπνίας , efpece de jafpe brun & comme en fumée.

Capnion , Capnos. *Gr.* Καπνός , Fume-terre , plante.

Capnistes , forte de pierre précieufe.

Capnitis , tutie , fumée minérale qui s'attache à la voûte des fournaifes où l'on fond le cuivre rouge avec la calamine pour faire le cuivre jaune ou le laiton.

Acapnus , *Gr.* Ἀκαπνός , qui ne fume point ; qui ne fait point de fumée.

IX.

CAP nazalé , ou
Camp , champ.

En Celte , Camp fignifie un terrein cultivé par les mains de l'homme , un champ : il tient donc à l'Oriental כף , *CAPH* , main , monofyl-labe qui fe nazalant par les peuples d'Occident , fuivant leur coutume , fit le mot Camp & produifit cette Famille Latine :

1. Campus , *i* , champ , campagne , plaine ; 2°. étendue quelconque ; 3°. matiere , fujet , occafion.

Campestris , *e* , *is* ; Campefter , *ir* , de la campagne , des Champs , campagnard , qui vit aux champs.

Campanus, i, } Meffier, celui qui
Camparius, ii, } garde les fruits de
Campas, æ, } la campagne.

2. Campicurfio, onis, exercice de la courfe.

Campeftre, is, caleçon des Athletes, & de ceux qui s'exerçoient.

Cette Famille tient au Theuton *KAMPF*, combat; *Kæmpfen*, combattre; mots formés également de KAF, la main, qui en fe nafalant devint CAMP. De-là également nos mots CHAMP, CHAMPION, CAMPAGNE, &c.

X.

CAP, CAF,

Prononcé CAM, COM.

CAP, main, fe prononça chez les Peuples du Nord CAM, & alors il fe chargea d'une nouvelle fignification; il peignit l'action d'une perfonne qui arrange avec fa main fa chevelure, qui fe peigne; & il devint chez ces Peuples le nom de l'inftrument appellé *Peigne*, qui imite la forme de la main, & qu'on inventa pour fuppléer à fon ufage.

En Theuton, KAM, 1°. main; 2°. peigne.

En Grec, *KOMÉ*, *és*, chevelure; *KOMAÓ*, avoir foin de fa chevelure.

De-là cette famille Latine, où CAM devenu COM, défigna la chevelure & l'action de la peigner, de la parer.

I.

1. COMA, æ, chevelure; 2°. perruque; 3°. criniere, jube, tocque; 4°. branches & feuilles des arbres. Ce mot eft pur Grec.

COMo, is, pfi, ptum, pfum, ere, peigner, ajufter.
COMOfus, a, um, chevelu.
COMOfis, is, commencement du miel dans le travail des abeilles; 2°. parure.
COMatriæ, arum, coëffeufes.
COMatus, a, um; COMans, tis, chevelu, qui a des cheveux longs & épais.
COMPtus, ús, ajuftement, parure.
COMatorius, a, um, qui fert à coëffer.

COMPOSÉS.

BI-COMis, e, qui a des cheveux, du crin des deux côtés.
IN-COMatus, a, um, qui ne porte point de cheveux.
IN-COMtus, a, um, mal ajufté, mal peigné, mal-propre; 2°. négligé, fans art.
2. COMeta, æ; COMetes, æ, Comete.
PRO-coma, æ, longue chevelure qu'on laiffe pendre.
PRO-COMium, ii, devant d'une perruque, toupet de cheveux; 2°. toupet de crins.
PROTO-COMium, ii, auvent.

BINOMES.

ANGUI-COMus, i, qui a pour cheveux des ferpens.

ACERSE-COMES, furnom d'Apollon, qui a de grands cheveux: mot à mot, dont les cheveux n'ont pas été rafés: du Grec *Keiro*, tondre, couper.
ARCH-IPPO-COMus, i, Grand Ecuyer: mot à mot, Grand Panfeur des chevaux.
MACRO-COMus, i, qui a de longs cheveux; du Grec *Makros*, long.

2.

De COMO, peigner, ajufter, approprier, parer, foigner, fe forma une
nouvelle famille, dont le fens propre s'étant perdu, on en avoit en
même-tems perdu l'origine : c'eft
la fuivante.

COMis, e ; il fignifia au fens propre,
qui eft en état de paroître, décent, propre, honnête : & au fig.
poli, civil, doux, indulgent, facile.

COMitas, atis, foin exquis, propreté,
honnêteté ; & au fig. affabilité, complaifance.

IN-COMis, e, ruftique, groffier, impoli,
mal-propre.

IN-COMitas, atis, négligence de fa
perfonne : groffiéreté.

COMiter, civilement, poliment, honnêtement.

CA, CA,
Mauvais, puant.

CACA eft une onomatopée qui peignit les efforts qu'on fait pour aller
à la felle, & dont on fe fervit pour
défigner ce qui fent mauvais, &
au figuré, le puant, le mauvais, le
mal-faifant.

C'eft la répétition de la fyllabe Ca :
CA-CA.

En Grec KAKKA, excrément.
De-là ces mots Latins.

CACO,-are, fe décharger le ventre.

CACaturio,-ire, avoir envie de rendre fes
excrémens.

CON-CACO,-are, embrener, conchier.

PER-CACO,-are, embrener tout-à-fait.

CACA, æ, la Déeffe Caca, fœur du Dieu
Cacus.

CACus, perfonnage ennemi du bon,
d'Hercule : le mauvais : l'hyver au fig.

CACu-Balum, i, herbe antifcrophuleufe ;
mot à mot, BAL, qui chaffe, CAC, le
mal.

2°.

Famille Grecque & Latine.

Les Grecs firent de ce mot, celui de
KAKOS, a, on, mauvais, méchant : KAKon, mal. De-là :

CACH-Exia, æ, Grec Κακεξια, mauvaife fanté ; de εχω, fe porter,
Kak, mal.

CACH-Ectæ, Gr. ΚακικΊαι, ceux qui
fe portent mal, qui font mal difpofés,
infirmes.

CACH-Ecticus, a, um ; CACH-Ectus,
a, um, d'un mauvais tempérament.

CACOSITO-TECHNus, a, um, qui s'en im-
pofe à foi-même.

CACOETES, is, mauvaife conftitution du
corps ; 2°. ulcere malin ; 3°. déman-
geaifon de faire quelque chofe, du Grec
KAKOΉΉs, malin.

C,
Suivi de la dentale D, T, & lié avec
elle par une voyelle.

La Lettre C défignant la place, la
contenance, & fe liant avec la touche dentale D, T, dont le fon eft
ferme, fonore, retentiffant, élevé,
devint la fource de diverfes familles
qui participerent à ces diverfes fignifications.

1. CAD, CAT, COD, COT, défignant la multitude, la grandeur,

2. CAT , CANT , défignant le nombre cent , comme nombre immenfe.

3. CAD , CAUD , COD , forêt ; mot-à-mot, multitude d'Arbres.

4. CAD , CAT , CED , CAST, CIST, &c. défignant tout ce qui renferme fûrement & folidement, tout vafe , tout lien.

I.

CAT , CET ,

Multitude.

CAT , eft un mot primitif qui défigna la grandeur, la multitude, l'élévation , & qui a fourni des dérivés à un grand nombre de Langues.

En Celte , COD , montagne : en Grec, KOTTÉ , tête.

Dans l'Orient GAD , troupe ; 2°. affez, fuffifamment.

En Theuton , HAT , élevé , haut ; le C dans cette Langue fe changeant fans ceffe en H , qui eft un fon plus doux que C , prononcé en gutturale forte.

En Celte , CAT , CAD , troupe , multitude , Armée ; mot exiftant encore aujourd'hui dans le Gallois.

En Bafq. CAUDala , richeffes , mot-à-mot, amas de biens.

I.

1. CATERVa , æ , multitude , foule ; 2°. bande de foldats : de CAT , troupe , & ERF pour ARF , ARM , armes.

CATervatim , par bandes ; 2°. pêle-mêle , en défordre , en foule.

CATervarius , a , um , qui va par bandes

2.

CETE , ⎱ Baleine ; 2°. tout grand
CETus , i , ⎰ poiffon de mer.
En Grec, KÉTOS.

CETofus , a , um , plein de grands poiffons, 2°. de poiffon cetacée.

CETarius , ii , marchand , vendeur de marée ; 2°. pêcheur de poiffon de mer.

CETaria , orum , CETariæ , arum , étangs, réfervoirs où l'on nourrit de grands poiffons.

CETaceus , a , um , de baleine.

EXO-CÆTus , i , Adonis, poiffon de mer.

3.

COTH-URNus , i , cothurne , brodequin , chauffure des Acteurs Tragiques, qui les rehauffoit extrêmement, & leur donnoit une taille coloffale , de Héros. 2°. Au figuré , ftyle tragique , fublime , guindé. 3°. Efprit changeant.

COTHurnatus , a , um , qui porte le cothurne , chauffé en brodequins ; 2°. Comédien.

En Grec Koθυρνος , KOTHurnos : c'eft un compofé de deux mots Grecs , de KOT , élevé , & de ORNumi , mouvoir.

I I.

CAT , CANT.

Cent.

Celles d'entre les Nations Celtiques qui ayant , dans l'origine , affez d'efprit pour compter , voulurent exprimer le nombre qui eſt compoſé de dix dixaines , & qui leur paroiſ-ſoit immenſe , ſe ſervirent pour le déſigner du mot CAT ; qui ſigni-fioit , comme nous venons de-le voir , multitude , quantité. De-là le mot Grec,

ÉKATON, He-KATon , cent ; mot-à-mot , il y a multitude. Les Per-ſans le prononcent SAT : il pàroît alors tenir au Latin SAT , SATis, ſuffiſamment , aſſez ; mot-à-mot , la quantité déſirée.

Les Latins , toujours diſpoſés au nazalement , comme les Nations Theutones & les Celtes Occiden-taux , changerent KAT en KANT , prononcé & écrit CENTum. De-là cette famille :

1.

1. CENTum , cent ou dix dixaines , dix fois un nombre égal aux deux mains ou vingt fois une main ; ce qui ſembloit dans l'origine un nombre bien grand.

CENTies, cent fois.

CENTenus , a , um , de cent ; cent.

CENTeſimus , a , um , centieme.

CENTeſimo, -are , prendre le centieme.

CENTeſima, æ , impôt dû centieme ; 2°. intérêt d'un pour cent par mois.

CENTenarius , a , um , de cent ; centenaire,

CENTenarii , orum , caporaux , centu-rions ; 2°. juges ſubalternes ; 3°. offi-ciers des juges.

2. CENTurio , onis , Capitaine de
CENTurionus , i , cent hommes , Centenier.

CENTuria ; æ ; centaine de perſonnes ; 2°. compagnie de cent hommes ; 3°. deux cent arpens de terre.

CENTurio , -are , diviſer par compagnies de cent hommes ; 2°. enrôler , lever des troupes.

CENTurionatüs , ûs ; CENTuriatus , ûs , charge de centenier , de capitaine.

CENTuriator , is , qui diſtribue par cen-tàines.

CENTurialis , e , qui concerne une cen-turie.

CENTuriatio , onis , diſtribution par cen-tàines.

CENTuriatim , par centaines.

3. SUB-CENTurio , onis , lieutenant , capi-taine en ſecond.

SUC-CENTurio , -are , faire des recrües ; 2°. remplacer , refournir.

SUC-CENTuriatus , a , um , mis à la place.

2.

1. DU-CENi , æ , a , Deux cens.
DU-CENTi , æ , a ,

DU-CENTies , deux cens fois.

DU-CENTeſimus , a , um , deux cen-tiemes.

DU-CENarius , a , um , de deux cens.

DU-CENarius , ii , capitaine de deux cens hommes ; 2°. un des deux cens Juges à Rome.

2. TER-CENTum ,
TER-CENTi , æ , a , Trois cens.
TER-CENTeni , æ , a ,

TER-CENTies , trois cens fois.

TRI-CENTeni , æ , a ,
TRE-CENi , æ , a , trois cens.
TRE-CENTi , æ , a ,

TRE-CENTies ; TRI-CENTies , trois cens fois.

III.

CAD , GAUD ,

Forêt.

CAT , CAD , ſignifiant multitude , dévint naturellement le nom des forêts, des bois & bocages, qui confistent dans un amas immenfe d'arbres. De-là une famille immenfe elle-même dans les Langues Celtiques, & qui y a pris cent formes différentes. C'eft-là que CAD, CAUD, COD, COED, COAD, COAT, COET, COIT, COIS, COT, CAU, COU, COUD, COUT, CUIT, &c. & autant de variétés, pour le moins, en G, GAD, GOED & en K, &c. & autant en CH, CHAD, CHOID, CHOAD, CHOT, &c. ne font qu'un feul & même nom, qui fignifie BOIS, FORÊT.

Un mot auffi commun chez les Celtes, ne fut pas inconnu dans l'Italie & chez les Latins. Il y exifta, comme nous l'avons vû, (*Difc. Prélim.*) dans le nom de divers lieux, & il y forma cette famille :

1.

CAUDinæ Fauces, les Fourches ou les Gorges CAUDines ; *mot-à mot,* couvertes de forêts.

2.

Ce mot pris dans un fens particulier pour bois, fouche, tronc, eut ces dérivés :

1. CAUDex, *icis,* 1°. tronc d'arbres, tige, brin, fouche ; 2°. affemblage d'ais attachés, tablettes ; 3°. *au figuré,* un homme ftupide, lourd, une fouche, une buche.

CAUDinus, *a, um,* fait d'un tronc d'arbre.

CAUDicalis, *e ;* CAUDeus, *a, um,* de tronc, de fouche, de tige.

CAUDicarius, *a, um,* fait de groffes piéce de bois.

2. CAUDeæ, *arum,* petit panier de jonc ou de crin.

3. CAUDa, *æ,* tige de jonc, de rofeau ; 2°. queue.

4. CODetum, *i,* champ en friche, parce qu'il eft couvert de buiffons, d'arbres, de fouches, &c.

3.

CODex, *icis,* tronc d'arbre, tige ; 2°. tablettes à écrire, faites dans l'origine avec des feuilles de bois très-mince ; 3°. CODE, ou recueil de LOIX écrites fur des feuilles de bois.

CODicilli, *orum,* mémoires, tablettes ; 2°. brevet, Lettres-Patentes ; 3°. CODicilles.

CODicarius, *a, um,* qui eft fait de planches, de troncs d'arbres, barques, canots.

CODium, *ii,* tête, tige de pavot ; 2°. laitue, plante dont la tige eft haute ; 3°. peau avec le poil.

CODo, *is,* la peau crue d'un animal ; ce qui fert à le contenir, à l'envelopper.

Ex-CODico, *-are,* couper la tige.

IV.

1. CAD, CAT,

Vafe.

CAD, CAT, nuancé en CAS, CAST, CEST, CIST, COD, CUT, &c. fut un mot primitif qui défigna les objets propres à contenir, à envelopper,

-lopper, à couvrir. De-là ces familles Latines.

1.

CADus, *i*, en Grec KADos, en Hébr. כד , KAD , CAD , tonneau , pipe , baril : CAQue , qui en eſt une alté-ration. 2°. Grand vaſe de terre ; en Hébreu , meſure contenant trois boiſſeaux.

CADiſcus , *i* , petite boëte ; 2°. ſcrutin.

CADurcum , *i* , 1°. toile de lin , voile , couverture ; 2°. tente , dais , 3°. ſeau , tuyau d'une gouttiere ; 4°. auvent ; 5°. matelas , lit , lit conjugal ; 6°. la ville de Cahors.

CADurcus , *a* , *um* , ce qui regarde les -couvertures ou les houſſes de lit.

2.

CATinus , *i* , plat , écuelle.

CATillus , *i* , petit plat , petit baſſin.

CATilla , *æ* ; CATillo , onis , homme ou femme friande , qui aiment à lécher les plats ; qui cherchent la bonne chere.

CATillo , -*are* , aimer la bonne chere ; *mot-à-mot* , lécher les plats.

3.

Famille Grecque , où CAT eſt précédé d'un A.

A-CATO-PHORUM , *i*, en Gr. Ακατο-Φοριν , *mot à mot*, vaſe portatif, pot, cruche , broc.

A-CATium , *ii*, Gr. Ακατιιν , petit navire ; 2°. fiole en forme de navire.

4.

1. CASsis, *idis* ,}caſque , armure de
CASsida , *æ* , } tête.

2. CASſita , *æ* , alouette hupée, qui a com-me un caſque.
Orig. Lat.

3. QUASillus ; QUASillum , panier , cor-beille.

QUASillaria , *æ* , ſervante à qui on don-noit de la laine dans une corbeille par meſure , pour le travail de la journée.

QUALLus , *i* , QUALum , *i* , panier ; di-minutif de *Quaſillus.*

4. CASsidilis , *is* , ſac à poche , bourſe.

5. CASsis , *is* , rets , filet , panneau.

CASsiculus , *i* , CASsiculum , *i* , petit filet , toile de chaſſur.

3.

Famille Latine-Grecque.

Si jamais un mot a dû paroître propre aux Grecs , c'eſt celui de ΚΑΙó , brûler : en effet , il n'appartient ſous cette forme à aucune Langue quel-conque : mais c'eſt un mot déna-turé , & qui s'eſt iſolé en s'altérant. Ici , la voyelle I a pris la place de U , prononcé Y ; auſſi , tous les tems primitifs de ce verbe s'écri-vent & ſe prononcent autrement.

Le Futur eſt ΚΑυſó , le Prét. ΚΕ-ΚΑΥΚΑ ; tous les noms ſont en ΚΑΥς : *Kauſis* , brûlure ; *Kauſtis* , temps de la moiſſon , ou Eté , &c.

Dès-lors , c'eſt une famille Cel-tique ; CAUD , CAWD, CODD, EGOS, EGOTZI , dans les divers Dialectes Celtiques , ſignifiant feu au ſens propre , & colere au ſens figuré.

En Gallois , CAWDD , 1°. feu ; 2°. colere , indignation ; 3°. choc , combat.

GODDaith, brûlure , flamme, incendie.

GODDeithio , brûler , embrâſer.

En Baſq. E-Gosia , cuiſſon.

Q

E-Gotzi, se livrer à son feu, s'emporter.

En Bas-Bret. Caudedd, désir ardent, brûlant : de-là l'Italien S-Cottare, brûler, échauder.

Scottatura, brûlure.

En Bas-Norm. Caudiot, feu de joie.

De-là cette Famille :

1. Cauma, tis, grande chaleur.

2. Causia, æ, chapeau à grand bord contre l'ardeur du soleil; chapeau royal, chapeau de Cardinal.

Causiatus, a, um, couvert d'un chapeau.

3. Causon, onis, fiévre chaude.

Causticus, a, um, brûlant : caustique.

Cauter, is; Cauterium, ii; cautére, remède brûlant ; 2°. fer brûlant pour imprimer quelque chose; 3°. pierre infernale ; 4°. plaie faite par ce reméde ; 5°. instrument de Peintre-Emailleur.

Cauterize, -are, imprimer avec un fer chaud ; apliquer un cautére.

COMPOSÉS.

En-Caustus, a, um, } émaillé, verEn-Chaustus, a, um, } nissé.

En-Caustum, i, émail, vernis ; 2°. encre couleur de pourpre.

En-Caustes, æ, Emailleur, Peintre en émail.

En-Causticus, a, um, d'émail.

En-Caustica, æ; En-Caustice, es, l'Art de peindre en émail ou d'émailler ; 2°. l'Art de graver à l'eau-forte.

Hypo-Causis, is ; Hypo-Caustum, i, poële, étuve, fourneau.

Holo-Caustum, i; Holo-Cautomatum, i, holocauste, sacrifice de toute la victime.

II.

1. CAT,

Chaîne à anneaux.

De Cat, lien, filet, se forma le Celte

CAT ; le Theut. Kette; le Franc. Ketin, chaîne, lien composé d'anneaux engagés les uns dans les autres : de-là cette famille Latine:

Catena, æ, chaîne, attache ; 2°. tirant.

Catella, æ ; Catenula, æ, chaînette, petite chaîne.

Catenæ, arum, ceps, fers, menottes.

Cateno, -are, enchaîner, attacher, garotter.

Catenatus, a, um, enchaîné, garotté, esclave.

Catenarius, a, um, de chaîne.

Catenatio, onis, assemblage, liaison.

Con-catenatus, a, um, mis aux fers.

Con-catenatio, onis, enchaînement.

In-cateno, -are, enchaîner.

2. CAT, prononcé

CET, CID.

1. Cetra, æ, bouclier couvert de cuir.

Cetratus, a, um, qui porte un bouclier couvert de cuir.

2. Cidarum, i, bâtiment de mer.

Cidaris, is, Tiare, diadême : turban.

III.

De Cad, couvrir, enveloper, se formerent l'Hébreu כסה, Kase, couvrir : כסא, Kasa, siége, trône.

Le Celte Cas, demeure, étui, cage, caisse.

Le Theuton Kasa, case, cabane, &c. De-là ces mots Latins:

1. Casa, æ, cabane, maisonnette ; dans l'origine, maison.

Casarius, ii, qui garde la maison.

Casina, æ, celle qui garde la maison ;

qui en a foin : fille ou femme-de-chambre.

Casula, æ, petite maifon, hute ; 2°. loge ; 3°. chafuble.

2. De Cas, 1°. loge, logement ; 2°. où on met en forme , vint Caseus , fromage ; en Allemand Kæss ; en Anglois Cheese , parce que le fromage n'eft autre chofe que du lait épais mis dans des formes ou des cafes ; auffi eft-il appellé *Formaggio* en Italien , & *Fromage* en François.

Caseus, ei ; Caseum, ei , lait mis dans des cafes & devenu fromagé.

Casearius, a , um, de fromage ; 2°. qui fait ou qui vend du fromage.

Casearia, æ, boutique où on vend les fromages ; lieu où l'on fait fécher ou affiner les fromages.

Caseale, is , Chaziere, Chazeret, forme à faire des fromages ; 2°. laiterie , lieu où on fait & où l'on ferre les fromages.

IV.

CAD devenu CAST.

De Cad , Cas , fe forma Cast, enceinte ; d'où ces familles Latines :

1. Castanea, æ, châtaigne ; 2°. châtaigner : mot que mal à-propos on dérivoit de quelques Villes appellées Castanéa , qui durent plutôt elles-mêmes leur nom à ce fruit abondant dans leur territoire.

Castaneum, i , une châtaigneraie ; bois de châtaigniers.

Castaneus, de châtaigne.

1. Castellum , i , château , autre fois *Chaftel* & *Caftel* , Forterefle , Citadelle ; 2°. Château d'eau , réfervoir.

Castellanus, ni , qui demeure dans un château ; 2°. qui eft fous la protection d'un château ; 3°. châtelain ; adj. de château , Gouverneur d'un château.

Castellarius, chargé de conduire , de veiller ; Infpecteur, Garde.

Castellatim , de château en château ; 2°. par morceaux, par tas ; 3°. par bandes , par pelotons.

Castellamentum , i , fervice dans un repas en forme de pyramide.

Casteria, æ , endroit d'une galere où on ferre les rames.

In-Castro , -are , emboëter , affembler.

In-Castratura , æ , affemblage , emboëtement.

3. Castrum , i , Château , Fort ; 2°. Redoute , retranchement.

Castra , trorum , tente ; 2°. campemens, pofte ; 3°. camp , fort , retranchement.

Castra-Metatio , action de tracer, de marquer un camp.

Castra-Metor , atus fum , ari , prendre les mefures , les dimenfions d'un camp, l'aligner : en diftribuer le terrain.

Castra-Metans , Ingénieur ; 2°. Maréchal de Camp : des Logis.

Castrenfis , du Camp, qui concerne le Camp.

Pro-Castrium , ii , ouvrage avancé qui couvre la tête d'un camp ; 2°. antichambre , veftibule.

4. Castor , *Grec* , Κάςωρ , caftor, bièvre ; animal qui fe bâtit des cabanes dans l'eau.

C'eft donc à cette induftrie qu'il doit fon nom, dont l'origine étoit abfolument inconnue , & fur laQ ij

quelle on ne contoit que des
fables.

CASToreus , *a* , *um* , de caſtor.

CASToreum , *ei* ; *-rea* , *orum* , teſticules de
caſtor ; 2°. chant de guerre , à l'honneur ſans doute de Caſtor & Pollux.

V.

CAST devenu CÆST.

CÆstus , gantelet garni de plomb,
dont les Athlètes ſe ſervoient pour
les combats ; 2°. ceinture de femme ; 3°. fouet de lanieres de cuir ,
garnies de plomb par le bout.

CESTillus , *i* , ⎫ bourrelet , mis ſur la
CESTiculus , *i* , ⎬ tête pour porter un
CESTicillus , *i* , ⎭ fardeau.

VI.

CAS , CAST , habit.

CAS , enveloppe , couverture , &c. ſervit en toute Langue à exprimer les
habits.

En Egypt. & dans l'Orient , CAS déſigna un habit ; CASé , ſe couvrir ,
s'habiller.

En Theuton , KASAK , un habit , une
Casaque ; KASel , un habit ſacer-
dotal.

Les Grecs en firent KESTos , *Ceſtus* ,
ceinture de Vénus , petit tablier qui
enveloppoit le milieu du corps.

De-là ces mots Latins :.

1. CASTula , *æ* , habillement de jeune
fille pour le milieu du corps , jupon ,
tablier.

2. CESTus , *i* , ceinture en général ; 2°.
ceinture que le mari donnoit à l'é-
pouſe le premier jour de ſes nôces.

3. CASTus , *a* , *um* : ce mot ſignifie en
Latin CHASTe , pur , modeſte , dévot : mais chaſte , dévot , &c. ſont
des idées morales & figurées. Quel
en eſt le ſens propre ? Quoiqu'inconnu juſqu'ici , il eſt aiſé de le
retrouver , en voyant que CASTus
ſignifie *Modeſte* , & qu'il tient à la
famille CAST , habit , jupe.

C'eſt , *mot-à-mot* , la qualité d'u-
ne perſonne remplie de modeſtie
& qui s'habille toujours décemment , couvrant ce qu'il ſeroit immodeſte de laiſſer à découvert.

Cette pureté phyſique , ſymbole
de la pureté morale , eſt devenue le
nom même de celle-ci : de-là
CASTus , CHASTe , celui qui s'éloigne de toute action immodeſte ,
& qui ne découvre pas ce qui ne
doit pas l'être.

CASTitas , *atis* , ⎫
CASTitudo , *onis* , ⎬ chaſteté , innocen-
CASTimonium , *ii* , ⎬ ce , pureté.
CASTimonia , *æ* , ⎭

CASTè , purement , avec pudeur.

CASTiſicus , *a* , *um* , qui rend chaſte.

CASTa-MOLa , *æ* , ſacrifice des Veſtales.

CASTus , *ûs* , cérémonie de Religieuſe.

CASTum , *i* , tems de mortification , de
continence.

4. IN-CASTitas , *is* , défaut de chaſteté.

IN-CESTus , *ûs* ; IN-CESTum , *i* , inceſte ,
crime contre l'ordre de la ſociété.

IN-CESTus , *a* , *um* , inceſtueux ; 2°. im-
pur , ſouillé.

IN-CESTè , par un inceſte ; 2o. impure-
ment.

IN-CESTo , *-are* , commettre un inceſte ; 2°.
ſouiller.

In-Cesti-vicus, a, um, inceſtueux.

5. Castigo, -are, mot-à-mot, rendre chaſte : de Ago, faire : & de Cast, ce verbe ſignifie châtier, reprendre, faire une mercuriale ; 2°. polir ; 3°. tempérer, modérer.

Castigator, is, qui punit, qui réprimande, qui modère, critique, cenſeur.

Castigatio, onis, punition, peine ; 2°. mercuriale, reproche.

Castigaté, correctement.

Castigabilis, e, puniſſable, qui mérite châtiment.

Castigatorius, a, um, qui ſert à châtier, à punir.

Con-Castigo,-are, punir enſemble.

In Castigatus, a, um, qui n'eſt pas puni.

VII.

CAST devenu CIST.

Cast devint Cist, pour déſigner un coffre, une corbeille.

En Theuton KIST, en Angl. CHEST.

De-là cette famille Latine :

1. Cista, panier, manne, corbeille ; 2°. coffre pour le ſcrutin ; 3°. ſcrutin.

Cisrella, æ, petit panier.

Castellula, æ, coffre, caſſette, boëte.

Cistellarius, a, um, qui porte un petit panier.

Cistellatrix, icis, mot à mot, celle qui a ſoin des boëtes à eſſences : Dame d'atours ; 2°. ſuivante, 3°. fille ou femme de chambre.

Cisti-Fer, a, um,
Cesti-Ger, a, um, } qui porte un panier.
Cisto-Phorus, i,

Ce dernier mot déſignoit auſſi une monnoye ſur laquelle étoit repréſenté un homme portant un panier.

2. Cisterna, æ, citerne : réſervoir d'eau de pluie.

Cisterninus, a, um, de citerne.

3. Cistus, i ; Cissarum, i, 1°. veſſie ; 2°. noyau d'olive ; 3°. arbriſſeau portant des fruits à coſſe, ou à enveloppe creuſe.

4. Cisium, ii, chaiſe de poſte, chaiſe roulante : chariot : ſouflet : coche.

Cisiarius, qui mene un coche, une voiture.

5. Costa, côte. Les côtes enveloppent le corps & l'encaiſſent.

Costatus, a, um, qui a des côtes.

Inter-Costacus, a, um, entre les côtes.

VIII.

CAT, devenu COT, CUT, HUT, Peau.

Cat, enveloppe, devint Cut dans les Langues Celtiques du Midi, & Hot, Haut, Hut, dans celles du Nord, pour déſigner l'enveloppe du corps humain, la peau : de-là ces mots ; qui tous ſignifient peau.

Allem. Haut : Franc Hut.

Dan. Suéd. Iſl. Hud ; Flam. Huid ; Anglo-Sax. Hyd ; Angl. Hide ; Celt. Cot, Cut ; d'où ces mots Latins :

Cutis, is, (f.), écorce ; 2°. peau ; 3°. cuir : mot-à-mot, ce qui enveloppe.

Cut-icula, æ, petite peau.

Cut-icularis, e, de la peau.

Inter-Cos, tis, entre cuir & chair.

Re-Cutitus, a, um, circoncis ; 2°. écorché.

Sub-Cutaneus, a, um ; Subter-Cutaneus, a, um, qui eſt ſous la peau, entre cuir & chair.

FAMILLE GRECQUE.

1. Cotyla, æ ; Cotula, æ, chopine, Hémine.

2. Cotyledon, onis, orifice des veines & des arteres.

3. Codones, num, Gr. Χωδων, fonnette, grelot.

Codon-phorus, qui porte des fonnettes, des grelots ; 2°. crieur d'enterremens.

Chytra, æ, pot, marmite ; 2°. baifer donné en tenant par les oreilles.

Chytrinda, æ, pot au noir ; Colin-Maillard.

Chytro-Pus, odis, }
Chytro-Poda, æ, } pot à trois pieds ;
Chytro-Podium, ii, } 2°. trépié.

VIII.

CAT, CUT, devenu SCUT.

Cat, Cut, fe faifant précéder de la fiflante, forma deux autres familles Latines.

1. S-Cuta, æ, plat.

S-Cutella, æ ; S-Cutula, æ, écuelle, 2°. petit plat ; quarré long ; 3°. rouleau ; 4°. éculfon ; piéce d'écorce qu'on leve pour enter un arbre en éculfon.

Scutra, æ ; Scutrum, i, baffin creux.

Scutula operta, orum, les omoplates.

S-cutulatus, a, um, tiffu à mailles, à rezeau, à petits quarreaux.

Scutale, is, fond de la fronde, ouvrage à rezeau.

2. S-Cutus, i, } bouclier long, écu ;
S-Cutum, i, } parce qu'il étoit
S-Cutulum, i, } fait de cuir ; en Grec Skutos.

S-Cutarius, ii, qui fait des boucliers, des écus.

S-Cutarius, a, um, qui concerne les boucliers.

S-Cutatus, a, um, armé d'un bouclier, qui fe couvre d'un écu.

S-Cuti-Gerulus, a, um, qui porte le bouclier de fon maitre.

C,

Suivi de la Siflante avec laquelle ello eft unie par une voyelle ;

ou

CAS, CES, CIS, &c.

Chûte.

La Lettre C, ou la fyllabe Ca, défignant la place, comme nous l'avons déjà vû, & fe faifant fuivre de la touche fiflante qui marque l'éloignement, la fuite, devint le nom, le figne, le caractere fimple & naturel de tout objet qui change de place avec effort, qui tombe, qui s'abat, qu'on renverfe, qu'on caffe, qu'on brife, qu'on taille.

De-là, 'une multitude de Familles en toutes Langues, & fur-tout en Latin : mais pour les reconnoî-tre, obfervons que comme la lettre S fe change naturellement dans la dentale D & T, les verbes Latins des familles dont il s'agit ici, & dont les prétérits & les participes paffés font compofés de la lettre S, la changent en D dans les préfens, tems fort poftérieurs aux prétérits, comme nous l'avons fait voir dans la *Grammaire Univerfelle & Comparative.*

On peut donc ranger toutes ces Familles sous ces Classes générales :

1. CASus, chûte.
2. CADO, *partic.* CASus, tomber ; 2°. arriver.
3. CEDO, *part.* CESSus, tomber dessous ; 2°. céder, se retirer, faire place.
4. CESSO, discontinuer, se retirer de ce qu'on faisoit.
5. CÆDO, *part.* CÆSus, faire tomber, abattre ; 2°. tailler, rogner.
6. CASTRO, couper, retrancher.
7. CUDO, *part.* CUSus, battre, frapper ; 2°. forger, faire tomber les parties étrangeres aux formes qu'on veut donner : leur faire changer de forme, de figure, &c.
8. SCINDO, *part.* SCIssus, couper, tailler, rompre, fendre.
9. QUASSO, QUATIO, *part.* QUASSus, renverser, ébranler, secouer.

I.

CAS,

CAD, CAT,

Chûte.

1. CASus, *us*, chûte ; 2°. accident, disgrace ; 3°. danger, péril ; 4°. aventure, hazard, occasion ; 5°. faute, mauvais pas ; 6°. sort, risque, succès ; 7°. cas, variation d'un nom.

CADO, *is*, cecidi ; CASum, *dere*, tomber, cheoir ; 2°. mourir, tomber mort ;

3°. s'abattre, se décourager ; 4°. arriver, écheoir ; 5°. être réduit ; 6°. finir, se terminer ; 7°. avoir du succès, réussir ; 8°. convenir, être bien séant ; 9°. s'appaiser.

CADivus, *a*, *um*, qui tombe aisément, de soi-même.

CADucus, *a*, *um*, prêt à tomber, qui ne peut se soutenir ; 2°. périssable, de peu de durée, qui menace ruine : 3°. vacant, tombant en aubaine ; 4°. épileptique, caduc.

CADucarius, *a*, *um*, qui tombe du haut mal ; 2°. de main-morte, qui est sans héritier ; 3°. celui qui devient l'héritier d'une personne, qui n'en a point.

CADuciter, précipitamment, avec promptitude.

2. CADaver, *is*, cadavre, *m. à m.* corps qui tombe, qui ne peut plus se soutenir, qui tombe en ruine.

CADaverosus, *a*, *um*, de cadavre, de mort.

3. CASo, -are, { chanceler, tomber.
   CASito, -are, {

CASabundus, *a*, *um*, qui chancele, qui bronche à chaque pas.

4. CAScus, *a*, *um*, vieux, ancien, qui tombe, qui va tomber, qui est usé.

COMPOSÉS.

Ac-CIDens, *tis*, cas, forfait, chose imprévue ; 2°. infortune, malheur, circonstance.

Ac-CIDentia, *æ*, aventure, chance. *Plinius.*

Ac-CIDentalis, -e, accidentel.

Ac-CIDentaliter, fortuitement, par hazard.

AD-CIDo, -ere, tomber.

CON-CIDo, -ere, tomber, se détruire, s'abattre, périr ; 2°. tomber en défaillance ; 3°. mourir.

De-Cido,-ere, tomber, cheoir, déchoir.

De Ciduus, a, um, sur le point de tomber, d'être renversé.

Ex-Cido,-ere, tomber, échapper.

In-Casurus, a, um, qui arrivera.

In Cido,-ere, tomber dedans, dessus.

Oc-Cido, dis, cidi, casum, ere, tomber, cheoir ; 2°. tomber mort, être tué, se coucher.

Oc-Casio, onis, temps favorable, rencontre, moyen, prétexte, sujet ; 2°. occurrence.

Oc-Caso, is-ere, tomber, périr.

Oc-Casiuncula, æ, petite occasion.

Oc-Casus, ûs, coucher du soleil, occident, mort, chûte.

Oc-Casionalis, e, occasionel.

CID.

Oc-Ciduus, a, um, caduc, prêt à tomber ; 2°. qui se couche ; 3°. occidental.

Oc-Cidualis ; Oc-Cidentalis, e, du couchant, de l'Ouest.

Oc-Cidens, tis, couchant ; 2°. mourant, qui meurt, qui s'éteint ; 3°. ouest, couchant.

Oc-Cidium, ii, ruine, renversement.

In-Oc-Ciduus, a, um, qui ne se couche point

Præ-Oc-Cido,-ere, se coucher auparavant.

Præ, Cisus, a, um, concis, abrégé, succint.

Præ-Cisum, i, fraise de veau.

Præ-Cisio, onis, coupure, rognure ; 2°. précision.

Præ-Cisé, en retranchant ; 2°. positivement, nettement ; 3°. en peu de mots, séchement, à la rigueur.

Com Præ-Cido,-ere, s'entrecouper.

Pro-Cido,-ere, tomber en avant.

Pro-Ciduus, a, um, qui tombe, qui descend.

Pro-Cidentia, æ, chûte du fondement, descente des boyaux.

Re-Casurus, a, um, qui retombera.

Re-Cido,-ere, retomber, faire une chûte ; 2°. être réduit.

Re-Cidivus, a, um, qui renaît, qui se renouvelle ; 2°. qui se retire, qui se rétablit ; 2°. qui retombe.

Suc-Cido,-ere, tomber, cheoir dessus.

Suc-Ciduus, a, um, qui tombe facilement.

Super-Cado,-ere ; Super-Cido,-ere, tomber dessus. Bible.

Super-In-Cido,-ere, tomber par-dessus.

II.

CESS, ÇED,

Tomber dessous : se retirer.

De Casus, chûte, se forma le verbe,

Cedo, Cessi, Cessum, Cedere, qui signifie ; 1°. tomber dessous ; succomber sous les efforts d'un autre.

A cette signification physique, s'en joignirent d'autres liées à celle-là par de légéres nuances : ainsi ce verbe signifie encore ;

2°. S'enfuir, céder la place, se reculer ; 3°. quitter, céder, transporter une chose en général ; 4°. s'en aller ; 5°. ne disputer pas, céder dans la dispute ; 6°. réussir, arriver ; 7°. écheoir ; 8°. revenir.

Cede, à l'Impérat. Dites, parlez, donnez,

Cessim, à reculons, à rebours, en arriere.

Cessio, onis, transport, abandonnement, aliénation.

Cespes,

CESPES, *itis*, gazon, herbe fur laquelle on marche, qu'on foule aux pieds, dont on fait pancher la tête avec les pieds en marchant.

CESPITIUS, *a*, um, de gazon.

CESPITO,-*are*, broncher, être fur le point de tomber; de CES ou CASUS, chûte, & de PES, le pied.

CES-PITATOR, *is*, qui bronche, qui chancele.

COMPOSÉS.

ABS-CEDO, -*ere*, fe retirer, s'écarter, reculer; 2°. fe changer en abfcès, apofthumer.

ABS-CESSIO, *onis*; ABS-CESSUS, *ûs*, départ, fortie, retraite; 2°. apofthume.

ABS-CEDENTIA, *ium*, éloignement, lointain; 2°. ce qui fe forme en abfcès.

AC-CEDO, -*ere*, venir, arriver, approcher, aborder quelqu'un; 2°. s'adonner, entreprendre; 3°. s'accommoder, s'accorder, fe rendre; 4. être femblable, être conforme.

AC-CESSA, *æ*, & RE-CESSA, *æ*, le flux & reflux, haute & baffe marée.

AC-CESSIO, *onis*, arrivée, allée & venue, accès; 2°. furcroit, augmentation, accroiffement, furplus, acceffoire; 3°. ce qu'on donne au-delà du prix convenu, le vin, les épingles; 4°. garant, caution; 5°. gages, affurances.

AC-CESSOR, *is*, qui vient, qui approche; 2°. celui qui ne fait que partie.

AC-CESSUS, *ûs*, arrivée, venue, approche; 2°. accès, entrée.

IN-AC-CESSUS, *a*, um; IN-AC-CESSibilis, *e*; dont ne peut approcher.

CO-AC-CEDO;-*ere*, s'aprocher enfemble, ajouter.

ANTE-CEDO, -*ere*, précéder, marcher à la tête, prendre les devans; 2°. furpaffer.

Orig. Lat.

ANTE-CESSUS, *ûs*, anticipation, avance.

ANTE-CESSIO, *onis*, ce, qui excede, ce qui furpaffe; 2°. préface, prologue, préambule.

ANTE-CESSOR, *is*, prédéceffeur; 2°. profeffeur, maître en Droit.

ANTE-CESSORES, *um*, avant-coureurs, batteurs d'eftrade, fourriers, ingénieurs, efpions.

CON-CEDO, -*ere*, s'en aller, fe retirer, fe réfugier; 2°. céder, donner, déférer, vouloir bien, permettre; 3°. quitter, relâcher, remettre de fon droit; 4°. pardonner; 5°. mourir.

CON-CESSIO, *onis*, confentement, permiffion, congé, tolérance.

CON-CESSUS, *ûs*, permiffion, privilége, faveur, grace.

CON-CESSUM, *i*, chofe permife, accordée, confentie.

IN-CON-CESSUS, *a*, um, qui n'a pas été accordé, qu'on ne poffede pas.

DE-CEDO, -*ere*, fortir, fe retirer, quitter la place, abandonner; 2°. diminuer, décroître; 3°. déférer; 4°. relâcher; 5°. fuir, éviter l'approche; 6°. mourir.

DE-CESSUS, *ûs*; DE-CESSIO, *onis*, départ, fortie; 2°. déchet, diminution.

DE-CESSOR, *is*, prédéceffeur, qui céde fa place à un autre.

DIS-CEDO,-*ere*, partir, s'en aller, fe retirer, s'éloigner, s'écarter, fe fendre, s'entr'ouvrir.

DIS-CESSUS, *ûs*, départ, féparation, éloignement.

DIS-CESSIO, *onis*, divorce, divifion; 2°. difcorde, diffenfion; 3°. l'action d'aller aux opinions.

R

Ex-Cedo, -*ere*, fortir , fe retirer ; 2°.
passer , aller au-delà ; 3°. mourir.

Ex-Cessus, *ûs* , départ, fortie ; 2°. mort ,
décès ; 3°. excès.

In-Cedo , -*ere*, marcher, aller, venir.

In-Cessus, *ûs* , démarche, allure , maniere de marcher.

In-Cesso, *is* , *ssivi* , & *ssi* , *itum* , *ere* ,
survenir, être sur le point d'arriver ; 2°.
attaquer, pourfuivre ; 3°. fe faifir , s'emparer.

In-Cessor, *is* , voleur, brigand.

In-Cessio, *onis* , pourfuite.

Intro-Cedo , -*ere* , entrer, tomber au-
dedans.

Oc-Cedo, -*ere*, aller au-devant.

Præ-Cedo , -*ere* , précéder , aller devant ; 2°. surpasser , aller au-deffus.

Præ-Cessor, *oris*, qui commande aux autres.

Pro-Cedo , -*ere* , s'avancer , aller au-
delà , passer outre , marcher plus avant ;
2°. marcher, fortir ; 3°. avancer, profpérer , réussir ; 4°. procéder ; 5°. paroître.

Pro-Cedentia , *orum* , apophifes des os ,
excroiffances.

Pro-Cessio , *onis* ; Pro-Cessus , *ûs* ,
l'action de s'avancer , d'aller en avant ;
2°. progrès , profit ; 3°. avance , saillie.

Re-Cedo , -*ere* , reculer , s'éloigner ,
fe retirer , retourner en arriere ,
s'en aller.

Re-Cessus , *ûs* , éloignement , retraite ;
2°. l'action de fe retirer , folitude , lieu
retiré ; 4°. enfoncement ; 5°. détour.

Re-Cessio , *onis* , lointain ; 2°. retraite
dans les colonnes.

Re-Cessim , en fe reculant , à reculons.

Retro-Cedo , -*ere* , reculer , fe retirer.

Retro-Cessio , *onis* ; Retro-Cessus , *ûs* ,
l'action de reculer.

Se-Cedo , -*ere* , fe retirer , s'écarter ,
s'éloigner.

Se-Cessus , *ûs* , lieu écarté , retraite ,
lieu à l'écart.

Se-Cessio , *onis* , l'action de fe retirer ,
de fe féparer, retraite , féparation.

Suc-Cedo , -*ere* , entrer dedans ; 2°.
prendre la place ; 3°. être fubftitué , fubrogé ; 4°. réussir , avoir du
fuccès ; 5°. écheoir , arriver.

Suc-Cedaneus , *a* , *um* ; Suc-Cidaneus ,
a , *um* , qu'on met à la place , qu'on
fubflitue.

Suc-Cessum , *i* , Suc-Cessus , *ûs* , fuccès , événement , réussite , approche.

Suc-Cessor , *is* , qui fuccede.

Suc-Cessa , *orum* , bonne fortune.

Suc-Cessio , *onis* , l'action de fuccéder ,
succession.

Suc-Cessivus , *a* , *um* , fuccessif.

Suc-Cessivé , fuccessivement.

III.

CES.

Cesso , -*are*, difcontinuer, fe relâcher ;
2°. être oifif, fe repofer.

Cessator , *is* , pareffeux , négligent.

Cessatio , *onis* , ceffe, relâche , repos ; 2°.
oifiveté , pareffe.

Cessata , *orum* , guérets , jacheres.

Con-Cesso , -*are* , difcontinuer , interrompre.

Con Cessatio , *onis* , interruption , paufe ;
2°. inaction , inertie.

In-Cessabilis , *e* , continuel , perpétuel.

IV.

CÆS.

Cæs-Aries , *ei* , chevelure , cheveux
longs.

On croyoit que ce mot venoit

de Cæsus , coupé ; mais c'étoit contredire la nature même de la chose dont on vouloit expliquer le mot. Ce mot est composé de Cæfus , tombant , abbattu , flottant , & de Ar , Hàr , cheveu , mot Theuton , Celte , &c. existant dans notre mot Haire.

Cæs-Ariatus, a, um , qui porte une longue chevelure.

2. Catadictum , i , dit avec esprit ; bon mot qui pique ; pointe.

3. Catax, cis, boiteux, qui tombe fur un côté.

Cateia , æ , javelot, qui perce , qui fait tomber.

4. Cicatrix, cis , cicatrice, marque d'une plaie après fa guérifon.

Cicatricula, æ, petite cicatrice.

Cicatricofus , a , um , couvert de cicatrices.

Cicatrico,-are , fermer une plaie.

V.

CÆS,

Faire tomber , abattre.

1.

1. Cæd-o, is , cecidi , Cæfum , dere , abattre , faire tomber , mettre a bas, faire mourir ; 2°. tailler, fendre, couper ; 3°. battre, maltraiter; 4°. partager, divifer; 5°. graver, tailler ; 6°. égorger , maffacrer ; 7°. vendre à l'encan ; en Hébreu גזז , Gazz , couper , tondre , tailler.

Cædes , is , carnage , boucherie, tuerie, meurtre.

Cæduus , a , um , qu'on taille , qu'on fend.

2. Cæsa , æ , fection d'un difcours ; 2°. taillade ; 3°. gaze ; 4°. arme taillante,ou fabre des Gaulois.

Cæsalis , e , de partage.

Cæsar , is ; Cæso , onis ; celui qui est venu au monde par une incifion faite aù ventre de fa mere. Ce fut le furnom de la famille des Jules à Rome.

Cæsareus , a , um ; Cæsarianus , a , um , de Céfar.

Cæsim , du tranchant, de taille.

Cæsio, onis, taille, coupe.

3. Cæsitius , a , um , découpé , effilé.

Cæsitium , ii , linge blanc de leffive.

Cæsus , a , um , taillé , incifé , égorgé.

Cæsura , æ , taillade , balaffre , eftafilade ; 2°. hoche , en taille ; 3°. membre d'une période, d'un vers ; 4°. hémiftiche.

Cæsuratim , d'un ftyle coupé.

COMPÒSÈS.

Abs-Cido ,-ere , trancher , tailler , éloigner.

Abs-Cifé, précifément.

Abs-Cisio, onis, retranchement.

Ac-Cido,-ere, faire abattre , faire tomber; 2°. couper , tondre , rogner ; 3°. affoiblir, perfécuter, détruire, perdre ; 4°. renverfer entiérement.

Præ-Ac-Cidens , tis , qui furvient auparavant.

An-Cæfum , i , vafe cifelé , taillé.

An-Cisus , a , um , taillé en rond , coupé tout autour.

An-Cisus , ûs , coupure , taillure en rond.

Circum-Cido ,-ere , couper , rogner tout autour; 2°. ôter, retrancher ; 3°. circoncire.

Circum-Cæsura,æ; Circum-Cisura,æ, retranchement, rognure.

R ij

CIRCUM-CISorius, a, um, propre à tailler tout autour.

CIRCUM-CISIO, onis, coupure, incision ; 2°. circoncision.

CIRCUM-CISé, en retranchant ; 2°. grossiérement ; 3°. en termes concis.

CIRCUM-CISorium, ii, instrument pour coupures.

CIRCUM-CISitius, a, um, CIRCUM-CIDaneus, a, um, coupé, rogné tout autour.

CON-CÆDES, ium, abattis d'arbres, copeaux.

CON-CIDO,-ere, couper, hacher, trancher, déchirer, mettre en piéces, tailler en morceaux, détruire

CON-CISus, a, um, coupé, taillé ; 2°. concis, serré, pressé.

CON-CISIO, onis, coupure, resserrement.

CON-CISura, æ, partage, division.

CON-CISorius, a, um, qui sert à couper.

CON-CISé, d'un style coupé, pressé.

DE-CIDO,-ere, couper, trancher ; 2°. transiger ; 3°. taxer ; 4°. venir à composition ; 5°. décider ; 6°. exprimer.

DE-CIDuus, a, um, coupé, abattu.

DE-CISIO, onis, accord, appointement, transaction.

EX-CIDO,-ere, couper, tailler, démolir, renverser ; 2°. désoler, exterminer ; 3°. retrancher, ôter.

EX-CIDium, ii ; EX-CIDIO, onis, destruction, perte, renversement ; saccagement.

EX-CISO,-are, couper, tailler, détruire

EX-CISus, a, um,
EX-CISatus, a, um,
EX-CISfatus, a, um, } coupé, démoli, retranché.

EX-CISorius, a, um, qui sert à couper, à rogner ; dont on coupe.

EX-CISIO, onis, entaille, démolition, renversement.

IN-CIDO,-ere, couper, trancher ; 2°. graver, ciseler ; 3°. déchirer, rompre ; 4°. interrompre.

IN-CIDuus, a, um ; IN-CÆDuus, a, um, qu'on ne coupe point, qu'on ne taille point.

IN-CISus, ûs,
IN-CISIO, onis,
IN-CISura, æ, } coupure, taillade ; 2°. membre coupé dans un discours.

IN-CISum, i, style coupé, maniere concise.

IN CISim, IN-CISé, d'un style coupé, d'une maniere concise.

IN-CIRCUM-CISus, a, um, qui n'est point circoncis.

INTER-CIDO,-ere, entrecouper, couper par le milieu.

INTER-CISus, a, um, fendu par le milieu.

INTER-CISIO, onis, entrecoupure, tranchée.

INTER-CISé, par coupures, par morceaux.

OC-CIDO,-ere, tuer, massacrer, faire mourir.

OC-CISIto,-are, ne faire que tuer.

OC-CISIO, onis, OC-CIDIO onis, tuerie, massacre, meurtre, carnage ; défaite entiere.

PER-CÆDO,-ere, tailler en piéces.

PER-CIDO,-ere, couper, balafrer, faire une estafilade.

PRÆ-CIDO,-ere, rogner, trancher, tailler ; 2°. désigner, marquer précisément.

PRÆ-CIDarias, a, um ; PRÆ-CIDaneus, a, um, qui étoit immolé avant les autres.

Pro-Cido, -ere, couper en avant.

Pro-Cisus, a, um, coupé, retranché, déclaré nul, cassé.

Re-Cido, -ere, couper, retrancher.

Re-Cisamen, inis; Re-Cisamentum, i, rognure, retaille qu'on a coupée.
Re-Cisio, onis, l'action de couper, de rogner.

Sub-Cesivus, a, um, } qu'on a cou-
Sub-Cisivus, a, um, } pé, rogné;
ce qui reste.

Sub-Cisivum, i, ce qui reste, ce qu'on a de reste.
Suc-Cido, ere, couper, scier.
Suc-Cida, æ, laine grasse qu'on a coupée, qui est humide & non encore desséchée & préparée.
Suc-Cidia, æ, morceau de cochon salé; de lard.
Suc-Cisio, onis, coupe, taille.
Suc-Cisivus, a, um, coupé, retranché.
Trans-Cido, -ere, battre à outrance.

BINOMES.

Homi-Cida, æ, tueur d'hommes, meurtrier.
Homi-Cidium, ii, meurtre.
Matri-Cida, æ, qui a tué sa mere.
Matri-Cidium, ii, meurtre de sa mere.
Parri-Cida, æ, qui tue son pere, parricide.
Tyranni-Cida, æ, meurtrier d'un Roi, d'un Tyran.
Tyranni-Cidium, ii, meurtre d'un Tyran.
Perenti-Cida, æ, coupeur de bourses.

De Cad, les Grecs firent Cteino, tuer; d'où vint,

Tyranno-Ctonus, a, um, qui a tué un Tyran.

VI.

CAST, couper.

1. Castro, -are, châtrer; 2°. émonder, tailler, ôter, retrancher.
Castratio, onis, le retranchement des parties masculines.
Castratura, æ, le nettoyement du bled.
Castrata, æ, froment qui est rougeâtre.
2. Cæstrum, i; Cestrum, i, touret, outil de Tourneur : 2°. poinçon : dard.

VII.

GUS, CUD,

Frapper.

La racine Cas désignant la chûte, se changea en Cus, pour marquer 1°. l'action de frapper sur un objet, de le battre, pour lui donner une autre forme 2°. l'action de frapper une personne par des paroles, en lui faisant des reproches, en le censurant, en l'accusant.

I.

Cudo, is, cudi, sum, ere, battre, forger; 2°. planer.

Cusor, is; 1°. Forgeron; 2°. Monnoyeur, qui frappe la monnoie.

COMPOSÉS.

Ac-Cudo, -ere, unir en forgeant, ajouter avec le marteau.
Ex-Cusor, is, Forgeur, Fondeur.
Ex-Cusio, onis, l'action de forger.
Ex-Cuse, exactement.
Ex-Cudo, -ere, forger, faire, produire par son travail.
In-Cus, dis; enclume.

In-Cudo,-ere, forger.

In-Cusus, a, um, forgé : piqué avec le marteau.

! Per-Cudo,-ere, fraper.

Pro-Cudo,-ere, forger, battre au marteau.

Re-Cudo,-ere, reforger.

Suc-Cudo,-ere, forger.

2.

Frapper, au figuré.

Ac-Cuso,-are, faire des reproches, reprendre, blâmer, censurer.

Ac-Cusito,-are, accuser souvent.

Ac-Cusatio, onis, reproche, blâme.

Ac-Cusabilis,e, répréhensible.

Ac-Cusator, is ; Ac-Cusatrix, cis, celui ou celle qui accuse.

Ac-Cusatorius, a, um, qui concerne l'accusation.

Ac-Cusatorie, en accusant.

Ac-Cusativus, i, qui sert à accuser ; 2°. accusatif.

Ex-Cuso,-are, disculper, justifier.

Ex-Cusabilis, e, pardonnable.

Ex-Cusatio, onis, couleur, prétexte.

Ex-Cusatorius, a, um, qui excuse, qui sert de prétexte.

Ex-Cusate, d'une maniere tolérable ; 2°. avec excuse ; 3°. sans blâme.

In-ex-Cusabilis, e, qui ne se peut excuser.

In-Cuso,-are, blâmer, reprocher, demander justice.

In-Cusator, is, accusateur.

In-Cusatio, onis reproche, blâme.

Re-Cuso,-are, refuser, ne vouloir point accepter, récuser, s'excuser de recevoir.

Re-Cusabilis, e, refusable.

Re-Cusatio, onis, excuse pour justifier un refus ; 2°. refus.

VIII.

CAD, précédé de la Siflante.

I. SCHAD.

Famille Latine-Grecque.

S-Chadon, onis, insecte, animal découpé.

S-Chasterium, ii, scapel, bistouri, pour découper.

S-Chedicus, a, um, qui n'est pas coupé, qu'on n'a pas fendu, labouré ; ce qui est en friche.

S-Cheda, æ,, feuille volante de papier, de parchemin, d'écorce d'arbre ; morceau d'écorce coupé de dessus un arbre, sur lequel on écrivoit; 2°. tablettes de poche, petites feuilles taillées en quarrés.

S-Chedula, æ, petite tablette, petit billet.

S-Chedia, æ, radeau fait d'arbres taillés ; 2°. train de bois flottant sur l'eau, composé de diverses poutres coupées assez menu.

S-Chedium, ii ; S-Chediasma, tis, chose hachée, coupée à la hâte ; 2°. brouillon ; 3°. impromptu.

S-Chedicus, a, um, fait, taillé à la hâte ; ébauché ; impromptu.

2. SCID,

Famille Latine-Grecque,

S-Chidia, orum, ⎱ copeaux, éclats
S-Chidiæ, arum, ⎰ de bois.

S-Chistus, a, um, qui se fend, qui se brise en éclats.

S-Chistus, i, pierre jaune qui se fend & s'élève par feuilles.

S-Chiston, i ; S-Chistum, i, du lait

·tranché , crême de ·lait.
S-Chisma , tis , divifion , féparation.
S-Chismaticus , a , um , Hérétique , qui
tient à une fecte féparée de la faine Religion.

3.

SCID , SCIND , SCISS.

·Famille Latine.

1. SCindo , is , SCidi , SCisfum , dere ,
fendre , trancher , couper , tailler ;
2.°. partager ; 3.°. rompre.
SCindula , æ , bardeau , late , ce qui fe
fend par éclat ou par feuilles.
SCindularis , e , couvert de bardeaux.
1. SCisfus , a , um , déchiré , coupé.
SCisfilis , e qui fe fend aifément.
SCisfio , onis , fente , féparation.
SCisfor , is , Ecuyer tranchant ; Tailleur.
SCisfura , æ ; SCisfus , ûs , divifion , cré-
vaffe.

Composés.

Abs-Cindo , ere , déchirer , tailler.

Abs-Cisfio , onis , coupure , rêtranche-
ment.
Abs-Cisfè , déterminément ; rigoureufe-
ment.
·Abs-Cisfus , i , Eunuque.

Circum-SCindo-ere , couper tout autour.

Con-SCindo , ere , mettre en piéces ;
2°. découper ; 3°. noircir , détruire
la réputation.
Con-SCisfura , æ , entraille , fente.
Dis-Cindo , ere , mettre en pièce , fendre , entr'ouvrir.
Dis-Cidium , ii , défunion , divifion.

Exs-Cindo , ere , couper , retrancher ;
·2°. détruire , renverfer , défoler.

Ex-Cisio , onis , entaille , coche ; 2°. rui-
ne , deftruction , renverfement.
Exs-Cidio , onis ; Exs-Cidium , ii , fac-
cagement ; défolation.
Inter-Scindo , ere , entrecouper , rom-
pre en deux.
Per-SCindo , ere , fendre , déchirer
tout-à-fait.
Pro-SCindo , ere , étendre , ouvrir ; 2°.
déchirer la réputation.
Pro-SCisfio , onis , action de fendre ,
d'ouvrir.
Pro-SCisfum , i , fente , crevaffe.
Re-Scindo , ere , rogner , tailler ; 2°. abolir , caffer , détruire.
Re-Scisfio , onis , l'action de tailler , de
caffer.
Re-Scisforius , a , um , qui tranche , ref-
cifoire.
Sub-Scindo , ere , couper par-deffous ; 2°.
hâcher , couper menu.
Tran-SCindo-ere , couper , tailler à travers.

IX.

QUAT, QUAS, CUS.

Ebranler.

1. Quatio , is , quaffi ,) ébranler ,
fum , tere , } fecouer ; 2°.
Quasfo , are ,) renverfer ,
ruiner.

Quasfus , ûs ; Quasfatio , onis , ébranlement , fecouffe.
Quasfabilis , e , qu'on peut ébranler.

Binomes.

Quate-Facio , ere , faire trembler , tref-
faillir.
Quasfagi-Pennus , a , um , qui fecoue les
plumes.

COMPOSÉS.

Con-Quasso, -are, ébranler, agiter ; 2°. désoler, ruiner ; 3°. fracasser, briser, concasser.

Con-Quassatio, onis, ébranlement, tremblement, ruine.

Con-Cutio, is, ssum, tere ; Con-Cusso, -are, ébranler, agiter, donner des secousses.

Con-Cussus, ûs, ébranlement.

Con-Cussio, onis, secousse ; 2°. exaction.

De-Cutio, -ere, ébranler fortement ; 2°. abattre en secouant.

De-Cussus, ûs, secousse, ébranlement.

De-Cusso, -are, diviser en sautoir.

De-Cussatio, onis, division en sautoir.

De-Cussatim, en sautoir.

Dis-Cutio, -ere, détruire, abattre en secouant; 2°. dissiper, résoudre ; 3°. examiner, débrouiller.

Dis-Cussio, onis, agitation, ébranlement.

Dis-Cussor, is, examinateur.

Dis-Cussarius, a, um, qui dissout, résolutif.

Ex-Cutio, -ere, secouer, faire sortir en secouant ; 2°. ébranler, jetter à bas, renverser ; 3°. fouiller, visiter ; 4°. ôter ; 5°. examiner, entrer dans le détail, aprofondir, discuter.

Ex-Cussabilis, e, qu'on peut secouer, ébranler facilement.

Ex Cussorius, a, um, qui sert à secouer.

Ex-Cussio, onis, ébranlement, secousse ; 2°. sequestre de biens.

Ex-Cussè, à la rigueur, exactement.

Ex-Cutia, æ ; Ex-Cutia, orum, vergettes, époussettes, décrotoir.

In-Con-Cussus, a, um, inébranlable, ferme.

In-Cutio, -ere, fraper, faire entrer à force, lancer violemment.

In-Cussio, onis ; In-Cussus, ûs, chec, heurt.

Per-Cutio, -ere, fraper, donner des coups.

Per-Cussus, ûs, ⎫ frappement, batement, action de
Per-Cussura, æ, ⎬ ment, action de
Per-Cussio, onis, ⎭ fraper, coup.

Per-Cussor, is, assassin, meurtrier.

Dis-per-Cutio, -ere, frapper.

Im-per-Cussus, a, um, qui ne s'est point heurté.

Re-per-Cutio, -ere, refrapper, repousser; 2°. réfléchir, faire une réverbération.

Re-per-Cussio, onis; Re-per-Cussus, ûs, réflexion, réverbération.

Re-Cussus, a, um, ébranlé plusieurs fois.

Re-Cussus, ûs, secousse réitérée.

Suc-Cutio, -ere, ébranler en secouant.

Suc-Cussus, ûs ; Suc-Cussio, onis, secousse, tremblement.

Suc-Cussor, is; Suc-Cussator, is, qui secoue fort; 2°. qui a le trot rude; 3°. qui secoue & renverse la charge qui est sur son dos.

Suc-Cusso, -are, secouer ; 2°. aller un trot rude ; 3°. secouer la charge de dessus son dos.

C,
suivi de la liquide L.

Les mots dans lesquels C est suivi de la liquide L, médiatement ; comme dans Cello, élever, ou immédiatement comme dans Cluo, être élevé en gloire, se divisent en trois grandes Classes.

1°. Ceux auxquels la lettre C est en quelque sorte étrangere, & qui

qui apartiennent à d'autres lettres.

2°. Ceux qui se font formés par onomatopée.

3°. Ceux qui apartiennent en propre à la lettre C. Les uns & les autres forment une masse de plus de mille mots Latins distribués ici en cinq Classes générales.

I.

Mots en CAL,

où C n'est pas lettre primitive.

Les mots en CaL, où C, n'est pas une lettre primitive, se subdivisent en trois Classes.

1°. Ceux où la lettre C a pris la place de l'aspiration H, tels que CaL, chaud, formé de HaL, Soleil ; nous les mettons à la tête des mots en CaL.

2°. Ceux où la lettre C a pris la place de la lettre Q, tels que CæLo, tailler, sculpter : nous les mettons à la fin des mots en CaL.

3°. Ceux où la lettre C s'est ajoutée à la tête de mots en L, comme dans CLaDes, massacre, formé de LaD, blesser, tuer, & que nous renvoyons à leurs Familles en L.

C,

Substitué à l'aspiration H.

CAL, pour HAL.

C, fut sans cesse substitué à l'aspiration chez les Peuples qui, tels que

les Latins, aimoient les sons radoucis. Delà diverses Familles en C, qui chez les Orientaux, les Grecs, &c. commencent par HA : telles CAL, chaleur ; COL, couleur, &c. Toutes viennent de HAL, le Soleil, source de la chaleur & des couleurs, puisque, lorsque les objets cessent d'être éclairés, ils cessent de paroître colorés.

I.

CAL, Chaleur.

1. CALda, æ, eau chaude, nom abrégé pour *aqua calida*.

CALidus, a, um ; CALdus, a, um, chaud, ardent, brûlant.

CALor, oris ; CALdor, oris, chaleur, chaud, 2°. empressement, hâte, diligence.

CALidè, chaudement ; 2°. d'une maniere empressée.

CALeo, -ere, être chaud, brûler ;
2°. avoir de la passion, désirer ardemment ;
3°. s'échauffer, s'agiter, s'animer.

CALesco, -ere, s'échauffer, commencer à être chaud.

2. CALdaria, æ, chaudiere, *mot à mot*, airain chaud : de Æs, Æris, airain, & de CALd.

CALdarium, ii, étuve, chambre voutée où l'on sue ; bain chaud, grand chaudron.

CALdarius, a, um, de chaudiere, d'étuve.

CALdonia, æ, celle qui donnoit de la chaleur, la chauffeuse des bains.

3. CELia, æ, biere, boisson faite de grains : elle tire son nom de la racine CAL, chauffer : le physique du mot l'indique, & on en

trouve la preuve dans Isidore, Liv.
XX. ch. 3. *sur la boisson.* (pag.
1317).

B I N O M E S de F*ACere.*

Cal-F*acio* ,-*ere* , } échauffer , chauf-
Cale-F*acio* ,-*ere* , } fer.

Cale-F*acto* , *are* , chauffer souvent , ré-
chauffer.
Cale-F*actorius* , *a* , *um*, qui échauffe.
Cale-F*actus* , *ûs* , l'action de réchauffer.
Cale-F*io* ,-*ieri*, devenir chaud , se chauf-
fer.
Calorif*icus* , *a* , *um*, qui échauffe , qui
cause de la chaleur.

C O M P O S É S.

Con-C*aleo* ,-*ere* , } être échauf-
Con-C*alesco* ,-*ere* , } fé , devenir
Con-C*alefio* ,-*ieri* , chaud.

Con-C*alefacio* ,-*ere* , échauffer.
Con-C*alefactorius* , *a* , *um* , échauffant.

Ex-C*alfio* ,-*ieri* , s'échauffer , être
échauffé.

Ex-C*alfacio* ,-*ere* ; Ex-C*alefacio* ,-*ere* ,
chauffer , échauffer.
Ex-C*alfactio* , *onis* , l'action d'échauffer.
Ex-C*alfactor* , *oris* , qui échauffe.
Ex-C*alfactorius* , *a* , *um* , qui a la force
d'échauffer.

In-C*aleo* , *ere* , } s'échauffer , de-
In-C*alesco* ,-*ere*, } venir chaud ; 2°.
s'animer, pren-
dre feu.

In-C*alfacio* ,-*ere* ; échauffer, rendre chaud.

Ob-C*aleo* ,-*ere* , être chaud tout autour.

Per-C*aleo* ,-*ere* ; Pér-C*alesco* ,-*ere* , s'é-
chauffer entierement.

Per-C*alefactus* ; *a*, *um*,tout à fait échauffé.

Præ-C*alidus* , *a* , *um* , fort chaud.

Præ-C*alefactus* , *a* , *um* , chauffé auparavant; 2°. fort chauffé.

Re-C*aleo* ,-*ere* ; Re-C*alesco*-*ere* , être
échauffé de nouveau , se rechauffer.

Re-C*alfacio* ,-*ere* , réchauffer.

II.

GEL, pour CAL.

Froid.

Gel*u*, *n.* indécl. } gelée, glace, froid
Gel*us* , *i* , } glaçant.
Gel*um*, *i* ,

Gelo ,-*are*, glacer, faire bien froid ; 2°.
se prendre ; se cailler, se figer.
Gelatio , *onis* , gelée , gel.
Gelabilis , *e* , *is* , qui peut se glacer ;
gelable ,
Gelasco ,-*ere*, se geler, se glacer.
Gelidus , *a*, *um* , gelé, glacé ; 2°. froid
glaçant ; 3°. fort frais.
Gelidé , froidement.
Gelida , *æ* , glace, eau extrêmement fraî-
che.
Gelicodium , *ii* , gelée , verglas.

C O M P O S É S.

Circum-Gelor,-*ari* , être gelé tout
autour.

Con-Gelo,-*are*, geler, glacer; 1°. se glacer.

Con-Gelidus , *a* , *um* , gelé , glacé.
Con-Gelatio , *onis* , gelée , congélation.
Con-Gelasco,-*ere* , se geler , se glacer.
In-Con Gelabilis , *e* , qui ne peut se
geler.
E-Gelidus , *a* , *uu* , qui dégele ; 2°.
tiede.
In-Gelabilis , *e* , non sujet à geler.
Præ-Gelidus , *a* , *um* , glacé , entiere-
ment glacé.

Re-Gelo ,-are , fondre , dégeler ; 2°. faire dégeler.

Mot Latin-Grec.

CALlicia , æ , herbe qui fait glacer l'eau ; Gr. Γαλιον , Γαλατιον , Γαλεριον.

III.

COL , couleur, éclat du jour.

Color, is , } couleur ; 2°. teint de
Colos , is ,} visage ; 3°. aparence , prétexte.

Coloro, -are , donner de la couleur , teindre ; 2°. déguiser , prétexter.

Coloratus , a , um , teint , lustré ; 2°. orné , embelli ; 3°. teint ; 4°. hâlé , basanné.

Coloraté , avec prétexte ; sous couleur.

COMPOSÉS.

1. Uni-Color, is , d'une seule couleur.

Bi-Color, is ; Bi-Coloreus , a , um :
Bi-Colorius , a , um , de deux couleurs.

Con-Color, is , de même couleur.

2. De-Color, is , déteint , qui a perdu sa couleur ; 2°. mal-propre , sale ; 3°. honteux , vilain.

De-Coloratio , onis , perte de couleur , saleté.

De-Coloro ,-are , faire perdre la couleur , ternir; 2°. deshonorer.

In-Coloraté, sans aucun prétexte.

3. Dis-Color, is ; Dis-Colorius , a , um , qui est de diverses couleurs. différent en couleur.

Versi-Color, de diverses couleurs.

IV.

CAL, CHOL, Jaune.

De Col , couleur, ou de Hel , Hol , Soleil , se forma le grec Kholé , bile ; en Dorien & Latin , Khola;

dans les Langues Theutones & Runiques, Gal, Galla; en Espagnol, Hiel, &c. La bile dut ce nom à sa couleur jaune. De-là ces mots Latins :

CALAthiana , æ , violette jaune & sans odeur.

Colosfinus color , couleur jaune.

Et cette Famille Latine-Grecque.

Chola , æ , bile verte ; 2°. éméraude.

Cholera, æ , bile , effusion de bile ; 2°. miserere ; 3°. gouttiere.

Cholericus , a , um , bilieux , sujet à la bile.

BINOMES.

Chol-Iambi , orum , vers iambes scazons.

Picro-Cholus , a , um , qui est bilieux , qui a une bile amère.

Melan-Cholia , æ , mélancholie , bile noire.

Melan-Cholicus , a , um , atteint d'une bile noire : mélancholique.

V.

CAL, blanc.

Cal , en Celte , blanc , d'où le Gr. Γαλα , Lait , & le Latin Calx , chaux.

Calx , cis , chaux; 2°. piéce de jeu d'échecs, de dames.

Calcaria , æ , four à chaux.

Calcarius , ii , chaux-fournier.

Calcarius , a , um , qui concerne la chaux.

Calcatus , a , um , blanchi avec de la chaux , plâtré , crépi.

DÉRIVÉS GRECS.

CALlarias , æ , espéce de morue ou merluche.

Cᴀʟʟᴉᴇʟᴀ, Gr. Kᴀʌʌɪ-ɛʌᴀɪᴏ́ς, olivier franc.
Cᴀʟʟɪgonum , fanguinaire , plante.

Acᴀʟ-ᴀɴᴛʜɪs , *idis* , nom d'un oifeau de la Grèce que quelques-uns croyent être le chardonneret ; mais ils apelloient celui-ci *AKAN-THUS*. Le nom de celui-là étoit compofé de *CᴀL* , beau , & *AN-THOS*, couleur, fleur; *mot-à-mot* , l'oifeau aux belles couleurs.

V I.

C A L , dais , couvert , voile.

Cᴏ̃ᴇʟ*um* , *i* , ciel , cieux ; 2°. climat ; 3°. air qu'on refpire.
Cᴏ̃ᴇʟ*eftis* , *e* , du ciel , célefte.
Cᴏ̃ᴇʟ*itus* , du ciel.
Cᴏ̃ᴇʟ*ites* , *um* ; Cᴏ̃ᴇʟ*eftes* , *um* , les habitans du ciel.

Bɪɴᴏᴍᴇs.

Cᴏ̃ᴇʟ*i*-Cᴏʟᴀ , *æ* , habitans du Ciel ; 2°. qui adore le Ciel.
Cᴏ̃ᴇʟ*i*-Fᴇʀ , *a* , *um* , qui porte le ciel.
Cᴏ̃ᴇʟ*i*-Pᴏᴛ*ens* , *is* , qui jouit du ciel, qui a le ciel en fon pouvoir.

V I I.

C A L , obfcurité.

De-Cᴀʟ , brillant , fe forma par opofition la Famille Cᴀʟɪgo , ténèbres ; de-là ces mots :

Cᴀʟ*igo* , *inis* , ténèbres , obfcurité ; 2°. obfcurciffement , défaut de lumiere.
Cᴀʟ*igo*,-*are* , être ébloui , avoir la vue obfcurcie de brouillards , manquer de lumiere.
Cᴀʟ*igatio* , *onis* , obfcurciffement, manque de lumiere.

Cᴀʟ*igino*,-*are* , obfcurcir , couvrir de ténébres.
Cᴀʟ*iginofus* , *a* , *um* , ténébreux , fombre.

V I I I.

C L A , lumineux , clair.

De *CᴀL* , joint à A ʀ , vif , fe forma Cʟᴀʀ , lumiere vive ; d'où la Famille fuivante :

Cʟᴀʀ*us* , *a* , *um* , clair , ferein , luifant , tranfparent ; 2°. manifefte , évident ; 3°. fameux , célébre , eftimé.

Cʟᴀʀ*or* , *is* , } clarté , brillant , lueur ;
Cʟᴀʀ*itas* , *is* , } 2°. renommée , gloire,
Cʟᴀʀ*itudo* , *inis* , } grandeur.
Cʟᴀʀ*o*,-*are* , éclaircir , faire voir ; 2°. illuminer , éclaircir; 3°. rendre illuftre , donner du renom.
Cʟᴀʀ*é* , clairement , nettement ; 2°. franchement , ouvertement.
Cʟᴀʀ*eo*,-*ere* , être clair , diftinct , intelligible ; 2°. éclater , briller ; 3°. avoir de la réputation , fe diftinguer.
Cʟᴀʀ*efco*,-*ere* , s'éclaircir , devenir plus clair.
Cʟᴀʀ*ius* , *ii* , fifre , clairon ; Inftrument dont le fon eft très-clair.

Bɪɴᴏᴍᴇ s.

1. Cʟᴀʀ*i*-Cɪᴛ*o* ,-*are* , citer à haute voix.
2. Cʟᴀʀ*i*-Sᴏɴ*us* , *a* , *um* , qui a un fon clair , perçant.
3. Cʟᴀʀ*i*-Fɪᴄ*us* , *a* , *um* , qui donne la clarté.
Cʟᴀʀ*i*-Fɪᴄᴏ ,-*are* , rendre clair , clarifier; 2°. glorifier , faire connoitre.
4. Cʟᴀʀ-Iᴏᴏ ,-*are* , déclarer la guerre par un Héraut ; 2°. ufer de répréfailles; 3°. demander raifon d'une injure.
Ce verbe eft compofé de Cʟᴀʀ &

de Ago, faire, mot-à-mot, faire clair, manifester, faire connoître. Il se peut aussi que le son aigu du clairon servit à annoncer la déclaration de guerre.

CLAR-IGAtio, onis, déclaration de guerre ; 2°. demande en réparation d'injures ; 3°. représailles ; 4°. droit de prise de corps ; 5°. exaction des taxes.

COMPOSÉS.

DE-CLARO, -are, découvrir ; 2°. manifester ; 3°. expliquer, éclaircir ; 4°. désigner, exprimer.

DE-CLARatio, onis, aveu, remontrance, protestation.

EX-CLARO, -are, éclairer, donner du jour.

IN-CLAREO, ere ; IN-CLAREsco, scere, devenir fameux, se mettre en crédit, être célebre, acquérir de la réputation.

PRÆ-CLARus, a, um, illustre, noble, fameux ; 2°. beau, bien fait.

PRÆ-CLARé, fort bien, parfaitement.

PRÆ-CLARitas, atis, grande réputation.

MOTS EN CaL,

Formés par onomatopée.

Ces mots se raportent tous au cri, à la voix, au son.

I.
CAL, apel.

CAL fut une onomatopée, peinture du cri que jette une personne qui crie, qui en apelle une autre. De-là une Famille nombreuse en diverses Langues, telles que le Grec & le Latin ; mais ce mot se varia en CIL, CLE, CLA, &c.

CALO, -are, apeller, convoquer.

CALabarriunculi, orum; CALaburriones, -um, Crieurs publics.

CALabra-CURIa, æ, lieu où le Pontife convoquoit le peuple pour lui annoncer les fêtes, & combien il y avoit de jours entre les calendes & les nones.

CALator, oris, Officier public, Crieur, Héraut.

2. CALenda, arum, le premier jour de chaque mois, ainsi nommé de CAL, apeller, parce qu'alors on l'assembloit le peuple.

CALendaris, e, qui préside aux calendes ; des calendes.

CALendatim, à chaque premier jour du mois.

CALendarium, ii, journal, regître, livre de compte.

QUOT-CALendis, tous les premiers jours du mois.

BABÆ-CALus, i, Babillard; de CAL, apeller, crier.

CALamita, æ, grenouille de marais : elle doit son nom à son cri.

CALasastri, -orum, jeunes garçons qui ont belle voix.

COMPOSÉS.

IN-CALO, -are, apeller, invoquer.

IN-CALitivè, en invoquant.

INTER-CALO, -are, insérer, introduire, ajouter ; 2°. différer, remettre ; mot-à-mot, nommer entre-deux.

INTER-CALatio, onis ; INTER-CALarium, ii, l'action de nommer, de publier entre-deux, d'introduire, d'insérer un jour, une semaine, une année.

INTER-CALaris, e ; INTER-CALarius, a, um, inséré, introduit entre-deux.

INTER-CALator, is, qui se met, qui se nomme entre-deux.

PRO-CALO, -are, proclamer, demander à haute voix.

II.

CLA, Trompette pour l'apel ; 2°. apel, réunion pour le service militaire.

1. CLAS*fis*, *is* ; 1°. affemblée par claffe, rang, ordre ; 2°. corps de Cavalerie ; 3°. Flotte, Armée navale.

CLAS*ficula*, *æ*, petite flotte.
CLAS*ficus*, *a*, *um*, naval, de marine.

2. CLAS*ficus*, *i*, Trompette, celui qui fonne de la trompette ; 2°. Matelot, Rameur, Marinier, Homme de mer ; 3°. homme de la premiere claffe parmi les Romains.

CLAS*ficen*, *inis* : CLAS*ficum*, *i*, trompette, fon de la trompette, fignal du combat.
CLAS*fiarius*, *a*, *um*, qui concerne une armée navale ; 2°. qui eft toujours prêt.
CLAS*fiarii*, *orum*, Soldats d'une armée navale ; 2°. Mariniers, Matelots.

III.

NOMEN-CLA*tor*, *is*, lecteur de regiftres, celui qui énonce les noms d'un catalogue, 2°. celui qui indiquoit aux Candidats les noms des Citoyens : de CALO, apeller à haute voix, & de *Nomen*, nom.

NOMEN-CLA*tura*, *æ*, rôle, regiftre des noms.
NOMEN-CLA*tio*, *onis*, nom, dénomination d'une chofe ; 2°. l'action de nommer une fuite de chofes ou de perfonnes chacune par leur nom.

IV.

ECCLESIA, réunion pour le Service Divin.

Les Grecs dans les compofés chan-

gerent CALO, en CLO. De-là une nouvelle famille qui leur fut commune avec les Latins.

Ec-CLES*ia*, *æ*, affemblée, congrégation.

Ec-CLES*iaftes*, *æ*, Prédicateur.
Ec-CLES*iafticus*, *a*, *um*, homme d'Eglife.
Ec-CLES*iafterium*, *ii*, lieu d'affemblée.
Ec-CLES*i-Archa*, *æ*, Pafteur d'une Eglife.

PARA-CELEU*fticon*, *i*, trompette, cor.

PARA-CLES*is*, *is*, confolation ; 2°. invitation.
PARA-CLE*tus*, *i*, confolateur, défenfeur, qui eft prié de favorifer.

V.

CLANG, CLAM, crier.

Le *M* s'eft prefque toujours mis à la place du *N*, & *vice verså*. Tous les mots écrits par *N* en Latin, en François, en Efpagnol, &c. prennent le *M* en Portugais ; ainfi, *NAM*, veut dire *NON* ; *poftilham*, poftillon ; *hum*, un ; *huma*, une, &c. Il en eft de même pour le Chinois; on écrit indifféremment en *N G*, ou en *M*, fes terminaifons nafales. C'eft de cette maniere qu'en Latin on a dit CLANG & CLAM, crier.

1. CLANGO, *is*, *nxi*, *ere*, crier d'un ton aigu, faire retentir.

CLANGOR, *is*, bruit ; fon aigu, glapiffant.

2. CLAMO, *are*, crier, hauffer la voix, fe plaindre à haute voix ; 2°. appeller, nommer ; 3°. publier.

Clamito,-are, crier beaucoup, criailler, clabauder, brailler, piailler.

Clamor, is, cri, grand bruit, acclamation, huée, sifflement.

Clamosus, a, um, clabaudeur, brailleur, qui parle haut, qui résonne, où l'on fait beaucoup de bruit.

Clamsé, en criant à haute voix.

Clamitatio, is, crierie, clabauderie.

Clamatorius, a, um, qui crie, criard.

Clamator, is, qui parle fort haut ; 2°. qui crie sans cesse ; Officier qui appelle, qui va avertir.

COMPOSÉS.

Ac-Clamo,-are, aplaudir, aprouver par des acclamations ; 2°. faire des huées pour désaprouver.

Ac-Clamito,-are, faire de fréquens cris.

Ac-Clamatio, is, cri de joie & de félicitation, applaudissement.

Con-Clamo,-are, crier plusieurs ensemble, publier.

Con-Clamito,-are, s'écrier tous d'une voix.

Con-Clamatio, is, voix de plusieurs personnes ensemble.

De-Clamo,-are, discourir, pérorer, s'exercer sur des sujets feints.

De-Clamito,-are, déclamer souvent, discourir sans cesse.

De-Clamatorius, a, um, de déclamateur, de harangueur.

De-Clamator,-is, discoureur, harangueur.

De-Clamatio, is, l'action de haranguer, une harangue.

Ex-Clamo,-are, s'écrier, crier à haute voix, crier de toute sa force.

Ex-Clamatio, is, cri, élévation de la voix, glapissement.

Ex-Clamator, is, qui fait des exclamations.

In-Clamo,-are, crier, apeller à haute voix.

In-Clamito,-are, appeller souvent à haute voix.

Oc-Clamito,-are, crier après, clabauder autour.

Per-Clamo,-are, crier à haute voix.

Præ-Clamitatio, is, } cri public ;
Præ-Ciamitatio, is, } l'action de proclamer à cri public.

Præ-Clamitator, is, Crieur public.

Præ-Ciamitatores : Præ-Clamitatores, ceux qui marchoient devant le Prêtre de Jupiter, criant qu'il falloit s'abstenir du travail.

On voit ici que le I, prenoit souvent la place du L, comme en Ital. où l'on dit Chiamare pour Clamare ; Piombo pour *plomb* ; Pianta pour *plante*.

Pro-Clamo,-are, s'écrier, crier fort haut ; déclarer au Public, s'écrier à haute voix.

Pro-Clamator, is, qui publie à haute voix.

Pro-Clamatio, is, publication à haute voix.

Re-Clamo,-are, se récrier contre, s'opposer en criant.

Re-Clamito,-are, reclamer souvent contre, se récrier.

Re-Clamatio, is, l'action de se récrier contre.

Re-Clamator, trix, celui, celle qui se récrie contre.

Re-Clamitatio, is, opposition réitérée contre.

Suc-Clamo,-are, faire des cris d'applaudissement ou d'indignation.

Suc-Clamatio, is, applaudiffement, cri d'indignation.

VI.

CAL , affemblée , convocation, uni à la prépofition Cum, fe changea en Cil, d'où fe forma la famille fuivante

Con-Cilium, ii, convocation, affemblée, union, affemblage.

Con-Cilio,-are, unir, réunir, joindre ; 2°. allier, affortir; 3°. gagner, acquérir.

Con-Ciliatus , a , um , gagné, attiré ; 2°. devenu favorable ; 3°. affemblé , uni.

Con-Ciliatus, ús, mélange , mixtion , affemblage.

Con-Ciliatura, æ, l'art de gagner les cœurs.

Con-Ciliator, is, qui engage, qui perfuade, médiateur, entremetteur.

Con-Ciliatrix,cis, & Con Ciliatricula,æ, entremetteufe.

Con-Ciliatio, onis, liaifon, accord, union.

Con-Ciliabulum , i , petite affemblée ; 2°. falle , endroit où l'on s'affemble ; 3°. conventicule; 4°, place du marché, de la foire.

COMPOSÉS.

In-Con-Cilio, are, choquer irréconciliablement , mettre en mauvaife intelligence.

In-Con-Cilatè, de mauvaife grace.

Inter-Con-Cilio,-are, concilier, mettre d'accord.

Re-Con-Cilio,-are, } remettre bien
Re-Con-Ciliaffo,-ere, } enfemble ; 2°. raccommoder, rétablir; 3°. recouvrer.

Re-Con-Ciliatio., onis , réunion, raccommodement.

Re-Con-Ciliator, is,qui réunit, qui remet bien enfemble.

MOTS EN CaL,

Qui apartiennent en propre à la lettre C.

Les mots en CaL , qui apartiennent en propre à la lettre C, participent plus ou moins de la valeur de ces deux lettres, dont la feconde ou L défigne la viteffe & la propriété de s'élever : & dont la première défigne contenance, capacité. De-là deux grandes divifions de ces mots , fuivant que leur fignification eft relative à L ou à C.

Familles en CaL , relatives à L.

1. CEL , célérité , vîteffe.
2. CEL , ex-celler, s'élever au-deffus.
3. CAL, exceller en capacité, en habileté.
4. Cluo, exceller en gloire.
5. Cliv , élevé ; en pente, colline.
6. Col, élévation en tige.
7. Col, élever, cultiver.

I.

CAL, CEL.

Vîteffe.

La lettre C, fuivie de la liquide L , qui défigne l'Aîle, devint le nom
de

de la vîteſſe, de la célérité; d'où réſultèrent nombre de mots Grecs, Hébreux, Celtes, Latins.

En Héb. קלל QaLL, être léger & vîte; 2°. avoir peu de poids.

En Gr. Kelés, cheval de main.

Keleos, eſpéce d'oiſeau dont le vol eſt très-rapide.

Keleuó, preſſer, aiguillon-ner, exhorter, ordonner. De-là ces mots Latins :

CELer, eris, e; léger, prompt, ſoudain, précipité; 2°. remuant, alerte.

Celeritas, is; Celeritudo, inis, vîteſſe, rapidité, précipitation.

Celeriter,
Celeré,   } vîtement, en hâte, bien-
Celeratim,   } tôt.
Celebranter,

Celeriuſculè, un peu trop vîte.

Celero, -are, ſe preſſer, faire diligence; 2°. avancer.

Celeres, um, les trois cens Cavaliers de la garde de Romulus.

Celox, ocis; Celotium, ii, Brigantin, Vaiſſeau léger, rapide.

COMPOSÉS.

Ac-Celero, -are, ſe hâter, preſſer, dépêcher, diligenter.

Ac-Celeratio, onis, hâte, promptitude.

Per Celer, is, e, fort promptement.

Per-Celeriter, très-vîtement.

Præ-Celer, ere, très-léger, qui va très-vîte.

Præ-Celero, -are, ſe hâter d'aller devant; 2°. devancer.

Orig. Lat.

2.

Celes, tis, chaiſe de poſte; 2°. cheval de ſelle; 3°. cavalier; 4°. bateau où il y a un homme à chaque rame.

Celetizontes, um, 1°. jeunes gens qui montent à cheval; 2°. voltigeurs, ſauteurs.

Celeuſma, tis; Celeuma, tis, cri des Matelots qui rament; 2°. ſignal de manœuvre donné aux Matelots.

Celeuſtes, æ, le Boſſeman, celui qui fait manœuvrer les Mariniers.

Pro-Celeuſmaticus, i, pied de vers très-rapide, étant compoſé de quatre ſyllabes bréves.

3.

Famille Grecque & Latine.

1. Chelidon, onis, hirondelle, parce qu'elle a un vol très-rapide. *Gr.* χελιδών.

Chelidones, um, Barbares dont on n'entend point la langue, qui ſemblent gazouiller comme l'hirondelle.

Chelidonius, a, um, qui concerne les hirondelles.

Chelidonia, æ, pierre précieuſe trouvée dans le nid des hirondelles.

Chelidonias, æ, ſaiſon du retour des hirondelles; 2°. aſpic.

2. Chelydrus, i, ſerpent d'eau; de Hydor, eau, & Kel, vîteſſe : parce qu'il ſe meut dans l'eau avec vîteſſe.

4.

De Cel, vîte, léger, ſe forma la famille Cil, qui ſignifie ſe mouvoir avec vîteſſe, & à laquelle on

T

doit raporter Agilis, comme étant composé d'Ag, agir, & Gil, ou Cil, vîteſſe. De-là ces mots Latins.

'1. Cilium, ii, poil des paupieres.

Cilo, onis, qui a la tête pointue.

2. Super-Cilium, ii, ſourcil, clin d'œil, coup d'œil ; 2°. arrogance, fierté ; 3°. pointe, ſommet, linteau.

Super-Ciliosus, a, um, qui a de grands & gros ſourcils ; 2°. ſourcilleux, dédaigneux., altier ; 3°. haut, élevé.

3. Cillo, onis, joueur d'inſtrumens, danſeurs, dont les mouvemens étoient indécens.

4. Oc-Cillo,-are, brandiller, faire un mouvement d'allée & de venue.

Oc-Cillatio, onis, mouvement d'une choſe qui va & vient

Oc-Cillator, is, qui brandille, qui va & vient.

Os-Cillo,-are, ſe balancer ſur l'eſcarpolette ; 2°. ſe maſquer.

Os-Cillatio, onis, le jeu de l'eſcarpolette, de la balançoire.

Os-Cilla, orum, brandilloires, balançoires ; 2°. maſques, marmouſets; 3°. germes des ſemences.

5. Va-Cillo,-are, chanceler, branler, ſe tenir tantôt d'un côté, tantôt d'un autre.

Va-Cillatio, onis, chancellement, branlement du corps ; 2°. l'action de ne pas tenir ferme.

5.

CEL, CIL, CUL,

Qui ſe meut en rond, roue,

Cel, Cil, Col, eſt un mot primi-tif qui a déſigné les idées relatives à courbe, à cercle. De-là ces mots Latins-Grecs.

1. Cilibanum,-i; antum,i,-antus,um, table ronde : 2°. t able ſur laquelle les ſoldats poſoient leurs boucliers pour ſe délaſſer.

2. Cylindrus, i, Gr. Κυλινδρος, rouleau, cylindre.

Cylindraceus, a, um, en forme de rouleau, cylindrique.

Ci-Cilindrum, i, eſpéce de ragoût : ſans doute, gâteau, tourte au cylindre.

3. Cyclas, dis, robe traînante des Dames; robe en rond.

Cyclicus, a, um, de cercle, fait en rond : ici Cyclus eſt pour Cyl-Celus.

4. Cycl-ops, opis, Cyclope ; habitans ſauvages de la Sicile qui paſſoient pour n'avoir qu'un œil.

Cyclopeus, a, um, de cyclope.

5. Cyclus, i, Gr. Κυκλος, cycle, révolution d'années.

COMPOSÉS.

An-Iso-Cycla, orum, (mot compoſé d'ana non; iſos, égal;& hyclos, cercle,) inſtrument compoſé de cercles inégaux,dont les anciens ſe ſervoient pour tirer des flèches.

Hemi-Cyclus, i, chaiſe, table en demi-cercle.

Hemi-Cyclum, i, demi-cercle.

Hemi-Cyclius, a, um, en demi-cercle.

Hemi-Cylindrus, i, demi-cylindre.

II.

CEL, élevé.

I.

Cello, is, ceculi, culſum, ere, avancer, excéder, être plus grand.

CELfus, *a*, *um*, grand, qui avance, élevé, haut, fier.

CELfitudo, *inis*; CELfitas, *is*, élévation, sublimité, grandeur.

COMPOSÉS.

ANTE-CELlo, -ere, paller, être au-deffus.

CIRCUM-CELlio, *onis*, vagabond, coureur, qui s'avance tout autour; 2°. fureteur, qui se fourre par-tout.

EX-CELlo, -ere, être éminent, furpaller, l'emporter.

EX-CELlens, *tis*, merveilleux, qui eft au-deffus, qui excelle; 2°. haut, élevé.

EX-CELlentia, *æ*, éminence, élévation, grandeur, excellence.

EX-CELlenter, éminemment, d'une maniere excellente.

EX-CELfus, *a*, *um*, haut, élevé; 2°. grand, illuftre, fublime.

EX-CELfitudo, *inis*; EX-CELfitas, *tis*, hauteur, grandeur, fublimité.

EX-CELfè, haut, en haut.

PER-CELlo, -ere, abattre, renverfer, jetter de haut en bas.

PER-CULfus, *a*, *um*, frappé.

PRÆ-CELlo, -ere, furpaller, avoir le deffus, paroître au-deffus; 2°. dominer, être fupérieur.

PRÆ-CELfus, *a*, *um*, fort haut, très-relevé.

PRO-CELlo, -ere, frapper de haut en bas.

PRO-CELla, *æ*, orage, tempête, tourmente.

Ainfi appellée parce qu'elle fe forme dans les lieux élevés, ou plutôt parce qu'elle s'avance avec impétuofité.

PRO-CELlofus, *a*, *um*, orageux, fujet aux tempêtes.

RE-CELlo, - ere, baiffer, abaiffer; 2°. retirer en arriere.

2

CELEBer, *is*, *e*, illuftre, fameux, CELEBris, *e*, renommé; 2°. hanté, fréquenté; 3°. folemnel.

CELEBro, -are, fêter, folemnifer; 2°. fréquenter; 3°. louer, prôner, élever le mérite.

CELEBrator, *is*, qui prône, qui vante; 2°. qui folemnife, qui décrit avec éloge.

CELEBriter, avec éclat.

CELEBritas, *is*, folemnité.

CELEBrefco, -ere, devenir célebre.

CELEBratio, *onis*, éloge, louange; 2°. fête, folemnité; 3°. réputation; 4°. concours de monde.

COMPOSÉS.

CON-CELEBro, - are, fêter, honorer; 2°. fréquenter.

IN-CELEBratus, *a*, *um*, dont on n'a point parlé, qu'on n'a point vanté.

IN-CELEBris, *e*, qui n'eft point fameux.

PER-CELEBro, -are, vanter fort.

PER-CELEBratus, *a*, *um*, très-connu.

PER-CELEBror, *ari*, être publié par-tout.

III.

CAL, capacité.

CAL défignant l'élévation, s'applique naturellement à la puiffance, élévation en courage; & à la fcience, élévation en connoiffance : delà une nouvelle famille de mots commune aux Celtes; aux Orientaux, aux Latins, &c.

CALL en Celte fignifie brave, vaillant, fort, puiſſant; 2°. fin, ſage, prudent.

En Hébr. י-בל, *I-KaL*, être brave, fort, puiſſant.

En Turc *Akilli*, ſage, prudent : de-là cette famille Latine.

I.

CALO, *onis*, fin, ruſé.

CALleo, -ere, ſavoir, connoître, poſſéder parfaitement, entendre bien, être puiſſant en ſcience & en ſageſſe.

CALlenter, ſagement, prudemment.

CALlidus, *a*, *um*, adroit, fin, éclairé, entendu, expérimenté

CALliditas, *is*, habileté, fineſſe, ruſe, fourberie, tromperie.

CALlidè, adroitement, finement.

COMPOSÉS.

IN-CALlidus, *a*, *um*, qui eſt ſans adreſſe, ſimple.

IN-CALlidè, groſſiérement, ſans artifice.

PER-CALeo, -ere, ſavoir parfaitement bien.

2.

Mais la fineſſe dégénere ſouvent en ruſe & en fourberie; de-là une autre acception de CAL en mauvais ſens, déſignant l'aſtuce, la fourberie, la calomnie.

En Héb. N-KaL נבל, tendre des piéges, 2°. être fin & ruſé נובל *No-KeL*, fourbe, fin, ruſé.

En Celt. CALL, ruſé, fourbe, trompeur.

En Hongr. CHALard, impoſteur.

En Franç. CALin, un homme ſouple, qui flatte & carreſſe pour venir à ſes fins.

En Lat. Barb. CALlere, machiner quelque fourberie, tendre des piéges, chercher à tromper.

En Héb. כלם *CaLM*, calomnier. De-là cette famille Latine dont l'origine n'étoit pas moins inconnue.

CALvo, ou CALuo, tromper, duper, fourber.

CALvitas; CALuitas, *atis*, manque de parole, fourberie, tromperie.

2. CALumnia, *æ*, impoſture, fauſſe accuſation, calomnie; 2°. ſupercherie, ſurpriſe.

CALumniatio, *onis*, tiſſu de menſonges, faux raports.

CALumnior, -ari, accuſer fauſſement, impoſer des crimes.

CALumniator, *is*; CALumniatrix, *cis*; impoſteur, faux accuſateur, médiſant, chicaneur.

CALumnioſus, *a*, *um*, faux, inventé,

CALumnioſé, fauſſement, calomnieuſement.

3. Kêléma, *atis*, Gr. impoſture, fourberie.

Kêleſtês, trompeur, fourbe, impoſteur.

IV.

I.

CL, exceller en gloire.

1°. CLuo, *ere*, ⎱ être élevé en gloi-
CLueo, -*ere*, ⎰ re, en conſidéra-
tion, briller, avoir de la réputation, être eſtimé; 2°. purger.

CLiens, *tis*, ⎱ vaſſal, client : mis ſous
CLienta, *æ*, ⎰ la protection d'un hom-
CLientula, *æ*, ⎰ me illuſtre.

CLientela, *æ*, protection, ſauvegarde;

défenfe ; 2°. perfonnes qui font fous la protection d'une autre.

2. In-Clitus, a , um ; In-Clytus , a , am, fameux , illuftre , excellent.

3. Para-Clytus, a, um , infâme , deshonoré.

4. Cludidatus, a , um , doux , favorable.

5. Clupea , æ ; Clypea , æ , nom de l'Alofe chez les Gaulois , & qui a été confervé par les Romains. Comme les écailles de ce poiffon font très-brillantes vers la tête , il y a apparence qu'il en fut nommé Clupea , le brillant : du verbe Cluo , briller.

2.
C E L ,
nombre très-élevé ; ou Mille.

Si les Anciens fe fervirent de Cal, multitude , pour défigner dix dixaines , à plus forte raifon durent-ils employer un mot qui exprimoit la grande élévation pour défigner un nombre encore dix fois plus grand , cent fois les deux mains , ou dix centaines ; auffi les Grecs fe fervirent pour cet effet du mot Kel , élévation , & ils en firent Khilias , pour défigner dix cens , ou mille : de-là ces mots Latins-Grecs.

Chilias , dis , Gr. χιλιας , mille ; millier.

Chiliaftæ, arum ; hérétiques millenaires.

Chili-Archus , i , Colonel d'un régiment de mille hommes de cavalerie.

Chilio-Dyname , es , fraximelle , efpé-

ce de Narciffe , mot à mot , qui a milli° vertus.

3
CAL , SCAL , Echelle.

De Cal , élever , fe forma le mot Cal , Gal , fur , deffus , monter.
En Grec Kaliai , grenier ; Kalia , nid élevé ; Skaloma , échelle.
De-là ces familles.

V E R B E.

Calo , -are , monter & defcendre.

Chalo ,-are , hiffer les voiles , les élever.

Chalatorius , a , um ; qui fert à élever un fardeau.

Chel-onia , orum , amarres , anfes , cables , tout ce qui fert à guinder , à faire monter.

C'eft une Famille Grecque.

N o m.

Scala , æ ; échelle , efcalier , dégrés.
Scalaris , d'échelle.
Scalaria , ium, & orum , efcalier.

V.
C I L , mince.

Cyl , Cil , mot Celte qui défigne le décroiffement , la diminution ; la petiteffe : de-là ,

Exilis , e , mince , menu , délié ; 2°. maigre , fec , décharné ; 3° aride ; 4°. fimple , bas , rampant , du commun.

Exilitas , petiteffe , foibleffe ; 2°. maigreur , féchereffe , aridité.

Exiliter , petitement , d'une maniere féche , aride : baffement.

V I.

CLIV, Colline, pente.

I.

CLIVUS , *i* ⎫ colline , tertre , pente ,
CLIVUM, *i* ⎭ defcente d'une monta-
           gne.

CLIVULUS , *i* , petite éminence.

CLIVOSUS , *a* , *um* , montagneux , haut &
bas.

CLIVINA , *æ* , oifeau des montagnes, dont
les nids fe trouvent dans les rochers.

COMPOSÉS.

AC-CLIVIS , *e* , ⎫ qui va en mon-
AC-CLIVUS,*a*,*um*, ⎭ tant.

AC-CLIVITAS , *is* , le montant, le penchant d'une colline.

DE-CLIVIS , *e* , penchant, qui baiffe.

DE-CLIVITAS , *is* , pente, déclin.

PRO-CLIVIS , *e* , *is* , ⎫ penchant, qui
PRO-CLIVUS,*a*,*um*, ⎭ va en pente ;
2°. enclin, fujet, porté à quelque chofe.

PRO-CLIVIES , *ei* , PRO-CLIVITAS , *tis* ,
pente , penchant; 2°. mauvaife inclination.

PRO-CLIVE , *is* , pente ; 2°. tout ce qui
eft facile.

PRO-CLIVÉ; PRO-CLIVI, en pente , aifément.

PRO-CLIVIÙS , plus aifément.

RE-CLIVIS , *e* , *is* , ⎫ penché , en
RE-CLIVUS,*a*,*um*, ⎭ pente.

2.

CLIN, incliner.

D'où fe formerent ces mots.

I.

CLINO, - *are* , pencher , baiffer , courber.

CLINAMEN , *inis* , penchant , inclination ,
inclinaifon.

De-là les mots grecs fuivans :

CLINICUS , *a* , *um* , qui eft alité : de *clinè* ,
lit ; il faut fe pencher & fe baiffer entierement pour fe coucher.

CLINICUS , *i* , Médecin de malades alités ;
2°. foffoyeur , enterreur de morts.

CLINICE , *es* , profeffion de vifiter les
malades.

2°. CLIMA , *tis* , Gr. κλιμαξ , fituation ,
climat , inclinaifon vers le Pôle.

CLIMACIS , *dis* , petite échelle.

CLIMAX , *cis* , efcalier en limaçon ; 2°. tortue ; 3°. canal de catapulte.

CLIMACTER , *is* , tems climatérique ; 2°.
cremailliere.

CLIMACTERICUS , *a* , *um* , où l'on monte par
degrés.

EN-CLIMA , *atis* , inclinaifon , pente ;
2°. climat.

BINOMES.

BI-CLINIUM,*ii*,table à 2 lits,⎫ falle à
TRI-CLINIUM,*ii*,table à 3 lits,⎭ manger.

TRI-CLINIARIS , *e* , qui concerne les falles
à manger.

TRI-CLINARIA , *orum* , tapis & matelats
defdits lits.

TRI-CLINARCHES , *æ* , Maître d'Hôtel.

ARCHI-TRI-CLINUS , *i* , Chef des Maîtres
d'Hôtel.

ANA CLINTERIUM , *ii* , lit de repos , ber-
gere.

HEXA-CLINON , *i* , table à fix lits.

COMPOSÉS.

AC-CLINO , - *are* , pencher , fe courber ; 2°. condefcendre , favorifer.

AC-CLINUS , *a* , *um* ; AC-CLINE , *is* , penché , courbé.

DE-CLINO , - *are* , fe détourner ; 2°.
s'écarter ; 3°. éluder , fuir , éviter ;

4°. décheoir, baisser, aller en dé-
cadence.

De-Clinatio, onis, détour, l'action d'é-
viter, de gauchir; 2°. fuite, éloignement, digreffion; 3°. déclinaifon,
pente.

In-Clino, -are, baisser, courber; 2°.
incliner, fe laisser affoiblir; 3°.
avoir du penchant, être enclin,
4°. porter à, tourner vers.

In-Clinatus, ûs, déclinaifon.

In-Clinatio, onis, l'action de plier, de fe
courber; 2°. penchant, inclination.

In-Clinans, tis, penchant, fur le point
de tomber; 2°. qui plie; 3°. enclin,
porté à.

In-Clinamentum, i, déclinaifon, conjugaifon, terme de Grammaire.

In-clinabilis, e, qu'on peut faire pencher.

In-de-Clinatus, a, um, ferme, conftant,
qui ne penche ni d'un côté ni d'un
autre.

In-de-Clinabilis, e, inévitable, qu'on ne
peut fuir; 2°. inébranlable, immuable,
conftant; 3°. indéclinable.

Pro-Clino, -are, faire pencher, incliner.

Pro-Clinor, -ari, être penché.

Pro-Clinatio, onis, pente.

Re-Clino, -are, pencher, baisser.

Re-Clinis, e; Re-Clinus, a, um, couché,
appuyé fur.

Re Clinatorium, ii, couffin, oreiller;
2°. affiette, plat.

VII.

Cal, Col, élévation en tige.

I. Colonne.

Columna, æ, colonne, pillier.

Columella, æ; Columnella, æ, pétite

colonne, poteau, foutien; 2°. le maître-
valet, le pilier de la maifon.

Columnaris, e, de colonnes.

Columellaris, e, de petits piliers; fait en
forme de piliers.

Columnarium, ii, foupirail; 2°. impôt
mis fur les colonnes.

Columnarius, ii, le Receveur de cet
impôt.

Columnatio, is, colonnade, rang de colonnes.

Columnatus, a, um, foutenu de colonnes;
fait en forme de colonnes.

Inter - Columnium, ii, entrecolonne-
ment; efpace entre deux colonnes.

2.

Columen, inis; le même que
Culmen, is; il fignifie poinçon,
faîtage, c'eft à dire, piéce de bois
qui fe met à plomb pour foutenir
le comble de la maifon; 2°. appui, foutien; 3°. au figuré, force,
principal: de-là:

Columis, e, robufte, fort, fain.

In-Columis, e, qui eft fain & fauf, qui eft
en bon état.

In-Columitas, is, bon état, force, falut,
fûreté.

3.

Colobium, ii, chemifette, voile, ce
qui fert à couvrir, à contenir.

Collyrium, ii, demi-colonne; 2°.
aide à maçon.

4.

Collis, is, côteau, terre, éminence.

Colliculus, i, monticule.

Collianus, i, Fermier général.

COMPOSÉS:

Colo-Casia, æ, } fève d'Egypte. Gr.
Colo-Casium, ii, } Κολουασια.

Colo-Cynthis , *idis* ; Colo-Cynthidæ , *arum*, coloquinte , courge fauvage. Gr. Κολικυιδη.

Colophon , *is* , fin , perfection , faîte , fommet. Gr. Κολοφων.

Colophonia , *æ* , colophane , réfine pour les archets.

5.

Colossus , *i* , Gr. Κολοσσος , ftatue d'une grandeur démefurée.

Colosfeus , *a* , *um* ; Colosficus , *a* , *um* ; de coloffe , d'une grandeur extraordinaire.

Colofficotera opera , ouvrages fort grands, coloffaux.

I I. COL , Cou.

Colium,*i*, col, cou , qu'on peut comparer à une tige creufe , longue & qui foutient.

Collare, *is* , collier d'attache.

Collaris , *e* , de col , qu'on met au col.

Collaria , *æ* , carcan.

Columbar , *is* , carcan.

Composés.

De-Collo , - *are* , décapiter , couper le col ; 2°. tromper , abufer.

Suc-Collo , -*are* , charger fur fon col , fur fes épaules.

Suc-Collatio , *onis* , l'action de porter fur fon col.

Binomes.

Coluber , *ri* , ferpent , couleuvre : de Col , le col , la tête,& de up , op , ub , haut , élevé , en Allemand uber , élevé. La couleuvre marche la tête élevée.

Colubraria , *æ* , l'Ifle aux ferpens, nommée Dragonera , Ifle de la Méditerranée.

Colubrinus , *a* , *um*, de ferpent , de couleuvre.

Colubri-Fer , *a* , *um* , qui produit des couleuvres , des ferpens.

Ex Colubro , -*are* , s'infinuer , fe gliffer comme un ferpent ; 2°. faire une exacte recherche.

III. CAL , Col , jambe.

De Cal , élevé , fe forma Cal , la jambe , en Grec Skelos , parce qu'elles font comme des colonnes fur lefquelles eft élevé le corps : delà :

Calaffis , *is* , habillement qui defcendoit jufqu'aux talons.

Iso-Scolon , période dont les membres font égaux , *mot-à-mot*, jambes égales.

IV. COL , tige, tuyau.

1. Colis , *is* , rejetton , furgeon , tige d'une plante ou d'un arbriffeau.

Coliculus , *i* , bourgeon d'une plante.

2. Colon , *is*, gros boyau , ainfi nommé de ce qu'il eft long & creux & qu'il contient.

Colicus , *a* , *um*, fujet à la colique , à la maladie des boyaux.

Colica , *æ* ; Colice , *es* , colique.

3. Culmus , *i* , tuyau , tige de bled ; chaume.

4. Culmen , *inis* , tige , faîtage , longue piece de bois qui fe pofe à niveau fur le faîte d'une maifon ; & au figuré , fommet, cime , le plus haut point.

5. Culcita , *æ* , } matelas , couffin , Culcitra ,*æ*, } oreiller; ainfi nommé parce que c'eft une chofe longue

longue & creufe qui fert à contenir.

2.

CAL , COL , tuyau , inftrument ou
canal long & creux , par où une
liqueur coule.

COL*um* , *i* , tuyau par où l'eau coule ,
couloire , paffoire.

COLO ,-*are* , couler , paffer par l'étamine.

COMPOSÉS.

EX-COL*o* ,-*are* . couler , faire écouler.
PER-COL*o* ,-*are* , paffer , couler , filtrer.
PER-COL*atio* , *is* , l'action de couler ou de
filtrer.
RÉ-COL*o* ,-*are* , couler une feconde fois.

3.

COLO*ftra* , *æ* , ⎫ premier lait qui vient
COL*uftra* , *æ* , ⎪ aux femmes après
COL*oftrum* , *i* , ⎬ leurs couches , qui
COL*ustrum* , *i* , ⎭ s'épaiffit.

COL*ostratus a* , *um.*, celui qui a tetté ce
premier lait , & qui en eft devenu
malade.

COL*ostratio* , *onis* , maladie qui attaque
les enfans qui ont fuccé ce lait.

2. COL*la* , *æ* , colle , *Gr.* ΚοΝα , ΚοΝΝ.

COL*lo* ,-*are* , coller , goudronner.

COL*leticus* , *a* , *um* , qui colle , qui rejoint
deux chofes entr'elles.

PROTO-COL*lum* , *i* , brouillon ; 2°. livre
où font les modèles des actes ; *mot à mot*
dont la premiere feuille eft collée pour
fervir de modèle : Protocolle.

Ces mots viennent du Celte CAUL ,
bouillie ; lait caillé.

4.

COL*ia* , *ium* , élévation formée par
des aqueducs.

Orig. Lat.

IN-CIL*e* , *is* ; IN-CIL*ia* ,-*orum* , canal
rigole , foffé.

IN-CIL*o* , *are* , faire des canaux , creufer
des foffés ; & au figuré dans un fens détourné , remuer quelqu'un , le gronder ,
le réprimander.

V. CAL.

Tuyau.

1. CAL*a*, en Celt. tuyau de blé , paille,
CAL*amus* , *i* , tuyau de blé , paille
qui foutient l'épi ; 2°. flèche , flûte ,
chalumeau fait avec des cannes
ou des rofeaux ; 3°. ftyle , maniere d'écrire , plume à écrire ; 4°.
ligne à pêcher ; 5°. gluau , branche pour prendre les oifeaux ; 6°.
greffe , ente pour greffer , rofeau ,
canne.

CAL*amarius* , *a* , *um* , propre à contenir
des plumes à écrire , calemar.

CAL*ametum* , affemblage d'échalas , lieu
qui en eft garni.

2. CAL*amiftrum* , *i* , fer à frifer , aiguille
de tête , poinçon.

CAL*amiftro* ,-*are* , frifer ou boucler des
cheveux.

CAL*amiftri* , *orum* , difcours frifés , affectés ,
étudiés.

UNI-CAL*amus* , *a* , *um* , qui n'a qu'un
tuyau.

3. CAU*la* , *æ* , efpace long & creux ,
où on loge le bétail , étable , ber-
cail.

CAU*lis* , *is* , tige , tuyau des plantes ; chou,
parce qu'il eft monté fur une tige ; fût
d'un dard , d'une pique.

CAU*liculus* , *i* , petite tige.

CAU*liculatus* , *a* , *um* , qui a une tige , un
tuyau.

CAU*lefco* ,-*ere* , monter en tige.

COMPOSÉS.

De-Caulésco ,-ere, monter en tige.
Uni-Caulis , e, qui n'a qu'une tige.
Multi-Caulis , is, qui a plusieurs tiges.

4. Hemero-Callis , fleur qui ne dure qu'un jour.

Caltha , æ , souci; Gr. Καλχη.

5. Colutea , æ , baguenaudier.

Coluteum , i , gousse du baguenaudier.

VI. CAL.

Bois.

Cal , est un mot Celtique qui signifie bois.

En Bas-Bret. Cala , bois.

En Grec , Kalon , bois.

Kélon , bois ; 2°. flèche.

De-là ces mots Latins.

1. Calcata , æ , facine , fagot.

2. Calo , onis , sabot ; 2°. goujat, esclave qui suivoit son maître à l'armée , & qui portoit une massue de bois.

Calæ , arum , bâtons , massues dont étoient armés les Goujats.

Calo-Podium , ii , (de pous , pied) sabot , soulier , forme à soulier : mesure de Cordonnier.

3. Clema , ais , Gr. Kléma , bois de la vigne , sarment ; 2°. ésule , plante ; 3°. fusin ; renouée.

4. S-Calmus , i , cheville où l'on passe l'anneau qui retient l'aviron , la rame.

5. Calvæ , arum , noisettes , avelines.

Coll , en Gallois & en Irl. Coudrier , au plur.

Cyll : Coudrier , au sing. Collen ;

en Gall. De-là le Latin :

Colurnus , a , um , de coudrier.

6. Callion , alkekenge , plante ou arbrisseau de l'espece des Solanum.

VII.

COL , CUL , élever, cultiver.

Colo , is , ui , cultum , ere , cultiver, labourer ; 2°. soigner ; 3°. demeurer , habiter ; 4°. affectionner , honorer , adorer.

Colonus , i , Laboureur , celui qui ouvre le sein de la terre , Fermier.

Colonus , a , um , qui est propre à cultiver.

Colona , æ , Paysanne.

Colonia , æ , ferme , métairie , troupe de Cultivateurs, de Laboureurs; 2° peuplade , pays peuplé par des étrangers.

Colonicus , a , um , de métairie , de colonie.

Culté , avec soin , poliment , élégamment.

2. Cultura , æ , ⎫ labour , l'action
— tus , ús , ⎬ de cultiver ; 2°.
— tio , onis , ⎭ soin; 3°. équipage, attelage, train; 4°. habillement, parure, élégance, finesse.

Cultor , is ; Cultrix , is , celui , celle qui laboure , qui révere , qui adore.

Culté , avec soin , avec élégance , poliment.

BINOMES.

Agri-Cultor, is , ⎫ laboureur, celui
Agri-Cola , æ , ⎬ qui cultive les champs dits Agri.

Agri-Colatio , is , ⎫ art de labourer,
Agri-Cultura , æ , ⎬ de cultiver les
Agri-Cultio , onis , ⎭ champs, ménage de la campagne.

2. COL.

fervir , fuivre.

1. Co*lax*,*acis*, flatteur, rampant ; *Gr.* Κολαξ.

2. A-Ko*luthus* , *i* , Acolythe , attaché au fervice des Prêtres ; en Gr. Ακολυθος.

3. Ca-Cu*la* , *æ* , goujat, valet d'armée.

Ca-Cu*latus*, *ûs*, condition de goujat.

3. Nourrir.

1. Cu*lina*, *æ* , cuifine.

2. Co*liphium* , *ii* , nourriture des Athletes ; du Gr. Κο*lon* , nourriture.

3. Chi*lus* , *i* , chile ; du Grec *Kilos*, nourriture.

COMPOSÉS.

1°. De COLO , habiter.

Ac-Co*la*, *æ* , qui demeure , qui habite prés d'un lieu.

Ac-Co*lo*,-*ere*, habiter, demeurer près d'un lieu.

Cir cum-Co*lo*, habiter autour.

In-Co*la* , *æ* , habitant, qui demeure, qui fait fon féjour.

In-Co*latus* , *ûs*, demeure, féjour.

In-Co*lo*,-*is* , *ui* , *ultum* , *ere* , habiter, faire fon féjour.

In-Qui*linus* , *i* , locataire ; habitant d'un pays, & qui n'en eft pas citoyen.

2°. De COLO , fervir.

An-Cu*io* , - *are*,⎫ fervir, être ferf,
An-Ci*llo* , -*are*,⎬ attaché à la glébe ,
An-Ci*llor*, -*ari* ,⎭ au labourage. Ici les deux CC de ACC font

changés en NC ou ANC , à la maniere des Grecs & des peuples du Nord.

An-Ci*lla* , *æ* , fervante , domeftique.

An-Cu*li* , *orum* ; An-Cu*læ* , *arum* , Divinités des valets & des fervantes.

A *t*-Ci*llaris* , *c* , qui concerne une fervante.

An-Ci*llula* , *æ* , petite fervante.

An-Ci*llarius* , *i* ; An-Ci*llariolus* , *i* , qui careffe les fervantes , qui en eft amoureux ; 2°. qui fe laiffe maitrifer par fa femme.

3°. De COLO , cultiver.

Ex-Co*lo* , -*ere*, cultiver ; 2°. orner, embellir; 3°. honorer.

Ex-Cu*ltus* , *a* , *um*, bien cultivé, orné, civilifé, inftruit.

Per-Co*lo* ,-*ere*, honorer , refpecter ; 2°. achever de polir , de parer.

Per-Cu*lté* , avec la plus grande vénération ; fort proprement.

Præ-Co*lo* , *is* , *ui* , *ultum* , *ere* , apprêter , préparer ; 2°. honorer beaucoup.

Præ Cu*ltus* , *a* , *um* , prémédité , étudié , préparé; 2°. cultiver par avance.

Re-Co*lo*,-*ere*, cultiver une feconde fois ; 2°. repaffer dans fon efprit , confidérer.

4°. De I N , Non.

In-Cu*ltus* , *a* , *um* , In-ex-Cu*ltus* , *a*, *um* , qui n'eft pas cultivé, inculte, défert ; 2°. mal en ordre , négligé , dont on n'a pas foin ; 3°. impoli, groffier , fans éducation.

In-Cu*ltus* , *ûs* , groffiereté , mal-propreté , négligence , manque de foin.

In-Cu*lté* , groffierement , fans politeffe , fans ornement.

Mots en CaL ,

relatifs à C.

Les familles en C-L , dans lesquelles domine la valeur de C , peuvent être distribuées en trois classes.

1. La propriété de renfermer , de cacher : CEL , celer.

2. Les objets propres à renfermer , à serrer.

> CAL , vase.
> CHLam , habit.
> CLavis , clé.

3. Les objets qui ont une capacité en rondeur accompagnée d'une grande dureté.

> CAL , caillou.
> CALva , crâne,
> CALx , talon.

I.

C A L.

CEL , CLA ,

renfermer , céler.

De CAL, désignant ce qui sert à renfermer , se forma la famille CEL , CLa, CLu, au lieu de CELa, CELu.

En Celt. CEL, CELL, cachette , grotte , cellule , maison ; 2° protection , défense.

En Theut. KELe, cavité : KEL, creux , &c. le même que HOLe, HOLen, &c.

En Gr. KLeis, clé , KLeió , fermer.

En Héb. כלא , KLA , fermer . clore ; prison , enclos , &c.

Ce mot servit à exprimer , 1°. toute espéce de cellule ; 2°. la clé avec laquelle on se renferme ; 3°. l'action de céler , de cacher. De-là les familles suivantes , qui ont quelqu'analogie avec la famille HAL, halle , salle.

1.

1. CELLa , æ , petite maison , cabane ; 2°. lieu de débauche ; 3°. chambre, loge , salle , office , cellier.

CELLula , æ , boulin de colombier.

CELLarium , ii , armoire.

CELLarius , ii , Maître-d'hôtel , Cellérier.

CELLaria , æ , Femme de charge , Cellériere.

CELLaris , e, qui concerne le cellier.

2. CELO , - are , cacher , couvrir , dérober.

CELamen , inis , l'action de cacher.

CELatim , en cachette.

3. CLAM , pour Kelam , autrefois CALim, dit Festus, à l'insçu, en se cachant ; 2°. en cachette, secrettement.

CLAN-CUlarius , a , um , caché , secret , anonyme.

CLAN-CUlùm ; CLAN-CUlò , secrétement, en cachette.

Ici la terminaison CUlum n'est que la répétition du mot même CELan.

4. CLANDE-STïnò , à l'insçu ; de clam & de sto, se tenir.

CLANDE-STinus , a , um , secret , caché.

II. CAL , objets propres à renfermer.

1. CAL , vases.

1. CALena , æ , gobelet , tasse.

2. CALpar, is , broc, cruche ; 2°. pré-
mices de vin confacré ; 3°. vaiffeau
qui contenoit le vin des libations
& le vin lui-même.

3. CALathus , i , gobelet , taffe , vafe
à mettre des fleurs , pot d'airain à
mettre du lait , panier.

CALathifcus , i , panier , corbeille ;
20. vafe à mettre des fleurs ; 3°. gobelet , taffo ; 4°. pot d'airain à lait.

4. CALix , icis , calice , taffe , vafe à
boire , coquille de limaçon , coupe
d'une fleur épanouie , pot à mettre
au feu.

CALiculus , petite taffe.
CALyx , icis , bouton de fleur , bourfe
qui enveloppe les fruits.
CALyculus , i , petit bouton d'une plante
avant la fleur.

5. CULeum , i ⎱ outre, vafe à contenir
CULeus , i , ⎰ du vin ; 2°. fac de
cuir.

CULeolus, i , petit fac , fachet.
CULullus , i , grande coupe qui fervoit
aux facrifices.
CULus , i , le cul , ou plutôt le boyau
culier ; ainfi dit de fa forme longue &
creufe.

6. COLon , i , gros boyau.

COELiacus , a , um , qui a le cours de
ventre.
PRO-COELius , ii , vers qui a une fyllabe
de trop au milieu.
COLica , æ ; COLice , es , colique.
COLicus , a , um , fujet à la colique.

7. COLus , i , ⎱ quenouille de femme.
COLus , ûs , ⎰

2. Coëffures.

1. CUCULla , æ , ⎱ capuce , capu-
CUCULlus , i , ⎰ chon, 2°. cornet
CUCULlio, nis , ⎰ de papier.
CUCULlatus , a , um , couvert d'un co-
queluchon.

2. CALiendrum , i , coëffe de femme ,
coëffure.
CALantica , æ , ce qui eft propre à contenir les cheveux , coëffe , couvre-
chef.
CALyptra , æ , cape de femme.

3. CALthula, æ, habillement de femme
long & propre à contenir comme
un fac.
CALthularius , Tailleur d'habits pour
femme.

BINOMI.

CALa - BRICO , - are , emmaillotter ,
entourer de bandes. : de CAL ,
envelopper , & BRACH , bras , prononcé Bric dans les compofés.

3.

GAL , devenu GAL , armure de
tête , coëffure.

GALea , æ , cafque , armure de tête.
GALeola , æ , efpece de vafe.
GALeatus , armé d'un cafque.
GALearii , ceux qui portoient des cafques.
GALeor , ari , s'armer d'un cafque.

2. GALerus , i , ⎱ bonnet , chapeau ,
GALerum , i , ⎰ perruque.
GALeritus , qui porte un bonnet.
GALeritus , i ; —erita , æ , alouette hupée,
qui porte comme un cafque.
GALericulum , i ; —ericulus , i , perruque,
bonnet , ce qui fert à couvrir la tête.

3. GALbeum , i , ornement , voile de

femme ; 2°. ce qu'on enveloppe
autour du bras, braſſelet.

Gᴀʟbeus, i, Gᴀʟbeæ, arum, des braſſe-
lets ; ils enveloppent le bras.

Gᴀʟbeus, ei, ſorte de remede enveloppé
dans de la laine, & qu'on portoit en
braſſelet.

4.

CAL, habits.

1. Cʜʟᴀᴍʏs, dis, ſurtout, caſaque, ca-
pot : ils ſervent à couvrir, à cacher.

Cʜʟᴀᴍʏdula, æ, petit juſte-au-corps.
Cʜʟᴀᴍʏdatus, a, um, vêtu d'une cape,
d'un ſurtout.
Pᴀʀᴀ-Cʜʟᴀᴍʏs, idis, vêtement propre
aux gens de guerre & aux enfans.

2. A-Cʟᴀssis, is, robe liée ſur les
épaules.

5.

1. Cʟᴀᴛʜrus, i, ⎫ grille, jalouſie : Gr.
Cʟᴀᴛʜrum, i, ⎰ Kleithron, cloître,
lién.

Cʟᴀᴛʜro,-are, griller, treilliſſer.

2. Cʟɪᴛellæ, arum, diminutif de
Kleithron, bât.

6.

1. Cʟᴇᴘo, - ere, voler, dérober.

Cʟᴇᴘo, onis, ⎫ larron,
Cʟᴇᴘta, æ, ⎬ voleur.
Cʜʟᴇᴘies, æ, ⎭

2. Psᴇᴘʜo-Cʟᴇᴘtes, æ, joueur de
gobelets, eſcamotteur : du Grec
Ψηφος, Pſephos, caillou, jetton.

3. Cʟᴇᴘs-ʏdra, æ, horloge d'eau ; 2°.
inſtrument de Mathématiques, mot
à mot, eau renfermée.

Cʟᴇᴘs-Aᴍᴍidium, ii, horloge à ſable,
ſablier, mot-à-mot, ſable renfermé.

7.

CAL, ſac, poche.

De Kᴀʟ, ſac, poche, les Grecs firent
Kᴇʟᴇ, hernie, tumeur renfermée
dans un ſac : & de-là ces compoſés.

Eɴᴛᴇʀo-Cᴇʟᴇ,es, deſcente de boyaux,
hernie.

Eɴᴛᴇʀo-Cᴇʟicus, a, um, qui a une
hernie

Hʏᴅʀo-Cᴇʟᴇ,.es, hernie aqueuſe.

Hʏᴅʀo-Cᴇʟicus, a, um, qui a une
hernie aqueuſe..

Poʀo-Cᴇʟᴇ, es, hernie calleuſe, endurcie.

8.

CHEL, Tortue.

De Cᴀʟ, Cᴇʟ, couvrir, maiſon,
ſe forma le nom Grec latiniſé de
la tortue qui porte ſa maiſon avec
elle.

1. Cʜᴇʟone, es, tortue ; 2°. piéce
de la baliſte.

Cʜᴇʟonia, æ, œil de tortue, pierre
précieuſe.

Cʜᴇʟys, yos, tortue, luth.

Cʜᴇʟonium, ii, écaille de tortue ;
2°. oreiller au-deſſus de la plus petite
colonne.

Cʜᴇʟono-Pʜᴀɢus, a, um, mangeur de
tortues.

2. Cʜᴇʟonia, orum, amarres, cables, ancres, anſes.

Cʜᴇʟonites, æ ; Cʜᴇʟonitis, idis, crapaudine.

9.

CHIL, lévre.

De Cᴇʟ, cacher, ſe forma le mot Iſ-

landois CEL , bouche , ouverture ;
l'Oriental חללין , *Challin* , concavités , ouvertures , telles que la
bouche , &c. De-là le Grec XEI-
LOS, *Kheilos*, lévre, bord : d'où
le Latin-Grec,

CHILO , *onis* , qui a de groffes lévres.

TRI-CHILUM , *i* , vaiffeau d'où l'eau
s'écoule par trois ouvertures.

TRI-CHILA, *æ* , berceau de treille , qui
forme une ouverture à trois bords. On
appelloit en Grec *Kheilos* , les bords
d'un dais , d'un ciel de lit.

III. CAL, Clé.

1.

CLAVIS , *is* , clef : ce mot tient à
CLAUDO , fermer.

CLAVICULA , *æ* , petite clef, clavicule.
CLAVIGER , *a*, *um*, qui porte une clef.
CLAVI-*Cordium* , *ii* ; CLAVE-*Cymbalum*, *i* ;
épinètte ; claveffin.
CON-CLAVATUS , *a* , *um*, renfermé fous
la même clef.
CON-CLAVE, *is* ;-*vium* , *ii* , chambre ;
20. cabinet féparé ; 30. conclave , affemblée renfermée fous la même clef.

2. CLAVA , *æ* , maffue, gros bâton ,
gourdin, groffe branche.

CLAVATUS , *a* , *um*, fait en forme de
maffue.
CLAVATOR , *is* , Porte-maffe , Bedeau ,
qui fe fert d'une maffue.

3.

CLAVA , maffue, tient à l'Oriental
כלף , *Klaph*, marteau, au Celte
CLAP ; & au Theut. KLAPF, coup,

KLAPFEN , KLAPPEN , frapper , rendre un fon, d'où le nom Hollandois
de *Claperman*. De-là fe formerent,
en prononçant COL au lieu de CLO,

1°. COLAPHUS , *i* , coup donné fur la
joue , foufflet.

COLAPHIZO ,-*are* , souffleter , gourmer.
2°. A-COLASTUS , *i* , en Gr. A-KOLAStos ,
mot-à-mot , qui n'a pas été corrigé dans
fa jeuneffe , prodigue , débauché.

4.

4. CLABU*la* , *æ* , ⎫ mot à mot; petite
CLAVO*la* , *æ* , ⎬ branche , rejet-
CLAVU*la* , *æ* , ⎭ ton d'arbre, fur-
geon ; 2°. greffe.

CLAVICULATIM , en forme de tendron de
vigne.

5.

CLAVUS , *i* , clou, cheville ; 2°. gouvernail , timon d'un vaiffeau ; 3°.
clou, durillon, cors ; 4°. nœud dans
les arbres ; 5°. nœud , en forme de
clou que les Romains portoient fur
leurs robes , pour marque de leur
dignité.

CLAVULUS , *i* , petit clou.

COMPOSÉS.

LATUS-CLAVUS , *i* , bande couverte de
nœuds d'or ou de pourpre , fervant à
diftinguer les Sénateurs.

ANGUSTUS-CLAVUS , *i* , autre bande couverte de nœuds différens & plus étroits ,
fervant à diftinguer l'Ordre des Chevaliers.

PRÆ-CLAVIUM , *ii* , c'eft la même chofe
que *Latus-Clavus*.

IV. CL*au*.

VERBE.

1. CLUDO, *fi* , *fum* , *ere* , ⎱ fermer ,
CLAUDO ,-*ere* , ⎰ boucher ,
environner ; 2°. terminer, achever , finir.

CLUS*us* , *a* , *um* ; CLAUS*us* , *a* , *um* , fermé , bouché ; 2°. enfermé , enclos ; 3°. couvert , fecret.

CLU*inum pecus* , troupeau parqué, enfermé en un parc.

CLAUS*um* , *i* , enclos.

CLAUS*ula* , *æ* , fin , conclufion , terme ; 2°. parenthefe.

CLAUS*trum* , *i* , clôture ; verrouil ; 2°. enclos ; 3°. cloître ; 4°. barricade , digue , obftacle.

CLAUS*trium* , *ii* , l'action d'enfermer enfemble quelque chofe.

CLAUS*trarius* , *a* , *um* , qui appartient à l'enclos , à la clôture.

SEMI-CLAUS*us* , *a* , *um* , à demi-fermé.

2. CLU*filis* , *e* , aifé à fermer.

CLUS*or* , *is* , metteur en œuvre , orfévre.

COMPOSÉS.

CIRC*ùm*-CLAUDO ,-*ere* , ⎱ enfermer, en-
CIRC*ùm*-CLUDO ,-*ere* , ⎰ clorre , entourer de toutes parts.

CIRCUM-CLUS*us* , *a* , *um* , enfermé , clos.

CON-CLAUS*us* , *a* , *um* ; CON-CLUS*us* , *a* , *um* , enfermé , enclos ; 2°. fini , achevé ; 3°. dépêché , expédié ; 4°. bouché , fermé ; 5°. bloqué , affiégé.

CON-CLUDO , -*ere* ; CON-CLAUDO ,-*ere* , enfermer avec ; 2°. conclure , terminer ; 3°. tirer une conféquence ; 4°. boucher, fermer,

CON-CLUS*ura* , *æ* , clôture.

CON-CLUS*io* , *onis* , clôture , fin , terme ; 2°. fiége , blocus ; 3°. conféquence.

CON-CLUS*iuncula* , *æ* , petite conclufion.

CON-CLUS*è* , en concluant ; 2°. fommairement.

DIS-CLUDO ,-*ere* , ferrer , enfermer ; 2°. divifer , féparer.

DIS-CLUS*io* , *onis* , divifion ; 2°. clôture ; 3°. l'action d'enfermer.

EX-CLUDO ,-*ere* , mettre dehors , chaffer , exclure ; 2°. faire éclore.

EX-CLUS*io* , *onis* , exception , l'action d'empêcher.

EX-CLUS*orius* , *a* , *um* , qui donne l'exclufion , exclufif.

EX-TRA-CLUS*us* , *a* , *um* , fermé par dehors.

IN-CLUDO ,-*ere* , enfermer , enclorre , détenir.

IN-CLUS*or* , *is* , Metteur en œuvre , Orfévre ; 2°. Portier.

IN-CLUS*io* , *onis* , l'action de renfermer ; 2°. emprifonnement.

INTER-CLUDO ,-*ere* , fermer , boucher ; 2°. inveftir , barricader.

INTER-CLUS*io* , *onis* , l'action de fermer ; 2°. empêchement ; 3°. parenthefe.

INTRO-CLUS*us* , *a* , *um* , enfermé dedans.

OC-CLUDO ,-*ere* , fermer , clorre.

PER-CLAUDO ,-*ere* ; PER-CLUDO ,-*ere* , fermer tout-à-fait , clorre.

PRÆ-CLUDO ,-*ere* , boucher , fermer l'entrée.

PRÆ-CLUS*io* , *onis* , l'action de renfermer , de refferrer.

RE-CLUDO , *is* , *fi* , *fum* , *ere* , ouvrir.

RE-CLUS*io* , *onis* , ouverture , action d'ouvrir.

SUPER-CLAUDO ,-*ere* , enclorre , enfermer.

SE-CLUDO ,-*ere* , mettre à part , enfermer féparément ; chaffer , bannir.

SE-CLUS*us* ,

Se-Clusa, æ, Nonne, recluse.

Se-Clusa, orum, myſtères, ſecrets.

Se-Clúsorium, ii, lieu où l'on renferme, réduit.

4.

Oc-Culo, is, ui, ultum, ere, cacher ; 2°. taire.

Oc-Cultus, a, um, caché, ſecret, diſſimulé.

Oc-Culté, ⎫
Oc-Cultò,   ⎬ en cachette, ſecrette-
Oc-Cultim, ⎭ ment.

Oc-Culto,-are, couvrir, tenir ſecret,

Oc-Cultator, is, qui cache.

Oc-Cultatio, onis, l'action de ſe cacher.

Oc-Cultaté, en ſecret.

5.

Clusinus, i, ⎫ nom de Janus dont
Clusius, ii,   ⎬ le temple étoit fer-
               ⎭ mé pendant la paix.

V. CLYP, Bouclier.

C el, cacher, eſt le même que l'Allemand Helen, Hullen, cacher, couvrir, mettre à couvert, garantir, protéger. De-là naquirent deux ou trois familles Theutones, très-remarquables.

1°. Helmen, couvrir, protéger, garantir.

Helm, couvert, toit ; 2°. caſque, arme défenſive pour la tête ; 3°. protecteur.

2°. Help en Anglois, Helf en Allemand, aide, ſecours, ſuport.

3°. Helve, en Anglois, un manche, ce qui aide à porter.

Cette famille eſt également Orienta-Orig. Lat.

le ; en Hébreu עֲלֹף, que les Maſſorethes écrivent avec un u voyelle Hulp, ſignifie également couvrir, garantir, défendre : עֲלֹם Hulm, Halm, cacher, couvrir.

C'eſt donc de cette famille Hulp, Hlup, prononcée Clup, comme dans Clovis pour Lovis, &c. & ſignifiant défendre, garantir, que ſe forma en Latin le nom de Clypeus, cette arme défenſive que nous apellons bouclier ; d'autant plus qu'en Arabe le même mot الحلب Hulp ſignifie un Cuir préparé. Or les boucliers conſiſtoient dans l'origine en des cuirs ou des peaux préparées. Celui d'Ajax étoit compoſé de ſept cuirs de bœufs l'un ſur l'autre.

Ce mot ſera venu de l'Orient avec l'uſage même de cette arme. De-là ces dérivés :

Clypeus, i ; — Peum, i, Bouclier, Ecu.

Clypeatus, a, um, armé d'un bouclier.

Clypeo,-are, armer d'un bouclier.

III.

I. CAL, corps ronds & durs.

Cal eſt un mot primitif qui déſigna tout corps rond & dur comme une pierre. De-là les familles ſuivantes.

1. CAL, grêle.

Calamitas, is, grêle, orage qui briſe les tuyaux de blé, dits Calami ;

X

au figuré, défaftre, mifere, dommage.

CALamitofus, *a*, *um*, expofé à la grêle, aux orages ; 2°. funefte, ruineux, nuifible.

CALamitofé, malheureufement.

CALAZO-PHULAX, qui prédit la grêle en obfervant'le Ciel.

2. C A L, Caillou.

CALculus, *i*, caillou, pierre ; 2°. gravelle, calcul ; 3°. jetton à compter ; 4°. dames, échecs ; 5°. difficulté, fcrupule.

CALculofus, *a*, *um*, pierreux, plein de gravier; qui a la gravelle.

CALculo, *-are*, compter, fupputer, ce qu'on faifoit d'abord à l'aide de petits cailloux.

CALculator, *is*, qui compte, qui fuppute.

CALcularius, *a*, *um*, qui concerne un compte.

3. C A L, pierre :

Famille Grecque.

1. KHALix, χαλιξ, fignifie en Grec pierre ; c'eft un mot de la même famille que le Celte CAL, pierre : De-là :

CALais, *Gr*. Κάλαις, efpéce de faphir : pierre précieufe.

CALLais, *Gr*. Καλλαις, pierre préćieufe d'un verd-pâle.

CALLimus, forte de pierre d'aigle.

CALazia, forte de pierre précieufe qui conferve fa froidéur au feu.

CHALazias, *æ*, *Gr*. χαλαζια, pierre précieufe de figure ronde.

2. CILicia, *æ*, la Cilicie, contrée d'Afie couverte de roches & de montagnes auxquelles elle doit fon nom.

CILicium, *ii*, cilice, étoffe rude ; 2°. barracan, étoffe de prix.

CILicinus, *a*, *um*, de barracan, étoffe faite en Cilicie.

3. CAU-CALis, *idis*, *Gr*. Kaukalis, perfil fauvage, plante qui dut toujours fon nom à la pierre, parce qu'elle croît dans les rocailles ; 2°. plante femblable au fenouil.

CAL, crâne ; 2°. chauve.

1. CALVa, *æ*, } crâne ; têt de la
   CALVaria, *æ*, } tête.

2. CALVaria, *æ*, cafque ; 2°. lieu public où l'on enterre les morts ; 3°. lieu où l'on exécute les criminels ; 4°. montagne nue, pelée, dont le fommet n'eft que du roc.

3. CALVus, *a*, *um*, dégarni de cheveux ; *mot-à-mot*, qui a la tête comme un roc découvert.

CALVo, *-are*, rendre chauve.

CALVeo, *-ere*, être chauve.

CALVefco, *-fcere* ; CALVefio, *-ieri*, devenir chauve, perdre fes feuilles.

CALVafter, *ri*, à demi-chauve.

CALVo, *-ere* ; CALuor, *ui*, dépeupler, dégarnir.

CALVitas, *is*, } chauveté ; 2°. dégar-
CALVities, *ei*, } niffement, manque
CALVitium, *ii*, } de quelque chofe.

COMPOSÉS.

DE-CALVo, *-are*, faire devenir chauve, faire peler la tête.

PRÆ-CALVus, *a*, *um*, chauve pardevant.

PRÆ-CALVeo, *-ere*, devenir chauve pardevant.

Re-Calvus, a, um, chauve pardevant.

Re-Calvaster, ri, chauve pardevant.

Re-Calvatio, onis; Re-Cal vaties, ei,
manque de cheveux pardevant.

III. CALX, talon.

1.

Calx, cis, talon; coup de pied;
pied, base; fin, terme.

Calco,-are, fouler aux pieds, marcher
dessus, tracer.

Calcaneus, i; Calcaneum, talon.

Calcatio, onis, l'action de fouler aux
pieds.

Calcator, is, Fouleur, foulon.

Calcabilis, e, sur quoi on peut marcher.

Calcatorium, ii, cuve où l'on foule la
vendange; 1°. foulerie; 3°. chemin
battu.

Calcar, is, ce qui est au talon, ou ce
qui se met au talon; savoir, l'éperon;
2°. aiguillon; 3°. ergot de coq.

Calcatura, æ, l'action de faire tourner
une roue en marchant dedans.

Calci-Fraga, æ, saxifrage, plante, mot-
à-mot, brise-talon.

Calcata, æ, fagot, fascine que le buche-
ron fait en apuyant le pied dessus.

2.

Calceus, i, chose longue & creuse,
propre à contenir les pieds, soulier, chaussure.

Calceolus, i, petit soulier, escarpin.

Calcearius, ii, Cordonnier.

Calceatus, ûs, chaussure.

Calcearium, ii, cordonnerie.

Calceamen, inis; Calceamentum, i,
chaussure.

Calcearia, æ, boutique de Cordonnier.

2. Calceo,-are, chausser.

Calceolarius, ii, Cordonnier.

COMPOSÉS.

Ex-Calceo,-are, déchausser.

Dis-Calceo,-are déchausser.

Dis Calceatio, is, l'action de déchausser.

3.

Caligæ, arum, bottines, choses creuses & longues qui contiennent les
jambes.

Caligaris, e; Caligarius, a, um, qui
concerne les bottines.

Caligatus, a, um, qui porte des bottines.

Caligula, æ, petite bottine; surnom de
l'Empereur Caius, parce qu'il aimoit à
porter des bottines.

4. VERBES.

Cal-Citro,-are, Verbe binome,
qui veut dire, mot-à-mot, remuer
les talons: de Cito, Cio, mouvoir, & de Calx, talon.

Cal-Citratus, ûs, ruade, coup de
pied.

Cal-Citratus, a, um, qui a reçu une
ruade.

Cal-Citro, onis, qui regimbe, qui
donne des coups de pied; 2°. qui marche durement, pesamment, comme les
Paysans.

Cal-Citrosus, a, um, qui est sujet à
regimber; 2°. mutin, qui résiste.

Re-Cal-Citro,-are, regimber, ruer.

COMPOSÉS.

De Calco, devenu Culco.

Circum-Culco,-are, fouler tout autour.

Con-Culco,-are, fouler aux pieds;
2°. mépriser.

Con-Culcatus, ûs; Con-Culcatio, onis,
l'action de fouler aux pieds.

De-Culco ,-are , marcher deſſus , mépriſer.

Ex-Culco ,-are, fouler aux pieds.

Ex-Culcatus, a , um, foulé , preſſé en
foulant ; 2°. mis hors d'uſage.

Ex-Culcator, is , frondeur.

In-Culco ,-are , fourrer dedans , imprimer ; 2°. fouler , aplanir ; 3°.
rebattre , répéter.

Inter-Culco ,-are, fouler , preſſer.

Oc-Culco ,-are , marcher devant, écraſer.

Pro-Culco ,-are ; fouler aux pieds ;
2°. mépriſer.

Pro-Culcatio , onis , l'action de fouler
aux pieds ; 2°. deſtruction , renverſement ; 3°. mépris.

Re-Calco ,-are , refouler ; fouler une
ſeconde fois.

Super-Calco ,-are, fouler aux pieds ,
marcher deſſus.

I.V. C.A.L , dureté.

1. Callus , i ; ⎱ cal , durillon , peau
Callum , i , ⎰ endurcie par l'exercice.

Calloſus , a , um , racorni , plein de
durillons.

Calloſitas , is , calloſité , durillon.

2. Callis , is, chemin battu, durci :
ſentier.

3. Calleo ,-ere ; Callesco ,-ere, s'endurcir , devenir calleux.

COMPOSÉS.

Con-Calleo ,-ere , devenir calleux ;
2°. ſe durcir.

In-Callo ,-are , s'endurcir , faire un
calus.

Ob-Callesco ,-ere , ⎫
Ob-Calleo ,-ere, ⎪ s'endurcir, devenir
Oc-calleo,-ere, ⎬ dur , inſenſible.
Oc-Callesco,-ere, ⎭

Oc-Callatus ; a , um ; endurci : devenu
dur , calleux.

Oc-Callatio , onis , endurciſſement , formation d'un calus.

Per-Calleo ,-ere ; Per-Callesco ,-ere ,
s'endurcir.

MOTS EN C-L ,

où C a pris la place de Q.

On doit raporter à cette claſſe tous
les mots où C a la valeur de Q ,
qui eſt celle de couper, tailler, rogner , hacher , comme dans ces
mots :

Cælo , tailler, inciſer.

Scalpo, tailler, ciſeler.

Sculpo , ciſeler , ſculpter.

I.

Cælo ,-are, graver, buriner, ciſeler.

Cælum, i ; Cæltes, is, burin, ciſeau.
Calamen, inis, gravure, ciſelure.
Cælator ; is , Graveur ; Ciſeleur.
Cælatum, i, argenterie.
Cælatura, æ, ciſelure, gravure.

2. Cœlum, i ; burin ; Cœlator , is ;
Graveur : ces mots tiennent à
Celtes , burin , & à Scalpo.

3. Celte , is, ⎫ burin, poinçon à gra-
Celtes , is ; ⎬ ver : ils tiennent à
Celtis, is, ⎭ Cal , graver.

Celtis , is , poiſſon armé de pointes ;
2°. Aliſier , arbre.

4. In-Cloctor , is , bourreau.

2. Famille Grecque , où Cal eſt
devenu Chel.

Chelæ , arum , ciſeau ; 2°. pinces ;

d'un ſcorpion, ſerres d'une écreviſſe ; 3°. moles, jettées; 4°.
pieds fourchus ; 5°. les deux extrémités des paupieres, qui ſe joi-
gnent l'une à l'autre.

3.

CAL, couper, ſe faiſant précéder de
S, a produit ces mots:
S-CALetrum , i , pincette.
S-CALiſterium , ii , ſarcloir.

II. COL, CUL,
pointe.

De COL, pointe, vinrent :

1.

1. CULex, icis, moucheron, couſin;
nom qu'il dut à l'aiguillon avec lequel il pique.

2. A-CYLos, Gr. AKULOS, gland de
chêne verd, ou de houx à feuilles
pointues.

3. Æs-CULus, i, houx, chêne aux
feuilles pointues.

En Bas-Bret. As-COL COAT, houx :
mot-à-mot , arbre aux feuilles
pointues.
Æs-CULetum , i , lieu planté de houx.
Æs-CULeus, a, um; Æs-CULinus, a, um,
de houx.
Æsquilinus , i , le Mont Eſquilin, à
Rome.

En Bas-Bret. Ascol, chardon.
En Gr. SKOLymos, chardon.

2.

De-là au figuré, CULpa, faute , action dont l'idée pique, poigne,

cauſe une douleur piquante.

CULpa , æ , faute , manquement ,
action blâmable.
CULpo , -are , blâmer, reprocher, ré-
prendre.
CULpito , -are, blâmer ſouvent.
CULpatio , onis , blâme, reproche.

COMPOSÉS.

De-CULpatum verbum , un mot qui
n'eſt plus en uſage.
In-CULpatus, a, um, qui n'eſt point coupable.
In-CULpabilis , e , irrépréhenſible.

3.

1. CULter, ri, couteau, coûtre, ſerpe.
CULtellus , i , petit coûteau, canif.
CULtellatus , a , um, fait comme un coûteau ; 2°. taillade, déchiqueté ; 3°. applani, uni au cordeau.
CULtello , -aré , mettre à plomb, unir au
cordeau.
1. CULtrarius , ii , celui qui égorgeoit
la victime ; 2°. Coutelier.
CULtrarius , a , um , de coûteau, fait
comme un coûteau.
CULtratus , a , um , fait en tranchant
comme un coûteau.

III. CAL, creuſer, tailler, gratter.

CAL, ſignifiant creux, creuſer, &c.
ſe fit précéder de la ſiflante , pour
préſenter de nouvelles idées relatives à celles-là : d'où les familles
ſuivantes :

1. S-CALpo, is , pſi, } 1°. tailler ,
ptum , pere , ⎬ ciſeler , gra-
S-CALpello , -ere. } ver ; 2°. gratter.

S-Calprum, i,
S-Calpra, æ,
S-Calper, i,
S-Calptorium, } couteau, rasoir, lancette, bistouri, burin, tranchet de Cordonnier, grattoir, racloir, ciseau.

S-Calpellus, i,
S-Calpellum, i,
S-Calpulum i, } petit ciseau.

S-Calpurio, -ire, gratter.

S-Calpurigo, inis, démangeaison.

2. S-Calptor, is, graveur.

S-Calptura, æ, gravure,

S-Calpturatus, a, um, gravé, ciselé.

3. S-Calpratus, a, um, tranchant, affilé.

Composés.

Circum-Scalpo, -ere, gratter, graver tout autour.

Ex-sCalpo, -ere, tailler, creuser.

In-sCalpo, -ere, tracer, tailler dedans.

IV. SCAL, prononcé SCUL.

1. S-Culpo, -ere, graver, tailler au ciseau, cizeler.

S-Culptor, is, sculpteur, ciseleur, graveur.

S-Culptura, æ, ciselure, sculpture.

S-Culptile, is, Statue.

S-Culptilis, e, taillé au ciseau.

2. S-Culponea, æ, Ceste ou gantelet garni de plomb.

S-Culponeæ, arum, sabots; souliers grossiers.

S-Culponeatus, a, um, qui porte des sabots ou de gros souliers.

Composés.

Ex-Sculpo, -ere, graver, entailler; 2.° arracher de force; 3.° effacer, rayer.

In-Sculpo, -ere, graver dessus, imprimer dans.

V. COL, CLO.

De Col, Clo, signifiant taillé, fendu, racourci, se formerent deux autres familles Latines dont l'origine étoit entierement inconnue; celles de Claudus & de Clunis.

I.

De Col, les Grecs firent Kolos, tronqué, mutilé: Kolouô, racourcir, tronquer; mais les Latins élidant la premiere voyelle, en firent Clausus, & puis Claudus.

Claudus, a, um, boiteux, qui marche avec peine.

Clauditas, is,
Claudigo, inis,
Claudicatio, onis, } l'action de boiter, démarche des boiteux.

Claudico, -are, boiter, clocher; 2.° gauchir, n'aller pas droit; 3.° être défectueux.

2.

2. Clunis, is,
Clunes, ium, } fesse, cul.

Cluniculus, i, petit cul.

2 Clura, æ,
Cluna, æ, } singe sans queue.

3. Clunaculum, i, couteau de boucher.

CAM,

Courbure.

Cam, courbure au sens physique & moral; tortuosité, injustice. C'est un mot primitif commun dans l'un ou l'autre de ces fens aux langues d'Europe & d'Afie.

En Bas-Br. CAM ; en Irl. CAM ; en Gall. GAMbe, courbe.

En Chald. KAMas ; en Arab. CAM, finuofité.

En Perf. KEMan , en Turc, Kieman, arc.

En Perf. KEMer ; en Armén. KAMar, en Chald. KAMaron ; en Grec KAMara, &c. voûte ; de-là ces familles Latines.

1.

CAMus, i ; CHAMus, i , Gr, KÊMOS ; 1°. frein, licou, il dompte , il plie , il courbe à fa volonté : 2°. muſeliere ; 3°. fac qu'on attache à la tête des animaux ; 4°. loup , mafque ; 5°. vafe à recevoir les fuffrages ; 6°. naſſe à prendre le poiſſon ; 7°. fufil à faire feu.

Gr. KHAMos char.

2.

CAMELLa , æ ; CAMelia ; æ ; vaſe de bois à forme recourbée dont on fe fervoit pour les facrifices.

CyMile , is , baſſin à laver.

CAMura , æ , coffre , caſſette de toilette , de forme arquée.

3.

1. CAMelus ; i , chameau , animal dont le dos eſt boſſué & s'éleve en arc. Ce mot eſt venu de l'Orient, des pays où cet animal eſt naturaliſé.

CAMelinus , a , um , de chameau.

CAMelarius , ii , celui qui a foin des chameaux.

CAMelaria , æ ; CAMelafia , æ , conduite des chameaux , foin de les panfer.

CAMelyfium , ii , tribut impofé fur les chameaux.

2. CAMelo-PARdalis , is , giraffe , animal ; de CAMelus & de PARdus , un léopard.

4.

CAMinus , i , fourneau , four ; forge : les fours , &c. furent toujours faits en voûte ; 2°. âtre , cheminée , foyer ; 3°. feu qu'on fait à la cheminée.

CAMino ,-are , faire en forme de four, de fournaife , de cheminée ; conſtruire un fourneau , une cheminée.

5.

CAMárus , i , Gr. KAMmaron , crabe, écreviſſe , à caufe de fa forme recourbée , voûtée.

2. CAMera , æ , voûte, arcade , berceau , toit fait en voûte.

CAMara , æ , voûte, arcade ; 2°. creux ou courbure de l'oreille ; 3°. vaiſſeau ponté.

CAMero , - are , voûter , faire en arc , cambrer, faire en arc, en dos-d'âne.

CAMerarius , a , um , de voûte, de berceau, qui concerne les treilles faites en arc.

CAMerarius , ii , Officier ou Gentilhomme de la Chambre.

CAMeraria , æ , fille de chambre.

CAMeratus , a , um , recourbé , tourné en-dedans ; crochu.

Con-CAMero ,-are , voûter , ceintrer en arc.

Con-CAMeratio , onis , voûte , arcade , ceintre d'une voûte.

6.

CAM devenu CAMP.

1. CAMPa, æ, ⎫ courbure; 2°. tout
Campe, es, ⎬ insecte qui, pour
avancer, éleve son dos en arc,
chenille; 3°. poisson cétacée; 4°.
fable; 5°. jambe, ainsi nommée,
parce que la jambe a une courbure, plus ou moins forte.

En Grec, Καμπη, Kampé, chenille, &c. D'où.

Pityo-Campa, æ, chenille de pin.
Hippo-Campa, æ, Gr. Hippo-Campos,
espece de crabe; 2°. fouet d'un cocher.

2. Campagus, i, ⎫ chaussure propre
Campacus, i, ⎬ aux Grands, &
Campagium, ii, ⎭ aux Ecclésiasti-
ques, ainsi dite de Camba, la jambe.

3. Campso, are, courber, recourber; 2°.
troquer.
Campsor, is, celui qui recourbe, qui fait
creux; 2°. Banquier.

4. Campt-Aules, æ, qui sonne du
cor, ou mot à mot, de la flûte
recourbée; d'Aulé, flûte, & Camp-
to, recourber.

5. Campolus, i, rejetton qui se recourbe,
qui s'entortille.

7.

Cam-Pana, æ, cloche.

C'est un binome formé de Cam,
creux, recourbé, & de Pan, vaisseau, vase: ces deux mots sont
de toutes les langues Celtiques, &
se trouvent aussi en Anglois & en
Allemand.

Cam-Panarius, ii, fondeur de cloches.
Cam-Panile, is, clocher.

8. Verbe.

Cambio, -ire; 1°. changer, troquer;
2°. combattre; 3°. tourner vers,
se mettre en chemin.

En Gr. Kampto, tourner, changer,
contracter.

Cam-Bium, ii, troc, échange.

Ce Verbe tient à Cam, courbé, puisque, pour se tourner, pour fléchir,
il faut décrire un tour, une courbe.

Il signifie également troquer &
combattre, parce que, pour l'une &
l'autre de ces opérations, il faut
que leurs Agens se tournent l'un
contre l'autre.

D'ailleurs, il peut dériver dans ces
deux sens de Cam, main, dont
nous avons parlé ci-dessus.

Dans le sens de marcher, il tient
également au Celte Cam, marche;
d'où notre mot Chemin, & le
Theuton Comm, aller.

A tous ces sens tient notre mot
Jambe, autrefois Gambe, d'où
Gambade, Gambader, &c. En Pi-
card Gambe.

9.

CAM, devenu SCAM.

2. S-Cambus, a, um, qui a les jambes tortues.

S-Camnum, i, élévation de terre entre
deux raies; 2°. banc; 3°. marchepied,
escabelle.

S-Camna, orum, branches d'arbres étendues en maniere de bancs, où l'on attache la vigne.

S-Camnatus,

S-CAMnatus, a, um, fillonné, labouré par fillons.

S-CAMnellum, i, ⎫ petit banc, petit ef-
S-CAMellum, i, ⎬ cabeau ; 2°. piédef-
S-CAMillum, i, ⎭ tal qui reffemble à un efcabeau ; 3°. tringles de la catapulte ; 4°. faillie en maniere d'efcabeau.

2. S-CABile, is ; S-CABellum, i, efcabeau, petit banc.

CÆM.

CÆMentum, i ; 1°. moilon, mortier; 2°. blocaille, blocage ; 3°. mur -fait de moilon.

Les murs tiroient leur nom du mot primitif חם, Ham, Cham, défignant le feu, parce qu'ils étoient faits de briques cuites au feu.

Les Hébreux difoient חומה, C'HOMÉ, un mur.

En Indien, CHOM, une maifon.

En Bas-Br. CHOM, demeure, habitation.

En Chinois, CHOM, CUM, un Palais.

CAMentarius, ii, un maçon.

CAMentitius, a, um, de moilon.

CIM.

CIMex, icis, punaife.

En Bafq. CHIMica, & CHINcha.

En Efpagn. CHINche.

Ce mot dont l'origine fut inconnue à Vossius lui-même, tient à la famille Celtique CAM, CEM, brûler, piquer, pincer ; d'où le Bafq. CIMicoa, pincement.

La piquure de la punaife eft brûlante, elle enflamme le fang de

Orig. Lat.

ceux qui n'y font pas accoutumés : il faut abfolument leur abandonner la place.

CUM,

Élévation, T A S, avec.

CUM, eft un primitif nazalé, formé de Co, CAU, qui fignifient tas, amas, élévation.

En Bas-Br. Co, élevé. ⎫
En vieux Suéd. KOO, ⎬ montagne.
En vieux Perfan COHO, ⎭

En Celt. Cos, tête, vieux, &c.

De-là diverfes familles Latines.

I.

CUM, UNion, Affemblage.

Prépofition & Conjonction.

Dé Co, COM, élévation, amas, chofes mifes enfemble, fe forma la Prépofition Latine CUM, avec.

1.

CUM, fignifiant amas, nnion, devint naturellement une Prépofition ou un mot qui, placé entre deux Noms, indiquoit de la maniere la plus fenfible que les deux Noms entre lefquels il fe trouvoir, & qu'il uniffoit, étoient placés enfemble, avoient concouru l'un & l'autre conjointement, l'un AVEC l'autre.

Les Latins ne nazaloient pas ce mot dans toutes les circonftances ; ils le prononçoient franchement en Co, lorfqu'il fe lioit mieux de cette maniere avec les mots auxquels on

Y

l'uniſſoit pour n'en faire qu'un ſeul. Ainſi ils dirent Co-Go, au lieu de Cum-Ago ; Colloco, au lieu de Cum-Loco, &c.

Prépoſition, il ſe mit quelquefois après les pronoms ; ainſi on dit Me-*Cum*, avec moi ; Te-*Cum*, avec toi ; Se-*Cum*, avec lui ; Quo-*Cum*, avec quoi ; la prononciation en étoit plus agréable.

C'eſt de la même maniere qu'on en a fait le Trinome VADe-Me-Cum, un objet que je porte toujours avec moi, qui ne me quitte pas plus que mon ombre.

Le nom que cette Prépoſition lie avec celui qui la précede eſt toujours à l'ablatif, & cela ne ſe pouvoit pas autrement ; car ce nom qu'elle lie avec le précédent eſt toujours un circonſtanciel ; mais l'ablatif eſt le cas du circonſtanciel ; il eſt donc néceſſairement à l'ablatif par ſa nature, & non parce que l'uſage a voulu que *Cum* ſe fît ſuivre de l'ablatif. On n'auroit pu parler autrement en Latin ſans renverſer le génie de cette Langue.

2.

Ce mot donna lieu à diverſes phraſes elliptiques ; ce qui n'eſt point étonnant, puiſqu'il étoit lui-même un mot elliptique : c'eſt ainſi qu'on a dit,

HOMO CUM-PRIMIS locuples, *m. à m.* un homme riche autant que

les premiers, ou avec les premiers : pour dire *un homme* qui va de pair *avec les* plus riches : dès-lors,

Cum-Primis devient un adverbe qui déſigne le ſuperlatif, très, principalement, ſur-tout, extrêmement.

Ut-Cun-Que, *m. à m.* comme, AUTANT que, c'eſt-à-dire, autant de fois *que vous viendrez*, *que vous voudrez*, &c., de quelque maniere que ce ſoit, &c. comme qu'il en ſoit, &c.

3.

Cum ſignifiant Amas, Elévation, Avec, eſt un mot également commun aux Orientaux, mais uni à cette aſpiration qui ſe prononce également Ho, Wó, Go, Co.

En Héb. םצ, *CHUM* ; en Arabe جسم, *CHUM*, multitude, peuple, aſſemblage, Communes ; & chez les Hébreux *Avec.* On y voit עמך, *CuM-Ke*, Avec toi : *Avec toi eſt le pardon*; *Pſeaume* CXXX. 4.

Cette Prépoſition ſe trouve auſſi chez les Nations du Nord : les Gallois l'écrivent ou le prononcent Cwm, Cym, Cyn.

Mais Cyn eſt exactement le Grec ΣΥΝ, prononcé Sun & Cyn, qui ſignifie également AVEC. Il n'y a donc de différence à cet égard entre les Grecs & les Latins que dans la prononciation : elle eſt forte chez les Latins : elle eſt radoucie chez les Grecs & chez les Gallois ;

mais ils ont tous la même Prépofition ; ce qui prouve fa haute antiquité.

4.

Cum, Conjonction.

Cum étant un mot unitif qui entre
deux noms devenoit naturellement
une Prépofition, fut également &
avec la même facilité une Conjonction, dès qu'il fe trouva entre
deux verbes , dont le dernier défignoit une circonftance d'union,
en tems, en quantité, &c.

Ainfi lorfque les Latins voulurent
exprimer une coïncidence d'événemens ou un rapport de circonftances ; qu'ils voulurent défigner,
par exemple , la coïncidence de la
retraite de Pompée en Egypte avec
celle de fa défaite par Jules Céfar,
ils fe fervirent de Cum, qui répondit ainfi à notre Conjonction lorfque ; Cum Pompeius victus fuiffes,
in Ægyptum evafit.

Ils durent dire également dans le
temps préfent, Cum res ita fint,
puifque les chofes font ainfi , ou les
chofes étant ainfi.

Telles font donc les diverfes fignifications de Cum en François,
ou les conjonctions qui remplacent
celle-là dans notre langue.
1°. Lorfque , quand.
2°. Puifque ; 3°. non-feulement.
4°. Tant , à un fi haut prix.
5°. Que ; 6°. quoique.

On le joint avec d'autres conjonctions & par ellipfe., comme
dans cette phrafe ;

Ut Cum maxime, comme autant
que très - grandement , ou le plus
qu'il foit poffible.

Obfervons, 1°. que pour diftinguer
ce double emploi de Cum, on met
un accent grave fur Cum conjonc-
tif, qu'il devient Cùm.

Et 2°. que le verbe qu'il précede
fe met toujours & néceffairement
au fubjonctif;la fonction de ce mode étant de peindre les phrafes fub-
ordonnées à une autre, telles que
font les phrafes circonftancielles.

I I.

CUM , Société ; d'où COMœdia.

Com-œdia, æ , Comédie : mot Latin-
Grec auffi connu que fon origine
l'eft peu. Il eft compofé du mot
Odé, chant : mais que fignifie fa
premiere fyllabe Com? On a cru
qu'elle défignoit le mot Kômé, village , parce que les premiers Auteurs comiques alloient jouer leurs
farces de village en village.

Ne trouverions-nous pas une
étymologie plus naturelle ?
Komos , fignifie danfe , feftin ;
divertiffemens, réjouiffances.

Com-Edie eft donc mot à mot,un
chant de réjouiffance ; un Poëme
gai & enjoué.

Ces mots tiennent, de même que Kômê, village, & que le Celte Com, ville, habitations réunies, au mot Com, ensemble, parce que les divertissemens, les réjouissances publiques se forment toujours par la réunion de tous ceux qui habitent le même lieu.

Nous verrons dans la suite que la Tragédie n'avoit pas mieux été traitée que sa sœur relativement à son étymologie.

De Comos, réjouissance, vint cette famille Latine-Grecque :

1. Comus, i, Comus, le Dieu des réjouissances publiques, des danses & des jeux.

2. Comicus, a, um, comique, de comédien.

Comici, orum, Comédiens.

Comicè, d'une maniere plaisante, comiquement.

Comœdus, i, Comédien, Histrion.

Comœdicus, a, um, de Comédie.

Comœdicè, en Comédien, plaisamment.

Comœdio-graphus, i, Poete comique.

3. Pro-Comium, ii, hymne à l'honneur de Comus.

4. Com-archus, i, qui commande dans un village.

III.

CUM, Monceau.

1. Cumulus, i, monceau, tas, amas; 2°. comble, excédent, surcroît, augmentation; 3°. fin, conclusion.

Cumulo, -are, combler, remplir, charger, emplir, amasser, entasser; accumuler; 2°. augmenter, accroître, ajouter.

Cumulatio, onis, amas, assemblage, monceau, entassement.

Cumulatim, par monceaux, par tas, en manière de choses entassées les unes sur les autres.

Cumulaté, abondamment, magnifiquement, amplement, largement; avec largesse; outre mesure, de reste.

2. Cumera, æ, grand panier avec un comble ou couvercle, manne ou corbeille haute, pour serrer le bled.

COMPOSÉS.

1.

Ac-Cumulo, -are, amasser, assembler, entasser; 2°. combler, réchauffer les arbres & les plantes.

Ac-Cumulator, is, entasseur, qui amasse, qui accumule.

Ac-Cumumulatio, onis, entassemont, multitude, tas; 2°. rechauffement des arbres ou des vignes.

Ac-Cumulaté, ius, tissimè, amplement, largement, en abondance, à tas, avec profusion.

2.

Ca-Cumen, inis; comble, cîme, sommet.

Ca-Cuminatus, a, um, qui finit en pointe.

Ca-Cumino, -are, terminer en pointe.

De-ca-Cumino, -are, abattre le sommet; le faîte.

De-ca-Cuminatio, onis, étètement des arbres.

3.

Cima, æ, pointe, cîme des montagnes, des arbres.

IV.

CŒN, Commun; Repas.

De Con, même que Comunion,

les Grecs firent l'adjectif KOINOS, commun : & le fubstantif elliptique KOINÈ , le fouper, *mot-à-mot*, repas commun , parce qu'alors tous ceux qui compofoient la famille , fe réuniffoient pour manger enfemble & que tout y étoit commun à tous : en particulier le potage ou la foupe qu'on mangeoit dans le même plat. De-là cette famille Latine.

CŒNa, fouper.

1. CENa, æ, ⎱ fouper , repas du foir :
COEna, æ, ⎰ falle à manger.
Cænula , æ , petit fouper , collation.
Cænito ,-are , fouper fouvent en un même lieu.
Cænaturio ,-ire , avoir envie de fouper.
Cænatus , a , um , qui a foupé , qui eft après fouper.

COENatio , nis , falle à feftins : -- falle à manger ; -- lieu le plus élevé & le plus fpacieux d'une maifon ; -- cabinet de jardin : --chambre d'audience , parloir.
Cænatiuncula , æ , petite chambre à manger , petit parloir.
Cænaticus , a, um, qui concerne le foupet.
Cænatorium , ii, robe de feftin ; robe de chambre.
Cænaculum , i , falle à manger : ce mot étoit ufité pour les pauvres , tandis que les riches fe fervoient de *Cænatio*.
Cænacularia ; æ , loyer d'un étage loué.
Cænacularius , ii , locataire , celui qui louoit le plus haut étage d'une maifon.

COMPOSÉS.

ANTE-CŒNa, æ , ⎱ collation, goûter ;
ANTE-CŒNium, ii, ⎰ repas fait entre le dîner & le fouper.

CON-CŒNa, æ , qui foupe avec , qui foup enfemble.
CON-CŒNatio, - nis , fouper fait avec une grande compagnie , l'action de fouper enfemble.
DOMI-CŒNium, ii , repas qu'on fait chez foi, dans fa maifon. De DOMus , maifon.
IN-COENo ,-are , fouper quelque part , être à fouper.
IN-CŒNatus , a , um ; IN-CŒNis, e , qui n'a pas foupé.
RE-CŒNo,-are , fouper une feconde fois.
SUB-CENo,-are ; -CŒNo ,-are , fouper deffous ; ne fouper qu'à demi , ne pas manger affez pour fatisfaire fon apétit.

FAMILLE GRECQUE.

COENO-Bium , ii , lieu où l'on vit en commun , couvent; de BI , *en Celt.* BE , vivre.
CŒNO-BITæ , arum , gens qui vivent en Communauté.
CŒNO-BI-ARcha, æ, Supérieur , Gardien , Provifeur de la Communauté.

COMPOSÉ.

CUNCTus , a , um , tout , général , entier.

FESTUS dit que ce mot défigne une réunion d'objets, la totalité des objets unis , raffemblés en un lieu.

Au lieu que *omnis* défignoit la totalité d'objets d'une même efpece, quelque difperfés qu'ils fuffent.

C'étoit une très-bonne diftinction qui faifoit voir que ces mots n'étoient point fynonymes.

Cunctus eft donc la réunion de

deux mots de *Co*, avec, & de *junctus*, joint, uni.

C A N.

La lettre C, suivie de la nazale N, renferme deux sortes de familles de mots latins.

1°. Ceux qui se sont formés par onomatopée.

2°. Ceux qui sont dérivés de la valeur de la lettre C.

Mots
formés par onomatopée.

Le Latin offre deux familles en CAN, formées par onomatopée :

1°. CAN, chien.

2°. CAN, chanter.

I.
C A N, chien.

CANis, *is*, chien, chienne.

ANTE-CANis, Avant-chien ; en Grec PROCYON, nom d'une Constellation.

CANinus, *a*, *um*, de chien.

CANicula, *æ*, petite chienne ; 2°. la canicule ; 3°. homme ou femme d'un caractère mordant ; 4°. chien de mer ; 5°. coup de dés malheureux ; 6°. porte de Rome où l'on égorgeoit les chiens.

CANicularis, *e*, caniculaire.

CANarius, *a*, *um*, de chien.

CANatim, en chien.

CANarium, *ii*, sacrifice d'un chien rouge, que l'on faisoit au tems de la canicule, pour les fruits de la terre.

2. CANaria, *æ*, chiendent.

2.

CATELL, diminutif de CAN.

De CANis, se forma le diminutif

CATellus ; de-là vint à Rome le nom de la porte CATULARIa, parce qu'on y immoloit des chiens roux à la Canicule.

CATellus ; *i*, ⎫ petit chien, petite chien-
CATulus, *i*, ⎪ ne ; 2°. collier mis au
CATella, *æ*, ⎬ col d'un chien ; 3°. petit
CATulla, *æ*, ⎭ de quelque animal que ce soit.

CATulinus, *a*, *um*, de chien.

CATulio, *ire*, être en chaleur, desirer le mâle, parlant des chiennes chaudes.

CATulitio, *onis*, chaleur des animaux.

CATilo, *onis*, loup marin.

FAMILLE GRECQUE.

1. CYNegesia, *æ*, vénérie.

CYN-ANCHÉ, *és*, inflammation de gorge.

CYNicus, *a*, *um*, de chien ; 2°. cinique.

CYNædus, *a*, *um* ; CYNædicus, *a*, *um*, vilain, efféminé

2. CYNÆ-dias, *æ*, pierre qu'on trouve dans la tête d'un poisson.

BINOMES.

1. CYNo-MYa, *æ*, mouche de chien : de *mya*, mouche.

2. CYNos-BATos, *i*, églantier ; de *Batos*, buisson, arbrisseau, épineux.

3. CYNos-URa, *æ*, la petite ourse, *mot à mot* queue du chien.

4. PRO-CYON, *is*, l'avant-chien, *Constellation.*

II.
C A N, Musique, mélodie.

1.

1. CANo, *ere*, chanter, célébrer, louer, faire des vers ; 2°. prophétiser, prédire ; 3°. parler, dire ; 4°. faire de la musique, jouer des instrumens de musique.

Canor, oris; harmonie, mélodie, son harmonieux de la voix, ou des instrumens de musique.

Canorus, a, nm, résonnant, harmonieux, mélodieux, qui a un son agréable.

Canto, - are, chanter, charmer, enforceler.

Cantito, -are, chanter souvent.

Cantillo, -are, chanter à voix basse.

Cantio, onis, chanson; 2°. enchantement, charme.

Canticum, i, chanson, air, récit en musique.

Cantus, ûs, chant de la voix; 2°. son des instrumens de musique, air, chanson; 3°. ton, voix; 4°. enchantement, conjuration.

Canturio, ire, brûler d'envie de chanter.

Cantor, is, Chantre, Chanteur, Musicien qui déclame en chantant, Acteur d'Opéra, bouffon.

Cantrix, cis, Chanteuse, Musicienne, la Chantre d'un Couvent de Religieuses.

CAN

Cantiuncula, æ, petite chanson, chansonnette.

Cantilena, æ; Cantatio, onis, chanson, vaudeville; 2°. bruit qu'on fait courir; 3°. charme.

Cantamen, inis, enchantement.

2.

Ginara, æ; Cinyra, æ, instrument de musique, le son en est lugubre; en Hébr. בנור, Kinor; en Gr. Κινύρα, Kinyra.

3.

Camena, æ; Camœna, æ, Chanson: Muse. Les Anciens crurent que Camena étoit de la même famille que Cano, chanter: qu'on avoit dit aussi Casmena, & puis Carmina, d'où étoit venu Carmen, vers: ils ne pouvoient mieux dire; mais nous avons vu sous la lettre A. des Orig. Franç. col. 73. que ce mot appartenoit à la famille Harm, harmonie, qui s'adoucit en Carm pour produire la famille Carmen.

COMPOSÉS.

Ac-Canto, -are, chanter auprés, ou, avec.

Ac-Cino, is, nui, centum, ere, chanter auprès, chanter en partie.

Ac-Centus, ûs, élévation & abaissement de la voix, accent.

Ac-Centiuncula, æ, accent, marque rude sur les mots pour désigner leur quantité.

Con-Cento, - are, chanter d'accord, chacun sa partie.

Con-Centio, onis, consentement, concert, union.

Con-Centus, ûs, accord, concert, chant, harmonie; 2°. union, liaison, bonne intelligence.

Con-Cino, -ere, chanter en partie, s'accorder.

De-Canto, - are, louer, vanter, divulguer, redire, répéter souvent.

Dis-Cento, -are, chanter le dessus, faire le dessus.

Ex-Canto, -are, enchanter, enforceler.

Ex-Cantatio, onis, enchantement, sorcellerie.

In-Canto, -are, enchanter, charmer.

In-Cantator, is, enchanteur.

In-Cantatio, onis; In-Cantamentum, i, enchantement, charme.

In-Centor, *is*, chanteur ; qui excite.

In-Centio, *onis*, concert de voix & d'inftrumens.

In-Centivus, *a*, *um*, qui prélude, qui anime.

In-Centivum, *i*, prélude, motif.

In-Cino, -*ere*, chanter, faire un concert.

Inter-Cino, -*ere*, chanter entre deux, dans les intermèdes.

Ob-Cantatus ; *a*, *um*, enchanté.

Oc-Cano, -*ere*, fonner, faire réfonner, chanter.

Oc-Cino, -*ere*, chanter de l'autre côté, à l'oppofite, faire l'écho ; 2°. chanter malheur, comme un oifeau de mauvais augure.

Oc-Cento, -*are*, chanter devant, chanter la taille.

Oc-Centus, *ûs*, cri, chant ; cris de certains animaux.

Per-Cantatio, *onis*, enchantement.

Per-Cantatrix, *cis*, magicienne.

Præ-Canto, -*are*, enchanter.

Præ-Cantatio, *onis*, enchantement.

Præ-Cantrix, *cis* ; Præ-Cantatrix, *cis*, enchantereffe, magicienne.

Præ-Centor, *eris* ; Præ-Centrix, *cis*, celui ou celle qui entonne un chant, qui commence à chanter.

Præ-Centio, *onis*, intonation, prélude, l'action de commencer à chanter.

Præ-Centorius, *a*, *um*, qui donne le ton, qui fert à entonner un chant.

Præ-Cino, -*ere*, entonner, ou commencer le chant, préluder.

Præ-Conis, génjtif de Præ-Co, qui loue, louangeur, & on loue ordinajrement par des chants ou des piéces de vers ; 2°. Panégyrifte, qui fait l'éloge ; 3°. Crieur public, parce qu'il faifoit fa criée en chantant, comme cela a encore lieu dans quelques pays.

Præ-Conium, *ii*, louange, éloge ; 2°. falaire du Crieur ; 3°. proclamation faite par un Crieur.

Re-Cano, -*ere*, rechanter, chanter une feconde fois.

Re-Canto, -*are*, répéter ce qu'on a chanté ; 2°. défavouer, fe rétracter, fe dédire ; 3°. diffiper par enchantement, défenchanter.

Re-Cino, -*ere*, rechanter, chanter une autre fois ; 2°. redire.

Suc-Cino, -*ere*, parler aprés un autre ; 2°. chanter la baffe ou la contre-partie.

Suc-Centivus, *a*, *um*, qui chante, qui joue une contre-partie.

Suc-Centor, *is*, qui chante, qui joue une contre-partie ; 2°. qui chante la baffe.

CAN.

Les mots en Can, dérivés de la valeur de la lettre C, fe fubdivifent en trois claffes.

1°. Ceux qui font dérivés de C défignant la tête, l'élévation.

2°. Ceux où la lettre C indique la propriété de contenir, la capacité.

3°. Ceux où ayant un fens oppofé à ceux-là, elle défigne les pointes, les angles, &c. De-là nombre de Familles.

CAN,
Tête.

Can eft un mot Celtique qui fignifie Tête, fommet, élévation, &c. De-là diverfes familles en toutes langues, foit en Can, foit en Cand.

1°. Cand, Scando, Monter.

2°. Can ;

2°. CAN, CANT, branche, fonde.

3°. CEN, efprit, dénombrement.

4°. CAN, force, puiffance, effort.

5°. CAN, le brillant du jour, du foleil parvenu fur l'horifon, la blancheur.

I.

CAND, monter.

De CAND, tête, élévation, joint à la fiflante, fe forma cette famille Latine.

S-CANDO, - *ere*, monter, grimper.

S-CANDula, *æ*, bardeau, douves propres à couvrir un toit.

S-CANDularis, *e*, couvert de bardeaux.

S-CANSio, *onis*, l'action de monter, montée.

S-CANfuæ, *arum*, étriers.

S-CANsorius, *a*, *um*, qui fert à monter; 1°. qui peut monter.

S-CANsile, *is*, étrier; 2°. chapelet.

S-CANs lis, *e*, qui fert à monter.

S-CANsilia, *ium*, fiéges élevés.

COMPOSÉS.

1.

A-sCENDO, - *ere*, monter, efcalader; 2°. s'élever, parvenir à.

A-sCENDentes, *um*, ancêtres.

A-sCENsio, *onis*, élévation, afcenfion.

A-sCENsus, *ûs*, montée, accès en montant; 2°. degré; 3°. machine pour efcalader.

A-sCENsor, *is*, qui monte; cavalier.

CON-sCENDO, - *ere*, monter; 2°. monter un vaiffeau.

CON-sCENsio, *onis*, embarquement.

DE-sCENDO, - *ere*, defcendre, venir

Orig. Lat.

à bas; 2°. condefcendre, vouloir bien.

DES-CENsio, *onis*; DES-CENsus, *ûs*, defcente.

EX-sCENDO, - -, *ere*, defcendre de, mettre pied à terre, débarquer.

EX-sCENsio, *onis*; EX-sCENsus, *ûs*, defcente, débarquement.

IN-As-CENsus, *ûs*, l'action de monter deffus.

IN-As-CENsus, *a*, *um*, où l'on n'a point encore monté.

IN-sCENsio, - *ere*, monter deffus.

IN-sCENsio, *onis*, emportement.

SUPER-sCANDO, - *ere*, monter par-deffus.

TRANS-CENDO, - *ere*, paffer outre, aller au-delà, 2°. traverfer en montant; 3°. violer.

TRANS-CENsus, *ûs*, paffage.

TRANS-CENDens, *tis*, fublime, élevé, qui furpaffe les autres.

TRANS-CENDentalis, *e*; tranfcendent, tranfcendental, terme de Géométrie & de Logique.

2.

De CEN, prononcé QUEN, vint,

OC-QUINifco, - *ere*, baiffer la tête, s'incliner.

CON-QUINifco, - *ere*, s'accroupir, s'abaiffer fur les jambes.

I I.

CAN, CANT,

Branche, Rame.

CAN, CANT eft un mot Celtique dérivé de CAN, tête, & qui défigne les branches d'un arbre, qui en forment la tête. De-là:

1.

CANT*abrum*, *i*, Drapeau, étendard ; 2°. fon, pain de fon, de l'écorce du blé.

CANT*erius*, *ii*, échalas, pieu ; 1°. appui, perche mife en travers ; 3°. chevalet ; 4°. chevron.

CANT*heriolus*, *i*, petit échalas.

CANT*heriatus*, *a*, *um* ; CANT*eriatus*, *a*, *um*, foutenu avec des perches.

CANT*hus*, Gr. Καιλὸς, bande de fer qu'on met autour d'une roue de carroffe.

2. FAMILLE GRECQUE.

CON*um*, *i*, ⎫ côue, figure pyramida-
CON*us*, *i*, ⎭ le ; 2°. pomme de pin ; elle eſt en forme de pyramide ; 3°. cimier où l'on met l'aigrette d'un caſque.

CONI*-GER*, *a*, *um* ; CONI*-FER*, *a*, *um* ; CONI*-FERUS*, *a*, *um*, qui porte des fruits coniques comme les pommes de pin.

CON*ifco*, *-are* ; CON*iſſo*, *-are*, heurter, choquer de la tête.

CON*iſterium*, *ii*, lieu où les lutteurs fe jettoient de la pouſſière l'un fur l'autre, pour avoir plus de priſe fur leurs corps huilés.

CON*itum*, *i*, libation de farine répandue.

3.

CON*tus*, *i*, Gr. Κονλος, perche, rame, aviron ; 2°. fonde ; 3°. javelot, dard.

CON*tor*, *ari*, fonder, jetter la fonde, tâcher de toucher le fond ; 2°. fonder, s'informer, ſ'enquérir, queſtionner.

Ce mot s'eſt écrit & prononcé en Latin CON*tor* & CUNC*tor*, exemple remarquable d'un C gliffé entre deux confonnes, & qui peut fervir à faire découvrir ou reconnoître d'autres rapports. De-là deux familles Latines ; l'une relative aux idées d'interroger, de s'informer ; l'autre à celle de marcher la fonde à la main, avec la plus grande précaution, très-lentement, &c.

4.

PER-CON*tor*, *-ari*, ⎫ interroger,
PER-CUNC*tor*, *-ari*, ⎬ s'enquérir,
PER-CON*to*, *-are*, ⎭ s'informer.

PER-CON*tatus*, *a*, *um*, dont on s'eſt informé.

PER-CON*tatio*, *onis* ; PER-CUNC*tatio*, *onis*, demande, recherche, enquête.

PER-CON*tator*, *is* ; PER-CON*tatrix* ; *cis*, qui s'informe de tout, qui veut tout favoir.

5.

CUNC*to*, *-are*, ⎫ temporiſer, diffé-
CUNC*tor*, *-ari*, ⎭ rer, héfiter, barguigner ; *mot-à-mot*, marcher la fonde à la main.

CUNC*tator*, *is* ; CUNC*tabundus*, *a*, *um*, lent ; irréfolu ; 2°. temporiſeur ; 3°. qui diffère, qui remet de jour en jour.

CUNC*tatio*, *onis*, délai, lenteur, temporifement.

IN-CUNC*tabilis*, *e*, indubitable, qui ne fouffre aucun délai.

IN-CUNC*tanter*, promptement, fans délai.

6. FAMILLE GRECQUE.

A-CON*tizo*, *-are*, lancer, jaillir.

A-CON*tias*, *æ*, ſerpent qui s'élance.

A-CON*tiæ*, Gr. ΑΚΟΝΊιαι, comètes dont la queue s'élance & menace.

III.
CEN, GEN,
Efprit.

1. CENSEO, *es*, *fui*, *fum*, *ere*, mot-à-mot, avoir de la tête, être pourvu de fens., penfer, juger, opiner; 2°. faire un état, déclarer; 3°. faire le dénombrement; 4°. ordonner.

CENSUS, *ûs*, dénombrement des hommes & de leurs biens; 2°. revenus, richeffes de chaque particulier; 3°. prifée, eftimation de biens; 4°. revue; 5°. Etats, tenues des Etats.

CENSUS, *a*, *um*, qui a donné au Cenfeur le dénombrement de fa famille & de fes biens.

CENSUS, *i*, celui dont les biens font énregiftrés.

CENSUUS, *a*, *um*, fujet au dénombrement, ou à cens & rentes.

CENSA, *orum*, eftimation, dénombrement de biens.

2. CENSOR, *is*, critique, cenfeur, qui trouve à redire, à glofer fur tout; 2°. Lieutenant de Police, Commiffaire qui fait le dénombrement des perfonnes & des biens.

CENSITOR, *is*, Eftimateur, Prifeur, Arpenteur, Expert.

CENSIO, *onis*, eftimation des biens, dénombrement; 2°. taxe, cens.

CENSITIO, *onis*, impofition de taxe, de taille.

CENSURA, *æ*, dignité de Cenfeur, de Lieutenant de Police; 2°. Ordonnance, Réglement de Police; 3°. critique, réprimande, correction; 4°. jugement, décifion; 5°. effai, épreuve.

CENSORIUS, *a*, *um*, de réformateur; 2°. de critiqué.

CENSUALIS, *e*, de taxe, de tribut, de dénombrement.

COMPOSÉS.

AD-CENSEO, -*ere*, ⎰ joindre, ajouter,
AC-CENSEO, -*ere*, ⎱ mettre au nombre; s'unir à la volonté d'un autre, à fon génie.

AC-CENSITUS, *a*, *um*, mis au nombre.

AC-CENSUS, *i*, qui fuit, attaché au fervice; 2°. qui eft mis à la place d'un autre, qui fupplée à fon défaut; 3°. Lieutenant, Officier fubalterne; 4°. Clerc, Huiffier, Crieur, Bedeau, Sergent; 5°. Soldat furnuméraire, Volontaire.

AC-CENSIUNCULA, *æ*, épilepfie, mal caduc.

IN-CENSUS, *a*, *um*, dont on n'a point fait le dénombrement; 2°. qui n'a point fait au Cenfeur la déclaration de fes biens.

PER-CENSEO, -*ere*, nombrer; 2°. parcourir; 3°. raconter.

RE-CENSEO, *ere*, faire le dénombrement, compter; 2°. faire la revue; 3°. raconter, citer; 4°. revoir, repaffer.

RE-CENSUS, *ûs*, ⎰ Revue, l'action de
RE-CENSIO, *onis*, ⎱ revoir, dénombrement.
RE-CENSITIO, *onis*, ⎰
RE-CENSITUS, *a*, *um*; RE-CENSUS, *a*, *um*, compté, nombré.

IV.
CAN, CON,
Force.

CAN, CON, eft un mot Celtique, Théuton, Grec, Anglois, &c.

Z ij

qui fignifie en Celte montagne , chef, élévation : & dans toutes ces langues , chef , force , puiſſance. De-là , .

Le Grec I-KANos, capable, ſuffiſant; qui ſait.

L'Anglois To CAN , pouvoir.

L'Allem. KONNen, KENNen, pouvoir, ſçavoir , &c.

De ce mot prononcé en O , ſe formerent :

1.

Le Grec KONeo , travailler , s'efforcer : & le Latin ,

CONor. , atus ſum , - ari , faire ſes efforts , mettre toutes ſes forces , tout ſon pouvoir , toute ſon application.

CONabundus., a, um, qui fait ſes efforts.
CONatus, ûs , ⎫ 1°. effort ; 1°. eſſai,
CONatio , onis , ⎬ tentative; 3°. deſ-
CONatum, i , ⎭ ſein , entrepriſe.
CONamen , inis ; CONamentum , i , inclination, inſtinct naturel; 2°. lévier qui ſert à ſoulever.

2.

De-là dut ſe former le Grec KONos , ſerviteur , qui opere , qui exécute les ordres qu'on lui donne ; d'où cette famille Latine Grecque :

DIA-CONus , i , ⎫ Diacre.
DIA-CONes , um , ⎭

DIA-CONatus , ûs, état de Diacre, Diaconat.

ARCHI-DIA-CONus , i, Archidiacre.
SUB-DIA-CONus , i, Sous-Diacre.

SUB-DIA-CONatus , ûs , l'ordre de Sous-Diacre.

V.

GAN , Blanc , Brillant.

1.

1. CANeo , - ere , être CHENU , blanchi ; 2°. avoir les cheveux blancs ; 3°. être couvert de gelée blanche.

CANus , a , um , blanc, blanchi, ancien, couvert de neige , ſimple , pur ; SEMI-CANus , à demi-blanc.
CANeſco, -ere , devenir blanc.
CANi , orum , cheveux blancs.
CANia ; æ ; ortie mâle , qui paroit blanchie.

2. CANDor , oris , blancheur éblouiſſante , couleur blanche ; 2°. ſincérité , franchiſe.

CANDido, -are, rendre blanc.
CANDidé , blanchement; 2°. de bonne foi, nettement.
CANDidatus, a , um , vêtu de blanc ; 2°. poſtulant, qui brigue une charge, Prétendant., Candidat.
CANDidatorius, a , um , qui concerne la pourſuite de quelque choſe.
CANDico, -are, être blanchâtre , blanchir.
CANDicantia , æ , blancheur brillante; 2°. couleur blanchâtre, qui tire ſur le blanc.
CANDentia , æ , clair de lune.

3. CANDidus , a , um , blanc , de couleur blanche ; 2°. brillant, reluiſant ; 3°. qui a de la candeur , de la bonne foi , ingénu , ouvert, franc ; 4°. favorable , heureux, ſerein.

CANDidulus , a , um , tirant ſur le blanc.
CANDeo , -ere , être blanc, avoir une blan-

cheur éblouiſſante ; 2°. briller, éclater, reluire ; 3°. être embraſé, paroître blanc à force de feu.

CANDeſco ,-ere, devenir d'un blanc éclatant ; 2°. devenir embraſé, tout en feu.

4. CANDela, æ, chandelle de ſuif ou de cire ; 2°. toile cirée. Ce mot, ſignifiant *toile cirée*, eſt corrompu, & devroit ſe nommer CANTELA, mot-à-mot, toile blanche.

CANDe-LABrum, i, chandelier, luſtre ; mot-à-mot, réceptacle de chandelles, vaiſſeau propre à les contenir ; de LAB, prendre, recevoir, contenir ; & CAND, flambeau.

5. CANities, ei ; CANitudo, inis, chevelure blanche, état d'une perſonne chenue.

6. Cicindela, æ, ver-luiſant.

BINOMES.

CANDi-Fico, -are, blanchir, rendre blanc.
CANDi-Ficus, a, um, qui blanchit, qui rend blanc.
CANDe-FACIO, -ere, blanchir ; 2°. faire paroître blanc à force d'embraſer.

COMPOSÉS.

Ex-CANDeſco, -ere, s'échauffer au feu, être blanc de feu ; 2°. prendre feu, s'emporter.

Ex-CANDeſcentia, æ, emportement, promptitude, colere.

Ex-CANDefacio, -ere, échauffer ; mot-à-mot, prendre une couleur blanc de feu.

IN-CANeſco ; -ere, devenir blanc.

IN-CANdeo, -ere ; IN-CANDeſco, -ere, devenir tout en feu, s'embraſer.

IN-CANus, a, um, blanc de vieilleſſe.

PRÆ-CANus, a, um, blanchi avant le temps.

PER-CANDidus, a, um, fort blanc.

PER-CANDefacio, -ere, rendre fort blanc.

RE-CANDeo, -ere ; RE-CANDeſco, -ere, reblanchir, redevenir blanc ; 2°. rougir de nouveau, ſe rallumer.

SUB-CANDidus, a, um, blanchâtre.

II.

CIN & CEND ;

D'où CINis & ACCENdo ; en Allemand ZUNder ; en Anglois TINder.

CINis, eris, cendre ; 2°. tombeau, la mort.

CINiſculus, i, petite cendre.

CINerarius, ii, Garçon de cuiſine, Marmiton ; 2°. écornifleur ; 3°. qui agace ; 4°. qui ſouffle dans les cendres.

CINi-FLO, onis, Souffleur de cendres ; 2°. qui friſe les cheveux ; de FLO, ſoufler.

CINeraceus, a, um, cendré, de couleur de cendres.

CINerarius, ii, Poudreur, qui poudre les cheveux, Baigneur, Friſeur.

CINerarium, ii, ſépulcre, tombeau, urne où l'on renfermoit les cendres d'un corps.

CINe-FACIO, -ere, réduire en cendres.

CINe-FACTIO, onis, incinération, réduction en cendres.

CINereus, a, um ; CINeritius, a, um, de cendre ; 2°. cendré.

CINeroſus, a, um, ténébreux, plein de ténébres.

SUB-CINeritius, a, um, cuit ſous la cendre.

III.

Composés de CAND, ardent.

Ac-CENdo, -ere, allumer, mettre le feu, embraſer ; 2°. animer, encourager, irriter, accroître.

Ac-CENſus, a, um, allumé, mis en feu ; 2°. ému ; 3°. brillant.

Ac-Censor, *is*, celui qui met, qui allume le feu.

Ac-Censio, *onis*, brûlement, facrifice de quelque chofe qu'on brûle.

In-Cendo, *-ere*, brûler, faire brûler ; enflammer ; 2.°. échauffer, irriter.

In-Cendium, *ii*, embrâfement ; 2°. envie, ardeur.

In-Censor, *is*; In-Cendiarius, *ii*, boute-feu, incendiaire.

In-Cendiofus, *a*, *um*, brûlant, plein de feu.

In-Cendiarius, *a*, *um*, qui porte le feu.

In-Cendiaria, *æ*, Oifeau qui préfage les incendies.

In-Censio, *onis*, embrâfement.

In-Censum, *i*, encens, qu'on brûle fur l'autel des Dieux.

In-Censé, ardemment.

In-Cende-Facio, *-ere*, mettre le feu.

Suc-Cendo, *-ere*, allumer, embrâfer; 2°. animer.

Suc-Censio, *onis*, embrâfement.

Suc-Censeo, *-ere*, fe mettre en colere.

DÉRIVÉS

Latins-Grecs.

1. Cachrys, Grec, Καγχρυς, Kankrys, graine de romarin : de Can, blanc, parce qu'elle eft de cette couleur.

2. Candaulus, *Gr.* Kandylos ; mets fait avec de la farine ou du pain, du fromage, du miel, &c. *mot-à-mot*, ragoût, ou mets blanc : de Kan, blanc & *Edulium*, ragoût.

3. Pro-Conia, *æ*, farine récente d'orge, de blèd.

Pro-Conius, *a*, *um*, fait de farine

récente ; de Can, blanc, prononcé en Grec Kon : d'où,

Koniaô, blanchir.

Konis, cendres.

Konia, poufliere.

4. Cnestrum, *i*, Gr. Knéftron, poivre de Montagne ; de Can, montagne blanche.

5. Cnecus, *i*, Gr. Knécos, faffran bâtard ; de Can, montagnes fur lefquelles il croît.

Cnecinum *oleum*, huile de Carthame.

6. Cycnus, *i*, Gr. Kyknos, cygne, oifeau blanc ; de Can, Ken, blanc, répété, Ku-KeN.

CAN.

Familles formées de Can, & qui défignent la propriété de contenir.

Can défignant la propriété de contenir, forma les familles fuivantes.

1°. Can, tuyau, canne, tout objet propre à contenir.

2°. Cin, boucle, enveloppe.

3°. Conc, les coquillages.

4°. Cun, Guen, canal.

5°. Cing, enveloppe, ceinture.

6°. Çun, berceau.

1.

Can, Tuyau, Canne, &c.

1. Canna, *æ*, tuyau de la refpiration; 2°. canne, rofeau percé & vuide en dedans ; 3°. flûte ; 4°. vaiffeau

à boire en forme de tuyau, CANA en Grec.

CANneus, a, um; CANnitius, a, um, de tuyau, de canne, de roseau.

CANnetum, i, lieu planté de cannes.

2. CANnabis, i, } chanvre, parce CANnabum, i, } qu'il est formé de tuyaux ou de branches creuses.

CANnabinus; CANnabaceus, de chanvre; on dit aussi CANnabis.

3. CANistrum, i, chose qui renferme, panier, corbeille. Peut-être tient-il à Canne, parce que les premiers paniers étoient faits de jonc. Mais il tient aussi au Primitif CAN qui dans presque toutes les Langues désigne un vase, un panier, & vient du Grec CANistron, une corbeille.

CANè-PHORUS, a, um; CANi-PHORUS, a, um, porteur de corbeille. Ce mot binome est pur grec; il vient de CANa, panier, & de PHóROS, qui porte.

4. CANalis, is, tuyau, conduit d'eau; 2°. canon d'une machine; 3°. conduit de la respiration; 4°. lit d'une riviere; 5°. sentier étroit en forme de canal.

CANalitus, a, um, en forme de canal.

CANalicula, æ; CANalicatus, i, petit tuyau; 2°. œsophage, conduit du manger; 3°. auge pour contenir le boire & le manger des oiseaux; 4°. CANon d'une machine; 5°. CANelure.

CANaliculatus, a, um, canelé, creusé en canal.

CANaliculatim, par des canaux.

CANalicolæ, mot binome formé de COL, habiter; il signifie les habitans des ca-

naux & des égoûts, les gueux, les charlatans, la CANaille.

5. CANtharus, i, bocal à mettre du vin, tasse de Bacchus; 2°. espéce de vaisseau, de navire.

CANtharites, æ, espéce de vin d'Outre-mer, qui vient en bouteilles.

FAMILLES GRECQUES.

1. CANon, onis, Gr. Καννν, mesure, réglé, modéle; 2°. ordre; 3°. tout ce qui sert à tenir en régle, à conduire, &c. comme l'aiguille d'un trébuchet; le guidon d'une arme à feu; 4°. Table chronologique, rôle, registre, tarif; 5°. Almanach; 6°. gouttiere; 7°. Juge, Censeur, critique.

CANonicus, a, um, régulier, dans les regles, exact.

CANonicus, ci, Chanoine.

NOMO-CANon, onis, table des Loix; du Grec Nomos, Loix.

2. CHœMis, is, espace de quatre milles d'Italie.

3. CHœnix, icis,} moyeu de roue; CHœnica, æ } 2°. entraves pour les pieds des esclaves; 3°. mesure; 4°. instrument de Chirurgien.

CHœnicium, ii, moyeu de roue; 2°. baliste.

II.

CAN, CIN, Boucle, Enveloppe.

1.

CINnus, i, le fourreau, l'enveloppe des yeux, la paupiere; 2°. bouclé de cheveux faite comme un tuyau.

Con-Cinno, are, boucler les cheveux ; 2°. accommoder, parer.

Con-Cinnus, a, um ; Con-Cinnatitius, a, um, qui a les cheveux bouclés ; 2°. paré, ajusté ; 3°. élégant, joli, régulier.

Con-Cinnator; is ; Con-Cinnatrix, friseur; qui boucle les cheveux; 2°. qui accommode tout le monde, temporiseur.

Con-Cinnitas, is ; Con-Cinnitudo, inis, élégance, frisure, parure ; 2°. justesse, agrément.

Con-Cinniter ; Con-Cinné, élégamment, d'une manière juste & jolie.

2. Cincinnus, i, c'est la réduplication du primitif qui forme un diminutif: ainsi ce mot veut dire petite boucle de cheveux; 2°. petit ornement.

Cincinnulus, i, très-petite boucle de cheveux.

Cincinnatus, a, um, frisé, ajusté.

COMPOSÉS.

3. Præcon-Cinnatus, ajusté, paré d'avance.

Recon-Cinno, are, rajuster, repolir.

Incon-Cinnus, a, um, mal poli, sans-grace.

Incon-Cinniter, sans agrément, impoliment.

Incon-Cinnitas, is, défaut de politesse, dérangement.

2

Cinnamum, i,   } Canelier; 2°. écor-
Cinnamomum,   } ce de canelier, canelle, ainsi nommée du primitif CAN, fourreau ; l'écorce est le fourreau de l'arbre. C'est un binome qui signifie mot à mot

arbre dont l'écorce est parfumée, ou écorce odoriférante : de Cin, écorce, & du mot Arabe Amom, des parfums. Les Latins disent Amomum, arbre odoriférant, & Amomis, plante qui a une bonne odeur. Ils disent aussi Mumia, squelette, cadavre embaumé.

Cinnameus, a, um, Apul. qui sent la canelle.

III.

De Conc, coquillage, se sont formés plusieurs binomes.

1. Con-cha, æ, coquille, coquillage ; 2°. trompe, voûte en trompe; 3°. gondole, vase fait en coquille.

Conchatus, fait en coquille.

Conchula, æ, petite coquille.

2. Con-Chylium ; de Con, enveloppe, coquille ; & de Cha, chyl, maison : il signifie, 1°. maison à coquille; 2°. le poisson qui y loge ; 3°. l'huître qui donne la pourpre ; 4°. la pourpre même ; 5°. les étoffes d'écarlate.

Conchyle, is, a le même sens.

Con-chyliatus, teint en pourpre.

Con-chyia, pêcheur d'huitres, de coquillages ; Gr. Κοχχιλης.

3. Con-ger, i,   } congre, poisson,
Congrus, i,   } Gr. Γογγρος, Gongros; de ger, porter, qui porte sa maison.

2.

4. Congius, ii,   } un vaisseau de trois
Congiarium,   } pintes, conge ; 2°. largesse

largeſſe faite au peuple contenue dans le vaſe appellé Conge ; 3°. enſuite , préſens , ſalaires , gages journaliers.

Congialis , e ; Congiarius , a , um , qui tient un conge ou bien ſix chopines.

3

Chanus , i ,
Channa , æ, } poiſſon de mer.
Channe , es ,

I V.

Can , Cun , Gin , Gun, vaſe , tuyau , robe , Gaine.

1.

Cuniculus , i , } conduit , canal , mi-
Cuniculum , i, } ne , trou , boyau , terrier , ſouterrain ; 2°. lapin , parce qu'il ſe creuſe des trous , des terriers : les Italiens diſent , Coniglio , & les Anglois Coney, lapin.

Cunicularius , ii , Mineur , pionnier , qui fait le métier des lapins , de faire des chemins ſouterrains.
Cuniculoſus , a ; um , plein de creux , de terriers ; 2°. plein de lapins.
Cuniculatim , en canelure , en forme de tuyaux.

2.

In-Guen , inis , la partie entre les deux aînes ; 2°. l'aîne même.

In-Guinalis , e , qui concerne l'aîne.
In-Guinaria , æ , plante qui guérit les maux de l'aine.

3.

Gaunace , es , } habillement ; enve-
Gaunacum , i, } loppe , robe : on dit
Orig. Lat.

en vieux François , Gounel , en Italien Gonna , en Anglois Gown , en Langued. Ganache.

4.

Ganea , æ , } petit trou obſcur , mé-
Ganeum , i, } chante petite maiſon , cabaret, lieu de débauche.

Ganeo , is , débauché , qui ſe fourre dans des tavernes , &c.

5.

1. Gena , æ , la paupiere , l'envelop-pe , le fourreau des yeux ; 2°. la joue , l'enveloppe de la bouche : les Allemands diſent Wang , & les Italiens Guancia.

2. Gingiva , envelope des dents , gencive.

3. A-Gyni , æ ; A-Gini , æ , le trou , la châſſe , le tuyau dans lequel joue le fléau d'une balance.

A-Ginor , -ari , ſe remuer dans cette cha-ſe ; 2°. s'agiter pour peu de choſe ; 3°. faire marchandiſe de choſes de peu de valeur.

A-Ginator , is , celui que le moindre intérêt fait remuer comme une balance.

4. Vagina , æ ; Gaine , fourreau , étui ; Vaginula , petite gaîne.

Va-Ginator , is , faiſeur de gaînes.
Va-Ginarius , ii , Gaînier.
Eva - Gino , -are , dégainer , ôter du fourreau.
Inva-Gino , -are , rengainer , remettre dans le fourreau.

V.

CING , Ceindre.

Cingo , is , xi , ctum , ere , ceindre , mettre une ceinture , s'habiller ;

A a

2°. entourer, envelopper; 3°. faire cortége.

CINgula , æ , fangle, furfaix.

CINguli, orum , les Zônes céleftes.

CINgulum, i , ceinture, ceinturon, écharpe de cavalier; 2°. anneau qu'on met au doigt; 3°. titre, dignité de Magiftrat.

CINgulus , a , um, qui eft menu par la ceinture.

CINctus, a , um , ceint , environné, enveloppé; 2°. Juge tenant le Siége; 3°. foldat fous les armes.

CINctutus, a, um , foldat qui ayant fa robe retrouffée & mife en écharpe, étoit prêt à combattre. Les troupes d'élite.

CINctorium, ii , ceinture, baudrier, écharpe de cavalier.

CINctura, æ, ceinture.

CINcticulus, i , forte de petit habillement léger, ceint autour du corps, comme un tablier.

COMPOSÉS.

Ac-CINgo, -ere , ceindre , trouffer , relever; 2°. fe difpofer, s'apprêter, fe préparer, s'ajufter, fe tenir prêt.

CIRCUM-CINgo , -ere , environner de toutes parts.

Dis-CINgo, -ere, ôter la ceinture, déceindre , deffangler , caffer un foldat.

Dis-CINctus, a , um , qui eft fans ceinture, à qui l'on a ôté la ceinture; 2°. lâche , poltron , timide; 3°. négligent, oifif , libertin, diffolu.

Dis-CINctè, d'une maniere libertine.

Ex-CINgo, -ere, ôter la ceinture; dépouiller.

In-CINgo , -ere, ceindre , entourer, couronner.

Inter-CINctus , a , a , um , entrelacé, environné.

Per-CINgo, -ere, entourer, mettre autour.

Præ-CINgo , -ere , ceindre , entourer, environner, entortiller autour de foi.

Præ-CINctus, a , um , qui a retrouffé fa robe avec fa ceinture pour être plus en liberté.

Præ-CINctus , ûs; Præ-CINctura , æ , l'action de ceindre, ceinture, ceinturon.

Præ-CINctio , onis , pallier de l'amphithéâtre, courbé felon la rondeur du théâtre.

Præ-CINctorium , ii , demi-ceint.

Præ-CINctorius , a , um , qui ceint , qui lie tout autour.

Pro-CINctus , a , um , prêt , appareillé, équipé , ceint.

Pro-CINctus, ûs , expédition militaire; 2°. l'action de fe tenir prêt à combattre , apprêt, appareil.

Re-CINgor , i , défaire , détacher fa ceinture.

Re-CINctus , a , um , déceint , dont on a ôté la ceinture.

Sub-CINgo , -ere , ceindre par-deffous , mettre un ceinturon , entourer.

Sub-CINgulum , i , ceinturon , ceinture.

Suc-CINgo , -ere , ceindre , trouffer, retrouffer ; 2°. environner , entourer.

Suc-CINctus , a , um ; Suc-CINctulus , a , um , ceint , retrouffé, relevé.

Suc-CINgulum , i , ceinture, ceinturon.

VI.

CUN., COEN,

Berceau.

I.

CUNæ , arum ; CUNabula, orum , berceau , maillot , langes. Ce mot paroît le même que l'Oriental כן ,

Ken, logette, (*theca*, *loculamentum*.)

Cunina, *æ*, Déesse des enfans au berceau.

Cunalis, *e*, de berceau.

In-Cunabula, *orum*, le berceau ; 2°. tendre enfance.

Cunio,-*ire*, se salir, se gâter.

2.

De Cuneo, se salir, se gâter, comme font les enfans au berceau, pourroit être venu le Latin,

Cœnum, *i*, boue, fange, ordure ; 2°. un homme de boue, un vilain.

Cependant comme le C & le T se mettent sans cesse l'un pour l'autre, il ne seroit pas étonnant que ce mot fût le même que le Tin des Egyptiens qui signifioit également *boue*, & qui devint le nom de la Ville de Tanis, à cause de ses boues ; & dont le nom fut traduit exactement en Grec par celui de Peluse, sous lequel cette Ville nous est connue, & qu'elle porte encore.

D'ailleurs Cœnum, boue, ne peut pas venir du Grec Koinon, profane, souillé, qui est le sens figuré de Koinon, commun. Un sens aussi figuré ne peut avoir été la racine d'un mot physique tel que Cœnum.

Cœnosus, *a*, *um*, boueux, fangeux ; 2°. crotté, sali.

COMPOSÉS.

In-Quino,-*are*, salir, gâter, tacher.

In-Quinatio, *onis* ;—Namentum, *i*, saleté; ordure.

In-Quinaté, salement, grossiérement.

Co-in-Quino,-*are* ; 1°. infecter, gâter, tacher ; 2°. corrompre, deshonorer.

Co-in-Quinatio, *onis*, souillure, corruption.

In-co-in-Quinatus, *a*, *um*, intact, pur, qui n'a été ni souillé, ni sali.

A-Cœtus, *i*, peut-être Acœnus, *i*, pur, sans lie, sans ordure.

Cœno-Mya, *æ*, mouche qui vit d'ordure.

CAN,
Pointe, Angle.

Tout mot qui signifie tête, réunit également l'idée de pointe. De-là tous ces mots Latins-Grecs :

1.

Cnaso, *onis*, pour Cenaso, Cinasonus, *i*, } aiguille de tête, poinçon.

Cinara, *æ*, artichaud, espéce de cardon aux feuilles pointues.

A-Canthinus, *i*, épineux, armé de pointes.

A-Canthis, *is*, chardoneret, parce qu'il aime la graine de chardon.

2.

Cen-Taurus, *i*, centaure, mot-à-mot, Pique-Taureau : un Laboureur monté sur un bœuf & le piquant pour le faire avancer, avoit l'air d'un être moitié homme, moitié taureau; de-là le nom de centaure dans le stile mythologique, plein d'enjouement & de graces. *Voyez* Allégor. Oriental.

Hippo-Centaurus, *i*, Centaure ; mot-à-mot, Centaure-cheval, ou Etre fabuleux ; moitié homme ; moitié cheval..

CɛNTaurea , æ ; -- auriâ, æ ; -- aureum, i, Centaurée , fiel de la terre : *plante dont le goût eſt amer & piquant.*.

3.

PΛRa-CɛNTeſis , is , ponction faite au ventre d'un hydropique.

PΛRa-CɛNTerium , ii , aiguille d'oculiſte ꞋꞌꞋ pour abaiſſer la cataracte..

CΛNTharida , æ ; CΛNTharis , idis ; Gr.. κανθαρις , mouche cantaride.'

4.

CɛNTrum , i , centre, point au milieu d'un cercle : 3.° nœud des arbres.

CɛNTroſus , a , um , plein de nœuds..

CɛNTralis , e , placé au centre.

CɛNTrines , æ , ſorte de mouche.

CɴOdax , acis ; Gr. Κνωδαξ , cheville de fer qui ſert d'eſſieu, d'axe, qui eſt au centre du mouvement.

5.

CꝰNeus , i , coin à fendre ; 2°. encoignure , coin ; 3.° grand clou, clavette ; 4°. corps de troupes rangées en forme de coin ; 5°. dégrés de l'amphithéâtre..

CꝰNeolus , i , petit coin , cheville.

CꝰNeo ,-are , fendre avec un coin ; 2°. mettre en un coin ; 3°. faire en forme de coin ; 4°. diviſer , ſéparer.

CꝰNeatim , en forme de coin ; 2°. rangé en coin.

CꝰNlo , onis , Comédien , qui lit l'annonce, ou une requête.

Dɪs-CꝰNeo ,-are , fendre , entrouvrir avec un coin.

Sꝰʙ-CꝰNeatus , a , um , arrêté par en bas avec un coin.'

6.

CΛN, CɛN, ſignifie en Celte couper ;

2°. lambeaux , déchirures ; 3.°. rapiécer ; de-là ces mots :

1.

CΛNTherius , ii , cheval hongre.

CΛNTherinus , a , um , de cheval hongre. -

2.

CɛNTo , onis , morceaux d'étoffes diverſes rapportés enſemble ; 2°. habit rapiéceté , d'Arlequin ; 3°. toutes choſes faites de pièces de rapport ; 4°. contes , diſcours en l'air ; 5°. centon , parodie.

CɛNTunculus , i , guenille , lambeau.

CɛNTonarius ; a , um , ravaudeur , chiffonier , petit fripier ; 2°. faiſeur de centons , de miſérables pièces de poëſies, dont tout l'ornement eſt tiré de vers pillés çà & là , & aſſez mutilés pour qu'on ait de la peine à les reconnoître.

C A R.

La lettre C, ſuivie de la linguale forte R , a produit une beaucoup plus grande maſſe de mots que par ſa réunion avec les labiales & avec la linguale foible. Nouvelle preuve du grand uſage qu'on a fait en tout tems de la lettre R , ou de la ſyllabe AR. Cette multitude de familles qu'offre C-R peut ſe diviſer , de même que celles en C-L , en quatre claſſes.

1°. Les mots où C a pris la place de l'aſpiration.

2°. Les mots formés par onomatopée..

3°. Les mots où domine la valeur de la lettre R..

4.°. Les mots où domine la valeur de la lettre C.

FAMILLES

où C a pris la place de l'aspiration.

Hor est un mot primitif qui désigna la lumiere, & tout ce qui y est relatif : les Latins & les Grecs les prononçant Cor, en dériverent diverses familles de mots, qui désignerent, 1°. la lumiere ; 2°. l'œil, la vue ; 3°. sur-tout la vigilance, l'attention, les soins empressés.

I.

COR, Brillant.

1.

Coruscus, a, um, brillant, reluisant.

Corusco-, -are, reluire, éblouir ; 2°. faire briller.

Coruscatio, onis ; Coruscamen, inis, éclair, splendeur.

Cordyla, æ, jeune thon.

2.

1.° Cærulius, a, um,
Cæruleus, a, um, } bleu ; azúré, de la couleur
Cæsius, a, um, } du Ciel.

Cæruleum, i ; Cæsulum, i, le bleu, l'azúr.

Cærula, orum, les mers.

Cæruleatus, a, um, teint en bleu, en verd de mer.

Sub-Cæruleus, a, um, bleuâtre.

2.° Cæsius, ii, qui a les yeux bleus.

Cæsullæ, arum, ceux qui ont les yeux bleus.

3.

FAMILLES GRECQUES.

1.

COR, CRO, couleur, œil.

1. Hypo-Corismus, i, couleur, prétexte, palliation.

2.° Chroma, tis, coloris ; 2°. prétexte ; 3°. brillant ; 4°. chromatique.

Chromis, is ; Chrombus, i, poisson.

3. Crystallum, i, } crystal.
Crystallus, i, }

Crystallinus, a, um, de verre, de crystal ; 2°. clair, transparent.

2.

Cora, æ, Gr. Kora, Kóré, Kouré, 1°. prunelle de l'œil ; 2°. jeune fille, nom de caresse, de mignardise ; 3°. poupée.

Corion, ii, 1°. petite fille ; 2°. sacrifice pour les garçons ; 3°. mille-pertuis.

Coro-Plathi, orum, faiseurs & marchands de poupées ; du Gr. Plazo, faire.

Corycæus, i, curieux, espion.

II.

Coram, Préposition.

De Cora, œil, prunelle de l'œil, se forma l'accusatif Coran, en Latin Coram ; on en fit une ellipse qui signifia sous les yeux, en présence, en face ; 2°. publiquement ; 3°. ouvertement, sans voile, sans déguisement.

Dans ces deux derniers sens, il se prit adverbialement.

Mais dans le premier ce fut une préposition, parce que placé entre deux noms, il désignoit que l'action de l'un se passoit en la présence de l'autre.

Cette Préposition se trouve toujours suivie d'un ablatif, parce que le nom qui la suit exprime nécessairement un circonstanciel, & que tout circonstanciel se met à l'ablatif.

On a même dit quelquefois sans ellipse IN-CORAM, en présence.

III.
COR, adverbe.

COR, vue, prononcé CUR, devint l'adverbe,

CUR, par quelle vue, par quel motif, pourquoi ?
2°. Sans interrogation, dans telle vue, pour.

IV.
CUR, vigilance, soin.

COR, prononcé CUR, désigna la vigilance, les soins, l'action d'un œil attentif sur une personne pour son avantage, & qui ne la perd pas de vue :

De-là le Celte CUR, soin, existant en Gallois, en Irlandois, &c. le Goth. KAR, & l'Anglois CARE, soin, souci, &c. & cette famille Latine :

1.

CURA, æ, soin, application ; 2°. peine ; chagrin ; charge.

CURATIO, is ; CURANTIA, æ, soin, conduite, curatelle, commission, cure, guérison.

CURATURA, æ, soin, attention donnée aux choses.

CURATOR, is, qui a le soin, l'administration d'une chose, Intendant, Agent ; Curateur.

CURATÈ, soigneusement ; exactement.

CURO, -are, avoir soin, se soucier, regarder, pourvoir, veiller ; apprivoiser.

2.

CURIA, æ, mot-à-mot, assemblée qui a soin, qui veille ; 1°. Cour, Sénat, Barreau, lieu ou Assemblée où l'on traite des affaires publiques.
2°. Curie, une des trente divisions de Rome, instituées par Romulus, auxquelles on ajouta ensuite six autres Curies.
3°. Temple, chapelle où s'assembloit chaque Curie pour offrir ses sacrifices & pour traiter des affaires qui la concernoient.

CURIO, onis, 1°. Prêtre du temple de chaque Curie ; 2°. Crieur ; 3°. Député qui porte la parole ; 4°. Comédien qui annonce au public la piéce qu'on jouera.

CURIATUS, a, um, de curie, fait par les curies.

CURIATIM, par curies, par corps de communautés.

CURIALIS, is, Décurion, Echevin.

CURALIS, e, qui est de la même curie, qui concerne une curie.

3.

CURIOSUS, a, um, mot-à-mot, député de sa Curie, de sa Cour, pour faire les recherches ou prendre les informations qui lui font néceſſaires : *au figuré*, ſoigneux, exact, qui fait attention ; 2°. trop empreſſé de ſavoir, qui prend un ſoin ſuperflu ; 3°. maigre, affamé, décharné.

Curioſus, *i*, enquêteur, eſpion ; 2°. Maitre des Poſtes.

Curioſulus, *i*, qui a un peu de curioſité.

Cur ioſitas, *is*, empreſſement de ſavoir, de découvrir.

Curioſé, ſoigneuſement, diligemment.

COMPOSÉS de Curia.

De-Curia, *æ*, dixaine, Décurie, nombre de dix, ſoit de ſoldats, ſoit d'Avocats.

De-Curio, *is*, Magiſtrat de province qui repréſentoit un Sénateur Romain.

De-Curiatus, *a*, *um* ; De-Curiatio, *inis*, diviſion par dixaines, diſtribution par dix.

De-Curiatus, *a*, *um*, charge de Capitaine.

Ex-Curio, *-are*, bannir de la Cour ; chaſſer d'une curie.

COMPOSÉS DE Cura.

Ac-Curo, *-are*, apporter tous ſes ſoins, s'acquitter avec exactitude, s'employer ſoigneuſement ; 2°. penſer mûrement, avoir grand ſoin.

Ac-Curatus, *a*, *um*, exact, qui eſt fait avec ſoin ; 2°. poli, limé, étudié, recherché, propre.

Ac-Curatio, *onis*, ſoin, exactitude, ponctualité, adreſſe.

Ac-Curaté, ſoigneuſement, exactement, ponctuellement, avec adreſſe.

Con-Curo, *-are*, avoir grand ſoin, ſoigner avec un autre.

Con-Curator, *is*, qui a ſoin conjointement avec un autre ; 2°. qui a grand ſoin de.

Ex-Curo, *-are*, régaler, préparer, accommoder.

Ex-Curatus, *a*, *um*, aprêté avec ſoin, bien préparé ; 2°. régalé, traité ſplendidement.

Per-Curo, *-are*, guérir parfaitement.

Per-Curioſus, *a*, *um*, très-ſoigneux, fort exact.

Præ-Curatio, *is*, ſoin par avance.

Pro-Curo, *-are*, avoir le ſoin, l'intendance, le maniement, panſer, prendre ſoin, expier, cultiver, tenir en bon état.

Pro-Curator, *is*, celui qui a le ſoin ; Intendant, Agent ; Procureur.

Pro-Curatrix, *cis*, celle qui a le ſoin, Gouvernante.

Pro-Curatio, *is*, adminiſtration, ſoin, charge, intendance, commiſſion ; expiation.

Pro-Curatiuncula, *æ*, petit ſoin, petite commiſſion.

Pro-Curatorius, *a*, *um*, qui concerne les Procureurs.

Re-Curo, *-are*, guérir une ſeconde fois ; 2°. rajuſter avec ſoin.

Re-Curator, *is*, qui guérit une ſeconde fois ; 2°. qui ſoigne une choſe.

Sub-Curator, *is*, qui eſt chargé d'un ſoin ſous un autre, tuteur ſubrogé.

4. Négatifs.

1.

Se-Curus, *a*, *um*, de Se, pour Sine, ſans, & de Cura ; 1°. ſans ſouci ; 2°. exempt de ſoins, qui ne craint rien , rempli de confiance : tranquille , qui eſt en repos : négligent.

Se-Curitas , is , tranquillité d'eſprit, exemption de ſoin , de chagrin.

Se-Curé , ſûrement , en ſûreté.

2.

In-Curia , æ , négligence , défaut de ſoin.

In-Curatus , a , um , qui n'a pas été panſé, 2°. qui n'a pas été guéri.

3.

In-Curioſus , a , um , peu ſoigneux , non-chalant , négligé , qui n'eſt pas ſur ſes gardes.

In-Curioſé , négligemment , ſans aucun ſoin , ſans prendre garde à rien.

FAMILLES en CAR ,

formées par onomatopée.

I.

CAR , CRA ,

appeller , mander.

Car, Kar, eſt un mot primitif qui ſignifie cri , appel ; 2°. cri contre quelqu'un, ou accuſation ; plainte , querelle ; 3°. cri ſur quelqu'un , pleurs , lamentations.

En Theuton, Kar, accuſation , Kiæra , accuſer.

2°. Kar , lamentations , deuil.

Chara , jour de condamnation , de mort.

3°. Keren ; 1°. accuſer ; 2°. lamenter , ſe plaindre.

En Grec Karyx , Kêryx , Héraut; 2°. crieur public.

D'où le Latin Ac-Cerso , mander, faire venir.

2°. On a dit également: Cra au lieu de Cara, d'où :

L'Oriental קרא , Qra , crier, & à la Maſſorethique Qara.

Le Celte Cri, cri , crier.

Le Grec Krazó, le Theuton, Kræhen, crier.

Le Theuton Chry , clameur , cri.

Kreide , clameur , proclamation : 2°. pleurs , lamentations.

Kreissen, Kreischen; crier, lamenter , &c.

I.

ACC-CERSo ,

Ac-Cerso , - ere , } mander , faire
Ac-Cersio , - ire , } venir , attirer à ſoi : de Ad, à , & Kar, appeller.

Ac-Cersitus , a , um , qu'on va quérir , mandé ; 2°. pris d'ailleurs , emprunté.

Ac-Cersitus , ûs , ordre , mandement de venir.

Ac-Cersitor , is , qui va apeller , qui fait venir.

2.

Chria , æ , Oracle ; 2°. Ordonnance ; 3°. narration courte & vive, une Chrie.

3. FAMILLE GRECQUE.

Ceryx , is , Héraut , Ambaſſadeur : de Kar , mander ; 2°. publier.

Ceryca , æ; Cerycium , ii , caducée des Hérauts publics ; 3°. ſalaire du crieur.

4. R changé en D.

Caduceus , i , } caducée , verge de
Caduceum, i , } Mercure , en qualité de

de Héros ou d'Ambaſſadeur des Dieux. Ici *R* s'eſt changé en *D*; Ca*D*uceus, pour Ca*R*uceus ; de Ka*R*yx , Carux , Héros.

Ca*D*uceator , *is* , celui qui porte la baguette ou le caducée, Hérault-d'Armes, Envoyé, Député.

Ca*D*uci-fer, *a*, *um* ; Ca*D*uci-ger, *a*, *um* , celui qui porte le caducée ou la baguette , ſigne de la paix , & principalement Mercure.

CAR,
CRA, CRI, GRA, AGRA, SCRI, &c.
Inciſion.

Peu de racines ont éprouvé plus de variations que celle-ci , mais des variations d'autant plus ſenſibles & remarquables , qu'il n'en eſt aucune qui ne paroiſſe avoir été faite à deſſein pour donner lieu à autant de familles , caractériſées chacune par quelque modification différente, relative aux diverſes perfections apportées ſucceſſivement dans l'art de tracer des caractères. Nous en avons déjà tracé l'eſquiſſe dans la Grammaire Univerſelle & Comp. mais nous l'allons entiérement développer ici , du moins pour la langue Latine.

Car ſignifie dans ſon ſens propre & primitif, inciſion, entaille ; faire une inciſion. On s'en ſervit pour déſigner les diverſes inciſions anxquelles on avoit recours dans les Arts pour les opérations de l'eſprit humain ; c'eſt un mot formé par

Orig. Lat.

onomatopée, ainſi que le précédent: mais appliqué aux Arts , il eſt devenu chef d'un grand nombre de familles riches & intéreſſantes.

I.
CAR, déchirer, diviſer,

1.

Ca*RR*io , - *ire* , dans Isidore ſignifie diviſer.

Ka*R*ô , eſt le futur ſecond du verbe Grec Keirô , tondre , couper la laine des brebis , les cheveux , &c.

Per-Car*T*apſo , & non Per-Catapſo , - *ere* , diviſer autant qu'il eſt poſſible.

C*R*abro , *onis* , frélon , à cauſe de ſon aiguillon qui le rend très-redoutable ; & non, comme on le croyoit, du Grec *Bora*, nourriture, & *Krea*, chair ; comme s'il ſe nourriſſoit de chair.

C*R*ena , *æ* , cran , entaille , crénelure, fente , inciſion ; 2°. coche d'une flèche, ſon entaillure ; 3°. fontaine.

Hippo-C*R*ene , *es* , fontaine du cheval ; Caſtalie : de Crene , ſource, ouverture de la terre par où jailliſſent les eaux.

2.

Ca*R*ies , *ei* , carie des os ; pourriture du bois , vermoulure.

Ca*R*ioſus , *a* , *um* , carié, pourri , vermoulu , moiſi , rongé ; qui ſe carie.

Ca*R*iſeus , *a* , *um* , rance, moiſi.

3.
CARK,
Ecreviſſe , Cancre.

De Car , couper , déchirer , les Grecs firent :

Carkinos , i , crabe , cancre , à cause de ses serres ou pattes ; 2°. chancre , cancer , maladie rongeante ;
3°. un des douze signes du Zodiaque.

Les Latins transposant la lettre R ,
changerent ce mot en celui de
Cancer , qui forma cette famille :

Cancer , cri , crabe , cancre ; 2°.
chancre , cancer ; 3°. signe du Zodiaque.

Cancer , eris , gangrène.
Cancri , orum , balustrade , barreaux.
Cancero , -are , ronger , manger comme
un cancer ; 2°. s'ulcérer.
Canchrema , tis , chair morte , chancreuse.
Canceraticus , a , um , de chancre.

4.

Objets piquans , tranchans , incisifs.

1. Carex , icis , glaïeul.
Carectum , lieu plein de glaïeul.

2. Careum , i , carui , plante.
Cærefolium , cerfeuil.

2°. Chardon.

1. Carduus , i , chardon , épine ,
ainsi appellé à cause de ses piquans.

Carductum , i , lieu plein de chardons ;
2°. planche d'artichauds.
Carduelis , is , chardonneret , oiseau qui
se nourrit de chardons.
2. Carinor , atus sum , ari , invectiver , railler finement & malignement.

3. Famille Grecque.

Acroteria , créneaux de murailles.

Acro-zymus panis , pain qui est peu levé ,
peu fermenté , doux de levain.

II.

Car , couper ; 2°. cueillir.

1.

1. Carpo , is , psi , ptum , ere , couper ,
partager , séparer ; 2°. prendre ,
cueillir ; 3°. blâmer , censurer , reprendre ; 4°. duper , attraper ; 5.
diminuer , consumer.

Carpus , i , 1°. tranchant , celui qui coupe les viandes ; 2°. ce qui prend , ce qui
coupe ; 3°. le poignet.
Carpisculus , i ; Carpisculum , i , soulier
découpé , escarpin.
2. Carpentarius , ii , charpentier , qui coupe , qui taille le bois.
Carpinus , i , le bois qu'on a coupé ; le
bois de charme , en particulier.
Carpineus , a , um , de bois ; 2°. de bois-
taillis ; 3°. dé charme.

Composés.

Con-Cerpo , - ere , déchirer , mettre
en pièces.

De-Cerpo , -ere , arracher , tirer , ôter ,
diminuer , prendre , retirer , remporter.
Dis-Cerpo , -ere , déchirer , mettre en
pièces ; 2°. diviser , séparer.

Ex-Cerpo , -ere , extraire , recueillir ,
choisir.

Ex-Cerpta , orum , collection , extraits ,
recueils.
Ex-Cerptio , onis , extrait : action de recueillir , d'extraire.
Inter-Carpens , tis , qui prend par le milieu.
Præ-Cerpo , -ere , brouter , couper avec
les dents ; 2°. cueillir trop tôt , avant le
tems ; 3°. arracher , retrancher.

Familles Grecques.

Carpeia , æ , Carpée , danse allégorique.

en ufage chez les Athéniens & les Peuples de Theſſalie, & qui prit ſon nom de ce qu'on y avoit les armes à la main. Un des danſeurs les mettoit bas, imitoit l'action d'une perſonne qui laboure & qui ſeme, regardoit ſouvent derriere lui comme un homme inquiet. Un ſecond danſeur s'aprochoit comme pour voler les armes du premier, qui les repренoit auſſitôt, & il y avoit entr'eux un combat en cadence, & au ſon de la flûte, autour de la charrue & des bœufs.

Pan-Carpum, i, ſpectacle en toutes ſortes de bêtes.

Pan-Carpineus, a, um, fait de toutes ſortes de choſes.

Pan-Carpiæ Coronæ, arum, couronnes de toutes ſortes de fleurs.

Peri-Carpium, ii, baie, braſſelet.

Peri-Carpum, i, bulbe, oignon.

2.

S-Cari-Fico, -are, déchiqueter la peau, couper, entailler la chair.

S-Carificatio, onis, découpure, entaille profonde.

S-Carifio, ieri, être entaillé, ſcarifié.

Circum-Scarifico, -are, découper tout autour.

3.

Carmen, inis, carde, peigne de cardeur.

Carminatio, onis, cardement de la laine, &c.

Carminator, trix, cardeur, cardeuſe.

Carmin, -are, carder, peigner la laine.

3.

Carina, æ, carene de vaiſſeau, qui fait la baſe d'un vaiſſeau, en forme longue & pointue.

Carinæ, arum, quartier de Rome dont les maiſons avoient le toît fait en forme de carene.

Carino, -are, faire en forme de carene, carener un vaiſſeau, le radouber.

5.

CAR, court, tronqué, petit,

Car, Cor, ſignifie en Celte, court, tronqué, mutilé; en Gr. A-Kar, petit, mince, délié.

Acaron, i, Myrte ſauvage, Grec & Latir.

A-Car, A-Carus, i, ciron, mitte, inſectes qui doivent leur nom à leur petiteſſe.

Curtus, a, um, court, tronqué, mutilé; 2°. concis; 3°. caſſé, rompu.

Curto, -are, accourcir, appetiſſer, mutiler.

De-Curto, -are, couper, retrancher.

III.

CAR, tracer des caractères.

1.

Caraxo, -are; 1°. marquer de quelque trait, remarquer par quelque figure qu'on met à côté, faire une note: 2°. effacer, rayer, biffer; 3°. ſcarifier; 4°. labourer; 5°. graver, buriner.

Character, eris, 1°. marque, ſigne, caractère; 2°. maniere, naturel, génie, caractère d'une perſonne; 3°. façon d'écrire, caractère d'écriture; 4°. ſtyle.

Peri-Character, is, lancette, biſtouri.

2. CAR, labour.

Lorſqu'on inventa le labourage, qui conſiſte à faire avec la charrue de profondes inciſions à la terre, on

appella naturellement cet Art A-
CAR, ou l'action de fendre, de
fillonner la terre : de-là cette famille :

CAR, } en Oriental, labourer.
I-CAR, }

AGER, *gri*, champ, terre labourée ;
2°. pays, canton, territoire.

AGELLUS, *i*, petit champ.

AGRarius, *ii*, qui concerne les champs &
le labourage.

AGREstis, *e*, champêtre : qui concerne les
champs ; 2°. rustique, grossier, payſan :
2°. rude, désagréable au goût ; verd.

BINOMES.

AGRi-COLa, laboureur, qui cultive
la terre.

AGRi-CULtura, labourage, Agriculture.

AGRi-CULtor, agriculteur.

AGRi-MENſor, arpenteur.

AGRi-PEta, qui demande la portion de
terre qui lui revient.

AGROſus, riche en fonds de terre.

2. ACRa, *æ*, acre, mesure de terre
qui est de quarante perches en longueur ſur quatre de large.

2.

CAR, Labour, devint le nom de la
Déeſſe des Laboureurs, CAR-es,
qu'on adoucit en

CÈRÈS, la Déeſſe CER ; 2°. le blé :
en Gr. A-KHERO :

De-là ſe formerent :

CARia, dans Papias, pain, blé ;
en Baſq. GARia, blé, froment.

CEREalis, *e*, du bled, du grain, de Cé-
res.

CEREales, *ium*, Intendans des grains.

CEREalia, *ium*, fêtes de Cérès.

CERia, *æ*, & CEREviſia, *æ*, } biere, boiſ-
CELia, *æ*, & CERVIſia, *æ*, } ſon faite
avec du grain.

CERVIſiarius, *ii* ; CEREviſiarius, *ii*, braſ-
ſeur de biere.

3.

CAR-DOPus, Gr. KARDOPOS, Maîs
à pétrir, huche : mot dont l'étymologie étoit inconnue, & qu'on
regardoit comme radical. Il eſt formé de DEPO, amollir, cuire, & de
CAR, blé, fruit du labourage, de
Cérès.

CAR, ce nom qui déſigne un Carien, doit
avoir aussi déſigné les payſans, les laboureurs.

IV.

CAR,

Graver ; 2°. écrire.

Bientôt, on chercha une méthode plus
ſimple que la Gravure pour tracer
ſes idées, une matiere plus commode que le marbre, la pierre ou
le bois, des outils plus maniables,
plus coulans que les burins ; alors
la plume, le papier, l'écriture ſuc-
céderent à la gravure ; il exiſta un
nouvel art de tracer des caractéres :
on continua de l'appeller en Grec
GRAB, GRAPH ; mais les Latins
pour le diſtinguer l'appellerent
SCRIBere, où vous voyez CRAB
adouci en CRIB & précédé de la
ſiflante ; tandis que là matiere ſur
laquelle on écrivoit s'appella d'un
nom moins changé CHARTa. De-là

diverſes familles en Grec, & en Latin.

FAMILLES Latines-Grecques.

1.

CHARta ; æ , papier, feuille, livre.
CHARtula , æ , carte ; carton , morceau de papier.
CHARteus , a , um , ⎫
CHARtaceus , a , um , ⎬ de papier.
CHARtarius , a , um , ⎭
CHARtarius , ii , pápetier, marchand de papier.
CHARtularius , ii , teneur de livres, commis.
CHARto-PHYlacium , ii , tablette à livres.

2.

CARabus , i ; 1o. crabe , ſorte d'écreviſſe de-mer ; ainſi apellé à cauſe de ſes pieds qui s'accrochent & s'enfoncent de maniere à faire des impreſſions ſur les objets ſur leſquels ils ſe poſent.
2o. Canot de ſauvages , été avec de petites branches au lieu de cordes.
CARcinus , i , cancre , groſſe écreviſſe ; 2o. quatrième Signe du Zodiaque.
CARcinoma , tis , cancer , chancre qui rónge la chair.
CARcinodes , is , polype ; eſpéce de cancer qui vient au nez.
CARcinias , æ , pierre précieuſe de la couleur d'un crabe.

3.

PARA-CHARaคa , æ , faux-monnoyeur.
PARA-CHARagium ii , faux coin.
PARA-CHARagma , tis ; PARA-CHARagmium , i , fauſſe monnoie.
PARA-CHARaxema , orum , flancs , piéces d'or & d'argent prétes à ètre frappées.
PARA-CHARaximum , i , fauſſe monnoie ,

4.

GRAMMicus , a , um , de ligne ; de lettre.

GRAMmatica , æ ; GRAMmatice , es , grammaire , l'art des lettres.
GRAMmaticus , i , grâmmairien.
GRAMmatiſta , æ ; GRAMmatiſtes , æ , qui enſeigne à lire , à écrire.
GRAMmaticus , a , um , de grammaire.
GRAMmaticè , en grammairien.
GRAMmato-Phylacium , ii , archives où l'on garde les papiers publics.

COMPOSÉS.

A-GRAMmatus , a , um , ignorant, ſans lettres.
ANA-GRAMma , tis , anagramme , renverſement des lettres d'un nom.
ANTI-GRAMma , tis , contre-lettre.
ARCHI-GRAMmateus , i , Chancelier, Secrétaire des commandemens.
DIA-GRAMma , tis , deſſein , repréſentation.
EPI-GRAMma , tis , inſcription ; épigramme.
PARA-GRAMma , tis , faute d'orthographe, d'écriture.
PRO-GRAMma , tis , inſcription ; placard, programme.

5.

GRAPHis , idis , deſſein , eſquiſſe , portrait ; 2o. maniere de deſſiner.
GRAPHice , es , l'art d'écrire , de peindre.
GRAPHicus , a , um , achevé , fait à peindre.
GRAPHicè , parfaitement , à peindre.
GRAPHium , ii , poinçon , pinceau.
GRAPHiarius , a , um , qui concerne l'écriture , la peinture ou le deſſein.
GRAPHiarium , ii , étui pour contenir les plumes , les ſtylets.
GRAPHi-Coterus , a , um , fort agréablé ; achevé , parfait.

COMPOSÉS.

ANA-GRAPHe , es , répertoire , regiſtre.
ANTI-GRAPHeus , i ; ANTI-GRAPHarius , ii ,

Contrôleur , Chancelier , Secrétaire
d'Etat.

APO-GRAPH*um* , *i* , copie , extrait , exemplaire.

AUTO-GRAPH*us* , *a* , *um* , écrit de sa propre main.

CALLI-GRAPH*ia* , *æ* , belle écriture , élégance de style ; de *kallos* , beau.

CATA-GRAPH*us* , *a* , *um* , figuré , peint de diverses couleurs.

CATA-GRAPH*um* , *i* , peinture de profil.

DIA-GRAPH*ice* , *es* , l'art de peindre.

BINOMES.

HOLO-GRAPH*us* , *a* , *um* , écrit en entier de sa propre main ; du Grec HOLOS , tout.

HYDRO-GRAPH*ia* , *æ* , traité des Eaux ; du Grec *Hydrós* , eau.

NOMO-GRAPH*us* , *i* , qui écrit sur les matières de droit ; du Grec *Nomos* , loi.

NOMO-GRAPH*ia* , *æ* , traité des loix.

PARA-GRAPH*us* , *i* , paragraphe , matière renfermée dans un article d'un texte ; 2°. ligne tirée en long , tirade dans un discours.

PARA-GRAPH*e* , *es* , exception , transition , article à part.

PER-GRAPH*icus* , *a* , *um* , fait à peindre.

PSALMO-GRAPH*us* , *i* , le psalmiste ; du Grec *Psallô* , chanter.

PSALMO-GRAPH*ia* , *æ* , composition des pseaumes.

PSEUD-EPI-GRAPH*us* , *a* , *um* , faussement intitulé ; du Grec *Pseudos* , faux.

PSEUDO-GRAPH*us* , *a* , *um* , faussaire , qui écrit des faussetés.

PSEUDO-GRAPH*um* , *i* , fausseté en matière d'écriture.

PSEUDO-GRAPH*ia* , *æ* , contre-façon d'écriture , l'art des faussaires.

PSEUDO-GRAPH*ema* , *æ* , patalogisme.

SELENO-GRAPH*ia* , *æ* , description de la Lune ; du Grec *Selené* , la lune.

FAMILLE LATINE.

S-CRIBO , *is* , *psi* , *ptum* , *ere* , écrire ; 2°. composer , faire un ouvrage en prose ou en vers ; 3°. peindre.

S-CRIBA , *æ* , greffier , écrivain , secrétaire , copiste , praticien.

S-CRIBÆ , *arum* , les Docteurs de la loi.

S-CRIBAT*us* , *ûs* , secrétariat , charge de greffier.

S-CRIPT*us* , *ûs* ; S-CRIPT*io* , *onis* , écriture , l'action d'écrire ; 2°. composition , chose mémorable qu'on écrit ; 3°. levée de l'impôt sur les pâturages.

S-CRIPT*um* , *i* , écrit , requête.

S-CRIPT*ilis* , *e* , *is* , qu'on peut écrire.

S-CRIPT*orius* , *a* , *um* , propre à écrire.

S-CRIPT*or* , *is* , auteur qui écrit , qui compose quelque ouvrage.

S-CRIPT*ulum* , *i* , deux oboles , la vingt-quatrième partie d'une once.

S-CRIPT*ito* , *-are* , écrire souvent , ne faire qu'écrire.

S-CRIPT*ura* , *æ* , composition , ouvrage d'esprit , piéce d'un auteur ; 2°. impôt sur les pâturages ; 3°. ferme des pâturages publics ; 4°. style , manière d'écrire.

S-CRIPT*urarius* , *ii* , fermier de l'impôt sur les pâturages ; 2°. son commis , celui qui recevoit ce qu'on faisoit payer par tête du bétail qui alloit dans les pâturages publics.

S-CRIPT*urarius* , *a* , *um* , qui étoit sujet à un impôt.

COMPOSÉS.

ADS-CRIBO , *- ere* , } ajouter à un
AS-CRIBO , *- ere* , } écrit , inscrire ,

immatriculer, enregiftrer, porter fur un livre, enrôler ; 2°. donner un nom, intituler, mettre une étiquette, marquer par une lettre ou caractere ; 3°. attribuer, imputer.

As-Criptio, onis, addition à un écrit, enregiftrement, affociation, aggrégation, réception.

As-Criptor, oris, teneur de livres, celui qui enregiftre ; 2°. intervenant en caufe ; qui fe joint à un autre, afin de pourfuivre une action en Juftice.

As-Crrptitius, a, um, élu, choifi, admis, reçu, enrôlé, mis au rang, ajouté, de furcroît.

Circum-S-Cribo, -ere, tracer, décrire autour ; 2°. borner, limiter, terminer, déterminer, environner, reftreindre en des bornes, fixer, régler, défigner ; 3°. tromper, duper, faire donner dans le piége, embarraffer, déconcerter; 4°. abolir, annuler, caffer, interdire ; 5°. rejetter.

Circum-S-Criptor, is, affronteur, fourbe, trompeur ; 2°. fripon de chicaneur.

Circum-S-Criptio, onis, bornes, limites, reftriction, modification ; 2°. étendue, tour, circonférence ; 3°. fufpenfion, interdiction ; 4°. tromperie, fourberie, furprife.

Circum-S-Cripté, en fe donnant des bornes, briévement, en termes précis, exactement ; 2°. d'un ftyle poli, jufte, périodique, châtié.

Con-S-Cribo, -ere, écrire, infcrire, enrôler.

Con-S-Criptus, a, um, écrit, peint, enrôlé, enregiftré.

Con-S-Criptum, i, écrit, traité, livre.

Con-S-Criptio, onis, traité, enregiftrement, enrôlement, écriture.

Con-S-Cripti, orum, ceux des Chevaliers qu'on mettoit fur le rôle des Sénateurs, lorfqu'il ne fe trouvoit pas rempli ; 2°. Sénateur.

Con-S-Cribillo, -are ; Con-S-Crib!!o, -are, écrire, faire quelque compofition ; 2°. enrôler ; 3°. enregiftrer.

De-S-Cribo, -ere, décrire, copier, tranfcrire ; 2°. tracer, crayonner, deffiner, tirer, faire un crayon, un deffein, lever un plan ; 3°. repréfenter, faire une defcription, caractérifer, faire le caractère, dépeindre, définir, expliquer ; 4°. divifer, diftribuer, départir, partager, affigner, impofer, marquer, prefcrire, établir.

De-S-Criptio, onis, explication, peinture, portrait, caractère ; 2°. définition, ordre, arrangement, partage, diftribution, divifion.

De-S-Criptiuncula, æ, petite defcription.

De-S-Cripté, diftinctement, nettement, avec ordre, avec netteté, fans confufion.

Ex-S-Cribo, -ere, tranfcrire, copier, décrire, graver ; 2°. extraire ; 3°. efquiffer, faire un croquis.

In-S-Cribo, -ere, écrire dans, fur, mettre une infcription ou le deffus d'une lettre, donner un titre, intituler, infcrire.

In-S-Criptio, onis, titre, légende, écriteau, devife, marque, caractère, affiche, placard.

In S-Criptum, i, passeport, passe-avant, acquit, patente, congé, inscription.

In-S-Criptus, a, um, écrit, gravé dessus ; 2°. qui n'est pas écrit ; 3°. où l'on a mis une inscription ; 4°. adressé, parlant d'une lettre ; intitulé, parlant d'un livre.

Inter-S-Cribo, -ere, écrire entre-deux.

Manu-S-Criptum, i, un manuscrit.

Per-S-Cribo, -ere, achever d'écrire, écrire tout au long, entièrement ; 2°. mander, faire savoir, enregistrer.

Per-S-Criptio, onis ; Per-S-Criptum, i, enregistrement, ordonnance, ordre par écrit pour toucher de l'argent.

Per-S-Criptor, oris, Notaire, Greffier, celui qui tient un régistre, qui enrôle.

Præ-S-Cribo, -ere, coter, mettre une inscription, écrire dessus, ou au-devant, intituler, étiqueter ; 2°. prescrire, marquer, ordonner, donner un modele, un patron ; 3°. écrire auparavant ; 4°. prescrire, proposer, fin de non-recevoir.

Præ-S-Criptio, onis, ordre, régle, commandement, loi ; 2°. prescription, fin de non-recevoir ; 3°. prétexte.

Præ-S-Criptum, i, ordre, ordonnance, régle, loi ; 2°. prescription, commandement, ce qui a été enjoint.

Præ-Scriptivè, avec ordre, suivant l'ordre, par commandement.

Pro-S-Cribo, -ere, mettre une affiche, un écriteau : 2°. afficher pour faire savoir qu'une chose est à vendre ; 3°. proscrire, bannir, confisquer les biens & la vie, mettre une tête à prix

Pro-Scriptio, onis, apposition d'affiches, de placards, lorsqu'on fait des criées de biens en décret, ou pour marquer qu'une chose est à vendre : 2°. proscription, bannissement : 3°. confiscation de corps & de biens, mise de tête à prix.

Pro-Scriptor, oris, qui proscrit, qui bannit, qui confisque le corps & les biens, qui met une tête à prix.

Pro-Scripturio, -ire, méditer une proscription, avoir envie de proscrire.

Re-S-Cribo, -ere, récrire, faire réponse, répondre à une lettre : 2°. donner une rescription pour recevoir de l'argent.

Re-Scriptum, i, rescription.

Sub-S-Cribo, -ere, souscrire, signer ou écrire dessous ; 2°. favoriser, être de même sentiment, approuver ; 3°. faire un état ; 4°. plaider, avoir un procès ; 5°. intervenir dans un procès, se joindre à un accusateur ; 6°. écrire secrettement.

Sub-Scriptio, onis, souscription ; 2°. l'action de se joindre à un accusateur, intervention contre un accusé ; 3°. jugement, ordonnance.

Sub-Scriptor, is, celui qui se joint à un accusateur, approbateur.

Super-Scribo, -ere, écrire dessus.

Super-Scriptio, onis, l'action d'écrire dessus ; 2°. inscription.

Supra-Scriptus, a, um, écrit ci-dessus.

Tran-Scribo, -ere, copier, transcrire ; 2°. aliéner, transférer son droit ; 3°. mettre au rang, mettre au nombre.

Tran-Scriptio, onis, transport, cession ; 2°. excuse, prétexte.

CRAB,

CRAB , CRAF , CRAV , GRAB , GRAF , GRAV.

Griffe , égratigner , creuſer avec les griffes ; foſſe , creux. De-là :

GRABe , en Allemand , foſſé , creux.

GRAVe en Anglois, creux , tombeau.

S-Crobs , is , ⎱ foſſe , creux qu'on a
S-Crobis , is , ⎰ foui avec les ongles. Binome de Ex & de CRAB , creux, foſſé.

Scrobiculus , i , petite foſſettte.

De-Scrobo ,-are , enchaſſer , creuſer , fouir.

2. Scrofa , æ , truie, femelle du porc , ainſi nommée , parce qu'elle fouit ou creuſe toujours en terre.

Scrofi-Pascus , a , um , porcher , qui nourrit des truies.

Scrofulæ , arum , écrouelles.

Scrofularia , æ , Scrofulaire , plante.

FAMILLES en CAR ,

où domine la valeur de R.

I.

De R déſignant le mouvement rapide & bruyant , ſe forma le primitif CARR qui déſigne la courſe , les ſauts , les voitures qui roulent avec bruit.

En Hébr. ברר , KaRR , ſauter , courir en bondiſſant.

ברכר , KaRKaR , ſauter , danſer , bondir , ſe réjouir.

En Grec KARRon , char.

En Celte CARR , voiture , char : d'où

Orig. Lat.

L'Allem. KARR , KARRn , char. KARREn , voiturer.

Le Suéd. Kôra , voiturer. De-là ces familles Latines.

1. CARR , chariot.

Carrus , i , m. ⎱ char , chariot , char-
Carrum , i , ⎰ rette.

Carruca , æ , carroſſe , calêche , coche › vinaigrette.

Carrucarius , ii , Cocher , Carroſſier , Charron.

Carrucarius , a , um , de carroſſe , de chariot.

BINOMES.

1. CAR-pentum , i , carroſſe , chaiſe de poſte , berline ; 2°. la plus grande élévation d'une planette.

Carpentarius , ii , Carroſſier , Charron ; 2°. Cocher. 3°. Charpentier ; mot qui vient directement du Latin.

Carpentarius , a , um , qui concerne un carroſſe , un chariot ſuſpendu.

De Car , char , & de Pent , ſuſpendu ; étayé ; mot-à-mot , voiture bien ſuſpendue , bien fermée.

2. CARrago , inis , bagages , barricades , tout ce qui ſe porte dans des chariots ; d'ago , conduire.

II. CUR , courir ; ſuite.

Curro , is , cucurri , curſum , ere , courir.

Currus , ûs , char , chariot , carroſſe ; 2°. triomphe ; 3°. chevaux qui tirent un char.

Curriculum , i , courſe , cours , carriere où l'on court , char , chariot.

Curriculò , en courant , tout d'une courſe , inceſſamment , promptement.

C c

Curſim, en courant, à la courſe, à la hâte, en diligence, précipitamment.

2. Curſo, - are, courir çà & là.

Curſito, -are, aller & venir en hâte, courir çà & là.

Curſor, oris, Coureur, Courier, Avant-Coureur.

Curſorius, a, um, propre à courir, à faire diligence.

Curſura, æ; Curſus; ûs, courſe, carriere, voyage, chemin, route.

COMPOSÉS.

Ac-Curro, -ere, accourir, venir vîte, en diligence.

Ac-Curſus, ûs, courſe, l'action d'accourir, concours, affluence.

Ante-Curro, -ere; Ante-Curſo, -are, courir devant, devancer, précéder.

Ante-Curſor, is, qui paſſe devant, qui précede.

Ante-Curſorius, a, um, qui va devant, qui devance.

Circum-Curro, - ere, } courir
Circum-Curſo, - are, } autour.

Circum-Curſio, onis, courſe à l'entour.

Con-Curro, -ere, 1°. accourir, s'aſſembler en hâte, venir en foule de toutes parts; 2°. se choquer, en venir aux mains; 3°. concourir, se rapporter, s'accorder, tendre à la même choſe.

Con-Curſo, -are, courir çà & là, roder, parcourir.

Con-Curſio, onis; Con-Curſus, ûs, concours, rencontre, choc; 2°. abord, affluence, concurrence, prétention à une même choſe.

Con-Curſator, is, Batteur d'eſtrade, qui bat la campagne, qui court çà & là.

Con-Curſatio, onis, courſe çà & là, allée & venue; 2°. agitation, mouvement qu'on se donne pour quelque choſe.

De-Curro, - ere, courir çà & là, de haut en bas; 2°. courir vîte; 3°. courir la bague, joûter; 4°. avoir recours, recourir; 5°. décrire; 6°. avoir son cours, couler de haut en bas.

De-Curſus, a, um, couru; 2°. parfait, terminé, fini.

De-Curſus, ûs, cours, écoulement.

De-Curſio, onis, courſe, irruption, deſcente qu'on fait dans un pays pour le ravager.

De-Curſorium, ii, lice, carriere, grande place à faire des joûtes.

Dis-Curro, - ere, aller & venir, courir çà & là, courir de côté & d'autre, de toutes parts.

Dis-Curſor, oris, qui court çà & là.

Dis-Curſitor, oris, batteur d'eſtrade.

Dis-Curſus, ûs, l'action d'aller & de venir, 1ᴿ. cours.

Dis-Curſo, -are, aller & venir, courir çà & là, voltiger.

Dis-Curſio, onis, } l'action d'aller &
Dis-Curſatio, onis, } de venir, de courir, de voltiger
Dis-Curſitatio, onis. } çà & là, de côté & d'autre.

Ex-Curro, - ere, courir, aller en diligence, faire des courſes; 2°. s'étendre; 3°. faire des sorties, faire des irruptions.

Ex-Curſus, a, um, achevé, parcouru.

Ex-Curſus, ûs, } Courſe, irruption, incurſion, sortie
Ex-Curſio, onis, } sur l'ennemi, di-
Ex-Curſatio, onis } greſſion.

Ex-Curſor, oris, Coureur, qui fait des courſes, qui va en parti, qui bat la

campagne ; Emiſſaire , Batteur d'eſtrade , Corſaire.

In-Curro ,-ere , courir , ſe ruer, ſe
jetter deſſus , fondre ſur, faire des
courſes , des incurſions , aſſaillir ,
attaquer ; 2°. tomber , arriver ,
écheoir ; 3°. être enclavé , ſe trouver enfermé ; 4°. encourir.

In-Curſus , ûs , incurſion, courſe, invaſion ; 2°. combat.

In-Curſio , onis , incurſion, courſe ſur,
invaſion.

In-Curſim , en diligence , promptement.

In-Curſo .-are , ſe jetter , ſe ruer, courir deſſus avec impétuoſité , attaquer
avec ardeur , faire des courſes ; 2°. choquer , heurter contre.

In-Curſito ,-are , heurter ſouvent contre.

In-Curſatus , a , um , attaqué , où l'on
a fait des courſes , ſur lequel on a couru.

Inter-Curro ,-ere , ſurvenir , venir
à la traverſe , courir au travers.

Inter-Curſo ,-are , courir , couler , avoir
ſon cours entre , au milieu.

Inter-Curſus , ûs , arrivée entre ; l'action de venir à la traverſe , de paſſer
au travers , cours au milieu.

Intro-Curro ,-ere , courir dedans.

Oc-Curro ,-ere , accourir, venir au-
devant, rencontrer, s'offrir, venir
de ſoi-même , ſe préſenter , aller
au-devant , prévenir , s'oppoſer,
venir dans l'eſprit, remédier, quérir.

Oc-Curſio , onis ; Oc-Curſus , ûs ,ren-
contre, l'action d'aller au-devant.

Oc-Curſorius , a , um , qui vient au-
devant, qui ſe préſente à l'eſprit.

Oc-Curſo ,-are , aller au-devant ,-préve-
nir, devancer ; 2°. ſe préſenter à l'eſ-

prit , venir enſemble , tout-à la-fois.

Oc-Curſito ,-are , aller ſouvent au-devant.

Oc-Curſator , is , celui qui brigue.

Oc-Curſatio , onis , brigue, allée & venue, mouvement que ſe donne celui qui
brigue.

Oc-Curſaculum , i , ſpectre, fantôme
qui repréſente la nuit.

Per-Curro ,-ere , courir en hâte, courir promptement, parcourir , toucher légerement , toucher en paſſant.

Per-Curſus , ûs ; Per Curſio , onis ,
l'action de parcourir, courſe.

Per-Curſo ,-are , courir, parcourir, faire
des courſes.

Per-Curſatio , onis ; l'action de parcourir, courſe.

Per-Curſator , is , qui parcourt, fureteur,
ardent.

Præ-Curro ,-ere , s'avancer, devancer en courant, prévenir à la courſe, courir devant ; 2°. prévenir,
devancer, prendre le deſſus.

Præ-Curſio , onis ; Præ-Curſus , ûs ,
l'action de devancer, d'arriver avant ;
2°. réflexion qui précède, connoiſſance
précédente.

Præ-Curſor , is , Avant-Coureur , Poſ-
tillon.

Præ-Curſorius , a , um , d'Avant-Coureur , qui va devant.

Pro-Curro ,-ere , courir devant, s'a-
vancer en courant, s'avancer, s'é-
tendre.

Pro-Curſo ,-are , courir , faire des courſes ſur les ennemis , partiſan , qui va en
parti, batteur d'eſtrade.

Pro-Curſio , onis ; Pro-Curſatio , onis ,
courſe, digreſſion.

PRO-CUR*for*, *oris* ; PRO-CUR*fator*, *is*, Coureur, qui fait des courfes fur les ennemis, batteur d'eftrade.

PRO-CUR*fus*, *ûs*, faillie, avance, progrès, avancement.

RE CUR*ro*,-*ere*, courir une feconde fois; 2°. revenir en courant, recourir, revenir, recommencer, retourner.

RE-CUR*fus*, *ûs*, retour.

RE-CUR*fo*,-*are*, revenir, retourner, recourir.

SUC-CUR*ro*,-*ere*, fecourir, donner fecours, venir au fecours; 2°. fubvenir, remédier ; 3°. fe préfenter à la penfée, s'offrir à l'idée ; 4°. aller au devant, prévenir.

SUPER-CUR*ro*,-*ere*, courir par-deffus, aller au delà, paffer.

SUPER-EX-CUR*ro*,-*ere*, s'étendre fur.

TRANS-CUR*ro*,-*ere*, courir vîte d'un lieu à un autre; paffer en diligence, paffer vîte.

TRANS-CUR*fum*, *i*, l'action de courir vîte.

TRANS-CUR*fus*, *ûs*, courfe légere ou précipitée.

III. CHOR, bande de danfeurs, &c.

De CAR, courir en fautant, en bondiffant, les Grecs firent :

CHOR*us*, *i*, troupe de danfeurs, chœur de Muficiens; 2°. affemblée, multitude de perfonnes ; 3°. interméde, entr'acte.

CHOR*ea*, *æ*, danfe, ballet.

CHOR*eus*, *i*, pied de vers, compofé d'une longue & d'une bréve.

DI-CHOR*eus*, *i*, pied de vers, compofé de deux trochées.

2. CHOR*ium*, *ii*, falle de bal; 2°. arriere-faix; 3°. dure-mere ; 4°. rangée de pierres, de briques.

BINOMES GRECS.

1. CHOR-AG*us*, *i*, Maître d'une Troupe de Comédiens ; 2°. Roi du Bal ; d'*ago*, conduire.

CHOR-AG*ium*, *ii*, lieu où l'on refferre les décorations ; 2°. équipage des Comédiens; 3°. appareil d'une fête ; 4°. reffort de fer d'un clavier.

2. CHOR-AUL*a*, *æ* ; CHOR-AUL*es*, *æ*, Joueur de flûte, de violon ; d'*Aulé*, flûte.

CHOR-AUL*iftria*, *æ*, fille qui danfe & chante bien.

CORY-BANT*es*, *tum*, Prêtres de Cybele, qui, dans leur culte, danfoient & fautoient en frappant fur leurs cymbales. On a prétendu que leur nom venoit d'un certain Corybas, fils de Jafon & de Cybele, & neveu de Dardanus, qui les inftitua. C'eft un conte à la grecque : leur nom peint parfaitement la nature de leur culte. Il eft compofé de *ba*, qui va; & de *cor*, faut, *mot-à-mot*, qui va en fautant, en bondiffant. Les étymologies les plus fimples furent toujours celles qu'on oublia le plus vîte ; parce que ce furent toujours celles auxquelles on fit le moins d'attention : d'ailleurs, les Prêtres dont il s'agit, durent, comme l'on voit, leur nom au même motif que les Saliens durent le leur. Obfervons qu'ici *Kh* s'adoucit en *K* ou *C*.

CORY-BANT*ius*, *a*, *um*, de Corybantes.

3. CHOR-BAT*es*, *æ* ; bâton de Jacob, inftrument pour prendre la hauteur d'un lieu ; 2°. niveau à prendre la fituation d'un pays; 3°. piece de bois foutenue en équilibre, fervant à la conduite des eaux.

CHORO-STATES, æ, Chantre, celui qui entonne.

IV. CHOR, Pays, Contrée.

De CHOR, parcourir, vint le Grec *Khora*, pays, région ; d'où ces composés :

CHORO-GRAPHUS, *i*, celui qui décrit un pays ; de *grapho*, j'écris, je peins.

CHORO-GRAPHIA, *æ*, description d'un pays.

CHORO-CYTHARISTA, *æ* ; CHORO-CYTHA*ristes*, *æ* ; Joueur d'instrumens de musique.

LI.

HAR, CAR.

HAR, CAR est un mot primitif qui désigne la force, le courage, la valeur, & qui a formé une multitude de Familles dans toutes Langues.

En Theut. HART ; 1°. fort ; 2°. robuste ; 3°. hardi, courageux, audacieux ; 4°. ferme, stable, tenace, obstiné, sévere.

HERZ, cœur.

En Persan, CARD, viril, brave, belliqueux, plein de cœur & de courage.

En Grec KARTÉROS, vaillant, fort.

KARTOS, KRATOS, force.

KARDIA, courage.

KAR, KEAR, KÊR, cœur, siége du courage, de la valeur, de la bravoure.

De-là les Familles Latines :

1. COR, cœur.

---

2. CERTO, combattre, attaquer avec courage, montrer du cœur.

3. CERTUS, assuré, stable, certain, inébranlable, à toute épreuve.

4°. Des Composés en KRATIA, dérivés du Grec.

I. COR, Cœur.

COR, *dis*, cœur, principe de la sensibilité ou de l'amour, ame, vie.

CORculum, *i*, petit cœur, terme de tendresse, sage, prudent.

CORdatus, *a, um*, homme de bon cœur, sensé, judicieux.

CORdaté, en homme de bon sens, de bon cœur.

CORdolium, *ii*, mal de cœur, chagrin ; de *doleo* & de *cor*.

COMPOSÉS.

PRÆ-CORDia, *orum*, diaphragme, membrane qui sépare le cœur & le poumon d'avec le foie & la rate, entrailles ; mouvement de l'ame.

MISERI-CORDia, *æ*, compassion, pitié.

MISERI-CORS, *ordis*, pitoyable, compâtissant.

IMMISERI-CORS, *ordis*, impitoyable, dur, inhumain, sans compassion.

IMMISERI-CORDia, *æ*, dureté de cœur, inhumanité.

IMMISERI-CORditer, impitoyablement, sans miséricorde.

PRIVATIFS.

EX-CORS, *dis*, sans cœur ; insensé, sot, imbécille.

SE-CORS, *ordis* (*se* pour *sine*) ; SO-CORS, *ordis*, sans cœur, lâche, indolent, paresseux.

Se-Cordia, æ, lâcheté, paresse, non-chalance, imprudence.

Se-Corditer ; So-Cordiùs, négligem-ment, lâchement.

Væ-Cors, dis, } insensé, hors de
Ve-Cors, dis, } sens ; 2°. lâche, vil, bas ; 3°. furieux, fou, extravagant. Du privatif oué, non.

Ve-Cordia, æ, folie, sottise ; 2°. bas-sesse d'ame, lâcheté.

Ve-Corditer, follement, furieusement ; 2°. avec bassesse d'ame.

AUTRES COMPOSÉS.

In-Cordo, - are, insinuer, graver dans le cœur, persuader.

Re-Cordo, -are ; Re-Cordor, -ari, se remettre dans l'esprit, se ressouvenir.

Re-Cordatio, onis, souvenir.

Con-Cors, dis, qui vit en union, uni, paisible.

Con-Cordo, -are, s'accorder bien, être de concert, s'entendre, être réglé.

Con-Cordia, æ, accord, union, paix, harmonie, concert.

Con-Corditer, unanimement, en bonne intelligence, en paix.

Dis-Cors, dis, qui ne s'accorde pas, contraire, opposé.

Dis-Cordo, -are, être mal ensemble, brouillé, mal assorti, en discorde.

Dis-Cordia, æ, différend, mésintelli-gence, division.

Dis-Cordabilis, } qui ne s'accorde pas,
Dis-Cordiosus, } qui met la désu-
Dis-Cordialis, } nion, querelleur.

II. CER, combattre.

I.

Certo, - are, combattre, disputer, contester, être en différend ; 2°.

---

faire à qui mieux mieux, tâcher, faire des efforts.

Certatus, ûs, } combat, querelle,
Certamen, inis, } contestation, dé-
Certatio, onis, } mêlé ; 2°. jeu, exercice où l'on dispute le prix ; 3°. effort, contention.

Certatus, a, um, qui a combattu.

Certator, is, qui combat.

Certatim, à qui mieux mieux, à l'envi.

COMPOSÉS.

Con-Certo, - are, se battre avec un autre ; 2°. être en dispute avec quelqu'un.

Con-Certator, is, concurrent, rival.

Con-Certatio, onis, combat, démêlé, dispute ; 2°. défi, émulation.

Con-Certatorius, a, um, qui regarde la dispute.

Con-Certativus, a, um, contentieux, sujet à la dispute.

De-Certo, -are, combattre ; 2°. dis-puter, être en débat.

De-Certatio, onis, débat, querelle, différend.

Dis-Certo, -are, discourir, s'entretenir.

Præ-Certatio, onis, escarmouche ; com-mencement, prélude d'un combat.

Super-Certor, -ari, combattre pour.

III. CERT, certain ; d'une vérité irrésistible.

Certus, a, um, assuré, infaillible, clair.

Certé ; Certò, assurément, sans doute ; 2°. au moins.

Certisso, -are, savoir, être certain.

Certioro, -are, faire savoir ; donner avis.

Certitudo, inis, assurance.

PRIVATIFS.

IN-CERTus , a , um , douteux , dont
on n'eſt pas ſûr ; 2°. inconſtant ,
changeant; 3°. indéterminé,irréſolu.

IN-CERTum , i , incertitude.

IN-CERTò, IN-CERTé , dans l'incertitude.

IN-CERTO,-are , faire douter , rendre incertain.

PER-IN-CERTus , a , um , fort incertain ,
incertain au-delà de tout.

IV. CAR , fort , qui a une odeur
forte , un goût aromarique & fort.

1. S-CORDalus , a , um , querelleur ,
inſolent , féroce; 2°. qui a l'haleine
forte.

S-CORDalia , æ , querelle honteuſe.

2. CARD-AMOMUM , Καρδαμωμον ,
plante odoriférante , graine de paradis , cardamome , malaguette :
mot compoſé d'amomum , moum ,
aromate, & card, fort.

CARDAMUM , i , creſſon , plante.

CARDI-ACON ou CARDI-ACUS morbus ,
foibleſſe , débilité ; mot-à-mot , mal qui
fait manquer le cœur.

FAMILLE GRECQUE.

CART , force , ſe changea chez les
Grecs en KRATia : de-là ,

ARISTO-CRATia ; æ , mot-à-mot , gouvernement des Grands , ariſtocra-
tie.

DEMO-CRATia ; a , gouvernement populaire ; de DÉM , Peuple.

DEMO-CRATicus , a , um , Républicain.

PAN-CRATium , ii , combat dans les
exercices réunis de la lutte , du
ſaut , de la courſe , du pugilat & du
palet ; de Pan , tout.

PAN-CRATorium , ii , lieu où ſe faiſoit
ce combat.

PAN-CRATicè , à la maniere des Athletes.

PAN-CRATiaſtes , i , celui qui étoit vainqueur dans les cinq exercices.

CAR , CER , CRE.
Produire , créer.

CAR eſt un primitif qui ſignifia faire ,
produire.

Il exiſte dans le Perſan KAR ,
KART , qui forme une famille très-
étendue, avec ces ſignifications. 1°.
champ; 2°. travail ; 3°. ouvrier ;
4°. créateur ; 5°. faire , produire.

Ainſi il tient d'un côté à KAR ,
force, & de l'autre à CAR , ACAR ,
AGER , un champ.

De-là le Latin des vers Saliens.
CERus , Créateur , celui qui crée.

Le Grec KAIR , KER ; 1°. tiſtre ,
faire un tiſſu;2° le moment d'agir ,
de faire , l'occaſion: mots dont l'o-
rigine étoit abſolument inconnue.

De CEREo , prononcé CREo; vint
le verbe Latin CRÉo , créer , mot-
à-mot , faire , produire ; 2° donner
l'être ; 3°. élite , choiſir , l'élection
étant une eſpece de création.

Auſſi KORen ſignifie en Theuton,
choiſir , élire : KUR , élection, choix.

De-là cette famille Latine.

CREO , -are , 1°. faire , produire ; 2°.
donner l'être, faire naître; 3°. élire ,
choiſir.

CREATIO , onis ; 1°. génération , produc-

tion ; 2°. élection, choix, nomination
à.

CREATOR, *is*, Fondateur, Auteur.

CREatrix, *icis*, ouvriere, mere, cauſe,
celle qui engendre.

CREatura, *æ*, créature.

COMPOSÉS.

CON-CREOR , - *ari* , être créé , être
produit en même tems.

IN-CREatus, *a*, *um*, incréé, qui n'eſt
pas créé.

PRO-CREO,-*are*, engendrer ; 2°. produire.

PRO-CREatio, *onis*, l'action de produire,
génération.

PRO-CREATOR, *is*, pere qui engendre.

IM-PRO-CREABilis, *e*, qui ne peut être
produit.

RE-CREO , - *are*, créer de nouveau ;
2°. remettre en vigueur, rendre
joyeux.

RE-CREatio, *onis*, rétabliſſement, l'action de reprendre des forces.

III.

Nous avons vu que AR, HAR ſervit
à déſigner les élémens, les métaux, les objets diſtingués par leur
élévation, leur prix, &c. Mais
dès qu'il étoit conſacré à ces
idées, il dut naturellement déſigner le corps, la chair, objets compoſés de tous les élémens & les
plus intéreſſans ſous l'une ou l'autre de ces ſignifications.

De-là vinrent ces familles.

1°. CORpus, corps.

2°. CARo, chair.

3°. CER, couleur de chair, rouge.

4°. CERa, cire, ſoit qu'elle doive ſon
nom à ſa couleur, ſoit qu'on l'ait
regardée comme une création,
une production précieuſe, effet du
travail de l'Abeille induſtrieuſe.

I. COR, Corps.

CORPus,*oris*; 2°. corps; 2°. ſubſtance,
matiere ; 3°. volume, corps; 4°.
aſſemblée, compagnie.

CORPoralis, *e*, *is*, qui concerne le corps.

CORPoraliter, d'une maniere ſenſible.

CORPoreus, *a*, *um*, corporel, matériel.

CORPoroſus, *a*, *um*; CORPulentus, *a*, *um*,
qui a un corps gros & gras, qui a de
l'embonpoint.

CORPulentia, *æ*, embonpoint, obéſité.

CORPulenté, graſſement.

CORPoro, - *are*, raſſembler en un
corps; 2°. tuer, ôter l'ame & ne
laiſſer que le corps.

CORPoratus, *a*, *um*, qui a un corps.

CORPoror,-*ari*, être réuni, réduit en un
corps; 2°. perdre la vie, devenir un
cadavre.

CORPoratio, *onis*; CORPoratura, *æ*, cor-
pulence, corſage, conſtitution du corps.

COMPOSÉS.

AD-CORPoro, - *are*, ⎱ incorporer.
AC-CORPoro, - *are*, ⎰

BI-CORPor, *oris*; BI-CORPoreus, *a*, *um*,
à deux corps.

CON-CORPoro,-*are*, incorporer, aſſembler en un corps, réunir en un.

CON-CORPoralis, *e*, qui eſt d'un même
corps, d'une même compagnie, ſous le
même Caporal.

IN-CORPoreus, *a*, *um*; IN-CORPoralis,
e, *is*, qui eſt ſans corps.

IN-CORPoralitas

In-Corporalitas,atis, l'état d'être fans corps.

In-Corporor,-ari, faire partie d'un corps.

Tri-Corpor, oris, qui a trois corps.

II.

CAR, Chair.

1. Caro, rnis, chair, viande.

Carneus, a, um, fait de chair, qui eft de chair.

Carnalis, e, is, charnel, qui concerne la chair.

Carnaliter, charnellement.

Carnarium, ii, garde-manger.

Carnarius, ii, Boucher.

Carnarius, a, um, qui concerne la viande, la chair.

Carnofus, a, um; Carnulentus, a, um, charnu, plein de chair, épais, bien nourri.

2. Caruncula, æ, morceau de chair; 2°. filamens charnus, qui paroiffent dans une urine épaiffe.

3. Carnales, ium, Magiftrats de Police pour la viande.

Binomes.

1. Carni-Fex, icis, m. & f. 1°. bourreau, exécuteur de la Juftice; 2°. meurtrier, homicide, pendart, coquin; 3°. carnacier, qui dévore la chair, qui vit de carnage; 4°. qui fe tue, qui fe défait de foi-même; 5°. géolier, queftionnaire.

De Facio, qui, dans les Compofés, fignifie détruire, anéantir, par une fuite du génie antique qui marquoit par des noms agréables, les objets les plus triftes, les plus fâcheux.

Carni-Ficina, æ, cruauté, meurtre, barbarie, inhumanité; 10. tourment, fupplice; 3°. place patibulaire, le lieu

Orig. Lat.

du fupplice; 4°. l'exercice, le métier de Bourreau.

Carni-Ficius, a, um, de Bourreau.

Carni-Fico,-are, faire le Bourreau, mettre en pieces.

Carni-Ficor,-ari, être mis en piéces, déchiré de coups, exécuté par ordre de la Juftice.

2. Carnis-Privium, ii, carême, privation de chair, jeûne; & par antithèfe, jours-gras; carnaval : de Privare, fe priver.

Carni-Vorus, a, um, carnacier, carnivore, qui confume la chair, qui s'en nourrit; de voro, je dévore.

Composés.

Ex-Carnatus, a, um, décharné.

Ex-Carni-Fico,-are, déchirer à force de coups, maltraiter cruellement, mettre la chair en pieces.

In-Carnatus, a, um; 1°. incarné; 2°. qui a de la chair, de belles carnations, incarnat.

In-Carnatio, onis, l'action de prendre chair, incarnation; 2°. formation d'une mole.

2.

Cartilago, inis, cartilage, partie du corps d'un charnu offeux.

Cartilagineus a, um; Cartilaginofus, a, um, cartilagineux, plein de cartilages.

3. CRA, Famille Grecque.

De Kar, Ker, chair, les Grecs firent Kreas, chair; d'où :

Pan-Creas, le Pancréas, corps glanduleux du ventre, mot-à-mot, tout chair.

CREA-GRa, æ, fourchette ; de *Creas*, chair ; & *Agreuo*, faifir, prendre, chaffer.

4. CAR, Sang.

1. CARyca, æ, Boudin fait de fang & de divers autres ingrédiens.

2. AS-SIR, le fang. C'eft un Binome Celtique, compofé de deux mots primitifs ; *As*, eau, liqueur, & *CIR*, rouge. As fignifie eau, liqueur en Portugais : IAS en Turc & WAS-*ser* en Allemand fignifient la même chofe.

As-*firatum*, *i*, breuvage fait avec du fang & du vin.

III. CAR, COR, Rouge, couleur de chair, de fang.

1.

CORallium, ii, }
CORallum, i, } Corail.

2.

CRUor, pour CERuor & CARuor.

CRUor, *is*, fang ; c'eft le même que l'Anglois GoRE, qui a confervé la prononciation primitive.

CRUentus, *a*, *um*, fanglant, couvert de fang ; 2°. teint de fang ; 3° cruel.

CRUento, -are, enfanglanter, fouiller de fang.

IN-CRUENS, *tis* ; IN-CRUENtus, *a*, *um*, qui n'eft point fanglant, où il n'y a point d'effufion de fang.

IN-CRUENtatus *a*, *um*, qui n'eft point enfanglanté.

3.

CRUdus, *a*, *um*, faignant, encore plein de fang : *crudum vulnus*, une bleffure d'où découle encore le fang : 2°. crud, qui n'eft pas cuit ; 3°. qui a des crudités, des indigeftions ; 4°. indigefte, mal digéré ; 5°. verd, qui n'eft pas mûr ; 6°. dur, brufque, cruel, farouche, qui met tout en fang.

CRUditas, *tis*, la qualité d'être faigneux, d'être en fang ; 2°. crudité, indigeftion ; 3°. la qualité d'être difficile à digérer, comme de la viande crue, des fruits qui ne font pas mûrs ; 4°. cruauté, le plaifir de verfer le fang.

CRUdefco, *is*, *ui*, *fcere*, devenir féroce de plus en plus ; s'accoutumer à verfer le fang ; 2°. s'échauffer, s'irriter.

COMPOSÉS.

RE-CRUdefco, - *ere*., fe renouveller, reprendre des forces, devenir ardent, s'animer.

SUB CRUdus, *a*, *um*, démi-crud, moitié cuit.

SUB-CRUdefco, -ere, mûrir, cuire à demi.

SUB-CRUEntus, *a*, *um*, un peu fanglant.

4.

CRUdelis, *e*, cruel, inhumain, rigoureux, féroce, *mot-à-mot*, qui aime le fang.

CRUdelitas, *is*, cruauté, inhumanité.

CRUdeliter, cruellement, d'une maniere dure.

BINOMES GRECS.

MEL-ICERA, æ, Gr. μελικηρίς, pus blanchâtre.

MEL-ICERIS, *idis*, plaie, tumeur ouverte. On a cru que ce mot étoit compofé de *Meli*, miel, & de *Kera*, cire ; mais on fe trompoit, entraîné par un rapport fpécieux de mots : la vraie origine de celui-ci font les mots Grecs, *Mel*, noir, & *Ikhór*, pus.

IV. CAR-BO,
Charbon.

1. CAR-Bo, *is*, charbon, *mot à-mot*, Bo, bois, CAR, rouge, étincelant; bois allumé, qu'on éteint avant qu'il soit réduit en cendres.

CAR-Bonarius, *a*, *um*, de charbon.

CAR-Bónarius, *ii*, charbonnier.

CAR-Bonaria, *æ*, mine de charbon, lieu où se trouve le charbon.

CAR-Bonesco, -*ere*, devenir en charbon.

2. CAR-Bunculus, *i*; 1°. petit charbon; 2°. escarboucle, pierre précieuse; 3°. brouine des fruits de la terre; 4°. charbon de peste; 5°. ulcère enflammé; 6°. carboncle, sable desséché par les exhalaisons brûlantes qui en sortent.

CAR-Bunculosus, *a*, *um*, brûlé, embrâsé, ardent.

CAR-Bunculo, -*are*, CAR-Bunculor, -*ari*, être brouiné, être brûlé.

CAR-Bunculatio, *is*, brouine, brûlure.

V. CER, Cire.

1. CERa, *æ*, cire; 2°. tablettes enduites de cire: 3°. image, portrait de cire.

CERula, *æ*, petit morceau de cire.

CERumen, *inis*, cire de l'oreille.

CERosus, *a*, *um*, de cire, plein de cire.

CEReus, *i*, cierge, chandelle de cire.

CEReolus, *i*, bougie, petite chandelle de cire.

2. CERo, -*are*, cirer, frotter, couvrir de cire, bougier.

CERinus, *a*, *um*, de couleur de cire.

CERinum, *i*, habit de femme de couleur de cire.

CERinarius, *a*, *um*; CARinarius, *a*, *um*, qui teint en couleur de cire, en jaune, d'un jaune éclatant.

CERatus, *a*, *um*, ciré, frotté, enduit de cire.

CERatura, *æ*, cirure, enduit de cire.

CERatorium, *ii*; CERatum, *i*, cerat, onguent où il entre de la cire.

IN-CERo, -*are*, enduire de cire.

3. CERarius, *ii*, Cirier, marchand de cire.

CERarium, *i*, impôt sur la cire; 2°. droit de taxe qu'on paye pour le sceau.

1. CERintha, *æ*, ⎫ pâquette, plante
CERinthe, *es*, ⎬ très-agréable aux
CERinthus, *i*, ⎭ abeilles; Gr. *Kérinthon*, *i*.

5. CERites, *æ*, ⎫ pierre précieuse, ainsi
CERamites, *æ*, ⎬ appellée de sa couleur
CERachates, *æ*, ⎭ de cire, ou d'un jaune doré.

CERamium, *ii*, endroit à Rome, ainsi appelé de ses ouvrages en cire: Ciceron y avoit sa maison.

6. CERi-Fico, -*are*, faire de la cire: de *facio*, faire.

7. CERoma, *tis*, mixtion de cire & d'huile, pour oindre les luteurs avant le combat; 2°. le lieu où se frottoient ces luteurs; 3°. tablette cirée, sur laquelle les anciens écrivoient.

CERomaticus, *a*, *um*, frotté d'une mixtion d'huile & de cire.

8. CERites tabulæ, tablettes enduites de cire où les Censeurs gravoient avec un poinçon le nom de ceux qu'ils dégradoient.

CERitus, *a*, *um*, qui a été marqué sur ces tablettes; infensé, furieux, hors de sens.

9. CERussa, *æ*, céruse, fard: on l'a

ainfi nommé, parce qu'on enduit avec de la céruſe de même qu'avec de la cire.

CERuſſatus, a, um, fardé, blanchi, peint avec de la céruſe.

10. ACORON, Grec Ἄκορον, herbe, nommée calamus aromaticus, ou poivre des Abeilles.

BINOME.

Pisſo-CERon, i, compoſé de gomme & de cire : de PISS, gomme.

COMPOSÉS.

SIN-CERus, a, um, pur, net, ſain, ſans mélange, qui n'eſt point gâté, entier ; 2°. ſincere, franc, qui eſt de bonne foi, qui n'eſt point déguiſé, point diſſimulé. Cet adjectif ſignifie mot-à-mot, pur, ſans cire, du miel pur, & dégagé de la cire. C'eſt un binome formé de SINe, ſans, & de CERa, cire.

SIN-CEré ; SIN-CERier, ingénuement, ſans diſſimulation, avec franchiſe, ſans déguiſement.

SIN-CERitas, is, pureté, netteté, qualité ſaine, ſans mélange, ſans altération.

Ex-SIN-CERatus, a, um, altéré, falſifié, frelaté.

VI. C A R, fruits rouges, &c.

1. CERatitis, is, pavot : ainſi nommé, à cauſe de ſa couleur.

2. CERaſus, i, ceriſier, arbre portant des fruits rouges. On crut mal-à-propos que ce fruit tiroit ſon nom de la Ville de CERASONTE : c'eſt qu'on ignoroit qu'il le devoit à ſa

couleur, & que cette Ville dut le ſien tout au plus à ſes excellentes ceriſes : car elle peut avoir eu une toute autre origine : KER déſignant une Ville, en général.

CERaſum, i, ceriſe, guine, griotte.

3. CARPio, onis, carpe. Ce poiſſon fut ainſi nommé à cauſe de ſa chair rouge.

4. CICERculum, i, terre rouge qu'on tiroit de l'Afrique.

FAMILLES en CAR,

relatives à la valeur de C.

C déſignant la capacité, forma le mot CAR qui ſignifia :

I. La tête, capacité élevée, au phyſique & au moral ; & comme la tête eſt élevée, & que AR déſigne également l'élévation, ce mot devint chef de familles qui déſignent ; 2°. les ſommets, l'élévation ; 3°. un amas, un monceau ; 4°. ce qui eſt cher, précieux.

II. Toute idée de capacité ronde ; 1°. cercle, rondeur, enceinte : 2°. enveloppe : 3°. l'action de cerner.

I.

C A R, capacité élevée.

1. C A R, Tête.

1.

CAR, CER, ſignifie tête, élévation, ſommet dans preſque toutes les langues.

CARa, la tête, en Espagnol, Bas-Breton, vieux François.

CAR, la tête en Celte & en Grec.

CARenon, en Grec, & *CARé*, la tête.

KÊR, le cerveau, dans la même langue ; de là ces mots Latins.

GER*ebrum*, *i*, tête, cerveau, cervelle.

CÉR*ebellum*, *i*, petit cerveau, cervelet.

CER*ebrofus*, *a*, *um*, écervelé, éventé, fou, qui a la cervelle démontée ; 2°. emporté, violent, tête-chaude.

CER*ebellare*, *is*, armure de tête, casque, armet, morion, salade, coëffe de maille. (*Vegece*.)

COMPOSÉS.

1. Ex-CÉR*ebro*, -*aré*, faire perdre la cervelle, le jugement.

2. PRO-*Cer*, *eris*, un Grand, un homme haut, élevé, à la tête des affaires ; de *CER*, tête, & de *PRO*, en haut, en avant.

PRO-CER*es*, *um*, les Grands, les Premiers, les Principaux d'un Etat, les Gens de qualité.

PRO-CER*é*, haut, fort élevé.

PRO-CER*iùs*, plus haut.

PRO-CER*itas* ; *is* ; PRO-CER*itudo*, *iniſ*, hauteur, longueur.

PRO-CER*us*, *a*, *um*, haut, ou long.

IM-PRO-CER*us*, *a*, *um*, qui est petit de taille, de petite stature.

BINOMES.

1. CARa-GALL*a* ; 2°. vêtement Gaulois ; & 2°. nom d'un Empereur Romain auquel on donna ce nom à cause qu'il aimoit à porter ce vêtement, qui étoit une espéce de cape : de *CAR*, tête, & *CAL*, couvrir.

2. PRIMI-CER*ius*, *ii*, Primicier, Dignité d'Eglise.

2.

CER*nuo*, -*are*, se courber, se baisser, s'incliner, tomber la tête premiere, mettre la tête entre les jambes.

CER*nuatus*, *a*, *um*, qui tombe la tête premiere.

CER*nuus*, *a*, *um* ; CER*nulus*, *a*, *um*, courbé, panché, incliné en avant, celui qui panche la tête ; 2°. celui qui saut sur un pied.

CER*nulo*, -*are*, jetter la tête la premiere, faire faire la culbute, précipiter, faire tomber la tête la premiere ; 2°. s'humilier, s'incliner, se pancher en avant ; 3°. se renverser en arrière & toucher des mains à terre.

3.

CER*vix*, *icis*, tête, col, chignon ; 2°. col d'un canal, canal qui s'allonge en s'étréciſſant.

CER*vicula*, *æ*, petite tête, col d'une machine qui va en s'étréciſſant.

CER*vicofus*, *a*, *um* ; CER*vicatus*, *a*, *um*, têtu, entêté, obstiné.

CER*vica*, *æ*, soufflet, coup sur la joue.

CER*vical*, *is* ; CER*vicale*, *is*, traversin pour repoſer la tête, chevet, oreiller ; 2°. cravatte, mouchoir de col.

II. CORN, Corne.

CORN*u*, *u* ; 1°. corne ; 2°. corner, trompe ; 3°. aîle d'une armée.

CORN*utus*, *a*, *um*, qui a des cornes.

CORN*eus*, *a*, *um* ; CORN*eolus*, *a*, *um*, de corne ; 2°. dur comme de la corne.

CORNefco ,-ere , fe racornir, fe changer en corne.

CORNiculum, i, petite corne ; 2°. ornement de cafque fait de corne , qu'on portoit comme le prix de la valeur ; 3°. cor, trompe, cornet.

BINOMES.

1. CORNi-GER, a, um, qui porte des cornes ; 2°. Bacchus; de gero, porter.

2. CORNi-Pes, dis, aux pieds de corne ; 2°. cheval ; de pes, pied.

3. CORNicen, inis, qui fonne du cor ; de CANO, fonner.

4. CORNu-Peta, æ, qui donne de la corne.

5. CORNu-COPia, æ, corne d'abondance.

6. CORONo-Pus, odis, corne de cerf, herbe ; 2°. chiendent.

7. UNi-CORNis, e, qui n'a qu'une corne : d'où,

UNi-CORNis, is, licorne ; on fuppofoit que cet animal avoit une corne fur le front.

BI-CORNis, e, à deux cornes, à deux dents, fourchu.

TRI-CORNis, e, is, à trois cornes.

III. CAR ou FAMILLES GRECQUES.

1°. de CAR, Tête.

1. CARYatides, um, Caryatides, ftatues de femmes qui foutiennent de leur tête l'entablement d'un édifice : de Kar, tête, & Ruo, foutenir.

2. CRANium, ii, le crâne.

CRANeum, ei, Collége de Corinthe, parce qu'il étoit fur une hauteur.

HEMI-CRANia, æ, migraine.

HEMI-CRANica, orum, remède contre la migraine.

HEMI-CRANicus, a, um, fujet à la migraine.

PERI-CRANium, ii; PERI-CARDium, ii, membrane qui enveloppe le crâne ; de peri, autour.

3. CARYon, Grec KARuon, noix, à caufe de fa rondeur; 2°. noyer.

CARYinum, i, huile de noix.

CARY-OPus, i, fuc de noix ; du Gr. opos, fuc.

4. CARYitis, idis, tithymalle, dont le fruit reffemble à la noix.

5. CARYota; CARuota, Gr. Kapuwtos, datte, fruit du Palmier.

6. CARYopum, i, arbriffeau de Syrie, qui a du rapport avec le canelier, ou arbre à canelle.

7. CARYo-PHYLLum, i, girofier, arbre qui porte le clou de girofle ; 2°. ce fruit lui-même : de KAR, tête, & Phyllon, plante & fleur aromatique.

8. CARYo-PHYLLus, i, fleur appellée œillet.

2°. De CAR, Corne.

1. CEROstrotum, i, } ouvrage de CEStrota, orum, } marqueterie fait avec de la corne.

CERO-STROtus, a, um, orné de marqueteries.

2. AGO-CEROS, otis; 1°. capricorne; 2°. fainfoin.

3. CERaftes, æ ; } ferpent qui a des CERafta, æ, } cornes ; 2°. ver qui gâte les figues.

CERatias, æ, Comète cornue.

CERatinus, a, um, cornu; 2°. captieux.

CERatia, æ, plante propre à la dyffenterie.

4. Cerat-Aulæ, arum, ⎫ Joueurs de
Cer-Aula, æ, ⎬ flûte.

5. Ceraunius, a, um, de foudre.

Ceraunia, orum, Mont-Taurus; 2°. Mont de la Chimere.

6. Ceraunia, æ; 1°. carougier ; 2°. pierre précieuse.

Ceraunium, ii, truffe; 2°. note grammaticale.

7. Cervus, i, Cerf, animal qui doit son nom à ses grandes cornes; 2°. piéce de bois fourchue comme les cornes ou le bois d'un cerf; 3°. tronc d'arbre branchu; 4°. grande fourche; 5°. machine de fer ou de bois à plusieurs pointes.

Cerva, æ, Biche; 2°. Palma christi, plante.

Cervulus, i, faon de biche.

3°. De COR, Tête, Sommet.

1. Corymbus, i, Gr. κορυμβος, sommet; de cor, tête, & umbo, élévation ; 1°. sommité des plantes ; 2°. tige d'artichaud ; 3°. grappes, en particulier celles du lierre ; 4°. bout du teton.

Corymbi-Fer, a, ûm, qui porte du lierre avec sa grappe ; 2°. surnom de Bacchus.

2. Coryphæus, i, le chef, le principal, le premier d'une compagnie ; 2°. le Roi du bal : de Cor, tête, & up, élevé.

Mélan-Coryphus, mot à mot, tête noire, becque-figue, oiseau; de melan, noir.

3. Corsa, æ, la plate-bande d'un chambranle.

4. Corylus, i, noisetier, coudrier.

Coryletum, i, coudraie, bois de noisetier.

5. Cornus, i, ⎫ cornouiller ; 2°.
Cornus, ús, ⎬ dard; 3°. flageolet.

Cornum, i, cornouille.

4°. De CAR, prononcé CRe.

De Kar, Chef, Seigneur ; 2°. faire, les Grecs dériverent Kreion, Roi : & Krainó, exécuter, faire, accomplir. Et sur ces deux mots, ils en formerent deux autres dont l'origine n'étoit pas moins inconnue que celle de Kreion & de Krainó : ce sont les verbes Khraó & Khrió.

Khrao, au futur 1. Khréso, signifie faire usage d'un instrument pour l'exécution de ses vues, se servir, employer : d'où Khréstos, utile, qui sert.

Khrio, élever quelqu'un à la dignité de Roi par l'onction, oindre.

De ces deux verbes vinrent ces mots Latins-Grecs :

1. Chresto-Logia, æ, affabilité.

Chrestum, i, chicorée, plante.

Pan-Chrestum, i, remède propre à tous maux.

2. Christus, i, oint, sacré, Christ.

Christianus, a, um, ⎫
Christiada, æ, ⎬ Chrétien.
Christicola, æ, ⎭

Anti-Christus, i, Ante-Christ.

Pseudo-Christus, i, faux Christ.

3. Kar, Kor, Seigneur, prononcé Kur, devint le Grec Kurios, Sei-

gneur , Curoó , être en vigueur :
de-là le mot Latin-Grec :

A-Cyro-Logia , expreſſion propre ,
mot qui a vieilli , qui n'eſt plus en
vigueur.

I. V.

CER, CRE , CRA , Élévation,

Amas , (338 , 525.)

» Crah , Creh , eſt un primitif qui
» déſigne tout ce qui eſt haut , éle-
» vé , tout ce qui croît , &c.

Ce mot s'eſt prononcé également
Cer , Ger : de-là nombre de familles Latines.

1. A-Cervus , i , tas , monceau ,
amas , multitude , grande quantité.

A-Cervatim , par monceaux , en foule ,
pêle-mêle , confuſément.
A-Cervalis , entaſſé , accumulé.
A-Cervatio , amas , entaſſement.
A-Cervo , avi , atum , are , amaſſer ,
entaſſer , accumuler.

Ces mots tiennent au Grec Αγυρω ,
& à l'Hébr. גור Gur, & אגר Agar,
qui tous ſignifient amaſſer , aſſembler , 2°. ſe rendre à l'aſſemblée, à
la place publique, au marché : d'où

Agoræus , a , um , ce qui ſe porte au
marché.
Agora-Nomus, Juge de Police : de Nomos,
Loi.

C O M P O S É S.

Co-Acervo , avi , atum , are , entaſſer , accumuler , amonceler.

Co-Acervatio , onis , amas , monceau ;
2°. aſſemblage , entaſſement ; 3°. récapitulation.

Co-Acervatim , en aſſemblant , en accu-
mulant , en récapitulant.
Ex-A-Cervo ,-are , amonceler.
Ex-A-Cervatio , onis , amas , monceau.

2.

1. Ag-Ger , eris , amas , monceau ,
tas ; 2°. chauſſée , digue ; 3°. retranchement , rempart ; 4°. élévation , éminence ; 5°. tranchée ;
6°. chauſſée ou grand chemin ,
pavé.

Ag-Gero ,-are , amaſſer , entaſſer ; 2°.
faire une digue ; 3°. aſſembler en
monceau , augmenter ; 4°. remplir ,
combler ; 5°. chauſſer , rechauſſer des
plantes.
Ag-Geratus , a , um , entaſſé.
Ag-Geratio , entaſſement.
Ag-Geratim , par tas.

C O M P O S É S.

Circum-Ag-Gero , - are , amaſſer autour, amonceler en cercle.

Co-Ag-Gero ,-are , mettre en un monceau.
Ex-Ag-Gero ,-are , amaſſer l'un ſur
l'autre ; 2°. augmenter ; 3°. exagérer ,
faire plus grand.
Ex-Ag-Geratio , onis , élévation ; 2°.
exagération.
Super-Ag-Gero ,-are , entaſſer par-
deſſus.

2. Ag-Gero , ſſi , ſtum , ere , entaſſer.
Ag-Gestus , us , amas , tas.
Ad-Aggero ,-are , accumuler.

C A R ,
Peſant.

De Car , amas , monceau , ſe forma
Car , peſant , chargé : d'où ces
mots Latins-Grecs.

Caros ,

CAROS, Gr. Κάρος, péfanteur de tête, affoupiffement léthargique caufé par l'yvreffe.

CAROTIDES, Gr. Καρωτίδης, veines jugulaires, artères.

V. CAR, Cher.

1.

CAR eft un mot primitif & Celtique qui fignifie aimable, beau, agréable, ce qu'on aime; ami de cœur, *mot-à-mot*, ce qu'on met à la tête de tout, ce qu'on préfere à tout. Ce mot eft commun à diverfes langues.

En Grec *Kharis*, graces, attraits.

En Suéd. *KÆR*, cher.

En Allem. *GER*, défir extrême.

En Hébreu יָקַר, I-Qar, eftimer infiniment; 2°. être d'un grand prix, en grand honneur ; 3°. être rare. *Nom*, valeur, prix, attraits.

CARUS, a, um, cher, précieux, qui coûte beaucoup ; 2°: chéri, bien aimé, favori.

CARitas, is, cherté, prix, rareté, difette, amour.

CARè, cher, à haut prix.

2.
FAMILLE GRÉCQUE.

CHARitas, is, amour, amitié, zèle, bienveillance.

CHARites, um, les trois Graces.

CHARifma, is, grace, don.

CHARifia, orum ; CHARiftia, orum, fêtes en l'honneur des Graces ; 2°. fêtes anniverfaires de la mort des parens qui étoient feftoyés par les vivans.

Orig. Lat.

Eu-CHARis, e, gracieux ; d'*eu*, bien, extrêmement.

Eu-CHARiftia, æ, le feftin de l'amour fraternel.

3.

1. CARenum, i, vin cuit ; il tire fon nom de *Car*, agréable, à caufe de fa douceur.

CHARi, æ, lapfane, racine comeftible.

CHARito-BLEPharon, i, efpèce d'arbriffeau ; *mot à mot*, le fourcil des Graces.

4.

CAReo, es, ui, caffus fum, caritum & caffum, ere, devenir rare ; 2°. manquer, avoir befoin, être exempt; 3°. fe paffer de.

CASfus, a, um, vuide, creux, qui n'a rien dedans ; 2°. vain, frivole, inutile.

In-CASfüm, vâinement, inutilement.

5.

CAR, fe prononçant GAR & GRA, forma la famille fuivante.

GRATus, a, um, favoureux, qui plaît au goût; 2°. agréé, bien venu; 3°. agréable, qui plaît; 4°. reconnoiffant, qui a du reffentiment des bienfaits.

GRATum, i, chofe dont on a obligation.

GRATes, um, graces, remerciemens

GRATè; GRATò, avec reconnoiffance, avec actions de graces; 2°. agréablement, avec plaifir.

GRATis; GRATuitò, fans intérêt, fans efpoir de récompenfe.

GRATuitus, a, um, fait fans aucune vue d'intérêt.

GRATor, -ari, féliciter, congratuler, faire compliment fur un avantage ; 2°. rendre graces, remercier.

GRATanter ; GRATulanter , en fe félici-
tant.
GRATabundus , a , um ; GRATulabundus ,
a , um , qui prend part à la joie de quelqu'un , qui félicite.

2. GRATulor , ari , complimenter fur ,
fe réjouir avec quelqu'un d'un heureux fuccès ; 2°. rendre graces ,
remercier.

GRATulator , is , qui félicite.
GRATulatio , onis , compliment fur quel-
que avantage , affurance de la part qu'on
prend à la joie de quelqu'un.
GRATulatorius , a , um , de félicitation.
GRATitio ,-are, ⟩ favorifer , obliger ,
GRATi-FICO ,-are ,-⟩ faire plaifir , rendre
GRATi-FICor ,-ari , ⟩ fervice.
GRATIFICatio , onis. , faveur , gratifica-
tion.

3. GRATia ; æ ; bienfait , faveur , plaifir ; 2°. amitié , bonnes graces ;
3°. reconnoiffance , reffentiment ;
4°. pardon ; 5°. intérêt , avantage ;
6°. agrément , délices ; 7°. crédit ,
autorité , pouvoir.

GRATiofus , a , um , favorifé , animé ,
agréable ; 2°. accrédité ; 3°. qui favorife ;
4°. obtenu par faveur.
GRATiofé , par faveur , par le crédit
qu'on a.

COMPOSÉS.

CON-GRATulor , - ari , féliciter , témoigner à quelqu'un la joie qu'on
a de fon bonheur.

CON-GRATulatio , onis , félicitation , con-
jouiffance.

IN-GRATus , a , um ; 1°. défagréable ,
qui ne plaît pas ; 2°. ingrat , mé-
connoiffant ; 3°. qui agit malgré
foi.

IN-GRATI-FICus , a , um , qui manque de
reconnoiffance. .
IN-GRATia , æ , indignation , difgrace.
IN-GRATitudo , inis , manque de reconnoiffance.
IN-GRATé , avec ingratitude ; 2°. peu
volontiers , malgré foi.
IN-GRATis ; IN-GRATiis , à regret , contre
fon gré.
PER-GRATus , a , um , charmant , fort
agréable.

VI, CER prononcé QUER.

De CAR , CER , 1°. cher , 2°. défir
vif , recherche empreffée , fe formerent l'Hébreu קור , KuR , chercher avec foin ; fouiller dans le fein
de la terre pour trouver de l'eau.
חקר , He-QaR , chercher , fcru-
ter , folliciter. Et le Latin QuÆRO :
d'où la famille fuivante.

1. QuÆRO , is , fivi , fitum , ere , chercher , demander.

QuÆRito ,-are , s'enquérir , faire des
informations , s'informer , chercher à
découvrir ; 2°. tâcher ; faire fes efforts ;
3°. acquérir , amaffer.

Dans cette famille , le R s'eft changé en S pour adoucir la prononciation.

QuÆStio , onis ; QuÆSitus , ús , recherche , enquête , information , l'action de
chercher.
QuÆSitum , i , demande , interrogation ;
2°. ce qu'on a acquis.
QuÆStus , ús ; QuÆSticulus , i , ce qu'on
a recherché , gain , profit , petit gain ,
l'action de trouver ce qu'on a cherché ,
l'action de gagner.
QuÆStura , æ , Charge de Tréforier , la
Tréforerie.

Quæstio, onis, recherche, l'action de chercher; 2°. torture, question pour découvrir quelque chose qu'on cherche à sçavoir; 3°. demande, enquête, information; 4°. doute qu'on propose, question.

Quæstiuncula, æ, petite recherche, petite demande.

Quæsitor, oris, Juge au criminel, qui cherche, qui examine, Enquêteur, Examinateur.

2. Quæstor, is, Juge au criminel, celui qui fait les recherches; 2°. Tréforier, chargé du Tréfor public.

Quæstorium, ii, Tréfor, caisse du Tréforier, bureau du Tréforier; l'emploi de Tréforier.

Quæstorius, ii, qui a été Tréforier ou Quêteur.

Quæstorius, a, um, qui concerne le Tréfor, le bureau ou la caisse du Tréforier.

Quæstuofus, a, um, qui recherche le gain, avide de gagner, intéressé, qui aime le profit; 2°. lucratif, qui apporte du gain; 3°. fur quoi l'on gagne.

Quæstuofissimè, d'une maniere qui rapporte un grand gain.

Quæstuarius, a, um, qui travaille pour le gain, qui cherche à gagner, que le profit fait agir.

Quæso; je vous prie; Quæsumus, nous vous prions.

COMPOSÉS.

Ac-Quiro, - ere, gagner, obtenir, conquérir, rechercher.

Ac-Quisitio, onis, acquisition, gain, profit.

Ac-Quisitus, ûs, le premier ou le plus bas ton de la Musique.

Con-Quiro, - ere, chercher, fe donner des foins pour trouver; s'enquérir, s'informer.

Con-Quisitor, is, Enquêteur, Surveillant, qui a charge d'observer; Commissaire, qui a commission de faire des recrues.

Con-Quisitio, onis, recherche, perquisition; 2°. enquête, information.

Con-Quisitè, exactement, foigneusement.

Dis-Quiro, - ere, chercher exactement, s'appliquer à la recherche, pefer avec attention, difcuter.

Dis-Quisitio, onis, difcussion, examen fcrupuleux, enquête foigneufe, recherche exacte, critique.

Dis-Quisitor, is, Enquêteur, Examinateur.

Ex-Quæro, - ere, } faire une recher-
Ex-Quiro, - ere, } che exacte, examiner, s'informer exactement, demander avec empressement.

Ex-Quisitus, a, um, choisi, étudié; 2°. recherché, demandé.

Ex-Quisitor, is, qui recherche.

Ex-Quisitio, onis, premier essai, tentative.

Ex-Quisititius, a, um, qui est recherché, d'une grande recherche, qui n'est pas naturel.

Ex-Quisitim; Ex-Quisitè, foigneufement, exactement, avec choix, avec art, artistement.

Ex-Quæstor, is, qui a été Quêteur.

In-Quiro, ere, chercher, s'enquérir, s'informer, faire une information.

In-Quisitio, onis, recherche, enquête, information, examen.

In-Quisitus, a, um, recherché, dont on a fait la recherche, dont on s'est informé ou enquêté; 2°. dont on ne s'est pas

E e ij

informé , qu'on n'a pas examiné , dont on n'a pas fait de recherche.

In-Quisitiùs , avec une recherche plus exacte.

In-Quisitor , oris , qui recherche , qui s'informe , qui examine ; 2°. Enquêteur , Examinateur.

Per-Quiro , - ere , chercher exactement , voir ou fureter par-tout ; 2°. interroger , s'enquérir , s'informer.

Per-Quisitor , oris , qui recherche avec foin ; 2°. Espion , Surveillant.

Per-Quisité , avec exactitude ; avec recherches.

Pro-Quæstor , is , Vice-Tréforier ; celui qui remplissoit la place du Questeur , du Tréforier.

Re Quiro , - ere ; 1°. chercher , rechercher , demander , s'enquérir ; 2°. regretter , trouver de manque.

Re-Quisitio , onis , recherche , enquête.

Re Quirito , -are , rechercher souvent.

II.

Familles en CAR désignant toute capacité ronde , cercle , enceinte , &c.

I. CAR , Pivot , &c.

1. Cardo , inis. , gond , pivot fur lequel tourne une porte ; 2°. les pôles du monde , points fur lesquels il tourne , il roule , 3°. l'objet d'une affaire , fur lequel elle roule.

Cardinalis , e , qui concerne les gonds ; 2°. principal , cardinal.

Cardinalis , is , Cardinal , Prince de l'Eglise.

Cardinatus , a , um , enclavé , emboëté.

Inter-Cardinatus , a , um , enclavé l'un dans l'autre.

2. Cartallus , Gr. Καρταλλις , d'ofier , corbeille.

3. Carcer , is , anciennement Ker-ker , chambre close , prison , cachot , géole ; 2°. coquin , scélérat.

Carceres , um , barrieres au-devant des loges des animaux farouches , pratiquées fous les degrés du cirque.

Carcerarius , ii , géolier , concierge de prison.

Carceralis , e ; is ; Carcerarius , a , um , de prison , qui concerne la prison.

In-Carcero , -are , emprisonner , mettre en prison.

In-Carceratio , onis , emprisonnement.

4. Cernus , i , vafe rond , pot de terre.

Cernus , i , un fabot , une espéce de brodequins découpés en rond.

5. Cerrus , i , espéce de chêne , qui porte des glands petits & ronds.

Cerreus , a , um ; Cerrinus , a , um , fait du bois de ce chêne.

II. CER , CIR , Cercle.

Circus , i ; 1°. tour , circuit , cercle , enceinte , grand cercle ; 2°. lieu ovale & spacieux , enfermé de murailles , où fe faifoient à Rome les représentations des jeux publics ; 3°. oifeau de proie.

Circlus , i ; Circulus , i , cerceau , petit cercle rond ; 2°. assemblée , compagnie ; 3°. colier , braffelet ; 4°. gâteau , fromage.

Vieux Latin , Circo , Circito , -are , tourner autour.

Circulo , -are ; 1°. entourer , environner , conduire autour ; 2°. tourner la tête de côté & d'autre ; 3°. faire le bâteleur.

CIRculor ,-ari ; 1°. faire le charlatan, affembler du monde autour de foi par fon
caquet ; 2°. vanter fa perfonne, fon efprit, fon favoir, faire une vaine parade
de ce qu'on fait.

CIRculatio , onis , cours ; circuit, courfe ,
tour ; 2°. circulation.

CIRculator , is ; CIRculatrix, cis, bâteleur,
charlatan , vendeur d'orviétan , farceur
en place publique ; 2°. fophifte.

CIRculatorius , a ,um , dè bâteleur.

2. CIRcator , is ; } 1°. mercier ambu-
CIRcitor , is , } lant dans la campagne, dans les rues, porteballé,
colporteur ; 2°. Officier , foldat
qui fait la ronde ; 3°. Chévalier
ou Archer du Guet.

CIRcitores , um , deux étoiles fixes , à
l'extrémité de la petite ourfe.

CIRcenfes , ium , du cirque ; d'amphithéâtre.

CIR.

CIRcinus , i , compas : mot binome
compofé de CIR ; tout autour , &
de CINUS , ou CINNus , boucle ,
cercle.

CIRcinato , en cercle , en rond.

CIRcino ,-are ; arrondir, tracer en rond ,
compaffer, faire un cercle ; 2°. tournoyer.

4. CIRca , environ , auprès , joignant,
aux environs ; 2°. à l'égard , fur ,
vers ; 3°. tout autour, à l'entour.

Quo CIRca , c'eft pourquoi.

CIRciter , à peu près , environ ; 2°. vers,
joignant.

CIRcu-eo, ire ; CIRcuo ,-ire , faire un circuit ; faire le tour, aller autour ; de EO
& de CIRcum.

CIRcùm , autour , aux environs , auprès
2°. çà & là , de tous côtés , tout autour.

5. CIRrus , i , boucle de cheveux ;
2°. frange.

CIRri , orum , hupe des oifeaux ; 2°. filets
de certains poiffons.

CIRri-ger , a , um , qui porte un toupet de
cheveux.

CIRratus , a , um , qui a les cheveux bouclés , & frifés ; 2°. frangé , velouté , fal-
balaté , dentelé.

CIRnea , æ , pot, vafe rond , flacon , bocal.

III. GIR , GUR , WIR , VIR ,
Tour , Cercle.

1. GYRus , i , tour , rond , cercle ,
volte ; 2°. pli d'un ferpent , parce
qu'il fe tortille en cercle , pour s'a-
vancer.

GYro ,-are ; tourner , pirouetter , arrondir.

GYRatio , onis , tournoyement.

GYRaculum , i , fabot , toupie , machine
tournante.

BINOMES.

1. GYRa-Tomus , a , um , taillé en
rond ; mot binome compofé de
τεμνω , je coupe : au fut. τ Tamo :
au préfent moyen τέτομα.

2. GYR ,-Dromus , carriere pour courir ,
parce qu'elle eft ronde , ou en cercle ;
Binome compofé de τρχω , courir ; au
Prérerit moyen , de-droma.

3. GYRo-Vagus , a , um , maraudeur , qui
rode autour ; de Vagor , j'erre.

4. GYR-Gillus , i , poulie ; mot formé par
la répétition de GYR , tour.

GYR-Gillo ,-are , guinder , faire VIRer ,
tourner la poülie.

2.

1. Vir*ia*, *a* , un colier, un braſſelet , parce qu'il eſt rond & fait en cercle.

Vir*iola*, *æ*, petit colier.

2. Vir*ica*, *æ*, javelot, parce qu'on le tournoit à diverſes fois avant de le lancer.

3. Vir*iculum* , *i* , Tour*et* , inſtrument à percer en tournant.

IV. CURV , courbe.

Cur*vus*, *a*, *um* , courbe, courbé, voûté.

† Cur*vo*,-*are*, courber, plier.

Cur*vamen*, *inis*, ⎫ courbure, enfonce-
Cur*vatio*, *onis*, ⎬ ment ; 2°. voûte ;
Cur*vitas*, *is*,   ⎪ 3°. l'action de cour-
Cur*vatura*, *æ*, ⎭ ber.

COMPOSÉS.

In-Cur*vus* , *a* , *um* , courbé , arqué.

In-Cur*vo*,-*are*, courber , plier.

In-Cur*vesco*,-*ere*, ſe courber.

In-Cur*v*ſ*tio* , *onis* , courbure.

Super-In-Cur*vatus*, *a*, *um*, courbé deſſus.

Præ-Cur*vus*, *a*, *um* ; Pro-Cur*vus*, *a*, *um* , fort courbé.

Re-Cur*vo*,-*are*, recourber, rebrouſſer.

Re-Cur*vus*, *a*, *um* , recourbé.

Re-Cur*vatio*, *onis* ; Ré-Cur*vitas*, *is* , courbure.

DÉRIVÉS

1. Curcul*io* , *nis* ; 1°. charenſon ; 2°. calendre ; 3°. épiglotte.

Curcul*iunculus*, *i* , petite calendre.

2. Va-C*erra*, *æ*, pieu , poteau ; 2°. manége , écurie , enceinte , claie de pieux pour ſerrer & parquer les troupeaux.

Va-C*errosus*, *a*, *um* , inſenſé, mot-à-mot,

qui eſt ſans lien , ſans enceinte ; qui eſt échappé du parc.

Ob-a-C*ero* ,-*are* , fermer la bouche , mettre une barriere devant la bouche.

3. Circ*œa*, *æ* , amaranthe.

Circ*œum* , *i* , ⎫
Circ*œium*, *i* , ⎬ mandragore.
Cirs*æa*, *æ*, ⎭

4. Circ*os* , *i* , Cerc*eris* , oiſeau de leurre , qui s'éleve en tournant ; 2°. pierre précieuſe.

Circa*nea*, *æ* , Milan, oiſeau de proie en général , qui s'éléve en tournant , qui plane en cercle.

5. Cir*is*, *is* , aigrette ; 2°. alouette.

Cirs*ium*, *ii* , bugloſe.

6. Cucurb*ita*, *æ*, courge, citrouille, ventouſe.

Cucurb*itula*, *æ* ; petite ventouſe , petite courge.

Cucurb*itinus*, *a* , *um* , de citrouille.

V. CER , CRE , enfermer par une enceinte.

1.

S-Crin*ium*, *ii* , écrin , cabinet , coffre de bijoux : en Or. נכר Skar , fermer , boucher ; *nom* , réſervoir.

Primi-s-Crin*ius*, *a* , *um*, Garde du Tréſor , Démonſtrateur d'un Cabinet.

2. Cors , *tis* , ⎫ baſſe-cour , maiſon
Chors , *tis* , ⎬ de campagne : Co-
Cohors , *tis* , ⎭ Hors , *tis* , ſignifie auſſi une troupe de ſoldats, un régiment d'infanterie.

Chor*talis*, *e* ; Cohor*talis* , *e* , de baſſe-cour, de paillier. Cohortalis ſignifie auſſi, qui concerne les ſoldats.

CHOR*eus*, *i*, gros habit de valet de campagne.

CoHorticula, *æ*, bataillon d'un régiment.

3. CHORD*um*, *i* ; 1°. fecond foin, regain ; 2°. froment tardif : du Grec χόρτος, *Khortos*, foin.

CORdus, *a*, *um* ; CHORdus, *a*, *um*, qui vient tard, tardif.

CHORT*inum*, *i*, huile de foin.

4. COR*us*, *i*, mesure de 30 ou de 45 boisseaux : c'est l'Hébreu כּוֹר, *Kor*, mesure de chofes fèches.

5. CORB*is*, *is*, corbeille, panier.

CORBula, *æ*, petite corbeille, ou panier.
CORBita, *æ*, navire marchand très-pefant.
CORBito, -*are*, charger un navire marchand.

2.

CORium, *ii*, } cuir, peau ; 2°. affise.
CORius, *ii*, }

CORiaceus, *a*, *um*, de cuir.
CORiarius, *a*, *um*, qui fert à préparer les cuirs. ; 2°. Tanneur, Corroyeur ; 3°. le fumak, arbriffeau.
DURI-CORius, *a*, *um*, qui a l'écorce dure.
EX-CORio, -*are*, écorcher.
EX-CORiatio, *onis*, écorchure.

2. FAMILLE GRECQUE.

CORYcium, *ii*, fac de cuir.
CORYceum, *i*, lieu où l'on joue au ballon.

3.

CORtex, *icis*, écorce, coquille.

CORTicula, *æ*, petite écorce.
CORticofus, *a*, *um*, qui a beaucoup d'écorce.
CORtico, -*are*, écorcer, ôter l'écorce.

DE-CORtico, -*are*, écorcer, enlever l'écorce, ou la peau.
DE-CORticatio, *onis*, l'action d'écorcer, de peler.

4.

CORtina, *æ*, grand vafe, marmite, chaudiere ; 2°. rideau, tapis, courtine ; 3°. drap mortuaire ; 4°. capacité du théâtre, dont le fond est une tapifferie dite *cortina*.

CORtinale, *is*, endroit où font les chaudieres.

5.

CHORD.

CHORDa, *æ*, Grec, χορδὴ, corde ; 2°. cordeau ; 3°. cordon.

CHORD-APfum, *i*, paffion iliaque.
BI-CHORDulus, *a um*, à deux cordes.
HEXA-CHORDon, *i*, inftrument à fix cordes.
ACRO-CHORDon, *i*, verrue, poireau.

6.

CORONA, *æ* ; 1°. couronne, diadême, *parce qu'une couronne eft ronde* ; 2°. cercle, rond, tout ce qui fait cercle ; 3°. affemblée, compagnie ; 4°. corniche ; 5°. blocus d'une Ville ; parapet ; 6°. nœud d'un bois de cerf ; 7°. tour de l'entrée d'un vafe quelconque ; 8°. rond qui fe remarque autour de la Lune & des étoiles ; 9°. guirlande, bouquet, couronne de fleurs.

CORONula, *æ* ; CORolla, *æ*, petite couronne, guirlande.
COROllarium, *ii* ; 1°. couronne ; 2°. corollaire ; 3°. petit préfent ; 4°. le pardeffus, ce qu'on donne de plus.

CoRonis, *dis*, fin, perfection, achevement.

CoRonaria, *æ*, bouquetiere.

CoRonarius, *a*, *um*, de couronne.

CoRono, *are* ; 1°. couronner ; 2°. ceindre, environner.

In-CoRonatus, *a*, *um*, qui n'est pas couronné.

7.

De Cor, Chor, révolution, se forma le mot Grec, Khronos, Chronus, le tems, les révolutions des jours : de-là cette famille.

1. Chronicus, *a*, *um*, de tems, chronique.

Chronica, *orum*, annales, histoire du tems.

Chroniffo, *are*, faire des pauses, s'arrêter.

Binomes.

1. Chrono Graphus, annaliste.

Chrono Graphia, *æ*, mémoires.

2. Chrono-Logus, *i*, Chronologiste.

Chrono-Logia, *æ*, science des tems.

3. Chrono-Stichum, *i*, vers où les lettres numérales marquent l'année.

4. Poly-Chronium, *ii*, acclamation où l'on souhaite longue vie.

Poly-Chronius, *a*, *um*, qui vit long-tems.

8.

Crater, *is* } Gr. Κρατηc, coupe,
Cratera, *æ*, } tasse.

Craterra, *æ*, baquet à recevoir de l'eau.

9.

Cerberus, *i*, Cerbere, chien à trois têtes qui gardoit les Enfers pour empêcher, non d'y entrer, mais d'en sortir ; c'étoit un symbole parlant

des Enfers, ou de la mort qui engloutit ou dévore tout & ne rend rien. Ce nom fut formé de Kèr, la mort, le destin, & de Bor, qui dévore. Le nombre *trois*, marque du superlatif, indique très-bien que rien ne peut lui échapper, qu'elle dévore tout.

Mais Kèr, la mort, est formé du mot Keir, bande, en général, & par excellence les bandes dont on emmaillottoit les morts ou les momies, signification que ce mot a dans la langue Grecque.

Cerbereus, *a*, *um*, de Cerbere.

10.

Cerno, *is*, *crevi*, *cretum*, *ere*, mot-à-mot, couper une chose en rond, l'isoler, la séparer de toute autre chose, la mettre en vue pour qu'elle soit apperçue distinctement ; 2°. juger, voir, 3° cribler, 4°. combattre, disputer, 5°. conférer, parler.

Cretus, *a*, *um*, vû, jugé ; 2°. criblé ; 3°. résolu, arrêté.

Crisis, *is*, changement subit & violent dans une maladie.

Criticus, *i*, Censeur ; capable de juger.

Composés de Crisis.

Ana-Crisis, *is*, examen des témoins.

Cata-Crisis, *is*, décret, jugement.

Hypo-Crisis, *is* ; 1°. déguisement, feinte ; 2°. le rôle d'un Comédien.

Hypo-Crita, *æ* ; Hypo-Crites, *æ*, Comédien, Acteur ; 2°. qui dissimule ses mœurs, hypocrite.

Composés

Composés de Cerno.

Con-Cerno, - ere, voir clairement de tous côtés; & en fignification barbare, regarder, concerner.

De-Cerno, - ere, juger, régler, ordonner, ftatuer, décider; 2°. commettre, donner charge; 3°. conclure, réfoudre; 4°. combattre, vuider un différend; 5°. déférer, affigner.

De Cretum, i, 1°. Ordonnance, Déclaration, Arrêt; 2°. deffein, réfolution, fentiment; 3°. dogme, maxime, fentence.

De-Cretorius, a, um, décifif, qui termine.

De-Cretales, ium, les conftitutions des Papes, les décrétales.

Dis-Cerno, - ere, diftinguer, démêler, reconnoître; 2°. divifer, féparer.

Dis-Cerniculum, i, aiguille de tête qui fépare les cheveux, poinçon de cheveux; 2°. tamis, crible; 3°. différence.

Dis-Creté; Dis-Cretim, diftinctement, feparément, en particulier.

Dis-Cretio, onis, féparation, diftinction.

Dis-Cretor, oris, qui diftingue.

Dis-Cretorium, ii, chambre du Confeil.

In-dis-Cretus, a, um, qui n'eft point féparé, qui eft confondu l'un avec l'autre, qu'on ne diftingue pas.

In-dis-Creté; In-dis-Cretim, conjointement; 2°. fans choix; 3°. indifcrettement.

Dis-Crimen, inis; 1°. différence, diftinction; 2°. différend, difpute; 3°. efcarmouche; 4°. divifion, partage; 5°. péril, hafard; 6°. féparation, intervalle.

Orig. Lat.

Dis-Crimino, -are, divifer, diftinguer, démêler, débrouiller.

Dis-Criminator, is, qui fépare, qui diftingue.

Dis-Criminatim, féparément.

Dis-Criminale, is, qui fert à partager les cheveux.

In-Dis-Criminatus, a, um, qu'on n'a point diftingué; pris fans choix.

In-dis-Criminatim, indifféremment, fans diftinction.

Ex-Cerno, - ere, nettoyer, purger; 2°. cribler, vanner; 3°. faffer, tamifer.

Ex-Cretus, a, um, rendu par le bas, évacué; 2°. tamifé, criblé.

Ex-Cretio, onis, éjection des excrémens.

Ex-Cretum, i, criblure, ce qui eft féparé du bon grain par le crible ou le van.

In-Cerno, - ere, cribler, bluter, faffer, paffer au tamis; 2°. combattre.

In-Cerniculum, i, crible, fas, tamis.

Præ-Cernens, tis, qui voit par avance, qui prévoit.

Se-Cerno, - ere, féparer, mettre à part, diftinguer; 2°. choifir.

Se-Cretum, i, lieu retiré, ifolé, écarté, folitaire; 2°. fecret, chofe fecrette.

Se-Cretò, iùs, en fecret, fous main, à part, à l'écart, à l'infçu, féparément.

Se-Cretarius, ii, Secrétaire, confident des fecrets.

Se-Cretarium, ii; 1°. la chambre du Confeil; 2°. fanctuaire; 3°. lieu fecret, caché.

Se-Cretio, onis, féparation, l'action de mettre à part.

Sub-Cerno, -ere, ⎱ 1°. bluter, faffer,
Suc-Cerno, -ere, ⎰ tamifer, paffer au fas; 2°. mettre à part, féparer.

F f

C I, lieu.

De C, défignant la place, fe forma
la famille Ci, défignant le lieu, la
place, celui qui demeure en un
lieu; de-là notre mot Ici; le Grec
E-kei, ici; le Latin Ci-vis, formé
de Ci, ici, & de Vi, qui vit; celui qui Vit en ce lieu, qui en eft le
vrai habitant; de-là ces familles Latines.

I.

1. Civ*is*, *is*, Citoyen, Bourgeois.

Civ*ilis*, *is*, Citoyen, Bourgeois.

Civ*ilis*, *e*, civil, de Citoyen; 2°. honnête, qui fait fon monde; 3°. commun,
ordinaire, qui eft d'ufage dans les Villes;
4°. populaire, aimé du Peuple; 5°. politique.

Civicus, *a*, *um*, de Citoyen, civil.

2. Civ*itas*, *atis*, 1°. Cité, Ville; 2°. Bourgeoifie, le Peuple d'une Ville; 3°. pays,
contrée.

Civ*itatula*, *æ*, petite Ville, Bourgade.

3. Civ*ilitas*, *is*, honnêteté, politeffe.

Civ*iliter*, felon le droit civil.

In-Civ*ilis*, *e*, 1°. mal-honnête, défobli-
geant; 2°. arrogant, orgueilleux.

In-Civ*iliter*, mal-honnêtement.

II.

Cio, *is*, *ivi*, *itum*, *ire*, ⎱ m. à m.
Ciro, *es*, *evi*, *etum*, *ere*, ⎰ faire venir
en un lieu; 1°. invoquer, ap-
peller; 2°. provoquer, exciter,
animer; 3°. fâcher, irriter; 4°.
chaffer, repouffer; 5°. divifer.

Les Grecs difent Kió, aller,
venir.

Citus, *a*, *um*, excité, preffé; 2°. vîte,
léger.

2. Cis, en-deçà, par-deçà.

Citrà, hors, hormis; 2°. en-deçà, 3°. fans.

Citrò, deçà.

Citeriùs, trop en-deçà, moins qu'il ne
faut.

Citerior, *oris*, plus en-deçà.

Citimus, *a*, *um*, très-en-deçà, très-près
de nous.

3. Citò, ⎱ vîte, d'abord, dans peu,
Citatim, ⎰ avec empreffement.

4. Citeria, *æ*, ftatue, marionnette,
qu'on fait remuer çà & là, qu'on
agite avec vîteffe, pour amufer le
Peuple.

COMPOSÉS.

Ac-Cio, -*ire*, ⎱ appeller, envoyer
Ac-Cieo, -*ere*, ⎰ quérir.

Ac-Cito, -*are*, mander fouvent.

Ac-Citus, -*ûs*, mandement, ordre pour
venir.

Con-Cio, -*ire*, ⎱ exciter, pouffer,
Con-Cito, *are*, ⎰ animer; 2°. provoquer, folliciter; 3°. troubler,
mettre en mouvement.

Con-Citor, *oris*,
Con-Citator, *oris*, ⎰ qui fouléve, qui
Con-Citatrix, *icis*, ⎰ émeut.

Con-Citus, *a*, *um*; Con-Citatus, *a*,
um, ému, agité, troublé.

Con-Citatè, avec impétuofité, avec émotion.

Con-Citamentum, *i*; Con-Citatio, *onis*,
ce qui fert à émouvoir; 2°. agitation;
3°. trouble.

Con-Cio, *onis*, affemblée du Peuple
convoqué; 2°. auditoire, lieu où

fe fait l'affemblée ; 3°. difcours, harangue.

Con-Cio*nalis*, *e* ; Con-Cio*narius* , *a* , *um* , qui fert à une affemblée, à une harangue.

Con-Cio*nator*, *oris* , Harangueur, Orateur.

Con-Cio*natorius*, *a* , *um* , qui concerne les affemblées , les harangues.

Con-Cio*nor* ,-*ari* , haranguer, prêcher.

Ex-Cio , -*ire*, appeller , faire venir ; 2°. exciter.

Ex-Cito ,-*are* ; 1°. émouvoir, animer, encourager, donner du cœur ; 2°. éle-ver, faire lever ; 3°. hâter, preffer de faire.

Ex-Citus , *a* , *um* ; Ex-Cit*atus* , *a* , *um* ; 1°. attiré, mandé ; 2°. réveillé ; 3°. animé, incité.

Ex-Cit*atorius*, *a* , *um* , qui fert à émouvoir ou à réveiller les efprits.

Ex-Cit*atiùs* , plus vivement , avec plus de feu.

In-Cieo , - *ere*, mouvoir, remuer.

In-Ciens., *entis*, femme prête d'accoucher ; bête fur le point de mettre bas.

In-Citus , *a* , *um*; In-Cit*atus*, *a* , *um* , vif , prompt , ému , violent.

In-Citus , *ûs* , agitation, mouvement.

In-Cita , *æ* , chaque rang des extrémités de l'échiquier ou du damier , au-delà duquel les pieces ou dames ne peuvent plus aller ; & au figuré, la derniere ex. trémité , la détreffe.

In-Cito ,-*are* , exciter , émouvoir , encourager.

In-Cit*atus*, *ûs* ; In-Cit*atio* , *onis*, encouragement, l'action d'animer ; 2°. vé-hémence , impétuofité.

In-Cit*amentum* , *i* ; In-Cit*abulum* , *i* , motif, aiguillon qui pouffe au travail.

In-Cit*atè*, avec véhémence, avec empreffement.

In-Cit*ega* , *æ* , garde-nappe, panier ou feau à mettre les bouteilles fur la table.

In-Ex-Citus , *a* , *um* , qui n'a point été provoqué.

In-Ex-Cit*abilis* , *e* , qu'on ne peut éveiller.

Per-Cieo , - *ere*, ou *ire*, émouvoir vivement , toucher.

Per-Citus , *a* , *um* , frappé , touché fortement , pouffé.

Præ-Cius , *a* , *um* , hâtif, précoce.

Præ-Cio ;-*ire* , faire un cri public, proclamer.

Præ-Ciæ , *arum* , Crieur Public.

Pro-Cieo , - *ere*, demander.

Pro-Citus , *a* , *um* , demandé.

Re-Cito ,-*are* , 1°. dire par cœur ; 2°. lire à haute voix ; 3°. conter, raconter ; 4°. nommer.

In-Re-Cit*abiliter*, d'une maniere qu'on ne peut exprimer.

Retro-Citus , *a* , *um* , qu'on fait aller & venir.

Sus-Cio , -*ire* , faire venir en haut, faire monter deffus , en haut.

Sus-Cito ,-*are*; 1°. éveiller, faire lever; 2°. faire revivre, reffufciter ; 3°. exciter, pouffer.

Sus-Cit*amen*, *inis* ; Sus-Cit*abulum*, *i* , motif, encouragement.

Con-Re-Sus-Cito ,-*are* , reffufciter avec, enfemble.

Re-Sus-Cito ,-*are* , faire lever de nouveau, exciter ; 2°. reffufciter, faire lever du tombeau.

O-Citer , vîte ; Gr. Ωκυς, Ωκα, ócys, óca.

O-Ciùs , plus vîte.

O-Cis *fimè*, très-vite.

O-Cior, *oris*, plus léger à la course.

O-Cis*fimus*; *a*, *um*, qui va très-vîte.

BINOME.

Os-Cito, - *are*, } 1°. ouvrir large-
Os-Citor, - *ari*, } ment la bouche ;
2°. bâailler ; 3°. s'épanouir, s'ouvrir.

Os-Cit*ans*, *antis*, qui bâaille ; 2°. fainéant, nonchalant.

Os-Cit*anter*, négligemment.

Os - Cit*atio*, *onis* ; 1°. bâaillement ; 2°. fainéantise.

CIC, petit.

Cic, Chic, mot Celte qui signifie petit, de peu de valeur, avare ; d'où chiche, déchiqueter, &c. De-là ces mots Latins, où *Ch* s'est prononcé X en se faisant-précéder d'un E.

1. Cic*us*, *i*, } zest, petite peau qui
Cic*cum*, *i*, } divise une grenade, une noix, une orange.

ANIMAUX.

1. Cic*cus*, *i*, petite sauterelle.

2. Cic*erus*, *i*, petit lézard.

PLANTES.

1. Cic*er*; *is*, pois chiche.

Cic*era*, *æ*; Cic*ercula*, *æ*, cicérolle, espéce de pois chiches, vesce.

2. Cic*horeum*, *ei*, } chicorée.
Cic*horium*, *ii*, }

3. Cici, le Ricinus; le Kerva.

Cic*inus*, *a*, *um*, de l'arbrisseau Kerva.

Cic*inum oleum*, huile de Kerva, *Palma Christi*.

4. Cic*uta*, *æ*, ciguë.

Cic*utaria*, *æ*, cerfeuil musqué.

COMPOSÉS.

Exig*uus*, *a*, *um*, petit, modique ; 2°. peu étendu, borné, court, étroit ; 3°. médiocre, peu considérable ; 4°. en petite quantité ; 5°. simple ; bas, rampant.

Exig*uum*, *ui*, le peu d'une chose.

Exig*uùm*, peu, un peu.

Exig*uitas*, *atis*, petite quantité, disette, peu.

Exig*uè*, très-peu ; 2°. avec économie, mesquinement.

Cosa, Causa.

Causè, la chose dont on parle.

Nous avons déjà dit dans nos Origines Françoises (351), que ce mot & toute sa famille paroissoit tenir au Theuton, *Kosen*, parler, & au Grec *Kósai*, qui signifie la même chose. Ils tiennent également au Grec *Kótilló*, parler beaucoup, & par-là même à l'Irlandois Gutt, adoucissement de *Cot*, & qui signifie voix; Gútha, voyelle; c'est donc ici une onomatopée dérivée de *Guttur*, la gorge.

Caus*a*, *æ*; 1°. CAUSE, principe ; 2°. chose, sujet, matiére, discours; 3°. affaire, procès; 4°. prétexte, excuse, apparence ; 5°. parti, faction ; 6°. condition, qualité; 7°. charge.

Caus*ula*, *æ*; 1°. petit discours; 2°. léger prétexte.

Causor , - ari ; 1°. plaider , accuser ;
2°. alléguer une raison , prendre un prétexte ; 3°. différer , temporiser.
Causarius , a , um ; 1°. Plaideur , querelleur ; 2°. celui dont on plaide la
cause ; 3°. qui est cause de quelque
chose ; 4°. qui est prétexté ; 5°. causé
par quelque chose ; 6°. valétudinaire ;
7°. qui a perdu son bien.
Causarié, pour raison, pour cause.
Causariùs, plus spécieusement; 2°. avec
plus de sujet.

B I N O M E S.

Causi-Fïccor , - ari , s'excuser , prendre
prétexte.
Causi-Dicus , i , Avocat plaidant.
Causi-Dica , æ , Audience , Salle où l'on
plaide.

CO, élevé.

Co, signifie en Celte , élevé.
Koo, montagne en ancien Suédois,
& Coho en ancien Persan.
Coh, en Celte, vieux, ancien; Coh-
ni , vieillesse , caducité , ride.
En Chin. Ko , mûr ; Ku , ancien.
De-là Cau, rocher , montagne, qui
en se nasalant est devenu Caun,
Con , & s'adaptant avec la sifflante
Cos, & Cot : de-là ces diverses
familles.

I.

1°. Grec & Latin.

A-Coné; 1°. rocher; 2°. pierre à aiguiser.
A-Conitum , i , Aconit , plante véné-
neuse ; qui croit dans les rochers.

2.

Cos , Cotis, Queux; pierre à aiguiser.

Coticula , æ , pierre à aiguiser , pierre
de touche.
Cotaria , æ , carriere de pierres à aigui-
ser.
Cotes, is , rocher.
Cautes, is , roche , roc , caillou.

B I N O M E.

Cau-Case, fameuse montagne d'A-
sie , à l'extrémité de la portion de
pays qu'on connoissoit en Asie ; de
Cau, montagne, & יף, Cass,
fin , extrémité.
Caucaseus, a , um ; Caucasius , a , um,
qui concerne le Caucase.

3°.

Coxa , æ , ⎱ cuisse , haut de la
Coxendix , cis , ⎰ cuisse , hanche.
Coxo , onis , boiteux.
In-Coxo ,-are , s'appuyer sur ses cuisses.

4°.

Cossus , a , um ; vieux Lat. ridé.
Du Celt. Coh , Cos, ancien, vieux ;
2°. imparfait, mauvais, décrépit,
usé.
Cossi , vers qui naissent dans le bois, &
dont les Anciens ont cru que le nom étoit
l'origine de l'adjectif Cossus , ridé , à
cause des rides de cet animal ; ce qui
étoit mettre la charrue devant les bœufs,
suivant la coutume presque constante
des Etymologistes.

I I.

Cohus, ou Cohum , i , le monde : ou
pour mieux dire, substratum, la matiere.
In-Choo,-are ; & dans l'origine, In-Co-
ho ,-are ; commencer , entreprendre ;

2°. s'en tenir à ce qu'on a commencé, ne faire qu'à demi.

In-Cohativus, a, um, qui sert à commencer.

Ces mots tiennent manifestement à l'Hébreu קוה, Cohe, cordeau dont on se servoit pour commencer les édifices, fondement, ligne, regle, élément.

III.

Le Grec-Latin Cosmos, le monde, qui signifie également l'ordre, ou ce qui est tiré au cordeau, & la beauté qui en est l'effet, n'est pas moins manifestement un dérivé du même mot : il se décompose ainsi, Coh-Sem-os.

Coh, la base, la matiere, le *substratum*.

Sem, שׂם, poser, établir avec art, avec ordre ; *mot-à-mot*,

„ La matiere arrangée avec art, & » dans le plus bel ordre ».

Ce mot existe également en Hébreu dans le mot כסם, Kasm, s'il signifie en effet *orner*, *avoir soin, arranger avec ordre & agrément* ; mot qui ne se trouve qu'une seule fois dans les livres Hébreux, Ezech. XLIV. 20. & qui seroit lui-même ce mot composé de Coh & de Sm, sur lequel on forma celui de Cosmus.

Cosmicus, a, um, mondain, qui est du monde ; 2°. homme parfumé, petit-maitre.

Cosmeta, æ ; Cosmetes, æ, Baigneur, Coëffeur ; Fille de Chambre.

Cosmianum, i, fard, pommade.

BINOMES.

Cosmo-Graphia, æ, description du monde.

Cosmo-Graphus, i, qui fait la description du monde.

Cosmo-Graphicus, a, um, qui concerne la Cosmographie.

Cosmo-Grapho, -are, décrire le monde.

Macro-Cosmus, i, le grand monde ; Dieu ; de *mag*, grand.

Micro-Cosmus, i, le petit monde, l'homme ; de *mic*, petit.

COC, COQ, cuire.

Houg, Hog, fut un mot primitif qui désigna le feu, en le peignant par le bruit de la flamme. Les Orientaux en firent Houg חוג, cuire sous la cendre. Les Celtes l'adoucirent en Foc, pour feu, & en Coc, Coq, pour cuire. De-là cette famille Latine.

Coquo, is, coxi, coctum, *quere*, 1°. cuire ; 2°. digérer ; 3°. mûrir ; 4°. dessécher ; 5°. couver, machiner.

Cocus, i ; Coquus, i, Traiteur, Cuisinier, Boulanger.

Coquina, æ, cuisine. De-là ces mots latins du quatrieme siecle : Coquinus, i, coquin, cuistre ; Coquina, æ, coquine.

Coquinaris, e, is ,
Coquininus, a, um , } de cuisine, de
Coquinus, a, um ,   } Cuisinier.
Coquinatorius, a, um,

Coquinaria, æ, Cuisiniere.

Coquino, -are ; Coquinor, -ari, cuisiner, faire la cuisine.

Cocculum, i, uftenfile de cuifine propre à faire cuire.

2°. COCTUS, a, um, cuit; 2°. mûr, digéré.

Coctio, onis; Coctura, æ, cuiffon, cuite, coction.

Coctilis, e, is, cuit:

Coctibilis, e, is; Coctivus, a, um, aifé à cuire.

Coctilia, ium, tuile, brique, charbon noir.

Coctor, is, Cuifinier, diffipateur.

Cocrito, -are, faire cuire.

Coctana, orum, petites figues qu'on fait fécher.

3°. Coco-lobis, is, raifins cuits d'Efpagne.

Coccetum, i, nourriture faite avec du miel & du pavot, cuits enfemble.

COMPOSÉS.

CON-COQUO, -ere, cuire, digérer; 2°. ruminer, repaffer dans fon efprit; 3°. endurer.

Con-Coquens, entis, digeftif.

Con-Coctio, onis, coction, digeftion.

Con-Coctrix, icis, digeftif.

DE-COQUO, -ere; 1°. faire bouillir, faire cuire en bouillant; 2°. diffiper fon bien, le prodiguer; 3°. diminuer, déchéoir, n'être d'aucun rapport; 4°. faire une décoction; 5°. retrancher, châtier.

De-Coctum, i,
De-Coctura, æ, } décoction.
De-Coctus, ûs,

De-Cocta, æ, eau bouillie.

De-Coctor, oris, diffipateur, mauvais ménager.

Dis-COQUO, -ere, faire cuire à propos.

Ex-COQUO, -ere, faire cuire; 2°. digérer; 3°. épurer, affiner; 4°. inventer, imaginer.

IN-COQUO, -ere, faire cuire dans; 2°. dorer, argenter, étamer.

IN-Coctus, a, um; 1°. qui n'eft pas cuit; 2°. cuit avec; 3°. trop cuir, brûlé.

IN-Coctile, is, vafe de cuivre étamé.

IN-Coctio, onis, défaut de cuiffon, manque de coction.

PER·COQUO, -ere, faire cuire parfaitement; 2°. murir tout à fait.

PRÆ·COQUO, -ere, cuire auparavant; 2°. faire mûrir avant le temps, hâter la maturité.

PRÆ-Coquus, a, um,
PRÆ-Coquis, e, is, } précoce, mûr avant la faifon; 2°. prématuré, précipité.
PRÆ-Cox, ocis,

RE-COQUO, -ere, recuire, faire cuire une feconde fois; 2°. réformer.

RE-Coctus, a, um, rufé, plein d'expérience, vieux routier.

SEMI-Coctus, a, um, demi-cuit.

COC; 1°. Rouge.

Du Celte Coc, nom du coq à crête rouge, formé par onomatopée, vint la famille Coc, rouge; d'où ces mots.

Coccus, i, arbriffeau qui porte des baies ou petites coques dont on fe fert pour la teinture rouge & d'écarlate; 2°. drap d'écarlate.

Coccum, i, la graine ou la coque qui fert à faire l'écarlate; 2°. habit d'écarlate.

Cocceus, a, um, ⎫ d'écarlate ; 2°.
Coccineus, a, um, ⎬ rouge comme
Coccinus, a, um, ⎭ écarlate.
Coccinatus, a, um, vêtu d'écarlate.

2. Tri-Coccus, i, tournefol.

COC ; 2°. rond, coque.

La forme des baies, étant comme
celle des œufs, le mot Coc a été
également deftiné à défigner les
objets qui ont cette forme : de-
là ces mots.

1. Cucumer, is ; ⎫ 1°. concom-
Cucumis, eris ; ⎬ bre ; 2°. poiffon
à coquille ; 3°. vafe ; 4°. ornement mis aux harnois des chevaux.
Cucumerarium, ii, couche de concom-
bres.

2. Cucuma, æ, ⎫ coquemar, vafe
Cucumella, æ, ⎬ fait en forme de
concombre ; 2°. chaumine,
chaumiere.

COP,

Couper.

De la lettre Q fignifiant tout inftrument
à couper, une hache, un couperet,
un couteau, vint la famille Grecque Kop, Kom, trancher, tailler,
la même que le François couper,
coûteau, &c. & cette famille Latine-Grecque.

1.

Comma, tis ; 1°. céfure, fection,
2°. bonde d'un étang ; 3°. marque
d'une monnoie.

Commaticus, a, um, qui parle par fen-
tences.
2. In-Comma, tis, pieu planté dans le
camps Romains, à la hauteur duquel
on mefuroit la taille des nouveaux Soldats.

2.

Capo, onis ; Capus, i, chapon ; 2°. eunuque.
2. Copis ; Gr. kopis, coutelas, ferpe ;
2°. coûteau de cuifine.
3. Copta, æ; Gr. κοπτης, gâteau, bifcuit,
mot à mot, pâte découpée.
4. A-Copa, æ, médicamens, remédes pour
délaffer.
5. Para-Cope, es ; Gr. parakopé, délire,
perte d'efprit ; mot à mot, retranchement, fciffion.

CRA, CRU,

Pierre.

Du Celte Cra, Cru, pierre, roc,
rocaille, fe forma la famille fuivante.
1. S-Crupus, i, gravier, petit caillou qui entre dans les fouliers ; 2°.
dame à jouer, caillou plat & rond
qui en tient lieu ; 3°. énigme.
S-Crupi, orum, dames à jouer ; 2°. petites
pierres rondes & plates.
S-Crupeus, a, um, pierreux, raboteux,
rude.
S-Crupofus, a, um, âpre, rude au-tou-
cher ; 2°. plein de difficultés.
2. S-Crupulus, i, ⎫ 1°. petite pier-
S-Crupulum, i, ⎬ re entrée dans
le foulier, & qui empêche de
marcher ; 2°. peine d'efprit, fcrupule ; 3°. poids de la vingt-quatrième partie d'une once ; 4°. efpace de dix pieds en quarré ; 5°.
efpace de cent pieds en quarré.

S-Crupulofus,

S-Crupulofus, a, um; 1°. pierreux, plein
de cailloux, raboteux; 2°. fcrupuleux,
qui a une exactitude exceffive; 3°. tra_
vaillé ayec beaucoup de foin.

S-Crupularis, e, qui pèfe un fcrupule;
c'eft-à-dire, la vingt-quatrième partie
d'une once.

S-Crupulatim, par fcrupules.

S-Crupulofitas, is, trop d'exactitude,
fcrupuleufe obfervance.

S-Crupulosè, avec fcrupule, trop exactement.

S-Cru-Pedus, a, um, qui a peine à
marcher, à caufe des petites pierres
qui font dans fes fouliers.

CRAU,
CRO, CRU,
I.
Caverne.

CRAU, CRO, CRU eft un mot Celtique, qui fignifie creux, trou, caverne, & qui fe nazalant a fait
CROM, CRUM, bourfe, fac: de-là.

CRUMena, æ, bourfe; 2°. fac, ha-
vrefac.

Ce mot s'eft auffi prononcé
CROP par le changement de M en
P; de-là le Gallois & le Flamand,
CROP, CROPPa, ventricule, po-
che ou eftomac des oifeaux.

De CROP prononcé CRUP, vint
le Grec KRUBÓ, KRUP, relatif à l'i-
dée de cacher, de renfermer, de
mettre dans un fac, dans une ca_
verne: d'où ces mots Latins-Grecs:

CRYPta, æ, Gr. Κρυπτη, caverne,
grotte.

CRYPticus, a, um, fouterrein.
Orig. Lat.

COMPOSÉS.

CRYPto-PORTicus, ûs, gallerie fous terre;
2°. corridor enfermé de toutes parts.

APO-CRYPhi libri, livres dont la vérité
eft comme cachée, de la vérité defquels
on n'eft pas affuré.

APO-CRYPhus, apocryphe.

II.

De CRAU, CRU, trou, caverne, fe
formerent l'Oriental בְּרֹה, Kreh,
fouir, creufer; & le Latin S-Cru_
то, fouiller, chercher avec foin.

S-Cruto, -are, (rechercher, fouil-
S-Crutor, -ari,) ler, fureter; 2°.
examiner, fonder.

S-Crutator, is, qui recherche, qui
fouille.

S-Crutatio, onis, vifite, examen.

2. S-Crutinium, ii, l'action de recueillir les voix, les fuffrages.

3. S-Cruta, orum, vieux habits,
vieux fouliers, vieille ferraille, vieilles chofes ramaffées, hardes à vendre.

S-Crutarium, ii, friperie, boutique &
profeffion de Fripier.

S-Crutarius, ii; S-Crutaria, æ; 1°.
Crieur & Crieufe de vieilles ferrailles,
de vieux habits; 2°. métier, profeffion
de Fripier.

COMPOSÉS.

CON-SCRUTor - ari, fouiller avec.

DI-SCRUTor, -ari, funer, agréer des cor-
dages.

IN-SCRUTor, -ari, rechercher curieufe-
ment.

PER-SCRUTor, -ari, fouiller, cherchen
avec foin; 2°. épier, obferver.

G g

PER-Scrutator, is, Enquêteur, Commiſſaire.
PER-Scrutatio, onis, recherche exacte.

CRE,
Craie.

Ce mot vient du Celte & Oriental
CRA, roc, pierre, craie ; à moins
qu'on n'aime mieux le dériver de
l'Oriental בור, Cur, prononcé
Cru, Cre, & qui ſignifie blanc,
couleur de craie.

CRETA, æ, craie, crayon, terre blanche.

On aura dit CRESSa dans l'origine, puiſque CRESSUS, a, um
ſignifie fait avec de la craie : au figuré, jour heureux, marqué de
craie ou en blanc.

CRETula, æ, petit morceau de craie.
CRETæus, a, um ; CRETaceus, a, um, de
craie.
CREToſus, a, um, abondant en craie ou
en marne.
CRESſius, a, um ; CRESſus, a, um, qui
eſt fait ou marqué de craie.
CRETarius, ii, qui travaille en craie.
CRETatus, a, um, blanchi ou marqué
avec de la craie.
IN-CRETo, -are, blanchir, mettre du
blanc.

CRA,
CRE, CRI, CRO, COR, &c.
Bruit.

CRA eſt une onomatopée, une imitation du bruit que fait une choſe
qui craque, qui pétille : elle eſt devenue la racine d'un grand nombre
de mots Celtes, Grecs, Latins,
François, &c.

I.

1. CREPO, -are, craquer, craquet-
ter, faire cric-crac ; 2°. claquer,
faire un bruit éclatant ; 3°. crever, ſe rompre avec éclat ; 4°. blâmer, accuſer ; 5°. répéter toujours
la même choſe.

CREPito, -are, craquer, claquer, petiller.
CREPax, acis, qui fait du bruit, qui
craque.
CREPitus, ûs, bruit éclatant, ſon impétueux, claquement de mains, craquement de dents, cliquetis d'épées, éclat
de ce qui ſe fend, &c.
CREPitaculum, i, inſtrument bruyant :
creſſelle, cliquette, hochet, ſiſtre, &c.
CREPundia, orum, jouets d'enfant, hochet, &c.

2. CRUMA, atis, cliquetis.

CRUMata, orum, des cliquetis.

COMPOSÉS.

CON-CREPO, -are, craquer, faire du
bruit, faire réſonner, retentir.
DÉ-CREPO, -are, jetter ſon dernier éclat ;
2°. rendre le dernier ſoupir, CREVER.
DE-CREPitus, a, um, prêt à crever, fort
vieux, décrépit.
DIS-CREPO, avi, ui, atum, itum, are ;
DIS-CREPito, -are, faire du bruit en ſe
querellant, n'être pas d'accord, être
différent.
DIS-CREPantia, æ, diſconvenance, con-
trariété.
IN-CREPO, -are, faire du bruit ; 2°.
blâmer, gronder, réprimander.
IN-CREPitus, ûs, cenſure, reproche,
blâme, gronderies.
IN-CREPito, -are, gronder, réprimander,
faire du bruit, &c.

In-Crepativè, en grondant, en blâmant.
Per-Crepo ,-are , réſonner fort.
Re-Crepo ,-are , réſonner , retentir.

II.

Cremo , - are , brûler, faire entendre le bruit du feu , du bois qui
pétille.

Cremium , ii , menu bois : il pétille & fait
des éclats ; 10. au fig. ſacrifice.

Cræmatio , onis , brûlure , action de brûler,
de faire brûler.

Con-Cremo ,-are , brûler , faire brûler
enſemble.

In-Cremſatus , a , um , conſumé , brûlé.

III.

Crotalum , i , inſtrument de muſi-
que fort bruyant ; 1°. cymbale ;
3 °. triangle de cuivre à anneaux
qu'on fait réſonner avec une baguette de cuivre.

Crotaliſtria , æ , Joueuſe d'atabale :
cigogne qui rend un ſon pareil en faiſant
claquer ſon bec.

Crotalia , orum , pendans d'oreilles compoſés de pluſieurs perles , qui rendent
un ſon en choquant les unes contre les
autres.

IV. SCREo.

S-Creo , - are , cracher , mot-à-mot ,
mettre , produire hors de.

S-Creatio , onis ; S-Creatus , ûs , crachement , l'action de cracher.

S-Creator , is , cracheur , qui ne fait que
cracher.

S-Creabilis , e , is , qu'on peut cracher.

S-Creatius , a , um , mépriſable à cracher
deſſus.

Composés.

Con-S-Creor , - ari , touſſer comme
pour cracher.

Ex-SCreo , - are , ⎱ cracher.
Ex-Creo , - are , ⎰

Ex-Creator , is ; Ex-S-Creator , is , cracheur.

Ex-SCreatio , onis ; Ex-Creatio , onis ,
crachement.

Ex-Crementum , i , excrément.

Ex Cretus , a , um , évacué.

Ex-Cretio , onis , éjection des excrémens.

V. COR, SCOR,

Ordure.

S-Coria , æ , craſſe , écume de métal ;
2°. miſere , calamité.

S Corio , nis , fou , ſtupide.

Ces mots viennent du Grec,

ΣΚΩΡια , SKória , ſcorie ,

formé du Grec,

ΣΚΩΡ , SKor , ordure , excrémens : mot formé de l'Hébreu
כור , Kor , Kur , excrémens.

CRIMen,

Crime.

Le mot de Crimen , crime , eſt un de
ces mots qui ne réveille que des
idées morales , mais des idées noires & atroces , la calomnie , la ſcé-
léráteſſe , la violation de toute loi ,
tout ce que le principe malfaiſant a
de vicieux. Ce mot tient donc néceſſairement à des mots primitifs ,
deſtinés à déſigner le mal , le mauvais. On peut choiſir entre ces deux.

Le mal , le péché , fut toujours
peint comme une nudité ; mais en
Oriental עֲרֹם , qu'on peut écrire
C-rim , Hrim , Harim ſignifie nud

& devint l'épithète du Démon :
d'où le Persan Ahriman , nom du
mauvais Principe , du Tentateur.

D'un autre côté , Harm , dans
les langues du Nord , en Hébreu
חרם , Hrm , Chrem , & en Egyptien Ermé , signifie désolation ,
ruine , exécration ; 1°. dommage ;
3°. douleur.

Crimen , inis , crime , est donc mot à
mot , tout ce qui nuit , qui offense ,
tout ce qui est digne d'anathême ,
d'exécration , toute mauvaise action ; 2°. accusation , invective ,
calomnie.

Criminosus , a , um ; 1°. coupable , blâmable ; 2°. outrageux , injurieux ; 3°.
qui accuse , qui censure.

Criminosé ; Criminaliter , d'une manière
criminelle.

Criminalis , e , criminel , où il y a
offense.

Criminor ,-ari , accuser , reprendre ,
blâmer.

Criminator , is , accusateur , délateur.

Criminatorius , a , um , qui concerne le
crime , l'accusation.

Criminatio , onis ; 1°. crime , faute dont
on accuse ; 2°. accusation , blâme ; 3°.
l'action d'invectiver , faux rapport.

Con-Criminor ,-ari , accuser d'un crime.

C R A ,

Elévation , Grandeur , Grosseur.

De Car , tête , élévation , prononcé
Cra , se formerent diverses familles relatives aux idées de grosseur ,
d'épaisseur , de croissance , &c.

I.

1. Crambe , es , chou.

2. Crassus , a , um , épais , gros ,
grossier ; 2°. gras , fécond , fertile ; 3°. pesant , lourd.

Crassitudo , grosseur , épaisseur ; 2°. gros-
sièreté , pesanteur.

Crassamentum , i , épaisseur , grosseur.

Crassamen , inis , lie , dépôt de liqueur.

Crassesco , s'épaissir ; 2°. grossir ; 3°. devenir gros & gras.

Crassé , d'une manière épaisse , grossière.

In-Crassatus , a , um , engraissé , devenu
épais.

Præ-Crassus , a , um , fort épais.

Sub-Crassulus , a , um , un-peu épais.

I I.

Cresco , evi , tum , scere , croître ,
grossir , s'élever ; 2°. s'enrichir ,
faire fortune.

Cretus , a , um , né : issu.

Cretio , ionis , acceptation d'un héritage ,
d'une succession : solemnité qu'on y
observoit.

C O M P O S É S.

Ac-Cresco , croître , accroître , monter à , s'élever à ; 2°. survenir ,
être ajouté.

Ac-Crementum , i ; Ac-Cretio , onis , crûe,
accroissement , augmentation.

Con-Cresco , s'épaissir , s'écailler ,
se coaguler.

Con-Cretio , mélange , assemblage ,
mixtion , coagulation.

Con-Crementum , i , amas.

Con Cretus , ûs , épaississement.

Con-Cretus , a , um , épaissi , coagulé ,
figé , caillé ; 2°. mélangé , composé.

De-Cresco , décroître , diminuer , appétiſſer.

De-Crementum , i , décroiſſement , déclin.

De-Crescentia , æ , décroiſſance , diminution ; déclin.

Ex-Cretus , a , um , crû , devenu grand ; 2°. ſevré.

Ex-Cresco , ere , croître hors.

In-Cresco , ere , croître , s'accroître , augmenter.

In-Crementum , i ; accroiſſement , augmentation.

Ad-In-Cresco , ere , s'accroître , s'augmenter.

Super In-Cresco , croître par-deſſus.

Pro-Cresco , s'augmenter.

Re-Cresco , croître de nouveau.

Re-Crementum , i , raclures ; 2°. criblures.

Sub Cresco ; Suc-Cresco , croître par-deſſous ; 2°. croître peu à peu ; 3°. croître après , ſuccéder.

Super-Cresco , croître par-deſſus.

III.

Cre-Do , didi , ditum , dere , croire , mot à mot , » donner croyance à » quelqu'un : au ſens phyſique , lui » prêter un terrein où il puiſſe » faire germer , faire croître ; 2°. » au ſens figuré , abandonner ſon » eſprit aux vérités qu'on y fait » croître.

» Il ſignifie donc dans un ſens » prêter , confier , en parlant d'ob- » jets phyſiques ; & dans un au- » tre ſens , ajoûter foi , croire , » en parlant d'objets intellectuels , » de vérités à adopter.

Dans l'un de ces ſens on confie ſon champ , un bien phyſique ; dans l'autre on confie ſon eſprit , ſa foi.

Credibilis , e , croyable , vraiſemblable.

Credibiliter , probablement , d'une manière croyable.

Creditor , oris , créancier , prêteur.

Creditrix , icis , prêteuſe.

Creditum , i , prêt , créance , dette active.

Credulus , a , um , trop léger à croire , crédule , qui ſe confie trop légèrement.

Credulitas , atis , crédulité , facilité à croire.

COMPOSÉS.

Ac-Credo , ere , } croire , ajoûter
Ad-Credo , ere ; } foi ; 2°. permettre , laiſſer croire.

Con-Credo , ere , donner en garde , confier , mettre en main.

Con-Creduo , ere , confier.

PRIVATIFS.

In-Credibilis , e , incroyable , qu'on ne peut croire , qui eſt au-deſſus de toute créance.

In-Credibiliter , incroyablement : au-delà de toute créance.

In-Creditus , a , um , qu'on n'a pas crû.

In-Credulitas , aiis , incrédulité.

In-Credulus , i , incrédule , qui ne croit pas.

IV.

Cre-Bresco , ui , ſcere , croître de plus en plus , augmenter , ſe répandre , redoubler , répéter ſouvent.

Cre-Britas , atis , épaiſſeur , multitude , quantité.

CRE-BER, *bra*, *brum*, redoublé, réitéré, fréquent, qui arrive souvent ; 1°. dru, pressé, serré ; 3°. nombreux.

CRE-BRiter, plusieurs fois, souvent.

CRE-BRò, souvent, fréquemment, plusieurs fois.

CON-CRE-BResco, se fortifier par l'aide, par l'intervention d'un autre.

IN-CREBRò ,-*are* ; IN-CRE BResco, croitre de plus en plus, s'accroitre ; 1°. devenir plus commun ; 3°. devenir plus fréquent.

V.

CREPido, *dinis*, hauteur d'une roche escarpée : bord, élévation contre laquelle l'eau vient battre.

CREPIDA , *æ*, chaussure grossiere, pantoufle ; elle éleve.

CREPidarius, *ii*, faiseur de pantoufles, Savetier.

CREPidula, *æ*, petite pantoufle.

VI.

CREMAster , *tri*, croc, cremaillere, tout ce qui sert à suspendre.

CREMor, *oris*, crème, ce qui surnage ⁻ suc qu'on exprime.

VII.

CRAPula, *æ*, excès du manger & du boire, crapule, pesanteur de tête pour avoir trop bu.

CRAPulentus, *a*, *um*, yvre, crapuleux.

VIII.

CRISPus, *a*, *um*, crépu, frisé, bouclé, mot à mot, qui se releve ; 1°. ondé.

CRISPo ,-*are*, friser, ondoyer.

CRISPI-Sulcans, *tis*, qui tombe en serpentant.

CON-CRISPo ,-*are*, boucler, entortiller.

CON-CRISPans, *tis*, en ondoyant.

SUB-CRISPus, *a*, *um*, un peu frisé.

IX.

CRISTA , *æ*, crête ; 2°. aigrette ; 3°. hupe, panache.

CRISTatus, *a*, *um*, qui a une crête, une hupe.

X.

CRINis, *is* ; 1°. crin, cheveu, poil ; 2°. filets, fibres, filamens ; 3°. nageoires.

CRINitus, *a*, *um*, chevelu, crépu, touffu.

CRINalis, *e*, de cheveux.

CRINi-Ger, *a*, *um*, qui a de longs cheveux.

XI.

CRUSTa , *æ*, CROUTE ; » 1°. partie » solide qui est *au-dessus* du pain, » qui en couvre la mie ; 2°. couverture d'une plaie ; 3°. tout » ce qui s'endurcit sur la surface » de quelque chose.

» Ce mot a été très-bien choisi » de CRE, dessus, & STA, être.

CRUSTatus, *a*, *um*, encroûté, incrusté, couvert, enduit, revêtu, garni, vernissé.

CRUSTo ,-*are*, enduire, incruster, crépir, encroûter, revêtir, garnir, &c.

CRUSTula , *æ*, petite croûte.

CRUSTulum , *i*, petit gâteau, échaudé.

CRUSTularius, *ii*, Pâtissier, qui vend des gâteaux.

CRUSTum , *i*, croûte de pain, de pâté.

IN-CRUSTo ,-*are*, incruster, enduire.

IN-CRUSTatio , *onis*, incrustation.

XII.

CRATis, is, ⎫ claie, grille d'ofier;
CRATes, is, ⎭ 2°. treillis; 3°. rate-
lier, crêche.

CRATicula, æ, petite claie; 2°. gril;
3°. grille.

CRATi·ius, a, um, fait de claies; 2°.
treilliffé; 3°. grille.

CRATio,-ire, herfer, rompre les mottes
de terre avec la herfe.

CON-CRATitius, a, um, de cloifon.

XIII.

CRUX.

Dé CRE, élevé, élevé en travers,
traverfe, fe forma CRUX, croix.

CRUX, ueis, croix, gibet, poteau élevé avec un traverfant; 2°. au fig.
peine d'efprit, affliction, tourment,
chagrin.

CRUcio,-are, tourmenter, affliger, cha-
griner, faire fouffrir, géner.

CRUciatio, onis; CRUciatus, ûs, tourment, torture, douleur violente, au
phyfique & au figuré.

CRUciator, oris, qui met à la queftion,
Bourreau.

CRUciamentum, i, vexation, peine.

2. CRUciabilis, e, is, infupportable,
chagrinant, défolant.

CRUciabilitas, atis, tourment, fupplice,
chagrin cuifant.

CRUciabiliter, cruellement.

CRUciarius, a, um, pendard, digne de
la corde, pendu.

BINOMES.

CRUci,-FER, a, um, porte-croix; qui
porte une croix.

CRUci-Froo,-ère, mettre en croix, attacher à une croix.

COMPOSÉS.

CON-CRUcior,-ari, être tourmenté,
fouffrir.

DIS-CRUcior,-ari, être fort tourmenté.

EX-CRUcio,-are, tourmenter extrêmement, géner cruellement; 2°. faire enrager, inquiéter mortellement, affliger
au dernier point.

EX-CRUciatus, ûs, tourment, martyre.

EX-CRUciabilis, e, puniffable.

PER-EX-CRUcio,-are, tourmenter cruellement, autant qu'il foit poffible.

PER-CRUcio,-are, tourmenter fort, avec
excès.

CY, CWI,

Eau.

CYANus, dans l'origine fignifia bleu,
couleur d'eau, en Grec KU'ANOS.

C'eft le Celte CW, CWI, eau,
puits, riviere, écrit également
GWI & WI.

De-là le nom de la Nymphe
CYANE, dont nous avons rappellé
l'aventure dans l'Hiftoire du Calendrier, page 572, & que les Dieux
changerent par compaffion en une
FONTAINE fur les bords de laquelle
les Siciliens offroient toutes les années des facrifices en mémoire de
fes malheurs & de l'enlévement de
Proferpine qui en avoit été la premiere caufe.

1. CYMA, tis, onde, flot, houle; 2°.
coquemar.

CYMatium, ii, doucine en architecture.

CUMatilis, e, de flots; à ondes; couleur des flots.

PRO-CYMea, eæ, digue avancée contre
les flots, môle.

2. Cymba, æ, gondole, barque; 2°. tasse, assiette.

Cymbula, æ, nacelle, esquif.
Cymbium, ii, gondole.
Cymbalum, i, clochette.

3. Cyanus, i, bluet, fleur bleue qui croît dans les bleds.

Cyaneus, a, um, bleu céleste, azuré.

Cyaneæ, arum, rochers en mer, qui paroissent bleus.

4. Cyathus, i; 1°. tasse, gobelet; 2°. mesure; 3°. poids.

Cyathisso, -are, verser à boire.

5. Chus, indécl. conge, mesure des Grecs.

Epi-Chysis, is, cruche à vin, pot à vin.
Pro-Chytes, æ, libations des Sacrifices; 1°. vase pour les Sacrifices.

MOTS LATINS VENUS DU GREC.

C

1. Cachla, æ, & non Cachia, æ, Gr. Kakhlan, œil de bœuf, plante.

2. Cactos, Gr. Καυτος, Artichaud, Plante.

3. En-Cænia, orum, dédicace, fête annuelle de la dédicace.

Cæterùm.

Cæterà, mot Grec composé du pronom Eteros, l'autre, & de Kai, &; ensorte que cætera signifie & les autres.

Ainsi quand nous disons & cætera, nous tombons dans un pléonasme très-ordinaire dans les Langues où l'on fait sans cesse double emploi des mots : c'est comme si nous disions & & les autres.

Cæterus, a, um, le reste, ce qui reste, mot-à-mot, & l'autre.

Cæterà,
Cæterò,
Cæterùm, } au reste, d'ailleurs; 2°. le reste du tems.

Cæteroqui; Cæteroquin, sinon, autrement, tout autre.

CAL, &c.

1. Caltum, i, œil de bœuf, le même sans doute que le Grec Kalkhé.

2. Cantherium, ii, charriot, plutôt coupe dédiée à Bacchus. Καυθηριον, poculum Liberi Patris.

Cantharias, æ, sorte de pierre précieuse.

3. Carpheotum, i, encens blanc, pur, net.

4. Carphos; Carpum, i, senegré, fenugrec, plante.

Carpo-Phyllon, laurier alexandrin, qui ne croît que dans les montagnes.

CAT.

1. Catharma, tis, expiation, Gr. Καθαρμα; d'aro, enlever, effacer.

Catharticus, a, um, purgatif.

Cacochites,

CATOCHITes, æ, pierre précieuse de l'Isle de Corse.

3. CATOCHUS, i, léthargie, où les yeux sont fermés.

4. CATOMium, ii, ⟩ 1°. nuque du col;
CATOMum, i, ⟨ 2°. machine où l'on attachoit les criminels qu'on vouloit fouetter; du Grec Katomé, section, brisure.

5. CATONium, ii, lieu souterrain; du Gr. Katω, au-dessous.

C E.

1. CEDMata, um, douleurs rhumatismales, fluxions; Gr. Κιδματα.

2. CENCHRis, is, ⟩ serpent marqué de
CENCHRias, æ, ⟨ taches; Gr. Κεγχρις.

CENCHRitis, idis; CENCHRites, is, pierre précieuse tachetée.

CENCHRis, idis; 1°. épervier; 2°. cresserelle.

KER Kos.

De ce mot Grec qui signifie queue, vinrent les mots suivans.

1. CERCEPS, ipis, espéce de singe à queue, tels que les makis & les sapajous.

CERCOPa, æ; CERCOPs, is, âpre au gain.

2. CERCO-LIPs, ipis, singe qui n'a point de queue; de leipo, laisser, abandonner.

3. CERCO-PITHECus, i, singe qui a une queue; du Gr. Pithecus, singe.

PARa-CERCides, petit os de la jambe; Gr. Parakerkides.

4. CERCurus, i, caraque, bâtiment de mer, à cause de sa figure en forme de queue de poisson.
Orig. Lat.

CERDO, onis; 1°. vil artisan; 2°. cureur de puits; 3°. savetier; 4°. gagne-petit: de KERDó, gain.

EX-CETra, æ, hydre.

C H.

CHAUS, i, chaos; 2°. loup-cervier, à cause de la diversité de ses couleurs.

CHERamides, æ, pierre précieuse.

CHERNites, æ, pierre qui ressemble à l'ivoire.

CHERSina, æ, limaçon, tortue.

ANA-CHITes, is, diamant qui chasse le venin.

CHONDros, i, 1°. grain d'encens; 2°. cartilage, tendon; 3°. intestin qui forme l'estomac.

CHONDRille, es; CHONDRillum, i, chicorée sauvage.

CHONDRis, itis, faux dictame.

TRI-CHORum, i, édifice composé de trois corps de logis, comble à trois faces.

ANA-CHOReta, æ, Anachorete, solitaire.

PAR-EN-CHYMa, æ, substance charnue.

ANTI-CHTONes, um, les Antipodes.

AUTO-CHTONes, um, indigenes; mot-à-mot, du pays.

CHYamus, i, féve d'Egypte.

CHYDRa, æ, palmier, dattier.

CHYDRœa, æ, espece de palmier.

CHYDRœus, a, um, de palme, de palmier; 2°. vil, vulgaire.

C I.

CISER, eris, riz.

H h

Cis*ibilites*, æ, forte de vin doux.

Cissites, æ, pierre précieuse.

Cisi-Anthemus, i, Gr. Κισσαγθεμος, ci-clamen, *plante*.

Cissus, i, Gr. κισσος, le lierre qui se soutient de lui-même.

Cis*sybium*, ii; Gr. Κισσυβιν, tasse de lierre.

Cisthum, i, Gr. Κισθος, arbrisseau qui produit le labdanum.

Cithago, *inis*, ivraie.

C M.

Para, - Cmasis, is, abaissement des forces, affoiblissement.

Para-Cmasticus, a, um, dont les forces diminuent.

C O.

Pro-Coeton, onis, antichambre, gar-derobe.

Colias, æ, macquereau, *poisson*; Gr. Κολιας.

Colurus, i, Gr. Κολυρος, cercle de la sphere.

Coluri, orum; 1°. les colures; 2°. à qui l'on a coupé la queue.

Colutea, æ, Gr. Κολουτεα & Κολυτεα, baguenaudier.

Coluteum, i, gousse de baguenaudier.

Colutea, orum, dessert de table.

Colymbus, i, Gr. Κολυμβος, plongeur.

Colymbas, adis, olive confite dans la saumure.

En-Comium, ii, éloge, Gr. Εγκωμιον; de Κωμα-, sommeil profond: c'étoit l'éloge prononcé après la

mort, l'oraison funébre.

Hypo-Condria, orum, partie supé-rieure du ventre sous les dernieres côtes.

Hypo-Condriacus, a, um, affecté des hypocondres.

Corchorus, i, mouron.

Cordax, cis, 1°. trochée; 2°. danse comique; 3° celui qui exécute cette danse.

Corophium, ii, écrevisse de mer.

Du Grec Κυδόnios, coing, vin-rent

Cotoneum, i, coing, coignasse.

Cotoneus, a, um, de coing.

Les mots suivans paroissent te-nir à la même racine.

Cotinus, i, olivier sauvage.

Cotona, æ, petite figue.

C R.

Crocodilus, i, Gr. κΡΟΚΟ-ΔΕΙΛος; crocodile, animal amphibie qui sort de l'eau pour dévorer, dit-on, ceux qui se trouvent sur ses bords.

Son nom est composé de deux mots Grecs qui peignent exacte-ment cet animal d'après cette idée; des mots *Deilia*, terreur, effroi, & *Kroké*, rivage. » La terreur du ri-» vage ».

C T.

Ctenes, um, les quatre dents de de-vant.

Cteni-Artus, i, Maréchal ferrant. Ce

mot *Artus* paroît être le *Art* des Allemands, qui fignifie *Médecin*.

C U, C Y.

Cunila, *æ*, farriette ; *Gr. Konilé.*

Cunilago, *inis*, farriette fauvage.

Cydonius, *a*, *um*, de coignier, de coing.

Cydonium malum, coing ; *Cydonia ma-lus*, un coignaffier.

Cydonites, *æ* ; 1°. cotignac ; 2°. liqueur faite avec des coings.

Cyma, *æ*, tendron de choux ; 2°. cime des plantes.

Cyprus, *i* ; 1°. Troëne ; 2°. parfum compofé de fleurs.

Cytifum, *i*, }
Cytifus, *i*, } cytife, *arbriffeau.*

MOTS LATINS VENUS DE L'ORIENT.

C

G A.

Cacalia, *æ*, chervis fauvage, ou léontique, *mot-à-mot* plante-lion : c'eft un nom Oriental légerement altéré. ‏שׁחל‎ *Sac'hal* fignifie un lion. Les Orientaux ont également défigné quelques plantes par ce même nom.

Cadmia, *æ*, calamine, minéral qui, fondu avec le cuivre rouge, fait la couleur jaune. En Oriental ‏قدميا‎, *QaDMIA.*

C Æ C.

Cæcus, *a*, *um*, aveugle : ce mot tient à l'Hébreu ‏חשׁך‎, *H-SeK*, être obfcur, fans lumiere, *mot-à-mot*, non lumiere : il eft formé du primitif ‏שׂכה‎, *SeKÉ*, voir, regarder, qui a fait l'ancien Allemand *Sekhen*, voir, écrit aujourd'hui *Sehen*, mais

dont le *C* fubfifte dans *Sicht*, vue. De-là cette famille.

1. *Cæcus*, *a*, *um* ; 1°. aveugle, qui a perdu la vue ; 2°. noir, ténébreux, qui ne reçoit pas la lumiere ; 3°. caché, inconnu, fecret, incertain ; 4°. inconfidéré, imprudent.

Cæcitas, *is*, aveuglement, privation de la vue.

Cæco, *-are*, aveugler, priver de la vue ; 2°. obfcurcir.

Cæculus, *a*, *um*, qui a la vue baffe, mauvaife.

Cæculto, *-are*, avoir la vue très-foible, ne voir pas bien, entrevoir feulement, faire l'aveugle.

Cæcutio, *-ire*, devenir aveugle, ne voir plus clair.

2. *Cæcilia*, *æ*, ferpent fans yeux.

3. *Cæcias*, *æ*, le Nord-Eft, vent très-violent, qui fatigue la vue, qui bleffe les yeux.

H h ij

4. CÆCI - GENUS, a, um, aveugle né.

Ex-CÆCO, - are, faire perdre la vue, rendre aveugle.

Ex-CÆCator, is, qui aveugle.

OB-CÆCO; OC-CÆCO ,-are, aveugler, faire perdre la vue; 2°. obſcurcir, rendre obſcur:

C Æ L.

CÆLebs, ibis, qui n'eſt point marié; 2°. veuf: de l'Or. كَلِي, كَلْى, KELI, KELV, ſeul, ſolitaire, célibataire.

CÆLibaris, e, qui concerne ceux qui ne ſont pas mariés.

CÆLibatus, us, veuvage, célibat, état d'un homme ou d'une femme non-mariés.

CÆremonia, æ, ⎰ coutume religieuſe,
CÆRimonia, æ, ⎱ rit ſacré.

Ces mots que les Latins durent ſans doute aux Etruſques, ſont Orientaux. חֶרֶם, C'HeRM, en Chaldéen, en Ethiopien, en Arabe, &c. ſignifie ſacré, inviolable, conſacré à la Divinité; 2°. vœu, &c.

S-CÆVus, a, um; 1°. gauche; 2°. ignorant: 3°. malheureux, pervers: en Grec, Σχαιος, Skæos, ſignifie ignorant; 2°. gauche; 3°. groſſier, ruſtre: c'eſt l'Oriental שָׂגָא, Sga, ignorant, inconſidéré, mal-adroit.

S-CÆva; æ, gaucher.

S-CÆvitas, atis, méchanceté, malheur.

C A M, &c. ⁓

CAMum, i, biere; de l'Oriental חֻם, C'ham, cuit.

CANDO-SOCCus, i, marcotte de vigne, branche de vigne qu'on replie & dont on cache le bout en terre afin qu'elle puiſſe reprendre racine. Ce mot, d'une origine abſolument inconnue, eſt Oriental : c'eſt un compoſé, 1°. du mot שׂוֹךְ, Souk, branche, dont nous avons vû dans les Origines Françoiſes, col. 1005, que venoit le mot ſouche; 2°. du Verbe כָּהַד, KaHaD; Kad, naſalé en CAnD, 1°. cacher; 2°. ſéparer, couper. On ne pouvoit déſigner cette méthode par un nom plus expreſſif & plus vrai.

CANOPUS, Gr. κάνωβος, étoile de la premiere grandeur, au gouvernail du vaiſſeau des Argonautes : c'eſt également le nom d'une Ville Egyptienne & des cruches conſacrées à Iſis, & regardées comme une Divinité. Les Egyptiens racontoient que Canope avoit été le Pilote de Menelas, & c'eſt comme Pilote qu'on lui avoit conſacré une étoile dans le vaiſſeau des Argonautes. C'eſt ainſi un nom Oriental à tous égards. Selon JABLONSKY, ce mot ſignifie TERRE D'OR, étant compoſé de KAHI, terre, & de NUB, Or.

CAR-BAS, æ, vent de l'Orient ou Occident équinoxial, le Nord-Eſt ou le Sud-Oueſt : de l'Or. חָרַף, C'harp, rigoureux.

CAR-BASa, orum, voiles de navire; de l'Oriental כַּרְפַּס, toile de lin, voile, &c.

Car-Basus, *i*; 1°. lin très-fin ; 2°. voile de lin ; 3°. forte de navire.

Car-Baseus, *a*, *um*, ⎫ de fin lin,
Car-Basinus, *a*, *um*, ⎬ de toile
Car-Basineus, *a*, *um*, ⎭ très-fine.

Casia, Gr. Καστα, Or. קציעה, Qat-
sioe, canelle, écorce odoriférante
du canellier, arbre de l'Isle de Cey-
lan.

CASSIT-ERus.

Cassiterus, Gr. Κασιτιρος, étain, métal que les Anciens ont appellé
plomb blanc. Il est étonnant que
Bochart, plein de l'érudition
Orientale, & qui voyoit tout dans
le Phénicien, n'ait pas connu l'étymologie du mot *Cassiterus*; qu'il
ait cru (Canaan Livre I. Chapitre
XXXIX) que c'étoit un mot Grec
qui désignoit l'étain, & qu'on dériva de-là le nom des Isles Cassiterides, ou de l'Angleterre, parce
qu'elles produisoient de l'étain en
abondance & de la plus grande pureté. Ce n'est rien de tout cela. L'é-
tain s'appella *Cassiteros*, parce qu'il
venoit des Isles Cassiterides; ces
Isles durent leur nom aux Phéniciens, & ceux-ci en leur donnant
ce nom peignirent parfaitement
leur situation à l'extrémité du monde. *CASS*, Cassit, קצית, signifie
fin, *extrémité*, *ER*, & *ERD*, ארץ,
la terre.

C'est donc *mot-à-mot*, » la der-
» niere terre, la terre la plus recu-
» lée : *ultima terrarum* ».

Voyez ce que nous avons dit
col. 458. sur le Mont Caucase,
formé de la même racine.

C E.

Cedrus, *i*, cèdre ; de l'Orient. אדר,
Adr, grand, magnifique, adouci
par les Grecs en *Kadros*, *Kedros*.
C'est le plus grand & le plus beau
des arbres de l'Orient. On parle encore des cèdres du Liban, comme
étonnans par leur grandeur. .

Cedrium, *ii*, ⎫ gomme qui découle du
Cedreum, *ii*, ⎬ cèdre qu'on brûle.
Cedria, *a*, ⎭
Cedris, *idis*, fruit du cèdre.
Cedrinus, *a*, *um*, de cèdre.
Cedratus, *a*, *um*, frotté d'huile de cè-
dre.
Cedr-Elaum, *i*, huile de cèdre.
Cedr-Elate, *is*, grand cèdre.
Cedrostis, *is*, couleuvrée blanche.

Cette famille est entiérement
Grecque.

2. Acerra, *a*, autel de parfums, cas-
solette, encensoir. Ce mot, Etrusque sans doute, doit venir de l'O-
riental חרר, ChaRR, brûler, &
de אך, Ach, brasier, foyer.

Ceron, *onis*, fontaine qui noircissoit
les brebis qui y buvoient. Ce mot
est venu de la Tartarie, où KARa
signifie *noir*, de même que dans la
Langue Turque.

Ceu, comme, de même; c'est l'O-
riental כה, Cé; l'Anglois So, &c.
ainsi y de même.

CHALK.

Airain, cuivre.

CHALCUS, *i*, Gr. χαλκος, eſt un mot Grec, ſource d'une nombreuſe famille en Grec & en Latin, relative à l'airain, au cuivre. L'origine de ce mot a été juſques ici abſolument inconnue; on n'en doit pas être étonné. On n'étoit pas aſſez avancé dans la ſcience étymologique pour ſoupçonner que ce mot s'étoit légerement altéré en paſſant de l'Orient dans la Grèce, & qu'ici la lettre R s'étoit changée en L, comme cela lui arrive ſi fréquemment, ainſi que nous l'avons vu dans l'*Orig. du Lang. & de l'Ecrit.*

Ce mot eſt donc l'Orient. כרך, *KaRK*, qui ſignifie rouge, racine de כרכם, *KaRKos*, *KRaKos*, ſaffran, dont les Grecs & les Latins firent *Crocus,* en Syriaque ברכום, *KarKuM*, & dont ces derniers firent כרכומא, *KaRKOMA*, airain, cuivre; en Grec KARKÔMA.

Mais les Syriens ajoutoient ſans ceſſe la terminaiſon A; ainſi le mot primitif étoit CARCOM, que les Gr. changerent aiſément en KHALcos & en KHALcon, comme dans AÙRI-CHALCUM.

Quant au changement de R en L, il eſt d'autant plus inconteſtable, qu'il a eu lieu dans d'autres mots de la même nature : c'eſt

ainſi que les Orientaux appellent CHARCEDON la ville que nous appellons CHALCEDOINE: que les Ethyopiens appellent ፲፪-፧-ፈ *Carkedon,* la pierre que nous appellons *Chalcedoine*; & que la ville d'Afrique que les Grecs appelloient CHALCE à cauſe de ſes forges, étoit appellée par les Orientaux CARCOMA.

On voit d'ailleurs ſans peine que ces mots appartiennent à la nombreuſe famille KAR, CER, rouge.

De-là cette famille Grecque-Latine.

1. CHALCus, *i*; 1°. denier, petite monnoie de cuivre; petit poids.

CHALceus, *a*, *um*, d'airain, de bronze.

CHALcetum, *i*; CHALceos, *i*, ſorte de plante.

2. CHALcia, *orum*, fêtes à l'honneur de Vulcain.

3. CHALcites, *æ*, pierre précieuſe de couleur d'airain.

CHALcedonius lapis, calcedoine, pierre précieuſe.

CHALcitis, *dis*, pierre d'airain; 2°. calamine.

4. CHALcis, *idis*; 1°. oiſeau de nuit; 2°. carrelet, *poiſſon*; 3°. lezard.

5. CHALcidix, *cis*; CHALcides, *æ*, lezard.

6. CHALci-Œcum, *i*, temple de Minerve; 2°. ſa fête.

7. CHALcidicus, *i*, liége, *arbre.*

CHALcides, *um*, ſervantes des Lacédémoniens.

CHALcidicum, *i*, ſalle où ſe rendoit la juſtice.

8. CHALcedon, petit Thon; ſa couleur eſt livide & tire ſur celle de l'airain.

9. CHALybr, *ybis*, fer trempé, acier.

COMPOSÉ.

Ex-Chalcio, -are , dévalifer , enlever l'argent.

BINOMES.

Auri-Chalcum, i , forte de laiton , auripeau ; d'*Aurum* , or , & de *Chalcum* , airain ; c'eft ainfi un mot hébride formé par la réunion d'un mot Latin & d'un mot Grec.

Di-Chalcum, i , petite monnoie de cuivre.

Tri-Chalcum, i , petite piéce de cuivre de la valeur du douziéme de l'obole.

Chalc-Anthus, i , ⎱ vitriol, coupe-
Chalc-Anthum, i , ⎰ rofe: de *Chalc* , airain , & *Anthos* , fleur.

Colcotar , is , vitriol calciné rouge. Ce mot paroît tenir à la même famille , fur-tout à caufe de Chalc-Anthus.

CHRYS, Or.

De l'Oriental חרס C'hRes, foleil , 2°. or , couleur du Soleil , vinrent les mots fuivans Grecs-Latins.

Chrysum , i , 1°. jaune d'œuf ; 2°. dorade.

Chrysitos , æ , pierre précieufe de couleur d'or.

Chrysitis , dis; 1°. litharge d'or; 2°. ferpolet.

Chrysalis , dis , chenille qui devient papillon.

BINOMES.

Chrysa-Opis , idis , pierre précieufe de couleur d'or.

Chrys-Anthemum , i , fouci; 2°. marguerite blanche ; 3°. œil de bœuf.

Chrys-Endeta , orum , vafes enrichis d or.

Chrys-Electrum , i , ambre jaune.

Chryso-Beryllus , i , beril de couleur d'or.

Chryso-Colla , æ , foudure d'or , borax ; 2°. verd de peintre.

Chryso-Come , es , ferpolet.

Chryso-Lachanum , i , arroche.

Chryso-Lampis , idis , pierre précieufe , pâle pendant le jour , & qui de nuit éclaire comme du feu.

Chryso-Lithus , i , pierre précieufe de couleur d'or , mot à mot pierre d'or.

Chryso-Melum , i , coing , mot à mot pomme d'or.

Chryso-Pastus , i , ⎫
Chryso-Ptasus , i , ⎬ topaze.
Chryso-Pterus , i , ⎭

Chryso-Phis , dis , pierre précieufe de couleur d'or.

Chryso-Plydium , ii , le lieu où on lave l'or.

Chryso-Polis , is , herbe dont les feuilles font l'effet de la pierre de touche.

Chryso-Rophus , a , um , dont le lambris eft doré.

Chrysor-Rhoæ , arum , ⎱ qui roule de
Chrysor-Rhoas , æ , ⎰ l'or.

Helio-Chrysus , i , fleur de fouci , fouci.

Charon, onis , Batelier des Enfers ; la Mort.

Charoneus , a , um ; Charoniacus , a , um , de Caron , des Enfers.

CHIM.

Chim-Æra , æ , monftre de la fable à tête de lion , & qui vomiffoit des flammes ; 2°. vifion, chimere.

Chimerinus , i , tropique du Capricorne.

Ces mots viennent de l'Oriental אֲרִי , Ari, lion , & חֵם , CheM , chaleur , feu, lumiere, *mot-à-mot*, le lion étincelant, flamboyant ; épithète du Soleil & de l'Eté.

Quant au Tropique du Midi, il fut défigné ainfi, parce qu'on regardoit le Midi comme un climat fi brûlant, qu'il en étoit inhabitable.

CHIM*ia*, *æ*, Chymie. Ce mot dont l'origine a toujours été cherchée en vain, eft venu de l'Orient avec la fcience qu'il défigne : c'eft l'Oriental ☐ᾱᾱ, *c'HUM*, *c'HYM*, qui fignifie » l'extraction des fucs par » le feu ou par la fermentation ».

Les Grecs en firent le mot XUM*os*, *Chymos*, qu'on a regardé très-mal à propos comme l'origine du mot *Chymie*, puifqu'il n'en étoit lui-même qu'un dérivé.

C H O.

COG-GYR*ia*, *æ*, cotonnier. Pour trouver l'origine de ce mot, nous le joindrons au fuivant.

CHOD-CHOD, ⎫ marchandifes dont CHOR-CHOR, ⎬ il eft parlé dans EZECHIEL, chap. XXVII, & qu'il joint au byffus, au lin, & à la foie. C'étoit donc un objet de commerce de la même nature que le lin & la foie, peut-être même plus précieux, puifqu'il eft mis par le Prophete à la fuite du lin & de la foie. Les favans Auteurs des *Mémoires concernant les Chinois* ont foupçonné, (Tome II.) que ce mot

qui a été une énigme pour nos Commentateurs, devoit défigner la même chofe que le CHO-CHO des anciens Chinois, nom d'une foie qu'on tiroit des fils avec lefquels s'attachoit au rivage la Pinne d'eau douce qu'on trouvoit fur les bords des fleuves *Kiang* & *Han*, & qui fe vendoit *le centuple de l'or*.

Ce rapport de noms eft très-remarquable : d'ailleurs, la foie qu'on tiroit de la pinne marine eft connue depuis long-tems en Europe : STRABON en parle, & on en faifoit des manteaux à l'ufage des Empereurs : elle étoit donc infiniment eftimée, & elle devoit être auffi chere pour le moins en Europe que dans la Chine; mais elle dut être toujours moins recherchée à mefure que la foie devint plus abondante.

Il exifte cependant encore à Tarente, à Palerme, & en quelques autres endroits fur les bords de la mer Méditerranée, quelques manufactures des fils de la pinne marine, dont on fait des ouvrages plus fins que ceux en foie, & peut-être plus chauds.

On pourroit cependant rendre le mot CHOD-CHOD par celui de COT*on*.

1°. Le *coton* étoit bien propre à aller de pair avec le lin & la foie.

2°. Le nom de cette marchandife eft manifeftement un dérivé de celu celui de *Chod*, d'autant qu'il est lui-même Oriental & d'une haute antiquité : les Chaldéens, les Ethiopiens, les Arabes, &c. l'appellant `Coton`, d'une racine qui signifie *fin*, *délié*.

3°. Les Grecs eux-mêmes appellerent le cotonnier, comme nous venons de le voir, *Cog-Gyria*, mot qui n'est qu'une altération de celui de *Chod-Chod*, en le prononçant *Cog-Gor*, *Coggur*, *Cogg-yr*.

Il n'y a point de doute non-plus que ce même radical *Cho*, *Chod*, ne soit entré dans le Latin *Gossypium*, *ii*; 1°. coton; 2°. arbre qui porte le coton, cotonnier : & que ce mot ne soit ainsi composé de l'Oriental *Cho*, consacré au coton; de *She* qui, en Egyptien, signifie *arbre*, & peut-être de l'article Egyptien *Pi*, placé très-souvent à la fin des mots.

L'idée primitive de ce mot doit avoir été celle de filer, & il aura désigné en général tout ce qu'on peut convertir en fil, ou filer : de-là sans doute :

L'Héb. חוט, *c'hout*, *c'hot*, filet, ficelle.

Le Gall. *Cogeil*, }
Le Bas-Br. *Cogail*, } quenouille.

Le Basq. *Cogoac*, ver à soie, *mot à mot*, animal qui file.

Le Bas-Br. *Cocz*, devidoir.

L'Ir. *Cochan*, filet.

Orig. Lat.

Choma, *atis*, chaussée, digue : de l'Or. חומה, *c'homé*, mur.

Chomer, grande mesure; en Or. חומר, *c'homer*. Elle contenoit dix éphas; quinze boisseaux; trente-seah ou sates, dont chacun contenoit 144 œufs, ou douze douzaines, une grosse.

C I.

Cimelium, *ii*, présent précieux, trésor.

Cimeli-Archa, *æ*; **Cimeli-Arches**, *æ*, Garde du trésor, d'un cabinet de curiosités.

Cimeli-Archium, *ii*, trésor, cabinet de curiosités.

Tous ces mots viennent de l'Orient. כמה, *Kamé*, désir; 2°. ce qui excite le désir, qui a un grand prix.

Cithara, *æ*, harpe, Gr. κιθάρα : ce mot paroit une altération du mot Oriental *Cinara*, qui signifie la même chose.

Citharizo, *-are*, jouer de la harpe.

Citharicen, *inis*, }
Citharista, *æ*, } joueur, joueuse de
Citharistria, *æ*, } guitarre.
Citharædus, *i*, }

Citharædicus, *a*, *um*, qui concerne la harpe.

Citharisma, *atis*, son de la harpe.

Citharus, *i*, Gr. κίθαρος, poisson consacré à Apollon.

BINOMES GRECS.

Psallo-Citharista, *æ*, joueur d'instrumens de musique à cordes.

Psilo-Citharista, *æ*, qui joue sur ces instrumens sans accompagnement de voix.

I i

CINIPHes, um,

CINIPHes, um, én Grec KNIPES, moucherons , coufins , insectes aîlés.

CONOPeum , ei , Gr. Konopeion, coufiniere ; rideau qu'on tire & qu'on tend avec soin pour fermer tout paffage aux coufins.

Ces mots font dérivés de l'Oriental כנף , CNePH , aîle ; animal ailé.

CITRum.

Le CITRON, en Lat. CITRum, en Gr. KITRIA , est un nom Phénicien ; mais dont l'origine étoit abfolument inconnu. Tout ce qu'on en favoit c'est qu'il étoit venu d'Afrique avec le fruit qu'il défignoit , & qu'il est appellé chez les Anciens HESPERIS , comme s'il venoit du jardin des Hefpérides ; mais l'Afrique feptentrionale est au couchant de la Phénicie : ce pays étoit donc appellé avec raison l'Hefpérie en Grec , & QDaR קרר , la nuit , le couchant, par les Phéniciens : delà , CITRa , nom du fruit qu'on en tiroit.

CITRus , i , citronnier.

CITRum, i ; CITReum , i , citron.
CITReus, a; um, de citronnier.
CITRinus , a , um ,⎫
CITRofus, a , um ⎬ de couleur de citron.
CITRatus, a , um ,⎭
CITRum , i , bois de citronnier.
CITRetum , i , citronnage.
CITRago , inis , meliffe , citronnelle.

C L.

De l'Oriental גורל , GORaL ou GORL, Sort, changé en GRoL , & puis en GLoR par le changement de plaçe entre R & L, fi commun dans toutes les langues , fe forma le Grec KAHPOS , Klèros , Sort : d'où cette famille Grecque-Latine :

1. CLERus , i ; 1e. lot, Sort ; 2.°. Clergé.

CLERos , i , effaim d'Abeilles qui ne réuffit pas.
CLERicus , i , clerc, tonfuré , homme d'Eglife.
CLERicatus , ûs , Clergé.

BINOMES.

GLERo-NOMia , æ , héritage partagé au fort.
CLERo-MANtia, æ , divination , par le fort , lotterie.
NAU-CLERus , i , Pilote , patron de vaiffeau ; de NAU , Navis, navire.
NAU-CLERius , a , um ,⎫
NAU-CLERicus , a , um , ⎬ de Pilote.
NAU-CLERiacus , a , nu,⎭
CNEPhofus , a , um , obfcur , Gr. Κνεφας ; de NEPH , NEB , nébuleux , obfcur : à Thébes en Egypte le Dieu fuprême étoit appellé CNEPH;
» l'invifible , qu'on ne peut voir ,
» qui est environné d'obfcurité ,
» de ténèbres.

COLAPHus , i , foufflet , gourmade , Gr. Κολαφος ; de l'Oriental כלף , KaLaPH , frapper,

COLLAPHizo ,-are , fouffleter , gourmer.

CORBONA, æ, tréfor où l'on mettoit les offrandes : c'eſt le mot Oriental קרבן, QORBaN, offrande : de קרב, QaRB, approcher, offrir.

COSTum, i, ⎫ coſtus, plante aroma-
COSTus, i, ⎭ tique uſitée dans les parfums : en Grec *Koſtos* : en Oriental כשת, *Koſt.*

CR.

CRAS, ⎫ demain : de l'Oriental
CRASTinè, ⎭ אחר, A-C'HR, après, enſuite ; autre ; *mot à mot*, le jour qui ſuit, qui vient après.

CRAStinus, a, um, de demain, du len-demain ; du tems qui vient.

PRO-CRAStino,-are, remettre de jour en jour ; 2o. prolonger.

PRO-CRAStinatio, onis, délai, remiſe.

RE-CRAStino,-are, remettre au lende-main, différer.

CREP,

Entre chien & loup ; le ſoir.

CREPerus, a, um, douteux, incertain, qu'on ne peut diſcerner comme il faut.

CREPuſculum, i, le crépuſcule, entre chien & loup, le moment où le jour manquant, on ne peut diſtin-guer les objets comme il faut.

CREPha-GENetus, mot-à-mot, exiſtant dans le ſein des ténébres ; nom de la Di-vinité ſuprême chez les Egyptiens de Thébes.

Ces mots d'origine Sabine, vien-nent de l'Oriental ערב, CHReB, le ſoir, la nuit, l'érebe.

CRIB.

CRIBrum, i, crible, tamis, ſas : du Celt. CRIB, & de l'Or. ערבלא, WRBeLA, crible.

CRIBro,-are, cribler, tamiſer, ſaſſer.

CRIBrarius, a, um, qui concerne les cri-bles.

CRIBrarius, ii, boiſſelier, faiſeur de cribles.

CRIBraria, æ, la fine fleur de farine.

CON-CRIBillo,-are, trouer comme un crible.

CRO.

CROCus, i, ⎫ du ſafran : C'eſt l'Or.
CROCum, i, ⎭ כרכום, KREKUM ſa-fran.

CROCeus, a, um ; CROCinus, a, um, de ſafran ; jaune.

CROCatus, a, um, ſafrané, où l'on a mis du ſafran.

CROCota, æ, habit de femme couleur de ſafran.

CROCinum, i ; CROCo-Magma, tis, bau-me de ſafran.

EPI-CROcus, a, um, de couleur de ſa-fran.

EPI-CROcum, i, habit de femme, de couleur de ſafran.

CRU.

CRUS, uris, jambe : de l'Orient. כרע, KRw, ſe courber, ſe baiſſer, 2o. le bas ; כרעים, KRwIM, les jambes.

CRUPellarii, orum, cuiraſſier, ſoldat armé de pied en cap.

De l'Oriental כרבל, KIRBeL, cou-vrir entiérement, envelopper. Ce mot a l'air de tenir au Perſan SaRa BaLa.

C U.

CUMINum, i, plante appellée CUMIN, Grec KUMINon, Oriental כמן, C-Mun. Ce nom tient au verbe כמן, KMaN, récolter, cueillir, amaſſer des choſes précieuſes, des tréſors, & au nom כמן Kman tréſor ; choſes précieuſes raſſemblées avec ſoin.

CUPRUM,
Cuivre.

CUPRum, i, cuivre. Ce mot tient au Grec KUPRIS, nom de Vénus & de l'Iſle de Chypre. On a cru que cette Déeſſe & ce métal qui lui étoit conſacré avoient tiré leur nom de l'Iſle de Chypre, parce que cette Iſle abondoit en cuivre : mais ces étymologies à la Grecque ne rendent raiſon de rien ; car afin que l'Iſle de Chypre eût donné ſon nom au cuivre, il faudroit que ce fût de-là ſeulement que les Grecs euſſent tiré leur cuivre ou qu'ils l'en euſſent tiré primitivement, ou que le cuivre de Chypre fût le plus excellent cuivre de l'Univers : aſſertions qu'on ſeroit fort embarraſſé de prouver. L'Iſle de Chypre tira ſon nom au contraire du cuivre qu'on y trouva, & elle fut conſacrée à Cypris par la même raiſon. Et c'eſt de Cypris à laquelle on conſacra le cuivre, que ce Métal avoit tiré ſon nom. Vénus étoit appellée dans l'Orient Kebar ou KEBRA prononcé également KEBRA, mot-à-mot, la grande, la parfaite, la brillante : les Grecs en firent KUPRIS ou Cypris : de-là également le nom du cuivre reſplendiſſant & conſacré à la Déeſſe reſplendiſſante de beauté.

Ce mot devint ſi commun qu'il éprouva de grandes altérations : Kebar fut changé en KEMAR, tandis que nous avons changé Kupris en Cypris, & Cuprum en cuivre, devenu en Theuton KUPFEr.

CUPReus, a, um ; CUPRinus, a, um, de cuivre.

CURulis, is, adjeĉtif de SELLA, mot-à-mot, chaire curule, ou garnie en ivoire. C'étoit la chaire d'honneur des Magiſtrats Romains ; elle étoit en effet garnie en ivoire : ſon nom vint donc avec ſon uſage de l'Orient, où חור, Hur, Cur ſignifie blanc.

C Y.

CYLLENius, ii, ſurnom de Mercure. Il ne dut cette épithète ni au Mont Cyllene ni à la Nymphe Cyllene, comme le prétendirent les Grecs, & d'après eux, tous nos Etymologues : ce nom vint de l'Oriental כלי, Keli, Kuli, nom de la tortue & de la lyre, dont les Grecs firent χελις, Khelis, lyre.

CYPariſſus, i, ⎫ cyprès. Ce mot vient
COPreſſus, ús, ⎰ de l'Oriental עץ, Wtz, bois, & גפר, Gupher, cy-

près ; c'eſt de cet arbre que Moyſe dit qu'il ſervit à conſtruire l'Arche de Noé. En Grec *Kypariſſos.*

Cupreſſeus , *a* , *um* ; Cupreſſinus , *a* , *um* , de cyprès.

Cupreſſetum , *i* , lieu planté de cyprès.

Cupreſſi-Fer , *a* , *um* , qui porte des cyprès.

K U, K Y.

Kyma, Germe.

A-Kyterium , *ii* , médicament pour prévenir la conception.

Al-Cyon , *onis* , oiſeau qui paſſoit pour faire ſon nid ſur les eaux de la mer.

Ces mots viennent du Grec *Kuó,* devenir enceinte , groſſe ; porter.

Ils tiennent à l'Oriental בוה ,

Ku*h* , force , puiſſance , faculté de produire , &c.

Par conſéquent à la famille Latine Queo , pouvoir , puiſſance , qui tient elle-même à la famille Celtique Quai.

Kuó , concevoir , être enceinte , faiſant au futur *Kuſó* , paroît tenir au Grec Kuſos , baiſer ; mot Celtique , Theuton, Runique, Eſclavon, & commun aux Dialectes de ces langues.

Gall. Cus , Cusan.

Anglo-Sax , Coss , Kyssan.

Allem. Kuss.

Eſclav. Kush.

Iſland. Koss.

Runiq. Kosl.

Angl. Kisse,

Suéd. Kisning , &c.

MOTS LATINS-CELTES,

OU DÉRIVÉS DE LA LANGUE CELTIQUE.

D

LA lettre D est la quatrieme de notre Alphabet & de l'Alphabet de xxii lettres. Dans cet Alphabet ainsi que dans tous ceux qui sont numériques, elle vaut quatre, même dans l'Alphabet Arabe, quoique dans celui-ci on ait absolument dérangé l'ordre primitif des lettres.

Cette lettre se prononce sur la touche Dentale, & elle en est la foible, tandis que T en est la forte : aussi cette touche en a tiré son nom.

Ici tout est puisé dans la nature, & ce son, & le nom de la touche qui le fait entendre, & celui des dents qui forment cette touche. Ainsi plus nous avançons, plus nous nous assurons que l'ensemble des mots repose entiérement sur l'essence des choses, sur la nature toujours la même.

La forme de cette lettre fut également puisée dans la nature ; & à cette forme est liée l'étymologie de la plupart des mots composés de cette lettre.

Un Illustre Grammairien eut donc tort de dire, » qu'il importoit peu de sçavoir d'où nous » vient la figure de cette lettre. « Tout importe dans la recherche de la vérité ; & comment peut-on la découvrir, lorsqu'on néglige les élémens sur lesquels elle repose ?

Il adopta sans peine que notre D a la même forme à peu près que celui des Grecs ; mais s'il avoit cru que l'origine de cette lettre pouvoit nous importer, il l'auroit retrouvée avec cette figure correspondante dans l'Alphabet zend de la Perse, dans ceux des Samaritains, des peuples du Nord, des Ethiopiens au midi, des Arabes, même des Chinois, qui assurément ne la durent pas aux Grecs. Remontant plus haut, il l'auroit reconnue chez les Egyptiens dans la forme du DELTA qu'ils firent prendre aux embouchures du Nil ; dans celle des portes des tentes sous lesquels habiterent les premiers peuples, & dans le célebre Triangle rayonnant qui peignoit la Divinité bienfaisante.

Dès-lors ce Sçavant auroit soupçonné qu'un phénomene aussi répandu, n'étoit pas l'effet du hazard: qu'il existoit donc une unité d'Alphabet chez les peuples qui ont connu l'écriture ; & que les caracteres qui le composent avoient tous une origine digne de leur inventeur, & dont la valeur ne put qu'influer sur les mots dans lesquels chacun de ces caracteres étoit le dominant.

Il crut avoir plutôt fait en pensant que tant de peine étoit inutile; & c'est ainsi qu'on se prive souvent de connoissances intéressantes, en disant, à quoi cela est-il bon ?

Le caractere D qui peignoit, 1°. l'Etre suprême, Auteur de tout ce qui existe, source du jour & de la lumiere; 2°. les portes ou les jours d'une tente, & qui se prononce sur la touche la plus sonore & la plus ferme de l'instrument vocal, devint la source d'une masse de mots qui participent plus ou moins de ces diverses idées.

Ainsi D désigna :

1°. par onomatopée, les Dents, qui constituent la touche dentale.

2°. Tout ce qui est ferme & constant, élevé, digne de respect, l'Etre suprême, les Etres élevés & qui dominent sur les autres.

3°. La lumiere ou le jour élevé.

4°. L'action de mettre au jour, de publier, de dire.

5°. Celle de montrer, d'indiquer, de conduire.

6°. La porte, les ouvertures qui donnent du jour.

7°. L'entrée & la sortie, &c.

D.

Dettoton, constellation en forme de Delta, ou du D primitif & triangulaire.

ONOMATOPÉES.

Dintrio, - ire, ⎱ crier comme la
Dintro, - ere, ⎰ souris.

Drenso, - are, chanter comme un cygne.

DE,

PRÉPOSITION.

D marquant l'origine, le lieu d'où on sort, devint une Préposition Latine qui exprima cette idée, & qui se plaça entre deux mots toutes les fois que l'un servit à déterminer l'autre, ou que l'objet exprimé par l'un devoit être considéré comme l'effet de l'autre, comme en étant une suite. Ainsi ils disoient.

De meo unguento olet, c'est de mes parfums qu'elle tire sa bonne odeur.

De prandio non bonus est somnus, il n'est pas sain, le sommeil qui est l'effet du dîner.

De consilio amici sui agit sa

conduite eſt l'effet du conſeil de ſon ami.

Elle marqua, 2°. naturellement la cauſe & le tems.

De Menſe Decembri navigare, ſe mettre en mer, au mois de Décembre.

De principio, dès le commencement.

De illa nos amat, il nous aime à cauſe d'elle; comme ſi nous diſions, c'eſt d'elle que vient ſon amitié pour nous.

De induſtriâ, à deſſein, par un effet de ſa volonté.

DE, initial.

I.

DE s'eſt aſſocié à quelques mots pour marquer la ſuite des événemens.

DE-IN, deux Prépoſitions unies enſemble par une double ellipſe, *mot-à-mot*, Depuis ce point EN un autre. Après, enſuite, ſecondemente.

DE-INDE, après, enſuite, puis.

DE-IN-CEPS : ici l'ellipſe eſt moins conſidérable : les deux Prépoſitions ſont unies au mot CAP, devenu CEP, chef, point. Le S final paroît une abréviation de ſt ou eſt; *mot-à-mot*, quand on fût parvenu *de ce chef en* celui-ci.

II.

DE s'eſt auſſi uni ſi étroitement à quelques mots ſimples qu'il n'y eſt preſque pas ſenſible, & qu'on a peine à s'appercevoir que les mots qui

en réſultent ſont compoſés : tels ſont ceux-ci.

DE-NUÒ, de nouveau, mot où DE s'eſt uni à *novo*, nouveau.

DE-UNX, *mot-à-mot*, une once étant ôtée *de* la livre. C'eſt ainſi qu'on déſignoit onze onces, la livre étant compoſée alors de douze onces.

DODRANS, pour DE UNUS quadRANS, un quart *de* moins, *c.eſt-à-dire* trois quarts ou neuf douziemes.

DODRANT*alis, e*, de trois quarts ou de neuf douziemes.

DEBEO, *ui, itum, ere*, devoir, être obligé, avoir obligation.

Mot compoſé de la prépoſition DE, & du verbe HABeo, *mot-à-mot*, TENIR une choſe *de* quelqu'un, la lui devoir.

DEMO, *demſi, demtum, demere*, déduire, ôter, arracher, diminuer : mot compoſé de AM, monceau, & DE, qui déſigne l'action d'ôter, de tirer hors.

Ainſi *d-em-o* ſignifie *mot-à-mot*, je mets hors du monceau, c'eſt-à-dire j'ôte.

De-là les deux familles ſuivantes.

I.

DEBEO, *- ere*, devoir, être obligé, avoir obligation.

DEBitor, *is*, débiteur, redevable.

DEBitio, *onis*; DEBitum, *i*, dette.

IN-DEBitus, *a, um*, qui n'eſt pas dû.

IN-DEBitum, *i*, ce qu'on ne doit pas.

IN-DEBitò; IN DEBitè, ſans que la choſe ſoit due.

II.

II.

DEMO, *is*, *ſi*, *tum*, *ere*, ôter, arracher, rabattre, défalquer.

DEMtio, *onis*, diminution.

A-DIMo, -*ere*, ôter, retrancher, ſéparer, emporter.

A-DEMPtus, *a*, *um*; A-DEMtus, *a*, *um*, retranchement, dépouillement.

D.

Dent, mordre, couper.

I.

De *D* déſignant les dents, l'action de mordre, de couper, ſe formerent les mots ſuivans.

Le Grec DAKÓ, DÊKO, DAKNÓ, mordre; d'où, le Latin-Grec,

TRI-DACNA, *orum*, huîtres ſi groſſes qu'il en falloit faire trois morceaux, trois bouchées.

2.

1. DAPS, *pis*, ⎱ mets, viandes; 2°.
   DAPes, *um*, ⎰ régal, feſtin.

DAPalis, *e*, ⎤
DAPaticus, *a*, *um*; ⎥ magnifique,
DAPticus, *a*, *um*, ⎬ ſomptueux,
DAPſilis, *e*, ⎦ ſuperbe, abondant.

D'APaticè; DAPſilè, avec appareil, d'une manière ſplendide.

2. DAPino, -*are*, préparer un grand repas.

5. DEPſo, *is*, *ui*, *itum*, *ere*, paîtrir, manier de la pâte.

DEPſitius, *a*, *um*; DEPſititius, *a*, *um*, paîtri, broyé, manié.

CON-DEPSÓ, -*ere*, paîtrir avec.

3.

DENS, *tis*, dent; 2°. dentelure, ſur *Orig. Lat.*

une friſe; 3°. hoyau; 4°. croc, crochet; 5°. clef.

DENTiculus, *i*, petite dent; 2°. dentelure.

DENTio, -*ire*, pouſſer les dents; 2°. avoir les dents longues, avoir faim.

DENTitio, *onis*, pouſſe ou venue des dents.

DENTiens, *tis*, à qui les dents pouſſent.

DENTiculum, *i*, étui à aiguilles; 2°. pointe de quelque choſe que ce ſoit.

DENTiculatus, *a*, *um*, dentelé, qui a des dents.

DENTex, *icis*, poiſſon qui a de grandes dents.

DENTale, *is*, ce qui tient le coûtre de la charrue.

DENTatus, *a*, *um*, qui a des dents, dentelé; 2°. qui a de grandes dents.

BINOMES.

DENT-ARPaga, *æ*, inſtrument d'arracheur de dents: d'ARPaƷÓ, arracher.

DENTi-FRANGibulum, *i*, qui ſert à caſſer les dents.

DENTi-FRANGibulus, *a*, *um*, qui caſſe les dents.

DENTi-FRICium, *ii*, ce qui ſert à frotter les dents.

DENTi-LEGus, *a*, *um*; DENTi-LEQuus, *a*, *um*, qui parle gras, qui parle entre les dents.

DENTi-SCALPium, *ii*, cure-dent.

COMPOSÉS.

AMBI-DENS, *tis*, qui a des dents en haut & en bas.

E-DENTO, -*are*, caſſer les dents, arracher les dents.

E-DENtulus, *a*, *um*, édenté, qui n'a point de dents.

Tri-Dens, *tis*, inſtrument à trois pointes, trident.

Tri-Denti-*ger*, *a*, *um*; Tri-Denti-*fer*, *a*, *um*, qui porte un trident.

FAMILLE GRECQUE.

O-Dontes, *um*, dents.

O-Dont-*Algia*, *æ*, douleur de dents.

O-Dont-*Agra*, *æ*; O-Dont-*Agogum*, *i*, davier, inſtrument pour arracher les dents.

O-Donto-*Glyphum*, *i*, cure-dent fait avec un roſeau.

O-Donto-*Thimma*, *tis*, dentifrice, friction pour les dents.

O-Donto-*Xeſtes*, *is*, rugine, inſtrument d'Arracheur de dents.

II.

D-U *o*, deux.

Le mot Du ſignifiant deux, emporte toujours avec lui l'idée de partage. Ce mot vint donc de *D*, les dents, parce que les dents coupent, partagent, mettent en deux. Il n'eſt donc pas étonnant que la touche Dentale, forte ou foible, *Da* ou *Ta*, ait ſervi chez preſque tous les peuples de la terre à déſigner deux.

Ecoſſ. DA, Do.

Irl. DA, Doo.

Gall. Bret. DAU, DEI, Dox, Du.

Eſcl. DUa.

Perſ. DEU.

Grec. Lat. Ital. DUo.

Eſp. Dos.

Dan. THo.

Angl. TWo.

Allem. ZWo. Ici *D* en *Z*.

Les Orientaux naſalant ce mot, le prononcèrent de la même maniere que nous prononçons le mot *dent*, enſorte qu'il réunit chez eux ces mêmes ſignifications.

Ten exprima chez eux les idées de *dent* & de *deux*.

En Chald. תנין, *Thenin* deux.

En Hébr. où T devint S, *Scheni* ſignifia dent, & *Scheni* deux, N changé en L, fit au Congo *Tole*, deux.

1.

Duo, *æ*, *o*, deux.

Duode-Viginti, dix-huit, *mot à mot*, ôtez deux de vingt.

Duella, *æ*, troiſième partie d'une once.

Dualis, *e*, de deux.

BINOMES.

Dubius, *a*, *um*, douteux, incertain; 2°. indécis, irréſolu; 3°. qui eſt en balance, en ſuſpens; 4°. ſuſpect, dont on doute. Du mot Du, deux, & *Via*, chemin, rencontre fâcheuſe de deux chemins entre leſquels on ne ſait comment choiſir le bon.

Dubium, *ii*, doute.

Dubietas, *is*, irréſolution, doute.

Dubie, d'une manière douteuſe.

Dubioſus, *a*, *um*, douteux.

Dubito, *are*, douter, être irréſolu, balancer, héſiter; 2°. ſoupçonner.

Dubitatus, *a*, *um*, incertain, dont on doute.

Dubitatio, *onis*, action de douter, incertitude, héſitation; 2°. ſoupçon.

Dubitanter, dans le doute, dans l'incertitude.

Dubitabilis, *e*, douteux, indécis.

COMPOSÉS.

Ad-Dubito, -are, douter fort, balancer beaucoup.

Ad-Dubitatus, a, um, fort douteux.

Ad-Dubitatio, onis, doute, incertitude.

In-Dubito, -are, douter, se défier, soupçonner.

In-Dubitatus, a, um, qu'on ne met point en doute.

In-Dubitabilis, e, qui est hors de doute, sûr.

In-Dubitatè; In-Dubitanter, sans doute, assurément, sans contredit.

Sub-Dubito, -are, être en doute, se défier.

2.

MOTS Latins-Grecs.

1. Deuteria, æ, piquette.

Di-Aulus, i, espace de deux stades de longueur; 2°. course d'un bout à l'autre du cirque.

3. Di-Esis, is, dièse, en terme de musique, un quart de ton, la moitié d'un demi-ton.

4. Diota, æ; Dyotπ, æ, vase à deux anses où l'on mettoit le vin; 2°. pélican : de di, deux, & ôs, oreille.

D,

Lumiere, Jour.

D signifiant la lumiere, le jour, devint la source d'une multitude de familles.

1.

Di, Jour.

Dies, ei; 1°. jour, journée; 2°. cours du tems; 3°. terme, délai; 4°. vie.

Diecula, æ, un petit jour, un peu de tems.

BINOMES.

Ho-Die, aujourd'hui, à présent; de hoc, ce: mot-à-mot, en ce jour.

Ho-Diernus, a, um, d'aujourd'hui.

i. In Dies, chaque jour.

3. Medi-Dies, ei, ⎱ midi, la moitié
Meri-Dies, ei, ⎰ du jour; 2°. sud : de Medius, moyen. Ici D changé en R.

Meri-Dialis, e, du Sud, méridional.

Meri-Dianus, a, um, du Midi.

Meri-Dianum, i, le Midi.

Meri-Dianus, i, Gladiateur.

Meri-Dianò, à midi.

Meri-Dio, -are; Meri-Dior, -ari, faire la méridienne, dormir après-midi.

Meri-Diatio, onis, la méridienne, sommeil d'après-midi.

Ante-Meri Dianus, a, um, qui se fait avant-midi.

4. Peren-Die, après-demain.

Peren-Dinus, a, um, d'après-demain.

Com-Per-En-Dinus, a, um, du jour d'échéance, de délai.

Com-Per-En-Dino, -are, différer, délayer, retarder, prolonger; 2°. remettre le Jugement d'une affaire à une seconde Audience.

Com-Per-En-Dinatio, onis; Com Per-En-Dinatus, ûs, délai, remise d'un Jugement.

Com-Per-En-Dinatus, a, um, élargi à sa caution juratoire.

5. Post-Meri-Dianus, a, um, ⎱ d'après
Po-Meri-Dianus, a, um, ⎰ midi, d'après-dînée.

Poster-Die, ⎫
Postri-Die, ⎬ le lendemain.
Postri-Duo, ⎭

Postri Dianus, a, um; Postri-Duanus, a, um, du lendemain.

6. Pri-Die, la veille, le jour de devant.

Pri Dianus, a, um, du jour de devant.

Tri-Duum, ii, espace de trois jours.

DÉRIVÉS.

1. Dialis, e, d'un jour; 2°. qui est à l'air.

2. Diarium, ii, journal, mémoire de ce qu'on fait chaque jour; 2°. étape, ration, pitance donnée à un Soldat par jour.

3. Divum, i; Dium, i, l'air; 2°. le serein.

4. Diu, de jour.

Sub-Dio, à l'air.

Sub-Dialis, e, en plein air, à découvert.

Sub-Diu, de jour.

5. Diurno, -are, vivre long-temps.

Diurnu, a, um, du jour, qui se fait en un jour; 2°. éphémere, qui ne dure qu'un jour.

Diurnum, i, pitance, ordinaire, ration d'un jour.

Diurna, orum, Journal, Gazette de chaque jour.

2.

Diu, long-tems.

Diutiùs, plus long-tems.

Diutissimè, très-long-tems.

Diutinus, a, um, de longue durée.

Diutinè, long-tems; Diuturnè, long-tems.

Diutulè, assez long-tems.

Diuturnus, a, um, qui dure long-tems.

Diuturnitas, atis, longue durée.

COMPOSÉS.

Jam-Diu, il y a long-tems.

Justi-Dium, ii, terme de trente jours accordé aux débiteurs; & pour se préparer à la guerre.

Inter-Diu, de jour.

Per-Diu, fort long-tems.

Per-Dius, a, um, qui dure tout le jour.

Per-Diuturnus, a, um, qui dure très-long-tems.

3.

CON-DIO,

Assaisonner.

L'origine de ce mot a été un achoppement pour tous les Etymologues; ce qui n'est pas surprenant; l'idée qu'il offre n'ayant aucun rapport avec le physique de ce mot, & n'étant par-là même qu'une idée figurée dont le sens propre restoit inconnu.

L'étymologie la plus généralement reçue, consiste à dériver ce mot de *duo*, deux, parce, dit-on, qu'assaisonner, confire, c'est mêler deux choses ensemble; c'étoit se tromper en tout point.

Con-Dio signifie assaisonner, confire, saler. Mais ce qu'on sale, ce qu'on confit, c'est pour le conserver, pour en étendre la durée, & n'est-ce pas l'idée qu'offre le mot assaisonner? *mot-à-mot*, ce qu'on prépare pour le manger dans la *saison* favorable.

Le Verbe Latin s'est donc formé du mot *DI*, jour, durée, & signifie *mot-à-mot*, l'action d'étendre la *durée* d'un objet bon à manger *avec*, ou au moyen de telle ou telle précaution.

Con-*Dio*, -ire, assaisonner, apprêter, confire, saler.

Con-Ditus, a, um, falé, confit.

Con-Ditio, onis, affaifonnement, confifage.

Con-Ditus, ûs, l'action d'affaifonner, de faler, de confire.

Con-Ditura, æ, l'art du Cuifinier, du Confifeur; affaifonnement.

Con-Ditorium, ii, faloir; 2°. pot à confiture.

Con-Ditor, is, Cuifinier, Traiteur, Pâtiffier, Confifeur.

Con-Ditizius, a, um, affaifonné, accommodé.

Con-Ditaneus, a, um, propre à confire.

Con-Dimentum, i, apprêt, ragoût, fauffe.

Con-Dimentarius, a, um, qui concerne l'art d'affaifonner, de confire, de mariner, de faler.

II.

D E U S, Dieu.

1. Deus, i, Dieu, le Créateur, le Roi des Dieux & le Pere des Hommes, mot-à-mot, l'Etre-Lumiere.

Deitas, atis, Divinité, nature divine.

Dialis, e, de Dieu.

Divus, i; Diva, æ, Dieu; 2°. Saint, Sainte, Déeffe.

Dius, a, um, } de Dieu, divin;
Divus, a, um, } 2°. célefte, furDivinus, a, um, } naturel; 3°. facré, faint; 4°. qui prédit, qui prophétife, qui devine; 5°. rare, excellent, fublime.

2. Divinus, i, } devin, forcier.
Divinator, is, }

Divinaculus, i, Faifeur d'horofcope, Aftrologue.

Divino, are, prédire, deviner; 2°. conjecturer, prévoir.

Divinatio, onis, l'art de prédire, de

deviner; 2°. prédiction, prophétie.

3. Divinitas, is, Divinité.

Divinitùs, par un don du Ciel, par infpiration; merveilleufement, divinement.

Diviné, d'une façon merveilleufe, furnaturelle.

C O M P O S É S.

Ad-Divino, are, deviner.

Præ-Divinus, a, um, qui donne des preffentimens de l'avenir.

Præ-Divino, are, preffentir, deviner ce qui doit arriver.

Præ-Divinator, i, qui devine, qui preffent.

Præ-Divinatio, onis, connoiffance de l'avenir.

2.

Dæmon, is, } 1°. Efprit, Génie;
Dæmonium, ii, } 2°. Savant; 3°. Diable, mauvais Principe: de Dai, divin, & Mon, lumiere, flambeau.

Dæmoniacus, a, um, poffédé du Démon.

Caco-Dæmon, is, mauvais Génie.

III.

1. Dis, dite, is, } riche, opulent; 2°.
Dis, ditis, } Plutus & Pluton,
Dives, itis, } en tant que Dieux des Enfers ou des lieux bas, qu'on fuppofoit être le réceptacle des tréfors.

Dives, itis, riche, puiffant.

Divito, are, enrichir.

Divitiæ, arum, richeffes, opulence.

Divitatio, onis, l'action de gagner du bien.

2. Dito, are, enrichir, combler de biens.

Ditesco ,-ere , s'enrichir.
Ditissimé , très-riche.
Ditio , onis , autorité , empire , domaine.
Per-Dives , itis , très-riche.
Præ-Dives , itis , fort riche.

I V.
DAC, DIG, doigt.

2. *D* , jour, forma Dag , doigt , qui sert à montrer , à indiquer , à connoître.

FAMILLE GRECQUE.

Dactylus , i , datte , fruit du palmier ; 2°. coquillage ; 3°. dactyle.

Dactylicus , a , um , de datte ; 2°. de dactyle.

Dactylio-Theca ; æ , écrin à bijoux.

Penta-Dactyles , ium , poisson de mer à coquille.

Penta-Dactylus , a , um , qui a cinq doigts.

FAMILLE LATINE.

Digitus , i , doigt.

Digitulus , i , petit doigt.

Digitellus , i , Joubarbe , plante.

Digitalis , e , du doigt.

Dicitale , is ; Digitabulum , i , doigtier ; 2°. gant , mitaine.

Digitatus , a , um , qui a des doigts.

COMPOSÉS.

In-Digito ,-are , nommer , montrer du doigt ; 2°. invoquer.

In-Digitatio , onis , invocation.

Se-Digitus ; a , um , qui a six doigts.

2.

De *DAG* , doigt , se forma la famille In-Dago , chercher , rechercher.

In-Dago ,-are , rechercher.

Ce mot paroît le même que le *Dog* des Anglois , qui veut dire épier , suivre à la piste.

In-Dago , inis , panneau , filets , toiles ; 2° recherche soigneuse.

In-Dagabilis , e , qu'on peut rechercher.

In-Daganter , à la piste , en recherchant.

In-Dagatio , onis , recherche.

In-Dagator , is ; In-Dagatrix , icis , qui recherche.

FAMILLES GRECQUES.

De Dag , Deg , doigt , se forma la famille Grecque , *DECH , DOCH ,* relative à toute idée de recevoir , d'admettre : de-là ces dérivés Latins Grecs.

I.

Dogma , tis , maxime , opinion.

Dogmaticus , a , um , instructif , dogmatique.

COMPOSÉS.

Apo-Decta , arum , Receveur des tailles.

Apo-Dixis , is , preuve évidente , démonstration.

Homo-Doxia , æ , accord d'opinions.

Para-Doxi , orum , vainqueurs aux Jeux Pythiens.

Para-Doxum , i , opinion extraordinaire , contraire à l'opinion commune ; paradoxe.

2.

Pan Docheus , i , Aubergiste ; *mot-à-mot,* qui reçoit tous *les allans & venans.*

Pan-Dorium , ii ; Pan-Doxatorium , ii ; auberge , cabaret.

Ptocho-Dochium , ii , Hôpital ; *mot-à-mot,* où l'on reçoit les Pauvres.

SYN-EC-DOCHE, *es* ; Synecdoque, figure de Rhétorique où l'on employe
la partie pour le tout, ou le tout
pour la partie; *mot-à-mot*, prendre
d'une chose pour l'ensemble.

V.

D'EC, dix.

De DAC, DEC, DIC, doigts, se forma le
mot DEC, dix, nombre des doigts;
de-là ces familles.

1.

DECAS, *dis*, dixaine, dix; 2°. lieu où
l'on étrangloit les criminels à Sparte.

DECEM, dix.

DECIÈS, dix fois.

DECEMBER, *is*, Décembre.

DECEMBRIS, *e*, de Décembre.

DECUMA, *æ*, Dîme, Dixième, décime.

DECUMANUS, *i*, décimeur ; 2°. fermier
des dîmes, receveur des dîmes.

DECUMANUS, *a*, *um*, de dixième, de dîme;
2°. fort grand.

2.

DENI, *æ*, *a*, dix par dix.

DENARIUS, *a*, *um*, de dix.

DENARIUM, *ii* ; DENARIUS, *ii*, denier Romain, valant dix sols.

BINOMES.

DUO-DENI, *æ*, *a*, } douze.
DUO-DECIM, }

DUO-DECIMUS, *a*, *um*, douzième.

DUO-DECIÈS, douze fois.

DUO-DENARIUS, *a*, *um*, de douze.

TER-DENI, *æ*, *a*, trois-fois dix : trente.

3.

D'ECIMUS, *a*, *um*, dixième.

DECIMUM, pour la dixième fois.

DECIMA, *æ*, dîme, dixième partie.

DECIMANI, *orum*, dimeurs, décimateurs.

DECIMATIO, *onis*, décimation.

DECIMO, *are*, décimer, prendre le dixié-
me.

COMPOSÉS.

AD-DECIMO-*are*, dîmer, lever la dîme.

E-DECIMO, *are*, dîmer, choisir.

E-DECIMATA, *orum*, E-DECIMATIO, *onis*,
l'action de dîmer.

E-DECIMATOR, *is*, qui prend le dixième.

TRE-DECIM, treize.

TRE-DECIÈS, treize fois.

TRE-DECIMUS, *a*, *um*, treizième.

SE-DECIM, seize.

SE-DECIÈS, seize fois.

VI.

DEXTER, droit, adroit.

De DEC, doigt, se forma DEXTER,
droit, adroit; qui se sert merveil-
leusement de ses doigts.

DEXTER, *ra*, *um*, droit, qui est du
côté droit.

DEXTRA, *æ*; DEXTERA, *æ*, la droite, la
main droite.

DEXTELLA, *æ*, petite main droite.

DEXTERITAS, *is*, adresse, habileté.

DEXTERE, ingénieusement, finement; 2°.
heureusement.

DEXTIMUS, *a*, *um*, qui est à droite.

DEXTIMUM,

DEXTRORSÙM, } à droite, du côté
DEXTRORSÙS, } droit.
DEXTRO-VERSÙM, }

DEXTRO, *are*, atteler des chevaux.

DEXTRATIO, *onis*, mouvement à droite;
2°. attelage de chevaux.

DEXTRALE, *is*, } brasselet qui se
DEXTRALIOLUM, *i*, } mettoit à la main
DEXTRO-CHERIUM, *ii*, } droite.

AMBI-DEXTER, *a*, *um*, qui se sert avec
facilité des deux mains.

VII.

DEC, décent.

De Dec, montrer, se forma la famille Dec, décent, qui est en état de paroître, de se montrer.

Deceo-ere, ⎱être bien séant,
Decet, cuit,ere, ⎰convenir.

Decens, tis, séant, convenable, bien fait.
Decenter, convenablement, avec décence.
Decentia, æ, bienséance, justesse, convenance.
Decus, oris, ⎫ honneur, gloire, di-
Decor, is, ⎬ gnité, grace, agrément,
Decorum, i, ⎭ bienséance, honnêteté, politesse.

2. Decorus, a, um, beau, agréable; 2°. convenable, bienséant.

Decoré, d'une maniere gracieuse, avec bienséance.
Decoro,-are, embellir, parer, donner de la grace.
Decoramen, inis, ornement.

COMPOSÉS.

Ad-Decet, il est bienséant, il convient.
Con-Decet, être à propos, bienséant.
Con-Decentia, æ, décence, honnêteté.
Con-Decenter, décemment, proprement.
Con-Decoro,-are, parer, enrichir.
Con-Decoré, avec bienséance.
Per-Decorus, a, um, très-beau, beau au possible.

De-Decet, être malhonnête.
De-Decus, oris, deshonneur, honte, opprobre.
De-Decoro,-are, deshonorer, diffamer.
De-Decor, is; De-Decorus, a, um, deshonorable, honteux.
De-Decorator, is, qui diffame.

De-Decorosé, honteusement, ignominieusement.

In-Decet, il ne sied pas, il est mal séant.
In-Decens, tis, mal séant.
In-Decentia, æ, mauvaise grace, indécence.
In-Decenter, de mauvaise grace.
In-Decoris, e; In-Decorus, a, um, mal séant, honteux, deshonorant.
In-Decoré; In-Decorabiliter, mal honnêtement, indécemment.

VIII.

DIC, dire.

Di, jour, forma la famille Dic, dire, mettre au jour sa pensée.

Dico, is, xi, ctum, ere, dire, parler, plaider.

Dica, æ, procès, action en justice.
Dicis-Gratiâ, par maniere de dire.
Dicax, cis, railleur, plaisant.
Dicacitas, is, facilité à railler, penchant à la plaisanterie.
Dicaculus, a, um, un peu railleur.
Dicaculé, en plaisantant.

2. Dictum, i, mot, parole, 2°. discours.

Dicato, orum, Edits, Ordonnances.
Dictor, is, Maître, Docteur.
Dictio, onis, mot, élocution, maniere de parler, style; 2°. récit, exposition; 3°. cause, défense, plaidoyer; 4°. oracle.
Dicterium, ii, mot piquant, raillerie.
Dictosus, a, um, plaisant, agréable; 2°. railleur.
Dictionarium, ii, Dictionnaire.

3. Dicto,-are, dicter, faire écrire; 2°. inspirer, enseigner.

Dictito,

Dɪcto ,-are , répéter , dire fouvent.

Dɪctata , orum , cahiers , leçons diſtées aux écoliers ; 2°. inſtructions que donne un maître.

Dɪctatio , onis , diſtée.

Dɪctator , is , Dictateur , Magiſtrat ; 2°. celui qui dicte.

Dɪctatrix , cis , Souveraine.

Dɪctatura , æ , charge de Dictateur , premiere Magiſtrature.

Dɪctatorius , a , um , de Dictateur.

C O M .p o s é s.

Aʙ-Dɪco , - ere , 1°. réfuter , dénier , rejetter , défapprouver ; 2°. défendre , détourner , être contraire ; 3°. refufer d'adjuger , débouter.

Aᴅ-Dɪco ,-ere , adjuger , livrer àu plus offrant ; 2°. vendre , mettre en vente ; 3°. confifquer ; 4°. deſtiner,attacher; 5°. obliger , confacrer ; 6°. condamner ; 7°. contraindre ; 8°. favorifer , aütorifer.

Aᴅ-Dɪctus , a , um , fujet ; attaché.

Aᴅ-Dɪctio , onis , adjudication , livraifon ; 2°. deſtination ; 3°. contrainte ; 4°. dévouement.

Aᴅ-Dɪcté , fervilement.

Aᴅ-Dɪctius , plus étroitement , avec plus de fujétion.

Aɴte-Dɪco ,-ere , prédire , prophétifer.

Coɴ-Dɪco ,- ere , fe promettre l'un à l'autre , s'engager réciproquement , fe donner parole , fe donner rendez-vous.

Coɴ-Dɪctus , a , um , accordé , où l'on s'eſt engagé réciproquement.

Cóɴ-Dɪctum , i , accord , complot.

Coɴ-Dɪctio , onis , affignation , dénonciation.

Coɴ-Dɪctitius , a , um , qui concerne les demandes en Juſtice.

Ec-Dɪci , orum , Syndics.

Orig. Lat.

Iɴ-Dɪco ,-ere , annoncer , déclarer , publier , ordonner , marquer.

Iɴ-Dɪctio , onis , taille , impôt , fubfide.

Iɴ-Dɪctivus , a , um , qui eſt annoncé.

Iɴ-Dɪctus , a , um , dont on n'a point parlé.

Iɴ-Dᴇx , icis ; 1°. délateur, qui donne à connoître ; 2°. marque , figne , adreffe, titre ; 3°. catalogue , table des matieres ; 4°. pierre de touche.

Iɴ-Dɪco ,-are , défigner , publier , déclarer , dénoncer , enfeigner ; 2°. apprécier.

Iɴ-Dɪcium , ii , indice, marque , enfeigne, preuve ; 2°. découverte , révélation ; 3°. récompenfe ; 4°. épreuve.

Iɴ-Dɪcatio , onis ; ⎫ dénonciation , prix , \
Iɴ-Dɪcatura , æ , ⎬ taux , apprécia-\
Iɴ-Dɪcina , æ , ⎭ tion.

Iɴ-Dɪcabilis , e , qu'on peut montrer.

Sᴜᴘᴇʀ-ɪɴ-Dɪco ,-ere , dénoncer d'abondant.

Sᴜᴘᴇʀ-ɪɴ-Dɪctio , onis , dénonciation réiterée.

Pᴀʀᴀ-Dɪcma , tis , exemple.

Pᴀʀᴀ Dɪcmatice , es , art de farder.

Pʀæ-Dɪco , - ere , prédire , pronoſtiquer ; 2°. dire par avance.

Pʀæ-Dɪctus , a , um , prédit ; 2°. dont on eſt auparavant convenu.

Pʀæ-Dɪctum , i ; Pʀæ-Dɪctio , onis , pronoſtication , prophétie.

Pʀo-Dɪco , - ere , affigner , marquer.

Pʀo-Dɪctator , is , prodictateur.

Sᴜᴘᴇʀ-Dɪco ,-ere , ajouter à ce qu'on a dit.

Sᴜᴘʀᴀ-Dɪctus , a , um , dit ci-devant , fufdit.

Sʏɴ-Dɪcus , i , Délégué d'une Com-

L l

munauté , Syndic ; 2°. Avocat du Roi.

BINOMES.

I.

Ju-Dex , *icis* , Juge , de *Jus* & Dico, *mot-à-mot*, qui dit la Justice , qui prononce jugement.

Ju-Dico ,-*are*, juger, ouvrir son avis; 2°. prononcer un Jugement.

Ju-Dici. m , *ii* , Jugement , faculté de juger, Arrêt de Juge ; 2°. avis, sentiment.

Ju-Dicialis , *e* ; Ju-Diciarius , *a* , *um* , judiciaire , qui concerne les jugemens.

Ju-Dicatus , *ûs* , autorité de Juge , judicature.

Ju-Dicatum , *i* , ce qui est jugé.

Ju-Dicatrix , *cis* , celle qui juge.

Ju-Dicatò , après une mûre délibération.

Ju-Dicatio , *onis* , l'action de juger ; 2°. question à juger.

COMPOSÉS.

Præ-Ju-Dico , - *are* , porter un jugement par avance ; 2°. faire un préjugé ; 3°. faire tort, préjudicier.

Præ-Ju-Dicium , *ii*, préjugé ; 2°. dommage , tort.

Præ-Ju-Dicatio , *onis* , préjugé.

I I.

1. Juri-Dicus , *i*, Juge : de *Jus* , droit, justice.

Juri-Dicialis , *e* ; Juri-Dicus , *a* , *um* , qui est selon les loix ; 2°. qui concerne l'exercice de la justice.

Juris-Dictio , *onis* ; Juri-Dicina , *æ* , autorité de juger, pouvoir de rendre la justice.

I I I.

1. Magni-Dicus , *a* , *um* , qui dit de grandes choses, emphatique.

2. Male-Dico , - *ere* , médire , maudire , dire du mal.

Male-Dicus , *a* , *um* , médisant , qui dit des injures.

Male-Dicè , d'une maniere outrageante.

Male-Dicentia , *æ*, malédiction , médisance.

Male-Dicentissimus , *a* , *um* , très-injurieux.

Male-Dictus , *a* , *um* , maudit.

Male-Dictum , *i* ; Male-Dictio , *onis* ; imprécation , outrage.

3. Mœso-Dicus , *a* , *um* , Médiateur ; 2°. Avocat du Roi : du Grec *Mæsos*, moyen.

I X.

DIC , dédier.

Dico , -*are* , dédier , dévouer , offrir.

Dicatio , *onis* ; Dicatura , *æ* , dédicace ; 2°. dévoue ment.

COMPOSÉS.

Ab-Dico , - *are* , renoncer , quitter , désavouer , se défaire de ; 2°. déposer , casser ; 3°. déshériter ; 4°. interdire , abolir.

Ab-Dicatio , *onis* , renoncement, désaveu, abandon , démission.

De Dico ,-*are* , dédier , consacrer.

De-Dicatio , *onis* , consécration.

Præ-Dico , -*are* , publier , divulguer , raconter ; 2°. louer , vanter.

Præ-Dicatum , *i* , attribut, ce qui se dit d'un sujet.

Præ-Dicator , *is* , qui publie par tout 2°. prédicateur.

Præ-Dicatio , *onis* , publication , témoignage ; 2°. louange ; 3°. proclamation.

Præ-Dicamentum , *i* , prédicament.

Præ-Dicativus, a, um ; Præ-Dicabilis, e, recommandable, louable, digne d'être loué à plusieurs.

Præ-Dicabilitas, is, propriété qu'une chose a de pouvoir être attribuée.

X.
DISC, Apprendre.

De Dic, dire, se forma Disco, apprendre.

1.

Disco, is, didici, discitum, ere, apprendre, s'instruire.

2.

Discipulus, i, } écolier, éléve.
Discipula ; æ, }

Disciplina, æ, enseignement, précepte ; 2°. éducation ; 3°. art, maniere ; 4°. secte, école ; 5°. science, réglement.

Disciplinosus, a, um, qui apprend facilement.

Disciplinabilis, e, qui est bon à savoir, méthodique.

In-Disciplinatus, a, um, qui manque de discipline, qui n'a pas été discipliné

COMPOSÉS.

Ad-Disco, -ere, apprendre avec application.

Con-Disco,-ere, étudier avec, ensemble.

Con-Discipulus, i ; Con-Discipula, æ, camarade d'école, compagne d'étude.

Con-Discipulatus, ûs, société d'études.

De-Disco, -ere, désapprendre, oublier ; 2°. se défaccoutumer.

E-Disco,-ere, apprendre par cœur ; 2°. étudier.

Per-Disco,-ere, apprendre parfaitement.

Præ-Disco,-ere, apprendre auparavant.

MOTS Latins-Grecs.

Au lieu de Disco, les Grecs prononçoient Dasco : de-là :

1. Di-Dascalus, i, précepteur.

Hypo-Didascalus, i, sous-maître.

2. Auto-Didactus, i, qui est son propre maître.

XI.
DOC, Enseigner.

Doceo, es, cui, ctum, ere, enseigner, instruire.

Doctus, a, um, instruit, enseigné ; 2°. sçavant, habile, capable.

Docté, savamment, en homme habile ; 2°. finement, adroitement.

Doctor, is ; Doctrix, cis, maître ; précepteur ; maîtresse-

Doctrina, æ, érudition, science ; 2°. précepte, instruction.

2. Docilis, e, qui apprend aisément, susceptible d'instruction, qui aime à être instruit.

Docilitas, is, disposition à être instruit ; 2°. bonne volonté, facilité à recevoir des leçons.

Docibilis, e, aisé à instruire, qu'on peut enseigner.

Documen, inis ; Documentum, i, enseignement, instruction, maxime ; 2°. modèle, exemple ; 3°. preuve, marque.

COMPOSÉS.

Ad-Doceo, - ere, enseigner.

Con-Doceo,-ere, instruire, répéter.

Con-Doctus, a, um, qui a bien appris sa leçon.

Con-Doceo,-ere, instruire, répéter.

Con-Doce-Facio, ere, dresser, apprivoiser.

De-Doceo, ere, faire oublier ce qu'on avoit appris.

E-Doceo, - ere, montrer, instruire.

Fér-Doceo , - ere , inftruire entiérement.

Per-Doctus , a , um , fort favant.

Per-Docté, très-favamment.

Præ-Doctus, a , um , inftruit d'avance.

Pro-Doceo , ere , déclarer hautement.

Sub-Doceo ,- ere , enfeigner tellement
quellement.

Sub-Doctus , a , um , légérement inftruit.

PRIVATIFS.

In-Docilis , e , 1°. à qui on ne.
peut rien faire apprendre ; 2°. intraitable ; qu'on ne. peut accoutumer ; 3°. naturel.

In-Doctus , a , um , ignorant, malhabile ,
groffier.

In-Docté , en ignorant.

In-Doctor , is , bourreau.

XII.

DUC, conduire.

De Doc , enfeigner, fe forma Duc ,
conduire , guider , montrer le chemin.

Duco , - ere , 1°. conduire, guider ;
2°. charmer, attirer ; 3°. croire ,
penfer.

Duco , are , gouverner.

Dux, cis , 1°. conducteur, guide ; 2°.
Général, Chef ; 3°. Auteur ; 4°. Duc.

Archi-Dux , cis , Archiduc.

Duciffa , æ , Ducheffe.

Ducatus , ûs , 1°. commandement, conduite , pouvoir en chef ; 2°. Duché.

Ductus , ûs , 1°. conduite ; 2°. adminiftration ; 3°. enchainement , fuite ;
4°. trait.

Ductor , is , guide , conducteur , com-
mandant.

Ductio , onis , conduite.

Ductim , petit à petit, fans prendre haleine ; 2°. en tirant à foi.

Ductilis , e , qu'on mène où l'on veut.

Ductarius , a , um , qui fert à traîner un
fardeau.

Ductarié, en traînant ; 2°. lentement.

Ductitius , a , um , qui fe manie aifément,
malléable.

Ductito , are, mener de côté & d'autre.

BINOME.

Parvi-Duco , -ere , faire peu de cas.

COMPOSÉS.

Ab-Duco , -ere, enlever , emporter ,
entraîner ; 2°. faire fortir , éloigner ,
ravir , fouftraire , empêcher.

Ab-Ductio , onis , rupture , déboetement ,
defcente ; 2°. folitude , retraite ; 3°. dé-
monftration imparfaite.

Ab-Ductor , is , féducteur , trompeur ;
2°. abducteur, nom d'un mufcle.

Ad-Duco , - ere , amener , conduire ,
attirer ; 2°. porter , engager ; 3°.
pratiquer , gagner , fléchir ; 4°.
tendre , bander , courber , tirer à
foi.

Ad-Ductus , a , um , amené ; 2°. ferré ,
concis.

Ad-Ducté, en efclave.

Ad-Ductius , avec trop de contrainte.

Circum-Duco , - ere , 1°, conduire
à l'entour , promener de tous côtés ; 2°. tromper , attaquer , duper ; 3°. caffer , abolir ; 4°. prolonger , différer.

Circum-Ductus , ûs ; Circum-Ductio ,
onis , conduite autour ; 2°. circonférence ; 3°. circonvallation , lignes ; 4°.
tromperie , fineffe.

CIRCUM-Ductum, i , tour de phrase.

CON-Duco, -ere, mener, affembler ;
2°. prendre à tâche ; 3°. louer,
prendre à louage.

CON-Ducit, il eft à propos, il eft bon.

CON-Ducenter, avec conduite.

CON-Ducibilis, e , avantageux , utile.

CON-Ductio, onis; louage, ferme, loyer,
rente ; 2°. l'action d'affermer, de donner
à rente ; 3°. conféquence, conclufion.

CON-Ductitius, a , um , qu'on prend à
loyer.

CON-Ductum, i , chofe louée, affermée.

CON-Ductor, is , Entrepreneur; 2°. qui
prend à gages.

DE-Duco, -ere, tiret en haut, en bas,
mettre dehors , emmener ; 2°.
conduire , accompagner , efcorter;
3°. mener, voiturer, tranfporter ;
4°. obliger , engager.

DE-Ductor, is , guidé , conducteur.

DE-Ductio, onis , conduite ; 2°. charroi,
voiture ; 3°. diminution.

DI-Duco, -ere, conduire çà & là ; 2°. féparer , partager ; 3°. ouvrir, élargir.

DI-Ductio, onis , féparation , divifion.

E-Duco, -ere, tirer, mettre dehors;
2°. conduire ; 3°. nourrir, élever,
entretenir ; 4°. élever, pouffer en
haut.

E-Duco, -are, nourrir, élever; 2°. former, inftruire.

E-Ducatio , onis , nourriture , pâture ;
2°. éducation, inftruction.

E-Ducator, is , Nourriffier, qui élève ,
qui inftruit , Gouverneur.

E-Ducatrix, cis , Nourrice, Gouvernante.

INTER-Ductus, tûs , marque pour
diftinguer les chapitres.

INTRO-Duco, -ere, introduire , amener.

INTRO Ductio, onis , l'action de faire entrer
dedans.

OB-Duco, - ere , mener au-devant ;
2°. tourner contre ; 3°. oppofer,
mettre en tête ; 4°. couvrir, tourner au-devant.

OB-Ducto, -are , mener fouvent.

OB-Ductio, onis , l'action de voiler, dé
couvrir.

OB-Ductor , is , celui qui mène , qui
couvre.

PRÆ-Duco, -ere , conduire.

PRÆTER-Duco, -ere, conduire, faire paffer
devant.

PRO-Duco, - ere , conduire, accompagner ; 2°. prolonger , étendre ;
3°. retenir, arrêter ; 4°. retarder;
5°. produire , engendrer ; 6°. faire paroître , expofer en vente ; 7°.
faire long féjour.

PRO-Dux , cis , Conducteur.

PRO-Ductio , onis , prolongation ; 2°.
allongement.

PRO-Ductilis , e , qu'on peut allonger.

PRO-Ducte , d'une manière longue.

RE-Dux , cis , qui eft de retour, qui
eft ramené ; 2°. qui ramène.

RE-Duco, -ere , ramener , reconduire ;
2°. remettre , rétablir ; 3°. réduire.

RE-Ductor , is , qui ramène , qui re-
conduit.

RE-Ductio, onis , l'action de ramener.

RE-Ductivus , a , um , qui fert à réduire
un mixte : en terme de Chymie.

IRRE-Dux , cis , d'où l'on ne fauroit fe
retirer.

SEMI-RE-Ductus, a ; um, réduit à moitié.

RETRO Duco , -ere , faire reculer, tirer
en arrière.

RE-CON-Duco, -ere , reprendre à loyer.

SE-Duco, -ere , tirer à part , prendre en

particulier ; 2°. divifer , féparer ; 3°. tromper , féduire.

Se-Ductio , onis , l'action de tirer à part ; 2°. féduction.

Se-Ductus , ûs , retraite.

Se-Ductor , is , trompeur , qui fait fourvoyer.

Se-Duculum , i , fouet pour frapper les efclaves.

Sub-Duco , - ere , 1°. ôter , retirer , enlever de deffous ; 2°. déduire , fouftraire ; 3°. compter , calculer ; 4°. prendre fous main; 5°. féduire, tromper ; 6°. expofer.

Sub-Ductio , onis , l'action de tirer en haut ; 2°. compte , calcul.

Sub-Ductarius , a , um , qui fert à enlever.

Sub-Intro-Ductus , a , um , introduit par furprife , fous le manteau.

Subter-Duco ,-ere , échapper , retirer.

Super-In Duco ,-ere , mettre par-deffus.

Super-In-Ductio , onis , l'action de mettre au-deffus de ce qu'on a effacé.

Trans-Duco , - ere , } tranfporter ;
Tra-Duco , - ere , } 2°. traduire ;
3°. déshonorer.

Tra-Dux , cis , long farment , branche d'arbre liée à une autre.

Tra-Ductor , is , qui fait paffer.

Tra-Ductio , onis , l'action de faire paffer, tranfportation ; 2°. traduction; 3°. diffamation , deshonneur.

XIII. DI , DE , Lancer , Jetter.

DISCus.

Discus , i , Palet , difque qu'on lance , qu'on jette en avant ; en Grec Diskos.

Il paroît venir du Grec Diko , lancer , jetter.

Et tenir au Lat. Barb. Decius dé à jouer , d'où ce mot lui-même écrit autrefois DECZ : on jette en effet les dez ou decz.

C'eft un mot également Oriental : en Hébr. דחה , Daké fignifie jetter. , renverfer , Dic'hi , action de jetter ; 2°. chûte.

Dec , Dac eft lui-même formé de De , Da , jetter , qui répété , a fait le Celte De-Dwyd , tomber, 2°. écheoir , & l'Arabe Dad , fort , ce qui écheoit , chance , jeu , Bas-Br. Da , hazard , fort.

Discus , i , palet ; 2 . plat , affiette.

Disco-Bolus , i , qui joue au palet.

Disco-Phorus , i ; Disco-Phorum , i buffet ; 2°. table à manger.

Disco-Phorus , a , um , qui fert fur table.

Disci-Fer , a , um , qui porte des palets.

DICTaMNum , i.

Dictamnum , i , Dictamne. Le Dictamne eft une plante de l'Ifle de Crête & des pays chauds , célèbre par fes vertus pour la guérifon des plaies. On a prétendu qu'elle tiroit fon nom du Mont Dicteà , en Crête ; ou de Dictamne , ancienne Ville du même pays ; felon d'autres , de Deikô , montrer , parce que des chévres avoient fait découvrir fa vertu : ce n'eft rien de tout cela. Ce nom ne pouvoit être mieux choifi : compofé des mots Grecs DIKé , plaie , & TAMô , confolider, fermer, il fignifie, *plante qui confolide les plaies.*

Pseudo-Dictamnum, *i*, dictamne bâtard ; du Grec *Pfeudos*, faux.

XIV.

DO, Donner.

D, défignant les doigts, la main, fignifia naturellement l'action de donner : de-là une famille très-étendue en Do, Da, chez les Latins & chez les Grecs.

I.

Dos, *tis*, dot, ce qu'on donne à une fille en mariage ; 2°. avantage, talent, ce dont on eft doué.

Dotalis, *e*, de dot, qui concerne la dot.
Doto, *-are*, doter, douer, fonder, renter.
Dotatus, *a, um*, doué, avantagé.
In-Dotatus, *a, um*, qui n'a point de dot ; 2°. qui eft fans ornement.

FAMILLES GRECQUES.

An-Ec-Dotus, *a, um*, qui n'eft point divulgué.
Anti Dotus, *i*; Anti-Dotum, *i*, préfervatif, contre-poifon.

Apo Dosis, *is*, figure de Rhétorique qui oppofe les derniers membres d'une période aux premiers.

VERBE.

Do, *dedi, datum, are*, donner, accorder.
Datus, *ûs*; Datum, *i*, chofe donnée, don.
Datio, *onis*, l'action de donner.
Dator, *is*, donneur, libéral.

Dato, *-are*, donner de main à main, s'entredonner.
Dativus, *a, um*, qui fert à donner.
Datim, en fe donnant mutuellement.
Datarius, *a, um*, propre à donner.

COMPOSÉS *en ARe.*

Ad-Do, *-are*, donner.
Circum-Do, *-are*, entourer, enclorre, enfermer.
Circum-Datio, *onis*, l'action de porter un habit.
Inter-Datus, *a, um*, diftribué.
Intro-Do, *-dare*, s'infinuer, fe jetter dedans.
Super-Do, *-are*, donner par-deffus.
Satis-Do, *-are*, donner caution.
Satis-Datum, *i*, garantie.
Satis-Dato, en donnant caution.
Satis-Datio, *onis*, préfentation de caution.
Satis-Dator, *is*, qui donne caution.

II.

COMPOSÉS *en ERe.*

Ab-Do, *didi, ditum, ere*, 1°. cacher, mettre à couvert ; 2°. enfoncer, retirer.
Ab-Ditum, *i*, lieu caché, endroit folitaire, reculé, recoin ; 2°. défert.
Ab-Ditus, *a, um*; Ab-Ditivus, *a, um*, couvert, fecret, inconnu.
Ab-Dité, fecrettement, furtivement.
Ab-Ditamentum, *i*, diminution, retranchement.
Ab-D-Omen, *inis*: ce nom eft compofé de ABDo, cacher, & de Omen, péritoine, panfe, il fignifie le ventre, la graiffe ou coëffe du ventre.

Ad-Do, *-ere*, ajouter, joindre, augmenter, donner par-deſſus ; 2°. additionner.

Ad-Dɪtio, onis, l'action d'ajouter ; 2°. addition.

Ad-Dɪtamentum, i, addition, augmentation, accroiſſement ; 2°. circonſtance.

Ad-Iɴ-Do, is, didi, ditum, dere, mettre dedans, introduire, fourrer.

Co-Ad-Do, -dere, ajouter avec.

Supɛr-Ad-Do, ere, ajouter par-deſſus.

Supɛr-Ad-Dɪtum, i, le par-deſſus.

Dɛ-Do, is, didi, ditum, ere, donner, livrer, rendre.

Dɛ-Dɪtio, onis, l'action de donner, reddition.

Dɛ-Dɪtitius, a, um, qui s'eſt mis au pouvoir ; 2°. transfuge, traître, qui remet, qui livre.

Dɪ-Do, is, dididi, diditum, ere, partager, diviſer.

Dɪ-Dɪtus, a, um, divulgué, publié ; 2°. partagé.

Ob-Do, - ere, fermer, mettre devant.

Pro-Do, - ere, 1°. faire paroître ; 2°. divulguer, publier ; 3°. déclarer ; 4°. trahir, livrer ; 5°. prolonger.

Pro-Dɪtur, on rapporte, on dit.

Pro-Dɪtio, onis, trahiſon, l'action de divulguer.

Pro-Dɪtor, is ; Pro-Dɪtrix, is, traître, perfide ; délateur.

Rɛd-Do, - ere, rendre, reſtituer ; 2°. repréſenter, rapporter ; 3°. aller à la ſelle.

Rɛd-Dɪtio, onis, reſtitution, action de rendre.

Rɛd-Dɪtus, ûs, revenus, rentes.

Rɛd-Dɪtor, is. qui punit les crimes,

qui rend à chacun ce qui lui eſt dû.

Sᴜʙ-Do, - ere, ⎫ mettre deſſous, ſup-
Sᴜʙ-Dɪto, -are, ⎭ poſer, ſubſtituer, ſubroger.

Sᴜʙ-Dɪtivus, a, um ; Sᴜʙ-Dɪtitius, a, um, ſuppoſé, ſubſtitué.

Trans-Do, -are ; Tra-Do, -ere, livrer, mettre entre les mains ; 2°. trahir ; 3°. enſeigner.

Tra-Dɪtio, onis, remiſe entre les mains ; 2°. tradition ; 3°. trahiſon.

Tra-Dɪtor, is, qui remet entre les mains ; 2°. traître, qui trahit.

III.

Condo, is, didi, ditum, ere, cacher, couvrir, voiler ; 2°. ſerrer, réſerver, garder : 3°. enfermer, renfermer ; 4°. fonder, bâtir, conſtruire ; 5°. faire, inventer, établir.

Con-Dɪtus, a, um, ſerré, réſervé ; 2°. bâti, fondé.

Con-Dɪtio, onis, création ; 2°. condition, état, nature, température ; 3°. parti, offre, article.

Cou-Dɪtrix, cis, celle qui fonde, qui bâtit.

Con-Dɪtor, is, créateur ; 2°. fondateur, auteur, inventeur.

Con-Dɪtionalis, e, conditionnel.

Con-Dɪtionaliter, ſous condition.

Con-Dɪtivus, a, um, qu'on peut conſerver ſans ſe gâter.

Con-Dɪtitius, a, um, mis à part, conſervé.

Con-Dɪtivum, i ; Con-Dɪtorium, ii, tombeau, cercueil ; 2°. archives, arſenal, magaſin.

Con-Dɪtum, i, lieu où l'on garde le bled.

Con-Dus, i, économe, dépenſier ; 2°. eſpéce de taſſe.

Composés.

COMPOSÉS.

Abs-Condo, -ere, cacher, voiler, obscurcir.

Abs-Con-Dité, en secret, obscurément.

Abs-Con-Ditus, a, um; Abs-Consus, a, um, caché, secret.

Abs-Consor, is, receleur.

Abs-Consio, onis, cachette, lieu secret; 2°. action de cacher.

In-Con-Ditus, a, um, 1°. qui n'est point enterré; 2°. mal poli, grossier, confus; 3°. sans ordre, sans justesse.

In-Con-Dité, d'une manière confuse, sans mesure.

Per-Con-Ditus, a, um, fort caché.

Re-Con-Do, -ere, cacher; 2°. serrer; 3°. tenir dans l'obscurité.

Re-Con-Ditus, a, um, reculé, retiré.

IV.

E-Do, didi, ditum, ere; 1°. produire, porter, engendrer, mettre au jour; 2°. publier, divulguer; 3°. déclarer, dénoncer.

E-Ditus, a, um, mis au jour; 2°. né, issu; 3°. élevé, grand.

E-Ditio, onis, publication, production; 2°. choix, élection; 3°. naissance.

E-Dititius, a, um, choisi, nommé.

E-Ditor, is, qui produit, qui fait naître, qui fait imprimer, qui cause.

In-E-Ditus, a, um, qui n'a point paru; 2°. qui n'a pas été publié.

2. In-Do, -ere, mettre dedans, parmi.

In-Ditus, a, um, mis dedans.

Super-E-Ditus, a, um, élevé par-dessus.

Præ-Ditus, a, um, qui possède, doué, orné.

Orig. Lat.

V.

DON, donner.

Dono, -are, donner, faire présent.

Donum, i, présent, don, offrande.

Donosus, a, um, donneur, libéral.

Donatio, onis, don, présent.

Donativum, i, largesse faite aux Soldats.

Donativus, a, um, qui fait une donation.

Donatilis, e, qu'on peut donner; 2°. qui mérite qu'on lui donne.

Donandus, a, um, à qui on doit donner, qu'on doit donner.

Donarium, ii, offrande, présent; 2°. trésor, lieu où l'on gardoit les offrandes sacrées.

Donatarius, ii, à qui l'on fait un don.

Donaticus, a, um, dont on fait présent.

Donax, cis, denier qu'on donnoit à Caron pour passer le Styx; 2°. roseau pour faire des flêches; 3°. sorte de poisson.

COMPOSÉS.

Con-Dono, -are, accorder, donner; 2°. pardonner, quitter.

Con-Donatio, onis, libéralité, donation; 2°. pardon.

In-Donatus, a, um, à qui l'on n'a rien donné.

Re-Dono, -are, rendre.

FAMILLE GRECQUE.

Danista, æ, ⎱ usurier: mot-à-mot, qui
Danistes, æ, ⎰ prête à intérêt; mais l'intérêt étoit si gros, que tout créancier étoit usurier.

DU.

L'opposé de la lumiere, c'est l'obscurité: aussi Du signifie obscurité, nuit; 2°. noir, ténébreux, par opposition à Di, De, lumiere.

M m

Ce mot fe joignant à Wi, eau, liquide, forma le mot Latin Bi-tu-men, bitume : mot-à-mot, liquide noir, tel que la poix. De-là ces mots :

1. Bi-tumen, inis, bitume.

Bitumineus, a, um; -nosus, a, um, bitumineux, qui contient du bitume.

Bitumino, -are, enduire de bitume.

2. Badius, a, um, couleur de châtaigne, ou de marron; châtain, qui tire fur le noir; bai, couleur puce.

Celte, BA-DU, tirer fur le noir; en Gall. Bad-dug, obfcurité, brouillard.

On a dit auffi BAGius, BAGus, en Latin-Barbare, noir, obfcur.

De-là, le François Bai, Cheval bai, ou châtain.

DAL,
Elevé.

Du Celte Dal, élevé, vinrent :

1°.

Le Grec Kondylos, articulation des doigts, poing : de DAL, élevé, & CAN, Con, rond, arrondi. De-là :

1. Con-Dalium, ii, 1°. bague, anneau; 2°. manique de Cordonnier; 3°. Dés à coudre.

2. Con-Dylus, i, Gr. Κονδυλος, nœud, tuberofité des os.

Con-Dyloma, tis, excroiffance qui vient au fondement.

3. Para-Delus, i, qui fe diftingue au deffus des autres.

2.

D'Æ-Dalus, Dedale, nom d'un homme célebre par fon génie dans les Arts; 2°. labyrinthe qu'il conftruifit. Ce nom fut repréfentatif : il eft formé de Dai, habileté, favoir, & de DAL, élevé, grand : mot-à-mot, qui fçait faire des ouvrages étonnans, merveilleux.

Dædaleus, a, um, de Dédale.

Dædalus, a, um, induftrieux, habile; 2°. artiftement fait, bien exécuté.

3.

1. Dolium, ii, tonneau, muid; barique.

Dolearium, ii; Doliarium, ii, cellier à contenir des tonneaux.

Doliolum, i, baril, petit tonneau.

Doliarius, ii, Tonnelier.

Doliaris, e, de tonneau.

2. Dolon, is, 1°. bâton armé de fer par le bout; 2°. voile de navire.

3. Dolichus, i, courfe de 12 ou 24 ftades; 2°. légume.

II.

D-o-l, fupporter, fouffrir.

Doleo-ere, fupporter, fouffrir; fentir de la douleur; 2°. avoir du déplaifir, fé plaindre.

En Allem. Dulden, fouffrir.

Dolenter, triftement, d'une manière douloureufe.

Dolor, is, mal, douleur : ce qu'on fupporte, qu'on fouffre; 2°. affliction, déplaifir.

COMPOSÉS.

Cor-Dolium, ii, mal de cœur.

De-Doleo ,-ere., ne reffentir plus la douleur, fe défâcher.

In-Doleo ,-ere , avoir du regret., s'affliger.

In-Dolefco ,-ere , être douloureux ; 2°. être fâché.

In-Dolefcendus , a, um , qu'il faut plaindre.

In-Dolentia , æ , infenfibilité , nul reffentiment de douleur ; 2°. indolence , état d'une perfonne qui ne fe met en peine de rien.

Per-Doleo ,-ere , être fort fâché.

2.

In-Doles, is , naturel , caractère : maniere dont on s'éleve, dont on fe comporte ; 2°. pente naturelle, nature.

III.

DOL, TOL, DUL,

raboter , polir.

Tol eft un mot Celtique qui fignifie enlever, rogner, raboter , polir , applanir.

Dol, une plaine, un lieu plein & uni.

Les Latins en tirerent une multitude de familles au phyfique & au figuré ou au moral.

1. Dolo, raboter.

Dolabra , hache à raboter, rabot, doloire.

2. Deleo, effacer, emporter entiérement.

3. Dulcis, ce qui a été raboté, adouci , ce qui eft doux ; & fes compofés Adulo, Indulgeo, &c.

1.

DOL, enlevet les afpérités.

Dolo-are, applanir , polir avec la doloire ; 7°. limer , perfectionner.

Dolatim, en dolant.

Dolivium , ii ; Dolabra , æ ; 1°. doloire ; 2°. décintroir ; couteau à égorger les victimes.

Dolabella , æ , petite doloire ; 2°. houe.

Dolabratus , a , um , poli avec la doloire.

COMPOSÉS.

Circum-Dolo , - are,, polir tout autour avec la doloire.

De-Dolo ,-are , tailler , polir avec une doloire.

E-Dolo ,-are, applanir , unir , raboter ; 2°. perfectionner , polir.

E-Dolator , is ; planeur , qui polit.

Per-Dolo,-are , polir parfaitement.

2.

Dolus, i , fourberie, rufe, fineffe, feinte.

Dolofus , a , um , trompeur, fourbe, artificieux ; 2°. adroit.

Dolosé , avec rufe, artificieufement., par tromperie ; 2°. adroitement, finement.

Dolofitas , is , malice cachée.

Sub-Dolus , a , um , fourbe, trompeur.

Sub-Dolé , finement.

II.

DEL, effacer, enlever entiérement.

Deleo,-ere, effacer, rayer ; 2°. rafer, renverfer, détruire.

Deletic , onis , défaite, deftruction, ravage.

Deletor , is ; Deletrix , is , deftructeur , deftructrice.

Deletilis, e, qui fert à effacer.
Per-Deleo ,-ere , effacer entierement.

III.

DUL, qui a été adouci.

Dulcis, e, doux, agréable ; 2°. cher, aimable.

Dulcé, ius, iffimè ; Dulciter , doucement, agréablement.

Dulcedo , inis ,
Dulcitas , is ,
Dulcitudo , in is ,   } douceur.
Dulcor , is ,

Dulcefco ,-ere , s'adoucir.

Dulcoro ,-are , adoucir, rendre doux.

Dulciculus , a , um , doucereux , douceâtre.

Dulciolum , i , friandifes , bonbons , fucreries.

Dulciarius , ii , pâtiffier.

Dulciarius ; a , um , de pâtifferie.

BINOMES.

Dulc-Acidus , a , um , aigredoux.

Dulci-Ferus , a , um , qui porte, qui produit des chofes douces.

Dulci-Fluus , a , um , qui coule avec douceur.

Dulci-Loquus , a , um ; qui parle agréablement.

Dulciori-Loquus ; i , beau parleur.

Dulci-Sonus , a , um , qui a un fon agréable.

COMPOSÉS.

E-Dulco ,-are ; E-Dulcoro , - are , adoucir , dulcifier.

In-Dulcitas , is , amertume , défaut de douceur.

In-Dulco, -are ,   }
In-Dulcito ,-are ,   } rendre doux, adoucir.
In-Dulcoro,-are ,   }

Ob-Dulco ,-are , adoucir., rendre doux.

Ob-Dulceo ,-ere ; ob-Dulcefco ,-ere , s'adoucir.

Præ-Dulcis , e , fort doux.

Sub-Dulcis , e , douceâtre , doucereux.

Sub-Dulcefco ,-ere , s'adoucir un peu.

IV.

ADUL.

A-Dulo , - are ; A-Dulor , - ari ; 1°. flatter, avoir une lâche complaifance ; 2°. être flatté, careffé , amadoué.

A-Dulatio , onis , adulation , flatteries.

A-Dulator , oris , flatteur ; complaifant.

A-Dulatrix , cis , flatteufe.

A-Dulatorius , a , um , qui fent la flatterie.

Les Grecs ont la même famille ; ils difent : A-Duleo ,- Lizô ; E-Dulizô , je flatte , je dis des chofes douces & flatteufes.

V.

INDUL.

In-Dulgeo , - ere ; 1°. être indulgent ; 2°. choyer, épargner ; 3°. fe laiffer aller ; 4°. accorder , permettre , octroyer ; 5°. pardonner, excufer.

In-Dulgens , tis , facile , complaifant ; 1°. pour qui l'on a de la complaifance.

In-Dulgenter , avec complaifance , avec douceur.

In-Dulgentia , æ , douceur , condefcendance.

Per-in-Dulgens , entis , qui a la plus grande condefcendance.

DAM.

Dam eft un mot primitif qui , formé fur D , élevé , défigna lui-même l'élévation en puiffance , en domination , & eft devenu la fource de plufieurs familles.

I.
DAM, DOM,
Maître.

1. A-DAM, *a*, ⎱ le premier homme ;
A-DAMus, *i*, ⎰ 2°. Seigneur.

2. A-DAMas ; *antis*, diamant : ce mot est pur Grec, & signifie l'indomptable ; il est formé de l'A privatif, & de DAMAO, dompter, se rendre maître.

A-DAMantinus ; A-DAMantæus, de diamant, dur comme le diamant ; 2°. invincible.

A-DAMantis, *idis*, herbe qu'on ne peut piler.

ANDRO-DAMas, *antis*, pierre précieuse qui appaise, dit-on, la colere ; *mot-à-mot*, qui dompte l'homme.

3. DOMO-*are*, ⎱ maîtriser, soumettre ;
DOMito-*are*, ⎰ 2°. dompter, dresser.

DOMitus, *ûs*, ⎱
DOMitura, *æ*, ⎰ l'action de se rendre
DOMatio, *is*, ⎰ maître, de dompter.
DOMabilis, *e*, qu'on peut maîtriser, réduire.
DOMator, *oris*, qui soumet, vainqueur.
DOMefactus ; DOMitus, *a*, *um*, dompté.
DOMitrix, *cis* ; DOMitor, *is*, qui dompte, qui subjugue.
E-DOMo, *-are*, dompter, surmonter, vaincre, soumettre.

COMPOSÉS.

E-DOMatio, *onis*, l'action de dompter.
PER-DOMo, *is*, *ui*, *itum*, subjuguer entierement.
PER-DOMitor, *is*, qui dompte tout-à-fait.
IN-DOMitus, *a*, *um*, qui n'a point été vaincu, indompté.
IN-DOMabilis, *e*, invincible, qu'on ne sauroit dompter.
PRÆ-DOMo, *-are*, dompter auparavant.
SUB-DOMo, *-are*, soumettre en quelque sorte.

4. DOMinus, *i*, Maître, Seigneur. En Espagnol & chez plusieurs Religieux, DOM exprime la Noblesse ou la distinction.

DOMina, *æ*, Maîtresse, Dame ; en Espagnol, DONNA.
DOMinor, *-ari*, maîtriser, être maître absolu, régner ; 2°. être fort en vogue.
DOMinatio, *is*, ⎱ empire, souveraine-
DOMinium, *ii*, ⎰ té, seigneurie ; 2°.
DOMinatus, *us*, ⎰ propriété, domaine.
DOMinicus, *a*, *um* ; DOMinicalis, *e*, du Maître, au Seigneur.
DOMinator, *is* ; DOMinatrix, *is*, maître absolu, souverain.

5. TAM, tant, autant, si fort, tellement : Adverbe consacré à marquer la Souveraineté, l'excès, la quantité, ce qui surpasse.

II.
DOM, Maison.

DOMa, *tis*, toit, maison.
DOMus, *ûs*, 1°. maison, logis ; 2° famille ; 3°. pays ; 4°. temple ; 5°. prison.
DOMuncula, *æ*, maisonnette, échope.
DOMuitio, *onis*, retour chez soi, à la maison.

COMPOSÉS.

1. DOMi-CILium, *ii*, demeure, séjour, habitation.
2. DOME-STicus, *a*, *um* ; 1°. qui se tient à sa maison, domestique ; 2°. qui concerne la famille, la maison.
DOME-STicatim, de maison en maison.
3. DOMi-NOBilis, *e*, de maison noble.
4. DOMi-PORta, *æ*, mot-à-mot, qui porte sa maison ; tortue ; limaçon.
5. Iso-DOMum, *i*, maçonnerie égale.
PSEUD-ISO-DOMus, *a*, *um*, maçonnerie dont les assises sont inégales.

III.

D O M, Adverbes de quantité.

De *DOM*, *DUN*, *DEM*, qui désigne l'étendue, la quantité, vinrent un grand nombre d'Adverbes, en appliquant ce mot à la quantité de tems.

I.

DEM*um*, enfin, sur-tout ; comme si on disoit *Tempus demum*, le temps le plus étendu.

POST-DEM*um*, enfin, *mot-à-mot*, après le tems le plus étendu, en sous-entendant *tempus*.

2.

DUN-TAX*at*, seulement ; phrase elliptique formée du Verbe *Taxare*, taxer, estimer, & de *DUN*, élévation : *mot-à-mot*, aussi haut qu'on peut estimer, évaluer.

BON*us*, *sed DUNTAXAT bonus*, il est bon ; mais c'est tout ce qu'on peut l'évaluer ; mais là s'arrêtent ses qualités.

DEN*ique*, enfin, en un mot, *mot-à-mot*, & à ce point.

DON-EC, mot composé de DON, élévation, point, & EC, ce : *mot-à-mot*, à ce point ; 1°. jusqu'à ce que ; 2°. tandis que.

DON-I*cum*, même que DONEC, en vieux Latin.

3.

DUM ; 1°. tandis que, en attendant, pendant ; 2°. lorsque, quand ; 3°. pourvu que ; 4°. jusqu'à ce que ; 5°. après que.

DU-DUM, autrefois, longtems, il y a longtems.

DUM*modo*, pourvu que.

JAM-DU-DUM, depuis longtems.

INTER-DUM ; INTER-DU*ctim*, quelquefois.

INTER-*a*-DU*m* en attendant que.

NE-DU*m*, bien loin.

PER DU-DUM, depuis très-longtems.

I V.

D U M, Buisson.

DOM, signifiant grand, gros, a formé le Latin DUM*us*, buisson, halier, *mot à mot*, amas d'arbrisseaux touffus & entrelacés ensorte qu'on ne peut passer à travers. De-là cette famille :

DUM*us*, *i*, buisson, halier.

DUM*osus*, *a*, *um*, plein de buissons.

DUM*etum*, *i*, broussailles, bruyeres ; &c. lieu couvert de broussailles.

V.

D A M *a*, Daim.

DAM*a*, *æ*, daim.

DAM*ula*, *æ*, petit daim.

En Ecossois, DAV, cerf.

En Allem. DAM-*Hirsch*, ⎰ chamois.
En Sued. DAM-*Hiort*, ⎱

Les cornes du daim sont en forme d'arc, & dans le Nord *Thamb* signifie arc.

Ce nom pourroit donc en venir. Telle est l'idée de WACHTER. Je préfere cependant de le rapporter à *Dam*, haut, élevé, à cause de la grandeur de cet animal qui s'élance d'ailleurs sur les lieux élevés. En Irl. DAMH signifie bœuf.

VI.

BINOME GREC.

DON s'écrit en Grec DUN & DYN : de-là,

DYN-ASTa, a; DYN-ASTes, a, Grand Seigneur, Prince, Roi, puissant.

VII.

DIGN, digne.

De DUN, prononcé DYN, DIN, DIGN, se forma la famille suivante.

DIGNus, a, um, digne, capable; mot-à-mot, qui domine sur les autres par ses qualités.

DIGNItosus, a, um, très-digne.

DIGNo, -are; DIGNor, -ari; 1°. croire, estimer, juger digne; 2°. daigner; 3°. être cru digne.

DIGNitas, is, charge, magistrature, autorité; 2°. élévation, mérite, qualité.

DIGNatio, onis, rang, mérite, crédit, réputation; 2°. respect, déférence.

DIGNanter, favorablement.

COMPOSÉS.

CON-DIGNus, a, um, qui mérite.

CON-DIGNé, dignement, comme il faut.

PER-DIGNus, a, um, très-digne.

COMPOSÉS PRIVATIFS.

DE-DIGNor, -ari, dédaigner, mépriser, rejetter.

DE DIGNatio, onis, mépris, dédain.

NÉGATIFS.

IN-DIGNus, a, um, qui ne mérite pas; 2°. honteux, infame.

IN-DIGNum, i, chose indigne.

IN-DIGNé, misérablement.

IN-DIGNitas, is, malhonnêteté, bassesse; 2°. cruauté, méchanceté.

IN-DIGNor, -ari, s'indigner, être fort fâché; 2°. rejetter, dédaigner.

IN-DIGNatus, a, um; IN-DIGNabundus, a, um, indigné, aigri, irité.

IN-DIGNans, tis, qui supporte avec peine.

IN-DIGNanter, avec indignation.

IN-DIGNatio, onis, dépit, colere, indignation.

IN-DIGNatiuncula, æ, petite indignation.

DODONe.

DODONa, æ, Déesse du Gland; 2°. forêt de Chênes consacrée à JUPITER dans l'Epire.

DODONæus, a, um; -Nius, a, um, de Dodone.

DODONides, um, Prêtresses de Dodone; 2°. Nymphes des Chênes. D'odone étoit une Ville d'Epire, célebre, dès les tems les plus reculés, par sa forêt de Chênes, par la Fontaine qu'on y voyoit & par l'Oracle ou le temple de Jupiter, bâti autour de cette fontaine.

Cette fontaine, déja honorée avant qu'on la renfermât dans un temple, & cette forêt de Chênes, sacrée dans tous les tems, nous raménent aux tems primitifs des Celtes, où ils adoroient la Divinité au bord des fontaines & dans les forêts de Chênes.

Il paroit par le rapport des Anciens que cette Fontaine avoit outre cela des qualités minérales, sulphureuses, puisqu'un flambeau nou-

vellement éteint se rallumoit en
l'approchant de ses eaux.

On a débité beaucoup de fables
sur cet Oracle & sur l'étymologie
du nom de cette forêt. Les Grecs le
dérivoient, à leur ordinaire, de
Dodon, fils de Jupiter & d'Europe,
ou de Dodonée, Nymphe de l'Océan.
ETIENNE, de Dodon, nom
de la riviere formée par la fontaine
dont nous venons de parler. PAUL-
MIER se moque de ces opinions, &
dérive le nom de Dodone, du
son de quelques chauderons pen-
dus aux Chênes & sur lesquels on
frappoit, comme on diroit, *don-
don*, *din-don*.

Tous manquoient le vrai. Ce
nom qui fut celui de la Déesse
du Gland & d'une forêt de Chênes,
est le nom même primitif des chênes, ou des grands arbres appellés
en Celte DEN, DUN, DON, *mot-
à-mot*, haut, élevé : de la même
famille que DUN.

C'est cette racine qui, jointe à
DRU, autre nom des arbres, fit
le Grec DENDRON, nom des arbres en général.

Quant à la répétition de Do,
dans Do-DONE, elle est fort ordinaire dans toutes les langues ; c'est
la même que dans DU-DUM que
nous venons de voir. On en retrouve de semblables, dans Po-PU-
LUS, CU-CUMIS, &c.

DENS,
Epais.

Du primitif D, élevé, se forma le
Celte DAS, monceau, épaisseur,
tas ; d'où le Grec DASUS, *eia*, *u*,
épais, & le Latin nasalé,

DENSUS, *a*, *um*, 1°. serré, pressé ;
touffu ; 2°. épais, condensé ; 3°.
fréquent, redoublé.

DENSitas, *atis*, épaisseur, densité.

DENSO, -*are* ; DENSEO, *ere*, épaissir, con-
denser, serrer, presser, fouler.

DENSatio, *onis*, épaississement, conden-
sation.

DENSé, d'une maniere touffue, épaisse,
serrée, pressée ; 2°. souvent, fréquemment.

BINOMES.

DASY-PUS, *odis*, liévre, lapin ; de *Pous*,
pied, & *Dasus*, épais, touffu, bien
garni de poil.

COMPOSÉS.

AD-DENSO, -*are*, serrer, presser.

AD-DENSEO, -*ere*, se serrer.

CON-DENSUS, *a*, *um*, dense, épais ;
2°. serré, pressé.

CON-DENSO, -*are*, épaissir, serrer, faire
cailler.

CON-DENSUM, *i*, lieu épais.

CON-DENSEO, -*ere*, être épais.

CON-DENSitas, *is*, épaisseur, consistance.

PER-DENSUS, *a*, *um*, fort épais, le
plus épais possible.

PRÆ-DENSUS, *a*, *um*, fort épais.

PRÆ-DENSOR, -*ari*, être fort épaissi.

DORM.

L'étymologie de DORMIO, je dors,
est

est des plus difficiles à trouver, par-ce qu'on manque d'une des deux bafes néceffaires pour découvrir l'origine d'un mot quelconque : on fçait que ces bafes font le phyfique & la valeur du mot : ici nous n'avons que le phyfique, & nous en ignorons la valeur ; car nous ne voyons pas de quelle idée on eft parti pour former le mot *dormire*, dormir. Eft-ce de l'idée de repos, ou des yeux fermés, ou de l'action de s'étendre ? Ceux qui voyent tout dans l'Hébreu, ont cru qu'il venoit de רדם , *RaDaM*, prononcé *DaRM*, & qui fignifie dormir ; mais c'eft une étymologie tout au plus probable. J'avois d'abord cru qu'il venoit de *DOR*, porte, & de *MY*, *fermer*, parce qu'en dormant les portes des yeux font fermées. Cette étymologie eft peut-être trop fubtile.

En voici une autre. On fçait que de deux confonnes femblables, la première fe change quelquefois en *R* : c'eft ainfi qu'on s'accorde à dériver le mot *Mort*, de l'Oriental מות , *Moth*, écrit *Mott*.

Il en aura été de même ici.

Dom , Dum , דום , eft un mot Oriental qui fignifie le repos, le filence, le filence du tombeau, du fommeil. On en a fait l'Anglois *Dumb*, muet, &c.

Ecrit *Dumm*, on changea en *Orig. Lat.*

R la première de ces lettres : de-là Dormir , qui préfente exactement toutes ces fignifications : enfoite que ce verbe qui paroît abfolument propre aux Latins, tient à toutes les autres langues.

Quant à *RaDaM*, dormir, des Hébreux, c'eft un Compofé du même mot *Dum*, filence, fommeil , & du verbe Hébreu רד , *RaD*, étendre, être étendu ; c'eft *mot à mot* , « être étendu, plongé » dans le fein du filence, du fom-» meil. «

On pourroit citer une foule de mots dans lefquels la première fyllabe s'eft chargée ainfi d'un *R* qui n'exifte pas dans fon primitif : aucune langue qui n'en contienne un grand nombre.

Il exifte une Epigramme de Voiture au fujet de plufieurs mots François où l'on inféroit ainfi un *R* dans l'idée de donner plus de grace à leur prononciation.

Dormio , - ire , dormir , être endormi.

Dormitio , onis , envie de dormir, fommeil.

Dormitor , is , dormeur.

Dormitorius , a , um , où l'on dort.

Dormitorium , ii , dortoir , chambre à lit ; 2°. cimetiére.

Dormifco , ere , s'endormir, fommeiller.

Dormito , are , être abattu de fommeil, avoir une grande envie de dormir ; 2°. être négligent , nonchalant.

Dormitator , is , qui fommeille.

Dormitatio , onis , l'action de fommeiller.

COMPOSÉS.

CON-DORM*io*, - *ire*, } s'endormir
CON-DORM*isco*, -*ere*, } ensemble.

E-DORM*io*, -*ire*; E-DORM*isco*, *ere*, dormir ; 2°. achever de dormir.

IN-DORM*io*, - *ire*, dormir dans : 2°. négliger.

OB-DORM*io*, -*ire*; OB-DORM*isco*, -*ere*, s'endormir sur.

PER-DORM*isco*, -*ere*, dormir bien & longtems.

D A R,
D*e*R, D*u*R, &c.

D signifiant fermeté, solidité, & s'unissant à R qui désigne la rudesse, l'aspérité, devint chef d'une famille considérable, qui désigne tout ce qui résiste, qui est ferme, solide, qu'on ne peut faire plier ou fléchir ; soit au sens physique, soit au moral.

I.
D A R, fort.

C'est ainsi que dans toutes les langues DAR, DER, a signifié grand, fort, terrible, redoutable, magnifique, ferme, solide. De-là un grand nombre de familles diverses.

En Hébr. אדּר , A-D*ä*R , fort, magnifique ; 2°. grand, généreux; 3°. glorieux, honorable.

הדּר , H*e*-D*e*R , rendre gloire, honorer.

En Celte, D*e*R, beaucoup, très, fort.

D*o*R, T*o*R, 1°. élévation, élevé ; 2°. contrée, pays, *mot-à-mot*, grande étendue de pays, vaste campagne. De-là.

1.

A-D*o*R*ea*, *æ*, production de la terre ; 2°. biens, opulence, richesses : elles sont l'effet des productions de la terre.

A*D*o*R*, *oris*, froment pur, production la plus parfaite de la terre ; 2°. fleur de farine.

A*D*o*R*eus*, *a*, *um*, de blé, de froment.

2.

De D*o*R, contrée, les Celtes firent D*ö*R, habiter, & les Orientaux דור , D*u*R , avec la même signification ; tandis que les peuples du Nord y ajouterent un P ; D*o*RP, THORP, D*o*RF, village, dans toutes ces langues.

3.
D O R, étendu.
Main étendue.

De D*ö*R, grand, étendu, se forma D*o*R, main étendue, palme. De-là le Grec D*ó*R*on* , palme, main : d'où ces mots Latins-Grecs.

DI-D*o*R*us*, *a*, *um*, qui a deux palmes de long.

P*en*ta-D*o*R*us*, *a*, *um*, qui a cinq palmes de long.

P*en*ta-D*o*R*um*, *i*, brique de cinq palmes. Et ces mots Celtes ;

Corn. } D*o*R*n*, main ; 2°. anse, poignée :
Irl. }
Bas-Br. } En Armen. T*y*R*n* ; en Albanois D*o*R*a*.

Bas-Br. D*o*R*na*, frapper, battre, soufletter, &c.

4.
DOR, le dos.

Dorsus, i, ⎱ 1°. le dos ; 2°. môle
Dorsum, i, ⎰ d'un port ; 3°. cap ;
    4°. banc de sable, écüeil ; 5°.
    croupe.

Dorsuosus, a, um, qui a un gros dos.
Dorsualis, e, de dos.
Dorsualia, ium ; 1°. dossiers ; 2°. selles ;
    3°. bosses d'animaux.
Dorsuarius, a, um ; Dossuarius, a, um,
    qu'on porte sur le dos.
Ex-Dorsuo, -aré ;-So, -are, écorcher le
    dos.

II.
DUR, dur.

Durus, a, um, 1°. ferme, dur, so-
    lide ; 2°. rude, âpre ; 3°. rigou-
    reux, fâcheux, austere.
Duré ; Duriter, durement, rudement,
    sévèrement ; 2°. malhonnétement.
Duritas, is, dureté, rudesse, rigueur.
Duritia, æ ; Durities, ei, dureté, soli-
    dité, fermeté.
Durius, a, um, rude, fâcheux.
Duriusculus, a, um, un peu dur, désa-
    gréable.
Duro, -are, 1°. endurcir, rendre
    dur ; 2°. souffrir, supporter ; 3°.
    subsister, durer ; 4°. persister.
Dureo, -ere ; Duresco, -ere, s'endurcir,
    devenir dur.
Duratio, onis, durée.
Durator, is ; Duratrix, cis, qui conserve,
    qui fait durer.
Duramen, inis ; Duramentum, i, endur-
    cissement, affermissement ; 2°. le vieux
    bois, le sep de la vigne.
Dur-Acinus, a, um, dur & ferme,

solide, adhérent au pépin, au noyau, en
    parlant des fruits.
Durabilis, e, durable, de durée.

COMPOSÉS.

Con-Duro, -are, endurcir.
E-Duro, -are, endurcir, rendre ferme ;
    2°. subsister, durer.
E-Durus, a, um, fort dur.
E-Duré, durement, rudement.
In-Duro ; -are, endurcir, rendre
    dur.
In-Duresco, -ere, s'endurcir, devenir
    dur.
Ob-Duro, -are, ⎫ s'endurcir, deve-
Ob-Dureo, -ere, ⎬ nir dur, insen-
Ob-Duresco, -ere, ⎭ sible.
Per-Duro, -are, durer long-tems ;
    2°. prendre patience.
Per-Duresco, -ere, s'endurcir extrême-
    ment.
Per-Durus, a, um, fort dur.
Præ-Duro, -are, endurcir fort.
Præ-Durus, a, um, fort dur, vigou-
    reux.
Sub-Durus, a, um, un peu dur.
Sub-Duratio, onis, foible endurcisse-
    ment.
Sub-Durator, is, qui endurcit un peu.

III.
DUR, DOR, arbre, &c.

De DOR, DUR, dur, se forma une
famille dont on ne connoissoit
point les rapports avec celle-ci, &
dont on ne connoissoit pas mieux
l'origine, quoiqu'elle soit très-étendue. C'est la famille DOR, DUR,
signifiant :

    1°. tout arbre en général.

2°. Les chênes, de tous les arbres le plus dur.
3°. Forêt.
4°. Lance; 5°. flambeau.
6°. Habitant des forêts..
7°. Religieux, Philofophe.

En Celt. Der, en Armén. Dar, en
Theut. Der, en Flam. Taere,
dans les Langues Theut. Tre, en
Efcl. Derw, & Drew, &c. arbre.
En Héb. ה־דרר, T-DeR, arbres
réfineux; 2°. torche, flambeau.
דור, DuR, bucher.
En Gr. Drus., arbre en. général;
2°. chêne.
Drumos, forêt, ; 2°. chenaye.
Druppa, olive.
Doru, lance, 2°. vaiffeau.
Doura, bois, au plur.
Les Theutons nazalant ce mot, en
firent Tram, 1°. arbre; 2°. bois;
3°. forêt; 4°. poutre.
De-là ces dérivés.

1.

1. Dryades, um, Nymphes des forêts,
Dryades.
Hama-Dryades, um, Nymphes des
arbres, Hamadryades.
2. Dryo-Pteris, idis, plante femblable
à la fougere qui croit dans la
mouffe des chênes.
Dryo-phitæ, arum, grenouilles qui femblent
tomber avec la pluie.
Dryites, æ, pierre précieufe trouvée
dans les racines des arbres.
3. Melan-Dryum, ii, cœur du chêne.
Melan-Dryon, i; Melan-Drya, orum,

thon mariné, à caufe de fa reffemblance
avec la couleur du chêne.
4. Den-Dritis, is, Agathe ar-
Den-Dr-Achates, æ, borifée; de
Drys, chêne, arbre, joint à
Den, élevé.
Acro-Drya, les fruits qui ont l'écorce
dure comme du bois, tels que les noix,
noifettes, amandes.

2.

Dorides, dum, couteaux de cuifine.
Dory-Phorus, a, um, Hallebardier,
Piquier, qui porte une lance.

3.

Druides, um; Druidæ, arum, les
Druides, Prêtres & Philofophes
Gaulois.

La vraie Etymologie de ce mot
eft celle qui dérive ce nom de Dru,
forêt, chenaye, & de Udd ou
Idd, maître, poffeffeur.
Ceux auxquels cette étymologie
a paru abfurde, ont fait inutilement
l'impoffible pour en trouver une
meilleure; mais ils ne faifoient pas
attention qu'ils avoient tort d'en
chercher une qui fût plus vraie,
plus naturelle, puifque les anciens
Sages, tels que les Druides, habitoient
dans les forêts & fur-tout
fous les chênes, de tous les arbres le
plus majeftueux. Auffi Abraham,
un des plus illuftres Sages de l'Orient,
habita toujours fous des chênes : & les Talapoins, Religieux
Siamois, dont l'établiffement eft
venu de l'ancien pays des Mages

ne vivent que dans des forêts.

Les Religieux de la Thébaïde suivoient ce même usage en vivant dans les déserts, ainsi que S. Jean-Baptiste. Et si un cochon accompagne S. Antoine c'est pour marquer que, semblable à un Druide, il habitoit sous les chênes, dont le gland salutaire nourrit les Cochons.

D U.

Du Celte DU, TU, TY, TO, couverture, habitation, maison, se forma le Grec ΔΥΩ, ou δυω, couvrir, envelopper, entrer dedans.

EN-DUMA, habillement, &c. & le vieux Latin DUO d'où se formerent les mots suivans.

I.

IN-DUO, -ere, vêtir, prendre sur soi.
IN-DUMENTUM, i, habit, vêtement.
IN-DUTUS, ûs, vêtement, habit.
IN-DUVIÆ, arum, habillement, écorce.
IN-DUSIA, æ; IN-DUSIATA, æ, & IN-DUSIUM, ii, chemise, chemisette, camisole.
IN-DUSIOR, oris; IN-DUSIARIUS, ii, Faiseur, Marchand de camisoles, chemises.
IN-DUSIATUS, a, um, qui porte une chemise.
SUPER-IN-DUO, -ere, vêtir par-dessus.

2.

On peut aussi rapporter à la même origine le mot IN-DUSTRIA, qui signifieroit, mot-à-mot, l'habileté, l'adresse à se procurer les commodités de la vie, à se fabriquer des étoffes, des logements, des meubles,

&c. qui tient essentiellement au Celte DOI, au Basque DUY, adresse; & qui a formé cette famille Latine.

IN-DU-STRIA, æ, 1°. application, travail, soin; 2°. science, prévoyance: 3°. adresse, habileté.
IN-DU-STRIUS, a, um, laborieux, actif; 2°. prévoyant; 3°. adroit, habile.
IN-DU-STRIÈ, adroitement, habilement.
IN-DU-STRIOSUS, a, um, soigneux, attaché.
IN-DU-STRIOSÈ, soigneusement, avec application.

I.

FAMILLE Latine-Grecque.

De-là viennent également nos mots Latins-Grecs.
APO-DYTERIUM, ii, lieu dans les bains où l'on se déshabilloit.
A-DUTUM, i, lieu secret dans lequel on ne peut entrer; 2°. Sanctuaire dans lequel entroient les seuls Prêtres, ou le Grand-Prêtre seul.
CATA-DUPA, orum, cataractes du Nil: de DUO, s'enfoncer dans l'eau, se précipiter.
CATA-DUPI, orum, Peuples voisins des cataractes.

D changé en S.

PRIVATIFS.

DUO, se vêtir, se faisant précéder de la préposition Ex pour désigner l'action de se dévêtir, adoucit la lettre D en S: d'où se forma.
EXUO, -ere, déshabiller, dévêtir; 2°. dépouiller; 3°. se délivrer, se débarrasser; 4°. abandonner, quitter.

Exuvium, ii ; Exuviæ, arum, dépouilles, habillemens, vêtemens ; 2°. butin ; 3°. peaux des animaux.

NÉGATIFS.

Duo, revêtir, joint à la néga-

tion Ne, forma la famille suivante.

Nu-Dus, a, um, mot-à-mot, non-habillé, non vêtu : nud.

MOTS LATINS VENUS DU GREC.

D

Dar-danius, a, um, de monopoleur ; 2°. fourbe ; 3°. magique.

Dar-Danium, ii, braffelet d'or.

Ana-Dema, tis, ornement sacré de la tête des Prêtres ; fanons qui pendent au derriere de la mitre des Prélats.

Dia-Dema, tis, diadême, bandeau Royal.

Dia Dematus, a, um, orné du diadême.

Epi-Dipnides, um, déssert.

Dipsas, dis, serpent dangereux.

Dipsacus, i ; Dipsacum, i, chardon ; 2°. épine blanche.

Dorx, cis,
Dorcas, dis, } daim, chevreuil.

Drapeta, æ, esclave fugitif.

Drepanis, idis, hirondelle de mer.

Dulia, æ, culte rendu aux Saints.

Pan-Dura, æ, instrument de musique à trois cordes.

Pan-Durista, æ, qui joue de la pandore.

Pan-Durizo, are, jouer de la pandore.

MOTS LATINS VENUS DE L'ORIENT.

D

DRACMA, æ, poids particulier; 2°. efpece de monnoie, Gr. DRAKHMÉ, Oriental הרבמון, DRACMON. C'eſt un binome compofé du primitif MON, lumiere, guide, & de l'Or. דרך, Drac, Drakh, chemin, voyage, habitude, mode, rits, mœurs, commerce, Police.

C'eſt donc, mot-à-mot, guide, lumiere du commerce.

COMPOSÉS.

DI-DRACHMA, æ; DI-DRACHMUM, i, diʾdragme, piéce de monnoie compofée de deux dragmes.

DRACO, nis, gros ferpent, dragon, Gr. DRAKÔN.

On a cru que ce mot venoit du Grec DERKÓ, voir, parce que les dragons, dit-on, ont la vue très-perçante; mais ce nom eſt l'Oriental DRAC, דרך, chemin, veſtige; verb., fouler, fouler aux pieds. Cet animal fut très-bien nommé, puiſqu'il foule la terre fur laquelle il fe traîne en rampant. C'eſt par la même raifon qu'il eſt appellé herp en Grec, & SERPENT en Latin & en François, mot-à-mot, animal qui rampe.

DRACÆNA, æ, femelle du dragon, dragonne; 2°. fouche de vigne qui ferpente autour d'un arbre; 3°. drapeau où un dragon étoit repréfenté.

DRACONITIS, idis; DRACONITES, æ; DRACONTIAS, æ, pierre précieufe.

DRACONI-GENA, æ, engendré d'un ferpent.

DRACUNCULUS, i; DRACUNTIUM, ii, ferpentine; 2°. eſtragon.

MOTS LATINS-CELTES,

OU DÉRIVÉS DE LA LANGUE CELTIQUE.

E

LA lettre E, cinquiéme de l'Alphabet primitif & numérique, & dans presque tous les autres, désigna essentiellement & constamment l'existence, l'être, tout ce qui est.

Sa forme fut dans l'origine parfaitement assortie à ces idées, étant la peinture du visage, siége de la respiration, comme nous l'avons développé fort au long dans l'*Origine du Langage & de l'Ecriture.*

C'est à cette valeur primitive de l'E que se rapportent tous les mots qu'elle offre dans la Langue Latine.

Observons seulement que quelquefois sa prononciation s'est altérée en AI, EI, I, SI, &c. ce qui avoit fait perdre de vue plusieurs de ses dérivés.

Il n'est aucune partie du discours à laquelle ce mot n'en ait fourni quelqu'un; il est Verbe, Nom, Participe, Pronom, Conjonction, &c.

I.

E, Verbe.

E fut dès l'origine un mot qui désigna l'existence, & qui s'unissant aux Pronoms, forma le verbe E qui peignit l'existence. De-là:

Esse, être, action ou qualité d'être, d'exister.

E-S, tu es; en Grec, Eis.

E-ST, il est; en Grec, Esti.

Ei-Mi, je suis.

De Eimi qui existe encore en Grec, les Latins firent Eim, Sim, puis Sym.

Esto, fois; 2°. foit, à la bonne heure.

II.

Nom.

E, en se nasalant, forma le mot

Ens, Entis, l'être, ce qui est.

Entia, les êtres, toutes les choses existantes.

III.

PARTICIPE.

Ce mot est le Participe du Verbe Esse : il est d'autant plus fâcheux qu'on l'ait supprimé dans la conjugaison de ce Verbe, qu'il existe

dans

dans celle du Verbe Grec, fous la forme de *ón*, *ontos*, ce qui eft, & qu'il eft la racine de tous les Participes Latins; ainfi,

Leg-Ens, eft mot-à-mot l'*Etre* qui dans ce moment *lit*.

Am-Ans, l'*Etre* qui dans ce moment *aime*.

N'étant pas nafalé, il devient la marque du Participe Paffif.

Etus, *a*, *um*, qui a été.

Doc-Etus, *a*, *um*, qui a été enfeigné.

Leg-Etus, *a*, *um*, qui a été lu.

Mots qui fe font changés infenfiblement en *Doctus*, Lectus, par la fuppreffion de la voyelle E.

Si elle a difparu dans ces mots, elle s'eft changée dans A dans les Verbes de la premiere conjugaifon, & en I dans nombre d'autres.

Am-Atus, qui a été aimé.

Mon-Itus, qui a été averti.

Composé Grec.

Syn-Esis, *is*, affemblage de deux chofes en une.

IV.

E, Pronom
De la premiere Perfonne.

E devint le pronom de la premiere Perfonne : de la perfonne exiftante, agiffante : de-là,

Ego, moi, je.

Orig. Lat.

En Gr. Egó.

En Theut. Ich.

V.

E, Pronom
De la troifiéme Perfonne.

Ces, Eo, Eâ au fingulier, & Ea au pluriel, font l'ablatif fingulier & l'accufatif pluriel neutre d'un pronom de la troifiéme perfonne, formé du mot E défignant ce qui exifte.

Il s'écrit aujourd'hui Is au nominatif fingulier mafculin : mais dans l'origine il s'écrivoit & fe prononçoit Eis : auffi tous les autres cas ont-ils confervé cette lettre E.

Au féminin Ea, celle qui eft, celle, celle-là.

Au génitif Ei-*us*.

Au datif E-*i*.

Accufatif E*um*, E*am*.

Ablatif Eo, Ea.

VI.

E
Démonftratif.

Il n'eft donc pas étonnant que E foit devenu démonftratif, qu'il fe foit joint aux mots qui offroient cette qualité, & qu'on ait dit,

Ec-ce, voilà, voici; *au Fig.* d'abord.

VII.
E, Conjonction.

E défignant l'exiftence, devint néceffaitement le mot qui fervit à réunir tous les autres, à défigner leur exiftence fous un point de vue commun à tous : de-là,

ET, &.

ET-IAM, & encore, de plus, auffi ; mot formé de ET, & : & d'AM, union, amas.

ET-SI, bien que, quoique, encore que ; c'eft une ellipfe compofée de ET, & SI, & qui fignifie *& fi* telle chofe eft, n'importe ; quoique *cela foit.*

COMPOSÉS D'*Etiam.*

ETI*amnum*; ETI*am nunc*, jufqu'à préfent.
ETI*amfi*; ETI*am ut*, quand même.
ETI*amtum*, jufqu'alors.

VIII.
E, Prépofition.

E défignant l'exiftence, fut naturellement très-propre à indiquer l'exiftence de deux êtres, comme ayant entr'eux un rapport d'exiftence intérieure ou extérieure.

De-là deux prépofitions différentes pour indiquer cette diverfité de rapports.

EIN, EN, chez les Grecs, devenu IN chez les Latins, fut une prépofition qui marqua qu'un objet'étoit renfermé dans un autre, contenu par un autre : *Voyez* IN.

E, Ex, fut une prépofition qui marqua qu'un objet exiftoit hors d'un autre, ou qu'il en étoit forti.

E r*égione*, du côté opofé, vis-à-vis.

E *lecto furgere*, fortir du lit.
EX-ESSE, fortir : *mot-à-mot*, devenir hors, aller hors.

IX.
E, Adverbe elliptique.
I.

E devint naturellement un adverbe qui marquoit le lieu de l'exiftence : de-là,

Eo, 1°. là, jufques-là : ce qui eft une ellipfe, au lieu de *Eo loco*, en ce lieu.

Ce mot fignifie encore, 2°. à un tel point, fi fort ; 3°. afin que, à deffein ; 4°. d'autant plus ; 5°. voilà pourquoi ; 6°. cependant, néanmoins.

COMPOSÉS.

EO-DEM, au même endroit.
Eô-USQUE, jufques-là.
AD-EO, 1°. tellement, fi fort, plutôt ; 2°. de plus, encore.

II.

EA, par-là, par cet endroit.

Ce qui eft encore une ellipfe, au lieu de *Ea parte*, *Ea regione*, par ce côté, par cette partie.

III.

PRÆTER-EA, outre cela ; troifiéme ellipfe où l'on fous entend *Negotia* : *mot-à-mot*, outre ces chofes.

X.
E affirmatif.

E fut naturellement un mot affirmatif qui tint lieu de ferment.

E-CASTOR, ferment qu'on rend ainfi

par *Caſtor.* Ce n'eſt pas cela ; mais CASTOR eſt vivant, ou je jure par celui qui eſt & qu'on appelle Caſtor.

EC-CERE, CERÈS eſt vivante ; ou je jure par Cerès qui vit.

XI.

EI, AI,

Exiſtence, vie.

EI, prononcé AI, fit le Grec AIÔN, AI*onos*, temps, ſiecle, vie. Les Latins, pour éviter l'hiatus, en firent ÆVUM ; de-là,

ÆV*um*, *i*, temps ; 2°. vie ; 3°. ſiecle ; 4°. Éternité.

ÆV*itas*, *atis*, âge, vieilleſſe.

ÆV*iternus*, *a*, *um*, éternel, qui dure toujours.

COMPOSÉS.

CO-ÆV*us*, *a*, *um*, contemporain ; du même âge.

LONG-ÆV*us*, *a*, *um*, fort âgé.

LONG-ÆV*itas*, *is*, grand âge.

PRIM-ÆV*us*, *a*, *um*, plus âgé, *mot-à-mot*, premier en âge, en date.

COMPOSÉ GREC.

DI*Æ*T*a*, *æ* ; 1°. régime de vivre, diéte ; de *Dia*, par, & ET, exiſtence, *mot-à-mot*, moyen *par* lequel on *vit*, on maintient ſon *exiſtence* ; 2°. chambre où l'on mange ; 3. pavillon dans un jardin ; 4°. chambre dans un vaiſſeau ; hamac de matelot.

XII.

E,

Interjection.

E, en qualité de voyelle, étant l'expreſſion naturelle de nos ſenſations, devint la ſource de diverſes interjections : en voici qui furent propres aux Latins & aux Grecs.

EIA, ah ! courage !

EU, bien.

EU*ax*, bon ; bravo.

EU*an*,   ⎰ cri joyeux des Bacchan-
EV*ans*, *tis*, ⎱ tes ; 2°. ſurnom de Bacchus.

EU*oe* ; EV*ohe*, bien lui ſoit, *vivat*, qui vive.

EU*ge*, fort bien, courage.

XIII.

COMPOSÉS du Participe

ENS.

1. ABS-ENS, *tis*, qui n'eſt pas en un lieu ; 2°. mort, qui n'eſt plus.

ABS-ENT*ia*, *æ*, abſence, éloignement.

ABS-ENT*o*, -*are*, éloigner, bannir.

Dans pluſieurs Langues du Nord S-END, envoyer, éloigner : mot compoſé de ENT & du *s* privatif, pour ÆX ; en ſorte que l'Anglois *Isend*, & l'Allemand *Ich Sende*, ſignifient *mot-à-mot*, j'éloigne de moi : ce qui ſe dit auſſi en Latin, AB-SENT*o*.

2. AMB-ENS, *tis*, qui eſt autour, qui enveloppe.

3. PRÆS-ENS, *tis*, qui eſt en perſonne, préſent ; 2°. qui eſt à la main, tout prêt ; 3°. qui ſe paſſe mainte-

nant ; 4°. favorable , propice ; 5°. efficace, qui remplit l'espérance.

Præ-s-Entia, æ, présence; 2°. tems présent.

Præs-Entaneus, a, um, efficace, qui fait son effet sur le champ.

Præs-Entarius, a, um, présent ; 2°. comptant.

Præs-Ento, -are, mot-à-mot, envoyer devant ; de Præ & de sent, qui est le même que le send des Septentrionaux. Ce verbe signifie présenter, offrir; 2°. rendre présent à l'esprit.

COMPOSÉS.

In-Pres-Entià, maintenant, mot à mot, en présence, dans le tems présent.

Re-præs-Ento, -are, représenter ; 2°. présenter, faire paroître avant le tems, avancer, prévenir le tems ; 3°. payer par avance.

Re-præs-Entatio, onis, représentation ; 2°. paiement avant le terme échu.

XII.

COMPOSÉS de Esse, ou de Sum.

Ab-Esse, sum, es, fui, n'être pas, être loin, être absent.

Ad-Esse, sum, es, fui, être présent, paroître, se montrer ; 2°. assister, aider, secourir; 3°. arriver, approcher, être près.

Ad-Esdum, viens-çà.

De-Esse, être absent, manquer.

In-Esse, être dedans, y être, paroître sur.

Inter-Est, -esse, il importe, il y va de l'intérêt ; 2°. il y a de la différence entre ; 3°. être présent, se trouver à.

Ob-Esse, être sur le chemin de quel-

qu'un, se présenter devant lui; 2°. nuire, causer du dommage.

Præ-Esse, être devant, présider, soigner, avoir la direction.

Prod-Esse, pro-sum, des, fui, profiter, être utile, avantageux.

Sub-Esse, être dessous, être couvert ; 2°. être tout contre, approcher ; 3°. avoir peu d'esprit.

Super-Est, sum, fui, Esse, être de reste ; 2°. être superflu, être de trop ; 3°. surpasser ; 4°. survivre; 5°. venir à bout ; 6°. durer ; 7°. protéger.

VERBES

Formés du Verbe E.

I.

EO, aller.

E signifiant l'existence, joint à O marque de la première personne, forma en Grec le verbe Eo, qui signifie, 1°. exister, être, tout de même qu'Eimi ; 2°. aller, se transporter vers un lieu; puisque la vie est essentiellement unie au mouvement.

Et il devint également dans ce sens les verbes Grecs.

Eô, Eimi, Iêmi, aller & être.

De-là ce verbe Latin,

Eo, ivi, itum, ire, aller, marcher, se transporter.

DÉRIVÉS.

1. Itus, ús, } allée, venue, marItio, onis, } che.

Ito, -are; Itito, -are, aller souvent.

2. Iter, ineris, } chemin, passage ;
Itiner, eris, } 2°. voyage, jour-

née de chemin ; 3°. canal, rigole.

I*tinerarium*, *ii*, relation d'un voyage; 2°.
lifte des routes & des poftes.

I*tinearius*, *a*, *um*, de chemin, de voyage.

3. I*tero*, -*are*, aller de nouveau, recommencer ; 2°. redire, répéter
mot-à-mot ; 3°. faire de nouveau.

I*teratus*, *ûs* ; I*teratio*, *onis*, répétition, reprife ; 2°. feconde façon donnée à la
terre ; 3°. feconde taille d'un marc.

I*terator*, *is*, qui recommence.

I*terùm* ; I*teratò*, de nouveau, derechef.

COMPOSE'S.

AB-E*o*, -*ire*, s'en aller, fe retirer, difparoître, fe perdre, n'être plus ;
2°. fe changer, s'éloigner, quitter.

AB-E*ona*, *æ*, la Déeffe du départ.

AB I*rio*, *onis*, AB-I*rus*, *ûs*, départ, retraite, féparation; 2°. iffue, avenue ;
3°. mort, trépas.

AD-E*o*, -*ire*, aller voir, vifiter, aborder, fubir.

AD-E*ona*, *æ*, Déeffe qui préfidoit à la
venue.

AD-I*to*, -*are*, aller fouvent rendre vifite.

AD-I*tio*, *onis*, allée & venue.

AD-I*tus*, *ûs*, chemin, fentier, avenue ;
2°. accès, voie, ouverture ; 3°. porche,
veftibule.

AD-I*ticulus*, *i* ; AD-I*ticulum*, *i*, petit
paffage, petite entrée.

AD-I*tialis*, *e*, qui concerne l'entrée, le
départ & le retour.

AMB-I*o*, *ii*, *itum*, *ire*, aller à l'entour, tourner autour ; 2°. envelopper, entourer, inveftir ; 3°. aller
chez toutes les perfonnes de qui dé-

pend une place, briguer, ambition-
ner, faire fa cour ; 4°. attaquer,
furprendre.

AMB-I*tio*, *onis*, tour, circuit ; 2°. ambition, defir de s'élever, brigue ; 3°. entreprife, deffein ; 4°. difcours & moyens
par lefquels on cherche à fe faire valoir
auprès de ceux dont on defire le fuffra-
ge ; fafte, vanité, oftentation.

AMB-I*tiofus*, qui fait un long circuit,
qui a de grands détours ; 2°. ambitieux ;
3°. qui follicite avec ardeur ; 4°. importun ; 5°. fanfaron, factieux, &c.

AMB*ITiosè*, par détours, ambitieufement,
par brigue, par intrigue.

AMB-I*tor*, qui embraffe, qui entoure ;
2°. qui brigue.

AMB-I*tus*, *ûs* ; AMB-I*tudo*, circuit, enceinte ; 2°. circonlocution ; 3°. pourfuite, recherche, intrigue, cabale.

AMB I*tus*, *a*, *um*, environné, entouré ;
2°. brigué, recherché.

IN-AMB*ITiofus*, fans ambition.

ANTE-E*o*, -*ire*; ANTI*d*-E*o*, -*ire*, aller devant, marcher à la tête ; 2°. furpaffer,
prévenir, exceller.

CIRCUM-E*o*, -*ire*, aller autour, tournoyer;
2°. prendre un détour, affronter, furprendre.

Co-E*o*, -*ire*, aller enfemble, s'affembler, s'attrouper, fe joindre, fe
liguer, cabaler ; 2°. s'entrechoquer ; 3°. fe reprendre, fe refferrer.

Co-I*tus*, *a*, *um*, comploté, affemblé.

Co-I*tus*, *ûs* ; Co-I*tio*, *onis*, accouple-
ment, union, 2°. amas ; 3°. cabale, complot, attroupement ; 4°. abord, choc,
rencontre.

IN-CO-I*bilis*, qui ne fauroit aller enfemble, ou s'allier.

C*œtus*, *ûs*, affemblée, congrégation :

ce mot eſt compoſé de *Co* ou *Cum*, avec ,
& de *Eo* , *Ivi* , *Itum* , aller ; il déſigne
le lieu où on s'eſt raſſemblé , & la compagnie qui s'eſt raſſemblée.

COM-ES.

Com-Es , *itis* , compagnon , camarade , qui va avec ; 2°. ſectateur ;
3°. Comte , Comteſſe.

Com-Itiſſa , *æ* , Comteſſe.

Com-Ito ,-are ; Com-Itor ,-ari accompagner , faire cortége , ſuivre , eſcorter.

Com-It-*atus* , *ûs* , cortége , équipage ,
train , convoi , eſcorte ; 2°. Comté.

Com-Itia , *orum* , les Etats , aſſemblées
des différens Ordres d'un Etat.

Com-Itium , *ii* , lieu où ſe faiſoient les
aſſemblées du Peuple Romain ; 2°. l'action d'aller avec quelqu'un.

Com-Itiatus , *ûs* , aſſemblée; 2°. concours
de gens qui vont enſemble.

Com-Itialis , *e*, des Etats , des aſſemblées
publiques ; 2°. haut-mal , mal caduc.
On donne à cette cruelle maladie le
nom de *Comitiale* , parce que les aſſemblées ou les comités ſe rompoient ſur le
champ ſi un aſſiſtant venoit à tomber
du haut-mal.

Com-Itialiter , à la maniere de ceux qui
tombent en défaillance par un effet
d'épilepſie.

Con-com-Itor ,-ari, faire compagnie ,
accompagner.

In-com-Es , *itis* qui eſt ſeul , qui eſt ſans
compagnie.

In-com-Itatus , *a , um* , ſans compagnie ,
ſans ſuite.

In-com-Itio ,-are, deshonorer, diffamer;
2°. demander , réparation en Juſtice.

Ex-Eo , *ii* , *itum* , *ire* , ſortir ; 2°. ſe
retirer , s'en aller ; 3°. finir , terminer ; 4°, éviter , eſquiver ; 5°.
devenir public.

Ex-Itus , *ûs* ; Ex-Itio , *onis* ,(de *Ex* & de
Itus , allé) ſortie , iſſue ; 2°. ſuccès.

Ex-Itium , *ii* , déſolation , ruine ; 2°. diſ-
grace , infortune ; 3°. perte irréparable ,
mort.

Ex-Itialis , *e* ,   ⎫ dangereux , funeſ-
Ex-Itiabilis , *e* , ⎬ te , ruineux , cruel,
Ex-Itioſus , *a , um* , ⎭ mortel.

In-Eo , *- ire* , entrer dans ; 2°. commencer ; 3°. s'emboëter ; 4°. s'ex-
poſer.

In-Ito ,-are, aller ſouvent dans.

In-Itialis , *e*, qui commence.

In-Itium , *ii* , entrée , commencement.

In-Itia , *orum* , principes , élémens ; 2°.
naiſſance ; 3°. ſacrifices.

In-Itio ,-are, introduire , faire entrer dans
les choſes cachées ; 2°. enſeigner les
élémens.

In-Itiatio , *onis* ; In-Itiamenta , *orum* ,
introduction dans les myſtères.

Ex-in-Io ,-ire, commencer.

In*ter*-Eo , *- ire* , mourir , périr ; 2°.
paſſer ; 3°. ſe gâter ; 4°. ſe diſſiper.

Inter-Itus , *a,um* , mort , tué.

Inter-Itio , *onis* ; Inter-Itus , *ûs* , mort ;
2°. ruine , deſtruction.

Intro-Eo ,-ire , entrer dedans.

Intro-Itus , *a , um* , où l'on eſt entré.

Intro-Itus , *ûs* , entrée ; 2°. avenue ; 3°.
commencement.

Sub-Intro-Eo ,-ire, être introduit ſecret-
tement , ſous le manteau.

Ob-Eo , *- ire* , 1°. environner , faire
le tour ; 2°. viſiter ; 3°. rôder ; 4°.
exercer ; 5°. être préſent ; 6°.
mourir.

Ob-Itus , *ûs* , rencontre , mort.

Ob-Iter , en paſſant.

Ob-Itus , *a , um* , mort.

Par-Eo,-*ere*, être auprès, à la main, être obéiffant.

Par-Ent*ia*, *æ*; Parient*ia*, *æ*, obéiffance.

Per-Eo, - *ire*, fe perdre, périr.

Per-Ic*ulum*, *i*; Per-Icl*um*, *i*, danger, rifque, lieu dangereux; 2°. épreuve, effai.

Per-Ic*ulofus*, *a*, *um*, dangereux, où l'on court du péril, du danger.

Per-Ic*ulosé*, dangereufement.

Per-Ic*ulor*,-*ari*; Per-Icl*itor*,-*ari*, rifquer, être en danger.

Per-Icl*itatio*, *onis*, épreuve, tentative.

Per-Iel*itabundus*, *a*, *um*, qui éprouve.

Per-It*o*,-*are*, périr.

Præ-Eo,-*ire*, précéder, devancer.

Præter-E*o*, - *ire*, paffer outre, au-de-là; 2°. furpaffer, être au-deffus; 3° taire, paffer fous filence; 4° fuir, éviter; 5°. négliger, exclure.

Præter-It*um*, *i*, le tems paffé.

Præter-It*a*, *orum*, les chofes paffées.

Præter-It*i*, *orum*, les gens du tems paffé, les morts; 2°. ceux qui font exclus, omis d'un rôle, d'un regiftre.

Prod-Eo, -*ire*, s'avancer, fortir; 2°. paroître, fe produire.

Prod-Iù*s*, plus avant.

Prod-It*ur*, on s'avance.

Red-Eo, - *ire*, revenir, retourner; 2°. recommencer; 3° renaître; 4°. provenir.

Red-It*io*, *onis*; Red-It*us*, *ûs*, retour, revenu, rente.

Red-It*o*,-*are*, retourner fouvent.

Retro - Eo,-*ire*, aller en arriere, retrograder.

Sub-Eo, - *ire*, fe mettre fous, fubir; 2°. s'expofer; 3°. encourir; 4°. endurer, fupporter; 5°. entrer; 6°. accepter, recevoir; 7°. venir, arriver; 8°. faifir, fuccéder; 9°. affaillir; 10°. fe revêtir, faire une figure; 11°. venir dans la mémoire.

Sub-It*us*, *a*, *um*, foudain, inopiné, qui fe fait à l'improvifte.

Sub-It*ò*, foudainement, tout d'un coup, inopinément.

Sub-It*aneus a*, *um*, foudain, qui arrive à l'improvifte.

Sub-It*arius*, *a*, *um*, fait à la hâte, à l'improvifte.

Sub-It*atio*, *onis*, aventure, arrivée fubite.

Super-Eo,-*ire*, aller pardeffous.

Trans-Eo,-*ire*, paffer outre, traverfer, percer; 2°. n'avoir point d'égard, paffer par-deffus; 3°. négliger, omettre; 4°. dévancer.

Trans-It*us*, *a*, *um*, qui eft paffé.

Trans-It*io*, *onis*, l'action de paffer; 2°. tranfition.

Trans - It*us*, *ûs*, paffage, par où l'on paffe.

Trans-It*orius*, *a*, *um*, paffager, de paffage.

I I.

D'E,exifter, fe forma le verbe Es, Ed, manger; de *E*, exifter, & de D, les dents, *mot à mot*, pourvoir à fon exiftence par le moyen des dents.

C'eft un mot de toutes les langues Celtiques; Ed*ein* en Grec, Ad en Danois, Id*ee* en Tartare & en Gothique, Eat en Anglois. Enfuite le C s'eft changé en Z ou Ds, comme dans Ez*an*-, manger, en

Theuton ; & en Sт comme dans
Esто, manger, en Grec ; Esт, il
mange, en Latin ; & en Allemand
Isst. Enfuite le E s'eft afpiré ; on a
dit Hest, il mange ; Hestum,
mangeaille, tems où l'on fait
bonne chere. L'afpiration radoucie en F a produit Festum,
occafion à manger, à fe régaler,
Feste.

1. Edo, Es, Est, Edi, Estum &
Esum, Esfe, manger : d'où le
Verbe Allemand Essen.

Dérivés.

1. Edax, cis, grand mangeur, qui
confume.

Edacitas, grand appétit, gourmandife.
.Editus, ûs, ce qu'on a mangé réduit en
déjections, excrémens.
Edo, onis, goulu, goinfre.
Edulis, e, bon à manger.
Edulium, ii, tout ce qu'on peut manger.
Edufa, æ, Déeffe de la mangeaille.

2. Esus, ûs, l'action de manger.

Esox, cis, grand mangeur ; 1°. poiffon
vorace.
Estor, is, grand mangeur.
Estrix, cis, mangeufe.
Esurio, onis ; Esuritor, is, affamé, tou-
jours prêt à manger.
Esurigo, inis; Esuries, ei, appétit violent.
Esurialis, e, de jeûne.
Esurio,-ire, avoir faim, être affamé.
Esito,-are, manger fouvent.
Esitator, is, qui mange fouvent.
Esitatio, l'action de manger.

Composés.

Ad-Edo, ronger tout-à-fait.

Ad-Esus, a, um, mangé entierement.
Ad-Esurio,-ire, avoir grande faim.
Ab-Edo, dévorer tout, confumer, man-
ger tout.
Amb-Edo, Es, Est, di, fum, ere, man-
ger tout autour, ronger.
Am-bab-Edo, manger, confumer peu à
peu.

Com-Edo, - ere, manger, dévorer,
prodiguer.

Com-Edo, onis, grand mangeur.
Com-Estor, is, grand mangeur.
Com-Estura, æ, le manger.
Com-Essor,-ari, faire la débauche.
Com-Essatio, is, repas hors des tems or-
dinaires, medjanoche, réveillon.
Com-Essator, qui aime la bonne chere.

Ex-Edo, es, eftum, dévorer, miner,
ruiner.

Ex-Esor, is, qui confume.
In-Edia, æ, abftinence de manger.
Ob-Edo,-ere, manger tout autour.
Per-Edia, æ, avidité de manger.
Per-Edo,-ere, ronger entierement.
Sub-Edo,-ere, miner par-deffous.
Super-Edo,-ere, manger après ou par-def-
fus.

2.

Es-Ca, æ, 1°. aliment, nourriture ;
2°. amorce, apât.

Es-Carius, a, um, qui fert à la table,
bon à manger.
Es-Calis, e, qui fert à table.
Es-Culentus, a, um, bon à manger,
comeftible.
Es-Culentum, i, viande, nourriture,
mets, provifion de bouche.

Composés.

In-Esco, -are, amorcer, attirer par
l'apât.

Ob-Esco

Ob-Esco ,-*are*, donner à manger.
Vescus , *a* , *um* , bon à manger , comeſ-
tible ; 2°. maigre , décharné. Ici *Ve* ,
Adverbe privatif.

V-Escor , *eris* , *fci* , manger , ſe nourrir , vivre de.

3.

Bestia , *æ* , bête , animal , *mot à*
mot , Etre qui mange ; 2°. le loup ,
conſtellation.

Bestiarius , *a* , *um* , de bête.
Bestiarius , *ii* , deſtiné à combattre contre
les bêtes.
Bestiola , *æ* , petit animal.

III.

EMO, acheter.

Emo, *is* , *emi* , *emptum* , *emere* , acheter , faire achat : d'*Emos* en Grec
le mien : *mot à mot* , je rends
une choſe mienne , je l'acquiers.

Emax , *cis* , grand acheteur , qui ſe plaît
à acheter.
Emtio , *onis* , achat.
Emtor, *is* ; Emtrix , *is* , qui achete.

2. Emturio , - *ire* , avoir envie d'a-
cheter.

Emtito ,-*are* , acheter ſouvent.
Emtitius , *a* , *um* , vénal , à acheter.
Emtionalis , *e* , qui fréquente les ventes.

COMPOSÉS.

Co-Emo, *emi* , *emtum* , *ere* , acheter en
compagnie.

Co-Emptio , *onis* , achat réciproque ; 2°.
convention matrimoniale.
Co-Emptionalis , *e* , qui concerne le con-
trat de coemption ; 2°. courtier , perſonne qui conſeille dans les achats &
ventes.

Orig. Lat.

Red-Imo , *is* , *demi* , *demtum* , *mere* ,
racheter , acheter ; 2°. prendre à
ferme ; 3°. entreprendre à faire
moyennant un prix.

Red-Emptio ,-*are* ; Red-Emptito ,-*are* , racheter , payer la rançon.
Red-Empturi , *æ* ; Red-Emptio , *onis* ,
bail des Fermes générales , priſe à ferme des revenus publics ; 2°. rachat ;
rançon ; 3°. entrepriſe d'ouvrage adju-
gée au rabais.
Red-Emptor , *oris* , Partiſan , Fermier-
Général ; 2°. Entrepreneur d'ouvrages.

NÉGATIF.

In-Emtus , *a* , *um* , qui n'a point été
acheté.

2.

EMO, s'approprier.

D'Emos , mien , on fit non-ſeulement
Emo , ſe rendre propre en ache-
tant , mais on fit encore Emo, Imo ,
ſe rendre propre en prenant ; 2°.
en enlevant , en ôtant. De-là les
Compoſés d'Emo , qui ſignifient
ôter , enlever. Quant à cette ſeconde ſignification d'Emo , elle exiſtoit
dans l'ancien Latin , comme nous
l'apprennent les Etymologiſtes ,
Festus en particulier.

Ab-Emo , *ere* , ôter , retrancher.

EX-Imo , - *ere* , ôter , arracher ; 2°.
délivrer , préſerver ; 3°. priver , retrancher.

Ex-Emptio , *onis* ; Ex-Emptus , *ûs* , retran-
chement , action d'ôter.
Ex-Emptor , *is* , qui ôte , qui arrache.
Ex-Emptilis , *e* , facile à ôter.

P p

INTER-IMO , - ere , tuer.

INTER-EMPTUS , a , um , maſſacré.

INTER-EMPTIO , onis , tuerie , meurtre.

IN-ter-EMPTOR , is , meurtrier , aſſaſſin.

PER-IMO , emi , emptum , ere. , tuer , faire mourir.

PER-EMO , - ere , deshonorer , gâter , défendre.

PER-EMPTUS , a , um , ſupprimé , anéanti.

PER-EMPTOR , is , celui qui tue.

PER-EMPTRIX , cis , celle qui tue.

PER-EMPTORIUS , a , um , définitif , déciſif.

PER-EMPTALIS , e , qui diſſipe ce qui a précédé.

I V.

OB-EDIO , Obéir.

OB-EDIO , - ire , être ſoumis , obéir. Ce verbe eſt de la même nature que Pär-ere , être auprès , être à la main , prêt à ſervir , obéir. OB-EDIRE , formé de OB , devant , ſignifie , être devant , être obéiſſant ; en Oriental , OBED.

OB-EDIENTER , avec obéiſſance.

OB-EDIENTIÙS , ſans aucune répugnance.

OB-EDIENTIA , æ ; OB-EDITIO , onis , déférence , ſoumiſſion.

NÉGATIFS.

IN-OB-EDUS , a , um , }
IN-OB-EDIENS , tis , } déſobéiſſant.

IN-OB-EDIENTIA , æ , déſobéiſſance.

E.

EIS ſignifiant l'exiſtence , déſigna également l'exiſtence intérieure. De-là , la Prépoſition Grecque EIS , dans. Ce mot joint au verbe Grec & La-

tin STA , EIS - STA , ſignifia » ce » qui exiſte dans l'intérieur. « De-là cette famille Latine.

EXTA , orum , entrailles , boyaux.

EXTARIS , e ; EXTALES , ium , qui ſert à cuire des tripes , de tripiere.

E N.

De E , ES , exiſter , & de EN , dedans , ſe forma la famille ſuivante , famille vraiment Latine.

EX-ENTERA , orum , tripailles , entrailles.

EX-ENTERO , -are , éventrer , étriper ; 2°. dévaliſer.

EX-ENTERATIO , onis , l'action d'ôter les tripes.

EX-ENTERATOR , is , celui qui éventre.

E NÉGATIF.

De IN , non , & de EN , être , prononcé AN , ſe forma le Négatif IN-ANE , mot-à-mot , le non-être , le néant : De-là cette Famille.

1. IN-ANIS , e , vuide : 2°. vain ; 3°. inutile : 4°. gueux ; 5°. affamé ; 6°. qui n'eſt point chargé.

IN-ANE , is , vuide ; 2°. rien ; 3°. étendue. de l'air : mot-à-mot , le non-être.

IN-ANIA , arum , vuides , riens.

IN-ANIO , -ire , vuider , évacuer. En Gr. IN-aô.

2. IN-ANITAS , tis , vuide ; 2°. inutilité.

IN-ANITER , inutilement , vainement.

IN-ANIMENTUM , i , vuide , inaniſion.

IN-ANESCO , -ere , ſe diſſiper.

BINOMES.

IN-ANE-FACIO , -ere , vuider , faire diſparoître.

. In-Ani-loquus, *a*, *um*, difeur de riens.

COMPOSÉS.

Ex-Inanio, - *ire*, 1°. vuider, éva‑
cuer ; 2°. épuifer, ne rien laiffer ;
3°. dégarnir ; 4°. dépeupler ; 5°.
piller, ravager.

Ex-Inaniio, *onis*, évacuation, action de
vuider tout.

Ex-Inanitor, *oris*, pillard, qui ravage,
qui emporte tout, qui ne laiffe rien.

E L , OL ,
Elémens.

De L, El, Ol, action d'élever, en‑
fance, commencement, (voyez
Al, col. 18.) fe forma le Latin,

Elementum, principe, élément ; 2°.
rudiment, premiere inftruction ;
mot-à-mot, la premiere nourritu‑
re du corps & de l'efprit, les pre‑
miers commencemens des Etres,
ce en quoi ils commencent d'é‑
xifter.

Elementarius ; *a*, *um*, élémentaire ; 2°.
qui en eft aux élémens, aux premiers
principes.

Ce mot remonte à une haute
antiquité, puifque fa racine El,
Ol, n'eft pas moins Orientale que
Latine ; לע, OL, défignant l'en‑
fance, le tems où on eft aux élé‑
mens de toutes chofes.

E x - I lis.

De El, croître, & de Ex, fe forma :
Ex-Ilis, *e*, petit, menu, mince, dé‑
lié; 2°. peu confidérable, fimple,

bas, du commun; 3°. maigre, fec,
décharné ; 4°. aride.

Ex-Ilitas, *atis*, petiteffe, foibleffe ; 2°.
maigreur, féchereffe.

Ex-Iliter, petitement, baffement; 2°.
d'une manière féche, aride.

E R G.

Ergà, envers, à l'égard. *Prépofition*
qui fe met avec l'accufatif.

Ergò, donc, ainfi, par conféquent ;
2°. à caufe de cela, eu égard à
cela.

Nous réuniffons ces deux mots en‑
femble, parce qu'ils font unis par l'i‑
dée commune d'égard, de confidé‑
ration, de rapport d'un objet à un
autre, & qu'ils vinrent ainfi d'une
même fource: leur origine n'en
étoit cependant pas moins incon‑
nue ; ce qui n'eft point étonnant,
puifqu'ils n'offrent point par eux‑
mêmes de fens propre ou phyfique,
& que leurs élémens primitifs fe
font légèrement altérés comme ce‑
la arrive dans tous les mots de
cette nature & auffi familiers.

Re, Reh, Rec'h, Rch, eft un
mot primitif qui fignifie foleil,
rayon, vue ; 2°. arranger par
rayons, alligner ; 3°. voir, confi‑
dérer.

De Rech, vinrent, en Latin,
Regula, Riga, &c. rayon, ligne,
régle.

De Rch, le Grec Orkhos, plan‑
tation en rayons, en lignes droites,
& l'Hébr. ךרע, O-Rc, ordre, ef‑

time , &c. mots conſervés dans
l'Anglois Orchard.

Les Latins n'eurent donc point
de peine à en former E-Rcà ,
E-Rcò , qui déſignent, l'un le point
vers lequel tend le rayon , la conſidération ; l'autre, le point d'où il
part : ou tous les deux , l'objet qui
nous détermine.

E R R.

De R déſignant la courſe , ſe forma la
famille ſuivante.

1. Erro ,-are , rôder çà & là , être vagabond , courir de côté & d'autre.

Errabundus , a , um ; Erratitius , a , um ,
errant, vagabond.

Erro , onis , coureur , vagabond ; 2°.
eſclave fugitif ; 3°. volage , inconſtant.

Errones , um , les Planettes.

Erroneus , a , um , coureur , errant çà &
là.

2. Error , is , détour , égarement ; 2°.
erreur ; mépriſe ; 3°. impropriété ,
faute de Grammaire ; 4°. ruſe ,
tromperie.

Errantia , æ ; Erratio , onis , détour ,
écart ; 2°. mépriſe , erreur.

Erratum , i , abus , bévue , manquement.

Erraticus , a , um , vagabond ; 2°. qui
rampe çà & là ; 3°. ſauvage , inculte ;
4°. flottant.

COMPOSÉS.

Ad-Erro , - are , ſe promener , aller
& venir auprès.

Circum-Erro ,-are , errer à l'entour.

Co-Erro ,-are , errer avec , courir enſemble.

De-Erro ,-are , s'égarer , ſe fourvoyer.

Ex-Erro ,-are , s'égarer , ſortir de la
voie.

Ex-Erratio , onis , égarement , déviation.

In-Erro ,-are , courir çà & là.

In-Errans , tis , fixe , ſtable , qui n'eſt
point errant.

Per-Erro ,-are , traverſer en voyageant.

Per-Erratio , onis , l'action de parcourir
en voyageant.

Sub-Erro ,-are , courir par-deſſous.

M O T S

où E a pris la place d'autres voyelles
radicales.

I.

E C H pour A C

Echinus , i , 1°. hériſſon ; de Ac , piquant ; 2°. coque hériſſée de piquants , qui enveloppe les chatei-
gnes ; 4°. cuvette où l'on rince
les verres ; 4°. ove , quart de rond.

Echinatus , a , um , hériſſé de pointes.

Echino-Metra , æ , hériſſon de mer.

Echino-Phora , æ , poiſſon à coquille
couvert de piquans.

Echino-Pus , odis , chardon.

I I.

E R pour A R

AR , haut , pointu , rude , ſe changea
dans les Compoſés en Er. De-là
ces mots où il eſt uni à Ac ; pointu ; âcre.

Ex-Ac-Erbatus , a , um , aigri , irrité ;
de Ex , de Ac , pointu , & de Erb ,
rude , âpre ; en Allemand Herb ,
très-aigre , très-âcre.

Ex-Ac-Erbeſco ,-ere , s'aigrir , s'irriter.

Ex-Ac-Erbator , is , qui aigrit.

Ex-Ac-Erbàtio , onis , aigreur , l'action d'irriter.

Ob-Ac-Erbo ,-are , exafpérer.

III.

E Q' pour OC , OG.

Du Primitif Oc , Oc , grand , haut , nom de divers grands animaux, fe forma le Latin Eqvus , cheval: De-là cette famille.

1.

Equus,i, cheval; 2°. machine de guerre pareille au bélier; 3°. conftellation.

Equa , æ , cavale , jument.

Equulus , i; Equuleus, i, poulain; bidet, petit cheval ; 2°. chevalet; cheval-de bois , genre de fupplice.

Equula , æ , jeune cavale.

Equarius , a , um , de cheval.

Equarius , ii , gardien d'un haras , Palfrenier.

Equinus , a , um , de cheval ; de haras.

Equile , is , écurie , étable.

Equitium , ii , haras.

Equifo , onis , Ecuyer , qui dreffe les chevaux.

Equio ,-ire , être en chaleur.

Equimentum , i , prix , falaire pour avoir fait faillir une cavale.

2.

Eques, itis , cavalier , homme de cheval ; 2°. chevalier; 3°. cheval.

Equefter, is ; Equeftris , e , de cavalerie,

de cheval , de Chevalier, équeftre.

Equeftria , ium , les loges des Chevaliers au théâtre de Rome.

Equiria , orum , courfes de chevaux , caroufel , tournois.

Equito ,-are , aller à cheval , être à cheval.

Equitatus , ûs , cavalerie.

Equitario , onis , l'action d'aller à cheval; 2°. cavalcade.

Equitabilis , e , où l'on peut aller à cheval.

Binomes.

Equi-Ferus , i, cheval fauvage.

Equi-Vultur , is , hippogriffe , cheval griffon.

Composés.

Ab-Equito ,-are , s'enfuir à cheval.

Ad-Equito ,-are , aller à cheval tout autour.

Circum-Equito ,-are , faire le tour à cheval.

Co-Equito ,-are , aller à cheval de compagnie , enfemble.

In-Equito ,-are , aller à cheval.

In-Equitabilis , e , où l'on ne peut aller à cheval.

Inter-Equito ,-are , être à cheval au milieu.

Ob-Equito ,-are , faire la ronde à cheval, battre l'eftrade.

Ob-Equitario , onis , ronde à cheval , l'action de battre l'eftrade.

Ob-Equitator , is , qui va tout autour à cheval.

Præter-Equito ,-are , paffer outre , par-devant, à cheval.

Per-Equito ,-are , parcourir à cheval.

MOTS LATINS VENUS DU GREC.

E

DE Ac, percer, prononcé Ec, vinrent:

Echo, *ús*, en Gr. ΕΧΩ, écho, répercuſſion de la voix.

Cat-Echuntes, *um*, lieux qui étouffent la voix, où il n'y a point d'écho.

D'Ac, vint le Grec Ecc, Occ, prononcé Enc, Onc, & déſignant tout ce qui perce : de-là le Grec Ogkis, Ogkos, pointe, arme pointue, qui, prononcé Oncis, Oncos, fit le Latin:

Ensis, *is*, épée, *mot-à-mot*, arme pointue, qui perce.

Ensiculus, *i*, coûteau, petite lame.
Ensi-Fer, *a*, *um*, qui porte une épée.

Cat-Echeſis, *is*, inſtruction religieuſe.

Cat-Echeticus, *a*, *um*, concernant le Catéchiſme.
Cat-Echiſmus, *i*, Catéchiſme.
Cat-Echizo, -are, inſtruire ſur la Religion.
Cat-Echumenus, *i*, celui qu'on inſtruit ſur la Religion.

Cat-Egoria, *æ*; Cat-Egorema, *atis*, accuſation, crime.

Anti-Cat-Egoria, *æ*, récrimination.

Par-Ectaſis, *is*, extenſion, allongement.

Par-Ectatus, -a, *um*, à qui la barbe commence à pouſſer.

Elæo-Phagus, *a*, *um*, mangeur d'olives.

Elæo-Theſium, *ii*, chambre dans les bains où les Athlètes s'oignoient d'huile & de cire.

Elenchus, *i*, perle; 2°. indice, table d'un livre; 3°. critique.

Elenchticus, *a*, *um*, qui reprend : critique.

Par-Elicia, *æ*, âge qui commence à baiſſer.

Eone, *es*, arbre portant du gui comme le chêne.

Eos, *ús*, aurore, point du jour.

Eous, *a*, *um*, Oriental.
Eous, *i*, cheval du Soleil.

Syn-Ephites, *æ*, pierre précieuſe.

Syn-Ereſis, *is*, contraction.

Syn-d-Ereſis, *is*, raiſon, remords de conſcience.

Ant-Eros, *otis*, jaſpe, améthyſte.

Ethica, *æ*, } la morale, philoſophie
Ethice, *es*, } des mœurs.

Etho-Logia, *æ*, caractère, portrait.
Etho-Logus, *a*, *um*, qui peint les mœurs, les manières.
Etho-Pœus, *i*, qui repréſente les paſſions, Comédien.
Etho-Pœia, *æ*, repréſentation des mœurs.

Syn-Euroſis, *is*, liaiſon des os par le moyen des nerfs.

MOTS LATINS VENUS DE L'ORIENT.

E

EKHI, Serpent.

DU Primitif HE, *K'he*, vie, vivacité, les Orientaux firent *Khi*, serpent, symbole de la vie & de l'immortalité. Les Grecs en firent EK*his*, serpent, vipere, & ils en dériverent les mots suivans.

1. ECHID*na*, *æ*, ⟩ vipere femelle ; 2°. EEHID*ne*, *es*, ⟨ hydre.
ECH*ites*, *æ*, pierre précieuse tachée comme la vipère.

2. ECH*ionidæ*, *arum*, Thébains. Ils avoient sans doute un serpent pour armoiries.

3. ECHEN*eis*, *idis*, lamproie ; 2°. remore.

4. ECH*ion*, *ii*, vipérine, plante ; 2°. orviétan, thériaque.

A L.

De AL, élevé, grand, les Orientaux firent ALP, ALEPH, bœuf, grand animal : d'où vient le mot suivant.

ELEPH*as*, *antis*, ⟩ éléphant ; 2°.
ELEPH*antus*, *is*, ⟨ yvoire ; 3°. ladrerie, lépre.
ELEPH*antinus*, *a*, *um*, d'éléphant, d'yvoire.
ELEPH*antia*, *æ*; ELEPH*antiasis*, *is*, ladrerie, lépre.
ELEPH*antiacus*, *a*, *um*, lépreux.

E R C

De l'Or. הרך, *Herc*, diviser, partager, ou du Grec EIRGO, renfermer, se forma le Latin,
ERC*isio*, *ere*, diviser, partager.

ERC*tum*, *i*, héritage, bien de famille, partage.

E R G

De l'Oriental ארג, ARG, tistre, se forma le Grec ERG*on*, travail, ouvrage; ERG*astès*, travailleur, ouvrier. De-là ces mots Latins Grecs :
ERG*astulus*, *i*, esclave qui travaille les fers aux pieds.
ERG*astulum*, *i*, prison des esclaves, lieu de force où on les tenoit renfermés.
ERG*astularius*, *ii*, Geolier de la prison des esclaves.
ERG*ata*, *æ*, Vindas, Cabestan.
PAR-ERG*a*, *orum*, ornemens, embellissemens; 2°. hors-d'œuvre.
PERI-ERG*ia*, *æ*, soins superflus, curiosité.

E T, Année.

De l'Oriental עת, עד, ED, ET, tems, se forma le Grec ET*os*, année, d'où vint la famille suivante.
ET*esias*, *æ*, le Nord-Est, le vent étésien, *mot à mot*, qui revient tous les ans.
ET*esiacus*, *a*, *um*; ET*esius*, *a*, *um*, du Nord-Est, des vents alisés.
ET*esiæ*, *arum*, les vents étéfiens, soufflant huit jours avant la canicule ; 2°. vents-alisés, qui se lèvent tous les ans ; en Grec ετησιαι, annuel.
ET*esius lapis*, pierre dont on fait des mortiers, *mot-à-mot*, pierre d'une longue durée.

MOTS LATINS-CELTES,

OU DÉRIVÉS DE LA LANGUE CELTIQUE.

F

LA lettre F, la sixieme de notre Alphabet, fut également la sixiéme de l'Alphabet Oriental de XXII lettres & du Samaritain : elle occupe la même place dans l'Alphabet numérique des Grecs.

Il est certain que la figure de cette lettre est la même que celle qu'elle a dans l'Alphabet Samaritain, hormis qu'elle est retournée de droite à gauche, ce qui lui est commun avec plusieurs autres.

Il n'est pas moins certain que dans l'Alphabet Hébreu elle est tout à la fois voyelle & consonne, ce qui a été une source d'erreurs; & qu'elle fut connue chez les Grecs sous le nom de DI-GAMMA ou *double G*, à cause de sa figure F qui paroît formée de deux G Grecs (Γ) placés l'un sur l'autre.

Cependant comme consonne, elle est nulle chez les Grecs, sans qu'on sache les causes qui la firent disparoître de leur écriture.

Rendons compte de tout cela : c'est un détail absolument nécessaire pour parvenir à l'étymologie des mots formés de cette lettre.

La voyelle Ou se prononce de l'extrémité des lévres. Elle s'écrivit U chez les Latins & ן chez les Hébreux.

Mais Ou, U, se change sans cesse en V ; ainsi les Italiens ont changé *ou* en *ove*.

Ainsi ן, *u*, se prononce souvent *V*.

Mais V se prononce du bout des lévres de même que F ; ils se mirent donc sans cesse l'un pour l'autre, au point que V se prononce chez les Allemans comme nous prononçons F, & qu'ils disent F la où nous disons V.

Ainsi ן, *Ou* qui étoit voyelle, devint représentatif de la consonne V & de la consonne F.

Ce n'est pas tout ; *U* a un son mouillé par lequel il se rapproche beaucoup de la voyelle I.

Voilà donc cinq valeurs différentes, toutes désignées par le ן Hébreu répondant à notre F.

Les Grecs, que ces diverses valeurs embarrassoient, crurent devoir les représenter par des caracteres différens.

F ou le Digamma, prononcé
V,

V, fervit pendant quelque tems à féparer le fon de deux voyelles qui fe fuivoient immédiatement. Ou fut écrit en un feul caractere ʊ. F confonne fut écrit Φ & il s'afpira. U minufcule fut écrit ʊ, & majufcule Y.

Et ce fut l'u ou l'I Grec.

Obfervons que F refta à la fixieme place ; que Y & Φ furent rejettés à la fin de l'Alphabet immédiatement après T qui en étoit la derniere lettre.

Les mots primitifs en F ayant reçu un auffi grand nombre de modifications & dans le fon & dans l'écriture, on dut être fans ceffe embarraffé pour retrouver leurs rapports avec leurs dérivés : il n'eft donc pas étonnant qu'on ait prefque toujours échoué fur l'origine des mots qui appartiennent à la lettre F.

Ce qui augmentoit encore prodigieufement l'embarras, c'eft qu'outre ces mots qui lui font propres, il y en a un très-grand nombre à la tête defquels elle eft & qui n'en font pas dérivés ; mais fur lefquels elle s'eft entée en prenant la place de l'afpiration H, ce qui eft arrivé pour en rendre la prononciation plus douce. C'eft ainfi qu'un grand nombre de mots que nous prononçons en F fe prononcent H chez les Efpagnols.

F s'eft également fubftitué à Orig. Lat.

B par la même raifon qu'à V & à P.

Quant à fa valeur premiere, comme confonne, c'eft la même que celle du Φ Phi des Grecs, ou du P Oriental qui s'afpiroit prefque toujours ; or le Ph Oriental étoit la peinture & le nom de la bouche.

De-là une multitude de mots en F. Si on y ajoute ceux où il a pris la place de B & ceux où il eft pour H, on aura l'étymologie de la plus grande partie des mots en F.

Quant à ceux en FL, en FR, en FU, dont le nombre eft confidérable, ils fe font formés par onomatopée, de même que nombre d'autres.

Au moyen de ces obfervations il n'eft aucun mot Latin en F dont on ne trouve l'étymologie.

F.

DICTIONNAIRE DE L'ENFANCE.

F fe prononçant des lévres, devint le nom d'une multitude de chofes de premier befoin, qui entrent dans le Dictionnaire de l'enfance, d'où le mot Oriental Phe, bouche ; le Grec & le Latin Fa, 1°. parler, 2°. manger, &c. De là ces nombreufes familles Latines.

I.

F A, parler.

1.

FAtus, ús, la parole.

Fatus, a, um, qui a parlé, qui a dit.
Fator, -ari, parler beaucoup.
Af-Fatus, a, um, qui a adreſſé la parole.
Af-Fatus, ûs, entretien, converſation;
2°. Edit.
Ef-Fatus, a, um, qui a parlé.
Ef-Fatum, i, maxime, ſentence.
Ef-Fata, orum, dernières prières que faiſoient les Augures.
Præ-Fatio, is, avant-propos, diſcours préliminaire.
Præ-Fatus, a, um, ayant dit auparavant.
Pro-Fatus, ûs, le parler.
Pro-Fatum, i, ſentence, axiome.

2.

1. Fari, FOR, Fatus ſum, parler. For, pour Faor.

Af-Fari, or, atus ſum, adreſſer la parole, parler, entretenir.
Ef-Fari, dire, raconter.
Inter-For, -ari, interrompre, couper la parole.
Inter-Fatio, onis, interruption.
Præ-Fari, dire d'avance.
Pro-Fari, parler.

2. Fans, tis, qui parle, parlant; pour Fa-ens, l'être qui parle.

Fandus, a, um, dont on peut, dont on doit parler.
Af-Faniæ, -arum, babil, contes, fornettes.
In-Fans, qui ne parle pas, muet, qui eſt ſans éloquence, ſtupide.
In-Fantia, æ, ſtérilité de paroles, manque d'éloquence.
In-Fandus, a, um, dont on ne doit pas parler; 2°. dont on ne parle qu'avec horreur.
In-Fandum, choſe qu'on n'oſe dire.
Præ-Fans, qui dit d'avance, qui preſcrit la formule de parler.
Bæ-Fandus, qu'il faut dire d'avance.

Ne-Fans, tis; Ne-Fandus, qu'on n'oſe dire, abominable.

3.

Fabula, æ, diſcours, hiſtoire, récit; 2°. conte, fable; 3°. ſujet d'entretien, médiſance, calomnie.

Fabulo, -are; Fabulor, -ari, parler, cauſer, diſcourir, raconter.
Fabularis, e, de fable, fabuleux.
Fabulatio, is, roman, conte.
Fabulator, is, cauſeur, conteur.
Fabulinus, i, le Dieu des contes.
Fabulo, is, diſeur de contes, plaiſant;
Fabuloſè, d'une manière fabuleuſe.
Fabuloſitas, atis, fiction.
Fabuloſus, a, um, dont on parle beaucoup, fameux; 2°. romaneſque, fabuleux.
Fabello, -are, parler, raconter.
Fabella, æ, hiſtoriette, conte; 2°. Piéce de théâtre; 3°. intrigue.
Fabellator, oris, conteur de fables.
Fabellatrix, icis, conteuſe.
Af-Fabulatio, is, ſens, moralité d'une fable.
Con-Fabulo, -are; Con-Fabulor, ari, parler, converſer avec quelqu'un.

4.

1. Af-Fabilis, e, à qui il eſt facile de parler, obligeant, civil.

Af-Fabilitas, is, la facilité avec laquelle quelqu'un permet qu'on lui parle.
Af-Fabiliter, d'une manière affable.
Af-Fabiliſſimè, très-obligeamment.
Per-Af-Fabilis, e, très-affable.
2. Ef-Fabilis, e, qui ſe peut dire.
In-Ef-Fabilis, e, qu'on ne peut dire, indicible.
In-Ef-Fabiliter, d'une manière inexprimable.

5.

Fama, æ, en Grec, Phèmé; du verbe Phao, dire: ce mot ſignifie, ce qui ſe dit, ce dont tout le monde parle, re-nommée, réputation.

FAmella, æ, petite réputation.

FAmofus, a, um, dont on parle beaucoup, célèbre, fameux, dont on dit beaucoup de bien ; 2°. dont tout le monde parle en mal, diffamé, diffamant.

FAmoftas, atis, la célébrité.

FAmulofus, qui fait l'entretien général.

AF FAmen, inis, abouchement.

BINÔMES.

FAmi-Ger, a, um, qui fait courir des bruits.

FAmi-GERatus, a, um, renommé.

FAmi-GERabilis, e, célébre.

FAmi-GERatio, onis, bruit répandu.

FAmi-GERator, trix, nouvellifte, qui répand des bruits.

COMPOSÉS.

DE-FAmatus, a, um, perdu d'honneur, infâme.

DIF-FAmatus, a, um, deshonoré.

DIF-FAmo,-are, décrier, diffamer.

IN-FAmo,-are, perdre de réputation.

IN-FAmis, e, qui a mauvaife réputation.

IN-FAmia, æ, opprobre, ignominie.

IN-FAmatio, nis, diffamation.

IN-FAmans, qui ôte l'honneur.

PER-IN-FAmis, infâme au plus haut degré.

6.

FA-CUNDUS, a, um, qui fait parler, beau parleur, habile dans l'art ora-toire. Ce Binome eft formé de FA, parler, & de KUND, CUND, Savant, qui connoît parfaitement. Ainfi cet adjectif fignifie mot-à-mot celui qui connoît bien l'art de parler. La langue Allemande a retenu ce mot primitif; elle dit KUND, connu ;

KUNDig, connoiffeur, & KUND-fchafft, fcience.

FAcundia, æ; FAcunditas, is, l'art oratoire, l'éloquence.

FAcundo,-are, rendre éloquent.

FAcundé, éloquemment.

FAcundiofus, le même que FAcundus.

IN-FAcundus, a, um, qui ne fait point parler, peu éloquent.

IN-FAcundia, æ, défaut d'éloquence, mauvaife grace à parler.

PER-FAcundus, a, um, très-éloquent.

PER-FAcundé, avec beaucoup d'éloquence.

7.

1. FAnum, i, le lieu où l'on parle par excellence, où l'on fait des dif-cours facrés, l'Oratoire, l'Eglife.

FAnaticus, a, um, mot-à-mot, qui a foin du Temple, du Fanum ; 2°. celui qui y parle ; 3°. qui parle d'après l'infpiration facrée; le Prêtre, ou bien l'Energumène, qui, tranfporté d'une fureur Divine, profere des Oracles ; 4°. fou, extrava-gant, vifionnaire ; 5°. frappé du ton-nerre.

FAnaticè, en fanatique, en Energumène.

2. PRO-FAnus, a, um, 1°. qui ne fçait point le langage facré, qui n'eft point initié dans les myftères, où l'on prononçoit les mots facrés ou myftérieux. Ce mot tient auffi à FAnum, Temple, parce que les chofes facrées, les myftères, fe cé-lébroient dans les Temples, d'où ceux qui n'étoient point initiés n'ofoient s'approcher. 2°. Ce mot détourné de fon fens propre fignifie encore ignorant, excommunié ; 3°. dont on fe fert indifférem-ment, qui n'eft pas facré.

PRO-FAno ,-are, profaner.
PRO-FAna·io , onis , profanation.
PRO-FAnator , oris , profanateur.

8.

FAtatum , i , ⎫ Oracle , prédiction qui
FAtum , i , ⎬ annonce l'avenir. Des-
FAtus ,·ùs , ⎭ tin , fort , le langage
des DIEUX , c'est-à-dire , les prophéties ou le destin ; car ce qu'on
nomme fatalité n'est que ce que
la Divinité a prononcé devoir arriver. Ce mot FAtum , après avoir
signifié l'Arrêt de la Providence ,
a désigné les objets qu'elle avoit
prédits , annoncés , ou décidés ,
comme l'avenir en général , tout ce
qui fe prédit , la mort , la vie , la
destinée , la nécessité , la fortune
bonne ou mauvaise , le malheur &
le bonheur.

FAtalis , e , prédit par la Divinité ,
annoncé par les Oracles ; 2°. funeste ,
malheureux.
FAtaliter , suivant le destin , par l'ordre
du destin , malencontreusement.
FAtalitas , is , accident imprévu , malheur
fortuit.

9.
BINOMES.

EAtifer , a , um , qui porte la mort , l'ar-
rêt du destin.
FAti-legus , a , um , qui recueille ce qui
donne la mort.
FAti-loquus , a , um , Devin , Sorcier ,
Sybille , Sorciere.

F changé en V.

FAticanus , a , um , ⎫ qui prédit l'ave-
VAticanus , a , um , ⎭ nir , qui rend des
oracles. De cano , chanter.

VAticanus , i , Dieu qui préfide à la pa-
role ; 2°. le Vatican , la colline où fe
rendoient les oracles.
FAtidicus , a , um ; VAtidicus , a , um , de
Prophete , de Devin. Sorcier , Devine-
reffe.
FAticinus , a , um , ⎫ qui prédit l'ave-
VAticinus , a , um , ⎬ nir , qui contient
VAticinius , a , um , ⎭ des oracles ; 2°.
poétique , parce que les prophéties
étoient en vers.
VAticinor ,-ari , prédire l'avenir , rendre
des oracles.
VAticinium ; VAticinatio , prédiction.
VAticinator , devin , forcier.
VAtes , is , devin , prophete , devinereffe , forciere ; 2°. poëte , parce que les
oracles étoient en vers.

10.

FAtua , æ , la bonne Déeffe , celle qui
instruit de l'avenir.
FAtuarii , orum , ceux qui épris de la fureur divine , prédifent l'avenir : energumène qui extravague au lieu de-pro-
phétifer.
FAtuus , a , um , extravagant , infenfé ,
ce qui est le propre de ceux qui croyent
lire dans l'avenir , & qui difent des fa-
tuités , des impertinences ; 2°. fat , fot ,
infipide , fade.
FAtuor ,-ari , faire l'énergumène , l'extravagant , le fou.
FAtuitas , is , impertinence , fottife , l'action de dire des bêtifes.
FAtuè , en extravagant , en homme qui
ne fait ce qu'il dit.
IN-FAtuo ,-are , troubler l'efprit , faire perdre le fens.
PRÆ-FAtuus , a , um , qui parle fans
avoir réfléchi , impertinent , fot.

11.

1. FAteor , eris , FAffus fum , eri , dé-

clarer; confeſſer, avouer ; 2°. dire, donner à connoître.

FA*rendus* , *a* , *um* , qu'il faut avouer.

CON-FIT*eor,-eri*,dire ingénuement,avouer.

DIF-FIT*eor,-eri* , dire qu'on n'a pas fait, défavouer.

PRO-FIT*eor,-eri* , parler franchement ; 2°. déclarer ouvertement , témoigner ; 3°. enſeigner publiquement ; 4°. promettre.

2. FA*ſſus* , *a* , *um* , qui a dit ouvertement, qui a avoué.

CON-FE*ſus* , *a* , *um* , qui a fait l'aveu ; 2°. déclaré, dont on eſt convenu.

CON-FES*ſio* , *onis* , aveu.

CON-FES*ſorius* , *a* , *um* , qui concerne un aveu.

IN-CON-FES*ſus* , *a* , *um* , qui n'a pas avoué.

3. PRO-FES*ſio* , *is* , déclaration publique ; 2°. profeſſion , état.

PRO-FES*ſor* , *is* , Régent , Profeſſeur, qui enſeigne publiquement.

PRO-FES*ſus* , *a* , *um* , qui a promis ſolemnellement.

PRO-FES*ſorius* , *a* , *um* , qui concerne les Profeſſeurs.

IM-PRO-FES*ſus* , *a* , *um* , qu'on n'a pas déclaré.

12.
FÉCIALES, Féciaux.

FECIALES, FETIAL*es*, les Féciaux , Officiers publics de Rome qui étoient chargés de déclarer la guerre & de négocier la paix. Leur charge étoit un vrai Sacerdoce ; ils portoient la parole pour le Peuple Romain à ceux avec leſquels celui-ci avoit quelque choſe à démêler.

Il eſt apparent que cet ordre avec ſon nom venoit de l'Étrurie : ce nom eſt écrit VESIAL ſur les Monumens de cette Contrée.

Son origine étoit inconnue aux Romains eux-mêmes qui le dérivoient très-mal à propos du verbe FER*ire* , frapper ; *au fig.* faire un traité.

VARRON , dans le deuxiéme Livre de la Vie du Peuple Romain, dit que les Députés du Collége des Féciaux s'appelloient *Orateurs.* Mais c'étoit le nom même des Féciaux : il vient du primitif FA , parler, en Gr. PHAZ*ein*. PHAZI-AL eſt donc *mot à mot* celui qui parle.

Les Allemands joignant à ce verbe la terminaiſon *Tzen* , qui ſe prend en mauvaiſe part , en firent FA-*tzen* , dire des riens.

II.
FA , manger.

1.
Famille Grecque.

PHAG*o* , *is* , gros mangeur ; PHAG*o* , manger.

PHAg*edæna* , *æ* , faim canine , faim affreuſe ; 2°. cancer qui ronge la chair.

Ce Binome eſt compoſé de *Phago* & de *Deinos* , horrible , affreux.

PHAG*eſia* , *orum* , carnaval d'Athènes ; *mot-à-mot* , les mangéailles.

PHAG*eſi-posia* , *orum* , le même carnaval , *mot-à-mot* , mangeaille & buvaille : du Grec PHAO , manger , & POS*is* , boiſſon.

2.

FA*més* , *is* , déſir de manger , envie de prendre nourriture , faim ; 2°. avidité , paſſion violente , rage ; 3°. diéte.

FAmelicè , en affamé.

FAmelicoſus , a , um ; FAmelicus , a , um , qui eſt affamé.

3.

·FAgus , i , arbre fruitier en général , arbre qui produit la nourriture des hommes. Inſenſiblement le premier ſens s'éloigna , & ce mot déſigna une eſpece particuliere , ſçavoir le hêtre , le fau , mot Celte , Grec , &c.

FAginus ,
FAgineus , ⎫ de bois de hêtre.
FAgeus , a , um , ⎭

FAgutal , is , bois de hêtre·; 2°. chapelle de Iou , où il y avoit un hêtre.

4.

FAba , æ : ce mot a ſignifié d'abord , fruits , légumes , toutes les petites productions de la Nature , propres à nourrir , d'une figure ronde , ou oblongue , & puis il fut borné à déſigner un ſeul légume , les Féves.

FAbula , æ , petite féve.

FAbulum , i , tige de féve ; 2°. haricot.

FAbetum , i plantage de FEves.

FAbaceus ,
FAbalis , e ,
FAbacius , ⎫ de féves.
FAbaginus , ⎭
FAbarius ,

FAbacium , ii , tige de féve.

FAbacia , æ , gâteau de farine de féves.

FAbalia , um , plantage de féves.

FAbatarium , ii , vaſe , plat , potage où il y des féves.

5.

FAſelus , i , ⎫ ⎧ Faſéoles , féves de ha-
FAſeulus , i , ⎬ ⎨ ricot.
PHAſelus , i , ⎭ ⎩

FAſelinus , a , um ; PHAſelinus , a , um , de féve , de haricot.

6.

FAvus , i , mot-à-mot , ce qu'on mange , ce qui eſt bon à manger ; 2°. miel , rayon de miel , gâteau de miel ; cellule hexagone pleine de miel ; 3°. enflure.

FAvulus eſt le diminutif.

FAveo , -ere , mot- à - mot , être du miel pour quelqu'un , ce qui l'aide & le réjouit ; c'eſt-à-dire , appuyer , favoriſer quelqu'un : les premiers hommes pour ſe témoigner leur amitié reſpective , ſe préſentoient du miel.

FAvor , is , protection ; appui , inclination , marque d'amitié , faveur.

FAventia , æ , faveur , égard , attention.

Tibi FAveLo , je vous donnerai du miel ; je ſerai pour vous du miel.

FAvitor , is , . ⎫ patron , protecteur , par-
FAutor , is , ⎬ tiſan , qui favoriſe.
FAutrix , cis , ⎭

FAvorabilis , e , qui favoriſe , qui donne à quelqu'un des marques d'affection.

FAvorabiliter , agréablement.

IN-FAvorabilir , e , qui ne mérite point de faveur ; qui n'eſt pas favorable.

IN-FAvorabiliter , d'une maniere qui n'eſt pas favorable.

7. FAuſtus , a , um , heureux , avantageux , favorable ; 2°. commode , utile , mot-à-mot , ce qui eſt propre , bon à manger.

FAuſtitas , is , bonheur.

FAuſtulus , qui vient avec bonheur , qui ſe trouve heureuſement , comme un rayon de miel qu'un homme affamé trouveroit.

FAuſté , heureuſement.

IN-FAuſtus , a , um , malheureux,

7.

Favonius , *ii* , Zéphire , oueſt : *mot-à-mot* , vent favorable ; il étoit fort avantageux pour les biens de la terre.

Favonianus , *a* , *um* , de Zéphire, de l'Oueſt.

8.

Familia , Famille.

Familia , *æ* , famille , parenté : *mot-à-mot* , les perſonnes qu'on nourrit, qu'on entretient; 2°. valets, gens, domeſtiques ; 3°. bien d'une famille ; 4°. ſecte , parti , compagnie.

Familiaris ,*e* , domeſtique , de la famille; 2°. ſerviteur , valet ; 3°. familier ; 4°. ami , parent ; 5°. ordinaire , commun.

Familiaricus , *a* , *um* , particulier , privé.

Familiarius , *a* , *um* , de valet , de ſerviteur.

Familiaritas , *is* , grande liaiſon , communication étroite.

Familiariter , avec familiarité ; par familles.

Famul ; Famulus ,.*i* , ſerviteur, valet, domeſtique.

Famula , *æ* , ſervante , fille de chambre ; 2°. captive , eſclave.

Famulus , *a* , *um* ; Famuloſus , *a* , *um* , aſſervi , ſujet ; 2°. qui eſt en ſervice.

Famularis , *e* , de ſerviteur , de domeſtique.

Famulari , ſervilement.

Famulor ,-*ari* , ſervir , être en ſervice ; 2°. aider.

Famulanter , humblement , ſervilement.

Famulatio , *onis* ,
Famulatus , *ûs* ,
Famulitas , *is* ,
Famulitium , *ii* ,
} ſervice , eſclavage ; 2°. train, gens d'une maiſon.

Per-Familiaris , *e* , très-intime.

Per-Familiariter , fort-familierement.

9.

Fic , Figue.

Les Latins appellent une figue Ficus : c'eſt le Sukon , figue des Grecs. Sukeé , figuier.

Ces mots tiennent à l'Hébreu פֶּג , Phag , figue qui n'eſt pas mûre ; & à פִּיג , Phiq , production par excellence , qui ſe naſalant a formé פִּיג , Phang , nourriture exquiſe.

Tous ces mots viennent de Fa , Fe , Feg , manger ; Feg , arbre. De-là :

1. Ficus , *i* , ou *cûs* , Figuier; 2°. figue ; 3°. fic , ulcère.

Ficulus , *i* , petite figue.

Ficulnus , *a* , *um* ; Ficulneus , *a* , *um* , de figuier.

Ficulnea , *æ* , figuier.

Ficaria , *æ* ; Ficetum , *i* , lieu planté de figuiers.

Ficarius , *a* , *um* , de figuier.

Ficitas , *atis* , abondance de figues.

Ficitor , *oris* , cueilleur de figues, qui aime les figues.

Ficedula , *æ* , becfigue , oiſeau.

Ficedulenſis , *e* , *is* , marchand de becfigues.

2. Ficoſus , *a* , *um* , plein d'ulcères nommés fics, à cauſe de leur reſſemblance avec la figue.

FA-X ,

Trouble ; qu'on ne peut manger.

Fa uni au négatif X ; forma le mot Fax , Fex , trouble, qu'on ne peut manger. De-là :

Fex , *cis* , lie,.marc; 2°. raiſiné ; 3°.

liqueur épaiſſe des poiſſons ; 4°. nuage.

Fecula, æ, liqueur épaiſſe.

Fecatus, a, um, de marc.

Fecoſus, a, um, qui jette une liqueur épaiſſe.

Fecinus, a, um ; Fecinius, a, um, qui a beaucoup de lie.

Feculentus, a, um, plein de lie ; bourbeux.

Feculentia æ, lie, bourbe.

Feculenté ; Feculenter, avec quantité de lie.

Ef-Fæco, -are ; ôter les immondices.

I I I.

FA, FO,

Feu.

FA, Fo, eſt un mot primitif & de la plus grande ſimplicité qui déſigna le feu par onomatopée ; c'eſt un ſoufle, une vapeur excitée également par le ſoufle, ſoit naturel, ſoit artificiel. Auſſi exiſte-t-il dans toutes les Langues Celtiques.

Fo ſignifie encore en Breton Feu, & toutes les idées relatives au feu ; telles que chaleur, ardeur, promptitude, vîteſſe.

Ils diſent auſſi Affo, avec les mêmes ſignifications.

Ils ſe rapprochent ainſi des Orientaux qui commencent ordinairement par les voyelles, qui diſent Ab, Am, là où nous diſons Pa, Ma, Pere, Mere ; & chez qui, Aph ſignifie feu ; 2°. ardeur, emportement, colère.

Cet uſage de commencer les mots par les voyelles & qui ſem-

bloit propre aux Orientaux, leur eſt cependant commun, non-ſeulement ici, mais en beaucoup d'autres occaſions, avec les Occidentaux ; tant il eſt vrai que les langues ne ſont qu'une.

C'eſt ainſi qu'en Celte, Af, Aff, Afa, a toutes les ſignifications de Phe, ou Fa, Fe, déſignant la bouche, le viſage, un baiſer, & que Affn y ſignifie nourriture, aliment.

1. Fax, cis, 1°. flambeau, torche, fallot ; 2°. boute-feu ; 3°. feu, flamme, paſſion ; 4°. météores ignés ; 5°. attraits, charmes, beauté.

Faci-Fer, a, um, qui porte un flambeau.

2. Favilla, æ, 1°. braiſe ; 2°. feu, étincelle, 3°. fumée, vapeur de feu.

Favillaceus, a, um ; Favillaricus, a, um, de braiſe, d'étincelle.

2.

FA, FAC,

Ce qui paroît, qui brille.

Facies, ei ; façon, forme, figure, arrangement, maniere de faire ; 2°. taille, ſtature ; 3°. face, mine, air du viſage ; 4°. apparence, poſture, ſituation ; 5°. image, peinture, portrait ; 6°. ſpectre, fantôme.

Super-Ficies, ei ; Super-Ficium, ii, deſſus, ſurface.

Super-Ficiarius, a, um, qui eſt bâti ſur le fonds d'autrui à certaines conditions.

3.

Fascinum, Faſcination.

Ce mot vient du Grec Baskainó, faſciner,

ciner, charmer, enforceller. Mais ce mot Grec s'est lui-même alté_ré, au lieu de *PHASKAINÓ*, mieux conservé dans le Latin.

C'est un mot composé de PHAS, lumiere, œil, & KAINÓ, vaincre, faire périr.

On prétendoit que les charmes agissoient par la vue, de la même maniere que les chats, les serpens, &c. attirent les oiseaux, les crapauds, &c. en les regardant fixement.

1. FASCINUM, *i*, charme, enforcellement.

FASCINUS, *i*, le Dieu préservateur des enchantemens.

FASCINO,-are, charmer, enforceller.

FASCINATIO, *onis*, enforcellement, charme.

FASCINATOR, *is*; FASCINATRIX, *is*, enchanteur, qui fascine.

2. PRÆ-FIS-CINÒ, ⎫soit dit sans envie;
Præ-FIS-CINÈ, ⎭mot-à-mot en prévenant tout charme, tout enforcellement qu'on attribuoit toujours à un œil d'envie.

4.

FOVEO, *es*, *vi*, *fotum*, *ere*; 1°. échauffer, couver; 2°. fomenter, bassiner; 3°. entretenir, maintenir; 4°. nourrir, cultiver; 5°. favoriser, protéger.

FOTUS, *ûs*, fomentation, l'action d'échauffer.

FOMES, *itis*, ce qui donne de l'ardeur; 2°. matiere combustible, qui brûle aisément.

Orig. Lat.

FOMENTUM, *i*; FOMENTATIO, *onis*, étuvement; 2°. adoucissement; 3°. fomentation.

FOMENTO,-are; fomenter, échauffer.

C O M P O S É S.

CON-FOVEO, -ere, tenir chaudement; 2°. remettre de la fatigue.

PRÆ-FOVEO,-ere, échauffer auparavant.

RE-FOVEO,-ere; 1°. réchauffer, fomenter; 2°. rétablir, remettre en vigueur.

5.

1. FOCUS, *i*, 1°. foyer, âtre, & anciennement feu; 2°. réchaud, chaufferette, fourneau; 3°. fomentation.

FOCULUS, *i*, feu, petit feu; 2°. petit foyer, potager.

FOCARIUS, *ii*, cuisinier; celui qui a soin du feu.

FOCARIA, *æ*, cuisiniere.

FOCULA, *orum*, viandes.

FOCILLO,-are; FOCILLOR,-ari, fomenter, réchauffer, redonner des forces; 2°. appuyer, conserver.

FOCILLATOR, *is*; FOCILLATRIX, *icis*, qui réchauffe, qui rétablit.

FOCILLATIO, *onis*, fomentation; 2°. l'action de rétablir.

RE-FOCILLO,-are, rétablir, refaire.

2. FOCALE, *is*, capuchon, bonnet pour couvrir les oreilles & le cou.

FOCANEUS, *a*, *um*, qui croît entre deux rejettons.

6.

FUCUS, Fard, Algue.

FUCUS, *i*, désigne en Latin & l'algue marine, & le fard, ce fard qui est rouge: c'est le Grec *Phukos*, & l'Hébr. פוך, *PhUC*, fard.

Pline nous apprend qu'on se fer-

voit du fucus pour teindre les étoffes en pourpre.

Ces mots viennent donc de Fo,
Foc, feu, couleur de feu.

Fucus, i, 1°. algue, varech; 2°. fard,
teinture, couleur artificielle; 3°.
déguifement, impofture; 4°. bourdon, guépe, frelon.

Fuco, -are, farder, colorer, barbouiller;
2°. déguifer, feindre.

Fucator, is, qui farde, qui déguife, bar-
bouilleur.

Fucatio, onis, l'action de farder, de déguifer.

Fucæ, arum, taches de roufleur au vifage.

Fucilis, e, déguifé, diffimulé, fardé.

Of-Fucia, æ; Of-Ficia, æ, fard; 1°.
fraude.

7.
F U S C.

De Fo, feu, lumiere, joint à X, Sc,
qui défigne la négation, l'abfence,
fe forma la famille fuivante.

Fuscus, a, um, fombre, noirâtre,
obfcur, hâlé.

Fuscitas, tis, fauve; 1°. hâle.

Fusco, -are, hâler, brunir; 2°. obfcurcir, noircir.

Fuscator, is, qui obfcurcit.

C O M P O S É S.

In-Fusco, - are, noircir, obfcurcir;
2°. brouiller, troubler; 3°. teindre, tacher; 4°. corrompre, gâter.

In-Fuscus, a, um, noirâtre.

In-Fuscatio, onis, obfcurciffement.

Ob-Fuscatio, onis, tromperie.

Ob-Fusco, -are, obfcurcir.

Sub-Fuscus, a, um, qui tire fur le brun
tané.

I V.
FE, FI,

Ce qui exifte, qui paroît, qui fe forme;
la Nature.

Fe, Fi, Fu, foufle, animation, devint l'origine d'une multitude de
mots relatifs aux objets exiftans,
naiffans, à la Nature entiere qui
ne ceffe de former des Etres.

De-là diverfes familles en F &
en Ph.

1.

Fio, is, Factusfum, Fieri; 1°. devenir, être fait; 2°. arriver, venir.

Con-Fio, -ieri, fe faire, s'exécuter.

De-Fit, -fieri, manquer, avoir befoin.

Ex-Fio, -ire, purger, nettoyer.

In-Fit, il commence.

Inter-Fio, ieri, être confumé.

Suf-Fio, -ire, parfumer.

Suf-Fitor, is, parfumeur.

Suf-Fitus, ûs; Suf-Fitio, onis, fumi-
gation, l'action de parfumer.

Suf-Fimen, inis; Suf-Fimentum, i, parfum.

Suf-Fimento, -are, parfumer.

Super-Fio, -eri, être de refte.

2.

Fu défigna la Nature, tout ce qui
exifte: de-là la nombreufe famille
en Grec de Phusis, la Nature,
& cette Famille Latine.

Fuo, is, it, -ere, être.

Futo, -are, être fouvent.

Futurus, a, um, à venir, qui fera.

Futuritio, onis, exiftence à venir.

Inter-Futurus, a, um, qui doit être préfent.

Post-Futurus, a ,-um , qui arrivera enfuite.

Post-Fuit, on a rejetté.

Super-Futurus, a , um , qui reftera.

3.

Fore , devoir être ; devoir arriver :
R , marque de l'avenir , comme
nous l'avons vu dans la *Gramm.
Univ. & Comp.* au fujet de Ero,
futur du verbe Effe.

Forem, je ferois, je fuffe.

COMPOSE'S.

Ab-Fore , } défaillir, n'être pas , en
Af-Fore , } *parlant de l'avenir*, qui
ne fera pas , qui n'arrivera pas.

Ad-Fore ; Ad-Futurum *effe*, qui doit fe
rencontrer dans un lieu.

Con-Fore, qui arrivera, qui doit être.

De-Fore ; De-Futurum , *effe* , qui man-
quera , qui défaudra.

Per-Fore, qui doit être.

Super-Fore , être de refte.

Super-Foraneus, a , um , fuperflu.

4.

F E T, petits, portée.

Fe , exifter , produire , joint au Participe paffé Etus , fignifie mot-à-
mot ce qui a été produit: mais il
ne s'eft dit que des êtres animés ,
enforte qu'il défigne les fruits du
ventre , les petits , les embryons ,
& tout ce qui y eft relatif.

Fetus , a , um , qui a des petits dans le
ventre, pleine ; 2°. enceinte ; 3°. accou-
chée ; 4°. fécond.

Fetus , ûs ; Fetura , æ, fruit du ventre ,
portée , ventrée , petits des animaux ,
production, accouchement.

Fetuofus , a , um , qui a des petits dans le
ventre.

Feto ,-are, faire fes petits.

BINOMES.

Feti-Fer , a , um , qui rend fécond.

Feti-Fico,-are , faire fes petits.

Feti-Ficus , a , um , qui fert à la production des animaux.

COMPOSÉS.

Con-Fœtus , a , um , qui a le ventre plein
de petits.

Con-Fœto ,-are , mettre bas en même
tems.

Con-Fœta Sus , truie qu'on facrifioit
avec fa portée.

Ef-Fetus , a , um ; 1°. qui ne porte plus ;
2°. épuifé , languiffant.

Ef-Feta , æ, femme ftérile.

Ef-Feté , fans force , fans vigueur ; 2°.
judicieufement , avec fageffe.

Super-Feto ,-are ; Super-Fœto ,-are ; concevoir de nouveau ; 2°. devenir pleine
une feconde fois.

Super-Fœtatio , onis , nouvelle portée.

5.

F E-Cundus, fécond.

De Fe, produire , joint à Can, Cun,
habile , puiffant , prononcé Cund ,
fe forma le Binome ,

Fe-Cundus, *mot-à-mot*, être habile
à produire , plein de fécondité , fécond : de-là cette famille.

Fe-cundus , a , um , fertile, abondant.

Fe-Cunditas, is , fertilité , production
abondante.

Fe-Cundè , abondamment.

Fe-Cundo ,-are , fertilifer.

Fe-Cundator , is , qui rend fertile.

Præ-Fecundus , a , um , très-fertile , fécond d'avance.

NEGATIFS.

In-Fe-Cundus , a , um , stérile , infructueux.

In-Fe-Cunditas , is , stérilité.

In-Fe-Cundè , sans fruit.

FAL.

1.

Elevé.

FAL , formé de HAL qui signifie élevé , voy. Col. 26 , &c. est devenu le nom de quelques objets hauts & élevés, qu'on prononça en Fal , afin de les mieux distinguer de la famille HAL , déjà extrêmement nombreuse , & de la famille BAL , col. 142 , qui ne l'étoit pas moins.

En Etrusque FALando , le Ciel , haut , élevé.

FALæ , PHALæ , arum , tours de bois pour les siéges ; 2°. amphithéâtre.

FALarica , æ , tour de bois , beffroy ; javelot embrâsé qu'on jettoit contre ces tours.

FALiscæ , arum , rateliers , mangeoires.

FALiscus , i , saucisse , boudin , mot-à-mot , excellent manger.

2.

FAL , faulx.

Du Celte FAL , coupar , retrancher , opposé à BAL , élevé , se forma cette famille Latine.

1. FALX , cis , faulx , serpe , coutelas.

FALcula , æ ; FALcicula , æ , faucille , serpette.

FALco , -are , faucher , couper avec la faulx.

FALcatus , a , um , fait en forme de faulx.

2. FALcator , is , faucheur.

FALcarius , ii , taillandier , qui fait des faulx.

FALci-Fer , a , um ; FALci Ger , a , um , armé d'une faulx.

3. FALco , onis , faucon , oiseau de proie , ainsi appellé à cause de son bec recourbé.

FALcunculus , i , lanier , oiseau de proie.

COMPOSÉ.

De-FALco- , are , abattre , tailler avec la faulx ; 2°. ôter, retrancher ; 3°. déduire , rabattre.

FAL.

De FAL , opposé à BAL élevé , & qui désigne tout ce qui est gâté , mauvais , corrompu , trompeur , se forma la famille suivante.

FALLo- , is , fefelli , falsum , ere , fourber , surprendre , séduire , abuser.

FALLax , cis , trompeur ; 2°. dissimulé , rusé ; 3°. captieux , embarrassant ; 4°. falsifié , déguisé.

FALLaciosus , a , um , fourbe , trompeur ; 2°. captieux.

FALLaciter , faussement , par surprise.

FALLa , æ ,

FALLacia , æ , } tour d'adresse , tromperie ; 2°. ruse, intrigue ;

FALLacies , ei , } 3°. imposture , déguisement.

FALsus , a , um , 1°. abusé , dupé , surpris ; 2°. qui se méprend ; 3°. déguisé , perfide , traître ; 4°. faux , qui n'est pas réel ; 5°. supposé , contrefait ; 6°. vain , imaginaire.

FALSùm, *i*, faux; 1°. fauſſeté, impoſture.
FALſò, à tort, fauſſement.
FALſé, fauſſement.
FALSarius, *ii*, fauſſaire.
FALSitas, *is*, menſonge; impoſture, ſup-
poſition.
FALSI-MONia, *æ*; FALSI-MONium, *ii*,
tromperie, fourberie.

·B I N O M E S.

FALSI-DICus, *a*, *um*, qui aſſure.
FALSI-Fxcus, *i*, fourbe.
FALSI-FICatio, *onis*, altération.
FALSI-JURius, *a*, *um*, qui fait un faux
ſerment, parjure.
FALSI-LCQuus, *a*, *um*, qui dit des men-
ſonges.
FALSI-LoQuentia, *æ*; FALLaci-LoQuen-
tia, *æ*, paroles trompeuſes.

C O M P O S É S.

RE-FELLO, *ere*, réfuter, contrarier, n'approuver pas.
IN-FALLibilis, *e*, qui ne peut manquer.

FAR, BAR;

Produire.

Le primitif BAR, FAR, FER, FRA,
FRE, &c. qui ſignifie, produire,
faire, a formé une multitude de
familles en toutes langues & ſur-
tout dans la Latine.

I.

FAR, façon.

On voit par tous les compoſés ſuivans, que FAR fut un mot radical
qui ſignifia maniere, façon, thême.
On a cru que ce mot radical venoit de FA, parole; mais ce n'étoit
pas rendre raiſon du R qui l'accompagne. Le dériver de FAii, c'é-

toit regarder comme radicale la
lettre R, qui n'eſt qu'accidentelle
dans ce verbe.
Il faut donc que FAR, façon,
maniere, ſoit un dérivé de BAR,
faire, former, façonner.
BI-FARiam, ſignifiera donc mot-à-
mot, ce qu'on peut faire de deux
manieres.
BI-FARiam, en deux manieres, dé
deux façons.
AMBI-FARius, *a*, *um*, double, qui a deux
côtés; 1°. équivoque, captieux.
AMBI-FARiàm, des deux côtés.
OMNI-FARius, *a*, *um*, qui ſe met de
toutes manières.
OMNI-FARiàm, en toutes manières.
MULTI-FARius, *a*, *um*, qui eſt de pluſieurs
façons.
MULTI-FARiè; MULTI-FARiàm, diver-
ſement.
PLURI-FARius, *a*, *um*, de pluſieurs façons.
PLURI-FARiim, en pluſieurs manières.
SEPTI-FARiàm, en ſept parties.

II.

FABER, Ouvrier.

Du Primitif, BER, BAR, BRA, faire,
produire, créer, joint à l'article
Oriental FA, ſe forma une très-
belle famille Latine qui marqua
l'action de former, de produire
des ouvrages, de leur donner l'exiſtence par ſon travail, par ſon induſtrie: de-là ces mots:
FA-BER, *i*, artiſan, ouvrier.
FABer, *a*, *um*, qui travaille, qui met en
œuvre.
FABRé, avec induſtrie, avec art, en
maître; 1°. habilement, finement.

FABERrimé, très-artiſtement.

FABRIlis , e , d'ouvrier.

FABRIliter, en artiſan.

! FABRIcus , a , um , d'artiſan.

FABRICa, æ, 1°. ſtructure, compoſition ; 2°. métier ; 3°. boutique, forge; 4°. l'art de bâtir, architecture ; 5°. pratique d'un art ; 6°. adreſſe , ruſe , intrigue.

FABRICo ,-are ; FABRICor ,-ari , faire fabriquer, travailler, conſtruire.

FABRICator, is , ouvrier, Architecte.

FABRICatio, onis , compoſition, formation, arrangement.

FABRICenſes , ium , ouvriers d'un arſenal.

FA-BRI-FACio ,-ere , faire avec art.

COMPOSÉS.

AD-FABRé ; AF-FABRé , artiſtement.

IN-FABer , a , um , qui n'eſt point artiſte , mauvais ouvrier.

IN-FABré , ſans art, groſſièrement.

IN-FABRicatus , a , um , qui n'eſt pas travaillé.

PER-FABRICo ,-are , finir , achever.

IV.

FAR, Production.

FAR , faire , produire , devint la tige d'une famille immenſe qui , prononcée FAR, FER, FRE, FRU, &c. déſigna les productions de la Terre , l'action de porter , de rapporter , &c. dans tous les ſens, en Hébreu, en Celte, en Grec, &c. De-là ces mots Latins.

I.

FAR, grain.

FAR , ris , toutes ſortes de grains ; 2°. farine.

FARina , æ , farine ; 2°. du pain.

FARinarius , ii , Farinier.

FARinarius , a , um , qui concerne la farine.

FARinula , æ ; fleur de farine.

FARreus , a , um ; FARraceus , a , um , de grain , de froment.

FARrarium , ii , grenier.

FARratus, a, um , fait de grain.

FARreum , i , gâteau de farine.

FAR-PIum , gâteau qu'on offroit en ſacrifice : mot Binome compoſé de PIus , a , um , ſacré, pieux.

FARraginaria , orum ; FARrago , inis ; 1°. mélange de pluſieurs grains ou bleds ; 2°. du ſeigle ; 3°. du fourrage ; 4°. mélange de pluſieurs matières qu'on traite ſans ordre , fatras, compilation.

COMPOSÉS.

CON-FARreatio , nis , cérémonie des Mariages chez les anciens Romains; on portoit au Temple un gâteau devant les nouveaux Mariés , & ils en mangeoient en ſigne d'union ; enſuite cette cérémonie ne ſe pratiqua qu'aux Mariages des Prêtres.

CON-FARreo ,-are , marier avec la ſuſdite cérémonie.

DIF-FARreatio , onis , divorce ; 2°. ſacrifice à cette fin.

SUB-FARraneus , a , um , qui recevoit d'un eſclave ſa portion de farine , comme l'eſclave la recevoit de ſon Patron.

2.

FER, produire, porter.

1. FERO, ers, ert, tuli, latum, ferre, 1°. porter; 2°. engendrer, cauſer ; 3°. ſupporter, ſouffrir; 4°. emporter, recevoir; 5°. offrir, con-

facrer ; 6°. fentir, goûter; 7°. annoncer, rapporter.

FERax, cis, qui porte abondamment, qui rapporte ; 2°. fertile, fécond.

FERaciùs, avec un plus grand rapport.

FERacitas, is, fécondité, fertilité.

OMNI-FER, a, um, qui porte de tout.

2. FERaculum, i,   1°. machine à por-
FERiculum, i,   ter quelque chofe,
FERculum, i,   brancard, civiere ;
          2°. mets, plat, fervice.

FERetrum, i, cercueil, biere ; 2°. brancard.

FERentarius, a, um, fecourable.

FERentarii, orum, Chevaux-Légers: qui fe portent rapidement d'un lieu à l'autre.

FERcola, æ, efpèce de raifin ou de vigne.

FERetrius, ii, frappeur, furnom de Jupiter.

FERtum, i, gâteau, brioche.

FERtatus, a, um, à qui l'on donne des gâteaux.

3. FERtus, a, um,   fertile, fécond, qui
FERTilis, e,   produit beaucoup.

FERtilitas, is, fécondité, abondance ; 2°. ajuftement, parure.

FERtiliter, abondamment, fertilement.

4. FORda, a, vache pleine qui porte: ce mot eft le même que HORda.

FORdicidia, orum, Sacrifices où l'on immoloit des vaches pleines.

COMPOSÉS.

AB-FERO,   1°. apporter, rapporter ;
AF-FERO,   2°. annoncer, alléguer ;
     3°. caufer, donner ;
     4°. imputer, impofer.

ANTE-FERO, -ferre, porter devant ; 2°. eftimer davantage, préférer.

CIRCùm-FERO, -ferre, porter çà & là,

tranfporter de tous côtés; 2°. purifier.

CIRCUM-FERentia, æ, circuit, détour.

CON-FERT, il eft avantageux, il eft utile.

CON-FERO, -erre, affembler, amaffer, tranfporter en un même lieu; 2°. donner; 3°. contribuer, fournir fa part; 4°. remettre, différer; 5°. comparer ; 6°. appliquer, employer; 7°. combattre.

CON-FERrumino, -are, fouder, joindre par la foudure ; de Ferrum, fer.

DE-FERO, -ferre, porter, tranfporter, voiturer; 2°. offrir, préfenter; 3°. accufer, dénoncer ; 4°. attribuer.

DIF-FERO, -erre, être différent, ne reffembler point; 2°. remettre, ufer de délais ; 3°. porter çà & là, jetter de côté & d'autre; 4°. diffiper, répandre; 5°. fupporter, fouffrir ; 6°. troubler, démonter.

DIF-FERentiùs, avec plus de différence.

DIF-FERitas, is ; DIF-FERentia, æ, difparité, difproportion.

IN-DIF-FERens, tis, commun, ordinaire ; qui n'eft point difficile.

IN-DIF-FERenter, fans fe foucier; 2°. fans choix.

IN-DIF-FERentia, æ, rapport, reffemblance.

INTRO-FERO, -ferre, porter dedans.

MULTI-FER, a, um, qui porte beaucoup.

OF-FERO, -ferre, préfenter, donner, offrir.

OF-FERentia, æ, oblation, offre.

OF-FERumentum, i, offrande.

OF-FERumentæ, arum, marques de coups de fouet ou de bâton.

PER-FERO, -ferre, porter, fouffrir; 2°. obtenir ; 3°. raconter, dire.

POST-FERO, -erre, ne pas préférer, mettre après.

Pr-Fero ,-ferre , porter devant; 2°. préférer ; 3°. faire paroître. - .

Pr-Fericulum , i , baſſin porté pour les
Sacrifices,

Præter-Feror ,-ferri , s'avancer au-delà;
mot-à-mot ; être porté au-delà.

Pro-Fero ,-ferre , 1°. produire; montrer ;
2°. tirer hors ; 3°. emporter ; 4°. rapporter , alléguer , découvrir , expofer ;
5°. différer , furſeoir ; 6°. augmenter ,
accroître ; 7°. raconter ; 8°. prononcer ;
9°. reprocher.

Re-Fero ,-ferre , 1°. reporter; 2°.
ramener ; 3°. raconter , redire; 4°.
s'en rapporter, prendre l'avis; 5°. remettre; 6°. appliquer de nouveau;
7°. rapporter , diriger; 8°. répondre , répliquer; 9°. rendre ; 10°.
compter entre, reſſembler; 11°.
remporter , gagner ; 12°. poſer,
mettre, 13°. enregiſtrer.

Re-Fert , il importe , il eſt de conféquence.

Re-Ferendarius , ii , Référendaire , Maître
des Requêtes.

Re-Ferendarium , ii , Charge de Maître
des Requêtes.

Re-Ferina , æ , ⎫ féve qu'on rapportoit à
Re-Friva , æ , ⎬ la maiſon après avoir
Re-Friva , æ , ⎭ femé ou moiſſonné ,
& dont on faiſoit un Sacrifice.

Retro-Fero ,-erre , reculer , porter en
arriere.

Suf-Fero ,-erre , fouffrir , endurer.

Suf-Ferentia , æ , fouffrance; 2°. patience.
Super-Feror ,-ferri , être porté par-deſſus.
Trans-Fero ,-erre , tranſporter , porter
ailleurs ; 2°. remettre , différer ; 3°.
traduire; 4°. mettre , jetter fur.

3.

FRA, Fruit.

De Fir, production , prononcé Fre,

font venues diverſes familles en
FRA , FRU , &c.

1. Fragum , i , petits fruits en général ; 2°. fraiſes.

Fragaria , orum , groupe de fruits ; 2°.
fraiſiers.

Fragula , æ , fourrage en général ; 2°.
tréfle.

Fragro ,-are , exhaler , rendre une odeur
agréable.

Fragrantia , æ , bonne odeur , fumet
agréable.

2. Frit, épi du bled; 2°. barbe de l'épi
mûr, ce qui eſt au bout de l'épi.

3. Frutex , icis , arbriſſeau; 2°. tige
des plantes ; 3°. fouche , buche ;
4°, butor, fot.

Fruticetum , i ; Frutetum , i , pépiniere
d'arbriſſeaux.

Frutetofus , a , um , plein d'arbriſſeaux.

Fruticatio , onis , production de rejettons.
Fruticefco ,-cre , ⎫
Frutico ,-are , ⎬ pouſſer des rejettons.
Fruticor ,-ari , ⎭

Fruticofus , a, um, qui pouſſe des rejettons ;
2°. où il y a quantité d'arbriſſeaux; 3°.
couvert de broſſailles.

4. Frutilla , æ , Vénus qui fructifie.

Frutinal , is , Temple de Vénus , qui
fructifie.

5. Frux, gis , fruit, production de la
terre ; 2°. frugalité, économie ,
honnêteté.

Frugifer , a , um , fruitier , abondant en
fruits , fécond ; 2°. utile , lucratif, dont
on tire du fruit.

Frugilegus , a , um , qui ramaſſe des
grains.

Frugo ,-ere , cueillir des fruits.

Fruceria , æ , la Déeſſe des fruits.

6. Frugalis ,

6. Frugalis, e, qui ufe modérément des fruits, tempérant, ennemi du luxe.

Frugalitas, is, fobriété, modération; 2°. vivres, provifions de bouche.

Frugaliter, fobrement, avec ménage, frugalement.

4.

FRU, jouir des fruits.

Fruor, eris, fruitus ou fructus fum, frui; Fruifcor; Frunifco,-ere; confumer les fruits, jouir, avoir la jouiffance.

Fruitus, a, um; Fructus, a, um, qui a joui.

Frunitus, a, um, 1°. qui a joui; 2°. expérimenté, prudent; 3°. utile.

COMPOSÉS.

De-Fruto, -are, faire du vin cuit, du raifiné; c'eft-à-dire, décompofer le fruit & en faire un autre être.

De-Frutum, i, du fruit décompofé, du raifiné, du vin doux cuit.

In-Frugi-Fer, a, um; In-Fructuofus, a, um, ftérile, qui ne porte point de fruit.

In-Frunitus, a, um, fans fruit, inutile; 2°. qui a perdu le fens, fou.

Per-Fruor, ctus fum, i, avoir une pleine & entière jouiffance.

5.

FRU, fruit.

Fructus, us, 1°. fruit; 2°. ufufruit; 3°. revenu; 4°. avantage, profit.

Fructuofus, a, um, qui porte beaucoup de fruits, fructueux; 2°. avantageux, utile.

Fructuarius, a, um; 1°. fruitier, qui porte du fruit; 2°. ufufruitier.

Orig. Lat.

Fructi-Fer, a, um, qui porte du fruit.

Fructi-Fico, -are, porter du fruit; 2°. fructifier.

6.

FRU, froment, bled.

Frumentum, i, bled, froment.

Frumentarius, a, um, de bled.

Frumentarius, ii, Marchand de bled.

Frumentaceus, a, um, qui concerne le bled.

Frumentator, is, Munitionnaire, Pourvoyeur;

Frumentor, atus fum, -ari, faire trafic de bled.

Frumentatio, is, l'action, le foin d'amaffer les bleds; 2°. fourniture de bled; 3°. diftribution de bled.

7. Frumenta, orum, les petits grains qui font dans les figues.

8. Frumen, inis, mangeaille, confomption de fruits; 2°. le haut du gofier.

7.

FRU-ST, en vain: Binome.

Fru-Strà, hors, fans fruit, en vain, inutilement: de Fru & de S privatif, ou de extra.

Fru-Sto, -are; Fruftor, -ari, priver du fruit, tromper; 2°. rendre inutile.

Fru-ftrator, ris, trompeur, qui abufe.

Fru-ftratio, onis; Fru-ftratus, cs, tromperie; attente vaine, mauvais fuccès.

V.

FAR, FRA, emporter.

De Far, Fra, porter, font nées quelques familles relatives à l'idée d'emporter, de priver, de tromper.

1.

FRAus, Fraude.

Fraus, dis, fourberie, furprife, ac-

S f

tion d'emporter frauduleusement;
2°. dommage, perte; 3°. crime.

FRAUDO ,-are, frauder, affronter.

FRAUDATIO ,onis, tromperie, supercherie;
2°. préjudice.

FRAUDOSUS, a, um; FRAUDULENTUS, a, um,
trompeur, affronteur.

FRAUDULENTER , avec ruse, frauduleusement.

FRAUDULENTIA, æ, tromperie, surprise.

FRAUSUS, a, um, fourbé, trompé.

DE-FRAUDO ,-are ; DE-FRAUDO ,-are,
tromper, attraper.

2.
FUR, Voleur.

1. FUR, is, larron, voleur; 2°. valet, esclave : en Grec PHÓR : de FER,
porter, emporter.

FURUNCULUS, i, petit voleur, larronneau;
2°. petite tumeur, furoncle, clou;
3°. bosse qui se forme où la vigne pousse
un bouton.

FURINUS, a, um, de voleur.

FUROR ,-ari, dérober, voler.

FURINA, æ, Déesse des voleurs.

FURAX, cis, porté à dérober.

FURACITAS, is, inclination au vol.

FURACITER, en fripon.

FURACISSIMÈ, en vrai larron.

FURATRINA, æ, larcin, métier de voleur.

2. FURTUM, i, vol; 2°. enlèvement,
rapt; 3°. ce qui a été dérobé; 4°.
surprise, ruse.

FURTÒ,   ⎫ à la dérobée, en cachette ;
FURTIM,   ⎬ 2°. en passant, par occa-
FURTIVÈ,   ⎭ sion.

FURTIVUS, a, um, secret, qui se fait à
la dérobée.

FURTIFICUS, a, um, qui dérobe, qui vole.

COMPOSÉS.

TRI-FUR, is, grand voleur.

FUR-FUR, is, son ; 2°. crasse de la
tête, mot-à-mot, ce qui n'est bon
qu'à être emporté par le vent.

FURFUREUS, a, um, de son.

FURFUROSUS, a, um, plein de son, ou de
crasse farineuse.

VI.
FAR, Farcir.

De FAR, grain, mélange de grain, se
forma le Latin FARC, donner du
grain en abondance, engraisser,
d'où vint la famille suivante.

FARCIO, si, rtum, rctum, cire, 1°. engraisser, mettre à l'engrais; 2°.
garnir, remplir, farcir.

FARCIMEN, inis, ce qui sert à farcir.

FARCTOR, is ; FARTOR, is, Cuisinier,
Chaircuitier, faiseur de boudins, de
saucisses.

FARTUS, ûs, ce qui farcit, ce qui remplit.

FARTUM, i, farce, saucisse; 2°. chair de
la figue.

FARTURA, æ, engrais, l'action d'engraisser;
2°. l'action de farcir; 3°. blocaille,
moëllon.

FARTILIS, e, qu'on engraisse.

FARTIM, abondamment.

COMPOSÉS.

CON-FARCIO, -ire, ⎫ entasser, accu-
CON-FERCIO, -ire, ⎬ muler; 2°. pres-
                   ⎭ ser, serrer.

CON-FERTUS, a, um, plein, rempli;
2°. serré, pressé.

CON-FERTIM, en un tas, d'une manière
serrée.

DIF-FERCIO ,-ire, remplir.

DIF-FERTUS, a, um, plein, garni.

EF-FARCIO, -ire, ⎫ remplir, garnir,
EF-FERCIO, -ire, ⎬ farcir.

Ef-Farctus, a, um; Ef-Fertus, a, um, rempli, garni.

In-Farcio, -ire, faire entrer, remplir.

Of Fercio, -ire, remplir, farcir.

Re-Fercio, -cire, remplir, combler.

Suf-Farcino, - are, charger de quelque paquet, donner à porter quelque chose à quelqu'un sous son manteau.

Suf-Farcin-Amictus, a, um, tout couvert de paquets.

Suf-Fercio, -ire, remplir.

Suf-Fertus, a, um, plein.

Suf-Fertim, pleinement.

VII.

FER, FOR, fort

De Fer, For, porter, vint Fortis, fort; *mot à mot*, qui est en état de porter une grande charge.

Fortis, e, 1°. fort, vigoureux; 2°. brave, vaillant; 3°. constant, résolu; 4°. puissant, riche.

Fortiter, fortement, vaillamment, avec intrépidité.

Fortitudo, inis, vertu, grandeur d'ame; 2°. constance, résolution.

Forticulus, a, um, qui a quelques forces.

Fertiusculus, a, um, assez vigoureux.

Fortiuncula, æ, femme forte, ferme, courageuse.

Fortesco, -ere, devenir fort.

COMPOSÉS.

Forti-Fico, -are, fortifier, renforcer.

Con-Forto, -are, encourager, animer.

Per-Fortiter, très-courageusement.

Præ-Fortis, e, très-courageux.

VIII.

FOR-CEPS, Tenailles, Pinces, Ciseaux.

Il existe nombre d'Etymologies anciennes & modernes de ce mot, dont on ne peut raisonnablement adopter aucune. C'est un binome formé de CAPere, prendre, saisir, & de FORT, fortement. On ne pouvoit mieux désigner les pinces, les tenailles, &c.

For-Ceps, ipis, } tenailles, pincet-
For-Fex, icis, } tes, ciseaux; 2°. davier à arracher les dents; 3°. louve pour arracher les grosses pierres.

For-Fices, um, tenailles, ouvrages de fortification.

For-Ficulæ, arum, petits ciseaux.

IX.

FER, IN-FER, emporter, porter en bas.

De Fer, porter, se forma une nouvelle idée relative aux lieux bas & aux morts qu'on y dépose.

1. In-Feri, orum, } les enfers, les
In-Ferna, orum, } lieux souterrains, le tombeau; *mot-à-mot*, le lieu dans lequel on porte, parce qu'on porte tous les hommes dans la tombe.

In-Feriæ, arum, sacrifices qui se faisoient aux mânes, *mot à mot*, offrandes qu'on portoit aux morts dans leurs tombeaux.

In-Ferialis, e, qui regarde ces sacrifices.

2. Feralia, um, jours consacrés à la mémoire des morts, à porter des offrandes aux morts.

Feralis, e, qui concerne les présens qu'on faisoit aux morts; 2°. de funérailles; 3°. malheureux, fatal.

FERalé, d'un air triste & lugubre.

3. IN-FERnus, a, um, ⎫ qui est en
IN-FERus, a, um, ⎬ bas, au-dessous, inférieur ; 2°. des enfers. ⎭

IN-FERné ; IN-FERé, en bas.
IN FERiùs, plus bas.
IN-FERior, is, plus bas, au-dessous, moindre.
IN-FERnas, tis, qui croit au-dessous.

4. IN-FERo, ers, tuli, latum, erre, porter dedans ; 2°. causer, être cause ; 3°. inférer.

SUB-IN-FERO, -erre, apporter au-dessous.
AR-FERia, on sous-entend Aqua, eau pour les festins funéraires.

5. IN-FRA, sous, dessous.

FAS, FAST.

Faste.

FAS, FAST, abondant, haut, élevé, est un mot de la même famille que FAT & commun à diverses langues.

C'est l'Oriental פוש, Phus, multiplier, augmenter fort. De-là vint l'Or. פסג, PhasGa, Colline ; פסג, PhasG, élever.

C'est le Theuton FAST, beaucoup, fort, & le Grec S-PHO-Dros, véhément, fort : S-PHEDanos, véhément, fort, dur, vite.

De-là ces familles Latines.

I.

1. FASTus, üs, apparence, faste, ostentation ; 2°. fierté, hauteur.

FASTofus, a, um ; FASTuofus, a, um, orgueilleux, superbe, altier ; 2°. qui a de l'aparence.
FASTosé ; FASTuosé, fastueusement, avec hauteur.
FASTuofitas, is, montre, parade, vanité.

2.

FASTigium, ii, 1°. faîte, comble, sommet d'un bâtiment ; 2°. hauteur, cîme, pointe ; 3°. fronton, 4°. profondeur d'un fossé ; 5°. superficie, surface ; 6°. rang, grandeur, puissance, dignité.

FASTigo, -are ; FASTigio, -are, élever en pointe.
FASTigans, tis, aiguisant ; 2°. qui s'éléve en pointe.
FASTigatio, onis ; FASTigia io, onis, pointe, bout aigu de la griffe.
FASTigiator, is, qui fait une pointe.

3.

FASTidium, ii, 1°. dégoût, répugnance ; 2°. délicatesse ; 3°. dédain, mépris.

FASTidio, -ire, être dégoûté, sentir de la répugnance ; 2°. dédaigner, mépriser.
FASTiditor, is, dédaigneux.
FASTidiofus, a, um, 1°. dégoûté, à qui rien ne plaît ; 2°. fâcheux, capricieux ; 3°. délicat, difficile ; 4°. dédaigneux ; 5°. dégoûtant.
FASTidiosé, ⎫ avec dégoût ; à regret ;
FASTidienter, ⎬ avec mépris, dédain.
FASTidiliter, ⎭
IN-FASTiditus, a, um, qui n'est point dégoûté ; 2°. qu'on n'a point méprisé.

FAT

FAT, mot radical qui désigne l'abondance, l'excès, qui tient à la famille SAT, biens.

Il forma, 1°. l'adverbe AF-FATim, en abondance.

2°. Le verbe FAT-Isco, qui désigne l'action de s'entr'ouvrir avec excès, de se fendre.

3°. Le verbe FAT-IGO, qui désigne l'action de travailler avec excès, de le fendre. De-là :

1.

FAT-IGO, -are, 1°. laſſer, haràſſer, accabler de peine ; 2°. animer, preſſer de travailler ; 3° ſolliciter, accabler d'importunités ; 4°. traverſer, inquiéter.

FAT-IGatio, onis, 1°. travail, ſoin, fatigue ; 2°. laſſitude, épuiſement de forces.

FAT-IGationes, um, plaiſanteries.

2.

FESſus, a, um, las, fatigué, abattu.

FESſitudo, inis, laſſitude, épuiſement.

COMPOSÉS.

DE-FATigo, -are, laſſer, faire de la peine, fatiguer.

DE-FATigatio, onis, fatigue, laſſitude.

DE-FETiſcor, -ſci, ſe fatiguer, être làs.

DE-FESſus, a, um, las, fatigué.

IN-DE-FESſus, a, um, infàtigable.

IN-DE-FESſim, infatigablement.

IN-DE-FATigabilis, e, qui ne ſe laſſe point.

IN-FATigatus, a, um, qui n'eſt point fatigué.

IN-FATigabilis, e, qui ne ſe laſſe point.

FAU, FOV, FOD,

Bouche, Foſſe.

Les Latins ont dit FAUX, la gorge ; FAViſſa, creux, citerne ; FOVea, foſſe ; FOSſi, j'ai creuſé ; FODere, creuſer.

Ces mots tiennent certainement au Celte FFAU, qui ſignifie foſſe, creux, caverne, antre, cave, fond.

Mais d'où viennent tous ces mots dont la terminaiſon a été d'ailleurs variée en Vea, Si, Deret ?

On voit viſiblement qu'ils viennent de F, bouche, qui eſt elle-même comme une caverne où s'engloutiſſent les alimens, & d'où ſort le ſouffle, comme les vents d'une caverne ; ce qu'aucun Etymologue cependant n'avoit pu appercevoir.

Les Grecs en firent PHÔLea, un antre.

En Vénitien BOVa, canal.

De-là ces diverſes familles.

I.

FAU, Gorge, Bouche.

FAUX, cis, bouche, embouchure ; 2°. extrêmité de la bouche, gorge, goſier ; 3°. défilé, détroit, gorge de montagnes.

FAcillatio, is (pour Faucillatio) étranglement, ſerrement du goſier.

FAUciniacus, le Faucigni ou le pays des gorges, des défilés.

COMPOSÉS.

EF-FOCO, -are, ſuffoquer, regorger.

EF-FOCatio, onis, ſuffocation.

OF-FOCandus, a, um, qu'il faut étrangler.

PRÆ-FOCO, -are, étouffer, ſuffoquer.

PRÆ-FOCatio, onis, ſuffocation, mal de mere.

PRÆ-FOCabilis, e, qu'il faut étouffer.

2.

1. FAViſſa, æ, citernes du Capitole ;

2°. caves du Capitole où l'on fer-
roit de vieux meubles, &c.

2. Fovea, æ, foſſe, creux.

3. Fodio, is, di, ſſum, dere, fouir,
creuſer; 2°. piquer, percer.

Fodina, æ, mine d'où l'on tire les métaux.

Fodico,-are, creuſer, percer, pincer.

Fodicatio, onis, l'action de creuſer, de
pincer.

4. Fossa, æ, foſſe, tranchée; 2°.
canal.

Fossula, æ, foſſette, petit creux.

Fossura, æ; Fossio, onis, l'action de
creuſer, de faire des foſſes.

Fossor, is, foſſoyeur, pionnier, qui remue la terre.

Fossilis, e; Fossitius, a, um, ce qu'on
tire de la terre en fouillant, foſſile.

Fosso,-are, creuſer.

Fossatum, i, fòſſe, foſſé.

COMPOSÉS.

Af-Fodio, -ere, creuſer auprès.

Circùm-Fodio,-ere, fouiller à l'entour.

Circùm-Fossor, is, qui creuſe à l'entour.

Circùm-Fossura, æ, creux, foſſé; 2°.
fouillement fait autour. ⊣

Con-Fodio,-ere, fouir, fouiller, bécher.

De-Fodio,-ere, fouir, creuſer; 2°. houer;
3°. enterrer, enfouir.

De-Fossus, ûs, creux, foſſe.

Ef-Fodio,-ere, fouir, creuſer; 2°. déterrer.

Ef-Fossor, is, qui creuſe; foſſoyeur.

Ex-Fodio,-ere, déterrer.

In-Fodio,-dere, creuſer, enterrer.

Inter-Fodio,-ere, percer entre.

Per-Fodio,-ere, trouer; percer de part
en part.

Per-Fossor, is, qui perce, qui troue.

Im-per-Fossus, a, um, qui n'a point été
percé.

Præ-Fodio,-ere, creuſer devant, creuſer profondément.

Trans-Fodio,-ere, percer de part en part.

FED, FID,
Fidélité, confiance.

Fed, Fid eſt un mot Grec & Latin
qui déſigne la fidélité, la confiance, la perſuaſion.

En Grec, Peitho, perſuader.

Pistis, foi, fidélité, croyance.

C'eſt l'Hébreu פתה, Fathé,
perſuader, ſéduire, être perſua-
dé, être ſéduit.

Mais ces mots tiennent au
Celte Fed, pied, racine.

En Grec Podo, pied; en Latin
Pede.

La foi, la confiance, la fidélité ſont la ſtabilité morale déſi-
gnée très-ingénieuſement par le
pied, la racine, ſymbole de la ſtabilité phyſique.

De-là ces divers mots.

I.

Fides, ei, fidélité, foi, promeſſe;
2°. créance, confiance; 3°. aſſurance, autorité; 4°. ſauf-conduit,
protection; 5°. cautionnement,
garantie.

Fidus, a, um, fidèle, ſincère, aſſuré.

Fidé, fidiſſimè, fidèlement, très-fidèle-
ment.

Fido, is, di, fiſus ſum, dere, ſe fier,
fonder ſon eſpoir, s'aſſurer.

Fidens, tis, hardi, qui a de la confiance.

Fidenter, avec aſſurance, hardiment.

Fidentia, æ, affurance, hardieffe, réfolution.

2.

Fiducia, æ, confiance, affurance, courage, hardieffe; 2°. vente fimulée; 3°. confidence.

Fiduciarius, a, um, donné en confidence; 2°. vendu avec faculté de pouvoir racheter.

Fiducialiter, avec confiance.

Fiduftus, a, um, qui eft de bonne foi.

3.

Fedelis, e, fûr, fidele.

Fidélitas, is, fidélité.

Fidelé; Fideliter, fidèlement, fûrement.

BINOMES.

1. Fidei-Commisfus, a, um, ce qu'on a commis à la bonne foi; de Committo, confier.

Fidei-Commiffum, dépôt.

Fidei-Commiffarius, ii, celui à qui l'on a confié quelque chofe.

2. Fide-Fragus, i, qui fauffe fa foi : de Frag, rompre.

3. Fide-Jubeo, - ere, cautionner, fe rendre garant, répondre pour; de Jub, commander.

Fide-Jusfor, is, garant, répondant.

Fide-Jusfio, onis, garantie.

Fide-Jusforius, a, um, de caution.

COMPOSÉS.

Con-Fido, is, idi, iffus fum, dere, fe fonder, fe confier, faire fonds; 2°. efpérer.

Con-Fidens, tis, préfomptueux, témé-raire; 2°. hardi, intrépide.

Con-Fidenter, hardiment, d'un air in-trépide; avec audace, avec préfomption.

Con-Fidentia, æ, conftance, hardieffe, affurance; 2°. audace, témérité.

Con-Fidenti-Loquus, a, um, qui parle avec préfomption.

Con-Fisus, a, um, qui fe confie, qui s'affure.

Con-Fisio, onis, affurance, créance.

Dif-Fido, - ere, fe défier, ne fe fier pas.

Dif-Fidentia, æ, défiance, apréhenfion.

Dif-Fidenter, en tremblant, timidement.

Dif-Fido, -are, défier, déclarer la guerre.

Dif-Fidatio, onis, déclaration de guerre.

Dif-Fisus, a, um, qui fe défie.

Sub-Dif-Fido, -ere, fe défier un peu.

In-Fidus, a, um, infidéle, fans foi.

In-Fidè; In-Fideliter, de mauvaife foi.

In-Fidelis, e, perfide, infidèle.

In-Fidelitas, is, manque de foi.

Malè-Fidus, a, um, à qui il n'eft pas fûr de fe fier.

Per-Fidus, a, um, infidèle, perfide.

Per-Fidè, infidèlement.

Per-Fidia, æ, infidélité.

Per-Fidelis, e, très-difficile.

Per-Fidiofus, a, um, plein de perfidie.

Per-Fidiosé; Per-Fidiofür, perfidement, avec trop de perfidie.

Im-per-Fidus, a, um, très-perfide.

Præ-Fido, -ere, fe fier trop.

FEN, PHEN,

Lumiere.

De Fa, feu, lumiere, fe forma la famille Fan, Phain, Fen, &c. relative à ces objets, & qui forma nombre de familles Grecques, Latines , Celtiques , &c. écrites en F & en PH : en voici quelques-unes écrites en F par les Latins.

I. FEN-ESTRa,

Fenêtre.

DE FEN, lumiere , les Latins firent FEN-ES-TRA , fenêtre , *mot-à-mot* , à travers de quoi passe le jour, la lumiere.

3. FEN-ESTra, *æ*, ⟩ fenêtre; 2°. cre-
FESTra, *æ*, ⟩ neau, embrâsure;
3°. cage.

FENestrula , *æ* ; FENestella , *æ* , petite fenêtre.

FENestralis , *e* , de fenêtre.

FENestro ,-*are* , faire des fenêtres.

FENestratus, *a, um*, où il y a des fenêtres.

II. FEN,

Face , Regard, Rencontre.

DE FEN , PHEN , face , regard , rencontre , se formerent les dérivés suivans qui désignent, les uns l'action de garantir, de protéger ; les autres celles de heurter , &c.

DE-FENDO , - *ere* , protéger , soutenir , garantir ; 2°. maintenir , assurer. En Anglois , FENCE , FEND : FORE-*FEND*.

DE-FENSOR, *is* , qui défend , qui protége ; 2°. Avocat; 3°. éperon , palissade.

DE-FENSio, *onis* , protection , appui , soutien.

DE-FENSo ,-*are*, entreprendre la défense.

DE-FENSito ,-*are* , défendre très-souvent.

IN-DE-FENSus , *a, um*, qui ne s'est point défendu; 2°. qui est sans défense.

IN-FENSus, *a, um*, fâché , irrité contre , offensé.

IN-FENSé , en ennemi.

IN-FENSO ,-*ere*, gâter , ravager ; 2°. se fâcher.

OF-FENDO , - *ere* , ⟩ heurter , cho-
OF-FENSO , - *ere* , ⟩ quer, broncher :
2°. rencontrer en son chemin ; 3°. faillir , manquer; 2°. offenser , blesser.

OF-FENDiculum , *i* , pierre d'achoppement, chose qu'on rencontre en son chemin.

OF-FENDix , *cis* , ⟩ fermoir d'un li-
OF-FENDimentum , *i*, ⟩ vre ; 2°. bouton
OF-FENSaculum , *i* , ⟩ qui retenoit sous le menton le bonnet des anciens.

OF-FENSa , *æ* , l'action d'offenser , chagrin qu'on fait , offense.

OF-FENDo ,-*onis* ; OF-FENSio , *onis* , l'action de broncher, de heurter ; 2°. ce qu'il y a de choquant dans quelque chose ; 3°. offense , déplaisir ; 4°. indignation ; 5°. haine , jalousie ; 6°. aversion ; 7°. reproche ; 8°. obstacle.

OF-FENSum , *i* ; OF-FENSus *ûs* , bronchade , heurt; 2°. chagrin , désagrément.

OF-FENSatio , *onis* , l'action de heurter ; 2°. hésitation en parlant.

OF-FENSator , *is* , qui hésite, qui bronche.

OF-FENSiuncula , *æ* , petit aheurtement ; 2°. petite offense.

IN-OF-FENSus , *a, um* , qui n'a souffert aucun tort ; 2°. qui n'offense personne.

IN-OF-FENSé , sans blesser.

FEN,

Foin.

FENum , *i* , foin , herbe dont se nourrissent les animaux domestiques.

Ce

Ce mot doit venir de FA, FE, nourriture animale ; ou de VEN, eau, parce qu'il croît dans les lieux arrosés, dans les prairies.

De-la cette famille.

FENeus, a, um, de foin.

FENile, is, grange à foin.
FENarius, a, um, qui concerne le foin.
FEN'cularium, ii, fourrage.
FENicularius, a, um, qui produit du foin.

BINOMES.

FENi-SECa, æ, ⎫ faucheur; de SECO,
FENi-SEX, cis, ⎭ couper.

FENi-SECia, æ; FENi-SECium, ii, coupe de foin, fenaison.
FENi-SECus, a, um, qui sert à couper le foin.
POST-FœNum, i, regain, foin de l'arriére-faison.

FERè,

Presque, Ordinairement.

FERè, prononcé aussi FERMè, est un adverbe Latin qui signifie, presque, à peu près, environ; 2°. ordinairement, le plus souvent, presque toujours.

Les Etymologues Latins ont très-bien vu que ce mot tenoit au Latin FERO, porter; mais ce qu'ils n'ont pas vu, c'est comment l'idée de porter avoit pu conduire aux idées de presque, ordinairement, le plus souvent. Ils se sont perdus dans une vaine métaphysique.»Ce » qu'on porte, dit VARRON, est » en chemin, il n'est pas encore ar-» rivé, mais il l'est presque.» Voilà *Orig. Lat.*

pourquoi FERè signifie presque. SCALIGER, VOSSIUS, &c. ont adopté cette explication: cherchons quelque chose de mieux.

FERè, venant de *Fero*, porter, ne peut s'être revêtu de ces significations qu'en les substituant à une signification plus générale, dont celles-ci n'ont été qu'un résultat, qu'une conséquence. Il ne sera pas difficile de s'en assurer.

Convenons d'abord que FERè est un impératif; & que pour signifier presque, il dut signifier nécessairement, non *porter*, dans le sens d'apporter, comme l'ont cru tous les Etymologues, mais *porter* dans le sens d'emporter, de porter, de porter hors, de retrancher.

FERè est donc, *mot-à-mot*, emportez; retranchez, ôtez. Ainsi lorsque les Latins disent,

FERè *omnes Auctores*, presque tous les Auteurs,

c'est exactement comme s'ils disoient:

Tous les Auteurs, ôtez-en quelqu'un.

Eadem FERè *hora*, presque à la même heure, *mot-à-mot*, à la même heure, ôtez-en quelque chose, moins quelque chose.

FERè *ruri se continet*, il se tient presque toujours aux champs, *mot-à-mot*, il passe ses iours à la campagne, ôtez-en quelques-uns.

T t

Il en eſt tout de même dans les Phraſes négatives. Lorſque Ciceron dit :

Non adhuc FERÈ *inveni*, je n'ai preſqu'encore rien trouvé, il dit , mot à mot & exactement : » Je n'ai » encore rien trouvé, ôtez-en quel-» que choſe. «

FERÈ eſt donc littéralement un correctif à une expreſſion qu'il ne faut pas prendre dans toute ſon étendue.

FIBER,
Caſtor.

C'eſt un binome Celtique, le même que notre mot BIEVRE , compoſé de VAR , VER , eau , & de BI , VI , vivre, cet animal vivant dans l'eau comme ſur terre. De-là :

FIBER , *bri*, Caſtor, Loutre.

FI-BRI*nus*, *a*, *um*, de Caſtor, de Loutre.

FIBR*a*,
Fibre.

BAR , FAR , BER eſt un primitif qui déſigne tout ce qui traverſe. De-là le Latin PER, à travers ; l'Hébreu BAR , H*u*BER , traverſer.

D'où BETH-ABAR*a*, la maiſon du paſſage, Ville ſur le Jourdain.

L'Anglo-Saxon FAR*u*, le Theur. F*A*R*e*, le Runiq. FAR, l'All. FAR*en*, FART , FORT , FURT , le Gall. FORDD.

Tous déſignant trajet , lieu de paſſage, traverſer, &c.

H*u*-BER , ou HYBER, prononcé FIBR , forma ces mots Latins.

I.

FIBR*a*, *æ* , fibre, filament ; ces fils qui traverſent les corps organiſés , qui les ſoutiennent, qui leur portent la nourriture ; 2°. Filets qui tiennent aux racines des plantes.

FIBR*æ*, *arum*, veines par où ſe fait la tranſpiration ; 2°. extrémités du foie , du poumon , du cœur.

FIBR*atus*, *a*, *um*, qui a des filamens, des fibres.

EX-FIBR*o* ,-*are*, ôter les fibres, les filamens.

EX-FIBR*atus* , *a*, *um*, affoibli , énervé , dont la fibre eſt lâche.

2.

De-là ſe forma le diminutif FIBUL*a* , bouche, agraffe , fibres artificielles.

FIB*ula* , *æ* , 1°. boucle, agraffe ; 2°. ardillon d'une boucle ; 3°. cheville , ancre, crampon ; 4°. anneau à l'uſage des Chirurgiens ; 5°. petite focile de la jambe.

FIB*ulo* ,-*are* , agraffer, lier.

FIB*ulatio*, *onis* , l'action de boucler ; de joindre par des chevilles.

COMPOSÉS.

AF-FIB*ulo*, *are* , boucher.

DIF-FIB*ulo* ,-*are*, déboutonner, dégraffer.

CON-FIB*ula* ,-*æ* , cheville , agraffe ; 2°. boucle , ardillon.

IN-FIB*ulo* ,-*are* , boucler, lier.

RE-FIB*ulo* ,-*are* , déboucler.

SUB-FIB*ulo* ,-*are* ; SUF-FIB*ulo* ,-*are* , agraffer, attacher avec une boucle par deſ-

fous ; 2°. lier, cheviller par-deſſous.
Sub-Fibulum, i ; Suf-Fibulum, i, voile
blanc des veſtales.
Suf-Fibulator, is, qui agraffe par-deſſous.

FIG,

Planter, ficher.

De Ac, pointe, ſe forma le verbe
Grec *Pégo*, planter, une famille
immenſe Latine en *Pag* ; & la famille,

Fig, 1°. planter, ficher ; 2°. poin-
ter, façonner, former.

De-là ces divers mots.

1.

Figo, is, xi, xum, & *clum*, gere,
ficher, clouer, attacher, appliquer,
ſuſpendre.

2.

En nazalant ce mot, il s'en forma
une nouvelle famille en Fing, preſque toujours mêlée avec celle-là.

Fingo, is, nxi, *fiſtum*, ingere, former, façonner ; 2°. feindre, diſſi-
muler ; 3°. imaginer, compoſer.

Figmentum, i ; Figmen, inis, ouvrage,
figure d'argile, de terre à potier.

Figlina, æ ; Figulina, æ, poterie de terre, art de la poterie.

Faglinum, i, poterie, vaiſſelle de terre,
pots de grès.

Figlinus, a, um ; Figularis, e, is, de
terre cuite, de terre à potier.

Figulus, i, potier de terre, celui qui travaille en argile.

3.

Fictus, a, um, feint, contrefait ;
2°. diſſimulé, déguiſé ; 3°. fait,
formé.

Fictura, æ ; Fictio, onis, l'action de feindre, fiction.

Ficté, avec feinte ou diſſimulation.

Fictile, is, toutes ſortes d'ouvrages faits de
terre à potier.

Fictilis, e, is, fait de terre à potier.

Fictitius, a, um, artificiel, qui n'eſt pas
naturel.

Fretor, oris, qui forme, qui eſt l'ouvrier.

Fictoſus, a, um, plein de diſſimulation.

Fictrix, cis, celle qui forme, qui eſt
l'ouvriere.

COMPOSÉS

De FIGo, Ficher, Piquer.

Af-Figo, xi, xum, ou *clum*, gere,
1°. attacher, enfoncer ; 2°. graver,
imprimer, appliquer.

Af-Fictus, a, um ; Af-Fixus, a, um,
attaché, fixé, enfoncé.

Af-Fictitius, a, um, qui eſt attenant,
qui eſt joint ; 2°. forgé, inventé à plaiſir.

Con-Figo, -ere, fer, clouer,
attacher.

Con-Fixus, ûs, piquûre, eſtocade, coup
de trait.

Con-Fingo, -ere, ſuppoſer, inventer,
contrefaire, imaginer ; 2°. bâtir, faire,
compoſer.

In-Fingo, xi, xum, gere, faire entrer dedans, enfoncer avec force.

Of-Figo, -ere, attacher devant, planter
en avant.

Per-Figo, -ere, percer d'outre en outre.

Præ-Figo, -ere, attacher devant, planter en avant.

Re-Figo, -ere, arracher ce qui eſt attaché, cloué ; 2°. ficher, planter à force.

Suf-Figo, -ere, attacher, accrocher,
clouer.

Trans-Figo, -ere, percer de part en part.

4.

FIG, Figure, forme.

Figura, æ, forme, figure, extérieur des choses matérielles ; 2°. railleries, mot piquant.

Figuro ,-are, former, donner la figure ; 2°. concevoir, se figurer ; 3°. façonner, embellir.

Figuratio, onis, figure, aspect ; 2°. image qu'on se forme, idée.

Figuratè, dans un sens figuré, par figures.

Figurativus, a, um, figuré, exprimé par figures.

COMPOSÉS.

Con-Figuro, - are, donner la forme, faire prendre la figure.

Con-Figuratè, en donnant la figure, la forme.

Per-Figuro ,-are, donner une forme parfaite.

Præ-Figuro ,-are, modeler auparavant ; 2°. ébaucher ; 3°. représenter : Lactance.

Re-Figuror ,-ari, prendre une nouvelle forme.

Trans-Figuro ,-are, donner une autre figure, métamorphoser, transformer.

Trans-Figuratio, onis, transformation, changement de figure, métamorphose.

5.

COMPOSÉS.

De FIG, FING, façonner, forger.

Af-Fingo, xi, ctum, ere, ajouter, façonner ; 2°. feindre.

Con-Fictio, onis, supposition, feinte.

Con-Fictus, a, um, contrefait, forgé, masqué.

Ef-Fingo, is, nxi, fictum, ngere, re-présenter au vif, portraire, tirer au naturel, graver la figure ; 2°. essuyer, nettoyer, torcher ; 3°. exprimer, imiter, rendre parfaitement, représenter.

Ef-Figies, ei, image, ressemblance, tableau, figure ; 2°. caractère, copie, patron.

Ef-Fictio, onis, représentation, peinture, caractère.

EID,

Diviser, Fendre.

Eid, Fis, qui signifie, couper, fendre, est l'Oriental פת, Ph-Th, prononcé Fat, Fet ; Pat, Pet, & qui signifie, 1°. morceau, fragment ; 2°. couper ; d'où :

מפיץ, M-Phitz, marteau qui fend & brise.

En Allem. Fetzen, mettre en piéces ; 2°. lambeaux.

Fetzich, déchiré, en lambeaux.

Il paroît tenir au Grec PATTO, manger en coupant par morceaux : en Allemand Speisen.

De-là nos mots De-Pecer, & Piece.

En Ital. Pezza, morceau.

Findo, di, ssum, dere, fendre, séparer.

Fissus, ûs,
Fissum, i, } fente, crevasse.
Fissura, æ,

Fissio, onis, l'action de fendre.

Fissilis, e, facile à fendre, qui se fend.

Fissicula,-are, ouvrir, découper à dessein.

BINOMES.

Tri-Fidus, a, um, fendre en trois.

COMPOSÉS.

CON-FINDO, - ere, fendre, diviser.

DIF-FINDO, -ere, fendre, séparer en deux.
DIF-FISSIO, onis, délai, prorogation.
IN-FINDO, -ere, fendre.
MULTI-FIDUS, a, um, qui est fendu en plusieurs parties.
PRO-FINDO, -ere, labourer, fendre.
PRÆ-FINDO, -ere, fendre pardevant.
SUF-FINDO, -ere, fendre un peu; 2°. fendre par-dessus.

FIM,

Fumier.

De l'Interjection FI, doit être venu le mot FIMUS, fumier.

FIMUS, i, } fumier.
FIMUM, i, }

FIMarium, ii ; FIMarius, ii, fumier.
FIMator, is, 1°. qui enlève des fumiers ; 2°. cureur de puits, boueur, qui enlève les boues.
FIMetum, i, fumier.

FIN,

Fin.

De PEN, PHEN, tête, extrémité, se forma la famille suivante.

FINIS, is, 1°. extrémité, terme; 2°. motif, raison; 3°. bornes, limites; 4°. mort; 5°. définition ; 6°. FIN, conclusion.

FINItor, is, arpenteur; 2°. horizon.
FINItio, onis, fin, terme, perfection.
FINItivus, a, um, définitif.
FINité, d'une manière bornée, sans excès.
FINIO, ire, finir, terminer; 2°. marquer, prescrire, borner ; 3°. définir.

FINitimus, a, um, voisin, contigu; 2°.

qui a du rapport, qui approche.
FINalis, e, qui concerne la fin.

COMPOSÉS.

AF-FINIS, e, voisin, allié, complice, qui a part, approchant, susceptible.

AF-FINitas, is, rapport, sympathie ; 2°. alliance, parenté.
CIRCÙM-FINIO, -ire, terminer autour.
CON-FINE, is, l'endroit qui touche ; 2°. frontières, limites.
CON-FINIS, e, voisin, joignant, contigu.
CON-FINIUM, ii, frontières ; 2°. voisinage, proximité.

DE-FINIO, -ire, } borner, limiter ;
DIF-FINIO, -ire, } terminer ; 2°. fixer, résoudre, conclure ; 3°. prescrire, arrêter, régler ; 4°. développer, exposer.

DE-FINitio, onis, explication courte, claire & précise ; 2°. détermination, désignation; 3°. décision, réglement.
DE-FINitivus, a, um, décisif.
DE-FINité, positivement, expressément; 2°. précisément, nettement.
IN-DE-FINitus, a, um, indéterminé, indécis.
IN-DE-FINitum, i, infinitif.
IN-DE-FINité, sans bornes.

IN-FINitus, a, um, immense, sans bornes ; 2°. qui n'est point fini.

IN-FINitas, is, }
IN-FINitio, onis, } immensité, infini.
IN-FINitudo, inis, }
IN-FINité ; IN-FINitò, sans mesure, infiniment.
IN-FINibilis, e, qui ne peut finir.
IN-FINitivus, i, infinitif des verbes.
PER-FINIO, - ire, finir entièrement.

Præ-Finio, ire, prescrire, marquer.

Præ-Finitio, onis, limitation.

Præ-Finitô, déterminément.

FIRM.

De Fer, porter, se forma cette famille Latine.

Firm, qui désigne tout ce qui soutient, qui porte sans succomber sous le poids. Il tient au Celte Ferh, Berh, fortifié.

Firmus, a, um, 1°. solide, bien assuré, qui tient bien ; 2°. constant, inébranlable ; 3°. qui se porte bien.

Firmè, fermement, avec assurance, sans crainte ; 2°. constamment ; 3°. avec effort.

Firmiter, avec fermeté.

Firmitas, is ; Firmitudo, inis, solidité, assurance, constance, intrépidité.

Firmo, -are, appuyer, soutenir ; 2°. justifier, prouver ; 3°. assurer.

Firmator, is, qui soutient, qui établit.

Firmamen, inis ; Firmamentum, i, appui, fondement, ce qui rend solide ; 2°. le Ciel.

COMPOSÉS.

Af-Firmo, - are, assurer, certifier ; 2°. fortifier.

Af-Firmatio, onis, serment, assurance, protestation.

Af-Firmatores, um, répondans, cautions.

Af-Firmatè, certainement, positivement

Circum-Firmo, - are, fortifier, munir, assurer de toutes parts.

Con-Firmo, -are, assurer, prouver ; 2°. affermir, appuyer, encourager, relever le cœur ; 3°. donner le sacrement de Confirmation.

Con-Firmitas, is, vigueur, fermeté.

Con-Firmatio, onis, assurance, preuve ; 2°. appui, soutien.

Con-Firmator, is, répondant, garant, assureur.

In-Firmus, a, um, débile, languissant; 2°. inconstant, léger.

In-Firmo-are, affoiblir, ôter la force, rendre foible.

In-Firmatio, onis, affoiblissement, réfutation.

In-Firmitas, is, foiblesse, langueur; 2°. légereté.

In-Firmè, foiblement.

Per-In-Firmus, a, um, très-foible.

Ob-Firmo, - are, s'obstiner, être inébranlable.

Ob-Firmatio, onis, opiniâtreté; 2°. résolution.

Ob-Firmatè, résolument, avec constance.

Of-Firmo, -are assurer, endurcir.

FISTula, æ,

Siflet, &c.

1.

Fistula, æ, siflet, est une Onomatopée qui imite le bruit du siflement. Les Italiens en ont fait Fischiare, le siflement du serpent; & les Héb. פצה, Fetseh, résonner, sifler, chanter, faire entendre un son aigu.

Fistula, æ. 1°. siflet, flageolet, chalumeau ; 2°. canal, conduit, tuyau; 3°. fistule, ulcere ; 4°. sonde de Chirurgien.

Fistularis ; e ; Fistulatorius, a, um, de tuyau, de flûte.

Fistulatus, a um, fait en tuyau.

Fistulans, tis ; Fistulosus, a, um, plein de trous.

Fistulatim, par des tuyaux.

Fistulo,-are, devenir plein de trous ; 2°. sifler, flûter.

Fistulatio, onis, l'action de jouer de la flûte.

Fistulator, is, joueur de flûte, de clairinette.

2.

Festuca, æ, fétu, brin de paille, houssine ; 2°. baguette du Préteur ; 3°. éolquiole, plante.

Festucula, æ, petit fétu.

Festucarius, a, um, qui se fait avec la baguette.

FL.

Fl est un son liquide & coulant qui est devenu naturellement la peinture ou le nom des objets doux & coulans, ainsi que de ceux qui n'ont point de consistance.

De-là un grand nombre de Familles Latines.

I.

FLAC,

sans consistance.

Flaccus, a, um, qui a les oreilles pendantes.

Flaccidus, a, um, mou, sans consistance, fané, flétri, flasque.

Flacceo, ui, ere ; Flaccesco,-ere, être sans consistance, être mou, fané, flétri, flasque : se flétrir.

Con-Flacceo,-ere ; Con-Flaccesco-ere, cesser d'être ému, s'appaiser, se défensler.

II.

FLOC, Floccon.

Floccus, i, floccon, globule, sur-

tout un floceon de Laine.

Flocculus, i, petit floccon.

Floccosus, a, um, plein de floccons.

Floccidus, a, um, qui se cotonne ; 2°. plein de poils.

Flocco,-are, neiger.

Flocci-Facio,-ere ; Flocci-Pendo-ere, mépriser, ne faire aucun cas, faire moins de cas que d'un floccon.

De-Flocco,-are, perdre son poil, montrer les cordes ; 2°. dépiter.

Flaces, ium ; Floces, eum, lie de vin ; 2°. marc de raisin. Voyez Fragol.

III.

FLO, souffler.

C'est une Onomatopée ; l'imitation du souffle, de la flamme.

Flo, as, avi, atum, are, souffler.

Flabilis, e ; Flabralis, e, de l'air qu'on respire, du soufflé des vents.

Flabro,-are, venter, souffler.

Flabra,-orum, vents ; 2°. souffle, agitation de l'air.

Flabellum, i ; Flabellulum, i, éventail, ce qui allume.

Flabelli-Fer, a, um, qui porte un éventail.

2.

Flamen, inis, vent, souffle.

Flatilis, e, de vent, qui se fond aisément.

Flatus, ûs, souffle, vent.

Flaturalis, e, de fonte.

Flator, is, souffleur, joueur d'instrument de musique à vent.

Composés.

Af-Flo,-are, souffler, remplir de vent en soufflant ; 2°. inspirer ; 3°. exhaler ; 4°. favoriser.

AF-Flat*us*, *a*, *um*, pouffé par le vent ;
2°. infpiré.

AF-Flat*us*, *ûs*, fouffle, haleine, vapeur ; 2°. infpiration ; 3°. caractère,
lettre qui marque l'afpiration.

-CIR.c*ùm*-Flo,-*are*, fouffler de tous
côtés.

Con-Flo,-*are*, fouffler enfemble,
avec ; 2°. fondre ; 3°. forger ; 4°.
faire, exciter.

Con Elacos, *is*, lieu expofé à tous vents.

Con-Flat*us*,*a*, *um*, fondu ; 2°. forgé,
inventé.

Con-Flator, *is*, fondeur.

Con-Flatio, *onis* ; Con-Flatura, *æ*,
fonte, fufion.

Con-Flatorium, *ii*, fournaife, forge ;
2°. fonderie ; 3°. creufet.

Con-Flatilis, *e*, jetté en fonte.

De-Flo, -*are*, fouffler deffus, contre.

Dif-Flo,-*are*, renverfer, diffiper en
foufflant ; 2°. exhaler.

Ef Flo,-*are*, pouffer dehors en foufflant.

Per-Ef-Flo,-*are*, exhaler entierement.

In-Flo, - *are*, gonfler, fouffler dedans.

In-Flat*us*, *a*, *um*, bouffi ; 2°. orgueilleux.

In-Flat*us*, *ûs*, fouffle, vent qu'on donne
à un inftrument à vent.

In Flatio, *onis*, vent, gonflement.

In-Flabilis, *e*, qui fe peut enfler ; 2°. qui
enfle, qui gonfle.

In-Flabello,-*are*, fouffler avec des fouf-
flets.

Pro-Flo, - *are*, fouffler, pouffer de
hors en foufflant ; 2°. faire fondre
en foufflant.

Pro-Flat*us*, *ûs*, vent, fouffle du vent.

Per-Flo, - *are*, fouffler avec violence, faire grand bruit.

Per-Flat*us*, *ûs* ; Per-Flamen, *inis*,
grand fouffle de vent.

Per-Flatilis, *e*, qui fouffle de tous côtés.

Per-Flabilis, *e*, expofé à tous vents.

Re-Flo, - *are*, fouffler contre.

ReFlat*us*, *ûs*, vent contraire.

3.

FLAGito,-*are*, demander avec impor-
tunité.

Flagitium, *ii*, infamie, deshonneur; 2°.
action criminelle ; 3°. erreur; 4°. dommage.

Flagitiofus, *a*, *um*, débauché, libertin,
méchant.

Flagitiofè, d'une maniere maligne,
débordée.

Flagitatio, *onis*, demande importune,
empreffée.

Flagitator, *is*, folliciteur, importun.

COMPOSÉS.

Con Flagito,-*are*, demander avec beaucoup d'inftance.

Ef-Flagito,-*are*, demander avec empreffement, conjurer, prier.

Ef-Flagitatio, *onis*; Ef-Flagitatus, *ûs*,
inftance, empreffement, priere.

Re-Flagito, - *are*, redemander avec inftance.

4.

Flagro, - *are*, brûler, être embrâfé,
être allumé.

Af-Flagrans, *tis*, fâcheux, difficile,
affligeant.

Con-Flagro,-*are*, brûler, être embrâfé.

Con-Flagratio, *onis*, embrâfement, incendie.

De-Flagro,-*are*, brûler, être réduit en
cendres.

De-Flagratio, *onis*, embrâfement, incendie.

In-Flagro,-*are* embrâfer, allumer.

5. Fleginum

5.

FLEGinum , *i* ; PHLEGinum , *i* , inflammation du foie ou des yeux.

FLEMina , *um* , enflure des jambes , inflammation.

FLEGma , *tis* ; PHLEGma , *tis* , pituite , phlegme.

6.

FLAMen, *inis*, premier Prêtre , Pontife , *mot-à-mot* , celui qui attifoit le feu facré , qui en avoit le foin.

FLAMinium , *ii* , prêtrife , pontificat.

FLAMinica , *æ* , Prêtreffe.

FLAMinius , *a* , *um* , qui concerne les Prêtres.

7.

FLAMma , *æ* , feu , flamme ; 2°. défir ardent , amour ; 3°. danger.

FLAMmula , *æ* , petite flamme.

FLAMmofus , *a* , *um.* , enflammé , embrâfé.

FLAMmo , *-are* , jetter des flammes ; 2°. embrâfer.

FLAMmeolus , *a* , *um* ; FLAMmiolus , *a.* , *um* , de couleur de flamme.

FLAMmeus , *a* , *um* ; FLAMmidus , *a* , *um* , embrâfé , enflammé ; 2°. de couleur de flamme.

COMPOSÉS.

CON-FLAMmo , *-are* , enflammer.

IN-FLAMmo , *- are* , allumer , embrâfer ; 2°. animer , exciter.

IN-FLAMmator , *is* ; IN-FLAMmatrix , *is* , qui met le feu.

IN-FLAMmanter , avec ardeur.

IN-FLAMmatio , *onis* , ardeur ; 2°. chaleur , emportement.

8.

FOLlis , *lis* , foufflet à allumer le feu ; 2°. balon enflé d'air qu'on y a foufflé ;

Orig. Lat.

3°. fac de cuir ; 4°. Avocat qui débite des menfonges , fabulifte.

FOLliculus , *i* ; FOLliculum , *i* , petit foufflet , petit balon ; bale , bourfe , qui enveloppe le petit grain de bled ; corps humain ; petit fac de cuir.

FOLliculare , *is* , endroit d'une rame garni de cuir , qui touche fur le plat-bord.

FOLlicans , *tis* , foufflant , qui fouffle.

FOLlitim , comme un balon ; 2°. dans un fac de cuir.

IV.

FLU , Flux.

1.

FLUo , *is* , *xi* , *xum* , *ere* , couler , fe répandre ; 2°. fe divulguer ; 3°. s'évanouir , tomber en ruine ; 4°. venir , procéder ; 5°. fe relâcher , s'amollir.

FLUens , *tis* , coulant , traînant , pendant.

FLUenter , en coulant.

FLUentia , *æ* , l'action de couler.

FLUentum , *i* , courant d'eau , ruiffeau.

FLUenti-Sonus , *a* , *um* , qui retentit des coups des flots.

FLUor , *oris* , flux de ventre , diarrhée.

FLUidus , *a* , *um* , coulant , liquide ; 2°. lâche , mol ; 3°. abattu , languiffant.

2.

FLUmen , *inis* , fleuve , riviere , courant.

FLUmineus , *a* , *um* , de courant , de riviére.

3.

FLUxus , *a* , *um* , 1°. coûlant , fluide ; 2°. qui s'écoule , qui paffe ; 3°. diffolu , plongé dans les plaifirs ; 4°. qui traîne , qui pend.

FLUxus , *ûs* , cours , courant ; 2°. écoulement.

Fluxé, abondamment, diſſolument.

Fluxio, onis, débordement, écoulement ; 2. fluxion.

Fluxura, æ, cours, flux.

4.

Fluctus, ûs, vague, houle, flot ; 2°. agitation, ſecouſſe, trouble, tumulte ; 3°. cohue.

Flucticulus, i, petite vague, ondée.

Fluctuoſus, a, um, orageux, agité des flots ; 2°. ondé, tabiſé.

Fluctuo, -are, être agité par les flots, flotter ſur les eaux ; 2°. balancer, chanceler, être irréſolu.

Fluctuatio, onis, agitation des flots ; 2o. irréſolution, incertitude ; 3o. treſſaillement, ſoulévement.

Fluctuatim, en flottant ; avec agitation.

Fluctuabundus, a, um, agité, dont les flots ſont émus.

BINOMES.

Flucti-Fer, a, um, qui cauſe des ondes.

Flucti-Fragus, a, um, qui rompt les flots.

Flucti-Genz, æ, engendré dans les flots.

Flucti-Vagus, a, um, qui vogue, porté çà & là ſur les flots.

5.

Fluvius, ii, riviere, fleuve.

Fluvialis, e,
Fluviaticus, a, um, } de riviere, de fleuve.
Fluviatilis, e,

Fluviatus, a, um, ondé ; 2°. flottant, venu par eau.

Fluvidus, a, um, liquide, coulant, languiſſant.

Fluvito, -are, flotter.

6.

Fluto, -are, } flotter, ſurnager,
Fluito, -are, } être porté ſur les on-

des ; 2°. être irréſolu, balancer.

Fluitatio, onis, l'action de floter.

Flustra, orum, vagues légeres, applaniſſement des houles, ou lames d'eau, bonaſſe, calme.

Flustro, -are rendre calme, cauſer la bonaſſe.

Fluta, æ, groſſe lamproie.

COMPOSÉS.

Af-Fluo, -ere, couler vers ; 1°. aborder, venir en foule, accourir de tous côtés ; 3°. avoir en abondance ; 4°. ſe couler, entrer inſenſiblement. Ici Af pour AD.

Af-Fluentia, æ, abondance, foiſon, concours.

Af-Fluenter, abondamment, en quantité, à foiſon.

Circùm-Fluo, -ere, couler autour ; 2°. accourir de tous côtés ; 3°. entourer ; 4°. avoir en abondance.

Circum-Fluus, a, um, qui coule autour.

Con-Fluo, -ere, couler enſemble, faire un confluent ; 2°. venir en foule.

Con-Fluens, tis, la jonction de deux rivières, un confluent.

Con-Fluentia, æ, affluence, abondance d'humeurs.

Con-Fluges, is ; Con-Flugium, ii, confluent.

Con-Fluvium, ii ; Con-Fluxus, ûs, affluence, concours.

Con-Fluvius, a, um, joint à un fleuve, placé ſur le bord d'une rivière.

Con-Flumeur, a, um ; Con-Flumineus, a, um, qui eſt ſur le même fleuve.

Con-Fluito, -are ; Con-Fluctuo, -are, flotter, voguer avec.

De-Fluo, -ere, couler en bas ; 2°.

faire une chûte ; 3°. paſſer, ſe perdre, ceſſer.

DE-Fluus, a, um, qui tombe.

DE-Fluvium, ii, chûte ; 2°. écoulement,
fluxion.

DIF-Fluo, - ere, ſe répandre, couler
de côté & d'autre, ſe déborder.

DIF-Fluus, a, um, qui s'épanche de
côté & d'autre.

EF Fluo, - ere, couler, ſe répandre,
ſortir ; 2°. paſſer, s'écouler, ſe diſſiper.

EF-Fluenter, abondamment.

EF-Fluentia, æ, écoulement, épanchement.

EF-Fluvium, ii, écoulement ; 2°. canal
d'écoulement.

PER-EF-Fluo, -ere, s'écouler tout-à-fait.

SUPER-EF-Fluo, -ere, s'écouler par-deſſus.

IN-Fluctuo, -are, ſe décharger dedans.

IN-Fluo, -ere, couler dedans ; 2°. influer.

IN-Fluentia, æ, écoulement, influence.

IN-Fluxus, ûs, influence

IN-Fluvium, ii, épanchement.

SUB-IN-Fluo, -ere, couler par-deſſus.

INTER-Fluo, -ere, couler par le milieu ;
2°. flotter parmi les ondes.

INTER-Fluus, a, um, qui coule entre
deux.

PER-Fluctuo, - are, flotter parmi.

PER-Fluo, -ere, couler de tous côtés,
paſſer au travers.

PRÆ-Fluo, -ere, couler devant.

PRÆ-Fluxus, ûs, action de couler devant.

PRÆTER-Fluo, -ere, couler au-delà
auprès.

PRO-Fluo, ere, couler, s'écouler.

PRO-Fluens, tis, coulant, qui coule.

PRO-Fluens, tis, courant d'eau.

PRO-Fluenter, abondamment.

PRO-Fluentia, æ, abondance.

PRO-Fluvium, ii, écoulement, flux.

PRO-Fluus, a, um, qui coule.

RE-Fluo, - ere, remonter contre ſa
ſource.

RE-Fluus, a, um, qui reflue, qui remonte
vers ſa ſource.

SEPTEM-Fluus, a, um, qui coule par
ſept canaux.

SUBTER-Fluo, -ere, couler par deſſous.

SUPER-Fluo, - ere, couler par-deſſus, regorger ; 2°. être ſuperflu,
ſurabondant.

SUPER-Fluus, a, um, ſuperflu, ſurabondant ; 2°. qui coule par-deſſus, qui
regorge.

SUPER-Fluum, i, ſurplus, ſuperflu.

SUPER-Fluitas, is, ſurabondance.

TRANS-Fluo, -ere, couler au travers,
s'extravaſer.

V.

F L O, Fleur.

1.

1. FLOS, ris, fleur, fleuron ; 2°. ſplen-
deur, élite.

FLOSculus, i ; FLOScellus, i, petite fleur,
fleuron, vignette ; 2°. ornement d'un
diſcours.

FLORus, a, um ; FLORidus, a, um, fleuri,
qui eſt en fleurs ; 2°. vif.

FLORidulus, a, um, brillant, beau.

FLOReus, a, um, de fleurs, fait de fleurs ;
2°. couvert de fleurs.

FLORalium, ii ; FLORantium, ii, parterre,
jardin rempli de fleurs.

2. FLOREo, - ere, } fleurir, être en
FLOREſco, -ſcere, } fleurs ; 2°. pouſſer
des boutons, des fleurs ; 3°.

être floriſſant , paroître avec éclat ; 4°. devenir célébre.

FLORulentus , a , um, plein de fleurs.
FLORentia , æ , vigne fleurie.

2.

1. FLORa, æ, Déeſſe des fleurs.

FLORalis , e , de Flore.
FLORalia, ium, Jeux Floraux.
FLORal tius , a , um , qui concerne les Fêtes.

BINOMES.

FLORi-Comus , a , um ; qui a les cheveux ornés de fleurs.
FLORi-Fer , a , um ; FLORi-GER, a, um, qui produit des fleurs.
FLORi-FERtum , i , Fêtes des Romains, où l'on offroit à Cérès des épis en fleurs.
FLORi-Legus , a , um, qui cueille , qui ſuce des fleurs.
FLORi-Parus , a , um , qui fait naître des fleurs.

COMPOSÉS.

DE-FLORO , - are , cueillir; ôter la fleur, l'ornement.

DE-FLOReo ,-ere ; DE-FLORefco ,-ere , perdre ſa fleur ; 2°. ſe ternir , ſe faner , perdre ſon luſtre.
EF-FLOReo ,-ere ; EF-FLORefco ,-fcere , fleurir , s'ouvrir, s'épanouir.
RE-FLOReo ,-ere ; RE-FLORefco , fcere , refleurir.

PRÆ-FLORO , - are , cueillir la premiere fleur.

PRÆ-FLOReo ,-ere ; PRÆ-FLORefco ,-ere , fleurir avant.
SUPER-FLOReo ,-ere ; SUPER-FLORefco ,-fcere , fleurir par-deſſus.

VI.

FLE, Pléurs.

C'eſt une onomatopée, l'imitation du cri entrecoupé & traîneur d'un enfant qui pleure.

FLEO , es , vi , tum , ere , pleurer , verſer des larmes.

FLETus , ûs , larmes, pleurs.
FLEBilis , e , déplorable , pitoyable ; 2°. lugubre , triſte.
FLEBiliter , d'une manière lamentable.

COMPOSÉS.

A'P-FLEO , - ere , pleurer , ſoupirer.

DE-FLEO ,-ere , déplorer , regretter avec larmes.
EF-FLEO ,-ere , pleurer fort , verſer des larmes.
IN-FLETus , a , um, qui n'a point été pleuré.
IN-DE FLETus , a , um , qui n'a pas été pleuré.
PER-FLEO ,-ere , pleurer amèrement.
PER FLETus , a , um , baigné de pleurs.
PRÆ-FLETus , a , um , qui a été fort pleuré.

VII.

FLAC, FLEG , qui fléchit en tout ſens.

1.

1. FLAGrum , i , fouet , poignée de verges.

FLAGrator , is , ⎫
FLAGrio , onis , ⎬ ſujet au fouet ; 2°. qui fouette ſouvent.
FLAGri-Triba , æ , ⎭

FLAGri-Fer , a , um , qui porte un fouet.

2. FLAGellum , i , fouet ; 2°. houſſine ; 3°. brins que la vigne pouſſe tous les ans.

FLAGello ,-are , fouetter , fuſtiger.
FLAGellatio , onis , l'action de fouetter , de fuſtiger.

Flagellantes, *ium*, Flagellans, Hérétiques.

2.

FLEC, FLAC,
Fléchir, Plier.

Flecto, *is*, *xi*, *xum*, *ere*, plier, fléchir; 2°. courber; 3°. tourner.

Flexus, *ûs*, détour, tournoyement; 2°.
flexibilité; 3°. courbure, pli.

Flexio, *onis*, l'action de courber; 2°.
détour.

Flexura, *æ*, courbure; 2°. déclinaison,
inflexion.

Flexuosus, *a*, *um*, tortueux, qui serpente.

Flexuosé, en tournoyant.

Flexilis, *e*; Flexibilis, *e*, pliable,
souple, facile à tourner.

Flexibilitas, *is*, pliabilité, aisance à
être courbé.

Flexumines, *um*, Chevaliers Romains;
mot-à-mot les caracolleurs.

BINOMES.

Flex-Animo, -*are*, toucher le cœur.

Flex-Animus, *a*, *um*, qui plie, fléchit
le caractère.

Flexi-Loquus, *a*, *um*, ambigu, équivoque.

Flexi-Pes, *dis*, qui a les pieds courbés.

COMPOSÉS.

Circùm-Flecto, - *ere*, tourner en
rond, prendre un détour.

Circùm-Flexio, *onis*; Circùm-Flexus,
ûs, détour, circuit.

Con-Flecto, - *ere*, courber, replier.

Con-Flexus, *a*, *um*, renversé, recourbé.

De-Flecto, -*ere*, plier, courber; 2°. s'é-
carter, se détourner, tourner.

De-Flexus, *ûs*, courbure, pliage.

In-De-Flexus, *a*, *um*, invariable, ferme.

In-Flecto, - *ere*, plier, courber.

In-Flectio, *onis*, ⎫
In-Flexio, *onis*, ⎬ l'action de plier.
In-Flexus, *ûs*, ⎭

In-Flexibilis, *e*, ferme, inébranlable.

Of-Flecto, - *ere*, détourner.

Re-Flecto, -*ere*, recourber, replier;
2°. rebrousser; 3°. retirer, pencher.

Re-Flexio, *onis*, l'action de replier, dé-
réfléchir.

Re-Flexus, *ûs*, reflux.

3

FLIG, Tourmenter, Affliger.

Fligo, *xi*, *ctum*, *ere*, choquer,
heurter.

Flictus, *ûs*, choc, heurt.

COMPOSÉS.

Af-Fligo, -*gere*, tourmenter, accabler, vexer; 2°. terrasser, abattre.

Af-Flictus, *a*, *um*; abattu, perdu; 2°.
corrompu.

Af-Flictio, *onis*; Af-Flictus, *ûs*, peine,
tourment, inquiétude.

Af-Flictor, *is*, persécuteur, destructeur.

Af-Flicto, -*are*, tourmenter, inquiéter.

Af-Flictatio, *onis*, persécution, chagrin.

Con-Fligo, -*gere*, se battre, se choquer, donner bataille; 2°. avoir
différend, avoir à démêler.

Con-Fligium, *ii*, rencontre, choc de
deux choses.

Con-Flictus, *ûs*, choc, combat, contestation.

Con-Flictio, *onis*, frottement, choc;
2°. débat, opposition.

Con-Flicto, -*are*; Con Flictor, -*ari*,
attaquer, avoir affaire, avoir à démêler;
2°. tourmenter, maltraiter; 3°. être
frappé de disgraces.

Con-Flictor, -*ari*, être tourmenté.

Con-Flictatio, *onis*, attaque, choc,
rencontre.

Ef-Fligo, - ere, tourmenter, maltrai-ter ; 2°. écrafer , affommer ; 3°. ruiner, défoler.

Ef-Flictio, onis , chagrin , vexation.
Ef-Flicté ; Ef-Flictim , ardemment , paffionnément.
In-Fligo ,-gere , appliquer deffus avec violence.

Pro-Fligo , - are , atterrer, abattre , tailler en piéces.

Pro-Fligator , is , diffipateur , qui met en défordre.

FOED , PUD ,
Sale , Vilain.

Du Celte Bud , Pud , Put p---t ces fale , vilain, puant, fe former familles Latines :
Foedus , fale , vilain.
Pudor , honte.
Putridus , pourri, &c.

Fœdus , a, um , fale , vilain , honteux , difforme , puant, horrible , affreux.

Fœdé , iùs , iffimè , falement , honteufe-ment , vilainement , cruellement.
Fœditas , is , malpropreté , turpitude , déshonneur , honte , infamie , cruauté.
Fœdo ,-are , falir , tacher , fouiller , dés-honorer , profaner , gâter.
Fœdator , is , qui falit , qui tache.

COMPOSÉS.

Con-Fœdo , -are , fouiller , falir.

Con-Fœdario , is , fouillure , tache.
De-Fœdus , a , um , fort falo , très-puant.

FON ,
Fontaine.

Du Celte Von , Fon , fource , fontai-ne , eau , les Latins formerent le

mot de Font, d'où cette famille :
Fons , tis , fontaine ; 2°. fource , prin-cipe , caufe.

Fontalis , e ,
Fontinalis , e ,
Fontanalis , e ,　} de fontaine, de fource
Fontanus , a , um ,　} d'eau.
Fontaneus , a , um ,
Fontinalis , e , Dieu des fontaines.
Fontanalia , ium , Fêtes des Nymphes des fontaines.
Fonticulus , i , petite fource d'eau.

FORS ,
Sort , Fortune.

De l'Oriental פור , PHUR , Sort , les Latins firent Fors , la fortune , le fort , le hafard : de-là cette fa-mille.

1. Fors , tis , hafard, fortune, deftin.

Forté , Fortean , Forsan , Forsitan , Fortaffean , Forsit , Fortaffé , Fortaf-fis , peut être , par hafard , par aven-ture.
Fortuitus , a , um , imprévu , inopiné.
Fortuitò ; Fortuitù , par hafard , inopi-nément.

2. Fortuna , æ , fort , hafard , deftin , fortune ; 2°. état , qualité ; 3°. biens , richeffes.

Fortuno ,-are , rendre heureux , bénir.
Fortunatus , a , um , heureux , qui a du bonheur.
Fortunaté ; Fortunatim , heureufement , avec fuccès.

NÉGATIFS.

In-Fortunium , ii , malheur , difgra-ce ; 2°. accident.

In-Fortunitas , is , mauvaife fortune.
In-Fortunatus , a , um , malheureux.
In-Fortunaté , malheureufement.

ONOMATOPÉES
en F R.

FRIT , ce qui est au bout de l'épi de bled mûr , & plus petit que le grain.

FRITillus , i , cornet à jouer aux dés.

FRITinio , - ire , crier, comme les petits des hirondelles.

FRINGilla , æ ,⎫
FRIGilla , a , ⎭ pinçon.

FRICulo , - are , crier comme le geai.

FRIGO, is , xi , xum & ctum , ere , fricaffer, frire.

FRIXA , æ , fricandeau , fricaffée.

FRINGutio ,-.re ; FRIGutio ,-.re , faire un bruit semblable à quelque chose qu'on frit ; 2°. faire un frémissement , un tortillement , un fretillement du corps.

FRIRItus , ûs , frémissement.

IN-FRIGO ,-ere , frire dedans.

F R

FR est un son rude & déchirant ; il devint donc naturellement la peinture ou le nom de tous les objets bruyans , rudes , fracasses : du bruit , du tumulte , des cris , du fracas , &c. De-là nombre de familles.

I.

F R A G , Bruit , Fracas.

1. Fragor , is , 1°. bruit éclatant d'une chose qui se rompt ; 2°. bruit d'applaudissement.

FRAGosus , a , um , rude , raboteux; 2°. qui fait un bruit éclatant.

FRAGose , avec grand bruit.

2. FRAGilitas , is , fragilité , facilité à se rompre ; 2°. foiblesse.

FRAGmen , inis ; FRAGmentum , i , morceau , éclat, tronçon , tranche.

FRATilli , orum , franges.

3. FRANGO , fregi , fractum , ngere , 1°. brifer , casser , rompre , fracasser ; 2°. détruire , abattre , ruiner ; 3°. humilier , vaincre , furmonter , arrêter ; 4°. amollir , fléchir ; 5°. pacifier , calmer.

FRACtura , æ , rupture.

FRACtio , onis , fracture , rupture.

FRAGesco ,-ere ; FRAGisco ,-ere , languir , être accablé.

FRAGium , ii , rupture , l'action de rompre.

FRAGilis , e , frêle , cassant , sujet à se rompre ; 2°. foible , périssable ; 3°. mou , efféminé ; 4°. qui fait du bruit en se rompant.

COMPOSÉS.

AF-FRANGO , - ere , rompre contre ; 2°. brifer entiérement.

AM-FRACtus , ûs ; AN-FRACtus , ûs , détour , circuit ; 2°. échappatoire , fauxfuyant ; 3°. courbure , encognure ; 4°. pli & repli.

AN-FRACtum , i , carrefour.

AN-FRACtuofus , a , um ; AN-FRACtus , a , um , finueux , tortueux , courbé.

CIRCùm-FRANGO , - ere , rompre tout autour.

CON-FRACtio , onis , rupture.

CON-FRAGus , a , um ; CON-FRAGosus , a , um , raboteux , âpre , fcabreux ; 2°. grossier , dur ; 3°. embarrassant.

EF-FRACtura , æ , rupture.

EF-FRACtor , is ; EF-FRACtarius , ii , qui brife , qui rompt.

PER-FRACtio , nis , rupture entiere.

Per-Fracté, d'une manière molle ; 2°. opiniâtrément.

Præ-Fractus, a , um , trop coupé ; 2°. entêté, opiniâtre.

Præ-Fracté, avec obstination.

Re-Fractum , i , terrein rompu ; jachere.

Re-Fractio, onis , rebondissement, rejaillissement.

Re-Fractarius , a , um, opiniâtre, mutin.

Re-Fractariolus , a , um , un peu opiniâtre.

Re-Fragor , -ari , s'opposer , résister , contredire ; 2°. être contraire , nuire ; 3°. répugner, avoir de l'aversion.

Re Fragator, is , adversaire.

BINOMES.

Male-Fractus , a , um , tout-à-fait rompu.

Nau-Fragus , a , um , ⎫ qui fait fai-
Navi-Fragus , a , um , ⎬ re naufra-
ge; 2°. qui a fait naufrage ; 3°. ruiné ; de Navis , vaisseau.

Nau-Fragium , ii , naufrage , perte , ruine.

Nau-Frago,-are ; Nau-Fragor,-ari , faire naufrage.

COMPOSÉS.

Ad-Fringo , -ere , rompre , casser sur ou contre.

Ad-Frico ,-are ; Af-Frico ,-are, frotter contre.

Con-Fringo , - ere , briser , rompre.

De-Fringo ,-ere , casser , briser.

Dif-Fringo ,-gere , casser , briser.

Ef-Fringo ,-ere , rompre , briser.

In-Fringo , -ere , casser , briser , renverser ; 2°. diminuer; 3°. réprimer,

In-Fractus , a , um , cassé ; 2°. entier ; 3. détruit.

In-Fractio , onis , rupture ; 2°. abattement.

In-Fragilis , e ; In-Frangilis , e , qu'on ne sauroit rompre ; 2°. inébranlable , intrépide.

Inter-Fringo ,-ere , rompre de côté & d'autre.

Ob-Fringo ,-ere ; Of-Fringo ,-ere , labourer une seconde fois.

Per-Fringo,-ere , briser entièrement; 2°. détruire , corrompre.

Præ Fringo ,-ere , rompre auparavant.

Re-Fringo ,-ere , briser , enfoncer.

II.

FRUST-um , Morceau.

Frustum , i , morceau, piéce.

Frustulum , i , petit morceau.

Frusto ,-are , mettre en piéces.

Frustito ,-are , couper en petits morceaux.

Frustulentus , a , um , plein de morceaux.

Frustatim , par morceaux.

Frustillatim , par petits morceaux.

III.

FRAX , Lie , Marc.

De Frag , fracasser , briser , se forma Frax , le marc de fruits brisés sous le pressoir.

Frax , cis , ⎫ lie d'huile ; 2°. marc
Fraces , ium , ⎬ d'olives.

Fracidus , a , um , moisi , gâté , puant , ranci comme de vieilles huiles.

Fracidé , puamment.

Fraceo ,-ere ; Fracesco ,-ere , se moisir ; se pourrir , se gâter.

IV.

FREM , Frémir.

Fremo , ui , itum , ere , faire grand bruit ,

bruit ; 2°. murmurer , gronder ;
3°. hennir , 4°. rugir.

FREMor, *is* ; FREMitus , *ûs* , grand bruit ,
cliquetis , frémiſſement.

FREMebundus , *a* , *um* , qui fait un grand
bruit , qui crie.

COMPOSÉS.

AD-FREMO , *-ere* , murmurer , gronder de quelque choſe.

AF-FREMO ,*-ere* , cauſer un certain murmure , frémiſſement.

CIRCUM-FREMO ,*-ere* , faire grand bruit
tout autour.

CON-FREMO ,*-ere* , faire un grand bruit ,
frémir.

IN-FREMO ,*-ere* , frémir , bruire.

PER-FREMO ,*-ere* , frémir , friſſonner.

FREND , briſer.

FRENDO , *is* , *dui* , *freſſum* , *ndere* ;
FRENDEO , *es* , *ui* , *ere* , briſer ,
froiſſer; 2°. grincer , faire craquer.

FRENDOr , *is* , grincement de dents.

FRESſus , *a* , *um* , froiſſé , briſé.

V.

FRIG , Froid , Friſſon.

FRIGus , *oris* , froid ; 2°. friſſon ; 3°.
frais , fraîcheur; 4°. froideur , langueur ; 5°. mort.

FRIGuſculum , *i* , petit froid , refroidiſſement.

FRIGedo , *inis* , froid , frimats.

FRIGidus , *a* , *um* , froid ; 2°. lent , foible ,
languiſſant ; 3°. plat , inſipide.

FRIGidè , froidement ; 2°. d'une maniere
languiſſante.

FRIGidulus , *a* , *um* , un peu froid.

FRIGidiuſculus , *a* , *um* , frais.

FRIGidarius , *a* , *um* , qui ſert à rafraîchir.

FRIGidarium , *ii* , lieu dans les bains où
l'on ſe rafraîchiſſoit.

Orig. Lat.

COMPOSÉS.

CON-FRIGEO , *- ere* , ⎫ devenir
CON-FRIGeſco , *- ieri* , ⎭ froid.

CON-FRIGero , *are* , refroidir.

DE-FRIGeo ,*-ere* ; DE-FRIGeſco ,*ſcere* , ſe
refroidir , devenir froid.

IN-FRIGeſco , *- ere* , refroidir , devenir froid.

IN-FRIGido ,*are* , rendre froid.

IN-FRIGidatio , *onis* , refroidiſſement.

PER-FRIGidus , *a* , *um* , très-froid.

PER-FRIGEO , *xi* , *iĉtum* , *gere* ; être glacé ,
tranſi.

PER-FRIGefacio ,*-ere* , glacer , refroidir.

PER-FRICtio , *onis* , grand friſſon , grand
froid.

PER-FRIGeſco ,*-ere* ; ſe refroidir fort.

PER-FRIGero ,*-are* , rafraîchir.

PER-FRIGeratio , *onis* , rafraîchiſſement.

PRÆ-FRIGidus , *a* , *um* , fort froid.

RE-FRIGEO , *- ere* , ⎫ ſe refroidir, s'at-
RE-FRIGeſco , *- ere* , ⎭ tiédir ; 2°. ſe
ralentir , être moins ardent.

RE-FRIGerium , *ii* ; rafraîchiſſement.

RE-FRIGero ,*-are* , rafraîchir ; 2°. refroidir , ralentir.

RE-FRIGeratio , *onis* , le frais qu'on prend ;
2°. refroidiſſement.

RE-FRIGerator , *is* ; RE-FRIGeratrix , *is* ;
celui qui rafraîchit , celle qui rafraîchit.

RE-FRIGeratorius , *a* , *um* , rafraîchiſſant.

SUB-FRIGidus , *a* , *um* , un peu froid.

SUB-FRIGidè , un peu froidement.

VI.

FRA , partager.

I.

FRAXator , Sentinelle.

FRAXator , *oris* , ſentinelle , qui fait

X x

le guet, factionnaire.

Ce mot s'est formé du Grec *Phrassô*, futur *Phraxô*, fortifier, munir, établir, mettre dans un poste, à part.

En Héb. פרד, *PHARD*, ou *PARAD*, séparer.

II.
FRET,
Détroit.

FRETum, *i*, détroit, ce qui est entre deux; ce mot vint du Celte RIT qui signifie la même chose ; mais qui, formé de R, rompre, 2°. couler, peint fort bien une eau qui coule entre deux rivages où la terre est rompue, brisée, séparée.

Ces mots tiennent à l'Hébreu פרד, PHRAD, séparer, désunir.

FRETus, *ûs*, entre deux, ce qui sépare deux choses.

FRAETum, *i*, détroit, bras de mer.

FRETus, *a*, *um*, appuyé, soutenu, qui se confie.

FRErale, *is*, égrugeoir à poivre, moulin à moutarde

COMPOSÉS.

PER-FRETO, *- are*, passer un trajet de riviere.

TRANS-FRETO, *-are*, traverser un bras de mer ; 2°. passer au-delà de l'eau.

TRANS-FRETATio, *onis*, passage d'un détroit.

III.
FURCa,
Fourche.

De BRA., BRE., BRI, FRA, FRE, FRU,

briser, fendre, ébrêcher, se forma, en prononçant FUR pour FRU, le mot FURC qui peignit tout ce qui se partageoit en deux, tout ce qui est en forme de fourche. De-là ces mots Latins, qui tiennent également à l'Oriental פרק, FRAQ, partager, fendre.

FURCa, *æ*, 1°. fourche ; 2°. fourche patibulaire, gibet ; 3°. étançon fourchu ; 4°. crochets de crocheteur ; 5°. cangue, bois fourchu mis au cou des criminels frappés de verges.

FURCula, *æ*; *FURCilla*, *æ*, petite fourche.

FURCilles, *ium*, fourches patibulaires.

FURCillo, *-are*, soutenir avec une fourche.

FURCulofus, *a*, *um*, plein de fourchons.

FURCi-Fer, *a*, *um*, pendard, coquin.

TRI-FURCus, *a*, *um*; *TRI-FURCatus*, *a*, *um*, qui a trois fourchons.

TRI-FURCifer, *a*, *um*, gibier de potence.

FRI,
Emier.

I.

FRIO, *- are*, émier, mettre en miettes.

FRIA io,onis, l'action de mettre en miettes.

FRIAbilis, *e*, qui s'émie facilement.

COMPOSÉS.

AF-FRIO, *- are*, émier ; mettre en poudre, pulvériser, broyer.

IN-FRIO, *-are*, émier dedans, réduire en poudre.

2.

Frivo*lus* , *a , um*, frivole , vain ; 2°. frêle , fragile.

Frivo*la* , *orum*, vaiſſelle de terre ; 2°. bagatelles.

Frivo*larius* , *ii* , clinquaillier , vendeur de babioles.

Fricator, *is*; Fricatrix , *icis* , frotteur , frotteuſe.

FRIC,

Frotter : Friction.

Frico , - *are* , frotter , faire une friction.

Frictus , *ûs*; Frictio , *onis* , friction.

Fricatura , *æ* ,
Fricatio , *onis* , ⎱ l'action de frotter.
Fricatus , *ûs* , ⎰

COMPOSÉS.

Af-Frico , - *are*, frotter contre , auprès.

Af-Frictus , *ûs* , action de frotter , frottement.

Circum-Frico ,-*are* , frotter à l'entour.

Con-Frico,-*are*, frotter contre ; 2°. aigrir, railler.

De-Frico ,-*are* , frotter , décrotter ; 2°. bouchonner un cheval.

Ef-Frico , - *are* , frotter, nettoyer.

Ef-Fricatio , *onis* , friction, frottement.

In-Frico , - *are* , frotter.

In-Frictio , *onis* , l'action de frotter , frottement.

In-Frictus , *a* , *um* ; In-Fricatus , *a* , *um*, frotté.

Per-Frico , - *are* , frotter , oindre.

Per-Frictio , *onis* , l'action de frotter , d'enduire.

Re-Frica ,-*are*, refrotter ; 2°. renouveller ; 3°. ſe renouveller.

Sub-Frico ,-*are* , frotter un peu contre.

F.

Ajouté à la tête des mots commençant par R.

Les labiales B , &c. ont été ſouvent ajoutées à la tête des mots qui commencent par R : nous en avons donné divers exemples dans nos *Orig. du Langage & de l'Ecriture* , p. 145. De-là diverſes erreurs des Etymologiſtes pour n'avoir pas fait attention à cette propriété de la lettre R. Les Latins vont nous fournir des exemples remarquables de R changé en FR.

1.

FRAM.

Fram*ea* , *æ* , javeline, hallebarde des Germains : mot qui a été conſervé par Tacite.

Wachter a très-bien vu qu'il tenoit à Frum*en* , lancer ; mais en accordant qu'il en vint , d'où viendroit Frum*en* lui-même ?

FRAM eſt un dérivé de *RAM,* branche, bâton, dard :

II.

FRA Ter ,

Frere.

Ce mot eſt un binome , formé de *TER* , qui ſignifie excellent , chéri, & de Fra qui eſt l'Oriental רֵעַ , Rho, Rha, proche, parent, ami, précédé de la lettre F en Latin, de la lettre *B* en Allemand, &c.

Ce mot est Latin, Grec, Persan, Theuton, &c. De là cette famille.

FRATer, *ris*, frere; 2°. amant; 3°. allié.

FRATellus, *i*; FRATerculus, *i*, petit frere.

FRATria, *æ*, belle-sœur, femme de frere.

FRATro, *-are*; FRATerculo, *-are*, vivre comme frere, fraternifer.

FRATernus, *a*, *um*, de frere, fraternel.

FRATernitas, *is*, qualité de frere, fraternité; 20. Confrairie, société.

FRATerné, en frere, fraternellement.

FRATri-CIDa, *æ*, qui a tué son frere.

III.

FREN,

Frein.

FRENum, qui en Latin signifie frein, bride, vient du Celte FRIN, FRON, nez. C'est le Grec *RIM*, nez, joint à la lettre F qui precede volontiers la lettre R : en Irland. *Shrone*, nez.

Quant à *Rin*, ou *Ri*, nez, il s'est formé de la valeur primitive de la lettre R qui fut le nom du nez & qui en avoit la figure, qu'elle a conservé dans l'Alphabet Ethiopien.

Les Grecs firent de FREN, le mot ΦΡΕΝ, *Phrèn*, qui signifie la prudence, le jugement; c'est le sens figuré & allégorique qu'à toujours offert le nom du nez. De-là cette famille Latine.

FRENi, *orum*, } embouchure de cheval, mors de bride.
FRENum, *i*, }

FRENo, *-are*, brider, mettre un mors; 20. modérer, réprimer.

FRENator, *is*, qui bride, qui met un mors à la bouche; 20. qui modère, qui réprime.

COMPOSÉS.

DE-FRÆNatus, *a*, *um*, effréné.

EF-FRENus, *a*, *um*; EF-FRÆNatus, *a*, *um*, débridé, déréglé, fans retenue.

EF-FRENaté, avec emportement, impétueufement.

EF-FRÆNatio, *onis*; EF-FRENatio, *onis*, défordre, fureur.

IN-FRENus, *a*, *um*, } qui n'est
IN-FRENatus, *a*, *um*, } point bri-
IN-FRENis, *e*, } dé.

IN-FRENo, *-are*, brider; 20. réprimer, modérer.

OB-FRÆNatus, *a*, *um*; OF-FRÆNatus, *a*, *um*, enchevêtré, réprimé, arrêté.

RE-FRENO, *-are*, mettre un frein, réprimer, brider, arrêter.

RE-FRÆNatio, *onis*; RÉ-FRÆNatio, *onis*, bride, frein; 20. l'action de modérer.

FREQUENS,

Fréquent.

FREQUENS, est très-certainement un mot composé de plusieurs autres : mais comment en retrouver les radicaux? VOSSIUS, croyant que FERÈ, qui signifie le plus souvent, pouvoit signifier beaucoup, & voyant que *Frequens* s'est écrit *Frecuens*, il pensa que ce mot étoit composé de *Feré*, *cum*, & *ens*, & qu'il signifioit *mot-à-mot*, hommes

qui fe réuniffent en grand nombre.
On peut trouver quelque chofe de
plus fatisfaifant. FREQUENS eſt relatif à *concours* , il en eſt l'idée
propre; FRE ou FERE n'eſt donc pas
l'Adverbe *Ferè* , le plus fouvent ,
prefque ; mais le Vérbe FERO , lui-
même , porter , fe porter : FRE-
QU-ENS defigne donc *mot-à-mot* ,
des êtres qui fe portent enfemble ,
au même lieu.

FREQUens , *tis*, 1 °. fréquenté, hanté,
où l'on viént en concours ; 2 °.
nombreux ; 3°. affidu ; 4°. peuplé;
5°. ordinaire , qui arrive fouvent ,
fréquent.

FREQUenter , fouvent , fréquemment.

FREQUentia , *æ* , multitude , concours ,
grand monde.

FREQUento ,-*are* , hanter , être fréquemment avec; 2°. répéter

FREQuentatio , *onis* , répétition , fréquent
ufage.

FREQUentarius , *a*, *um*, qui fe fait fouvent ;
2°. rempli d'habitans ; 3°. où il y a grand
concours.

FREQUentamen , *inis* , fréquentation.

FREQUentamentum , *i*, fredon , cadence de
mufique.

FREQUentativus , *a*, *um* ; réitété ; qui fe
fait fouvent.

FREQuentator ; *is* ; FREQuentatrix , *cis* ,
qui hante , qui fréquente.

FREQuenti-Dicus , *a*, *um* , grand parleur.

COMPOSÉS.

IN-FREQUens , *tis* , où il y a peu de
gens ; 2°. rare , qui fe trouve rarement en un lieu.

IN-FREQUentia , *æ* , peu d'affluence , petit
nombre.

PER-FREQUens , *tis* , fort fréquenté.

RE-FREQUento ,-*are* , repeupler.

F R O,
Front.

DE FOR ; tête ; devant, prononcé FROS ;
dérivèrent ces mots Latins.

1 °.

FRONS , *tis* , front , mot à-mot , le
devant de la tête ; 2°. frontifpice ,
face ; 3°. phyfionomie, mine, dehors ; 4°. pudeur , honte.

FRONTO , *tonis* , qui a un grand front.

FRONTatus , *a*, *um* , qui fait face des deux
côtés.

FRONTalia , *ium* , fronteaux , têtières.

I I.

FRONS , *dis* , feuille d'arbres, le feuillage d'un arbre en eſt la tête.

FRONDofus , *a*, *um* ; feuillu , touffu.

FRONDeus , *a*, *um* , fait de feuilles , touffu.

FRONDeo ,-*ere* ; FRONDefco ,-*ere* , avoir des
feuilles , être feuillu.

FRONDor ,-*ari* , être effeuillé, ébrouté.

FRONDarius , *a*, *um* , qui concerne les
feuilles.

FRONDator ; *is* , qui ramaffe des feuilles.

FRONDatio , *onis* , l'action de ramaffer des
feuilles.

FRONDi-Fer , *a*, *um* , touffu , qui porte
des feuilles.

IN-FRONS , *dis* ; IN-FRONDis , *e*, qui n'a
point de feuilles.

F U.

Le primitif FU qui étant un fon fugitif
peint le fouffle, la vapeur fugitive ,

devint la racine des mots qui peignirent le tems paſſé, qui s'eſt enfui, l'exiſtence qui n'eſt plus : de-là :

I.

Fu , avoir été.

Fui, je fus, Euisse, avoir été : d'où, Futare, ancien Verbe Latin , qui, felon Caton, ſignifioit Être : & qui dut ſignifier auſſi parler , diſcourir.

De-là ces Familles.

I.

Con-Futo ,-are , réfuter ; 2°. réprimer ; 3°. mêler.

Con-Futatio , onis , réfutation , contradiction.

Re-Futo ,-are , refuſer, rejetter ; 2°. repouſſer , réprimer.

Re-Futatus , ûs ; Re-Futatio, onis , l'action de réfuter , réfutation.

2.

Futilis , e , 1°. vain , léger aiſé , à s'évanouir ; 2°. de peu de valeur ; 3°. frêle , caſſant.

Futilé, en vain.

Futilitas , atis , légereté , inutilité.

Ef-Futio ,-ire , parler légerement , ſans réflexion.

II.

FUG,

Fuite.

De Fu , qui peint le ſouffle fugitif, la vapeur, ſe forma la famille ſuivante.

Fuga , æ , fuite , l'action d'éviter ; 2°.

échappatoire , excuſe , moyen pour éviter ; 3°. exil , courſe.

Fugio , is , i , itum , ere , fuir , prendre la fuite ; 2o. éviter , refuſer.

Fugito ,-are , ſe ſauver.

Fugo ,-are , mettre en fuite.

Fugax , cis , fuyard , qui fuit aiſément , qui paſſe vite , paſſager , qui dure peu , qui n'eſt pas de garde , périſſable.

Fugitor , is , fuyard.

Fugitivus , a , um , qui s'enfuit ; 2o. déſerteur , transfuge ; 3°. paſſager , qui s'écoule.

Fugitivarius , a , um , qui cherche les eſclaves fugitifs.

Fugalia , ium , fêtes à Rome en mémoire de l'expiation des Rois.

COMPOSÉS.

Con-Fugio ,-ere , ſe retirer, avoir recours.

Con-Fugela , æ ; Con-Fugium , ii , réfuge, aſyle , retraite.

De-Fugio ,-gere , fuir , éviter ; 2°. refuſer.

Dif-Fugio ,-ere , prendre la fuite ; 2°. éviter.

Dif-Fugium , ii , fuite de côté & d'autre.

Dif-Fugo ,-are , faire fuir çà & là.

Ef-Fugio ,-gere , fuir , ſe dérober; 2°. éviter, échapper.

Ef-Fugies , ei , fuite , l'action d'échapper.

Ef-Fugium , ii , fuite , occaſion de ſe ſauver ; 2o. ouverture pour s'enfuir ; 3o. faux-fuyant , iſſue.

In-Ef-Fugibilis , e , inévitable.

Per-Fuga , æ , déſerteur , transfuge.

Per Fugio ,-gere , ſe ſauver vers.

Per-Fugium , ii , aſyle , réfuge , retraite; 2o. faux-fuyant , prétexte.

PRO-FUGUS, a, um, chaſſé de ſon pays, errant, vagabond, fugitif.

PRO-FUGIO ,-ere, s'enfuir loin.

PRO-FUGIUM, ii, réfuge; aſyle; 2°. déſertion.

RE-FUGIO ,-ere, s'enfuir, ſe reculer; 2°. éviter; 3°. refuſer.

RE-FUGA, æ, fugitif.

RE-FUGUS, a, um, qui s'enfuit, qui s'éloigne, qui ſe réfugie.

RE-FUGIUM, ii, aſyle, recours.

SUBter-FUGIO ,-ere, s'enfuir, ſe dérober, éluder.

SUBTER-FUGIUM, ii, échappatoire; faux-fuyant, détour.

SUPER-FUGIO, -ere, fuir par-deſſus.

TRANS-FUGIO ,-ere, déſerter vers les ennemis, paſſer de leur côté.

TRANS-FUGA, æ, déſerteur, transfuge.

TRANS-FUGIUM, ii, déſertion de ſon parti.

III.

F U M;

Fumée.

De ce primitif Fu, qui peint le ſouffle, la vapeur fugitive, l'exiſtence qui paſſe, ſe forma la famille ſuivante.

FUMUS, i, fumée.

FUMOſUſ, a, um, qui jette de la fumée; 2°. enfumé; noirci de fumée; 3°. fumé, parfumé à la fumée; 4°. fumeux; 5°. ſouffré; à qui l'on a donné la mèche.

FUMICUS, a, um; FUMIFER, a, um, qui jette de la fumée.

FUMEUS, a, um, plein de fumée, fumant;

FUMIDUS, a, um, qui jette de la fumée; qui ſent la fumée.

FUMARIUM, ii, cheminée; 2°. lieu où l'on fume quelque choſe; 3°. fumeterre, plante.

BINOMES.

FUMI-GO ,-are, parfumer, encenſer: d'ago, faire, conduire.

FUMI-FICUS; a, um, qui jette de là fumée: de facere, faire.

FUMI-FICO ,-are, fumer; 2°. parfumer, brûler des parfums.

COMPOSÉS.

CON-FUMO ,-are, enfumer.

IN-FUMO ,-are, enfumer.

IN-FUMATUS, a, um, fumé, ſéché à la fumée.

IN-FUMIBULUM, i, tuyau de cheminée.

SUF-FUMIGO ,-are, fumer, enfumer; 2°. donner un camouflet.

SUF-FUMIGATIO, onis, fumée, parfum qu'on donne par-deſſous.

TRANS-FUMO ,-are, pouſſer la fumée au-delà.

IV.

FUS, Fuſion.

Du primitif Fu, qui fuit, qui ſe répand au loin, qui ſe fond, ſe forma le Latin Fusus, fondu, qui s'eſt répandu; Fusus, fondu, & Fuſi, j'ai fondu, qui en ſe naſalant fit le préſent FUNDO, fondre.

Ces mots peignoient d'ailleurs aſſez bien le ſon d'une liqueur qui ſe répand avec bruit.

Ils tiennent à l'Oriental פוץ, Futz, répandre.

FUSUS, a, um, épanché, verſé; 2°. étendu, épars, qui ſe répand & fuit au loin.

Fusura, æ, fonte, fusion, l'action de fondre.

Fusio, onis, épanchement, effusion.

Fusorius, a, um, de fonte.

Fusilis, e, qu'on peut fondre.

Fusé, }
Fusiùs, } amplement, bien au long.
Fusatim, }

Fundo, is, fudi, fusum, ndere, fondre, faire fondre ; 2°. jetter en fonte ; 3°. répandre, verser ; 4°. étendre ; 5°. décharger ses eaux.

Fundito, -are, dépenser, dissiper.

COMPOSÉS.

Af-Fusus, a, um, étendu, couché.

Af-Fundo, -ere, verser, épancher, jetter sur, dans, ou contre.

Circùm-Fundo, -ere, répandre, épancher tout autour ; 2°. environner.

Circum-Fusio, onis, épanchement tout autour.

Con-Fundo, -ere, confondre, brouiller, mélanger ; 2°. troubler, mettre le désordre.

Con-Fusio, onis, mélange, mixtion ; 2°. embarras, trouble ; 3°. honte.

Con-Fusaneus, a, um, mêlé, mélangé.

Con-Fusé ; Con-Fusim, sans ordre.

In-con-Fusibilis, e, qu'on ne peut confondre.

In-con-Fusus, a, um, qui n'est point dérangé.

Di-Fundo, -ere, verser, répandre ; 2°. jetter en fonte.

Dif-Fundo, -ere, épancher, répandre ; 2°. étendre.

Dif-Fundito, -are, dissiper, consumer.

Dif-Fusio, onis, épanchement, épanouissement.

Dif-Fusilis, e, fluide, qui s'étend.

Dif-Fusé, çà & là ; 2°. d'une maniere étendue.

Ef-Fundo, -ere, verser, épancher.

Ef-Fusus, a, um, répandu ; 2°. débordé.

Ef-Fusio, onis, épanchement, écoulement ; 2°. prodigalité, profusion ; 3°. largesse.

Ef-Fusé, immodérément, avec excès.

In-Fundo, -ere, verser dedans, entonner ; 2°. répandre, introduire.

In-Fundibulum, i, ontonnoir.

In-Fusus, ûs ; In-Fusio, onis, l'action de verser, de tremper dedans.

In-Fusorium, ii, entonnoir, tuyau.

Inter-Fusus, a, um, qui se répand entre deux.

Inter-Fundo, -ere, verser entre.

Of-Fundo, -ere, répandre, verser autour.

Per-Fundo, -ere, jetter, répandre dessus ; 2°. baigner, tremper ; 3°. inspirer.

Per-Fusus, a, um, mouillé, trempé.

Per-Fusio, onis, l'action de verser dessus ; 2°. épanchement.

Per-Fusor, is, qui épanche, qui mouille.

Per-Fusorius, a, um, qui ne pénétre pas au fond, superficiel.

Per-Fusorié, confusément, d'une maniére embrouillée.

Pro-Fundo, -ere, répandre, verser abondamment ; 2°. pousser en quantité ; 3°. dissiper ; 4°. prodiguer, dépenser beaucoup.

Pro-Fusio, onis, effusion, profusion.

Pro-Fusé, en abondance, en quantité.

Re-Fusio, onis, épanchement.

Re-Fusé, -iùs, en abondance.

Re-Fundo, -ere, répandre de nouveau ; 2°. rembourser,

1°. rembourfer , 3°. faire fondre.

Suf-Fundo ,-ere, jetter , répandre.

Suf-Fusor , oris , qui répand , qui arrofe.

Suf-Fusio , onis , fluxion fur les yeux , é¡anchement d'humeur.

Suf-Fusorium , ii , canál.

Super-Fundo ,-ere , répandre par-def-fus.

Super-Fusus, a , um , débordé ; 2°. inondé ; 3°. épars , difperté.

Trans-Fundo ,-ere., furvuider, tranfvafer.

Trans-Fusio , onis , l'action de verfer d'un vafe dans un autre.

FULL,

Foulon.

Le Latin Fullo , à l'abl. Fullone , tient à nos mots, Fouler , Foule.

Tous viennent du primitif Pull, Ful, plein, rempli : 2°. foule, preffe ; 3°. preffion , oppreffion.

Fullo ,-onis , foulon ; 2°. efcarbot marqueté de blanc.

Fullonius , a , um ; Fullonicus , a , um , foulon.

Fullonica , æ , foulerie ; 2°. métier de foulon.

Fullonicum , i , attelier de foulon.

FUL,

Appui.

Bol , Bul fignifie en Celte bâton , d'où en Bafq. Bollatu , abattre , frapper.

En Irl. Bolle, coup.

Orig. Lat.

En Gall. Theut. &c. Bollt , javelot , &c.

L'Hébr. en fit פֻּלְךְ, Pulc ; bâton : Et le Latin , Ful , Fulc , d'où la famille fuivante.

Fulcio , is ,-fi , tum , cire , appuyer , fortifier.

Fulcrum , i , appui , foutien.

Fulcibilis , e , qu'on peut foutenir.

Fulcimen , inis ; Fulcimentum , i , appui , foutien.

Frumenta ,-æ ,.chantier qu'on met fous des tonneaux.

Fulmentum , i , appui., foutien.

Fultio , onis , l'action d'appuyer.

Fultura , æ , appui , foutien; 2°. nourriture.

Composés.

Con-Fulcio ,-ire, appuyer , affèrmir.

Con-Fultus , a , um , foutenu.

Ef-Fulcio ,-ire , appuyer , foutenir.

In-Fulcio ,-ire , enfoncer , mettre dedans.

Of-Fulcio ,-ire , boucher, appuyer contre.

Per-Fulcio ,-ire , appuyer fort.

Præ-Fulcio ,-ire , appuyer , foutenir.

Semi-Fultus , a , um , à demi-appuyé.

FUN,

Fon , Bon , Bun , Mon ; Fécond , abondant.

Fon , Bon , Mon , eft une racine primitive qui défigne l'abondance , la fertilité ; l'excès en groffeur ; c'eft une branche de On , Hon , élevé.

En Br. Fown , Bounn , abondant, fertile.

Founná , abonder.

Y y

Fonn, abondance.

E-Fon, abondamment.

Ar. Fon-*Muya*, le plus abondamment.

Irl. Fon*äi*, abondance.

Polon. Buyno*fé*, abondance, fertilité, excès d'abondance.

Buyny, trop abondant ; exceffif, fertile, fécond, riche.

De-là ces mots :

I.

A-Bun-do, *mot-à-mot*, donner par maffe, produire en abondance : abonder, déborder, regorger, excéder, être de trop, avoir beaucoup.

A-bun-d*antia*, *æ*, abondance, affluence ; 2o. fertilité ; 3o. furcroit, excès.

A-bun-d*atio*, *onis*, inondation ; regorgement.

A-bun-d*ans* *tis*, , fertile, abondant ; 2o. plein, rempli ; 3o. qui regorge.

A-bun-d*anter*, abondamment, beaucoup ; 2o. avec excès.

Super-abun-do,-*are*, être furabondant : être de trop.

II.

Fund*us*, *i*, fonds, terrain en rapport.

De cette même racine défignant un terrain qui a de la profondeur, qui eft fertile, en plein rapport, fe forma cette famille Latine.

Fund*us*, *i*, } 1o. fonds de terre,
Fund*um*, *i*, } terrain en valeur, en plein rapport ; 2o. Auteur, qui produit des ouvrages ; 3o.

fuperficie baffe, le fond d'un fac, d'un tonneau.

Fund*ulus*, *i*, fonds d'un vafe, petit fonds.

Fund*o*, -*are*, jetter les fondemens, fonder ; 2o. établir ; 3o. bâtir.

Fund*ator*, *is*, fondateur.

Fund*atio*, *onis*, l'action de pofer les fondemens, fondation.

Fund*amen*, *inis* ; Fund*amentum*, *i*, fondement ; 2o. tranchée où l'on met des pierres pour fervir de fondement.

Fund*itùs*, entierement.

Fund*arius*, *ii*, ouvrier qui travaille à la culture de la terre.

COMPOSÉS.

Ex-Fund*atus*, *a*, *um*, renverfé jufqu'aux fondemens.

Suf-Fund*atus*, *a*, *um*, mis deffous pour fondement.

2.

De Fund*us*, fond, & de Pro, avant, fe forma cette famille.

Pro-Fund*us*, *a*, *um*, profond, creux ; 2o. haut, élevé ; 3o. extrême, grand.

Pro-Fund*um*, *i*, mer ; 2o. gouffre ; 3o. ventre.

Pro-Fund*itas*, *tis*, profondeur.

Pro-Fund*è*, profondément.

FUNG*us*,
Champignon.

De même que le mot de Champignon vient du mot *Champ*, parce qu'il croît dans les champs, fans qu'on le feme, de même fon nom Latin,

FUNG*us*, *i*, vient du primitif FUN, FUND, terre, terrain, fonds.

2°. FUNGUS, fignifie auffi la craffe qui s'amaffe en forme de champignon, au bout du lumignon d'une lampe, ou d'une chandelle, de même que la fuie qui s'attache au cul du vafe fous lequel une lampe brûle : & 3°. ce mot défigne la maladie des oliviers caufée par la trop grande ardeur du foleil.

FUNG*ofus*, *a*, *um*, poreux, fpongieux, reffemblant aux champignons.

FUNG*inus*, *a*, *um*, de champignon ; 2°. comme un champignon.

FUNG*ofitas*, *atis*, porofité, fpongiofité, reffemblance aux champignons.

FUNGUS, *a*, *um*, fot, fat, bête, niais, étourdi.

F U N G *or*,
S'acquitter.

Du primitif BON, BUN, prononcé également, MON, MUN, TON, TUN, qui fignifie, 1°. élévation, 2°. charge, emploi, fonction, 3°. ouvrage, joint au verbe AGO, agir, fe forma le Latin FUNGOR dont l'origine étoit abfolument inconnue, & qui fignifie mot-à-mot : » je fuis élevé à un emploi, je le » remplis, je m'en acquitte ».

FUNG*or*, *ctus fum*, *gi*, être élevé à une fonction ; 2°. s'acquitter d'un emploi : 3°. jouir.

FUNC*tio*, *onis*, adminiftration, exercice d'une charge, d'un emploi.

·C O M P O S É S.

DE-FUNG*or*, *i*, venir à bout d'une chofe, l'exécuter, la finir avec quelque peine ; 2°. fe débarraffer, s'acquitter de, achever.

DE-FUNC*tus*, *a*, *um*, échappé, délivré ; 2° mort, trépaffé, défunt.

DE-FUNC*torius*, *a*, *um*, léger, foible, paffager.

DE-FUNC*torié*, d'une maniere indifférente, lâchement, nonchalamment, par maniere d'acquit.

PER FUNG*or*, *i*, s'acquitter d'un emploi, remplir un devoir, exercer une charge ; 20. effuyer, avoir à fouffrir ; 3°. être délivré.

PER-FUNC*tio*, *onis*, l'exercice d'une charge, l'acquit de fon devoir.

PER-FUNC*torius*, *a*, *um*, qui fe fait par maniere d'acquit.

PER-FUNC*torié*, négligeamment, en paffant.

F U T,
Vafe.

De BOD, BUD, profond, creux, prononcé FUT, fe forma cette famille Latine.

FUT*is*, *is* ⎫ vafe à eau ; 2°. pot à
FUT*um*, *i*, ⎭ eau ; 3°. vafe de facrifice.

FUT*ile*, *is*, vafe pointu, en ufage pour les facrifices.

FUT*o*, *are*, jetter de l'eau froide dans une marmite, pour empêcher le liquide qu'on y fait bouillir de fe répandre en dehors.

SECONDE PARTIE.

DES MOTS EN F.

MOTS OÙ F A PRIS LA PLACE DE L'ASPIRATION.

LES mots dans lesquels l'aspiration a été remplacée en Latin par la lettre F, font en fi grand nombre, que nous avons cru devoir en faire une classe à part.

FAC,

faire.

Ce Verbe, dont l'origine étoit inconnue, n'appartient pas primitivement à la lettre F : c'eſt un de ceux où elle a remplacé l'aspiration H, pour adoucir la prononciation de ce mot : aussi les Espagnols qui prononcent ce Verbe HAZA, en ont conservé le son primitif. C'eſt l'Oriental עשה, Hoſé ; ou à la Masorethe, Haſa, Faire.

Mot qui eſt lui-même un dérivé de עז, Hozz, Hezz, qui fignifie Fort, Puiſſant, puiſqu'en effet, pour faire, pour exécuter, pour opérer, il faut être fort & puiſſant en œuvre.

Cette racine primitive Hezz, a produit une famille immenſe, auſſi peu connue que le dérivé dont il s'agit ici : & on peut la confidérer elle-même comme un des principaux dérivés du Verbe E ; HE, peignant l'exiſtence.

1.

FACIO, is, feci, factum, ere, faire, agir, cauſer ; 2°. pratiquer ; 3°. facrifier ; 4°. s'acquitter de ſon devoir.

FACILIS, e, aiſé à faire, qui ſe fait ſans peine ; 2°. traitable, doux, complaiſant ; 3°. flexible, ſouple, obéiſſant ; 4°. obligeant ; favorable, propice.

FACILITAS, is, le pouvoir de faire ſans peine, qui eſt fait aiſément, facilité ; 2°. indulgence, complaiſance ; 3°. molleſſe, foibleſſe.

FACUL,
FACILÉ,   aiſément, ſans peine, à ſon
FACILITER,   aiſe ; 2°. ſans contredit, ſans
FACULTER,   difficulté.

2.

FACULTAS, is, 1°. capacité, pouvoir de faire, efficace, vertu ; 2°. commodité, moyen ; expédient ; 3°. abondance, quantité ; 4°. art, science, secret ; 5°. droit, congé.

FACULTATES, um, moyens, puiſſances, richeſſes.

FACTOR, is, Artifan, Ouvrier ; 2°. Auteur ; 3°. celui qui renvoye la bale au jeu de paume.

FACTITIUS, a, um, fait de main ; artificiel.

3.

FAS, Fais ; ce qu'on doit faire : parconféquent ; 1°. permis, légal ; 2°. droit, juftice.

Fasti, orum ; Fastus, uum, jours où l'on peut agir & où le bareau étoit ouvert ; 2°. par conféquent jours où l'on prononce fur les procès, où l'on rend juftice ; 3°. Calendrier où l'on voit les noms de ceux qui rendent la Juftice, & les jours qui y font confacrés.

NEGATIFS.

Ne-Fas, c'eft la crafe de ne-Faes, qui fignifie, non fas eft, on ne doit pas faire ; ne faites pas : par conféquent, défendu, illégitime, injufte, chofe contre la loi, crime, mauvaife action.

Ne-Farius, méchant, qui fait ce qui eft défendu.

Ne-Farie ; ne-Fario, méchamment.

Ne-Fastus, a, um, qui n'a pas été permis par la Loi, quod non Fas eft ; car c'eft un mot fyncopé pour ne Fas est, qui n'eft pas permis ; 2°. malheureux ; 3°. méchant, fcélérat.

+.

Faceffo, is, ffi, fivi, fii fitum, ere ; 1°. faire, accomplir, exécuter ; 2°. fufciter, attirer ; 3°. fe retirer, partir ; 4°. chaffer, éloigner ; 5°. abandonner, quitter.

Faxo, is, it, je ferai ; faffe.

Facinus, oris, action, fait ; 2°. crime, attentat.

Facinorofus, a, um, criminel, débordé, diffolu.

Factio, onis ; 1°. maniere d'agir ; 2°. ligue, confpiration ; 3°. troupe, bande de gens de même profeffion ; 4°. autorité, crédit.

Factiofus, a, um, actif, agiffant, turbulent ; 2°. factieux, intriguant ; 3°. opulent qui a du crédit.

Factiose, par cabales, par intrigues.

Factus, ús, façon qu'on donne au marc,

Factum, i, fait, action, entreprife.

Factura, æ, ftructure, compofition ; 2°. état, ouvrage.

Factito, -are, faire fouvent, pratiquer.

Factitatio, onis, l'action de faire fouvent,

Facturio, -ire, avoir envie de faire.

COMPOSÉS.

Af-Fecto, -are, afpirer, prétendre, pourfuivre ; faire quelque chofe exprès.

Af-Fectator, is, qui affecte, qui recherche trop particulierement ; 2°. qui fait tous fes efforts pour atteindre à quelque chofe.

Af-Fectatio, onis, foin trop étudié ; 2°. défir véhément exprimé au dehors.

Af-Fectate, d'une maniere affectée, étudiée.

In-af-Fectatus, a, um, non affecté.

Af-Ficio, is, eci, ectum, icere, émouvoir, toucher, caufer quelque altération.

Af-Fectus ; a, um, ému, agité ; 2°. comblé ; 3°. affectionné, difpofé ; 4°. infecté, mal difpofé, taché ; 5°. abattu, languiffant ; 6°. avancé, achevé.

Af-Fectus, ús, paffion, difpofition ; 2°. maladie, indifpofition.

Af-Fectus, uum, enfans, gages d'un amour conjugal.

Af-Fectio, onis, inclination, penchant ; émotion, changement, état.

Af-Fectuofus, a, um, affectueux, plein de tendreffe ; 2°. pathétique.

Ante-Facta, orum, actions paffées.

Con-Facio ,-ere , faire conjointement.

Con-Frcio ,-ere , faire , achever , expédier; 2°. procurer , caufer ; 3°. amaſſer , acquérir ; 4°. tuer , aſſommer ; 5°. gâter , perdre.

Con-Ficiens , tis , qui achève.

Con-Ficientiſſimus , a , um , très-exact.

Con-Fectus , a , um ; terminé , accompli ; 2°. caſſé , infirme , épuiſé ; 3°. détruit , défiguré , mort.

Con-Fectio , onis , compoſition , préparation , l'action d'achever.

Con-Fectura , æ , fabrique , manufacture ; 2°. confection , préparation.

Con-Fector , is ; con-Fectrix , is , qui achéve , qui met fin.

In-con Fectus , a , um , qui n'eſt point achevé.

De-Ficio ,-ere , manquer , avoir beſoin ; 2°. abandonner , quitter , quitter un parti ; 3°. finir , ſe terminer; 4°. tomber en défaillance , s'éclipſer ; 5°. mourir , expirer.

De-Fectus , a , um , dépourvu ; 2°. languiſſant , caſſé.

De-Fectus , ûs , diſette , faute , défaut ; 2°. révolte , déſertion; 3°. foibleſſe , langueur , abattement.

De-Fectio , onis , manque ; 2°. rébellion ; 3°. défaillance.

De-Fector , is , rébelle , révolté ; 2°. déſerteur , transfuge.

Dif-Ficilis , e , malaiſé , difficile ; 2°. obſcur , embarraſſé ; 3°. capricieux , fâcheux ; 4°. pénible , fatiguant.

Dif-Ficilè ,
Dif-Ficiliter ,   } avec peine , malaiſément.
Dif-Ficulter ,

Dif-Ficultas , is , embarras , travail , obſtacle ; 2° beſoin , indigence , défaut , pauvreté.

Per-lif-Ficilis , e , très-malaiſé.

Per-dif-Ficiliter ; Per-dif-Ficulter , fort malaiſément.

Sub-dif-Ficilis , e , qui n'eſt pas aiſé.

Ef-Ficio , ere , 1°. faire , procurer ; 2°. s'efforcer ; 3°. achever , terminer , accomplir.

Ef-Ficientia , æ , activité , force.

Ef-Ficienter , avec effet.

Ef-Ficax , is , qui a la force , la vertu , qui fait effet.

Ef-Ficacia , æ ; Ef-F.cacitas , is , vertu , propriété.

Ef-Ficaciter , avec ſuccès , avec force.

In-ef-Ficax , is , qui n'a pas de force , qui eſt ſans ſuccès.

In-ef Ficaciter , ſans ſuccès , inutilement.

In-Ficio ,-are,
In Ficior ,-ari,   } nier , refuſer.

In-Ficias ire , dénier , aller à l'encontre.

In-Ficiatio , onis , déſaveu.

In-Ficiator , is , qui nie , calomniateur.

In-Ficialis , e ; In-Fitialis , e , négatif , qui nie quelque choſe.

In-Ficiens , tis , qui ne fait pas.

In-Ficio ,-ere , teindre , colorer ; 2°. empoiſonner , corrompre ; 3°. inſtruire , former.

In-Fectus , a , um , qui n'a pas été fait , imparfait ; 2°. teint , mis en teinture ; 3°. gâté , ſali.

In-Fectus , ûs , teinture.

In-Fector , is , teinturier ; 2°. qui ſert à teindre.

In-Fectivus , a , um , qui ſert à teindre.

Inter-Ficio ,-ere , tuer , faire mourir ; 2°. détruire.

Inter-Fectio , onis , meurtre , tuerie.

Inter-Fector , is , meurtrier , qui tue.

Inter-Fectivus, a, um ; Inter-Fectibilis, e, mortel, qui cause la mort.

Nauci-Facio,-ere,
Nihili-Facio,-ere, } mépriser.

Of-Factus, a, um,
Of-Fectus, a, um, } mis au devant, empêché.

Of-Fector, is, teinturier, qui-reteint les étoffes.

Of-Ficio,-ere, s'opposer, être contraire; 2°. se mettre au-devant; 3°. nuire, faire du tort, incommoder; 4°. empêcher. Le mot suivant est l'antithèse du précédent.

Of-Ficium, ii, devoir, obligation, emploi, ministère; 2°. bon office, plaisir; 3°. dernier devoir.

Of-Ficiosus, a um, obligeant; serviable, honnête.

Of-Ficiosè, obligeamment, de bonne grace, de bon cœur.

Of-Ficialis, is, Ministre public, Magistrat; 2°. Ministre de l'Eglise.

Of-Ficina, æ, attelier, laboratoire, boutique.

Of-Ficinator, is, Artisan, Ouvrier.

Of-Fici-Perda, æ, ingrat auprès duquel un service est perdu.

In-of-Ficiosus, a, um, désobligeant, qui n'oblige personne.

Parvi-Facio,-ere, estimer-peu.

Per-Facilis, e, fort aisé.

Per-Facilè, très-facilement.

Per-Ficio,-ere, faire entierement, terminer; 2°. accomplir, exécuter; 3°. faire en sorte que.

Per-Ficus, a, um, qui perfectionne.

Per-Ficè; Per-Fectè, entiérement, parfaitement.

Per-Fica, æ, Déesse de la volupté.

Per-Fectus, ûs; Per-Fectio, onis, perfection, achevement.

Per-Fector, is; Per-Fectrix, icis, qui achéve, qui polit.

Im-per-Fectio, onis, imperfection.

Im-per-Fectus, a, um, qui n'est point achevé.

Post-Factum, i, ce qu'on a fait après.

Præ-Facio,-ere, préférer.

Præ-Facilis, e, très-facile.

Præ-Fectus, i, Gouverneur, Intendant, Commissaire.

Præ-Fectura, æ, Intendance, Gouvernement.

Præ-Fectorius, a, um, qui concerne un Gouverneur.

Præ-Ficio,-ere, commettre, préposer, laisser pour chef.

Præ-Fica, æ, pleureuse d'enterrément, louée, préposée pour pleurer.

Pro-Ficiscor,-sci, partir, s'en aller; 2°. tirer son origine.

Pro-Fectio, onis, départ, voyage.

Pro-Fectitius, a, um, qu'on tient de son pere.

Pro-Ficio,-ere, profiter, gagner; 2°. réussir, s'avancer; 3°. être utile, aider.

Pro-Fectus, ûs, profit, avancement.

Pro-Fectò, certes, véritablement.

Re-Facio,-ere, refaire.

Re-Ficio,-ere, rajuster, réparer.

Re-Fectus, ûs; Re-Fectio, onis, repas, réfection; 2°. réparation, rétablissement.

Re-Fector, is, qui rétablit, qui raccommode.

Re-Fectorium, ii, réfectoire, lieu où l'on mange en communauté.

Semi-Factus, a, um, à demi-fait.

Suf-Ficio,-ere, suffire; 2°. mettre

à la place; 3°. fournir; 4°. être
affez fort; 5°. teindre, tacher.

SUF-Ficientia, æ, fuffifance.
SUF-Ficienter, fuffifamment.

SUPER-Ficiens, tis, exuberant.

BINOMES.

1.

MAGNi-Ficus, a, um, magnifique,
pompeux; 2°. faftueux, vain.

MAGNi-Ficè; MAGNi-Ficenter, pompeu-
fement.

MAGNi-Ficentia, æ, fublimité, pompe.

MAGNi-Fico,-are, élever par des louanges;
2°. reconnoître avec admiration.

MAGNi-Ficatio, onis, l'action de penfer
ou de parler magnifiquement.

MAGNi-Facio,-ere, eftimer, prifer beaucoup.

2.

MALe-Ficus, a, um, malfaifant; 2°.
nuifible; 3°. fcélérat.

MALe-Ficè; MALe-Ficiofè, malicieu-
fement.

MALe-Ficium, ii, méchante action,
dégât, tort.

MALe-Ficentia, æ, dommage; 1°. pente
au mal.

MALe-Facio,-ere, faire du mal.

MALe-Factor, is; MALe-Factrix, cis,
qui fait mal, malfaiteur.

MALe-Factum, i, crime, mauvaife
action.

3.

MIRi-Ficè, d'une maniere qui fait
merveille.

MIRi-Ficus, a, um, merveilleux.

MIRi-Fico,-are, rendre merveilleux.

4.

MUNi-Fex, icis, qui fait quelque devoir, obligé de faire quelque chofe.

MUNi-Ficus, a, um, libéral, qui fait du
profit.

MUNi-Ficè, libéralement.

MUNi-F.centia, æ, libéralité.

MUNi-Fico,-are, faire préfent.

MUNi-Ficium, ii, chofe qui n'eft point
exempte de payer les douanes.

5.

MULTi-Facio,-ere, eftimer fort.

FAC.

De דגה, HAGG, qui fignifie en
Oriental, réjouiffance, joie, fête,
doit être venu le Latin FAcetus,
qui eft réjouiffant, enjoué, qui
infpire la joie.

FAcetus, a, um,　⎱ enjoué, rail-
FAcetofus, a, um,　⎰ leur, badin,
bouffon; 2°. rifible; 3°. délicat.

FAcetè, plaifamment, agréablement.

FAcetia, æ; FAcetiæ, arum, enjouement,
plaifanteries, bons mots.

FAcetior,-ari, plaifanter, railler agréablement.

COMPOSÉS.

PER-FAcetus, a, um, fort plaifant.

PER-FAcetè, fort plaifamment.

IN-FAcetia, arum; IN-Ficetiæ, arum,
mauvaifes plaifanteries.

IN-Ficetus, a, um, qui n'a rien de groffier.

FAD, FED, FID,
Corde.

HED, HYD, fignifie en Celte, étendue; 2°. longueur, fil, corde,
parce que ce font des objets longs
& étroits:

En Bafq. HEDea, courroie, laniere:
Hébr.

Héb. חוט, *Hut*, *Hyt*, ficelle, filet. Ce mot, par le changement de H en F, forma l'Allem. FaDen, fil, & la famille suivante chez les Latins dont l'origine étoit absolu. ment inconnue.

Fidelia, æ, vase de terre blanche à mettre du vin ; 2°. ficelle blanchie avec de la craie, pour tirer au cor. deau.

Fidis, is, la lyre ; 2°. corde d'instru. ment de musique.

Fides, is ; Fides, ium, instrument de musique à cordes.

Fidicula, æ, petit instrument de musique à cordes.

Fidiculæ, arum, instrumens de torture pour étendre le corps avec violence.

B I N O M E S.

Fidi-Cen, inis, } Muficien, Musi-
Fidi-Cina, æ, } cienne, qui jouent d'instrumens à cordes en s'ac. compagnant de la voix : De can, chanter.

Fidi-Cinius, a, um, qui concerne les inftrumens à cordes.

Fidi-Cino, -are, jouer des instrumens de musique montés de cordes.

✦ F A R.

De Har, Far, élevé, se formèrent les mots suivans, qui défignent des arbres élevés.

1.

Farnus, i, mot rendu par ceux de hêtre, de chêne.

En Irl. Fearn fignifie un aune.

En Vald. Varne, Vergne, défigne Orig. Lat.

une efpéce de haut fapin, de hêtre. Ces mots viennent fans doute de Har, Bar, haut, élevé.

2.

Farranum, i, }
Far-Fenum, i, } efpéce de peu-
Far-Fugium, u } pliers ; 2°. pas
Far-Fara, æ, } d'âne, plante.
Far-Farus, i, }

3.

De Far, élevé, prononcé Fr, & de *Vy*, Hatz, bois, fe formerent, Fraxinus, i, frêne.

Fraxinus, a, um ; Fraxineus, a, um, de frêne.

F A S C, F I S C,

fifcelle, bande.

Fasc, Fisc, bande, fifcelle, cordon, font du nombre de ces mots où l'af. piration a cédé la place à la lettre F.

Ask, Isk, eft un mot radical qui défigne la force, la puiffance, d'où le Grec Iskhus, force, puif. fance ; isko, iskano, contenir, re- tenir, réprimer.

Skoinos, cordeau ; 2°. mefure itinéraire.

Phaskolos, écrin,

Phaskolon, bourfe, caffette.
De-là ces familles Latines.

1.

Fascia, æ, 1°. bande, bandelette ; 2°. écharpe, jarretière ; 3°. ban- dage, brayer ; 4°. mouchoir de cou, gorgerette ; 5°. jupe ; 6°. bande, coterie ; 7°. bandeau royal, diadême; 8°. cercle du Zodiaque, Zône de la Sphere; 9°. cercle qui paroît quelquefois autour du foleil; 10°. langes, draps, fangles de lit.

FASC*is*, *is*, fagot, botte, fafcine; 2°. charge, fardeau.

FASC*es*, *ium*, faifceaux de verges, marque de la fuprême Magiftrature.

FASC*iculus*, *i*, ballot, paquet.

FASC*iatlm*, par faifceaux.

FASC*iola*, *æ*, bandelette, ruban, jarretière.

FASC*io*, *-are*, bander, emmaillotter, entourer de bandes.

2.

FISC*us*, *i*, 1°. panier, fac; 2°. panier à mettre de l'argent; 3°. tréfor public, fifc; 4°. couloire, panier mis au preffoir, pour que le marc ne paffe pas avec la liqueur.

FISC*alis*, *e*, qui concerne les finances, le tréfor public.

FISC*ina*, *æ*, corbeille, panier de jonc, d'ofier.

FISC*ella*, *æ*, petit panier; 2°. mufelière; 3°. clayon, éclifle à égoutter des fromages.

FISC*ellus*, *i*; FISC*eilum*, *i*, éclifle, forme de fromage; 2°. mangeur de fromages frais.

COMPOSÉS.

CON-FISC*o*, *- are*, confifquer.

CON-FISC*atio*, *onis*, confifcation.

CON-FISC*arius*, *ii*, délateur.

SUF-FISC*us*, *i*, un fac, une bourfe.

FELIC*itas*,

Félicité.

HAL, HEL fut un mot Celte & primitif qui fignifia fanté, falut, &c.

Il forma une multitude de mots en toute langue, mais fa lettre H fe changea fouvent en F, en S, &c. comme nous avons vu dans l'*Origine du langage & de l'Ecriture.*

De-là, par le changement de H en F, fe forma la famille fuivante, tandis qu'on en dériva celle de *Salus* par fon changement en S.

FEL*ix*, *cis*, ⎫ heureux, fortuné;·
FOEL*ix*, *cis*,⎭ 2°. favorable, propice; 3°. fertile.

FEL*icitas*, *is*, bonheur, fortune, profpérité.

FEL*iciter*, heureufement.

IN-FEL*ix*, *is*, malheureux; 2°. ftérile.

IN-FEL*icitas*, *is*, malheur, difgrace.

IN-FEL*iciter*, malheureufement; 2°. par malheur.

IN-FEL*icito*, *-are*, jetter dans le malheur,

FEMIN*a*,

Femme.

Du mot HOMIN*e*, homme, fe forma le mot FEMIN*a*, par le changement de H en F, & par l'adouciffement d'O en Œ,& puis en E. De-là cette famille.

FEM*ina*, *æ*, femme, femelle; 2°. Dame, Maîtreffe.

FEM*ella*, *æ*, petite femme.

FEM*ineus*, *a*, *um*, de femme; 2°. efféminé, lâche; 3°. tendre; 4°. déréglé; 5°. languiffant.

FEM*ininus*, *a*, *um*, féminin.

FEM*inatus*, *a*, *um*, efféminé.

EF-FEM*ino*, *-are*, énerver, amollir corrompre, gâter.

FE Mur,

Cuiſſe.

L'origine de ce mot inconnue juſqu'ici tient à la même racine que le Grec Hômos, & le Latin Humerus qui tous deux ſignifient *épaule*.

Ici le radical s'eſt prononcé en F pour déſigner la cuiſſe.

Ce radical eſt Hem, Hom, groſſeur, formé de M grand.

Femur, oris, cuiſſe, dehors de la cuiſſe.

Femen, inis, dedans de la cuiſſe, cuiſſe.
Femorale, is, cuiſſart, armure de la cuiſſe.
Femoralia, ium; Feminalia, um, culottes, caleçons.

F E Nus,

Gain.

Du primitif On, Hon, richeſſes, abondance, ſe forma cette famille Latine.

Fenus, oris, 1°. profit, gain; .2°. intérêt d'argent; 3°. uſure, intérêt exceſſif, illégitime.

Fenebris, e, d'uſure.
Fenerator, is, }
Fenerarius, ii, } uſurier, qui prête à
Feneratrix, cis, } uſure.
Feneralia, um, échéance du paiement des uſures.
Feneratio, onis, prêt à uſure.
Feneratò, avec uſure.
Feneratitius, a, um, uſuraire.
Feneratorius, a, um, d'uſure.

F E R,

Frapper.

De Har, Bar, branche, rameau,

ſe formerent en Latin les verbes Ver-Bero, battre, frapper; & Ferio, frapper, bleſſer; tandis que d'autres peuples conſerverent la prononciation aſpirée.

Ainſi l'Eſpagnol dit;

Herio, frapper.
Herida, bleſſure.

On a même dit en Latin.

Herina, æ, action de couper, caſtration. De-là:

1.

Ferio, -ire, frapper, bleſſer; 2°. au figuré ſacrifier.

Re-Ferio, -ire, rendre coup pour coup, frapper à ſon tour; 2°. réfléchir.

2.

Feriæ, arum, mot-à-mot, jours de ſacrifices; 2°. au figuré jours de repos, fêtes, réjouiſſances; 3°. vacations, féries.

Ferior, atus ſum, ari; mot à mot, être en féries, fêter; 2°. être oiſif.
Feriatus, a, um, qui ſe divertit.
Feriaticus, a, um, de vacations.
Malé-Feriatus, a, um, pareſſeux, qui ne s'occupe à rien; mot à mot, mal diſpoſé pour la fête.

3.

Ce mot éprouva un autre changement ordinaire aux langues: R ſe changea en D. De-là l'Italien ancien, Fedire, frapper; & le Latin,

Foedus, eris, alliance, ligue, traité, parce qu'on les confirmoit en frappant dans les mains & en immolant une victime en ſigne qu'on conſentoit à être traité comme cette victime, ſi on étoit parjure au traité.

· Fœdero ,-are, ſe liguer , s'allier.

BINOME.

Foedi-Fragus , a , um , qui rompt l'alliance.

4.

Ferula , æ ; férule , eſpéce de plante ; 2 °. inſtrument du ſupplice que les pédagogues font ſubir aux enfans : de Ferio , frapper.

Ferulæ , arum , premiers bois des jeunes cerfs.

Ferulaceus , a , um , de férule.

BINOMES.

Oculi-Ferius , a , um , qui frappe la vue.

Oculi Ferium , ii , étalage , montre de boutique.

FESTum , Fête.

De Hes , manger, repas , vint la famille ,

Fistum , i , fête , mot-à-mot , jour de repas ſolemnel; 2°. feſtin, banquet.

Festus , a , um , de fête ; 2°. joyeux ; 3°. agréable, divertiſſant ; 4°. heureux , fortuné.

Festivus , a , um , agréable , joyeux , divertiſſant.

Festivitas ,atis, enjouement, galanterie, jeux d'eſprit , air enjoué.

Festivè , gaiement, agréablement, d'une manière enjouée, plaiſante, réjouiſſante.

NÉGATIFS.

- In-Festo , - are , faire le contraire

d'une fête, c'eſt-à-dire, ravager, déſoler , nuire.

In-Festus , a , um , pernicieux , acharné à nuire , qui fait de la peine ; 2°. à qui l'on fait de la peine.

In-Festivus , a, um, qui n'a rien d'agréable.

In-Festator , is , qui ravage , Pirate.

In-Festiviter , groſſièrement.

In-Festè, avec hoſtilité, en ennemi.

In-Festatio , dégât , ravage.

COMPOSÉ.

Pro-Festus , a , um , jour où l'on travaille , où l'on ne ſe régale pas ; 2°. excommunié, exclus du repas ſacré.

2

Fitilla , æ, bouillie en uſage dans les Sacrifices.

Fescennini ,

Eſpéce de vers.

Les Latins appelloient Fescennini ; les vers qu'on chantoit dans les noces & dans les feſtins , vers ordinairement libres & enjoués. Les Etymologiſtes Latins ont été fort embarraſſés ſur l'origine de ce nom ; les uns diſoient qu'il venoit de la Ville de Feſcennie où on avoit inventé ce genre de chanſons : les autres le dérivoient de Faſcinum , charme , parce , diſoient-ils , que l'objet de ces vers étoit de diſſiper l'effet des charmes, des ſorts qu'on auroit pu jetter ſur les mariés. On ſent très-bien que ces Etymologies ſont ſans fondement. C'eſt un mot compoſé, 1 °. de Cenn , chant, & 2°. de Fest , fête , feſtin , banquet: mot-à-mot , chanſons de ban-

quets, de table ; elles font ordinairement gaies & libres , & fur-tout
dans les feftins de noces.

HEST, FUSTis,

Bâton.

De St , Est , être debout, fe forma
chez les Habitans du Nord le mot
Fest & chez les Gaulois Fust fignifiant, 1°. arbre , bois ; 2°. branche
d'arbre. De-là ces familles Latines.

1.

Fustis, is , bâton, baftonnade, fupplice des baguettes.

Fusticulus , i , petit bâton.

Fustim , à coups de bâton.

Fustuarius , ii , exécuteur, celui qui fuf-
tigeoit les criminels.

Fustuarium , ii , volée de coups de bâton,
baftonnade, fupplice des baguettes.

Fustitudinæ, arum , lieu où l'on frappoit les criminels.

Fustigatus , a , um, bâtonné, fuftigé.

Fusterna , æ , bâton noueux ; 2°. tronc de
fapin.

BINOMES.

Fusti-Balus i bâton à lancer des
pierres.

Fusti-Balatores , um , ceux qui faifoient
jouer la balifte.

2.

Fistuca , æ , hie, demoifelle de paveur ;
2°. fonnette , mouton.

Fistuc>-are, affermir à coups de hie ,
battre , applanir avec la batte ; 2o. enfoncer à coups de mouton.

Fistucatio , onis , l'action d'enfoncer des
pilotis avec le mouton : action de battre
du plâtre, du ciment.

FIL.

Filum , i , eft le même que notre mot
Fil, & tous les deux paroiffent
tenir à celui de Pilus, dont nous
avons fait Poil ; & à Capillus ,
dont nous avons fait Cheveu.

Mais quelle eft l'origine de ces
mots ? On a cru qu'ils venoient
tous de Pel qui fignifie peau, enveloppe , mot primitif, commun
à une foule de langues, enforte
que peau, poil & fil , en Latin
Pellis, Pilus, Filum , ne feroient
que des nuances d'un même mot,
du mot Pellis.

On a dit également Fall pour
poil, cheveu.

En Irl. Faltach , peliffe, manteau ,
enveloppe.

En Ecoffois, & en Irl. Folt, cheveu, poil.

Folium , viendroit de la même
racine , puifque les feuilles font
comme les plumes, les cheveux
des arbres.

Il en fera de même de Velum,
voile , enveloppe.

Mais ici l' & F pourroient bien
n'être qu'une nuance de l'afpiration H ; dès-lors ceci conduit au
primitif Hal , cacher , couvrir,
voiler, envelopper, qui fit l'Allem.
Helen , Hulen., le Latin Celo,
en François Celer, &c.

De-là en effet tous ces mots :

La Peau qui couvre le corps ; le
poi', la plume, qui couvrent la peau ;
les cheveux qui couvrent la tête.

On a très-bien vu que le Grec

PTILon qui fignifie plume, aile, voile, cafque, venoit de la même racine, FIL ou PIL, parce que les Grecs aimoient de faire fuivre le P du T.

Mais ce que perfonne n'a vu, ce dont on ne fe doutoit point c'eft que les Hébreux avoient le même mot & le même ufage. Chez eux. פתיל, PTHIL fignifie, Fil, cordon ; 2°. ruban ; 3°. voile, manteau ; 4°. coeffe, turban.

On pourra donc arranger ainfi les dérivés de Hal :

1°. PELLis, peau, autrefois *Pel*, d'où, peler.

2°. PLuma, plume.

3°. PILus, poil.

4°. Ca-PILLus, cheveu.

5°. FILum, fil.

6°. VELum, voile.

En voici quelques-uns.

1.

FILum, i, fil, filet ; 2°. ligne ; 3°. trait.

FILatim, par filets.
FILarium, ii, peloton de fil.
FILaciffa, æ, fileufe ; 1°. petite araignée.
Ex-FILatus, a, um, faufilé, coufu avec.

2.

FILtratio, onis, filtration.

3.

FILix, cis, fougere.

FILictum, i, une fougeraye.
FILicatus, a, um, dentelé comme la fougere.
FILicula, æ, polypode, plante.

4.

F I L , F U L.

De FIL, FUL, coëffure, voile, fe forma cette famille Latine.

IN-FULa, æ, mitre, turban, ornement facerdotal.
IN-FULatus, a, um, qui a cet ornement fur la tête.
Ex-IN-FULo, -are, ôter l'ornement de tête dont fe couvroient les facrificateurs.

H I L , F I L.

Du même radical HEL, HIL, HOL, fignifiant production, action d'élever (*Col.* 30. 31.) & prononcé en F, vinrent,

I. F I Lius, Fils.

En Celte HIL fignifie enfant, poftérité.
En Hébr. עויל, HWul.
En Bafq. ILo.
En Angl. CHILD.

De-là,

FILius, ii, fils, enfant, petit.
FILia, æ, fille.
FILiolus, i, petit garçon, petit fils.
FILiola, æ, fillette, petite fille.
FILialis, e, , d'enfant, filial.
FILiafter, tri ; FILiaftra, æ, beau-fils, belle fille.

II. F O Lium, Feuille.

FOLium, feuille, en Orient. עלה, Holè ; c'eft un dérivé de *Hol*, fur, deffus ; 2°. élévation.

Ce mot fignifiant également produire, on voit qu'il convient parfaitement à l'idée des feuilles, puifque ce font des productions placées au-deſſus des plantes aux quelles elles fervent air fi de chevelure, de couverture, de couronnement.

Foʟɪum, ii, feuille ; 2°. feuillage ; 3°. guirlande, couronne.

Foʟɪoſus, a, um; Foʟɪatus, a, um, feuillu, couvert de feuilles.

Foʟɪaceus, a, um, fait de feuilles ; 2°. fait en forme de feuilles.

Foʟɪatio, onis, l'action de fe couvrir de feuilles.

Foʟɪatum, i, forte de parfum des anciens.

Foʟɪatura, æ, feuillage des arbres.

Bɪɴomes.

Mɪʟʟe-Foʟɪum, ii, } mille-feuille,
Mɪʟʟe-Foʟɪa, æ, } herbe.

Tʀɪ-Foʟɪum, ii, tréfle.

FOR

Du ·Grec Hoʀᴍos, rade, port, abri pour les vaiſſeaux, fe forma le Latin,

Foʀᴍɪæ, arum, rades excellentes, bons ports, abri ſûr.

FOR,

Ouvertüre, Porte.

Du primitif Oʀ, jour, lumiere, les Latins firent Foʀɪs, 1°. porte, jour d'une niaiſon; 2°. ce qui eſt au grand jour, en dehors. De-là uné nombreuſe famille.

1.

Foʀɪs, dehors, par-dehors.
Foʀás, hors, dehors.

Foʀin-ſecùs, par dehors.

Composés.

A-Foʀɪs, de dehors.
Dɪ-Foʀɪs, en dehors, par dehors.

2.

Foʀum, i, halle, porche, galerie, corridor, appartement extérieur; 2°. entrée, veſtibule d'un tombeau; 3°. marché, place publique de trafic; 4°. Barreau, lieu où l'on rend la Juſtice; 5°. cuve à vendanger.

Foʀenſis, e, du barreau.
Foʀa, orum, cuves de preſſoir.
Iɴ-Foʀator, oris, qui appelle en Juſtice.

3.

Foʀɪ, orum, chaiſes, bancs; 2°. fentiers, allées d'un jardin ; 3°. ponts d'un navire, tillac.

Foʀuli, orum, armoires, tablettes à livres, trous ; 2°. tiroirs, layettes.
Foʀɪs, is ; Foʀes, ium, porte.

Foʀculus, i, le Dieu des portes.

Foʀɪa, orum, excrémens liquides, foire, ce qu'on jette au dehors.
Foʀiolus, a, um, qui a le cours de ventre, foireux.
Foʀɪca, æ, privé, retrait, l'ouverture de la garde-robe.
Foʀɪcula, æ, petite porte, guichet.
Foʀɪnæ, arum, canaux, tuyaux.

4.

Foʀo, - are, trouer, percer.
Foʀabilis, e, qu'on peut percer.
Foʀamen, inis, trou ; 2°. pore.

Composés.

Cɪʀcùm-Foʀo, - are, percer tout autour.

CIRCùm-FORaneur , a , um , qui va de place en place , de marché en marché , pour vendre.

IN-FORO , - are , percer, trouer ; 2°. . divulguer.

IN-FORator , is, celui qui perce.

PER-FORO , - are , trouer , percer.

PER-FORatio, onis , l'action de trouer.

PER-FORale , is ; PER-FORaculum , i, foret , villebrequin.

TRANS-FORO ,-are , percer de part en part.

BINOMES.

MULTI-FORus , a , um ; MULTI-FORis , e , qui a plufieurs trous.

MULTI-FORabilis , e; MULTI-FORatilis, e, percé de plufieurs trous.

SEPTI-FORis , e , qui a fept trous.

FORM,

Forme , figure.

Du même primitif HOR , jour , lumiere , vint en Grec HORaó , voir , d'où par le changement de H en M les Grecs firent MORHhé, forme, figure, apparence , vifion , tandis que les Latins changeant H en F , en firent :

FORMa , la forme , la figure , l'apparence , fous laquelle on voit un objet.

FORMa , æ , 1°. figure, forme ; 2°. plan, modele ; 3°. idée, image ; 4°. moule ; 5°.écliffe,forme de fromage ; 6°. régle ; 7°. beauté , graces.

FORMella , æ, écliffe de fromage.

FORMo-are , figurer , façonner , former ; 2°. dreffer , inftruire.

FORMula , æ , formule , maniere, regle ;

2°. ftyle prefcrit dans les actes judiciaires.

FORMularius , ii , un bon Praticien , qui pôffède l'ufage du barreau.

FORMaiis , e , qui eft dans les formes.

FORMalitas , is , formalité.

FORMaliter , formellement.

FORMatura , æ , tour , conformation.

FORMatio, onis , repréfentation , deffein.

FORMator , is , qui façonne, qui inftruit.

FORMamentum , i , forme que prend quelque chofe.

FORMafter , tri ; qui imite , qui contrefait quelqu'un ; 2°. qui fait l'agréable.

FORMaceus , a , um , fait de terre paitrie.

FORMofitas , is , beauté , grace.

FORMofus , a , um, beau , joli,

FORMofulus , a , um , joli, gracieux.

COMPOSÉS.

CON-FORMO , - are , former , donner une forme ; 2°. difpofer , ajufter , preffer.

CON-FORMitas , is , reffemblance , rapport.

CON-FORMis , e , femblable , de même figure.

CON-FORMatio , onis , arrangement , figure , tour ; 2°. idée, notion , repréfentation ; 3°. profopopée.

CON-FORMator , is , qui arrange , qui forme , qui régle.

DE-FORMO , - are , 1°. défigurer , rendre difforme ; 2°. faire le portrait , décrire ; 3°. déshonorer ; tailler , dégroffir.

DE-FORMis , e, défiguré , hideux , vilain ; 2°. honteux , mal-féant.

DE-FORMitas, is, laideur; 2°. deshonneur.

DE-FORMiter , d'une maniere défagréable.

DE-FORMatio ,

Dɛ-Formatio , onis , deſſein , eſquiſſe , ébauche ; 2°. l'action de défigurer; 3°. deshonneur.

Iɴ-Formis , e , qui n'a ni forme , ni figure , qui n'eſt point formé.

3.

Iɴ-Formitas , is , imperfection , difformité.

Iɴ-Formo ,-are , former , dreſſer ; 2°. ébaucher, crayonner ; 3°. ſe former dans l'idée ; 4°. inſtruire , 5o. décrire.

Iɴ-Formatio , onis , idée , repréſentation.

Iɴ-Formabilis , e , à quoi l'on ne peut donner de forme.

Pɛr-Formo , - are , former entiérement.

Præ-Formo , - are , former , dreſſer par avance ; 2 °. ébaucher.

Præ-Formator , is , qui forme auparavant.

Præ-Formatio , onis , ébauche , l'action de former auparavant.

Rɛ-Formo , - are , former de nouveau, réformer.

Rɛ-Formatio , onis réformation.

Rɛ-Formator , is ; Rɛ-Formatrix , icis , reſtaurateur , réformateur , réformatrice.

Trans-Formo , - are , métamorphoſer ; donner une autre forme.

Trans-Formis , e , qui change de forme.

Trans-Formatio , onis , métamorphoſe.

BINOMES.

Multi-Formis , e , qui eſt de pluſieurs figures ; 2°. changeant.

Multi-Formiter , diverſement.

Omni-Formis , e , qui prend toute ſorte de formes.

Pluri-Formis , e , qui a pluſieurs formes.

Semi-Formis , e , à demi-formé.

Orig. Lat.

Sɛpti-Formis , e , qui eſt de ſept manieres.

Tri-Formis , e , qui a trois figures.

FOR.

Du même primitif Hor jour , lumiere , qui ſignifie également ſoleil , feu , chaleur , dériverent tous ces mots en For , Fer , Fur.

I.

Formica , æ , fourmi , parce qu'elle cauſe une vive cuiſſon par ſa piquure.

Formicinus , a , um , de fourmi.

Formicoſus , a , um , plein de fourmis.

Formico ,-are , démanger , chatouiller.

Formicatio , onis , ébullition de ſang avec démangeaiſon.

Formicans , tis , } qui fait reſſentir une
Formicalis , e , } démangeaiſon ſemblable
Formicabilis , e , } à celle que cauſeroient des fourmis.

Formi-Lega , æ , fourmi : de Lego , cueillir.

II.

Fornax , cis , fournaiſe.

Fornacula , æ , four, fourneau.

Fornaceus , a , um ; Fornacalis , e , de four, de fournaiſe.

Fornacalius , ii , } fournier, celui qui
Fornacarius , ii , } chauffe les fours.
Fornacator , is , }

Fornacalia, ium ; Fornicalia, um , Sacrifices qu'on faiſoit aux Dieux dans les fours.

III.

Fornix , icis , voûte , arche ; 2°. lieu de proſtitution.

Fornicor ,-ari , être courbé en arc , ſe voûter.

Fornicatio , onis , ſtructure en voûte.

FORNicator , is , débauché , fornicateur.

FORNicarius , a , um , de débauche.

CON-FORNico. , - are , voûter, former en arc.

EX-FORNicor , -ari , pécher contre nature.

I V.

FURNus , i , four , fournaise.

FURNarius , ii , Boulanger.

FURNaria , æ , boulangerie , métier de Boulanger.

FURNaceus , a , um , de four.

PRÆ-FURNium , ii , bouche d'un four.

IN-FURNibulum , i , pèle à feu.

V.

De HER , chaleur , les Grecs firent PHER , THER , chaleur , & PHERm , chaud : En Anglois & en Allemand WERm & WARm : les Latins difent aussi en FERM , FERV .

FORBEa , æ , nourriture chaude.

FERMentum , i , levain , ferment.

FERMento , -are , faire fermenter, joindre avec du levain.

FERMentefco. , -ere , lever, s'enfler.

FERMentatio , onis , fermentation.

FERVO , -ere , brûler, jetter des flammes ; 2°. prendre feu , se mettre en colere ; 3°. se troubler , s'échauffer.

FERVor , voris , ardeur , chaleur ; 2°. bouillonnement, tranfport ; 3°. fermentation , agitation.

FERVeo , es , bui , ere ; FERVefco , is , fcere , s'échauffer , bouillonner ; 2°. être embrâsé , agité.

FERVidus , a , um , brûlant , bouillant ; 2°. vif , qui a du feu ; 3°. animé , agité.

FERVenter , avec feu , ardeur .

FERVE-Facio , feci , factum , faire bouillir ; 2°. agiter , animer.

COMPOSÉS.

CON-FERVeo , es , bui, ére , ⎫ se fondre
CON-FERBeo , - ére , ⎬ enfemble ,
se fouder , se rejoindre. ⎭

CON-FERVefco , -ere , bouillir , fermenter ; 2°. s'enflammer.

CON-FERVe-Facio , ere , embrâfer , brûler .

DE-FERBeo , ⎫ ⎫ 1°. ceffer
DF-FERVeo , ⎬ bui ou vi ⎬ de bouillir,
DE-FERVefco, ⎭ ⎭ se refroidir ;
2°. s'appaifer , se calmer.

DE-FERVe-Facio ; IN-FERVe-Facio , -ere , faire bouillir.

EF-FERVeo , -ere , ⎫ ⎫ fourdre , fe
EF-FERVo , is , vi , bui , ere , ⎬ répandre à
EF-FERVefco , is , bui , ere , ⎭ gros bouil-
lons ; 2°. s'échauffer, mettre fa bile en mouvement.

IN-FERVefio ,
IN-FERVeo , ⎫ bouillir avec.
IN-FERVefco , ⎭

PRÆ-FERVidus , a , um , fort chaud , ardent.

PER-FERVidus , a , um , très-chaud.

RE-FERBeo , ⎫ 1°. re-
RE-FERVeo , bui , ere , ⎬ com-
RE-FERVefco , is , bui , fcere , ⎭ mencer
à bouillir ; 2°. se refroidir.

SUB-FERVidus , a , um , un peu ardent .

SUF-FERVeo , es , bui ; SUF-FERVe-Fio , bouillonner un peu.

SUF-FERVe-Facio , faire bouillir un peu.

V I.

FEB Ris , Fiévre.

De l'Oriental HUR , feu , se forma le Grec PUR , feu : d'où par le change-ment de P en F & de U en B fe

forma le mot FEBR, qui défigna le feu;
2°. la fiévre, qui eſt un feu interne.

I.

FEBRis, is, fiévre, friſſon.

FEBRilic, e, de fiévre.
FEBRio, -ire, avoir la fiévre.
FEBRicula, æ, petite fiévre.
FEBReſco, -ere, éprouver des mouvemens de fiévre.
FEBRicoſus, a, um; FEBRiculoſus, a, um, fiévreux qui cauſe la fiévre.
FEBRiculoſitas, is; FEBRicitatio, onis, mouvement de fiévre.
FEBRicito, -are, avoir la fiévre.
FEBRicitator, is, qui a la fiévre.
FEBRiculentus, a, um; FEBRicitans, tis, qui éprouve les friſſons de la fiévre.

BINOME.

FEBRi-FUGa, æ, } matricaire; 2°. fé-
FEBRi-FUGia, æ, } brifuge.

2.

FEBRuum, i, ſacrifice expiatoire.

FEBRuus, i, Dieu des mânes, Pluton.
FEBRuus, a, um, qui expie, qui purge.
FEBRulis, is; FEBRualis, is, ſurnom de Junon Expiatrice.
FEBRuo, -are, expier, faire des purifications.
FEBRuatio, onis; FEBRuamentum, i, expiation, purgation.
FEBRuarius, ii, le mois de Février, où ſe faiſoient les Sacrifices expiatoires.
FEBRuarius, a, um, de Février.

VII.
FUR, Fureur.

Du Primitif UR, feu, chaleur, prononcé FUR, ſe forma cette famille Latine.

I.

FURo, is, -ere, être en fureur; 2°. être tranſporté de colere; 3°. enrager.

FURor, is, furie, tranſport; 2°. folie; manie; 3°. enthouſiaſme; 4°. paſſion violente.
FURio, -are, mettre en furie.
FURioſus, a, um, furieux, tranſporté de fureur; 2°. inſenſé.
FURioſè, en furie.
FURens, tis, impétueux, violent.
FURenter, avec fureur.

2.

FURia, æ, fureur, tranſport de colere.

FURiæ, arum, furies, remords de conſcience.
FURialis, e, de furieux.
FURialè. FURialiter, en furie.
FUR bundus, a, um, tranſporté, furieux.
FURina, æ, Erynnis, Déeſſe des crimes.
FURinalia, ium, fêtes dédiées à Erynnis.

COMPOSÉS.

INTER-FURO, -ere, faire le furieux par-tout.

PER-FURO, -ere, être tranſporté de fureur.
PRÆ-FURO, -ere, être fort en fureur.
SUF FURor, -ari, filouter, dérober en cachette.

FUL,
briller.

De HEL, HOL, ſoleil, lumiere, vint par le changement de H en F, la famille Latine FULGere, briller, compoſée de tous ces dérivés.

FULGo, is, ſi, ere, } briller,
FULGeo, es, FUIſi, ere, } répandre une extrême clarté; 2°. éclairer, faire des éclairs.

Fulgur, *is*, ⎫ lueur extrême, fplen-
Fulgetrum, *i*, ⎬ deur ; 2°. lumiere,
Fulgetra, *æ*, ⎨ éclat ; 3°. grande &
Fulgor, *is*, ⎭ fubite lueur, éclair, foudre.

Fulguro ,-*are*, briller, reluire ; 2°. éclairer, faire des éclairs.

Fulguritus, *a*, *um*; Fulguratus, *a*, *um*, frappé de la foudre.

Fulguritas, *atis*, fplendeur, éclat.

Fulgurio ,-*ire*, foudroyer, lancer la foudre.

Fulgurator, *is*, devin, qui pronoſtiquoit ce que préſageoient les éclairs.

Fulguralis, *e*, qui concerne les éclairs.

Fulgora, *æ*, la Déeſſe des éclairs.

C O M P O S É S.

Af-Fulgeo, - *ere*, reluire, éclairer ; 2°. fe montrer favorable.

Circum-Fulgeo ,-*ere*, briller de toutes parts.

Con-Fulgeo ,-*ere*, refplendir.

Ef-Fulgo, *is*, *ere*, briller.

Ef-Fulgeo ,-*ere*, éclater, reluire.

In-Fulgens, *is*, refplendiſſant, luiſant.

Inter-Fulgeo ,-*ere*, briller au milieu.

Per-Fulguro, - *are*, briller comme des éclairs.

Præ-Fulguro ,-*are*, faire briller comme un éclair.

Præ-Fulgeo ,-*ere*, être refplendiſſant.

Re-Fulgeo, - *ere*, avoir de l'éclat.

Re-Fulgentia, *æ*, lueur, brillant.

Re-Fulgidus, *a*, *um*, refplendiſſant.

Super-Fulgeo, *es*, *ere*, briller davantage.

2.

Fulmen, *inis*, foudre, feu du Ciel.

Fulmineus, *a*, *um*, de foudre.

Fulmino ,-*are*, foudroyer.

Fulminatio, *onis*, éclat de tonnerre.

Dif-Fulmino ,-*are*, foudroyer.

3.

Feles, *is*; Felis, *is*, chat, fouine ; belette ; à cauſe de leur couleur d'or ou jaune.

Felio ,-*ire*, crier comme le léopard.

Felinus, *a*, *um*, de chat.

Fulviana, *æ*, efpèce d'ortie.

4.

Flavus, *a*, *um*, c'eſt pour Falvus, qui fe diſoit autrefois, & dont les François avoient fait Falve, & puis Fauve, de couleur d'or, blond.

Flaveo ,-*ere*; Flavefco ,-*ere*, devenir blond doré ; 2°. jaunir.

Flavi-Comans, *tis*; ——— *comus*, *a*, *um*, qui a les cheveux blonds : de Coma, chevelure.

Sub-Flavus, *a*,*um*; Suf-Flavus, *a*, *um*, un peu jaune, ventre de biche.

Fulvus, *a*, *um*, jaune, roux, fauve.

Fulvaſter, *tra*, *trum*, roux, ventre de biche.

5.

Fuligo, *inis*, fuie de cheminée.

Fuligineus, *a*, *um*, de fuie.

Fuliginofus, *a*, *um*, plein de fuie.

Fulix, *icis*; Fulica, *æ*, poule d'eau, ainſi appellée, de fa couleur noirâtre.

F U Nis ,

Corde.

Ce nom eſt un de ceux où la lettre F a remplacé l'aſpiration H pour en adoucir la prononciation. C'eſt le mot primitif Hon ΙΩ, qui ſignifie comme-ver le, lier, & comme nom un rejetton, un rameau tendre, fouple, propre à faire des liens.

Les Grecs en firent le mot Ines,

nerfs , fibres, fils , prononcé également In au fingulier ; mais alcéré
au nominatif en Is ; comme cela
arrive conftamment dans ces fortes
de noms de la troifiéme déclinaifon , qui perdent toujours une
fyllabe au nominatif.

Les Hébreux pour diftinguer ces
deux idées de lier & de branche
proche propre à lier , prononcent
le premier Hond & le fecond
Honrh.

1.

Funis , is , corde , cable.
Funiculus , i , ficelle , cordelette.
Funarius , ii , Cordier.
Funalis , e , de corde , d'attelage.
Funale , is , corde , cable ; 1°. flambeau ,
torche.
Fun-Ambulus , i , Voltigeur, Danfeur de
corde.
Funetum , i , branches de vigne tortillées
en corde.
Fune-Repus , a , um , qui danfe fur la
corde.

3.

De Funis , corde , fe forma Funda ,
filet; 2°. fronde.
En Grec Sphendoné , que mal-à-
propos on regardoit comme la racine de Funda.

Funda , æ , fronde , 2°. tramail :
filet de pêcheur : 3. chaton de
bague.

Fundula , æ , petite fronde.
Funditor, is , Funditularius , ii , frondeur.
Fundibulum , i , fronde ; 2°. la pierre
lancée avec la fronde.

Fundibalifta , æ , ⎫
Fundibalus , i ,   ⎪
Fundibulus , i ,   ⎬ frondeur.
Fundibulator , is ,   ⎪
Fundibularius , ii,   ⎭

F U Nus ,
Funérailles.

Lorfque fans aucun principe, on vouloit percer l'obfcurité profonde des
Etymologies , on a dit:Funus nom
des convois funébres vient de Funis , corde ; car ces convois fe faifoient la nuit, par conféquent aux
flambeaux ; or ces flambeaux con-
fiftoient en branches liées avec des
cordes : & ceux qui fentant le ridicule de ces étymologies , cherchoient quelque chofe de mieux ,
foupçonnoient que ce mot Funus
pouvoit bien venir du Grec Phonos
meurtre , maffacre : à quoi ils auroient pu ajouter que les premieres
funérailles furent occafionnées par
un meurtre. Mais ce n'eft rien de
tout cela.

Funus eft un de ces mots où la
lettre F a pris la place de l'afpiration, & auquel les Latins ont ajouté leur terminaifon us pour le nominatif, er pour les autres cas : le
radical fut donc Hun, Hwn , Hon:
Mais ce mot eft une onomatopée
repréfentant les foupirs , les gémif-
femens d'une profonde trifteffe.

Auffi les Orientaux en firent les
mots עון , Honi , affliction, mifere , douleur : האן , Hun , peines

douleurs, ennuis; ﬠﬠﬠ, *Hunn*, noirceur, obfcurité, ténébres.

Tout eft noir dans les funérail-les, la Nature entiere femble être en deuil : il femble qu'il ne refte plus que douleur & qu'angoiffe, que rien ne fera capable de con-foler.

1.

FUNUS, *eris*, 1°. convoi,enterrement; 2°. mort; 3° ruine, perte.

FUNERA, *æ*, la plus proche parente d'un mort.

FUNEréus, *a*, um,
FUNErarius, *a*, um, ⎫
FUNeratitius, *a*, um, ⎬ de funérailles.
⎭

FUNero, *-are*, enterrer, faire les funé-railles.

FUNeratus, *a*, um, dont on a fait les funé-railles; 10. mort, tué.

5.

FUNebris, *e*, de deuil, qui concerne les funérailles.

FUNeflus, *a*, um, dommageable, perni-cieux; 2°. qui caufe la mort; 3°. qui eft en deuil; 4°. fouillé de meurtre.

FUNflo, *-are*, profaner par un meurtre un lieu facré.

Fin de la premiere Partie du Dictionnaire Etymologique.

ERRATA.

COL. 24. Æchtsen, lifez Æchzen.
— 27. Alacer; eris, lif. cris.
— 60. Schn-Apfen, lif. Schn-Appen.
— 75. Ære-Diratus, lif. Ære-Diru-tus.
— 76. Lig. 3. fodire, lif. foderes.
— 89. Armi-luſtrum, ii, lif. i.
— 90. Hortamentum, is, lif. i.
Ibid. Hortatius, lif. Hortativus.
— 93. Assares, a, um, lif. Assares, um.
— 102. lign. dern. Aplustria, iorum, lif. ium.
— 120. Automaria, lif. Automataria.
— 130. Præ-Bito, lif. Præ-Bibo.
— 172. Fety, lif. Fett.
— 179. lig. 2. Bbto, lif. Beto.
— 213. lign. dern. Per-cepio, lif. cipio.
— 218. Scabres, ei, lif. is.
— 246. lig. 11. par morceaux, lif. par monceaux.
— 249. Castellula, lif. Cistellula. Cesti-Ger, lif. Cistiger.
— 250. Inter-Costacus, lif. Inter-Costalis.
Inter-Cos, lif. Inter-cus.
— 251. Codon-Phorus, lif. Codono-Phorus.

— 257. Cespitius, lif. Cespititius.
— 268. lig. 7. Scapel, lif. Scalpel.
— 269. lig. 6. avant la dern, entraille, lif. entaille.
— 292. lig. 4. antus, lif. antes.
— 300. Accline, is, lif. Acclinis, e.
— 355. avant dern. Concpor, lif. Cunctor.
— 365. Cannabis, i, lifez is.
— 380. Curalis, e lif. Curialis, e.
— 381. De-Curiatus, a, um, en deux endroits, lif. De-Curiatus, us.
— 428. Ago-Ceros, lif. Ægo-Ceros.
— 447. Κρατης, lif. Κρατηρ.
— 457. Causi-Ficcor, lif. Causi-Ficor.
— 468. Crumata, orum, lif. um.
— 500. Collaphizo, lif. Colaphizo.
— 506. Kisse, lif. Kiss.
— 523. Dicitale, lif. Digitale.
— 528. Dicato, lif. Dicta.
— 585. lig. 5. Itinearius, lif. Itinerarius.
— 653. Fedelis, lif. Fidelis.
— 654. Per-Fidelis, e, très-difficile, lif. très-fidele.
— 660. Af-Fibulo, -are, boucher, lif. boucler.
— 662. Con-Figo, ere, per, lif. percer.
Col. 578. Ne lifez le N° V qu'après le N° IX. col, 580.

F I N.

Christmas 2009

Dad

The Kokoda was [the highlight?]
of my 2009. This book gives
you some idea of the experiences
we had.

Happy Christmas
Lots of love
David & Jill
(Plus all the clan!)

KOKODA SPIRIT

Patrick Lindsay

hardie grant books

MELBOURNE • LONDON

To
NFX202692 and NX55729

And
To the Diggers of Kokoda and the Fuzzy Wuzzy Angels

For
Lisa, Nathan, Kate and Sarah

INTRODUCTION

This book is my tribute to the men of Kokoda and to the spirit that sustained them through their darkest hours.

I first visited Kokoda in 1983 when I was reporting a series of stories for the Nine Network's *Today* show. It was to be the start of more than twenty-five years of connection to the place and the spirit it represents. Like most Australians at that time I only had a vague knowledge of the story of the battles along the Kokoda Track and no real understanding of their importance to Australia's history.

In 1991 I was commissioned to write and direct a documentary for the Australian army: *Kokoda—The Bloody Track*. In doing so, I met and interviewed many Kokoda veterans. I was immediately impressed with them as a body of men and I was captivated by their remarkable stories. I formed warm and lasting friendships with many of the Diggers: from the start I was fascinated by the spirit that had enabled them to endure such unspeakable horrors and to prevail against overwhelming odds. When I first walked the Track in 1992 I sought to comprehend this and each time I have returned I have tried to extend my understanding.

I have felt the unmistakable melancholic aura of lost spirits in many places along the Track—at Kokoda plateau, Isurava, Eora Creek, Brigade Hill and Mission Ridge—and sometimes unexpectedly in its nooks and crannies. (I have since experienced similar feelings on other battlefields like Gallipoli and Fromelles.) Almost always these occasions bring tears and a strange desire to pause and reassure those souls that their sacrifices were not in vain.

For almost all the soldiers from both sides of the conflict, their Kokoda experience provided many of the defining moments of their lives. Those lucky enough to return home invariably believed that, having survived Kokoda, they could overcome any obstacle placed before them.

I wrote *The Spirit of Kokoda* in 2002. It was the first attempt to explore the spirit which sustained those Diggers; since then there have been a score of books, a number of documentaries and even a feature film using the name Kokoda. My friend, the noted Australian film-maker Yahoo Serious, is in the final stages of pre-production for his movie epic *Track of Angels*, which will place the Kokoda story against the Pacific War, in the tradition of Peter Weir's classic *Gallipoli*.

Since *The Spirit of Kokoda* was released, interest in Kokoda has grown dramatically. The story is now included in school history syllabuses across the nation and the number of trekkers has exploded. But despite this coverage, my book remains the only one devoted to an examination of the Kokoda spirit. This spirit has captured the imagination of countless Australians, who want either to walk in the footsteps of the Diggers or to learn more of the story and the way it might be applied to their daily lives.

In *Kokoda Spirit* I decided to interweave images and text to better capture the spirit of Kokoda. In doing so I have drawn on the photos, records and memorabilia of the time and combined them with the stunning images of Sunshine Coast photographer Ross Eason (who walked the Track twice, recording his impressions) and my own photographs, most taken on the Track last year, to create a montage that reflects the place, the people, the events and the emotions. that combine to form the spirit.

Perhaps the most remarkable photos in the book are those taken by one of the heroes of the campaign, Stan Bisset. I am proud to have counted Stan as a friend for almost two decades. During a recent visit with Stan and his beloved wife Gloria, out of the blue he mentioned that he had a camera (sent by his father) with him during the campaign—he had never mentioned it before in all our previous conversations. I asked whether he had had the time to take many shots: after a search, Gloria produced a package of extraordinary—never before published—photos. They show Stan and his brother Butch and their comrades before the campaign, and include striking shots taken on the Track—showing Diggers walking through the jungle, crossing creeks and Japanese weapon pits and graves in the jungle. They add immensely to the feeling of the time. I've also been fortunate to have been given some wonderful memorabilia by Phil Rhoden's widow, Pat, George and Josie Palmer, and others. They have all brought colour and authenticity to the final presentation.

I wrote the following words for the first edition of *The Spirit of Kokoda*. Every time I have subsequently walked the Track, they have been reinforced:

The Track was a purifying force, reducing me to my core operating system—'Just put one foot in front of the other'—and forcing me to focus on life's essentials. I thought of the precious fragility of life, the power of love and the endless rhythms of nature with its cycles of death and renewal. I enjoyed the warmth and simple humanity of the people who lived along the Track. I appreciated their natural generosity and humility. I was awed by the enormity of the ordeals endured by the young Diggers who had fought along this tiny path. My appreciation grew enormously as I retraced their steps and I felt the aura of the spirits of those young men from both sides of the conflict who never returned to their homelands. It was a heady experience—a turning point.

My great friend and mentor, the late Phil Rhoden, provided what I still believe is the finest explanation of the spirit of Kokoda. The much-loved former commander of the 2/14th Battalion believed it came down to three things: 'Interdependence, the ability to fight on when there's scarcely a breath left in your body for the sake of your mates and, lastly, respect for each other.' May that timeless spirit live on and long may we remember the Diggers of Kokoda and their selfless deeds.

PATRICK LINDSAY

Membare

Kokoda

Oivi　　Gorari

Awala

Gona

Sananand

Jumbora

Buna

Popondetta

Deniki　　Kobara

Isurava

Alola　　Fila

MT BELLAMY

Kagi

Efogi

TRACK

Menari

Nauro

KOKODA

Ioribaiwa

Uberi

Owers Corner

Ilola

Itiki

Koitaki

Port Moreseby

Ilimo

Igora

Soputa

Dobodura

Eora Creek

Templetons Crossing

MT KENEVI

Hogenahamba

Sangara

Sangara Riv.

Waropi

Kumusi River

OWEN

STANLEY

RANGE

N

(Not to scale)

Today it's hard to imagine what those young men endured for our freedom.

GOD'S GARDEN

IT IS JUST A SLIGHT DEPRESSION IN THE JUNGLE FLOOR, perhaps two metres long by a metre wide and around ten centimetres deep—about the size of a camp bed or, more appropriately, a bush grave. Hundreds of similar depressions are scattered throughout the jungle nearby, hidden in the steep hillsides which fall to a white-water stream roaring away fifty metres below.

Something terrible has happened here. The feeling is almost tangible. A sinister aura hangs as thick as the dense foliage which covers the land from treetop to leaf-mould floor. The sense of unease increases as the afternoon shadows mix with the drifting mist that creeps through the jungle wall creating grotesque shapes which seem to have lives of their own.

The depression has lain untouched for almost seven decades while the jungle reclaimed it, as it always does. In August of 1942, the depression was a weapon pit—a temporary refuge for young Australian soldiers who were putting their lives on the line to defend their homeland from Japanese invasion.

Here, high in the rainforests of the Owen Stanley Range above the tiny village of Isurava, a band of young Diggers fought what turned out to be the crucial battle in the Kokoda campaign. Although they were outnumbered by their Japanese opponents by as many as five or six to one, the Australians held Isurava for four critical days. In doing so, they inflicted hundreds of casualties on the hitherto unchecked conquerors. The casualties shocked the Japanese and made them question their invincibility, but it was to be the unexpected delay to their planned advance on Port Moresby along the Kokoda Track which would ultimately prove fatal to their aims.

The late Ralph Honner was the inspirational commanding officer of the first Australian battalion to face the Japanese: 'That primitive path was to become a soldiers' Calvary; and along its grim Golgotha, the decisive action was not some valiant, fruitless venture at Kokoda but the grinding four-day Battle of Isurava. If Isurava's defenders had wavered in the face of the first onslaughts, or had fought less tigerishly through the succeeding days and nights, the ensuing course of the campaign must inevitably have been radically changed.'

Today, life goes on at the Isurava battle site. The weapon pits have long been filled in by the jungle's relentless cycles of growth, death, decay and regrowth. As the shadows lengthen and the heavy mountain mists shroud the valleys, the roar of the raging mountain stream almost drowns out the squeals and cheers which drift over from a ragtag game of volleyball the villagers are playing on the cleared flatland 100 metres behind. In August 1942 this was the killing field where hundreds of young warriors shed their blood in this unforgiving land.

Today, it is hard to imagine what those young men endured for our freedom, but the journey here gives some clues. It takes around eight hours of walking, climbing, clambering, slipping and skidding to travel from the township of Kokoda to the Isurava battlefield. Think of it as eight hours on a Stairmaster exercise machine—most of the time in a steam-room but then, during the tropical downpours which drench the land almost every afternoon, it's like standing under a fireman's hose. The climbing is relentless, bringing searing pain to thigh muscles, but descending is far worse. It results in what the Diggers called 'laughing knees'— an uncontrollable shaking brought about by overuse of the quads in unfamiliar fashion, a condition exacerbated by constant slipping in the wet.

The rain here is unique. It is fat rain. When you look at it through a clearing in the forest it seems to fall as constant straight lines rather than as drops. It completely changes the landscape. The ground turns to slush—heavy, cloying, foul-smelling mud. As you climb, the root-strewn paths turn into slipways, then watercourses, then mini-waterfalls. The creeks rage and roar and the bigger ones transform into major obstacles. Seasoned trekkers know never to camp on a river bank, as unseen rain high in the hills can cause the rivers to suddenly rise two or three metres within hours. When the rain eases, the heat kicks in and the humidity becomes almost unbearable—a smothering, steaming pressure-cooker. When you walk out of the jungle canopy and into the periodic fields of kunai grass which grow taller than a man, the rising heat hits like a sledgehammer. People have been known to faint when first exposed to this merciless steam bath.

Kokoda is one of the world's
most fascinating locations
— at once both alluring and foreboding.

And this is just a tiny portion of what we know as the Kokoda Track. The country around the Isurava battlefield is about as tough as it gets, but there are many steeper and more sustained climbs along its tortuous route. What we know today as the Track is a native walking path which meanders from Papua New Guinea's swampy north coast, around the towns of Buna and Gona, through Kokoda and on to Port Moresby on the country's southern coast. On the way it passes over the Owen Stanley Range, 'the Rockies of the Pacific', which splits the country east–west. The Owen Stanleys are a wickedly intricate web of razorback ridges and valleys covered by barely penetrable rainforest and kunai grass. They rise and fall like shark's teeth, up to 2500 metres and back down again, in places to as low as 400 metres above sea-level.

The Track plays a leading role in the story of Kokoda. It has a character of its own. It is one of the world's most fascinating locations—at once an alluring, challenging obstacle of compelling beauty and yet a foreboding, perilous microcosm of life at its rawest and most savage. Neither the Japanese nor the Australians understood the Track when they first confronted it in 1942. The leadership from both sides thought it could be used as a major

The jungle is a riot of greenery

transport route and the Australian HQ even thought there were tight passes along it which could be defended by a handful of men, or be dynamited to block the invaders. They spoke of 'the Kokoda Gap' as though it resembled the pass at Thermopylae in Greece, where 300 Spartans held off thousands of Persians some 2500 years ago. In fact, the Gap did exist, but only for aircraft: it was a break in the hills through which unpressurised planes could fly without being forced over the main range where they would need oxygen. But the Gap was kilometres wide and was utterly undefendable. The terrain of the main Track is so rough that even today there is nothing even remotely resembling a road passable by motor vehicles of any kind.

The Track changes constantly as it wanders along the ridge-lines, up the hills, down the valleys, through the kunai fields, across the rivers and creeks, then back up gullies and around cliffs, through swamps and, very occasionally, along brief flat stretches of open country. It ranges from a tiny foothold along a cliff face to a beautiful walkway through a cathedral of trees fifty metres high, from an almost invisible push-way through two-metres-high kunai grass to a series of random hand- and foot-holds of tree roots and rocks up an almost vertical rise.

full of teeming life forms.

The jungle is a riot of greenery chock-full of teeming life forms—a biologist's delight, God's Garden. Massive hardwood trees reach to the heavens, weighed down by countless vines and creepers which grasp at the giant pandanus palms, ferns, shrubs and smaller trees all vying for space and a share of the elusive shafts of light that penetrate the canopy. Add the bamboo, lawyer vines, staghorns, maidenhair, chokos, banana trees, wild orchids, myriads of flowers and endless palms, and it's an enormous greenhouse. Plant a paddle-pop stick here and it would grow.

The jungle floor is the engine room—a pulsing, creeping, decaying, growing carpet of mulch which produces metres of rich, moist, black soil and ensures the growth cycle continues just as it has for tens of thousands of years.

Man is definitely the intruder here. This land belongs to the spiders, mites, ticks, mosquitoes, scorpions, centipedes (as big as your hand), bees, bugs, slugs and march flies (the size of the top of your thumb) which cover every square centimetre of it. You hear birds constantly but see them rarely. Every so often a squadron of dazzling giant butterflies will waft past showing off their kaleidoscopic patterns of iridescent blues and brilliant reds, greens and yellows. Mother Nature has to pull out all the stops to catch your eye in the midst of this collision of colour.

Every so often, tiny villages hold the jungle at bay, randomly perched on sawtooth ridges, with breathtaking views over deep green valleys. Here small family groups have lived and worked their gardens for thousands of years. Until World War 2, most had seen few Europeans, just patrol officers and the occasional mercenary, missionary or misfit. Now Kokoda and many of the villages along the Track have honoured places in our history.

Australians have long known of America's iconic battle of the Alamo and they've heard of its heroes Davy Crockett, Daniel Boone, and Jim Bowie. But until recently very few Aussies had heard of the battles of Kokoda, Isurava, Brigade Hill, Mission Ridge, Templeton's Crossing, Ioribaiwa, Gona, Buna and Sanananda—which in 1942 saved Papua New Guinea and Australia from Japanese domination. Yet the heroes of these battles—men like Bruce Kingsbury, Charlie McCallum, Butch and Stan Bisset, 'Teddy' Bear, John Metson, Claude Nye, Lefty Langridge, Ralph Honner, Harry Saunders and many, many more—are virtually unknown to those who enjoy their legacy: prosperity in a free land.

The Battle for the Kokoda Track is Australia's Alamo. If Gallipoli symbolised the Anzac spirit in World War 1, then Kokoda is its World War 2 equivalent. Ralph Honner summed it up: 'Whereas Gallipoli may have been the birth of a nation amongst the blunders of Gallipoli, the Kokoda campaign was the overcoming of blunders in another campaign where Australia was doing its growing up. For the soldiers, it was just another lone example in a long series of blunders in sending troops into battles they shouldn't have been sent into, under-trained, under-equipped, under-manned against odds they shouldn't be asked to cope with. It's a triumph I think of the Australian soldier over extreme adversity which should never have been asked of him.'

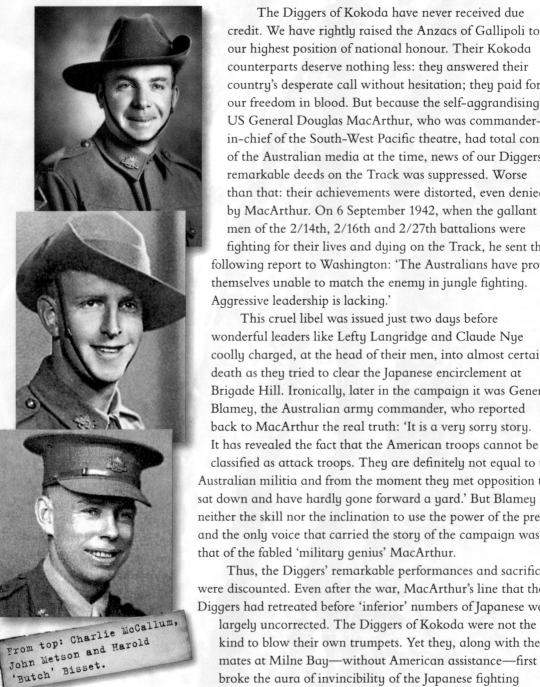

From top: Charlie McCallum, John Metson and Harold 'Butch' Bisset.

The Diggers of Kokoda have never received due credit. We have rightly raised the Anzacs of Gallipoli to our highest position of national honour. Their Kokoda counterparts deserve nothing less: they answered their country's desperate call without hesitation; they paid for our freedom in blood. But because the self-aggrandising US General Douglas MacArthur, who was commander-in-chief of the South-West Pacific theatre, had total control of the Australian media at the time, news of our Diggers' remarkable deeds on the Track was suppressed. Worse than that: their achievements were distorted, even denied, by MacArthur. On 6 September 1942, when the gallant men of the 2/14th, 2/16th and 2/27th battalions were fighting for their lives and dying on the Track, he sent the following report to Washington: 'The Australians have proved themselves unable to match the enemy in jungle fighting. Aggressive leadership is lacking.'

This cruel libel was issued just two days before wonderful leaders like Lefty Langridge and Claude Nye coolly charged, at the head of their men, into almost certain death as they tried to clear the Japanese encirclement at Brigade Hill. Ironically, later in the campaign it was General Blamey, the Australian army commander, who reported back to MacArthur the real truth: 'It is a very sorry story. It has revealed the fact that the American troops cannot be classified as attack troops. They are definitely not equal to the Australian militia and from the moment they met opposition they sat down and have hardly gone forward a yard.' But Blamey had neither the skill nor the inclination to use the power of the press, and the only voice that carried the story of the campaign was that of the fabled 'military genius' MacArthur.

Thus, the Diggers' remarkable performances and sacrifices were discounted. Even after the war, MacArthur's line that the Diggers had retreated before 'inferior' numbers of Japanese went largely uncorrected. The Diggers of Kokoda were not the kind to blow their own trumpets. Yet they, along with their mates at Milne Bay—without American assistance—first broke the aura of invincibility of the Japanese fighting machine. We must set the record straight.

They gave up so much—their hopes, their dreams, their loved ones.

HERE WE GO AGAIN

 IN 1942, KOKODA WAS LITTLE MORE THAN A RUBBER plantation, a village and an administrative outpost with the usual police and magistrates' houses and rudimentary native hospital. Set in a beautiful wide valley about 400 metres above sea-level, alongside the swiftly flowing Mambare River, it lies roughly halfway between Port Moresby and Papua New Guinea's northern coast. Its passport to fame was its primitive but effective airstrip, constructed in 1932 to service the nearby Yodda goldfields. In 1942 it was the closest usable strip between Port Moresby and the Japanese landing sites on the northern coast.

In one of the many accidents of history, the name of this tiny settlement has come to symbolise an epic tale, as Australia's official war historian Dudley McCarthy wrote: '… it is the story of small groups of men, infinitesimally small against the mountains in which they fought, who killed one another in stealthy and isolated encounters beside the tracks which were life to all of them; of warfare in which men first conquered the country and then allied themselves with it and then killed or died in the midst of a great loneliness.'

But Kokoda is much more than just the name of a battle or a campaign. Like Gallipoli it now represents a tradition: one forged on the beaches of a Turkish peninsula and then rekindled in the jungles of New Guinea. As with Gallipoli, the spirit of Kokoda continues to inspire all those who come into contact with it. And like Gallipoli, 'the Bloody Track', as the Diggers called it, has another dimension—a powerful emotional impact. Indeed, its emotional and spiritual elements are the Track's enduring legacies.

Even today the Track seems to convey so many of the lessons bestowed by the Diggers all those years ago. It draws forth the special qualities they exhibited: their selflessness; their humour; their indomitable spirit; their courage; their refusal to let down their mates; their respect for each other. It teaches us that we never know the limits of our endurance: that our boundaries are usually self-imposed; that we should fight on whatever the odds; and that we should respect ourselves and others. It demands that we honour the Diggers' sacrifices and savour the liberty they bequeathed us. These are also the qualities which have attracted so many to the Track in the years since the war.

Today, Kokoda remains an outpost—a sleepy township of a few hundred people which relies on generators for power, though plans are underway to give it mobile-phone coverage, with construction of a tower having begun in late 2008 in the mountains overlooking the village. Kokoda is tenuously linked to Port Moresby by air, and to Popondetta (about 70 kilometres north-east) and the port of Oro Bay by a flood-prone road with all the comfort and reliability of an Australian outback track. (In late 2007 Cyclone Guba devastated the Oro province and the northern part of the Kokoda Track, destroying villages and washing away more than thirty bridges along the Kokoda–Popondetta road. At the time of writing, the road was still impassable in the wet season and locals were ferrying themselves and their goods across the fast-flowing Kumusi River by using large truck tyre inner tubes.)

Thanks to Rotary's workers and Australian government funding, Kokoda has had a modern hospital since 1996. But it has no doctor and, because generator fuel is in short supply, it works on limited power. The town centre stands on a plateau which rises about twenty metres above the surrounding river flats. It serves as a local market and as the transfer point for villages along the Kokoda Track bringing in supplies from Moresby and transporting out their main source of income to the Moresby markets—*buai* or betel nut, Papua New Guinea's national 'soft' narcotic. *Buai* is a nut about the size of a golf ball: it is broken open and chewed, along with lime (the kind you add to cement!) and a vegetable locally called mustard, which looks like a bush asparagus. The result is a mild 'high', ruined gums and a telltale reddening of the teeth. The locals love it as much as their homemade cigarettes, which they roll from tobacco

The beloved
'Fuzzy Wuzzy Angels'
played a critical role
in the campaign.

Mist shrouds Kokoda Plateau. In the first battles of the campaign the mist allowed the Diggers to withdraw back down the Track.

(or local weeds) in newspaper. You can't grow *buai* in Moresby, so the villagers are supplying a keen market.

Kokoda plateau is home to some ragtag memorials to the soldiers from both sides of the campaign. It has a small but impressive museum that illustrates the battles and houses a statue depicting the famous George Silk photograph of a 'Fuzzy Wuzzy Angel' (a teenage Raphael Oimbari) leading a wounded Digger (Private George Whittington) to safety. Although the shot was taken on Christmas Day 1942, near Buna, it has come to symbolise the devotion of the beloved Papuans who helped injured Diggers along the Track and became known by them as the Fuzzy Wuzzy Angels. (Sadly, although Raphael Oimbari safely escorted George Whittington to hospital, the private succumbed to scrub typhus in Moresby on 12 February 1943.)

Today Kokoda is the starting—or finishing—point for trekkers walking the Track. Either they fly into Kokoda from Port Moresby and then walk back south to Owers' Corner, or they travel by road out of Port Moresby to Owers' Corner and then walk north to finish at Kokoda. Either way, Kokoda often misses the benefits of the trekking industry: those who have flown in usually only pause long enough to quickly check out the memorials on the plateau before they head off through the old rubber plantation to begin their trek; while those who have trudged in off the Track usually have a plane scheduled to fly them back to Moresby within hours of their arrival.

It's a pity more trekkers don't take the time to discover the beauty and the history of Kokoda. Careful examination of the old trees on the plateau will reveal the bullet and shrapnel marks that are testament to the fierce battles that raged here when the Australians tried to hold the position against the first waves of advancing Japanese. The plateau is a natural defensive position, with its steep escarpment rising about fifty metres from the surrounding plain on three sides and a secure line of withdrawal through the grove of rubber trees to the rear, leading off through the villages of Kovello and Hoi towards Deniki and then Isurava down the Track towards Port Moresby.

This was where Colonel Bill Owen, commanding officer of the 39th Battalion, chose to make his initial stand against the invaders. It's also where he was mortally wounded in the front line leading his men around 3 a.m. on 29 July 1942. If you walk to the north-western tip of the plateau, right near the edge, to the left of the beautiful old spreading rain tree, you'll be near the spot where Colonel Owen's trench was. You can look down from the edge of the plateau and easily imagine a moonlit misty night with the Japanese swarming across the flat plain of the Mambare River and attacking the plateau from the north, north-east and north-west; the defenders could hear them whispering as they crawled through the thick grass. It was the mist that would enable the Diggers to slip back through the rubber trees once the Japanese had broken through their defences. It was an ignominious start to a magnificent campaign.

After the war, Ralph Honner, who became the commanding officer the 39th Battalion in August 1942, posed the question:

How, then, do we remember them? Survivors of the bomb-loud battles of the ragged and the bloody might muse where sleep the brave whose gathered bones rest in the hushed, unsanguined beauty of Bomana. There they might review long lines of mute memorials immaculately dressed for that ultimate parade, seeing again the familiar names of the fallen—and almost their once familiar faces. And they might scan again the sundered years of their severed lives—19, 18, 17—and ponder the ravished promise of their perished youth. They died so young. They missed so much. They gave up so much—their hopes, their dreams, their loved ones. They laid down their lives that their friends might live. Greater love hath no man than this.

To see why we should remember them and to understand how and why Kokoda played such a critical role in Australia's history, we have to look at the world situation in the build-up to 1942. World War 1, the conflict they called 'the war to end all wars', had ended little more than twenty years before Hitler invaded Poland in 1939, starting what became World War 2: the suffering of so many families, and the loss of so many of the finest sons of a generation, were still fresh in every Australian's mind. Our World War 1 losses were appalling: the population around that time was barely 5 million, yet we sent 330 000 men to fight overseas. Of those, 60 000 were killed and 165 000 were wounded—a staggering two out of every three men who went away became casualties.

Unlike many nations involved in World War 1, who commemorate the end of the war on Armistice Day, 11 November 1918, Australians chose to honour their fallen on 25 April, the day of the Gallipoli landings in 1915. As is so often our way, we pay homage to the suffering and the sacrifices rather than to the ultimate victory. Each year on Anzac Day, Australians devoutly remember these sacrifices. Almost every town and suburb across the nation built a memorial to its fallen; you can see them still, quietly blending in with their surroundings, though often overshadowed by progress and virtually unnoticed every day of the year, bar one. The actions of the original AIF (Australian Imperial Force) did much to create our national spirit, but we paid for it with the blood of a generation.

Nevertheless, when the then prime minister, Robert Menzies, announced to the nation on radio at 9.15 p.m. on Sunday 3 September 1939, 'It is my melancholy duty to inform you officially that in consequence of the persistence by Germany in her invasion of Poland, Great Britain has declared war upon her and that as a result, Australia is also at war', the nation's young men rose and followed in their fathers' footsteps, volunteering to join what was called 'the 2nd AIF'.

Australia was not prepared for war: the politicians had been warned by our military leaders, but they had done very little. Prominent military historian, David Horner, summed up the state of our defences in 1939: 'It is now generally agreed that the Australian defence policy between the wars and until the fall of Singapore was at the best, naively optimistic, and at the worst, some might say, close to treason.' Nevertheless, within six months, 100 000 men had volunteered—one out of every six of our twenty-something males—and the 6th Division had sailed for Palestine for training before, it was hoped, joining the British in defending France.

Between the start of the war and the Japanese bombing of Pearl Harbor, Australia raised four infantry divisions (with support troops) and sent them overseas. Three served in the Middle East and one was split and sent to Malaya, Papua New Guinea and other islands to Australia's north. Virtually the entire Australian air force was committed to Britain's Royal Air Force for the defence of the United Kingdom; and Royal Australian Navy ships were active in the Mediterranean. A skeleton force of outdated aircraft was based in Port Moresby.

From the start, the 2nd AIF served with the same distinction as their World War 1 forebears. They had the same almost indefinable flair—a casual boldness which flew in the face of military precision and spit and polish, but which always seemed to come to the fore in the heat of battle. The fine Aussie disregard for authority is perfectly exemplified in this story from Private Griffith Spragg of the 2/3rd Battalion: 'My mate, Private "Slug" Gallagher and I were walking up the jeep track to Owers' Corner. "Slug" paused and lent on his stick as this jeep went on through with the driver and three obviously very heavy "top brass". Gallagher looked at them and recognised General "Tubby" Allen amongst them. Cheerfully, he put his hat back and said: "G'day, Tubby". To which "Tubby" replied: "G'day, lad". The other two top brass—General Blamey and General MacArthur—were very unimpressed and looked very much down their noses.'

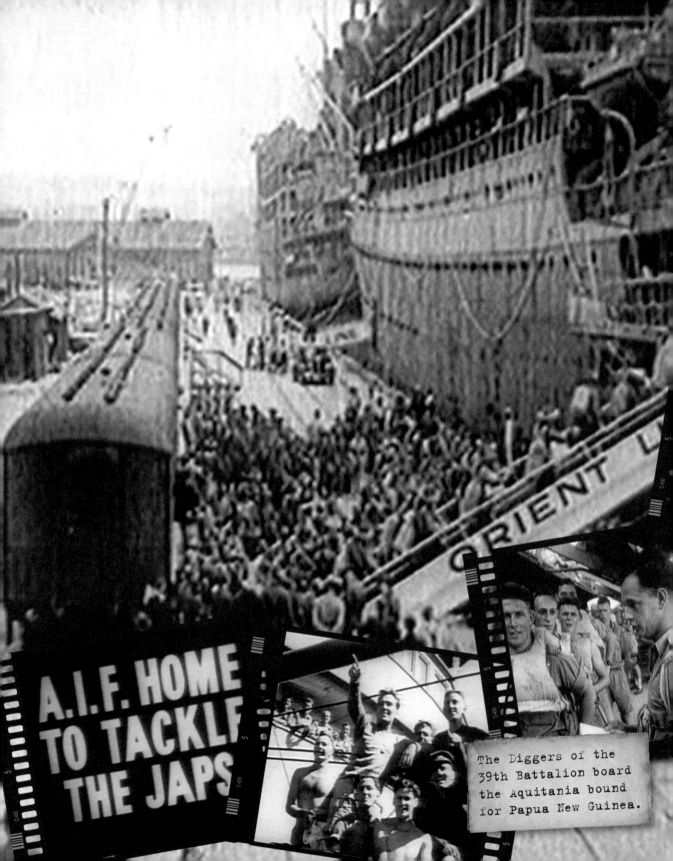

A.I.F. HOME
TO TACKLE
THE JAPS

The Diggers of the
39th Battalion board
the Aquitania bound
for Papua New Guinea.

In addition to the AIF, the government called up the militia (a citizens' military force, similar to today's Army Reserve) for a month's continuous training. Members of the militia volunteered to defend Australia, as distinct from those who joined the AIF and volunteered to fight anywhere they were sent. There was some ill feeling between the AIF troops and the militia: the AIF called them 'chockos', short for 'chocolate soldiers'—the implication being that they'd melt in the sun. (At one stage the AIF was forbidden to use this term, so they started calling them 'koalas', because 'they were protected by the government'.) Ironically, pay was lower for the AIF soldiers (six bob a day) than the militia, who could also maintain their paid employment. The mutual animosity was to disappear later, in the cauldron of the Battle of Isurava, when both groups fought shoulder to shoulder for the first time.

In the Middle East, the 2nd AIF emulated their fathers' proud fighting legacy. In Libya they stormed through Bardia, Tobruk and Benghazi, taking 65 000 Italian prisoners-of-war. But, although they acquitted themselves with great valour, some 2000 Australians fighting in Greece were taken prisoner when they were left behind after the Allies withdrew in the face of a massive German advance. A similar fate awaited 3000 more Aussies after the evacuation of Crete.

Then, under the command of the brilliant German field marshal Erwin Rommel, the Germans and Italians renewed their assaults in the Middle East and regained the ground they had lost in Libya. They surrounded and cut off the port of Tobruk, which was being defended by the 9th and part of the 7th divisions of the AIF. For six months, 'the Rats of Tobruk', as they became known, grimly held their ground against the armed might of Germany's panzer divisions and the fury of the Luftwaffe. The Australian commander, General Leslie Morshead was unflinching in his orders: 'There'll be no Dunkirk here. If we have to get out, we shall fight our way out. There is to be no surrender and no retreat.'

In August 1941, Australians were delighted when the Australian 'Rats' were relieved at Tobruk, but trouble was brewing in Canberra. Prime Minister Robert Menzies' conservative United Australia Party government had been showing signs of disintegration, not helped by Menzies' regular absences overseas, and Menzies resigned. The Country Party's Arthur ('Artie') Fadden took over, but a budget crisis saw the conservatives lose the confidence of the parliament and the Labor leader, John Curtin, won the ensuing election. He was sworn in as prime minister on 7 October, with the support of two independents.

While the Rats of Tobruk had been embroiled in their heroic defence, those of the 7th Division who were not fighting in Tobruk—many of whom went on to play pivotal roles in the Kokoda campaign—were being blooded in fierce fighting in Lebanon and Syria. The

TOP LEFT: Young 39th Battalion Diggers George Palmer and Irwin Josch skylark in Moresby with 'thunder box' latrines before heading off up the Track. Sadly, Irwin would later be killed in the first skirmishes at Oivi.

BOTTOM RIGHT: Some weeks later, George Palmer (right) was captured on film heading up the Track by the great cinematographer Damien Parer.

ultimate benefits of the battle experience gained in the Middle East, where the AIF matched its skills against Germans, Italians and Vichy French, would prove a crucial advantage in New Guinea. The troops were battle-hardened and had been given a crash course in modern warfare by the time they faced the Japanese.

Back home, in October that year, the 39th Militia Battalion was hastily raised in Victoria. These were not the tough campaigners of the AIF. In fact, they were little more than kids—the battalion's average age was little more than twenty. Few had ever fired a shot; none had fired one in anger. Kev Gray recalled his mates: 'They were a ragtag lot, the 39th, rejects from many companies. There was a chap named Matt Binns, the cobbler—he had one arm. The bugler had one arm too—he played a marvellous Reveille. There was one chap with one eye and another chap knock-kneed—he'd had polio when he was young. Our platoon sergeant was night-blind. On a patrol at night the privates would take his hand and lead him around and nobody ever found out he was night-blind—nobody that wanted to do anything about it anyway.'

These young men had joined up to defend their country. At that time, Papua New Guinea was a mandated Australian territory; so, with the government increasingly nervous about Japan's intentions, the 39th—along with the 53rd, another even more hastily gathered battalion from New South Wales—found itself on the steamship *Aquitania* heading to our northern neighbour before Christmas 1941. The young men of the 53rd Battalion were treated poorly from the start. Indeed, they were almost shanghaied. Given no time to train—many not even given a last leave to farewell their families—they were rushed on board the ship. This treatment would leave deep scars of resentment and, many observers believe, heavily contribute to the battalion's subsequent problems in the field.

Australia had not been prepared when Britain declared war in 1939. It was caught unawares again when Japan launched its assaults on Pearl Harbor and a dozen other targets on 7–8 December 1941. The attack on Pearl Harbor was reported to Prime Minister Curtin at 5.45 a.m. on Monday 8 December 1941. It was only the start of the bad news: gradually, by monitoring radio reports, Curtin and his ministers learned the full extent of Japan's stealthy entry into the war. The Imperial Japanese Army invaded Malaya and Thailand, and launched air-raids not only on Pearl Harbor but on Singapore, Hong Kong, Wake Island and Manila. After the strikes the Japanese emperor issued a post-dated declaration of war:

We by the grace of heaven, Emperor of Japan, seated on the throne of a line unbroken for ages eternal, enjoin upon ye, Our loyal and brave subjects:

We hereby declare war on the United States of America and the British Empire. The men and officers of Our army and navy shall do their utmost in prosecuting the war...

It was a bit like the old Scottish rugby adage: 'Retaliate first'! Australians immediately recalled in a new light the many visits Japanese naval ships had made to Australian ports between the wars, with their swarming crews and their ever-present cameras. Australian

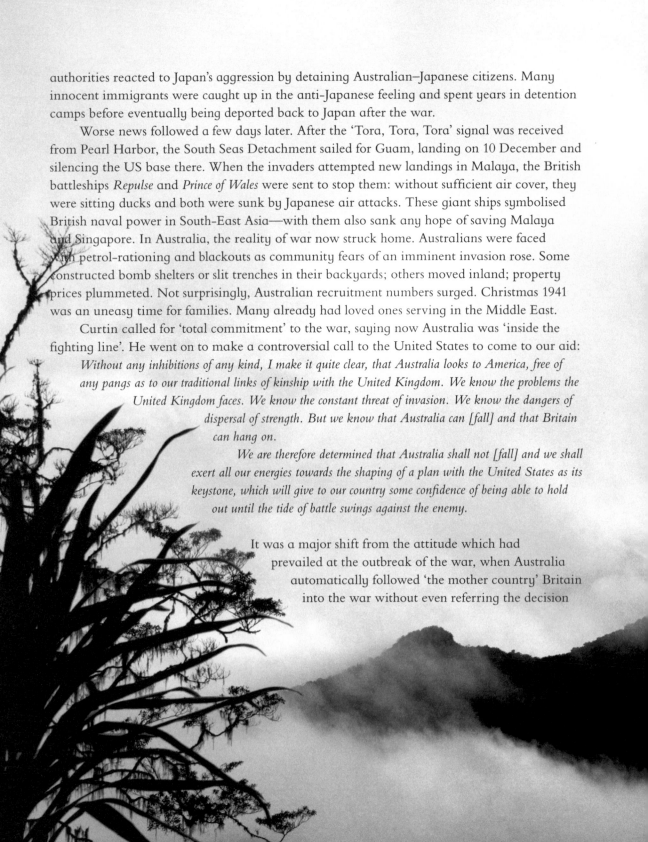

authorities reacted to Japan's aggression by detaining Australian–Japanese citizens. Many innocent immigrants were caught up in the anti-Japanese feeling and spent years in detention camps before eventually being deported back to Japan after the war.

Worse news followed a few days later. After the 'Tora, Tora, Tora' signal was received from Pearl Harbor, the South Seas Detachment sailed for Guam, landing on 10 December and silencing the US base there. When the invaders attempted new landings in Malaya, the British battleships *Repulse* and *Prince of Wales* were sent to stop them: without sufficient air cover, they were sitting ducks and both were sunk by Japanese air attacks. These giant ships symbolised British naval power in South-East Asia—with them also sank any hope of saving Malaya and Singapore. In Australia, the reality of war now struck home. Australians were faced with petrol-rationing and blackouts as community fears of an imminent invasion rose. Some constructed bomb shelters or slit trenches in their backyards; others moved inland; property prices plummeted. Not surprisingly, Australian recruitment numbers surged. Christmas 1941 was an uneasy time for families. Many already had loved ones serving in the Middle East.

Curtin called for 'total commitment' to the war, saying now Australia was 'inside the fighting line'. He went on to make a controversial call to the United States to come to our aid:

Without any inhibitions of any kind, I make it quite clear, that Australia looks to America, free of any pangs as to our traditional links of kinship with the United Kingdom. We know the problems the United Kingdom faces. We know the constant threat of invasion. We know the dangers of dispersal of strength. But we know that Australia can [fall] and that Britain can hang on.

We are therefore determined that Australia shall not [fall] and we shall exert all our energies towards the shaping of a plan with the United States as its keystone, which will give to our country some confidence of being able to hold out until the tide of battle swings against the enemy.

It was a major shift from the attitude which had prevailed at the outbreak of the war, when Australia automatically followed 'the mother country' Britain into the war without even referring the decision to parliament, when Australians had looked to Britain to come to their aid in the event of an external threat. But Curtin was a pragmatist and a realist: Britain was totally immersed in a life-or-death struggle for its own survival. America was Australia's only real hope of staving off the rampant Japanese. Many traditionalists criticised Curtin's approach, but most changed their minds when General Tomitaro Horii's South Seas Force invaded Rabaul on 23 January 1942, crushing the Australian defenders (and unleashing the basest instincts in his men when they tied Australian prisoners to trees and used them for bayonet practice at Tol and Waitavalo plantations). The battle for Australia had begun. The war had reached our front door and we were in no position to protect ourselves.

The loss of Rabaul was the first time in our history that Australian territory had fallen to an invader. (Ironically, in World War 1, Rabaul saw the first Australian casualties: it was then the capital of German New Guinea, and a handful of Australians died at the outbreak of the war in a skirmish for control of the radio station there.) In 1942 Rabaul was the capital of New Britain, an island north-east of the Papua New Guinea mainland. It nestled uneasily in the shadows of two active volcanoes, Vulcan and Matupit, but controlled the beautiful and strategically important deep-water port of Simpson Harbour. The small Australian garrison there—around 1400—was easily crushed by an overwhelmingly superior invasion force of at least 5000 troops, growing to 25 000. The Japanese soldiers immediately showed their hand by massacring more than 150 Diggers who surrendered at Tol and Waitavalo plantations, south of Rabaul. It set a tone of 'no quarter asked—none given' for the subsequent battles along the Kokoda Track, after the stories of the 400-odd survivors from Rabaul reached the Diggers at Port Moresby and Australia.

Australia's situation at the time was summed up by war correspondent and journalist Osmar White: 'It is difficult to imagine a nation more completely open to even the most hastily prepared invasion than Australia was in the first three months of 1942. All that stood between her and the Japanese were a few hundred miles of unguarded sea, a few hundred miles of uninhabited jungle, a few groups of palm-fringed, roadless islands and her own shellback of desert—the inert armour of a neglected and undeveloped north.'

While the Japanese South Seas Force was consolidating its position at Rabaul, making it its operational headquarters for the south-west Pacific and preparing to invade the Papua New Guinea mainland, the Australian militia defenders at Port Moresby were spending most of their time acting as labourers. Rather than honing their rudimentary military skills and learning to fight in a tropical jungle, they were used to unload ships, build fortifications and help repair the airstrip. The young soldiers were blissfully ignorant, as 'Spud' Whelan of the 39th recalled: 'We didn't realise how badly we were trained. We were Diggers. We'd done a little bit of training at Darley. We got on this boat and by the time we got off at Port Moresby, we were seasoned Diggers—as we thought. We were quite confident we could deal with the Japanese when we met them. Of course, we found out it was quite different.'

In fact, the planners got it wrong from the start. Despite the fact that low-lying, swampy Port Moresby was known to be one of the most malaria-plagued regions in the Pacific, the young Diggers were completely exposed from the outset, as Kev Gray of the 39th recalled: 'We got out to the Seven Mile Drome and we never had anything. No tents, no blankets, no mosquito repellent of any sort, no medicine. And we found that everything on the tramp steamer that went up with us had been loaded back to front and all our equipment that we wanted, food and everything, was underneath.'

So, many of the troops were malarial well before they went into action. And, to make matters worse, they were preparing to fight in the dense green jungles of New Guinea in khaki uniforms designed for the desert. Once again the 53rd Battalion received the worst treatment: the top brass again wasted the chance to redress their lack of military training and the development of essential disciplines and instead used the troops almost exclusively as beasts of burden. It was a neglect for which the young Aussies would later pay dearly.

Back at home, Australians were stunned when they heard Singapore had fallen on 15 February and 130 000 Allied troops, including 15 000 Diggers of the 8th AIF Division, began their long horrors of captivity in Changi and on the Burma–Thailand Railway. Aside from the tragic loss of Aussie soldiers, Singapore's surrender had a serious impact on morale because Singapore symbolised the strength of British influence in the region.

Things went from bad to worse when, on 19 February, the Japanese attacked the Australian mainland. At 10 a.m., carrier-based aircraft from the Pearl Harbor task force bombed Darwin—in fact, they dropped more bombs on Darwin than they had on Pearl Harbor. Despite the experience of Pearl Harbor, the defence systems failed: the RAAF thought a radio warning from missionaries on Melville Island was just another false alarm and didn't

Japanese troops parade through Rabaul after their successful invasion in January 1942.

react. The sirens didn't sound until after the first bombs started falling; the harbour was full of ships and most were soon ablaze. The attack claimed seven merchant vessels and the American destroyer USS *Peary*, and damaged both the port and the airstrip.

The raid killed hundreds of the 2000 people still left in the northern capital. Slightly more than that number of non-essential civilians had already been evacuated south in the two months since Pearl Harbor. A second raid later the same day caused more damage and convinced many that an invasion would follow. People, including some of the defence forces, panicked and headed south, grabbing whatever kind of transport they could—cars, trucks, push-bikes, horses, even walking. The next day less than a quarter of the population remained. Law and order broke down and the city was further devastated by drunken looting. Even some of the RAAF personnel from Batchelor Airfield bolted. One turned up in Melbourne two weeks later.

Not surprisingly, the Australian government clamped down on news out of Darwin and Prime Minister Curtin must have had his fingers crossed when he announced, 'In this first battle on Australian soil it will be a source of pride to the public to know that the armed forces and the civilians comported themselves with the gallantry that is traditional in the people of our stock.' As if things weren't bad enough, government propaganda in newspapers and on radio fanned hatred of the Japanese invaders and whipped public opinion into a fury.

The Japanese had continued success when in March an invasion force of about 3000 landed at Lae and Salamaua on the northern New Guinea coast, only 300 kilometres from Port Moresby.

Elsewhere, the Allied situation was deteriorating by the day. HMAS *Perth* and USS *Houston* were lost in the Java Sea. Japanese successes continued in South-East Asia, and by the second week of March the Dutch had surrendered Java and Rangoon—capital of the British territory of Burma—had fallen. (Curtin's calls for American help had resulted in the appointment of General MacArthur as the commander of all Allied forces in the South-West Pacific area. He was recalled from the Philippines, where the Americans were under siege on Corregidor Island. MacArthur's biographer, William Manchester saw it as a godsend for the general: 'It is almost certain that he would have been left to die on the rock [Corregidor] if Australia had not intervened.')

Many in Australia saw MacArthur's appointment as good news, a much-needed boost to rapidly flagging morale. Others saw the accompanying surrender of our sovereignty to the Americans as a major negative: for the rest of the war, strategic control of our region would be in Washington's hands, (although Australia's General Thomas Blamey was appointed commander of Allied land forces in the region). But Curtin saw little alternative. In addition, against Churchill's wishes, he insisted that our forces in the Middle East be rushed back to help defend their homeland.

The young men of the 39th held the fate of their country in their hands.

AT OUR DOORSTEP

EVEN TODAY, THE REVETMENTS (SEMI-CIRCULAR earth fortifications) used to protect Allied fighter planes in 1942 are still clearly visible at Jackson's Field on the opposite side of the runways to Port Moresby's international airport. Like so many things in the slow-moving world of Papua New Guinea, they are redolent of those earlier days when Australia's future seemed so uncertain.

The 39th Battalion was camped nearby in the lead-up to the Kokoda campaign. As they sweltered in Port Moresby's oppressive heat, desperately trying to expand its paltry fortifications, any impartial observer looking at the bigger picture would surely have concluded the Allies had already lost the war. At that time, the Allied High Command estimated it would take a decade to recapture the lands already lost to Japan.

Japanese conquests far exceeded Germany's: in less than six months, the shadow of the Rising Sun stretched from Formosa (now Taiwan) and most of China through the Philippines, Indochina, Thailand, Burma, Malaya, Sumatra, Borneo, Java, the Celebes, the Kuril islands, the Bonins, Ryukus, Marianas, Carolines, Palaus, Marshalls, Gilberts, northern New Guinea and

the Solomons. (In March, an invasion force of about 3000 had landed at Lae and Salamaua on the northern New Guinea coast, only 300 kilometres from Port Moresby.) The invaders controlled a slice of the globe three times as big as Europe and the United States combined.

They had been unstoppable in their Pacific onslaught. The only troops standing between them and Darwin were a handful of untrained, untested young men, among them a Victorian battalion. The story of the 39th Battalion is one of the shortest but most inspirational in Australia's proud military history and its famous colour patch of brown over red—'mud over blood'—is renowned and revered. In fact, the 39th only existed as a unit for a little over eighteen months, from around October–November 1941 until 3 July 1943 when it was unjustly struck from the Order of Battle rather than being reinforced. By that stage the battalion had been reduced to thirty-two men—enough for just a single platoon. But for one shining period around the middle of 1942, the young men of the 39th held the fate of their country in their hands. And they emerged from this, their baptism of fire, triumphant. (Happily, the 39th Battalion was reinstated in 2006 as the 39th Personnel Support Battalion and now helps to prepare and support all our armed forces as they are deployed for overseas service in conflicts like Iraq and Afghanistan.)

On the morning of 8 May 1942, Major-General Basil Morris, commander of the Australian forces in the New Guinea region received this warning from General Blamey: '… a serious attack against you and the troops under your command will develop in the immediate future. All possible forces are being assembled to deal with the enemy. Do not doubt that you and your command, which includes troops of our great ally, the United States of America, supported by Allied Air Forces, will show the Japanese that Australian territory cannot be invaded without meeting a most determined and successful resistance. Australia looks to you to maintain her outposts, and is confident that the task is in good hands.'

The previous day, Blamey had received intelligence from the RAAF that a Japanese invasion force was now steaming towards Papua New Guinea from Rabaul. Among those Japanese troops was the Nankai Shitai—the South Seas Detachment—part of the South Seas Force and thus commanded by Major-General Tomitaro Horii. Many of them had been in action since 1937 in Manchuria. In the lead-up to Pearl Harbor, this detachment had sailed from Japan and waited in the Bonin Islands, about 800 kilometres south of Tokyo and close to the Volcano Islands. (One of the main Volcano Islands, a tiny dot in the Philippine Sea named Iwo Jima, would emerge in the final months of the war as the site of the fiercest battle of the Pacific War where 20 000 Japanese defenders were killed while a similar number of Americans were killed, wounded or missing. It is also the site where the famous photo of the US marines raising the Stars and Stripes was taken.)

Japan's plan was to launch a two-pronged attack on Port Moresby—one by sea, aimed at the Moresby area itself, and the other by land, coming across the Owen Stanleys through the back door. But the battle for the Coral Sea, which took place on 4–8 May, changed all that. Although the result of the battle—the first ever fought between aircraft carriers—seemed pretty even (the US lost the carrier *Lexington* and the Japanese the light carrier *Shoho*), the Americans took the moral victory when the Japanese convoy was recalled and the invasion of Port Moresby was postponed.

The defenders at Moresby thanked their lucky stars; the leadership back in Australia was shocked into action. General MacArthur had arrived in Australia from the Philippines on 17 March, and immediately assumed his favourite pose as the modern-day Caesar come to save the day. MacArthur had considerable form in using the media to his own ends. His love of personal publicity was legendary, and his ability to take credit for his troops' performances was extraordinary. He was sixty-two years old as he planned to defend Australia in New Guinea and to ultimately drive the invaders back to their homeland so that, among other things, he could return to the Philippines to retrieve his reputation. He convinced the government that the victory in the Coral Sea and the actions at Midway the next month had

Bert Kienzle

Bert Kienzle's father, Alfred Karl Kienzle, had left Germany as a young man and become a British citizen. He settled in Fiji, where Bert was born in 1905, but the family was swept up in anti-German reactions in World War 1 and interned in Australia. Bert spent his senior school years in Germany with his grandfather before returning to Australia and then heading off in 1927 to Papua. There, he first worked on a rubber plantation near Port Moresby, then managed the Yodda gold-mine near Kokoda and established his own rubber plantation nearby, the Mamba Estate. Bert married and had three sons and two daughters. During the 1930s, Bert's father changed the family name to Kingsley and rejected Nazi Germany.

Bert was in Australia with his family when World War 2 broke out. He left his family in Australia and returned to Papua New Guinea, where he was commissioned as a lieutenant in the Australian New Guinea Administrative Unit (ANGAU) and was given the task of organising the lines of communication across the mountains to Kokoda.

Bert Kienzle played a vital role in the Kokoda campaign. He recruited and organised carrier lines of the local natives, the remarkable Koiari and Orokaivian people who would become known and beloved as 'the Fuzzy Wuzzy Angels'.

relieved the imminent threat of an invasion of Australia and he decided to try to take the initiative in New Guinea. The defenders in New Guinea were officially formed into Maroubra Force under Major-General Basil Morris. They were ordered to send troops to the north coast to protect an American engineers unit which aimed to build an airstrip near Buna. From there MacArthur planned to launch air-raids on Rabaul.

Morris set things in motion, ordering the 39th Battalion to send a company across the Owen Stanleys. But even as Captain Sam Templeton, a submarine veteran from World War 1 and a veteran of the Spanish Civil War, was marshalling his young charges—about 100 members of B Company of the 39th—events elsewhere were about to dash MacArthur's well-laid plans. Put yourself in the boots of these young Aussies: many were still teenagers; their company commander, 'Uncle Sam' Templeton, then in his early fifties, seemed like an old man to them. They were heading towards what, even allowing for the fortunate foolishness of youth with its assumption of immortality, must have seriously looked like big trouble. This was to be their baptism of fire.

Luckily for them, Sam Templeton was a leader of uncommon moral strength and physical presence. From the start of their trek across the Owen Stanleys, he assumed the role of protector, building their self-confidence as they travelled, even helping the weaker members to carry their gear. (Up until then, New Guinea locals had believed only natives, patrol officers and other acclimatised old hands could make it through this country, and then only if they didn't carry their own provisions.) Templeton was fortunate that he stumbled across one of these, a planter from the Kokoda Valley named Bert Kienzle.

Diggers of the 39th Battalion slog up the Track. George Palmer (second from right) and Arnold Forrester (second from left) are the only ones still with us.

Sam Templeton's troops travelled light, as their supplies were being sent around to Buna by a lugger from Thursday Island. Even so, the going was unbelievably tough. Originally they thought it would take five days to make Kokoda; it took eight. With Bert Kienzle's help, Templeton's mob made it over the Track by 15 July 1942. In fact, they had it better than those who followed them, who had to carry their own gear and follow an increasingly deteriorating track but, as the diary of another old hand, medic Warrant Officer Jack Wilkinson revealed, it was tough enough:

8 July: Made Ioribaiwa. Had carriers for our packs and just as well. Two long hills to climb. Missed out on tea as I was with last of troops. Had a job to get some of them to make it. Uncle Sam came back and helped me about halfway up last hill. Was carrying four rifles and three haversacks and had doubts about making it myself. Uncle Sam insisted on carrying all my gear as well as that of others. Had a busy time when reached camp. Many feet blistered and chafes from haversacks and rifle slings. Camp cold and wet.

Around this time, on board ship, bound for Buna, was Toshiya Akizawa, a captain in the Japanese 144th Regiment: '…we were still high in spirit and left Rabaul for Buna at night in order to capture Moresby. At that time it was very touching. Looking at the ocean I was filled with emotion. We left our ship offshore Buna and moved into a landing craft in the dark of night to advance. However, we did not have much knowledge about the Buna area. After landing at Buna, we found jungle and really had a difficult time.'

Just after sundown on Tuesday 21 July, the first of 14 430 Japanese troops began coming ashore at Buna. They were seen by a detachment of Papuan infantry and eventually their arrival was reported to Moresby. Confusion reigned. Lieutenant-Colonel Bill Owen, a survivor from Rabaul, recently appointed CO of the 39th Battalion, was ordered to take his men to Kokoda. The first plan was to fly as many as possible there: a few did fly in but Private Sam Pike's group wasn't so lucky: 'Yes, we flew, we flew over Kokoda. We thought we were going to get it the easy way but the pilot flew around and there were Zeros buzzing around and he wasn't very happy about that so we came back with him to Moresby, disembarked and then walked back again. Took us twenty minutes to fly over and took us eight days to walk back.'

Colonel Owen was one of those who came by air and he was met by Sam Templeton at the airstrip before they headed off down the rough bush road which led to Buna. From the start they knew they were hopelessly outnumbered, so they decided to harass the enemy as it advanced and then fall back to Kokoda which was easier to defend. Lieutenan Harry Mortimore's platoon set an ambush for the Japanese forward elements and got a big surprise: 'We set up the ambush on a straight stretch of the Track, waiting to see, expecting to see, these five foot two-five foot three men come around the corner. To our amazement, when they did come round the corner, they're six foot or more and they were wheeling pushbikes. Considering what the Track was like we thought this was rather funny.'

CLOCKWISE FROM TOP LEFT:
A Dakota lands at Kokoda
airstrip; General MacArthur
arrives in Australia; Port
Moresby Harbour; MacArthur
confers with Generals Blamey
and Allen.

The Japanese brought two other indispensable weapons:

But the invaders were well prepared. They wore camouflaged uniforms, painted their faces with camouflage grease and disguised their steel helmets with foliage. Most of them carried machetes and small shovels in addition to their weapons. They also brought with them two other indispensable weapons: confidence and battle experience. General Horii had calculated that it would take around ten days to make it through to Port Moresby. So he issued his troops with only that many days' rations. This was not unusual for Japanese soldiers: they were accustomed to fighting on minimum supplies and to living off the land or the spoils of victory. But in the harsh terrain of the Owen Stanleys, this was to prove a serious miscalculation.

Colonel Owen had urgently called for two more companies (about 200 men) of the 39th to be sent by air to Kokoda. All he received was one platoon (about thirty men), who came in two plane-loads, half a platoon in each. They were so rushed in their preparations that they cleaned the packing grease off their brand-new Bren guns during the flight up to Kokoda. When the first group arrived they were ordered down the track to where Sam Templeton was

preparing an ambush at a village called Oivi, a couple of hours' walk from Kokoda along the track to Buna. They joined Templeton just in time.

At first, Templeton's mob surprised the invaders and held them, but then the enemy's superior numbers started to take effect and the Aussies were quickly surrounded. Templeton was worried that the second group of new arrivals would walk into an ambush, so he set off alone back towards Kokoda to warn them. His troops heard a gunshot, and 'Uncle Sam' was never seen again. (His name is immortalised in the village of Templeton's Crossing, named by Bert Kienzle, where the Track crosses the roaring Eora Creek about a third of the way from Kokoda to Moresby.)

As it turned out, the arriving troops ran into some of Templeton's mob who had been separated in the battle and were warned to turn back to Kokoda. The rest of Templeton's company, after fierce fighting against overwhelming numbers, withdrew during the night and cut across the Kokoda Valley to Deniki (next village back up the Track from Kokoda) and back along the main Track to Moresby, as Sam Pike remembered:

We were sent out to do an ambush—eight of us—and we were along the Track. And what we had to do was lie there and when the Japs come through they had their rifles slung over their shoulder like they were going on a march and the idea was to wait till they got right through us and then, when they got through, the headquarters mob would open up on them and that was our signal to open up on them see. Unfortunately, it didn't get that far. They sighted one of our blokes and they shot him and we naturally just opened up too on the Track. It would've been eight of us I think. And from then on it was every man for himself. So we sort of just got together and we couldn't get back to our own crowd so we just took off up the hill and after about six days we finally met up with our own troops.

In the meantime, Colonel Owen too had withdrawn his troops to Deniki, leaving Kokoda unmanned. Then some stragglers from Templeton's group arrived at Deniki with news that Kokoda was still not in Japanese hands. Sam Pike's brother, Charlie, was one of them: 'Owen wanted to know where we were and where we was going. We said, we got cut off and we're reporting back in. He says who are you with? We said Doug McLean. And he says there's Japs down there in Kokoda. I says well we didn't see none. There wasn't any. There was no Japs there. We said we had something to eat there. We got a bit of chocolate, tucker. We reckoned that'll do and kicked off back the track when we run into our mob.'

Owen decided to reoccupy Kokoda and to try to hold it. He set his men in defensive positions around the Kokoda plateau—a tongue of sloping land about twenty metres above the surrounding river flats. It runs roughly parallel to the airstrip, the Madi Creek (a small tributary of the Mambare River) running between them. Behind the village and administrative houses at the tip of the plateau, a rubber plantation ran back to a clearing on the Kokoda Track.

Owen had seventy-seven tired young soldiers, most of whom had not slept for three nights. The first wave of the Japanese heading their way was about 1500 strong. Colonel Ralph Honner of the 39th summed up the situation: 'They had survived a series of delaying actions at Wairopi, Gorari and Oivi—the last a bitterly contested battle in which their commander, Captain Templeton, had been killed; they had fought to the point of exhaustion—against the jungle perhaps more than against the Japanese; and they felt isolated in a green hell to which they had been condemned far from the succour of their friends and out of touch with the familiar world they dreaded they might never see again.'

The defenders' spirits rose briefly when they saw troop-carrying planes with reinforcements appear over the mountains and start circling the airstrip. But, as Ralph Honner continued, their hearts crashed when, '…those tantalising planes, without touching down, rose again in obedience to some fantastic order from far away to carry their frustrated martial freight back to Port Moresby. With them disappeared all hope of holding the airfield and avoiding the appalling mountain campaign over the ensuing months.'

At about 2 a.m. on a moonlit 29 July, the Japanese closed in, as Charlie Pike recalled: 'They said the Japs won't attack in the night. We thought: "Oh well everything's sweet. Beauty. Take it easy." Then about two o'clock, something like that, it was on. That's when

The Japanese were obviously shocked
at the unexpected resistance
from the Diggers.

I heard later on that Colonel Owen got killed, he was pulling pins out of grenades and tossing them. But they come up—there was hundreds of the buggers.'

During the vicious fighting, Colonel Owen was with his men in the front line at the front of the plateau, when he was mortally wounded. Jack Wilkinson, the medic, noted in his diary:

Word of Colonel Owen hit at 0300 hrs [3 a.m.]. Took stretcher forward but could not locate him. Returned to Major Watson [of the Papuan Infantry]. Captain Vernon [medical officer] also there. (Gave me a surprise as I thought him back at Deniki.) Col. Owen lying in a weapon pit on slope of escarpment below Brewer's house about 12 yards from the main road to Yodda. Major Watson, Capt Vernon and self dragged him back up slope. Very heavy man and had to crawl. Japs moving and whispering in grass on road. Moonlight above mist. Owen wounded above right eye by sniper. Unconscious and brain tissue protruding from wound. No wound of exit. Heavy bleeding when tissue pushed back. Breathing light and shallow. Twitching of body at times. Hopeless case. RAP [Regimental Aid Post] under fire. Very heavy at times. Grass roof shot to pieces. Post shot out of verandah.

In the spectral haze of smoke and mist, the battle continued in the shadows of the rubber trees. As the enemy broke through the defences, both sides became hopelessly mixed up as attacks and counter-attacks swept back and forth. Many individuals and small groups were separated and forced to take to the safety of the darkness provided by the jungle. Some were able to fight their way back to the main body of defenders; others headed further south and eventually made contact with the reinforcements from the 39th coming up the Track towards Kokoda. (In the meantime they had been posted as missing, and some had even been called deserters.)

As the Japanese overran the plateau, Major Watson took control. Using the cover of the mist which hung low over the grove of rubber trees immediately to the south of the Kokoda plateau, he was able to withdraw his troops back along the Track toward Deniki, where they reoccupied their earlier positions and waited for reinforcements. Jack Wilkinson and Dr Vernon were forced to leave Colonel Owen (whom Vernon believed had only minutes to live), but managed to get all the other wounded out. Charlie Pike: 'On the way back there was a couple blokes there—Rusty Hollow and Snowy Parr—one had the Bren gun and one had a Tommy gun and the Japs were doing a bit of a dance around the flag pole at Kokoda, cause there was a flag there. That's when Snowy and Rusty Hollow opened up and wiped out quite a few. But then they got pulled over the coals for disobeying an order: you should get back when you're told to get back. So where do you go, where do you win?'

The 39th lost twelve men and five were wounded in these skirmishes. The Japanese lost many more—they were obviously shocked at the unexpected resistance from the Diggers, and regrouped at Kokoda while the 39th gathered at Deniki. The hit-and-run approach by the Aussies convinced the enemy they were faced by a far greater force than was actually confronting them, as Lieutenant Doug McLean noted: 'I was convinced that heavy patrolling was more use, keeping the enemy guessing with hitting and running. If we could do this we would confuse them to the point where they would be held up, not knowing just how many

troops were against them. The point was subsequently proved on the northern coast when we captured a brigade headquarters' documents indicating they thought at the time there was some 6000 troops against them and we wouldn't have numbered more than about 110.'

Although the fighting was guerrilla-style, it was uncompromising and many of the young Diggers were quickly learning the horrors of war. Private Laurie 'Smokey' Howson recalled his baptism of fire at a hamlet called Pirivi: 'When the battle died down, we came out into the open and there on the ground was a Japanese soldier. He'd taken a burst of machine-gun fire. He was almost cut in half. He was in a helluva mess. The officer said "Smokey, finish him off!" With that, I looked down and he looked back at me. And I've been looking at those eyes ever since.'

Sam Pike experienced a similar initiation at Deniki around the same time:

> There was a shoot on. There was a bit of an indentation in the ground and it was surrounded by banana trees and there was one Jap who'd been shot. He wasn't bad but he whipped in there to get out of the road you know. And we had a Lieutenant, and he told him to come out. And he just looked and he wouldn't come out. And the Lieut said: 'Someone knock him off,' you know and no-one would. And the Lieut…he just up and shot him. He had to. And that's something that always stuck in my mind. Now that bloke he had nowhere to go. He had no chance but he wouldn't do as he was told. I always remember that. That was our first taste of actual action. We'd had plenty of practices playing and all that. But that was the first thing that stuck in my mind.

Another survivor of Rabaul, Major Alan Cameron, was appointed CO of the 39th in place of Colonel Owen; he reached Deniki on 4 August. He was scathing about the few from Templeton's company he believed had deserted under fire. Over the next few days the full battalion reached Deniki and was together as a complete unit for the first time since their training camp. The small force of defenders now totalled about 500—around 460 from the 39th and the balance from the Papuan Infantry Battalion. Meanwhile, Bert Kienzle made a crucial discovery back down the Track. He'd remembered two dry lakes he'd seen before on his travels. They were ideal as drop zones for aerial supply—in fact they were the only suitable flat spots on the entire track. He named them Myola, after the wife of his commander. They would become the main supply base on the Track.

The 39th Battalion had been blooded; they emerged with credit from the initial clashes and gained considerable self-confidence. Major Cameron sent C Company, under Captain Arthur Dean, to try to regain Kokoda. They were met by three companies of the Japanese, and Dean was killed in the clash; C Company was forced to return to Deniki. But, in the flux of the conflict, another of the 39th's companies, A Company, under Captain Symington, did actually briefly retake Kokoda, as Ralph Honner later wrote:

> Captain Symington with A Company moved to occupy Kokoda, vacated that morning by the three companies encountered by Dean. One of those companies, with some machine-gun support, returned

to Kokoda the next morning to dislodge Symington, who had already sent to Deniki a request for the dropping of food and ammunition—he carried only two days' rations and enough ammunition for one good fight. But no help was to come from Moresby or Deniki. A Company was on its own and, in the fighting that followed, it never gave an inch.

A Japanese officer's diary tells the story of attack after attack beaten off by the staunch Australians—one in the morning of the 9th, four in the rain-sodden darkness of the night. The final all-out attack started at mid-afternoon on the 10th and at nightfall Symington, his ammunition exhausted, had to withdraw the main body of his company, forty-six strong. Lieutenant Neal and most of his platoon were left behind, still fighting, but they battled their way out to rejoin Symington on the 12th, the day that the supplies asked for three days earlier, were dropped at Kokoda— now for the benefit of the Japanese.

The following day, Symington's men reached the battalion's B Company at Isurava. Earlier that day the Japanese launched a strong attack on the remaining three companies—D, C and E—back at Deniki. Captain Merritt's E Company had been hastily converted from a rifle company to machine-gunners— they had the ultimate crash course in learning how to operate Bren guns on the job, copping most of the action at Deniki. During a lull, Major Cameron withdrew his men along the Track to Isurava, where he ordered the whole battalion to dig in.

The 39th's newly appointed commander, Colonel Ralph Honner, joined them at Isurava: 'The five companies dug in at Isurava using their bayonets, bully-beef tins and steel helmets—their tools were at Deniki whence they had withdrawn with what they stood up in, some without even a shirt. To one of these I handed my spare shirt on my arrival on 16th August.'

Ralph Horner's influence cannot be overestimated.

NO GIVE IN

RALPH HONNER TURNED THIRTY-EIGHT THE DAY after he arrived at Isurava. To the teenagers he commanded, he must have seemed—like Sam Templeton—old enough to be their father. Tall, spare, with a gentle smile, he immediately won their confidence with his calm, confident bearing and his determined, no-nonsense approach as he moved among them, assessing the position he had inherited and fine-tuning his defences.

In 1942, the village of Isurava was astride the Kokoda Track, about eight hours' walk from Kokoda and about an hour and a half back from Alola, the next village towards Moresby. Ralph Honner examined the position and concluded:

Isurava provided as good a delaying position as could be found on the main Track. To the front and to the rear, tributary creeks flowed eastwards, down into the Eora Valley, providing narrow obstacles with some view over them. They were bordered by a belt of thick scrub, but between them were cleared spaces either side of the track. In a flat clearing on the right was Isurava village, commanding a track dropping steeply down to Asigari in the Eora Valley. Above the more extensive rolling clearing of long grass on the left was timber thickening into almost impenetrable jungle beyond. Forward of the front creek and, to the left of the northward track to Deniki, was an overgrown garden through which a path from the main Track ran westwards towards the Naro Ridge.

His description is still eerily accurate. The locals call the front creek, Aolo Creek, and the rear one, Sala Leami Creek. In the late 1980s, the villagers moved from their 1942 site to another ridge about an hour and half's walk further north, towards Kokoda, because it had better access to water and more extensive flat land for gardens. But the Track still runs through the old village site and it's easy to imagine Honner's young warriors as they frantically dug their weapon pits under his cool, practised eye. The conditions remain the same: relentless, sweltering heat during the day, with the constant torment of March flies, followed each afternoon by a cooling tropical downpour, sometimes easing into a bone-chilling evening but, more often than not, continuing unabated through the night.

Today, the Isurava battle site still has the feel of a stronghold—a jungle citadel perched high above the massive Eora Valley, carved out over thousands of years by the swift-flowing creek as it heads north to contribute its flow to the river system which eventually reaches the Solomon Sea. The 39th Battalion's defensive position covered an area running north–south about 500 metres wide, from the edge of the ridge overlooking the front creek to the ridge which dropped to the rear creek—and about 400 metres east–west from the village (at that time half a dozen abandoned grass huts) up an extremely steep rise to some flat ground used as native gardens. (The position may be only 400 metres from top to bottom, but it's so steep that it takes about forty minutes to make the climb.) The battalion's five companies, each containing about 100 men, ringed the position, with Honner's HQ in the middle, on the high side of the Track.

In setting his defences and instilling confidence in his young charges, Honner was able to draw upon the hard, practical experience he had acquired as a company commander with the 2/11th Battalion during the bitter fighting in Libya, Greece and Crete. Indeed, he had already won the Military Cross for bravery in the battle for Derna, near Tobruk. He later summed up:

War is largely a matter of confidence. If the troops have got confidence in their mates, confidence in their weapons, confidence in their leadership, and sufficient confidence in their numbers—in that they've got a fair chance and are not hopelessly outnumbered— they'll fight well. When that confidence goes, then something snaps and the force can be dissipated.

The 39th were all volunteers although they were a militia unit. They had had time to breed confidence in each other—and it's your own mates you stand by first—and next, your own

Ralph Honner

Hyacinth Ralph Honner (pronounced 'honour') was a remarkable man. He was born on 17 August 1904 in Fremantle, into a Catholic family which had migrated from Ireland. (His birthday is the feast day of St Hyacinth, a thirteenth-century Dominican priest. Not surprisingly Ralph detested the name and he never volunteered it.)

Ralph spent his formative years in Three Springs, about 300 kilometres north of Perth, where his father was the local policeman. Ralph's early life mirrored that of Bert Facey, author of the wonderful memoir *A Fortunate Life* and also from Western Australia. An excellent student and a fine sportsman, Ralph attended high school at the prestigious Perth Modern School, where he acquired his lifelong love of literature. He matriculated to the University of Western Australia and studied arts, majoring in English and modern history, and first became a teacher. He played top-grade Australian Rules and athletics, and settled in as a master at the Hale School, one of Perth's finest.

Ralph was a natural linguist and spoke French, Italian, Greek and German. He married in 1934, shortly after he had switched careers to study law and become a barrister. He anticipated the war and joined the militia in Western Australia in 1936. He was one of the first to enlist in the AIF in his state when war was declared, as his enlistment number, WX15, attests.

Ralph served as a company commander with the 2/11th Battalion in the North African theatre at Bardia, Tobruk and Derna. Then he endured the disastrous campaigns in Greece and Crete before he was appointed as the CO of the 39th Battalion in 1942. His influence on the young, inexperienced men of the battalion cannot be overestimated, his calm leadership welding them into one of the Australian army's finest fighting units.

After his beloved 39th was disbanded, Ralph was appointed CO of the 2/14th and led it until he was severely wounded in the hip while leading an attack during the battle for the Ramu Valley in north-eastern New Guinea. It was the end of his fighting days.

In his preface to Peter Brune's fine biography of Honner, *We Band of Brothers*, respected military historian Dr David Horner pays Ralph this tribute: 'Lieutenant-Colonel Ralph Honner is one of the great figures in Australian military history. Yet he never commanded large-scale forces, and indeed he commanded an Australian infantry battalion for little over a year before he was wounded in action. In military jargon, he always commanded at the tactical level… Here commanders direct the battle, deploying their reserves, leading by example and maintaining the soldiers' morale. At this level, too, soldiers endure the extremes of weather and terrain, suffer wounds, illness and psychological stress, and, ultimately, lose their lives.'

Horner also gives his verdict on Honner, the man: 'Honner was not just a capable commander: he was a man of integrity, honour and faith. He needed to be, as he led his men through events of such stress that they were to dominate the memories of the survivors for the next half-century.'

Ralph was happily married, with two young sons, by the time he arrived at Isurava; he had much to lose. In many ways he was a throwback—in the days of Camelot he would have been a dashing knight—Honner by name and honour by nature. Ralph believed in chivalry and lived his life accordingly. He was a wonderful orator and a fine writer.

Ralph Honner had a distinguished post-war career as the chairman of the War Pensions Assessment Appeal Tribunal and from 1968 to 1972 he served as Australia's ambassador to Ireland. He retired in 1972 and died in Sydney, aged 89, on 14 May 1994.

section, and next, your own company, next beyond that, the battalion, possibly beyond that, the brigade but beyond that, who cares.

At Isurava, Honner astutely assessed the condition of his troops. Most had been in more or less continuous action for the previous three weeks, ever since the first contact with the enemy. The strain was beginning to tell: 'Physically the pathetically young warriors of the 39th were in poor shape. Worn out by strenuous fighting and exhausting movement, and weakened by lack of food and sleep and shelter, many of them had literally come to a standstill.' Most of the young Diggers were malarial and troubled by infections caused by insect bites and scratches. They survived in the one set of clothes and could rarely take off their boots to air their feet which, like the rest of their bodies, were constantly wet. The soles of their feet were pulpy and deteriorating by the day; they suffered from rashes and chafing. Their food was very limited, their diet unbalanced and unsustaining—usually bully beef (tinned beef) and hard biscuits. When it was humid—which was all the time it wasn't raining—they lost substantial minerals through sweating, which were not replaced. (Occasionally, they would eat handfuls of sugar or tinned jam for energy.)

Honner knew his first task was to develop confidence and teamwork in his men in the short time they had before the enemy fell upon them.

We rehearsed what we could do. See, we were holding a perimeter at Isurava where we didn't have enough troops to hold it. We couldn't have a reserve. We could only post battalion localities where the enemy could get through between them. We could only rehearse counter-attacks by planning that if the enemy get into this company locality and wipe it out, it's already being forced back again by a counter-attack from a company on the other side. We rehearsed the counter-attacks and we rehearsed the co-operative fire between neighbouring companies and when the troops could see these working and could see that something was being done to give them the greatest possible security against loss, I think they began to grow confidence in each other. They saw a battalion working as a battalion and being prepared to use its best efforts to save them if they were in trouble. They weren't alone.

The young men of the 39th Battalion were indeed fortunate in their commander. Renowned for his coolness under fire and for his personal courage—both attributes which impressed and influenced his troops—he was also a brilliant tactician and he relished the challenge of battle. He had an intuitive understanding of human nature. This was perfectly illustrated by his response when Major Cameron confronted him with accusations of desertion by Templeton's B Company at Kokoda soon after he had arrived. Cameron called the troops 'unreliable' (military code for lacking in fighting spirit and liable to desert in the face of the enemy), claimed the company was 'finished as a fighting force' and should be disbanded.

Honner considered the situation deeply and took both a different view and different action, positioning B Company on the high ground on the left flank at Isurava—the place where the enemy was most likely to attack. He later reflected: 'Should I leave the key to our

REAR CREEK

The Isurava battle site.

THE HIGH GROUND WHERE BUTCH
BISSET WAS WOUNDED

BATTALION
HEADQUARTERS

FRONT CREEK

KINGSBURY'S ROCK

JAPANESE ATTACKS

stronghold in such frail hands? I felt that to replace these unfortunates with another company could be the final lethal act of contempt, destroying where I should be building. I appointed Lieutenant French to command and made it clear to him and his men that they now had the most dangerous sector to hold—the post of honour. When the testing hour did come, B Company bore the heaviest burden and held on doggedly to erase forever that early slur.'

This was typical Honner. Many observers believe it was his leadership that inspired the 39th to the superhuman performance it gave. Many also make a powerful case that Ralph Honner played a critical role in saving the entire Kokoda campaign: had a lesser leader been in his place and had he failed to inspire the untried young Diggers to hold on in the initial vicious clashes with the Japanese, the invaders could have swept through them onto the reinforcements, rushed up the Track and rolled over them. Port Moresby would then have been at their mercy.

Honner's initial orders were as chilling as they were simple: 'Hold the enemy on the northern side of the Owen Stanleys until you are relieved by the 21st Brigade [which was being rushed back from the Middle East].' But unknown to him and his men, a bizarre incident back at Port Moresby's 'Seven Mile Airport' (as it was then sometimes called) in August would change the course of the Kokoda campaign.

One of the crucial elements of the defence plans against the Japanese in New Guinea was Allied air support, and the Australian troops fighting across the Owen Stanleys were to be resupplied with rations, heavy weapons and ammunition by air. The US air force had assembled transport planes at Port Moresby for that purpose. But, despite numerous warnings from people as senior as General Rowell, the US air commander persisted with his preference for neatly parking his aircraft wingtip-to-wing-tip along the airstrip. On 17 August, this lifeline was snatched from the Diggers up the Track when thirty-five heavy bombers protected by Zeros destroyed or seriously damaged twenty-eight planes, including the entire transport fleet. Strangely enough, this was a replay of a similar debacle by General MacArthur at Clark Airbase in the Philippines when he ignored warnings to disperse his planes eight hours after the Japanese struck Pearl Harbor.

Back up the Track, the 39th Battalion was oblivious to the calamity. Private Kevin 'Spud' Whelan remembers how tough it was for him and his mates as they waited for the Japanese to attack.

> At that stage, we weren't getting any sleep at all. At night, at the front they were making noises just to keep us awake. Even though they didn't attack us in the night, we were constantly alert. We were 'standing to' all the time, with our weapons ready, waiting for instant action in that steady rain, plus the fact that most of us had dysentery and malaria and these pains which must have come from malaria and rheumatics.
>
> We were all pretty well exhausted. Everybody had aches and pains—the pain in the shoulders, arms and legs was indescribable. The only thing the RAP could give you was an Aspro, a couple of Aspros.

Relics from the battle
of Isurava, now in
the village museum.

The darkness of the jungle—where the treetop canopy blocks out the moonlight, even the stars—added to the tension.

> There was a bloke on your left and right. But you couldn't see him and you couldn't hear him so there was a feeling that you were there on your own. And there was complete dark. You couldn't see anything at all except perhaps your watch. The rain would come down—incessant rain. It rained hour after hour. You had no groundsheets—just a shirt and trousers and a hat.
>
> Very seldom would you see a line of enemy coming towards you. You'd hear a noise, a rustle in the bushes and there were some Japs there and that's where you fired towards them. If you were on a track or a cleared space you saw the enemy coming but quite often it was just something out of the bush or just a shot, a noise. It was scary. I prayed a lot. I believe in prayer. I knew my parents and grandparents were praying for me so that helped a lot. And, of course, I had my mates. When you have good friends, good mates, you don't leave them. It was a brotherhood. We were there to look after each other. You wouldn't go and leave your mate in the poo.
>
> It was terrifying in hindsight. How we got through it, I'll never know. It was just guts and determination. I often hear people, especially sporting commentators, saying 'So-and-so broke through the pain barrier. Every one of us broke through the pain barrier, climbing up those bloody mountains. Take one step, slip down two. That's where we broke the pain barrier.

On 26 August the Japanese made their move, attacking the forward patrol Honner had positioned to ambush them and also raining shells down on the village area from their mountain gun high on the hills above the front creek. When the shelling ceased, the enemy swarmed down from the high ground and began charging the battalion's defences. The young Diggers held their nerve and repulsed the attacks. At one stage a platoon under Lieutenant Clarke even surged out and drove the Japanese back, killing eight of them, and then returned triumphantly to their lines after clearing the Track.

Ken Phelan remembered how demoralising the mountain gun was when it was directed at his position:

> I was a member of C Company and we were manning the village of Isurava. It was a shocking place to be stationed because the villages in New Guinea were always the cleared bit. The natives, of course, cleared them because they could see the next village and it gave them some means of defence. So they placed C Company in this village. Well, the Japs could see this village easily from where they were. So they ranged on it quite easily with their gun and they landed these bombs, about 15 pounders. You could hear the gun go off and everyone took to the ground hoping it didn't have their number on it. One of them landed—there were three blokes just there and the bomb came down and wounded two and didn't touch the other. I felt the blast and down these blokes went. Well, the first thing you try to think of is getting medical attention but you also thought of the next bomb coming over. I took them back but they only lasted three or four hours and then died. That was a very shattering time. But despite the fact that they had this bombing raid, the 39th's line held. There was no question of saying oh we're defeated, we must get out. It was if we've got orders to stay, we'll stay.

No matter how many Japanese soldiers the 39th killed, others seemed to take their place. 'Spud' Whelan and his mates knew they were fighting for their lives: 'We got a message from Port Moresby that the 2/14th were on the way and we had to fight to the finish. There was no give in at all. We had to stay there—fight till death. And that was a bit horrifying. I thought well I won't see my family again. I won't see Australia again. But I was prepared, like the rest of us, to stay there and fight to the finish.' Ralph Honner knew the odds against his young troops holding out were lengthening by the hour. They were outnumbered at least five to one and, although they had the advantage of being entrenched and holding high ground, unless they were reinforced they would inevitably be wiped out by the sheer weight of the enemy's numbers. To the end of his days, Ralph was surprised by the tactics of his Japanese counterpart:

> They should have bypassed us by going along through Naro and along the Naro Ridge to Alola, cut us off from our supplies and our water and we would have been finished as a fighting force. They didn't do that. I think it was a grave lapse on the Japanese commander's part that he did not do that instead of throwing his troops at us when we were dug in and where we could kill them at possibly ten to one. It was a big advantage for the defenders sitting in weapon pits firing at people coming at them with them not knowing exactly where they are. I think the Japs lost out tactically on not wiping the 39th out at Isurava. But, as for their actual fighting capacity, they were good troops, they were well trained troops and they were seemingly fearless, almost fanatical in their fearlessness.

The Japanese soldiers facing the Diggers came from a country which was a curious amalgam of feudalism and military and economic mechanisation. Above all, the emperor still ruled virtually as a god—every member of the South Seas Force was issued with a copy of the

The men of the 2/14th Battalion were highly-trained,

Imperial Rescript to Soldiers and Sailors. Promulgated originally by Emperor Meiji in 1882, it decreed that every soldier must obey the samurai code: 'Duty is weightier than a mountain while death is lighter than a feather.' It gave rise to the Japanese soldiers' attitude to death and surrender—where death was preferable to the dishonour of capitulating—and their treatment of those who did surrender as being beneath contempt.

The Japanese army also tended to recruit its battalions from the same district: for example, the 144th Regiment was mainly recruited from the city of Kochi on the island of Shikoku. This not only gave troops an esprit de corps based on familiarity, but also acted as a potent deterrent against desertion. Soldiers were always aware that their comrades knew their families back home and that the loss of face which would result from cowardice or desertion would be unbearable, for both the individual and his family. Captain Toshiya Akizawa, platoon commander with the 144th Battalion:

> You need a special kind of courage. When you draw your sword and point it forward, this is a display of your own courage as well as a signal to the men. It doesn't just mean, right now we're going to attack, in that sense it is a signal but also it's deeply linked to your personality and courage. It's like in music when the conductor raises the baton to the orchestra. It's the same as music however, instead of raising the baton, you draw your sword and say 'charge!' You give the order. Obviously, you're not trying to cut the opponent. It's in order to get everybody up and into the attack.

Like the Australians, the Japanese were also feeling the impact of the Owen Stanleys terrain. By the time they began their assault on the defenders of Isurava, they were already low in supplies and their confidence was dented by the unexpected resistance of the Australians. One Japanese soldier summed up their situation:

battle hardened veterans of the Middle East campaigns.

We make our way through a jungle where there are no roads. The jungle is beyond description. Thirsty for water, stomach empty. The pack on the back is heavy. My arm is numb like a stick. My neck and back hurt when I wipe them with a cloth. No matter how much I wipe, the sweat still pours out and falls down like crystals. Even when all the water in your body has evaporated, the sun of the southern country has no mercy on you. The soldiers grit their teeth and continue advancing, quiet as mummies. No one says anything unnecessary. They do not even think but keep on advancing toward—the front.

By the afternoon of 26 August, Ralph Honner's men had reached their limit. Mortar shells bursting against the tree canopy rained down shrapnel on the exhausted Australians huddled in their shallow weapon pits. Japanese Juki medium machine-guns—the dreaded 'woodpeckers'—sprayed deadly fire randomly through the jungle from across the front creek. And, in the dead of night, skilled enemy jungle fighters infiltrated the Australian positions, bayoneting defenders without warning even as they fought to stay awake. A number of Aussies were killed or wounded in this way without ever seeing their assailants. But somehow the defenders held off the waves of Japanese—for the moment—although B Company (holding Ralph Honner's 'post of honour') was by now on its last legs, as Honner recalled: 'They were just holding on by the skin of their teeth at that moment. And B Company had said they couldn't hold any longer. That's when I said they had to. They only had battalion headquarters—which was about three of us—behind them. They had to hold there and be wiped out. That was about it. And then we'd play it by ear from there.'

Honner had played his cards. From the start he had insufficient troops to properly man the Isurava position. He had to rely on the individual courage of his young Diggers to hold out long enough for the AIF to get to him.

We'd have been wiped out that night. This is again where I took it on to myself. [Brigade Commander] Potts had sent [Captain Claude] Nye with B Company of the 2/14th up to us to go out on to the left flank on to the Naro Track. At this time he was still thinking of carrying out his orders to attack and take Kokoda—and he was thinking of doing it on a flanking attack. And Nye was ordered to go and occupy Naro and relieve one of my 39th patrols which was out there. And I saw Nye off and then in the late afternoon, when it looked like we were doomed that night, I just sent a runner after him. They hadn't got more than a couple of hundred yards off the Track, trying to hack a new way through the jungle to get around the Japanese because they couldn't use any of the previous routes because the Japanese were on them. I think he thankfully came back. If he hadn't, he would've been surrounded and wiped out.

Honner had simply run out of options: his men were on their last legs; the Japanese were relentless and, despite their losses, their numbers seemed inexhaustible: 'And I've said we would have been wiped out that evening or the next morning if we had stayed there. And I was going to stay there because the reinforcement was promised and I was just hoping like hell it was coming because if it hadn't come, we'd have been done. I couldn't implement a plan of withdrawal in the face of an incoming reinforcement. We had to stay. They had to get to us.'

Today, the magnificent memorial at Isurava looks down to Kokoda and the Yodda Valley.

When the 2/14th arrived, one young Digger said, 'I thought they were Gods!'

IN THE NICK OF TIME

WHILE THE 39TH BATTALION WAS LOCKED IN ITS DEATH struggle, back in Australia the AIF Diggers who had been rushed back from their Middle East campaign received their orders to move north. The 2/14th's medical officer, Don Duffy, was with them:

Battalion training and the enjoyment of the wonderful Nambour–Tewantin area came suddenly to a close on August 5th when, with no prior warning, we were put into lorries and carted off to the Brisbane wharves to board the Liberty Ship James Fenimore Cooper.

A representative of the Directorate of Medical Services contacted me on the wharf and said: 'Well, I suppose you know where you are going?' To which I replied: 'Not really.' He told me we were going to Moresby and for malarial precautions he left a couple of tins containing 20 000 tablets of quinine on board ship which he suggested I dole out to the troops in cigarette tins [sic] after we landed in Moresby.

I thanked him and he disappeared into the oblivion whence he came, leaving me with the feeling that no great preparation had gone into this sudden departure from Australia.

It was a hint of the countless other failures in preparation and logistics that would dog the Diggers during the Kokoda campaign. Even Don Duffy's anti-malarial effort proved fruitless: 'During the next three days, I issued the quinine tablets to the troops, instructing them to start taking them after four days; but, by that time, they had been reduced to a damp, evil tasting powder by the dampness and humidity and were thrown away.'

The ignorance which met the 39th Battalion was still evident when Don Duffy's 2/14th prepared to head off up the Track: 'Nobody in Moresby had ever been over·this track to Kokoda but they had all heard of the 'the Gap' way up behind Myola 'where a few men could hold an army at bay'. There was no phone communication and field wireless sets were too weak to send messages back to Moresby. The 39th Militia Battalion had been sent over to Kokoda but little had been heard of them since.'

Ironically, as they moved out up the Track Don Duffy and his fellow Diggers unknowingly received another hint of the problems which lay ahead of them: 'As we started our pilgrimage from Ilolo we heard the ominous rumblings of a Japanese air-raid on the Moresby strip but what we did now know was, that in that raid, practically all the cargo-carrying DC2s which were to have moved supplies for us, were destroyed. We were also blissfully unaware that by now the Japs had landed at Buna the remaining two battalions of the 144th regiment, three battalions of the 41st Regiment, a mountain gun battalion, two engineer units, together with headquarters and communications units and troops to fortify the Buna–Gona area.'

Don Duffy had been told he would not have to worry about casualties until he reached Kokoda. So, like all his comrades, he concentrated all his energies on simply grinding his way over the Track:

Each day followed the same plan of steep ascent and equally steep descent, sometimes the track skirted small clearings marking the site of native gardens and the nights found us sheltering from the downpour in native huts belonging to one of the villages which marked our stages.

Ioribaiwa, Nauro, Menari, Efogi, Kagi, Myola. At Myola, near the top of the range, there was a large cleared area with a marshy strip down the middle where the cloud cover only lifted for about three hours in the mornings.

Here we anticipated fresh stores to have been dropped by plane but thanks to the Jap air-raid on the Moresby strip, these had not arrived so we could not go forward and had to wait two or three days before a DC2 arrived overhead one morning and packages were pushed out as it did its 'biscuit bombing run'.

The recovery rate was poor as some packages disappeared into the marsh and others into the thick jungle. Of three, three-inch mortars which were dropped, we could only recover enough pieces to make one operational mortar and even army 'dog biscuits' were pulverised.

The main body of the 2/14th arrived at Isurava on 27 and 28 August—in the nick of time. Ralph Honner and his men breathed a sigh of relief: 'The 39th, seeing the arrival of the 2/14th originally—blokes nearly twice as big as themselves and well-armed, well-equipped and ready

The famous 'Golden Staircase' was built by Australian engineers up a steep spur near Ioribaiwa Ridge.

for a fight. They thought they were … one bloke said: "I thought they were Gods."' 'Spud' Whelan remembered his elation all his life:

> When we saw those AIF fellows coming through it lifted our morale. We felt like saying we can stay with you a bit longer. As they came in they gave us cigarettes because we were out of cigarettes. E Company and C Company commanders asked the fellows to go in and give 'em a hand. I'll never forget one little fella. He had a broken nose he didn't get running away against the wind. And he fixed his bayonet and he said we'll do to these blokes what we done to the Froggies. And away they went up the hill. Very few of those fellows came back.

While the Australians were now building up their numbers—they had perhaps 750 fit troops at this stage—so were the Japanese. They now had at least four battalions massing around the Australian position—around 4000 men. General Horii's men were champing at the bit to rid themselves of what was rapidly becoming a serious obstacle to their march on Port Moresby. The 2/14th was in position at Isurava and the 2/16th was moving to protect the Track down the other side of the Eora Valley near the village of Abuari.

The 39th Battalion had been promised it would be relieved and withdrawn back down the Track for a rest once the 2/14th arrived and took over its positions. But Ralph Honner

And away they went up the hill.

realised that the surging Japanese numbers meant that the 2/14th men could not hold Isurava on their own, and he told their CO, Lieutenant-Colonel Arthur Key, that he and his men would stay with him. Key and Honner then persuaded the brigade commander, Potts, to allow the 39th to stay and fight. Phil Rhoden was then second-in-command of the 2/14th: 'When I arrived we saw what was left of the 39th and I was personally surprised to see that men who looked so down and out could come back for more. They were volunteering to stop with us and we were gratified because we needed every person. Anyone who could hold a rifle or gun was needed. It was amazing the way the two sides of the Australian Army came together without let or hindrance. It was encouraging. It was a morale booster.'

Phil Rhoden and his men had prepared for jungle fighting as well as they could in Queensland before coming to Papua. But none of their training prepared them for the real thing:

The terrain surprised us. Shock is not too strong a word. We were told we had to take Kokoda. We were told there were only a handful of Japs around. It wasn't until we actually got to Isurava that we realised that there were a lot more than that. We were certainly surprised when we got to Isurava.

The 39th were in a parlous state and the question was whether we had the ability to stand up to it all. It was something quite new. In Syria you could see what was happening. You could see where the French were. Here you couldn't see a bloody thing. Apart from that it's the same in every war: it's them against us.

Very few of those fellows came back.

The terrain surprised us.
Shock is not too strong a word.

The gentle care of the Fuzzy Wuzzies and the Salvation Army.

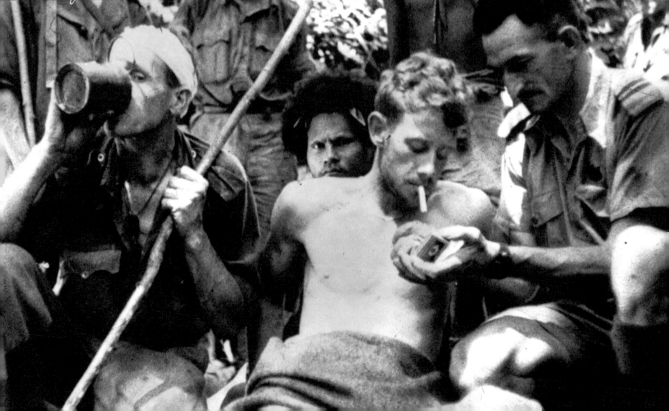

It was the first time the militia, the despised 'chockos', and the AIF had fought side by side. The young militia battalion won the respect of their AIF brothers and the slurs and doubts about them were buried forever, as Alan Avery, a seasoned 2/14th combat veteran with a Military Medal for bravery in Syria, remembered: 'We'd been to the Middle East and we had other battle experience there. The poor old 39th, they had no battle experience but they did a magnificent job without any battle experience. Everyone should've got a gong up there you know. They really should have. There were so many acts of bravery there. A Jap jumped into a foxhole there once and he bit a big lump out of a bloke's jaw. The combat was that close you see.'

Avery and his mates had no time to ease into the task before them. From the instant they took over the bloodied weapon pits from the survivors of the 39th Battalion, they were set upon by a reinforced Japanese force determined to annihilate them. By necessity, they quickly adjusted to the demands of jungle fighting: 'You couldn't see anything…They rattled tins and things to try and upset you. And we knew they were getting closer and closer. I think that in their previous warfare, this noise factor could have upset a lot of people but we held our ground and waited until we saw the whites of their eyes and it was on.' In the Middle East the distances gave perspective, options, and chances to anticipate—you could take a panoramic view. In the jungle everything was close-up, as Phil Rhoden quickly learned: 'Firefights were typically fought over the distance of a cricket pitch—very close quarters. And you mostly heard rather than saw.'

Ralph Honner handed over command at Isurava to Colonel Key of the 2/14th, then sent about thirty of the 39th's walking wounded back along the Track for treatment just before the battle burst into its most ferocious stage. The murderous fire slashed through the jungle foliage, shredding the cover and causing heavy casualties on both sides. Honner saw many from the 2/14th and his own battalion fall around him:

> I don't think I'm a hard man. I think I'm a soft man but you get used to the fact that people are dying around you. And, unlike the pictures, they don't die screaming or yelling, they die quietly. They're not moaning or groaning particularly unless they're unconscious. And they, if they're wounded, they usually keep fighting until they do die.
>
> I don't say I'm hardened to it but this happens. All the men in your company are your friends. You know them as well as your own brothers. It's like losing a brother but you're so busy that you're getting on with the job in hand and in a way I suppose that puts it out of your mind because there is something more urgent at the moment. There is the living to be considered and the doing of the job at hand. It's afterwards, on reflection, that you start to count the cost. And, as we were never in great numbers in the Australian Army, you were always protective of the ones we had.

The arrival of the 2/14th's medical officer, Don Duffy, at Isurava was as traumatic as that of his mates:

> I remember having reached Isurava village standing in broad sunlight eating a dixie of stew made from dehydrated meat and vegetables, still wearing the remains of an anti-gas cape.

My pleasant inactivity was suddenly shattered by the deafening explosion of a Jap mortar bomb nearly in the kitchen fire which sent me streaking through a clump of bamboos, which removed the cape before I dropped over the edge of a shallow depression out of harm's way. They sent over a couple of more rounds, obviously attracted by the smoke from the fire, after which I collected my RAP people and left the area.

Like many of his mates, Col Blume thought his number was up many times at Isurava:

I'm not ashamed to say I prayed several times. Mine was: if I get through this I'll try to live a better life, that's all. Everybody should have faith of some sort. If you haven't got faith, where will you go? You got to have faith in something, or yourself, or what object you're aiming for—there's got to be faith. You've faith in what your mate's going to do. He won't let you down and you're not going to let him down. Many suffered a lot for their mates. I think some blokes who went well beyond their job were the medical orderlies. They took a lot of risks and it was mateship, no doubt about it. They could have got knocked themselves but they went out and did something for those fellows that were in trouble.

The camaraderie which bound the Diggers together can be gauged by the actions of the 39th's walking wounded. When they heard their mates were still trapped at Isurava and in dire straits, all who physically could quietly turned around and struggled back to the hell-hole from which they had just been delivered. Only three of them couldn't make it back. One of the men from B Company, Geoff Byrne, summed it up: 'The battalion was in trouble and twenty-seven out of thirty went back: Those who didn't were minus a foot, had a bullet in the throat and a forearm blown off. We never did it for God, King and country. Forget that! We did it because the 39th expected it of us.'

But neither the 2/14th's combat experience nor countless acts of individual heroism—seen and unseen—could turn this uneven conflict in their favour, as Don Duffy noted in his diary:

On Friday 28 August all hell broke loose with the enemy mountain gun, mortars and heavy machine guns firing in support of a two-battalion attack on our positions which went all day from daybreak until eight o'clock at night.

The noise was deafening what with shell bursts over head in the trees or else reverberating through the jungle when they hit the ground. Heavy machine guns chopped off small trees and ricocheted off the larger ones while Jap troops not engaged in the attack made a wild yelling as their forward elements swarmed quietly toward our positions.

They were thrown back time after time taking heavy casualties as they attacked in waves of about a hundred men and when night fell it was estimated that the battalion had inflicted about 350 Jap casualties killed but as they used to drag a lot of their wounded and dead back after an attack failed the figure was probably much higher.

The Japanese tide pounded against the dwindling defenders, seemingly oblivious to the terrible toll the Australians were exacting. The Japanese became more desperate as the hours ticked by and their casualties piled up. Captain Akizawa's men had never experienced a setback before Isurava: 'I remember that all my junior officers, my NCOs and most of my men lost their lives. Accordingly, all we could do was leave the place we were in and attack up the hill. And we were being told by the officers from behind: "Attack! Attack!" So there was no courage. Just without thinking, we attacked and attacked.'

The attackers resorted to frontal charges in their relentless efforts to dislodge the Australians. Those defending the high ground bore the heaviest load as waves of Japanese in company strength—around 100 strong—threw themselves against the Aussies. They were met with bullets and bayonets and, where necessary, with boots and fists and rifle butts. The bodies of the enemy piled up around the Australian weapon pits like sandbags. Captain Stan Bisset was the Intelligence Officer of the 2/14th:

> The Japs adopted the same tactics all the time. The Australian soldier had much more flexibility and much more initiative than the Japanese. We were able to sort of create ambush positions, killing grounds. Well the Japanese would hit our killing grounds and launch frontal attacks and lose a tremendous number of casualties. Then he'd start probing around the flanks. We'd send out two and three men patrols to either flank to give us an idea when he looked like getting around or able to cut the Track behind us because we had to stop him from doing that because that was our lifeline—the Track.

Officers of the 2/14th about to head up the Track. Lt Harold 'Butch' Bisset is second from the left. Only Lindsay Mason, second from right, would survive the campaign.

Stan's Story

Stan and his older brother Harold 'Butch' Bisset were two of the 2/14th's outstanding characters. Although they differed dramatically in personality and style, they were nevertheless extremely close, having grown up the youngest of four brothers—with Murray and Noel, and with sister Jeannie, born to George and Olive Bisset of Balaclava in Melbourne. George and Olive owned and ran a substantial drapery store in Prahran.

While Stan and Butch were still at primary school, the family moved to Black Rock, where they spent all their free time in the bush and the nearby beach. Then the family moved to an old mining township, Warrandyte, about thirty kilometres north-east of Melbourne, where the boys honed their skills at fishing, rafting and shooting. Both were soon dead shots, with a .22 or a shotgun.

Just as Stan and Butch reached their teens, the family returned to Melbourne. Both boys left school early, around fourteen. Butch headed off to work as a jackaroo on his uncle's sheep farm in Western Australia, near the ghost gold-mining towns of Gwalia and Leonora. Stan started out working for a local chemist and then moved to the Royal Automobile Club of Victoria. While Butch grew into a tough, hardened bushie, Stan discovered a wonderful singing voice and a natural flair for sports, especially cricket, tennis and gymnastics. Stan was also a talented Australian Rules footballer and was approached to trial for the famous St Kilda club. He joined the St Kilda Rugby Club, intending to train with them to get fit for the Aussie Rules trials, but after just one game he was captivated. He loved the physicality of rugby and, although a late starter in the code, he soon caught the selectors' attention with his strength, drive and speed. Stan was quickly snapped up by the Power House club and a few years later was representing Victoria. One of his proudest memories is being a member of the only Victorian rugby team to have ever defeated New South Wales, at Manly Oval in 1937.

By the time he reached Isurava, Stan was already something of a celebrity. He had become a rare Wallaby international from Victoria, who played as a second-rower against the Springboks in 1937. He was selected for the ill-fated 1939 Wallabies tour of Britain. War broke out just as the team's boat docked in England: they met King George VI, but then got back on the boat without playing a game and returned home in time for Stan to enlist and head off to the Middle East. Stan was also well known in his regiment as a wonderful singer, having trained by then as a choral singer for many years; and he led the 2/14th in their battalion songs.

Stan (left) with teammates en route to Britain with the ill-fated 1939 Wallabies team.

Lt Col Albert Caro, Stan and Albert Moore of the Salvation Army head up the Track.

Stan and some mates and Butch (right) during a break at the beach.

Butch, too, had turned into a fine sportsman—a good cricketer and a relentless footballer. After his return from Western Australia, where he worked in the gold-mines as well as jackarooing, he cut railway sleepers in Gawler, South Australia. He emerged as a fierce boxer with a powerful physique and later he trained the battalion in bayonet practice. Butch was known for his loud, joyful laugh and his ready sense of humour.

Both brothers were natural leaders, but each led in a dramatically different way. Stan was imbued with a deep sense of duty and carried himself with a natural dignity and an evident sense of fair play. He was widely respected by both the officers and the Diggers. By the time of the battle for Isurava, he was battalion Intelligence Officer, attached to the 2/14th field HQ. He turned thirty during the battle.

Butch, two years older, was very much the larrikin leader. Like Stan, he had proved himself under fire in the Middle East. Butch led by example, often with a reckless disregard for his own safety. He had that rare ability to inspire respect and love without surrendering his innate sense of fun. At Isurava he was commanding 10 Platoon, which took over Honner's 'post of honour'.

Stan still remembers with startling clarity his last relaxed meeting with Butch, a few weeks before Isurava: 'The battalion was overnighting at a tiny village called Efogi, about halfway along the track, heading to Isurava on our way to relieve the 39th Battalion. Butch asked me to join his platoon for a final sing-a-long before they went into battle. I sang a few of our favourite songs. I can well remember in those moments I was singing, I just got this feeling, a premonition, that dear old Butch, my brother whom I loved so much, was going to be killed. It was a strange feeling but it stayed in my memory.'

Afterwards, the brothers shook hands, wished each other luck and returned to their respective duties as their battalion hurried up the Track.

At the height of the battle for Isurava, Stan grew concerned because he knew Butch's platoon was under constant fire. The 2/14th's then second-in-command, Phil Rhoden, was friends with both Bisset brothers from their days at Melbourne's Power House club: 'Stan and Butch were more than just brothers, they were great mates. Butch was a rough customer but a good Australian and a good fellow. Stan was always worried about Butch, particularly with employment problems because employment was never good in those days. He loved Butch for what he was and Butch loved Stan for what he was. Two different types in many ways but bound by a common heart. When Butch's platoon ran into all the firepower and attacks by the Japs which he repulsed time and time again, Stan was a like a cat on hot bricks.'

In fact, Stan was on his way to check on Butch and had clambered up almost to his position on the high ground when he ran into one of Butch's men, Tommy Wilson, who was disoriented after a grenade misfired and badly wounded his hand. Stan dressed the wound and guided Wilson to the aid post for treatment. He was about to return to see Butch when he was ordered to join Ralph Honner and reconnoitre a suitable fallback position. Stan knew that Butch was under constant attack from waves of between 100 and 200 Japanese:

Butch and his men resisted between 30 and 40 attacks all day and into the night. The Japs were fanatical and relentless. Their officers were shouting and screaming 'Attack!' 'Attack!' and they just kept throwing men at our defences.

They had committed three to four battalions, perhaps four thousand men, at that stage and we were outnumbered six, possibly more, to one. But our boys had Bren guns, Tommy guns and grenades and they kept mowing them down. In fact, when we eventually regained the ground months later as the Japs retreated, they found 250 Japanese graves in front of Butch's position. When you consider for every soldier killed two or three are usually wounded, you can see the fierceness of the fighting and the performance of Butch and his men.

Stan and Ralph Honner were about to head off when Stan heard the news he'd been dreading. Butch had been hit; Stan hurried back. While distributing grenades and ammunition to his men—a deadly dangerous task in an area where the slightest movement attracted fire—Butch had caught a burst of machine-gun fire across his belly. This was a virtual death sentence on the Track, where there were no Medevac helicopters. As senior medical officer Major (later Sir) Rupert Magarey attested: 'If you got an abdominal wound on the Kokoda Trail you might as well have given up. You never told the troops that, but you knew bloody well that that was what would happen. To deal with an abdominal wound you have to have an operating theatre, an anaesthetist, a surgeon, possibly an assistant surgeon and a good deal of gear! So you gave them a shot of morphine…'

Butch was in great pain when his men reached him, risking their own lives under withering fire. Butch ordered them to give him some grenades and a pistol and to leave him. They ignored him. They knew they were on the point of being overrun. Lindsay Elphingstone, Col Blume, Murray Bolitho, Jimmy Coy, George Woodward and others gathered around Butch. They hacked down some saplings and made a rough stretcher with groundsheets and vine. They put Butch on it and then, under cover of the deep darkness which only a jungle canopy can create, they stumbled back down from their position on the high ground to the Track, one hand on the stretcher, the other firing their weapons at an enemy hard on their heels. Butch was in agony. Col Blume recalled that Butch pulled out his pistol and again demanded that his men give him some grenades and leave him. Again they ignored him. As they carried him out, he repeatedly begged them to put him out of his misery but, as Stan recalls, they pushed doggedly on:

Butch was actually adored by his men. He was loved by them. He'd do anything for them and they'd do anything for him. I don't know how they got him back. Under those conditions it was an amazing feat. It was about 10 p.m. when I reached him. They had laid him down at the side of the Track and our Regimental Medical Officer, Don Duffy, was with him.

Don was a great man and a great friend. He inspected Butch's wounds and gave him some morphia for the pain which was excruciating. Then Don looked at me and I knew there was no hope. I think Butch probably realised that too. I just held his hand and stayed with him. We were oblivious to the conflict going on around us. We talked. At times he was semi-conscious. At other times he was quite good. Don Duffy came back at intervals and gave him more morphia.

Stan in January 1943 at Gona.
Note the bandage over his right
eyebrow where he'd been grazed by a
sniper the previous day just metres
from where this photo was taken.

Stan practices with an Owen gun

Lt Neville Young, Stan Bisset and Lt
Bob Dougherty at Gona 9th December 1942.
(Dougherty was killed a few days later.)

An early morning shave
during training

99

Don Duffy recorded his thoughts in his diary: 'He would not have been able to stand any attempt to move him further and was already in shock and likely to die soon. We just sat by him as the minutes passed, Stan deeply moved and not trusting himself to speak while I brooded, as one does in these times, on the terrible wastage of good young lives of one's friends.'

Stan Bisset's last hours with Butch by the side of the Track are indelibly etched in his memory:

We talked about Mum and Dad and our good times and bad times together. We talked about growing up in Warrandyte. And about going down the Yarra River for miles and miles on our home-made raft and how we paddled down some rapids and nearly lost the lot.

Stan before being sent to Kokoda.

We recalled how we pinched some gelignite out of one of the mines and Butch and I and two other mates went round blowing up tree stumps and dropping it down some of the old mines and how the locals thought there was a war going on. We relived some of our rugby days together, our good wins and our times playing together in the Power House team. The memories were wonderful.

At four o'clock in the morning, after six hours of agony, Butch died in Stan's arms. Don Duffy was with them. Padre Daly gave a brief benediction as they buried Butch just off the Track, then put a small cross at the head of the grave and they left him there. Don Duffy wrote later about those terrible days: 'It was a very disturbing situation to see members of the battalion one had known for a couple of years being carried in dead or severely injured and only that one had little time to dwell on one's grief because of the pressure of work for the living seemed to carry me through.'

Stan, aged 96, at home on the Sunshine Coast.

Despite his grief, Stan Bisset knew he had to soldier on. Although the 2/14th defenders were exacting an enormous toll on the Japanese, the attackers' overwhelming numbers were beginning to make themselves felt. Colonel Key ordered Stan Bisset and Ralph Honner to find a position back along the Track to which the battalion could withdraw and consolidate with the 2/16th Battalion, which had moved up to support them.

Phil Rhoden remembers how Isurava was moving to a climax: 'Day three was the big day because they let fly with everything. They poured in more troops. That was the day when Butch and Co had their problems with 10 Platoon. That was the day when we had a lot of casualties. That was the day when the war really came to us. But that was the day too when we stood our ground. It was like two sides coming together saying "Wrong way, go back". We weren't going back and neither were they.'

The Aussies were under pressure day and night. Col Blume recalls that even in sleep they couldn't relax: 'We were damned tired … so tired. Bill Wilson went to sleep this night and he must've had the Japs in mind. He had a grenade in his left hand when he dozed off. When we woke up in the morning, he was still asleep and he had the pin out of the grenade in his right hand and the grenade still in his left. We had to hold him so he wouldn't release the spring while we carefully put the pin back in.'

Phil Rhoden helped direct the defences from battalion headquarters at Isurava: 'People, messengers and wounded, were coming in and telling us B Company was in trouble, C Company had a fight on their hands, A Company were doing this and something else. It was a bit like a brawl, fights cropping up all over the place.'

By 29 August, the enemy had almost broken through the right flank, where C Company was under ferocious fire. Alan Avery: 'Well we were in danger of being overrun for a long time. When I say a long time, a half an hour of that action is a long time. See it wasn't a day and a half, or a day, or anything like it but half a day. It's a wonder anybody survived you know because of the gunfire—there was so much of it from both sides the place was absolutely just flattened.' Battalion headquarters looked like it was about to be cut off. Colonel Key ordered a counter-attack to avoid disaster; Phil Rhoden was at HQ:

A group of fellows volunteered, got together and started off running down the track. I remember standing there and watching them go as they passed me down the track. Bruce Kingsbury joined them and I said to him: 'Where are you going Bruce?' And he said: 'Oh, just down the track, Skip.' 'And off he ran.

You could see his Bren gun held out here and his big bottom swaying as he went with the momentum he was getting up, followed by Alan Avery. They were cheerful. They were going out on a picnic almost. But they were going out on more than a picnic.

Bob Thompson, a signals sergeant, led the makeshift counter-attack party of around a dozen men, including Alan Avery, Ted Silver, Harry Saunders, Dennis O'Connor and Bruce Kingsbury, who had been handed the Bren gun by one of the hard-pressed defenders, one of the 2/14th's most remarkable sons, Corporal Lindsay 'Teddy' Bear: 'We'd lost our platoon sergeant and, personally, I'd been hit in the nose with a piece of shrapnel. It hit my tooth and flew up into my nose and I had blood everywhere all over my shirt. As I looked at myself I thought I was going to die. But then I realised I wasn't. And so I was able to continue on…I was hit twice in the leg and that almost incapacitated me. I was having trouble walking then…'

He had been wounded three times at this stage and was fading owing to loss of blood. Nevertheless he kept firing until the barrel of his weapon glowed red; observers claim he had killed about fifteen Japanese by this stage: 'The handle of the Bren gun was so hot I couldn't handle it, so I had to grab the tripod underneath. Then I reached the stage where I just couldn't go any further. I was physically exhausted. I couldn't walk.' Teddy passed his Bren to Kingsbury, a quietly spoken real-estate agent from Melbourne. By his side was his lifelong friend Alan Avery: 'So Bruce had a Bren and I had a Thompson Sub-Machine Gun and the others were riflemen. Anyway the Japs came in and after about, I'd say, less than five minutes, there was that much fire all of the undergrowth was practically cut down because there's no strong trees, they're all sappy trees, and it made a clearing and we could see each other.'

There are turning points in battle, as in life—critical moments in which the course of events is frozen for an instant, waiting for someone bold enough to seize a fleeting chance at immortality. At that instant the Japanese were poised, ready to make a final triumphant charge through to battalion headquarters—it would have been the terminal blow to the heart of the 2/14th. Bruce Kingsbury saw his chance and, firing from the hip, he charged straight at the stunned attackers. Alan Avery recalled how he watched in awe: 'He came forward with this Bren and he just mowed them down and he was an inspiration to everybody else around him you see. There were clumps of Japs here and there and he just mowed them down. He just went straight into 'em as if bullets didn't mean anything you know. And we all got a bit of the action, you see. When we saw him. When you see a thing like that you sort of follow the leader, don't you?'

Kingsbury's gallant charge completely demoralised the enemy. His deadly sweeping fire cut down perhaps thirty of them and sent the remainder diving for cover. His comrades followed his lead and drove the Japanese back into the jungle. The position had been restored and battalion HQ saved. But, tragically, at the moment of his glory, Bruce Kingsbury was struck down. His mate Alan Avery was at his shoulder when he joined the immortals:

> There was a huge rock to the left and the Japs had back-up and they swarmed up this rock while the firing was still on. And we were advancing forward and Bruce went a little bit ahead, you see, with the Bren and he was the absolute prime target because a Bren gun just mows everything down in its wake. This Jap just appeared above the rock and fired one shot and vanished straight away. And I looked down and I saw Bruce and I grabbed him and took him up to Doc Duffy to the RAP but he was dead when he hit the ground.

Bren guns and magazines found at Isurava.

A series of Japanese zig-zag weapons pits, which were shaped this way so that attackers couldn't fire down their length (photograph taken by Stan Bisset on the Track).

Alan Avery saw the sniper and tried to avenge his friend.

I followed him up the rock with a burst of sub-machine-gun fire and I don't think I got him. But in our book it's been credited that I had got him. I didn't know but somebody else saw it. But I did get some of his mates.

I was close to Bruce—six, seven feet away. And then when there was an absolute silence after he was killed. All the Japs retreated and it almost looked as if someone had fired a shot and said, right, finished you see. And then quietness came.

I reckon he almost gave his life away because he was so … there was nothing scared about it. But he did a marvellous job.

As is so often the case in moments of trauma and confusion, those present when Bruce Kingsbury died later gave slightly different versions of the source of the lethal shot. Bob Thompson was always adamant that it came from the tree-line near Front Creek; Alan Avery was convinced the sniper was standing on the rock that is now immortalised as *Kingsbury's Rock*.

For his inspirational valour, Bruce Kingsbury was posthumously awarded the Victoria Cross—the first ever on Australian territory. His citation reads:

Kingsbury rushed forward firing the Bren gun from his hip through terrific machine-gun fire and succeeded in clearing a path through the enemy for the platoon; a courageous action that made it possible for us to recapture the position. Continuing to sweep enemy positions with his fire and inflicting an extremely high number of casualties on them, Private Kingsbury was seen to fall to the ground, shot by a sniper hiding in the woods. Private Kingsbury displayed a complete disregard for his own safety. His initiative and superb courage made it possible for my platoon to retake the position, which undoubtedly saved Battalion Headquarters and at the same time inflicted heavy casualties on the enemy. His coolness, determination and devotion to duty in face of great odds was an inspiration to my men to which they could fail to respond.

War is a random series of individual actions. Some have ramifications far beyond their immediate surroundings. Phil Rhoden has no doubt of the importance of Bruce Kingsbury's gallantry:

I think Kingsbury was the turning point. He not only performed a brave act but the effect was of bunging up that hole, stopping the Japs waltzing through in the gap that they had created. By doing that, he not only performed a brave act, he saved the battalion and, by the battalion being saved, stopped the Japs coming right through. In that sense it was a turning point.

Nobody knew then of its actual importance until later. But it gave time to consider action, gave options. It would have been like water pouring through a hole in the dam wall, if he hadn't stopped them. They would have come through and it could have been a domino effect… You can argue his action saved Australia because at the time the 25th Brigade was on the water and the 16th Brigade was still in Australia. Without Kingsbury the Japanese could have been waiting for them in Moresby when they arrived.

The gallantry of men like Bruce Kingsbury even impressed enemy soldiers like Shigenori Doi:

During the battle we had advanced about 200 metres and I remember that an Australian soldier, wearing just a pair of shorts and stripped to the waist, came running towards us throwing hand grenades at us and I remember thinking at the time that this was something that would be very hard for a Japanese soldier to do. Even now, when I think about it, I'm affected by the memory of this, this warrior. I suppose the Australian had a different motivation for fighting but this soldier, this warrior, was far braver than any in Japan I think and, when I think about it now, it still affects me.

The men of Butch Bisset's B Company 2/14th Battalion.

Bruce Kingsbury

Born in Armadale in Melbourne, Bruce Steel Kingsbury was twenty-four at the time of the battle at Isurava. As a young man he spent time working on the land in Victorian country areas, but eventually settled in a position with his father's real-estate firm in Northcote, Melbourne.

He enlisted in the AIF in May 1940 and was first posted to 2/2nd Pioneer Battalion, but almost immediately successfully applied to be transferred to the 2/14th to join his mate Alan Avery, whom he had known since primary school. They joined No. 9 Platoon and their section would go on to become one of the most decorated in Australian army history (with a VC, a Distinguished Conduct Medal, five Military Medals and two Mentions in Despatches).

After serving in the Middle East, where the 2/14th took part in the invasion and capture of Vichy French Syria, the battalion was rushed back to Australia for jungle training in Queensland and then quickly shipped to Port Moresby and marched up the Track to reinforce the 39th Battalion at Isurava.

After his death on 29 August 1942, he was initially buried in the Kokoda cemetery, but later moved to Bomana War Cemetery in Port Moresby. The recommendation for Kingsbury's Victoria Cross, written by Lieutenant Bob Thompson—who, as a sergeant, commanded No. 1 Platoon's attack at Isurava—reads:

Bruce Kingsbury's grave at Bomana War Cemetery Port Moresby, in 1943 and today.

109

From 27th August 1942 the 2/14 Aust. Inf. Bn. was holding the ISURAVA area against the enemy who were attacking fiercely in force. On 29th August, the enemy attacked in such force they succeeded in breaking through the Bn's right flank. This created a serious threat to Bn HQ and in fact, the whole Bn. It was essential the lost ground on the right flank be regained immediately, otherwise the position would be desperate indeed. My Pl was ordered to counter attack and restore the posn. VX.19139 Pte BRUCE STEELE KINGSBURY, one of the few remaining survivors of No. 9 Pl which had been over-run and severely cut about by the enemy, had been in constant contact with the enemy since the 27th August, yet he volunteered to join my Pl in the counter attack. He rushed forward firing his Bren LMG from the hip through terrific M.G. fire, and succeeded in clearing a path through the enemy for the Pl; a courageous action which made it possible for us to recapture the posn. KINGSBURY continued on, still sweeping the enemy posns with his Bren L.M.G. and inflicting an extremely high number of casualties on the enemy, but he was killed by a bullet from a sniper hiding in the timber. Pte KINGSBURY displayed a complete disregard for his own safety. His initiative and superb courage made it possible for my Pl to retake the posn which undoubtedly saved Bn HQ and at the same time inflicted heavy casualties on the enemy. His coolness, determination and devotion to duty in the face of great odds, was an inspiration to my men to which they could not but respond.

Bob Thompson also provided a witness statement:

I was in command of No.1 Pl on 29th August 1942 to which VX19139 BRUCE STEELE KINGSBURY had volunteered to join. He was equipped with an L.M.G. I told him to follow close behind me. Suddenly we came under heavy fire which also included Grenades. KINGSBURY without any order from me, or without giving any indication, rushed forward up the narrow track towards the clearing, firing the Bren Gun from the hip. The enemy seemed to concentrate most of their fire on him. Seeing him go forward I ordered the remainder of my troops to follow, but KINGSBURY had got so far ahead that our advance was unmolested since he had killed most of the enemy in the vicinity. I saw him turn around and wait for us to catch up, but before we could join him he started to move forward again. I think he did this as there was considerable enemy movement not far away. The next I saw was KINGSBURY fall to the ground. He was dead when I arrived at his side. The remainder of my troops moved forward and consolidated the ground KINGSBURY had won. 3 Oct 42. (Sgd.) R. N. Thompson A/Lieut. 2/14 Aust. Inf. Bn.

1-10

Alan Avery (left)

Alan Avery supported the recommendation:

I am VX17772 A/Sgt. A.R. AVERY. I saw Pte BRUCE STEELE KINGSBURY volunteer to join in the attack. We moved up to the attack in extended line. I was about 10 yards from his left. We were now under heavy Grenade and rifle fire. Without warning I saw him rush ahead, throw two Grenades, and then continue firing his Bren. The enemy's fire seemed to be concentrated on KINGSBURY but he took no notice of it. I think he had seen how close we all were to the enemy's FDLs (forward defence lines) and had rushed ahead to silence the enemy so that we would not be caught unaware, since we did not realise just how close we were to the enemy's positions. It was a minute or two before I saw him again but I noticed many of the enemy who had been killed by his fire and who could have bought dangerous fire to bear on us had they not been wiped out. I saw KINGSBURY stop and wait for us to rejoin him and then go to move forward again as if he had seen some more enemy and was going to clean them up before we arrived. But an enemy sniper fired at him. He dropped to the ground but was dead when I saw him again, as we moved over to consolidate the ground he had won. 3 Oct 42. (Sgd.) Alan R. Avery A/Sgt. 2/14 Aust. Inf. Bn.

I was at Isurava on 18 April 2002 when Kingsbury's Rock was discovered and uncovered by Ivan Nitua and the local villagers. John Rennie, a former Victorian policeman, had finally located the position, by then heavily overgrown, after many attempts. We had gone to Isurava with an Australian Defence Force patrol, led by forensic dentist Professor Chris Griffiths, which was examining some human remains that had earlier been discovered on the high ground—Ralph Honner's post of honour, occupied first by B Company of the 39th Battalion and then by Butch Bisset's B Company of the 2/14th.

The bones eventually turned out to be Japanese. But the discovery of Kingsbury's Rock led to it being incorporated into the magnificent Isurava Memorial, jointly dedicated by the Prime Minister of Papua New Guinea, Sir Michael Somare, and Australia's PM, John Howard, in August 2002. The rock is just metres from the memorial—four impressive black granite pillars set in a clearing on the hallowed ground at Isurava where the wartime village stood and across which Bruce Kingsbury and his gallant comrades charged to meet the Japanese. The memorial looks down the rugged Eora Valley to the Kokoda plateau. Carved into each pillar is a single word reflecting an attribute of the Diggers of Isurava—courage, endurance, mateship, qualities which combine to form the spirit of Kokoda.

When you visit the Isurava battlefield you feel the same timeless aura that you feel at Gallipoli, or the Somme or Fromelles. You experience that same sense of anguish at the young lives cut short there. As you wander around, moving from one foxhole to another, it's easy to imagine the exhausted, frightened but grimly determined young men who huddled in these modest havens. They had arrived brimming with potential: here, they risked all they had to safeguard their families and loved ones in Australia; here, they fought with desperate courage to hold off an equally determined and brave enemy intent on their destruction. And here they shed their blood as they refused to give ground.

In so many ways, Isurava represents the spirit of the Digger. Down the Track from here is where Stan Bisset cradled his beloved brother Butch as he lay dying. This is where Bruce Kingsbury charged into immortality and this is where the persistence, resilience and mateship of the defenders held the invaders long enough to sow the seeds of their ultimate defeat.

One of the successes of Isurava is that we gave them pause for thought.

SURVIVAL

THE WEIGHT OF THE JAPANESE ASSAULTS ON ISURAVA
left Colonel Key with no alternative but to seek
permission from Brigadier Potts to withdraw his men
back along the Track. He realised his initial hopes of
retaking Kokoda were now out of the question—he
knew the intelligence he had been given about
the Japanese forces opposing him had massively
underestimated their strength.

So, on the night of 29 August, Key ordered his battered men to withdraw
to Isurava Rest House, a hut used by patrol officers and travelling villagers,
on an exposed ridge about an hour back along the Track towards Port
Moresby, about halfway towards the next village, Alola. It was to be the
start of a month of continuous fighting withdrawals by the Australians back
along the Track which would ultimately seal the fate of the Japanese invaders.
Phil Rhoden: 'One of the successes of Isurava is that we gave them pause for
thought. Isurava did two things: we mauled them and caused them to think,
stop and regroup, re-decide. They gave us time, and the chance to resupply.
But they had no plans for resupply. They came out of Gona-Buna, their

beachheads with twelve days supply, thinking it was a walkover. They got to Isurava and they only had eight days. Then they had four days. That was their undoing in the finish.'

The Aussies knew that every day they held up the Japanese advance meant another day of their enemy's dwindling rations being used up before they reached Port Moresby—their only hope of resupply. The growing desperation of the Japanese attacks was evidence that General Horii realised his initial calculations were unravelling. Nevertheless he persisted with his plan, even to the extent of bringing his wounded soldiers forward with his forces rather than evacuating them to the rear, anticipating he would be able to treat them properly once he reached Moresby. He knew he must crush the unexpected resistance and get to Moresby without further delay; the Australians knew they must hold him back as long as possible. But first, they had to extricate themselves from Isurava.

Countless individual acts of heroism enabled the surviving members of the 39th and 2/14th battalions to escape from Isurava. Many, probably most, of these acts will never be recorded. One is symbolic of the rest.

Corporal Charlie McCallum's No. 12 Platoon was part of B Company of the 2/14th, which had borne the worst of the continual Japanese assaults on the left flank at Isurava. During the afternoon before the withdrawal, 12 Platoon had withstood four separate waves of attacks, each time being forced off their ground only to counter-attack and regain it. The battering continued into the night and, by the time they received the order to withdraw, a reinforced wave of Japanese was on the verge of cracking the Aussie line.

Although he had already been wounded three times by this stage, Charlie McCallum used his Bren gun to give his mates covering fire while they slipped away. As the Japanese closed on him, he kept his Bren in his right hand, grabbed a Tommy gun from one of the wounded and fired it from his left shoulder. When the Bren ran out of ammunition, the Japanese charged him. He cut them down with the Tommy gun while, at the same time changing magazines on the Bren. He kept up this superhuman juggling until all his mates withdrew; the enemy got so close to him during their rushes that one actually ripped McCallum's utility pouches from his belt as he snatched himself away. The recommendation for his bravery award concluded:

> Finally, members of his platoon called to him that they were all clear and McCallum came back bringing both weapons with him. Altogether it is estimated that he alone killed at least 25 Japanese. At all times in action, McCallum was admirably calm and steady. On this occasion his utter disregard for his own safety and his example of devotion to duty and magnificent courage was an inspiration to all our troops in the area. His gallant stand and the number of casualties he alone inflicted checked the enemy's advance and allowed the withdrawal to proceed unhindered and without loss.

Charlie McCallum was recommended for a Victoria Cross. The recommendation was submitted by his battalion and endorsed at brigade and division levels. Inexplicably, this was downgraded to the next most important award for gallantry, the Distinguished Conduct Medal. Nor was Charlie McCallum's treatment an isolated incident, as Col Blume attests:

Charlie McCallum, who should have won a Victoria Cross for his remarkable bravery at Isurava, only to die shortly after at Brigade Hill.

When we got out, we were asked for recommendations for bravery. We got together and we decided that we would not put in for anybody because every man did his job. That was just our feeling. They asked us again and we said: if anything, Lindsay Elphinstone, who was our medical orderly, should get something. He was out under fire frequently, fixing fellows up. He was taking risks all the time. He did a damn good job. We got the letter back later on to say they could not give him a DCM because that was his job—that was his job. You can't understand it! It's a soldier's job to go out and kill men yet they'll give him an award for bravery. They can't give it to a man who's sticking his neck out, he's stopping there helping other people—can't give him one. They condescended to give him a Mention in Despatches!

Despite the constant action in which he was engaged, Bruce Kingsbury's mate Alan Avery emerged unscathed from Isurava, showing how combat is often a lottery: 'How lucky can you be. I had grenades in my pouches. I had one hanging outside and a bullet hit the pin—and bent the pin closed! And I had a money belt on and I had a gold ring with a stone in it and a bullet went through the money belt right along the zipper and opened up the gold ring. That close to my guts. Never got hit. I never got a scratch at Isurava—oh I got just a little scratch. I reckon I had a charmed life at Isurava.' Today, the villagers at Isurava retell stories handed down to them by their grandparents about how Aolo Creek ran red with blood for days after the battle. The locals refused to drink from the stream then, and still will not do so to this day.

The Australians struggled through the night, stumbling back along the Track with their sick and wounded. By 2 a.m. on the thirtieth they had successfully established positions at the Rest House area, a spot previously chosen by Ralph Honner and Stan Bisset. While the remnants of the 39th and 2/14th battalions paused at the Rest House, the 2/16th, together with some of the 53rd, attacked the Japanese who were advancing down the parallel track through Abuari on the other side of the Eora Valley. Although it was greatly outnumbered, the 2/16th gallantly held off the enemy in a series of vicious exchanges which prevented the Japanese from encircling the other two battalions and cutting them off at Alola. Their actions saved their fellow Diggers from certain annihilation.

Later that morning Ralph Honner ordered his sick and wounded to the rear, which left the 39th with about 150 fit men. They had been in constant action for more than three weeks. In the meantime, Brigadier Potts decided neither the Rest House area nor Alola were suitable defensive positions and ordered a complete withdrawal back to Eora Creek. Colonel Key and the battalion HQ were on the Track near the Rest House and about to withdraw when they were caught in a hail of crossfire. Key, Stan Bisset and about fifteen others leaped for their lives over the side of the Track and plunged into the Eora Valley. Phil Rhoden was nearby:

> We were on the Track waiting to go back, when this fire came in from all sides. Something broke in front of us and then the whole thing collapsed like a house of cards. The next thing we knew we were down on the low side of the Track sheltering from the fire. We just jumped over the side. It took me by surprise because I didn't expect anything like that to happen. I can recall being like a policeman on point duty telling people 'Go that way. Keep an eye on the main Track and get back to Alola'. Otherwise, they may have gone the wrong way. Momentarily there was a bit of uncertainty. Miraculously we got back to Alola.

Dudley Warhurst was also caught up in the melee: 'It was down over the Track, down into the creek and from there on it was a matter of who found the right way up. I was fortunate enough with six or seven of the fellows to come back up the Track and find the Track where it should have been.' Don Duffy and his medical staff had been swept off the Track with Colonel Key, Stan Bisset and the rest of the headquarters. Don Duffy:

> Col. Key instructed Phil Rhoden to take a party including myself and some wounded down the hill and to make our way parallel to the track to Brigade area where we would set up an RAP.
>
> Machine gun and rifle fire was most intense, the bullets cracking and snarling through the trees around us as we slithered down the steep slope towards Eora Creek crashing and foaming at the bottom. We turned right about halfway between the track and the torrent, pushing and helping the wounded down and across dry erosions, as darkness fell, until eventually we turned up towards the track again panting and gasping and hoping we would not find Japs when we got there.

Others were not so lucky. Key himself was cut off, and some days later he was captured and disappeared. He was apparently subsequently executed by the Japanese after having been taken back to Rabaul. Phil Rhoden, then twenty-seven, took control: 'Key had ordered me to look after a certain part of the Track, back toward Alola. Key was nearer Isurava when the firing broke. We didn't know what had happened except we were off the Track. Our doubts were what had happened to everyone else—whether we even had a battalion. I had a couple of hundred men with me at that stage.'

Despite the chaotic end to the battle, Phil Rhoden believes Isurava caused major psychological damage to the Japanese, 'Similarly, when we got back to Alola, if they'd followed us up again, we'd have been gone for all money. They had overwhelming numbers. They outnumbered and outgunned us. If they'd kept coming we would have been overrun.'

Stan Bisset found himself in the jungle with thirteen others:

> We decided to make our way back in parallel to the Track to Alola and cut up into Alola...fortunately there was a little bit of moonlight as we made our way through the jungle and lantana and rocky escarpments and everything else. I got to a position approximately 200 metres below the Alola Junction where Brigade headquarters was. Les Tipton, the regimental Sergeant Major, and I went up and crawled along the Track to the ammunition dump—

Phil Rhoden CO of 2/14th Battalion

the supply dump we knew was there at the junction—not knowing whether the Japanese had got through or our fellows had got through. We found it was occupied by a pretty strong force of babbling, chattering Japanese. We debated whether to throw two or three grenades into the crowd or whether we had a responsibility of getting back to the party of the wounded. As Intelligence Officer I had the responsibility of finding the way out and getting through the Jap lines and getting back to rejoin the unit a bit further down the Track towards Templeton's Crossing. It took us five days to do that.

Phil Rhoden was officially given temporary command of the 2/14th and set about regrouping his men. On the other side of the valley, the 2/16th magnificently fought their way out and regathered down the Track. But, scattered through the jungle, groups of Diggers struggled to regain their bearings while avoiding an enemy swarming through the area in growing numbers. Col Blume was amongst them:

Five of us went around the back of where we had been and came up behind the Japs and we were safer there. We stopped there for a night and thought we'd go up to Alola and we started off, about 12 of us eventually. We went up this big hill, a climb up there and when we got up there you know what happened: the Japs were sitting around up there and they've got a parade! So we had to back out of there. We came down to the river and crossed it and got on the other side and we went up there and it took us three days I think and we got to Templeton's Crossing. We came in there and met up with our fellows. I even slept on a piece of Castlemaine blanket there—I came from Castlemaine and they made blankets there… The next morning it was a case of get out and we had jam in tins and we spread the jam over the blankets so the blowflies would attack them and the Japs wouldn't be able to get the use of the blankets.

Buckler's Mob

Captain Sydney Hamilton 'Ben' Buckler was commander of A Company of the 2/14th. He was providing rearguard cover for the Isurava withdrawal when he was ambushed and cut off with a large group of about fifty men. They were forced to take to the jungle and so they began one of the most extraordinary tales of survival of the entire Kokoda campaign.

Ben Buckler found his band contained three officers and forty-seven other ranks, among them eight wounded—four stretcher cases, three walking wounded and one other who almost defied description. Corporal John Metson had been shot in the ankles. Like Butch Bisset, he refused to let his mates carry him, so he wrapped his knees and hands in rags, and he crawled. For three weeks, John Metson crawled as the jungle tore at his flesh with its rocks, sticks, tree roots, thorns and vines. He crawled as Buckler led his party around the Japanese and across the Eora Valley toward the coast. They had no supplies, and laden with their wounded comrades they travelled very slowly, living off the land and village gardens as they avoided enemy patrols.

By 20 September, they had reached a friendly village called Sangai, not far from Oivi. The men were weakening by the day and Buckler realised they no longer had the strength to carry their wounded. Tom Fletcher, a 41-year-old medical orderly, volunteered to remain at Sangai with John Metson and six other wounded while the rest of the party tried to rejoin the Australian lines and send back supplies and help. But before Buckler left, he called his ragged troops to parade and they formally 'presented arms' in a final salute to their ailing mates.

The gallant John Metson, Tom Fletcher and the others were never seen alive again. They were apparently betrayed to the Japanese, and murdered. Buckler's party eventually trekked back around the enemy, rafted down the Kemp Welsh River and reached safety six weeks after leaving Isurava.

Meanwhile, the Australians moving back along the Track had regrouped. Their spirit held and as they withdrew down the Track they began a series of guerrilla-style ambushes against the Japanese. One group would choose a killing field and set an ambush: they would wait for the enemy to advance to it, then they would spring the trap, inflicting heavy casualties before slipping back through cover provided by another group of Diggers. The first group would then prepare another ambush and wait for the second group to leapfrog past them. As Ralph Honner later pointed out, there was always method in the Diggers' withdrawal: *This wasn't a retreat: this was an offensive in the course of a withdrawal. And it is a mixture of offensive and defensive actions but mainly defensive because it's from the defence that you can inflict the greatest casualties on the enemy. If you're attacking you need a superiority of about five to one to expect to beat the defence because they're dug in, in places where you can't get them and you're coming in the open in places where you can be hit. And the defence has an immense advantage. In this case, it was no good just holding the defence which let the Japanese too close to the rest of the force withdrawing so we had to attack them and drive them back. It's what we did. That's a fighting withdrawal. That's not a retreat.*

The Aussies fought tenaciously as they edged backwards along the Track. At Templeton's Crossing, Stan Bisset's group of fifteen men, separated since Isurava, stumbled back into the Australian lines, less than an hour before the Japanese launched a major assault on the position.

Further along the Track, Ralph Honner and his bloodied but unyielding 39th Battalion had reached the village of Menari, about halfway to Moresby. Honner called his first battalion parade: the call was answered by about fifty shabbily dressed, haggard young men, many without weapons. As always, Ralph Honner had a sense of history: 'As I glanced along the steady lines of pallid and emaciated men with sunken eyes and shrunken frames that testified to the hardships they had long endured, I saw no hangdog look—only the proud bearing of tired veterans who had looked death and disaster in the face, and had not failed.'

The ragged bloody heroes of the 39th Battalion at Menari, listening to Ralph Honner praise their efforts at Isurava.

We never got recognition for what we did at Isurava.

WAR'S RANDOM SELECTION

THE TRUE TEST OF EVERY PERSON'S SPIRIT IS HOW THEY handle adversity. The Diggers withdrawing back along the Track were exposed to adversity beyond their training and experience and, in many instances, beyond their wildest imaginings. The jungle, the terrain, the climate, the diseases, the exhaustion, the lack of food, clothing, medicine and ammunition, all blended in constantly changing combinations to stretch their wills and their endurance. Add to this an implacable enemy, hell-bent on annihilating them whatever the cost, and it was as stern a trial as man and nature could devise.

Yet the Australians responded magnificently. They dealt with the hostile environment and the lack of supplies. They stoically endured all the physical challenges and the constant tension of maintaining vigilance against such an enterprising enemy. Above all, they met and held an enemy which outgunned and outnumbered them. The Aussies' constant harassment took a heavy toll on both the morale and numbers of the ever-more-frustrated Japanese. But it also saw the Diggers reduced to their lowest ebb, both physically and mentally, as Stew Gedye of the 2/14th recalled:

There were 29 boils under my boots and my socks had rotted off and I'd cut the sleeves out of
my jumper and used those as socks, Of course, we had no dressings or anything, they were just
suppurating all the time and that's why, whenever we sat down, I used to take my boots and socks off
to let a bit of air in. One of them, in particular, on top of the instep, was right through from the sole to
the top. It was just a hole through. You could put your hand from the bottom to the top and pick up a
core. But, you know, you just kept on going, there was nothing you could do about it.

Stew Gedye and three others were separated from the main Australian force during the
confusion of the withdrawal, when danger came from an unexpected source:

We were walking for about twenty minutes and spelling for about ten at that stage. And these natives
came up, there was four of them. We took off and the natives stayed with us. They wanted to take us
to the Australians, they said in pidgin, but they also wanted to go back the way we'd come. We had
faith in the Fuzzy Wuzzies, and we sort of believed them, pretty naively I suppose. But we certainly
didn't want to go back that way.

One native had an axe and three had spears—and when we had a blow on the side of a hill,
the native with an axe stood there. Wilbur Cahill was sitting down looking down the hill. I was
next to him doing the same thing. Doug Brown was looking out one way and a bloke from the 27th
was looking the other way. Then the boss boy, the chap with an axe, he clicked his tongue and next
minute Wilbur Cahill got an axe across the throat and the chap next to him put a spear in Wilbur's
throat too. The other two—Brownie got a spear in the small of his back in the kidney area and the
South Australian got a spear in the throat. It's one of those things of fate. I mean the first bloke with
a spear made a booboo, he should've gone for me but it's one of those things that happen. As I was
getting to my feet, the bloke swung the axe at me and I was lucky enough to be able to take it off him.
Then they stepped back a bit and I started to chase him and they all dashed down the hill. We came
back and Wilbur had had it. We got the spear out of Doug's back and then they came back throwing
these four-foot sticks the natives used to throw so they're going horizontal, spinning like crazy.
Brownie let them have a grenade. And they disappeared.

While the 39th Battalion caught its breath at Menari, the remnants of the 2/14th and
2/16th were joined by the 2/27th, finally allowed by High Command to join its 21st Brigade
comrades. Brigadier Potts had been forced to abandon his supply base at Myola and planned
to make a stand at the twin features of Mission Ridge and Brigade Hill, between Efogi and
Menari. Dudley Warhurst was one of the group charged with the task of turning the supplies
at Myola into a liability for the enemy: 'We had the job of punching all the tins of food, just
a small hole, so the Japs would have a feed and get food poisoning from it, which apparently
they did. We put in a couple of hours in that with a bayonet and a rifle, punch, punch, punch.
Then we got our food ourselves. You can only carry so much can't you?'

At Brigade Hill, for the first time Brigadier Potts commanded the three battalions of his
21st Brigade together in action. But by then the 2/14th and 2/16th were just shadows of the

two proud units that had set off up the Track three weeks earlier. Together they could only muster about 400 undernourished, battle-worn men; the 2/27th joined them with about 600 troops.

In the meantime, Major-General Horii had brought forward even more reinforcements. As he ordered his men to attack Brigade Hill, he outnumbered the Diggers there by more than six to one; and the Australians still lacked their normal artillery, mortars and heavy machine-guns. On the night before the battle they endured the galling experience of watching the Japanese brazenly reposition across the valley in a strange lantern procession (using 'torches' made from bunches of signal-wire covering captured from the Australians), without any weapons with sufficient range to challenge them.

The 2/27th took up the forward position on Mission Ridge with the 2/14th and 2/16th behind them on the higher ground at Brigade Hill. Don Duffy:

Here we took up positions on a steeply rising slope well to the rear because we had now joined our sister battalion, the 2/27th Battalion, from South Australia, who would take the initial brunt of the Jap attack further down in the kunai grass near the creek.

This was their first action against the Japs and we 2/14th and 2/16th remnants relaxed like spectators at a football match waiting for the game to start.

We were also delighted by the arrival of mail which was the first we had had since leaving Australia and which in Phil Rhoden's case (since Col. Key's loss he was acting CO of the 2/14th Battalion, or what remained of it) it included several letters from [his sweetheart] Pat Hamilton. Apparently the first and second letters he opened asked him why he had not replied to an earlier one and when he opened that, he found she had accepted his offer of marriage. He sat down right away and scribbled a suitable reply and gave it to Ray Ross to post in Moresby and Rossi was the last man of the Battalion to walk back along the track because it was soon to be cut by the Japs.

On 7 September the Australians' spirits soared briefly when, for the first time since they had met the Japanese, they received air support in the form of eight Boston bombers and four Kittyhawk fighters which bombed and strafed the Japanese positions. But the reality check came before first light the next day, when a full Japanese battalion threw itself against the forward positions of the 2/27th. The Australians' communications were cut—the rest of Horii's men attacked from all sides and managed to drive a wedge between brigade headquarters and the rest of the Diggers.

Many of those who had survived Isurava, like the gallant Charlie McCallum, fell trying to hold Brigade Hill. Others died in magnificent but futile attempts to break through to brigade HQ against impossible odds. Ralph Honner: 'I particularly think of blokes like 'Lefty' Langridge and Claude Nye, one with a company of the 2/16th and one with a company of the 2/14th, who were ordered to go around the right flank where the bulk of the Japanese were to try to force a way through them to Brigade Hill. They knew they couldn't do it. They knew they were going to die. Langridge handed over his pay book and dog tags to one of his mates. He was a brave soldier. So was Claude Nye. They were both killed.'

Once again, the Australians were forced to withdraw. Once again, they did so against the odds, denying the Japanese free access along the Track towards Moresby. But the cost was high: the Diggers lost about half their number at the place they renamed Butcher's Hill. And many defenders were cut off and forced to take to the jungle. The 2/14th's Col Blume was one of them:

> We got cut off and then we had to come around and ended up with the 27th Battalion. They were carrying fellows. One had been shot and we had him in a stretcher that we'd made and all night long he was calling for water. Our water bottles were empty and we couldn't get any to give him. He died next morning.
>
> Then we went back to pick up our crowd at Nauro where there was supposed to be food for us but the Japs had got in—our fellows had gone and when we got there the Japs were there. We did get a bag of dried apricots—so that was something. We had to get in, over a river and then back out through the swamp and out again and come around and go over the other side of the Track to get away from them.
>
> We went twelve days without practically any food at all. I had dysentery when I was coming out and when I got back they put me in a dysentery camp. They told me to go and have a wash—the first since I don't know when. I could feel every rib in my body. If you put a candle inside of me I would have made a pretty good Chinese lantern.

Col Blume recalls that one of the most debilitating factors was the need to be continually alert: 'If you weren't looking every second of the time, you were gone. The pressure was on the individual. You couldn't afford to relax. There was a chap at Brigade Hill who did a terrific job and got through and I think there were seven men who got through with him and on to the Track. Next morning, I believe he was notified that he'd be recommended for the VC. He said "I think that calls for a cigarette". He lit a cigarette and was shot instantly. No medal.'

Nishimura

Despite their advances, the Japanese suffered crippling casualties. When Corporal Nishimura of the 144th Regiment landed at Buna, his platoon had its full complement of forty-two men. By the time it had reached Efogi and was preparing for the battle at Brigade Hill three weeks later, just eight members were still alive. Nishimura and his comrades gathered the night before Brigade Hill and made a solemn promise to each other: 'Those of us who were left promised each other that those who survived would come back after the war and pick up the bones of those who died.'

Nishimura emerged from the bloodbath at Brigade Hill as the sole survivor of his platoon. And, even he was lucky to make it: he was seriously wounded in an encounter with an Australian patrol, having been shot by a Bren gunner as he jumped from a weapon pit. His helmet deflected the burst of machine-gun fire, which nevertheless knocked him senseless and wounded him twice in the shoulder. The Australian left him for dead, but Nishimura regained consciousness as they headed off:

I ripped the strap and threw the helmet away and ran after the Australian soldier. I pulled out my bayonet and stabbed him. I stabbed him but it hit his rib bone and he didn't die. The Australian pulled out the bayonet and he kicked me in the stomach. I was thrown head over heels and I knew if I didn't do something, I'd be shot, so I grabbed him in a bear hug. But I was wounded and I couldn't use my right arm so I grabbed him with one arm but he was a big man. He had a bayonet in his belt so I grabbed it and stabbed him with his own bayonet.

The Australian soldier said 'Oohh' and fell down. There was a tree and he was lying down next to the tree. Every so often he would lift his head up and look at me. I had lost a lot of blood and I couldn't see any more. Every time he lifted his head it sounded as though he was going to get up, so I would start to get up as well. Then the Australian would fall down again. And we continued doing this all night, looking at each other and doing our best. When morning came the Australian soldier was dead.

Nishimura recovered from his wounds (although one bullet always remained in his shoulder) and he was one of perhaps 100 survivors from his 3000-strong regiment who returned to Japan.

Always aware of his solemn promise before Brigade Hill, Nishimura spent years researching the fate of his comrades, and in 1979 left his family and a lucrative engineering career to return to Papua New Guinea to search for them. Basing himself at Popondetta and building a house at Efogi 2 village, he spent the next two decades locating his friends' remains.

I was the first Australian to interview Nishimura, first in Tokyo in 1990 and again in Sydney the following year. By then he was well on his way to honouring his promise: finding his comrades and returning their remains to their families in Japan, then heading back to Efogi to continue the search. He was always intrigued that when he found his friends' remains invariably these only consisted of the skulls and boot-covered feet. To Nishimura this signified that they were waiting for him and ready to travel home. The more pragmatic locals often tried to persuade him that wild pigs may have played a role in the situation.

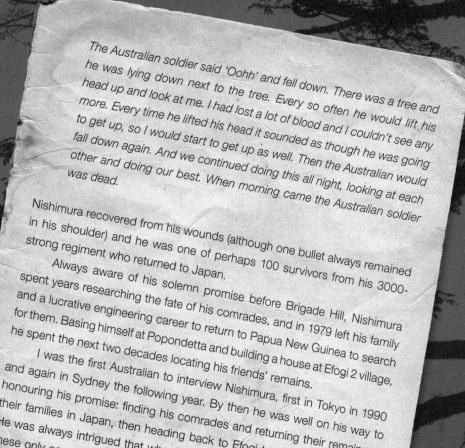

The Australians were able to hold their nerve and maintain their discipline during the dreadful days of the withdrawal because of the quality of the leaders on the Track with them and because of the way the lower ranks stepped into the shoes of their superiors when they fell. Col Blume:

> I admired a lot of our officers. They were just the same as you and I but they'd been put in the position. There's no doubt that they were no braver than you or I but they had the responsibility and they would go out and do it. The sergeants the same way and the corporals: in fact when you read the number of NCOs that were lost through battle, they were ones the Japs were after because they were the leaders. They thought once they shot the leaders, the rest would become rabble, but they didn't. And lots of those were their friends—they'd do anything for their friends.

Ralph Honner also believed leadership served the Australians well in their most desperate hours:

> We do give high praise to Australian ingenuity and individualism and there was a great deal of it but also there was a great deal of looking to the platoon commander and the company commander. He's got the job. He leads. That's his job and they followed him and they looked to him. So, when a company went into attack, the individual soldier wasn't taking over on his own initiative, he was seeing that the leader was doing the leading and he would back him to the hilt but he wasn't taking over. Later, we sent in raw Australian reinforcement officers, not yet ready to go to an Australian battalion, to lead the Americans into action. Now we have never countenanced a foreigner commanding us, our Australian troops would never have stomached it. But I learnt why, in all the American war pictures I'd ever seen, the hero was always a sergeant and never an officer. The reason was their companies went into attack under the sergeant and the officer stayed at the rear to direct operations. This seemed to be the system. I can't understand it.

For leaders like Phil Rhoden, it wasn't that the officers didn't feel fear but rather that their sense of duty overrode it: 'Fear. I suppose I thought about it briefly but discarded it. There wasn't time to divide your time up between doing something and issuing instructions and having fear as well. There just wasn't the time. We didn't have that luxury. Some fellows showed it in their faces, their colour. But they did their job.'

Don Duffy was with Phil Rhoden as the survivors of Brigade Hill managed to drift through the Japanese encirclement:

> … he and I were the last to leave, making sure there were no stragglers or walking wounded about, in fact I had a strong feeling that we were staying about the place for too long.
>
> Phil exhibited great calm and nonchalance and we eventually turned and strolled off up the hill beyond the creek, passing a rearguard platoon earnestly wiring up a horrendous booby trap that went off with a tremendous bang soon afterwards, killing the leading Jap scouts.
>
> The three company attack had failed to clear the track, so in the gathering dusk we heard of the loss of more brave and fine young soldiers and wounded who could not be got out. Our own position was pretty unenviable at this stage, our members further depleted and some means of bypassing the Japs on the track was an absolute necessity.

The Fuzzy Wuzzy Angels supplied the Diggers with their crucial lifeline: out with the wounded and back in with supplies and ammunition.

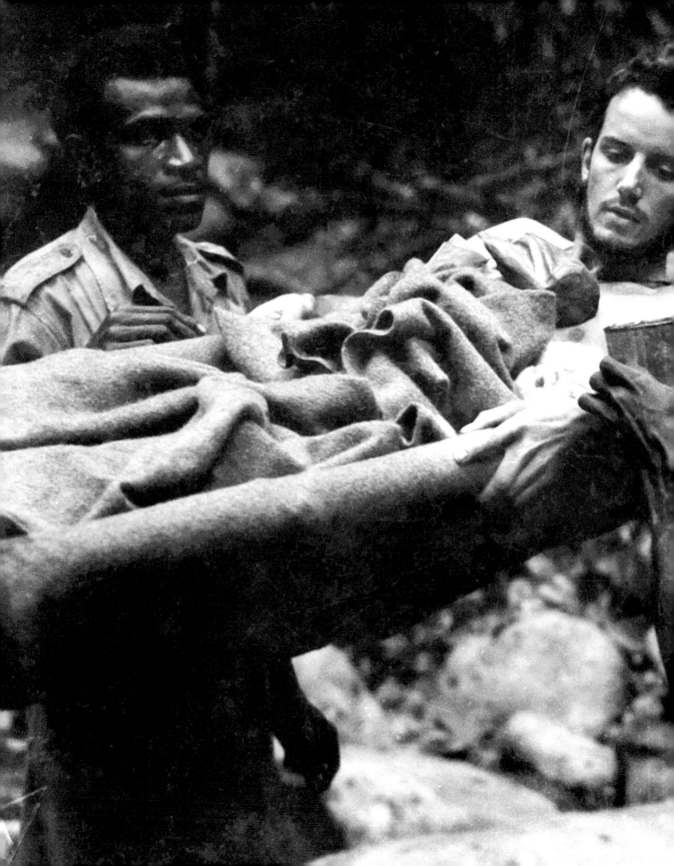

We walked till we could go no further, hanging on to the rifle or shirt (if any) of the man in front, so we just lay down on a 30° slope and slept.

Some, like Dudley Warhurst, took a fatalistic approach to random deadliness:

It was just part of the game. You just took it every day. It wasn't any point in thinking too much about it because you have to say, Lucky me. It wasn't me. You didn't think about it too much. On Efogi, Dennis Wills was shot beside me. We were shoulder to shoulder and he was killed beside me. But that's the luck of the game—the bad luck, whichever.

We followed the Track from Menari up to the top of the ridge and we had a bit of a stoush there where I think Wofty Noble and five or six got killed on top there and we had to withdraw down towards the river towards Ioribaiwa. I remember giving a hand to carry Johnny Nelson out on a rifle. We sat him on the rifle and carried him 300 yards to the first doctor. I suppose we didn't walk, we ran cause he had the top of his knee blown off and he had shots in both boots. We took one slug out and we gave it to Johnny and said 'Here you are Johnny, a souvenir'. He said 'I'll be right. I'll be able to sit in the office and do the books for the old man.' He was a West Australian and his old man owned a timber mill. Unfortunately he died from loss of blood. We were only a day and a half away.

By 12 September, the Australians were in position for a final stand at Ioribaiwa Ridge, a needle-sharp spur with a commanding view of the deep valley below. Don Duffy was less than thrilled: '… we were ordered to occupy the top of a ridge as a fortress area and to stay there until we were relieved, which sounded a very unattractive situation to me as we had too few troops with which to hold off a superior number of determined Japs. I felt that my end might not be long delayed under the circumstances; but I would at least have the pleasure of throwing the Mills grenade, which had been dragging my trousers off for some time, in my emaciated state, at the oncoming Japs.'

Ioribaiwa was an excellent defensive position, except the Australians were on its forward slope and the Japanese had their mountain guns across the northern side of the valley. Unbelievably, they had managed to break the guns down into man-sized parts, lug them over the Track and re-assemble them. Dudley Warhurst:

We went up to Ioribaiwa and we sat there for two or three days under the mountain gun. And every shot somebody got killed. I think there was seven killed on the day. This bloody thing would go off. All you'd hear was crack over your head and 'Duck!' It was too late to duck, it was there. Siddy Johnston, I suppose, was the worst hit. He was band sergeant. Shouldn't have been there at all. Sid had a hole the size of your hand near his collarbone. The field dressing, the big one, just sat in it. And Sid said to me: 'Dud, save me.' And he was talking through the hole, not through this mouth. He was breathing through there. We got him out…but he didn't survive.

Phil Rhoden:

We got in by hours at Ioribaiwa. On the first of September the 25th Brigade was still on the water. Four days after landing in Moresby, they were on the Track. They got up there on the 12th of September. We only got in, in time, by a day, in terms of fighting, hours.

At Ioribaiwa we were on a forward slope and the mountain gun was picking us off one by one. Fellows who had got through the whole thing unscathed were shot dead. That upset me.

By the time we'd got back to Ioribaiwa we were down from 550 to about 200 men. By the last days at Ioribaiwa we were five and eighty-six—five officers and eighty-six other ranks. The rest were killed, wounded, sick or missing.

But Ioribaiwa was the end of the line for the Japanese. The problems of long, unreliable lines of supply which had plagued the Australians when they first met the invaders on the other side of the Owen Stanleys were now strangling Horii's men. Second Lieutenant Yutaka Yanagiba: 'We worked really hard and finally got to the mountains at Ioribaiwa. We looked down and we could see the sea. We could see the searchlights from Port Moresby. We'd gone more than ninety per cent of the way towards the goal but our stores had run out, our rations had run out. The first, the initial plan, was for the 144th Regiment to attack—a frontal assault down the hill against Port Moresby while men from other units landed from the sea behind Port Moresby.'

Events elsewhere—the Japanese navy's loss in the Battle of the Coral Sea and the demands brought about by the Americans' costly assaults on Guadalcanal—meant the South Seas Detachment could be neither resupplied nor reinforced. Tokyo decided to concentrate its efforts on defending Guadalcanal, which at the time was in the balance, and ordered Horii to withdraw to back along the Track to Buna. Horii's gamble—of pushing through to Moresby on minimal supplies and rations—had failed. He knew many of his troops were starving, and they were weighed down with their wounded. He also knew he was facing fresh Australian troops—Brigadier Ken Eather's 25th Brigade—who were distinguishable by their jungle-green uniforms.

On 16 September Horii issued a peculiar order to his South Seas Detachment. There was no word in the Japanese military lexicon for 'retreat', so Yanagiba-san and his fellow soldiers were ordered to 'advance to the rear'! Yanagiba was not impressed:

We thought perhaps the order meant to fall back some way and then attack again from a different direction and we were really upset at the thought of that. We were really upset at the possibility of having to come back over land that we'd already fought for once.

At that time we were also given the order to hide, to bury the skins of the potatoes that we'd been eating. We'd run out of food and we couldn't let the enemy know that we'd run out of rations and that we were eating potatoes. Also, we were told to bury the markers of the dead Japanese soldiers and then fall back.

The hallowed ground of Bomana War Cemetery, Port Moresby,

final resting place of those who gave their lives on the Track

High Command was completely out of touch with the realities on the front line.

THE TIDE TURNS

WHEN THE PROUD SURVIVORS OF THE 39TH BATTALION eventually struggled back to the outskirts of Port Moresby, they must have felt they deserved some praise for their actions and some recognition for the sacrifices of their wounded and the many mates they had left behind on the Track. But Ralph Honner and his men returned to a High Command which was completely out of touch with the realities on the front line. 'The general opinion was that the 39th did a fairly good job at Isurava. We fought a four-day battle there. We held up two Japanese regiments—that's two brigades. There were no honours or awards of any kind, not even a mention in dispatches, for the 39th at the battle of Isurava. We were on the losing side. Losers aren't winners.'

Indeed, so far out of touch were generals MacArthur and Blamey that they made a series of decisions which not only denied credit to the gallant Australians but created among the survivors a feeling of reckless bravery that subsequently contributed to many of them unnecessarily losing their lives at the beachheads of Buna, Gona and Sanananda as they again fought the invaders.

In retrospect—and indeed on all the available intelligence at the time—Maroubra Force (the Australians who had faced the Japanese on the Track to date) had performed remarkably against overwhelming odds. They had followed one of the cardinal rules of the ancient Chinese military master Sun Tzu: 'Never engage stronger adversaries; manoeuvre instead, until your own men can strike an isolated part of the enemy forces. Thanks to this tactic, a small army can destroy a much more powerful one, squadron after squadron.' It was a difficult tactic to implement on the Track but one which brought outstanding success, as Ralph Honner explained:

> The 2/16th and the 2/14th were down to a handful of men when they made their last stand on the Kokoda Track against the Japanese at Ioribaiwa before Eather (the brigadier of 25th Brigade) decided to pull them out. He came with the 25th Brigade and he didn't think the 25th Brigade could hold them where a handful of the 21st Brigade had, so he pulled back to Imita Ridge which was wise because it extended the Japs' lines and they never moved on from Ioribaiwa to Imita Ridge.

> But I think there was always the thought that we will have enough to have a fighting component which will hold them on the Track and still get out when they start encircling us. And we had not reached the stage where we thought that we would not get out—we would still have enough to get out—each time we had people cut off. At Isurava we had people cut off. They were cut off at Efogi. They were cut off all along the line but something was still maintained to keep a fighting component commanding the Track and slowing the Japanese and finally stopping them.

Despite the success of these, their only realistic tactics, Maroubra Force was a convenient target. Phil Rhoden: *'We never got recognition for what we did at Isurava. We moved back.* You don't move back in war. If you move back, you've lost. That's a dreadful thing to do, especially if the general's job is on the line over it.'

MacArthur had made many promises—to both the public and his political masters—that he would quickly dispense with the Japanese threat in New Guinea. To justify his position, his press releases were trumpeting the lie that the Australians were withdrawing even though they outnumbered the Japanese. On MacArthur's resumé, the tactic of falling back down the Track while constantly ambushing the numerically superior Japanese would look too much like a retreat. Pressure brought to bear by MacArthur for totally unrealistic quick results led to a courageous and proven leader, Arnold Potts, being relieved of his command of the 21st Brigade and given another command back in Darwin.

Ralph Honner believed General Blamey should have stood up to MacArthur: 'I can't credit Blamey with any military intelligence. They were given all the information we had. They refused to accept it if it wasn't what they wanted. They refused to accept that the Japanese were attacking us and we were holding them against immense odds. And they decided, or at least MacArthur decided, that they had to publicise that the Australians were retreating. And Blamey accepted that they were running away...from inferior numbers.'

Stan Bisset agreed: '...we were criticised by a number of the politicians, including Blamey, and we were told that we were defeated by inferior numbers and this created a great deal of bitterness within the Brigade.'

> We were confronted by experienced troops and they outnumbered us by at least six to one right throughout the campaign and the only task that we could hope to achieve was to hold the Track and delay their advance until such a time as we could bring fresh reinforcements to us up from Moresby to protect the Track and prevent the Japs from reaching Moresby. And this we carried out with a great deal of skill and a great deal of courage by our fellows. But instead of this we were criticised by a number of the politicians, including Blamey, and we were told that we were defeated by inferior numbers and this created a great deal of bitterness within the Brigade.

Ralph Honner felt the lack of understanding by the higher command personally when he returned to Moresby after the 39th was relieved. He reported to his superior, Major-General Rowell:

> He said I'm sending you to Blamey tomorrow morning. He's now here and he's in supreme command and he'll want to hear from you.
>
> I had been commanding Maroubra Force, that's the 39th, the 53rd and the Papuan Infantry Battalion before Porter took over briefly and then Potts. And I had been commander of the 39th Battalion since the 1st of August—this was about the 12th of September. And so I spruced myself up somehow and reported to Blamey the next morning as all arranged.
>
> He said, 'Oh, good morning Honner, you've just arrived in Moresby from Australia have you?' I said 'No Sir, I've been in Papua for some time'. And we dwindled off on to other topics. The war was never mentioned. The Maroubra campaign which was in full flight—this was when they were on Brigade Hill and fighting for their lives—a matter of no importance to him. He didn't know who I was. I'd been his commander of the Australian forces opposing the Japs. He didn't know. He didn't care.

Blamey was to add insult to his ignorance when he addressed a 21st Brigade parade at the Koitaki rubber plantation sportsfield on the afternoon of 9 November 1942. Under a burning tropical sun, the gaunt veterans stood in fine order expecting some form of praise from their commander. [They were first gobsmacked, then furious, when he told them they had been beaten by inferior troops in inferior numbers. Blamey went on to make a comment for which

The iconic image of the Kokoda campaign, taken by war correspondent George Silk near Buna. Raphael Oimbari guides a wounded George Whittington to a field hospital. Sadly, Whittington died from scrub typhus at Moresby on 12 February 1943. Raphael Oimbari died in 1996 and is buried near the village of Hanau, near Dobadura.

many have never forgiven him. There was no precise recording of his speech but Blamey's personal assistant, Major Carlyon, is quoted in David Horner's comprehensive biography of Blamey: 'He told the men that they had been defeated, that he had been defeated, and that Australian had been defeated. He said this was simply not good enough. Every soldier there had to remember that he was worth three Japanese. In future, he expected no further retirements, but advance at all costs. He concluded with a remark which I think was particularly ill-chosen and unfair… "Remember," he said, "it's not the man with the gun that gets shot; it's the rabbit that is running away."'

Blamey's attitude and actions saddened and infuriated Ralph Honner right to the end of his days:

I got a DSO for the capture of Gona. Blamey wrote to me congratulating me. I didn't acknowledge his letter. He could go to hell as far as I was concerned. My future in the army didn't matter. The result of his diatribe at Koitaki was that a great commander in Albert Caro was sacked from the 2/16th Battalion because he protested against the wanton murder of his own troops. Potts was sacked and he was a brilliant commander and fought a brilliant campaign and got no credit for it, from Blamey or the authorities.

I was in hospital recovering from a wound and when I was up I went to a picture show in New Guinea. There'd have been about 5000 there—you know one of these open-air things—packed, because there were plenty of wounded in hospitals and there were plenty of Australians in training and so forth. And Blamey and his entourage walked into the best seats, about ten rows back or something like, and as they arrived the whole audience stood up and booed continuously and kept up booing when they took their seats until they hurriedly switched on the picture. Now what other commander would receive that reception?

To put things in perspective, and to explain why such a great chasm existed between the men fighting on the ground and those who led them from the south, consider this: MacArthur, the 'American Caesar', who always depicted himself in his press releases as leading his troops from the front, did not even visit New Guinea until 2 October 1942—and then only for a day—by which time the Japanese had ceased their advance and the Australian counter-offensive had started. In his book, *The Odd Couple…Blamey & MacArthur at War,* Jack Gallaway dubbed the general's press releases 'ripping yarns'. MacArthur had belittled the Australian defenders' contribution to successfully defusing the Japanese threat to Moresby, and continued in the same vein when the Australian forces began to force the invaders back along the Track.

Up until this stage, the Kokoda campaign had been conducted entirely by Australian troops under Australian command. When the first of the American troops joined in the counter-offensive in October 1942, their performance showed by contrast just how outstandingly the Australians had handled themselves. One battalion of the US 126th Regiment set off up the Kapa Kapa Track, which ran parallel to the Kokoda Track, around the same time as the Australians moved off in pursuit of the Japanese up the main Track. The Americans took an astonishing forty-two days to cross the Owen Stanleys and, as Jack Gallaway says in *The Odd Couple*, when they eventually made it they were unfit for combat operations: they were exhausted, malarial and ridden with dysentery—virtually all were hospital cases. '[The American] Gen Eichelberger saw some of these men several weeks after they arrived on the northern side of the Owen Stanleys and described them thus: "The troops were in a deplorable state. They wore long dirty beards, their clothing was in rags…their shoes were uncared for or worn out."

These Americans had not struck a single Japanese soldier. They became known as 'the Ghost Battalion' and were out of action for months. Meanwhile the Australians had confronted the South Seas Detachment on the Track and were gradually forcing it back. Private Griff Spragg was there with the 2/3rd Battalion:

He didn't fall back at any stage. He was very stubborn. Templeton's Crossing was the 2nd Battalion's offensive. We came in behind that while the battle was still raging. It was a horrendous sound. From then on you were continually sniped at and ambushed on the Track. And every now and then he'd make a stand at places like Eora Creek—he didn't stand at Kokoda—but again at Oivi, Soputa and finally Sanananda.

I remember Eora Creek was a scary place. It was dank and there was a perpetual canopy of jungle over us. It seemed to rain the whole time. We were wet, cold, miserable and hungry and being shot at, of course. The Japanese were very skilled at ambush. People would wander out and not return. And all round morale was probably the lowest it ever had been.

As this fresh wave of Australian troops gained experience in jungle warfare, their confidence gradually rose and they began to inflict devastating casualties on an increasingly dispirited enemy. Griff Spragg:

Our section leader Jim Hammond, called us together and told us the battle plan. We were to get up under the ridge and take the higher ground and assault in waves, one after the other, leapfrogging more or less.

Jim was a quiet, placid fellow but had the capacity to inspire a lot of confidence. Morale started to rise at that point. We got behind them that day, the 27th of October—my sister's birthday was how I remember it. We lost a few men that day in penetrating—some of the best of them. The following day, having defined where his positions were, it was decided to put on a two-company attack, our company and C Company. We would attack from the position we held down the ridge a bit and C Company would come in from the top. Anyway, that's how it did happen. The attack went in and the Japanese were routed. I think there were about 69 bodies counted which was about twice the number of troops who attacked, our two companies combined.

The Japanese were now experiencing the same privations and pressures they had inflicted on the Australians during the original advance. But, as Second Lieutenant Yutaka Yanagiba, recalls, the Bushido (warrior) spirit still held firm when his battalion was overrun by Australian troops: 'There were many deaths. Australians came within five metres of our regimental flag. I remember now what they said: "Fire! Fire! Quick! Quick!" I decided that the regimental colours were in danger because the enemy had come so close so I shouted to the commander of my battalion: "What shall I do with the flag?". He told me to burn it.'

It was customary that whenever a Japanese regiment's colours were destroyed the flag-bearer had to die with it. Yutaka Yanagiba was his regiment's flag-bearer.

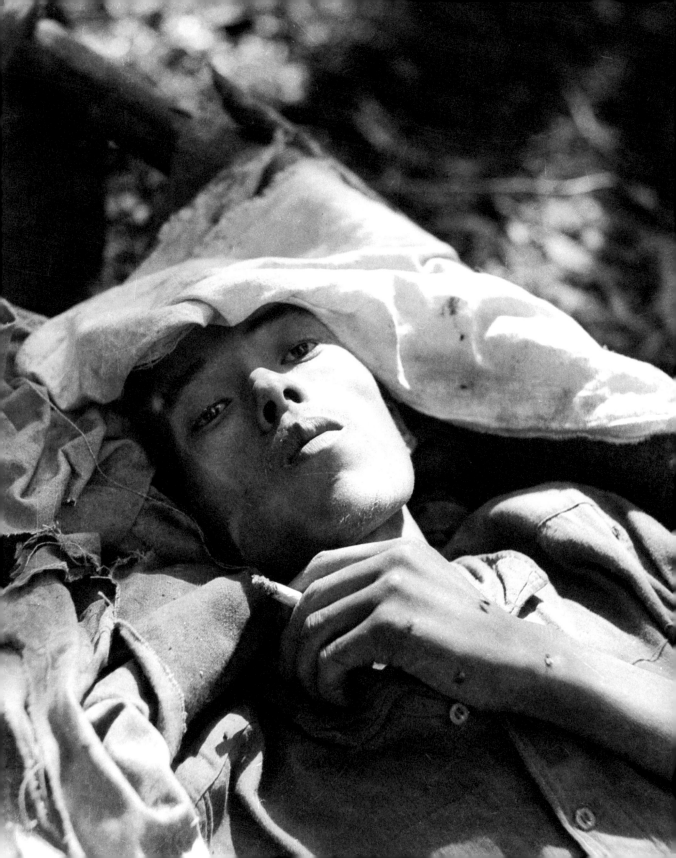

Usually, we would put gasoline on the flag and set fire to it with a match but there was no time. I saw towards the left there was a hut on fire. So I held the flag and threw gasoline over my steel helmet and on to my body and then jumped into the hut. As soon as I jumped into the hut, the flag and me burst into flames.

I intended to die but as soon as I jumped into the hut it was extremely painful and I rolled around on the floor. I fell into a hole in the floor and, of course, the flames went out. I was no longer burning.

I knew what it felt like to commit suicide but the flag wasn't burning very well. I decided that when the flag finished burning I would kill myself with my pistol. I took out the old bullets and put new bullets in my pistol. I was going to put the pistol in my mouth. Then I waited for the flag to burn but it wouldn't burn very well because it was so damp in Papua New Guinea.

It became dark and when it was totally dark, the Australian troops pulled out. Then the representative of my battalion commander, a man named Shimada, came up to me and said: 'What did you do with the flag?' I apologised and said the flag wasn't burned yet and explained why and he said: 'Bring it with you.' I couldn't walk. I couldn't see. I had been burnt all over my body. So I asked him to take the flag and I gave it to him.

Yutaka Yanagiba in Japan in 1991.

This was the fight-to-the-death attitude which the withdrawing Japanese took with them back to their beachheads at Buna and Gona. There their rearguard troops were already digging in and preparing to fight to the last man and last bullet. As the Australians pushed them back, Horii's men were forced to leave many of their wounded comrades behind—a chilling experience which has never left men like Tadeo Abe: 'There were a lot of men who couldn't move and we had to leave them there. We gave them grenades and we gave them instructions: "When the enemy comes you must throw the first grenade at the enemy and kill yourselves with the second grenade." And then we left them there and we crossed the river. This is one of my worst memories of the war.'

Despite the desperate efforts of a tenacious enemy, the Australians prevailed and, at eight o'clock in the morning of 2 November 1942, they hoisted the Australian flag above the Kokoda plateau. It was a symbolic victory. Another three months of bloodshed lay ahead before the Australians, joined at last by American troops, finally snuffed out the fanatical last vestiges of the South Seas Detachment. Already, from their first contact with the invaders in late July until the recapture of Kokoda, the Australians had lost thirty-nine officers and 586 other ranks killed, and sixty-four officers and 981 other ranks wounded—and perhaps three times that number fell to disease.

Indeed, both sides were being decimated by disease as the weakened and malnourished troops succumbed to malaria, scrub typhus, dengue fever, dysentery and many other tropical ailments and infections, as Griff Spragg explained:

> You could not be evacuated medically ill, unless your temperature rose above 103°F [39.4°C]. I still have my field card somewhere, showing the temperature of 106 when I was evacuated to Popondetta. Fortunately I was too weak to get on the plane. You had to fight with some of the stronger ones who were anxious to get back. So I went back to the battalion where I felt more protected and comforted.
>
> I recall when I got back to Popondetta. There was a way of signalling air raids with a single rifle shot and I was probably still a bit delirious when the shot went off—I thought I was back in battle. It had a terribly devastating effect and it was the sort of thing that stayed for quite a few months after.

The crossing of the powerful Kumusi River, about a third of the way between Kokoda and the beachheads, was a turning-point for the Japanese. Here, at Wairopi (pidgin for the wire-rope bridge which spanned the river) Major-General Horii was ignominiously drowned, along with his white charger. A hastily prepared raft capsized and threw Horii and some of his top brass into the swiftly flowing river as they retreated. But the loss of their commander did little to shake the resolve of the Japanese defenders, who bitterly contested every metre as they fell back to their well-prepared defensive bunkers at Buna, Gona and Sanananda.

Around the time the Australians had taken Kokoda, the Japanese had received their last reinforcements and resupplies at Buna. They knew what lay ahead of them; they knew what was expected of them. Evacuation was unlikely. Surrender was unthinkable.

Once again, MacArthur pushed for a quick result at the beachheads. The Australians on the ground knew their enemy was finished as an offensive threat. The obvious tactic was to contain him and, by denying him resupply, force him to wither on the vine before moving in to mop up. Instead, MacArthur insisted on urgent action to wipe out the Japanese. He assigned fresh American troops, specially flown in, to take Buna. He ordered the Australian 16th Brigade, which had fought its way back over the Track to take Sanananda, and the Australian 25th Brigade, which had also fought its way through, to take Gona.

Arguments have raged ever since about the tactics and the subsequent loss of life in this final stage of the Papuan campaign. Ralph Honner always maintained that his troops did not have time for sufficient reconnaissance before being forced to attack the heavily fortified Japanese positions: 'You couldn't afford to lose lives if you could possibly save them. You couldn't afford to put in a frontal attack across open ground at an enemy that's going to kill us all because we've got nothing left.' Honner and many other tactical commanders created a range of tactics designed to keep casualties to a minimum against an enemy plainly determined to take as many souls with them as they honoured their tradition of fighting to their dying breath.

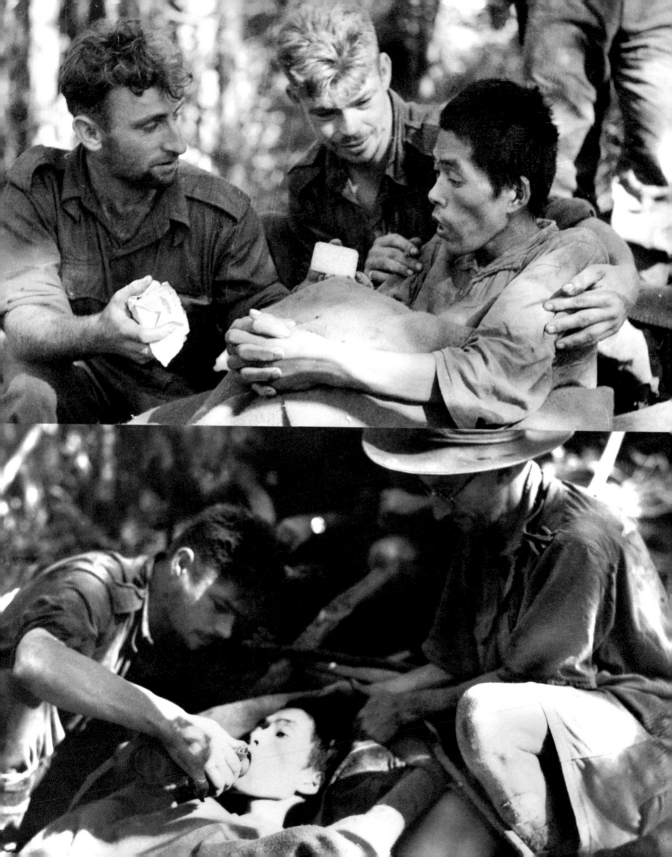

Fuzzy Wuzzy stretcher bearers carry a wounded Digger out to a waiting evacuation plane after the recapture of Kokoda airstrip (photograph by Stan Bisset).

You've got to devise some means of surprising them by manoeuvre, by outflanking them, by coming from the rear, by using darkness or smoke if you can—by using what I did at Gona which is firing on them with our own artillery to keep their heads down while the infantry get in amongst them with the artillery still firing. If you have any losses they'll be peanuts compared to the losses if you don't have their heads kept down. Anything to keep down the losses.

That's again why the Australian troops were critical of the military policies thrust on them from above: attack across the open beaches when it's sheer suicide and everyone knew it. [Lieutenant Colonel Albert] Caro rebelled against it and was sacked from his command of the 2/16th.

I cancelled an attack. I refused to put it in. Fortunately my reputation stood by me and I had an excuse. We'd been ordered to attack across the open one day with one company. I think we lost twelve killed and about fifty wounded. This is out of about 100 men. It was ridiculous. We were ordered to do the same thing again. This is a battalion being ordered to put in a company attack, not to take a post by the way that it could be taken.

The next time it happened we were getting air support from the American Air Force. They were going to drop some bombs on the Japanese. The nearest bombs they dropped on the Japanese were on our own rear elements. And our blokes were supposed to go in as soon as the attack finished. I quickly thought I could stop this. I cancelled the attack first and then I rang up the Brigadier and said I've cancelled that attack. All that air force bombing did, on us, merely alerted the Japanese that we're likely to attack, I'm not sending my men in with an alerted enemy to be killed like they were yesterday. I said: 'Give me the chance to take this place. I'll take it so long as you keep Allied aircraft out of it.' We read in the papers that it was taken by the air force. They did keep them away!

But, for Ralph Honner, and many of his fellow Diggers, the enduring memory of these final battles in Papua was an overwhelming sadness at the needless loss of the lives of so many brave soldiers—soldiers who had already endured so much on the Kokoda Track and came back to put their lives on the line again. It infuriated Ralph Honner: 'Charlie White, whom I taught at school, led an attack along the beach, at the same time. He was hit and wounded but he got up and went on till he was killed. There was no point in doing it. They couldn't take anything. They couldn't capture anything. They couldn't get through. But higher command ordered that they do this along the open beach. Caro protested—his battalion commander—and was sacked because he protested against useless slaughter. The battalion commander shouldn't have to bear the burden of carrying out stupid orders.'

One result of the bloody battles at the beachheads was the undoubted vindication of the fighting qualities of the Australian troops. [When compared with their American counterparts' disappointing performance at Buna, the Diggers emerged with enormous credit. Indeed, Blamey reported personally to MacArthur: '... it's a very sorry story. It has revealed the fact that the American troops cannot be classified as attack troops. They are definitely not equal to the Australian militia and from the moment they met opposition they sat down and have hardly gone forward a yard.'

In fact MacArthur resorted to sending his trusted offsider, General Eichelberger, with a typical Hollywood-style order: 'Bob I want you to go out there and take Buna or don't come back alive.' Eichelberger must have taken MacArthur at his word, because within a day of arriving at Buna he cut a swathe through all the regimental commanders and most of the battalion leaders.

Of course, this did nothing to solve the real problem: a deeply entrenched enemy protecting cleared ground with nothing to lose—and a lack of sufficient artillery to dislodge them. The Japanese bunkers were so well concealed and constructed, with log and earthen roofs, that even when the Allies could subject them to air attack they caused little damage. They had to be taken, one by one, at great cost. Despite the difficulties, on 9 December 1942, Ralph Honner sent his cryptic report: 'Gona's Gone.'

It was another story for the Americans who were stymied at Buna. They were forced to seek help from the Australian 18th Brigade: with its CO, Brigadier George Wootten, in command and with the help of Australian tanks, Buna eventually succumbed on 2 January 1943. True to form, MacArthur issued a press release claiming the Americans had taken Buna and won the campaign. He ignored the Australians and the fact that Sanananda was still holding out. Even more disgracefully, he ignored his own commander— Eichelberger was not mentioned in his communique.

Eventually, Sanananda fell, on 22 January, ending one of the most gruelling campaigns in Australian history. Shortly after, the Americans celebrated their victory at Guadalcanal—a campaign which was publicised heavily at the time and later glorified by countless Hollywood epics. The Australians' achievements along the Kokoda Track and down to the beachheads remained largely in the shadows. A comparison of the casualty lists at Guadalcanal and the Kokoda campaign shows the injustice of this: the Americans launched 60 000 troops against the Japanese on Guadalcanal; they lost about 1600 killed and another 4200 wounded. The Australians committed less than half that total to the entire Kokoda campaign, yet they (and the Americans at the beachheads) lost over 3000 killed and another 5500 wounded. Add to that an indeterminate number of men lost to disease—perhaps three times that number—and you get a true indication of the ferocity of the fighting in the Papuan campaign.

But, ask any of the men of Kokoda and they tell you they were just doing their duty as Phil Rhoden said: 'We were fighting for Australia, on Australian soil for the first time. It was important that we won because if we didn't win who knows what would have happened.'

THE SALVATION ARMY

The Salvos make another brew, near the frontline at Gona. Salvation Army Officer, Eddie Cooper, at right (photograph by Stan Bisset).

The dependence of the weak gives greater strength and endurance to the strong.

AGAINST THE ODDS

'WE'RE NOT BLOWHARDS. WE'RE MODEST PEOPLE
I believe. We didn't want the honour and glory of
it. We felt that we'd done a good job.' So said Phil
Rhoden, CO of the 2/14th Battalion. Most of those
who fought on the Track remained silent about their
remarkable achievements. Indeed, Peter Dornan,
a noted Brisbane physiotherapist and great advocate
of the *story* of Kokoda, aptly called his book on the
men of the 2/14th, *The Silent Men*.

If the Americans had been responsible for the Kokoda campaign, you
can bet Bruce Kingsbury, Charlie McCallum and their mates would have
been featured in a dozen Hollywood epics, portrayed by all the celluloid
heroes from John Wayne to Tom Cruise or Will Smith. The Diggers never
sought the limelight: in fact, it wasn't until many of them began to feel their
mortality that they agreed to speak about their experiences, often for the first
time since the war. Most said they were speaking at last because they felt they
owed it to the mates who didn't come back with them or who had died in the
intervening years. Phil Rhoden held his men's memory as a sacred trust:

I'd like them to be remembered as a group of people who stood up to be counted when the chips were down and fought to save their country from what was deemed then to be a threat. And they didn't think twice about doing it. Some gave their lives doing it.

I'd like them to be thought of as good parents, as good fathers, good husbands and, thereby, as a consequence of that, when that is totalled up, as good Australians who were there for the good of all people in Australia.

It's important because they represent the characteristics which go to make a fine person, which go to make a fine individual—the sum of which in Australia, would make a fine country.

Why were the Diggers able to overcome the obstacles they faced—the terrain, the enemy, the planning and supply blunders, the sickness—against all the odds? After decades of reflection, Phil Rhoden believed he knew the answer: 'There were three things, I think. One was interdependence upon each other. The second was the ability to fight on when there's scarcely a breath left in your body, for the sake of your mates. And the third was respect for each other.' There is nobility in these characteristics. Interdependence is the essence of Australian mateship—it is Australia's answer to the esprit de corps which soldiers have strived to develop throughout history. War historian Dudley McCarthy wrote about this special quality which he observed in the 39th Battalion:

Although possessing no permanent site, having neither roof nor walls, no unchanging form, it yet becomes home for those who serve in it. Away from it, each of its members can revert to being homeless individuals, lost, uncertain, without proper identity. Because of this it calls to life in a man, rounded into fullness through shared battle, suffering and death, each other will always feel some sense of brotherhood for each other man of his battalion.

Through this thing the strong lift the weak to efforts and achievements beyond their own strength and their conscious wills, and the dependence of the weak gives greater strength and endurance to the strong. For every individual human part of this battalion who is killed, this thing changes something in those who survive and calls to life something new that was never there before.

In their battalion publication, *Getting On With It*, soldiers of the 2/30th Battalion, who spent the war as POWs after Singapore fell, defined mateship:

Mateship was the simple recognition of the importance of another human being's existence. It was an acknowledgment of both the reliance upon and the responsibility towards another individual.

I emphatically believe in looking after number one. But number one is not yourself—it is your best mate. There was a complete and utter necessity to work in the common interest.

The feeling mateship gives you—when you are at the bottom of the barrel and along comes those mates of yours. Often they don't say anything, they just sit with you. It is like a husband and a wife holding hands on one another's death beds—in a time of crisis words are not necessary.

Don Duffy and Phil Rhoden (below) and with their fellow officers (above)
before heading up the Track.

Mateship formed the Diggers' lifeblood.

Mateship is the bedrock of the Australian character. It's alive and just as much a part of us today as it was when our early settlers drew on it for survival in their daily struggle against the untamed land they had adopted. It's just as alive as it was when the ANZACs were sustained by it in the trenches of Gallipoli. On the Kokoda Track, as it has in countless other conflicts, mateship formed the Diggers' lifeblood. It enabled those from the bush, 'the big smoke', the union movement and big business to combine to form a seamless fighting force. The almost spiritual extension of mateship sustained our POWs in hell-holes like Changi and the Burma Railway.

The great World War 1 historian, C.E.W. Bean, saw mateship as the lifeblood of the Digger in 'the Great War':

He was seldom religious in the sense in which the word is generally used. So far as he had a prevailing creed, it was a romantic one inherited from the gold miner and the bushman, of which the chief article was that a man should at all times and at any cost stand by his mate.

This was and is the one law which the good Australian must never break. It is bred in the child and stays with him through life.

These qualities of independence, originality, the faculty of rising to an occasion, and loyalty to a 'mate', conspicuous in the individual Australian, became recognisable as part of the national character.

In recent years we have seen it in the aftermath of the Bali bombings and we see it constantly in the public response to floods, bushfires and other disasters. We see it at all levels throughout our nation—when small communities pull together to help kids orphaned by a car accident through to the remarkable national response to the Asian Tsunami of 2004. We saw it vividly portrayed in the aftermath of the New Orleans Hurricane Katrina disaster, when a group of young Australians banded together to protect and help each other amidst the chaos. And most recently we saw it yet again in the nation's response to the calamitous 2009 Victorian bushfires. Mateship is hard to define, but you know it when you see it or feel it. It's part of our national DNA.

The second of Phil Rhoden's characteristics—'the ability to fight on when there's scarcely a breath left in your body for the sake of your mates'—recalls the selfless actions of Bruce Kingsbury, Charlie McCallum, John Metson, Claude Nye, 'Lefty' Langridge and many others on the Track where they found some inner strength that enabled them to make remarkable sacrifices.

That great soldier and leader, Field Marshal Sir William Slim, saw courage as the cardinal virtue. Without it, the other virtues—faith, hope, charity, etc.—can't come into play, because they take courage to exercise. Slim saw two kinds of courage:

Courage is a mental state, an affair of the spirit, and so it gets its strength from spiritual and intellectual sources. The way in which these spiritual and intellectual elements are blended, I think, produces roughly two types of courage.

Courage is a mental state,
an affair of the spirit.

The first: an emotional state which urges a man to risk injury or death—physical courage. The second: a more reasoning attitude which enables him coolly to stake career, happiness, his whole future on his judgement of what he thinks either right or worthwhile—moral courage.

Slim goes on to point out that 'moral courage is a higher and rarer virtue than physical courage'.

In his book *The Mystery of Courage*, William Ian Miller also looks at the distinction between physical and moral courage: '… physical courage decays under the intense and relentless demands of combat while moral courage needs its daily constitutional: it grows by the doing of deeds that require its mobilisation. Standing up for what we think is right is not easy, but it may well get easier if we cultivate the habit of doing so.' Sir William Slim agrees that courage is finite. He sees it like money in the bank: 'We start with a certain capital of courage, some large, some small and we proceed to draw on our balance, for, don't forget, courage is an expendable quality. We can use it up. If there are heavy, and, what is more serious, if there are continuous calls on our courage, we begin to overdraw. If we go on overdrawing, we go bankrupt—we break down.'

Miller quotes Ernst Junger, a German soldier from World War 1: 'The notion that a soldier becomes hardier and bolder as war proceeds is mistaken. What he gains in the science and art of attacking his enemy he loses in strength of nerve.' He also quotes a World War 2 study of troops fighting in Normandy in 1944, which found their maximum period of efficiency varied between twelve and thirty days, 'after which it decayed rapidly through stages of hyperactivity to complete emotional exhaustion ending in a vegetative state by day 60'.

Dudley Warhurst, gallant veteran of the 2/14th's Kokoda campaign, remembers the trauma of days under the Japanese mountain gun at Ioribaiwa as pushing him to the edge: 'I was just about, not physically, mentally, just about stoushed at that point. In fact they sent me back to the hospital.' But even at the hospital he found tension, when one of the doctors suggested a comrade's wounds were self-inflicted.

'Butterbox' Bartlett and myself jumped the doctor—we were behind our mate and there was no way in the world it was self-inflicted. We were behind him when this mortar went off. So I said you stick your hospital in your...and I didn't go in. For a couple of weeks afterwards I must admit that I wasn't game to go out of the tent at night on my own. I couldn't force myself out. But I got over it.

I was virtually a shaking lunatic, I suppose, almost. Jumping this doctor I suppose brought back that little bit of go that you have in you—like someone smacking you in the face and saying get out of this!

After the war, Griff Spragg became a clinical psychiatrist. He viewed the cumulative impact of the constant combat tension as a veteran and an expert:

A campaign like the Owen Stanleys did have an enormous impact. I couldn't face it again for at least nine months. In fact, we were due to go in again when our medical officer, Lyn Joseph—a magnificent fellow, great soldier and a wonderful MO, and a man of tremendous compassion—made himself very unpopular with the hierarchy by having the battalion boarded 'B' class [classified as temporarily unfit for combat] virtually I don't know whether that actually happened but that was more or less the effect. And we were unable to partake in the invasion-type campaign that was planned for us nine months after.

Corporal Col Blume of the 2/14th viewed the experience through the eyes of a frontline soldier: 'I think sometimes there should be no awards for bravery. Every man who goes out to battle is a brave man. He may not be brave physically, he may be fighting his own mind and be scared stiff but he goes out. I think there should be just medals for the campaign.'

In *The Mystery of Courage*, Ian Millar compared the courage of 'old army professionalism' with that of volunteer citizen brigades, and concluded, '… both admirable, but one to be expected as part of a tough job and true to type, the other representing a kind of triumph of the will against type'. He raises an interesting but probably moot point for the men of Kokoda, because both the AIF and the militia were volunteers and, as they demonstrated at Isurava and in later battles, blended harmoniously under fire. And further, even the overwhelming majority of the AIF were only seasoned soldiers for the duration of the war and then gladly returned to civilian life. All the more credit, then, is due to the men of Kokoda for their remarkable sustained valour during the months of continual fighting to which they were subjected.

The final characteristic in Phil Rhoden's summation is respect for each other. In some ways perhaps this is the most important of all three elements because it provides the underlying reason to make sacrifices for your mates. Their respect, as with all genuine respect, had to be earned. And it was—it was earned by men who stuck by each other, through the good times and the bad times, who lived together and died together. The Diggers had no unquestioning respect for authority of itself. That respect had to be earned too. When leaders won the Diggers' respect, they would follow them whatever the consequences. The good leaders realised they won their men's respect when that respect was reciprocal.

Sir William Slim summed up the performance of the Australians in Papua (at Kokoda and Milne Bay) when speaking at the dedication of the Bomana War Cemetery after the war: 'It was the Australians who broke the spell of Japanese invincibility on land and inflicted on that arrogant army its first defeat. Let Australians never forget this. It is, like Anzac, part of their noble tradition—and these men made it.'

KOKODA

JAPANESE CAPT
DA ON 28TH JULY
ADVANCED OVER
STANLEY R
RD PORT MOR
ALIAN SOLDIERS
D FINALLY HALTE
AT IORIBAIWA
SEPTEMBER 194
USTRALIAN DIV
AN OFFENSIVE
THE ENEMY
UGH KOKODA TO
AROUND BUNA
RALIAN AND AME
OPS COMBINED
STROY THE EN
PANESE FORCE
2ND JANUARY 194

I'll never be able to say farewell. It's not as finite as that.

LEST WE FORGET

27 AUGUST 1998, BOMANA WAR CEMETERY, PORT MORESBY

The medals on the old man's chest clink with every measured step he takes down the long line of tombstones. It is the only sound which rises above the lazy drone of the hot afternoon breeze. Every so often he pauses as a name chiselled into a headstone catches his eye and the faces and the memories flood back.

At eighty-six, Stan Bisset is still ramrod-straight, with the bearing of the soldier he was almost six decades ago. But his eyes, once windows into the mind of a trained killer, now brim with the compassion of one who has seen the unspeakable horrors of war and learned life's enduring lessons. Stan has come to Port Moresby's war cemetery for the first time, to honour a promise he made half a century ago. Bomana's sacred soil lovingly nurtures the spirits of some of Australia's finest sons: here, in silent ordered rows, lie the men who laid down their lives defending their homeland. Most of those who rest here were young men, yet to reach the prime of their life.

Those, like Stan, who survived the cauldron of Kokoda are now in their twilight years, having been granted their chance at a long life by the sacrifices of Bomana's residents. The men who never returned home are frozen in the memories of their comrades and families as vital young men full of life and laughter and hopes for a future—a future denied them by the arbitrariness of war.

The faces drift through Stan's mind's-eye, not, as we see them, as black-and-white images in faded photos or flickering film, but in vivid living colour. There's Bruce Kingsbury— still just twenty-four after all these years—the cheeky young real-estate agent with the ready smile, who became the hero of Isurava and won a Victoria Cross before being cut down by a sniper's bullet. And Charlie McCallum, another who grew no older—wounded three times at Isurava as he held off the invaders, with a Bren gun in one hand and a Tommy gun in the other, and allowed his mates to escape to fight again.

So many mates—Johnny Metson, Tom Fletcher, Harry Saunders, Claude Nye, Lefty Langridge, Mokka Treacy, Bob Dougherty—who gave their tomorrows for our today. Stan moves through the sea of headstones. He turns at Section C6 and walks slowly down Row F until he stands before Grave Number 13. Under the carved 'Rising Sun' badge—the one worn on a Digger's slouch hat—the name is clear:

VX 14631, Lieutenant T. H. Bisset, 2/14th INFANTRY Battalion.

Stan's eyes mist over and his powerful hands rub gently at moist eyelids while he struggles with the images that race through his mind as he stands before his brother's grave. Stan remembers the last time he saw Butch before he was wounded: at Efogi, on the way up the Track, when they joked and sang songs together. He recalls sadly how he was on his way to see Butch at Isurava but was interrupted by the needs of a wounded soldier and then ordered off to reconnoitre a new position. He recalls vividly, as if it were only yesterday, the almost physical blow he felt when he was told Butch had been badly hit.

Lost in his reverie, Stan muses about what might have been. Why Butch? Why not him? The flukes of war. How close he'd come at Buna, where a sniper's bullet had nicked his eyebrow, leaving a scar he can still feel now. Or the time at Isurava when battalion HQ was caught in a crossfire. Had they been standing up, they would have been cut to pieces like the jungle foliage above their heads, which was shredded as if it had been through a mulching machine. Every day was another lottery—daily lotteries of death. Although you got used to it, you never accepted it. And you never understood the reckless way that fate took some and left others. Stan often felt a strange sense of guilt because not only did Butch die at Isurava but Stan had to leave him there, alone, in the jungle.

Now, as he stands before Butch's grave, Stan recalls how he vowed to lead a good life in Butch's honour, to make sure his sacrifice was not in vain. Only Butch can judge whether he lived up to his promise. But he tried. He raised a fine family, who now have kids of their own and who all flourish in the free country for which Butch gave his life. Stan always stayed tight with the other members of the battalion and became Queensland state secretary of the battalion's association. Stan has now come full circle: he draws back his shoulders and comes

to attention; he brings his hands to his sides and raises his head, looking straight ahead. Suddenly he is a dashing infantry officer again. With a practised, precise movement, he brings up his right hand and salutes his beloved Butch. A final homage from one warrior to another—a final farewell from one brother to another.

Scattered in silent groups among Bomana's parade of headstones, other men of Kokoda also pay their last respects to the mates who never returned home with them. The old Diggers have come back for 'the Last Parade'—a final chance to honour their friends and farewell them. A team of forty-six veterans, together with families and friends, have made this special pilgrimage fifty-six years after their epic campaign. Phil Rhoden is there: 'It rekindled something that was already there and has been there for these past fifty-six years. It cemented it, if it needed cementing. It joined us together with those fellows that we left behind and did so much to win the day. We were the lucky ones. We could've been them and they could've been us. It was interchangeable. It was a matter of luck.'

The men move easily together. They are a family, irrevocably linked by their experiences. They communicate with a nod, a smile, a gentle touch of the hand. Phil Rhoden looks at them proudly:

They're my friends. They're my real friends, not acquaintances. They're people you want to know about: their ups and downs in life, their children, their grandchildren. You want to feel that they're in tune with yourself too. You feel that you've got something shared with them that nothing will knock over. The members of our battalion, our unit, our group. It's ours, not yours. It's owned jointly. I'm not the commander of them, I'm one of them on a joint mission.

I'll never be able to say farewell. It's not as finite as that. They'll always be there unfortunately. When I say unfortunately, it's just the trauma that commences. No, they'll always be there, not only on Anzac Day and times like that, at out annual reunions and our pilgrimages to the Shrine in Melbourne and other places. But you think of them at other times. You wake up in the bloody night, something crops up and you think of them. They were great fellows.

Gathered under the shade of a great rain tree, the old Diggers listen and remember as Phil Rhoden speaks, as always, leading from the front: 'We think of them in sorrow and with pride but there should be a third feeling stronger than grief, greater than pride. A sense of fullness and of achievement. To us, their lives may seem to have been severely shortened, yet in truth they were full lives. It is not how many years a man lives that matters but what he does with the years—many or few—that are granted to him. And those who sleep here did much with theirs.'

Three of the veterans—Stan Bisset, Col Blume and Roy Watson—formed an advance party for this occasion. They flew by helicopter to the battle site at Isurava, their faces reflecting the mosaic of memories which rushed back as they travelled above the Track. At Isurava, with no concession to their ages, they explored the battle area, pushing manfully along the rugged Track, each under the watchful eye and gentle hand of a young man designated by the people of Isurava to guide them. The old Diggers were there in body but their hearts and minds were lost in another time—a time when they were young and strong and every day could be their last.

In hushed tones around the campfire, they were back with their old friends. Col Blume summed up their mood: 'It's been on my mind ever since it happened. We just had to walk out and leave our dead there where they were. I think the pilgrimage has finally finished the campaign really in that respect. I felt there was something not finished at all. With the ceremony I think we can say it's finished.'

The next day the rest of the old Diggers were choppered in. They gathered for a commemorative service on the battleground: around them, the jungle which held so many terrors when they were last here seemed so benign and so beautiful in the sharp morning light. They prayed together. Padre Eddie Cooper led them; he was preaching to the converted when he asked his men, '… to remember with thanksgiving at His throne of grace, all those who laid down their lives for their country and to ask for God's help that in all the days of our life we may walk worthy of their service and sacrifice.'

Maurie Taafe, at eighty-eight the oldest there, read the ode:

Age shall not weary them, nor the years condemn.
At the going down of the sun and in the morning,
We will remember them.
Lest we forget!

They have not forgotten. Maurie Taafe, once the tough company sergeant major, now the kindly grandfather, spoke for many: 'It brought back the uncertainty, the action, the fighting, the fellows that were wounded and crying out and we couldn't do a bloody thing to help them. And the final victory. It seemed as if it went on forever and ever. It was only four days and four nights here. It's hard to say what was in your mind at the time. You're just living from moment to moment. You're talking to someone, you're looking around for someone and then…gone. And yet today I would not have missed for the world.'

I really think it's an opportunity every Australian should experience.

THE NEW GENERATION

WHEN YOU LOOK AT A GROUP OF KOKODA TREKKERS, one thing is immediately apparent: there is no such thing as a typical trekker. They come in all shapes and sizes and from all walks of life, and they embark on the adventure for many reasons. They range from fifteen-year-olds through to seventy-year-olds, like Kokoda veteran Les Cook. The late Leonard Teale, Australian acting great and World War 2 RAAF veteran, made the trek in 1992 after recording the voiceover on *Kokoda—The Bloody Track*, the documentary I made for the Australian army. Deeply moved by the Kokoda story, Leonard determined to follow in the Diggers' footsteps. It was one of his proudest achievements.

Trekkers have included celebrities of every magnitude. Even the current Prime Minister, Kevin Rudd, made the pilgrimage alongside his friend and political foe Joe Hockey. But most trekkers are average Australians with differing personal motivations: for some it's a deeply emotional pilgrimage in the footsteps of the Diggers; for others it's a physical challenge, a kind of extreme sport, where they pit themselves against some of the fiercest terrain in the world; yet others immerse themselves in the cultural and ecological treasures of one of the globe's last frontiers. The one thing they have in common is the impact the experience has on their lives. Without exception, they return with a different outlook on life. Not only is it one of the toughest physical, emotional and spiritual challenges most will ever face, it's also one of the most profoundly satisfying things they will ever accomplish.

Most will tell you that the enormous physical effort combines with the spiritual and sensual experience to put their lives on pause: to allow them to look differently at their way of life and at themselves; to consider the sacrifices the Kokoda Diggers made on their behalf; and to observe and admire the character and the lifestyles of the people who live along the Track today. Trekking Kokoda has become a kind of rite of passage for many young—and not so young—Australians. (It's never too late to complete your rite of passage!) Trekkers find that they take an exhilarating journey into themselves, exploring their boundaries and their inner spirit. Every trekker brings to the Track their unique background, hopes, aims, problems, attitudes and preconceptions. Each comes away with a different mix of experiences.

When I first walked the Track in 1992, probably not more than a hundred or so people were doing so each year. In 2008 as many as 7500 trekkers completed the challenge. And most do it in style, with state-of-the-art waterproof boots (made of materials with names like 'hydrophobic silicone-treated leather'), featherweight breathable pants, seamless quick-drying shirts with mesh panels, nylon backpacks, space-age frozen food, titanium stoves, Duralite pots, plastic utensils, Camelbak hydration packs, lightweight tents, self-inflating mattresses, sleeping bags with silk liners, GPS units, satellite phones, and head-torches that boast forty-five hours of light on one set of batteries. Instead of the traditional walking-stick cut from a tree by one of your guides as you head off, the implement of choice now is a set of ski poles made of aluminium alloy with tungsten-carbide tips.

What the Diggers wouldn't have given for even one of these innovations! But despite the technological advances, the lure of the Track is now posing problems for its ecology and for the people who live along it. The traffic through the fragile ecosystem is starting to cause substantial damage and even the well-meaning actions of some villagers in clearing land to accommodate trekkers, and in widening and improving the Track, are adding to the damage. Some commercial treks, which generally take seven to ten days, comprise more than 100 trekkers and often an equal number of support staff—porters, guides, etc. Their giant caravans squeeze through the terrain like a pig in a python, having a discernible impact on the Track and the villages through which they pass.

It humbled me, both by its nature and its silence.
I feel touched by this experience.

Thankfully, as I write, following the 2008 PNG–Australian 'Kokoda Initiative', a local-government body (the Kokoda Track Authority) charged with administering the Track has been completely reconstituted. An Australian management team will take control of the authority in the short-term, training and mentoring their PNG replacements. One of their first projects has been to bring together the major commercial trek operators to try to establish and implement a code of conduct that stipulates minimum standards of trek conduct, trek size, safety back-ups, employment of guides and porters, and so on.

This is entirely proper. What began as a 'cottage industry'—with small independent trek leaders taking relatively infrequent groups across the Track—has blossomed into a lucrative multi-million-dollar industry where some companies offer more than forty treks a year and as many as sixty different individual groups claim to be trek operators; not surprisingly, the quality of their offerings varies considerably. Prices now range from a low end of around $3000 per person (including a personal porter, but excluding international airfares) to more than $6000. The industry probably turns over more than $30 million a year—some operators are literally making millions in profit. The challenge now lies in trying to ensure satisfactory minimum standards, and that an equitable share of the profits flows back to the people living along the Track.

But despite these shadows, the experience of walking the Track allows thousands of Australians to touch a part of their history. It connects them to our nearest neighbours and it imbues them with a passion to pass on the story of Kokoda to future generations. My daughter Sarah walked the Track in 2008:

> When I think of the track I remember never-ending climbs, constant tree roots and bucket-loads of sweat. It was a great physical challenge and an amazing experience, thanks to the porters we had helping us and caring for us every step of the way. Just as they did for the Diggers before us, they looked out for us, caught us when we slipped and most importantly we were able to bond with them, learning about their way of life. I really think it's an opportunity every Australian should experience.

Paul Croll, cinematographer and trek leader, has walked the Track more than twenty times:

> After fifteen years of walking the Kokoda Track, it continues to challenge, inspire and educate me. The Track is evolving from being an adventurous trek for a few hardy individuals, to a major tourist destination with trekkers from a broad cross-section of society, all facing their own individual challenges.
>
> It is very fulfilling to watch people overcome their own physical and mental obstacles and embrace the spirit of Kokoda—a spirit forged by the Diggers who fought there in 1942. I believe these men have not only created the legend that is Kokoda, but have also provided a legacy for all future generations of Australians.
>
> Wherever they now lie, it should be with the pride and satisfaction of a job well done.

Others are affected in a multitude of ways. Josh Mullens, aged twenty-five, advertising executive:

I felt physically prepared—but nothing really prepares you for the deep sense of culture, history and patriotism you are exposed to while you're there. The track was a school of hard knocks, we had to be resilient and get on with it even after a bad slip or fall. Each day reaching camp was an achievement and we slept soundly every night. To think that young men, many much younger than me, walked this track with heavy packs, guns and in terribly poor conditions seems punishing but—on top of this they were under threat of death.

It puts into perspective what true sacrifice, patriotism and mateship are all about. It was wonderful to see and experience the places I read about in books, see where the action took place and gain some perspective of how lucky we are.

I'll be doing it again, maybe with my kids.

Alira Morey, student:

I'm not known as an emotional person, but seeing the real-life effect World War 2 at Kokoda had on thousands of families involved proved too much for me. Thinking about what the Diggers endured was what pushed me to the edge. The day we conquered Brigade Hill was another emotional encounter. I had made it to the top of the grassy mound where Australians lost their lives defending what we have today—freedom. This seven-letter word has come to mean a great deal more to me now than ever before. As I sat in front of the small memorial reading about the battle on Brigade Hill, I wept.

John Rennie, former police officer, written after the Last Parade in 1998:

I came back from this experience and tried to understand why it had affected me so. My generation seldom has cause to ponder on the source of things we consume or the meaning of sacrifice. We are fortunate that we live in times of order and logic. The bonds we form radiate out from our centre, tying

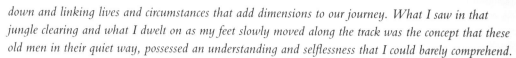

down and linking lives and circumstances that add dimensions to our journey. What I saw in that jungle clearing and what I dwelt on as my feet slowly moved along the track was the concept that these old men in their quiet way, possessed an understanding and selflessness that I could barely comprehend.

I cannot claim to understand their bond. Some speculate that it was founded on suffering and defined by loss. Others speculate that is a product of another time, one of differing values and beliefs. But personally I believe that this bond reflects something simpler. I believe that this combination of average and extraordinary men produced an amalgam of decency that carried them together, selflessly through a time of mateship, danger, loss and pain. I saw the end product of that experience yesterday. It humbled me, both by its nature and its silence. I feel touched by this experience.

Chris Muir, fifty-three, company CEO:

I came here really to test myself mentally. I figured my body would drag through it. I've certainly tested myself. There were days when I thought I wouldn't get through it. But I did and I'm pretty pleased about that.

I was trying to think what I'd tell my boys about the terrain. Unless you've done it you really can't imagine how tough it is. It's so up and so down and when it goes up it just keeps on going up and up and up and up! And then you do it and you breathe out and there's a bunch of guys at the top and you feel OK again.

David Aitken, fifty-two, lawyer:

I think the difference between what I expected to find and what I found was that everything's been magnified: so the hills have been steeper, the mud has been thicker, the Papuan people have been friendlier and more accommodating, the group has been more bonded and more humorous than I expected, so in every way it's been magnified.

I thought it was going to be an adventure but it's been more of an experience than an adventure. The different elements of that experience have been the Papuan people, the villagers, and mixing with the kids. I've loved that. The history that has been brought alive and there've been moments when we've all been speechless hearing what young Aussies did in these places. The physical terrain and the physical challenges have all been mixed up. It's been very hard to separate them—sitting around the campfire singing and listening to the villagers singing, the quiet tears we've shed at the battle sites.

Alison O'Mara, student:

The psychological aspect is as crisp in my mind now as it was while we were there. Every challenge I now encounter reminds me of the mental struggle I went through. I can still hear myself saying 'Just keep going—you can do it!', and can still feel its impact. It's amazing how the pain and exhaustion, which seemed so important while we were over there, has now extinguished itself, and yet the emotional experience burns on.

Kori Chan, trek leader:

I believe that there is now a collective effort being made between operators, landowners and the PNG and Australian governments to try to improve on the aspects which are threatening the Track's future and making sure that the benefits from this growing business are channelled towards improving the quality of lives on the Track.

Kokoda is changing me ...

As a Papua New Guinean who was fortunate to have been educated in Australia and therefore having a great connection to both countries, I believe that the Kokoda Track is a symbolic trek that promotes the camaraderie and friendship between our two countries. Therefore it is important to take the right measures (collectively) that provide sustainable growth, low environmental impact and development of the PNG tourism industry and workforce as well to enhance awareness by Australians about their short but fascinating war history and about their closest neighbour in Papua New Guinea.

Linda Adam, student:

Despite the pain, there's always a laugh to be had, a song to be sung and a kind of honesty about that is truly refreshing. Kokoda is changing me. I can feel it slowly seeping into my soul. Little things now get me through the day.

Kokoda has given me my spirit. I can recognise it, and although I cannot yet describe it, I know it. Memories, photos and physical reminders are all that remain, yet I will forever hold a part of Kokoda inside me. I have the spirit now, it has shown me who I am and for that I will never let it go. I now know what matters in life.

... I can feel it slowly seeping into my soul.

Sharni Chan, student:

To me 'The Spirit of Kokoda' is much more about the battle than the victory, for at every turn in the track lay the possibility of a battle won or lost inside of each of us. 'The Spirit of Kokoda' is about the Australian boys who were taken from us in the prime of their lives, about the endless generosity and sacrifice of the Papuans and the Fuzzy Wuzzy Angels, and it is about the young Australians who must now fight to keep 'the Spirit of Kokoda' alive so that no Australian or Papuan will have died in vain.

Ian Beros, plant manager (grandson of Kokoda veteran Bert Beros):

I will remember the villagers as being the most trusting and genuine people I have ever met—how long they can linger in that state remains to be seen. I can picture the most magnificent waterfall in such a remote place that few surely have, or ever will see. I can still feel the chilled river water that left me feeling cleaner than I have ever felt before. And I will never forget those superb young Australians who made the ultimate sacrifice to ensure we live in surely, the best country in the world.

The little things in life mean so much to me now and I see more clearly the pitfalls of our western culture, so selfish, impersonal and ruthless at times. And I continue to ask myself—beautiful, wild Kokoda, what have you done to me?

Brett Kirk, Sydney Swans player (grandson of Kokoda veteran Wally Moras):

The war was all about endurance and the human spirit. It was being fought by mostly teenagers and they showed heroism beyond belief. My Pop is the bravest person I have ever met. He would have had to not only show strength beyond his years, he also needed to be mentally tough. I admire him and everybody else who fought at Kokoda so much.

During the trek I was thinking about my grandfather and what he and the young soldiers must have been going through. With the terrain and the weather, it was one of the toughest things I've ever done—and we weren't getting shot at.

You'll begin to realize that your perception of your limitations has changed.

A VIRTUAL TREK

(With the kind assistance of Trek Leader Paul Croll)

THERE ARE MANY VARIATIONS ON TREKKING THE Kokoda Track today. This 'virtual trek' starts from Owers' Corner and takes nine days to get to Kokoda. While the days and the overnight locations may vary according to trek operator, the overall experience remains the same.

DAY ONE: OWERS' CORNER TO GOLDIE RIVER

The Track begins at Owers' Corner, about 60 kilometres outside Port Moresby and runs for about 100 kilometres to Kokoda village. The first stage is a drive from Port Moresby, along roads which get rougher by the moment, especially in the wet.

As you drive through Moresby's outer suburbs on the way to Owers' Corner, you'll pass through the settlements in which so many local nationals live. Ragtag houses serviced by occasional rough-built shops, with an all-pervading smell of wood smoke trapped in the already humid morning air. If you've travelled to Africa you'll find these surroundings familiar.

For most locals the day starts early and people line the main road waiting for their ride on the local PMV (public motor vehicles)—the jumble of mini-vans or small trucks that will take them to their various workplaces throughout Port Moresby. As the road begins to climb, we leave the city behind us and for the next 40 minutes we have spectacular views of the Laloki River as we follow its winding course up the mountains.

A quick stop-off for a photograph at McDonald's Corner, where the Diggers began their trek towards Kokoda. Thankfully, today we can drive further to the village of Sogeri, saving an hour of walking time. If the road is reasonably dry, vehicles may be able to get to Owers' Corner, the start of the Kokoda Track proper, but this is becoming increasingly rare and more dangerous as the road deteriorates. Then the walking starts. If you're carrying a pack you'll soon begin to feel the first strains of the added burden, which will quickly become familiar. If you have a porter you're about to take the first tentative steps towards a lifelong friendship.

The first hour or so is gentle, along a wide dirt (or very muddy) road through open kunai grass with some friendly hills. While the grades are gentle the walk is guaranteed to be hot, so hats and two litres of water are a must. Occasionally, under-prepared trekkers stumble at this very first hurdle and come down with heat exhaustion, either finishing their trek before it has really begun or creating a problem that dogs them for the next few days. This is also the time when 'hot spots' on feet—the precursor to blisters—often appear. Take note of any potential problems and make the time to bandage your feet to protect them. It can save you some very serious problems later on.

After an hour of walking, you'll reach the small clearing of Owers' Corner. Here the enormity of your task will be evident. Before you stands the magnificent Owen Stanley Ranges. On a clear day you'll be able to see Imita Ridge, Ioribaiwa Ridge and beyond them the mighty Maguli Range—you'll be struck by their stunning silence, their awesome splendour and their brooding menace. You'll soon know all these features intimately.

Before you leave Owers' Corner you'll have time to check out the 25-pounder Australian field gun (a monument to the ingenuity and dogged determination of the Diggers who manhandled their artillery through this foreboding terrain). You'll also have time to snap a 'before' photo in front of the gateway erected here by Rotary: the quintessential Track start (or finish) photograph.

The descent from Owers' Corner to the Goldie River is short and steep and takes about 45 minutes. It's a sobering introduction to the Track, as you slither and slide down to the river. (In the wet season, if there's rain high in the mountains, the Goldie can swell two or three metres within hours: you never sleep on the bank of a river on the Track.) Now your walking stick comes into its own—either your own high-tech walking stick, or one supplied by your trek operator (but, please, not from the Track itself). It's as essential as your water bottle: it'll soon become a treasured possession and will save you countless falls over the coming days.

The Goldie River varies greatly in depth and ferocity, depending on the rainfall. Sometimes you can wade across carrying your pack, but when the river is up you'll need ropes

and harnesses under the steady hands of your guides and porters; the packs will be floated across by raft. There are many camping sites at the Goldie River.

The next hour brings one of the most pleasant walks of the track, crossing a series of small, picture-perfect creeks. Your destination is a cleared section of land at the base of Imita Ridge, with a guesthouse, easily accessible water and wash-point, a large area for pitching tents and even some substantial logs to sit on.

OVERNIGHT AT GOLDIE RIVER

DAY TWO: GOLDIE RIVER TO UA ULE CREEK

Make sure you equip yourself with two litres of water, because this morning you start with an immediate climb up Imita Ridge. The modern Track follows a ridge-line parallel to the one where the infamous 'Golden Staircase' (the wooden-stairs Australian engineers dug into the hillside to make the initial climb easier) stood in 1942; the wooden steps have long rotted away.)

Here you'll be confronted by your first insight into the gruelling difficulties faced by the soldiers during the battles along the Track. Imita Ridge is steep: the 400-metre climb, under a dense canopy of trees, will take about an hour and a half. The small grassy clearing that signals the top of the ridge will feel like a bit of an anticlimax after the intense climb. Check out your body now, because it's likely you'll have some unwanted passengers—if you've managed to reach the peak without at least one leech, you've done well.

The descent is as steep as the climb and often very slippery, and for the first time your legs will feel the pressures of a downward slope. The muscles you'll use are very different to those you need for climbing, and as they're rarely used for long periods—don't be surprised to feel stiff and awkward until your body has warmed up to this unfamiliar motion. You'll probably be still struggling to get your 'bush balance' on the descent. You're already in survival mode, having forced yourself through pain barriers, and by now you'll have learned one of the first lessons of the Track—every time you go up, you will go down afterwards.

Another hour's descent and you'll cross a small creek and waterfall where you can swig some delicious fresh water and dunk your head. (Always remember to check with your guides or porters before drinking anywhere, to make sure it's not polluted.)

Another half hour down and you've conquered Imita Ridge: now you'll start one of the most beautiful walks in the world, as the Track follows and criss-crosses Ua Ule Creek, a pristine rainforest watercourse of shallow rapids, waterfalls and tranquil pools. Those who've been obsessively trying to keep their boots dry usually surrender at this stage, as you spend as much time walking in the creek as beside it. There are several campsites along the creek, clearly signposted and all in close proximity to each other. The Ua Ule guesthouse is half an hour's walk past the first bush campsite: like most other guesthouses along the Track it's constructed from bush materials in a traditional style. All guesthouses and some bush camps have outhouse latrines.

OVERNIGHT AT UA ULE CREEK

The people you meet along the Track will entrance you.

DAY THREE: Ua Ule Creek to Naoro Village

From Ua Ule guesthouse you'll walk for around forty minutes, dipping in and out of the creek-line until you reach the junction of two creeks—a great spot for a cuppa and the start of the climb up Ioribaiwa Ridge.

It'll be a big day. The 550-metre climb to the top of Ioribaiwa takes about two and a half hours. Around one and a half hours in, you'll reach the current Ioribaiwa village, but only take a short rest here because the summit is still some distance away, with a couple of cruel false crests in between—cruel because you think you've reached the top, only to find you have to descend again, giving away hard-won altitude before climbing again.

The top of Ioribaiwa Ridge is easily identifiable, with a single large tree dominating a substantial clearing. This was the furthest point reached by the Japanese advance. Here the Diggers suffered grievously under the invaders' mountain guns before the tide turned and the Australians began forcing the Japanese back along the Track through Kokoda and eventually to the beachheads at Buna and Gona. If you've got the energy, fossicking among the bushes that ring the clearing can still reveal war-time artefacts.

Next you'll make a 45-minute descent, with knees screaming, and then lunch at Ofi Creek, the best swimming-hole on the Track. Make certain you fill up with water here: you'll need at least three litres for the challenge of the Maguli Range, a steep, hot, dry marathon climb of three and a half hours. The Magulis form the heartbreak section of the Kokoda Track. They're a series of false peaks that tantalise the trekker with a small plateau after a hard climb, convincing you that you have finally reached the top, before dashing your hopes and revealing another testing climb. Paul Croll's theory is that you should only worry about the next three metres in front of you here, and nothing else. It's a sound approach, but even this is sorely tested as the monotony of the climb will begin to wear down even the most experienced tactician.

You'll notice a change in the natural environment as you walk. The Track is extremely wide, the leaf litter on the ground is dry and loose, and the surrounding bush is less impenetrable jungle and more open scrub. When you eventually make the peak of the Maguli Range you'll be in no doubt—another large clearing and another single large tree. Take a break here: you'll have earned it!

The night's camp spot, Nauro village, is still an hour and a half away. To reach it you'll travel through the village's outlying gardens, crossing several fences designed to protect them from wild pigs. The Nauro guesthouse stands before the village, to the left of the Track and some distance from it. The wash-point is a genuine challenge, because it's as good a descent as anything you've endured that day. Many people don't bother with it, as the guesthouse-owner brings enough water up for drinking and cooking purposes.

OVERNIGHT AT NAORO

DAY FOUR: Naoro to Menari

After a good rest, make sure you have your camera handy for the short climb from the guesthouse into the village itself, as a magnificent view of the Owen Stanley Range will open up before you. Nauro village was originally situated at the bottom of the Magulis, by a river, but is now halfway up the mountain. The villagers will often give trekkers a welcoming song, the first of many you'll receive on your journey. Look back at the Magulis as you head off and give yourself some credit for a substantial achievement.

After an hour or so, the Track meanders through level, semi-swampy ground where a series of small, stagnant pools are bridged by unstable logs. Persevere through the mud until you reach a pristine running creek where boots can be cleaned and water replenished. You are not far from Agulogo Guest house, a good campsite and the day's major obstacle, the Brown River.

This river is deceptively dangerous. It has no rocks, no cascading water and it has a sandy bottom, yet beneath its benign-looking surface lurks a deep and powerful current. If the river is down, it is easily forded but when the water level is high it should only be crossed with a combination of logs, ropes and, a porter's hand. As with the Goldie, crossing the Brown River can be a time-consuming affair, but once you've made it across you'll reach a small,

Drink in the history ...

unobtrusive creek under a deep canopy of trees where you'll fill up your water bottles for the grinding climb up to the Nauro Saddle. This climb is now often referred to as 'the wall'. Here again the Track narrows to single-file and the terrain reverts to a thick, imposing jungle.

After an hour of near-vertical scrambling, you'll finally see the open sky as you reach the small grassy clearing which is the Nauro Saddle. From there you'll have an hour's walk straight down to Menari village. Menari was the site of Ralph Honner's famous address to his 'ragged bloody heroes' of the 39th Battalion after the Battle for Isurava. The scene was immortalised by the great cinematographer Damien Parer in his Academy Award-winning documentary *Kokoda Frontline*. Walk around the village, drink in the history and imagine the scenes of almost seventy years ago.

Menari is one of the largest villages along the Track and has several different guesthouses/camping sites. The local people will also sell you fresh garden food, as a welcome supplement to your rations (if in season, the Menari pineapples are world-class). By this stage of the trek many are feeling the effects of the journey and Menari usually sees its fair share of bandage work as trekkers prepare themselves for the new day.

OVERNIGHT AT MENARI VILLAGE

and imagine the scenes of almost seventy years ago.

DAY FIVE: Menari to Naduri

You'll leave Menari by walking down the airstrip and making a sharp turn right into the bush. Half an hour below the village, look out for a great photo opportunity at a magnificent log crossing. If the creek is low enough it is safer to wade across, although the height of the log bridge does concentrate the mind wonderfully and people never slip here (many slide along the log hugging it like a long-lost lover!). Before you now is Brigade Hill, a stiff climb of three and a half hours. If you look back you'll find magnificent views of Menari behind you.

The clearing at the top of Brigade Hill, former location of 21st Brigade HQ and, in its day, a gravesite, offers 360° views of the surrounding country, the most beautiful panorama along the Track and one of its sacred locations. Here the Diggers—outnumbered by at least six to one—endured one of the epic battles of the Kokoda campaign. As you gaze down from Brigade Hill toward Efogi, you can see where the Japanese brazenly formed up that bizarre lantern parade before their attacks. You can imagine how the Diggers felt as they waited for the inevitable onslaught—the newly arrived 2/27th Battalion exposed to the full might of the attackers on Mission Ridge, below you, and the remnants of the 2/14th and 2/16th dug in on the ground where you stand. Here fell brave Charlie McCallum, hero of Isurava, Claude Nye, Lefty Langridge and many others.

Standing in the silence, you'll imagine the ferocity of the fighting and the intensity of the noise during the battle. You'll respect the determination of the Japanese soldiers who attacked up the nearly perpendular slopes that surround you and you'll marvel at the courage and sacrifice of the Australians who threw them back time and again.

After leaving the clearing we pass through a small saddle where Japanese Corporal Kohkichi Nishimura hid in a hollow tree trunk; the guide should be able to point out the remnants of the tree. The Track winds past the positions of the 2/14th and 2/16th battalions and their weapon pits are still visible. On the descent the Track emerges from the darkness created by the dense tree canopy into open kunai grassland and below you'll see the village of Efogi 1. Parallel to you on the opposite ridge is another village—Efogi 2. The Track now follows a different course from the war. To the west is Mission Ridge, made famous by the outstanding exploits of the 2/27th Battalion, which saw its first Kokoda action here. On a sunny day, the steamy heat rising from the grass makes you realise what those tough South Australians endured on this open position, with its limited water supply, as they dug in and then fought.

Half an hour down from the ridge you'll find a small creek-crossing straight out of a movie set. Then you'll head up past the airstrip and into the village of Efogi 1, from where a ten-minute walk takes you downhill and across Elome Creek, the village wash-point. Brace yourself for a 45 minute hard, sweaty climb under a scorching sun before you make the tiny village of Efogi 2, your next opportunity for a rest. Here you'll be able to savour some locally purchased oranges while looking at Nishimura-san's memorial to his fallen comrades.

From Efogi 2 you have two choices, depending on your destination. If you're heading to Kagi village, you take the northern track from Efogi 2 and head downhill for an hour and a half until you reach a water crossing known as Main Creek. Be warned: the climb out of Main Creek is probably the hardest of the entire Track and it will take another hour and a half to finally get to Kagi. If you plan on overnighting at Naduri village, you'll leave Efogi 2 in a more north-easterly direction. The Track heads down, often becoming part of a small watercourse and at one stage moving almost directly underneath a ten-metre waterfall. You'll find a small log-crossing after an hour and then continue for another hour of reasonably steep climbing to Naduri.

This village is home to Ovuru Ndiki, one of the last remaining Fuzzy Wuzzy Angels. When people meet this wonderful ambassador for his people, they are humbled by his regal air, natural grace and quiet authority. For many it is the highlight of their trek.

OVERNIGHT AT NADURI

DAY SIX: Naduri to Myola

Kagi and Naduri villages are within shouting distance of each other, across a deep valley with a creek running through it. A large school which services several villages is situated next to the creek, together with a sportsfield and teacher housing; this area, known as Kovovo, is well worth a visit.

From Naduri, the track rises up a series of steep inclines through open kunai grass and gardens. When you reach the grassland you'll understand why the Diggers hated the kunai: it steals your energy and makes you sweat as you've never sweated before.

Now follows a hot climb, so make sure you have plenty of water. The heat is offset by the views of surrounding villages including Naduri, Kagi and Bodinumu. After an hour, the Track heads back under the tree canopy and in another hour you'll reach a clearing with magnificent views back towards Kagi, Naduri and Efogi 2. Ten more minutes' climbing and you're at the crest of the ridge; then you head downhill for thirty minutes to a creek where you can refill your water bottles. For the next hour and a half you'll have a superb walk through pristine rainforest, a moss forest of giant pandanus trees, exotic orchards, tree ferns and emerald-green lichen. The walking is cool and level, and leads to the remarkable Lake Myola.

As you break out of the jungle you'll be greeted by the spectacular view of a landscape that is unlike anything you've seen so far on the Track: a volcanic crater, full of open grassland,

reeds and crystal-clear, slow-flowing creeks. Myola was used during the war as a supply-drop zone. You'll notice a guesthouse across the plain, which is a welcome overnight stay, with hot showers and hot food, and smoked brown trout from the local rivers.

From the edge of the plateau you'll retrace your steps, plunging once more into the undergrowth. Around forty-five minutes later you'll take a right-hand fork in the Track, which leads on a small log bridge across a creek and then on to an enormous campsite on the bank of a small creek. Known as 1900 Crossing (it's approximately 1900 metres above sea-level), it's an excellent spot to camp or at least have a late lunch.

But you'll have a short stay here, then fill up on water for the ninety-minute climb to the top of Mt Bellamy—at 2200 metres, the highest point on the Track. With no significant feature to reveal the peak, it's often not until you come to an open clearing an hour later, on the northern slopes, that you'll get perspective on the height you've reached. Now your view extends north up the Yodda Valley and you'll see your objective—Kokoda—on the far horizon. You're also looking at the true span of the Kokoda Gap: reflect on the fact that High Command ordered the Diggers to 'blow the Gap' in order to stem the Japanese advance!

From the Gap you'll take about an hour to reach the downhill campsite of Templeton's Crossing 1, named after the much-loved 39th captain of the 39th Battalion, 'Uncle Sam' Templeton, who was killed early in the campaign.

Overnight at Templeton's Crossing 1

DAY SEVEN: TEMPLETON'S CROSSING 1 TO ALOLA

It's a gentle two hours' walk across the contours from Templeton's 1 to Templeton's Crossing 2. This is a stunningly beautiful campsite on the banks of the roaring Eora Creek, a wonderful spot for a belated breakfast, or at least a morning cuppa and a wash. The creek divides itself into a series of small, natural spas, with smooth boulders ideal for sunning bodies and drying laundry.

After leaving Templeton's 2, you'll follow the creek downstream for a short distance before a two-hour steep climb to the top of the ridge, before descending for another two hours to lunch on the banks of the creek. During the descent, keep your eyes peeled for a series of weapon pits lining the track, marking the original defensive positions. The fighting here was savage.

After lunch you'll follow Eora Creek until you reach the next crossing point. If you're lucky you'll find a bridge already in place; if you're not, your guides and porters may have to create one. If the creek is passable by wading, you'll need ropes and your wits about you. Once across, you'll follow the creek-line and then climb to view a Japanese gun position, complete with rusting munitions and a commanding viw of the Australian positions at Eora Creek. We then descend to another log-crossing near a spectacular waterfall. An hour's steep climb will bring you up to the picturesque village of Alola, which boasts the best village wash-point on the Track. Across the valley, high on the top ridge, you'll see the village of Abuari, where the 53rd Battalion was positioned during the Battle of Isurava.

OVERNIGHT AT ALOLA

Every time you go up,
you know that you'll being
going down shortly afterwards.

DAY EIGHT: ALOLA TO HOI

As you head out of Alola you'll delight in the magnificent views of the valley below and you'll be able to see the outcrop of the Isurava battle site in the northern distance. On the way to Isurava you'll pass through modern huts marking the wartime Isurava Rest House area. About 300 metres before the rest house is the spot where Butch Bisset died in his brother's arms; since 2005, a plaque placed there by the Bisset family has marked the site. A further 100 metres will bring you to Con's Rock: on this natural operating-table, right on the Track, Con Vapp—one of the medical orderlies for the 2/14th Battalion—carried out an emergency amputation on one of the wounded during the withdrawal from Isurava.

A short walk on from the rest house, you'll reach the southern extremity of the Isurava battle site, and the pretty little creek known to the Diggers as Rear Creek. It's just a quick climb up to the battle site. This is hallowed ground—the timeless scene of the conflict which held up the Japanese for four crucial days in August 1942. Here the 39th and the 2/14th battalions lost some of their finest sons.

As you reach the stunning Isurava Memorial, the air hangs heavy with the spirits of those young men. The four great black granite pillars, bearing the symbolic words courage, endurance, mateship and sacrifice, frame the magnificent view down the Eora Valley to Kokoda. It's only in recent years that the actual battle site was identified accurately, following the surviving Diggers' 'Last Parade' on the easterly end of the battleground in 1998. In 2000, the local villagers cleared the westerly edge, revealing the critical high ground where 'Butch' Bisset gave his life and where Charlie McCallum held off a rampant enemy with a machine-gun in each hand as his mates withdrew. The battleground stretches up a steep ridge-line, an area of perhaps 750 metres across, between Front and Rear creeks, by about 400 metres (from the low side to the high side). The terrain is almost vertical and the jungle dense, and it takes forty-five minutes to climb from the bottom to the top.

If you look in the little museum on the level above the memorial you'll see some remarkable evidence of the great battle—weapons, and rusting shells and equipment. If you make the effort to clamber up to the high ground, you'll see the remains of many weapons pits and can visit the spot where Ralph Honner's B Company held 'the post of honour' before handing it to Butch Bisset's mob from the 2/14th. Below the main memorial is another special place of commemoration. Kingsbury's Rock is where Bruce Kingsbury, the only Victoria Cross winner of the Kokoda campaign, met his death. The exploits of Kingsbury and his mates are remembered in a series of photographic plaques that are part of the memorial site.

For most trekkers, the Isurava memorial and battle site have become the pinnacle of their Kokoda Track experience—a place where the physical exertions of the past eight days join with the place and its history to reveal much of the spirit of Kokoda. As the sun drops, you'll head off with heavy heart and slither your way down more almost-vertical Track through the modern village of Isurava and the old Deniki village site down to Hoi, your last stop before you complete your journey.

OVERNIGHT IN HOI

DAY NINE: Hoi to Kokoda

Your spirits will soar as you make your triumphant last lap toward Kokoda. You'll power down through the fields of choko vines and kunai, through the settlement of Kovello and then on to the final stage, the flat vehicle track to Kokoda plateau. This deceptively long walk takes you through the steaming flat lands to the palm-oil plantation on the outskirts of Kokoda. Once this was a rubber-tree plantation, through which the Diggers ghosted after they pulled out of Kokoda at the end of July 1942.

As you make the final walk up the Kokoda plateau, you're following in the steps of the victorious Diggers in November 1942 as they retook Kokoda and raised the Australian flag before pushing the enemy back across the Kumusi River into oblivion. You'll be assaulted by a confusion of feelings as you stand at the top of the Kokoda plateau. Look at the magnificent rain tree on the edge of the plateau. This tree witnessed the terrible events during the battles: here, Colonel Owen, the original CO of the 39th Battalion, was killed as he gallantly rallied his young troops; here, against all odds, the kids of the 39th passed their baptism of fire with flying colours. Here the legend of Kokoda was born.

As you rest, you'll begin to realise that your perception of your limitations has changed. You've achieved your goal. What is there now that you can't achieve if you go for it! You await your plane back to Moresby with an immense sense of respect for the Diggers who went before you and for the capacity of the human spirit to overcome adversity.

The Track changes lives. It left indelible marks on the lives of the Diggers.

A LIFE-CHANGING EXPERIENCE

THE TRACK CHANGES LIVES. IT LEFT INDELIBLE MARKS on the lives of the Diggers who fought along it. It continues to have a dramatic impact on those who walk it today. It works on different people in different ways; but, without question, it works on them.

A few years back, when the late Charles 'Chas' Butler was eighty-four, he was having problems with congestion in his lungs. He visited his GP, who sent him off for an X-ray. Afterwards, he was reading some old magazines in the waiting-room when a young female radiologist rushed in waving his films. 'You've got a bullet right near your lung!' she cried, thrusting the film at Chas. 'Look, there, it's crystal-clear.'

It was old news to Chas. 'Yes, I know,' he replied quietly.

'My God! How long has it been there?'

'Since the war.'

The young lady looked at him, astonished. 'Which war?' she said.

Having survived the Middle East, the bloodbath at Isurava, then the epic journey of survival of forty-two days adrift in the jungle with Ben Buckler's party, Captain Chas Butler's number came up at Gona on 29 November 1942.

He was leading a platoon of the 2/14th Battalion against entrenched Japanese defenders desperately fighting to the last man. Chas was caught by a burst of machine-gun fire which hit him in the side and the head. Col Blume was nearby: 'Charlie Butler came past. He had his eye blown out. I had to feel for his eye. I patched him up.' Phil Rhoden was waiting for his mate:

> I saw him coming out and he was swathed in bloodied bandages, field dressings. I said: 'It's Phil, Chas. How are you going?' He replied: 'Oh I'm all right Phil. But it looks like I'm going to be a one-eyed Melbourne supporter from now on.' That shows the spirit of the man.
>
> He had lots of operations, He was a guinea pig for a plastic surgeon named Rank, pioneered a lot of his work. Rank never referred to him as Captain Butler or Charles Butler, he just said 'Hey you'.
>
> Chas got hit in '42. When I came back from the war in '46, he was still being sort-of treated. He's had the eye patch ever since. Always carried it off with style, a certain panache. He joked about it. One day when we were cheering at a football match, some bloke in front of us heard us barracking and, without turning around, yelled something about a one-eyed barracker. Chas just said: 'Yes that's right!'
>
> After the war, Chas played squash and always bumped into people—always claimed you were on his blind side.

Once he'd recovered, Chas Butler took over the family brickworks at Brunswick for some years before it was bought out by one of the major operators. Chas was promised a continued role in the new business, but was pushed aside. He part-owned racehorses, ran a farm and was a stalwart Melbourne AFL man, regularly accompanied to games by his mates from the 2/14th, Don Duffy and Phil Rhoden: 'He had some big wins at Flemington, Moonee Valley but he soon saw the light. It was a mug's game he used to say. But I don't think he lost by it. We very rarely relived the war. We only talked about other people in the war, not about ourselves. I suppose we had a feeling about things that they were over, done, part of our lives that we wished to put aside. We didn't regard ourselves as heroes or anything like that and wanted to get on with life.'

When Phil Rhoden was thrown in the deep end as commanding officer of the 2/14th after Isurava, he was forced to oversee one of the most difficult operations in combat—a fighting withdrawal. Had he and his men not been up to the task, they could have been annihilated: 'The responsibilities we had were great. I suppose they frighten me even now in a way. When you think of the lucky things that happened!' Phil still remembers vividly how he and his men felt immediately after they came off the Track: 'After we came back we just sat around and talked. Periods of silence and so on. Gradually each day you had an inch forward in recovery. No one else could understand what we felt…not a chance. There were no parades, no shouting orders or anything, it was just quietness. Life was very much more precious after the war, specially when you were raising a family. After six and half years you suddenly get into a life that was good and interesting.'

Top: *Phil Rhoden inspecting his troops.*
Bottom: *After marrying his beloved Pat during the war,
Phil shakes hands with his comrade-in-arms Chas Butler.*

After leaving the army, Phil Rhoden returned to his law practice and became one of Melbourne's most respected solicitors. For many years he also served on the board of his beloved Power House organisation, which brings together kids from private schools and those from the state system, finding ways of binding them through sports and other activities. He served as chairman of the National Council of Independent Schools for five years in the early 1980s. But, above all, many lessons from the Track stayed with him throughout his life:

I learned that the ordinary bloke is probably far better than some of the people that are so-called leaders. Surely the fellow that carried the burden in the heat of the battle—the fellow with the gun, the fellow with the rifle, in the front line—is far more important than the Generals way back.

You learned to pick out those who were selfish. You learned to pick out those who were fair dinkum. And the in-betweeners. You learned who you could trust and when to cast aside those people who had money and used it to the wrong effect.

I was more confident from the war in some ways. But in other ways no. I didn't realise the money I had in the bank from the war. In my dealings with those higher up in the community with whom I came into contact periodically, I didn't know the clout I had if I'd wished to draw upon it.

The fact that you're sitting here listening to me is an example that perhaps I'd done something during the war years that the community is now appreciating. I never realised that in the earlier days post war.

Perhaps we're getting the respect now sixty years on. It's got a touch of being genuine now.

Paul Croll was a cinematographer working on a TV documentary when he first had contact with the Track. He had been warned it would be tough physically, but he headed off full of confidence.

Ten days later, with 110 kilometres of mountainous jungle walking behind me, I was without doubt a physical and mental wreck. I'd lost five kilos in weight, developed a thousand-yard stare and I spoke in a series of incoherent mumbles.

I wasn't sure what had happened. The trip was a blur of heat, rain and mud, punctuated by long stumbling walks through the night. I had been completely unprepared, ill equipped and I was disappointed.

I found the Track is tough. It is relentless. It's the sort of place where you can feel the blood pulsing through your temples—where each breath is not taken for granted but is sucked in and only reluctantly expelled, like a scuba diver 100 feet underwater. Not satisfied with the feeling of 'leaving the job unfinished', I returned to Kokoda and, like a golfer frustrated with the quality of his game, I've been returning ever since.

Paul has now walked the Track more than twenty times and is the principal of commercial trek operator Frontline Kokoda. He has developed his own mental and physical approach to the challenge: 'I've been told there are more vertical rises and falls on the Kokoda Track than there are on Everest. Ascending each rise is a plodding, mechanical affair. Like all distance runners, the tactic is to break the hill down into achievable tasks—the next three metres is as far as the attention should be cast. To look up is to fail, for then the mind takes in the enormity of the task, shoulders slump, legs wobble and the inevitable cry of "five-minute break" is sobbed out by the dispirited trekker.'

Paul believes the Track offers infinitely more to trekkers than the physical test it poses. *Those of us who have never been in combat can never know the full horrors of it. We can, however, appreciate the strength of character exhibited by the soldiers who fought on the Kokoda Track during 1942. Words such as mateship, loyalty, honour, service and love are often trotted out for use on memorial occasions. But to walk the Kokoda Track and to experience at least some of the natural adversities that would have faced our grandfathers is to gain a small insight into what such words actually mean. To read the stories of the men of sixty years ago and then to retrace their footsteps across a landscape unchanged from what they would have experienced, is a gift from them to be handed on to successive generations.*

The successful walking of the Kokoda Track cannot be bought or manufactured, and does not rely on a good marketing department. It can only be done by the individual, using their own legs within a supportive group and with an attitude that does not consider failure.

It is one of the last great adventures, straddling a mountain range well used to witnessing the extraordinary feats of those Australians who have been before.

Brett Kirk came to the Swans from Albury as a promising utility player. He was discarded after the 1996 season, then redrafted in 1999 but struggled to regularly make the team's starting line-up before he walked the Track after the 2000 season. He was delighted to be selected for the trek because his grandfather had served there with the 39th Battalion. But Brett was surprised by the depth of the changes to his life, both off and on the field, which the Track wrought.

When I came to Sydney my self-belief wasn't as high as it could have been. Knowing what we were able to accomplish going over the Track obviously helped to show me that if you believe in yourself you can make things happen. Growing up I guess I've always been a really strong-willed person. Sometimes I might not be the top of the skill level but I always tried to do things to the best of my ability. I trained hard and did everything possible to get the most out of myself. But I think the Track takes you out of your comfort zone and it really teaches you a lot about pushing your body beyond where you thought it could be pushed.

I found it also helps me have a mental attitude that can ignore that little person on your shoulder who's telling you to stop when your body is aching and too sore to be able to push through. That's so relevant for our game of footy because in a game we can run up to twenty kilometres in a couple of hours. It helps to have that edge over a competitor mentally.

Also the Track touched me in a spiritual sense because with my grandfather having been there before I was able to reflect on the Diggers' footsteps we retraced and to look back and know where the actual battles went on. And there were points there where you could actually feel the spirits around you.

Brett was also deeply affected by his growing understanding of the way the war affected the people of New Guinea and how lucky he and his team mates are living their lives in comparison:

I guess I was naive before I left. One of the things I took away was not to take things for granted. When you look at our lives, and especially the life in football, it's a very unreal life, it's not realistic compared with the rest of society because we're not working a nine-to-five job and we get a lot of things given to us. When you realise young teenagers, kids younger than you, were put into battle with their lives on the line, it makes you look back and not take so many things for granted and live life to the fullest and appreciate things that people do for you.

On the field Brett has grown in stature, winning a place as a Swans' Firsts regular and playing a leading role in their 2005 AFL premiership victory. He won a place in the All Australian team in 2004 and has twice been an International Rules representative, picking up two Bob Skilton medals along the way; in 2009 he joined the select band who have played 200 senior games for the Swans. He credits much of the turnaround to his Kokoda experience.

When you're on the Track and walking for ten or twelve hours straight, sometimes all you're looking at is the ground in front of you, and you're concentrating because you don't want to fall over, you think of so many things. You can draw on this when your mind is telling you to stop because you're hurting.

Pushing through the pain on the Track, not talking and going through things in your mind, you really learn about your strengths and weaknesses and you really learn about guys' characters and how certain things affect people differently. I suppose the team dynamics changed as we went along but ultimately we were all pushing in the one direction.

Their devotion being like the care of a nurse and the love of a mother.

THE FUZZY WUZZIES...THEN AND NOW

IN HIS BEAUTIFULLY EVOCATIVE POEM,
The Fuzzy Wuzzy Angels, which he wrote on
the Track during the campaign, Sapper Bert
Beros immortalised the unique relationship that
developed between the Diggers and the Papua
New Guinea nationals who helped them. At the
end of the first stanza Bert wrote of them:

> *Bringing back the wounded,*
> *Just as steady as a hearse,*
> *Using leaves to keep the rain off*
> *And gentle as a nurse.*

Ralph Honner always recalled their tender devotion: 'The carriers provided
our only lifeline: in with the supplies and out with the wounded. They were
overworked and overloaded and many of them died, yet they were absolutely
devoted to the task. I think someone spoke of their devotion being like the
care of a nurse and the love of a mother.'

Blue Steward, medical officer of the 2/16th Battalion, saw the Fuzzy
Wuzzies' contribution firsthand:

Some of the bearers disliked the tight, flat canvas surfaces of the regulation army stretchers, off which a man might slide or be tipped. They felt safer with the deeper beds of their own bush-made stretchers—two blankets doubled around two long poles cut from the jungle.

Each time we watched them hoist the stretchers from the ground to their shoulders for another stint, we saw their strong leg, arm and back muscles rippling under their glossy black skins. Manly and dignified, they felt proud of their responsibility to the wounded and rarely faltered.

When they laid their charges down for the night they sought level ground on which to build a rough shelter of light poles and leaves. With four men each side of a stretcher, they took it in turns to sleep and to watch, giving each wounded man whatever food, drink or comfort there might be.

Quite simply, the Australians could not have triumphed in the Kokoda campaign without the Fuzzy Wuzzy Angels' help. The carriers provided a vital element in the Diggers' supply chain, carrying up ammunition and supplies, and they formed an irreplaceable lifeline to evacuate wounded and sick Australians from the fighting. In a conflict fought over some of the toughest terrain in the world, the stark reality was that a wounded soldier who was unable to walk out had to be carried out or he faced certain death. The Diggers could not afford the eight men or eight to ten days it usually took to manhandle a stretcher back through the jungle, so that extraordinarily difficult job was left to the Fuzzy Wuzzy Angels.

And they did it magnificently. They did it under the most trying conditions, with meagre rations, poor equipment, long hours and minimum recovery time between trips. As medical officer Dr Geoffrey Vernon noted in his memoirs, even the Diggers were sometimes guilty of adding to the carriers' woes:

The condition of our carriers at Eora Creek caused me more concern than that of our wounded. Overwork, overloading (principally by soldiers who dumped their packs and even rifles on top of the carriers' own burdens), exposure, cold and under-feeding were the common lot.

Every evening scores of carriers came in, slung their loads down and lay exhausted on the ground; the immediate prospect before them was grim, a meal that consisted only of rice and none too much of that, and a night of shivering discomfort for most as there were only enough blankets to issue one to every man.

Of course, just as not all Diggers treated the Fuzzy Wuzzies with the respect they deserved, so not all of the carriers performed up to the standard of the legend. Some could not sustain the privations and went bush. Others dumped their loads and fled the sounds and sights of the front line. A few even collaborated with the Japanese. But the vast majority performed superbly, well beyond the call of duty. Their remarkable efforts in carrying the wounded are evidenced by the relatively few who died while in their care.

The special bond between the Diggers and the carriers persists to this day and it extends to the descendants of both parties. Because of the low life expectancy in Papua New Guinea,

Quite simply,
    the Australians could not have
triumphed in the Kokoda campaign
        without the help of the
Fuzzy Wuzzy Angels.

Surviving Fuzzy Wuzzy Angels on parade (top) and
Ovuru Ndiki with Stan Bisset at the Cenotaph in Sydney (bottom).

very few of the original Fuzzy Wuzzy Angels are still with us. But when Australians—including those who have never been to Papua New Guinea—meet them, as they did when the Kokoda Track Foundation brought Ovuru Ndiki to Australia in 2007, they treat them with reverence and awe. (Indeed, when we took Ovuru on a sight-seeing tour of Sydney in his wheelchair, we were swamped by people who simply wanted to shake his hand and thank him on behalf of their nation.)

Sadly, while as a nation we respect and revere the Fuzzy Wuzzy Angels, we have done little to reward them for their service at the practical level. (It has taken us sixty-four years to honour their service with a medal—too little too late, when just a handful of them survive!) Nor have we contributed in any meaningful financial way to their welfare.

Although Australia continues to be Papua New Guinea's greatest financial supporter, most Australians know little of their nearest neighbour and have a generally simplistic view of the nation and its people. Many see Papua New Guinea as a dangerous, backward third-world environment. On the other hand the vast majority of Australians who have visited Papua New Guinea, especially if they've experienced village life, have a completely different view.

Some years back the Papua New Guinea Tourism Board ran a campaign featuring the country as 'the Land of the Unexpected'; it was one of the great understatements in advertising. Papua New Guinea is a remarkable nation—made up of a complex mixture of Papuan, Melanesian, Micronesian, Polynesian and Negrito tribes—with a tortuous heritage. The country's six million people speak 820 indigenous languages, more than a tenth of the world's total! This situation has largely arisen because of the way the island's rugged terrain allowed (or demanded) that the various groups that migrated there over the past 50 000 years developed in isolation.

Papua New Guinea occupies the eastern half of the second-largest island in the world, with many outlying islands including Bougainville and New Britain. It's slightly bigger than California but only around 6 per cent of Australia's landmass. The island's first European contacts were in the sixteenth century, when it was visited by Spanish and Portuguese explorers. (Interestingly, it was the Portuguese explorer Jorge de Meneses who originally called the country *Ilhas dos Papuas*—'land of the fuzzy-haired people'—while the natives reminded his Spanish counterpart, Inigo Ortez de Retes, of those on the Guinea Coast of West Africa and so he named it *Nueva Guinea* (New Guinea).

Since the nineteenth century, Papua New Guinea's history has been dominated by the actions of its imperial controllers: in 1828 the Dutch took possession of the western half, now the Indonesian province of Irian Jaya; and in 1885 Germany and the United Kingdom split the eastern half of the island. Germany retained the top quarter, New Guinea, and the UK, took the bottom quarter, Papua. In 1902, the year after Australia's Federation, Britain transferred Papua to it. At the outbreak of World War 1, Australia took control of German New Guinea, and after the war the League of Nations mandated Australia to administer both Papua and New Guinea. After the island was liberated in 1945, those territories were combined and called the Territory of Papua and New Guinea and administered by Australia under a United Nations trusteeship. Australia granted Papua New Guinea limited home rule in 1951, autonomy in 1960, and full independence in 1975.

Papua New Guinea contains some of the world's most valuable and rare ecological regions and plant and animal species. The nation is blessed with considerable natural resources—gold, copper, silver, natural gas, timber, oil, fisheries—but less than 0.5 per cent of its landmass is arable (in Australia the equivalent figure is 6 per cent); nevertheless, fully 85 per cent of Papua New Guinea's people are subsistence farmers.

Since independence in 1975, Papua New Guinea has struggled to become a fully functioning autonomous nation. The life expectancy rate is well below those of comparable Pacific nations, and education and health facilities are woefully inadequate. AIDS is a growing threat and some observers predict that, without major intervention it could reach African proportions. National unity is hampered by the powerful traditional *wantok* system ('one talk'—social loyalty based on language or tribal groups). The government structure is commonly dysfunctional and corruption is rife. The nation has ineffective police and defence forces and is beset by widespread security problems, particularly in the larger cities where the 'rascal gang' problem is now exacerbated by the influx of imported weapons.

Nevertheless, the nation has been remarkably resilient in the way it has handled the transition, over little more than a couple of lifetimes, from a tribal system that had existed for thousands of years to the extraordinary onslaught of the twentieth and twenty-first centuries. For example, it wasn't until after World War 2 that a patrol through the Lai Valley in the highlands discovered 90 000 people who had never seen a European. Hitherto, the valley had been thought to be uninhabited. Now Papua New Guinea is being confronted by the internet and mobile phones, both of which bring enormous benefits but also have great potential for further dislocating and damaging the traditional binding forces of village and family structures.

Papua New Guinea's biggest tourist attraction is the Kokoda Track. It brings considerable income to the nation but little of this money filters down to the people who live along the Track. In 2003 a group of those who had walked the Track formed the Kokoda Track Foundation. Its aim is to repay the debt we owe to the Fuzzy Wuzzy Angels, their descendants and the people of Papua New Guinea in general for their help in securing our liberty during World War 2. The foundation is a not-for-profit organisation that undertakes projects in education, health and community development that benefit those across whose land trekkers travel. It provides merit-based education scholarships to more than 100 children at primary and secondary schools in the region. And it works with the Australian and PNG governments to secure the unique environment of the region and to support a sustainable, eco-friendly tourism industry that benefits the people of the Track. If you can help the Foundation's work, please make contact at www.kokodatrackfoundation.org.

TRACK OR TRAIL?

A final note on the confusion that periodically arises over whether it should be the Kokoda Track or Kokoda Trail.

Ironically, the locals usually called it by the Motu word *dala*, which can mean path, track or road. Historically, PNG pioneers called overland routes tracks. Perhaps the Australian connection brought this with them (for example, the Birdsville Track or the Strzelecki Track). Thus it was, and is, the Bulldog Track and the Jaure Track.

Trail seems to have emerged from some Australian journalists during WW2. The first appearance of the term the Kokoda Trail (with a capital T) came in Sydney's *Daily Mirror* of 27 October 1942, although there is evidence of previous use of the lower-case trail from the 1930s. Another theory is that an Australian war correspondent Geoff Reading first used the term in print, drawing on the understanding of America's Oregon Trail so he didn't have to continuously refer to it as the Port Moresby–Ioribaiwa–Kokoda Track. (That, of course would have suited General MacArthur who was spruiking that the Yanks were fighting there and saving the Australians, when they hadn't fired a shot there. This lie was repeated by some American journalists in the US at the time.)

The monument at Owers' Corner uses both terms: track on one side and trail on the other. The sign at Kokoda also uses both. Kokoda Trail was gazetted as the official name of the route by the Australian administration of Papua New Guinea in 1972 but this was a bureaucratic decision, made under the Australian administration, and therefore doesn't necessarily reflect the view of the people of PNG. The Battles Nomenclature Committee decided in 1957 that Kokoda Trail would be the official British Commonwealth battle honour for the units that fought there. (But this is the same body that decided that the Battle of Fromelles in 1916 in which we lost 2000 killed and 3500 wounded or missing—in a single night—did not qualify for a battle honour!)

Clearly, both track and trail are acceptable. We all know what we're describing and, to some extent, it's a case of the pronunciation of either (ee-ther or eye-ther).

I've always been guided by what the Diggers called it. Almost without exception, those who fought over it have always referred to it as The Track (usually embellished with bloody or similar!). That'll do me.

INDEX

My sincere thanks to the many veterans who honoured me by telling me their stories and especially to my dear friends Stan Bisset and the late Phil Rhoden for their guidance and wisdom.

THANK YOU ALSO TO THE FOLLOWING PEOPLE:

Paul Croll for his friendship and support.

The team at Hardie Grant for their belief and support, especially Sandy Grant, Julie Pinkham and Pam Brewster.

Kerry Klinner for her wonderful design work.

Sarah Dawson for her painless editing.

Lisa Cotton for her love and support.

Ross Eason for his beautiful images on the cover and pages: 10, 22, 118–119, 128, 144–145

The Australian War Memorial for pictures from their collection on Pages 26–27: 150655, Page 42: 026855, Page 44: 073712, Pages 50–51: 013288, Page 54: 027047, Page 62: 005638, Page 51: (top right) 011867, (bottom left) 150818, Page 78: (clockwise from top left) 013260, 027060, 150656, 061836, Page 85: 026821, Page 90: (top) 013286 (bottom) 013287, Page 92: (top to bottom) 027058, 013265, 027062, 013597, Page 94: P00525.006, Page 109: (bottom left) 072431, Page 110: 116356, Page 112: 013259, Page 120: 116221, Page 123: (top to bottom) 069242, 069245, 069249, Pages 126–127: 013289, Page 130: 013645, Page 137: 013641, Pages 138–139: 026856, Page 148: 013620, Page 151: 014028, Page 155: (clockwise from top) 026834, 013933, 027023, 013617, Page 156: 026823, Page 159: (top left) 026826 (bottom right) 026839, Page 162: 013250, Pages 172–173: 013265, Page 231: 027082, Page 232: 061856, Page 238: 027050, Page 241: (clockwise from top left) 013612, 151027, 013613, 02705.

Published in 2009 by
Hardie Grant Books
85 High Street
Prahran, Victoria 3181, Australia
www.hardiegrant.com.au
www.hardiegrant.co.uk

Cataloguing-in-Publication data is available from the National Library of Australia.

ISBN: 978 1 74066 769 2

Cover and text design by Kerry Klinner, MegaCity Design
Cover photography Ross Eason & Australian War Memorial (013288)
Colour reproduction by Splitting Image Colour Studio
Printed and bound in China by C & C Offset Printing

10 9 8 7 6 5 4 3 2 1